Norberto Fuentes | *La autobiografía de Fidel Castro*

I. El paraíso de los otros

imago mundi

Norberto Fuentes

La autobiografía de Fidel Castro

I. El paraíso de los otros

Ediciones Destino / Colección imago mundi Volumen 47

Las dos cartas de Carlos Rafael Rodríguez, al final del capítulo 12, son auténticas; permanecían inéditas y han sido cedidas por Manuel Penabaz. La Circular No. 1 del Ejército Rebelde firmada por Fidel el 6 de mayo de 1958, en el mismo capítulo, es también auténtica y se da a conocer por primera vez en este libro.

Mapa del campamento de La Plata Alta por Aldo Menéndez e Ivón Ferrer. © Aldo Menéndez e Ivón Ferrer, 2004.

Las fotografías son de la colección del autor. Todos los derechos reservados. © Norberto Fuentes, 2004.

Los derechos de todas las otras fotografías pertenecen a los fotógrafos y/o los propietarios citados.

El material fotográfico procede de negativos u originales ocasionalmente deteriorados. La prioridad ha sido establecida por el contenido histórico de las imágenes.

© Norberto Fuentes, 2004
© Ediciones Destino, S. A., 2004
Diagonal, 662. 08034 Barcelona
www.edestino.es
Primera edición: abril 2004
ISBN: 84-233-3604-2
Depósito legal: M. 14.113-2004
Impreso por Artes Gráficas Huertas, S. A.
Camino Viejo Getafe, 60. Pol. Ind. El Palomo
28946 Fuenlabrada (Madrid)
Impreso en España - Printed in Spain

Mi nombre es tu sangre.

What his imagination is to the poet, facts are to the historian. His exercise of judgment comes in their selection, his art in their arrangement.

Barbara Tuchman
The guns of august,

CONTENIDO

I. LA AVENTURA DE SER UNO

Disgrego, luego escribo — Un prólogo   *39*

Capítulo 1. Los huracanes de agosto   *43*
Cuba el día de su nacimiento. Su familia ese mismo día y primeros recuerdos. Las guerras particulares del padre, el gallego Ángel Castro, contra la United Fruit, en el feudo contiguo al suyo. Un leve asomar de los sentimientos antiamericanos.

Capítulo 2. Aposento en la hierba   *60*
Infancia en esta región —Birán— del oriente de Cuba, su amistad con Baudilio Castellanos y primeras aventuras en los montes. Visión de los interminables cañaverales y el central moliendo caña. Rechazo a la vida rural y apetencias por mudarse para una ciudad. Pérdida de la virginidad.

Capítulo 3. La sólida intransparencia de los muros   *108*
Estudios hasta final de la adolescencia en las dos principales escuelas jesuitas de Cuba —los colegios Dolores, de Santiago de Cuba, y Belén, de La Habana. Iniciación en el sentido misionero de la Compañía, y su correspondiente educación política con los curas. Juventud hasta ingreso en la Universidad de La Habana.

II. PASADO DE UN HOMBRE SIN PASADO

Capítulo 4. Nadie muere en las vísperas   *145*
Estudios de Leyes y comienzo de su carrera política en la Universidad de La Habana. Primer crimen por su mano. *Status* a medio camino entre el político de la época y el pistolero de los llamados días del gatillo alegre. Fracasa en su empeño de conquistar la confianza de Manolo Castro. Contacta a los hombres de la agrupación contraria UIR y logra cortejar a su temido líder Emilio Tro.

Capítulo 5. El Estado y la Revolución   *196*
La expedición de Confites y su mejor combatiente. Descubrimiento de *El príncipe*, de Maquiavelo, y deslumbrado por *El Estado y la revolución*, de Lenin. Comienza a entender que el Estado debe ser destruido para reinar en él. El influjo de este concepto leninista. Desanda la ciudad a la sombra de sus arcadas. La Habana, ciudad abierta.

Capítulo 6. La cesta de mis serpientes   *268*
Cuba como un paraíso ajeno y él aún sin retaguardia generacional. Aparece Mirta Díaz-Balart. Una muchacha. Mirta. Fidel delega en Alfredo Guevara la educación cosmopolita de su hermano Raúl. Amigos y enemigos en la universidad y ninguno viendo el futuro.

Capítulo 7. Una organización militar con un buen
aparato de propaganda   *336*
Bogotá como su bautismo de fuego revolucionario y cuya más valiosa lección es que el primer objetivo con las masas ha de ser controlarlas. La inteligencia americana no reconocerá a su peor enemigo del próximo medio siglo en el cubano que deambula con un máuser entre los incendios y los saqueos de la ciudad sublevada. Boda de Fidel y Mirta. Mirta y Miami. María y silencio. Un Lincoln negro en la Interestatal US-1 Sur.

III. TAN ÍNTIMO COMO CRISTO

Capítulo 8. El poder antes de serlo   *403*
Graduado como doctor en Leyes y establecimiento del bufete de abogados Aspiazu, Castro y Rosende, y luego sus primeros intentos

por ser elegido como representante a la Cámara. Suicidio de Eduardo Chibás, el paradigma político nacional. Batista toma el poder en Cuba y Fidel comprende que es la hora de la revolución. Preparación del asalto al cuartel Moncada de Santiago de Cuba. Derrota y captura.

CAPÍTULO 9. LA HABANA POR ÚLTIMA VEZ   *536*
Preparación del alegato de autodefensa e intentos de envenenamiento. El ejército comisiona al teniente Jesús Yánez Pelletier para administrar la poción, pero él mismo pone a Fidel sobre aviso. Fidel y sus 28 compañeros trasladados al Reclusorio Nacional para Hombres de Isla de Pinos. Fidel confinado en celda de castigo. Pérdida de Mirta. Una dieta de toronjas, libros y tabaco. Emisarios de Batista y amnistía. La próxima aristocracia aún sin reconocerse.

CAPÍTULO 10. LOS BOSQUES SE MUEVEN   *615*
Comienza el día 2 de la Revolución cubana. Fidel en el interregno entre la cárcel y la nueva aventura subversiva. Enfrentamiento con sus primeros dilemas como organizador. Una revolución, aún sin existir, está a punto de ser ahogada por la prosperidad de un país. Cómo sustituir a potenciales o esquivos seguidores por el perfeccionamiento de una estrategia. El comunismo fuera del Partido.

CAPÍTULO 11. ASÍ SE TEMPLÓ EL ACERO   *645*
Exilio en México. Preparación y desembarco del *Granma* en coordinación con un alzamiento en Santiago de Cuba. Es la continuación del concepto estratégico del Moncada: un golpe relámpago para tomar el poder. Fracaso del desembarco y, por ende, del alzamiento. Fidel pierde casi toda su fuerza expedicionaria, excepto 16 de sus hombres, divididos a su vez en tres partidas.

CAPÍTULO 12. LOS NÓMADAS Y LA NOCHE   *702*
El núcleo original de los hombres de la Revolución cubana —los llamados «Los Doce»—. La etapa nómada. Contactos con Frank País. Entrevista con Herbert Matthews. Fidel Castro se convierte en un Robin Hood de la media americana. Consolidación del frente rebelde y aprendizaje guerrillero de Fidel, que entiende finalmente las posibilidades de una campaña más o menos larga contra Batista y sus bene-

ficios probables si logra llegar a La Habana primero que otros grupos revolucionarios que están en la competencia. Angustia por la posibilidad de que Batista no aguante los embates y se caiga antes de que él logre montar su propio movimiento.

CAPÍTULO 13. LA REPÚBLICA Y SU CAPITAL SON MIS BOTAS   *852*
Fidel intenta conspirar con el ejército batistiano para garantizar su presencia en la capital como jefe indiscutible de la Revolución. Huida de Batista y estreno de la Revolución cubana en el poder pero aún sin saber que le pertenece la victoria. Va a consumarse la captura de un país mientras la historia contemporánea recibe una descarga inusitada de conmociones y esperanzas.

CRÉDITOS FOTOGRÁFICOS, ICONOGRAFÍA Y MAPAS *879*
ÍNDICE DE NOMBRES   *883*

El autor ha eludido cualquier hecho cuya verificación,
aparte de su propio testimonio, sea inaccesible.

CRONOLOGÍA
DE FIDEL ALEJANDRO CASTRO RUZ

13 de agosto de 1926
Nace en la finca Manacas, en Birán, Mayarí, antigua provincia de Oriente (hoy provincia de Holguín). Sus padres son Ángel Castro Argiz y Lina Ruz González.

Septiembre de 1941 a junio de 1945
Estudia Bachillerato (desde segundo año hasta graduarse) en el colegio de Belén, de la Compañía de Jesús, en Mariano, provincia de La Habana. Sería seleccionado el mejor atleta del curso 1943-1944. Había estudiado la enseñanza primaria entre la escuelita de Birán, y el colegio de los hermanos La Salle y el colegio jesuita de Dolores, en Santiago de Cuba. En este último hizo también el primer año de Bachillerato.

Septiembre de 1945
Ingresa en la Facultad de Derecho de la Universidad de la Habana.

27 de noviembre de 1946
Pronuncia su primer discurso de «dirigente político» para protestar por un aumento en los pagos de pasaje en los ómnibus.

28 (¿o 29?) de septiembre de 1947
Cruza a nado la bahía de Nipe para alcanzar la isla y evitar así ser capturado por su magra participación en la aventura de Cayo Confites. Formaba parte de un grupo financiado por José Manuel Alemán y or-

ganizado por el Movimiento Socialista Revolucionario (MSR) que se proponía invadir la República Dominicana para derrocar a Rafael Leónidas Trujillo.

Noviembre de 1947
Se afilia al Partido del Pueblo Cubano (Ortodoxo) (PPC[O]). Sería postulado candidato a la Cámara de Representantes para las elecciones de junio de 1952, que no se celebraron por el golpe de Estado de Fulgencio Batista del 10 de marzo de ese año.

31 de marzo de 1948
Llega a Colombia para organizar un congreso de estudiantes de su invención cuyo objetivo era contraponerse a la IX Conferencia Panamericana, inaugurada el 30 de marzo en Bogotá. Tiene el total apoyo de los peronistas. Se reúne en la mañana del 7 de abril con Jorge Eliécer Gaitán. Participaría en los disturbios que siguieron al asesinato de Gaitán el 9 de abril conocidos como el bogotazo.

11 de octubre de 1948
Contrae matrimonio con Mirta Díaz-Balart, de quien se divorciaría en diciembre de 1954.

1 de septiembre de 1949
Nace su hijo Fidel Castro Díaz-Balart, quien después de 1959 y hasta culminar el doctorado en Física en la Unión Soviética sería llamado José Raúl Fernández. Ya había tenido otro hijo, Jorge Ángel Castro, de la relación extramatrimonial con una señora nombrada María Laborde.

13 de octubre de 1950
Se gradúa de doctor en Derecho Civil y licenciado en Derecho Diplomático y Consular en la Universidad de la Habana.

De 1950 a 1952
Se desempeña como abogado en su bufete de Tejadillo n.º 57, La Habana Vieja.

24 de marzo de 1952
Presenta un recurso ante el Tribunal de Urgencia de La Habana contra el golpe de Estado de Fulgencio Batista del día 10.

26 de julio de 1953
Encabeza el asalto al cuartel Guillermón Moncada, en Santiago de Cuba, al mismo tiempo que otros jóvenes de su grupo atacan el cuartel Carlos Manuel de Céspedes, en Bayamo. De los 151 participantes, sólo sobrevivieron 90 (seis murieron en combate y 55 fueron asesinados después de apresados). El 1 de agosto una patrulla al mando del teniente Pedro Sarría lo capturó en la finca Las Delicias.

16 de octubre de 1953
Pronuncia el alegato que se conoce como «La historia me absolverá» ante el tribunal que lo juzga y un centenar de militares reunidos en el hospital Saturnino Lora. Este mismo día es condenado a 15 años de prisión por «delito consumado contra los poderes del Estado» y enviado al Reclusorio Nacional para Hombres de Isla de Pinos. De los 90 supervivientes, sólo 29 fueron juzgados (el resto logró escapar) por el Tribunal de Urgencia de Santiago de Cuba en la causa n.º 37.

15 de mayo de 1955
Sale del Reclusorio Nacional para Hombres de Isla de Pinos mediante la amnistía a los presos políticos dictada el día 6 por Fulgencio Batista.

12 de junio de 1955
Constituye en La Habana la primera dirección nacional del Movimiento Revolucionario 26 de Julio (M-26-7), organización que había creado entre mayo y junio.

7 de julio de 1955
Llega a México para organizar la insurrección contra Fulgencio Batista.

8 de agosto de 1955
Redacta en México el Manifiesto n.º 1 del Movimiento Revolucionario 26 de Julio (M-26-7), que contiene los objetivos de esa organización.

20 de octubre a 10 de diciembre de 1955
Recorre varias ciudades de Estados Unidos a fin de unir a la emigración cubana y crear una base para recaudar fondos a favor de su proyecto insurreccional.

Marzo de 1956
Nace su hija Alina Fernández Revuelta de la relación extramatrimonial con Naty Revuelta, casada en ese momento con el doctor Orlando Fernández.

19 de marzo de 1956
Anuncia su ruptura con el Partido del Pueblo Cubano (Ortodoxo) (PPC[O]) y la creación del Movimiento Revolucionario 26 de Julio (M-26-7), cuyas bases elaboró en la prisión.

30 de agosto de 1956
Suscribe, junto con José Antonio Echeverría, secretario general del Directorio Revolucionario (DR) y presidente de la Federación Estudiantil Universitaria (FEU), la Carta de México, que ratifica su decisión de unir las fuerzas para derrocar a Fulgencio Batista y llevar adelante la Revolución.

2 de diciembre de 1956
Desembarca, en unión de otros 81 expedicionarios del yate *Granma*, cerca de la playa Las Coloradas, en la región de Niquero, costa sur de la antigua provincia de Oriente. Habían salido del puerto mexicano de Tuxpan en la madrugada del 25 de noviembre.

5 de diciembre de 1956
Es sorprendido, junto con los demás expedicionarios del yate *Granma*, por fuerzas del ejército y la aviación en Alegría de Pío, lugar próximo a Cabo Cruz. Serían dispersados, causándoles cuatro bajas en tanto los militares tuvieron tres. De los 82 hombres, 20 perecieron entre los días 5 y 8 (caídos en Alegría de Pío y 17 asesinados después de

apresados), 20 alcanzaron la Sierra Maestra, 21 consiguieron escapar de la persecución y 21 fueron capturados, juzgados en el Palacio de Justicia de Santiago de Cuba y condenados a prisión.

17 de febrero de 1957
Es entrevistado por Herbert Matthews, de *The New York Times*, en las estribaciones de la vertiente norte de la Sierra Maestra.

12 de julio de 1957
Suscribe, junto con Raúl Chibás, por el Partido del Pueblo Cubano (Ortodoxo) (PPC[O]), y Felipe Pazos, por el Partido Revolucionario Cubano (Auténtico) (PRC[A]), el Manifiesto de la Sierra Maestra, que anuncia su disposición de crear un Frente Cívico Revolucionario con todas las fuerzas opositoras, no aceptar la injerencia de ningún país extranjero, apartar al ejército de la política, nombrar al futuro presidente de la República y que éste convoque a elecciones en el plazo de un año.

3 a 4 de mayo de 1958
Se reúne con la dirección nacional del Movimiento Revolucionario 26 de Julio (M-26-7) en Alto de Mompié, Sierra Maestra, para analizar el fracaso de la huelga de abril. Como resultado del triunfo de la concepción guerrillera, no sólo mantendría su condición de comandante en jefe del Ejército Rebelde, sino que también asumió la secretaría general del M-26-7 y la jefatura de la Milicia Popular.

11 a 22 de julio de 1958
Dirige las fuerzas que ganan la batalla del Jigüe, la última y más sangrienta de todas las que se llevaron a cabo durante la ofensiva de verano del ejército iniciada el 24 de mayo. Unos 300 rebeldes rechazarían a 10.000 efectivos al mando del general Eulogio Cantillo, jefe de operaciones en la provincia oriental. Así fracasó el llamado Plan FF: fase final o fin de Fidel.

12 de noviembre de 1958
Transmite por Radio Rebelde la orden de comenzar la ofensiva general de las fuerzas guerrilleras.

28 de diciembre de 1958

Se entrevista con Eulogio Cantillo en el central Oriente, Palma Soriano, donde acuerdan suscribir un documento el día 31 exhortando al ejército a unirse a las fuerzas revolucionarias. De no tener éxito, Cantillo le entregaría los medios técnicos para marchar sobre La Habana, pues había puntualizado que no aceptaría un golpe de Estado ni la huida de Fulgencio Batista y los criminales de guerra.

31 de diciembre de 1958

Se entrevista en El Escandel con Eulogio Cantillo, quien le informa que no cumplirá el plan acordado pues es de conocimiento del general Francisco Tabernilla, jefe del ejército, así como que el Movimiento Revolucionario 26 de Julio (M-26-7) no tiene la confianza de la embajada de Estados Unidos.

1 de enero de 1959

Se entrevista en El Escandel con el coronel José Rego Rubido, segundo jefe de operaciones del ejército en la provincia oriental, quien le comunica que rendirá Santiago de Cuba ante el ataque insurreccional anunciado para esa tarde. Ello permitió al Ejército Rebelde entrar en la ciudad sin disparar un tiro a la una de la madrugada del día 2.

2 de enero de 1959

Convoca a la huelga general bajo la consigna «¡Revolución, sí! ¡Golpe de Estado, no!», y sale hacia Bayamo para iniciar allí la denominada Caravana de la Libertad que tiene a La Habana como destino final.

3 de enero de 1959

Asume la jefatura de las fuerzas de aire, mar y tierra de la República por designación del Consejo de Ministros revolucionario en su primera reunión.

8 de enero de 1959

Llega a La Habana, y en la noche se dirige al país desde el campamento de Columbia.

23 a 27 de enero de 1959
Visita Venezuela y se entrevista con Wolfgang Larrazábal y Rómulo Betancourt.

16 de febrero de 1959
Asume el cargo de primer ministro.

15 de abril a 8 de mayo de 1959
Visita Estados Unidos invitado por la Sociedad Norteamericana de Directores de Periódicos. Ensancha el periplo a Canadá, Argentina (para la Reunión de los 21), Uruguay y Brasil.

17 de mayo de 1959
Firma la Ley de Reforma Agraria, que limita la posesión de la tierra a un máximo de 30 caballerías y liquida en general la propiedad extranjera.

4 de junio de 1959
Asume la presidencia del Instituto Nacional de la Reforma Agraria (INRA), que fue en sus inicios no sólo el organismo ejecutor de la Reforma Agraria, sino fundamentalmente la alternativa de un gobierno que no funcionaba de acuerdo con sus intereses.

17 de julio de 1959
Renuncia al cargo de primer ministro en una maniobra destinada a prescindir del presidente, Manuel Urrutia, quien dimitió horas después.

26 de julio de 1959
Reasume el cargo de primer ministro luego de que el nuevo presidente, Osvaldo Dorticós, no aceptó su renuncia.

26 de octubre de 1959
Anuncia la creación de las Milicias Nacionales Revolucionarias (MNR).

13 de febrero de 1960
Suscribe en La Habana el primer convenio comercial cubano-soviético con Anastas Mikoyan, primer vicepresidente del Consejo de Ministros de la Unión Soviética.

4 de marzo de 1960
Explosión por sabotaje en la bahía de La Habana del buque francés *La Coubre* del que se descargaba material bélico adquirido en Bélgica. Está a punto de perecer cuando acude al sitio y tiene lugar una segunda explosión programada por los saboteadores.

5 de marzo de 1960
Pronuncia por primera vez la consigna «¡Patria o Muerte!» en la despedida de duelo de las víctimas del sabotaje al buque *La Coubre*.

¿18? de marzo de 1960
Recibe confirmación de que el presidente Dwight D. Eisenhower ha dado luz verde —con su firma— el día anterior (17) al «Programa de acción encubierta contra el régimen de Castro». Es decir, la guerra.

4 de abril de 1960
Firma la expropiación de los latifundios de la United Fruit Sugar Company.

8 de junio de 1960
Pronuncia por primera vez la consigna «¡Venceremos!» en la clausura del Congreso de la Federación Nacional de Barberos y Peluqueros. Complementa desde esta fecha la de «¡Patria o Muerte!».

6 de agosto de 1960
Anuncia la nacionalización de 26 propiedades norteamericanas valoradas en más de 600 millones de dólares.

17 de septiembre de 1960
Nacionaliza los tres bancos norteamericanos que operaban en Cuba: The First National City Bank of New York, The First National Bank of Boston y The Chase Manhattan Bank.

18 a 27 de septiembre de 1960
Visita Estados Unidos para participar en la XV Asamblea General de la Organización de las Naciones Unidas (ONU), ante la cual habla el día 26. Nikita S. Jruschov toma la iniciativa de presentársele en el salón plenario.

28 de septiembre de 1960
Anuncia la creación de los Comités de Defensa de la Revolución (CDR).

13 de octubre de 1960
Nacionaliza 380 grandes empresas industriales y comerciales, así como los bancos cubanos y extranjeros (con excepción de los canadienses).

20 de octubre de 1960
Nacionaliza las 166 empresas norteamericanas que quedaban en Cuba.

1961
Durante la Campaña Nacional de Alfabetización conoce a Dalia Soto del Valle, con la que tendría cinco hijos: Alex, Alexander, Alejandro, Antonio y Angelito. Según versiones, sólo se casó con ella después del fallecimiento de Celia Sánchez en 1980.

16 de abril de 1961
Proclama el carácter socialista de la Revolución cubana en la despedida de duelo de las víctimas de los bombardeos del día anterior efectuada en las calles 12 y 23, El Vedado.

17 a 19 de abril de 1961
Dirige las tropas que combaten y derrotan a la brigada de Asalto 2.506 en Bahía de Cochinos.

1 de mayo de 1961
Anuncia la nacionalización de la enseñanza privada y la expulsión del país del clero extranjero «contrarrevolucionario».

30 de junio de 1961
Clausura un ciclo de reuniones que sostuvo con un grupo numeroso de escritores y artistas en la Biblioteca Nacional José Martí los días 16, 23 y 30. El discurso se conoce como «Palabras a los intelectuales», y sobre la base de su planteamiento central: «Dentro de la Revolución, todo; contra la Revolución, nada», sería trazada la política cultural que, si bien a veces matizada, aún sigue vigente.

21 de marzo de 1962
Le otorgan en Moscú el Premio Internacional Lenin por el fortalecimiento de la paz entre los pueblos.

22 de marzo de 1962
Asume el cargo de primer secretario de las Organizaciones Revolucionarias Integradas (ORI). El día 26 expulsaría a su secretario de organización, Aníbal Escalante, por aplicar una política sectaria a favor de los antiguos militantes del Partido Socialista Popular (PSP).

29 de mayo de 1962
Recibe al mariscal Serguei Biriuzov, jefe de las fuerzas coheteriles estratégicas soviéticas, quien tiene la misión de proponerle, a nombre de Nikita S. Jruschov, presidente del Consejo de Ministros y secretario general del Comité Central del Partido Comunista de la Unión Soviética (PCUS), la instalación en la isla de 42 cohetes de alcance medio dotados de ojivas nucleares «para que Estados Unidos desista de atacarla».

28 de octubre de 1962
En el marco de la denominada crisis de octubre, se niega a que la Organización de las Naciones Unidas (ONU) testifique el desmantelamiento y retirada de los cohetes soviéticos de alcance medio (decisión que Nikita S. Jruschov, presidente del Consejo de Ministros y secretario general del Comité Central del Partido Comunista de la Unión Soviética [PCUS], no le consultó antes de informarla a John F. Kennedy, presidente de Estados Unidos), exigiendo, en cambio, cinco condiciones como garantía de que los norteamericanos no invadirían Cuba.

2 de noviembre de 1962
Recibe a Anastas Mikoyan, primer vicepresidente del Consejo de Ministros de la Unión Soviética, quien permanece en Cuba hasta el día 6.

25 de abril a 3 de junio de 1963
Visita la Unión Soviética, donde el 23 de mayo recibe el título de Héroe de la Unión Soviética con la Estrella de Oro que lo identifica.

3 de octubre de 1963
Suscribe la segunda Ley de Reforma Agraria, que limita la posesión de la tierra a un máximo de 5 caballerías.

1 de octubre de 1965
Asume la dirección del Buró Político con el cargo de primer secretario al constituirse el Comité Central del Partido Unido de la Revolución Socialista (PURS) (así habían sido llamadas las Organizaciones Revolucionarias Integradas [ORI] en mayo de 1963). El día 3 le cambió el nombre por el de Partido Comunista de Cuba (PCC).

15 de enero de 1966
Proclama que «el movimiento revolucionario puede contar con combatientes cubanos en cualquier rincón de la Tierra» al clausurar la I Conferencia de Solidaridad de los Pueblos de Asia, África y América Latina (Tricontinental), celebrada en La Habana con la participación de unas decenas de países y movimientos de liberación.

28 de enero de 1968
Acusa de microfraccionalismo a un grupo de antiguos militantes del Partido Socialista Popular (PSP) que lo había combatido desde el Partido Comunista de Cuba (PCC). El proceso político iniciado este día llevaría a la cárcel, entre otros, a Aníbal Escalante.

13 de marzo de 1968
Anuncia la confiscación de todos los establecimientos privados que quedan en el país, como parte de la denominada ofensiva revolucionaria que comienza este día.

14 de julio de 1969
Anuncia el comienzo de la zafra azucarera en la que pretende lograr una producción de 10 millones de toneladas.

30 de septiembre de 1969
Recibe al comando revolucionario de Brasil que había sido canjeado por el embajador de Estados Unidos en ese país, a quien secuestraron para utilizarlo como rehén.

18 de mayo de 1970
Anuncia que la zafra azucarera no alcanzará los 10 millones de toneladas. De cualquier modo, concluiría con una cifra récord: 8.500.000 toneladas, aunque para lograrla prácticamente puso a todo el país en función de ello durante un año.

30 de abril de 1971
Clausura el Primer Congreso de Educación y Cultura, insistiendo en la necesidad de marginar a los intelectuales «desafectos a la Revolución». El evento, que contó con su presencia, incluyó en los parámetros de exclusión a los homosexuales y religiosos.

24 de noviembre de 1972
Comienza a presidir el recién creado Comité Ejecutivo del Consejo de Ministros.

9 a 13 de junio de 1975
Preside la conferencia de los partidos comunistas de América Latina y el Caribe celebrada en La Habana.

10 de noviembre de 1975
Da inicio a la más grande aventura de intervención militar jamás emprendida por un país subdesarrollado: la conquista de Angola, separada de Cuba por más de 11.000 kilómetros de distancia atlántica y con un tamaño 11 veces superior al de Cuba. Ordena que un primer destacamento de 82 combatientes de su fuerza de élite Tropas Especiales vuele a Luanda y contenga la acometida de los ejércitos regulares de Sudáfrica y Zaire y los movimientos extendidos de guerrillas nativas sobre Luanda, la capital angoleña. Es el

inicio de una guerra que durará 15 años y de la que sale siempre victorioso.

22 de enero de 1976
Asume la presidencia de la recién creada comisión nacional de implantación del Sistema de Dirección y Planificación de la Economía (SDPE), un modelo económico similar al de los países socialistas de Europa que se corresponde con su integración al Consejo de Ayuda Mutua Económica (CAME).

13 de agosto de 1976
El presidium del Soviet Supremo de la Unión Soviética le otorga la Orden de la Revolución de Octubre.

3 de diciembre de 1976
Asume la presidencia del Consejo de Estado (jefe de Estado y jefe de gobierno) al ser éste constituido.

3 de mayo de 1977
Preside la conferencia de los partidos comunistas del Caribe celebrada en La Habana.

Noviembre de 1977
Responde afirmativamente a la petición de tropas del gobernante etíope Mengistu Haile Mariam. Dos meses después que los somalíes capturaran Jijiga, comienza el despliegue de 17.000 de sus mejores hombres, incluidas tres brigadas de combate con experiencia en Angola, y un aseguramiento logístico soviético de 80 aviones de combate, 600 tanques y 300 transportes blindados. Designa al general Arnaldo Ochoa al frente de los cubanos.

9 de marzo de 1978
Proclama su segunda victoria africana al conocerse que el presidente somalí Muhammad Siad Barre ha anunciado la retirada de sus tropas como resultado de la aplastante ofensiva cubano-etíope en el Ogadén.

¿Mayo? de 1979
Ordena la creación del Puesto de Mando de la Dirección General de Operaciones Especiales (DGOE) desde el que va a dirigir, él personalmente, la última ofensiva del Frente Sandinista de Liberación Nacional contra la Guardia Nacional de Nicaragua comandada por Anastasio Somoza y que es la primera guerra teledirigida en el continente americano.

20 de julio de 1979
Consolida el triunfo sandinista con la entrada de sus columnas en Managua.

3 a 9 de septiembre de 1979
Preside en La Habana la VI Conferencia Cumbre del Movimiento de Países No Alineados, en la que participan jefes de Estado y de gobierno y altos mandatarios de 94 naciones y movimientos de liberación. Asumiría la dirección del Movimiento hasta marzo de 1983, cuando se celebró la VII Cumbre en la India.

19 de abril de 1986
Anuncia su nueva estrategia de gobierno denominada «proceso de rectificación de errores y tendencias negativas», que se diferencia radicalmente de los cambios realizados en estos años en los países socialistas de Europa.

18 de mayo de 1986
Elimina el Mercado Libre Campesino en el II Encuentro Nacional de Cooperativas de Producción Agropecuaria (CPA), a pesar de que su implantación en 1980 se llevó a cabo mediante decreto. Con el nombre de Mercado Agropecuario renacería en 1994.

13 de agosto de 1986
Recibe por su 60 cumpleaños la Orden Lenin, del Soviet Supremo de la Unión Soviética, por tercera vez (se la impuso Mijaíl Gorbachov el 11 de noviembre de 1986 en Moscú); la Orden Carlos Marx, de la República Democrática Alemana; la Orden Jorge Dimitrov, de Bul-

garia, por segunda vez; la Orden Angkar Vat, de Kampuchea (se la impuso Heng Samrin, presidente de Kampuchea y secretario general del Comité Central del Partido Comunista, el 27 de julio de 1988 en La Habana); la Orden Bandera, de Hungría; la Orden Suje Bator, del Gran Jural Popular de Mongolia; la Orden Klement Gottwald, de Checoslovaquia (se la impuso Milos Jakes, secretario general del Comité Central del Partido Comunista de Checoslovaquia, el 4 de enero de 1989 en La Habana); la Gran Banda de la Orden al Mérito de Polonia; y la Orden Ho Chi Minh, de Vietnam (se la impuso Tran Xuan Bach, miembro del Buró Político y del Secretariado del Comité Central del Partido Comunista de Vietnam, el 8 de enero de 1989 en La Habana).

7 de noviembre de 1987

Está en Moscú pero hace la apreciación de que se agrava la situación en Angola. Todo debido al fracaso de la ofensiva sobre el Lomba del general soviético Konstantinov, a la que se opuso desde su planeamiento. Ordena que tropas angoleñas y cubanas se establezcan en un bolsón de resistencia en Cuito Cuanavale, una vieja y ahora devastada aldea portuguesa.

15 de noviembre de 1987

Toma la decisión de reforzar sus tropas en Angola. Logra desplegar 500 tanques T-54 y T-55 en el teatro de operaciones. Los sudafricanos tienen 300. Una correlación de fuerzas favorable para él de casi 2 a 1. En los próximos meses va a dirigir pormenorizadamente desde La Habana todo el desarrollo de la campaña.

14 de febrero de 1988

Recibe en su puesto de mando de La Habana un mensaje cifrado que le hace ponderar la derrota del enemigo. Los sudafricanos han lanzado un ataque al este de Cuito Cuanavale contra la 59 Brigada (angoleña) y una compañía de tanques mixta angoleña-cubana. Hay 14 cubanos muertos y se han perdido 7 tanques (sólo uno puede regresar por sus esteras). Pero han frenado en seco a los más de 100 blindados sudafricanos. El rechazo al ataque y posterior retirada en desorden de la fuerza contraria le permite asegurar que es el comienzo del fin de las fuerzas de intervención sudafricanas en Angola y, como consecuencia, el fin del *apartheid.*

12 de abril de 1988
Recibe las medallas Salud para Todos y Lucha contra el Tabaquismo de la Organización Mundial de la Salud (OMS). Es la primera vez que se conceden a un jefe de Estado.

28 de julio de 1988
Ordena dos golpes demoledores de los Mig-23 de la aviación de combate cubana sobre las agrupaciones sudafricanas en Rucaná y Calueque, próximas a la frontera con Namibia, que dan virtualmente por terminada la guerra en Angola.

2 a 5 de abril de 1989
Los apenas cuatro días en La Habana de su huésped Mijaíl Gorbachov transcurren, como dirá después, «de manera extraña y nada feliz» y de los que saca dos conclusiones fatales: que los soviéticos están demasiado ansiosos en llegar a acuerdos con los americanos y que la solidaridad con Cuba es uno de los obstáculos mayores para lograrlos. En fin, que la época dorada de la hermandad con la Unión Soviética ha terminado.

7 de junio de 1989
Se entrevista con los secretarios generales de los comités centrales de los partidos de los países socialistas que asisten a un encuentro organizado en La Habana.

De 1990 a 1991
Comienza a referirse públicamente al posible «desmerangamiento» de la Unión Soviética y los países socialistas y a llamar al pueblo a resistir las severas afectaciones que sobre la economía y la defensa del país ya está causando el doble bloqueo —una referencia al embargo de Estados Unidos al que se le suma los recortes cada vez mayores de los acostumbrados suministros soviéticos.

10 a 14 de octubre de 1991
Preside las sesiones del IV Congreso del Partido Comunista de Cuba en un teatro de Santiago de Cuba. En una sesión a puerta cerrada y sin que nunca se haya hecho público, advierte a los presentes que deben preparase para gobernar el país siendo minoría.

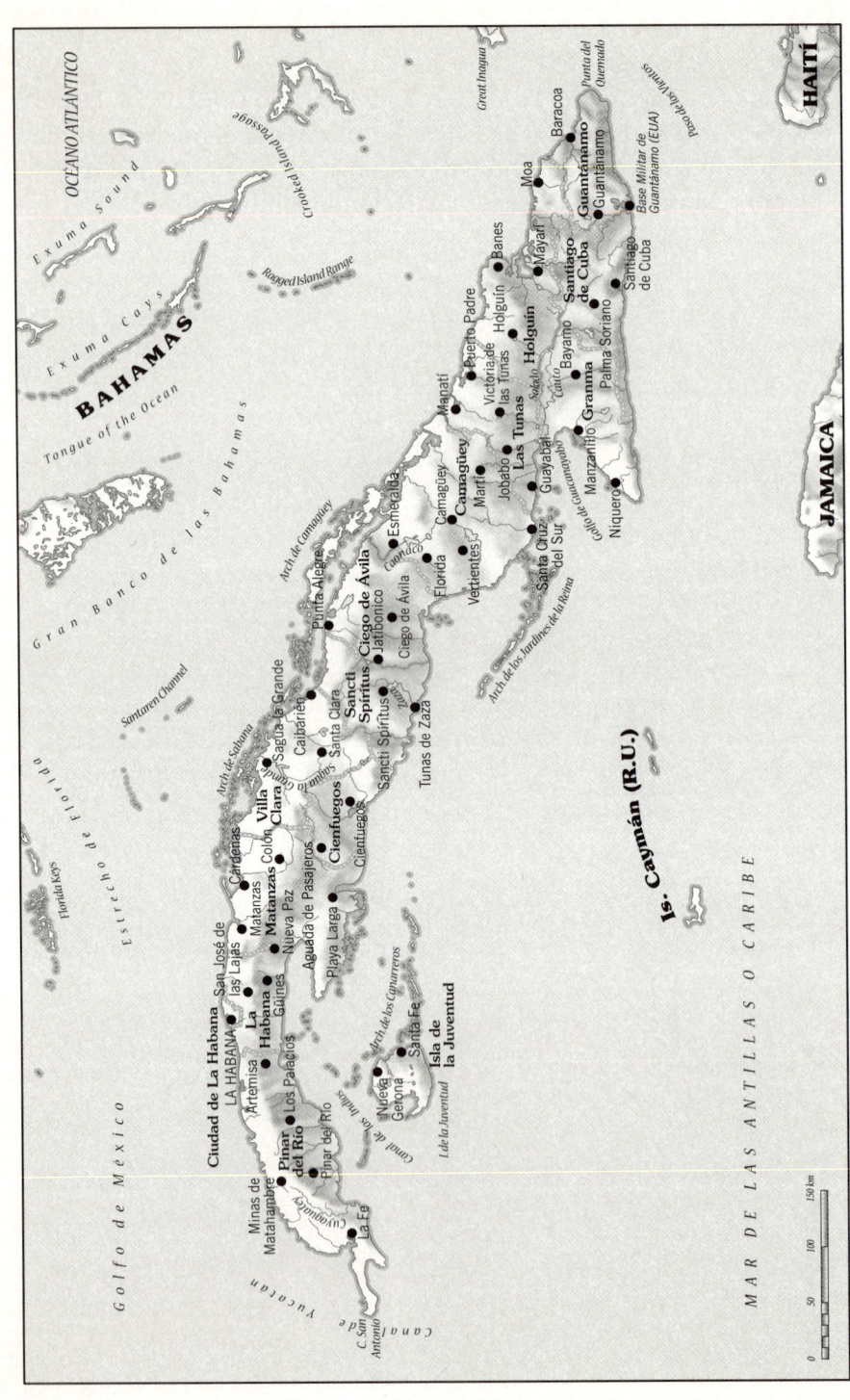

OCÉANO ATLÁNTICO

Exuma Sound

Crooked Island Passage

Exuma Cays

BAHAMAS

Ragged Island Range

Tongue of the Ocean

Gran Banco de las Bahamas

Santaren Channel

Estrecho de Florida

Florida Keys

Golfo de México

Canal de Yucatán

C. San Antonio

Minas de Matahambre

(Guaniguanico)

Pinar del Río
Pinar del Río

La Fe

Los Palacios

Artemisa

La Habana
LA HABANA
Güines

Ciudad de La Habana

San José de las Lajas

Cárdenas

Matanzas
Matanzas
Colón

Aguada de Pasajeros

Nueva Paz

Playa Larga

Arch. de Sabana

Sagua la Grande

Caibarién

Santa Clara

Villa Clara

Sancti Spíritus

Sagua la Grande

Cienfuegos
Cienfuegos

Sancti Spíritus

Tunas de Zaza

Jatibonico

Ciego de Ávila
Ciego de Ávila

Morón

Piña Alegre

Arch. de Camagüey

Esmeralda

Florida

Camagüey
Camagüey

Martí

Vertientes

Santa Cruz del Sur

Guáimaro

Río Cauto

Canal de los Indios

Nueva Gerona

Santa Fe

Isla de la Juventud

I. de la Juventud

Arch. de los Canarreos

Manatí

Puerto Padre

Victoria de las Tunas

Las Tunas
Las Tunas

Jobabo

Guayabal

Golfo de Guacanayabo

Niquero

Manzanillo

Bayamo

Granma

Banes

Holguín
Holguín

Mayarí

Moa

Cauto

Sagua

Palma Soriano

Santiago de Cuba
Santiago de Cuba

Guantánamo
Guantánamo

Baracoa

Paso de los Vientos

Punta del Quemado

Base Militar de Guantánamo (EUA)

Great Inagua

HAITÍ

Is. Caymán (R.U.)

Arch. de los Jardines de la Reina

MAR DE LAS ANTILLAS O CARIBE

JAMAICA

0   50   100   150 km

LA AUTOBIOGRAFÍA
DE FIDEL CASTRO

PRIMERA PARTE

LA AVENTURA DE SER UNO

Las ideas hay que vivirlas.

ANDRÉ MALRAUX

Fidel Castro Ruz
Presidente del Consejo de Estado y del Gobierno
de la República de Cuba

DISGREGO, LUEGO ESCRIBO

¿Unas memorias a estas alturas...?

Una cosa he descubierto mientras escribía este libro. Que el pasado no es propiedad de nadie, hasta que no se escribe al menos. Otra cosa descubierta: que la Revolución es una incansable productora de pasado. Otra más: que hasta cierto punto de su historia, la Revolución no aguanta escrutinios. Ese punto puede ser el momento en que todos sus protagonistas han muerto. Mientras tanto, la historia de la Revolución y de sus hombres queda en manos de sus enemigos —los que escapan— y de los retazos de información que lograron obtener.

Random House, Simon & Schuster, Giangiacomo Feltrinelli y casi todas las editoriales y editores del mundo me han perseguido sin reposo durante años por un libro como éste. Los he estado «mareando» —como decimos nosotros a darle largas a un asunto— a todos por igual durante ese tiempo. Tampoco las razones expuestas arriba lograron movilizarme. Me había resistido a la idea, en cierta medida, por el inevitable costo político que acarrearía. Sin embargo, si ahora me decido es por puro aburrimiento. Por no tener nada nuevo que hacer. ¿No han oído hablar de la soledad del poder? No existe tal. Nunca ha existido nadie más acompañado que yo. Y lo que el poder me ha propiciado en demasía es acompañamiento. Adondequiera que me mueva, es regularmente como el movimiento de una manada. Desde mi buena estatura de seis pies dos pulgadas suelo mirar a mi alrededor mientras avanzo hacia la puerta de alguna edificación, que es lo único que hago fuera de los coches, y lo que siempre veo son los anillos de mi compañía y es como hallarse en la pista de un circo pueblerino que se desplaza al paso de uno. Pero sí aburre. Me mata el aburrimiento. Escribir se convierte entonces en una aventura inesperada. Mi quinto descubrimiento. Escribir. La literatura, se dice, es hija del rencor, cuando no de la derrota. Sin rencor o derrota no tuviéramos hoy muchas páginas imprescindibles de la cultura universal, e incluso, oh, ignominia, algunas páginas que son hijas del triste lagrimeo ante los poderosos para que te vuelvan a emplear —como es el caso con el que nos acosa Maquiavelo desde hace cinco siglos. Siempre hay una situación de ostracismo o lista negra. No es la mía. Escribo desde el poder absoluto. Desde la realización total.

Me propongo ahora llevar a término este proyecto *bajo mis condiciones*. Me explico. No existe la autobiografía perfecta puesto que ningún autor ha colocado su punto final en una obra de esta magnitud al unísono con su muerte. Siempre queda un sedimento de capital importancia que es el último aliento fuera de toda pretensión de interpretarle, sólo para conocimiento personal, cuando ves esa luz al fondo del túnel y tratas de incorporarte, y te das cuenta, en ese preciso instante, de que todo ha terminado. El proyecto consiste en ver publicadas estas páginas en pleno usufructo del poder. Se desplegará el mecanismo habitual. Llamaré a través de mis canales secretos de amigos y oficiales de la Inteligencia de toda confianza —que sólo responden a mis requerimientos— a los principales editores del mundo y les diremos: Aquí está el material. Pero eso quiero hacerlo de manera muy precisa. Explico. Debo cogerle las señas al tiempo. Para que no quede como un gesto de cobardía —todo lo contrario de lo que procuro— y que me refugio en la seguridad de la muerte antes de la publicación. No me tomen a mal, pero quiero gozarlo. He dispuesto —con un amigo muy cercano— que el libro se publique unas semanas o cualquier tiempo prudencial antes de tener que decirle adiós a este mundo (es decir, cuando yo estime que me queda una semana de presencia vital, o de lucidez al menos) para tener conocimiento de la acogida. Lo hago para mis cálculos extraterrenos. Muchas veces he dicho que el juicio válido sobre mí debe emitirse dentro de mil años. Cualquiera que sea el veredicto, el presente libro debe ejercer una influencia decisiva en ese, mi juicio final.

* * *

Una nota sobre el método.

No es un secreto. El lector sabe que dispongo de la más extensiva colección de documentos y papeles para escribir estas memorias. Una documentación que ha sido precisamente la sustentación de mi Estado. Me ha servido para gobernar y para decidir en muchas ocasiones a escala global algunos de mis asuntos, puesto que se ha tratado de la base de mis relaciones, no sólo estar informado, sino tener actualizados e inventariados los favores que se han hecho y que se me deben. Pero yo no voy a repetir aquella maniobra de chantaje que nos quiso imponer el financista prevaricador Robert Vesco —que cumple una larga condena en nuestro sistema de prisiones—, cuando solicitó ayuda para publicar una secuencia de dos libros, uno con retratos de sus antiguos asociados y clientes, presentados con nombres imaginarios pero salpicados de alguna información reveladora, y un segundo libro con los nombres verdaderos y la más descarada información sobre aquellos que no hubiesen respondido al primer texto con el vaciado de sus bolsillos. Se trata sencillamente de que quiero golpear primero. El cúmulo de información existente, que sobrevivirá y que —me imagino— en algún momento saldrá a flote, como con los checos o los alemanes cuando asaltaron las sedes de sus respectivos servicios especiales o abrieron los archivos de los comités centrales, no me alarma ni le presto gran importancia porque muy difícilmente me alcanzará a mí. En vida, no me hallo en el campo de acción de ningún chantaje. Después, donde yo voy a estar, no me preocupará nada. Pero actúo para honrar mis pactos con mis herederos y sobre todo con Dalia, mi compañera, y con los que les protegerán. En cuanto a mis atribuciones, he decidido hacer un uso cuidadoso y racionado de esta enorme documentación que almacena el Ministerio del Interior y algunos departamentos del Comité Central del Partido. En esta tarea de escritor que me he impuesto, trato de desentrañar los mecanismos de mis propias acciones —las más conocidas de ellas— de la manera más honesta posible, y ya que estoy en el ruedo de los autores de memorias no quiero abusar de una documentación que a lo mejor resultará más importante para el uso de los historiadores de la Revolución. Y ya que, como de cualquier modo van a hablar de mí —un mí que estará en una situación donde el mí es ya absolutamente imperceptible—, y me van a vapulear a su antojo, para qué complicarme la existencia tirándole piedras al cielo. Por eso, y como quiero también competir en igualdad de condiciones, como si estuviera en un concurso de pesca o en el tabloncillo de básquet, me conformo con este método simple de trabajar desde mi memoria, la verdadera, y en un momento que, confieso, no tiene la agudeza de otros tiempos, lo cual me equipara mejor para la lid, porque —sin ofender— me coloca a un nivel perfectamente humano, y hacer uso en muy pocos casos de este cúmulo de expedientes que conservamos en nuestras dependencias.

1. LOS HURACANES DE AGOSTO

Toda la gloria del mundo

LOS TRES LIBROS que me entrega un amigo como modelos —*La autobiografía de Alice B. Toklas*, de Gertrude Stein, *Las memorias de Adriano*, de Marguerite Yourcenar, y las memorias de Benvenuto Cellini— resulta que todos son en realidad interpretaciones literarias, soluciones artificiosas a tres especies de memorias, los dos primeros por la forma en que afrontan la realidad, y literario el último por la forma en que, dicen, Cellini se lo inventó todo, o una buena parte de todo. En realidad —y se sabe— en mi caso no hace falta mucho invento para captar lectores. Además de haberme visto a mí mismo con la óptica de los autores que han investigado mi vida y han publicado sus correspondientes tratados —las biografías sobre mi persona suman centenares— el presente libro puede proveerme la experiencia de verme a mí mismo bajo mi propia óptica. Yo mismo un objeto de mi inspección. Y tengo buen material. Que no siempre, les confieso, tiene por qué arrojar una luz favorable sobre mi persona y conducta. De más está decir algo que ya he dicho en mis discursos. Yo me tengo en alta estima, como ocurre con todos los hombres, a menos que padezcan de alguna enfermedad psiquiátrica. Pero no me he reprimido a la hora de extraer de la masa de los acontecimientos vividos algunos detalles que puedan parecer risibles o hasta reprochables. En definitiva —y es algo que he aprendido mientras escribo—, esos detalles negativos ayudan a establecer la gama de los matices y no sólo convencen al lector de la credibilidad de los asuntos sino que hace más simpático a su protagonista. ¿Les adelanto un ejemplo? Pues nada como aquel día que me sublevé, indignado y colérico en contra de mi propia persona por soñar que me había fumado, hasta el cabo, un excelente Cohíba. ¡Y que lo había disfrutado! Eso ocurrió dos o tres años después de dejar el hábito y de hacérselo saber a cuanto periodista pasaba por La Habana. No creo que nadie haya hecho nunca una introspección tan dura y fuerte de su conducta como yo aquella mañana de recriminación sorda, la que, para empezar, me llevó a subir al doble el impuesto de los cigarrillos y los habanos de consumo de la población. Alejarle de la fuma, tal era el objetivo.

La versión original de *La autobiografía* —compuesta de dos cuadernos, con trece capítulos por cada cuaderno— fue elaborada ocasionalmente en computadoras o *laptops*, pero casi siempre a la usanza antigua de pluma de fuente que se hace correr sobre la superficie espléndida de la papelería presidencial de mi exclusivo usufructo. He descubierto cómo hacer un maravilloso uso del tiempo a bordo de mi viejo y noble Ilyushin-62 de mis correrías políticas intercontinentales, y cómo hacer excelsamente productivas sus bandejas retráctiles de alimentos, mientras escribo estas líneas, y me dejo llevar por los vericuetos de mis recuerdos, y hasta aprovechar como fuente de inspiración el ruido de sus cuatro formidables motores *turbofan* Soloviev D-30KV que no cejan en su triturar metálico, y mientras me desplazo a mi ya respetable edad desde La Habana hasta cualquier punto de los que fueran mis territorios de conquista o donde fui aclamado y recibido como un héroe, en África o en Asia o en América, y mientras escribo y se establece una comunión entre la memoria y las palabras, una memoria que no cesa en rescatarme el pasado y en apremiarme a que lo haga avanzar sobre la pantalla o el papel, yo me dirijo a esos viejos escenarios que ya no me pertenecen y donde el viejo y proteínico héroe que soy yo es recibido como una curiosidad por jóvenes presidentes y dignatarios que, en ocasiones, tienen la bondad de tomarme del brazo para ayudarme a descender por la escalerilla, y conducirme al fragmento de pista donde esperan banda de música, tropas en formación, embajadores, banderas y flores. Pero yo echo una última mirada hacia el interior de mi avión y contemplo la bandeja donde he abandonado temporalmente mi *laptop* o el hatillo de hojas y que Chomi, el diligente secretario, se ocupa en cerrar y poner a buen recaudo en su maletín ejecutivo. Ahora, tres o cuatro días de funciones oficiales, de un par de *boutades* para oídos de los periodistas, rebuscar y fabricar al instante algunas frases de admiración y respeto por los anfitriones y su país, y todo ese tiempo desesperaré por hallarme de nuevo frente a mi obra en progreso, lo único que debía estar haciendo, bien arropado, y hasta con una bufanda, el tecito sin azúcar humeando cerca, sabiendo uno que está allí y que te acompaña y que lo tomas a sorbos y puedes mandar a pedir más cuando quieras, mientras sigues. Escribiendo.

De modo que estas páginas no sólo son equivalentes a lo que otros autores han denominado —en el terreno de la literatura— como un viaje sentimental, sino que han surgido al unísono con un viaje sentimental físico de mi propia existencia en este universo, y la mayoría de las veces lleva el eco de cuatro motores soviéticos Soloviev y la voz neutra, profesional de los pilotos que me llega desde la cabina cuando se comunican con alguna torre de control y dan la posición del CU-T1208, Cubana con un VIP a bordo —y yo levanto la mirada desde la pantalla de la *laptop* y hago, como de rigor, mi observación de control hacia el interior de la cabina de pilotaje. Sólo sombras ahí delante y el fulgor ocasional de la fosforescencia de los relojes en la pizarra. *Cubana Airlines CU-T1208. Cubana CU-T1208. With a VIP on board. VIP on board. I repeat.* Todos mis compañeros duermen a 12 kilómetros de altura sobre el mar Índico. Yo, escribo.

El primer cuaderno comprende desde el 13 de agosto de 1926 hasta el 1 de enero de 1959. El segundo, desde el 1 de enero de 1959 hasta el 13 de agosto de 2001. El primero, desde mi nacimiento en la finca Manacas, de Birán, hasta la huida del dictador Fulgencio Batista. El segundo, la destrucción del aparato estatal de la República e instauración en precario del poder revolucionario y luego la plenitud de la Revolución. El autor, al inicio del trabajo, tenía el propósito secreto de hacer prevalecer en la estructura lo que él cree que es su atadura con la cifra 13 y sus múltiplos. Una especie de *fatum* de orden numerológico —a lo cual ha dedicado su atención en diversas entrevistas con importantes periodistas extranjeros— pero pudo convertirse en un *tour de force* debido a que el peso del balance narrativo del libro se va completo sobre la segunda parte. En la presente edición se ha —no tanto abolido como— acomodado esa estructura para hacer más ágil la lectura, pero siempre nos las hemos arreglado para hacer siete subdivisiones mayores, de modo que en ese aspecto podamos seguir contando con un número afín a la causa —el siete, prodigioso número siete, con el que también me siento identificado y que en una época servía tácitamente para identificar el movimiento revolucionario. El Movimiento Revolucionario 26 de Julio. Estaba en los brazaletes de los guerrilleros. En los *graffiti*. Se decía en voz baja, en los susurros del clandestinaje. El M-26-7.

En ésta, una especie de introducción explicativa de las razones que me llevan a escribir mis memorias y mi utilización especialmente de *La autobiografía de Benvenuto Cellini* como guía y objeto de inspiración, hago una observación. Cellini nos describe o rescata un mundo donde no existían las comunicaciones actuales, donde todo aún era misterio. Demasiadas fotos y videos en nuestros tiempos. A partir de la aparición de la fotografía, todo el mundo del arte retrocedió, tuvo que abandonar una porción del terreno. El del arte narrativo, me refiero. Cuando el hombre fue capaz de capturar la luz e imprimirla sobre una hoja de papel y perpetuar la imagen, la literatura y la pintura realista tuvieron que buscar otros derroteros. Qué puedo contar yo que no se halle en alguna gaveta de un servicio especial o en las páginas de cualquier periódico. Bueno, lo que reservé para mi solo consumo de intenciones y jugadas de enroque.

Resulta banal sino absurdo, al intentar el descifrado de un hombre como yo, hacerlo por sus apariencias, y mucho peor juzgarle. Ante la incomprensión de sus actos, me convierto en una figura muy fácil de insultar. La injuria sustituye a tocar fondo.

Me queda la escritura. Mi último sistema de propaganda, el concepto entendido en su verdadera acepción del latín: propaganda de propagar, no el baratillo (aunque a veces muy necesario y efectivo) del *agitprop* y su versión capitalista de la publicidad.

El sistema de comunicación de los animales es infalible porque es a través de sus censores emocionales, a través de la sensibilidad, y no de palabras. Las palabras sirven en igual proporción para la verdad o para la mentira. Pero es el recurso a nuestro alcance.

Al elaborar una frase, la de mi padre bajo la fronda de un tamarindo, que se encuentra más adelante —el comienzo verdadero del primer cuaderno de estas memorias—, enfrenté intuitivamente lo que alguna vez alguien refirió como nunca tener conciencia de los dos hechos más trascendentes de nuestra existencia, que es nuestro nacimiento y nuestra muerte.

A mi edad, si una única experiencia queda como digna de toda mi curiosidad, es la muerte. Nada me sorprende en los mares que ahora navego. Todo lo que ahora soy y ya seré para el futuro es historia. En un tiempo, el término me inhibió, la historia era como una norma de conducta; luego me percaté de que no había tal, que el mejor matiz y productor de historia es el poder; creo haberlo definido de la mejor manera cuando dije muchas veces que el poder era para usarlo, pero qué importancia puede tener para mí la historia de la que no voy a tener conciencia. He demostrado que la estrategia —que es la proyección política más sostenida— es un fracaso, que sólo la táctica vale la pena. Pero el conocimiento temprano de muchas biografías sobre mí me ha liberado en mi largo quehacer. No pretendo pues, con este libro, refutar ni defenderme, pero sí dejar por sentado, por mi propia mano, valga decir, por mi propia boca, mi interpretación de hechos de los cuales soy el protagonista y de los que existe una visión más que foránea, farisaica. No es defensa, repito, sino imposibilitar a personas ajenas a estos acontecimientos, ajenas al punto de vista de haber sido yo mismo su promotor, de reescribirlos o interpretarlos. Al menos, de los acontecimientos aquí señalados, habrá que hacer referencias a partir de estas páginas a mi interpretación y mis móviles. En realidad, victorias y triunfos y medallas y masas aclamándome no me faltan, y quizá haya sido el hombre más aclamado de la historia universal, el que ha sido recibido por más presidentes y dignatarios, e incluso el que más proezas a su favor puede homologarse.

Yo, *yo solo*, he invadido más países que Alejandro, y más lejanos aún; he desafiado a dos imperios mil veces más poderosos que Roma y Egipto y que todos los imperios de la antigüedad juntos y que los de la era moderna y he sido noticia de actualidad más veces que ningún otro estadista durante casi medio siglo y a escala global. Mi nombre flamea en una bandera firmada por mí en la Antártida (de la manera en que pueda flamear una bandera en estado de congelación) y se me dieron vivas en el fragor de los combates en las Alturas de Golán, en el desierto de Mosámedes y en la Sierra de Falcón. Un batallón vietnamita llevaba mi nombre en la guerra contra los yanquis y ostento la espada de mariscal de la Unión Soviética. Pero.

Pero.

Me detengo, este texto no es un ejercicio de vanidad sino una obra de esfuerzo intelectual.

Realmente, si el final es escribir, aparte de seguir al mando de la nave, no debo hacer uso de nuestro dicho famoso de que todos los finales son malos. Porque no lo ha sido.

Escribir. Muchas veces éste fue mi objetivo. Incluso quise retirarme para dedicarme a este oficio. Muchos doctos personajes se han doblegado antes para escribirme, desde Tad Szulk y Herbert Matthews y Anne Geyer hasta Robert E. Quirk y el inglés Hugh Thomas, al que la reina Isabel hiciera caballero por su libro sobre mi Revolución. El Che Guevara murió pensando en mí, y el general Arnaldo Ochoa prometió hacerlo cuando lo fusilaran: pensar en mí. Pero yo, a la hora de entregar estas páginas, me creo en el deber de dedicárselas a un soldadito de la Revolución cubana, un joven artillero, Eduardo Delgado Delgado, que escribió mi nombre —Fidel— entintándose el dedo en el charco de sus vísceras abiertas, agonizando por el bombardeo mercenario a nuestra capital el sábado 15 de abril de 1961, en el preludio a la operación de desembarco por Playa Girón. Tampoco se trata de escribir minuciosamente toda una historia que por demás está recogida no ya en cientos sino en miles de libros, no sólo la mía, sino la de la Revolución cubana, que es exactamente lo mismo. Sino concentrarme en los espacios que yo en verdad considero dignos de tratar ahora por su desconocimiento y de algún modo reflexionar sobre ellos, para explicar y para que se sepa por qué he parecido muchas veces prepotente y que en ocasiones me burlo de los demás. A los que he querido, los he forjado. A los otros, pues sí, los desprecio. Si algún lector en el futuro —fuera de mis supuestas o probables manipulaciones o en otra latitud o que nunca conoceré, que es lo mismo—, encuentra aquí alguna explicación de utilidad para sus negocios o andanzas o le sirve para diseñar o emprender sus acciones, cualquiera que ésta sea, pues se puede incluir entre ese grupo de los que se merecen mi respeto.

Si me he manejado en un mundo de pusilánimes y débiles, cómo dejarme llevar por esas presencias que yo mismo he violado. Debo escribir para seres superiores.

Ahora déjenme contarles lo que ocurrió después de aquella noche de tormenta de agosto de 1926 cuando nací a las 2 de la mañana en la casa sobre pilotes de la finca Manacas y ese recuerdo de mi padre que tengo. Mi padre a la sombra del tamarindo.

A la sombra de un tamarindo en flor

Fumaba debajo de la mata de tamarindo mientras las mujeres despellejaban los animales y pelaban la yuca. El pobre. Lo estoy viendo bajo la mata, tomando el fresco, una mata que dominaba todo el patio, con su grueso tronco de 8 metros y los pequeños tamarindos en flor apuntando en sus gajos, y su fronda llenando de fresco y sombra la estancia y el denso y luminoso y verde follaje dominando desde su estatura de 25 metros lo que parecía ser su demarcación territorial, que era hasta donde moviera su sombra, y sus hojas siempre verdes aun en la seca y la gracia abundante de sus flores de cinco pétalos en racimos que son amarillos con anaranjado y listas rojas y los capullos violetas.

Aprendo la comunión que puede existir entre un hombre y un entorno. Creo que el primer conocimiento de algo comprobable de toda mi existencia es el de mi padre con aquel veterano tamarindo, al que se le calculaban más de 100 años. Eran las señales inequívocas del verano. La zafra azucarera ha terminado y las cuadrillas de macheteros desaparecen de la zona y las chimeneas del ingenio cercano, el Marcané, se apagan. Entonces el tamarindo comienza a florecer y mi padre sale de su refugio de invierno en el altillo de casa y comienza sus largas digestiones, tabaco en mano y las piernas regordetas bien separadas, bajo el árbol. Puedes dar por seguro que el verano está en las vecindades por el florecer del tamarindo. *La calor*, como le dicen los campesinos a la estación. Después, desde principios de julio, se produce el otro rito seguro de mi padre. Al menos, del que yo tenga memoria. Expresar su admiración por la productividad del árbol y repetir sin cesar la cantidad de libras de sus frutos que ha cosechado.

Los bancos de madera, donde mi padre solía sentarse en aquellos años, están colocados en derredor del grueso tronco, yo diría que como los cuatro puntos cardinales. Y muy cerca de él, atrás y hacia su izquierda, está el tanque elevado de agua, sobre sus cuatro patas de ce-

49

mento, y más allá los renegridos palos de caiguarán sobre los que se apoya mi casa. Decía que lo estaba viendo. Lo veo, él con el Cazador de Pita, y el sólido brillante, en su derecha, con la que también sostiene el Cazador, que no deja apagar y al que no le desprende el anillo hasta que la lumbre amenaza con alcanzarlo, cerca de sus labios. Los cazadores de Pita eran su marca de tabaco favorita y los carreros los traían por sacas hasta la puerta de la finca. Carreros era como se le llamaba a los viajantes del comercio. Después, cuando mi padre abrió su tiendecita al otro lado del camino y frente a la casa, despachaban el tabaco y todo el resto de la mercancía allí.

Y mi padre tiene botas altas de hule y la guayabera está manchada de ligeras pero perceptibles sombras de café.

¿Y ustedes, lo ven ahora? Bien, pues, ése es el paisaje bucólico y enteramente cubano que yo mismo voy a destruir dentro de unos 30 años. Me parece increíble. En todas las instancias del país que lo encuentre, en todas, lo voy a destruir. Pero no porque lo odie, o porque me lo proponga de antemano, o porque crea merecerlo, sino porque —voy a terminar creyéndolo así— es el destino de un proceso. Es algo que yo mismo voy a violentar y de lo cual poco a poco no voy a tener otra forma de control que no sea sumarme a la propia fuerza que he generado y desatado. Porque, en realidad, no puedo decir que me haya ido mal ahí, como parte de ese paisaje. Y es en este punto donde casi todos mis biógrafos fracasan. Cuando quieren encontrar en mi infancia de Manacas, Birán, las causas de la Revolución cubana, como si observaran la conducta de un perrito de Pavlov. Nunca quieren concederme que la Revolución fue un proceso intelectual. Primero, de decantación. Segundo, de funcionamiento. Tercero, de control. Tampoco se percatan de que todos esos mecanismos que puse a funcionar, o que al menos desperté, no tienen nada que ver con la infancia de un niño feliz.

La situación, la de este episodio, a mi edad de entonces, cinco añitos, cuando mi padre está allí como un cacique bajo el tamarindo, y me tiende la mano gruesa y refulgente con su brillante y me dice, «mijo», o «plebeyo», es la de contemplar en ese paisaje, el mundo. Es lo que estoy viendo. El mundo entero. Y, sin que pueda dar ahora una explicación certera, lo tomo por inamovible. Ése es todo el paisaje que existía. Y, confieso, me era suficiente. Un paisaje medieval que entonces debía permanecer inalterable desde que mi padre, para levantar su colonia cañera, abrió montes y destruyó bosques de ácanas y majaguas y caobas y caiguaranes. Me parece estarlo recorriendo ahora desde un eje que soy yo mismo, pero en cámara lenta. La caja de hielo está adosada a la pared del bajareque donde se guardan las ollas y los granos y donde se halla la larga mesa donde las viejas de la casa (mi madre, mi hermana mayor Angelita, alguna criada) desuellan —*desollan*, dicen ellas— el puerco, y donde en una esquina pondrán después el molino de maíz, y que es la mesa con una canal para que la sangre del animal fluya por el medio hasta la cubeta colocada en el piso y atraparla. Y como nadie sabe el contenido de la caja del hielo, podemos seguir calificándole como paisaje del medioevo.

La casa mira hacia el camino. El camino va a Cueto, media hora a caballo, diez minutos en camión. Las ventanas se orientan hacia el nordeste que es el lugar hacia donde abren las ventanas en Cuba si el constructor sabe lo que está haciendo y que es de donde descubrieron los españoles que soplaban los alisios. Mi padre está fumándose su tabaco y me ha llamado y me dice que como son cinco años me va a regalar un peso. Agrega:

«Este año ese cabrón me ha dado 350 libras.»

350 libras de tamarindo.

El Cazador es ahora el instrumento con el que apunta hacia la copa del tamarindo, en la que ya se han extinguido, hasta la próxima primavera, todas sus flores y frutas.

Yo le pregunto, pero, padre, por qué usted no me da cinco. Cinco pesos. Uno por cada año. Y mi padre dice, cabrón, un peso son cinco pesetas. Cómo que cinco pesos. Está usted muy vejigo para tanta zalamería.

Las mujeres más jóvenes —mi hermana Juanita y no sé si Emma y alguna que otra negrita de ocasión, hijas de los jornaleros haitianos que se quedan gravitando por la zona después de la zafra—, pelan la yuca frente a mi padre, y allá arriba, en la cocina de la casa, desconozco quién prepara el congrí. Qué tía, qué abuela, qué criada. Raulito todavía no está en el escenario. O en la cuna o aún no ha nacido. Después saco la cuenta.

Digo que la cocina estaba allá arriba porque la casa se había construido sobre pilares de madera de hasta siete pies de altura. También la estación de correo, visible desde el portón de la finca, y la escuelita, se hallaban sobre pilares. Años después descubrí la razón de por qué tantas casas y oficinas públicas del campo cubano se construían sobre pilares de madera o sobre mojones de cemento, y era para ahorrarse el movimiento de tierra y el costo considerable de echar cimientos y gastarse una fortuna en cemento. Pero no era una habilidad de un gallego tacaño como se quiere hacer ver para disminuir a mi padre. Se trataba de una costumbre razonable y con su propia lógica que se solía aplicar en muchas construcciones del campo. De hecho, todas las casas de los potentados de la United Fruit, en Banes, el otro pueblo cercano, localizadas en el llamado «barrio de los americanos», se levantaban sobre mojones de cemento. Pero nadie menciona a esos yanquis como unos redomados tacaños. Lo único que sale a relucir son los animales que se criaban debajo de mi casa. En realidad había todo tipo de animales, que mi padre se empeñaba en calificar como «domésticos». La clasificación comprendía vacas, gallinas, pavos, ovejas, patos y guanajos. Los puercos no. Los puercos estaban en la cochiquera. Pero era una especie de racionalización del espacio que había ideado. No sólo se había ahorrado los cimientos sino que, con la simple introducción de unos pilares más largos de los que se empleaban comúnmente, se ahorraba también el establo.

Continúo mi paneo. La ventana de la cocina, que da en dirección contraria a la del viento, para que barra olores y vapores, tiene la tranca que mantiene la hoja elevada, para botar desde ahí los desperdicios que caen en un salto de más de nueve metros, directamente en la cubeta ancha que recoge esa materia comestible y acuosa que a partir de hallarse en la cubeta se llama el sancocho y que luego se lleva a los puercos. Y la mata de tamarindo parece agraciar todo el patio. Y los olores son los del aire simple y puro cuando el viento es sostenido y, si no cae, no te enteras nunca del olor de sangre de los sacrificios y las flores dejan lo que mi madre llama un ambiente y es algo que se te queda en la conciencia. Están también los ladrillos de barro presentados como un cantero alrededor del grueso tronco del tamarindo, que trajeron de la fabriquita de Cueto y del que todo pueblo de Cuba tiene una, una igual, el mismo horno, la misma estiba de ladrillos, los mismos negros enchumbados de sudor, palas en mano, y los espléndidos torsos desnudos iluminados como después de la lluvia.

«Qué cinco pesos ni un carajo», dice mi padre.

Entonces me mira fijo y noto un rápido destello de picardía en sus ojos. Sé que es de picardía porque la mirada se suaviza y porque se toma la precaución de modular su voz para que las muchachas que pelan la yuca, a unos 20 pasos de distancia, no escuchen lo que me va a decir a continuación y lo que me dice es algo para lo que no estoy aún preparado, ni siquiera para comprenderlo, pero a resultas de lo cual yo percibo que de pronto existe una puerta y que esa puerta puede abrirse y que más allá de su umbral voy a dar con una dimensión, con una posibilidad, de la que yo aún soy incapaz de asimilar su sentido, tanto, que me hace sentir por primera vez en mi vida perturbado y hasta me hace olvidar la pérdida de cuatro pesos en una mala jugada de planteamiento.

«¿No querrá ya usted dinero para irse de mujeres? ¿*Ummm*? ¿Ya le está picando el gallito? Pues me avisa, porque yo le busco cualquier pelandruja para esa faena y que no me salga por encima de las cuatro pesetas.»

Al fondo del patio está el rancho donde mi padre tiene su radio RCA Victor y donde echa una siesta a ratos y donde mi hermano Ramón, el mayor de los varones, se pone a oír música mexicana pero que mi padre sólo quiere para las novelas, cuando puede captarlas.

Más allá de la cochiquera están los tractores, los Ferguson, los Caterpillar.

Según las historietas a crear dentro de 60 años para mostrarme como producto de una familia de bandidos, la gente de la United Fruit, con el administrador Hodgkins al frente, entran como tromba indignada hasta donde se han parqueado, y los descascaran, buscando su pintura original, que revela el dueño hasta la noche anterior, es decir, el mismo Don Hodgkins con la cuchilla de bolsillo, redentora y justiciera, que blande con gesto amenazador ante mi padre. La finca Manacas, que él desbrozó con sus manos y de la que sólo sacó tres lujos en toda su vida; que le tiraran un cable con electricidad para la casa, que no le faltara la fuma —sus cazadores de Pita— y disponer del brillante en el anular derecho, es la mentira de mis biógrafos, que al no tener forma de empañar la historia de un niño en el transcurso de su infancia, la emprenden contra un hombre hecho al trabajo. Pobre hombre. Y si de alguna manera recordamos a Don Hodgkins en nuestra familia —en las raras ocasiones que podemos reunirnos para estas sesiones de evocación—, es como un borrachín que daba buena cuenta de las reservas del coñac de Birán y con el que siempre mi padre terminaba enredándose en una discusión sobre el hundimiento del acorazado *Maine*. Mi padre, que había llegado a Cuba primero como soldado, se consideraba en la necesidad de culpar a los americanos del hundimiento de su propio barco para declarar la guerra contra España. Hodgkins, desde luego, defendía la posición contraria. Aquellas sesiones de coñac y *Maine* eran como si los dos países se volvieran a declarar la guerra. Mi padre enarbolaba un daguerrotipo de los restos del *Maine* en la bahía habanera —¿o era una tarjeta postal?— que para estas ocasiones mantenía a la mano en el desván del comedor, y daba rienda suelta a un tono de burla que nunca le escuché fuera de estas ocasiones, cuando observaba: «Pues no me negará usted, mi querido Don *Joquins*, que quienquiera que haya puesto esta dinamita, de los suyos o de los nuestros, sabía lo que se traía entre manos. Mire usted que esto es lo que yo llamo hundir un barco a conciencia. Mire esto, por Dios. Qué manera de estar hundido». Aunque después —y esto sí lo recuerdo— mientras el tambaleante Don Hodgkins se retiraba hacia su coche, mi padre le comentara a mi hermano Ramón: «Todavía no me toman en serio». Qué fácil quitarle la tierra a estos americanos, corriéndole las cercas. Pero nadie puede dar prueba de esa historieta. Acrecentar sus casi 800 hectáreas a costa de la United Fruit, moviéndole los lindes, y de noche, es más de lo que mi imaginación quiere aceptar. Aunque en última instancia, a mi modo de ver, hay honor en la leyenda de un quinto del ejército español, ganándole la guerra después de la guerra. Puerco para ustedes, grita a las mujeres, a todas las que nos rodean, en la cocina, las que se afanan sobre las yucas, aquellas que descuartizan el animal. Pero fabada para mí.

«¿Oyeron? Mujeres, carajo. Puerco para ustedes. Fabada para mí.»

Arriba, en la casa, los muebles, bastos, de madera y cuero, y grandes y sólidos, y el excusado al final del patio y las palanganas debajo de la cama para evacuar las vejigas por la noche y cuyo contenido uno bota por la ventana, y viene el carretón del hielo, halado por un mulo, el carretón de don Hildemaro, y siempre hay un pedazo de rueda de carreta abandonada y siempre un entenado o un tío que cuando se emborracha comienza a llamar a los bueyes.

Domingo, 16 de agosto de 1931. Van a celebrarme mi cumpleaños, con tres días de atraso, para que no sea día de trabajo. La verbena, dice mi padre que se llama esto, y me coloca la pesada mano en la cabeza. Lo acepto como una tierna caricia. Esa misma mano sobre mi cabeza en una noche de tormenta es el primer recuerdo que yo tengo de un contacto verdadero con el mundo exterior. No puedo decir —porque no lo sé— cuándo hablé por primera vez ni cuándo hice lo que las mujeres de la casa llamaban las primeras gracias, pero recuerdo ese ciclón al sur de Birán cuando tenía dos años y lo asocio con la fuerza de esta poderosa mano de soldado gallego. No hubo ningún huracán sobre Birán el día de mi nacimiento, como dicen algunos autores. La gringuita Georgie Anne Geyer, pese al desprecio y el racismo de su trato, no resiste la tentación de dotarme de alguna clase de poder sobrenatural al echar a correr un devastador huracán sobre la zona en su descripción de mi llegada al mundo. Pasaron dos ciclones con alguna relativa cercanía, según los viejos partes, y había mucha lluvia y ocasionales ráfagas y el cielo estaba rojo, pero es habitual en agosto. En Cuba no ha nevado jamás. Sólo, en ocasiones, una tímida escarcha cubre la vegetación en las partes más altas de la Sierra Maestra. La temperatura es alta pero no excesiva, los días completamente soleados no son muchos y los vientos alisios alivian el clima. Pero tiene ciclones. Cuando se desatan, sus vientos pueden alcanzar velocidades de hasta 300 kilómetros por hora, con lluvias torrenciales y maremotos. Estos monstruos se presentan con un núcleo cálido (ojo del huracán), cuyo diámetro es de 20 a 50 kilómetros y en el que la temperatura puede rebasar en 10 °C a la que reina en sus alrededores. Los remolinos pueden alcanzar entre los 5 y 8 kilómetros de altura y tienen un diámetro de más de 300 kilómetros y una duración media de ocho días. Pero yo no podía saber que me estaban pariendo esa noche del 13 de agosto de 1926, hacia las 2 de la mañana, ni que un ciclón estaba en una vecindad aún aceptable para los vecinos de Birán. Pero en el ciclón del 28 —dos años después—, sí olí el peligro y sí olía la lluvia y todavía oigo los portazos de las ventanas y tengo el calor de la mano protectora de mi padre, todavía un gallego fuerte y duro, cuando me toca en la cabeza. Mi madre me tiene en su regazo y entonces por primera vez se produce el conocimiento de una tormenta y de cómo es estar dentro de ella y de que los temporales se capean aunque estés dentro de una casa, y oyes los vientos y el aluvión y aprendes lo magnífico que es estar bajo techo cuando eso ocurre y recibes ese conocimiento por contacto, por la mano de mi padre, que se posa sobre tu cabeza mientras madre te protege en sus brazos. Al otro día es la experiencia de la devastación —ahora no sé si porque me lo contaron o porque lo registré con mis ojos—: la colonia en el piso, toda la caña aplastada por los vientos, y las vacas, los animales —y la gente— ahogados.

Una vez le comenté a un curita brasileño, fray Betto, que me grababa una larga entrevista, la vehemente pasión religiosa de mi madre. Era un curita revolucionario, de esa inquieta y muy susceptible izquierda latinoamericana, con el que además yo simpatizaba personalmente. De modo que le di algunos elementos para alimentar su fantasía. Pero, desde luego, no le dije toda la verdad. Ni siquiera una ínfima porción de ella. Ciertamente, cuando le describía a mi madre como una religiosa de atar, no le especifiqué nunca a qué religión ella se entregaba en cuerpo y alma. Era santera. Y, además, pensaba que yo era un predestinado. Lo pensó siendo yo un feto aún. Yo estaba en su vientre cuando se le reveló que su hijo por nacer tenía una misión muy importante. Que tenía un destino marcado por los dioses. A tal punto fue su convicción que me hicieron santo en su barriga. Ella misma me lo contó, pocos días antes de que triunfara la Revolución, el 24 de diciembre de 1958, cuando me di una escapada desde las estribaciones de la Sierra Maestra para ir a verla. A tal extremo dominábamos el territorio, que pude moverme con bastante margen de seguridad —a través de caminos vecinales y cañeros, desde luego— en una caravana de cuatro vehículos y una veintena de acompañantes. El paisaje había cambiado dramáticamente en los cuatro años pasados desde mi última visita y faltaba mi padre y la casa grande. Pero hablaremos de eso más adelante. Estaba cayendo la noche sobre Birán, y ella me había esperado en lo alto de la escalera, por la que subí solo mientras mis hombres, indecisos, se arremolinaban en el primer escalón. Delante de Lina Ruz González estaba plantado un guerrero, fusil FAL al hombro, una barba de dos años de campaña, el uniforme verde olivo un tanto ajado y con los bolsillos repletos de tabacos y papeles, pero que me sentaba como hecho por un sastre y no como una vitualla ocupada a las fuerzas enemigas, que la cogió en sus brazos y casi la levanta en vilo, cuando la oye decir: «Aggayú». Y de inmediato, como correspondía, comenzar su rosario de recriminaciones. Por una vez, dulces recriminaciones. Que si no tenía quien me planchara el uniforme. Que por qué el churre en las uñas. Que tus hombres salgan del naranjal. Que me están comiendo las naranjas. Y para lo que más te estoy esperando, Fidel. ¿Cómo tuviste la osadía de mandarme a quemar los campos de caña? Menos mal que tu padre, que Dios lo tenga en la gloria, estaba en su tumba. Fidel. Fidel. Ay, hijo mío. Esa noche, pues, después de la cena, en un aparte, supe la historia. Supe que yo era hijo de Aggayú y todo el procedimiento de hacerme santo en su vientre. Sabía que yo estaba predestinado, me dijo, y que mandó a buscar un santero y éste fue quien determinó que mi padre era Aggayú. «Por tu mano izquierda —le dijo—, porque es tu misma sangre y por ahí yo puedo ver a tu hijo por ti.» Ser hijo de Aggayú complicaba mucho las cosas porque Aggayú, que es un súper guerrero, hace muchos años que no tiene a nadie que sepa hacerle el santo. Los viejos santeros eran los únicos que conocían la ceremonia, pero habían muerto todos hacia los años veinte y se llevaron sus secretos ceremoniales a la tumba. Por lo que es un santo que ya no va a la cabeza de la gente que se inicia. En otras palabras, y me tomo la libertad de emplear un concepto médico moderno, se busca al santo más cercano, en este caso a Changó, del que Aggayú es su padre de santería, y se le hace oro para Changó al iniciado, que es como una especie de *bypass*. ¿Entienden? Se le hace Changó y se le pone oro de Aggayú en la cabeza y se le pide que transmita la situación a Aggayú. Hay santos que pasan de ser orichas a ser ochas y que son muy fuertes y que con el transcurso de los años se ha perdido el secreto de la iniciación. Tengo entendido que incluso las ceremonias de oro para Aggayú hace decenas de años que dejaron de hacerse y que las últimas de las que se tienen noticia se produjeron en la ciudad de Pinar del Río hacia 1959. La historia, desde luego, la conocerá mi amigo el fraile brasileño si lee estas páginas. Pero recuerdo que una vez, a principios de la Revolución, se lo conté a uno de mis condiscípulos en la Universidad de La Habana, un negro de aires intelectuales llamado Walterio, a quien después nombré embajador en Marruecos y lo primero que hizo fue, borracho, pasarle por encima con el Mercedes de la embajada de Cuba, en un concurrido mercado, al sastre del rey, que, dicho sea de paso, era la pareja romántica de Su Alteza. Walterio Carbonell. El negro Walterio.

Así, pues, mi madre tuvo su ceremonia, es decir, yo tuve mi santo a través de mi madre, que se presentó en la ceremonia y le hicieron su tonsura en la cabeza y el resto del ceremonial, que es secreto. Trajeron hasta un santero desde La Habana, uno muy renombrado. No logro precisar si Miguelito Febles, que era también babalawo (sacerdote de la religión yoruba), o Taita Gaitán, los dos muy mentados en los años veinte, o quizá Antonio Peñalver, aunque Peñalver era muy joven para esa época; que son los tres nombres que a mi solicitud me ha localizado (los nombres, porque todos están muertos) recientemente la Seguridad del Estado a través de su buró número 3, que atiende cultura, religión y deportes. Desde luego, también me desentrañaron los secretos de la famosa iniciación, pero es algo que me reservo por el más elemental respeto. Le pregunté a mi madre si mi padre lo había sabido. «Lo pagó todo», me dijo.

Un Aggayú costaba 300 pesos en esos años. Una fortuna para la época. Aunque había santos más económicos. Los animales eran muy baratos y máxime en el campo. Carnero, gallina, gallo, paloma, pollo, guineo, y jicotea. Todos se sacrifican. Un carnero es fundamental para Aggayú, creo. Se le da dos gallos. Una jicotea. Ésa es para Changó que come jicotea. El animal se sacrifica, y hay la ceremonia secreta que no se debe revelar. Pero ese animal se mata ahí y se le da a beber la sangre al santo, y no debo revelar tampoco qué se hace con el animal sacrificado, que después tiene distintos caminos.

Casi ninguna biografía o relato sobre algún personaje histórico comienza en el nacimiento del protagonista, sino que se escoge el momento cumbre de su vida para atraer la atención del lector y de ahí se puede después pasar para atrás. Puesto que toda esa parte del nacimiento y la infancia es más o menos igual para todos y un poco más adelante —juventud y vida profesional— es pasto para consumo de los psiquiatras y para los estudiosos del desarrollo de la personalidad, tratemos pues en esas partes desconocidas de la historia de los individuos —en este caso el individuo soy yo— y en donde se pueda localizar el material inédito más importante puesto que todo lo demás abunda de una u otra manera en los periódicos y en las bibliotecas —y hasta en las filmotecas y videotecas últimamente. Y fíjense por el recoveco que he comenzado: por el vientre de mi madre. Ahora seguiremos en otra zona inaccesible para todos los investigadores hasta el día de hoy: mi memoria. Mi prodigiosa memoria. De la que, si yo quisiera describir con exactitud el sitio en el que se almacena su información, diría que es en dirección absolutamente opuesta a donde se produjeron las noticias. Y nada de interpretar. Sólo hechos. De cualquier modo mi panteón privado de deidades o dioses encargados de mi hado se incrementó aquella noche, unas 48 horas antes de mi triunfo. San Fidel de Sigmaringa. Ése fue el primero. Recuerdo que cuando era muchacho mis padres me decían que el 24 de abril era mi santo, y en el almanaque aparece San Fidel de Sigmaringa.

«No hay predestinados. Hay decisiones», le dije aquella noche a mi madre, hacia las 10, un poco antes de partir de regreso a la casa de Ramón Font, el administrador del central América, donde habíamos puesto la comandancia para el cerco de Santiago. Eran, como mínimo, dos horas de camino. Y con las luces apagadas por esos caminos vecinales resultaba muy peligroso. «No hay predestinados, madre. Lo que hay son decisiones.»

Entonces sonreí. Debía agregar algo. Un modo de complacerla: «Y brujería y Universidad de La Habana».

2. APOSENTO EN LA HIERBA

> Existe una tendencia en la actualidad, entre muchos de
> mis contemporáneos, de observar los sucesos de su pasado
> con una cierta ironía. Es un método legítimo, en defensa
> propia. «Mira lo ridículo que era yo cuando joven», sería
> una crítica cruel que anuncia pero falsea la historia. No
> somos sofisticados artistas. Aquéllas fueron emociones
> reales cuando las vivimos. ¿Por qué vamos a estar más
> avergonzados de ellas que de la indiferencia de la vejez?
> He tratado, infructuosamente, vivir una vez más tales ton-
> terías y sentimentalismos y exageraciones del pasado, y
> sentirlas, como las sentí entonces, sin ironías.
>
> GRAHAM GREENE

DICE UN AMIGO escritor que su autor favorito, William Faulkner,
decía que si él no hubiese existido, alguna otra persona lo habría escrito. Los escritores, claro, pueden tener algún colega como favorito
pero preferiblemente debe estar muerto. No obstante, respeto la intención de modestia de la frase. Yo no podría decir lo mismo. Debo
tratar de seguir aquí la norma de hablar claro que me he impuesto
para toda esta obra. Además de que no creo en lo absoluto de que sin
mí la Revolución cubana hubiese existido. Ésta es una idea permanente de mi presencia en este mundo y de mi andar por el tiempo, y
del que este libro debe ofrecer muchos ejemplos. De hecho, me he
tomado todo el cuidado para que mi historia sea la historia contemporánea del país. Digamos, la nueva historia del nuevo país. De ahí la
secuencia de enormes edificaciones que constituyen mis propios mo-

numentos en el territorio nacional. Casi siempre son lugares que asalté en alguna operación comando o en los que guardé prisión. Teníamos el problema de que los últimos momentos importantes de nuestra nacionalidad, al menos desde el punto de vista histórico, se habían producido en la guerra de Independencia contra España, la que terminó en 1898, al producirse la intervención americana. José Martí había sido el gran héroe de aquella jornada. Mas, medio siglo después, al triunfo de la Revolución cubana, en 1959, Martí disponía apenas de unos cuatro monumentos en todo el país, y siempre muy modestos: uno de unos 60 metros cuadrados de cantera donde, casi un niño, cumplió condena de trabajo forzado como picapedrero —las llamadas canteras de San Lázaro—, y otro, la casa natal en una callejuela de La Habana (Martí, como pueden corroborar, era habanero), y los otros dos, un mohoso monumento donde había caído abatido por las balas de los peninsulares, en Dos Ríos, y la tumba en el cementerio de Santa Ifigenia, Santiago de Cuba; este último el más pretencioso de todos, diseñado y esculpido, por cierto, por un escultor nombrado Mario Santí, al que le hicimos la vida imposible al principio de la Revolución, hasta lograr que emigrara, por su probada relación con el gobierno de Batista. El mármol y una tonelada de prosa manuscrita tan abigarrada como espesa y en la que se refirió a casi todo lo humano y divino contribuyeron a suplir las deficiencias de imagen de José Martí, que era un hombre de poca estatura, cabezón, y con un aliento de espanto debido a su estropeadísima dentadura. No obstante, cuadraba perfectamente en lo que algunos describen como un santo. Martí, afirmaban, «era un santo». Pese a su físico y estatura —me hubiese llegado al estómago, y me habría tenido que acuclillar para besarlo, o para imponerle alguna de nuestras condecoraciones—, no desdeñé sus posibilidades (y la forma inexplicable en que los cubanos habían decidido que era la figura a venerar) para hacérmelo acompañar en todo mi programa político. Pero fui mucho más allá de sus devotos seguidores de la República en cuanto a los monumentos. Era nuestra necesidad. Había que crear una nueva mitología histórica en un país que por los últimos cincuenta años había tenido como figuras paradigmáticas a anunciantes de cigarrillos o cerveza por televisión o que los importaba de los clubes americanos de béisbol o de los tablaos españoles. Yogui Berra o Los Chavales de España clasificaban en la categoría. Así fue que me di a la tarea de crear mi propia monumentalidad. Y muy consciente de que debía dotarse de un sentido de dolor y sacrificio y hacer brillar la sangre. Dondequiera que yo había participado en un combate o me habían encerrado, convertí el lugar en un coto de paredes enlucidas de yeso y ascético y en un símbolo de mi presencia en la política de este país. El cuartel Moncada, que albergaba a todo un regimiento, es un monumento a mí, debido a que lo asalté. La granjita de Siboney, una zona en las afueras de Santiago de Cuba, de donde salí para el combate del Moncada, es otro monumento; y toda esa estrecha carretera entre Siboney y Moncada está debidamente marcada por grupos escultóricos y tarjas simbólicas. El presidio político de Isla de Pinos es un monumento debido a que allí cumplí durante unos tres años la condena finalmente conmutada por el asalto, y que me proporciona un altar de 40.000 metros cuadrados, incluidas sus cuatro galeras circulares de seis niveles cada una con capacidad para 6.000 presos, más sus edificios centrales y administrativos, y las caballerizas. La Sierra Maestra, Playa Girón, ciertas calles y lugares de La Habana —como la intersección de las calles 12 y 23, donde declaré el carácter socialista de la Revolución— o el apartamento de Abel Santamaría, uno de mis compañeros en el asalto al Moncada, están debidamente convertidos en monumentos. Es una especie de historia que se halla hacia dondequiera que te vires en el país. La historia, imponente e inaccesible, como debe ser la historia, por así decirlo, para los infelices mortales, que es una historia equivalente a la de los césares y emperadores. Entonces, viene cualquier presidente africano o alguno de los idiotas senadores yanquis y yo los llevo a un *tour* del cuartel Moncada, y me muevo ante mis propias imágenes que cubren las paredes como una revelación, como una criatura que, efectivamente está en el bronce, pero que además ahora te habla con toda familiaridad y te tutea y te pasa el brazo por encima, y tú de pronto entiendes que estás ungido por la gloria, por el peso de ese brazo que se descansa, fraternalmente, sobre tus hombros. De alguna manera, por un instante, te he permitido entrar en un dominio que es exclusivo de los dioses. El golpe de gracia, desde luego, lo deparo para el final del recorrido, cuando exijo que se abra la urna donde se halla mi rifle de caza Remington 30-06 con mira telescópica que llevaba en la guerra de la Sierra y que se exhibe allí, un tanto anacrónicamente en el Moncada, puesto que es el fusil de otra batalla. Y la urna se abre. Y yo extraigo el Remington de su pedestal. Lo tomo casi como a un niño de brazos. Casi que lo acuno. Los ojos me brillan y todos mis gestos son evocadores. Y entonces —con todo cuidado, aunque sin haberte avisado— te lo cedo. Te lo pongo en las manos. *Excalibur*. Tienes el último equivalente de *Excalibur* en tus manos. Y ya yo sé que eres mío para siempre, cuando te veo balbucear alguna frase de cumplido por ese honor que tú mismo estás llamando inesperado y tan grande.

Un problema, desde luego, se me presentaba con mi lugar de nacimiento. Si bien es adecuado y necesario que todo prócer tenga un lugar de nacimiento, en ese sentido Birán tiene algunas inconveniencias.[1] En primer lugar, que el pragmatismo de esa casa encaramada allá arriba para ahorrarse los cimientos y aprovechar como establo el espacio debajo del piso, carece de estética. En segundo, que todo eso allá abajo estuvo siempre atiborrado de ganado y de sus plastas. Era una casa dura, de un hombre muy duro, donde comíamos de pie y donde aún recuerdo a mi madre espantando a las gallinas de los sillones para que las muy escasas visitas pudieran sentarse y, pese a todo, el cuidado que debía tomarse para eludir los usuales depósitos de mierdita de ave. Aunque en la actualidad hay una valla en la carretera de acceso —a menos de 100 kilómetros de Banes— que anuncia mi lugar de nacimiento (con los grados militares del comandante en jefe de la Revolución y una frase que dice: «Sitio Histórico de Birán»), en realidad esto no está abierto al público y aún me recuerda que yo mismo me hallo en tránsito hacia el monumento definitivo. Lo más que tengo allí en la actualidad es una cadena que impide el paso a los visitantes y una patrulla de guardias del Ministerio del Interior. Así por lo pronto se controla el acceso al lugar. Un aspecto que me preocupaba era la valla de gallos donde mi hermano Raulito se pasó la mitad de su juventud. Era un gallero empedernido. Barrí con ella, junto con las demás vallas de gallos del país. Pero a él también le va a quedar su monumento, uno de segundón que es, en definitiva el que le toca, y que es la tumba que lo aguarda en el segundo frente, la zona de su guerrilla en la lucha contra Batista y que él mismo mandó a preparar. Pero hemos logrado conservar la escue-

1. La casa de Birán —o «la casa grande»— como se le llamaba en el lenguaje familiar, es en realidad actualmente una réplica bastante convincente de la construcción original. Más adelante se explican las razones.

lita de Birán, donde estudié los primeros años —creo que hasta los siete— y donde Baudilio Castellanos, el hijo del farmacéutico de la zona, y yo nos hicimos compinches. En el interior de la escuela, los pupitres, el pizarrón y el mapamundi son los mismos que conocí en mi infancia.

Las escuelitas rurales resultan lugares formidables para monumentalizar una personalidad. Más adelante explico el porqué, sobre todo en mi caso. Aunque en realidad la escuela era el sitio de donde «Bilito» —así se le llamaba a Baudilio— y yo nos escapábamos para nuestras aventuras y muy pronto —y quizá demasiado temprano para los dos— para irnos de putas. Advierto que mi primera relación con una mujer no fue pagada y tampoco en un prostíbulo de monte. Aunque creo innecesario situar en el lugar de mi pérdida de la virginidad la placa conmemorativa que diga más o menos «sitio histórico, donde el comandante en jefe metió por primera vez su rabito entre dos nalgas». Fue en un rescoldo de un cañaveral de la colonia de mi padre, sobre la hierba, y con una señora que era criada de mi casa, mayor que yo por supuesto. Yo no tendría más de siete años.

Desde luego, otro *handicap* de Birán es que en realidad se trata de un monumento a mi padre y de hecho al capitalista emprendedor y obcecado.[2] Si en algo hemos logrado suavizar esto, con asesoría de mis historiadores, es creando un viejo gallego que se batía contra la United Fruit como en una especie de venganza por la derrota española en Cuba. La realidad tiene apenas algunos puntos de contacto con esa versión, para serles sincero.

---

2. Un censo del barrio de Birán lo describía (en 1913) como situado en el término municipal de Mayarí, habiendo sido establecidos sus límites el 14 de septiembre de 1912, según corrección de las deficiencias contenidas en el acuerdo del ayuntamiento de 1908. Tenía colegio electoral en la escuela pública n.º 15, una estación telegráfica sin servicio de correos, tres colmenares, la colonia (o finca) Manacas, y minas sin explotar en La Juliana, Cedro, Guaro y Nipe —concesiones de la Spanish American Iron Corporation. El ferrocarril particular de la Nipe Bay Company recorría cuatro kilómetros dentro del barrio, el puesto de la Guardia Rural estaba en Guaro, y a unos kilómetros, el paradero de Alto Cedro, propiedad de la Cuban Rail Road Company. El gallego Ángel Castro, además de la casa familiar, que era el centro desde luego de la finca Manacas, estableció en el lugar todos los servicios básicos necesarios en una comunidad. Uno de ellos era la escuela pública n.º 15 a la que comencé a asistir a los cinco años de edad, y otro era el telégrafo. Luego puso la tienda, pero ésta era de su propiedad y habitualmente la atendía mi madre.

La casa de Birán, «la casa grande» en el lenguaje familiar, en agosto del 2001.

Los restos del acorazado *Maine* en la bahía de La Habana hacia 1901.

Ángel Castro comenzó su saga privada en un cruce de caminos desolado y de una tierra dura y casi metálica, roja y escarchada de lascas de ferrita. Ya era un señor colono cuando yo nací. Desde que tuve uso de razón, le escuché mencionar sus 800 hectáreas y las 10.000 que tenía en arriendo de unos generales cubanos de la guerra contra España. Es difícil, si no imposible, determinar ahora de dónde estos soldados de la libertad sacaron 10.000 hectáreas de tierra para arrendarle. Apenas tuve un poco de más luces, yo le decía, padre, usted es dueño del territorio de un país. Como murió en el año 1956, estando yo alzado en la Sierra, quizá con ello le ahorré un disgusto. El de despertar una mañana en su aireada habitación por el olor dulzón de la caña de azúcar quemada, cuando mandé a una guerrillita a incendiar la plantación —para darles un ejemplo a todos, el ejemplo de que la guerra era total. De alguna manera el polvo regresaba al polvo. No puedo asegurarles ahora que mi padre me hubiese entendido. Dos años después, del mismo modo, ejecuté la Primera Ley de Reforma Agraria —para acabar con los latifundios. En la hacienda de mi padre, en Birán, se procedió al igual que en el resto del país. Entonces supe definitivamente el monto de sus propiedades: 777 hectáreas y otras 9.712 hectáreas que tenía arrendadas permanentemente en haciendas cañeras vecinas —supuestamente las de los generales del Ejército Libertador. A mi madre, Lina Ruz, el Gobierno Revolucionario le respetó la propiedad de la casa familiar hasta su muerte en el año 1963. El lugar ahora pertenece al Consejo de Estado —máximo órgano ejecutivo del gobierno— del cual yo soy su presidente.[3]

Hace poco, por cierto, me decidí a realizar una breve excursión a Birán. Pero como algo íntimo y fuera de la vista de curiosos. Anteriormente me había aparecido allí con el colombiano Gabriel García Márquez.[4] Mi propósito era demostrarle que Birán, en cuanto a soledad, naturaleza y personajes, podía competir con su Aracataca natal. Recuerdo el rostro de curiosidad e incluso anhelante de Gabriel mientras le daba acceso al interior de la casa, como si de verdad de

3. El «histórico» caserío de Birán y la casa de finca Manacas pasará a ser un destino turístico donde los visitantes pagarán la entrada en dólares. Aunque, a propuestas del comandante en jefe, la entrada para los estudiantes de primaria y secundaria y de los pioneros será gratuita.

4. Un periplo entre Birán y la capital provincial, Holguín, que duró desde el 13 hasta el 15 de agosto de 1996.

esta manera le estuviera dando acceso a los más recónditos secretos de mi infancia. Fue el día que yo cumplí 70 años, en 1996. Pero mi propósito de comparar Birán con Aracataca se tropezó con la terquedad unidireccional de pensamiento del colombiano. Él, empeñado en descubrir los rescoldos de mis orígenes. Yo, en ganarle en potencial de maravillas latentes a su pueblucho.

«Gabriel —dije—, nadie podría imaginarte sin ese lugar... ¿Cómo se llama? Aracataca. Sin Aracataca».

«Ujum», respondió.

«Sin esos polvorientos caminos que tú cuentas —dije—. Mágicos y antiguos recuerdos de Aracataca.»

«Sí», dijo.

Encima de la mesa hay dos fotos, en blanco y negro, debidamente enmarcadas. En una aparece mi padre montado sobre un caballo blanco, con polainas y sombrero. Serio. La mirada del hombre que da órdenes. Hay una declarada arrogancia en la foto.

«Son como revelaciones de la región más recóndita de tu sensibilidad», seguí, en tono inspirado.

«Fidel —me preguntó, radiante de felicidad, y hasta de cierta compasión—. ¿Quién es este señor, Fidel? ¿Tu padre, Fidel?»

«Mi padre», respondí, sin prestar mucha atención.

Tuve que recorrer despaciosa y casi solemnemente el silencio oloroso de la casa grande de madera de pino, y buscar desde la ventana la sombra del puntal alto de la primera escuela, y los sonidos intermitentes del telégrafo y levantar la mirada por sobre los cedros hasta alcanzar todo el paisaje ondulante y cercano a los Pinares de Mayarí, para soltar, luego de un suspiro de bestia: «Birán fue mi Aracataca».

«Ujum», repitió Gabriel.

Iba a referirme a las lluvias de pájaros, los temporales infinitos, los seres mezquinos o angelicales, las historias tristes, los insoportables calores de mediodías deshabitados y las creíbles levitaciones de su literatura, cuando él se detuvo por segunda vez.

En la otra foto, mi madre sonríe, vestida de blanco, joven, linda.

«¿La señora madre, Fidel? ¿Es ella?»

«Pues era aquí donde yo vivía, Gabriel —dije—. Rodeado de la gente del batey y próximo a las amanecidas frías, los fanguizales del terreno y los vendavales del verano. ¿Copiaste, Gabriel? ¿Tú me entiendes?»

En este último viaje, a solas, quise recuperar yo mismo la conciencia de algunas cosas. Ésta es quizá la posibilidad más asombrosa de todas las experiencias a la que yo solo en este mundo tengo acceso y es la de desplazarme por una especie de principado que es un museo de mí mismo. La experiencia de poder comprobar casi todos los pasos de tu existencia, el tacto de casi todos los objetos que has tocado, la trayectoria de casi todos los caminos que has transitado. Es el caso de Birán. Si quiero sentarme en el sillón de caoba de la sala de mi casa con la misma pelota de trapo con la que me entretenía haciéndola rebotar contra el techo hace 70 años, lo puedo hacer a mi antojo, cuantas veces lo disponga. Sólo faltará la voz. Mi madre obligándome a suspender el juego antes de que le rompa alguno de sus adornos, los que también han sobrevivido 70 años, las flores de papel, los búcaros chinos, quizá aún a la espera de que el comandante en jefe vuelva a ser niño y los destroce de un *baon*[5] mal proyectado de su pelota, y faltará el olor familiar y permanente y para siempre establecido como el mejor recuerdo, de los almibarados plátanos maduros puestos a freír en un mar de manteca de puerco junto a los pequeños trozos de tocino. Ustedes creerán que es mentira. Pero en medio de la crisis de octubre de 1962, mi madre me envió el mensaje de que recordara que ella estaba en la casa, y que procurara que «mi nueva guerrita» —fueron sus palabras— no le afectara la propiedad y sus «porcelanas» como ocurrió en la campaña de la Sierra, cuando quemamos algunos de —¿sus?, ¿nuestros?— campos de caña. Después de ese mensaje, se convirtió para mí en un motivo recurrente de pensamiento que un cohete yanqui de rango medio con cabeza nuclear de medio megatón era el que finalmente iba a hacer añicos el jarrón chino negro del furioso dragón de papel crepé y ribetes dorados sobre la despensa.

Así pues, llegué a Birán y, después de hacer abrir las ventanas y de dejar pasar un rato para que la estancia se aireara, dejé fuera la escolta y me presenté ante mis fantasmas. No recuerdo que otra vez en mi vida yo haya estado absolutamente solo en ese lugar. Registro. Inspecciono. Determino.

El dormitorio de mi padre. La cuna de hierro donde fuimos criados todos en nuestros primeros meses y antes de ser despachados en

---

5. La caída y rebote inmediato de la pelota en el juego de béisbol. Viene, como casi todos los términos beisboleros, de una palabra inglesa, en este caso *rebound* (rebote).

el rito continuo de que ya habíamos crecido lo suficiente y que era imprescindible dejar espacio para el nuevo crío en camino, los nueve hijos de mi padre, los dos de su primer matrimonio, los de María Luisa, y los siete del segundo, los de mi madre, está al pie de la cama matrimonial, como es de rigor. Fue la cuna que mandó a hacer por un par de pesos a una herrería de Cueto. La colocó al pie de la misma cama inalterable donde con dos mujeres diferentes nos concibió a todos. Era como un símbolo de la fertilidad, tosco y protegido por pintura antioxidante, pero diseñado con precisión: la cuna al pie de la cama matrimonial. Además, la cuna se quedó allí aún después que mi madre parió a Agustinita, la última de nuestra estirpe. Mientras yo contemplaba el engranaje de la cama y la cuna establecido en el riguroso orden de mi padre, yo me preguntaba la lógica de haber dejado allí una cuna vacía para que los acompañara durante su vejez. Desde luego, el día de mi visita, también la cama estaba vacía y la presencia de aquellas criaturas que tuvieron un peso y una humedad y unos bríos no conocían ya siquiera de la situación de mayor proximidad a la materia que es ser un recuerdo reciente y carecían, desde luego, de toda vigencia, hallándose donde se hallaban que era el mismo lugar donde estaban antes de haber nacido y no ocupaban espacio alguno sobre unas sábanas amarillentas y tendidas la última vez hace 30 años por un oficial del Ministerio del Interior de cualquier unidad cercana a quien se le encargó atender la instalación.

Ahora debo explicarles algo. En realidad todo ese mundo por el que me he desplazado en los párrafos anteriores no se corresponde con ninguna realidad tangible, ninguno de esos muebles fueron ocupados antes por el peso de nadie, ni esas ropas fueron vestidas o se sujetaron a los hombros de nadie, ni en esos enseres bulleron nuestros alimentos. Es una casa utilería como un *set* cinematográfico —en el que todo es igual pero falso—, reconstruida después del triunfo de la Revolución y con la que yo siempre he guardado una distancia prudencial en gesto que debe interpretarse como de inequívoca modestia. Tengo entendido que los compañeros del Partido en la región, de las Fuerzas Armadas y el Consejo Nacional de Cultura con la colaboración de mi hermano Ramón y las otras hermanas disponibles y antiguos sirvientes de la casa aportaron sus recuerdos y algunas fotografías. Porque toda la casa de Birán desapareció en menos de una hora en la noche del 3 de septiembre de 1954. Raúl y yo estábamos presos en

Isla de Pinos y nos enteramos a los pocos días. Se supone que el incendio comenzó por el altillo. Mi padre olvidó apagar uno de sus tabacos en la mesita de noche, junto a la lámpara. El tapete bajo la campana de cristal fue lo primero en incendiarse. Éste, de inmediato, trasladó las llamas al entablado del piso y las paredes de pino de la casa. Pocos muebles pudieron salvarse. El fuego astilló y pulverizó los cristales y las lunas de los espejos y consumió hasta hacerles polvo las cartas y las fotografías de la familia y la colección de estuches de tabacos de cedro de mi padre y las estampas religiosas de mi madre y los tablones de la escalera del mirador y los horcones de caiguarán. Sólo la cuna de hierro de todos nuestros nacimientos mantuvo su estructura aunque nadie pudo tocar sus hierros candentes en una semana.

No hubo víctimas y tampoco mi padre abandonaría el hábito de la fuma por lo que le restaba de vida. Pero aquella mañana —supe el cuento tiempo después por boca de mi madre— miró las ruinas humeantes de su casa y los palos de caiguarán carbonizados, al menos en sus cortezas, que aún se elevaban al cielo, y masculló: «Es el principio del fin». Se mudaron para una construcción de dos pisos que lindaba con el patio de la casa desaparecida y que llamaban La Paloma porque ése era el nombre del bar que ocupaba la primera planta, también propiedad de mi padre. Un vecino, Cándido Martínez, que ejercía el oficio de la ebanistería, sólo necesitó de tres días para hacer las nuevas divisiones en la casa encima del bar. Después hizo grandes armarios y cómodas, camas anchas de caoba y mesas de noche. Otro vecino, Juan Socarrás, lo pintó todo de azul. Trasladaron las cosas que se habían salvado milagrosamente del incendio y que habían hallado sus propios nichos de salvación mientras las llamas despegaban las tablas de las paredes y retiraban todo sustento de los pisos y los gruesos polines de ferrocarril utilizados como clavos se inflamaban al rojo vivo y se desprendían como balas desde los maderos donde estuvieron metidos hasta la cabeza por medio siglo y se producía el derrumbe. Las piezas iban apareciendo en las labores de escombreo. La cuna de hierro, unas pelotas de trapo y el jarrón de los desvelos de mi madre.

Ahora, pensándolo bien, yo creo que mi visita de 1996 no hizo más que acrecentar la falsa autenticidad del lugar, puesto que al rememorar algunos detalles olvidados por los demás y —como siempre me ocurre—, al buscar una perfección que sólo existe en mi memoria y que se produce al antojo de los juegos de luces y sombras de mi pasado y al obligar con ello a brigadas enteras de mis subordinados a materializar esos tirones de memoria que me surgen al paso del dintel de una ventana o de la proyección de un haz de luz solar sobre el piso de tablones de pinos, no hago más que obligar a reproducir algo que, quizá, nunca haya existido a ciencia cierta y que el cerebro de un hombre de ya 70 años cree almacenar con toda exactitud. Por otro lado, se trata de tareas muy complejas. ¿De dónde va a sacar la Seguridad del Estado la réplica de un juguete que era un coche escalera de la brigada de bomberos de Edimburgo fabricado en 1932 en Inglaterra por la Lledo Company para volverlo a colocar debajo de las patas de una butaca de la sala que era donde yo recuerdo haberlo visto allí por una eternidad?

Ahora recuerdo que la colocación de la cuna —en la réplica del lugar donde hoy se halla—, se regía por un principio básico establecido por mi padre. Él decía que todos los hijos suyos que se criaran en su habitación y que respiraran su aire, serían sanos e inteligentes. La cuna recibía de lleno el beneficio de aquellos benditos alisios.

Las ventanas. Éstas demostraban la sabiduría con que mi padre levantó su casa y estableció su mecánica ambiental, sobre todo la de su habitación. Allí dispuso de una ventana en dirección exactamente contraria a otra —para establecer una corriente de aire, fluida y sin que encontrara curvas ni obstáculos. Una miraba de frente al nordeste, la dirección reinante del viento, y la otra le franqueaba el paso, lo desahogaba, pleno y vigoroso, sobre las tierras del sudoeste. De qué manera ese aire incontenible nos abastecía de inteligencia, fue algo de difícil aceptación para mí durante años. Luego ponderé los efectos de las partículas de mineral y del espíritu de la savia de los pinos de los que aquellos alisios de nuestra respiración recogían en la cordillera cercana de los Pinares de Mayarí antes de abalanzarse sobre la estancia, allí donde uno los incorporaba a su sistema sanguíneo, y apenas a una cuarta de distancia con la mano de donde un rudo quinto gallego de las tropas de Valeriano Weyler montaba a sus cubanas.

El pobre. Las circunstancias le impidieron morir en esa cama. Murió lejos de esa cama. Hubiese sido mejor, más cómodo, allí mismo, aunque esos vientos le fueron inútiles y ajenos esa mañana del 21 de octubre de 1956 y de los que apenas hubiese retenido la exigua bocanada que le reclamaban sus enrojecidos pulmones, rojos y sangrados por el consumo continuo —incluido días de catarro y gripe—, de 90.500 cazadores de Pita fumados durante su vida, antes de hundir su dura cabeza, por el cogote, en el almohadón a rayas azules y dejara escapar un silbido, como si se desinflara. Yo no pude estar presente. Me preparaba en México para desembarcar mi guerrilla en la Sierra Maestra cuando recibí el telegrama de mi madre.

La verdad es que se hizo a sí mismo y que levantó sus primeros dineritos al frente de una cuadrilla de polineros. El Preston y el Boston, propiedades de la United Fruit, eran los centrales más cercanos y el Macabí, de propiedad cubana, estaba al otro lado, por el camino de Banes, y fue él quien les tendió el camino de hierro. Después tiró traviesas y construyó tramos completos de líneas de ferrocarril hasta otros entronques principales. Hasta donde he avanzado en las investigaciones —para las que he creado una comisioncita del Consejo de Estado— Ángel María Bautista Castro Argiz había regresado casi de inmediato a Cuba después de ser devuelto a España junto al derrotado ejército español. Nunca después de 1910. Debe de haber llegado antes de esa fecha. Sobre el resto de la historia, yo creo que se ha escrito lo suficiente. Yo mismo he hablado todo lo que sé y está a disposición del lector en un cuantioso número de libros con mis entrevistas. Recuerdo haberle comentado una vez a un periodista que lamentaba no haber tenido yo la misma oportunidad de entrevistar exhaustivamente a mi padre. La verdad es que se me han quedado muchas lagunas de mi propia historia y sé que es un material irrecuperable.

Pero antes de que mi padre llegara, o mejor dicho, mientras aún era un quinto de Weyler y se hallaba en operaciones, ya la United Fruit se dedicaba a sus andanzas por la zona de la bahía de Nipe y por Banes y por Marcané, y ya tenían una evidente guerra en paralelo por estos parajes, pero no contra España sino contra los cubanitos. Tampoco eran plantaciones de caña su interés en aquel momento. Comoquiera que se trataba de la United Fruit, su empeño lógico eran las bananas. Los cubanos tenían muy buena producción de bananas en la zona, sobre todo los cultivos de Samá, al norte de Banes, y había un número de exportadores cubanos de bananas muy ricos, hasta que, repentinamente, una misteriosa plaga acabó con la producción. El episodio siguiente se lo pueden imaginar. Los americanos se hicieron de casi toda la tierra de la región, y sobre todo establecieron una franja muy larga que dedicaron a la caña. De paso, adquirieron a precios de ganga los palacetes de los cubanos que habían quebrado e instauraron sus barrios cerrados en todos los pueblos del área. Casi enseguida comenzaron la construcción de dos colosos de la industria azucarera: los centrales Boston y Preston. Ambos se hallaban en plena producción cuando mi padre llegó al norte de Oriente. Años después, cuando comenzó a tributar la caña de sus colonias, lo hizo para el Preston, puesto que casi toda la caña que molía el Boston era la llamada caña de administración, es decir, procedente de las propias tierras del central.[6]

Mi padre tuvo ayuda, como se puede suponer. No todo fue tirar traviesas y morirse bajo el sol implacable.

Birán era una colonia. Así se denominaban las haciendas dedicadas al cultivo de la caña de azúcar. Colonias. Birán daba contra las colonias de la United Fruit, por un lado, y contra las de Fidel Pinos Santos, un potentado criollo, por otro. Mi padre ya era lo que se dice un gallego aguajirado, fuerte de carácter, y fuerte de físico. La sólida nariz, y la calvicie, el ceño fruncido como quien sospecha de casi todo a su alrededor, y su resistencia a afeitarse, le daban un cierto aire de gladiador invicto (no quiero utilizar el vocablo fiereza). *Aguajirado*, de guajiro, que es la forma inevitable en que se llama a los campesinos en Cuba y por extensión a todos los cubanos que no viven en La Habana. No es un vocablo ofensivo, al menos la mayoría de las veces —y fue la forma en que se me llamó, sin que me disgustara, en mis años de estudiante en la Universidad de La Habana. Don Fidel Pinos Santos,

6. La sustitución de los cultivos de plátanos por caña de azúcar fue un extraño y absurdo negocio, sobre todo proveniente de la United Fruit, puesto que las bananas rinden el doble por hectárea. Después de la guerra de McKinley en 1918 el mundo ha venido consumiendo entre 60 y 120 millones de toneladas de azúcar (1997). El *spot* o precio de mercado abierto del azúcar fue en 1998 menos de 10 centavos de dólar la libra de azúcar. Esto es menos de lo que cuesta producirla hoy en día. Estados Unidos, Rusia y otros países subsidian a sus productores pagándoles 20 y 40 centavos la libra. Sólo una porción pequeña de la producción mundial es azúcar de exportación, y muchos países producen para su consumo nacional. Históricamente Cuba no fue una isla azucarera sino ganadera. El azúcar fue una imposición de la Revolución francesa y la participación de Wall Street en dos guerras mundiales. El ganado rinde por caballería lo mismo que el azúcar. Cuba nunca necesitó la industria del azúcar, que fue impuesta por los banqueros de Londres y Nueva York con sus inmigraciones de ilegales de Haití y Jamaica, sobre todo después de las convulsiones políticas de Francia.

en la hacienda colindante, era solvente, mucho, con mucho dinero en las alforjas (una forma de decir); inclusive, cuando se metió en política —a favor del Partido Auténtico—, se le reconocía como el que prestaba el dinero en la Cámara de Representantes. Cuba era una plutocracia. Necesitabas de alguien que te ayudara. Necesitabas relaciones. Por eso, conscientemente, cuando tomo el poder, de lo primero que me encargo es de destruir la vieja e inalterable plutocracia cubana que, con más o menos altas y bajas, dominaba la sociedad desde mediados del siglo anterior (amén de haber dominado con bastante fortuna, hasta el final de la guerra de Independencia, a las cortes de Madrid). Julio Lobo tenía catorce centrales. Los Gómez Mena-Fanjul tenían cinco. Los Fallas Gutiérrez y Suero tenían cinco, y al final siete centrales. Los Tarafa, tres centrales. Los Azpuru-San Pedro, tres centrales. Para que tengan una idea de lo que esto significa: el conjunto de centrales azucareros cubanos era 163 al triunfo de la Revolución. Con ellos, el país estaba capacitado para producir azúcar para el 70 por ciento del mercado de exportación mundial de este producto. Yo estaba obligado a crear un nuevo tipo de sociedad plutocrática, y con una nueva nomenclatura, que no dejara cabecear a nadie. Ser, yo solo, la plutocracia absoluta.

Don Fidel Pinos Santos, luego un conocido representante auténtico, es la persona que ayuda a levantarse verdaderamente a mi padre en la vida. Le presta dinero. Lo aconseja. Aunque sus préstamos tenían intereses nada generosos —hasta del 6 por ciento. Además (tengo que acabar de decirlo) cuando mi padre comienza a tener relaciones con mi madre, que había sido colocada como criada en la casa, don Fidel tenía relaciones con una farmacéutica de Santiago de Cuba, y ambos aprovechaban y se iban juntos de parranda a Santiago. Mi padre estaba casado con una señora de nombre María Luisa Argota, con la que tuvo dos muchachos: Lidia Castro Argota, a quien llamaban «Chiquitica», y Pedro Emilio Castro Argota. Sí, mi madre era la criadita. Creo —como suele ocurrir en estos casos— que fue la misma María Luisa la que le dio trabajo. Mi madre había venido de Pinar del Río, una campesina muy pobre, casi analfabeta, buscando oportunidades en esa región del oriente de Cuba donde se había levantado una especie de fiebre del oro con la industria azucarera. La casa dentro de la cual trabajará mi madre era el feudo de doña María Luisa y mi madre será la muchacha que finalmente Ángel no puede cogerse allí. Yo, con mis propios escarceos con otra criadita, conoceré años después las dificultades de una pareja ilegal bajo techo parcialmente ajeno. Claro, el mayor problema de casa era el resonar de los pasos sobre la madera. Toda la casa era de madera de pino, amén de que los muebles, excepto nuestra cuna, eran de caoba, y como la casa no estaba cimentada y se hallaba sobre aquellos largos postes, el sonido no encontraba ninguna barrera de amortiguación. Los pasos resonaban en todas las direcciones y podías distinguir cuando era una de las criadas —de las que habitualmente se contrataban una o dos cada cierto tiempo para ganarse sus 12 o 15 pesos mensuales más comida y techo— porque andaban descalzas y porque casi siempre sus pasos eran seguidos de alguna canturía, que ellas mismas vocalizaban, rancheras mexicanas por lo general. Por otro lado, todo el entramado de distribución de las habitaciones era en exceso elemental y no te ofrecía ninguna clase de escondrijos seguros. En el primer piso, en una primera habitación, se guardaban las medicinas y era llamado el cuarto de las medicinas; después venía el baño; después, un pequeño *pantry* seguido del pasillo que daba al comedor y la cocina; y entre la cocina y el comedor estaba la escalera que llevaba abajo, a la tierra. Una especie de oficina fue añadida al primer piso. En un segundo nivel o entrepiso, en la banda izquierda, la habitación de las cuatro hijas de mi padre con mi madre (Angelita, Juanita, Emma y Agustina); a la derecha, en otro cuarto, una cama para el mayor, Ramón, y otra para que compartiera yo con Raúl. Al fondo, dominando la estancia, el cuarto grande del matrimonio. Por último, arriba de un techo ligeramente piramidal, el altillo.

Sigo con don Fidel Pinos Santos. Tenía muchas fincas en Oriente. Y era una de las personas que más dinero prestaba en hipotecas, y navegaba con suerte extraordinaria, ya que solía hipotecar clientes morosos en el pago, de modo que se quedaba con muchas de las propiedades que había hipotecado; entre otras, con el hotel Patayo, de Holguín, que era uno de los mejores hoteles del interior del país. A mí me encantaba verlos parlotear, y sobre todo cómo exhibían los respectivos brillantes de sus diestras en el transcurso del diálogo, como quien no presta atención al relampaguear de las joyas. Los dos con sus brillantes. Don Fidel y don Ángel. La gente en el campo usaba brillantes por si les ocurría algún percance, *tener algo arriba*. Don Fidel usaba dos, *dos brillantes*, uno en el dedo y otro en la corbata. El uso de los brillantes tenía su lógica y demostraba que tu interlocutor era un hombre previsor. Si por una mala jugada de la fortuna se te acaba el efectivo o todo lo que tuvieras encima, con el brillante tenías algo para hacer dinero rápidamente. Era útil también para poder sobrevivir en épocas malas. En ese sentido, con sus dos brillantes, don Fidel podía ser catalogado de doblemente previsor.

Fue mi primer padrino designado. En Cuba, ésta era una figura muy importante dentro de la estructura familiar y respondía a conceptos totalmente prácticos. Tenía su origen, desde luego, en la amistad. Tú nombrabas padrino —y casi siempre le dabas su primer nombre— a un amigo, para que respondiera por tu muchacho. Más que representarlo a la hora del bautizo, el seguimiento que debía darle a lo largo de la vida debía ser digno de la confianza depositada. Y, sobre todo, debías estar presente ante cualquier dificultad económica del ahijado. ¿A quién designar padrino de tu muchacho? ¿Qué mejor que tu mejor amigo? De hecho, el padrino era investido en los efectos de una paternidad emergente. Pero a mi padre se le presentaron algunas dificultades con la cuestión de la celebración de mi bautizo, puesto que aún no había logrado divorciarse de María Luisa, su mujer anterior, por lo que el padrinazgo de don Fidel se fue quedando en el olvido. Al final, cuando las ceremonias de rigor pudieron celebrarse, y los curas aceptaron llevarlas a cabo, don Fidel Pinos Santos fue designado como padrino de Raúl. No sé cómo mi padre se las arregló para convencerle de que ahora el ahijado era el mojonete de Raúl, pero así fueron las cosas.[7] En definitiva, yo no creo que a don Fidel le preocupara mucho quién era el cabrón ahijado que don Ángel le estaba endilgando. Luis Hibbert. Ése era el nombre del que fue finalmente mi padrino. Y como yo tenía unos siete años para la fecha de mi bautizo y como ya había sido inscrito en los libros de Birán como Fidel Alejandro, mi padre no tuvo mucho margen para cambiarme el nombre por el de Luis Alejandro Castro Ruz. Aunque sé que acarició la idea. Por lo menos un día me preguntó que si no me daba lo mismo llamarme Luis. Porque, dijo, a él le daba lo mismo llamarse Ángel que Fulgencio. Pero, como en definitiva se trataba de una conversación entre gallegos, yo creo que lo que a él lo detuvo fue mi respuesta. Le dije que cuánto me ofrecía por llamarme Luis y cuánto por Fulgencio.

7. Raúl Modesto Castro Ruz nacido a la una de la tarde del día 3 de junio de 1931 en Birán según el Folio 280 del Tomo Duplicado número 16 correspondiente a la Sección de Nacimientos del Registro Civil de Cueto.

Luis Hibbert era el cónsul de Haití en Santiago de Cuba. Tenía negocios con mi padre. La mercancía a la que se dedicaron en asociación y el monto de sus ganancias es algo que yo desconozco. Pero tiendo a rechazar la idea de que Hibbert importaba la mano de obra, baratísima, de Haití, macheteros para los tres o cuatro meses de zafra, los desembarcaban en algún apartado muelle de Santiago, los embutían en los mismos vagones de caña que halaba una locomotora de fogón y los hacinaban en los viejos barracones cercanos a las colonias. Pero no se llenen la imaginación con un escenario de la Tercera Trata. En 1958 un machetero cortaba por ley un máximo de 500 arrobas al día, usualmente en 7 horas de trabajo, de 4.30 a 11.30 en la mañana. Este trabajador hacía 3,25 pesos (dólares) al día, como se pagaba a los trabajadores agrícolas en la mayoría de los países privilegiados. Él podía hacer en tres meses de cosecha 100 dólares al mes, lo cual era una cantidad absolutamente imposible en Haití en casi ninguna esfera de labor.

Concluyo con don Fidel. Cuando ingresé en la Universidad de La Habana para hacerme abogado, la mesada que puntualmente me enviaba mi padre desde Birán, yo la iba a buscar a casa de don Fidel, que se había mudado para la capital. Recuerdo que tenía su casona en la calle 17, entre N y M, una zona repleta de árboles y sombras, muy próxima al hotel Nacional. En caso de cualquier apuro económico, podía acudir allí, aunque mi padre siempre me exigió que estas visitas inesperadas se efectuaran lo más espaciadas posible. Quizá una al año era suficiente. Además, su padrinazgo sobre mí nunca se había concretado, por lo que cualquier solicitud de dinero sólo era viable en calidad de préstamo y a título de la amistad de mi padre con don Fidel. De cualquier manera don Fidel le pasaba luego la cuenta a don Ángel. Al final, cuando mi padre entendió que se acercaba a la muerte, le envió su brillante a don Fidel, con el encargo de que me lo hiciera llegar. Como yo estaba en mis trajines conspirativos en México y luego en la Sierra, resultaba un poco difícil de localizar. Pero don Fidel también se puso malito por lo que, a su vez, le confió el brillante a su hijo, Mario Pinos Santos Martínez, para que me lo entregara, lo cual, desde luego, hizo puntualmente al triunfo de la Revolución. Por cierto, don Fidel tenía un sobrino, Oscar Pinos Santos, del que he hablado muy bien a algunos periodistas. Era comunista desde muy joven, pese a ser el sobrino de este hombre tan rico y que estuvo designado para ser mi padrino y que nunca lo fue pero al que yo me recostaba pese a todo. Oscar publicó algunos libros de historia o de economía marxista al principio de la Revolución y era una especie de intelectual orgánico del proceso. Nunca me leí sus libros aunque los convertí en asignatura obligada de algunos niveles universitarios. Fue designado al frente de una empresa de planificación de riegos y siembras nuevas —o de algo por el estilo— del Instituto Nacional de Reforma Agraria (INRA) dados sus conocimientos económicos y a la praxis que debía haber obtenido de un tío que era dueño de la mitad de las tierras de la provincia de Oriente (es un decir) y reputado rey de las hipotecas amén de propietario del hotel Patayo. La tarde que lo vi en su flamante puesto le pedí que me explicara algunos informes que me estaban llegando de miles de hectáreas que se calcinaban bajo el sol inclemente debido a falta de riego y de otras miles de hectáreas que debían estar sembradas de caña desde la primavera para arrancar con el corte en la próxima zafra, cuando me respondió con un despliegue de mapas inmensos, cuadriculados, atiborrados de flechas e indicaciones. Desenrollaba uno tras otro frente a mi mirada cada vez más impaciente y a mi ceño cada vez más agudamente fruncido y a la lumbre de mi tabaco avanzando cada vez con mayor celeridad hacia mis labios. Nada, que el casi 90 por ciento de los planes agrícolas del país debía esperar por no sé qué organigramas y censos en cuya confección estaban enfrascados. Siempre me he preguntado la relación de fuerza con la mecánica de mi anatomía y el equilibrio necesario que debí adoptar, cuando quebré —en dos nítidas mitades—, de una sola patada, aquella mesa. Los lápices, reglas, cartabones, ceniceros, tachuelas y mapas saltaron como en una explosión, y los mapas, al caer —deslizándose por las dos inclinadas rampas en que la superficie de la mesa quedó convertida—, comenzaron a enrollarse —quizá por su propia inercia. Se requiere desarrollar —según mis estudios posteriores— un empuje mínimo de media tonelada de fuerza en un margen de tiempo/espacio de 0,7 segundos por medio metro de desplazamiento vertical, para, manteniéndote erguido, levantar la pierna casi hasta la barbilla y estrellar la planta del pie con la superficie que se desea quebrar, en este caso una plancha de *playwood* (madera prensada), producción nacional, de media pulgada de espesor. Si tomamos en cuenta que la patada es producida por un individuo de seis pies, 2 pulgadas de estatura, y unas 220 libras de peso, y vestido con un uniforme de campaña de las Fuerzas Armadas Revolucionarias y que calza botas de media caña y ocupa la cintura con una canana desde la que sostiene, a la derecha, una pistola automática soviética Stechkin, de un peso de 1,02 kg (2,25 lb) con su carga completa de 20 balas y, a la izquierda, una cartuchera portamagazines con cuatro magazines de Stechkin, también a carga completa de municiones, y que los cuatro bolsillos del descrito productor de la patada están sobrecargados de papeles, bolígrafos y once tabacos, veremos que es una operación que exige, además, concentración. Oscar tenía una pipa —él decía que inglesa— y recuerdo que muchas de sus explicaciones estaban señaladas por la boquilla nacarada del artefacto, que extraía de la boca para utilizarlo de puntero. Ésta desapareció de sus manos. Recuerdo que palideció y recuerdo, sobre todo, su sostenida emisión de orina —claramente visible en la mancha creciente de su pantalón.

De todos mis compañeros de escuela y de aventuras por los montes, el único que llegó conmigo hasta el final, es decir, hasta que falleció hace unos días, fue Bilito Castellanos. Desde luego, si pudo ir detrás de mí hasta la universidad, era porque tenía dinero. Él siempre me advirtió sobre lo que llamaba la característica esencial de Oscar Pinos Santos.

«Oye, Fidel —me decía Bilito—, ese Oscar es un comemierda.»

No había otro muchacho por todos aquellos alrededores con un padre que fuera dueño de una farmacia y pudiera sufragarle una carrera universitaria. Por acompañarme, Bilito hasta se hizo cargo de mi defensa parcial en el juicio por los sucesos del Moncada. Un amigo verdadero, por así decir. Un amigo probado. Incluso estuvimos enamorados de la misma muchachita. Pero él fue más rápido y mejor y se hizo con la presa. Se casó con ella y fue la señora suya de toda su vida. Al triunfo de la Revolución fue uno de mis primeros directores de la industria turística. Se hallaba en esas funciones cuando preparó todo un evento de pesca en mayo de 1960 con el solo objeto de que Hemingway se retratara conmigo. Bilito aparece en todas las fotografías de aquella tarde. Bilito en el centro de la foto, con su boina gallega, entre Hemingway y yo.

Después me comentaba:

«Oye, Fidel, yo creo que el americano se dio cuenta de que lo estábamos trajinando».

Bilito y su sonrisa cargada de aquella malicia. Encantador.

«¿Tú crees, Bilito? —yo le preguntaba—. ¿De verdad?»

«Oye, Fidel. Qué clase de encabronamiento debe tener ese viejo. Fidel, qué clase de trajinada le hemos dado.»

Un fiestero. Bilito era un fiestero. Amaba las parrandas —aseguraba— con el mismo fervor que a la patria.

Después lo nombré embajador en Francia. Y en el primer avión después del suyo le envié como agregado cultural, para darle lustre verdadero a su misión, a nuestro escritor de mayor renombre internacional, Alejo Carpentier, el que, debo declararlo de inmediato, aún me cautiva con dos de sus libros paradigmáticos: *El reino de este mundo* y *El siglo de las luces.* «Hoy he visto la máquina alzarse nuevamente...» Formidable. Aún recuerdo, sin abrir el libraco, la primera línea de *El siglo.* El cifrado que me mandó Bilito desde París a la llegada de Alejo era típico.

ESTÁ BIEN CON ESTE OTRO COMEMIERDA STOP PERO MANDA A SMITH EL COCINERO STOP ES LO QUE QUIERO STOP ACUÉRDATE DOS PUNTOS SUBRAYADO CON SIGNOS DE ADMIRACIÓN SMITH EL COCINERO Y LANGOSTAS Y RON Y TABACO FIN DE MENSAJE

REVOLUCIONARIAMENTE
EMBAJADOR CASTELLANOS

Smith era un negro rechoncho y de gestos ampulosos que solía presentarse ante mí con su gorro blanco de cocina y el despliegue de su también impoluto delantal y que, dando un taconazo de oficial prusiano, se me cuadraba en las recepciones para informarme que la cena estaba lista. Era el mejor cocinero del mundo. Bilito no lo solicitaba por gusto desde París. Smith era el inventor de la langosta al chocolate. ¡Langosta al chocolate! Ustedes se imaginan esas masas frescas de langosta casi acabadas de sacar de la nasa y apenas cocinadas con limón criollo y un asomo de sal y de inmediato sumidas en un tarro espeso de chocolate derretido para que queden cubiertas por una capa crujiente de la golosina y servirla ante tus ojos en las cantidades que apetezcas. No se lo imaginan, ¿verdad? Bueno, dicen que aún París llora por las recepciones del *Seigneur ambassadeur cubain.* Yo cooperaba con el viejo y noble amigo. El Instituto de la Pesca tenía mis órdenes de proveer las langostas. Se enviaban por avión a París y llegaban a las manos de Smith nunca con más de 15 horas desde la captura en el estero de Batabanó, al sur de La Habana.

Después Bilito, por iniciativa propia, se convirtió en un activo embajador itinerante con cobertura para toda Europa Occidental aunque sin abandonar su sede de París. Europa Occidental exclusivamente. Así se presentó en Roma con el objeto de convencer a un antiguo y recalcitrante, por reaccionario, senador de nuestra república para que cediera una fabulosa biblioteca de su propiedad al Gobierno Revolucionario. Orestes Ferrara se llamaba el hombre, que era de origen italiano además, y que se había exiliado en Roma desde los primeros instantes de la Revolución. No se sabe la cantidad de dinero que había sacado a tiempo de nuestro país. Tampoco se sabe de dónde había sacado esa cantidad de dinero *en* nuestro país. Pero tenía un palacio romano, en el que se presentaba Bilito, con unas inmensas cajas de cedro, ribeteadas de oro, y con el escudo de Cuba grabado en el centro de la tapa, repletas de Montecristos, y con su sonrisa de complicidad y un guiño, trataba de convencer a Ferrara de que yo personalmente se los enviaba. Al final Ferrara demostró ser más duro que Bilito convincente. No soltó su biblioteca pero se fumó todos los puros. Otra vez, hacia 1964, le desembarcó a Franco en Madrid, y lo menos que se le ocurrió fue trasladarle —también a nombre mío, desde luego— una invitación para que visitara La Habana y le agregó que lo tomara como un asunto entre gallegos: el Generalísimo, él (Bilito) y yo. Para recibir la respuesta —llena de lógica aunque también muy cálida— de Franco, de que esa visita a Cuba no le convenía «ni al Comandante Castro» ni a él (Franco). «Ni un poquito», decía Bilito que le había dicho.

Una de las últimas tareas que le asigné —hacia 1976— fue la de dirigir las inversiones para la fábrica de ron Havana Club, de Santa Cruz del Norte, ubicada a unos 70 kilómetros al este de La Habana, y que era un monstruo de planta que estábamos levantando en asociación con la Cinzano. Por poco él y sus amigotes —y una porción de individuas—, se beben ellos solos la producción de esa industria. Aparte de que cada vez me llegaban más informes sobre sus francachelas. No tuve más remedio que llamarlo a contar y recriminarle su conducta licenciosa y que anduviera con dos mujeres. Su respuesta determinó que nos distanciáramos como 10 años. Ya él había aceptado que era reprobable estar liado con dos mujeres a la vez y me prometió que no volvería a ocurrir cuando me preguntó que a cuál de las dos dejaba.

Infancia con la United Fruit

En cuanto a mis padres y Birán, no crean que tengo mucha más información, y aunque ésta no es la biografía de don Ángel o de doña Lina, creo que es importante el material que les he estado trasladando. Para los amantes de buscar las confluencias psicológicas y los traumas en la personalidad de los líderes revolucionarios, creo estarles siendo de utilidad, y máxime, me imagino —y lo hago sin rubores—, de uno —un líder, me refiero— tan competente como este caballero que ocupa vuestra atención. No creo que en ninguna otra parte puedan hallar otra mina como la de estas páginas. No habrá una especificidad traumatológica señalada, pero a lo mejor descubren una veta de buen material de conducta retorcida que se oculta detrás de todas estas palabras y hacen cosecha.

Birán. Creo que he estado ahí sólo cuatro veces desde el triunfo de la Revolución, es decir, desde hace 43 años hasta el presente —el presente es mientras termino este libro al inicio del verano de 2003.

Nereida. Hace poco le dije a una simpática periodista venezolana que parecía bañada en Chanel que yo perdí la virginidad a los siete años y con una mujer mayor. Estaba hablando de Nereida. La periodista había tratado de sorprenderme con la pregunta más provocadora de, me imagino, todo su arsenal. «Comandante —me dijo—, ¿usted está circuncidado?» Desde luego que no lo estoy. Pero no se lo respondí, al menos de inmediato. Pensé además que probablemente ella tuviera que averiguarlo por sí misma por lo que hice las correspondientes señas al jefe de la escolta —el coronel Joseíto— para que fuera creando las condiciones —en alguna de mis casas de los alrededores de La Habana habilitadas para el efecto—, por si había encuentro cercano con la muchacha. También, a la seña mía, Joseíto tenía que poner en marcha el mecanismo de peinado profundo de información. Si estaba en una recepción conmigo, en Palacio, ya había pasado

exitosamente la primera prueba. No era una asesina contratada por la
CIA. Pero se trataba ahora de acostarse con ella. Eso implicaba algo
más severo. Desde despachar un grupo de rastreo (brigada de registro secreto, tal era su nombre) a husmear por toda su habitación en el
hotel (cosa que de todas maneras ya se hizo de oficio, en dos ocasiones
por lo menos, una cuando llegó al país y otra cuando se le invitó a la
recepción), hasta probablemente llamar al embajador de Venezuela o
a cualquiera de nuestros contactos en esa sede diplomática. Se trata
de averiguar, en un par de horas, desde el potencial de reclutamiento
del enemigo hasta el potencial de adquisición de gonorrea, sífilis y, sobre todo, sida, de un objetivo extranjero, venezolano en este caso.

Debo aceptar que la pregunta de la circuncisión me agarró desprevenido. Pero además, todo lo que tenga que ver con la parafer-
nalia judía tiende a crisparme, por lo menos, o a ponerme en estado de
alerta, desde que en mi juventud, cuando nos enviaron a Raúl y a mí
a estudiar en colegios católicos de Santiago de Cuba, los demás muchachos —para burlarse de nosotros, por aún no haber sido bautizados— nos llamaban judíos. Y, de cualquier manera, de todas las posibilidades, la última que hubiese aceptado Birán era que me dieran
cuchilla para cortarme un segmento de pellejo. Mi madre, como después he conocido que ocurre regularmente con la mayoría de las mujeres cubanas, la parte que más preocupación le suscitaba siempre en
sus hijos varones era su aparatito reproductor. Ni la dentición, ni el
despertar de la inteligencia, ni que nos rajáramos la cabeza o se nos
partiera el brazo por la caída de un árbol o desde un caballo al galope. No. Su preocupación era que el instrumental estuviera siempre
limpio y entalcado, y que al final de la adolescencia hubiese adquirido unas dimensiones satisfactorias. Yo creo que se excitan más ante la
presencia de los primeros vellos púbicos de un hijo que cuando contemplan los del hombre con el que se van acostar por primera vez.
Cuando esto ocurría, que el desarrollo se consideraba concluido y
que comprobaban que uno disponía de una verga consistente, es decir, con los componentes de tamaño, grosor e irascibilidad aproba-
dos, cerraban el capítulo para siempre. En Cuba, un hombre está hecho, no cuando tiene su primera mujer, sino cuando la madre cesa de
chequearle la pinga. Es como pasarle la antorcha a la próxima que
venga. Para mi madre, la única, verdadera preocupación después de
mi fallido asalto al cuartel Moncada, era que los esbirros batistianos

me hubiesen castrado. Me lo preguntó sin ambages en la primera visita que le permitieron en la cárcel de Boniato, antes del juicio: «Estos hijos de puta no te habrán cortado los huevos, ¿verdad?». Era una posibilidad. Varios de nuestros compañeros en el asalto fueron emasculados, y algunos de sus cadáveres aparecieron —en las cunetas de apartadas carreteras— con sus testículos en la boca. También, desde que yo estaba en la Sierra Maestra, mis testículos fueron uno de los principales objetos de la propaganda negra del enemigo. Más que mis testículos, la ausencia de ellos. Porque fue la especie que los batistianos hicieron correr. Que yo era como un eunuco alzado en la Sierra. Diabólico. Pero eunuco.

Era una muchacha del tipo que los cubanos llaman «indiada» por el componente de los rasgos de aborigen cubano que aún queda en algunas personas del país, aunque en muy pocas. Los conquistadores españoles extinguieron a los indios cubanos. Antes los habían diezmado los caribes. Sólo se salvaron de las matanzas algunas adolescentes que los españoles hicieron sus mujeres, sus esclavas, sus putas. Nereida descendía evidentemente de una de ellas y su físico —cobriza, ojos oscuros, pelo negro y lacio, de canillas en exceso delgadas y abundante de senos— se hallaba exactamente en la antípoda del tipo de mujeres que a partir de Nereida siempre voy a exigir —blancas, ojos claros, cabellera rubia y de ser posible ensortijada, de buenas pantorrillas y senos de media toronja, que aguanten firmes dos o tres partos. Era la criada de la que yo escuchaba su desandar, descalza y suelta, por los pisos de tabla de casa. A mi madre no le hacía ninguna gracia y debe de haber pensado que trataba de soliviantarle a mi padre al igual que ella lo había soliviantado desde la misma posición de criadita, aunque nunca descalza, según se refugiaba en ese argumento como último bastión. Pero mi declaración a la periodista venezolana enchumbada de Chanel era un camelo. La pérdida de la virginidad estaba limitada por mis posibilidades reales de virilidad, las que se pueden tener con siete años, y del hecho inapelable de que un instrumento aún por desarrollar no te es útil de ningún modo. Es decir, no hubo penetración. Hubo pérdida de virginidad en el sentido en que los escarceos de roces y de palpares, que cada vez más comenza-

ban a extenderse y a hacerse más conscientes, eran conducidos de
una forma cada vez más deliberada a un clímax, que —con el transcurso de los años— aprendí a emparentar con la palabra orgasmo.
Ocurría otra cosa. Esos juegos solían ser calificados de cochinadas
y uno, por pura intuición, sabía que debía mantenerse a salvo de algo
que era una cochinada. Pero también ocurría que el mismo sistema
de intuición te dejaba con cierto desasosiego respecto a las posibilidades de tales cochinadas. Todo eso se quedaba como entradas sin
solución inmediata en el pequeño archivo mental que uno comienza
a desarrollar entre la pubertad y la adolescencia, en espera de las
respuestas —las convincentes. Hasta que un día, probablemente de
soslayo, ves el primer par de pezones negros en la punta de unos senos resbaladizos y depravados. Nereida era la criadita a la que mi
madre o una de mis hermanas le armaban un catre en la cocina a la
hora de dormir y que duró en casa el tiempo promedio de un año y
de la que yo empecé a seguir sus pasos por los andares de la casa y la
que, sin preámbulos, me encaró en la soledad de un mediodía y me
preguntó si ya yo tenía leche. Al final tuvimos nuestro nido de amor
en una punta sombreada del naranjal, sobre la hierba, después de un
lindero de matas de mango, por el costado izquierdo de la casa y que
daba con el camino de Cueto. Ella hacía como si fuera a llevar el sancocho a los puercos y yo tomaba por la dirección contraria, la del
camino, como si fuera a cazar pichones, y entonces, a partir de determinado punto, torcíamos ambos, ella a la derecha y yo a la izquierda,
hasta encontrarnos en la encrucijada —invisible pero exacta— de
nuestra convergencia, donde los naranjos nos proveían de sombra y
de fresco, y nos ocultaban. La primera mujer que me metió su lengua
en mi boca y me manipuló entre las piernas y que me sobó los testículos y que me hizo lo que ella llamó una paja de capullito —o una
pajita de capullo, no recuerdo ahora dónde ella ponía el diminutivo—
y que me besó las partes y me las lamió y se la metió en su boca y se afa-
nó en chupármela hasta que finalmente, tras semanas de esfuerzo,
me extrajo las primeras temerosas gotas de un líquido entre graso y
acuoso que descarté de inmediato como orina y por el que ella, gozo-
sa ante su aparición, exclamó «tu leche», fue Nereida. La primera mujer a la que yo le tomé el pulso de su vulva y a la que le metí los dedos
entre las nalgas y a la que le descubrí el anillo de cobre que ella dijo
que era su culo y que sin pena le metiera el dedo y a la que me le arri-

mé y contra la que me restregué mientras sentía que me embarraba de otro líquido también entre graso y acuoso, pero en su caso mucho más graso que acuoso, y que ya no hubo necesidad de descartar como orina, fue a Nereida. La primera mujer con la que experimenté el arrepentimiento instantáneo y el pavor por todas las acciones que acabábamos de protagonizar sobre aquella alfombra de hierba, fue con Nereida. Y la primera mujer por la que hubo la necesidad de regresar de inmediato junto a ella para continuar en el laboreo de tales cochinadas ya que las sesiones de autorecriminación y de miedo fueron etapas de pronto olvido, fue por Nereida. Ciertamente, los próceres de la patria son ingratos con la primera india que te sacó el rabito de sus casillas. No hay estatuas para ellas. De alguna manera serían figuras ecuestres. Ellas montadas sobre el prócer. O el prócer montado sobre ellas. No es broma. A lo que más se parece lo que estoy diciendo es a antiguos cementerios egipcios que de vez en cuando emergen en las riveras del Nilo y en cuyas lápidas los maridos que perdieron a sus mujeres hicieron grabar sus lamentos —Oh, tierna esposa mía, ¿y ahora que te hallas en el Valle de las Tinieblas quién sabrá prepararme la carne de hipopótamo como tú me la hacías? Está en las lápidas de una de las culturas más antiguas del universo. Inscrito en la piedra. Yo no puedo ser menos en esta hora, mientras redacto en una *laptop* una versión contemporánea de las tumbas del Bajo Nilo. En fin, aquí va: Nereida —dondequiera que te encuentres—, gracias por el culo. Fidel.

Todo era caña. Eso fue lo que descubrí cuando el mundo se ensanchó fuera de la región de sombra del tamarindo. Ramón, mi hermano mayor por parte de madre, ayudaba a mi padre con la administración. En verdad, ambos me consentían y no recuerdo que me presionaran nunca a que me ocupara de ningún trabajo de la colonia. La mayor preocupación de Ramón como hermano mayor respecto a la educación mía como hermano intermedio parecía ser que no abusara de Raúl como hermano menor. Hasta ahí llegaba en sus remotos controles pedagógicos. Lo otro era convertirse en una especie de eficaz príncipe heredero del feudo. Desde que tengo uso de razón, estoy viendo a Ramón detrás de mi padre. En épocas de zafra —más o menos entre diciembre y abril— ninguno de los dos paraba porque, durante la cosecha, el central trabaja 6 días a la semana y 24 horas al día, y casi siempre el domingo, y había que llevarle la caña entre 6 de la mañana a 6 en la tarde y había que dejarle bastante en el batey por la noche. Así que, excluido de todo compromiso administrativo, para mí, desde siempre, la caña fue paisaje. Un paisaje que parecía eterno y monocorde. Eterno y monocorde. Eterno y monocorde. Mi padre sembró campos de caña del tipo Jaronú 55 cuando yo tenía entre cinco y seis años de edad que todavía —cuando triunfó la Revolución— producían 70.000 arrobas de caña. Esto es factible porque el agua de Cuba está altamente mineralizada, y las colonias bien irrigadas y fertilizadas, como las de mi padre, pueden producir hasta 70.000 arrobas de caña por año, aceptando incluso que las ratas, y ocurre de hecho, se puedan comer hasta el 5 por ciento de la caña plantada. Claro, cuando ese campo bajaba a 65.000 arrobas era porque tenía 30 años y estaba para demolición. Quiere todo esto decir que, el 16 de agosto de 1931, pocos días después de yo cumplir mis cinco años y de que mi padre me regalara un peso debajo de la mata de tamarindo, mientras las mujeres, unas, despellejaban los animales y, otras, pelaban las yucas, el único pronóstico de algún cambio de verdadero significado en las 10.489 hectáreas de caña del tipo Jaronú 55 que nos rodeaban se debía producir el 16 de agosto de 1961, cuando las colonias anunciaban que estaban para demolición al mermar su productividad a 65 arrobas por hectárea, y no que yo hubiese soltado un discurso en el teatro de la Central de Trabajadores de Cuba en una multitudinaria reunión administrativa con todos los factores sobre el avance de la Campaña de Alfabetización apenas unas semanas después de mi aplastante victoria sobre la brigada mercenaria de la CIA en Playa Girón.

A mi padre le encantaba la Jaronú 55 aunque nunca lograba pronunciar el nombre a derechas. Es la más productiva, con un ciclo de crecimiento de 12 meses y tiene la mayor cantidad de azúcar hacia el 17 de abril. Mi padre decía *Joronú*. Le pasaba lo mismo que después me va a pasar a mí con el nombre de Gabriel García Márquez, que no hay manera que logre pronunciarlo bien. *Grabriel*. Es que esas *eres* se me traban en la lengua. Pero no me pasa igual con las *erres*. Soy un maestro en saber remachar la pronunciación *erre* como si diera con un martillo neumático en un bloque de tungsteno. Muerte al invasor. Ese sonido *erre* intermedio de muerte lo alargo hasta que casi parecen tambores batientes que anuncian el combate y cuando concluyo con el sonido *erre* final de invasor lo extiendo de tal manera que al concluir la voz ya debe parecer que el campo está sembrado de los cadáveres del enemigo. Ninguna consonante es más guerrera que la *erre*. Roja. Aguerrida. Reto a que me prueben que existe otra consonante más fuerte en la lengua castellana.

Bien, pues, el mundo se nos acababa —como a los europeos antes de Colón— en el horizonte. Hasta que Bilito y yo nos iniciamos como fugitivos de la escuelita pública número 15 y nos robábamos por una tarde los caballos de mi padre, porque sabíamos que no los utilizaría porque andaba en su *jeep*, con Ramón, claro, recorriendo las colonias, y yo cogía a *Careto*, y Bilito y yo nos montábamos a pelo y nos mandábamos en una frenética competencia hacia los altos de Pinares de Mayarí, apenas a unos cinco kilómetros de distancia, y yo le oía, chillón y excitado, exigiéndole más velocidad a un caballo que —desconozco sus razones— siempre terminaba por llamarse *Lucero*. Y lo que nos gustaba era coronar el altiplano. Nos gustaba porque era frío y porque, de pronto, el mundo ensanchaba sus confines y nos parecía tener una visión abarcadora de lo que yo di después en llamar el eje United Fruit-Birán-colonias de don Fidel Pinos Santos. Los caballos habían luchado por subir la cuesta, a veces muy empinada, pero apenas alcanzábamos el altiplano paraban de sudar y se les secaba el lomo en unos minutos. Era maravillosamente fresco allá arriba porque el viento soplaba entre la densidad de los altos pinos, cuyos penachos se inclinaban y mecían suavemente y cuando se enderezaban parecían tocar las nubes más bajas y las nubes ciertamente se deshilvanaban al roce de los pinos porque descendían con lentitud hasta el alcance de nuestras propias manos.

No había acontecimientos. Había una mecánica. Acontecimiento fue cuando Raulito obtuvo un premio en la escuelita y, siguiendo no sé qué vericuetos de un escalafón, le correspondía unirse a otros 400 muchachos seleccionados en todo el país para viajar en tren a La Habana y participar con Fulgencio Batista en los festejos por su primer golpe de Estado el 4 de septiembre de 1933. Raulito no debía de tener más de seis años pero se le cosió un uniforme de pequeño guardia rural y se le encargó su cuidado al jefe del cercano —y verdadero— puesto de la Guardia Rural, un matón al que llamaban el chino Miraval, que tampoco quería perderse la oportunidad de viajar a la capital

y estar al lado del presidente y jefe del ejército, y un auténtico e idola-
trado líder para los militares cubanos: el general Batista. Finalmente,
el que estuvo más cerca de Batista, de entre los 400 muchachos, y de
entre todos los esbirros designados de las guarniciones a todo lo largo del país que habían conducido a los mocosos hasta los pies del presidente, fue mi hermanito Raúl. Lo escogió y se lo sentó en las piernas
y se hizo retratar con aquel niñito, uno que pronto frecuentaría la valla de gallos en su pueblo natal y que hasta arriesgaría algunas monedas que sacaba del bolsillo de mi padre en apuestas, desconociendo
Batista, por supuesto, que había colocado a caballito sobre su muslo
izquierdo el cuerpecito del que, a la vuelta de unos pocos años, habría
de fusilarle a alguno de sus más aguerridos oficiales y soldados y el
que habría de mandar el más grande y poderoso ejército no sólo
cubano sino de la historia de América Latina. No escapan a mi conocimiento las habladurías de que Raúl no es hijo de mi padre con mi
madre sino de Miraval con ella. Es cierto que el cambio genético entre Ramón y yo —ambos somos corpulentos y de más de seis pies de
estatura— con el pequeñajo de Raúl es en exceso acusado. Pero esos
saltos en el comportamiento genético ocurren con frecuencia. El argumento más incisivo es que, convicto de crímenes irrefutables y
condenado a muerte por el tribunal, no fusilamos al ya capitán Felipe Miraval al triunfo de la Revolución. Bueno, la realidad es que fue
una decisión mía. Y no por mi madre. Y ni siquiera por Raulito. Lo
hice por mi padre y de alguna manera por Ramón. Ellos y Miraval habían hecho muchos negocios. Miraval había sido un celoso perro al
servicio de mi padre y bajo las órdenes finalmente de Ramón. Entonces decidí, a través de nunca permitir que se procediera con la
ejecución, a establecer un pacto de convivencia con mi propio pasado.
Perdonar a Miraval significa para mí, en el pesado silencio de mis decisiones más íntimas, la disposición a asumir una parte de la historia
que yo mismo he establecido erradicar. A guardarla para mí. Extraño
talismán.

La excursión de Raulito con Miraval a La Habana fue un acontecimiento, uno memorable. Tuvimos otro acontecimiento cinco años
después, cuando nos preparamos para ir a estudiar en Santiago de
Cuba. El resto, como he dicho, era mecánico. Una mecánica concreta y material, de engranajes establecidos y que, como toda verdadera mecánica, respondía a un ciclo de movimientos, de correspon-

dencias, de recibimientos y de entregas. Era quizá una explicación del universo y como tal, probablemente, era la obligación o el *fatum* de aceptarla. Nada podía moverla, nada podía quebrarla. Podemos llamarle sincronismo para emplear un término de perfecto ajuste mecánico. O podemos llamarle armonía para interpretarle como arte. Lo comprendí en su absoluta magnitud la tarde en que mi padre me llevó al batey del Preston y me mostró aquellas enormes masas metálicas que en el fuego interior del central molían sin reposo el torrente de cañas que afluía desde todas las colonias en derredor y que en un momento preciso del sistema, en un instante inequívoco de creación, consolidaban la mansedumbre vegetal de la caña con el imperativo metálico del central. ¡¡¡Barabooommm!!! Halada por parejas dobles o triples de bueyes, desde el campo hasta el central, y situada en el basculador, la carreta descarga sus cien arrobas de caña sobre las esteras alimentadoras. La caña entrará mecánicamente a los molinos y será exprimida por conjuntos de quince o más rodillos de tres metros o más en longitud y casi un metro de diámetro. En el otro extremo de la fábrica —de medio kilómetro de largo—, saldrá azúcar, sin haber sido tocada jamás por mano humana. También producirá sirope. Los centrales tienen calderas de vapor para mover los conjuntos de rodillos de los molinos y para evaporar el agua del jarabe. El consumo de vapor es igual al 50 o 60 por ciento (1.100 libras del vapor por tonelada de caña) del peso de la caña. Esta energía consumida representa 10 kilovatios/hora por tonelada de caña procesada. El agua se extrae por varios procesos consecutivos de clarificación, evaporación, condensación, cristalización y centrifugación. Las calderas se usan para producir electricidad cuando no se está moliendo, y usa como combustible petróleo y el producto del desecho de la caña (el bagazo). A principios del siglo pasado, cuando mi padre desbrozó y sembró sus primeros campos de caña, los ingenios usaban madera como combustible. Necesitaban 13,42 hectáreas de bosque al año para producir 345 toneladas de azúcar no refinada. Las 13,42 hectáreas de bosque producían 12.000 metros cúbicos de madera. Bosques enteros de ácanas y de caobas y de majaguas y de cedros se quemaron para producir azúcar. Mi padre, previsor, guardó sus bosques para la industria de la ebanistería. ¡¡¡Barabooommm!!! Otra carreta descargada. Cien arrobas de caña traídas desde el campo. Entrará mecánicamente a los molinos, será exprimida por conjuntos de quince o más rodillos de tres metros o más en longitud y casi un metro de diámetro, y en el otro extremo de la fábrica saldrá azúcar. ¡¡¡Barabooommm!!!

Ni Raúl ni yo fuimos unos ogros —como se nos quiere hacer ver por la propaganda contrarrevolucionaria— con los hijos de María Luisa Argota. Lidia estuvo muchos años al cuidado de Celia Sánchez, mi secretaria ejecutiva. Pedro Emilio tampoco tuvo motivos de queja, pese a sus chantajes a mi padre, el *nuestro*.

De igual manera, siempre hemos guardado un piadoso silencio con algunas altisonantes declaraciones de Juanita en Miami, donde fue una activa contrarrevolucionaria. Una vez, hacia 1978, entrevistado por la famosa periodista Bárbara Walters, para un programa suyo en la televisión americana, ella me comentó algunos de los terribles juicios de Juana sobre mí. Me limité a levantar las cejas y deslizar un breve comentario: «Figúrese usted». Aunque la información que tengo sobre ella en los últimos años, es que se ha convertido en una persona más juiciosa y serena. La siguiente relación, fuera de desavenencias —e incluso odios familiares— debe facilitarle al lector una visión rápida de mi familia más cercana. Tres nombres están cambiados por razones que sólo son de mi pertinencia.

Hijos de Ángel Castro Argiz con María Luisa Argota:
1. Lidia
2. Pedro Emilio

Hijos con Lina Ruz González:
1. Ramón: casado con Suli. Hijos: Ramón, Omar, Dulce.
2. Angelita: casada con Mario Fraga «Mayito». Hijos: José Antonio (actual director de los laboratorios biotecnológicos Labiofam), Mirtza, Tania (esposa de Marcos Portal, miembro de mi equipo de Coordinación y Apoyo, es decir, el verdadero poder de Cuba), Linda.
3. Fidel: casado con Dalia Soto del Valle. Hijos: Alex, Alexander, Alejandro, Antonio, Angelito. Hijo con Mirta Díaz-Balart: Fidelito. Hija con Naty Revuelta: Alina. Hijo con María Laborde: Jorge Ángel.

4. Juanita (exiliada en Miami desde los años sesenta).

5. Emma: casada con un mexicano. Vive en México.

6. Raúl: casado con Vilma. Hijos: Débora (casada con Luis Alberto Rodríguez), Mariela (sexóloga), Nilsa (casada con un hijo de Alfonso Fraga, de igual nombre), Alejandro.

7. Agustina: casada con un pianista concertista llamado Silvio Rodríguez, al igual que el famoso cantautor. No tiene relaciones ni con Raúl ni conmigo desde los primeros años de la Revolución. Viven en el Nuevo Vedado, La Habana, con el pianista de marras —pese a estar divorciados— y tienen, que yo sepa, tres hijos. El pianista, por cierto, goza de una cierta reputación gay.

No volví a saber de Nereida. Se diluyó en ese mercado de mano de obra barata que flotaba en los alrededores de cualquier centro urbano o pueblo o aldea o simple encrucijada de caminos a la que se le arrimaban algunas casuchas y que en el caso de las criaditas jóvenes abandonaban su característica de fuerza laboral flotante por la de nómada al meterse a putas. Después de leer a Hugo y de contemplar algunas láminas de Goya, y sobre todo después de Marx, comprendí que en las guardarrayas de recónditos y polvorientos caminos cubanos yo había visto —cien y doscientos años después— los mismos grupos proletarios, mugrientos y famélicos, que ellos conocieron, aunque no del todo proletarios sino en el período en el que se iban acercando a las ciudades y sus centros fabriles pero siendo aún esos tan tímidos como taimados campesinos que están saliendo de las tierras feudales y que nadie puede concebir una generación después con una muda de ropa limpia pero que en Cuba tuvieron la mala suerte de ser expelidos hacia los caminos por la economía de plantación que es un sistema perfecto y por lo tanto trancado en sí mismo y que sólo puede ser destruido desde afuera, porque su funcionamiento es suficiente y —de acuerdo a sus requerimientos y para lo que se le necesita— productivo. No es que sea lento, sino que es perfecto. Las criaturas del tipo anterior a la Revolución Industrial no fueron en nuestro entorno el resultado de un excesivamente lento desarrollo de las fuerzas productivas, sino de que en Cuba la industria azucarera alcanzó su perfección.

Así que la muchacha procedía de ese mercado, y que probablemente hubiese sido desvirgada por el padre o por un hermano que de milagro no la preñaron para producir uno de esos monstruos habituales del incesto como cultura masiva de la campiña, y pasó por las duras manos de presión desarrollada de los macheteros y le clavaron las vergas mal olientes de sabrá Dios cuántos carretoneros hasta que mi madre la colocó en casa —ésa era la expresión, colocarse—, y mi padre y Ramón le habrán dado *linga* —una deformación, si se quiere brutal, de lijadura, del pase de una lija sobre el objeto metálico al que se requiere rebajar— antes de llegar a mis manitas en el despertar de la pubertad y de tenerle hasta lástima porque una mujer como ella misma, mi madre en este caso, la aceptaba para luego convertirla en su enemiga de toda una temporada y en el objeto de la acusación de mosquita muerta y de la sospecha en aumento de que le levantaba el marido. Ésa era la expresión. Levantarle el marido. No sé en qué momento mi madre creyó que la muchacha representaba un peligro —otra de las expresiones al uso, representar peligro— como para decidirse a liquidarla, y creo que nunca me descubrió en mis andanzas del naranjal, lo que hubiese sido un motivo secundario de expulsión de su paraíso de tablones de pino. Mi madre. La pobre. Vivía bajo el estigma de su triunfo.

Era prácticamente analfabeta. Aprendió a leer y escribir sola. No recuerdo que alguna vez hubiera tenido maestro, nunca la oí decir que hubiese ido a la escuela; es decir, fue autodidacta. No pudo ir a una escuela, y no pudo recibir una formación religiosa como ella hubiese querido. Su religiosidad provenía de la madre, mi abuela, aunque ya he aclarado el tipo de religiosidad que profesaban. Como un potaje. Con muchos ingredientes. Esos abuelos maternos míos eran muy pobres también, una familia muy pobre. Mi abuelo era carretero, transportaba caña en una carreta con bueyes. Había nacido en Occidente, en la provincia de Pinar del Río, igual que mi madre. En aquella época, en los primeros años del siglo, se trasladó con toda la familia a la antigua provincia de Oriente, a mil kilómetros de distancia, en una carreta.

Dos cosas quedaron claras para mí después de la desaparición de aquella muchacha, y es la relación entre sexo e ilegalidad, o de alguna manera, que nunca la cultura humana se revela de forma tan desconcertada como ante la propia carne, y, lo otro, que por el contrario, pese a todos los infiernos que te aseguran para que expurgues al final del camino debido a tu herejía de confiarle el inquieto personaje entre los muslos a una jovencita, lo más sano que pueda existir es una relación temprana con una mujer, puesto que esto te aleja de la masturbación. Una vez que pruebas esa piel tibia y que sea ella la que te manipule dentro de la portañuela es muy difícil que tú logres superar la experiencia por tus propios recursos. Un día, al regreso de la escuela, no estaba en la casa. Dejé de verla. Y ya. Tampoco pregunté por ella. Estaba dándole continuidad a la experiencia de adquisición reciente de que los retozos con una mujer tienen su área de despliegue en las sombras de la clandestinidad —el naranjal en mi caso. Siendo mayorcito, y sobre todo después que comencé a frecuentar con Bilito unos prostíbulos que había al fondo de Cueto, comprendí que ése debió de ser su destino final. La casa de putas. Por cierto, ella estuvo presente en aquellas incursiones porque —al menos las primeras veces— me presenté con mi dinerito en la mano, el preservativo y la orgullosa declaración de que ya tenía leche. Al parecer consideraba que era la declaración pertinente y en el lugar preciso. Digo frecuentar pero no hay que exagerar. Habrá ocurrido unas pocas veces. Y toda la operación podía salir en un peso. Bilito se robaba los preservativos de la farmacia de su padre. Más o menos a los once años abandonamos la pasión de las carreras a caballo por la de allegarnos, cuando pudiéramos, a los balluses —nuestra voz de uso más corriente por prostíbulo.[8] Aunque lo que nos dejaban los yanquis en toda esa área de unos 400 kilómetros de radio desde la base naval de Guantánamo eran los rastrojos. Las mejores mujeres iban para Caimanera, un pueblito pegado a las alambradas limítrofes de la base, en el que no había una sola puerta que no se abriera hacia el interior de un prostíbulo y que permanecía ocupado por las patrullas de la policía militar americana, encargados de mantener el orden de aquella horda de salvajes que era la marinería americana desembarcada de cruceros y portaaviones en sus días de franco. Aunque lo mejor del material los yanquis tampoco lo tocaban. Eso era carne de La Habana. De nuestros compatriotas de la capital. Ah, la carga de sordidez sexual de aquellos balluses del monte, y

8. Balluses en la región oriental de la isla. Ballú (singular) era la expresión de uso común en La Habana y el resto del país. Se la consideraba, con frecuencia, como una palabra obscena, pese a su origen francés.

lo magnífico de dormirse aquellas mujeres sin que importara su acuerdo o su gusto, y que fue mi primera lección de poder. Ah, los balluses.

Historias castrenses vinculadas

Me parece francamente una tontería buscar en el pasado las claves de mi historia, cuando es desde el futuro —el que tuve la habilidad de fabricarme— donde hay que buscar las claves de mi pasado. Obligada búsqueda al revés. ¿O qué importancia práctica o conexión reveladora puede establecer algún sesudo académico entre la insurgencia patrocinada por Cuba en América Latina o la aceptación por parte de La Habana de que se instalaran cohetes portadores nucleares frente a las costas de Estados Unidos y el descubrimiento casual de que un mocoso llamado Fidel acompañado de otro aún más mocoso llamado Baudilio se gastaran la merienda en un depauperado prostíbulo rural? Porque mi pasado sólo tiene valor en medida del techo alcanzado. Sólo puedo mirar hacia las bases de mis campamentos en las estribaciones de la montaña cuando he llegado a la cumbre. Las memorias de hombres como yo, por un mínimo de honradez, deben ser escritas a la inversa. Porque ni siquiera es cómo llegué a la cumbre, sino cómo me sostuve en ella por más de 40 años. Eso es lo interesante o al menos lo que importa. Mis cagaditas en una cuna no se diferencian en nada de las demás cagaditas humanas. Las cagaditas adquieren solvencia histórica y son dignas de estudio a la vez que comienzas a hacerte sentir en la media. Esa antesala vital de la historia —la media. Los balluses y las cagaditas son reveladoras sólo desde el poder. Oigan lo que les digo. Nada de mis padres ni de mis heridas de adolescente para determinar por qué llegué al poder. (De esto quisiera hablar más adelante.) Eso quizá sea importante en un hombre como Hitler o como Churchill, donde los raseros culturales dan cabida a ciertas complejidades de la conducta humana, pero no en un hijo de inmigrante gallego y de criadita cubana, tropical y mercurial, nacido bajo la impronta de los huracanes de agosto, que hoy son lluvia y apenas una amenaza de baja atmosférica y mañana son organismos con vientos de 300 kilómetros por hora acompañados de maremotos e inundaciones y luego son el conteo de miles de muertos y miles de cabezas de ganado perdidas y pueblos enteros sepultados por los aludes de fango y que vuelven a ser nada, si nada se le puede llamar al cielo despejado con sol refulgente y la paz de calma plomiza donde los pitirres vuelven a su pitirreo en las ramas ahora deshojadas de sus árboles aún en pie, y ni una sola laja de mármol en el pasado cubano, nada que pudiera sobrevivir a los miles de años de antigüedad de una isla donde se ha calculado que una vez estuvo la Atlántida, y no sólo indios que construían con guano —el más perecedero de todos los materiales de construcción— y comían porquerías —arañas y cocos en su base alimenticia— y donde el desnudo era un modo habitual de vida, las vergüenzas al aire, y no un juego del erotismo. Todavía no se ha logrado encontrar ni el lugar exacto del desembarco de Colón. No dejaron nada escrito esos cabrones indios, y tiene que ir un idiota vanidoso como Antonio Núñez Jiménez —al que recordaré merecidamente en su momento— a descifrarles sus garabatos de colorines en las paredes de unas cuevas. Pero primero tienes que encontrar la cueva.

Entonces llegó el momento de despedirme de la escuela; mi padre había logrado su construcción (también de tablas de pino y sobre pilares) y la asignación de una maestra como parte de su feudo. Era un verdadero cacique. Se ponía de acuerdo con algún político de Banes o de Marcané y aparecía la escuela o la estación de telégrafos. No tenía que mandar los muchachos a Cueto ni a ningún otro lugar para que aprendieran a leer. Y después del telégrafo apareció la tienda. Pero ésa fue suya —y la atendía mi madre. Y la valla de gallos más tarde. Que no se me olvide la valla, que en algunas vacaciones se convirtió en ring de boxeo en el que me medí con Gilberto Suárez Spencer (Llanes), Pedro Pascual Rodríguez y algunos otros más, que eran jorocones y pegaban duro, no crean. El Birán de mi primera infancia había cambiado para la época en que yo preparaba mis matules (Raúl me seguiría después) para la aventura de estudiar en un colegio de Santiago. El principal cultivo seguía siendo la caña de azúcar, y el segundo renglón la ganadería. También había frutos menores: plátano, maíz, frijoles, tubérculos, algunos vegetales y, por supuesto, naranjales y cocales. Las tierras arrendadas en su mayor parte estaban en lomas, extensas áreas de pinares en una gran meseta, donde se comenzó la explotación de los bosques. Y todo eso daba dinero.

Debajo de la casa estuvo la lechería por algún tiempo —una idea de mi padre; más adelante, ya sacaron la lechería de allí. También debajo de la casa había siempre algún corralito con cerdos y aves, igual que en Galicia, según mi padre; por allá abajo —lo he dicho— se paseaban gallinas, patos, gallinas de Guinea, pavos, algunos gansos y cerdos. Todos los animales domésticos se paseaban por allí. Finalmente hicieron una cochiquera, para apartar estos animales de la convivencia con nosotros. Después hicieron la lechería como a 30 o 40 metros de la casa; y muy cerca había un pequeño matadero, y al frente de la lechería un taller donde se arreglaban instrumentos de trabajo, arados, todo eso. Como a 30 o 40 metros de la casa, en otra dirección, estaba la panadería, y como a 60 metros de la casa y lejos de la panadería estaba la escuela primaria, una pequeña escuela pública; en el lado opuesto de la panadería, junto al camino real —como le llamaban al camino de tierra hacia el sur—, con un frondoso árbol delante, estaba la tienda, que también era propiedad de la familia; y frente a la tienda estaba el telégrafo, al cual —mediante nuevas gestiones de mi padre— se le agregó el servicio de correos.

Era una forma de la proyección feudal. Yo siempre he pensado que mi apellido revela un componente inefable de composición genética que es relativo a la forma de posesión y usufructo de la tierra. De ahí que Castro[9] —los fortines o almiares que protegían los desfiladeros en las montañas— al unirse con Fidel dé una resultante tan enigmática como ejemplar, pues al entender Fidel como lo que es —fiel— tenemos que la combinación Fidel Castro significa baluarte firme en las montañas.

De manera que en esta suerte de engranaje de dialéctica propia, un nombre significa lo que a su vez es el portador genético esencial del carácter de una estirpe. Hegel se hubiese tenido que quitar el sombrero. No está mal para un hijo de criada nacido en una colonia cañera asumirse como categoría histórica.

---

9. Etimologías aceptadas por el *Diccionario* de la Real Academia de la Lengua:
   1. Castro era un poblado fortificado en la Iberia romana.
   2. Real o sitio donde estaba acampado y fortificado un ejército.
   3. Peñascos que avanzan de la costa hacia el mar.
   4. Donde hay vestigios de fortificaciones antiguas.

   El *Oxford Dictionary of Surnames* (1988) no menciona Castro entre sus 70.000 apellidos pero establece:

   Castro — Italiano, español, portugués y judío. Nombre topográfico para alguien que vive cerca de un castillo o de un pueblo amurallado.

Un tal Nuno Belchiedes, un noble alemán establecido en la Península Ibérica en el año 884, después de una sucesión de cambios de nombres —como era una medida habitual de protección para los judíos— que en su caso llegó hasta el de don Rodrigo Fernández —y de apropiarse del castillo y pueblo de Castrojurez (o Castro Xerez) en Castilla—, comenzó a identificarse como de Castro en los documentos que produjo por el resto de su vida y que lo acreditan como la primera persona en llamarse así. Hay un pueblo italiano que también se llama Castro y los hay en Brasil y Chile y existen por lo menos 20 pueblos de tamaños diversos en España y Portugal que comienzan por Castro. En algunos libros antiguos que he mandado consultar, se atribuye el nombre Castro a una determinada posición céltica en la cima de una colina fortificada por una muralla circular de piedras aunque de paredes bajas y rodeada por una zanja. De esa denominación procede la palabra castillo en español. «Los judíos sefarditas —observa una autora de nombre Lesley Clouston—, acostumbraban tomar sus apellidos de los lugares donde vivían, por ejemplo el nombre Castro viene del pueblo español de *Castrogeriz* «tercera variante» en el norte de Castilla y asiento de una de las primeras comunidades judías de España.» ¡Y, por si fuera poco, soy de origen judío! Otros autores han querido situar el origen del apellido en Galicia, desde donde les sería además muy fácil establecer la conexión con mi padre. Esto es porque han hallado el dato de que en agosto de 1340 cuando Pedro I o Pedro el Justiciero, rey de Portugal de 1357 a 1367, fue a contraer sus segundas nupcias, la prometida —doña Constanza— había tomado como una de sus damas de compañía a una jovencita gallega con la que tenía algún parentesco, una jovencita llamada Inés Opires de Castro, conocida por su elegancia y por su gracia y por su *Colo de Garcs* —o cuello de cisne—, y de la que Pedro el Justiciero, de inmediato, quedó prendado. No había sido muy feliz Pedro hasta entonces. No hasta que ese cuello de garza le pasó frente a los ojos.[10]

La zona de silencio de 456 años, casi cinco siglos, respecto a los

10. Puede que esto explique tangencialmente la duda del origen, que si castellano o gallego. Lo que sigue, sin embargo, resumiría el complejo de tumultuosas pasiones y del delirio de la traición y de la sangre yacente en una memoria.

Me permito el lujo de emplear un título en una nota al calce.

UNA HISTORIA CASTRENSE

Don Pedrito era heredero de Alfonso IV o Alfonso el Benigno. Nacido en Coimbra en 1320, había sido comprometido con la infanta Blanca de Castilla. Pero en vista de las

Castro, desde que don Rodrigo adoptó el toponímico regional y su evidente impronta militar, hasta el inicio de los flirteos de esa primita lejana, doña Inesita, jugándole trapacerías a la Constanza, hay un vacío de personalidades relevantes y de hechos históricos relacionados con tan bizarro nombre, y comoquiera que doña Inés apareció por

---

enfermedades que corroían a la muchacha y a su debilidad mental, el matrimonio fue disuelto, y —de nuevo a los 16 años de edad— Pedro contrajo su segundo matrimonio, el de Constanza. Pero había guerra y la boda se realizó por poderes en 1339 y no fue, hasta cuatro años después, en agosto, que el matrimonio pudo consumar su unión. Cuando el infante don Pedro salió entre la comitiva —música, danza, trovadores— al encuentro de Constanza, en lugar de prendarse de su esposa, cayó rendido ante la belleza de doña Inés de Castro, catalogada como «un milagro de hermosura en aquel siglo», y que había recibido una esmerada educación en el castillo familiar de Peñafiel, Valladolid, y poseía, además, inteligencia y talento —y unos preciosos ojos azules. La famosa damita de compañía gallega era hija ilegítima de Pedro Fernández de Castro, de la poderosa familia castellana de los Castro, que a su vez era nieto de Sancho IV de Castilla. Por su parte, Pedro I o Pedro el Justiciero era, de hecho, nieto de Sancho, por lo que él e Inés eran primos. Constanza, la esposa oficial de Pedro, era hija de Juan Manuel, que era nieto de Fernando II de Castilla, por lo que —otra vez de hecho—, ella era prima tanto de Pedro como de Inés. Constanza, desde luego, intentó obstaculizar el romance y eligió a Inés de Castro como madrina de su hijo Luis, pero Pedro, que además de justiciero era conocido por su carácter violento y obstinado, ignoró la relación y a la larga provocó que su padre, el austero Alfonso IV, se escandalizara por su conducta y ordenara el exilio de Inés en Albuquerque, donde de cualquier manera don Pedro se las arregló para darle continuidad a su romance. (¡Qué obcecación la de este hombre con los entresijos de una sola mujer! *N. del A.*) Constanza murió en 1345, supuestamente durante un parto, pero —importante— dejando como eventual heredero del trono a su hijo don Fernando. Inés regresó de inmediato a Portugal para tomar posesión de su palacio. Para entonces era ya madre de tres hijos —le parió cuatro pero uno murió al nacer— del Justiciero: los infantes don Pedro y don Denis y la infanta Beatriz, con los que creaba a su vez otra línea bastarda de también eventuales herederos y que probarían ser unos fértiles productores de conflictos. Alfonso IV mantenía la presión sobre su hijo para que contrajera otro matrimonio, pero don Pedro alegaba que los votos de fidelidad con su fallecida esposa se lo impedían, mientras que, se dice, ella (doña Inesita) decía que *era* —no que *iba a ser*— su esposa. Lo que entonces se mantuvo en secreto era que, en una ceremonia oficiada por el obispo de Braga, y desobedeciendo a su padre, que una vez más había buscado para él otra princesa, el infante Pedro se casó en secreto con Inés. Como era previsible, don Pedro cayó bajo la influencia política de los dos hermanos de Inés, que intervinieron al unísono en la política de Portugal y de Castilla, y que en 1354 reclamaron el trono de Castilla, al que Pedro el Cruel había accedido cuatro años antes con el visto bueno de Alfonso. De acuerdo a López de Ayala, Alfonso era reluctante a ir más allá de las advertencias y algunos regaños, pero el peligro potencial de un diferendo con Castilla y el miedo a que instalaran uno de los hijos de Inés en el trono, llevó a los consejeros reales a exigirle acción a Alfonso. Este fondo de intrigas palaciegas se desarrolla detrás de un interludio romántico en la Quinta de las Lágrimas, la propiedad pegada a Santa Clara, Coimbra,

Galicia después de ese vacío, esto ha hecho hilvanar a algunos historiadores la teoría de un origen gallego del linaje Castro. La Inesita, cará. Es la única que compite. De todas maneras —y quizá sea impertinente declararlo—, desde que don Rodrigo adoptó el Castro que ha llegado hasta mis rutilantes hombreras de comandante en jefe hoy día 2 de mayo de 2003, y desde aquel día frío y de caballos y de hom-

---

que Inés y Pedro habían restaurado. Los tres protagonistas en su contra fueron Pedro Coello, Diego López Pacheco y el jefe de justicia Álvaro González. Ellos condujeron a Alfonso IV al punto de no retorno. El 7 de enero de 1335, cuando las cortes comenzaron a sesionar en Montemor, lo persuadieron de cabalgar algunos kilómetros hasta Coimbra y matar a Inés. De acuerdo a Rui de Pina, que reproduce la escena, el corazón del rey se ablandó en la presencia de sus nietos y de sus imploraciones para que no asesinara a su madre, por lo que se retiró sin una sola embarradura de sangre en su cuchillo. Al regresar frente a sus tres consejeros, abatido pero puro, los urracones reiteraron sus argumentos y solicitaron terminar con el encargo. El Justiciero balbuceó algo. Mas fue tomado como aprobación. Cabalgaron los tres jinetes a Coimbra y degollaron a la muchacha en presencia de sus tres hijos. No se sabe dónde diablos se hallaba Pedro aquel día pero sí que el crimen lo llevó a declararse en rebeldía total. Y a actuar en consecuencia. (Nunca basta que te declares nada si no actúas a continuación. N. del A.) Los hermanos de Inés reclutaron un ejército en Galicia y se abalanzaron sobre el norte de Portugal y el propio Pedro cercó Oporto, pero levantó el cerco cuando su padre marchó sobre Guimarais, para eludir (tengo entendido) un ataque por el flanco. El cronista Acenheiro dice que fue una guerra civil corta pero muy productiva en baños de sangre y desórdenes, hasta que la reina Beatriz, reina de Castilla y mujer de Alfonso, decidió intervenir y, luego de algunas negociaciones, logró la reconciliación. La paz fue restaurada el 15 de agosto. Y Pedro, en plan de ser consecuente y mostrar sus deseos de paz, emitió una especie de perdón general que incluía a los tres consejeros de los cuchillos. El viejo Alfonso murió poco después y Pedro accedió al trono en mayo de 1357. El turno del vengador. Dos de los consejeros habían sido firmantes del tratado de paz, pero tuvieron, no obstante, la inteligencia de refugiarse en Castilla. Pero en 1338 había un tratado en consideración entre Castilla y Portugal, que fue ratificado y que en 1330 fue seguido por un acuerdo de extradición entre ambos reinos. Como resultado, Álvaro González y Pedro Coello fueron entregados a Pedro el Justiciero y ejecutados en Santarem, sus corazones extraídos en vida, uno por el pecho y el otro por la espalda. El tercer consejero logró escapar. El episodio fue seguido de un anuncio de Pedro: que había contraído matrimonio secretamente con Inés, lo que forzaba el reconocimiento de su matrimonio y la posibilidad de celebrarle unas pomposas ceremonias de coronación. Hizo exhumar sus restos de la tumba de Coimbra y los llevó a Alcobaça, donde ordenó que el esqueleto de su esposa fuera vestido con atuendos reales. El cadáver de doña Inés, arropado por tules y sentado en un trono, fue solemnemente coronado en 1361. Tras la ceremonia los cortesanos le besaron la mano. Aunque un objetivo secundario de Pedro era garantizar la sucesión con Denis o Joao, sus dos hijos favoritos con Inés. (Bien lo decía Engels que los hombres aman más a los hijos de la mujer que más aman. N. del A.) El acceso al trono de sus sucesores designados no se logró finalmente debido al origen judío de Inés. Bastarda y judía: estaba completa la prima.

bres que nunca olieron el aroma de un tabaco, y atravesado los mares y todas las etapas de producción, no ha habido otro Castro que haya dado la guerra que este servidor, ni que, pongamos por caso, haya matado tanta gente, y sé además que gracias a los medios modernos de difusión va a ser muy difícil, más bien improbable, que todos los Castro que me hayan antecedido en los 1.119 años de nuestra probada genealogía, puedan superarme en prosapia y leyenda. Jódanse.

Bien pues, cuando me casé con Dalia Soto del Valle, cerca de la casa en la que vivíamos, en las afueras de La Habana, por la carretera vieja de Santa Fe —lo que algunos hijos de puta llaman «el búnker de Fidel» (no crean que no lo sé, maricones, y que la Seguridad no me ha provisto de todos los nombres de ustedes)—, puse una escuelita para que estudiaran nuestros hijos, en medida que los fuéramos teniendo, y nombré a la misma Dalia como directora y maestra. Inconscientemente, creo, estaba siguiendo la proyección del feudo. Pero más bien la estructura del castro. Un mundo autosuficiente y a la defensiva. Dalia tiene un título de ingeniera química, así que es una persona competente para esos menesteres. Si eludo la fecha exacta de nuestra boda es para no ofenderle, puesto que aguanté el matrimonio hasta después del fallecimiento de Celia Sánchez, que era la máxima heroína de la Revolución y que me había acompañado durante casi toda la campaña de la Sierra Maestra y devino por su propio peso el símbolo femenino al lado mío durante las dos primeras décadas del proceso; en realidad, era algo que le había pedido a Dalia: no casarnos mientras Celia estuviera viva.

Allí asistían sólo los hijos de algunos dirigentes muy selectos —los de algunos comandantes de la Revolución (como Juan Almeida) y algunos ministros muy encumbrados (como Diocles Torralba) y oficiales del Ministerio del Interior selectos (como uno de los mellizos De la Guardia). Bueno, ¿qué les parece? Acabo de citar tres ejemplos nefastos: el mulato Almeida porque es un tonto y los otros dos porque son comprometedores en exceso desde los procesos de 1989: Diocles condenado por corrupción a 20 años de cárcel, y uno de los mellizos, Antonio de la Guardia, fusilado por narcotráfico. Ciertamente tanto mi padre como yo nos las arreglamos para que el Estado proveyera la educación de nuestros hijos. Él sólo pudo lograrlo hasta el quinto grado, más o menos, que era hasta donde se llegaba en la escuelita pública número 15 de Birán. Yo, en cambio, logré hacerlos universitarios a todos. E igual hicimos —mi padre y yo— con las decisiones de las carreras. Mi padre me dijo que yo iba a hacerme abogado, dado que era tan hablador y parlanchín y al hecho de que mi patrón nominal —San Fidel de Sigmaringa— había obtenido sus doctorados en Derecho Canónico y en Derecho Civil. Lo acepté como la cosa más natural. Con Fidelito (el muchacho que tuve con Mirta Díaz-Balart, mi primer matrimonio) me propuse dotar a la patria de un genio de los asuntos nucleares. «Ingeniero atómico», le dije. Era una forma secreta y lenta de pasarles la cuenta a los yanquis y de acercarme de nuevo a ser un peligro atómico, que es una espina que aún tengo atravesada desde la crisis de octubre de 1962. Hasta que no lo vi en Dubná, la ciudad cerrada soviética en las cercanías de Moscú, donde estudiaban las futuras luminarias nucleares del campo socialista, no descansé. Incluso, hasta le preparamos una cohorte de niños genios, los de mayor rendimiento escolar y más inteligencia de toda Cuba —como Jesús Rodríguez Verde— para que le acompañaran en sus estudios y para que fueran una permanente influencia de ideas e imaginación en su entorno. De todo el sistema escolar de la nación escogimos secretamente por los resultados de *tests* a una cuadrilla de unos seis muchachos, del que recuerdo a ese pequeño Einstein embotellado, Rodríguez Verde, como el más destacado. Y designé a un probado asesino, José Ignacio Rivero, para que fuera su guardián permanente hasta que hubo de ser reemplazado por el crimen que cometió con dos pobres niños en Nicaragua, donde se hallaba en misión de entrenamiento, y por el que Rolando Castañeda Izquierdo (Roli) ocupó su lugar, un esbirro de otra naturaleza ese Roli, y noble en cierta medida, pero al que terminé metiendo en prisión por enriquecimiento ilícito, cohecho, extorsión, contrabando y tenencia prohibida de armas como parte de los ya mencionados procesos de 1989. Por cierto que Fidelito se portó muy bien con los dos. Yo di la orden de que José Ignacio Rivero fuera juzgado por los nicas y de acuerdo a sus leyes. El general de brigada Fabián Escalante (nombre de guerra Roberto) que se hallaba de delegado de nuestro Ministerio del Interior en ese país hermano, le tenía tremendas ganas a Ignacio Rivero, por antiguas rencillas institucionales, y estaba procediendo con todo el rigor a su alcance. Lo tenía preso en una inmunda celda sandinista de Masaya junto a unos prisioneros indios de la contra, cuando Fidelito se las arregló con los propios hermanos Ortega y con Tomás[11]

---

11. Presidente (Daniel Ortega), jefe del ejército (Humberto Ortega) y ministro del Interior (Tomás Borge) del gobierno sandinista.

para que lo metieran en un avión hacia La Habana. En cuanto a Roli, un bandido, también hizo lo indecible para paliar su condena, aunque el mismo Fidelito ya no se hallaba en la mejor situación de poder para esa época de rescatar a Castañeda Izquierdo. Yo lo había sacado de su presidencia de la Comisión de Energía Atómica y lo tenía enclaustrado en una casa cercana a las principales residencias de protocolo —no preso, pero bastante aislado— con la única diversión (y a su vez privilegio) de una gigantesca antena parabólica de televisión, como para que se intoxicara viendo la CNN y toda la porquería que le bajara por los satélites.

Recuerdo que con Antonio —mi penúltimo muchacho con Dalia— fue con el único que tuve tropiezos a la hora de encarrilarlo. Quería ser futbolista. Quería dedicarse al deporte. Pero la madre quería que fuera médico. Le dije: «Chico, yo pienso que debes estudiar medicina». Él insistió que su vocación no era la medicina. Soñaba con las olimpiadas. «No se juega al fútbol en las olimpiadas —observé—. Y tampoco es el deporte nacional cubano. La pelota es el deporte nacional cubano.» Entonces, antes de que se le ocurriera elaborar otro argumento, le dije: «Está bien. No vamos a perder el tiempo en discusiones absurdas. Futbolista serás. Pero primero te voy a llamar por el servicio militar obligatorio y te voy a mandar tres años para Angola. Cuando regreses, te dedicas al fútbol. Te haces todo lo deportista que tú quieras pero sólo cuando retornes del Africón. Del negro Africón». Ese mismo año, mi amado hijo, Antonio Castro Soto del Valle, una bendición de muchacho, ingresó en la Escuela Superior de Ciencias Médicas Victoria de Playa Girón con el objeto de cursar sus seis años de preparación como médico revolucionario y para orgullo y felicidad de su madre.

En cuanto a nuestra instrucción, al final mi padre tuvo que sacarnos para Santiago, porque la escuelita de Birán había llegado a su tope y mi madre estaba persuadida de que debía dársenos la mejor preparación posible. Con el transcurso del tiempo, de todos modos, me las agencié para convertir la escuela en el sitio donde yo había conocido la pobreza y —algunos años después, siendo ya un hombre— mi visita al lugar, de abril de 1953, pocas semanas antes de lanzarme a atacar el cuartel Moncada, me sirvió de precioso argumento para un bonito párrafo de mis estrofas carcelarias y al que di empleo en mi alegato de defensa ante el tribunal que me juzgó por los sucesos del Moncada precisamente. El muchacho inquieto que se amancebaba con una empercudida putita de monte llamada Nereida, la que parecía no poder respirar si no era con un dedo ajeno en el culo, y el que se escapaba para robar caballos (aunque fuera por un rato) y mangos y naranjas, devino una especie de prospecto de Ghandi, al que la prensa del futuro me evocaría en vida con aseveraciones como «Le dolía [a mí] tanta inteligencia frustrada, tanto futuro perdido...» (*Ahora* 4/06/02).[12] Y yo mismo, en mi preparación del alegato de defensa, levanté una empalizada de palabras para recrear mi visita de abril a la escuelita de Birán. Dije esto antes de empezar la Revolución: «Mis condiscípulos, hijos de humildes campesinos, iban descalzos a la escuela por lo general y llevaban muy mala ropa. Eran muy pobres. Aprendieron malamente las primeras letras, y aunque inteligentes de sobra, bien pronto abandonaron la escuela y se sumieron en el mar sin esperanza de la ignorancia y de la penuria, sin que uno solo se haya salvado del naufragio inevitable. Sus hijos hoy estarán repitiendo el ciclo de sus padres bajo el peso de un fatalismo social. Yo pude, y seguí estudiando...». Pero ni una palabra de cómo ya percibía e incluso me ofendía lo que entonces, niño inconsciente, llamaba la peste de los negros y que es algo específico —creo yo— que ocurre en su sudoración. Luego, siendo el líder y jefe de gobierno que aún soy, yo rogándole a Pepe Abrantes, el jefe de mi Seguridad, sácame esos negros de alante. Coño, Pepe, pónmelos en el segundo anillo de contención y choque. No tan pegados.

En Cuba, hasta donde se recuerde, no ha existido nunca un prospecto convincente de Ghandi, y el único santo del que dispusimos y del que ya creo haber hablado bastante calificaba en una categoría muy particular de santo, puesto que, pese a sus pocas condiciones físicas, al menos en apariencia, había que sacarlo de las camas de todas las mujeres de sus colaboradores al conjuro de los aplausos —se escuchaban, a lo lejos— de los tabaqueros cubanos de Tampa o de Cayo Hueso, que aguardaban por sus palabras en la recolecta de dinero para la Revolución. Maestro, apúrese. El pueblo lo espera, Maestro.

Las humildes casas de yagua y guano, con piso de tierra, donde vivían los haitianos que se quedaban por los alrededores —y que escaparon a los barcos del cónsul Hibbert—, estaban más allá de la cañada. Siendo más independiente, iba allí para ciertos asuntos y para comer maíz y boniato asado; aunque tomándome todos mis cuidados en saber dónde me metía, por la cuestión del olor.

---

12. Localizable en http://www.ahora.cu/documentos/biranaracataca.htm

Aquellos escenarios que luego vi reproducidos en las páginas de
Hugo y de Marx, no sólo fueron contemplados sino que también
hube de olfatearlos. De ahí explico mi rechazo. No a ustedes. Me lo
explico a mí mismo. Superada la adolescencia, y en esporádicas visitas
a Birán, el objetivo de mis incursiones entre los desvencijados bohíos
de los haitianos era el del típico mozo gallego que busca negritas para
atrabancarlas un rato y no el de un varón de la justicia que se presenta para acumular miserias en su memoria que luego son el acicate de
su guerra santa. Y, como algún negro viejo de la oscura chabola tenía
la amabilidad de alcanzarme una cuchara y un poco de su sancocho
de maíz y boniato en un plato esmaltado, luego de mi faena con su
hija o nieta sobre un camastro de sacos de yute, hija o nieta que ha
desaparecido de la vista hacia algún rincón, o corre al excusado a en-
juagarse entre los muslos arrodillada sobre una palangana, lo que se
me queda en el olfato es la mezcla. Se imaginarán la reluctancia con
que hago la presente confesión. Pero estoy tratando de tensar la cuerda hasta el límite de resistencia anterior a la quebradura, que es exactamente la instancia en que la materia se libera de todos sus componentes de consolidación molecular y parte, no que se ablande sino
que parte. Quiero decir que, en las fronteras anímicas de mi actual
edad, sería imperdonable que yo mismo me confortara con los ecos
de mi propia propaganda, al punto de creérmela, y menos aún en el
trance en que me hallo —en el plan de pasar balance, el que probablemente sea último balance.

Un papelucho navega por aquí arriba, sobre mi buró. El encabe-
zamiento reza:

Ministerio del Interior
DELEGACIÓN HOLGUÍN

Censo de los afectos del comandante en jefe residentes de Birán en
diciembre de 2002

El informe me hace saber cuántos amigos de infancia me quedan.
Me quedan Delia y Caridad Tomás, Juan Socarrás Pérez, Benito Rizo
Hernández, Martín Castro Batista, Pedro Pascual Rodríguez y Santa

Martínez. Mis amigos de infancia. Unos ancianitos desdentados y macilentos que se soltarán a describirme al nivel de Jesús en el pesebre si le pegan un micrófono bajo la nariz. Ni una palabra sobre el caballito *Careto* (no existe desde hace 60 años), ni sobre la charca El Jobo (cegada en octubre de 1963 por el ciclón Flora).[13] Recupero imágenes, recupero nombres, recupero datos. Pero la excitación por ciertas vísperas se me hace elusiva. Se mantiene la nostalgia pero no logro el res-

13. El escenario de mi infancia aparece en muchos textos de la contrarrevolución, en franco desacuerdo con los planteamientos de historiadores más serios. La visión de los vencidos no es historia, es venganza. El presente texto ha sido tomado al vuelo de internet.

«La familia céltica de Castro en España se dedicaba al negocio lucrativo de vender caballos al ejército. El padre de Fidel, Ángel, se unió al ejército español como procurador de caballos para la comandancia del general español Weyler. Cuando la guerra terminó en 1899 volvió a España y posteriormente regresó a Cuba... Ángel hizo una fortuna en la bahía de Nipe, cerca de Banes. En 1908 tuvo el primer 10 por ciento de una granja que habría valido hoy 22 millones de dólares (2.200 dólares/acre). Era de 300 "caballerías" ("caballería" = 33.162 acres = 12,5 ha). Mayarí y Banes, uno cerca del otro, fueron los dos municipios (condado) controlados por la United Fruit. Ángel era la persona afortunada que la United Fruit coloca a cargo de las necesidades de los negros cortadores de caña legales y de vez en cuando ilegales de Haití. De 1903 a 1944, unos 850.000 haitianos y jamaicanos entraron a Cuba para cortar caña. En 45 años de República trajeron más que los 820.000 españoles que vinieron como conscriptos en los 400 años antes de la República (1516-1881). Ángel conocía a Hibbert, el cónsul honorario de Haití en Santiago de Cuba [...] Los haitianos no le dieron suficiente para poseer una granja de 22 millones de dólares. Una mejor oportunidad se presentó en 1917, después de la guerra en Europa. Decenas de miles de europeos orientales querían ir a América y usaron Cuba como hotel de espera. Entre otras cosas Ángel estaba a cargo de pagar a políticos para permitir que este transporte de inmigrantes ilegales aconteciera. Algunos permanecían en Cuba como el doctor Gyori Felden (que perdería una hermana en el campo de concentración de Auschwitz). Él iba de paso a Nueva York y cuando vio los cubanos pagando 50 dólares en 1920 para ver a Caruso cantar en la ópera decidió permanecer en la Habana. Por el año 1940 Ángel Castro ya tenía sus 300 caballerías. Él bautizó su granja Mana Acas (Mana Aquí). Se estima que su negocio valía 2 millones de dólares. 160.000 hebreos vinieron a Cuba, la mayoría en tránsito a Nueva York de 1902 a 1959, 40.000 de ellos ilegales por el único puerto que hacía esta operación, la bahía de Nipe. De Nipe era también el único lugar desde donde durante la prohibición de alcohol en Estados Unidos salían los barcos de contrabando de whisky. A menudo usaban los barcos de azúcar para llevar ilegales a Estados Unidos. Pagaban de 40 a 140 dólares por el precio del billete de Europa a Cuba, 150 para el permiso de tránsito de Cuba, 150 para el contrabando en barcos rápidos a la Florida y 100 por albergue, pago de políticos y otros servicios. En su casa los coches grandes americanos eran abundantes desde el año 1920. Fidel aprendió a conducir a temprana edad. El padrino de Fidel fue Fidel Pinos Santos, un político republicano liberal que se opuso fuertemente a las leyes contra inmigrantes legales e ilegales.»

cate de las emociones que una vez percibí. Los períodos de vacaciones navideñas eran muy felices, pese a que —hasta donde mi memoria es capaz de detectar objetos— durante los cuatro o cinco primeros años de mi vida y de forma consecutiva los regalos con que los Reyes Magos se propusieron satisfacer mis ambiciones fueron cuatro cornetas de aluminio y del tamaño de un lápiz. La última, eso sí, con tres teclas. He llegado a pensar que la obstinación con las cornetas respondía a tres variantes posibles: a) un castigo de los Reyes Magos por los cogollitos de caña que dejaba a los camellos al pie de la cama y que a lo mejor los camellos no comen cogollo, pero en Birán no había un pienso específico para camellos y había que conformarse con los productos a mano; b) que los reyes querían desviar mi destino como líder revolucionario y que me metiera a músico; c) que mi padre, hombre práctico y de poco ensanche mental, como se sabe, haya comprado una arroba de cornetas como solución de por vida para mis regalos del día de Reyes.

La Semana Santa era otra ocasión maravillosa, porque teníamos una semana de vacaciones en la casa otra vez. Lo malo era que debía comer poco y sólo pescado porque no podíamos sacrificar reses. Las vacaciones de verano, por supuesto, también: a bañarme en los ríos, a tirarme de cabeza en el agua cristalina de la charca, a corretear por los bosques, a cazar con tirapiedras, a montar a caballo. Vivía en contacto con la naturaleza y bastante libre en esos períodos.

Y así transcurrieron los primeros años.

3. LA SÓLIDA INTRANSPARENCIA
DE LOS MUROS

LARA ERA EL TIPO de Santiago que nos maltrataba. Después de la Revolución, su hijo iba a ver a Raúl al Ministerio de Defensa, en La Habana; Raúl nunca lo recibió. Muy temprano convertimos ese Ministerio de Defensa en el Ministerio de las Fuerzas Armadas Revolucionarias, y lo situamos en un edificio bastante moderno, en la zona del puerto, construido a principios de los cincuenta para Estado Mayor de la Marina de Guerra. Yo creo que para aquel entonces la Marina disponía de más metros cuadrados de superficie en las oficinas y pasillos de ese edificio que en las cubiertas de todos sus barcos. Raúl fue a esconderse a casa de Lara después del asalto al Moncada. Raúl había ocupado una posición estratégica en la azotea del hospital Saturnino Lora, desde el que dominaba el acceso principal al cuartel, y sacó de combate a varios guardias, matándolos con ráfagas cortas de ametralladora BAR 30-06. Quizá de toda la operación del Moncada, la mejor conducida fue la encomendada a Raúl en aquel hospital. Pero, agotado su exiguo parque, del que había dado un excelente uso, un notable rendimiento, trató de ponerse a buen recaudo en una ciudad donde suponía encontrar refugio seguro. Este señor de apellido Lara era el que nos albergaba en nuestra época de estudiantes del colegio Dolores, de Santiago, y por lo que recibía una cantidad de dinero, desde luego. En pocos minutos fue el que avisó a la policía de Batista. El hijo, sin embargo, tuvo *el aquello* —como decimos los cubanos— de avisar a Raúl de la acción de su padre. Raúl pudo escapar por un pelo, y por unas cuantas horas. Era el tiempo que se necesitaba para que la soldadesca se calmara un poco, luego de haber asesinado a todos los compañeros nuestros que pudieron y de arrancarle los ojos a Abel Santamaría, nuestro segundo en la cadena de mando. El baño de sangre es algo que no puedes estimular mucho más de una jornada y no muy lejos de haber rechazado el ataque enemigo. El olor de la sangre es metálico y perfectamente definible y tiene un punto de saturación en los receptores del olfato.

Nunca tuvimos mucha suerte en Santiago —en ninguna de las dos casas donde nos ubicaron nuestros padres para que estudiáramos, ni después cuando asaltamos el Moncada. Estando en casa de la maestra de Birán, donde nos hospedamos los dos primeros años, nos alcanzó la tragedia de que mis padres aún no estuvieran casados y que, debido a esa razón (que nos impedía estar bautizados), nos llamaran judíos. Después comenzó el martirio de una radionovela —*Los Castro de Birán*— que nuestro hermanastro Pedro Emilio sufragó en una emisora local (CMKC), para estupor y escarnio nuestro y beneplácito de una creciente audiencia de ese Santiago aldeano pero arrogante. Al final tuvimos que salir del primer colegio en el que nos matriculamos, La Salle —y de una manera, yo diría, bastante cercana a la expulsión.

He arrastrado esas humillaciones durante toda mi vida. Pero me las he arreglado para armar unos resbaladizos y complejos galimatías a la hora de contarlo en las entrevistas. Un despliegue de argumentos de esquiva han sido inventados. El favorito es que me extrañaba mucho que tildaran de judíos a los muchachos no bautizados porque los judíos eran unos pájaros negros muy ruidosos. Otro es que yo no estaba bautizado porque en Birán no había iglesia y sólo una vez al año el cura de la cabeza de municipio, Mayarí, a 36 kilómetros de distancia, se llegaba a la zona para efectuar sus bautizos, amén de que mi primer padrino designado —don Fidel Pinos Santos— era un hombre muy ocupado y nunca coincidió en Birán con el cura de Mayarí. Qué raro feudo español sin iglesia y sin el vislumbre de un campanario. La causa verdadera, que fuera hijo natural o bastardo, se elude.

Por cierto que las entrevistas como las que sostuve con el curita Betto sobre religión y con el colombiano Arturo Alape sobre mi participación en el bogotazo y con el amiguito Norberto Fuentes sobre mis relaciones con Hemingway, me han servido regularmente para soltar mucha información personal de cierta índole histórica, o biográfica, como quiera llamársele, y con esas entrevistas tuve a mediados de los ochenta la ilusión de crear un auténtico *corpus* autobiográfico. Ganaba

Carro de línea propiedad de don Ángel Castro, utilizado para viajar a los centrales de la comarca y a la ciudad de Santiago de Cuba.

Cazador adolescente en los pinares de Mayarí. Vacaciones de invierno de 1943.

Con 11 años y sobre un tractor Caterpillar de su padre. Vacaciones de invierno de 1937.

Colegio La Salle, curso 1936-37. Fidel tiene 10 años de edad. Es el segundo sentado de izquierda a derecha.

tiempo contándoles mis memorias a otros y podía concentrarme en la economía o en la guerra de Angola o en nuestros ambiciosos planes educacionales o de salud. Uno a veces tiene que escamotear por aquí o por allá una cantidad de información, inevitable en un estadista, aunque no sean entrevistas de actualidad. Pero son útiles de alguna manera, aunque me di cuenta en su momento de que era como escribir una autobiografía por delegación. Una tarde, en Palacio, estaba soltando mi rollo sobre mi formación ideológica para la grabadora de Betto cuando me sorprendí a mí mismo diciéndole que yo no le estaba dando toda la información con plenitud de detalles porque no quería «convertir esto en una autobiografía». Pero a tal punto me entusiasmé con la idea del *corpus*, que extraje todas las secciones de mis entrevistas de los libros de Alape y de Norberto y las mandé publicar como dos secciones de un volumen titulado *De los recuerdos de Fidel Castro: el bogotazo y Hemingway* (Editora Política, La Habana, 1984).

No obstante, por nuestra parte, dentro del coto nacional y de mis oficinas directamente subordinadas, habíamos estado trabajando en esa dirección. A Basilio Rodríguez, uno de mis ex ministros de Construcción, le estuve *monitoreando* y hasta dictándole pasajes completos de unas memorias probables. Pero más bien exageramos y erramos el camino. En realidad, abrumamos los estantes con todo el material posible, incluyendo discursos (al principio de la Revolución llegué a pronunciar discursos de seis horas. ¡Seis horas!) y recortes de prensa y los apuntes de mis ayudantes y luego las grabaciones de cuanta cosa yo decía. Desde 1967, que aparecieron en el país las primeras grabadoras portátiles de casete, es muy difícil que se haya escapado alguna palabra pronunciada por mí desde el desayuno hasta el momento de retirarme a dormir, amén de las fotografías, de las películas y de los videos, que ha sido la ocupación principal de mi secretario José Miyar Barruecos («Chomi») y un grupo de camarógrafos y ayudantes asociados y que les permite disponer en la actualidad[1] de unas 250.000 fotografías mías. El resultado del trabajo con el ex ministro Basilio fueron 40 tomos, que estuvieron más o menos compuestos y terminados a principio de los ochenta. De más está decir que ahora ni siquiera he preguntado dónde se encuentra tal cargamento. No creo que ordene

---

1. El lector debe tomar el 8 de enero de 2003 como indicativo para todo el libro, ya que fue el día de conclusión del último borrador. Otras notas o comentarios pueden ser posteriores y se añadieron en el proceso de revisión.

su destrucción. Será de utilidad para algún investigador. Por otra parte no puedo quejarme a la hora de contar mis biografías. Son varios centenares. Creo que la primera fue de Jules Dubois, un periodista que la CIA me envió a la Sierra, y que publicó su libro en 1959, el primer año de la Revolución en el poder. Desde luego, como ya he dicho, la historia de la Revolución y mi biografía es probablemente una sola cosa. Pero he tratado aquí de ofrecer algo novedoso y no un *tour de force* en que yo explique cada día de la existencia de un proceso político que va en estos momentos por los 43 años. Realmente, la historia muestra su valor cuando decanta con exactitud.

La maestra de Birán, Eufrasia Feliú, una pobre mestiza, convenció a mis padres de la necesidad de enviarme a estudiar a Santiago. El lugar adecuado, agregó, podría ser su casa de familia. Estábamos en la crisis económica de los años treinta y la casa dependía de un único salario, el de la maestra, que permanecía en Birán la mayor parte del tiempo. Mis padres pagaban 40 pesos por mi manutención. La casa parecía un colador y le entraba agua por todas partes cuando llovía. Después llegaron mi hermana mayor y Ramón, también supuestos a recibir aquellos maravillosos estudios de Santiago. En total éramos de cinco a seis bocas por alimentar, porque ellos eran otros cuatro —padre y tres hermanas (Belén, Nieves y Eufrasia), una de las hermanas (la maestra) era un plato eventual a dejarle caer aquellas cucharaditas del potingue. Todo el alimento venía en una cantina por el mediodía, un poco de arroz, algunos frijoles, boniatos y plátanos. Me parecían manjares, deliciosos, y luego me di cuenta de que era hambre —nunca estaba satisfecho, así que cualquier cosa echada en el estómago era la ambrosía de los dioses. El dueño de la casa, un mulato viejo, de pómulos hundidos por la falta de los colmillos y con igual depresión de los maseteros, aplastaba lentamente con sus adoloridas encías y en resignado silencio su parte de la ración, con sus andrajos pulcramente planchados por la hija y ceremonioso y digno en la punta de su mesa. Por fin —no sé cómo— mis padres se enteraron de nuestra situación y tuvieron un altercado con la infeliz maestra y nos hicieron regresar a Birán. Pero hubo una reconciliación y la maestra prometió que las cosas mejorarían. No volví a pasar hambre.

De todas maneras el tiempo fue pasando sin que se recibiera otra instrucción que la suministrada esforzadamente por la hermana de la maestra, que se llamaba Emerenciana Feliú Ruiz y a quien siempre llamamos «Belén» y a la que estábamos obligados además a llamarle así —la señorita Belén. Ella era profesora de piano y se ufanaba de su habilidad con el francés pero nos daba clases de aritmética. Esas clases duraron como dos años. Había llegado a Santiago a los cinco años, todavía —tintineándome en el bolsillo derecho— algunas de las monedas del peso que mi padre me regalara por mi cumpleaños. Hacia los siete años, no había ingresado en ninguna escuela. Pero sumaba y restaba y dividía y multiplicaba.

Transcurrió algún tiempo de relativa tranquilidad y, creo, Ramón y Angelita habían regresado a Birán cuando se decidió mi ingreso en el colegio La Salle. Que era un colegio de pago de unos curas franceses. Desde luego, ahora entiendo que la demora era obligada por la reticencia de los curas a aceptar hijos naturales en «la institución» —como le llamaban— y la preocupación de que eso causara el rechazo de las demás familias acomodadas de Santiago, amén de que aprovechaban el diferendo para ver cuánto más le sacaban a mi padre. Mis resignados padres recibieron por fin la aprobación para mi ingreso en la codiciada escuela para hijos de la burguesía media de Santiago, sobre todo de su sector más esnob.

Tener maestros verdaderos, clases, un timbre que nos llamara, amigos, poder jugar con ellos en el patio, aprender a escribir con claridad y estudiar aritmética por los libros, fue un cambio sustancial en relación con los pobres esfuerzos que había empleado la señorita Belén en enseñarnos a sumar y restar casi de memoria, machaconamente, durante dos años, en la mesa de comedor de su casa —donde, por cierto, aún seguí viviendo durante unos meses. Dormía y almorzaba allí. Y por un momento pensé que había recuperado el sentimiento de felicidad que me rodeaba en Birán.

En una variopinta cantidad de páginas *Web* de la izquierda americana te encuentras con saneadas piezas biográficas de mi persona en las que, ni yo mismo a veces, logro reconocer un punto de contacto con la realidad. Así me entero que mi enrolamiento en el colegio La

Salle, de Santiago, que dirigían unos curas franceses, terminó en el fracaso debido a mis tendencias a desafiar la autoridad de esos curas, y no que prácticamente se nos expulsó de allí por la maldita acusación de judíos y por mis permanentes refriegas con los otros niños para cerrarles sus boquitas insolentes con la contundencia de unos piñazos que siempre he sabido colocar muy bien y con los que he reventado bastantes bocas. No había oferta de dinero de mi padre que hiciera desistir a los estúpidos curas franceses. En realidad, si mis padres aún no estaban casados y por consiguiente no habíamos podido bautizarnos, no era culpa de este sector de la familia, sino del sector litigante, que cada vez le exigía más a mi padre. En esto la posición de mi madre fue ejemplar al lado de mi padre. A la hora de las guerras verdaderas ella podía ser mucho más dura que nadie en toda nuestra familia. «No te preocupes por los muchachos, que ellos entenderán. Y si no entienden, ése es su problema.» Es decir, primero no dejarse expoliar. Después, bodas y bautizos y cualquier otra ceremonia que se hiciese necesaria. «Pero la señora María Luisa —aseguraba, sombría—, no va a quitarnos un centavo más del que le corresponda.» Todavía la nombraba, por reflejo quizá, de la manera en que una mucama competente debía tratar a su empleadora.

Pero tenían razón de alguna manera, podíamos esperar. Un bautizo puede demorarse seis años —o lo que sea. Lo que no podíamos era vivir sin un nombre y ése nos había sido otorgado desde nuestro nacimiento. Así que no había grandes problemas. Disponíamos del elemento esencial para que se nos pudiera llamar, conocer, identificar, designar y toda la sarta de cosas que se puede hacer con uno sólo si se dispone de un nombre. Mentarte. Muy importante en los campos cubanos poder mentarte. ¿No han oído decir aquello del mentado Fulano, Mengano o Zutano? Uno tiene que tener siempre la base mínima —que es el nombre— para poder ser mentado. Siempre. Yo diría que es imprescindible.

Pero hubo un gran paso de avance en el hecho de que mi padre lograra su divorcio de María Luisa Argota y se casara con mi madre. Eso franqueaba las puertas a las ceremonias del tan codiciado bautizo.

Otro hecho afortunado tuvo lugar después. La hermanita de la maestra, Belén, se casó con el cónsul de Haití en Santiago de Cuba. Creo que por ahí es que se conecta con mi padre y comienzan sus negocios de importación de brazos para dar machete a la caña y por lo que al final mi padre le traspasa el deber de hacerse mi padrino. En eso fueron muy acuciosos y serios, como suelen ser los haitianos. Gente muy seria en cuanto a sus responsabilidades. Así que tendría yo unos cinco o seis años cuando un día me llevaron a la catedral de Santiago y un cura gordo y ampuloso llamado Pérez Serante me roció la cabeza con un poco de agua bendita y Fidel Alejandro Castro Ruz, hijo de don Ángel María Bautista Castro y Argiz y de doña Lina Ruz González, y ahijado de Luis Alcides Hibbert y de Belén de Hibbert (¡ya no más la señorita Belén!), quedé bautizado.[2] Dudo que el cura Pérez Serante, mientras oficiaba su ceremonia y me empapaba la cabeza, concibiera que ese mismo niño, un tanto crecidito ya, a la vuelta de dieciocho años, el domingo 26 de julio de 1953, sería el joven revoltoso que acababa de cometer la locura de asaltar la segunda fortaleza militar del país, a pocas cuadras de su iglesia, y que era la razón de que unos poderosos colonos de Birán lo estuvieran localizando para encomendarle que intercediera con el jefe militar de la provincia, un sicario de nombre Río Chaviano, y que de inmediato lo presionaran para que él mismo se adelantara hacia la zona del este de Santiago donde se le suponía huyendo, con el objeto de salvarle la vida, y que —no he terminado con este vicario de Dios— unos treinta años a partir del día de ese bautizo —sin que se me ablandara el corazón ni titubeara el gesto ni siquiera por el discutible éxito de su gestión al contribuir a sacarme vivo del cerco del ejército el primero de

2. La ceremonia tuvo lugar el 19 de enero de 1935. Y en el acta de bautismo aparece inscrito como Fidel Hipólito Ruz González. Quizá resulte un tanto confuso para los lectores ajenos a las costumbres de las zonas rurales cubanas, las razones que llevaron a Ángel Castro y su mujer Lina Ruz a cambiar tantas veces el nombre de su hijo y su empeño en dejar constancia oficial de estas variaciones. Pero ni siquiera el líder indiscutido de la Revolución cubana, comandante en jefe y fundador del primer Estado socialista de América escapó en su infancia a una de las mayores ignominias de la campiña criolla: la bastardía. Al ser hijo «natural» de don Ángel y Lina, el estigma de ser un hijo bastardo estuvo persiguiendo a Fidelito durante bastante tiempo, hasta que finalmente —en 1942— don Ángel logró divorciarse de María Luisa Argota Reyes y casarse —en 1943— con Lina. Lina Ruz González. En lo que respecta al juzgado municipal de Cueto —al que pertenecía el barrio de Birán—, el jovencito Fidel aparece con dos nombres y tres inscripciones. La primera inscripción de nacimiento con Tomo 10, Folio 258, se realizó el 11 de enero de 1938, con el nombre de Fidel Casiano. En la segunda inscripción realizada el 10 de mayo de 1941, con Tomo 14, Folio 129, aparece como Fidel Alejandro. El 11 de septiembre de 1943 (luego de oficializado el matrimonio con Lina), con Tomo 16, Folio 279, fue asentada la última inscripción, también con el nombre de Fidel Alejandro.

agosto de 1953 al pie de las estribaciones de la cordillera de Gran Piedra— habría de ser expulsado del país como uno de los principales
cabecillas contrarrevolucionarios del clero criollo.

En fin. Lo más importante había ocurrido. Dejar de ser un judío
e ingresar en el mundo de los ciudadanos normales. Estudiaba en un
colegio y estaba bautizado. El mundo me sonreía otra vez. Tanto, que
medio año después, el 2 de junio, poco antes de las vacaciones de verano, pude hacer finalmente mi tan ansiada primera comunión.

Después tuve el plan de hacerme pupilo. En casa de la maestra
enarbolaban el pupilaje como la peor amenaza ante cualquiera de
mis faltas de conducta —lo que ellos consideraban faltas. Pero yo
quería serlo en realidad. Pupilo. Me consumía una verdadera furia
por liberarme de la tutela de aquella casa. Había cifrado grandes esperanzas durante algunos meses en que los rezos y rogativas aprendidas de boca de los propios curas en el colegio, serían lo suficientemente competentes como para sellar las goteras de aquella casucha
de madera. Es decir, tenía un problema material en mi existencia y
una situación personal que necesitaba solución y que yo quería solucionar. Ante la ineficacia evidente de mi comunicación con el Supremo, torcí por otra metodología. Actuando por instinto —o, mejor,
por intuición, que es como yo realmente funciono— desobedecí la
autoridad de la casa, la de quienquiera que fuera el padre, o Belén o
mi maestra. Quebré —como si de tres pequeñas pipas de la paz amarillas Mirado fuesen— los lápices de las viejas clases de aritmética,
proseguí con una candelada que consumió la libreta de mis obstina-
das sumas y restas y concluí con plantarme delante del viejo de los cavernosos músculos bucales, que intentaba incorporarse de su sillón
cuando vio que me le acercaba y al que detuve con un ademán inequívoco, por el que se mantuvo sentado, y el que quizá entonces tuvo
el privilegio de escuchar el primer discurso articulado de mi vida. No
iba a aprender francés. Que no contaran conmigo para esa ridiculez
de hablar francés en una casa donde no se comía bistec. Que no iba a
actuar como un niño educado. Que yo no era un niño educado sino
un salvaje impertinente y un zoquete —que en Cuba se emplea como
irreverente, no como retrasado mental. Que a partir de ahí no volve-

ría a hablar en voz baja y que tampoco me reprimiría del uso de las malas palabras, comenzando en ese mismo instante. Pinga. Cojones. Puta. Culo. Maricón. Tetas. Singar. Mamadera. Y que sí me iba a seguir orinando fuera de la taza porque iba a estar siempre entretenido y no iba a apuntar.

Así que me zumbaron de cabeza como pupilo de La Salle. Maravilloso. Fue la forma en que gané mi verdadera libertad. Había allí unos 30 pupilos. Libertad. La libertad era que jugaba en el patio con los otros muchachos después de las clases, que no estuve más nunca solo y que un par de veces a la semana nos llevaban de excursión a las montañas o a la playa.

Sin embargo, me es imposible ahora precisar si el asunto judío no había quedado totalmente sobreseído o si fue la transmisión de la novela de radio sobre mi familia. El caso es que ciertos problemas parecieron continuar. Y también comencé a notar los abusos de los curas. No tenían mucha ética los frailes de La Salle, al menos no la que descubrí después en los jesuitas. Parecían interesarse sólo en el dinero de nuestros padres, y ni aun así tenían control en cuanto a sus abusos y a la soltura con que nos dejaban caer sus pesadas manos. Eran extremadamente manisueltos y pegaban a los muchachos —es decir, a nosotros. Había uno en especial, un francés pelirrojo, que se hacía llamar el Abate, que era un hijo de puta. Una vez me cruzó el rostro de dos bofetadas. Yo había tenido un problema con otro estudiante, algo entre muchachos, aunque sí relacionado al caso judío, cuando el muy grandullón me abofeteó delante de todos. El Abate. Ocurrió en tercer grado. Después, estando en quinto, me golpeó dos veces en la cabeza. El mismo Abate. La última vez decidí que no aguantaba más y tuve una violenta confrontación con él. Decidí entonces que la partida de La Salle estaba sellada. No iba más a esa escuela. Pero tampoco podía regresar a la casa de Belén, en la que ahora estaba añadido su marido, el cónsul. Es decir, mis hasta entonces flamantes padrino y madrina. Y al que debía agregarse la situación —según me contaban— de que el papá de Belén se había agenciado una cabilla de construcción de una pulgada de diámetro y de tres pies de largo que mantenía envuelta en un periódico y que se hallaba siempre cerca de su campo de operaciones hogareño, puesto que albergaba la esperanza de que algún día yo volviera a hacer acto de presencia por esos predios.

El padrino y la madrina no la estaban pasando bien. Las penurias volvían a echársele encima a mi pobre Belén. El caso es que en la Cuba de 1933 había triunfado una revolución nacional liberadora, que finalmente fue liderada por un sargento llamado Fulgencio Batista. Debo decir que a este proceso —la Revolución del 33— nunca se le ha prestado la debida atención ni ha sido destacado suficientemente, como se merece, en la historia occidental. Pero fue una auténtica revolución, de izquierda, manejada con habilidad asombrosa y que situó a Cuba en la esfera de la era moderna. Yo creo que, en ese período, las tres revoluciones más importantes a escala universal son la soviética, la mexicana y la nuestra del 33. Incluso, desde el punto de vista de sus rápidos y positivos resultados socioeconómicos y de la reducida cantidad de bajas que se le puedan achacar, la de Batista fue la mejor. Pero nuestra propia Revolución posterior, la iniciada en el 59, fue una de las razones de desvalorización de aquellos esfuerzos, y otro factor de menosprecio tiene que ver mucho probablemente con la raza de Batista. El cabrón era mestizo, un acusado cruce de mulato con indio cubano, y un tanto rechoncho y de cabellera alisada hacia atrás y lustrosa de vaselina. La competencia de su imagen al lado de la mía descalificaba de arrancada. Un blanco hijo de gallegos, de perfil helénico, cabello rojizo ensortijado y barba un tanto rala y finísimas y cuidadas manos y la manera en que Sartre describió mis labios cerrándose como un puño sobre mi habano es una fórmula segura de triunfo a la hora de ser aceptado como gobernador, líder, dictador, conductor, tirano, sátrapa —o como quieran llamarme— y ser asimilado por la cultura de masas occidental como uno de sus iconos contemporáneos. Claro, la preeminencia verdadera de mi proceso se debe al hecho de que introduje el imposible de una revolución comunista frente a las costas de Estados Unidos y que la he sostenido durante casi medio siglo. Llegado a este punto debo aceptar que Batista en su época obtuvo asombrosos logros sin necesidad de implantar el comunismo —tampoco él se vio requerido de una ideología para gobernar, lo cual para mí fue una obligación. El tema me apasiona, no saben cuánto. Sobre todo porque no existe una metodología comparativa de las dos revoluciones ni conozco a nadie que se haya detenido a estudiar el porqué en el transcurso de un solo siglo y en un lapso no mayor de 36 años —es decir, el tiempo regularmente aceptado por los sociólogos para el desenvolvimiento público de una generación—

y dentro de las fronteras de un mismo país se producen dos revoluciones radicales, de corte militar y victoriosas. Si tengo oportunidad y tiempo creo que éste será uno de los próximos libros a escribir en mi añorado retiro.

Una de las medidas laborales de Batista había sido la de garantizar a los cubanos que no volverían a ser desplazados de sus trabajos, sobre todo en el occidente del país, por españoles y americanos.[3] Esto provocó que miles de haitianos fueran deportados, mientras que todos los americanos y españoles se las arreglaban para quedarse. Recuerdo haber visto mi primer *progrom* cuando un barco también llamado *La Salle* ancló en el puerto de Santiago para recoger a miles de

3. Otra de sus extraordinarias leyes y de mayor influencia en el buen desarrollo económico y social posterior del país fue la llamada Ley de Aparcería que impedía expulsar a los rentistas (o aparceros) de la tierra que trabajaban. Resultó un factor de estabilización social dentro de la economía agrícola cubana y proveyó de una razonable y justa distribución de las riquezas, sobre todo en el sector azucarero. Su creador fue un noble profesor del Instituto de Segunda Enseñanza de Pinar del Río, Amadeo López Castro, designado por Batista al efecto. Advierto que, al triunfo de la Revolución, no pudimos detectarle ningún indicio de enriquecimiento ilícito en todos sus años de servicio público al lado de Batista. Su hijo —también llamado Amadeo— permaneció algunos meses en Cuba después de nuestro triunfo. Yo aproveché un encuentro con él en el pasillo de un ministerio —no recuerdo cuál— para revisarlo en busca de armas mientras hacía como que lo abrazaba con sumo afecto. Él intuyó —o por lo menos es lo que ha contado en Miami, en donde se refugió desde 1959— que sus días estaban contados. Pocas horas después de nuestro abrazo, se hallaba a bordo de uno de los tetramotores turboprop ingleses Vicker Viscount de la serie 700 de Cubana de Aviación que cubría la ruta Habana-Miami en 35 minutos. La paradoja es que nosotros, en nuestra Revolución, marchamos en dirección totalmente opuesta y cada vez que tuvimos oportunidad arremetimos contra los aparceros y contra toda otra forma de usufructo de la tierra que no fuera la estatal. Nos basamos en un principio de distribución y desarrollo piramidal que se ajustaba a nuestro esquema integrado de gobernabilidad y funcionamiento económico y que es antagónico, por su misma naturaleza, con una economía que se resuelve por sus propios medios a un nivel de base, desde abajo y de manera autosuficiente, y que es como un inquieto y crispante enjambre. Por cierto que —dispongo de esta información— en los últimos años de su vida el viejo Amadeo le confesó a su hijo que él pudo «ir mucho más allá» en sus leyes agrícolas. Siempre se había sentido limitado por la probable reacción de los americanos y el peligro que podía significar para Cuba. Pero que yo, Fidel —en Miami todos ellos me llaman Fidel—, le había demostrado la aplastante verdad de que pudo haber ido hasta donde se le antojara porque los americanos eran «unos aguantones». *Aguantones* (*sic.*) Así los calificó. Y, por cierto que, por la misma época de la confesión de Amadeo, yo le había dado mano suelta a Raúl para —a través del ejército— comenzar algunos experimentos de aparcería e incluso de empréstitos a pequeños agricultores para ver si lográbamos reanimar nuestra agricultura. Una especie de Operación Amadeo, aunque, eso sí, siempre bajo control de los institutos armados.

los braceros haitianos expulsados. Era un espectáculo más deprimente que la trata —y les digo por qué: los esclavos eran como animales, pero los amos les alimentaban y cuidaban para que fueran productivos. El capitalismo se sacude de esas consideraciones y te contrata a destajo, tú haces tu parte y yo te pago. Lo que después pase, cómo te alimentes o cómo te vistas, es tu problema. Reconozco que en el vapor *La Salle* fueron amontonados muchos de los braceros de mi padre y que su negocio con el cónsul se fue por el caño, aunque mi padre nunca persiguió a los que se mantuvieron por los alrededores de Birán, ni a los que tenían allí sus chabolitas de guano y hasta les permitió algunas siembritas menores, con más o menos discreción, y algunas gallinas también, y sé que se las arregló de alguna manera con el chino Miraval para que se abstuviera de mandar sus parejas de la Guardia Rural a desalojar negros. Pero no voy a olvidar a aquellos infelices del puerto de Santiago, víctimas de una revolución incuestionablemente justiciera pero que les hacía pagar por culpas de otros —o de nadie. La bonanza cubana había concluido para esos trabajadores que habían ganado en los cañaverales lo que nunca ganarían en Haití. Fue de este modo que mi padrino perdió su empleo como cónsul y regresó a Haití, sin un centavo. Mi madrina permaneció mucho tiempo sola, antes de poder embarcarse en busca de Luis. Luego regresó a Cuba. Convertida repentinamente en una ancianita, Belén estuvo una temporada al abrigo de mi madre en Birán. Yo nunca los volví a ver. A ninguno de ellos. Nunca más, que yo recuerde, se mencionó al cónsul Luis Hibbert. De ese modo el fundador del primer Estado socialista de América perdió todo rastro y posibilidad de contacto con el hombre supuesto a darle apoyo y una guía competente en la vida. Tengo la información de la Seguridad del Estado de que la casa de las goteras todavía está en pie. Siempre me ha quedado la pena de que la Revolución cubana, la mía, la buena, la eterna, no hubiese llegado antes al poder para hacer algo por esa familia y hasta haberle enviado una prótesis dental —una coreana, que son de muy buena calidad y que distribuimos gratuitamente en nuestros policlínicos a quienes lo requieran— al pobre viejo que, con toda su razón, soñaba con su acariciada venganza de matarme a cabillazos.

* * *

Goterona pero estólida. Estólida pero resistente. Resistente pero inhabitable. Todavía tengo que darle respuesta a la Comisión Nacional de Museos y Monumentos sobre qué hacer con ese bagre, qué destino darle. Dicen que todas esas maderas se pueden cubrir de láminas y cristalizarla —el bajareque cristalizado. Y que ninguna de esas zonas de comejenes que llevan casi un siglo alimentándose de mi propia e íntima y desconocida villa de las lágrimas resistirían la cristalización. Lo que no me cuadra en la cabeza es la inscripción de la placa de bronce en el lugar. Sitio histórico donde el comandante en jefe Fidel Castro pasó los dos peores años de su vida mientras compartía de verdad el techo de la pobreza. ¿Ven que no cuadra?

> SITIO HISTÓRICO DONDE
>
> EL COMANDANTE EN JEFE
>
> FIDEL CASTRO
>
> PASÓ LOS DOS PEORES AÑOS DE SU VIDA
>
> MIENTRAS COMPARTÍA DE VERDAD
>
> EL TECHO DE LA POBREZA

En cuanto a las prótesis, los camaradas coreanos nos dijeron que eran ideales para que el pueblo exprese con anchas sonrisas su satisfacción por la vida plena del socialismo. Probablemente, un *slogan* adecuado para su cultura. Creo que he hecho bien en nunca permitir que tales consignas ganen nuestras calles. Y que agarre yo a un ministro de Salud Pública permitiendo que coloquen una pegatina o una pancarta con semejante lema en las paredes de nuestros dispensarios dentales.

El divorcio. Un capacitado abogado santiaguero, el doctor Manuel Penabaz, dueño del bufete Penabaz, fue nombrado por María Luisa Argota para que la representara en sus trámites del divorcio. Manolito Penabaz, que también se hizo abogado y que estudiamos más o menos juntos en la universidad, y que estuvo alzado conmigo en la lucha contra Batista y a quien nombré como primer juez civil de los territorios liberados de la Sierra Maestra, me contó que él aprovechaba el litigio para aparecerse todas las tardes en casa de María Luisa y merendar. Se despachaba de las golosinas servidas con solicitud por María Luisa —a espaldas, por supuesto, del respetable doctor Penabaz— como si esto fuese una parte no escrita pero de estricto cumplimiento del contrato de representatividad. El caso es que mientras mi posterior compañero de lucha, Manolito Penabaz, se hartaba de merengues y pudines y masarreales y mermeladas, mis padres tenían que enfrentar la cruda realidad de tener que compartir todas las propiedades y la herencia y la finca con esta buena señora. Vino entonces al rescate —de nuevo— don Fidel Pinos Santos. La sabiduría y presencia de don Fidel Pinos Santos. *Y su red de magníficas relaciones.* Don Fidel era muy amigo de un procurador con fama de ser un prodigio en los asuntos de derecho civil. Se llamaba Binen. Don Fidel lo puso en contacto con mi padre. La cosa estaba tomando cierta presión porque en una visita del viejo Penabaz a Cueto, el pueblo cercano a Birán, en asuntos relativos al divorcio, le hicieron algunos disparos por la ventana de su habitación del hotel. Aquello era el Viejo Oeste. Más bien el Nuevo Viejo Oeste cuando el original Viejo Oeste ya estaba pacificado. No había más Wyatt Earp y Doc Holliday y Virgil y Morgan Earp luchando contra los McLaurys y los Clantons y produciendo su intercambio de fuego de 30 segundos en el O. K. Corral de Tombstone, Arizona, a las 2 de la tarde del 26 de octubre de 1881 y que deja tres vaqueros muertos y a Virgil y Morgan Earp heridos cuando el adusto doctor Penabaz, de grave levita negra, leontina de oro, sombrero de pajilla y cuello de pajarita desenfunda su revólver Colt 45 cañón largo de reglamento de la Guardia Rural y comúnmente llamados morteros y devuelve los disparos que algún matarife a sueldo de mi padre acaba de efectuarle. El problema era que el respetable Penabaz tenía comprado al secretario del juzgado de Cueto y sabía que la bronca estaba perdida porque mi padre —siempre con la colaboración de don Fidel— había comprado al juez. Pero Penabaz, irreductible, movió otras fichas y logró que el caso y subsiguiente juicio fueran trasladados a la atención del juzgado de primera instancia de Santiago de Cuba. Es el momento en que Binen efectúa su jugada maestra. Mete 20.000

pesos en un maletín, pero en pesos de la más baja denominación, sólo billetes de a uno y de a cinco, de modo que pesaran una tonelada y que se desparramaran en seis o siete metros a la redonda cuando el broche fuera liberado de su cierre, y se apareció a escondidas, por la noche, en casa de María Luisa, a quien le ofreció aquella explosión y subsiguiente lluvia de dinero con tal de que cediera el caso. Sólo tenía que firmar ese papelito —y las cinco copias adjuntas— que él enarbolaba. Aceptó. Se acabó el juicio. Y se acabaron las suculentas meriendas de Manolito Penabaz. Y los Castro de Birán se quedaron con todo. Es cuando Pedro Emilio, mi hermanastro, tiene la idea de producir la novela *Los Castro de Birán*. Era una especie de comedia donde se burlaba de la parte de la familia de la cual acababa de desvincularse. Él no aparecía en ninguno de los episodios puesto que necesitaba ganar distancia para su propio proyecto político, que consistía en postularse como representante a la Cámara por el Partido Auténtico, ambición esta en la que dilapidó todo el dinero de su madre y además el que logró tumbarle a mi padre con tal de que suspendiera el susodicho programa. La técnica de desarrollo argumental era muy simple: Pedro Emilio le contaba en un cafetín cercano a la catedral cualquier cosa que se le ocurriera sobre los verdaderos Castro de Birán a un diligente guionista, que escuchaba sobre las supuestas tropelías de mi padre en diabólica asociación con mi madre para despojar de bienes y fortuna a su atribulada madre. Pocos años después el libretista se hizo muy famoso y es hoy uno de los pocos iconos realmente venerados en la historia de la radio comercial en el mundo, Félix B. Caignet, que ganó toda su gloria (y dinero) con dos radionovelas: *El derecho de nacer* y *Ángeles de la calle*.

¿Quieren saber algo? Ésa fue la razón por la que mi segundo experimento en un colegio católico privado de Santiago de Cuba culminó en un fracaso. Más que fracaso, para mí fue una tragedia. La maldita serie radial de mi hermanastro Pedro Emilio con libreto de Félix B. Caignet y actuación estelar —no lo olvido— de Aníbal de Mar (hacía el «protagónico», el papel de mi padre en tono de guasa, el típico gallego del teatro bufo cubano).[4] Se radiaba por la emisora local propiedad de un tal José Berenguer («Pepín»), cuya modesta potencia de salida era suficiente no obstante para que la escuchara todo el

4. Las tres figuras centrales del llamado teatro bufo cubano, una especie de picaresca a la criolla, eran el gallego, el negrito y la mulata.

mundo dentro del cajón entre las montañas donde está Santiago ubicado.

Había sido una lucha que se me concediera el deseo de seguir estudiando en Santiago, pero esta vez en el colegio de Dolores, que era el súmmum de las instituciones de enseñanza de la región y que los jesuitas conducían con tanta sabiduría como mano de hierro. Fue una lucha en casa porque mi padre estaba renuente a gastarse su dinero en el colegio de un muchacho tan díscolo y arrogante. El Abate y las huestes chismosas de La Salle se habían empleado a fondo en hacerle llegar a mi padre mis espantosos informes de conducta. Pero yo quería ingresar en Dolores. Creé una situación entonces de conflictos inducidos con mi madre y mis hermanos. La misma técnica del Abate, de hacer correr ciertos chismes y magnificarlos, fue incrementada. El objetivo pasó a ser mi padre. Al final él se dio cuenta, desde luego, de lo que debía hacer si quería vivir en paz dentro de su propia casa e incluso convertirse en una especie de héroe ante los ojos de todos —por no permitir que la inteligencia de uno de sus hijos se perdiera en aquel mar interminable de cañas—: salirse de mí a como diera lugar y acabar de mandarme a estudiar al dichoso colegio de curas. No había más solución. Incluso —tal el aporte de mi madre— pudiera ser un buen negocio contar alguna vez con un abogado en la familia. Mi padre me envió esta vez para la casa de Lara, que era también un negociante amigo de él, y allí fui recibido, esta vez en compañía de mi hermano Raulito. Se agregó a última hora al programa de salvación de la ignorancia de los hijos de Ángel Castro.

El señor Lara y su mujer y su hijo. Él tenía un pequeño negocio de importación de ferretería, y creo que a veces, también, exportaba aguardiente. En conjunto, nada del otro mundo pero que le daba lo suficiente para tener su casita en las cercanías de Vista Alegre, que era el barrio aristocrático de Santiago de Cuba. Tengo entendido que mi padre le compraba los machetes Collin, por miles antes de la zafra, y otros aperos de labranza. En ocasiones mi padre podía pagarle con el excelente aguardiente de los centrales o alcohol, que obtenía a precios muy baratos. Pero con los Lara volví a padecer de todas las injusticias y mierdas de una persona que no cedía en su propia organización hogareña y en definitiva, pese al dinero que mi padre —«don Ángel»— le pasaría por nuestro hospedaje, yo no era su hijo, y mucho menos Raulito. Estaba claro que su hijo era el *yunior*, un tontuelo que en aquella etapa de su juventud no tenía la menor idea de que iba a dedicar parte de su existencia de adulto y toda la vejez a perseguirnos por cualquier rincón de la República donde pudiéramos aterrizar, él con el propósito de que le diéramos acceso a alguna sinecura del poder, y que eso obligaría a Raúl, durante igual período, a enviarle un ayudante para que le sirviera de barrera con cualquier excusa.

«Chico, dile a Raulito que aquí está el hijo de Lara.»

«El compañero Raúl, quiere decir usted», le corregían.

«Chico, oye, dile al compañero Raúl que aquí está Larita. Es para verlo unos minutos. Dile que hace dos años que estoy atrás de él.»

«El comandante Raúl dice usted.»

«Coño, viejo, mira a ver si tú puedes hacerle llegar al comandante Raúl que soy yo, el hijo de Lara, Larita. El hijo de Lara dile. Catorce años que le estoy cayendo atrás.»

«Usted se refiere al compañero ministro de las Fuerzas Armadas Revolucionarias.»

«Coño, por tu vida, oye, mira, dile al compañero ministro de las Fuerzas Armadas Revolucionarias que Lara el hijo está aquí. Hazme ese favor, chico. Dile que hace veintidós años que estoy en esto. Veintidós, que se dice fácil.»

«Usted dice el compañero segundo secretario del Comité Central del Partido Comunista de Cuba, miembro de su Buró Político y Secretariado, vicepresidente de los Consejos de Estado y de Ministros y ministro de las Fuerzas Armadas Revolucionarias, general de ejército Raúl Castro Ruz.»

* * *

A Raúl y a mí nos imponían una disciplina muy rígida, que —para empeorar las cosas— abarcaba los 25 centavos para cada uno del fin de semana. Empleábamos diez para el cine, cinco para un refresco, cinco para un bocadito y los últimos cinco para un cuaderno de las tiras cómicas —los muñequitos, como le llaman los cubanos. Mis muñequitos favoritos venían de Argentina. Era una revista que se llamaba *El gorrión*. Pues bien, si no seguíamos todas las normas de conducta, se nos iba rebajando la cuota de cinco en cinco. Pero, a resultas de que yo era ya un experto en esas disputas y en crear situaciones, y como además disponía en esas circunstancias del apoyo resuelto de mi nueva sombra en la vida —mi hermano Raulito—, decidí organizar una breve rebelión de lápices y jarrones rotos y discursos de rebeldía. Me hallaba cavilando los procedimientos tácticos cuando surgió algo. Fue expuesto por el segundo comandante ejecutivo de a bordo y de hecho el único soldado: Raúl Castro Ruz. Procedimos con esa variante alternativa, que tuvo su momento de intensidad al ser ingerida la tizana que Raulito le brindó al *yunior*. Minutos antes Raulito le había dicho que iba a prepararle una muestra de sus habilidades de campesinito manso de Birán y que en realidad era un cocimiento de flor de campana (un poderosísimo alucinógeno que se obtiene en Cuba con asombrosa facilidad de la flor silvestre del mismo nombre) y que Raulito había aprendido a confeccionar en su dosis de más alta concentración mientras parrandeaba con los galleros y delincuentes de todo el norte de la provincia. Bebió el *yunior*. Bebió de la poción. Y fue ungido. Y las puertas de la percepción se abrieron para él. Los dos integrantes mayores del matrimonio Lara corrieron al comedor y, al ver el estado en que se hallaba el *yunior*, se apresuraron primero en cerrar todas las ventanas de la vivienda para dejar el espectáculo dentro de ese compartimiento estanco que crearon a toda velocidad. El vástago reía frenéticamente al mismo tiempo que se inculpaba de los más atroces pecados y sin que diera muestra de desfallecer en una especie de danza sioux o cheyene que ejecutaba encaramado en la mesa y haciendo cada vez más añicos de los platos. Raulito, probablemente más asustado que nadie, trataba de poner algún control dando carreras alrededor de la mesa. Yo ganaba una remota displicencia mientras observaba el desarrollo de los acontecimientos. Y mientras Lara abría los brazos, como si esperara a que el hijo cayera como una pelota del cielo, le escuché decir a la señora: «Viejo, si éste no fuese nuestro hijo, yo te diría que está drogado».

De cabeza, como pupilos, para Dolores. Le costaba a mi padre unos 20 pesos más por cabeza. Lo que se pagaba con los alumnos de día, no pupilos, eran unos 8 o 10 pesos. No crean, que en aquella época era una plata consistente, puesto que en Dolores no había más de 1.000 alumnos, y pupilos, igual que en La Salle, no pasábamos de 30. Una diferencia notable con La Salle era la ausencia de alumnos negros. Notable porque la población santiaguera era mayoritariamente mestiza. La explicación de los sacerdotes de la Compañía a la ausencia de alumnos negros en Dolores era tan impecable como implaca-

Para leer en la Navidad de 1932.

Fidel en Birán, 1929. Tiene 3 años.

Por lo menos la puntita de la bandera.

En el laboratorio de Belén.

Foto identificada indistintamente por investigadores y biógrafos como tomada durante un partido de billar en el colegio Dolores, de Santiago de Cuba, final de su segundo año de bachillerato (curso 1941-1942), o tomada en el colegio Belén, de La Habana, y que su amigo Eduardo Curbelo es el que aparece a su izquierda.

Alumno destacado del colegio Belén, mayo de 1945.

ble. Decían que como serían tan pocos negritos en la escuela, se notarían mucho y se iban a sentir mal y que ellos no querían hacerlos —ni verlos— sufrir. En el colegio Belén de La Habana, la política de admisión de la Compañía era más flexible, sobre todo después del golpe de Estado de Batista en 1952, que trajo una arribazón de personeros del gobierno y del ejército de la raza negra. Muchos negros se forraron de billetes rápidamente y se mostraban deseosos de que sus hijos se instruyeran en la más prestigiosa institución educacional del país —especialmente porque la burguesía blanca educaba a sus hijos allí—, empezando por Batista, que envió sus muchachos más pequeños a Belén.

Pero a la burguesía santiaguera le faltaba poco para levantar empalizadas de defensa en los accesos de su barriada privilegiada de Vista Alegre. Yo nunca vi, en toda mi experiencia cubana, una burguesía más segregacionista que la de Santiago de Cuba. Yo creo que eso era inherente a los complejos y desubicación de una aristocracia provincial. En el mismo colegio de Dolores, donde sólo estudiábamos muchachos de padres adinerados, la diferencia establecida entre los ricachones de Vista Alegre y el resto de nosotros, era marcada. Sencillamente no se dignaban tratarnos. No quiero contarle la forma en que podía ser catalogado un estudiante como yo, hijo de la burguesía rural, pero con unos padres que aún trabajaban brutalmente de sol a sol en la tierra y que no disponían de tiempo ni de ánimos para hacer vida social, ni nadie que los invitara, y que les habían sido simpáticos a muy pocas personas en toda su existencia. Ni que decir tiene el placer con que después uno los despoja de sus fábricas de cemento y de sus destilerías de ron y de los ferrocarriles y de las instalaciones portuarias y de la termoeléctrica y de los centrales y de los almacenes y de esas mansiones y de sus hijas y de sus mujeres y le dice a sus pletóricos comandantes y capitanes acabados de bajar de la Sierra y aún sacudiéndose del polvo del camino y de largas barbas morenas que si van a permitir que esas niñas vayan al exilio con sus virgos intactos, que arremetan contra todas ellas, que ninguna se va a resistir, que todas están esperando revueltas de lujuria por este masivo derecho de pernada que establece la Revolución victoriosa sobre las últimas hijas vírgenes de la burguesía criolla antes de ser erradicada.

Una vez saqué bronca con uno de esos niñitos bien de Vista Alegre. No era una comida fácil puesto que me llevaba ventaja en estatura y en musculatura. Pero yo estaba desarrollando desde entonces mi técnica de nunca pelear para perder. Esto lo reforzaría años después con los instructores vietnamitas de nuestras Fuerzas Armadas Revolucionarias, que nunca lanzaban una batalla en su guerra contra los yanquis en el sur que no tuviesen garantizado dos veces el éxito total. No una, sino dos. Pues bien, cuando yo veía que estaba en desventaja, me le abalanzaba de sorpresa y empezaba a golpearlo con toda velocidad en la cabeza y trataba de sacarle sangre. Los golpes en la cabeza asustan mucho y abrir una herida y sacar sangre desde los primeros golpes descontrola mucho al adversario. Estos cubanitos, además, tenían la costumbre de despojarse de sus relojes o quitarse la camisa antes de presentar los puños, y era ahí cuando yo aprovechaba y saltaba como un tigre sobre ellos. Y los molía a golpes. En Dolores había dos normas, sancionadas por los propios sacerdotes, que eran inviolables. Nadie se podía incorporar en una pelea después de que ésta comenzara. Es decir, no podías hacer que la balanza se inclinara a favor de ninguno de los dos contendientes. La otra norma era que cuando uno de los oponentes decía ya, estaba reconociendo que se hallaba en el límite de sus fuerzas y posibilidades y que había perdido la pelea y que ésta había tenido lugar en buena lid y de forma honrosa. Pero no se podía, bajo ningún concepto, continuar el combate, puesto que había un perdedor y éste reconocía su derrota.[5] El día de mi combate con el muchachón de Vista Alegre, un tal Johnny Suárez, me acompañaba uno de mis inefables acólitos de la época. Papito. Estábamos los tres solos y escogimos como campo de honor la arboledita al fondo del patio. Y apenas estábamos llegando al lugar yo hice el ademán de agacharme para abrocharme un cordón de los zapatos, de modo que el tal Johnny se me adelantara por lo menos dos pasos, que era lo que yo necesitaba exactamente para clavarle un contundente derechazo detrás de su oreja derecha y dejar que el puño corriera rastrillándole el cuero cabelludo y abrirle una herida en la oreja y que hasta se la dejara colgando. El sorprendido Johnny se viró hacia mí, tan

5. Una tercera norma enaltecía el espíritu de gallardía y solidaridad de los estudiantes, puesto que permitía que uno se hiciera cargo de la pelea de un alumno más pequeño, o de menor veteranía con los puños, o con menos caja de cuerpo; es decir, relevarlo voluntariamente. Y era de demanda obligatoria que el retador aceptara la sustitución. De modo que era una norma bastante justa en su principio porque eliminaba cualquier manifestación y posibilidad de abuso.

sorprendido como aturdido y con los brazos abiertos, quizá con la intención de preguntarme por qué le había dado a traición, pero ofreciéndome el estómago, a mi libre albedrío, que aproveché de inmediato para colocarle con la izquierda un *jab* en el medio de la barriga que le sacó todo el aire y que lo hizo doblarse hacia delante, mientras trataba de protegerse, con movimientos ya, desde esos dos primeros golpes, totalmente descontrolados y puramente defensivos, y que cuando retiré la izquierda de su estómago y él mismo me trajo su cabeza, al inclinarse hacia delante, a tiro nuevamente de mi derecha, que la tenía preparada a la altura de mis costillas, se la disparé contra la boca. Tenía ya las hombreras de su camisa anegadas en sangre y le volví a clavar un *jab* de izquierda debajo del esófago y dos derechazos más en pleno rostro y, por primera vez, sentí la sangre de un adversario mío salpicarme, y él se desplomó sin haberme tocado una sola vez e hizo un gesto con la izquierda que era la clara indicación de que quería decir ya. Cayó sobre una rodilla y entonces hizo un esfuerzo y se incorporó. Entonces dio de espaldas contra el muro pero logró mantenerse de pie. Entonces dijo ya. Lo dijo con la palabra: «Ya». Papito me dijo: «Ya dijo ya». Entonces agarré la cabeza de Johnny Suárez con la izquierda mientras le atenazaba la garganta con la derecha, y manteniendo todo el peso de mi cuerpo contra el suyo, en una posición prácticamente de escorzo que asumí, para mantenerlo bajo absoluto control e indefensión, y comencé a reventarle la parte posterior de la cabeza contra el canto del muro, a machacársela ahí, impulsando los golpes desde la posición de agarre de mi izquierda en su cabellera. Me preguntó si yo sabía lo que era un bidel —la forma empecinadamente cubana de llamar al *bidet*.

«¿Bidel?»

«¿Entonces cómo se limpian los Castro de Birán? ¿Con las manos?»

Había sido el origen del combate, que debía tocar a su fin según sus nuevos reclamos del cese de la batalla y del nuevo llamado de atención de Papito. Cada vez que la base del cráneo le rebotaba desde el muro, Johnny Suárez decía ya y Papito me lo repetía como un eco. Ya dijo ya. Sólo di por terminado el castigo cuando me percibí que el bulto que sostenía con la mano izquierda era todo de peso muerto y abrí la mano y Johnny Suárez resbaló de espaldas al muro, con los ojos en blanco, y se desplomó en el suelo.

Hubo que darle puntos de sutura detrás de la oreja y en la cabeza. Los sacerdotes, no por defenderme a mí, sino a la escuela, le explicaron que la falta había sido suya por no rendirse, por no solicitar el cese del combate, por no haber articulado en ningún momento la palabra definitiva de ya, lo cual por otro lado hablaba muy bien de la reciedumbre de su carácter y de un espíritu indoblegable. La palabra de Papito como único testigo fue decisiva para probar que mi adversario nunca se había rendido.

Pero aquella tarde, cuando cargaban a Johnny Suárez rumbo a la enfermería, Papito —en un susurro— me preguntó por qué no había detenido el combate en ninguna de las tantas veces que pronunció ya o lo demandó con sus gestos.

«Papito —le dije—, él nunca dijo ya.»

Papito asintió.

«Mira, Papito —le expliqué—, si un hijo de puta dice ya, es porque está perdiendo. Y si está perdiendo, tú no lo oyes.»

Papito fue un muchacho con el que hice grandes migas. Jorge Serguera Riverí. También se hizo abogado, pero en Santiago. Y era hijo de otro colono cañero. El viejo Serguera. De cualquier manera nuestros caminos se bifurcarían por algún tiempo porque cuando yo fui para Belén en La Habana, a él lo matricularon en un colegio bautista, que, casualmente, fue el colegio en el que matricularon a Raulito. Los Colegios Internacionales del Cristo estaban situados en una región montañosa, a 300 metros sobre el nivel del mar, distante a 16 kilómetros de Santiago.

Yo creo que Papito está dedicado a la Revolución cubana desde que me conoció en Dolores. Por lo menos, desde aquel entonces, hacia 1939 o 1940, estando en quinto o sexto grado, se me subordinó sin reparos, y así se ha mantenido hasta el día de hoy.

Raúl, por su parte, estaba un par de grados atrás. La escuela —como se sabe— era de la Compañía de Jesús, y todos sus profesores eran sacerdotes españoles, muy recios y a los que uno de inmediato aprendía a respetar y quería seguir. Había uno en particular, el padre Valentino, que nos conducía como si fuéramos corderitos. Su mayor habilidad consistía en jugar a pelota con nosotros y en vez de batear la pelota con el instrumento indicado para ello que es un bate de majagua o de cualquier otro palo de esa solidez, la aporreaba con su propia muñeca o el puño. Creo que todo el mundo, el que me quedaba por recorrer, y toda la historia personal, la que me quedaba por vivir, se ensanchó el día que entendí —en aquella escuela de Santiago de Cuba— el sentido misionero de los jesuitas. Fue como el paisaje que se abre cuando alcanzas la cima de la montaña. Lo primero era el aspecto militar del asunto. Pero lo segundo era el misterio y a su vez la necesidad subyacente en el concepto de misión. El «Dios existe, por lo tanto yo obedezco» del estandarte espiritual de Ignacio de Loyola pudo haber sido el lema cerrado y firme de nuestra Revolución sin necesidad de cambiarle una palabra, ni siquiera Dios, si entendemos Dios como la suma de todas las posibilidades y ambiciones de los hombres que quieren alcanzarle, es decir, la Revolución como última posibilidad mística del ser para entregársele a esa posibilidad y alcanzar el absoluto.

Lo que viene a continuación es algo que he ocultado durante muchos años. Muchos. Es un tiempo en el que he encubierto todas mis declaraciones sobre el colegio de Nuestra Señora de los Dolores con el excelso manto de una mentira piadosa (¡yo salvándoles la cara ante los revolucionarios de todo el mundo a los hermanos de la Compañía!), aunque no una mentira en su forma directa y explícita, sino el uso de una verdad soportable para desviar la atención de una verdad reprochable. Lo que he dicho es que aquellos santos varones forjaron mi carácter y que con ellos aprendí una de las mecánicas de la acción revolucionaria más importantes de todas las aplicadas posteriormente en el proceso político que yo he conducido hasta el día de hoy —desde hace cincuenta años— y que se llama Revolución cubana. Nunca un padre jesuita me abofeteó. Nunca uno de aquellos robustos sacerdotes españoles de violencia apenas contenida bajo sus hábitos levantó su mano ante mis ojos para abofetear a un niño indefenso. Sólo exigían dos cosas: carácter y convicción. Sus miradas de acero y fijas en su cruz de fuego me enseñaron. Sólo de la convicción surgen los mártires. Pero le solicitaron a mi padre que nos sacara del colegio. La mala fama de la novela de Pedro Emilio y de haber sido judíos nos perseguía. Mi padre, realmente, estaba indignado. Mi madre, un mar de lágrimas. El hermano Salustiano ofreció una solución. Trasladarnos al colegio de Belén, en La Habana. Un poco más lejos y más caro, quizá, pero era el colegio más prestigioso del país y también era conducido por la Compañía. Fidel Alejandro se iba a sentir muy bien allí. Y el otro. El pequeño travieso. ¿Cómo se llama? Raulillo. Eso es. El problema no era con el colegio de Dolores ni con la Compañía, explicaba. El problema era con Santiago.

Para esa fecha yo estaba a punto de terminar el primer año de bachillerato, que me dejaron concluir allí de manera que mi traslado a Belén pareciera un movimiento familiar comprensible y juicioso en busca de un mayor nivel académico para mis estudios de bachiller y para que me fuera familiarizando con la capital de la República donde seguramente habría de ejercer cuando me titulara de abogado (la carrera siempre estuvo decidida, como se sabe).

Fue una de mis mejores épocas. El quinquenio 1940-1945. Vivía en La Habana y había una guerra mundial. Seguía a diario los avances y retrocesos de las fuerzas en el teatro de operaciones europeo en los mapas que recortaba de la revista *Carteles* y pegaba en la pared de mi dormitorio de Belén. Existía, sin embargo, la angustia de que yo no intervenía en las decisiones. Los acontecimientos me afectaban pero me eran ajenos. Afectaban a todo el mundo en cualquier punto del universo pero una docena de hombrecitos, protegidos en sus búnkeres, organizaban, movían, desplazaban. En Cuba, la escala de participación era ínfima. Una vez más podía repetirse el chiste del káiser Guillermo buscando en el mapamundi la localización de ese país de nombre tan poco riguroso —Cuba— que le declaraba la guerra —una de las 44 que recibió. Nuestra principal lista de bajas eran los 56 marinos mercantes cubanos muertos por el hundimiento de los modestos cargueros *Mambí*, *Manzanillo*, *Santiago* y *Libertad* que transportaban, convoyados, azúcar para Marruecos, y nuestra principal lista de servicios era haberle rentado a Estados Unidos los terrenos para las bases aéreas de San Julián y San Antonio y que el alférez de fragata Mario Ramírez Delgado hundiera un submarino nazi frente a la costa cubana y que Mariano Faget, un sabueso de la policía del ex dictador Gerardo Machado reciclado como sabueso de Fulgencio Batista, capturara al espía de Hitler, Heinz August Luning —y que lo fusilaran. Yo vivía el sueño de las aventuras bélicas y me metía en la piel de Patton o de Rommel o de Zhukov, según la fortuna se balanceara, pero pasaba por alto, no se me ocurría, meterme en la piel de ese oscuro genio de la conspiración, con galones —por aquellos años— de sargento de la Policía Nacional, al que algún día la historia de Cuba tendrá que hacer justicia y con el que yo tenía muchos más puntos de contacto de los que podía concebir: Mariano Faget, y al que todavía le quedaba otro reciclaje, que era el de hacerse —por estudios y por convicción—, un combatiente comunista, reclutado por el Partido y que el Partido puso a mi disposición en el proceso de integración de las fuerzas revolucionarias —en 1959— y que fue la última pieza de su engranaje que me entregaron (estuvieron titubeando entre si ponerlo en mis manos o pasárselo al KGB) porque era la joya más preciada de su organización clandestina y que ya estaba operando en Estados Unidos, al más alto nivel de la CIA en relación con los expedientes y programas cubanos, con su impecable *pedigrí* que, para comenzar, era el de uno de los pocos hombres que montaron en el avión de Batista la mañana de la estampida, cuando huyó de Cuba. Yo jugaba a la guerra en las paredes de un dormitorio del colegio favorito de la burguesía cubana mientras que la división de contrainteligencia del FBI cifraba todas sus esperanzas de control habanero en este policía maduro y hecho con carburo —como decimos los cubanos para calificar a un hombre fogueado en los combates o el duro quehacer diario— al final no sólo reclutado por los comunistas sino que subordinado a este muchacho algo intranquilo y que se intoxica con lecturas de *Mein Kampf* o los espesos cantos luctuosos a sí mismo de Primo de Rivera que cuentan de antemano con la mirada aprobatoria de los sacerdotes pero ante los cuales no vas a valer un centavo si te agarran con *El manifiesto comunista* o *El capital*. Estás frito si te agarran en ese retozo. Expulsión garantizada. Entonces el miércoles 3 de febrero de 1943 supe que todo había terminado porque el Ejército Rojo había liquidado el último bolsón de resistencia alemana en Stalingrado. 503.650 alemanes muertos o capturados. 300.000 soviéticos muertos. El cerco de Stalingrado comenzó el 25 de agosto de 1942. Fue el mejor momento del ejército alemán en su ofensiva de ese año, que se extendió por el este hasta la línea Kurks-Jarkov-Taganrog, aplastó Voronezh en el Alto Don y giró por el sur hasta alcanzar el Volga y las estribaciones del Cáucaso. Los trofeos de una de las más grandes batallas de la historia de las guerras estaban siendo aún contados a las 18.30, horario de Moscú, en el momento que el supremo comandante en jefe dirigió su mensaje de felicitación al mariscal de artillería Nikolai N. Voronov y al comandante de la agrupación de tropas del frente del Don, coronel general Konstantin Rokossovsky. Cincuenta y cinco locomotoras, 1.125 vagones de ferrocarril, 750 aviones, 1.150 tanques, 6.700 cañones, 1.462 morteros, 8.135 ametralladoras, 90.000 fusiles, 61.102 camiones, 7.369 motocicletas, 480 coches, tractores y transportes; 320 radiotransmisores y tres trenes blindados resultaban del primer conteo. Más de 2.500 oficiales habían sido capturados para la fecha. 23 generales rendidos en las últimas tres semanas. El mariscal de campo, general Friedrich von Paulus, comandante del Sexto Ejército alemán, rendido el sábado anterior con 15 de sus generales. El último boletín anunciaba la rendición del coronel general Walther Heitz, comandante del Sexto Cuerpo de Ejército alemán, y del lugarteniente general Streicher, comandante del Octavo Cuerpo.

Al pie de todos los partes se concluía con la firma inequívoca:

El supremo comandante en jefe

J. Stalin

Apenas dieciocho años después, la noche del 19 de abril de 1961, en el Puesto de Mando Avanzado de las Fuerzas Armadas Revolucionarias, dislocado en el central Australia, en el mismo borde interno del teatro de operaciones, mientras yo preparaba mi parte por la victoria relámpago que habíamos obtenido sobre los yanquis y los mercenarios de origen cubano en las arenas de Playa Girón, en la bahía de Cochinos, llamé —por un teléfono de magneto soviético, acabado de poner en servicio— a mi principal oficial ejecutivo en el terreno, el gallego José Ramón Fernández, que ya se hallaba en Playa Girón y efectuaba el conteo de prisioneros y equipos capturados, para hacerle una pregunta —de la que él nunca logró descifrar su origen:

«¿Trajeron locomotoras?»

«¿Locomotoras, Fidel?»

«Sí, locomotoras. ¿No hemos capturado ninguna?»

«No, Fidel. Locomotoras no. Pero tanques Sherman sí. Cinco tanques Sherman.»

Ni una sola locomotora, los muy maricones. Tuve que conformarme con los casi 2.000 prisioneros y sus cinco tanques Sherman. Concluí mi último parte sobre la batalla con una descripción en términos genéricos del enemigo que se rendía en masa y que aún se procedía al conteo del cuantioso armamento y municiones capturados a la fuerza de tarea de la CIA incluidos tanques y lanchas de desembarco y el derribo de toda su flota aérea y el hundimiento de sus barcos de logística. Y lo firmé.

Fidel Castro

Comandante en jefe

Al otro día, el 20, me presenté en la costa con un tanque T-34 y un cañón autopropulsado SAU-100 y mi escolta y un puñado de tripulantes y divisamos uno de los barcos de la brigada mercenaria, el *Houston*, encallado cerca de la entrada de la bahía y en la bruma de la mañana. Estaba atrapado allí y una espesa columna de humo negro se elevaba desde sus bodegas y no había dejado de botar humo desde el último pase de nuestra aviación y había estado recibiendo fuego nuestro desde el primer día de la batalla, el 17, que había caído lunes, y no pudo escapar, y encallaron. Los aviones despegaban de la base de San Antonio, que los yanquis traspasaron a la aviación cubana después de la Segunda Guerra Mundial, a 20 minutos de vuelo al noroeste de bahía de Cochinos. Calcularon que abandonaban un pueblo fantasma que no habría de tener más utilidad después que ellos retiraron sus Catalina y sus bombarderos ligeros B-25 de lucha antisubmarina y que su pista no recibiera una sola nave en casi 14 años. Aún se divisaba movimiento de personal a bordo del *Houston* y era un blanco estático y dirigimos hacia ellos el fuego de nuestros dos cañones. Entonces recordé mis paredes del colegio Belén cubiertas con los recortes de *Carteles* y entendí. Los dos campeones con los que nos dábamos banquete bombardeando el *Houston* habían avanzado antes por los *ploteos* de unos planos que enjugaron la imaginación de mi juventud pero que también despertaron la añoranza por un imposible. Por fin yo decidía la batalla. Por fin era de verdad. Una vez, leyendo al escritor de ciencia ficción Ray Bradbury, comprendí su infinito pesar porque él nunca viajaría a una estrella. Estaba escribiendo historias sobre viajes interplanetarios desde su temprana juventud pero sabía que él nunca se hallaría a bordo de una nave sideral ni le sería dado acariciar la cola multicolor de los cometas. El ronroneo metálico y machacón de aquellas dos pesadas máquinas de muerte que avanzaron sobre sus esteras desde los Urales hasta Berlín y los violentos respingos de cada cañonazo efectuado bajo mis órdenes en la bahía de Cochinos confirmaron que me hallaba en el curso del viaje a mis estrellas.

Entonces el cazasubmarinos cubano CS-13 bajo el mando del alférez de fragata Mario Ramírez Delgado hundió el depredador U-176 que había dado cuenta de los cuatro mercantes cubanos. El sonarista a bordo del CS-13, el negro Norberto Collado, detectó su posición a una profundidad potable para el fuego en la latitud 23 grados, 21 minutos norte, longitud 80 grados, 18 minutos oeste, aproximadamente a siete millas y media al suroeste del faro de bahía de Cádiz —en la costa norte de Cuba— donde le soltaron tres cargas de profundidad de 500 libras cada una, a 100, 200 y 300 metros y cuando giraban para el remate escucharon la cuarta explosión. El negro Norberto Collado las escuchó con mayor intensidad que nadie puesto que en la excitación de la caza olvidó despojarse de sus audífonos del sónar Motorola y consumió en sus tímpanos todo el efecto devastador de las ondas expansivas por lo que se quedó prácticamente deshabilitado de esa función del organismo, sordo para el resto de su vida. El alférez de fragata Ramírez miró su reloj: 17 horas con 19 minutos del 15 de mayo de 1943. El sonarista Collado no se daba cuenta de que se había quedado sordo. Simplemente creía que había silencio. Ser sordo. Tal fue el único argumento de defensa del timonel del yate *Granma* cuando los 82 soldados comprometidos en la libertad de Cuba intentábamos desembarcar en un punto de la costa sur próximo a la Sierra Maestra en la madrugada del 2 de diciembre de 1956. «Soy sordo», me explicó Norberto Collado al encaramarme al *Granma* en el manglar de las Coloradas. Ya había sacado la Browning de 9 milímetros para vaciarle los sesos, allí mismo, y convertirlo en el primer mártir de esa etapa de la Revolución cubana, y mártir no por convencimiento, por cierto, cuando alguien gritó ¡avión! Y escuchamos el ronroneo, aunque aún distante, del Catalina de la Marina de Guerra. Nunca he recordado con precisión quién reclutó a Collado como timonel de nuestra expedición. Ni he podido explicarme la relación entre ser sordo y que tú confundas en tu vista una pasa o canalizo por donde conducir sin tropiezos y serenamente tu embarcación con una barrera infranqueable de sórdidos mangles.

El alférez de fragata Ramírez tampoco resultó de mucha utilidad para nuestra Revolución. Lo puse al frente de un moderno mercante, de 10.000 toneladas de desplazamiento, fabricado a la orden en un astillero de Vigo, España, con la idea, entre otras, de traer sementales canadienses para el desarrollo de nuestra ganadería. Los habíamos transportado primero en los legendarios Bristol Britannia BB-318 pero al parecer las condiciones de vuelo les estaban creando ciertos problemas orgánicos y de conducta que se estaba reflejando primero en un alto índice de eyaculación precoz, que se producía además de forma tan inesperada que no daba tiempo a los compañeros mamporreros a conectarlos a las vaginas de succión electrónica. Apenas le plantaban la vaca en el corral de enfrente, los toretes soltaban el chorro. Nosotros estuvimos analizando. Ahí frente a las costas cubanas, después que dejas por la derecha las costas de la Florida, te encuentras regularmente con unas cumuleras que te hacen brincar mucho las aeronaves. No puedes írteles por arriba porque vienes en el aproche para el aterrizaje. Así que tienes que pinchar las barreras de cúmulos, fajarte con las nubes, como se dice. Ahora pónganse en el lugar de los toros, que desde su nacimiento han estado en tierra firme, en un establo con calefacción de la provincia de Alberta, tragando heno con miel y eyaculando. El cambio de medio ambiente al de un Bristol Britannia BB-318, aunque sea por sólo 4 horas de vuelo, es muy brusco. Uno los ve, con su fortaleza y con la severidad de su mirada, y tiende a insensibilizarse. Pero a mí me da tremenda lástima con esos animales. Así que le dije a los compañeros: vamos a comprar un barco para arriar ganado, que sea como un establo flotante, y vamos a poner a un compañero que sea responsable al frente de ese barco. ¿Y quién más responsable que el único héroe cubano de la Segunda Guerra Mundial disponible? Lo último que yo podía imaginarme era que Ramírez es un curda profesional que consume más alcohol en una travesía que petróleo su carguero. En el primer viaje se le mató (dijeron que por golpes cuando los agarró una galerna, y otros de vómito) una porción de sementales que nos habían costado una millonada y que habían recibido premios en prestigiosos circuitos de feria. Lo más dantesco de todo era que, a medida que fallecían —se le murieron cinco toros en un viaje de cuatro días, ¡cinco toros!— los ponía en la pasarela, envueltos en la bandera cubana, tocaban el silbato, y lanzaban los restos, patas arriba, al Atlántico. Yo no sé cómo fue que no fusilé a Ramírez. No sé cómo no lo puse, vivo, en la pasarela, lo deslicé por debajo de la bandera cubana y lo lancé a los tiburones que suelen merodear frente a La Habana. De verdad que no me lo explico. Porque algunos de los informes indicaban que por lo menos dos de los toretes habían sido sacrificados ex profeso en el transcurso de una de las monumentales borracheras de Ramírez, a la altura de Hallifax, y que mucha de la carne se empaquetó y distribuyó entre los tripulantes para que llevaran a sus casas cuando tocaran puerto.

El padre Amado Llorente, como muchos saben, fue mi maestro en Belén. Tenía unos 24 años, hacía poco había llegado de España y aún no se había ordenado como sacerdote. Yo era alumno pupilo de bachillerato y tenía unos 17 años. Llorente era profesor de Literatura y Oratoria. Era además encargado de los alumnos pupilos de Belén. Yo era un dedicado deportista, que practicaba tenazmente para llegar a ser lo que fui, un alumno al que se le concedió una medalla especial por mis habilidades como pelotero, basquetbolista y nadador. Los fines de semanas, cuando prácticamente todos los pupilos abandonaban el colegio para reunirse con sus familias o simplemente cambiar de ambiente, yo permanecía en el colegio. Ahí surgió la leyenda de que me quedaba practicando solo basketball o haciendo ejercicios para mejorar mi técnica, o nadando en la piscina bajo techo del colegio, cuando lo cierto era que no tenía nadie a quien acudir. Birán quedaba a más de mil kilómetros de distancia. También es la época de otra leyenda: que en una ocasión apostaron a que no era capaz de correr en bicicleta y estrellarla contra un muro. ¡Y que gané la apuesta! También, que era un inveterado mentiroso y que en muchas ocasiones el padre Llorente me recriminaba: «¿Por qué me mientes sin necesidad?». A lo que yo le respondía: «No se moleste, padre, es que es mi naturaleza».

Puedo decir que tuve dos amigos verdaderos en Belén. El padre Llorente y un muchacho de Cienfuegos, Eduardo Curbelo. Uno está fallecido —Eduardo— y el padre Llorente tengo entendido que aún vive, y que está en Miami, en un lugar llamado Centro Juan Pablo II, una especie de asilo de sacerdotes —él ya debe de estar muy viejito— y que a veces visita una sucursal de nuestro colegio Belén que la Compañía abrió allí, aunque nunca con los fastos y el prestigio que tuvo en Cuba. Nunca ha llegado a mí una sola expresión de censura ni de crítica del padre Llorente, todo lo contrario, suele contarle —a cualquiera que lo entreviste en relación conmigo— aquel anochecer de 1943, cuando nos fuimos de excursión a los mogotes de Pinar del Río, él y como 30 muchachos, y al cruzar el río Taco Taco, que estaba crecido, estuvo a punto de ahogarse y yo me lancé a las turbulentas aguas para salvarlo. Por poco no lo logro. Por poco nos ahogamos los dos. También cuenta, con razonable orgullo para él, que al alcanzar la orilla, pisar la tierra salvadora, ambos jadeantes y casi sin poder hablar, yo le dije: «Padre, nos salvamos de milagro, recemos un Padre Nuestro y un Ave María en acción de gracias». Y así fue, de rodillas rezamos en alta voz y con la mayor emoción y devoción el par de oraciones. Para qué voy a decir ahora lo contrario.

En cuanto a Eduardo, nunca fue un muchacho muy en sus cabales. Era poeta. Aunque creo que todo lo que produjo en su vida fue una sola línea de verso. Algo sobre una tornasolada grácil alondra. O parecido. Me lo encontré al principio de la Revolución y lo nombré administrador del teatro Blanquita al que le habíamos cambiado el nombre por el de Chaplin y que era donde yo pronunciaba mis discursos más importantes bajo techo. Por esta última razón, el teatro estaba bajo un estrecho control de la Seguridad del Estado. Entonces un día de fines de 1961 se produjo un cortocircuito y se chamuscó el forro de una cortina del lobby, algo puramente accidental y a una hora de la mañana en que el teatro estaba vacío. Pero los compañeros de la Seguridad, quizá en un excesivo derroche de celo, cargaron con todo el personal administrativo para la unidad de 5ta. y 14 y los sometieron a interrogatorio. No pasó de las 24 horas porque yo conocía del estado de la salud mental de Eduardo y ordené su inmediata liberación. Era tarde. Le destaparon una esquizofrenia que le duró hasta su muerte en 1995. Ordené entonces que lo retiraran con el salario máximo de un administrador de teatro y que le atendieran cualquier necesidad de medicamento que se le presentara. Por ahí se conservan, entre los documentos que ahora constituyen la Reserva Especial de la Oficina de Asuntos Históricos, una foto en el saloncito de billar de Belén. Mostramos nuestros tacos y sonreímos en armoniosa camaradería. Hace rato que no contemplo esa imagen. Está Eduardo, muy apuesto, a mi derecha, aún robusto, con su abundante cabellera cuidadosamente peinada pero la mirada ya perdida del poeta sin regreso.

Yo me acordé mucho de Eduardo en las vísperas de los festejos de un Día Internacional de los Trabajadores. El desfile prometía. El del 1 de mayo de 1991. Estábamos confrontando muchas dificultades con el transporte, falta de equipos y falta de combustible, cuando apareció la idea salvadora de las bicicletas. Adquirimos cerca de un millón de bicicletas en la República Popular China y comenzamos su distribución por los centros de trabajo. En pocos meses la clase obrera, sobre todo la de la capital, se movilizaba para sus trabajos en bicicleta. De manera que la bicicleta vino a convertirse en una especie de símbolo de la Revolución. Tal era la situación en los días cercanos al desfile del Primero de Mayo. El país enfrentaba una modalidad de supervivencia que nosotros dimos en llamar «período especial en tiempo de paz» y que había sido diseñado originalmente para mantener la integridad nacional en caso de una confrontación militar con los yanquis, y aun en caso de que nos ocuparan militarmente. Recuerdo específicamente la grabación que me trajo la Seguridad del Estado de una conversación entre unos periodistas italianos alojados en el hotel Habana Libre. Estaban persuadidos de que presenciarían el último Primero de Mayo del castrismo. Les cuento esto para que vean la gravedad de la situación. Al mismo tiempo, los compañeros de uno de los talleres de Seguridad Personal fabricaban aquel aparatón, que era un ensamblaje de bicicletas, en la cual quedaba una en punta, la bicicleta mayor, que se sujetaba por medio de una suerte de adocenamiento de tubos a otras cuatro bicicletas que servirían para acarrear y sostener en un firme equilibrio a la puntera, la mayor, que sería desde luego en la que yo iría, pedaleando en falso, es decir, vuestro comandante en jefe, que abriría así la marcha de la clase obrera cubana en tan señalada fecha, sonriente y aguerrido e impulsado por cuatro de sus más bravíos escoltas que pedalearían en rigor de un extremo a otro de la plaza de la Revolución. Al final, desistí del proyecto. Hice la breve caminata a pie. Y luego, rápidamente, hacia el Mercedes. Lo que ocurre es que no quiero trato con los ciclos desde el 7 u 8 de diciembre de 1942 —fue la fecha—, cuando se me partió la nariz en la estúpida competencia de chocar con bicicletas contra los muros del colegio Belén y tuve la nariz vendada durante una quincena. Desde entonces tomé esa aversión. Cada vez que me paso la mano sobre esa nariz de tabique quebrado, ahora emblemática de mi personalidad, me acuerdo de que las bicis son una mierda. Y traicioneras. Sobre todo, cuesta abajo. Y me acuerdo de Eduardo Curbelo, porque era el único que estaba conmigo y el que corrió en busca de ayuda y el que estaba al lado mío, solícito y dulce, tratando de taponarme la sangre que me corría espesa y ardiente desde casi el entrecejo y por todas mis fosas nasales hasta afuera.

SEGUNDA PARTE
PASADO DE UN HOMBRE SIN PASADO

Quizá se desprecia mucho a aquel a quien se asesina. Pero menos
que a los otros... Que a los que no matan: los castos.

Chen, el terrorista, en *La condición humana,*
ANDRÉ MALRAUX

4. NADIE MUERE EN LAS VÍSPERAS

ESTABA SOLO y aprendí a sobrevivir instigando. No acepté el mundo a mi alrededor. Y descubrí el valor de la palabra. No como los escritores. Sino la palabra para hablar.

Bueno, me he detenido.

En toda la historia anterior dominaba el paisaje bucólico y hubo algunos pasajes bajo los techos monásticos de la Compañía de Jesús. Y en ninguno de los dos casos mis aprendizajes con la palabra tenían un gran valor, a no ser en las clases de Oratoria del padre Llorente. Ahora entramos en otra etapa. Universidad de La Habana.

Acometí la recreación de Birán y el entorno de mi infancia por el puro placer de la evocación y no para dar pábulo a los que quieren «estudiarme» bajo un método esencialmente pavloviano, puesto que yo no soy el resultado de los traumas. Yo soy mis hechos. Mis hechos en el futuro más bien y no en el pasado, puesto que yo soy mi historia. Una historia que se desprendió de todos sus lastres de infancia y juventud y comenzó a edificarse la noche del año 1952 en que yo me encontré sin un centavo en los bolsillos, solo y sin saber hacia dónde coger. Ya hablaremos de eso. Muchos años después, sin embargo, aprendí algo en mi lucha sorda contra los pequeños agricultores y más tarde con la brigada Che Guevara, que fue una especie de agrupación de combate, pero constituida por casi 500 bulldózers, todo tipo de ingenios pesados y zapadores, y a la que tracé la misión de arrasar con decenas de miles de hectáreas de bosques, maniguas, tierras cultivadas y en barbecho, cegar pocetas, charcas, derribar obras civiles y bohíos (relocalizando primero a sus moradores, desde luego); todo, absolutamente todo lo que se nos alzara por delante caía al suelo y era aplanado, o pulverizado por las cargas de dinamita si eran peñascos o mogotes de piedra, de esta suerte de rodillo aplastante del mariscal Zhukov en la ofensiva del Arco de Kursk equipado por los franceses de la Richard. El objetivo era caña. Garantizar con la siembra de caña más extensiva de nuestra historia los suministros de la zafra de 1970, en la que soñamos con producir 10 millones de toneladas de azúcar y mantener ese nivel en las zafras venideras hasta que colapsara el resto de los productores presentes en el mercado mundial. Convertir el país en una verdadera azucarera universal y de paso sacarme de arriba a todos los pequeños agricultores que pudiera. A lo que iba. Aprendí algo de ellos. Que la cultura de una nación así como el *ser* de cada uno de sus hijos, comienza en el minifundio. En la finquita. En la pequeña parcela campesina. ¿Por qué? Porque el campesino es el primer defensor del ecosistema. Él sabe dónde debe ir cada piedra de su terreno, por dónde correrá el agua y el viento, los meses del año en que debe sembrar cada cosa y cuándo cosecharlas, las flores y los frutos que se dan mejor en cada tierra, cómo oxigenarla, cómo y cuándo ponerla en barbecho, qué hacer con los cagarrones del ganado, y dónde amarrar los caballos y cuál el panal que puede abrirse para obtener el dulce pan de miel. Así que él, dondequiera que se encuentre en la isla, produce una bocanada del aire que tú vas a respirar y con el que llenas tus pulmones y con el que nutres el sistema sanguíneo. Por eso eres cubano. Porque un guajiro probablemente ladino y analfabeto y de paso lento, muy lento, que en este mismo instante está pensando en sacrificar un puerco de 300 libras que tiene en la cochiquera y que en lo otro que distrae su mente, porque no tiene radio, el cabrón, es esa bulba lechosa de la mujer, siempre pensando en eso, ha dedicado toda la mañana en moler con la tierra recién desbrozada unos mazos de hojas de soya para insuflarle nitrógeno y sacarla del cansancio de cualquier siembra continuada anterior. Es fácil entender ahora por qué les impedía proliferar. Son la independencia. Son el libre albedrío. Son la autosuficiencia. Pero, sobre todo, son el eslabón primigenio de la cultura. Por tanto, en la antípoda, estaba la brigada Che Guevara —porque tenía que remover esa alma de la nación y dejarlos —a ustedes, cubanos— desvalidos y a los antojos de mis designios. Y no les parezca cruel o despiadado. Son las exigencias de una revolución en su lucha a muerte por, primero que nada, no permitirse desfallecer, no permitirse una deuda con ningún otro sistema. Deben entenderlo. Cada cual se debe finalmente a un sistema. El día que la Revolución respete algo, que entre en consideraciones con alguna materia, que pondere o que se contenga por cualesquiera que sean las razones, y sobre todo, el día que crea necesario detenerse un instante para elegir entre lo justo o lo injusto, pereceremos.

Y, si me he referido a todo lo anterior, es para demostrar que yo, Fidel Castro, no soy la resultante de unos oscuros traumas de mocoso bastardo y segregado sino de la naturaleza que me formó y del poder de la concatenación universal. De cualquier manera, y sólo como metáfora de la precaución, si entre los grumos de esa tierra lavada y enriquecida por esas lluvias, y solazada por esos vientos, y cultivada por las manos de esos labriegos, se hallaba el expediente de lectura secreta de mi composición química esencial, ordené su destrucción bajo las esteras y las palas y cuchillas de la más poderosa brigada de demolición que haya conocido la historia —la Che Guevara— que tuvo además (según mi punto de vista) la virtud de cambiar la organización ecológica del archipiélago cubano para siempre. Es una norma. En algunos casos, se desaparece, se evapora, se obnubila; en otros, se conserva. Comenzamos apenas triunfó la Revolución, cuando la compañera Celia Sánchez se dedicó a recoger toda la documentación que yo había producido en los dos años de guerra en las montañas. Mis recados a los jefes de columna y mis habituales regaños, mis vales de comida u otras vituallas, mis apuntes para las alocuciones por Radio Rebelde, mi felicitación acompañada de dos tabacos al negro Coroneaux por su espléndido manejo de la calibre 50 en la batalla de Guisa, mi carta al comandante Quevedo para que depusiera las armas. Entendíamos por documentación cualquier cosa que yo hubiese dejado escrita sobre alguna superficie. Con ese material y los otros que fueron apareciendo o que se fueron grabando (con entrevistas a veteranos y testigos de la guerra), Celia llenó las bóvedas de un banco en la barriada habanera de El Vedado. Puso al único combatiente maricón reconocido de todo el Ejército Rebelde —el capitán Pacheco— al frente del archivo y se agenció un nombre impresionante para el empeño: Oficina de Asuntos Históricos del Consejo de Estado. Quizá debido a la costumbre de Pacheco, un hombre de cierta obesidad y realmente nalgón, de pasearse por aquellas bóvedas con una cotorra enganchada en el índice de su mano derecha, el codo recostado a su cintura y el oscilar de aquella manita con el pájaro al vaivén de su paso —«mareando a la cotica», como él decía— y a su otra costumbre de dar un grito despavorido cada vez que consideraba que habían perdido alguno de mis papelitos de la Sierra, seguido de fatigas, pálpitos y frío en los pies, le valieron a la institución el malévolo mote de Oficina de Asuntos Histéricos. Del otro lado y relativo a otra clase de documentación, ante la posibilidad de que en el futuro cayeran en manos del enemigo, la Seguridad del Estado procedió a incinerar todos sus expedientes comprometedores con el arribo a la Casa Blanca de la administración Reagan —quizá los ocho años de mayor peligro transcurridos por la Revolución cubana, sobre todo después de la advertencia soviética de que por nosotros no se iban a quemar en ninguna guerra. Los expedientes que nos comprometían a nosotros, desde luego. No los que comprometen *aún* a la contrarrevolución. Ésos están a salvo. Todos. Impolutos y desinfectados. Cada vez que oigan vociferar a algún cubano de Miami (u otro sitio fuera de jurisdicción cubana) en contra nuestra, sepan que tenemos a buen recaudo su abultado expediente de confesión y todas las sustanciosas denuncias a sus hermanos de causa. Nadie ha sido liberado de nuestros establecimientos penitenciarios sin habernos dejado en prenda su incriminación. Los otros, los que no hablaron, los que se negaron a negociar, los que no entendieron la generosidad de la Revolución que les daba una oportunidad, son un porcentaje de los fusilados. El otro es el porcentaje de los que, pese a los pesados volúmenes de sus confesiones, denuncias, declaraciones y solícitas respuestas a los interrogadores y posteriores ruegos y llantos y peticiones de piedad y de que se les diera otro chance y de apelaciones a su juventud o a la bondad de sus captores, también fusilamos.

Una revolución vive de su pasado. Pero al que le conviene mantener su vitalidad, porque lo utiliza para defenderse, es el pasado de sus enemigos.

Se supone que yo debía dar respuesta a los siguientes interrogantes y/o presupuestos de la personalidad traumática.

La cuestión es que, para montar el retrato clásico de la personalidad revolucionaria, la academia burguesa necesita desequilibrios. Desequilibrios y también un camino de obligadas venganzas.

El módulo contrarrevolucionario de mi infancia —que expongo a continuación— provee de claras respuestas al por qué un hijo de terratenientes se rebela contra su clase, comenzando por las peregrinas tesis de estar harto de heredar tanta tierra o —lo que es mucho peor— que no le interesa poseerla o —oh, Dios, todavía peor— que aún le parece que no es suficiente y decide hacerse con todas las tierras del país. El magna terrateniente. El supra. El absoluto. En este módulo el desequilibrio es interno. La infancia divertida a plena naturaleza es desplazada y el concepto de que los yanquis se podían meter por el culo todos sus clubes segregacionistas de Banes y de los centrales Preston y Boston y que lo único que estaban realmente haciendo era tejer soga para su propio pescuezo, no se toma en cuenta.

El módulo como ellos mismos lo elaboran:

La hostilidad mía hacia Estados Unidos tiene raíces muy profundas en mi psiquis. Uno, mi padre era un soldado de Valeriano Weyler y ya él tenía un profundo resentimiento por la derrota de España a manos de Estados Unidos; dos, yo era hijo ilegítimo, lo que me ha causado un profundo sentimiento de inferioridad que proyecto en el ámbito colectivo a la relación entre Cuba y Estados Unidos; y tres, mi madre era la sirvienta en la casa donde vivía la esposa legítima con dos mediohermanos en la plantación de Birán, fuerza final determinante de mis resentimientos de clase.

Si a eso agregamos, primero, la cultura de Banes, dominada por la United Fruit, donde se discriminaba contra los cubanos en lugares como el Club Americano, y en el que yo fui recipiente de desaires y humillaciones; y, segundo, la cultura de los jesuitas franquistas de Belén que me llevaron a idealizar a Primo de Rivera y Francisco Franco, hacía inevitable que fuera antiamericano. Si se analizan los factores familiares, escolares, históricos y sociales que influyeron en mi formación, lo raro hubiera sido otro resultado. No percibo una sola influencia que lo encaminara en otra dirección.

De este modo engañé a los yanquis y a toda la contrarrevolución, no porque lo hiciera deliberadamente, sino porque tengo un sentido de inferioridad tan grande que en mis interacciones personales trato de caer bien, mostrándome de acuerdo con mis interlocutores y reprimiendo mis verdaderos sentimientos y pensamientos para no antagonizar. Inconscientemente, vivo obsesionado por ser aceptado. Por eso soy tan persuasivo. Y, por eso, no se debe creer nunca que pienso realmente lo que te digo.

Pero eso es un análisis contrarrevolucionario, para empezar, porque me pone a la defensiva y yo soy un símbolo patrio, y un valladar. En eso los soviéticos fueron muy refinados cuando no me permitieron hacerme una autocrítica en 1972, después de todo lo que yo había desbarrado de ellos desde la crisis de octubre hasta finales de los sesenta. Pero si quieren una explicación de lo que fui y soy y de cómo me forjé, ésta tendría que ser casi metafísica. Si soy uno de los pocos rostros visibles, identificables, distintivos y permanentes de la historia contemporánea no es porque mi madre se haya acostado con mi padre sin el correspondiente certificado de matrimonio y yo fuera bastardo o lo que sea, o porque los perros de la United Fruit no me dejaran entrar en su club, al que, por cierto, yo nunca fui ni me interesó ingresar, ya que estaba demasiado ocupado correteando a caballo con Bilito Castellanos o retozando con las deliciosas tetas de una muchacha en un naranjal. Aunque en realidad si todo fuera así —los yanquis dentro de sus fortines de Banes, Preston y Boston— estaba más que justificada la venganza. Por cierto que la historia clasista de los cotos cerrados de los yanquis en mi región natal surge de Georgie Anne Geyer y los chismorreos que acumuló de las viejitas americanas entrevistadas para su libro *El príncipe de las guerrillas*. Al no tener otra cosa que ofrecer luego de darse cuenta —sesenta o setenta años después, y con un pie en la tumba— de que lo único digno de contarse en sus vidas es un fragmentito de la vida de otro, dan rienda suelta a la enfermiza mentalidad de una raza de asalariados de deshechos de un imperio bananero pero empecinada en ser superior, y entonces la cogen conmigo. A unos pocos kilómetros de sus barrios privados yo había cursado mi infancia. ¿Qué le parece, miss Anne? El bastardo estaba en los alrededores. ¿Otra galletita, miss Anne? Pero los entiendo. Soy —y otra vez me perdonan la autoindulgencia— el único punto de contacto en el infinito de sus miserables vidas con esa categoría de la experiencia humana que es incolora, inodora e insípida pero a la que se aspira alcanzar alguna vez y ser ungido por ella y que se denomina gloria. Yo soy su gloria. Gloria que, se pueden imaginar, se hincha como un globo si afirman que me tiraron sus puertas en la nariz. Desde luego, nadie va a pretender que yo acepte semejantes testimonios. Yo soy lo que soy por algo que se relaciona con los dioses, con su naturaleza. Si quieren una explicación terrena: porque siempre me estoy probando, porque siempre enfrento los desafíos. Y cuando no existen los desafíos, los invento. Pero hete aquí que nos hallamos en un ritornelo de la retórica puesto que la primera cualidad que reconocemos en los dioses es su disponibilidad sin tregua al desafío.

La respuesta de la propaganda revolucionaria al módulo traumático-contrarrevolucionario emplea como solución la escuelita rural donde uno confrontaba la pobreza y que es consistente y hasta cargado de matices dramáticos para explicar mi sed de justicia. Aunque este módulo, desde luego, elude que me escapaba con bastante frecuencia para robar caballos o refocilarme con una mujercita. En este módulo el desequilibrio es externo y me es ajeno. No surge de los vericuetos de mi personalidad sino de las injusticias del medio ambiente. Pero me moviliza.

Primera Colt de la serie

Hablaba de la palabra y del uso que aprendí a hacer de ella, yendo de uno a otro oído —y escanciándoles palabras. Cada vez que hago una introspección sobre el quinquenio 1945-1950 vacilo en decidir cuál de los instrumentos me fue más efectivo para sobrevivir, si la Colt 45 o la palabra. Por lo pronto, le puedo asegurar que ambas posibilidades del entendimiento humano se hallaban en mi esfera de control cuando ingresé un día de septiembre de 1945 en la Universidad de La Habana. Mi padre me había regalado la pistola, conseguida a buen precio de unos oficiales americanos de paso por Preston. Hacía años que yo estaba detrás de una pistola y a mi padre le pareció no del todo descabellado que yo tuviera la mía si ya iba a ser vida de extramuros —es decir, fuera de la protección de las paredes de Belén— y teniendo además noticias de una ciudad en rápida combustión por la violencia política después de la salida de Batista de Palacio y haberle pasado la banda presidencial al médico Ramón Grau San Martín. Tuve mi pistola. Una Colt legítima del US Army.

Ahora sólo faltaba el tercer elemento —último e imprescindible. El incondicional. El socio. El amigo.

Alfredo Esquivel. Estábamos los nuevos ingresos con las cabezas rapadas, que era nuestra única defensa en aquellos seudolinchamientos que llamaban novatadas y que tenían lugar en el primer día de curso. Nada de lo que uno no pudiera escapar con vida. Te pelaban al cero si ya no lo estabas, te embadurnaban de mercurocromo, te vestían de mujer, te emplumaban, te ponían a medir el terreno del *stadium* universitario con un mondadientes. Todo bajo la severa mirada y risotadas de los alumnos de los cursos superiores. Entonces yo estaba en la amplia escalinata de la Escuela de Derecho, frente a la plaza Cadenas, cuando observé a aquel muchacho tímido, recostado a una columna, quizá esperando —resignado— que los verdugos repararan en él. Acababa de pelarse y parecía sentirse incómodo en esa situación, por lo que deduje que era un muchacho prendado de su presencia personal. Estaba bien vestido pese a que, por ese día, se tomara la precaución de enfundarse una ropa que pudiera desechar sin congoja después del castigo que le tocara. Lo rescaté de toda su tensión. Me le acerqué, mi cabeza también rapada —de modo que éramos iguales— le tendí la mano, para estrechar la suya, y le dije:

«Yo me llamo Fidel Castro. ¿Cómo tú te llamas?»

«Alfredo Esquivel. El Chino.»

Una costumbre cubana, aunque no tengas parientes asiáticos. Llamar chino a cualquier persona de ojos pequeños o ligeramente rasgados. A Raulito, mi hermano, muchos le llaman el Chino. ¿Se acuerdan del jefe del puesto de la Guardia Rural en la jurisdicción de Birán? Felipe Miraval. El chino Miraval. También tenía unos ojos pequeños, y demandantes, me acuerdo. Los miopes. Casi todos los miopes cubanos tienen registrado, entre algunos de sus apodos, el de chino, por esa necesidad de apretar los párpados sobre la pupila cuando quieren localizar con su vista algún objetivo a más de tres o cuatro metros de distancia.

«¿A ti te interesa la política universitaria?»

El chino Esquivel dijo sí.

«Pues vamos», le dije.

«Vamos», dijo él.

Entonces se enganchó conmigo. Más nada. No hablamos más nada. Éramos dos ya. Le expliqué que venía con un grupo de Belén. Pero que no duraríamos mucho juntos. Yo sé escoger. No me separé del Chino hasta el final de la carrera. Tendríamos 18 años. Entramos en el bachillerato a los 13, y salimos de la universidad a los 23. Es increíble que el Chino no me preguntara, hasta pasados muchos años, por qué lo había escogido, por qué a él precisamente. Porque estabas solo, le dije. Y porque tratabas de pasar desapercibido, que nadie se fijara en ti. Después se agregó Walterio Carbonell, el negro Walterio. Todos entramos en el 45. Después nos pasábamos mucho tiempo estudiando. Una noche, unos tres años después, hacia 1948, se produjo la anécdota que ellos cuentan con frecuencia cuando los entrevistan y que parece haberlos marcado profundamente. No lo han olvidado y lo cuentan casi con las mismas palabras. Estábamos estudiando para una asignatura, tarde en la noche, en una oficina del padre del Chino —que era abogado y nos cedía el bufete fuera del horario de oficina— cuando bajamos a un cafetín cercano a tomar café con leche. Éramos cuatro: un muchacho llamado Rigoberto García, Walterio, el Chino y yo. No recuerdo quién hizo la pregunta. A qué aspirábamos realmente en el futuro. Nuestra máxima ambición. Walterio dijo que a tener una docena de lápices de punta afilada, con las puntas apuntando para arriba, en una jarra. Quería ser escritor y escribir muchos libros. Rigoberto fue modesto. Se sustrajo a ejercer su carrera. El Chino dijo que a tener muchos amigos, darse buena vida y viajar. Ah. Y muchas mujeres. «¿Y tú, guajiro? —preguntó el Chino—. ¿Tú qué quieres?» «Sí, Fidel, ¿qué quieres tú?», preguntó Walterio.

Yo quiero conquistar la fama, la gloria.

Dije eso. Eso frente a una taza de café con leche, una leche blanca y humeante antes de enturbiarse con el consistente chorro de café, y tostadas anegadas en mantequilla, y el vaso de agua fría. La azucarera grande. Los ventiladores de aspas segando cansinamente desde sus empotrados en el techo la atmósfera. Fama y gloria. Ellos nunca lo han olvidado y lo sacan a flote como ejemplo irrefutable del valor o eficacia de las premoniciones. De su alcance.

A partir de la Revolución del 33 se creó una clase media en el campo y las ciudades así como los primeros escalones de una aristocracia obrera. Al elevarse la escalera de movilidad social, el Partido Socialista Popular[1] convirtió a los sindicatos y al propio Partido en una posibilidad de hacer carrera y lanzó, sobre todo, a gente que venía del interior del país a la notoriedad de la media y del poder político. Gente tan destacada entre los cubanos como Agustín Tamargo (el más escuchado de los comentaristas radiales de Miami), Rolando Masferrer (pronto lo conocerán), Jesús Menéndez (dirigente sindical cañero y congresista), Lázaro Peña (dirigente sindical y congresista), José María Pérez (dirigente sindical) tuvieron un origen comunista. Subieron negros y blancos y los más humildes —Jesús, Lázaro y José María eran negros, pero negros charolados que más negro que eso no existe—, y hay un caso típico, Isabel Sánchez Mastrapa, mujer, negra y comunista, que se convierte en representante a la Cámara. Desde luego, se trataba de una corriente de pensamiento y de actuación que resultará de inmediato contraproducente cuando yo produzca mi Revolución. Debemos entenderlos. ¿Qué vieron ellos con la Revolución cubana, es decir, la del 59, es decir, la mía? Pues el seguimiento de esa participación del movimiento obrero. Había comenzado en la revolución contra Machado y había sido uno de sus beneficios indiscutibles, y luego se había mantenido fluyendo, como una poderosa corriente subterránea cuando yo estudiaba en la universidad. Estábamos aún a media puja como país en vías de desarrollo a través de la libre empresa y la economía seudocolonial. La Revolución del 33 había quebrado la espina dorsal de la llamada república de los generales y doctores —los generales veteranos de la guerra contra España y los parientes que mandaron a hacerse abogados (los doctores) para que siguieran al frente de los negocios. Realmente hubo una redistribución de la riqueza después del 33 aunque aún quedaran cientos de miles de desempleados en las ciudades y de campesinos sin tierra.

Teniendo esa situación socioeconómica de trasfondo, el médico Ramón Grau San Martín tomó posesión de la presidencia de Cuba el 10 de octubre de 1944 tras unas elecciones libres. Gozaba de una inmensa popularidad. Lo precedía una mística revolucionaria y las denuncias de su partido al peculado y la violencia durante gobiernos

1. En realidad el Partido Comunista pero con el nombre atemperado como socialista para los efectos de sus tácticas propagandísticas. El común de la gente aceptaba con mayor facilidad a los socialistas que a los comunistas. De paso, escamoteaban el nombre y sus posibilidades. Es decir, desarmaban conceptualmente a las agrupaciones socialdemócratas y democristianas.

anteriores. Poco después de electo, fue invitado a reunirse con Roosevelt y el presidente de México, Lázaro Cárdenas. En Washington, Roosevelt y él encontraron algunas cosas en común: que habían recibido tratamientos para la tuberculosis en Nueva York, lo que por otro lado justifica por qué Grau nunca se casó.

Pese a su «ceceo», por su simpatía y el nacionalismo de la plataforma del Partido Auténtico, lo apodaron «El apóstol de la cubanidad». «La cubanidad —decía él—, era amor.»[2] Me imagino que con ese

2. La obra social. Ése es el logro que debe reconocerse del gobierno de Grau. Aunque procedentes del Congreso, él apoyó las principales iniciativas, leyes y medidas. Se crearon las llamadas Cajas de Retiro y Seguros de profesionales y trabajadores, que beneficiaban desde abogados y farmacéuticos hasta barberos y trabajadores de electricidad y gas. Otras medidas de la época fueron la Jornada de Verano —los comercios cerraban los lunes y daban el día libre a los empleados—, el fondo de Estabilización del Tabaco y la disposición que imposibilitaba el despido de empleados sin un previo expediente que lo justificara por causas mayores. En 1946, se llevó a cabo el Primer Censo Agrícola, esencial para fijar en el futuro cualquier política sobre cuestiones de la tierra y su cultivo. La zafra de 1947 se aproximó a los 6 millones de toneladas, con lo que superaba el monto récord que había alcanzado en los años veinte. Y aunque continuaron las ventas globales a Estados Unidos, Grau mantuvo una firme posición negociadora. Apoyado en los reclamos de los obreros —la obra grande del negro Jesús Menéndez—, el gobierno obtuvo mejores precios para el azúcar y, además, logró que se vinculara al aumento de los precios de los productos norteamericanos consumidos en Cuba. Ello hizo posible «el diferencial azucarero», mediante el cual la diferencia entre el precio marcado previamente para la venta del azúcar y el superado por el mercado se repartía entre colonos y trabajadores agrícolas, para quienes representó un notable incremento en sus ingresos. Déjenme explicarles: al decretar la ley del Diferencial, el azúcar era vendido por un solo cartel de ventas cubano a un solo comprador en Nueva York y a un precio fijo. Cuba compraría también al precio de esta cuota 600.000 toneladas adicionales en parte para vender en el mercado internacional y en parte para proyectos humanitarios de las Naciones Unidas. No obstante, cuando vendían a un precio más alto que el precio de compra el de la cuota, el diferencial se daba a los trabajadores azucareros como un bono. Otra parte se usaba para obras públicas. Algunos años el bono alcanzó los 30 millones —a dividir entre 100.000 trabajadores, lo que duplicaba su salario. Por otra parte, al promover la creación de los fondos de jubilación de los sindicatos obreros, ayudaba a su vez a financiar el gobierno y a independizar a Cuba de los banqueros de Nueva York y sus préstamos. Es por eso que nunca necesitó flotar una emisión de bonos de deuda del Estado. Si al final empañó históricamente la bonanza con uno de sus acostumbrados chascarrillos, eso entonces careció de todo significado e importancia. Aseguró que «había dulces para todos». En otro orden de cosas, una prioridad de su administración fue tratar de crear una unidad o conciencia social la cual él procuró con la infame semántica de esa campaña llamada Amor y Cubanidad. Grau era descendiente de inmigrante catalán, catalán de segunda generación, valga decir, y anhelaba un imposible. Cuba era «el banano de la discordia» —como se le llamaba por la forma de la isla. Había políticos que todo lo que querían era prevaricar: echarse al bolsillo una suma de dinero e irse a Mia-

pronunciamiento, que se adelantaba por veinte años al movimiento hippy y al de las marchas contra la guerra en Vietnam, él trataba de buscar un concepto a medio camino entre la elaboración marxista y el relajo criollo. A mí todo eso me parecía ridículo y, sobre todo (intoxicado como estaba entonces con Primo de Rivera y compañía), destructivo para el espíritu de una nación. Que Grau y sus disparates eran contaminantes. No la porción marxista (que aún yo no conocía), sino la del relajo. Él podía haber rozado a Marx desde su breve época de miembro de la pentarquía que gobernó los primeros días de la Revolución del 33 antes que Batista —también integrante de la pentarquía— se hiciera con todo el poder. Bueno, el presidente de la República elaboraba esos dichos de baja estofa y los hacía correr mientras yo desandaba por las plazas de la Universidad de La Habana, acompañado de mi nueva y noble sombra, Alfredo Esquivel. Solíamos caer por allí a eso de las once y media de la noche. Lo único que estaba abierto regularmente a esa hora era la oficina de la FEU, la Federación de Estudiantes Universitarios, una de las organizaciones políticas más poderosas desde los primeros años de la República hasta los primeros de la Revolución y que había tenido una presencia de primera línea en el derrocamiento de la dictadura de Gerardo Machado y en los primeros tiempos del proceso del 33. Mi interés en presentarme en la FEU a esa hora —«dejarme caer por allí», como se dice—, era Manolo Castro, el presidente de la FEU, y alguno de sus acólitos, Eufemio Fernández o Rolando Masferrer. Quería que repararan en

---

mi. Había los racistas. Querían el descrédito de la República porque odiaban las raíces españolas. Había otros racistas. Querían una sublevación de negros como en Haití para echar a los blancos. La población negra era sólo un 15 por ciento y si agregamos los mulatos, sumaban el 25 por ciento. Algunos partidos estaban apoyados por poderosos intereses económicos extranjeros, es decir, los yanquis en todas sus variantes y contradicciones internas posibles y poseían o sufragaban periódicos que les servían como cámara de resonancia. Cuba estaba condenada a ser disputada por poderes internacionales y nosotros, los cubanos, teníamos que ajustarnos al pequeño alcance de nuestras acciones. Por otra parte, Grau vino al poder sin mayoría en el Congreso, donde el Congreso tenía el poder legislativo. Durante los dos primeros años, estaba en minoría. Entonces buscó el apoyo de los comunistas. Para empezar les dio fondos para finalizar la construcción del palacio de Convenciones de los Trabajadores. Cuando obtuvo mayoría legislativa, sin embargo, se apoyó en el clima de la guerra fría para romper con ellos e intentar controlar el movimiento sindical. Utilizó para esta operación a pandilleros. Y empezó por mandar a matar a Jesús Menéndez. Ahora termino con Grau. Bueno, confiscó la estación del Partido (1010 AM) y recrudeció la persecución de sus antiguos aliados rojos.

mí. Que me tomaran en cuenta. Era imprescindible. Tenías que asaltar ese cielo: instalarte en alguna posición de la FEU si tu objetivo era la política en Cuba. Ya no sólo en la Universidad de La Habana, como le dije al Chino, sino como proyección profesional. Por eso mis vuelos rasantes nocturnos por la FEU. Además, confieso que Manolo Castro fue el hombre de mayor influencia sobre mí durante mis años de universidad. Mientras fue el centro de mi admiración sin fronteras ni reparos, estaba dispuesto a cualquier cosa con tal de obtener una mirada o sonrisa suya de aprobación. No es que estuviera dispuesto a matar por él como metáfora, es que lo hice. Por lo menos los dos balazos que le alojé en el estómago a un muchacho llamado Leonel Gómez fue para llamar la atención de Manolo Castro. Entiendo que se trata de una subordinación sólo explicable como femenina. No se manden a correr. Tranquilos, que perro no come perro y que además es un tipo de relación muy común entre los tipos más bragados. Estoy yo cansado de verla entre feroces combatientes pero que se derriten ante la presencia de alguien que es el que los domina. Es la relación que, sin proponérmelo, observo que manifiestan hacia mí los tipos más bravucones de mi entorno, mis generales, mis comandantes, mis asesinos y mis combatientes más audaces y de más pelos en el pecho. Pero, me doy cuenta de que es femenino. Hasta se ruborizan y todo cuando les dejo caer una sinecura —alguna de mis parcas sinecuras; una palmada en el hombro, un elogio no excesivo—, por alguna de sus proezas militares o por haberle reventado los sesos a cualquiera de nuestros objetivos en el exterior. Rubor. Sí. Rubor y celos. Padecí de las dos cosas con ese hijo de puta de Manolo Castro. Luego de dicho esto que no creo que ningún otro estadista en el mundo hubiese tenido el valor de hacer como yo acabo de hacerlo, me he ganado el derecho para añadir algo: la verdadera razón de mis celos era que él ocupaba una posición que me pertenecía, o en la que yo debía hallarme y no él. Es decir, pensaba que era un usurpador.

Nada. No había nada nunca para mí. A veces ni se tomaban el cuidado de responder al saludo. A veces, sin embargo, me llegaban los comentarios. El chino Esquivel es testigo del impacto devastador que éstos hacían en mí. Mi problema, decían, era que yo no tenía bagaje revolucionario. Que no tenía historia. Con el transcurrir del tiempo, en las raras ocasiones que me da por mirar hacia atrás y me veo entrando en aquella oficina de la FEU a la derecha de Filosofía y Letras si subías por aquella inmensa escalinata de mármol que desemboca —o que surge en la calle San Lázaro—, y los veo a duras penas a través de la puerta entreabierta y alguno de ellos con los pies sobre un buró y oigo el lenguaje secreto en el que se comunican y oigo sus risas de compinches que no tienen nada que ver conmigo, doy solaz a mi espíritu y lo alivio de rencores al recordar que a Manolo Castro lo mataron en una callejuela de La Habana en 1948 y que a Eufemio Fernández lo mandé a fusilar yo mismo en 1961 y que a Masferrer lo mandé a volar en su Ford Torrino del 68 color azul claro en 1975.

Mediano de estatura, trigueño, pelo lacio peinado hacia atrás a lo Valentino. No era fuerte, tampoco. Aunque no se le podía calificar de alfeñique. Pero se metía en la cuestión de los campesinos. Tuvo una lucha tremenda que le proporcionó mucha publicidad con el Vínculo de Guantánamo. El Vínculo era una finca enorme de la que se había apoderado el dictador Machado. Había allí ganado salvaje, que se mataba a tiros, y muchas tierras sin cultivar. Manolo Castro se presentaba en el Vínculo con los muchachos de la universidad, luego de un viaje en tren de mil kilómetros, y tomaban las tierras y se las entregaban a los campesinos. Esto le convirtió de manera abrumadora en un héroe nacional. Ni que decir tiene las simpatías y apoyo en la universidad que obtenía de esa espasmódica Reforma Agraria que estaba desarrollando. Eufemio Fernández, al contrario de Manolo, era un individuo muy elegante, de buen tipo, de gestos muy mesurados, y uno siempre supo que quería parecer un gángster de Chicago, con sus camisas negras y corbatas finas blancas, o viceversa. Pero, según mi información, no supo guardar la compostura frente al pelotón de ejecuciones. Mas es muy difícil mantener un porte de elegancia cuando ante tus ojos —y a siete pasos de distancia— se elevan las bocas de siete fusiles FAL. Los esfínteres y los centros motores se le descontrolaron aun antes de que dieran la orden de preparen y se cagó y se desplomó *in situ*. Masferrer. Rolando Masferrer. Éste sí que nunca comulgó con el joven aprendiz de revolucionario. Nunca me tragó. Se relaciona con Manolo —y fueron muy buenos amigos— a partir de todos esos litigios agrícolas. De todos, el personaje más intenso y realmente interesante es Rolando. O era. Había sido comunista y veterano de la Guerra Civil española, donde —en la batalla de Majadahonda— fue herido en una pierna, extremidad que por poco pierde y que le dejó como secuela principal el mote de el Cojo. Luego de apar-

tarse del comunismo, Rolando crea su propia epopeya de reivindicación campesina —en paralelo a la de Manolo— con otro megalatifundio de Gerardo Machado, uno llamado Ventas de Casanova,
ubicado en las cercanías de Palma Soriano, el pueblo más cercano
—30 kilómetros— a Santiago de Cuba. En ambos casos, el Vínculo
de Guantánamo y las Ventas de Casanova, eran territorios cuya masa de
aparceros y desalojados estaba controlada por el esforzado líder comunista Aniceto Pérez. De manera que la ocupación de tierras de Manolo y Rolando tenía por objetivo arrebatarle ese frente a los comunistas. Y de paso, sobre todo en el caso de Rolando, quedarse con una
parte del botín. Por lo menos logró que nombraran a un cuñado suyo,
Andrés Paseiro, como administrador de las Ventas.

El Chino, que a ratos me visita aquí, en Cuba, me ha recordado
uno de mis argumentos de muchacho abatido. Dice que, al salir de la
FEU, desorientado y taciturno a la medianoche después de otra sesión de desaires, yo le solía comentar: «Esta gente no sabe a quién se
están perdiendo». Aunque eso yo no lo recuerdo con tanta vehemencia como el Chino. Pero él dice que demuestra mi temprana visión sobre mí mismo y mis posibilidades y lo lejos que iba a llegar. Todo eso
dice. También, para subrayar lo anterior, me ha recordado lo del
mapa. Dice que en una pared de la FEU apareció un día un mapa de
América Central. Era la época en que Manolo Castro y los otros organizaban una fuerza paramilitar internacionalista llamada Legión del
Caribe. «Esta gente tiene un concepto —le dije al Chino—. El concepto de unificación de América Central. Mira. Mira una idea para
nosotros en el futuro.»

Pese a que la bonanza de una economía de posguerra significó
una mejoría considerable en el panorama cubano, los grupos armados de filiaciones políticas encontraron un territorio propicio y se esparcieron en ese momento. Algunos estudiosos creen hallar su origen
en que liberales, demócratas y comunistas se concertaron en causar el
desorden que desacreditara a los socialdemócratas de Grau y su Partido Revolucionario Cubano (PRC) y que la mecánica de cada partido
político de tener una organización armada con capacidades para las
diversas formas de terrorismo dio lugar a los días del gatillo alegre. Yo

nunca he estado muy convencido de esa tesis. Parto de mi propia experiencia como conspirador —y no creo que nadie haya conspirado tanto, ni más, ni mejor que yo en toda la historia de Cuba. Y les digo que esas fuerzas políticas uno no las puede concertar para ninguna batalla. ¡Si no puedes concertarlos ni dentro de un solo partido! El origen de los grupos está en que la Revolución del 33 no se agotó en ella misma y se apresuraron demasiado en resolver los problemas económicos y que la sociedad se estabilizara. De manera que las tensiones mantuvieron su naturaleza y quedaron como cabos sueltos e incluso se exacerbaron al no hallar cómo hacer tierra. Eso pasó en la Revolución mexicana —pero en la campiña—, porque ésa es una revolución de origen campesino. La Revolución del 33 fue de origen urbano, y más de intelectuales y profesionales que del incipiente proletariado o seudoproletariado cubano. Por eso se mataban entre ellos en las aulas de la Universidad de La Habana.

Éste es un esquema de cómo yo recuerdo las agrupaciones más beligerantes y sus patrocinadores.

• Movimiento Socialista Revolucionario (MSR), *con el que yo estuve originalmente asociado* pero en el que nunca logré aceptación. Los liberales manipulados por los republicanos yanquis canalizaron fondos a través del ministro de Educación, José Manuel Alemán, para Manolo Castro y Rolando Masferrer. Manolo Castro, además de la FEU, era uno de los líderes del MSR. Masferrer, el ya conocido ex comunista veterano de la Guerra Civil española, era otro líder entonces del MSR (y supuestamente su fundador). La Legión Revolucionaria —la agrupación del impetuoso Mario Salabarría, hombre de acción y de reputada frialdad, y otros asociados, más o menos antiguos izquierdistas, como Eufemio Fernández (el también amigo de Manolo Castro), Carlos Gutiérrez Menoyo y Daniel Martín— se unió al MSR.

• Unión Insurreccional Revolucionaria (UIR), *a la que estuve vinculado desde mi segundo año de estudiante universitario hasta 1948* (ambas fechas aproximadas). Era la principal agrupación contraria al MSR. Los líderes eran Emilio Tro, José de Jesús Ginjaume, Lamelas, Calixto Sánchez-White y Rafael del Pino. Se dice con frecuencia que Ginjaume y Tro eran trotskistas. Yo no tengo pruebas. También que simpatizaban con los demócratas de Roosevelt, lo que resulta más potable. Algunos banqueros de Londres podían estarles teleguiando. La UIR estaba formada principalmente por cubanos veteranos de guerra —que lucharon con el ejército americano. Algunos tenían vínculos con la Agencia Central de Inteligencia (CIA), tales como Rafael del Pino y Calixto Sánchez-White. La CIA era una organización de algún modo escindida de los servicios especiales británicos. Recuerdo que la UIR enfocaba con fervor su llamado en el antifascismo, lo que atrajo muchos judíos a sus filas.

• La Asociación Revolucionaria Guiteras (ARG) era la organización armada del PRC, es decir, del partido gobernante. Fue dirigida por Orlando León-Lemus («el Colorado»), Marcos A. Irigoyen y Jesús González-Cartas («el Extraño»).

Grau, en lo que aparentó ser una jugada de apaciguamiento y distribución bastante equitativa de sinecuras del poder, ofreció puestos muy bien remunerados del gobierno a los principales caciques. La dirección de la Academia de la Policía fue entregada a Tro. A Salabarría se le hizo investigador en el SIEE (el Servicio Investigativo Especial y Extraordinario [el viejo SIAE de Actividades Enemigas de Batista]). Pero la presión no parecía amainar. Grau se quejaba de que Tro lo acusaba continuamente, a él, a los seguidores del MSR y a cualquiera, de fascistas. La palabra fascista, según Grau, era una herramienta de estigmatización al antojo de Tro. Entonces Salabarría, un adversario natural de la UIR, como se sabe, fue ordenado astutamente por Grau para investigar a Tro en un caso de homicidio. Salabarría se presentó en Orfila —un barrio en el suburbio habanero de Marianao— con una orden de arresto de un tribunal.

* * *

También en esa época comienzan a proyectarse unas extrañas y desconocidas sombras en el escenario nacional. La Confederación de Trabajadores de Cuba (CTC) dirigida al principio por el comunista Lázaro Peña, que se había identificado excesivamente con Batista en el gobierno anterior, entró en crisis ante Grau, sobre todo porque ya no necesitaba a los comunistas. Yo soy el que después, con la Revolución, me veo en la necesidad de recoger a Lázaro y volverlo a poner al frente de la CTC. Grau puso a competir contra él a Eusebio Mujal, Ángel Cofiño, Calixto Sánchez-White y Suri Castillo. Los últimos dos

—se supo con los años— tenían conexiones con la recién nacida CIA y con la Asociación Americana del Trabajo (AFL). No tendría mucho que agregar ahora de mi antiguo compañero de la UIR Calixto Sánchez-White. Si llego a saber entonces que trabajaba para la Inteligencia americana, me hubiese esforzado al máximo por ganarme su confianza. Uno no podía desperdiciar un agente de la CIA verdadero en el entorno cercano. Años después, estando yo alzado en la Sierra Maestra, me sobraban los elementos de información e intuición para imaginarme a quién respondía cuando desembarcó en plan de guerra en un área bastante próxima a donde ya merodeaban mis guerrillas. Pero tampoco entonces le presté demasiada atención. El personaje organizó una expedición desde Miami con el propósito de abrir otro frente insurreccional pero que tuvo la mala pata —como decimos— de caer en un cerco del teniente coronel Fermín Cowley Gallegos, jefe del Distrito Militar n.º 9 (regimiento de Holguín) y uno de los más sanguinarios apóstoles del batistianismo, y que además de mala pata tuvo la mala cabeza de creerle a Cowley Gallegos cuando éste le ofreció una rendición honorable y respeto irrestricto y escrupuloso para las vidas de los 17 integrantes del comando revolucionario desembarcado, negociación ésta llevada a cabo a voces en un rescoldo de la Sierra de Cristal, pocos minutos antes de que a Sánchez-White y a sus camaradas les pareciera razonable y oportuno deponer las armas y salir con los brazos en alto y de que fueran de inmediato maniatados con sogas de jarcia y poco más tarde barridos por el fuego sostenido de un sinnúmero de ametralladoras portátiles Thompson calibre 45 que al efecto ordenó descargar sobre los expedicionarios el teniente coronel Cowley Gallegos, el que —argumento—, si he llamado apóstol del batistianismo es debido a que pocos meses después un comando del «26 de Julio» que le seguía los pasos, lo ubicó en una ferretería de Holguín. Abdón y Carlos Borja —dos combatientes del Movimiento— se le acercaron sigilosamente por la espalda mientras él revisaba unas herramientas, un destornillador de estría según se dice —un aficionado de las artes manuales hogareñas, el teniente coronel— y Abdón le vació al unísono los dos cartuchos calibre 12 de una escopeta Remington de cañones recortados a segueta que portaba y le desapareció la cabeza. Yo estoy convencido de algo desde entonces: Cowley todavía no sabe que lo han matado. Abdón. El compañero Abdón. Luego lo hicimos coronel de las Fuerzas

Armadas Revolucionarias y sé que cumplió misión internacionalista en Angola. Carlitos Borja también siguió con la Revolución, pero lo he mantenido alejado porque es un gatillo alegre y muy rápido desenfundando la pistola. A ese tipo de revolucionarios más vale darle una carrera de mártir, o que los conduzca a esa condición, con tal de sacárselos del camino, procurando preferiblemente que se encarguen de ellos los fusiles del enemigo y no tener uno que pegarlos al paredón. Nunca es conveniente desde el punto de vista político que uno mate a viejos compañeros revolucionarios.

Tienes que apuntar primero

Nadie conoce a su asesino. Yo a todos los conozco, con todos íntimo. Esa intimidad cubana de esos esbirros tabaco en mano y que es estruendosamente afectiva. Te abrazan, te estrujan la guayabera, gritan tanto tiempo sin verte y está usted igualito, compadre (todos éramos compadres en la sociedad política cubana), o está usted igualito, doctor (todos doctores) y abrazado y abrazador se las arreglan para gesticular a todo trapo pero manteniendo a salvo de la lumbre y cenizas de su tabaco al otro. Importante el abrazo porque te permite palpar, debajo de la guayabera o del saco, dónde lleva la pistola, o si es un revólver, y el calibre con el que te pueden incendiar la espalda apenas te voltees. Imprescindible discernir entre pistola y revólver porque sabes si hay el margen y el chasquido de advertencia de una pistola cuando se monta y el carro cae de regreso al tope luego de colocar la primera bala en la recámara, *¡¡¡Chakanaan!!!* Me he demorado más en describir lo del tiempo real de sacar la fuca, apuntar y desconocerte de entre nosotros. El revólver no, el revólver si acaso es el ¡clic! de que el gatillo ha sido amartillado, y entre eso y de que un profesional saque, dispare y tú estés muerto va el tiempo que en esta oración te toma ir de «el revólver no» a «si acaso». Si acaso.

La semántica empleada es también digna de rápida ponderación en tales trances. Aunque había matices lingüísticos del sector de los hombres armados cubanos de difícil entendimiento en otras áreas idiomáticas. En primer lugar por la enorme diferencia en su carga de consideración social que los cubanos establecen entre el común tú y el omnipresente usted. Y... ¿cómo fue que me trató? ¿De usted o de tú? Los cubanos sólo tratan de usted por motu proprio a las personas que exigen de una especie de reverencia de léxico. Coño, me trató de usted. Es una señal de respeto inequívoca por los difuntos. Cómo vas a matar a nadie que acabas de tratar de tú, que tienes con él esa confianza. Inaceptable. Hay códigos para todo. Vale la pena aclarar que esas costumbres se perdieron en nuestros paredones de fusilamiento, donde más vale que termines con esto rápido, tú. Acaba de pararte ahí y no jodas más.

Mi primer muerto. Mejor dicho, el primero que se me acredita. Oscar Fernández Caral. Era jefe de una suerte de sección de investigaciones de la Policía Universitaria. Este servicio de policías había sido creado para garantizar una absoluta autonomía a la Universidad de La Habana, que era como una isla independiente, con gobierno propio —¡y hasta con policía, como se ve!— en medio de La Habana. A mí se me acusaba de haber extorsionado al profesor Ramón Infiesta para que le diera las notas de aprobado a alguien —ya no recuerdo quién—, que pertenecía a uno de los grupos. Yo estaba haciendo fuerza para ganar unas elecciones. Necesitaba ese aprobado para que ese alguien me lo debiera como favor. El profesor Infiesta, el muy hijo de puta, nos acusó, a Aramís Taboada, mi mentor (después explico), y a mí. Que si las pistolas en su cabeza, una apoyada por cada sien. Que si lo obligamos a firmar. Impuesto yo a los pocos días de que tenía un sabueso olisqueándome los talones, salí a discutirlo. Nos amenazamos mutuamente. Días más tarde, Oscar Fernández Caral aparecía ultimado a balazos cerca de su casa. Fue tarde en la noche en un desolado rescoldo de la barriada de El Vedado y nadie vio nada. Pero era inevitable que todas las culpas me cayeran encima. Un distinguido juez de instrucción, Riera Medina, se hizo cargo de la causa. Al poco, la causa fue sobreseída. La familia contrató a un abogado defensor muy famoso, Rosa Guyón, que no logró avanzar un palmo. Causa sobreseída por segunda vez. Después me ocurrió lo mismo cuando mataron —finalmente— a Manolo Castro. Dos veces me acusaron por el hecho y dos veces la causa fue sobreseída. La prensa de la época está repleta de las invectivas en contra mía respecto a tales procesos. Después de la Revolución, a mediados de los sesenta, a un grupito de jodedores les dio por husmear en los archivos de la Biblioteca Nacional. Un tal Luis Alfonso Seisdedos

—por aquí tengo los viejos informes de la Seguridad—, al que llamaban el Cojo Drácula por unas deformaciones de nacimiento que lo obligaban a arrastrar las piernas, era el investigador principal y que parecía sacar más motivos de diversión de los viejos periódicos. La primera consecuencia de aquellas lecturas fue que se rompieron todas las fotocopiadoras de la biblioteca y, desde luego, no era permitido sacar del área de la institución aquellos valiosísimos incunables. Era una época en que yo todavía no estaba en capacidad para extremar los mecanismos de censura, sobre todo por mi coqueteo con los intelectuales cubanos en vista de mi coqueteo mayor con los intelectuales europeos. Así que les dejé ver periódicos más o menos durante una década (dando tiempo también a que el Cojo Drácula, sabiendo yo que estaba enfermo, se acabara de morir), hasta que finalmente pude instrumentar un sistema de identificación de acceso a los archivos de la Biblioteca Nacional que yo no creo que el ingreso a los cuarteles generales de la CIA en Langley, Virginia, sea más complejo y eficaz. Tienes que pertenecer a un organismo estatal, ser militante del Partido o de la Juventud Comunista, argumentar el motivo de tu investigación y estar apoyado por un ministro o jefe de organismo de nivel equivalente para *aspirar* a un permiso de tiempo limitado de investigación. Ah, el uso de las fotocopiadoras es bajo supervisión y las copias se pagan en dólares. Y el día que me molesten mucho, les mando a dar candela. De hecho, la biblioteca y ese departamento en específico que se llama El Infiernillo Ampliado se halla como prioridad entre los objetivos a volar en caso de invasión yanqui. Infiernillo Ampliado porque antes había un Infiernillo a secas que era donde se conservaba esencialmente toda la literatura pornográfica que había logrado recuperarse del capitalismo cubano.

La sección «En Cuba» de la legendaria revista *Bohemia* no me daba paz por aquellos años. *Bohemia* era propiedad y estaba dirigida por un gordito de buenos trajes y costosos habanos en su diestra de pontificar, Miguel Ángel Quevedo, que además había ganado reputación de integridad profesional al no permitir a ninguno de los gángsteres que se echaba de marido a intervenir en los asuntos de la publicación. Una cosa era el culo y otra la opinión editorial. *Bohemia*, la gran revista de Cuba, como le llamaban. Estúpidos. Qué sabían de grandezas. Como si ser algo grande en Cuba —antes de mi advenimiento—tuviera la menor importancia para el resto del mundo. Incluso toda esta información que yace sepultada entre las páginas de sus revistas y periódicos y que nunca tuvieron más ambición que la de un suelto periodístico de inmediato olvido adquiere la impronta de una inmortalidad y de la categoría histórica en virtud de que me mencionaron. Para bien o para mal. Y ahí se encorvaron, afanosos y atribulados, en los incómodos y durísimos muebles del departamento Hemeroteca de la Biblioteca Nacional, transcribiendo a lápiz los miles de legajos de *Bohemia, Carteles, Información, El Mundo, Prensa Libre, Gente, Tiempo en Cuba, Alerta, El País, Avance, La Calle,* y sudando los calores de unos salones en los que también se rompió el aire acondicionado central, los atorrantes de Hugh Thomas y Kewes S. Karol. Tampoco para ellos hubo fotocopiadoras. Yo recuerdo que cuando los cercos contra el Pipero, un bandido contrarrevolucionario que se nos alzó en La Habana a fines de 1961, yo le decía a las tropas: «El que quiera coger pistola, que se moje las nalgas». Esto era porque había llovido con fuerza en la región y la manigua estaba anegada. Entonces si un combatiente quería hacerse con una pistola del enemigo, tenía que esforzarse. Bien pues, debo reconocer que Thomas y Karol se mojaron las nalgas. O se las hice mojar. Mas el Cojo los orientaba en el peor sentido. Puedo decir con toda la responsabilidad y el peso que me caracteriza, por disponer de las más acuciosas pruebas acumuladas por la Seguridad del Estado, que dos de los libros más pretenciosos publicados en el exterior contra nosotros —*Los guerrilleros en el poder* (de Karol) y los tres tomos de *Cuba: la búsqueda de la libertad* (de Thomas)— recibieron la influencia negativa de un baldado conocido como el Cojo Drácula. Las cosas que publicó en *La Calle,* y en *Alerta,* les decía. Fíjense. Y en *Bohemia,* cuando estuve preso en Isla de Pinos —por los sucesos del Moncada. Un nivel de violencia verbal desconocido en nuestro país, decía el cojo maldito. Sólo habla de destruir los enemigos. Fíjense.

Quevedo había encargado la confección de «En Cuba» a un sagaz Enrique de la Oza. Su sección era una crónica semanal de excelente factura y una información de primera mano —casi siempre escrita en su integridad por el propio Enrique— sobre lo que se llamaba el acontecer político nacional. Pero no me daba tregua. Tal parecía que yo era el asesino de todos los muertos que aparecían en La Habana. No porque tuvieran pruebas de nada, sino porque repetían y repetían que tal caso, el de Oscar o el de Manolo, del que el acusado principal era Fidel Castro, continuaba sin solucionarse. Mis únicas, exiguas defensas, se me permitían en el periódico *Alerta,* dirigido por uno de esos escritores seudocomunistas que conocía nuestro país —Ramón Vasconselos—, y que luego se reciclara como batistiano pero no uno cualquiera sino como ministro de Comunicaciones del régimen de Batista en su última etapa —cuando yo me empeñaba en su derribo.

Ramón Vasconselos. Me acogió siempre con afecto y con algo que yo hoy estoy dispuesto a calificar como ternura. Toda la ternura que siempre esperé recibir de mi padre y que probablemente él nunca me prodigó porque no sabía hacerlo. Era un hombre de una raza que siempre es extraña en Cuba, una que nunca llega a encajar cómodamente en los patrones de conducta nacionales y que es la del intelectual. Recuerdo sus espejuelos de fondo de botella y que tenía un sirviente japonés en la casa. Siempre me distinguía con un «Fidel» de pronunciación muy específica, yo diría que nostálgico, como si en vez de decir Fidel estuviera diciendo Ramón y se estuviera dirigiendo a él mismo, desde su sabiduría y experiencia y desde sus cansados ojos, pero aún a tiempo de emprender el camino. Aquellos lentes espesos que amplificaban sus ojos aturdidos y que cada vez resultaban más ineficaces para dejarlo enfocar cualquier objetivo a su antojo o necesidad, daban paso a una transmisión de alegría acogida cuando descubría que yo me acercaba en su despacho de caobas oscuras y de butacones de cuero del periódico.

«Doctor.»

«Fidel.»

«Mi querido doctor.»

«Mi querido muchacho.»

«Doctor, he venido a interrumpirlo...»

«No, no, pero siéntate. Siéntate. Ahora mandamos a pedir café.»

El viejo, carajo.

Me daba hasta cintillos de primera en *Alerta*. Nunca me escatimó espacio en el periódico. Y ponía mi foto, destacada, al lado del titular. Batista le tenía en alta estima también, debo decir. Batista se supo rodear de personalidades de gran talento, como Gustavo Cuervo Rubio, Carlos Saladrigas, José Manuel Cortina, Víctor Vega Ceballos, Juan J. Remos, Aurelio Fernández Concheso, Amadeo López Castro, Jorge García Montes, Justo García Raineri, y mi sublimado Ramón Vasconselos. Yo en eso he sido mucho más parco realmente y de ningún modo puedo exponer una lista de intelectuales tan nutrida y provechosa como ésa. Pero Batista y yo nos movíamos en áreas muy diferentes de la estructura del gobierno. El poder de Batista eran los negocios. El mío es la ideología. Batista pagaba —y muy bien. Yo de lo único que dispongo es de una abstracción y de una voluntad. Ramón Vasconselos fue uno de los primeros nombres que Batista mandó a incluir en la lista de pasajeros que lo acompañarían en su fuga del país. En cambio yo, al más renombrado de los intelectuales orgánicos de la Revolución cubana —el comandante Ernesto Che Guevara—, lo que tuve para ofrecerle fue la muerte.

Así las cosas, a principios de 1960 recibo informes preocupantes de Miami. Entonces mando a averiguar quién es el dueño de la hermosa residencia de la playa de Santa María del Mar contigua a la casa de Santé y que le paguen el dinero que pida a quienquiera que sea el dueño y que si es un burgués (como debe ser, por las dimensiones y presencia del inmueble) que le den todas las facilidades para abandonar el territorio nacional. Efectuada esta operación me le aparezco un domingo a Santé en su casa de Santa María. Santé había sido el principal importador de Cadillacs en Cuba y estaba casado con Diosa, la hija de Vasconselos.

«Comandante», me dijo Santé.

«Oye, Santé —le dije—, ¿qué se sabe del viejo?» —una referencia a Vasconselos.

«El viejo está muy jodido, Comandante, para serle sincero. Está ciego y muy enfermito. Diosa está para allá» —visitando a su padre en Miami.

«Bueno, mira, Santé, tú me vas a hacer un favor. Tú le vas a decir al viejo que digo yo que venga para acá.»

«¿Para eso compró la casa de al lado?»

«Para eso.»

Luego tuve unas palabras de consideración con él, por la falta de Cadillacs, que ya no permitiríamos importar más y le dije que todo lo que estuviera a mi alcance para buscarle una posición o cualquier otra ayuda, que me llamara. Al otro día Santé comenzó a rastrear al chino Esquivel, que aún estaba en Cuba, por todos los escondrijos del Chino. Lo encontró en el Floridita y le hizo el cuento de mi visita y de la compra de la casa contigua.

«¿Y cuál es el problema, Santé?»

«El problema son los comunistas, Chino. A lo mejor el viejo se decide a venir y después lo cogen Raúl o el Che y sabe Dios.»

«Oye, Santé, si Fidel te dijo que lo trajeras, tráelo. Aquí no manda nada más que Fidel. Ni Raúl ni el Che ni nadie. Fidel. Mándalo a buscar y olvídate.»

Luis Orlando Rodríguez me brindó otro espacio en un diario vespertino de poca monta: *La Calle*, del que era dueño. Él me alentaba —como Vasconselos, aunque nunca tuvo su cultura. Pero se convirtió en mi mentor dentro del Partido Ortodoxo, cuando comencé a merodear sus oficinas. Vasconselos estaba flaqueando con Batista y tomé la decisión de no crearle problemas con mi presencia en *Alerta*. Escribo el nombre y me doy cuenta tantos años después de su resonancia y valor semántico. Sólo un poeta puede nombrar a un periódico *Alerta*. Sólo uno que llama a su hija Diosa. Es como un faro en la noche. ¿Eh? *Alerta*. Finalmente, me quedaba una emisora radial que transmitía información política de manera casi permanente y que se proclamaba de una manera muy atractiva y de pegada entre la audiencia —«el periódico del aire»—, y que era propiedad de un personaje típicamente habanero y de sus medios políticos, y muy popular: Guido García Inclán. Me le presentaba a través del cristal del estudio y le hacía un gesto de saludo. Cuando el operador de audio comenzaba a hacer girar las placas de acetato con los comerciales y el cartel de EN EL AIRE se apagaba, Guido nos hacía pasar. «¿Qué dicen los inquietos muchachos de la colina?» La colina era la Universidad de La Habana, que se hallaba, efectivamente, sobre la cima de una elevación llamada Loma de San Lázaro en otros tiempos. El tratamiento personal era en plural aunque yo fuera sin el Chino. Aunque estuviera solo. «No, Guido, mire, es que existe tal problema», y uno le explicaba lo que tuviera que explicarle y uno sacaba su arenga doblada del bolsillo —razón por la cual había ido a verlo— y le pedía a Guido «un chance». Siempre me cedía el espacio e incluso me apremiaba al combate, diciéndome: «Cómo no, mijo. Ahora mismo te cedo el micrófono. De eso se tienen que enterar las autoridades». La estación respondía a las siglas de identificación de frecuencia COCO por lo que era llamada La Coco por todos. Como el duro fruto de las playas tropicales. Aunque nunca tan duro como el tesón del García Inclán de marras, que parecía destinado a sobrevivir todos los cambios de regímenes y de sistemas sociales y económicos que se produjeran en nuestro país. Con decirles que llegó a la plenitud de nuestro socialismo y que La Coco fue una de las pocas empresas semiprivadas que subsistieron en el entor-

no. Fue una orden explícita mía. No intervenir La Coco, ni naciona-
lizarla. Se presentaba el problema, no obstante, de que se había acabado la práctica de la publicidad comercial en el país y de que las emisoras del capitalismo que viven de los anuncios, cuando alcanzan a
flotar hasta el socialismo pueden muy bien morirse de hambre y no tener forma de llenar las nóminas ni tener para pagar la electricidad.
Pero yo no quería dañar la dignidad del hombre. Pese a que, en los
irrespetos de mis cometarios juveniles con el chino Esquivel de que
Guido se parecía a uno de los personajes de unas tiras cómicas llamadas *Anita la Huerfanita*, un gordito que en esas tiras llamaban Señor
Albóndiga, porque Guido era más bien apoltronadito, gordito, de
pelo lacio, pálido, muy pálido, y con el correspondiente bigotillo a lo
Valentino y de nariz alargada, yo quería que conservara, en su vejez,
ya que ésta iba a transcurrir en mi Revolución, una presencia de dignidad. Así que ordené una generosa subvención estatal que cubriera
todos los gastos de la emisora y los suyos personales pero bajo la cobertura de anuncios de unas gaseosas y unos cigarrillos y unas cervezas ninguno de los cuales disponía ya de una marca distinguible y que
se producían de manera uniforme y de acuerdo a los suministros
que contratara el país —y que los yanquis nos dejaran llegar a puerto.
Daba lo mismo decir pasta de dientes que Perla. Todas se llamaban
igual, Perla, y además el tubo se presentaba desnudo. Nada de eti-
quetas. Las sodas igual. Daba lo mismo decir refresco que Son. Todos
se llamaban igual. Son. Las antiguas botellas de Pepsi o de Coca Cola
lavadas de sus marcas originales. Aunque hubo sus épocas de bonanza —de acuerdo a los insumos recibidos— y el público podía elegir
entre Son de cola o de naranja. Las naranjitas les llamaban. Y hasta las
ocasionales, maravillosas temporadas, de Son de piña. Las piñitas. El
diminutivo en Cuba utilizado casi siempre como expresión de ternura, de cariño. En fin, de cariñito. Pues entonces La Coco fue bombar-
deada con una secuencia de anuncios de unos fabricantes fantasmas
que tenían como su sola misión obrar como feroces competidores en
la imaginación de Guido al recibir el talonario de nueve cheques ex-
pedidos por el Banco Nacional de Cuba contra la cuenta de la Junta
Central de Planificación, todos por la misma cantidad de 1.215[15] m/n,
mil doscientos quince pesos con quince centavos moneda nacional
que eran dividendos de los 10.938[15] m/n, diez mil novecientos treinta y ocho pesos con quince centavos mensuales asignados al viejo ami-

go. Refrescos Son de Piñita. ¡Eso sí es piñita! Pasta de dientes Perla elaborada por la Empresa Consolidada de Jabonería y Perfumería Mártires de Jatibonico sí que te cepilla. Cigarros Populares. ¡Esos sí!, etc. A veces se presentaba la situación, sin embargo, de que alguno de los productos escaseaba en el mercado y a nosotros se nos olvidaba Guido y que él seguía anunciando un producto que a veces tardábamos años en poder volver a estabilizar su producción, si acaso se lograba. Tampoco permití que le enmendaran la plana de sus editoriales, las monsergas que a diario disparaba al filo del mediodía. Seguía un guión de dialéctica muy simple pero que él con su voz gangosa y dramática hacia inflamar y que con suma frecuencia lo llevaba a lo que pudiera interpretarse como el origen exacto de una proclama contrarrevolucionaria. Esto ocurría porque los radioescuchas le escribían o lo llamaban para quejarse de cualquiera de las muchas vicisitudes del ciudadano promedio en la construcción del socialismo: escasez de todo, abundancia de nada. O como decíamos, abundancia de escasez, escasez de abundancia. Cuando terminaba una de aquellas quejumbrosas y amargadas cartas del oyente coco en la que se relataba, por ejemplo, el derrumbe de una vieja casa en la cabeza de unos jubilados que habían dedicado los últimos años a solicitar una mejor vivienda y que ambos se encontraban ahora en estado reportado como muy grave en un centro asistencial en el que además se carecía de vendas y antibióticos y donde el director se decía que no atendía sus funciones para irse de recholata con las enfermeras, Guido lanzaba un clamoroso «¡Deja que Fidel se entere!». Realmente, era de una fe inquebrantable. Yo sí le dije a los compañeros de la Seguridad que le prestaran atención al programa porque por ahí podíamos detectar muchas señales incipientes de actividad contrarrevolucionaria. Aunque no lo crean, la idea surgida con las cartas a Guido me sirvieron quince o veinte años después para ubicar en los mapas los sectores de evidencia de actividad contrarrevolucionaria a escala de todo el país. Usábamos los colegios electorales y los resultados de las votaciones. En un sector donde hubiese una cantidad mayor del uno por ciento de votos anulados o en contra del candidato propuesto por el gobierno, ya sabíamos a qué atenernos. Fíjense bien. Nos basta con el uno por ciento de votos indisciplinados, como le dimos por llamar. Suficiente para reparar en el lugar y comenzar la labor de la agentura secreta, movimiento de informantes, pequeñas provocaciones (para empezar) y comprometimientos, anzuelos echados, seguimiento de sospechosos, y todo lo que sirva para hacer un levantamiento al detalle de la vecindad.

Luis Orlando Rodríguez era otra clase de hombre. No hacía falta proveerlo de dignidad porque él disponía intrínsecamente de toda la dignidad que necesitaba. Se me apareció en la Sierra Maestra en los últimos días de la guerra. Traía una gorrita de largas orejeras, de color beige, un fusil FAL y la excitación de quien llega a una guerra siendo un héroe de antemano. Venía de Venezuela y me trajo el FAL del ejército venezolano que me enviaba Wolfgang Larrazábal, un marino convertido en jefe de la breve revolución que había derrocado al dictador Pérez Jiménez, y que realmente ayudó en aquellos meses cruciales para nosotros. Logramos establecer una línea de comunicación e incluso de algunos abastecimientos con Caracas, y Luis Orlando actuaba como una especie de delegado. El FAL de Wolfgang fue el primer fusil de su tipo que entró en combate en territorio cubano. Bueno, no exactamente en combate porque disparé con él una sola vez como prueba pocos días antes del triunfo de la Revolución y la segunda vez que fui a utilizarlo, tampoco se trató de un combate, sino de un compañero que iba a fusilar el día del triunfo, y que mandé a amarrar en un árbol del batey del central América, cuando Manolito Penabaz trajo la noticia de que Batista había huido. Es decir, la mayor honra que se le puede otorgar es la de primer FAL en campaña. Quizá el primero en campaña en toda América. O hasta en el mundo. Porque donde yo los vi después en acción en unos noticieros fue en el Congo de Lubumba pero siempre después de que nosotros los usáramos en Playa Girón. A los pocos días de la entrada del Ejército Rebelde en La Habana, nos enteramos que Batista había comprado 50.000 de esos fusiles a los belgas y que estaban en camino. Después nosotros compramos otra partida. Por eso tuvimos FAL con dos inscripciones diferentes en el lomo, los que decían

EJÉRCITO NACIONAL
REPÚBLICA DE CUBA

y los que decían

FUERZAS ARMADAS REVOLUCIONARIAS
REPÚBLICA DE CUBA

Después de abrazarlo, cuando se me presentó en las estribaciones de la Sierra Maestra, le dije a Luis Orlando:

«Tienes el grado de comandante».

Me sorprendí a mí mismo diciendo eso porque era la primera vez que me daba cuenta de mi poder. Le acaba de otorgar a un viejo amigo el más alto grado de nuestras fogueadas fuerzas de combate en virtud no de ningún mérito militar que pudiera él reclamar o acreditarse, sino en virtud de mi voluntad. Más me sorprendió aún, instantes después, al separarlo del abrazo, la naturalidad con que él aceptó, como si la mereciera, la sagrada investidura de los rebeldes. Después fue mi ministro de Gobernación. Uno de los primeros nombramientos del Gobierno Revolucionario fue el comandante Luis Orlando Rodríguez como ministro de Gobernación. Entonces, meses más tarde, llegó el momento de disolver ese ministerio, para ir dándole paso a la creación del Ministerio del Interior. Luis Orlando aceptó de muy buen carácter su democión. Dijo que hacía rato quería dedicarle más tiempo a su periódico. Más tarde, hacia el otoño de 1961, hubo necesidad de cerrar los dos periódicos vespertinos que quedaban en circulación: *Combate*, que controlaba la gente del ya disuelto Directorio Revolucionario, y *La Calle*, de Luis Orlando, que era una especie de fósil al que se le debía el respeto de que yo había publicado en sus páginas. El problema era que los periódicos de por la tarde y el amplio y considerable espectro de su influencia se hallaban fuera de nuestro dominio. Al comandante Guillermo Jiménez («Jimenito»), director de *Combate*, lo camelamos con una excelente posición de vicepresidente del Banco Nacional de Cuba. A Luis Orlando sólo hubo que decirle que se pensaba unificar todos los periódicos vespertinos y que el muñeco se llamaba *Diario de la tarde* y que eso iba a permitir el ahorro de papel y una mejor racionalización del personal, por lo que el Comandante (yo, desde luego) estaba convencido de su seguro apoyo a la medida y que mandaba a preguntar que para dónde quería ir. «Embajador en Austria», respondió, sin titubear. Una de las últimas veces que departimos fue en una recepción diplomática. La crisis de octubre acababa de concluir y Luis Orlando había viajado de Austria a La Habana para alguna consulta de la cancillería. Le iba a preguntar por Viena —cómo era la ciudad— y por el desarrollo de su misión diplomática y que si estaba contento y cómo habían estado las cosas por allá en relación con la crisis, cuando me hizo un comentario en el que aún hoy estoy pensando. Porque creo que nunca antes había sentido con tanta intensidad que alguien me faltara el respeto. Me dijo: «Por poco vuelas el mundo, cabrón».

Las cosas con *Bohemia* cambiaron después del Moncada. Quevedo había tenido la rara intuición de levantarme la veda de la inocencia. Claro, para ese entonces el enemigo se llamaba Fulgencio Batista. Así que le dijo a Enriquito de la Oza que me quitara la presión de arriba. Bastaba acusarle de pandillero universitario y después de putchista por el asalto al Moncada. Además, yo estaba preso para entonces y comenzaba a despertar simpatías por aquí y por allá. Y era muy fotogénico. Con el transcurso de los años, y en medida que nuestro proceso se radicalizaba desde el poder, a mediados de 1960 con toda precisión, los impulsos jacobinos de Quevedo fueron perdiendo intensidad. La realidad a la que él contribuyó a consolidarse con la exagerada metáfora de 20.000 cubanos muertos en la lucha contra Batista se le hizo insoportable. 20.000 mártires donde hubo en realidad, cuando más, 2.500 bajas de ambas partes. El otro aporte significativo fue la portada de *Bohemia* del 30 de agosto de 1959 en la que mi rostro, en un dibujo de un tal Luis Rey, adquiría el alo adorable de un Cristo reencarnado. Provocó quejas de todas las instancias eclesiástica imaginables pero su efecto de embrujo sobre las capas más humildes de la población resultó encomiable en un momento en que el materialismo histórico y dialéctico aún no se había apoderado de sus conciencias. En realidad se le había ido la mano en su adulonería con esta portada castrocristiana. Mientras por un lado criticaba la edición de *Bohemia*, y dejaba claro que era un asunto de esa publicación, que además era una empresa privada a la cual nosotros no le dictábamos la línea editorial, por otro mandé secretamente a imprimir miles de ejemplares en dos formatos, uno del tamaño en que se distribuyen en las misas las estampas religiosas, y otro conveniente para los marcos en que se cuelgan los retratos en las viviendas cubanas, y se distribuyeron generosamente entre la población. Todavía quedan retratos de esos por ahí, en casas muy humildes y en remotos bohíos campesinos. Bueno, habiendo regresado o no Cristo a la tierra con mis atuendos de comandante, el caso es que Miguel Ángel Quevedo abandonó el juego. Se suicidó en Venezuela el 12 de agosto de 1969, en quiebra tanto monetaria como moral y luego de ver fracasados todos los intentos de hacer revivir una *Bohemia* contrarrevolucionaria que tuvo varios nombres

—*Bohemia Libre, Bohemia Continental,* etc.— y sin un mozo que lo traqueteara. El pobre. Pero cuando salió de Cuba yo no podía permitirme el lujo de cerrar su revista, que era sin duda una de las más prestigiosas y conocidas del continente. Así que reclamé los servicios patrióticos de Enriquito de la Oza y le dije que se hiciera cargo él de la revista. Era el nuevo director de *Bohemia.* Unos dos años más tarde necesité prescindir de los servicios de Carlos Franqui como director del periódico *Revolución* y lo sustituí también con Enriquito. Director de las dos publicaciones a la vez. Enriquito era un alcohólico sin remedio y tenía la costumbre de coger unas pegas monumentales con un escritor comunista guatemalteco que había sido presidente del Congreso de su país en el gobierno de Jacobo Arbenz (1944-1954) y que teníamos a pupilo en Cuba: Manuel Galich. Pues bien, cuando los dos se tropezaban con lo que Enrique llamaba «un pomo», y Galich «una sucesión increíble de copas», es decir, una botella de cualquier elemento etílico, no habían llegado todavía al fondo de su contenido para que se creyeran en la obligación de despotricar sobre mí. Yo lo sabía, desde luego. Lo sabía todo. En realidad, era yo casi siempre el que les hacía llegar la botella. Un par de días más tarde me refería a los borrachines seudocontrarrevolucionarios. Otras veces los citaba por su nombre. Entonces Enrique mandaba una carta a modo de autocrítica y deslizaba la idea de que llegaba la hora del relevo, es decir, que debía ser sustituido. Entonces lo mantenía en vilo dos meses y después de ese tiempo le hacía llegar que siguiera en su trinchera de combate. Que no cejara. Que *Bohemia* y *Revolución* lo necesitaban de timonel. Entonces pocos días después le hacía llegar otro par de botellas. Terminó, desde luego, con una cirrosis hepática y destrozado de los nervios. Entonces lo mandé a retirar. Pero con una tarea. Un libro. Un libro que él iba a escribir y que se llamaría *En Cuba.* Yo mismo lo llamé a su casa para imponerlo de la situación. Lo que yo quería era toda aquella mierda que él había escrito en contra mía que lo pusiera ahora en blanco y negro de una forma totalmente satisfactoria para mí. Pero me di cuenta de algo casi de inmediato, algo que yo no estaba preparado para aceptar como conducta razonada. El resorte interno de control se había disparado. Si no me estaba dejando guiar por el irreprimible deseo de descalificar con las mismas manos que lo había erigido mi pasado gangsteril, entonces estaba siendo dominado por la banal apetencia de la venganza. Para empezar, ¿en qué cam-

175

biaba eso realmente mi pasado? ¿De qué manera unas crónicas literalmente sepultadas entre toneladas de papel impreso con otros cientos de miles de crónicas semejantes, siendo despertadas de esa muerte que parece sueño en virtud de que son extraídas del polvoriento anaquel y despolvadas y tratadas con guantes quirúrgicos (cuando hay disponibles en el almacén) y que las bobinas de papel para rotograbado adquiridas en su época por la administración de Miguel Ángel Quevedo hayan tenido la resistencia improbable del papel de fabricación de inmediata posguerra de resistir la corrosión de sus propios ácidos y el de la química añadida de la tinta, pueden influir en cambiar el curso de mi historia al ser revisadas por el dipsómano que un día miércoles las redactó contrarreloj para que estuviera en taller antes del cierre del jueves al mediodía y las revise y donde entonces un joven asesino asolaba aulas y plazas sea el joven estudiante equipado con una muy especial sensibilidad para los asuntos sociales que la hostilidad del medio forja como revolucionario? Segundo, que yo sé muy bien que todo hombre de poder como yo cuando maniobra movido por pequeños intereses o —peor— por pequeños placeres lo único que logra son dividendos espúreos y que de alguna manera está cediendo una parte de su magnífico poder. Los hombres como yo sólo pueden actuar con grandeza. Fíjense, no estoy cuestionando cómo es que se llega a esa posición ni los deleznables métodos empleados para ello. Lo que digo es que, cuando ya estás allí, y mientras no veas que se afecta en lo absoluto la estructura que te sostiene, que pienses y actúes con grandeza, porque ésa es la combustión interna y la que te procura satisfacción. Desde luego, con la misma te conviertes en la fiera de antaño si alguien te enseña los dientes y le recuerdas que Oscar Fernández Caral era un hombre de regreso a su casa por una apacible y solitaria calle a esa hora de la noche, ya con las llaves tintineando en sus manos, cuando tú le efectuaste desde atrás y asumiendo un ángulo superior debido a tu mayor estatura los dos disparos de bala calibre 45 que le quebraron el cráneo y le hicieron soltar por los oídos y la nariz una porción de nueve onzas de masa encefálica acabada de comprimir y que hallaron su salida por esos conductos más la que se desbordó por los orificios de entrada de los proyectiles al final de la caída de Oscar y dar contra el pavimento, y que tú matas y no pagas.

Me olvidé de Enriquito de la Oza y no volví a ocuparme de él hasta que un día encontré un ejemplar del libro en el despacho y se llamaba *En Cuba*, en efecto. Se hallaba entre el cargamento de libros llegados a mi oficina, casi siempre relativos a mí. No saben ustedes cuánto deseé haber leído allí mismo y publicados por mi Revolución, en mis editoriales y con mis bobinas de papel que yo era el asesino señalado de Oscar Fernández Caral y el asesino señalado o al menos implicado de Manolo Castro. Pero no, nada de eso estaba. Yo era Robin Hood. Sólo que mejor armado. Coño, qué sensación esa del rebuzno de la 45 en tu derecha y la imagen vinculada del bulto que se desploma delante de ti y el eco que se te queda en los oídos y el olor de la pólvora que a su vez se vincula con el de la sangre fresca. Entonces, con el libro ante mis ojos, comprendí lo que me había hecho renegar de toda la aventura aquella apenas comenzada y era la oscura convicción de que al final yo había sustituido al maricón de Miguel Ángel Quevedo en la manutención de Enrique de la Oza.

Los buscadores de datos de mi culto a la personalidad no deben entregarse ante una temprana excitación. Los ejemplares del cargamento de libros mencionado arriba no están mandados a publicar por mí: casi todos son de autores y casas editoriales extranjeras. Un equipo que yo tengo para tales menesteres dirigido por el ex reclutado de la CIA Pedro Álvarez Tabío no fusilado mas reciclado como investigador histórico y especialista en lectura de mi oficina se encarga de recibir todos los libros y leerlos y destacarme con pegatinas y subrayados de plumones de fieltro amarillo las partes en que se me menciona. Si el libro no es en español o inglés se acompaña un resumen traducido del capítulo. En caso de que me despierte el interés, mando a traducir el libro completo. Sí. Exacto. ¿Ya tomaron el dato? Pues yo leo en inglés. En cuanto al ex reclutado de la CIA Pedro Álvarez Tabío no fusilado mas reciclado como investigador histórico y especialista en lectura de mi oficina se salvó del paredón debido a una consideración personal mía con su padre, Fernando Álvarez Tabío, un magistrado antiguo profesor mío de la Escuela de Derecho y procedente de una de las más antiguas familias de comunistas cubanos. Soy un prodigio en revertir entuertos, la verdad. Miren este idiota gay reprimido de Pedro Álvarez Tabío que reclutan a fines de 1961 mientras cumplía misión en nuestra oficina de la ONU en Nueva York. Lo menos que se imaginaron es que, de sorprenderlo, iba a crear el cisma de destruir una familia de hondas raíces comunistas en el país, con el padre, un reconocido magistrado que se mantiene en Cuba y que es uno de los designados para la redacción de la nueva Constitución Socialista de la República, y un tío queridísimo suyo —Luis Álvarez Tabío— al que se le asignó en 1959 la primera misión clandestina de introducción de armamentos en un territorio extranjero y que ha sido director de Cubana de Aviación, la todopoderosa línea que es segunda sólo en flota de los transatlánticos Ilyushin 62-M de la misma Aeroflot soviética con 12 de esos equipos en nuestros hangares. Pero del modo que se procede es pegarlo al lado mío y ponerlo a escribir unos mamotretos infumables sobre todo lo que hice, dije, caminé, vi, alcancé, asumí, comprendí, diseñé, determiné y no pasé por alto desde mi desembarco del yate *Granma* hasta las estribaciones de la Sierra Maestra. Originales que yo mando siempre a hacerle algún tipo de enmienda, añadido o corrección como en una banda elástica de producción continua. Y se pueden imaginar el desespero de esos oficiales de Langley. Su desasosiego al saber que lo tienen al lado mío. Que hasta lo he dejado viajar en uno de los carros de mi caravana. Y que esperan por la activación de la señal. Nuestro hombre en La Habana no responde. ¿Cuántas generaciones de escuchas en el centro de comunicaciones Langley habrán esperado por ese comprendido desde uno de mis bolsillos? Estática. Sólo sonido estático. La Habana no responde, señor.

Acabo de verlo ahora mismo. Dos veces. Primero visto en una foto de primera plana de la edición de *Granma*. Extrañamente está robando cámara detrás de mi hombro derecho. Después visto de cuerpo presente. Con la eterna cara de susto que se presenta en mi despacho para traerme otra torre de libros, darme las buenas tardes y volverse a retirar con su ajada guayabera de mangas cortas en la que, de uno de sus bolsillos, abulta el pesado y viejo *walkie talkie* Sony del que sobresale la antena plástica negra y que es su obligación mantener encendido todo el tiempo de modo que esté localizable y en permanente disposición combativa y para lo cual se le han suministrado tres paquetes de baterías recargables Sony y un cargador de batería de la misma marca; ya iba de retirada a cruzar frente al viejo Cesáreo, de posta en la centralilla telefónica, y sin perderle ni pie ni pisada y con la mano arriba de la pistola, cuando le dije: «Pedro». Vuelve sobre sus pasos. No más de cuatro pasos pero ya sabe la reprimenda que le espera por haber violado una de nuestras estrictas normas de seguridad, la que prescribe aparecer a mi lado de manera fácilmente identificable en

Fidel o el llamado «Fidel de Limpias», plumilla y carboncillo de Luis Rey publicado como portada de la revista *Bohemia* en agosto de 1959.

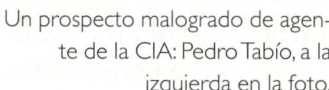

Un prospecto malogrado de agente de la CIA: Pedro Tabío, a la izquierda en la foto.

La Universidad de La Habana y la espléndida escalinata de mármol blanco donde concluye una de las avenidas habaneras más populares, la calle de San Lázaro.

ninguna foto de periódico. Me percato de su tensión y de que la sangre debe de haberle descendido abruptamente hacia las extremidades inferiores y que allí se le acumula porque ha perdido la coloración suya habitual que la circulación sanguínea y otros factores suelen proveer regularmente a los hombres de raza caucasiana.

El primero es el difícil. Creo que he comentado el asunto alguna vez con Papito Serguera, mi viejo compañero del colegio Dolores de Santiago y luego comandante del Ejército Rebelde. Es muy difícil pero tiene la virtud de que te despeja el camino para los próximos. Te obliga a vencer muchas resistencias internas y el miedo a no poder soportarlo. Pero estos mecanismos de prevenciones internas son sustituidos después por un repaso de lo que hiciste bien y lo que hiciste mal y entonces sucumbes a la segunda vehemencia del asesino: la búsqueda de la perfección y, por tanto, la necesidad de repetir. Es así como matar deja de ser un problema moral para convertirse en un asunto de la práctica. Yo recuerdo que en el verano de 1986 me estaba preparando para viajar a Harare, la capital de Zimbabwe —la antigua Rhodesia— donde se celebraba la Sexta Cumbre del Movimiento de los Países No Alineados, donde yo entregaría el mandato de la organización a Robert Mugabe, el flamante nuevo presidente negro de Zimbabwe, y no era una jornada carente de peligros, sobre todo por la cercanía a Sudáfrica. Nos preparamos de la mejor manera. Aparte de reforzar nuestras tropas en Angola y de situar el batallón completo de Tropas Especiales en el mismo Harare y armados con cuatro complejos coheteriles portátiles antiaéreos Flecha que patrullarían de forma permanente los accesos del Harare Sheraton, donde se celebraría la conferencia, y que disponían de más de quince minutos del aviso temprano que proveería toda nuestra agentura dislocada en los aeródromos avanzados de los sudafricanos por si éstos se decidían a despegar su aviación —la consigna de nuestros flecheros era «hacer un puré de Mirages»—, yo también dediqué unos días a calentarme un poquito. Bajar algunas libras y, sobre todo, tirar mucho con la veintidós soviética. Fue entonces, en el campo de tiros de Banes, al oeste de La Habana, en la práctica del tiro sobre la marcha a blancos móviles, que me percaté de mi mayor deficiencia desde que hago uso de las armas de fuego: que tiendo más a mirar la caída del objetivo que a apuntar. Es decir, paso por encima de la mecánica obligatoria de primero apuntar y sólo cuando el objetivo esté centrado en la mirilla, apretar el gatillo. Es como decirte: todo lo que vas a ver tiene que ser a través de la vórtice de la V del alza. Estira el brazo en dirección al blanco, pega la cara al hombro que has avanzado y apunta. Claro, al final de todas las cosas, a veces me es complicado actuar como un soldado profesional y no como el intelectual que soy, por eso la tendencia inconsciente pero dominante a contemplar el comportamiento del objetivo que acaba de recibir los balazos.

«Oye, Fidel —me dijo Papito, con esa forma suya tan propia y siempre en sorna de pronunciar mi nombre—. Fidel. Qué susto el del primero.»

«No me digas nada.» Pudo ser mi respuesta. Pero en situaciones de este tipo no hablo, me he entrenado a escucharlas y jamás pronunciar palabra. Antes había aprendido la lección de llevarme el tabaco a la boca. Cuando dejé de fumar, lo sustituí por un inhalador Vick. El tabaco era demasiado emblemático para intentar convencer a la gente de que lo llevaba apagado pero que lo usaba para ganar tiempo, además de que eso me obligaba a revelar un recurso nemotécnico. Stalin solía tener a la mano una pipa apagada, pero con la boquilla macerada por las tensiones de sus mordidas, y que llevaba a la boca antes de decir cualquier cosa a un subordinado. Siempre tienes que tener un instante de reflexión. Nunca sueltes lo primero que te pase por la cabeza. Y mucho menos a disertar de cómo uno mata.

Papito acababa de llegar de Argelia, donde se había desempeñado como embajador y —no faltaba más— había armado muy buenos entuertos a escala internacional, que ahora puedo darme el lujo de intentar explicarlos (o al menos eso haré más adelante) y que, para decir verdad, en casi todos los casos eran por indicaciones mías y que él debía cargar con la culpa cuando las cosas salían mal o sencillamente trascendían. Pero fue un formidable embajador nuestro en África y de muchas maneras a él se debe el invento de nuestras misiones internacionalistas con el empleo de unidades regulares del ejército y a la vista de todo el mundo. Es más, el comandante Serguera reúne para mí todas las características y presencia de un embajador revolucionario. Inquieto, simpático, jodedor, y muy culto e imaginativo. Tan culto que era el único oficial del Ejército Rebelde con el que yo podía divagar durante horas hablando de Roma y de los libros de Momsem sobre la materia —que había aprendido bajo la batuta de Vasconselos y sus deliciosas disertaciones para mi solo consumo— era Papito Serguera. La preeminencia de Batista sobre mí en determinado momento me alejó de las enseñanzas romanas de Vasconselos. Pero lo que Batista me quitó por telepatía igual me lo devolvió. Papito apareció en mi entorno como un interlocutor válido sobre césares e imperios en la lucha contra su tiranía.

Evoco todo esto porque me viene a la memoria la tarde que tuvimos esa conversación sobre los primeros muertos. Mejor dicho, su monólogo. Y lo recuerdo porque estaba montando en la pared del despacho, en su casa, un viejo mosquetón beduino de los que había traído dos de Argelia: uno para él y otro para mí. Yo le había caído en la casa para que me hablara del desierto y recoger mi mosquetón.

«Oye, Fidel. Y después da lo mismo dos que doscientos.»

Estuve por decirle: «Es que da lo mismo, ¿tú no te das cuenta? El primero es el único que importa».

Sonreí, en forma apenas perceptible. No recuerdo cómo había caído en el tema. Pero es el tema en el que terminan las conversaciones con Papito. La muerte. Pero no la muerte bajo cualquier circunstancia. La muerte de los hombres que han sido conducidos al paredón de fusilamientos. Y no hombres cualquiera. Batistianos. Muchos batistianos. No puede ser de otra manera con el fiscal principal de la Revolución en sus primeros días en el poder. Tercié en la conversación. Los mosquetones. Papito me cedía el que consideraba más valioso y que, me explicó, los beduinos del norte de África llamaban «Jazail». La culata corta y curva indicaba su uso sobre caballos o camellos. La profunda curva al final de la culata era usada para enganchar el arma a la axial para poder disparar el arma mientras con la otra mano en las riendas se mantenía el control del animal. El mosquete es de 1821, o anterior, y tiene el cañón octagonal decorado con motivos geométricos y la culata tiene incrustaciones metálicas, también geométricas. Papito se quedó con un modelo albanés del siglo XVIII.

Ahora ustedes, mis desconocidos lectores, y hasta quizá uno de mis acérrimos enemigos, tienen acceso a las confesiones que una vez decidí vedarle a uno de mis más leales y decididos compañeros. Pero si para él tuve silencio por alta conveniencia de servicio, para ustedes se dispone del privilegio del confesor. Qué rara complicidad he descubierto entre el escritor de memorias y su lector: la primera es suponerte una inteligencia semejante, y una capacidad de comprensión, por todos mis actos, una simpatía por uno, y hasta un nivel de complicidad más allá de toda frontera moral.

El primero. Recuerdo aquella noche en que —como a las 3 de la mañana— toqué en la puerta de un amigo, que no debo mencionar su nombre porque vive en el extranjero y no sé si aún se le pueda inculpar por encubrimiento. Aunque a 60 años de distancia deben de haber prescrito todos los delitos por encubrimiento de asesinato bajo cualquier jurisdicción.

Necesitaba bañarme, cambiarme la camisa, fumarme un tabaco y sobre todo hablar. Descubrí algunas oscuras manchas en el cuello de la camisa. Pequeños fragmentos de hueso craneal y masa encefálica se habían adherido a la tela. Hablábamos en un susurro y mi amigo no atinaba a mantener el control.

«Hay que ver cómo quemamos esa camisa», le dije.

Después del baño y de las primeras bocanadas del Montecristo, le dije que por segunda vez en mi vida necesitaba contar algo que me había pasado. La primera vez había sido cuando me metí con una guajirita en el naranjal al fondo de casa. La segunda vez era esa noche. Pero que había una diferencia de sentimientos y sensaciones.

«Aquella vez había logrado algo por lo que habían pasado todos los hombres pero que yo aún no había alcanzado, y aunque aún era un niño, estaba feliz y excitado por ello.»

Mi amigo asintió gravemente, como creyó con casi toda seguridad que era su deber asentir.

«Pero hoy he hecho lo que casi ningún hombre hace y que morirá sin hacer», dije.

«Hoy he cruzado la barrera.»

Estaba pontificando y empleaba el índice, en un sentido admonitorio, para ayudarme a subrayar el pequeño discurso. El índice como un puntero.

«¿Y sabes lo que siento?»

Un gesto de intimidad pero manteniendo la gravedad del tono.

«Lo que siento es que soy libre.»

Mario Salabarría. Se salvó a fin de cuentas porque era un revolucionario. Estuvimos la mayor parte del tiempo en bandos opuestos de la universidad, e hicimos bastantes planes de ambas partes para eliminarnos. Al triunfo de la Revolución me lo encontré aún tras las rejas, extinguiendo su condena por la muerte de Emilio Tro, el jefe del grupo rival UIR, al que yo pertenecía. Me reuní con él, le dije que si por mí era los problemas entre él y yo habían cesado, y lo mandé a liberar. Pero antes le dije que no jodiera más con el asunto de Justo Fuentes. Socio fuerte de él —además de Manolo Castro— era este Justo Fuentes, del que yo también había sido amigo y al que también mataron, y que Mario se empeñaba en señalarme como ejecutor. Liberado Mario Salabarría. Puede que ésta sea una de las virtudes de la justicia cuando es impartida por un solo hombre: que permite sopesar factores emocionales y de convicciones personales extralegales incluso con acusados que quieren asesinarte. Un par de años después —a principios de 1962— la Seguridad detectó un atentado que Mario fraguaba. Era tan elemental que, probablemente si no lo capturamos antes, hubiese tenido éxito. Consistía en pasearse de un extremo a otro de la Quinta Avenida, del barrio residencial de Miramar, con un camión de mudanzas cerrado. Mario aguardaba con las manos aferradas a los dos manubrios de una ametralladora antiaérea calibre 50 y en compañía de un ayudante encargado de observar a través de un imperceptible mirador todo el movimiento de carros que se desplazaban detrás del camión y que le haría la señal de ¡listos! cuando viera acercarse mi caravana de coches Oldsmobile 88 color vino del año 60 y accionaría el dispositivo que abriría de golpe, como dos solapas, las puertas traseras. La Quinta Avenida era un paso favorito mío desde esa época y los Oldsmobile 88, comprados en Nueva York cuando fuimos a la ONU en 1960, los tuvimos de servicio hasta finales de la década. A Mario sólo le quedaba apretar los gatillos y meterle dos o tres rafagazos consistentes a nuestros tres carros y después quedarse medio sordo por los retumbos dentro de ese cajón. De mi convoy del premierato (yo era primen ministro entonces) no quiero imaginarme la escombrera resultante dado que esas ametralladoras habían sido diseñadas para emplear en la guerra del Pacífico con la expectativa de que cuatro colocadas en línea y amunicionadas con proyectiles penetrantes explosivos pudieran detener en seco el vuelo en picado de las máquinas Zero de los kamikazes. Yo creo que, sin proponérselo como ambición teórica o conceptual, Mario había creado una modalidad muy ingeniosa de emboscada; la emboscada móvil. Fue una idea que nosotros seguimos desarrollando después y que incluso solemos emplear en los viajes al exterior para protegernos de eventuales ataques de aviación enemiga —como explicamos anteriormente en el episodio de Harare.

Decidí no mandarlo al paredón. «Que le echen 30 años», dije. Que sea un viejito cagalitroso lo que salga de allí. Decía que la justicia por un solo hombre puede tener sus virtudes. A Mario Salabarría le salvó la vida, y además contribuyó a que nunca cumpliera completa ninguna de las dos condenas impuestas, la que le endilgaron los tribunales de Grau y la de mis expeditos Tribunales Revolucionarios. Alguna vez, una década después, pasaré por los alrededores de la Universidad de La Habana, a altas horas de la madrugada, las calles desiertas, los semáforos en intermitente, y me acordaré de Mario. «Oye, ¿y qué se sabe de Mario? ¿Cómo estará portándose?» Algún alto oficial del Ministerio del Interior estará *por plantilla*[3] en mi coche. Siempre tengo por lo menos uno a la mano. Chicho, el jefe de la escolta. Pepe (Abrantes), el jefe de la Seguridad. Uno de estos dos escuchará mi comentario al parecer insustancial y saben de inmediato que realmente lo que están recibiendo es una orden. «Pepe, sería bueno que hables con los compañeros de Prisiones. Pregúntales por Mario. Y mira a ver si se puede hacer algo por él. Ya debe de estar mayor. El pobre.»

Habíamos sido condiscípulos y nos conocíamos de los grupos de acción. En la cárcel continuó señalándome como el asesino de Justo Fuentes pero era considerado como «muy serio» por los demás reclusos y «muy respetado». Tenía una especie de público silencioso que lo seguía como un rebañito. No recuerdo ahora qué tiempo cumplió finalmente. La justicia de un solo hombre, en definitiva, respeta a un hijo de la Revolución. Desde luego, a veces por menos culpa que la de un Salabarría, pegas a la pared a un infeliz, a un don nadie, pero eso es parte del juego, parte de lo que se pone en la balanza porque hace falta un equilibrio y la única manera de mantenerlo es respetando ciertas cuotas. El fusilamiento de un desconocido y con menor grado de culpabilidad es lo que me permite después tirarle el cabo a un Mario Salabarría. ¿Entienden? Es como funcionan las cosas en esta situación que vengo describiéndoles de la justicia cuando es un arbitrio

3. Una forma de llamar a la nómina en los centros de trabajo, y por consiguiente al que realiza una función establecida oficialmente, porque está emplantillado.

personal. Y si es personal, tiene que ver con tus afectos, con tus recuerdos, y hasta de cómo te esté funcionando el sistema neurovegetativo a la hora de tomar la decisión. Asimismo, salvar del paredón a un enemigo de treinta años de estar dándome caza como Mario es lo que magnifica mi sentido sin favoritismos de la justicia al no temblarme la mano cuando ordeno la ejecución de un hermano de lucha como Arnaldo Ochoa. Por último, en circunstancias como estas de Mario yo recuerdo siempre que finalmente Batista no me mató. Es algo difícil de asimilar para los que miran desde afuera.

Mario había participado en una cosa llamada GRAS[4] (el Grupo Represivo de Actividades Subversivas) e investigó algunas de mis «actividades» —la forma de catalogar mi vida cotidiana por una institución policíaca de Grau. Luego en la cárcel «Segundo Período» (como él le llamaba) la disertación a su público cautivo era que la mayoría de los líderes universitarios vivíamos en un verdadero campo de batalla, campo del que él era ajeno como la especie de vengador solitario y errante en el que se me convirtió el hijo de la gran puta en la galera 22 del establecimiento penitenciario para los delitos contra la seguridad del Estado de La Cabaña.[5] Bueno, ciertamente, se avizoraba un

4. Probablemente organizado con posterioridad al Servicio Investigativo Especial y Extraordinario debido al escandaloso incremento de los grupos armados. Las reminiscencias —al menos en su resonancia— del buró matriz SIEE con la CHEKA (Comisión Extraordinaria de Todas las Rusias para la Lucha Contra la Contrarrevolución y el Sabotaje) de los bolcheviques creada por Lenin en su famoso decreto de 1917 resulta inevitable en el presente contexto. Por otro lado, todas estas organizaciones fueron extinguidas por Batista después de su golpe de Estado de 1952. Y de todos los eufemismos etimológicos posibles, el destino del GRAS pareció ser el más significativo: terminó siendo el BRAC —el Buró Represivo de Actividades Comunistas.

5. Salabarría fue liberado en 1979 dentro de un proceso masivo de amnistías que para esa fecha otorgó la Revolución en beneficio de casi toda la población penal contrarrevolucionaria. Un caso singular dentro del panorama político cubano, Mario Salabarría no se enriqueció a costa del patrimonio público ni como resultado de las posiciones que ocupara. Su familia quedó en la más absoluta pobreza desde su primer período de prisión, el iniciado en 1947 por los llamados sucesos de Orfila. En el momento de su liberación definitiva, había sido trasladado para el edificio número 1 —el único cuya construcción estaba concluida entonces— del nuevo establecimiento penitenciario Combinado del Este; de ahí voló al exilio, donde ha vivido desde entonces. Lo último que leí sobre él, proveniente de nuestras fuentes de Miami, es que está muy delicado de salud. El informe, de fecha tan reciente como marzo del 2004, que llega a mis manos en vísperas de poner punto final a este libro, no he terminado de doblarlo y tirarlo en la cesta de los materiales a destruir, cuando me llega uno nuevo. Mario Salabarría Aguiar murió a las seis de la mañana del 10 de marzo de 2004 en el Pan American Hospital de la ciudad de Miami, de insuficiencia mitral, a los 89 años. (N. del A.)

cambio. Entonces hubo ese profesor designado al frente de una comisión anticorrupción creada para sanear la universidad, una bellísima persona, como se decía, Ramiro Valdés Dausá, que calificaba además como uno de nuestros más brillantes profesores de la Escuela de Derecho, y al que —desde luego— mataron unos desconocidos. Las cosas estaban llegando a un punto que ya era dañino para todos. Yo me daba cuenta de eso perfectamente, y sobre todo —después de algunas experiencias que se relatan más adelante—, decidí que mi destino estaba en otro lado. Ocurría que hasta entonces la Universidad de La Habana era un trampolín para el poder. Por ahí pasaron —o de ahí surgieron— los principales líderes de origen intelectual de la Revolución del 33, en las postrimerías de la cual aún nos hallábamos. Carlos Prío, Sergio Carbó, Grau San Martín, y la gente de una organización muy activa de la época, Joven Cuba, tenían ese origen común o eran parientes cercanos. Masferrer, por ejemplo, no tenía el pedigrí regular de universidad y Revolución del 33, pero podía mostrar una veteranía de Guerra Civil española ¡y herido en combate en Majadahonda!, y esa experiencia le daba un aval histórico equivalente. No es de extrañar que yo escuchara de boca de muchos de ellos el machacón etiqueteo de que yo no tenía pasado, que carecía del más elemental bagaje revolucionario. Desde luego —y debo admitir que Manolo Castro es el probable iniciador de la tendencia de pacificación— las cosas se abocaban por su propio peso a un viraje. Después de Manolo, un nuevo presidente de la FEU, Álvaro Barba Machado, hace un rechazo visceral a la violencia. Esto culmina con José Antonio Echeverría como presidente de la organización. Aunque posteriormente muere en las acciones del asalto al Palacio Presidencial del 13 de marzo de 1957 —es decir, con una pistola calibre 45 a la que había estado dando uso hasta unos segundos antes y muy próxima a su obeso cuerpo y sobre el mismo, espeso charco de sangre—, había prohibido la tenencia de armas dentro de los recintos universitarios.

No tengo pasado.

«No tiene bagaje revolucionario.»

Todo estaba copado por las dos alas que habían hecho la Revolución, copado por los revolucionarios del 33, y ya ustedes saben el derrotero de los que se quedaron fuera de los grandes cargos. Son las pandillas. Batistianos e intelectuales de más o menos izquierda (no comunistas, pero que devienen en el avanzado y productivo *establish-*

ment socialdemócrata cubano) por un lado, disfrutando de sus sinecuras; y revolucionarios desplazados y advenedizos o llegados tarde, empuñando las pistolas.[6]

«No todo puede ser un problema de mala o buena suerte», me decía. ¿Suerte? ¿Un problema de suerte? Yo pensaba mucho en estos factores totalmente etéreos. Más que una especie de tendencia a la superstición o a las cábalas, era por un uso adecuado de la fatalidad. Es decir, mientras lo que entonces llamábamos fatalidad (término que el lenguaje revolucionario recuperará como adversidad) te endurecía y forjaba, uno podía echar mano a la tablita de salvación que era encogerse de hombros, pensar que la suerte no siempre te sería elusiva, sonreír y seguir tu camino. Queda una esperanza: la fortuna volverá a girar. En ciertas circunstancias, esta clase de esperanza se llama sabiduría.

Manolo Castro pasa por la FEU y, aún sin terminar sus estudios de ingeniería, consigue el nombramiento de jefe de la comisión gubernamental de Deportes —de nivel ministerial— con un presupuesto de 30 millones de pesos anuales. Probablemente porque se le suponía un remoto (y que aún yo estoy por que se me demuestren las pruebas de su existencia) pasado revolucionario, es decir, un bagaje, pero con una indudable habilidad de político y el excelente uso de su imagen, que sabía propagar muy bien, de joven justiciero y amistoso, y de alguna forma intrépido, no se veía obligado a exhibir esa extraña y hermética personalidad que parecía ser la marca de fábrica de toda una generación. «La Segunda Guerra Mundial acaba de dejar un reguero de 50 millones de muertos», era el lúgubre estereotipo que te clavaban cuando te cruzabas la mirada con ellos. «Es decir, estamos de casualidad en este mundo.» O eran veteranos de la Guerra Civil española, de todas sus masacres. Cojones, ese Rolando Masferrer. Ustedes no tienen idea de lo que era aquello. Sus ojos claros, su fino bigote a todo lo largo de los labios, el ligero pero reconocible renqueo de su pierna izquierda y la forma en que abarcaba toda una estancia con su mirada. Parecía ocuparla sólidamente con la fuerza de un puño al cerrarse, y si tú estabas dentro de la estancia y habías entrado en su

---

6. Los comunistas era otra historia —y nos referiremos a ella. Pero se adelanta que atravesaban sus años más difíciles y que un anticomunismo rampante dominaba casi todos los resquicios de la política y la sociedad cubana y que en realidad eran como un lastre, pesado e inconveniente, en cualquier lugar por donde asomaran.

campo visual, sabías de antemano que estabas capturado y que más te valía no intentar ningún gesto sospechoso, ni tan siquiera que él lo pudiera interpretar como tal. Estaba lleno de arrogancia y —según tuve conocimiento después por los compañeros del Partido— había regresado de España «metiendo fuerza». En verdad, nadie por los alrededores podía decir que había sido comisario del Quinto Regimiento y que regularmente el general Enrique Líster lo invitaba a su café con leche y que luego había atravesado los Pirineos «arrastrando esta pata de mierda», como él decía, ni que había sobrevivido en un campo de concentración francés. Un hombre muy difícil y muy violento e insaciable. Se había graduado como Primer Expediente con diploma *Suma Cum Laude* de la Escuela de Periodismo Manuel Márquez Sterling y recibido los premios Dolz y Justo de Lara y después mataba. Otro tipo de encargo, como se dice, Aníbal Escalante, el jefe de la sección parlamentaria comunista en el Congreso de la República, reputado como un tribuno bien estructurado y duro, de aceptable corte estalinista para la época, era su jefe en el periódico *Noticias de Hoy*, una especie de *Pravda* cubano pero con un formato entre campechano y el de la primera plana del *The Wall Street Journal* y que se permitía entre ciertos liberalismos la inclusión de las tiras cómicas de Superman en su edición dominical, y tuvo a su cargo expulsarle del periódico y del Partido. Supuestamente Masferrer fue a una asamblea de la fábrica de cerveza Polar y puso una pistola sobre la mesa. Para los trámites de expulsión, Aníbal escogió de testigos a Honorio Muñoz, que con los años se convertiría en un fugaz paradigma del periodismo revolucionario y que moriría sin pena ni gloria a fines de los sesenta, y el ya reconocido poeta mulato Nicolás Guillén. El trámite consistió en decirle simplemente que estaba botado, que la razón era su uso de métodos violentos, que al otro día saldría una nota en el periódico y que pasara por la ventanilla de Pagaduría a recoger cualquier cosa que se le debiera. Se convirtió en un anticomunista furibundo y un poco más tarde, en el proceso de preparación de un atentado al ya conocido Calixto Sánchez-White —que por cierto, no tenía nada que ver con el comunismo, pero que le estaba haciendo ciertas sombras desde algún frente del movimiento obrero, donde Calixto se estaba destacando al servicio de Grau y su Partido Auténtico, o porque Rolando se había enterado que Calixto estaba trabajando para los americanos y quería ser él quien ocupara la posición, o por lo que fuera—, se da cuenta de la importancia de disponer de un grupo propio, y crea el famoso MSR. Que es uno de los primeros movimientos decididamente anticomunista del país. Y que al contrario de los comunistas cuando se refugiaron en el nombre de Partido Socialista Popular, pero con el objeto de encubrir la hechura de sus propósitos, la agrupación de Masferrer adoptó el apellido Socialista con el objetivo totalmente opuesto y determinado de «acabar con los rojos». Y después, cuando yo estaba en la Sierra, organizó las cuadrillas paramilitares de Los Tigres de Masferrer. Aunque éstos tenían por objetivo acabar conmigo. Pero antes de todo eso yo estuve atravesado aunque a veces sin proponérmelo en su camino, y no le gusté nunca, para nada. Y él también se me atravesaba en el mío, sobre todo en mi pretendido camino de acceso a Manolo Castro, que, como decía al principio, era de los pocos líderes universitarios o de la periferia que cuando te cruzabas con él no te hacía sentir que arrastraba un cementerio.

En fin, tuve incidentes con Fernández Caral, con Salabarría, con Masferrer, con Justo y de alguna manera con Manolo Castro —y otros que se relacionarán. Mas yo los entiendo. Bueno, los entiendo ahora, cuando estoy de regreso de todos los caminos. Yo venía del interior, no tengo historia, soy una suerte de advenedizo y me han educado los curas. Lo raro hubiese sido que no me trataran despectivamente. Pero más raro fue, que alguien con todos esos *handicaps* como yo, aceptara el reto. Terminaron, como se decía, no mirándome con buenos ojos. Una de las primeras cositas, para tratar de salir adelante, fue hacer un programa radial con Justo Fuentes, al que después Mario me acusó de matarlo. Justo era lo que llamaban un «tira tiros». Creo que fue el primer tira tiros con el cual tuve acceso completo y de bastante confianza. Era presidente de la FEU en la Escuela de Odontología y tenía organización propia, una de las tantas, que se llamaba Pro Ley y Pro Justicia, y finalmente lo mataron a la salida de La Coco —lo reventaron con una escopeta recortada. Y ni rastro de los asesinos hasta el día de hoy. ¿O encontraron a alguien? Pero mucho antes de que se lo cargaran, ya habíamos acumulado una cantidad suficiente de desavenencias, conflictos y malos entendidos como para haber liquidado nuestras relaciones. Para esa época de su muerte, yo estaba en mi lucha por obtener el apoyo de Manolo Castro para hacerme presidente de la FEU de la Escuela de Derecho, o por lo menos de mi curso. La cuestión, los hechos así lo demuestran, era ser presidente de algo. Y cuestión, bien interpretada, con todo el peso de la ambivalencia shakesperiana, que tú no sabes si es pregunta o el asunto, el meollo del asunto. Y ahí estaba Manolo Castro, rodeado de sus adláteres Isaac Araña, Antoneti, el Gallego Vásquez —y yo fuera de todo.

Viéndome con malos ojos

Estamos en 1946 y un joven estudiante que buscaba apoyo para convertirse en líder de la Escuela de Leyes, trata de lograr el acercamiento a Manolo Castro mediante una pelea con Leonel Gómez, dirigente estudiantil de las Escuelas Secundarias y opositor de Manolo. Logra reclutar para la empresa a Antoneti y el Gallego Vásquez, los acólitos de Manolo. Hiere a Leonel de un balazo en el abdomen y milagrosamente Leonel se salva. El joven estudiante tiene que deshacerse de la pistola, que era un regalo de su padre, y debe acudir a su hermano mayor, Ramón, para que le envíe una pistola nueva con toda urgencia. Del mismo calibre, por favor. 45. Manolo Castro lejos de apoyar al joven estudiante por su acción de apoyo y el arrojo demostrado en el encuentro, le manda en respuesta un mensaje. «Dile a ese tipo que no voy a apoyar a *un mierda* para presidente de Derecho» es el espíritu y la letra del mensaje. Sin sustento de Manolo Castro y mucho menos de Rolando Masferrer, el joven estudiante queda en una situación muy precaria —colgado de la brocha, como decimos. Entonces la situación se torna mucho más complicada, trágica, fúnebre, cuando Emilio Tro —el líder de la Unión Insurreccional Revolucionaria (UIR), la fracción rival a Manolo Castro y Masferrer— considera que el atentado a Leonel es un agravio personal y decide hacerle un juicio en ausencia al idiota ese que disparó. ¿Cómo dicen que se llama? Fidel Castro. Ese mismo. Ese hijo de puta. El chino Esquivel es el que le avisa al joven estudiante. «Oye, guajiro —me dice—, hoy por la noche estás muerto.»

Un estudiante de medicina —he olvidado el nombre, alguno tengo que olvidar; es imposible que uno sea un cronista de su propia historia en desarrollo— se encuentra en una populosa intersección habanera, la de las calles San Lázaro y Hospital, a unas ocho cuadras al este de la escalinata universitaria, al Chino y le dice: «Pero, muchacho, que tú haces aquí parado, regalándote así. ¿Tú no sabes que a todos ustedes los van a matar? ¿Dónde está Fidel?».

Yo estaba en uno de nuestros habituales cafetines de la encrucijada de las calles 12 y 23, en El Vedado, a cien metros del portón principal labrado en mármol del cementerio de Colón.

Es por la tardecita y el sol está cayendo por detrás de la remota y límpida corriente del Golfo, que es la línea divisoria de esta ciudad con el universo, y ya estoy impuesto de la situación por el Chino y por el estudiante de medicina anónimo —para no decir olvidado, que suena tan despectivo— y oigo los redobles de mi propia muerte a manos de una gavilla de enloquecidos y sanguinarios revolucionarios cuando aparece tímida y nada perfeccionada la solución. Acababa de descubrir una de las más extraordinarias y simples de las ecuaciones políticas, que podemos resumir en mi enunciado hasta ahora secreto de que en la traición está la fuerza.

«Echeveite el Gordo», dije.

Echeveite el Gordo era uno de los asociados de Emilio Tro.

«O Arcadio Méndez», agregué.

Otro de los asociados de Tro.

«Y qué cojones tanto lío mío con el Manolo Castro este, y con la FEU y el emesé erre.»

A Echeveite el Gordo lo atrapé antes de que saliera de su casa, muy perfumado y con guayabera limpia y planchada como si fuera a ver a alguna mujercita y no a un juicio donde se me iba a condenar a muerte en ausencia. «Dime dónde es la cosa, Gordo. Es lo único que quiero. Ve tú por tu lado que yo voy por el mío.» La casa de Estrada, un viejo revolucionario de la época de la lucha contra Machado. No recuerdo quién me abrió la puerta pero sí que me dejó pasar con un ademán entre resignado y de ironía. Estaban en la sala, acomodados en sofás y butacones y alguna silla traída del comedor y las tazas de café humeaban en una mesa baja alrededor de la cual todos oficiaban, y todos con sus tabacos ya encendidos y que se extraían de una caja de H. Uppman número 4 que permanecía abierta al lado de la inmensa bandeja de plata con las tazas y las servilletas de tela y que eran extraídos en números nunca menores de dos, uno para la fuma inmediata y el otro —o los otros— para colocar al lado de las Parker en el bolsillo superior izquierdo de las impolutas guayaberas blancas que todos vestían.

Eran no menos de diez hombres. Lo que conserva mi memoria del primer paneo es a Guillermo González «Billiken», a Echeveite el Gordo, a José de Jesús Ginjaume, a Arcadio Méndez y que el dueño de la casa, Estrada, no se hallaba en la sala y que no apareció en toda la noche. Entonces mi paneo, comenzado por la izquierda, como suelen hacerse los compendios visuales de captura instantánea, terminó en un punto de la derecha donde yo sabía que, apoltronado en su mueble de terciopelo, distante y sereno como un césar que en vez de entretener el paladar con uvas tomadas con delicados gestos del platillo a su alcance ha descubierto el embriagador efecto de los humos y el carácter inequívoco de ordeno y mando que sólo puede ejercer a cabalidad un cacique cubano que subraya o puntea sus determinaciones con el movimiento de una diestra, la suya, que entre el índice y el anular, sostiene un tabaco.

Tuve la intuición de que podía salvarme cuando José de Jesús Ginjaume rompió el hielo con un:

«Pero mira que tú tienes los cojones grandes, muchacho. Venir a meterte en la boca del lobo».

José de Jesús Ginjaume. Paracaidista de la Segunda Guerra Mundial y que había hecho del anticomunismo su religión. Era el segundo al mando de la UIR y yo creo que se adelantó a Tro en lo que Tro estaba pensando y que lo hacía como una forma de adulonería, o con más exactitud, como para dejar claro, con las primeras palabras que se pronunciaban más o menos formalmente en un juicio en que mi condena a muerte estaba decidida probablemente desde antes que la misma idea de un juicio surgiera, que repentinamente el curso de los acontecimientos y con ellos mi destino había cambiado. No se deja pasar la oportunidad de demostrarle a un jefe que se sabe interpretarlo además de crearle una base adecuada y sobre todo honorable para que él cambie «con facilidades de pago», como se decía, un criterio que ya ha expresado delante de todos.

«Más que cojonudo», dijo Emilio Tro.

Todo fueron murmullos de aprobación aun antes de saber el próximo enunciado.

«Inteligente.»

Incremento de los murmullos aprobatorios y una mayor conden-sación de los humos expelidos desde los pulmones por una tropa de cubanos.

«Eso es este cabrón.»

Cese de los murmullos de aprobación. La frase dejaba algo in-concluso. Pero probablemente yo era el único ya en ese lugar que me había percatado de la carga de camaradería anticipada con que había pronunciado cabrón.

Tro era un caballero, eso se notaba a simple vista; un virtuoso, un veterano combatiente de la lucha contra los nazis, jefe de la UIR, que no se enriqueció a costa del erario público y que lo único que se le po-día señalar eran ciertos hechos de sangre pero que en definitiva había que entender en medio de las circunstancias políticas en que éstos tu-vieron lugar.

«Y muchachos como éste son los que necesitamos.»

Efectivamente, a salvo.

Tuve que explicar, no obstante, todos los pormenores del inci-dente de Leonel y los motivos que me llevaron a actuar de manera tan desatinada y satisfacer la curiosidad de todos ellos.

Al final, el mismo Emilio Tro me alcanzó una taza de café, ya bas-tante frío, y agarró los tres tabacos que quedaban en la caja. Con sus propias manos me metió dos en el bolsillo superior izquierdo de mi saco a rayas (no tenía guayabera) y me tendió el otro en mi derecha. Él también rayó el fósforo y me lo mantuvo en la punta del tabaco mientras yo aspiraba con una fuerza entre moderada y media y ponía a quemar parejo aquella obra maestra de la industria nacional. La ce-remonia estaba concluida. Me daba cuenta de que era la única moda-lidad de pacto de sangre sobre la faz de la tierra en que no se emplea-ban cuchillos ni los hermanos se cortaban los dedos o se tasajeaban las palmas de las manos o las muñecas. Era dentro de una raza de si-baritas irreductibles que tomaban agua en grandes jarras de fino cris-tal cargadas de tintineantes trozos de hielo y que todas las noches se clavaban contra los sedosos culos de sus mujeres —las señoras— y que a la hora de asesinar se congregan primero en los conciliábulos del humo.

Emilio Tro sopló la cabecilla carbonizada del fósforo, lo dejó caer en un cenicero y, con cierto aire de resignación, me dijo:

«Desde que te vi entrar me di cuenta de que ya tú sabes algo. No sé cómo lo habrás aprendido. Pero lo sabes».

Yo no estaba seguro de aquello que se suponía que debía saber. Y nunca hubiese acertado. Una cosa es que tú pienses algo y otra es que alguien ajeno te lo exprese con las mismas palabras.

Nunca lo he olvidado. Emilio Tro me lo enseñó:

«Que nadie muere en las vísperas, muchacho. Nadie».

5. EL ESTADO Y LA REVOLUCIÓN

Cayo Confites y el líder que se halla a sí mismo

ESTA GENTE comienza como revolucionarios y termina como gángsters. Devienen en grupitos que buscan ofrendas del poder. Tenían nombres tan truculentos como ajustados a su personalidad. De un lado, León Lemus, José Fayad, el Turquito, el amigo Mario Salabarría. Del otro, Ginjaume, Billiken, Morín Dopico, Manolito el Loco, Emilio Tro. Un día por la mañanita Emilio Tro vagabundeaba en su coche por las calles de La Habana. Llevaba de chofer a Manolito el Loco. Pasaron por las cercanías de un cafetín y Tro creyó ver un rostro conocido debajo del toldo. Ese tipo de cafetines con secciones exteriores era muy popular en La Habana y le daba ese cierto aire europeo, cosmopolita. Se les llamaba «al aire libre» y resultaban muy convenientes para nuestro clima. Un toldo de lona proveía la sombra necesaria para los marchantes y protegía de las inclemencias del sol y de la lluvia. Desaparecieron con la introducción de los aparatos de aire acondicionado en el país a fines de los cuarenta y de paso sirvió como botón de muestra de una característica de personalidad recién adquirida y que debíamos a la invasión economicocultural americana: éramos más *snobs* que cosmopolitas. «Oye —le dijo Tro a Manolito—, ¿ese tipo no era chivato de Machado?» *¿O de Batista?* Dan la vuelta a la manzana, Emilio se apea y le hace *algunos* disparos a quemarropa o lo que se llama en su lenguaje «meterle tres o cuatro tiros» —y el individuo salta con cada proyectil que lo impacta y café con leche y tostadas y vaso de agua y todo el mundo saltan con él, hasta que se desploma sobre la mesa y de ahí resbala hasta el borde y no se detiene hasta el piso donde es un cadáver al que le caen encima el café con leche, las tostadas, el agua, la mesa y la silla que ocupaba. El hecho es importante porque dentro de poco le complicará la existencia a Tro que como se sabe es el director de la Academia de la Policía y está a cargo del entrenamiento de la fuerza para el adecuado mantenimiento de la ley y el orden. Por otro parte, su amigo el comandante Morín Dopico, jefe de los servicios policíacos de Marianao, la popular barriada al oeste de La Habana, ha creído que es una excelente idea invitar en estos días a Tro para almorzarse un arroz con pollo cubierto de *pitipuá* —los *petit-pois* del resto de la humanidad pero bajo la esforzada pronunciación gala de los cubanos— y tomarse unas cervezas y fumarse unos tabacos, una francachela por todo lo alto. ¿El domingo lo tienes complicado? Bueno, ¿entonces qué te parece el lunes? La mujer de Morín va a cocinar. Claro, el propósito verdadero es hablar un poco de lo que Morín ha averiguado sobre el nuevo y flamante aparato represivo que Mario Salabarría organiza con el nombre de Buró de Investigaciones y al que no han podido colgarle la «F» emblemática al principio de la sigla porque Cuba en su condición de República carece de instituciones federales. El lunes entonces. ¿Qué día cae? El quince. Exacto. Te esperamos, Emilio.

Tomen nota, ustedes también.

Lunes 15 de septiembre de 1947.

En este grupo de la UIR —y sobre todo en el caso de José de Jesús de Ginjaume—, ha habido la eterna pretensión de que algún día yo reconozca públicamente que les debo mi formación como revolucionario. Ginjaume era un cojonudo, se lo garantizo. «Las cosas se resuelven con la *fuca* —decía—, con el hierro.» Consideran también que en algún momento ellos fueron los indicados para organizar el Ministerio del Interior y dirigir las operaciones de la Seguridad. Mientras yo permita que se conmemore aunque sea con muy discretas veladas el asesinato del profesor Ramiro Valdés Daussá, a la par de las conmemoraciones de otros mártires revolucionarios, pese a su procedencia Joven Cuba, una de las organizaciones rivales de la UIR, y no permita el derribo del busto de Manolo Castro en la plazoleta frente a la Escuela de Ingeniería, yo estaré de alguna manera siéndoles ingrato a mis antiguos compañeros, a quienes me acogieron como un hermano. Miren que me han pedido veces —y no sólo veteranos de la UIR— que acabe de derribar ese pedestal con el busto de Manolo Castro. Pero es el tipo de cosas en lo que me cuesta bastante trabajo que se me entienda. En primer lugar, hablando en plata: ¿cuál es la disponibilidad de energía y fuerza de ataque con que ese bronce puede desafiar mi poder? Segundo, ¿y la magnanimidad no es una de las propiedades del poder? Yo no maté a Manolo Castro. Pero si lo hubiese hecho, ¡qué gesto magnífico el de dejar en pie el último hito de su paso por esta tierra frente al edificio donde la adversidad no le permitió llegar a recibirse de ingeniero! Éstos son mis problemas, todos de poca monta, del grupo de pistoleros que me cobijaron durante una etapa y en el que rápidamente capté el mensaje subliminal y del que todos ellos eran portadores inconscientes de que el personaje tenía que ser yo y no la UIR. Billiken y Manolito el Loco estaban dando vueltas por La Habana todavía a fines de los sesenta y mantenían la tesis de mi inicio en la lucha revolucionaria como miembro de la UIR. Billiken trabajaba en una tabaquería; es decir, torcía tabacos en una de nuestras unidades de puros de exportación. Hace muchísimos años que no sé de Manolito el Loco e intuyo que ha muerto en el extranjero. Si no activo en todos los casos el mecanismo infalible de localización de la Seguridad del Estado, es porque hay cosas que siempre prefiero dejar a la solución de una escala humana y porque yo también tengo derecho a reservarme el uso de pequeños misterios, dulces misterios que no hallan solución nunca o que esperan al desvelamiento de su verdad en un encuentro casual o en una evocación o en un rostro que parece fugazmente reconocible entre la muchedumbre. Morín Dopico tenía un pequeño taller de fabricación de *mufflers* o silenciadores para tubos de escape de los coches en la ciudad de Matanzas pero que perdió en la ofensiva revolucionaria de marzo de 1968 cuando nacionalizamos todas las pequeñas empresas del país que quedaban en manos privadas. La última vez que supe de él y de Billiken, los dos andaban detrás de un periodista —Luis Agüero— que preparaba un libro sobre los acontecimientos de aquellos años y que fue un proyecto abortado por la Seguridad en ese mismo instante. Mario murió hace algunos años. Pero Billiken no. Duro de pelar ese Guillermo González alias Billiken. Estoy terminando este libro cuando alguien me cuenta que vive en Miami y que es un octogenario que acostumbra tomar cerveza en El Pub, un bar de la famosa calle 8 de Miami, al parecer muy concurrido por esta clase de parroquianos. Otro personaje, al que le decían el Rubio, y que sostuvo con mayor vehemencia la especie de ser mi principal contacto para el ingreso en la UIR, tenía la desagradable costumbre de llamarme por el mote de Bola de Churre y no por las formas habituales y estimadas de Fidel o Guajiro. ¿Murió? ¿Dónde? ¿Cuándo?

Claro, si me reclaman como el producto de sus desvelos —y por eso la consideración que les tengo—, es porque finalmente se sienten orgullosos de mí. Pero de forma un tanto irresponsable lo que por otro lado han hecho durante años es alimentarle a la contrarrevolución uno de sus sueños de mayor entusiasmo que es mi pasado de gángster y con el que se afanan por empañar la imagen de la Revolución y el vector de sus orígenes.

Una mano de Manolo

Importante esa mano y lo que significa de cambio de posición en la vida, en la mía. Llego allí, a Cayo Confites, para adquirir bagaje, y salgo hecho un líder revolucionario —o por lo menos con un concepto muy claro y muy definido de que ése es mi rumbo. Cayo Confites. Aunque se ha escrito muy poco sobre el asunto, la aventura de Cayo Confites en el verano de 1947 es la operación entre militar y conspirativa de mayor atractivo ante mis ojos ocurrida en todo el período anterior a la Revolución, y es del hecho que yo obtuve enseñanzas más provechosas. Sobre todo, desde el punto de vista conspirativo, no existe nada parecido hasta que comenzaron las grandes conspiraciones contra nuestro proceso desde el mismo verano de 1959, y en cuanto a logística —incluidos barcos y aviones de carga y de combate— el único paralelo posible es el de la invasión de Bahía de Cochinos en abril de 1961 organizada por la CIA. Hasta donde yo tenga noticias no existe ningún libro, ni siquiera como novela, de Cayo Confites, aunque sí obran cientos de páginas de la inteligencia producida por las embajadas en La Habana y que deben conservarse en los archivos de algunos países, especialmente en los americanos, y que de vez en cuando afloran en internet.

1945-1947

Alemán desvía fondos del Ministerio de Educación para financiar una expedición. El presidente haitiano, Lescat, hipoteca su casa para donar 25.000 (dólares) al dominicano Juan Bosch. Rómulo Betancourt, presidente de la Junta Revolucionaria de Venezuela, invita a Bosch a su país. El general dominicano Juan Rodríguez García («Juancito»), exiliado en Cuba, aporta cerca de 600.000 dólares.

1947 - Junio

Rumores de una invasión dominicana al gobierno de Rómulo Betancourt en Venezuela.

Junio - Julio

La mayoría de la gente parecía haberse olvidado de la invasión de la República Dominicana en el transcurso de junio y hasta la primera mitad de julio por el interés diversionista de la amenaza de invasión a Venezuela. Rumores de una intensificación de los preparativos en la República Dominicana de una invasión armada contra el gobierno de Rómulo Betancourt predominó de tal manera en el teatro caribeño que los primeros informes desde Cuba sobre la inminente invasión de la República Dominicana fueron desechados y mirados como una posible cortina de humo sobre el asunto de Venezuela.

Cayo Confites fue como una escuela de intervención. La vocación internacionalista de todas las revoluciones se expresó, en el caso del proceso cubano del 33, de modo diferido —con unos 10 años de atraso—, y en ese islote de la costa norte de Cuba, a unas nueve horas de navegación del puerto más cercano, que es el de Nuevitas, y que tiene enfrente una barrera de cayos y de islas habitadas sólo por caballos salvajes y por tortugas enormes y por espesas nubes de mosquitos. Pero tuvo un claro sustento revolucionario. Si miramos las cosas con detenimiento, la mexicana fue la que menos hizo puesto que, se ha dicho, su componente rural era de demasiado peso en sus preocupaciones. La china, de Mao, por las mismas razones se contrajo dentro de sus fronteras, además de que los chinos tenían demasiada hambre y sus ciudades olían demasiado a mierda, empezando por Pekín, para ocuparse de lo que hacían los países vecinos. No así la francesa y las otras tres importantes, hasta nuestros días. Pero nadie como los franceses para exportar su revolución hasta el surgimiento de la nuestra, porque los americanos fueron realmente lentos para actuar como vicarios de los franceses, tan lentos que su internacionalismo se produce más bien como expansión imperial, cosa en la que también se le adelantaron los franceses con Napoleón. No hablo ahora de imperio para aprovechar y criticarle. No, lo que digo es que los revolucionarios franceses exportaron ideas, mientras que los americanos si bien exportaron también ideas lo hicieron de la forma concreta en que ellos las conciben: maquinarias, empresas, capital, y no andarse mucho por las ramas en cuanto a la territorialidad donde quieran instaurar la propuesta revolucionaria. Metan las tropas en Texas y al carajo lo demás. Nuestras ideas son las fuerzas de caballería y las ametralladoras Gatling y Remington de cuerda por palanca. Desde luego, no todos los países donde tú despliegues tu internacionalismo son iguales ni de todos obtienes resultados satisfactorios. Los revolucionarios franceses que contribuyeron con la Revolución americana dejaron asimismo sembrada la semilla de la expansión imperial. El deseo irreprimible —y altamente justificable, desde luego— de hacer valer a escala universal las propiedades de la libertad, igualdad y fraternidad encontraron un territorio propicio y sumamente aplicado entre los yanquis. Pero, fíjense, entre los del norte. No sé cómo hubiese actuado la ecuación entre los esclavistas del sur. Digo esto por la experiencia haitiana. Es decir, cuando los mismos asesores revolucionarios franceses se conectaron con la esclavitud, o por lo menos no con los propietarios e industriosos yanquis del medio oeste americano, sino con la sociedad esclavista haitiana, lo que crearon fue un sangriento disloque social de tal magnitud que dos siglos después no ha encontrado su cauce. Y después surgieron los soviéticos en todas esas fugaces revoluciones de bolsillo europeas anteriores a la Segunda Guerra Mundial y su aporte a los chinos. Pero nosotros llegamos a un estado de gracia del internacionalismo que es prácticamente insuperable y que ha sido la menos dañina y menos opresiva y porque hicimos el único internacionalismo de la historia de un país no desarrollado, de escasa población y sin ninguna base industrial ni tecnología y apenas una cultura de cantantes populares y espesos escritores barrocos, es decir, internacionalismo en estado puro y sin la menor posibilidad de una proyección imperial posterior. Bien, pues. Ese aprendizaje, el jefe de la Revolución cubana, yo, lo obtuve de unos tipos muy jodidos pero de origen revolucionario, de izquierda, de una u otra manera de izquierda, y definitivamente comunistas, como el cojo Rolando Masferrer, o anticomunistas, como Manolo Castro. Lo asombroso de todo esto es que los cubanos estaban organizando un operativo militar de tanta envergadura como años después el de la CIA en Bahía de Cochinos, pero en el que todavía hoy tendrían mucho que aprender.

13 de julio
Acta de Aceptación para constituir el Comité Central Revolucionario de los dominicanos firmada por Rodríguez García, Ángel Morales, Juan Bosch, Jiménez Grullón y Leovigildo Cuello. En ella consideran su deber proceder «en la República Dominicana con una revolución armada, cuyo inmediato propósito es el derrocamiento de la tiranía de Rafael L. Trujillo y el establecimiento de un gobierno revolucionario que organice la vida del pueblo dominicano sobre las bases de la libertad política y económica y la justicia social y que colabore en la lucha por el establecimiento de la democracia en todos los países de América».

Yo era un soldadito de esa fuerza de tarea y casi toda la información de que dispongo ahora la obtuve después. Pero aprendí. Estuve todo el tiempo —unos dos meses—, en Cayo Confites dedicado a esa situación ideal e insustituible para todo joven que se predestina al liderazgo. Aprendiendo.

Juan Bosch. Él fue el padre —o al menos el inspirador—, del proyecto de invasión. Durante años mostró energía y dedicación a su causa, para la que escribía libros y artículos, transmitía alocuciones radiales y producía la mayor cantidad de sus intrigas. Pero que, al mismo tiempo, estableció una especie de manierismo que se mantuvo subyacente más allá de las fronteras dominicanas —o en este caso de La Habana, que era donde residía la mayor parte del tiempo— y que aún afecta al exilio contrarrevolucionario cubano, que es el de ilusionarse con un regreso al poder que es mecánico e inexorable y que según su sueño al final se produce más por resistencia que por acción, no importa qué tiempo demoren, no importa los cambios del país de origen, no importa nada, ni siquiera que los briosos jóvenes que planean invasiones y guerras y que ya acarician el derrocamiento del tirano con las puntas de sus dedos, sólo puedan regresar cuando son unos balbuceantes ancianos que se apoyan en bastones a la muerte del tirano, es decir, del que ellos consideran su tirano.

1-15 de julio
La embajada americana en La Habana comienza a interesarse en los rumores de una invasión a la República Dominicana.

17 de julio
El embajador americano R. Henry Norweb expresa al canciller cubano Gustavo Cuervo-Rubio su preocupación de que Cuba está siendo utilizada como base de actividades revolucionarias. El canciller dice haber oído los mismos rumores pero que han investigado y que no existen ni adiestramientos ni armas.

El objetivo era derrocar a Rafael Leónidas Trujillo en la República Dominicana. La expedición tuvo 1.000 hombres. La invasión se planeó para el 25 de septiembre. Había dinero. Los países del área habían salido enriquecidos de la Segunda Guerra Mundial. Bendito sea el azúcar. Qué cantidad de azúcar necesitaban esos chicos, los GI, para enfrentar las divisiones de las *Panzertruppen*. Nuestros negros cortando caña y los centrales moliéndola, y aquellos esforzados blanquitos allá batiéndose con sus Garand 30-06 y tragando azúcar, dulce, noble azúcar para la energía de los soldados de la libertad y para avispar sus cerebros. Además, lo más fácil que existe en 1946-1947 es encontrar amplios suministros y variedades de armamento en Estados Unidos y sin un excesivo control de las autoridades, aparte del que se puede conseguir en los países de la zona y que los mismos americanos proveyeron a sus gobiernos durante la guerra. ¿Y la tropa? ¿De dónde tú sacas una tropa en Cuba para una aventura como la de Confites? «Con su muy desplegado trasfondo *intelectual* (como suele usarse comúnmente la palabra en el Caribe) el fetichismo de la revolución se manifiesta frecuentemente de manera enfebrecida», fue la explicación de la inteligencia americana dislocada en su embajada de La Habana.[1] Apreciación —en mi opinión— nada desacertada, por cierto.

1. V. Lansing Collins/ [a:] The Honorable The Secretary of State, Washington, D. C. / AMERICAN EMBASSY, HAVANA, CUBA / SERIAL 4434 / 17 OCTOBER 1947 / PLOT TO INVADE THE DOMINICAN REPUBLIC / DETAILED REPORT OF OPEN PREPARATIONS IN CUBA BY DOMINICANS TO INVADE THE DOMINICAN REPUBLIC AND REMOVE TRUJILLO FROM POWER.

Aunque su finura retórica no le quite su enorme ingrediente racista. Para la masa de los soldados era la idea de la revolución, y como siempre, entre cubanos, la posibilidad de acción, de una verdadera aventura que los sacara de la mediocridad de sus viditas cotidianas. Qué indolentes los americanos estos. Se pasan la vida bombardeándote con Errol Flynn, con Tarzán y con John Wayne, y entonces se alarman cuando coges la espada. Para dondequiera que mires, en las historietas, en el cine, en las novelitas de diez centavos, los tienes cabalgando como los más justicieros y los que más rápido sacan la fuca. Pero ellos quieren que las cosas se mantengan ahí, que no salgan de las páginas. Lo que les falta poner en las cubiertas de sus publicaciones o al principio de las películas, después de que advierten que no se responsabilizan de cualquier semejanza con personas vivas o muertas o acontecimientos de la vida real, es que se trata de material sólo para admirar, no para imitar.

19 de julio
El Departamento de Estado indica que se concentran hombres en el oriente de Cuba. El canciller cubano sostiene que no sabe una palabra del asunto.

En cuanto a Cayo Confites —lo reconocen los yanquis—, se trataba de una tropa de entusiastas. Cierto que había algunos golosos, los de siempre en toda experiencia humana. Pero más decisivo aún y el verdadero motivo de los hombres eran las promesas de lucha por una causa, que además, se revelaba como justa. Un número reducido de los jefes soñaba con los dividendos. Para nosotros era el paraíso de una aventura que además de aventura tenía el ingrediente moralmente satisfactorio de la justicia. Al menos para aquellos que requieran de tales formularios para enarbolar un fusil, Cayo Confites llenaba el requisito. Un último factor. Uno que es en lo absoluto ajeno al entendimiento de los servicios de inteligencia de Estados Unidos de América y que es infranqueable e incomprensible para nadie que no se deba al misterio de una raza que, ante el imposible de una empresa desmesurada, lo primero que hace es cegarse toda posibilidad de salvación y retirada y quema sus naves. Oh, amigos y enemigos. Oh, hermanos de cualquier sino. El sino es que nosotros los cubanos tenemos que estar en todas. El problema es que no se puede cocinar nada en lo que nosotros no queramos meter la nariz. El problema, yo creo, es que hace muchos años nos dimos cuenta de que no tenemos nada que perder. (Y por lo que, desde luego, si tal es la situación, entonces todo está por ganar.) Aunque, para no cargar las tintas demasiado y en última instancia no echarle la culpa a un conglomerado tan amplio, confieso que es una de mis características personales. En ese caso, lo que yo estaba viendo en Confites era un millar de personas con características personales semejantes, y que después, más de diez años después, al liderar una revolución a la cual se le imprimen casi todas mis mismas pulsaciones personales, lo que hice fue diseminarlas.

Quiero ir más lejos. Más lejos aunque en el mismo sitio. Aparte de la raza, aparte de los confines de la sangre, aparte de la locura hispana, venga del Quijote o de Hernán Cortés, si yo entonces no podía pasar por alto ningún episodio, por simple que pareciera, pero en el que bastaba con que alguien desenfundara una pistola, era porque un hijo de la gran puta llamado Rolando Masferrer o un prospecto de funcionario gubernamental con tendencias a la obesidad, Manolo Castro, acuñaron la expresión de que yo no tenía bagaje revolucionario. Creo que estoy tocando fondo en este arte de confesar. Porque también vamos a estar claros en otra cosa. Si se trata de confesar, pues yo voy a ser el confesador que más cosas confiese en este mundo. Muchas veces, en el proceso de nuestra Revolución, he disfrutado de ese espectáculo que soy yo mismo pero actuando a través de otros. Cuando la invasión de Bahía de Cochinos, uno de mis valientes, Efigenio Amejeiras, que era el jefe de la Policía Nacional Revolucionaria (PNR), organizó de forma inconsulta un batallón de combate con mil hombres de su fuerza, de forma inconsulta se presentó en el teatro de operaciones y avanzó por la carretera de Playa Larga a Playa Girón —con la consecuente exposición al bombardeo de la artillería y aviación propias—, hasta establecer contacto y producir un combate con la agrupación enemiga bajo la consigna emitida por el propio Efigenio —y desde luego también de forma inconsulta, de motu proprio, como se dice— de que el que se agachara y no peleara de pie era maricón. «¡Permiso para ser maricón!», se dice que gritó el comandante Samuel Rodiles, que era el segundo al mando del batallón, antes de lanzarse de bruces detrás de unas piedrecitas y seguir tirando con su FAL. Peleó bien Rodiles. Además tuvo la sabiduría de aceptar el duro epíteto antes de dejar que le volaran la cabeza. Años después lo hice hasta general de División y fue el último jefe de nuestras tropas en África. Pero las bajas infligidas al batallón de la PNR fueron, como es de suponerse, las más altas de los tres días de batalla.

También, al inicio de la guerra de Angola, hacia 1975, un combatiente legendario nuestro, Gustavo Castellón pero al que llamaban el Caballo de Mayaguara, que supuestamente es el hombre que más bandidos contrarrevolucionarios mató y capturó —su cifra está calculada en 200, sólo de muertos— y que era un descendiente de isleños, alto y de ojos claros y con un porte inequívoco pero no de cazador de hombres sino de santo, se presentó en el Ministerio de las Fuerzas Armadas Revolucionarias y pidió «un conducto reglamentario» de toda urgencia para hablar con el ministro. Nuestra política hasta entonces con Angola era tratar de enviar sólo gente joven y dejar los viejos sólo en casos excepcionales como oficiales y en cargos de jefatura. Digo esto para explicar por qué el Caballo, cuando estuvo a solas con Raúl, desenfundó el enorme cuchillo de desollar, por lo menos elefantes, que traía oculto bajo su guerrera de teniente coronel, y le dijo a Raúl que o lo mandaba esa misma tarde para Angola, en el primer vuelo o barco que saliera con ese destino, o él se cortaba allí mismo y de inmediato la mano izquierda porque la derecha ya se hallaba enarbolando el temible y refulgente cuchillo con cuya punta apuntaba al techo. La mano quedaría depositada en el buró y los incontenibles chorros de sangre a presión dejarían una capa de fluido de media pulgada de espesor en un derredor que él calculaba de metro y medio de diámetro hasta que cayera muerto por el veloz desangramiento, en unos 57 segundos. A Raúl, que es muy emotivo para esas cosas, se le saltaron las lágrimas y salió de atrás de su buró y comenzó a besar al Caballo. «Pero tú no te cansas de guerra, Caballo», me contó Raúl que le decía. Gabriel García Márquez lo vio en Angola. O eso creo. Porque al regreso de su estancia de unos días por esos parajes, al que le dimos acceso para la escritura de su magnífico reportaje «Operación Carlota», *Grabriel* —como yo le digo— me contó haber visto un día en los pasillos de la jefatura cubana, a un hombre muy especial, que iba seguido como por una corte de soldados muy solícitos y que parecían obedecerle ciegamente y que adondequiera que se dirigía iba seguido por las miradas de aprobación y respeto de todos los oficiales que se hallara en el camino y que le cedían el paso. ¿Por qué era especial ese hombre? No, *Grabriel* no supo respondérmelo. Pero también el fusil era especial, recordó *Grabriel*. Y lo llevaba terciado a la espalda en una larga cartuchera de cuero negro. Un Dragonov, calculé. Un Dragonov para francotiradores.

Yo sé, sobre todo en el caso del comandante Efigenio y en esa especie de masacre autoinfligida de su batallón de la PNR, que era una muestra de su adulación hacia mí, pero también expresaba esa necesidad cubana, de la que venimos hablando, de *estar*. Fíjense, no es el verbo ser del dilema shakesperiano. Es algo quizá un tantito más superficial, pero que te da mayor movilidad, mayor posibilidad de maniobra. Porque para nosotros se trata de estar, no de ser. Difícil problemática de traducción hallarán aquí mis editores en otras lenguas si resulta exacto el entendido de que el único idioma sobre la faz de la tierra que dispone de tres verbos copulativos es el español. Esa diferencia me ha ayudado bastante, no crean, porque nunca me ha preocupado mucho lo que la gente sea sino lo que la gente esté. En realidad, ser te obliga a una consecuencia permanente. El estar te da vías de escape. He eliminado de arrancada las utilidades de parecer o su uso en desuso de semejar porque no tienen incidencia alguna en nuestra disertación.

Cómo se le hubiesen complicado las cosas al viejo bardo de Stratford-upon-Avon mientras se extasiaba ante el vértigo de sus pliegos en blanco y se sumía entre los humos de tabaco, dicen que en pipa, dicen que enrollado, de haber sido poeta en Castilla. Estar o no estar, he ahí la pregunta. Sí, señor: fumador de habano que se dice que era, y lógico, nadie que no tenga el cerebro alebrestado por los jugos milagrosos de nuestras hojas puede elaborar esas tiradas en las que te das cuenta que Shakespeare, es no sólo uno de los primeros y más privilegiados clientes de nuestra entonces incipiente industria tabacalera sino que es uno de los fundadores de la política moderna, y más que Maquiavelo. En ese sentido, ¿qué diferenciaba a Shakespeare de un político contemporáneo cubano o de uno de nuestros compañeros cuando enarbolan sus tabacos y planean con aplicación y toda responsabilidad los asesinatos de nuestros enemigos en sus palacios?

Manolo Castro autorizó. Masferrer no quería de ningún modo. Finalmente prevaleció el criterio de Manolo de admitirme en la expedición. Yo no quería quedarme afuera, de ninguna manera. Además, la expedición no era un secreto. Era uno de esos habituales secretos a voces de los cubanos. Yo conocí ese mismo ambiente de secretividad pública en los días anteriores a la crisis de octubre de 1962. Todo el mundo estaba al corriente de lo que ocurría y si nadie te lo había soltado al oído bastaba con abrir la ventana por la madrugada para ver pasar los enormes camiones soviéticos Kamaz que llevaban de un lado a otro los cohetes nucleares R-12 SS4 y R-14 SS5 de rango medio con que, de hecho, se daría inicio a la Tercera Guerra Mundial. ¿Se dan cuenta? Para los cubanos, los instrumentos que devastarían hasta el último vestigio de presencia humana sobre la faz de la tierra y que darían fe de veracidad absoluta al apotegma einsteniano de que iba a ser la última guerra de los hombres, era una cuestión de chisme de barrio. Eran los R-12 SS4 paseándose por los alrededores, y hasta podías meter la mano bajo las pesadas lonas y tocarlos, como alguien que se atreva a palmear con afecto un cuarto trasero del pesado elefante en el último desfile del circo.

El origen de Confites es en el hotel San Luis, propiedad del gordo Alonso Rodríguez Cruz, y en el que se alojaban muchos dominicanos, Juan Bosch entre otros, y el general Juancito Rodríguez, que de todos era el más amigo mío y que me regaló una pistola. Juancito estaba medio emparentado con Trujillo, pero era —como se dice— un socio mío, y es uno de los que aporó más plata para la invasión. Otro que ayudó muchísimo, como se sabe, fue José Manuel Alemán, desde el Ministerio de Educación. Toda eso comenzó hacia 1944 y yo no sé de dónde ellos sacaron la esperanza y se situaron ese límite de que con el fin de la Guerra Mundial se tenía que producir la caída de Trujillo. Tenían un Partido, muy activo en La Habana, que dominaba esencialmente Juan Bosch. El paralelo es irresistible: pero ¿ustedes han visto cómo se comporta la contrarrevolución cubana establecida en Miami bajo la protección de las autoridades yanquis y el espionaje cubano que no les pierde pie ni pisada? Así mismo se puede decir de aquella insurrección dominicana establecida en La Habana bajo la protección de las autoridades cubanas y el espionaje trujillista que no les perdía ni pie ni pisada. De cualquier manera, ya desde 1944, aunque los dominicanos mostraban un frente razonablemente sólido, también dejaban traslucir algunos fallos de coordinación y sobre todo la tendencia de sus líderes principales a seguir el curso de sus intereses personales y que sería algo que iban a arrastrar dondequiera que desembarcaran. Estando ya en Confites me percaté además de que las faltas de disciplina y una cadena de mandos inefectiva probarían ser fatales. Creo que he adelantado, en menos de medio párrafo, los principales defectos aprendidos en la operación.

24 de julio
Información adicional de los americanos muestra al director general de Deportes (Manolo Castro) y al ministro de Educación (José Manuel Alemán) en tareas de reclutamiento. El cónsul americano de Santiago de Cuba informa sobre concentración de hombres en Antilla (costa norte de Cuba).

Entonces yo no quería quedarme fuera y el hombre de la operación se llamaba Manolo Castro. Agarré un avión para Holguín, una ciudad del norte de Oriente, donde yo sabía que los hombres —voluntarios todos— se concentraban en una enorme escuela politécnica situada al lado de los terrenos del regimiento de Holguín, una de las dos grandes unidades militares de la provincia oriental. Era indudable el compromiso del gobierno de Grau con la operación, sobre todo de la forma tan desprovista de secretividad y compartimentación con que movilizaban más de mil hombres que a su vez trasegaban con armamento e incluso con aviación de combate y que tomaban como punto de concentración una escuela pública cedida por el ministro del ramo y adjunta a los muros feudales del cuartel regimental de Holguín. Te dejaban entrar en el politécnico. Pero una vez adentro, ya no te dejaban salir. Se daba por sentado que presentarse en el lugar y traspasar sus puertas resultaba equivalente a alguna clase de juramentación teutónica o de caballero de las cruzadas. Los seis o siete pasos que se invertían en pasar de la acera al interior de la escuela, a sus jardines y amplia explanada frente al edificio principal, tenían un significado en aquellos días, y era que asumías, por voluntad propia, un destino. Alguien me pidió el nombre. Al rato regresó con el recado de Rolando de que arrancara para casa del carajo. Yo le dije que dijera que no me había encontrado o que me mencionara con otro nombre. Pero al rato recibí el recado de Manolo. No tenía que irme para ningún lado. Me podía quedar.

25 de julio
La embajada americana tiene conocimiento de que los revolucionarios cuentan con dos bombarderos Lockheed Vega Ventura, dos Cessna C-78, y dos Douglas C-47 y que esperan bombarderos B-24.

Lo que tuvo lugar de inmediato fue la segunda revelación de Cayo Confites. La de que es insuficiente con participar en algo, puesto que allí descubres que hay zonas inaccesibles para el común de los mortales, que hay edificios después de esos jardines, que hay mensajeros, que hay un lugar donde se elaboran las órdenes, que hay concilios en las habitaciones superiores y que hay pasillos largos y en penumbras por donde el paso está prohibido y que hay rostros que se ocultan pero que son los dómines y los que pontifican en la ciudadela del poder.

José de Jesús Ginjaume se enteró en La Habana de mi viaje a Holguín. Localizó al chino Esquivel y le dijo:

«Oye, Fidel se fue para Holguín. Está loco, el cabrón. Vete para Holguín ahora mismo y dile de parte mía que lo van a matar».

Creo que hasta le dieron para el pasaje. Creo que en tren.

No sé cómo se las arregló para que lo dejaran pasar al politécnico.

«Vengo a buscarte —fue lo primero que me dijo—. Me mandó Pepe de Jesús. Dice que te van a matar, guajiro.»

Entonces reparó en mi casco de explorador que era el único objeto que conservaba de mi adolescencia en Birán y que solía usar en las cacerías.

«¿Y ese casco, guajiro, por tu madre?»

A mí me dio pena por la hilaridad que mi atuendo guerrero le causaba e inventé la primera mentira que se me ocurrió.

«Este casco me lo regaló Millo Ochoa.»

Emilio Ochoa, un político de la escuela socialdemócrata. Ni tengo idea ahora de por qué utilicé su nombre.

El Chino había hecho un viaje de casi 1.000 kilómetros con el solo propósito de comunicarme una preocupación de Ginjaume.

«Guajiro, me voy. Si no salgo ahora, me tengo que quedar. Y a mí sí que no se me ha perdido nada en Ciudad Trujillo.»

Apenas hablamos un minuto. Me dio unos tabacos, unas tabletas de chocolate y un abrazo. Era exactamente el 26 de julio de 1947. Apunten la fecha.

Unas horas después nos montaron en camiones del mismo ejército y nos trasladaron a la bahía de Nipe, en la costa norte. De ahí, en grupos de a veinte, nos fueron tirando en Cayo Confites.

26 de julio

Comienza el traslado de expedicionarios a Cayo Confites. El embajador dominicano en Washington asegura que 3.000 revolucionarios
comunistas armados están listos en Cuba para invadir su país. Barcos invasores han sido detectados en la bahía de Nipe. Los hombres
están siendo trasladados desde su campo de entrenamiento en Holguín. Se ha conocido que el presidente ha dado al movimiento hasta el
30 de julio para que salga de Cuba. El canciller Cuervo-Rubio se dedica a jugar a los escondidos con el embajador americano. El embajador
logra una audiencia con el presidente Grau, a quien le dice que debe
tomar medidas para liquidar cualquier actividad revolucionaria desde Cuba.

Yo habré desembarcado con el séptimo u octavo grupo. El viaje
era de unas tres horas desde la costa porque Confites es uno de los islotes más apartados, hacia el norte, del archipiélago cubano. Se utili-
zaban patrulleras de la Marina, las matrículas borradas con algunos
rápidos brochazos de pintura, y dos maltratados lanchones de desembarco. El sol estaba cayendo cuando se abrió la puerta del lanchón y
apareció ante nosotros la playa del cayo y, de pie sobre la arena, con
un uniforme militar sin insignias pero con una Thompson al hombro,
con el cañón apuntando hacia abajo, despeinado por el viento libre
del mar que batía la playa, mi comandante; Manolo Castro. Se veían
otros hombres en pequeños grupos por los alrededores y estaban
prendiendo fogatas que muy pronto conoceríamos como el método
más eficaz de lucha contra las plagas de mosquitos, Manolo era el comité de recepción. Un comité de un solo hombre. Saludaba con una
sonrisa o con una palmada a los hombres cuando pasaban por su lado
y a su vez hacía un ademán como invitándolos a pasar a su palacio. Su
palacio era una especie de campamento villista, con los hombres en
derredor de pequeñas fogatas, taciturnos y silenciosos, bajo la noche
estrellada. Sin cantar. Qué raro, tan buenos combatientes que son.
Pero el soldado cubano no canta.

En pocos días, cuando todos los mangles secos y maderos de los
restos de botes y de los viejos pinos hubiesen agotado su existencia sobre el suelo arenoso de Confites, se abriría un pequeño tráfico comercial con pescadores de la zona para que abastecieran de palos y sacas de carbón a la tropa.

Llegó mi turno de pasar junto a Manolo Castro. Entonces él me detuvo. Con su mano izquierda, me agarró mi muñeca derecha, y me tendió su mano libre, y estrechó la mía.

«Me alegro mucho de que hayas venido», me dijo.

Yo asentí. Me había sorprendido el gesto y no sabía qué responderle. Pero me estaba privilegiando puesto que no había estrechado la mano de más nadie.

Me cedió el paso. Me franqueaba las puertas de su palacio.

El aire aún no había caído, de modo que las fogatas se doblegaban a sotavento, en la dirección reinante del viento, que era de oeste a este, y el campamento villista de mi primera noche de soldado mantenía su curso de navegación estable y sereno en la corriente del golfo.

26-27 de julio

Los periódicos de Miami abren fuego. Dicen que es escandalosa la forma tan abierta en que se recluta y se transportan los hombres en camiones militares cubanos rumbo a la costa y de ahí para Cayo Confites. El embajador americano conoce de la preocupación del jefe del Estado Mayor cubano por el número de hombres armados que se concentran en Oriente y que fácilmente pueden crear problemas domésticos. Se reporta que por esa razón el jefe del Estado Mayor cubano ha dado a los revolucionarios la orden de salir de Cuba o desbandarse. Todos los periódicos cubanos guardan un hermético silencio sobre lo que está ocurriendo. Ni siquiera parecen conmoverse por los titulares montados con los enormes tipos reservados para ataques como los de Pearl Harbor de la prensa de Miami.

Aurora. ¿El nombre no les recuerda nada? Era el buque de la Marina zarista que se pasó a los bolcheviques y que estaba fondeado en San Petersburgo. Una salva de sus cañones dio inicio a la Revolución de Octubre. No habían pasado unos 30 años exactos cuando la fuerza expedicionaria de Cayo Confites bautizaba con el mismo nombre el carguero acabado de comprar por los organizadores de la invasión y que se destinó de inmediato para llevar el grueso de nuestros hombres y equipos a las costas dominicanas. Llegamos a tener tres cargueros fondeados frente al cayo. El *Aurora*, el *Berta* y otro que no recuerdo su nombre y que nadie tomó en cuenta ni siquiera para archivar. Un rápido examen de los factores de esta basta conspiración e incluso hasta de sus más evidentes símbolos, como es el caso de ponerle *Aurora*, a la usanza bolchevique, al buque insignia de la expedición, deben alimentar la imaginación hasta del académico más exigente. Yo les voy a dar mi valoración no de historiador sino de político aún en funciones y que además tuvo la fortuna de participar en los acontecimientos aunque fuese como soldado. Primero que nada, olvídense del rótulo de «pura coincidencia». El rótulo es inoperante porque lo que tenemos delante es el comunismo. Comunismo mondo y lirondo. Desde su mero inicio, se detecta la voluntad de Grau y sus más cercanos colaboradores de crearle problemas a los yanquis y —qué cosa extraordinaria, sobre todo por lo temprano de la fecha—, la despiadada forma de burlarse de ellos. Una lectura cronológica de los hechos arroja un resultado increíble de escamoteos de información, sinuosidades, mofa y pases de muletillas que si bien no alcanzaron nunca el clímax de agraviarlos es por la propia incapacidad yanqui de percibir cuándo se les toma el pelo. Pero eso estuvieron haciendo, desde el presidente de la República, sus principales ministros y voceros, hasta la propia prensa del país, que se sumó al silencio de toda la nación e ignoró olímpicamente todo lo que estaba ocurriendo delante de sus narices y se mantuvo en la terquedad de esa posición incluso cuando los periódicos de Miami no hacían otra cosa que hablar de Cayo Confites. Quiero que sepan que años después, cuando el mismo Rafael Leónidas Trujillo creyó que había llegado el momento de vengarse y quiso invadirnos a nosotros, entre julio y agosto de 1959, apenas siete meses después del triunfo de la Revolución, lo primero que yo hice fue mantener alejada a la prensa. Trabajé la situación a la inversa de la época de Cayo Confites, cuando los editores de los periódicos actuaban de acuerdo al gobierno. Yo lo hice de espaldas a ellos y no dejándolos acercarse al teatro de operaciones, que por lo demás era un teatro muy reducido —el perímetro del aeropuerto de Trinidad; a lo que se le llamaba aeropuerto, que en realidad consistía en una posta de hierba y una caseta, más que suficiente para que de vez en cuando aterrizara allí un DC-3 de Cubana—, y que además nadie sabía dónde estábamos ni qué hacíamos por esos días. Pero el propósito y su resultado eran los mismos y era algo aprendido como soldadito en Cayo Confites. Cero prensa.

La lección más importante, sin embargo, es que tú puedes hacer el comunismo sin los comunistas. Todos ellos —desde Grau y Prío hasta Batista— actuaban a favor o en contra del Partido Socialista Popular,[2] en dependencia de los tiempos y de las presiones de la embajada americana o de la CIA directamente.[3] Al final es una norma con

2. Recuerden que es el Partido Comunista Cubano pero con esa especie de nombre de cobertura.
3. Fragmentos del informe de V. Lansing Collings, de la embajada americana en La Habana —para que lo tengan en mente, sobre todo, cuando lleguen al episodio de Playa Girón.

«En retrospectiva, cuatro cosas se destacan de nuestra observación diaria: Primero, la invasión pudo ser exitosa. Segundo, ahí hubo un cambio de carácter, liderazgo y espíritu desde el idealismo hasta el materialismo y la mano dura. Tercero, hubo profundas implicaciones del gobierno cubano. Cuarto, había la impresión general de que nosotros también estábamos implicados.

En cuanto a municiones, aviones y hombres había bastantes. El gobierno cubano proveyó de todo. El entusiasmo era alto; incluso cuando eran conducidas bajo arresto a La Habana, las tropas —después de dos meses de privaciones en un agreste islote— aún querían combatir. El fracaso se debió fundamentalmente a un accidente de tiempo. Si la reyerta de los policías el 15 de septiembre en Marianao no hubiese ocurrido, es casi seguro que el entrenamiento hubiera seguido y que el ejército no hubiera intervenido. Pero, aparte de este contratiempo, otros factores contribuyeron al fracaso. Debe mencionarse que el liderazgo era pobre y estaba dividido. La coordinación de suministros, tropas y aviación fue pobre. Particularmente mala era la logística de abastecimientos y mujeres. Las municiones, armas y aviones debieron estar listos desde el momento del reclutamiento. Tal y como ocurrió, los hombres retenidos en Cayo Confites por dos meses comenzaron a presentar problemas disciplinarios de primer orden. Los aviones nunca fueron puestos en condiciones de combate. Hubo demasiada habladuría y publicidad. El apoyo del ejército no se aseguró desde el principio.

El carácter del liderazgo y su espíritu se deterioró del idealismo de los líderes dominicanos exiliados a lo que podemos llamar casi gangsterismo. Uno no puede negar que el general Juan Rodríguez deseaba reconquistar sus propiedades confiscadas en la República Dominicana. Aunque su contribución de cerca de medio millón de dólares a la causa no puede dejar de considerarse un gran riesgo. Juan Bosch, inspirado por lo que parece ser un desinteresado odio a Trujillo y su obra, probablemente no estaba pensando muy profundamente en términos materiales. Pero Bosch, que con sus 150 hombres originales fueron al Oriente cubano con abundante suministro de armas y con la lancha de desembarco lista, se encontró gradualmente —al igual que otros líderes dominicanos— que estaban siendo reemplazados por los cubanos. Todo el resto de la preparación en La Habana —reclutamiento, compra de aviones, contrato de pilotos— estuvo enteramente en manos cubanas. El reclutador en Cuba era el MSR, un grupo revolucionario de inclinaciones violentas. Juan Bosch devino un virtual prisionero en Cayo Confites. Poco antes de que la fuerza abandonara Cayo Confites, Rolando Masferrer, jefe del MSR, había prácticamente asumido el mando y la disciplina, según conoció esta embajada, era mantenida por el terror. La propuesta suicida de Masferrer de atacar la República Dominicana de todas maneras con sólo una parte de la fuerza y sin aviación demuestra hasta dónde estos hombres estaban dispuestos a llegar.

la que se les complace. Pero lo que se repite casi maquinalmente es que los propios americanos proveen a estos gobernantes de las cortinas de humo que ellos encuentran satisfactorias y a su medida pero que son las utilizadas por los cubanos para mantenerse protegidos mientras continúan su guerra subterránea contra ellos mismos, que les están proveyendo de la cortina. El destacamento de acero del proletariado cubano está bajo un cerco permanente, está aplastado, empequeñecido, diezmado. Se halla absolutamente bajo control. No puede moverse. Mientras, el señor presidente de la República hace avanzar otra pieza más a favor de la Revolución.

Sólo una parte de la historia sigue siendo de la máxima atención de este soldadito de la revolución de entonces que era yo. Que es la parte en la que aún yo estoy afuera. En la que sigo sin tener acceso. De qué parte de la conspiración no he sido informado. A partir de qué punto de la historia se ha decidido hacerme partícipe, desde cuál de sus fechas yo he sido investido de la facultad de conocer. No crean que no me atormento con esas ideas. De hecho, es la única fisura que conoce mi poder. La dirección del PSP me entregó sus banderas en mi casa de Cojímar, la aldea de pescadores tres kilómetros al este de La Habana, al inicio de la Revolución. Me dijeron que me confiaban la conducción de un partido de nuevo tipo para la construcción del socialismo en Cuba. Fue un acto secreto, aunque con posterioridad se le haya dado bastante publicidad. Mas no se nos ocurrió ni siquiera tomar unas fotografías, cosa que hubiese sido muy barata, como para un cumpleaños. Ni grabamos ni filmamos. Luego de esa ceremonia, que se selló con tabacos y café, estuve varios días reunido con los principales especialistas del Partido en cuestiones de agentura e inteligencia y los jefes más duros de la organización, que me instruyeron sobre sus organizaciones clandestinas y los hombres situados en diferentes posiciones dentro de Estados Unidos. Yo nunca he revelado estas

La motivación de los cubanos siempre puede explicarse en parte por un quijotesco idealismo, a un arraigado fetichismo revolucionario y el odio a Trujillo; pero la participación de hombres como José Alemán, Masferrer y Salabarría sólo puede ser explicada finalmente en términos de gruesos provechos personales. Algunos obtendrían propiedades, otro sería un recaudador de aduanas, el otro sería el ministro de Finanzas. Reportada parcialmente como burla pero probablemente cierta, es la afirmación de que en un momento hubo por lo menos doce personas en Cayo Confites que esperaban ser el próximo presidente de la República Dominicana.»

fuentes, desde luego, que me han sido muy útiles por lo demás. Pero siempre quedó un sector en una nebulosa. Nunca he aceptado que ése es todo el pasado. De igual manera, me he cuidado mucho de aceptar públicamente los detalles y aciertos de una revolución en paralelo y secreta que nunca dejó de elaborarse en Cuba y que mantuvo una pugna sorda y permanente con los americanos y en la que, en realidad, los cubanos se homologaron más victorias que concesiones. Dos razones me han obligado a este silencio sobre las proezas de hombres que, en términos de entera justicia, puedo proclamar como mis camaradas. La primera, que esos hombres fueron Ramón Grau San Martín o Fulgencio Batista y Zaldívar, es decir, o fueron los engendros de la corrupción o lo fueron de la tiranía. La segunda, que sus éxitos no se pagaban con el hambre del pueblo. Ellos hicieron casi todas las mismas cosas antes que yo, aunque no de forma tan escandalosa y con mayor bienestar del pueblo. Por eso nunca he aceptado del todo la supuesta generosidad con que los comunistas me entregaron sus banderas. Porque estoy persuadido de que se reservaron para sí el pasado y porque siempre me han dejado cocinar en el fuego lento de una pregunta que nadie nunca hizo pero que ha quedado latente: ¿Valdría yo la pena como heredero?

Estoy muy consciente del porqué de una declaración en el párrafo anterior. No me estoy burlando ni soy un fariseo ni tampoco procuro soga para mi propio cuello cuando digo que ellos lograron sus éxitos frente a los yanquis sin escándalos y sin hambre. Se trata de dos concepciones diametralmente opuestas del poder. Tú no puedes ingresar en la Historia (con mayúscula) desde un país donde los *slogans* políticos sólo apelaban a la posibilidad de hacerse ricos y en un orden perfectamente lógico y comprensible, primero los presidentes, luego los ministros, senadores y generales, más tarde los otros funcionarios públicos y al final el pueblo, de ahí que «Tiburón se baña pero salpica», de don José Miguel Gómez, el presidente cubano entre 1909 y 1913, y el «Hay dulce para todos» de Grau se hallen en la antípoda absoluta y visceralmente contraria de nuestro «Patria o Muerte Venceremos». Tú no puedes pasearte por el olimpo de César, Napoleón y Stalin acompañado de semejantes consignas como las del tiburón o las del dulce. Tú sólo puedes entrar en la Historia a través de la tragedia y eso es lo que he hecho con mi pueblo, con mis seguidores. Crearles una tragedia y hacerlos partícipes de ella. Si algún día los más codiciados sueños de la contrarrevolución y los americanos se hacen realidad y logran una restauración, es decir, el día que los 10 millones de fogueados combatientes que hoy constituyen el pueblo cubano sean devueltos a ese oscuro lugar de origen en el que son unas puticas y unos meseros y unos jugadores de gallos y unos voceadores de frutos menores o de billetes de lotería o unos esbirros del tirano de turno, ese día comprenderán.

Ahora observen esta escena con detenimiento. La portezuela del viejo lanchón ha descendido sobre la playa y ha sido colocada en su posición de rampa de desembarco. La lancha muellea sobre la playa, como un batracio, y comenzamos a desocuparla. Es lo más cerca que nunca habíamos estado de Normandía o de Inchón. Es decir, en cuanto al uso de una LC y de posesionarnos de una playa. Manolo Castro, con su uniforme caqui un tanto ajado pero limpio, y con la Thompson al hombro, nos recibe. Es su momento. Nada fue mejor antes para él y no tiene por qué apostar al futuro. Su momento. Es evidente por la luminosidad de sus ojos y por la cierta displicencia con que aprueba la llegada de los combatientes y por el donaire con que a todos les dedicaba, más bien por grupos y sin particularizar, una sonrisa de aprobación. Nada de exagerar los afectos. Nada que obligue a un príncipe a abandonar su compostura. Somos nosotros, los infantes que probablemente conozcamos mañana el rostro de la muerte, los que debemos esta oportunidad de ofrecer nuestras vidas y a él debemos la gratitud. Entonces me detiene. Con su mano izquierda, me agarra mi muñeca derecha, y me tiende su mano libre, y estrecha la mía.

«Me alegro mucho de que hayas venido», me dice.

Yo asiento. Me ha sorprendido el gesto y no sé qué responderle. Pero me está privilegiando puesto que no ha estrechado la mano de más nadie.

Ahora permítanme regresar. Es sólo un instante. Atrás. Él me ha detenido. Con su mano izquierda, me ha agarrado mi muñeca derecha, y me ha tendido su mano libre, y ha estrechado la mía.

Todavía no me ha dicho que se alegra mucho de que yo haya ido y yo lo estoy mirando mientras escucho el vivaqueo de los hombres alrededor de las fogatas diseminadas más allá de la línea de uvas caletas que definen el borde de la playa del interior del cayo y su magra vegetación, y me llega el rumor de sus conversaciones, y alguna risotada inesperada, y sé que están echados alrededor de las fogatas y que son en realidad ellos los que dan abrigo al fuego, y aunque su resplandor es aún tenue porque la noche no se ha cerrado, yo creo ver sus chisporroteos en el iris de los ojos de mi interlocutor Manolo Castro del Campo, cuando comprendo.

Así de sencillo.

Comprendo de qué se va tratar todo en mi existencia. Es una experiencia a la inversa de la que se dice que tienen los moribundos cuando entran en el famoso túnel al final del cual se ve una luz. Pero que antes de eso te ha pasado toda tu vida por delante como en una secuencia cinematográfica instantánea. Pero lo que yo tuve en ese momento fue quizá una suerte de revelación. Lo que estaba viendo no era mi vida pasada sino mi devenir. Que los elementos catalizadores probables hayan sido la envidia o una acumulación de humillaciones o el rencor sórdido e insuperable del burgués rural frente al desenfado mundano del burgués urbano (¡eso sí es odio de clases!), terminan por no ser una explicación válida. Incluso esas inmundicias carecen de toda importancia si finalmente son las que conducen a un hombre a su propia redención.

Creo que es el momento de mayor definición de toda mi existencia. Nunca se lo he contado a nadie. En realidad, esto no es para ustedes. Me lo estoy contando a mí por primera vez. Llevo muchos años revisando los mecanismos de mi propio ser. Cada vez que trato de tocar fondo en el silencio de mis escrutinios, y pese a las resistencias de mi propia naturaleza, y al alcanzar esa frontera donde ya la materia deja hasta de ser esa partícula primigenia de energía para comenzar a ser conciencia, lo que veo frente a mí es a un estudiante de cuarto año de la Escuela de Ingeniería de la Universidad de La Habana que me dice: «Me alegro mucho de que hayas venido».

29-30 de julio
Circulan informes sobre la partida de los barcos desde Antilla (en la bahía de Nipe). A nivel callejero se asumió que el esfuerzo expedicionario había sido suspendido o que estaba teniendo lugar. La base naval de Guantánamo (el enclave militar americano en el sur de Cuba), que ha es-

tado siguiendo la operación, ha perdido el rastro de los barcos. El primer ministro, el canciller, el jefe de la Policía y Juan Bosch niegan los reportes de que hay revolucionarios entrenándose en Cuba.

1 de agosto
Un bombardero B-24, que arribó al aeropuerto de Rancho Boyeros (La Habana) el 31 de julio, es capturado por el ejército, y, junto con los dos Lockheed Vega Venturas, son trasladados al aeropuerto militar de Columbia.

4-13 de agosto
Debido a la falta de información concreta, la embajada americana considera que la invasión no debe de estar en marcha porque los expedicionarios continúan entrenándose. Alfonso Fols, un reputado agente trujillista, sale ileso de un atentado el día 5 en La Habana. El gobierno cubano gestiona liberación de una lancha de desembarco LCI retenida en Estados Unidos. Es evidente por las investigaciones del FBI y la Aduana de Estados Unidos que se mantiene el esfuerzo por comprar aviones.

Por fin yo vinculaba las enseñanzas de la orden más dura de la Iglesia con un destino posible. Déjenme explicarles. Hubo como dos niveles de entendimiento, para que yo los asumiera, cuando desembarcaba allí. Recibí la data por propagación ambiental en un islote situado en los 22°11'5" latitud norte y 77°39'8" longitud oeste y del que supe después que los microorganismos de las casuarinas se iban comiendo su suelo. Se trataba de dos engranajes, o dos piezas, o dos argumentos, que me habían faltado siempre en la realización de mis sueños. Se revelaron allí, uno tras el otro. La cosa más importante fue darme cuenta de la misión. El sentido misionero aprendido de los jesuitas me conducía siempre hasta un vacío. Yo me había mantenido en contacto con la Compañía. Iba con frecuencia a la iglesia de San Juan de Letrán, en La Habana, y allí me reunía con un sacerdote cuyo nombre no voy a revelar ahora. Pero puedo decir que para estas incursiones me hacía acompañar de un personaje, Mario Jiménez, a quien llamábamos «Luna Lunera», que aún vive y puede ser localizado en Miami para dar fe de esto. Bueno, por lo menos les dirá que él se quedaba afuera de la iglesia, cuidando, y que me había sorprendido ocasionalmente entre las penumbras interiores y al fondo del templo mientras yo leía El Nuevo Testamento con mi sacerdote. Siempre el mismo sacerdote. Quizá pueda revelar todos los secretos míos con los soviéticos y hasta casi todos los de la Revolución cubana, porque en definitiva se trata de hechos más o menos extinguidos. Que yo siga gobernando Cuba no quiere decir que la Revolución no esté extinguida y sobre todo que yo no lo sepa. Si alguna razón explica que aún gobierne, es que entiendo cabalmente en la situación que me hallo y que es la de estar al frente de una revolución extinguida. Pero los jesuitas no. Ni son la extinta hermandad ni yo estoy dispuesto a romper mis pactos de silencio con ellos. Sólo puedo adelantar que quizá algún día dedique un libro a esta historia de mis relaciones extracurriculares con la Compañía de Jesús. Pero había un desajuste en la propuesta. Algo que fallaba. Y tenía que ver, desde luego, con la misión. Fue en Cayo Confites donde comprendí que mi misión no podía ser de Dios, que mi misión tenía que ser terrena. Todos los que allí me rodeaban, sin excepción, iban en busca de posiciones y fortuna, y aunque no dejaban de ser revolucionarios por eso, yo estaba obligado a buscar la diferencia. Lo primero era saber que todos esos hombres cesaban como revolucionarios en el momento que alcanzaban su anhelada posición. Por lo que, como resultante derivada de ese aprendizaje, uno estaba obligado a mantener la vigencia del proceso revolucionario, no por estos pobres labriegos de la historia, a los que unas baratas sinecuras les dejan satisfechos, como cucharadas de graso potaje en sus panzas, sino por mi condición. Pero eso es un aprendizaje posterior a la obtención del poder y está muy vinculado a un mecanismo descubierto por los soviéticos y que no es precisamente el de la revolución permanente de Trotsky sino el del espíritu de guerra civil constante de Stalin. La revolución la haces hacia adentro, y en ese sentido finalmente se convierte en un mecanismo muy peligroso para los revolucionarios, pero la guerra civil no, porque de cualquier manera en la guerra civil tú asumes una posición de defensa y la defensa siempre se dirige hacia el exterior. Pero decía que el aprendizaje de Confites se redondeaba con la necesidad de agenciarme un territorio y que el islote me dio la clave de que requieres un espacio, alguna cantidad de kilómetros cuadrados de suelo, en donde plantar los estandartes de tu misión, que era el argumento que me escamotearon los jesuitas en su lógica de querer reservarme para Dios.

Lo segundo es el encuentro con Manolo Castro. Me di cuenta de por qué tenía que luchar. Y esto era el liderazgo. Uno muy específico. Un liderazgo en el que el factor militar tenía el peso decisivo. La investidura distanciaba, a la vez, de la imagen del pandillero y de la del político clásico y daba un poder *otro*, uno que no admitía discusiones ni arrebatos intelectuales y en el que disponías de una cadena de mandos. La cadena de mandos. Carajo. Ahí estaba todo. Ahí residía *la cosa*. Y eso fue lo que supe y lo que sentí mientras estrechaba la mano de Manolo Castro. Él no se dio cuenta. Ni le pasó por la mente lo que estaba ocurriendo en ese instante. Creyó que estrechaba la mano de un subordinado con el que quería tener una distinción y que yo, el subordinado, aceptaba su gesto con la debida gratitud. Cuando nos despedimos, sin embargo, de ese estrechón, yo era el Fidel Castro que había terminado en ese preciso instante su educación revolucionaria y había entendido que Manolo Castro era un accidente más de la historia de Cuba y que si alguna vez se le recordaba, era por su relación conmigo. Incluso, porque había sido mi adversario. Mejor como adversario, para darle más intensidad al recuerdo. Pero ocurrió algo que siempre despierta en mí el llamado a la rebelión. Sé que no fue una actitud consciente en él. Pero qué le importa tu conciencia a la fiera cuando la despiertas. Ocurrió que él quiso demostrarme que podía distinguirme y que de hecho les mostraba a todos los que hubiesen reparado en la escena que tenía un ascendente sobre mí. Y eso fue todo. El entendimiento de que Manolo Castro y yo estábamos en los extremos opuestos de la cadena de mandos y que la situación debía revertirse, por lo menos en lo que a mí respecta, de inmediato.

11 de agosto
El embajador americano recibe del ministro británico una copia de la declaración de cuatro marineros británicos (despacho secreto de la embajada n.º 4270, agosto 14, 1947). La declaración proporciona la primera evidencia documental de lo que está pasando y revela que la fuerza expedicionaria se mudó para Cayo Confites. Sabiendo esto, Operaciones Navales de la Base de Guantánamo, han podido restablecer su observación.

16 de agosto
Dos aviones tipo P-35 detectados en aeropuerto naval cubano —Mariel, costa norte y occidente de Cuba.

8 de agosto
El general Genovevo Pérez Dámera, jefe del ejército, declara que no hay grupos armados ni fuerzas que se estén preparando para invadir la República Dominicana en ninguna parte del territorio bajo su jurisdicción. El embajador americano informa que esto probablemente sea literalmente cierto puesto que Cayo Confites está bajo el mando de la Marina. El ministro de Relaciones Exteriores hace una declaración con el mismo sofisma.

19 de agosto
Cuatro Lockheed F-5 (tipo P-38) detectados. Existencias de sustanciales cantidades de armamento y municiones se reportan en propiedad del ministro de Educación.

Bueno, dos meses allí. Te entregaban un máuser argentino para el entrenamiento. No había municiones de fogueo. Todo el parque era de guerra. El fusil había que devolverlo antes del baño, hacia las 4 de la tarde. El baño era un chapuzón en la playa. Las necesidades también se resolvían dentro del agua pero asegurándote de la dirección del viento para que el material expelido no se dirigiera al cayo y se nos amontonara. Si tenías guardia, te quedabas con el fusil hasta el otro día. Las guardias eran en seis o siete puntos alrededor del cayo. No se debía fumar en la guardia pero todo el mundo lo hacía como una defensa contra los mosquitos. Dormíamos en la playa que trazaba la figura de una herradura. La parte abierta de la herradura daba al norte y por ahí batía el mar y no dejaba sedimentar la arena. Era un sector de filosos arrecifes, y los pescadores que se aventuraban con sus capturas para vendérnoslas, decían que en el invierno las olas se abalanzaban con un estruendo sobre esos arrecifes. El cuartel maestre era una hilera de cajas de madera verde olivo alineadas sobre un promontorio de arena, un promontorio cubierto de un acolchado de hojas de uvas caletas. Un mulato gordo y en camiseta y que maceraba una bola de tabaco con la boca estaba a cargo del arsenal. Anotaba en unas mugrientas libretas escolares todas las entregas y devoluciones de los máuseres. Manolo Castro abandonaba el cayo con frecuencia. Masferrer también. Decían que Manolo iba a La Habana y Miami al asunto de comprar los aviones. Incluso, cayó preso una vez en Miami y los yanquis lo estuvieron interrogando. Masferrer también se ausentaba con frecuencia. Pero no se sabía con qué objetivo. Eran los días en que yo descansaba. Cuando se presentaba en el cayo, no le quitaba la mirada de encima. Él a mí tampoco. Me mandaba recados. Estábamos a la vista en un islote de menos de un kilómetro cuadrado de extensión y sin muchos accidentes del terreno donde ocultarse pero él hacía uso de estafetas. «Dile que donde me dé la espalda, lo mato», me mandó a decir con uno de los correos. Además, era perfectamente distinguible. Andaba con un sombrero tejano y con sus espejuelos de cristal negro de piloto de bombardero y, a diferencia de Manolo, un pequeño grupo de escolta le acompañaba de forma permanente. Años después, una de las historias que suele circular entre la contrarrevolución de Miami es que Masferrer se me encaró en Confites y me abofeteó. Es una historia que, al parecer, les procura una enorme satisfacción. Desde luego, no le voy a dar respuesta ahora a esa estupidez, pero no paso por alto el detalle para que no piensen que lo eludo y así dar párvulo a su credibilidad. Mejor recuerdo que me hicieron teniente de un pelotón.

23 de agosto
Los hombres en Cayo Confites, durmiendo en la arena, luchando contra los mosquitos, comida escasa y pobre y la inacción, comienzan a irritarse. La tropa ha estado lista antes que los aviones. Los aviones están comprados pero no listos para la guerra. Los racks para las bombas, las ametralladoras y los radios están siendo instalados frenéticamente.

Los altos y ululantes pinos —casuarinas, como se les llama— brindaban sombra y fresco permanente y un aroma que nunca he olvidado. Ni siquiera mi olfato de fumador de tabaco durante más de 40 años logró matar la presencia de ese aroma. Ellos estarían propagando su invisible lluvia de microorganismos que roían y pulverizaban el duro subsuelo de arrecifes pero nos tendían sombra y como un cierto espíritu amigable. Beneficiarse de su sombra, desde luego, dependía de la habilidad de cada cual para irse corriendo y situarse con el movimiento del sol. Es algo raro, pero yo nunca me he sentido predispuesto contra un pino. Desde mis correrías de adolescente con Bilito Castellanos por Pinares de Mayarí tengo una especie de comunión establecida con ellos. Es un árbol noble, aunque quizá un poco tonto. Todos sus frutos son esas bellotas que parecen guijarros, inútiles para el consumo humano, y que generan con el único propósito de procrearse. No fue hasta los años ochenta que supe el origen de las casuarinas de Cayo Confites. El escritor americano Ernest Hemingway las había sembrado hacia 1942. Hizo lo mismo en otro islote de la costa norte cubana —Cayo Paraíso o Mégano de Casigua, a la altura de Pinar del Río, la provincia más occidental del país. Fueron los únicos dos cayos del archipiélago cubano que durante casi medio siglo podían distinguirse desde muy lejos por los picachos de sus casuarinas. Ése había sido el propósito del escritor en sus búsquedas de submarinos nazis: contar a distancia con puntos de referencia inequívocos en los extremos de su zona de patrullaje cubano. Por cierto, en su novela póstuma *Islas en el golfo*, se describe Confites y la bandera cubana en el asta y el pequeño edificio de la Marina cubana y se dice que Confites era un cayo alegre. Qué manera de yo estar en sintonía con Hemingway. No creo que yo tuviera otra forma mejor de definir el sentimiento por ese promontorio de arrecifes en las afueras del archipiélago cubano. Alegre. Era alegre. Pese a todos los sinsabores y hambre y rencores y amenazas de muerte padecidos en ese sitio, a la hora de recordar el paraje, no puedo contener una sonrisa y hasta sentir lástima por el cayito. Por cierto, la caseta de la Marina de Guerra estaba desaparecida, y sólo quedaban las marcas de los sólidos cimientos. El puesto había sido desactivado con el fin de la guerra, desde el mismo instante que el Departamento de la Marina de Estados Unidos dejó de pagar a los aliados cubanos el servicio de vigilancia costera. Pero el asta de la bandera había sobrevivido a la inclemencia de los vientos marinos y de los dos años de islote deshabitado y nosotros pudimos utilizarlo con el mismo fin. No había bandera en existencia pero recuerdo que Manolo tuvo la delicadeza de traer una del regimiento de Holguín. Por cierto que el recuerdo de esos pinos fue lo que me llevó a sembrar todas las playas del este de La Habana apenas las desprivatizamos en el primer año de la Revolución. Crecen muy rápido. Llenamos de bosques de casuarinas una franja de la costa este habanera, y a mí me encantaba caminar en los atardeceres por aquellos playazos y contemplar el sol hacia el oeste que se hundía en el horizonte y sumirme en mis pensamientos. Era como un ejercicio de rejuvenecimiento. Desde luego, escogíamos fechas y horarios ajenos a la afluencia de público. A finales de septiembre, y sobre todo después de las 6 de la tarde, las playas cubanas están vacías. Tampoco yo iba a lugares donde la gente me fuera a estar cayendo arriba, como se dice. Pero siempre encontrarás una playa remota y solitaria para echar una caminadita y respirar a todo pulmón el aire del mar y hasta quitarte las botas y arremangarte el pantalón y caminar por el borde del agua chapaleteando mientras te dejas llevar por las ideas y divagar con ellas y soltarlas para que ellas solas busquen su lugar en la composición de tu mente. Fue Ramón Nicolau, por cierto, el que me enseñó a caminar por las playas. Decía que era su remedio de viejo. Es decir, su medicamento de anciano. A Nicolau tú tenías que oírlo porque había sido el jefe de la tropa de choque del Partido y jefe de su aparato clandestino de inteligencia y que en su currículo público se le reconocía haber sido el organizador del destacamento de internacionalistas cubanos en la Guerra Civil española, que él, muy hábilmente, supo incorporar como parte de la brigada Abraham Lincoln de los voluntarios americanos, de modo que (y aquí su currículo volvía a ser secreto) se le abrió la oportunidad de tirar una de sus primeras anclas dentro de Estados Unidos y sobre todo de su intelectualidad. Recuerdo que me decía: «Oiga, Comandante, mis mejores conspiraciones son hijas de la orilla del mar. ¿Usted sabe la cantidad de fósforo que usted incorpora en su cerebro después de una hora de respiración costera?». Para él había un ideal, que a su vez era la mayor muestra de amistad que se podía ofrecer: invitar a un camarada a echar unas parrafadas mientras se desplazaban a todo lo largo de un playazo con el agua hasta las pantorrillas.

Después tuvimos la alarma del cáncer del suelo producido por los microorganismos. Tuvimos que talar todos los bosques de casuarinas y sacarles el magro provecho de convertirlos en leña de algunos centrales azucareros. Fue una compensación mínima en ahorro de combustible. Puesto que el daño ecológico y económico fue considerable. Por poco perdemos todas las playas del este de La Habana —así de violento es el ataque de esos microorganismos. De manera inexplicable, casi como un milagro, el cayo Paraíso aguantó la enfermedad. Pero Confites prácticamente ha desaparecido y hoy es apenas un rompiente de arrecifes en la línea avanzada del archipiélago. La última vez que estuve allí, desistí incluso de la idea de desembarcar. Luego de dejar inaugurados unos complejos turísticos para franceses y españoles en unos islotes comprensiblemente cercanos —medio día de navegación a bordo de mis medios navales— le dije al jefe de la escolta que arreglara las cosas para ir a Cayo Confites. Pero que dejara atrás a todos los empresarios extranjeros. Llegamos al caer la tarde.

Yo había desistido del helicóptero porque quería volver a navegar esas aguas después de 47 años. Mi pequeña pero respetable flota de dos cazasubmarinos MPK y un buque de guardacostas de gran porte Prospector —los tres de producción soviética— y mi propio yate, el *Pájaro Azul*, fondeamos frente a Confites, o lo que queda de él, al atardecer. Era una playa en proceso de desaparición, de apenas unos veinte metros de profundidad, y una alfombra mortecina de uvas caletas y unos palos lanzados por el mar sobre la playa fue todo lo que descubrí a través de mis catalejos de artillería del ejército soviético. Eso era lo que quedaba de una isla que Hemingway describió como alegre y donde, una vez, más de mil hombres disfrutaron de las vísperas de una revolución y donde Fidel Castro situó el origen verdadero de la Revolución cubana. Entonces creí descubrir algo en un lugar donde las hojas de las uvas caleta parecían alzarse. Como un promontorio. Recuerdo que le dije a Joseíto, mi jefe de escolta, que me limpiara bien los cristales de los anteojos que el mar parecía haberlos empañado. Joseíto hizo una cuidadosa labor de pulimentado. Volví a buscar con mis catalejos y fui ajustando muy cuidadosamente la graduación y hasta pedí silencio como si los murmullos de mis escoltas pudieran perturbarme el rastreo. Ah, cará. Allí. Allí mismo. Sí. Sí, señor. Ésos son aún los cimientos. Todavía están ahí. En efecto, todavía estaban ahí. Los cimientos de la vieja caseta de comunicaciones de la Marina de Guerra. Por lo menos el descubrimiento de aquel musgoso fragmento de pared me reportaba una breve posibilidad de alegría. Pero ordené levar anclas y dirigirnos a tierra. Nunca más he regresado.

27 de agosto

Un piloto aterriza por error un avión tipo P-38 en campo Columbia. Ha sido retenido. Manolo Castro, el director general de Deportes, bajo cuya responsabilidad está la preparación de la aviación expedicionaria, se presenta en el Palacio Presidencial. El resultado es la liberación de un C-47 y del P-38.

4 de septiembre

Los revolucionarios deciden prescindir del bombardero B-24 y de los Vega Ventura retenidos por el ejército. Arriba un bombardero B-25 y se esperan tres más.

22 de septiembre

Los jefes realizan heroicos esfuerzos por mantener la cohesión de la fuerza y terminar su preparación. Parece que pueden lograrlo. Hay tres barcos fondeados frente a Cayo Confites. Se están haciendo viajes regulares al puerto de Nuevitas para asegurar los suministros de agua y comida. Hay reportes de que se planea dislocar la fuerza en otra área más agradable. Los pilotos (todos soldados de fortuna americanos) y los mecánicos están acondicionando sus máquinas en el puerto de Mariel y vuelan diariamente. Si la fuerza mantiene su cohesión otras tres semanas, su éxito está garantizado. Aparte del ejército, el gobierno cubano está prestando toda la ayuda necesaria. La fuerza de golpe aéreo promete ser lo suficientemente grande para lograr un inmediato y extensivo daño a Ciudad Trujillo. Un grupo viaja en busca de apoyo del presidente haitiano.

Continúo con el Confites de la buena época. Había un tráfico regular de botes y lanchas de desembarco. Al final todas las embarcaciones quedaron para el trasiego de los jefes con tierra firme. Los tres cargueros fondeados frente al cayo estaban vedados para nosotros. Los tres radios RCA Víctor y dos Motorola conectados a unas baterías de camiones nos proporcionaban a duras penas, detrás de la insoportable cortina de ruido estático, las noticias de alguna emisora de La Habana y otras de Camagüey y de Estados Unidos. La comida se preparaba en el cayo por compañías en cocinas de campaña americanas cuyo probable uso anterior había sido Iwo Jima y las traían de los barcos cuando la lluvia era exagerada.

La residencia del comandante Antonio Morín Dopico, en 8 y D, en Marianao, ha sido asaltada.

El siseo del agua avanzando sobre la arena y de inmediato retirándose pareció quedar en suspenso.

Asaltada por fuerzas de la Policía Nacional, al mando del comandante Mario Salabarría.

Los hombres comenzaron a agruparse alrededor de los cinco enormes y cavernosos aparatos de radio.

Fueron recibidas a tiros.

3.15 de la tarde.

En estos momentos se desarrolla un nutrido tiroteo.

15 de septiembre de 1947.

Había ese muerto que pagar. El tipo del café con leche bajo el toldo del cafetín en la esquina de las calles Carlos III y Belascoaín. Mario

Salabarría tiene la orden de arresto. Manda las perseguidoras por delante. Tro resiste el arresto. Pasan las perseguidoras frente a la casa sitiada como los indios rodeando a Custer. El presidente Grau duerme la siesta y no se le puede despertar. El locutor de la emisora CMQ narra desde el lugar de los hechos como si fuera un juego de pelota. Por fin alguien despierta al presidente de la República. «Deja los muchachos que se arreglen sus cuentas como puedan», dice. El general Genovevo Pérez Dámera, un gordo que le ha partido el espinazo a varios ejemplares extraordinarios de las crías caballares del ejército al forzarles el galope, sable en ristre, en sus desfiles de ciudad militar Columbia, está de consulta en Washington, de consulta precisamente por los preparativos de invasión a la República Dominicana desde Cayo Confites. «La residencia del comandante Antonio Morín Dopico, en 8 y D, en Marianao, ha sido asaltada por fuerzas de la Policía Nacional, al mando del comandante Mario Salabarría, que fueron recibidas a tiros», ha dicho el locutor. «En estos momentos se desarrolla un nutrido tiroteo.» De nuevo la sensación de que uno estaba fuera del acontecimiento principal. De no dominar el curso de los cabrones acontecimientos. Y ahora perdidos de la mano de Dios, en un islote a la deriva en la corriente del golfo y teniendo como única vía de comunicación cinco aparatos antediluvianos ya desechados por el ejército de Cuba. ¡Y a nueve horas del puerto más cercano!

El domicilio de Antonio Morín Dopico está siendo sometido a un verdadero barraje de armas ligeras, estimados radioyentes. Revólveres, pistolas, ametralladoras, rifles están acribillando cada ventana. Cerca de las 3 p. m. un automóvil de la Policía Nacional cruzó frente a la casa de Antonio Morín Dopico haciendo varios disparos. Luego se generalizó el tiroteo entre los que se hallaban dentro de la misma y los agentes de la autoridad que obedecían órdenes del comandante Salabarría, los cuales se apostaron convenientemente. ¿Entendieron, estimados radioescuchas? Ustedes perdonarán la tensión pero nos encontramos debajo de la misma balacera, y si no es bajo es cerca. La sangrienta pelea se halla en su clímax, señoras y señores. Como venimos reportando, elementos vinculados a Emilio Tro y a Antonio Morín Dopico realizan gestiones con distintos personajes del régimen al objeto de que el presidente de la República ordene al ejército que intervenga, ya que los sitiados se niegan a entregarse a las fuerzas comandadas por Salabarría. Esto es lo que se comenta aquí afuera de la residencia sitiada. Las gestiones, desde luego, se deben estar haciendo vía telefónica. La primera víctima fue el oficial policía Mariano Puerta Yergo, de la 11.ª Estación. Estando acompañado de su esposa, conoció el suceso que tenía por escenario un apacible rincón marianense. Apresuradamente, tomó un auto con el capitán Abreu y el teniente López, con la intención de luchar junto a su amigo Tro. Trató de cruzar la calle para ganar la casa sitiada, siendo alcanzado por una ráfaga de ametralladora que lo dejó muerto en el pavimento. Su cadáver permanece tendido en el lugar donde cayó. Marianense de Marianao, el barrio donde nos encontramos. Han transcurrido tres horas desde que comenzara el insólito combate. Dos policías toman posiciones en unas casas próximas a la residencia de Morín Dopico para atacar a los hombres que se han refugiado en la misma. Fáciles de ver desde nuestra posición. Dos policías. Un momento. Momento por favor. Por la ventana. Sí, efectivamente, señoras y señores. Por la ventana de la casa sitiada emergen paños blancos y gritos como «¡No tiren, no tiren!». Están agregando algo. ¿No? ¿Qué está gritado esa gente, chico? Ah. Que van a salir mujeres y niños. Es lo que dicen desde adentro de la casa. «¡No tiren, no tiren, que van a salir mujeres y niños!» Parece que tendremos mujeres y niños, estimados radioyentes. La respuesta de los sitiadores es negativa, señoras y señores, estimados radioyentes, a la par que acompañada de violentos epítetos. Negativa y violentos epítetos. No se sabe ahora si por el temor o por la pasión, pero dicen que no. Que van a seguir tirando. Tro y sus compañeros sitiados insisten. Al parecer ésa es la situación. Insisten en la situación de las mujeres y los niños. No sabemos si los radioyentes pueden escuchar con claridad el intercambio de epítetos que se está efectuando junto al intercambio de balazos. Nosotros tenemos una ametralladora pegada al oído izquierdo que no nos permite escuchar con claridad. Tabletea mucho esta ametralladora. ¿Cómo? ¿Quién? Es el Turquito, señoras y señores. Un señor llamado el Turquito que está haciendo uso de su ametralladora aquí al lado nuestro. Muy concentrado en su trabajo, el Turquito. Momento. Un momento, por favor. Efectivamente, señoras y señores, parece que al fin se efectuará la salida. Está coincidiendo con el arribo de fuerzas del ejército, que se puede escuchar con claridad el avance de los tanques. Fuerzas del ejército preparadas con tanques y armas como para un combate de gran envergadura. Ésa es la situación aquí, señores radioyentes. Es Radio Reloj reportando. El primero en ganar la calle, con una pequeña niña en brazos es un señor. ¿Quién? Es el mismo Antonio Morín Dopico el que se encuentra ya en la acera, señoras y señores. Nos informan que Antonio Morín Dopico ha ganado la acera. Lleva en brazos a su pequeña hija. Miriam, informan, una infante de 10 meses. Está herida a sedal, la bebita. Dicen que en el estómago. No. Que en un tobillo. Herida en algún lugar, la bebita. Esta patética escena está siendo llevada a ustedes en transmisión directa desde el lugar de los hechos. Antonio Morín Dopico, con su hijita Miriam en los brazos, logra coger una máquina que lo lleva al hospital militar de Columbia. Pudimos notar el gesto con que se despidió de sus compañeros. Levantó el brazo y les dirigió algunas palabras que no han llegado a nosotros, pese a que en este momento reina un tenso silencio en el lugar. Fue Morín Dopico quien, rápidamente auxiliado por dos soldados, ascendió a un automóvil que lo condujo al hospital militar en calidad de detenido. Se nos informa que en calidad de detenido. Ni cuenta nos habíamos dado de que las armas se han acallado. Siguen saliendo, señoras y señores. Parece que eso va a ser todo por hoy. La señora Aurora Soler de Morín Dopico. Le sigue ella a su esposo e hija, que ya no se encuentran en la escena de los hechos. Aurora Soler, y después, el comandante instructor Emilio Tro. Los estamos viendo, estimados radioescuchas. No se las trae todas consigo el comandante instructor Tro. Mas todo parece haber terminado, pues se encuentran ya en el interior de la casa agentes de la policía. O militares. No se distinguen bien los uniformes desde aquí. Han aparecido en el jardín la señora de Dopico y Emilio Tro. Oye. Oye. Se escucha otra vez el tableteo de ametralladoras. Otra vez. Estamos viendo caer a la señora Soler de Morín. La están matando, estimados radioescuchas. Es un instante de confusión. Un militar está tomando a la herida por los brazos, como para levantarla, en tanto que Tro la coge por los tobillos. Es una maniobra confusa. Al parecer el propósito es conducirla hacia la calle. Ahora están alcanzando a Tro. No pudo culminar la gestión de extraer la señora hacia la calle, ya que apenas llegados a la acera han abierto fuego de nuevo, desplomándose Emilio Tro a los pies de un teniente. El teniente De la Osa, ayudante del coronel Fabio Ruiz, nos informan. También el citado oficial. También el citado oficial teniente De la Osa ayudante del coronel Fabio Ruiz está siendo herido, señoras y señores. Está recibiendo impactos. Hay otro señor en la escena. Un oficial, nos informan. Parece querer protegerse con la matica que está delante de él. Se llama Padierne. Ha caído de bruces, estimados radioyentes. Un oficial de apellido o nombre Padierne que al parecer quiso protegerse con la matica que está delante de él ha dado escasamente dos pasos más antes de caer muerto junto al contén de la acera. Es apellido porque su nombre es Luis, me informan. Luis Padierne. No estaba dentro de la casa ni pertenece a los sitiadores. ¿Alguien puede decirme qué vino a hacer este señor que aparece de improviso por la acera? Ah. Me informan aquí que es de la gente de Tro y que venía a ayudar. Mal momento para ofrecer ayuda. Gases. Están tirando ahora gases. Tanques. Los tanques se han posesionado del frente de la casa. Tenemos tanques y gases, señoras y señores. Son gases lacrimógenos lanzados al interior de la casa sitiada. El silencio se vuelve a apoderar del escenario, señoras y señores. Un silencio razonable si por él entendemos que los disparos han cesado. «¡Está viva!» Alguien ha gritado está viva. Estamos viendo a los hombres acercarse a uno de los bultos en la entrada de la residencia. Es la señora de Morín Dopico. Hacia ella se están dirigiendo. Acaban de hacerle dos disparos adicionales a la señora, señoras y señores. Dos disparos adicionales. Nos informan que el señor llamado el Turquito ha tomado la responsabilidad de evitarle más sufrimientos a la señora Aurora Soler de Morín Dopico y ha efectuado los disparos. Ha utilizado su pistola y no la ametralladora. Nos informan que la señora se quejaba y que el señor el Turquito murmuró: «Pobrecita, mira cómo sufre» antes de proceder a desenfundar y aplicarle dos disparos. La primera víctima, habíamos informado, resultó ser el teniente Mariano Puerta Yero quien fue alcanzado, a una cuadra de la casa de Morín Dopico por una ráfaga de ametralladora. Tro cae muerto arrastrando en su caída a De la Osa, que está herido. Éste ha quedado tumbado en la parte derecha de la acera mientras Tro, muerto, permanece sobre los pies de la señora de Morín Dopico. Se han disipado los gases, señoras y señores, y el ruido de los disparos parece haberse extinguido. Felizmente parece que esto ha terminado. Quiero decir finalmente. El incomprensible espectáculo que estamos viendo ahora es los cadáveres de la esposa de Dopico, Emilio Tro y Luis Padierne, este último de bruces en la acera de enfrente, ametrallados después de rendirse. En la sala de la casa, el de un oficial del ejército. Nos dicen que es el capitán Arcadio Méndez. No sabíamos que este hombre había muerto aquí adentro. Debe de ser de los uniformados que ingresó en la casa después de la rendición. El capitán Arcadio Méndez cayó hacia el interior de la casa, estimados radioyentes. Ahora nos dicen que más de veinticinco balas perforaron su cuerpo, trece de las cuales las tiene en la región costal derecha. Ésa es la situación aquí, estimados oyentes. Nos siguen llegando informes. El teniente Luis Padierne Labrada, como se ha informado, después que logró salir del patio de la casa, caminó escasamente unos pasos para caer muerto junto al contén de la acera. Ahora observamos cómo uno de los heridos durante el tiroteo, que recibió varios balazos en el vientre, es conducido por un policía y varios paisanos a un centro de socorros. Por lo menos tiene la mano sobre el estómago. Seguimos reportando. La noticia en acción, señoras y señores. El oficial de policía Mariano Puerta Yergo, de la 11.ª Estación es el alcanzado por una ráfaga de ametralladora que lo dejó muerto en el pavimento. Su cadáver ha permanecido tendido en el lugar donde cayó durante todo el curso de la batalla y ahí parece que va a estar muchas horas más. Por la derecha. Por la derecha, señoras y señores. Por la derecha nuestra acaba de hacer acto de presencia un hombre al parecer herido. Gravemente herido. Ha salido de la residencia contigua a la de Antonio Morín Dopico y mana sangre abundantemente. Es de los sitiadores, señoras y señores. Ha surgido por nuestra derecha. Tinto en sangre. Nos acaban de informar que se trata del señor Mario Sánchez, uno de los miembros del Servicio de Investigaciones e Informaciones Extraordinarias que tomó parte en los sucesos, y que abandona una de las casas próximas a la residencia del comandante Morín Dopico después de haber sido herido por una bala en el costado izquierdo. Es imposible que nos acerquemos porque ya está siendo asistido por sus compañeros, quienes solicitan una ambulancia o cualquier carro. El sitiador Mario Sánchez, señoras y señores. Herido el sitiador. Momento. Un momento. Se nos informa ahora del surgimiento de otro foco de tensión. Esto parece que no se acaba aquí, señoras y señores, como previamente habíamos anunciado. Se nos asegura que ante el censurado hecho de haber disparado después de la rendición, ha surgido un grave altercado entre los sitiadores, ya que muchos de ellos increpan a sus compañeros por haber actuado en tal forma. ¿Cómo? Ah. El ejército, señoras y señores. Parece que el ejército ha decidido evitar otra matanza, exigiendo la inmediata entrega de las armas. Se nos está informando que el teniente coronel Landeira detiene al comandante Salabarría y a varios de los agentes a sus órdenes. Está lloviendo, estimados radioyentes. Una lluvia intensa. Se nos informa ahora que pronto se iniciará el desfile de regreso hacia Columbia de los veinte tanques y camiones blindados, bajo esta lluvia intensa. La sangre de las víctimas está siendo impulsada por el agua, señores y señores.

La sangre, estimados radioyentes.

La sangre cubre de rojo el pavimento.

* * *

Morín Dopico se encuentra en la acera. Lleva en brazos a Miriam, de 10 meses. Está herida a sedal en un tobillo. Logra coger una máquina que lo lleva al hospital militar de Columbia. Se despide de sus compañeros. «¡Salgan!», les dice. «¡Salgan!» Aurora Soler, y después Emilio Tro, aparecen en la puerta. Avanzan hacia el muro del jardín, donde hay unos setos cuidadosamente podados. Se reinician los disparos y la mujer cae, blandamente. La estoy viendo ahora mismo. Es ciertamente una caída que se puede calificar como blanda. Rebobino el casete. Contemplo la escena de nuevo. Cae blandamente. Un militar la está tomando por los brazos, como para levantarla, en tanto que Tro la coge por los tobillos. Hasta este preciso instante todo lo que está ocurriendo es en las vísperas, calculo mientras reviso la escena. Todavía las vísperas. Apenas llegados a la acera, no queda claro si tratando de incorporar a la mujer o él tratándose de ocultar detrás de su voluminoso empaque, cuando han abierto fuego de nuevo, se desploma Emilio. Cae a los pies del teniente De la Osa. Ya está muerto cuando cae. Repito la escena. Pongo el casete a correr en cámara lenta. Quiero precisar el momento exacto en que las vísperas terminaron para Emilio. En efecto. Dentro de un instante las vísperas habrán cesado. Uno puede ver la sorpresa en la mirada. Pero no puede ser una sorpresa por los disparos porque llevan más de tres horas combatiendo. Es otra cosa la que le ha sorprendido. Es algo quizá que ha visto en ese último instante de su vida. O quizá algo que ha recordado. Congelo la escena. Quiero el instante. El instante preciso como el del golpe del cuchillo que corta la soga. Cuadro por cuadro. Éste. Aquí todavía su mirada contiene un argumento. Hay un fluir que lo humedece. El otro. Ampliación de cuadro. Máxima ampliación. Ya aquí son los ojos vidriosos. Son los ojos abiertos pero la vida ha cesado. Ya no recuerda. Pero tampoco olvida. Es todo. Un todo que es la nada. Apago por un instante el costoso reproductor de casetes y el monitor. Le pido al teniente coronel Césareo que alcance un coñacito. Necesito ese trago. Yo no estoy muerto en esa acera porque me enrolé en la aventura a todas luces equivocada de derrocar a Trujillo. Mientras entibio en el reposo de la mano la copa que Césareo me ha alcanzado, sonrío para mis adentros. Recuerdo a Emilio diciéndome que nadie moría en las vísperas. El video me ha sido preparado con los fragmentos que han sobrevivido del pietaje de película tomado por un personaje, Eduardo Hernández, al que llamaban «Guayo» y que solía autoproclamarse como «el As del Lente». Estuvo años después con nosotros en la Sierra Maestra y después fue una compañía habitual de los *teams* de infiltración contrarrevolucionarios que operaban en las costas de nuestro país, metiendo gente y armamentos y explosivos. Pero nunca más, ni en la Sierra con nosotros, ni navegando entre la Florida y nuestras costas, logró obtener otras escenas tan dramáticas como las de la masacre de Orfila. Todo ese segmento del ametrallamiento de Tro está tomado desde una distancia no mayor de cinco metros y no se ven las ametralladoras con que disparan por lo que puede establecerse que Guayo estaba a un mismo nivel de flanco que la gente de Mario Salabarría cuando disparaban, o que estaba delante de ellos. Además, para mí lo más impresionante de todas las escenas es que están a foco y que en ningún caso la cámara tiembla.

Hablando de periodismo. La narración de la batalla de Orfila es probablemente el primer combate en tiempo real y desde el lugar de los hechos que se transmitiera por radio en el mundo. Cerca de allí al parecer se encontraba casualmente un vendedor de anuncios de CMQ, Walterio Voigt, quien informó de inmediato lo que ocurría. Pero no se hizo a través de la planta matriz CMQ sino de la subsidiaria Radio Reloj. La maniobra demostró ser un acierto. Radio Reloj había comenzado sus transmisiones el 1 de julio de ese año. Su estudio consistía en una mesa, un micrófono, un metrónomo y dos sillas. La idea de implantar el estilo radiofónico de esta planta fue traída de México por Gaspar Pumarejo, en ese entonces jefe de programación del Circuito CMQ, quien conoció allí la existencia de una estación denominada XEQK que daba la hora cada minuto, intercalando menciones comerciales grabadas. Pumarejo le propuso a Goar Mestre, propietario de la CMQ, crear una emisora similar, pero alternando la hora con anuncios en vivo y noticias. Cuando habían transcurrido dos meses y medio de su fundación, se produjo Orfila. Desde ese día nacieron las frases de identificación «La noticia en acción», «El minutero informa» y «Radio Reloj Reportando». El locutor Germán Pinelli pudo llegar hasta la calzada de Columbia (Avda.41) esquina a Orfila, en Marianao. Desde ahí, la mayoría del tiempo tirado en el suelo, realizó las transmisiones. Años después, y como muestra del inexplicable mimetismo revolucionario que se establece de una generación a otra, así como del impacto que había tenido en la conciencia nacional aquella transmisión radial, los compañeros que planificaron el asalto al Palacio Presidencial para dar muerte a Batista, desviaron un comando, con José Antonio Echeverría al frente, para que tomara Radio Reloj y leyeran una inflamada proclama que anunciara la muerte del tirano. Eso fue el 13 de marzo de 1957. La secuencia y propósito de los hechos proyectaba la urdimbre de una paradoja informativa: la emisora no acudía al hecho noticioso, sino el hecho noticioso a la emisora. Aclaro que todo eso lo he aprendido ahora, mientras reviso los expedientes de Orfila.

Levanto la copa y la llevo a los labios. Buen coñac. De mis reservitas de Napoleón. Las que mantengo ocultas en mi oficina. Para mi solo consumo. Son las nueve de la noche. Sábado por la noche. Todos los pasillos y oficinas del Palacio de la Revolución están en penumbras. Sobre mi buró se amontonan algunos files que he decidido pedirle a Chomy y que me ha dejado sobre el buró desde hace unos días, especialmente todo lo que la Seguridad tuviese de Orfila. Expedientes históricos, se llaman. Coloco la copa sobre la mesa, aún con la mitad de mi ración en espera, y tomo el control en la derecha y lo acciono. Me concentro en los dos muertos voluntarios. Puerta y Padierne. Los dos que llegan del exterior. Lo que estoy reconstruyendo es mi conducta probable de haber estado en La Habana y enterarme de lo que estaba ocurriendo en Orfila. Hasta un punto sé que hubiese actuado igual que ellos dos, Mariano Puerta Yergo y Luis Padierne Labrada. Porque hasta ahí lo que están haciendo es actuar políticamente y además con una dosis comprensible de oportunismo. Acuden a donde se atrinchera Emilio porque él es quien debe ganar. Es el veterano de la Segunda Guerra Mundial devenido en un Robin Hood urbano y es el líder del grupo de más rápido crecimiento de la ciudad. Pero cometen un error de procedimiento imperdonable. Comoquiera que su propósito es estar al lado de Emilio cuando éste logre su victoria y que Emilio les recuerde siempre su lealtad, olvidan el principio táctico pero de valor estratégico de que los cercos sólo se rompen desde afuera. Abandonan una situación táctica favorable para situarse ellos mismos en la posición de ser aniquilados a mansalva por el enemigo. Puerta y Padierne ya eran dos. De quedarse afuera y buscado un poco de refuerzos, les hubiesen entrado por la retaguardia a la gente de Mario. Si yo hubiese llegado, éramos tres. Otro par de hombres hubiesen aparecido en un santiamén. Todos, por planilla, armados. Entonces, entre nosotros por afuera y Emilio y los otros desde la casa, a los que hubiésemos puesto entre dos fuegos eran los del bando enemigo. No es que yo hubiese tenido mucha sabiduría militar en aquellos tiempos, pero al igual que Puerta y Padierne se dejaron llevar por los impulsos de una ambición meramente política en una situación de exigencia absolutamente militar, yo pienso que alguna clase de razonamiento y un instinto especial que dispongo, me hubiesen permitido torear el dilema y decidir con la dosis adecuada de pragmatismo cuál era el exacto provecho a obtener de la masacre.

15 de septiembre

La fecha encuentra al general Pérez Dámera en Washington. Ese mismo día se produce la masacre de Orfila, que cuesta seis vidas. El presidente Grau exige al general Pérez Dámera que regrese. Éste parte de Washington en un avión militar americano.

16 de septiembre

El general Pérez Dámera arriba a las 3.25 a. m. y rápidamente se hace cargo de la situación. Una corte militar establece cargos contra Mario Salabarría y otros miembros de la fuerza policial.

17 de septiembre

La prensa aplaude la declaración del general Pérez Dámera de que no se permitirá la formación de grupos para implementar venganzas personales.

18 de septiembre

Un destacamento militar ocupa los cuarteles de Salabarría. El presidente Grau designa un supervisor militar de la Policía.

Aurora, uno de los barcos de suministro de la fuerza expedicionaria dislocada en Cayo Confites.

Un modelo temprano de líder revolucionario: Manolo Castro.

Dos policías del bando contrario al grupo de Emilio Tro, es decir, gente de Mario Salabarría, toman posiciones en los jardines próximos a la residencia del comandante Morín Dopico. Son un poco más de las 3 p. m. del lunes 15 de septiembre de 1947, en una bucólica barriada del oeste habanero llamada Orfila.

El comandante Morín Dopico, con su hija Miriam en los brazos, aprovecha un minuto de tregua y logra coger una máquina que lo llevará al hospital militar. La niña está herida en una pierna. El coche hace una valla frente a la casa. Dopico hace un gesto de despedida a sus compañeros en el interior de la casa.

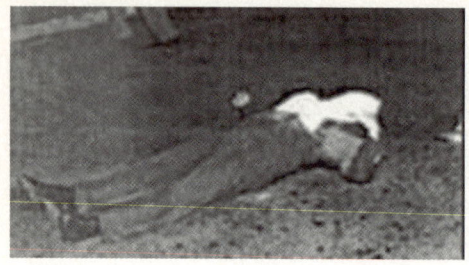

Primera baja —¿o víctima?—, teniente Mariano Puerta Yero, alcanzado por una ráfaga de ametralladora Thompson, a una cuadra de la casa de Morín Dopico.

Emilio Tro cae muerto arrastrando en su caída a un militar de apellido De la Osa, que está herido. De la Osa quedará tumbado a la parte derecha de la acera mientras Tro caerá sobre los pies de la señora de Dopico. El teniente Luis Padierne Labrada que parece querer protegerse con la matita que está delante de él, dará escasamente dos pasos más antes de caer muerto junto al contén de la acera.

El teniente Luis Padierne Labrada, después que logró salir del patio de la casa, caminó escasamente unos pasos para caer muerto junto al contén de la acera.

El capitán Arcadio Méndez cayó hacia el interior de la casa. Más de veinticinco balas perforan su cuerpo, trece de las cuales las tiene en la región costal derecha.

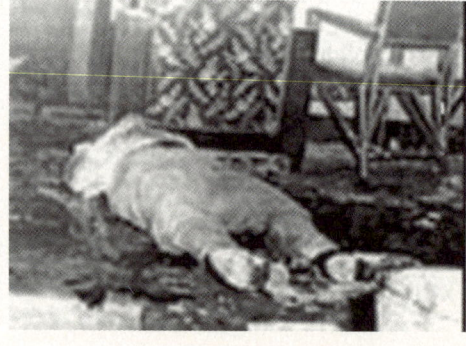

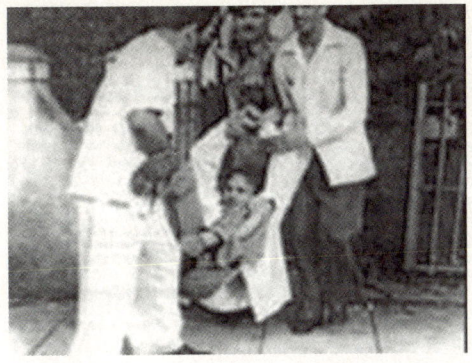

Uno de los heridos durante el tiroteo —no identificado—, que recibió varios balazos en el vientre, es conducido por un policía y varios paisanos a un centro de primeros auxilios.

Mario Sánchez, uno de los miembros del Servicio de Investigaciones e Informaciones Extraordinarias que tomó parte en los sucesos, abandona una de las casas próximas a la residencia del comandante Morín Dopico. Tiene una herida de bala en el costado izquierdo.

Panteón en el cementerio de Colón para los caídos en Orfila.

Con sus acostumbrados sombrero Stetson, sus gafas oscuras Ray-Ban de piloto bombardero y el fino bigote de capataz criollo, Rolando Masferrer navega rumbo a Cayo Confites.

Aquel islote, con lo reducido y promiscuo de su ambiente y el viscoso tejido de las ambiciones que se entrecruzaban y en el que llegaba el momento de no saber si tú hablabas o pensabas las cosas pero que cualquiera podía captártelas, espeso caldo y humores de un conglomerado de hombres finalmente de desecho, y yo teniendo que estar a la viva con las intenciones de Rolando Masferrer y Rojas, y las plagas de mosquitos y jejenes y fuese lo que fuese, el peso abrumador de mi descubrimiento de que lo primero era conquistar un territorio, y ubicarlo de forma indeleble en los mapas me ayudaban bastante a complicarme las cosas. Si les digo ahora que Cayo Confites es en ese sentido oculto en que cada hombre organiza los hitos de su vida como mi catedral privada para señalarme el lugar y sitio preciso donde me convertí en el jefe de una Revolución, deben creerme. Cómo hacerla y los métodos a emplear, requerirán de otro escenario para erigir su correspondiente monumento secreto. Les puedo adelantar, no obstante, que fue una noche de fines de la primavera de 1952 y en la escalinata de la Universidad de La Habana y que estaba solo y desesperado y ni siquiera disponía de un real para un tabaco. Pero contaba con algo que me era desconocido en Cayo Confites. Contaba con Cayo Confites. Con su memoria. Con su recuerdo. Con el conocimiento de que las ideas más felices tienen su origen en los peores estados anímicos. Por lo menos ése es mi caso. De manera que la cúspide, la bóveda del cielo sobre Cayo Confites, es entre todas las obras posibles, la elegible como mi Capilla Sixtina. No se ofendan. Es mi naturaleza y en alguna medida es una naturaleza que demanda una estricta observancia de la democracia. La pregunta obligada para mí, en una circunstancia como ésta, es: ¿Por qué el Papa Sixto IV sí y yo no?

Cayo Confites. Antes tenía un cielo limpio, sólo de estrellas, sobre todo en las noches que se cerraban después de una tarde de lluvias y tormentas eléctricas. Después tuvo a Hemingway y la bandera cubana. Ahora tiene la soledad de las piedras que mueren frente al mar y, lejos como está de cualquier ciudad o establecimiento con alumbrado eléctrico, puedes distinguir el trazado permanente de los centenares de sputniks y otros ingenios humanos que surcan el infinito. Nada contamina la visibilidad de la bóveda celeste. Es cierto que los temporales te limpian la atmósfera.

Orfila fue decisivo. Llevábamos más de dos meses sorteando conflictos de todo tipo y en un mismo cayo llegaron a haber más de diez presidentes para la República Dominicana, ninguno dominicano, por cierto. Pero nuestro destino se decidió en un barrio de La Habana. Las fuerzas armadas cubanas habían colaborado pero más por no hacer que por hacer. Pero el escándalo provocado por la masacre y sobre todo la escena filmada del asesinato de aquella infeliz mujer le impidieron al gobierno y los institutos armados permanecer ajenos a todo lo que estaba aconteciendo. La imaginación popular había agregado una situación de embarazo avanzado a la señora de Morín Dopico, cuando en realidad sólo se trataba de una mujer muy obesa. El problema más acucioso, sin embargo, el que más rápido se deterioraba, era el de los suministros. El problema de la logística. Dislocaron el personal en un punto de concentración o asamblea antes de disponer de los recursos. Para la inteligencia americana esto fue un factor primordial que anunciaba el inminente desastre, aunque en mi opinión no siempre obra en forma dañina el método de asamblea sin recursos. Mi experiencia es diferente. Si nos hubiésemos puesto a esperar por los recursos, la Revolución cubana andaría aún por los planes. O yo sería ahora uno de esos viejos del Partido entregándole las banderas del comunismo a sabe Dios qué arrogante e impertinente mozo. En la Sierra Maestra establecimos la norma de que para alzarte tenías que traer tu fusil. Ni se sabe la cantidad de guardias que mataron en esos pueblos y ciudades alrededor de la Sierra para quitarles el fusil. Yo creo que murieron tantos o más que en combate. Llegó un momento en que los guardias no podían ni irse de putas porque los velaban y cuando se aligeraban de sus arreos, entraba un muchacho, lo mataba y se hacía de su Garand o de su Springfield y la canana con todo el parque. Y para el monte. Era sagrado. Esa arma era suya y nadie se le podía sustituir ni cambiar. Recuerdo cuando se alzó uno de nuestros combatientes que luego probaría ser el más valiente y leal: Antonio Sánchez, a quien llamábamos «Pinares», por proceder de Pinar del Río. Me lo llevaron ante mi presencia después de haber sido rechazado por aparecerse desarmado en la Sierra. Estaba realmente ofendido y argumentaba con toda aquella tropa de rebeldes de una manera tan disparatada pero tan apasionada que era fácil descubrir que se había ganado la simpatía de todos los combatientes. De ponto pareció descubrirme y fue directo hacia donde yo me había sentado, cerca de unos troncos de madera, y me dijo: «¿Usted es el jefe, no? Fidel Castro. Sí, usted mismo. Igualito que en la *Bohemia*. Pues yo sólo quiero que usted me responda una cosa. Y dígame. ¿Quién ha visto que se convoque a una guerra sin tener armas?». Nunca he olvidado la construcción retórica de Pinares. Convoque a una guerra sin tener armas. Y siempre me he preguntado de dónde habrá sacado esa palabra tan inusual entre cubanos. Convoque. Pero, bueno, busqué de inmediato una de esas soluciones salomónicas que tanto agradaban en la campaña de la Sierra Maestra y que por su propio esquematismo y aparente equidad se establecían como principios expeditos de justicia y que contribuían de manera vertiginosa a propagar una formidable imagen de la Revolución, no ya como idea o como objetivo a alcanzar, sino como los beneficios de un Estado ya existente, uno en funciones y además dentro del cual vivían cada vez mayor cantidad de gente y que de alguna manera disfrutaban de este nuevo sentido de la jurisprudencia. No olviden esto porque después va a resultar muy importante. En esa justicia de rápida y elemental instrumentación de la Sierra Maestra están las bases del Estado paternal cubano. Pero a su vez en la necesidad que nos ha obligado a individualizar la aplicación de la justicia, de las leyes, de las normas. Observen que durante casi medio siglo de proceso hemos mantenido la decencia de jamás llenarnos la boca con la proclama peregrina de que la ley es igual para todo el mundo. Así que Antonio Sánchez Pinares. Unos ocho años después el mismo Che me va a agradecer que se lo incluya en su guerrillita boliviana. Y a Antonio Sánchez Pinares, porque se hizo una costumbre unirle su nombre de guerra como segundo apellido, «vamos a hacer una cosa —le dije—. Y tú no me vas a defraudar. Yo te voy a poner con Camilo. Y tú te vas a ir con Camilo. Pero Camilo te va a tener que dar comida, ¿verdad? Y tú no tienes cómo pagar esa comida porque tú no tienes cómo combatir. Es decir, eres como un machetero que se presenta en el corte de caña sin machete. Espérate. Espérate. Déjame terminar. Entonces, ¿qué tú vas a hacer? Pues tú vas a cargar los sacos de malanga, tú vas a cargar las cajas de balas de la 30 que le dimos a Camilo. ¿Verdad? Tú vas a hacer todo eso. Entonces, cuando haya un combate, tú vas a ver cómo te las arreglas y de abajo de las balas le quitas su arma a un casquito. ¿Qué te parece? ¿Te gusta? Pues entonces no hay más nada que hablar. Y todos ustedes, prepárense, que seguimos camino. Andando. Y tú, Camilo. El hombre es tuyo. Ahí lo tienes». Casquito era la forma usual de llamar a los militares batistianos. La experiencia de nuestro desembarco y el yate *Granma* es otro ejemplo de logística deficiente pero de una empresa al final victoriosa. Éramos 82 hombres —armados como pudimos— a bordo de una embarcación de medio palo. Medio palo no es un término marinero sino una definición cubana de mediocre. No totalmente jodido ni totalmente confiable. Pero medio palo. Los mismos ochenta y tantos hombres de Tropas Especiales que mandamos a tomar Angola. Ni Cortés tuvo menos hombres al inicio de la conquista de México que los que se llevó Pascualito para cumplir esa tarea. Tomar un país once veces del tamaño de Cuba. Pascualito es Pascual Martínez Gil, que llegó a ser uno de nuestros más bravos combatientes. Llegó hasta general de División. Aunque luego tuve que meterlo preso. Ya explicaremos. Tomás, otro general nuestro, era muy bueno en esto de actuar sin esperar nunca a un completamiento de recursos o de tropas. Hasta le había puesto nombre a su proceder táctico. Él le llamaba «revolico». Me decía: «Mucho revolico, Comandante. Yo nunca espero por el completamiento ideal porque el completamiento ideal no existe». Tomás era el general de División Raúl Menéndez Tomassevich y había ganado fama y hasta la estatura de la leyenda por ser el comandante nuestro que liquidara las bandas contrarrevolucionarias del Escambray.

20 de septiembre
El ejército ocupa unos 13 camiones cargados de armas y municiones en una finca de Alemán, el ministro de Educación. El general Pérez Dámera declara a la prensa que él cree que esas armas eran para utilizar en una conspiración contra el ejército. Alemán declara que el general Pérez Dámera está actuando de acuerdo con los deseos del presidente.

22 de septiembre
Los generales Pérez Dámera, Querejeta y Cabrera conferencian con el presidente Grau en presencia del ministro Alemán. La embajada americana informada de que probablemente los revolucionarios sean desarmados. Los revolucionarios abandonan Cayo Confites.

24 de septiembre
El general Pérez Dámera, después de consulta con el presidente Grau, declara (sin que le falte ninguna razón, según el embajador americano) que «no hay nada en Cayo Confites». Virtualmente todos los pilotos americanos regresan a Estados Unidos. Los líderes revolucionarios en La Habana hacen un esfuerzo de último minuto para organizar un ataque suicida a Ciudad Trujillo pero utilizando pilotos cubanos.

25 de septiembre

El periódico habanero *Prensa Libre* reporta que 1.500 hombres cercados por el ejército y la Marina en Cayo Confites han apelado al Senado para que les permitan irse con sus armas. (Éste es el primer reporte de la prensa cubana.)

El problema es, pues, el territorio donde despliegues los hombres; si es en un cayo, estás frito. Pero si es en un país o en una serranía, la logística preensamblaje asambleario no tiene por qué preocuparte en exceso. Bueno, yo resolví el problema de las provisiones de boca en la Sierra con las vacas de los hacendados del llano. Le dije a Camilo que organizara unos escopeteros para que abrieran todos los corrales que se encontraran y que me espantaran el ganado para la montaña, que lo *agilaran* con ese rumbo. *Agilar,* creo, es una deformación campesina cubana de arrear. Aunque también puede provenir de «agilizar». El arreo de estampidas de miles de cabezas de ganado por sus propias patas rumbo a la Sierra fue una táctica definida por algunos como «genial». Y se acabó el hambre en el firme de la montaña. Camilo se divertía como un niño con esas andanzas de vaquero. De ahí es que comienza su uso del sombrero Stenson. En cuanto a las armas, ya saben. No tengo que repetirlo. Mata un casquito, coge el Garand y ven. En Angola, con los angoleños o los portugueses, hubo sus diferencias tácticas. Más bien variantes de concepto. En realidad, lo que hicimos nosotros finalmente allí fue actuar como fuerza de disuasión y de alguna manera contrarrevolucionaria. Si se ponen a mirarlo bien, desde un punto de vista macrocósmico, era una acción revolucionaria porque le abría un frente al imperialismo y en defensa de la revolución universal, pero si se le mira desde el punto de vista interno angoleño, al impedir el ascenso de las organizaciones de los campesinos pobres, la acción deja un margen de duda en exceso preocupante. Pero ese país y los 15 años de nuestra presencia son un ejemplo claro de la subordinación de los intereses particulares a los intereses generales y creo que tendremos tiempo para analizarlo. Allí no había ningún otro enemigo que se nos opusiera. Y la Exxon y las compañías diamantíferas encantadas con nuestra presencia y de la manera en que los tanques cubanos ahuyentaban a las guerrillas nativas de influencia china como las de Jonás Savimbi o las de Holden Roberto. El problema de los muchachos de Tropas Especiales, al menos la misión que les di, fue que llegaran y ocuparan. Iban armados hasta los dientes. Lo demás eran las provisiones normales de un avión de pasajeros en vuelo transatlántico. La forma en que aquel inmenso país se ocuparía de su logística no era un problema a preocuparnos. Para empezar, si llegaban con hambre, que tomaran la cafetería del aeropuerto de Luanda, aún abastecida por una compañía francesa de abastos. Ahora que lo pienso, yo no recuerdo haberle dado ningún dinero a Pascualito cuando lo despedí en el sector militar del aeropuerto internacional José Martí y subió último por la escalerilla del *Britannia*. Claro, los yanquis siempre preocupados por alimentar a sus soldados, producen ese tipo de análisis como el de Cayo Confites. Aplicarle las normas de logística del Pentágono a una empresa revolucionaria termina por ser un error estratégico. Pero es su naturaleza, y ocurre porque no entienden la naturaleza de los bárbaros. Mejor para nosotros que no haya una logística adecuada puesto que esa deficiencia hace más preciado el botín, y más deseado y, sobre todo, más despiadados los hombres al ataque. Y después dicen que yo no aprecio la iniciativa individual. El problema no es la iniciativa individual sino la propiedad. Cuando la propiedad se limita a lo que puedas echar en los bolsillos y en el morral, yo no tengo ningún tipo de problema con eso. Cuando pasas de ahí, entonces entran otras consideraciones en juego. Desde luego, se daba el caso de compañeros que metían la mano de un morralito ajeno, para hacerse de un tabaco o de una lata de leche condensada. En esas situaciones, el Che y hasta Papito Serguera se mostraban muy inflexibles. Ellos siempre sostuvieron que era una fórmula equilibrada y en paralelo de mantener la disciplina y de establecer que ni siquiera las modestas reservas en el morral de un compañero podían ser robadas. De ahí es que yo creo que hubiese más fusilados en la Sierra Maestra por latas de leche condensada que muertos en combate contra las tropas de Batista. Puede decirse que las latas de leche condensada compensaban la mortandad que se le causaba a los soldados en los balluses.

Concluido el ensayo sobre logística y revolución.

Terminemos con Cayo Confites.

Cuando vinieron los barcos a buscarnos, el 27 de septiembre, yo esperé mi oportunidad. Quería abordar uno que no fuera de la Marina. Dijeron que los dos lanchones LCI iban para la bahía de Nipe, donde estaban los camiones del ejército, ahora para conducirnos arrestados. Birán quedaba bastante cerca de Nipe, así que yo decidí que mi viaje terminaría allí. Dije un nombre cualquiera al abordar la LCI. Había bastante desorden y pocos marineros. Y no menos de 300 hombres vomitando a la vez. Prepara, me dije, una balsa con armas y granadas. Hicimos nueve horas de navegación. Alguien habló de un motín y seguir en las LCI para Santo Domingo y me hacen comandante de una compañía. Pero no prosperó la cosa. Nos despegamos de la playa a las cinco de la tarde y todavía era noche cerrada cuando enfilamos la bahía de Nipe. La lancha de la marina se iba acercando para escoltarnos. Imposible inflar la balsa a pulmón, así que metí mis zapatos, las granadas y las pistolas en una bolsa de hule del *blinker* de señalización del que me apoderé fácilmente en medio del aquelarre. Pensé que nadie me vio lanzarme al agua. El peso de las cinco o seis pistolas y las granadas actuaron como una potala. Estuve a punto de soltar mi cargamento por temor a que me clavara en el fondo de la bahía cuando logré estabilizar mi posición y comenzar a ascender. Iba siguiendo las burbujas más cercanas, que yo mismo dejaba salir en régimen absoluto de economía, de manera a no perder ni el aire ni la orientación. Sólo podía guiarme por las primeras que soltaba porque enseguida las perdía de vista. Pude distinguir, en diagonal con mi derecha, unos volúmenes de luz, del tamaño de bandejas, que parecían flotar y que se alejaban y que luego supe que eran los reflectores utilizados en mi búsqueda. La angustia en las zambullidas nocturnas a pulmón es que no dispones de una referencia ni por aproximación de la superficie. La superficie te sorprende cuando emerges sobre ella. Primero es el sonido y de inmediato el chapaleteo. Entonces oí las voces y vi los reflectores. Pero ya se alejaban y la lancha de la Marina hizo lo que yo calculé que era una breve maniobra de búsqueda. Pero de inmediato su tripulación pareció desentenderse del asunto y continuaron dedicándose a la más fácil tarea de dar escolta a los prisioneros. Me buscaban. O me buscaron. Aunque fuese por unos minutos.

Me orienté hacia las lejanas y muy espaciadas luces que creí tener enfrente a medio kilómetro de distancia.

Al rato sentí el fondo pantanoso en mis rodillas. Ganaba la costa después de unos veinte minutos de natación y halando la bolsa a la superficie por tramos, para que tomara un poco de aire y tratando de hacerla flotar. Me incorporé con el agua a la cintura y seguí caminando hasta salir al seco. Decidí esperar el amanecer, para ubicarme y buscar el camino cañero de Preston a Birán. Y para que la ropa se me secara. Ya se escuchaba, aunque lejano, el ladrido de los perros. Todos parecían haberme detectado.[4]

No era una situación exactamente cómoda la mía aquella mañana de septiembre bajo el enjambre de los mosquitos y como un Robinson Crusoe sin barba y sin Viernes. Había tendido todas mis propiedades sobre unos palos y unas piedras para que les diera el sereno y se secaran. Volteé el cobertor del *blinker* y puse los zapatos boca abajo, para que escurrieran. Después de dos meses de maceramiento en Cayo Confites, parecían los zapatos de un payaso, desvencijados y tristes. Había pagado 12 pesos por aquel par de Amadeos en una de las peleterías de la Manzana de Gómez, uno de los principales centros comerciales de La Habana, donde —como en el resto de los comercios criollos— tenías la posibilidad del regateo. Creo que en la vidriera estaban en 15 pesos. Tú ofrecías 10 de entrada. El peletero abría los brazos, estupefacto. Y empezaba el debate. Hasta que finalmente sacabas unos ajados billetes de tu bolsillo derecho y pronunciabas las palabras mágicas y definitivas de: «Mira, chico, ni para ti ni para mí. Aquí tienes 12 toletes». A lo que el peletero podía responder con un mohín de resignación y como para salir ya de aquel entuerto recogía los billetes, se los echaba en su bolsillo, o acaso los depositaba en una de aquellas cajas contadoras que parecían catedrales de metal, y te preguntaba si te los ibas a llevar puestos y ponía los viejos en la caja, o al

4. Los acontecimientos varían sustancialmente en otra versión del relato producida por el mismo protagonista. Según obra en los archivos de grabaciones de la Oficina de Asuntos Históricos del Consejo de Estado, Fidel se permite ciertas libertades y recrea la narración. Es así como la travesía entre Confites y Nipe se efectúa a bordo de la destartalada motonave *Aurora* y no del lanchón LCI y a bordo de la embarcación se hallan 800 combatientes dispuestos a desembarcar de cualquier manera en Santo Domingo y no 300 hombrecitos desmoralizados y macilentos y la intercepción es efectuada por la fragata *José Martí* y no por una patrullera y llegan al Puerto de Antilla —en un recodo de la bahía de Nipe— al atardecer del 29 de septiembre y no del 28 y él se lanza al agua con tres amigos (a los cuales, de cualquier manera, no vuelve a mencionar nunca más) y no él solo y llega a nado a Cayo Saetía, una zona de pastizales y montes explotada por la United Fruit, y no a un claro de arrecifes, en tierra firme.

revés, para al final, condescendiente, soltar un: «Tremendo par de zapatos que se lleva ahí, mi amigo». Aquel par de joyas de la industria peletera cubana eran ahora dos chuletas mugrientas puestas a secar a la intemperie de la noche, junto con unos pantalones, una camisa, un cinturón, una billetera vacía, cinco pistolas Colt 45 del gobierno norteamericano y ocho granadas de fragmentación también americanas. El casco de explorador lo había perdido en la zambullida. Los calzoncillos y las medias eran lujos de los que había aprendido a prescindir desde la primera semana de vida en el cayo. Encuero en pelotas y en espera del amanecer luego de una pequeña exploración sobre unas matas y calcular que la luz del bohío o casa más próxima estaría a más de un kilómetro de distancia, comencé a desarmar las pistolas para abreviar su secado. Organicé cinco parcelas con las piezas de cada una. Entonces traté, bajo la luz de la luna, de encontrar un pedazo de tela. Fracaso de la misión asignada. Pero el ejercicio me había mantenido en calor y ya estaba totalmente seco cuando amaneció. El amanecer me reveló que había recalado en un playazo sucio y sorteado de mangles y uvas caletas, y que parecía hallarse bastante alejado de cualquier establecimiento de la civilización. La orientación no era problema. En Cuba resulta casi imposible perderse, sobre todo si estás en la costa y si sabes en cuál de las dos costas te encuentras, la norte o la sur, lo cual no es nada difícil por el ascenso y/o puesta del sol. Si te procuras alguna elevación o algún árbol de cierta estatura, como un mango o una ceiba, enseguida vas a descubrir las chimeneas de un central azucarero o el trasiego lejano de una carretera o el aterrizaje de algún avioncito, allá, a lo lejos. Y, de noche, oyes los perros. Alguno te ha detectado y le está avisando a toda la comarca.

La calma chicha del amanecer cayó bajo los efectos de los rayos solares y ahuyentó los mosquitos. En pie. A vestirse y calzarse, con todo aún impregnado de humedad. Y armar las pistolas. Y andando. Divisé, como en un relente del horizonte, al otro lado de la bahía, lo que debían de ser unos muelles y lo que yo decidí que eran unos lanchones de desembarco atracados, y más allá aún, hacia la derecha y tierra adentro, las dos chimeneas para mí inconfundibles del Preston. Ése era el paisaje hacia el este. A mi espalda, al oeste, tenía una muralla de viejos mangles y de manigua, no muy espesa realmente. Por ahí tenía que empezar a romper monte. Fijé la vista en los penachos de unas palmas lejanas que iban a ser mi azimut. Resultaban una referencia confiable hacia donde yo creía haber descubierto la actividad de una carretera. A medida que me fui acercando, creció mi certeza de que se trataba de carretera y no de camino por la velocidad de los vehículos y porque no levantaban polvo. Estaba desesperado por un tabaco y por una Coca Cola. También tenía hambre. Pero la sed era la desgracia principal. Ésta había despertado su implacable nivel de exigencia al verme acompañado en aquel playazo de dos cocoteros de regular estatura y cuyos troncos se doblaban por el peso de sus racimos de sus jugosos cocos, henchidos del dulce maná de los náufragos. Pero a aquella altura de la situación, ¿cómo uno se agenciaba un subordinado que gateara, descalzo y machetín en boca, hasta el nacimiento de los racimos para cortarlos, de un golpe, de su cordón umbilical y dejarlos caer con un estruendo de piedras que ruedan? ¿Y dónde estaba el machetín para quebrar aquella corteza con la dureza de un cráneo? Déjenme decirles que si existe un fruto prohibido es el coco. Los cocos son unos hijos de puta. Ésa es la verdad. Y la primera ocurrencia mía de aquella mañana para desviar mi rencor contra los cocos y su implacable e inexplicable avaricia de contener sus porciones individuales de agua al resguardo de hasta dos pulgadas de espesor de carapacho defensivo fue elevarme yo mismo mi nivel de ambición y concentrarlo en una Coca Cola. No tenía un medio (la moneda de cinco centavos), el costo de una botella entonces, pero me confortaba con la idea de que bastaba con llegar a una bodega para saciar mi apetencia. Pero me di cuenta de que si bien esto suplía mi desespero por los cocos, aumentaba la sed. El camino. Había que concentrarse en el camino. Años después, en la Sierra, volví a padecer del mismo espejismo. No sé lo que hubiese dado Goizueta, el cubanito que terminó de presidente de la Coca Cola, de haber tenido estas confesiones mías. Pero durante casi todo el primer año de campaña en la Sierra Maestra una de mis máximas ambiciones, además de tomar los cuarteles de la tiranía batistiana y luego de resueltas mis perentorias necesidades aún juveniles de ser vaciado de mis jugos seminales dentro de los diversos órganos receptivos de la compañera Celia Sánchez, era una Coca Cola. Tanto es así que, luego de la toma de no sé que posición enemiga, encontramos unas botellas del producto dentro de una neverita de alimentación por keroseno y yo decreté de inmediato que eran reserva del Alto Mando y que cuidadito con el que metiera la mano.

Empecé a romper monte y a tratar de ganar el camino a Birán, o lo que yo creía que era ese camino, orientándome más por mi intuición de nativo de la zona que por un método científico de corrección de encaminamiento y por las palmas lejanas. Las palmas me alumbraban el camino.

Me pasó entonces algo muy curioso. Por lo menos en el orden personal. Algo que incluso puede arrojar información sobre un aspecto que muchos estudiosos de nuestro proceso entienden como muy controversial en mi proyección económica y que se refiere a mi actitud hacia los pequeños agricultores. El asunto es que nunca había despreciado tanto al campesinado cubano como aquella mañana.

Por lo visto, fue una jornada plena de rencores por los cocos y por los guajiros. Sólo se salvaba, incólume, el sueño de una Coca Cola. Me da risa. Me da risa pensar en lo que haría un historiador con estos datos. Yo añorando ese producto específico emblemático del imperialismo en el mismo instante que declaraba una guerra sorda e implacable contra toda una clase social y contra un fruto salvaje de nuestras templadas playas. Bueno, repaso todos aquellos acontecimientos y lo hago por primera vez de forma consciente y me maravillo de cómo la memoria te ha ido organizando automáticamente todos tus recuerdos, todas tus impresiones y todas tus sensaciones y te las mantiene archivadas hasta el momento en que necesitas localizar un dato y hacer uso de él. Entonces lo pone a tu disposición y te permite verlo incluso en tercera persona, que es para mí uno de los mecanismos más útiles de la memoria, que tú te eres exógeno a ti mismo en la escena, tú eres uno de los personajes que aparecen en ella y que tu memoria, desde el momento en que grabó el acontecimiento, lo hizo como una cámara que flotaba fuera de ti y a la distancia adecuada para capturarte a ti y al entorno.

Yo me ocultaba en los montecitos a los que me daba tiempo llegar cuando sentía que me iba a cruzar con ellos. A medida que iba acercándome a una carretera, que al final resultó ser la carretera de Preston a Banes, aparecían más guajiros. No era que estuvieran concentrándose en ningún lugar de los alrededores. Era que se desplazaban por los caminos y estrechas guardarrayas que yo iba atravesando. Yo iba atravesando monte y luego de cierto tiempo llegué a tierras de labradío lo que significaba que me alejaba de la costa porque la tierra ya no era salífera y se podía trabajar y tú sabías que era buena por el vigor de su coloración y porque su humedad aún bajo el sol de septiembre, un sol que en aquella mañana ya se acercaba a su cenit, era de agua potable de las lluvias de las tardes anteriores y se me adherían como capas suplementarias a las suelas de mis heroicos Amadeos de 15 pesos rebajados a 12. Y ya aparecían las cercas y se veían los techos de remotos bohíos.

No eran colonos porque no tenían prisa y no andaban en grandes caballos ni en tractores.

Eran pequeños aparceros, quizá herederos remantes de cuando la zona fue el emporio bananero de América. Y yo los contemplaba desde mis escondrijos eventuales. Yo, acabado de salir —por lo pronto ileso— del frustrado derrocamiento de un dictador extranjero, y con hambre, con frío, solo, y lacerado por dos meses de tábanos y jejenes, y mientras tenía la ocurrencia de una revolución imposible, debía soportar que estas criaturas me cruzaran por delante, indolentes, ajenas. El campesino con su serón, el paso lento, y como si dominara el tiempo, como si el futuro le perteneciera para toda la vida. No tenían apuro. Nunca tenían apuro. Mientras yo los veía cruzar frente a mí, me percataba de que estaba conociendo algo en lo que no había reparado anteriormente y que meses después, al hojear mis primeros panfletos marxistas, hubiese calificado de mi clase magistral de economía política. Pero esa imagen, ustedes no me lo van a creer, que se me estuvo repitiendo durante toda aquella mañana hasta que logré pisar el pavimento de la carretera, me ha perseguido en mi conciencia durante más de 40 años de Revolución. Las estoy viendo, campesinos a pie o a caballo, con sus duras botas, nunca con medias, los largos machetes en sus vainas de cuero colgando de la cintura, y todos con sombreros de yarey y con tabacos, y algunos hasta presintiendo que estaban bajo observación de un extraño pero que preferían aligerar el paso, y algunos a caballo y con un perro marchando al lado pero perros incapaces de detectarte o de darse por enterados que te han descubierto porque al parecer su información genética los obliga a diferenciar la actuación nocturna de la diurna, y otros que llevan a sus mujeres en andas sobre la cabalgadura y las mujeres protegiéndose del sol con unas sombrillitas baratas, todas con vestidos, ninguna con pantalones, y ninguna a pie.

Pero en realidad, ¿qué razón había para que se apresurara si tenía su conuco, su parcela de tierra, y como productor de frutos menores y especies consideraba —con toda razón— que llevaba las riendas de su tierra, de su casa y de su familia, todo lo cual además era lo mismo y uno solo, y que no dependía de tiempo muerto, ni de los azares de la naturaleza ni de las guerras? A partir de que tú sembraras caña ya estabas relacionado con el mundo, con los conflictos de las grandes potencias, ora en Europa, ora en Asia, y comenzabas a responder con la psicología del colono. Pero el famoso minifundio, quizá por la razonable productividad de la tierra en una economía de familia, quizá por la necesidad de dedicar un trato individual sobre pequeñas áreas de trabajo debido a ciertos cultivos muy delicados como el tabaco, y por su presencia económica en paralelo y de alguna manera estable, determinaba un tipo de ciudadano absolutamente ajeno al Congreso de la República y al Ejecutivo y sin ninguna pretensión de influir en la Casa Blanca de Washington DC y con los que, a la larga, yo tendría que vérmelas en el proceso de una revolución que ni yo mismo podía concebir aquella mañana mientras los contemplaba cruzar por sus veredas.

En la memoria del agua

Mis roñosos pensamientos sobre una parte considerable del campesinado cubano se tornaron menos agresivos cuando encontré agua. Sabía de su proximidad por la intensificación del verdor de la manigua y porque, al acercarme a las palmas, que había seguido desde la costa horas antes como un norte magnético, aumentaba mi convicción de que crecían a la orilla de un arroyuelo. El sosiego del agua y el saciado de la sed aflojó la garra de mis antagonismos de clase, no porque los pequeños aparceros fueran de otra naturaleza a la que se me revelara aquella mañana, sino porque, después del riachuelo, yo estaba en una posición diferente de contemplación.

Llegué al pavimento. Reconocí de inmediato la carretera de Preston a Banes. Me pareció en exceso dura y parecía una plancha de acero al fuego. Tuve que evitar caminar sobre ella y mantenerme sobre la tierra del borde. El sol se había corrido un cuarto desde el cenit cuando apareció el destartalado carro de alquiler.[5] Es decir, serían las tres de la tarde cuando logré sentarme en el asiento de forro de vinil, color beige, de un Chevrolet producido antes de la guerra. La explicación al chofer de mi presencia en aquella carretera fue la visita a un pariente lejano que tenía una finca por allí —y señalé a un lugar indeterminado del monte a mi derecha. La explicación sobre mi irreductible estampa de fugitivo de la justicia fue cortada con el ofrecimiento de cinco pesos por encima de cualquier cantidad que costara llevarme a la finca Manacas, en Birán. Cuando estábamos vadeando un paso de agua, una de esas tuberías que atraviesan los terraplenes para abrevar corrientes de agua de poco caudal y que son sitios donde no se exige la construcción de un puente, le dije al chofer que se detuviera. Para orinar. No quería llegar a casa con mi pequeño arsenal. También podía detenernos alguna patrulla del ejército y proceder a un registro. Coloqué el armamento detrás de unas lajas de piedras, cerca de la boca de entrada del tubo de desagüe. Podían esperar algunos días ligeramente sepultadas y a la intemperie luego de todos los encuentros con los elementos naturales a que los había sometido. Luego volví a llenar con pedruscos el forro del *blinker* —para imitar el peso de las pistolas y las granadas.

Lo que recuerdo con mayor precisión —y hasta con gratitud— de mi llegada a la casa fue la actitud de Ramón, mi hermano mayor. Y que nadie me reprochara nada. Era evidente que estaban al corriente de mi aventura aunque yo no les había enviado ninguna noticia. Mi madre me abrazó y acarició mis mejillas creyendo encontrar por primera vez mi barba, una sombra apenas perceptible, aún de adolescente, muy rala, y rojiza. «Mi niño tiene barba», dijo. Era el orgullo por un atributo de virilidad que se hallaba sólo en su percepción. Mi padre se limitó a un resignado: «Ay, Fidelillo, qué caros me salen tus batallares. Caros con cojones». Ramón era el que parecía enteramente complacido. Como si me diera la bienvenida al mundo de los adultos. Luego supe. Cuando alguien notó a la hora de la co-

---

5. Forma usual cubana de llamar a los taxis.

mida que hacía semanas no se tenían noticias mías, Ramón comentó sin dejar de sorber su caldo: «En Cayo Confites no hay teléfono». Las noticias eran ya de curso común en la radio. Al enfrentar la probabilidad de que yo estuviese complicado en ese hecho hasta entonces remoto y por completo ajeno a su familia, mi madre tuvo un solo instante de debilidad y que consistió en contener un largo y dramático sollozo y dirigirse hacia su habitación, seguida por supuesto de la corte solícita y abigarrada de mis hermanas pero que, de inmediato, dio paso a una movilización de parientes y conocidos en los que a cada uno de mis hermanos, tíos, empleados de la finca y amigos de cualquier nivel de aprecio les correspondía un tarea, una misión, una llamada telefónica, un llegarse a casa de alguien, una activación de relación política. Enseguida tuvo que aparecer el chino Miraval en su *jeep* de la Guardia Rural y rendir un parte de los acontecimientos y no retirarse sin antes asegurar que haría todo lo posible por averiguar si Fidelillo se hallaba entre «los muchachos» (eliminado por lo pronto el concepto complotados). La única resistencia, aunque de muy baja intensidad realmente, y que pareció más bien una queja, vino de mi padre cuando a los pocos días le rectificó a Ramón: «Si no se ha gritado de ese cayo que tú dices, no es por falta de teléfono, Mongo. Aprende a conocer a tu hermano. No ha gritado porque allí no necesita dinero». Miro la foto y, aplicando mis bien adquiridos conocimientos de medicina, disfruto contemplando el cuerpo de un joven que tuvo un adecuado proceso de crecimiento en la adolescencia. Todos mis rasgos masculinos están bien determinados, el vello facial, el desarrollo muscular, los depósitos proporcionados de grasa asociados con la edad y una región mamaria bien definida.

Aún estaba en los brazos de mi madre y Ramón esperaba su turno cuando le pedí que le pagara al chofer.

«Le ofrecí cinco por encima.»

El hombre le pidió tres o cuatro pesos por el traslado —la carrera, como se la llamaba—. Mongo le dio diez por encima.

«Aquí tienes —dijo Mongo—. Diez pesos por encima.»

Lo escuché con toda claridad pese a que prácticamente se introdujo dentro del carro por la ventanilla.

«Espérate. Espérate un poco. Déjame decirte algo. Si a mi hermano vienen a buscarlo, es porque tú eres maricón y lo has denunciado.

Y si eso pasa, yo te voy a matar. ¿Me miraste bien la cara? ¿Tienes alguna duda de que te mate? Correcto. Buenas tardes entonces.»

«Mi niño con barba», decía mamá.

* * *

Bueno, pasé los días inmediatos desandando, sin camisa, por el patio de Birán y procurando no alejarme mucho. No me rasuré la barba de inmediato siguiendo los consejos de mi padre para no dañarme la piel. Cuando fue imperativo pasarme la cuchilla, ante mi inminente regreso a La Habana, se me quedó entonces el rastro blanco que diferenciaba el resto de la piel que se me había bronceado en mis semanas de expedicionario varado en un islote de la costa norte de Cuba. A los pocos días, como una semana después diría, ya con el color de la piel suavizándose y vestido de limpio, fui a buscar las armas en el Wyllis nuevo de mi hermano. Se me habían adelantado. Removieron las lajas, retiraron las pistolas y las granadas y volvieron a colocar las lajas. Todavía hoy dudo del chofer como culpable. No creo que tuviera valor después de las amenazas de mi hermano. Además, yo había tomado todas las preocupaciones para que no me viera. ¿Pero quién? Difícil aceptar como gesto de buen humor el que colocara las lajas en la misma posición. Era lo que más aumentaba mi indignación. Qué hijo de puta.

Seguí una estratagema —siempre guiándome por la intuición— para mi regreso a La Habana después de los días de reposo y refugio en Birán. Yo sabía que los expedicionarios habían sido trasladados al hospital de Columbia,[6] presos aunque en la comodidad de un hospital. El chino Esquivel se presentó allí varias veces para preguntar por mi suerte. Le respondían invariablemente que había un tiburón en la bahía de Nipe al que llamaban *Pancho* y que me había comido. El Chino me contaba después que se estaba acostumbrando a la idea de

6. También conocido como el hospital militar. Una impresionante instalación —muy bien equipada de personal y recursos—, construida por Batista en un ala de Ciudad Militar de Columbia, que era la principal instalación del ejército, al sudoeste de La Habana.

que *Pancho* hubiese acabado conmigo cuando lo llamé. Fue como a las 10 de la noche. «Coño, guajiro, carajo», exclamó con verdadero afecto desde el otro lado de la línea telefónica. «Nadie muere en las vísperas, Chino —le dije—. Nadie.» Pero esto lo dije sin aires dramáticos porque yo también me dejé dominar por la emoción de hablar con el amigo. La carga ritual de tipo duro se perdió en la frase y la convirtió en un soportable y probablemente alegre enunciado filosófico. Bueno, necesitaba verlo de inmediato. Le di mis coordenadas. Estaba en casa de la abuela de Mirta. Escondido en la azotea. Ah, cuando me vio. Se rió muchísimo cuando me vio. La última vez que nos habíamos visto, en la escuela politécnica de Holguín, se había mofado de mi casco de explorador. Ahora su hilaridad era por mi peinado hacia el lado derecho y unos espejuelitos montados al aire que me había agenciado. «¿Tú crees que así no eres Fidel Castro? Pues sigues siendo Fidel Castro.» «Bueno —le dije—, no jodas más y atiéndeme que no tengo mucho tiempo.» No me habían encontrado en Oriente, así que me buscarían en La Habana, y era cuando yo me volvía para Oriente. El chino Miraval se lo dijo a mi padre: «Don Ángel, si el muchacho anda por aquí, hágame el favor de decirle que se pierda porque lo están buscando. Tengo órdenes de conducirlo al cuartel de Banes. Me compromete ese muchacho suyo por aquí». Conducirte en Cuba era el eufemismo por arresto. Aquello era cuestión de Masferrer. Un chivatazo de Rolando para que yo no saliera incólume de la aventura. Se había enterado de mi zambullida en la bahía y no creyó en tiburones. Ni en Pancho ni en ningún otro. Él estaba enfrentando problemas con los americanos y hasta con el propio Grau y había perdido todo el armamento y no estaba al frente de la Aduana ni de las finanzas dominicanas mientras yo ni siquiera aparecía en la lista de los arrestados del hospital de Columbia. Yo —le expliqué al chino Esquivel— me voy a ir en tren pero no vamos a coger el tren en la terminal de La Habana, sino en Matanzas. Vamos a sacar literas. Ya saqué pasaje de La Habana a Oriente. Así actuamos. El Chino me recoge a las 7.30 o las 8 de la noche y de ahí seguimos en carro de alquiler hasta el hotel Montserrat, atrás del Instituto de La Habana y de donde salen los ómnibus de Matanzas. Ese hotelito me había servido de refugio ocasional —cuando no me sentía muy seguro en mis santuarios habituales o en ocasión de alguna mujercita— y servían una comida barata pero abundante y buena. Aparece Walterio. Walterio Carbonell. Pasaba por la acera de enfrente y ve al Chino y a mí «disfrazado» —como acaba de describirme— esperando el ómnibus de Matanzas. Se mete en la aventura. El Chino saca los tres últimos asientos y esperamos hasta el timbre. Tocaban un timbre cuando el carro estaba a punto de salir. Matanzas es una ciudad a unos 110 kilómetros al este de La Habana. Se pueden imaginar la cantidad de indios que despacharon allí los conquistadores para que aún se llame Matanzas. Sus cabildos, alcaldías, oficinas de turismo siempre han querido endulzarle el nombre con algunos agregados como La Atenas de Cuba o La Venecia del Caribe. Lo de Atenas es porque dicen que tiene muchos poetas. Lo de Venecia porque la atraviesa un río, no de mucho caudal, pero que es de cualquier manera una corriente de agua en medio de una ciudad. No. No hay góndolas. Llegamos a Matanzas con tiempo suficiente para trasladarnos al andén de los Ferrocarriles de Cuba. Un andén estrecho. Estábamos entrando cuando viene de frente la pareja de la Guardia Rural, con sus sombreros perfectamente ajustados por el barboquejo, y envainados los machetes con la empuñadura dorada del águila imperial, y sus pantalones de monta, y los Springfield al hombro, que nos cruza lentamente por delante y que parece dispuesta a seguir su camino después de hallarse a nuestras espaldas, cuando le escuchamos claramente a uno de los dos guardias: «Oye, uno de los que va ahí es Fidel Castro». Y que el otro le responda: «Deja eso. Deja eso. No te compliques la vida. Sigue». Y que yo, al presentir un sobresalto del Chino, le diga: «Sigue caminando y ni mires para atrás». Llegaba el tren. Frank Díaz-Balart, uno de mis cuñados, hacía señas desde una ventanilla del vagón donde viajaba. Era parte del plan. Para que yo supiera el vagón litera donde estaba reservado y montara directo a ese vagón. Abracé a mis nobles amigos y seguí viaje con Frank. Semanas después, cuando regresé a La Habana porque ya habían liberado a todos los expedicionarios del hospital de Columbia y el asunto había sido sobreseído a todas las instancias, el Chino me contaba que él y Walterio se habían sentado en el parque frente al apeadero del mismo ómnibus de Matanzas, ahora en su polo opuesto del viaje «de subida» —como le llamaban— a filosofar «barato», hablar boberías —nuestra forma de llamar las intranscendencias— y reiterar a cada rato que «este Fidel es del carajo» dado que yo me hallaba en una acolchada y tibia litera mientras ellos mordían el hueso de la madrugada. Tremendo par de amigos. Siempre buenos. Una pena que el

Chino emigrara en los primeros años de Revolución. Miren que le rogué que se quedara. No le hubiese faltado nunca nada. Ni hubiese tenido que trabajar ni un diablo. Con Walterio lo mismo. Fue uno de mis tantos compinches —«afectos del Comandante», como comenzaron a llamarle algunos funcionarios— que hice embajadores, como a Bilito. Pero luego no le bastó con pisotear y hacer puré al marido del rey de Marruecos sino que aquí en Cuba se me pone a inventar un movimiento de la negritud. Bueno, se le hicieron todas las advertencias posibles. Cuando se le sometió a arresto y luego se le impuso su larga condena, yo les garantizo que se habían agotado todos los recursos de la disuasión con él.

4 de octubre

Liberados todos los revolucionarios, excepto 26 de ellos, a los que se les impone una fianza de 5.000 pesos, las cuales son depositadas y por lo que todos son liberados. El general dominicano Juancito Rodríguez niega que se haya planeado un conspiración contra Cuba; confirma que dos LCI trataron de alcanzar costas dominicanas en el último momento pero fueron interceptadas por la Marina cubana; dice que las armas en la finca de Alemán eran suyas; rechazó acusar a ningún funcionario cubano aunque admitió que el gobierno de La Habana había sido «tolerante».

Luego de Cayo Confites lo próximo que ocurre es el comunismo. Mi contacto con esa lectura.

Comienzo a ir a la librería del Partido Socialista Popular. Estaba en la avenida de Carlos III, en el centro de La Habana, frente a los frondosos árboles que distinguían la vía, una de las más anchas de la ciudad —tres sendas a cada lado, más las líneas paralelas del tranvía— pero también una de las vías más cortas —no más de diez cuadras de largo. Hacía rato que no me empataba con ninguna lectura de importancia. No había muchas librerías de esa tónica en La Habana. *El Estado y la revolución. Así se templó el acero. El manifiesto comunista. La joven guardia. Reportaje al pie de la horca.* Lo que más le preocupaba al chino Esquivel era el precio. «Casi te los regalan, Fidel. ¿No te das cuenta? Eso es publicidad para su causa. Lo que quieren es que te la lleves de todas maneras.» Un anticomunista irreductible desde que lo conozco. «Eso es lo que debes aprender, Chino —le decía—. A no re-

gatear con tu propia publicidad.» Había muchos pequeños establecimientos y venduteros de libros de uso —casualmente en la misma cuadra de donde salían los ómnibus de Matanzas— por detrás del Instituto de La Habana, un imponente edificio, en diagonal con el Parque
Central, que era uno de los cuatro establecimientos oficiales donde se
impartían los estudios de bachillerato en la ciudad. La oferta principal de las vendutas eran los libros de texto de la universidad que los
estudiantes vendían después de haberle dado uso. A veces compraba
libros de hasta cinco coladas anteriores, y en muy buen estado porque
los estudiantes trataban de conservarlos como nuevos para esta transacción de fin de curso. Desde luego no podías comercializar algunos
textos que se veían reemplazados por nuevas ediciones, lo cual solía
ocurrir con mayor frecuencia en las carreras de ciencias. En mi caso,
casi todos los libros que pasaban por mis manos, habían sido reduci-
dos a forros, simples y deshilachados forros, debido a mi método de
arrancar las páginas que memorizaba y hacer una pelota con ellas y
echarlas a la basura. Un método infalible. Me daba poco margen para
la equivocación. Pero el resto tenía esa posibilidad de unos chavitos a
fin de curso si te tomaban el cuidado de conservar los libros. Tomabas
tus exámenes con profesores de la talla de Concheso, Lavín, Sánchez
Arango, Santos Jiménez, Miró Cardona, Julián Modesto Ruiz, y luego
la fortuna se acrecentaba si revendías los libros. Cinco años de esa carrera. Mi padre, desde luego, me mantenía desde Birán. La mesada
asegurada en casa de don Fidel Pinos Santos, adonde él puntualmente la enviaba y yo más puntualmente aún la recogía.

Queso o Mussolini

Déjenme contarles algo en relación con los libros y el dinero
—ahora que lo recuerdo. También hubo sus tiempos difíciles. Una
vez, creo que a punto de graduarme, yo estaba bajo una de esas arcadas fabulosas de La Habana, que te van dando techo una cuadra tras
la otra y que siempre te permite disponer de sombra y que a su vez te
da un cierto cobijo próximo a los establecimientos y que al proteger-
te del sol y de la lluvia te dan tiempo y tranquilidad para que te acerques

a las vidrieras de los comercios y eches un vistazo a su contenido o a las carteleras de los cines a admirar de antemano a Jorge Negrete o a Randolph Scott, cuando descubrí las obras completas de Mussolini en un estante puesto en la puerta de una librería. Tenían un precio redondo. 20 pesos. También era todo mi capital. 20 pesos. Capital que estaba de antemano destinado a ser invertido en una enorme rueda de queso que le había prometido a Mirta y que valía (también, por supuesto) 20 pesos. Sí. Efectivamente. Estaba a punto de graduarme pero ya casado con Mirta. Recuerdo más. Recuerdo que venía caminando por la calle Neptuno a doblar por el Prado, después de pasar el hotel Siboney y de doblar en la esquina donde estaba el bar Partagás, enfrente de la cafetería Miami, en busca de la tienda del queso de mis promesas cuando Mussolini se interpuso en mi camino. Se pueden imaginar en cuál de los productos se fueron los 20 pesos. Se pueden imaginar el llanto de Mirta cuando llegué a casa. La pobre. Creo que ésas son las únicas lágrimas que a mí me duele recordar. No quiero herir a Dalia si algún día lee este texto —y les aseguro que no me gusta verla llorar. Creo que con Celia fui todo lo condescendiente —y mucho más allá aún— de lo que un hombre de mis poderes se permite por hacerle llevadero su amor imposible por mí. Pero Mirta. Las lágrimas de Mirta. Ésas tienen todavía la facultad de perturbarme. Mejor cambiemos el tema.

En cuanto a mis intentos de descripciones de La Habana, me perdonan los lectores que no sean habaneros y que lo sean pero no hayan nacido a tiempo para conocer aquella ciudad. Pero cuando yo digo la calle Neptuno a doblar por el Prado, después de pasar el hotel Siboney y de doblar en la esquina donde estaba el bar Partagás, enfrente de la cafetería Miami, de qué manera —para serles más explícitos— puedo recuperar el espíritu de esas calles, de la población que transitaba bajo las arcadas, de mis propias sensaciones al ser un rostro más entre los tantos miles de criaturas en circulación por esos pasadizos, cómo recuperar una ciudad y una población que ya no existen de ese escenario que ahora mismo es el de una ciudad devastada, en ocasiones como Hiroshima o Berlín después de escombrear las calles, y en la que nunca más podré pararme en una esquina sin ser reconocido y abordado.

Yo creía, hasta aquella librería, que la literatura era un cúmulo de información. De acuerdo al banco de referencias que es la tierra, muy pocos hombres pueden alcanzar la fama o que su vida sea un absoluto. Si no, los libros de historia, las biografías, serían censos de toda la población mundial, sabe Dios desde qué punto de la Historia, y además aburridísimos e inútiles. Esto quiere decir que en realidad la vida de cada hombre es importante para sí mismo, y la vida de algunos hombres es importante, además, para los demás. Yo entendía eso. Literatura y cúmulo de información. Si no alcanzas un cierto grado de absoluto con algún descubrimiento, alguna teoría, alguna dejarte crucificar, alguna frase interesante, alguna matanza, debemos suponer aburridísimos e inútiles libracos. Descubra algo, compadre. Sea un continente aunque te lo tropieces por equivocación porque tú lo que buscabas era una derechura con Catay; sea el antibiótico aunque se te revele sin proponértelo porque olvidaste limpiar y guardar el tubo de ensayo con su puré de hongos podridos antes de cerrar el laboratorio anoche; sea el punto G porque al tratar de escapar de la humillación de un ataque de impotencia sustituyendo el músculo habitualmente previsto con hendidura de dedos se produce ese temblor inesperado y largo suspiro y hasta volteada en blanco de los ojos de la señora acompañante porque has rozado con la yema de tu anular algo apenas perceptible pero trémulo y domeñable en el techo de su vagina.

A partir de aquel saloncito con algunos estantes de libros y de esos ejemplares que allí vendían probablemente por debajo de su costo, de verdad que baratísimos, y que te los fiaban sin regateo, uno descubría que la literatura «seria» no eran las biografías de grandes hombres y que en realidad Stefan Zweig y Emil Ludwig no eran unos comemierdas sino unos estafadores. Porque detrás de los libros que comenzabas a hojear después que lograbas sobrepasar el difícil discernimiento de aquellos títulos como *El 18 Brumario de Luis Bonaparte* o *La propiedad privada, La familia y el Estado,* te adentrabas en una espesura que, de forma repentina, te resultaba familiar en extremo, a pesar de esas densidades, a pesar de esa primera incomprensión de tu primer *aproach*, y te sentías como en familia, como que atendiendo a un viejo tío que de pronto había aparecido por el camino, sacudiéndose del polvo de tantas andanzas. Y el lenguaje, oh, Dios, ese lenguaje inconfundible con el que tan bien nos sentimos los veteranos conspiradores y el que tan fluido nos resulta para comunicarnos y entendernos, y que de pronto, en esos textos, dejaba de ser del uso implícitamente delincuencial, o por lo menos fuera de la ley, y de obligados susurros, para ganar el prestigio y la solidez cultural de la letra impresa. Eran como motores. Yo comprendía eso. Que eran ingenios de producción energética. Motores.

Yo estaba saliendo de toda esa bobería universitaria de las pandillas y de buscarme un puesto en el gobierno a través de esas relaciones y cada vez veía con mayor claridad que las sinecuras del poder no es el poder, ni siquiera por aproximación, cuando apareció Alfredo Guevara y poco después Leonel Soto y hasta el negro Walterio Carbonell que se me reveló como una especie de fanático bolchevique. Por ahí, de ese trío, vinieron las primeras sugerencias de que me llegara por la librería del Partido o que le acompañara, a alguno de ellos, a ver *qué nuevo material había.* Aunque aún estábamos desando por aquí y por allá —el chino Esquivel y yo, me refiero—, y luego de estar saliendo de la situación de banal aturdimiento en que te sume la plática de Primo de Rivera, y su arrogancia tan subyugante, y de caer en manos de la gente de la embajada de Argentina y su bombardeo de literatura peronista, que agregaba una nueva capa de mermelada ideológica a los depósitos de capas anteriores, vinieron los paseítos por la casona del Partido Socialista Popular —«la sede»— en aquella suntuosa avenida de Carlos III. Tú subías en tres zancadas la escalinata de mármol de ocho escalones —los recuerdo como si fuera hoy— de la sede y a mano derecha estaba la puerta de cristal y a través de la puerta y del rótulo en media luna tú veías los libros.

Librería Martínez Villena

El Estado y la revolución. Crees que lees eso un día al pasar. Chapaev. Crees que lees en otra ocasión. Hasta que, al final, un día, me decido y tomo el librillo del estante. Hago un rápido chequeo de mis flancos para ver quién me ha sorprendido en la acción. Nadie. Hay un dependiente, el de siempre, a quien he oído decir que llaman el Cojo o el Tullido, y un par de parroquianos más. Alguien me dijo, creo que Walterio, que este baldado —yo me empeñaría en llamarlo así— era uno de los tipos más peligrosos de las estructuras de combate del Partido y que debía su tullidera a la tuberculosis. Años después supe su nombre —Lalo Carrasco— con el que bautizamos una de nuestras librerías mejor abastecidas, en el lobby del antiguo hotel Hilton. En términos generales, se sabía que dedicaba los períodos de paz social a atender con marcado desgano la librería y empleando su tiempo allí en embutirse de toda la literatura que pasara por el lugar. Pero, cuando llamaban a una manifestación, al enfrentamiento con la policía y los bomberos, abandonaba el solaz de la lectura y se aprestaba a marchar en primera línea. Armado de una cabilla de una pulgada de grueso —nunca le faltaba alguno de esos trozos de metal en los escondrijos de la librería—, se especializaba en partirle el tobillo, o una clavícula, al primer vigilante del orden con el que se enredara. No importaba la consigna que gritaran sus camaradas mientras que pudiera hundirle hasta la corva la rodilla astillada a un policía. Yo saqué una conclusión. Su fórmula para equilibrarse con el resto de la humanidad era intentar ponerla a cojear o escupir sangre en su mayoría. Las luchas callejeras y de barricadas del proletariado le daban una plataforma ideal para sus objetivos.

Vladimir I. Lenin. Al final de su lectura —de su primera lectura, de los centenares de veces que habré de revisarlo—, a cualquier hora de la noche de ese mismo día en que la emprendí con él, quizá no sepa aún que me he bebido de un tirón el libro más importante de mi vida, pero tengo conocimiento de cosas mucho más importantes. Hay que destruir el Estado burgués hasta los cimientos. Y con la Revolución es muy fácil. La Revolución. Qué conjunto de sintonías y de resonancias y de temores y de retumbos que llegan del pasado se unían en un solo haz y se cerraban como un puño en esa sola palabra. La Revolución. Qué concepto cada vez más subyugante. Y ese final, en el que te dice que debe dejar su libro inconcluso por los acontecimientos en Rusia. Y que va a vivir la revolución y no seguir llenando cuartillas. Porque —me lo sé de memoria, ni tengo que consultarlo—: «Es más placentero y útil transitar por la *experiencia de la revolución* que escribir sobre ella». Déjenme decirles algo. Yo todavía no me había recibido de abogado cuando leí aquel panfleto impreso en cuarto pero ya, con mis apenas 19 años, había matado. Y sabía algo que saben todos los hombres que han matado a otros desde su primer muerto. Que había perdido a Dios. Uno está consciente de la pérdida desde que despacha al primero, porque un asesinato —tengamos los cojones de llamarlo por su nombre— es por encima de todas las cosas el final de un diálogo con Dios. De ahí en adelante, estás navegando a solas en el universo. No tienes ningún tipo de asistencia. Por eso son tan fáciles los otros atentados. Pero. ¿Una revolución? ¿Qué está dispuesto a perder un hombre por hacer la Revolución?

Así que un día tomo el librito que me ha estado persiguiendo desde la primera vez, con el cabezón calvo en la portada y su sonrisilla cínica. Dice algo que me tiene que haber deslumbrado, como cuando aprendes —en el momento que sea de tu infancia— que los niños no son obra del espíritu santo. Hay que destruir el Estado burgués hasta los cimientos. Y la Revolución te lo facilita. Con ella es realmente muy fácil, muchacho. Al asumir el poder del Estado, la Revolución se convierte en un galimatías porque la dictadura del proletariado deja de ser una forma de gobierno de tránsito y se convierte en una forma en sí del gobierno, al menos eso es lo que hacemos en los países comunistas, parecía decirme el hombre, mucho más insensible y jodida esa dictadura porque prescinde de los mecanismos y de las instituciones que amarran al Estado burgués. Ah, qué forma más perfeccionada de todos los poderes. El poder cuya razón de existencia es la anulación de todos los poderes. Lenin era el único que podía haberlo logrado. Dediqué después bastante tiempo a aprenderme al tipo. A leerlo no a él sino sobre él. La mejor combinación que podía verse, porque era la de un político práctico con un teórico, es decir, un intelectual, y ustedes tienen toda su razón al tenerle terror a los intelectuales, porque al perseguir la idea, lo sacrifican todo por ella.

Después de la ilustración, de la Revolución francesa, es que estas luchas ideológicas se convierten en asuntos muy sanguinarios, y sólo tienes que haber visto cómo se alza la máquina, el filo de esa cuchilla de 40 kilos del ingenio promulgado por el doctor Joseph Ignace Guillotin y que ni siquiera los verdugos y sus sirvientes se toman el cuidado de limpiarle los pegotes de sangre anteriores impregnados en ambos campos por los chorrazos a presión de una de las 40.000 (aprox.) yugulares y subclavias y carótidas procedentes de la aortas cortadas en el transcurso de la Revolución francesa en un procedimiento que tomaba 2/100 de segundo desde que se liberaba la fastuosa cuchilla y que ésta cayera desde una altura de 2,3 metros a una velocidad de 7 metros por segundo, hasta que, con un poder de impacto de 400 kilos por pulgada cuadrada, efectuara la decapitación en 1/70 segundos, para saber, en rigor, de lo que estamos hablando. Mierda de método humanizado cuando aún puedes tardar hasta 30 segundos en perder la conciencia. Olvídense de la cervical. Mídanlo por el reloj: 30 segundos. Tu cabeza, tu vida entera, tu conciencia, rebotando en una cesta en la que las desesperadas mordeduras de otras cabezas se han aferrado como ratas y han dejado las huellas de sus traqueteantes dentaduras, y respirado el aire que hubiesen requerido los pulmones que se hallan ahora en una tabla aparte y de pronto la ingravidez incomprensible de un cuerpo sobre el que no te sostienes cuando el verdugo te extrae por los pelos de la cesta para mostrarte al bullicio del pueblo y tienes como última visión la de tu torso decapitado, boca abajo, y dispones repentinamente de una autonomía de sensaciones y de pálpitos que siguen siendo tuyos pero que forcejean sin conexión en áreas disímiles de existencia mientras permaneces adosado al madero pero el corazón continúe bombeando sangre y mientras el cúmulo remanente de circulación sanguínea en tu cerebro no se extinga y creas que ibas a vomitar cuando te desvaneces en el silencio. Y él era un seguidor confeso de los jacobinos, un heredero de ellos y magnifica el terror y se llena la boca para decirlo. Lenin. Están las órdenes escritas de su puño y letra, mata a tantos, dice con harto frecuencia. Ejecuta al zar. Liquida al siguiente porcentaje de kulaks. Que la Checa se encargue.

Dejo constancia del lugar donde leí mi primer Lenin. Era su entorno más favorable. Era una casa de huéspedes de las que abundaban en los alrededores de la Universidad de La Habana y que cobraban precios muy módicos. Tenían ciertas normas de disciplina, sobre los ruidos, sobre el volumen de radios y conversación, y sobre todo respecto a las inmoralidades, es decir, que se prohibía de manera terminante la presencia de jovencitas en las habitaciones. Casi todas te suplían de las tres comidas diarias —que se incluían en los precios de alquiler, desde luego— y si había una incomodidad generalizada para casi todo este tipo de residencia eran los baños comunes. Aunque todo siempre se hallaba en un agradable estado de pulcritud. Yo tenía que mudarme muy seguido, a veces por razones de seguridad y otras porque los caseros se enteraban de quién yo era y me ponían en la calle de inmediato. Leí *El Estado y la revolución* en una casa de huéspedes que se hallaba en una bonita calle de El Vedado, la calle 17,[7] casi esquina a la calle L, a unas siete cuadras de la escalinata universitaria. Ese día sirvieron una excelente carne con papas, arroz y una capa espesa de frijoles negros con una pizca de azúcar y un inmortal y glorioso vaso de agua fría, con los trozos de hielo tintineando contra el cristal, sudaba aquel vaso. Después del café se hizo imprescindible mandar a buscar un tabaco. Regularmente en esas casas había un muchacho que era el mandadero. Le hacías tu encargo y le regalabas un real o una peseta. Eran como las 8 de la noche. Prendí mi tabacón, hice una silla con las almohadas recostadas al espaldar de la cama, puse la pistola sobre la mesita de noche, me quité los zapatos y me dispuse a la lectura. Dos almohadas, una pistola, una cama desordenada pero limpia, un par de zapatos en el piso y otro en el escaparate, tres corbatas en el escaparate, un traje de repuesto y dos camisas en el mismo escaparate, unas cuantas medias y calzoncillos en las gavetas y una calderilla, que entre todos los billetes y monedas reunidos debía de ascender a unos 14 pesos, constituían el monto de mi capital y propiedades en aquel instante en que comencé a leer: «Ocurre hoy...», leí. «Ocurre...» Me levanté para localizar el cenicero. «Ocurre hoy con la doctrina de Marx...» Me acomodo. Perfecto. Me humedezco los dedos. Vuelvo a abrir mi tomito en cuarto. «Ocurre hoy con la doctrina de Marx lo que suele ocurrir en la historia repetidas veces con las doctrinas de los pensadores revolucionarios...»

Una comparación para terminar. Se ha dicho muchas veces que *El príncipe* de Maquiavelo es mi libro de cabecera. Error. El origen de esta convicción debe hallarse en el sonrojo que causa su lectura entre los pequeñoburgueses que se dedican a estudiarme. Maquiavelo es lo más lejos que llegan en sus atrevimientos políticos. Pero Maquiavelo era más esnob que otra cosa y *El príncipe* se me vuelve lectura de segunda categoría con aquel libro de Lenin y su final prodigioso que es la frontera misma entre la literatura y las exigencias de una existencia

7. La dirección que él solía ofrecer como su lugar de residencia en aquellos años era la casa hipotéticamente situada en la calle 19 número 104, de la que debía de ocupar la habitación número 7. En otros documentos de la época identifica su dirección como calle 21 número 104. Lo más seguro es que se tratara en todos los casos de maniobras evasivas para no ser fácilmente localizable, puesto que ninguna de esas direcciones ha logrado ser verificada.

que no se da reposo y que de alguna manera este libro —*La autobiografía*— hace ahora el camino a la inversa, luego de haber vivido la Revolución vengo a sus páginas a escribirlas. De *El príncipe* tomo todo. Todo Maquiavelo. Es el hombre que me dice, oye, todas estas cosas morales son hojuelas del otoño y hay que besar ancianitas aunque te repugne hacerlo. Pero al tipo que usted golpeó una vez es su enemigo para siempre. No lo olvide. El príncipe es un hombre realista. Un verdadero político tiene que quitarse los estereotipos de la cabeza. De eso se trata. Por otra parte hay un mensaje subliminal. Lo difícil que es ser sincero. Escribir con sinceridad. Cuando lo leí por primera vez, me dije: Por fin alguien me dice algo que yo quería oír, que necesitaba oír: quítate los estereotipos de la cabeza. Sobre todo si éstos son de índole moral.

Pero había algo más en Lenin. Fue el arrebato, porque no se valía de las necesidades para dotar sus argumentos de alguna justificación moral. Fue el incendio. Fue la iluminación. Lenin es pura mecánica aplicada, puro instrumento, puro enseñarte a usar los recursos. Mi mayor descubrimiento de aquellas lecturas, y lo digo después de muchos años de haberlas realizado, y viéndolas hoy en su conjunto, era que todas las revoluciones resultaban posibles si uno sabía identificar las causas que las provocaban. Las revoluciones. Causa y efecto. Que en el caso que nos ocupa sería la ecuación causas y utilización de ellas. Fue la lección decisiva y predominante porque ha alimentado mi carácter en todas las tempestades y me ha dado la única coraza moral de mi proyecto. No se puede estar en contra de la Revolución. De lo que se tiene que estar en contra es de las causas que provocan las revoluciones. La Revolución existe, luego se la obedece.

6. LA CESTA DE MIS SERPIENTES

UNO DE LOS MAYORES PROBLEMAS que confrontan un trabajo de esta clase, que no quiere apartarse de la tónica heroica, es el pasado sobre el que se erige. Por un lado no puedes pasar de un heroísmo al otro, si ése fuera el caso, porque se pierde su sentido. Cuando todo es heroico, todo a su vez deja de serlo porque se convierte en la norma. Y entraña un peligro, además: que lo no heroico ocupe su lugar. Es el momento en que aparecen, por ejemplo, los pacifistas. En un mundo de héroes los riesgos se tornan aburridos e inútiles. En un mundo de cobardes, la molicie y las justificaciones se tornan cómodas costumbres. Pero en el caso nuestro no es que procediéramos de un período excesivamente glorioso sino de gente muy corrupta y, con harto frecuencia, ridícula. Hubo una famosa edición de una revista semipornográfica llamada *Gente* en que, desde la cubierta, se mostraba al presidente Grau —que era un bagre en cuanto a su aspecto físico se refería— en unos largos y poco elegantes shorts empapados de agua y él hundido hasta los tobillos en la orillita de Guanabo, una playa del este habanero, mientras hacía el ademán de capturar entre sus dos manos el trasero —en este caso bastante bien formado y protuberante, diríamos que a punto de ser estratopigio— de una famosa modelo criolla llamada Lina Salomé, también en traje de baño y muriéndose de la risa. Hasta el nombre de esa criatura era una provocación, o como decían, una invitación al desenfreno. Lina Salomé. No había nada en ella que fuera púdico. Y ahí, detrás de su trasero —si la construcción me es permitida— estaba el presidente de la República, ávido por esa carne. Lo más perturbador del reportaje —que continuaba en el interior de la publicación con gran despliegue— era que *no lo habían sorprendido*. Es decir, no era un episodio de esos que el mundo actual y los *paparazzi* nos tienen acostumbrados. Nada de eso. El honorable señor presidente de la República está mirando descaradamente a la cámara, consciente de su existencia, y también se muere de la risa.

Como ven, no es la clase de cimiento sobre la que se levanta con facilidad una leyenda heroica. Casi que basta con ser una persona medianamente decente para sobresalir como imagen social positiva. Y muy bien algunos podrían preguntarse si por esos recuerdos pisándonos los talones se hizo necesario fusilar a centenares de batistianos al triunfo de la Revolución o haber llevado el mundo a los prolegómenos del holocausto nuclear en octubre de 1962. También teníamos una experiencia de la lucha en las montañas, de nuestra propia trayectoria revolucionaria. Durante la guerra nos dedicamos a desprestigiar al adversario. Es un arma de uso regular en todas las guerras. Mofarse del enemigo. Pero el problema fue que, al parecer, lo hicimos demasiado bien a través de nuestras emisiones de Radio Rebelde, la planta que instalamos en lo alto de la Sierra, y de nuestra prensa clandestina. El caso es que al final, cuando obteníamos una victoria, cuando ganábamos una batalla, ésta no era el resultado de nuestra pericia táctica ni del valor de nuestros combatientes, sino de las facilidades para ser batidos que presentaban los batistianos. Era la consecuencia natural y no el resultado de nuestros esfuerzos. Parecía como si aquel ejército estuviese allí para que lo abofeteáramos a nuestro antojo.

En el caso de la expedición contra Trujillo, sobre todo en su final, se contemplan las mismas fisuras para que yo ahora pueda utilizar ese pasado como parte de mi historia. Pese al prodigio de maniobra que ese viejo de los largos testículos en la playa con Lina Salomé produjo con toda la operación de Confites y sobre todo la manera en que toreó a los yanquis y les puso muletillas durante cerca de dos meses, al final lo estropeó. Alemán, por ejemplo, se exilió en Miami con 85 millones de dólares; 60 de ellos en metálico, que usó entre otras cosas para construir un estadio de pelota en esa ciudad. Alemán sirvió como un agente de muchas otras personas para transferir dinero al exterior. Cuando huyó a Miami, después del fiasco de Confites, dejaba en Cuba activos por valor de 60 millones de dólares. Algunos aseguran que padecía de un cáncer terminal y que repartía el dinero con generosidad.

La lección es que no puedes dar mucho dinero a tus hombres en estas aventuras, ni proponerte ganarlos para ti. Si quieren ése es el origen del altruismo en nuestras misiones internacionalistas. Ellos deben tener satisfechas —y no de forma muy ostentosa— sus necesidades básicas. Las tres comidas diarias en el comedor de oficiales y una casita en alguno de los barrios de la pequeña burguesía. En los años sesenta, además, uno de los coches americanos quitados a la burguesía y, sólo en casos muy excepcionales, un Rolex. En los setenta buscamos carros más nuevos, los Lada soviéticos, con una sola distinción para los jefes más encumbrados: una planta de radio Yaesu. Avanzados los ochenta aparecieron los Betamax y repartimos algunos. Y eso es todo. Dondequiera que en este proceso un hombre se enriquezca, tienes ya un vector de independencia y desacato y terminas teniendo que fusilarlo. Cuando Grau, Alemán, Masferrer y Manolo Castro se lanzaron a la aventura dominicana, contaron con una tropa genuinamente romántica, y animada por la pasión del internacionalismo, pero ellos —los jerarcas— iban en busca de riquezas y posiciones. Invadirían la República Dominicana con los mismos objetivos de expansión económica que la Casa Blanca y los monopolios asociados. En este sentido, del provecho personal a obtener, los cubanos actuaban como un subimperialismo.

Aunque un último saldo positivo fue saber que siempre debes disponer de un Genovevo, alguien a quien echarle las culpas ante tus hombres y también para distraer la atención de los yanquis. Un Genovevo Pérez Dámera es imprescindible para mantenerte alejado de las escaramuzas y para que reciba los golpes por ti.

Por otro lado —y a modo de resumen—, Mario Salabarría, detenido por brutalidad policíaca, fue condenado a 20 años de cárcel. Liberado por mí en 1961, lo encarcelé otra vez en 1965, como ya he dicho, con otra condena de 20 años. En su momento, la masacre de Orfila y el arresto de Salabarría marcaron el punto culminante de la violencia de la guerra fría en Cuba hasta nuestra Revolución y da comienzo al período de enfriamiento de esos grupos. La nueva situación se basaba en la presencia de un gran tribuno, Eduardo R. Chibás, que se desprende del Partido Auténtico y funda su propio partido, el Ortodoxo, cuyo lema sacrosanto y de pronto arraigo popular era equivalente de un programa centrado en barrer la corrupción administrativa: «Vergüenza contra dinero».[1] Chibás logró agrupar algunos intelectuales de refresco en la política cubana, casi siempre muy jóvenes y no contaminados: Roberto Agramonte, José Pardo Llada, Emilio Ochoa. Seguiría arrastrándose una situación inestable de cualquier modo durante algún tiempo.

«La gente de la UIR quiere matar a Manolo y esa sangre me va a caer arriba a mí.»

Recuerdo que se lo dije al chino Esquivel. El problema era que la UIR estaba desbastada y en peligro de extinción. Pero no cejaban en su empeño de vengar la muerte de Emilio Tro. La cabeza de Manolo Castro se convirtió en el trofeo más preciado a obtener. No los frenaba siquiera que Manolo, al igual que ellos, estaba bastante debilitado después del fracaso de Confites. Aunque de cualquier manera continuaba siendo el hombre más importante de la Universidad de La Habana. Todo lo rodeaba. Todos le eran solícitos. Todos decían: «Manolo me dijo esto o Manolo me dijo lo otro». Bastaba con el primer nombre. Manolo. Y todos sabían a quién se refería. En el ámbito de la universidad, él era el centro.

Y, si bien es cierto, que yo había hecho esta clase de comentarios con el Chino, también entendía de alguna manera la necesidad de acabar de eliminar el problema Manolo Castro. Ya era algo que molestaba. Un obstáculo. Es por ello que no niego que, dentro de un contexto general dentro de la UIR adverso a que Manolo continuara con vida, yo pueda haber instigado en la misma dirección. Pero era como una gota de agua en el mar. No sé si ustedes me entenderán. Entonces la noche del 22 de febrero de 1949 yo viajaba en una máquina por la calle San Lázaro, con la escalinata a la espalda, y rumbo al centro de La Habana, en compañía de Billiken, Manolito

1. Durante el próximo gabinete de Grau su administración fue acusada —en la causa n.º 82— de prevaricar 170 millones de dólares. La administración de Grau en 4 años tuvo presupuestos de 1,2 mil millones de dólares, de los cuales sus gabinetes prevaricaron el 14 por ciento de los fondos administrados. Antonio Prío —el próximo presidente del Partido Auténtico— y su hermano Carlos hicieron fortuna durante la administración de Grau, el primero como director de Rentas Internas y el segundo como primer ministro.

el Loco y no recuerdo si José de Jesús Ginjaume, cuando yo les dije que me quedaba por allí. Tenía un examen en esos días, creo, y había que estudiar. Nadie me hizo resistencia ni lo tomó a mal porque no existía ningún plan ni nos dirigíamos a ningún tipo de operación. Ellos siguieron su camino y enrumbaron hacia la zona del Parque Central, que desde principios de siglo y hasta más o menos fines de los años cincuenta, fue el eje de la vida y la sociedad en La Habana, y donde además, a 100 metros del parque, por la que fuese la principal vía comercial del país —la calle de San Rafael—, muy estrecha y atestada siempre de coches y ómnibus, se hallaba una pequeña sala cinematográfica especializada en la proyección de dibujos animados y series para matinés de *Flash Gordon* o *Hoppalong Cassidy*. Se llamaba —se llama aún— Cinecito y uno de sus propietarios era Manolo Castro. Serían como las 9 de la noche cuando Billiken vio a Manolo al frente de su establecimiento. Se tomaba un café, de pie frente al expendio que se hallaba en los bajos del local. Dieron la vuelta en su coche. Parquearon con el morro apuntando hacia la calle y dejando un espacio para salir con rapidez y sin tropiezos. Alguien, probablemente Manolito el Loco, se quedó al timón y sin apagar el motor. Dicen que fue Billiken el que disparó. Directo en la cabeza. Por atrás. Y que los sesos de Manolo cayeron como una torta en el pavimento. Después circularon muchas versiones. Pero en casi todas se me comenzó a señalar. La misma experiencia la volví a conocer quince años después cuando el asesinato del presidente Kennedy. Que se me acuse de un asesinato que no he cometido pero del cual, ciertamente, de muchas maneras se me puede vincular. Bueno, si ya he dicho que yo no me aguantaba la boca para instigar contra Manolo Castro por qué me voy a callar ahora para decir que, en relación con Kennedy, por lo menos si no instigué la ejecución, si tuve información bastante discernible sobre lo que se estaba preparando. Más adelante abundo sobre el tópico.

Sí puedo afirmar que a las pocas horas, cuando tuve noticia del atentado, llegué ya a la firme convicción de que todo aquello no iba para ningún lado.

Por cierto, en ese asesinato siempre quedó la duda de la participación de los comunistas. En la universidad había un eterno estudiante, Manolo Corrales, de familia de abolengo, con dinero, que había sido reclutado por el Partido. Manolo estudiaba Medicina y se le asignó la tarea de «atender» a Manolo Castro e influir sobre él. Yo no puedo asegurarles ahora hasta dónde Manolo conocía su filiación y si la aceptaba o no. Pero la historia que se cuenta es que Manolo se hallaba dentro del cine cuando este otro Manolo, el comunista, hace que salga para contarle no se sabe qué cuento. Es decir, en menos de cinco minutos, ese cerebro de Manolo Castro que se hallaba ahora depositado en medio de la calle San Rafael, había pasado del conocimiento de unas peripecias del Pato Donald a la sonsa conversación de un comunista solapado hasta ser colocado en un rango cómodo de tiro para un pandillero.

Pero la más alucinante de todas las versiones de mi hipotética participación que conozco es la ofrecida el 20 de diciembre de 1957 a la prensa batistiana por el joven Manuel Marques Sterling y Domínguez, hijo de uno de los ministros de Batista, empeñados todos ellos entonces en hallar argumentos para mi descrédito, y que conservamos en nuestros archivos históricos. Manuel aseguró que yo había actuado como agente apuntador para los asesinos y que yo me había disfrazado de vendedor de billetes de la lotería y me había colocado en una posición estratégica frente al teatro para identificar positivamente el objetivo.

Aunque me he adelantado bastante en la narración, lo he hecho para cerrar el caso de Manolo Castro. Y, para de verdad terminar, a modo de reconocimiento, debo decir que el único amigo que consideró como un agravio personal el asesinato, fue Rolando Masferrer. Hizo de la muerte de Manolo Castro un asunto personal. *Se la cogió para él*, como decimos. Por ejemplo, Eufemio Fernández, que siempre se presentaba como su amigo más cercano, no hizo nada. No movió un dedo por la memoria de su compañero. El que se busca la bronca directa es Masferrer. Nunca se consoló. Estuvo buscando la venganza todo el tiempo.

No van a ver una foto de Raúl conmigo en esa época. Pero mi padre me lo mandó de Birán porque, me explicaba en una carta, lo único que hacía «Raulillo» era estar borracho en Oriente y jugando gallos. Raúl no es bachiller así que tuvimos que matricularlo en una cosa llamada Carrera Administrativa, para la que no se requería ser bachiller.[2] Ahí es donde se hace amigo de Alfredo Guevara y de Luis Mas Martín y de Flavio Bravo y de cuanto comunista apareciera por la universidad. Ninguno de ellos estudiaba la Carrera Administrativa porque todos eran bachilleres pero hacían sus patrullajes en vuelo rasante por sus aulas para ver a qué incauto le echaban el guante. Desde luego, a Raulito lo captan y lo comienzan a utilizar. Yo le decía al chino Esquivel: «Que Raúl no venga con nosotros porque nos perjudica». Bien, los comunistas terminaron llevándoselo al Festival de las Juventudes y los Estudiantes, en Bucarest, en 1953, y no sé cómo se las arreglaron para convertir en una especie de bolchevique criollo a aquel borrachín precoz, gallero —es decir, que se dedicaba a la lidia de gallos como ocupación profesional— y, dicen las malas lenguas, medio mariconcito. Bolchevique de pura cepa. Quiero decir, estalinista hasta la médula.

Si algún beneficio reporta su viaje a Bucarest, será a largo plazo. Que en el barco de regreso de Europa, entre mayo y junio de 1953, conoció a Nikolai Serguievich Leonov. Leonov terminaría siendo uno de los más grandes jerarcas del KGB, con grados de teniente general y jefe de la todopoderosa Sección de Análisis, y siempre nos fue muy leal. A nosotros, los cubanos. Al principio de la Revolución fue nuestro primer y principal enlace con Moscú.

A corto plazo, la relación de Raúl con los comunistas nos perjudicaba. Estábamos apenas en los inicios de la guerra fría y el comunismo se convertía cada vez más en un mal negocio, y muy impopular. Pero lo que yo estaba aprendiendo en la clandestinidad de los libros y lo que estaba surgiendo en mi cerebro de ellos, era algo que le estaba llegando a Raúl a través de la tropita comunista de la universidad. De su asociación pública y notoria con ellos. Yo, no. Yo me mantenía en mi comunión secreta con los textos. Yo le daba a las ideas el uso para lo cual se escriben: para tu solo tratamiento, y a las ideas que surgieron quién sabe si mientras Lenin paseaba por los jardines de una ajena e invernal Viena o que al bonachón de Marx se le ocurrieran frente a una jarra desbordante de la buena cerveza de Dresden, se le iban sumando las mías, quizá aún tímidas, o más bien que uno tendía a reprimir por su audacia, o por su desacato, y hasta por su violencia, pero

2. Solicitó su matrícula en el Instituto de Administración Pública adjunto a la Facultad de Ciencias Sociales y Derecho Administrativo de la Universidad de La Habana, el 1 de abril de 1950.

que iban surgiendo en mi cerebro y que comenzaban a llamar poderosamente mi atención mientras lo activaba con los grandes y de lentos ascensos humos de un magistral Partagás de 25 centavos que por su sola perfecta presencia en las manos había que agradecer esas tres naves cargadas de maleantes y sodomitas a las que se les interpuso la inesperada barrera de un continente que en los cálculos de su gran almirante no se hallaba siquiera como posibilidad aunque los pájaros que oyeron durante toda la noche presagiaron. Aspiro mi Partagás. Mi noble Partagás. Un continente en el presagio de los pájaros. Entonces me enredó con Marx. *El manifiesto comunista* viene después de *El Estado y la revolución*. «Un fantasma recorre el mundo», dice Marx. Otra bocanada. «El fantasma del comunismo», dice. Los humos ascienden al alto techo de mi habitación de una casa de huéspedes para estudiantes. Así que el comunismo, me digo. He llenado mis pulmones con una nueva y abigarrada bocanada y la retengo con una honda aspiración que la hunde hasta los lóbulos inferiores y sin apuro y sin remedio la dejo salir lentamente al antojo de su propia aleve disciplina gravitacional, de su peso por debajo de las demás cosas. Continúa la fuma y la lectura. Marx y Partagás. Concupiscencia de las concupiscencias.

Alfredo Guevara fue el principal consejero marxista de Raúl. Yo le había entregado a Raúl para que sirviera como una especie de institutriz sin pago. Sabía que Alfredo iba a aceptar la tarea de buen grado porque era una forma de vincularse conmigo. Yo me daba cuenta de que el Partido me había echado el ojo —igual que la gente de la UIR. Era un cambio de calidad en la situación. Ya estaban viendo valores y posibilidades en mí. Y eso me satisfacía, no lo niego. Pero yo trataba de mantener de lejos la asociación con los comunistas. Alfredo Guevara era presidente de la FEU en la Escuela de Filosofía y Letras y nos habíamos hecho amigos realmente en medio de la lucha estudiantil. Lo recuerdo con su costumbre, ya de joven, de ponerse el saco por encima de los hombros, y las mangas vacías del saco cayendo mortecinas a los lados, y ese rostro pálido, como si se lo maquillara con cal, y sus gestos siempre medidos y controlados. Creo que nunca ha metido las manos dentro de las mangas de un saco, que no sabe lo que es eso, y nosotros, por bromear, a esa costumbre suya le dimos por llamar la estola de Alfredo. En algún momento de aquellos años él se puso muy delicado, incluso a punto de morirse. No entiendo cómo un muchacho de una familia de recursos puede tuberculizarse. Pero ése fue su caso. El Partido se portó muy bien con él. Lo mandaron a la Unión Soviética a curarse. Luego en Cuba lo atendía permanentemente un médico comunista de mucho renombre, el profesor Gustavo Aldereguía. Lo salvaron. La verdad es que lo salvaron.

Yo me daba cuenta de que el chino Esquivel se ponía celoso por mis evidentes deferencias con Alfredo. La clara proyección afeminada y sus manierismos constituían los argumentos más sólidos del Chino. Su resumen era muy gráfico.

«Es maricón.»

«Pero es un hombre sacrificado, Chino», yo le respondía.

Alfredo había sucumbido a una ardiente e irrefrenable pasión amorosa. Me resultaba muy fácil distinguirlo. Pero de alguna manera él se dio cuenta de que era un amor absolutamente imposible y tuvo la sabiduría y la fortaleza de carácter de convertir esa situación en una especie de eterno amor platónico e incluso en la versión más cercana que un homosexual puede lograr de la verdadera amistad con otro hombre. Si bien me daba cuenta de todo eso, yo —por mi parte— tenía la caballerosidad, por así decirlo, de no darme por enterado. Me sabía el objeto de sus atenciones y solícita subordinación pero nunca mordí el anzuelo. Fueron mis conversaciones con Alfredo en esa etapa las que me enseñaron a responder con otros temas cuando no quería satisfacer una pregunta específica. A principios de los noventa, en una cumbre de presidentes, creo que en Brasil, recuerdo la frustración del portugués Mario Soares cuando me preguntó si yo ponderaba los beneficios de celebrar elecciones libres bajo observación internacional en Cuba y yo le respondí con un elogio de su corbata. Excelente pinta, presidente, le dije, tomando la prenda en mis manos y observándola con detenimiento de *connaisseur*.

Sin que nunca hubiese mediado palabra entre nosotros sobre tan espinoso asunto, yo dejaba que Alfredo permaneciera a mi lado, como esas novias en potencia que nunca llegan a serlo en la realidad, y que se mueren siendo feas, solteronas y aún jurándote eterna lealtad. Un poco con Alfredo hice lo que después con Celia. Aunque Celia tuvo más oportunidades y posibilidades que Alfredo, al menos en la Sierra y en los primeros meses de la Revolución.

El otro factor que yo sabía atractivo para Alfredo era el hecho —que no se me ocultaba— de las tendencias homosexuales de Raúl.

Sabía que le iba a encantar: 1) que le pidiera tan grande favor como era el de encaminar a un hermano menor en la vida universitaria y de la capital cubana; 2) la muestra de confianza en él que significa tal petición, y 3) descubrir lo mismo que yo en las manifestaciones homosexuales, quizá aún incipientes, quizá exageradas por mí, pero sin que yo se lo dijera ni me hubiese dado por enterado.

Una vez, por cierto, me llegó el chisme de que Raúl estaba jugando gallito. Yo creí en principio que se estaba gastando su mesada otra vez en las vallas de gallos y que había abandonado la luz del marxismo por este tipo de entretenimiento tan bajo. No, no gallos. Gallito. Insistieron en el diminutivo por lo que pensé en una modalidad de la lidia en la que se empleaban gallos de un tamaño más pequeño. Unos polluelos, pensé. Pero no. Gallitos era otra cosa. Cuando supe lo que significaba, cuando me lo dijeron, yo mismo descendí un grado en la escala del aprecio humano. Todavía hoy no he logrado comulgar con la idea de lo que se trataba y de las andanzas de mi hermano. Jugar gallito era que se reunían algunos muchachones y dos de ellos desenvainaban sus vergas y comenzaban a atacarse mutuamente con los glandes. El objetivo, me lo imagino, era provocar la eyaculación. Yo no profundicé nunca en el asunto. Finalmente no era más que una fórmula bastante aberrante de masturbarse si ya de por sí la masturbación no es lo suficientemente aberrante. Supe, eso sí, que Alfredo nunca participó de esas rondas y que esto ocurría cuando Raúl se escapaba de sus cuidados. Pero todavía hoy me perturba la cantidad de héroes y mártires de la Revolución cubana que en sus edades de estudiantes universitarios se dedicaban como mi hermano a tales prácticas y que supe desde entonces. Raúl no fue el único pecador. Como siempre, luego dispuse de una información abrumadora.

La séptima provincia

Hablando de cosas menos repulsivas, ese mundo en el que había puesto a Raúl a desenvolverse —me refiero a los comunistas— tenía la creencia, bien arraigada, de que sólo podían sacar un buen comunista de un tipo ortodoxo. Se cubrían con los términos de disciplina y actitud militante para justificarse. Pero con ortodoxia política no se tomaba el poder. Da buenos soldados, no líderes. Incluso, hasta buenos conspiradores. Pero siempre les faltaba imaginación. Y olvidaron el factor de aventura y de iniciativa personal que es imprescindible imprimir en esta actividad.

La Revolución cubana es un prodigio de la imaginación. Si me hubiese llevado por el calco de la matemática marxista y hubiese esperado porque las contradicciones económicas y toda esa elaboración de la plusvalía procedieran a favor de la crisis insalvable, definitiva y total del capitalismo, probablemente hubiésemos tenido en Cuba todo lo contrario. Como país vicario de Estados Unidos y vistas las cosas como son, hoy seríamos un emporio de riquezas y sólidamente capitalista. Ése es el prodigio de la imaginación del que les hablo. El que convirtió al país vicario por excelencia de Estados Unidos en un valladar comunista. Lo único que teníamos para explotar con la propaganda eran algunas miserias y algunos crímenes. Muy al principio de su mandato, después del golpe de Estado del 10 de marzo de 1952, a Batista se le podían señalar dos o tres crímenes, y probablemente ya esté exagerando. Un estudiante, Rubén Batista, que mataron los policías en una manifestación. No recuerdo ahora ningún otro. Fuimos nosotros los que empezamos a matar. Es infinitamente superior la cantidad de muertos producidos por nosotros a los del régimen de Batista. Sobre la base de una decena de muertos, *si acaso una docena*, nosotros fuimos capaces de producir, con ese argumento, la cantidad de miles de muertos que se han dejado tendidos en el campo en el proceso de la Revolución. Es para eso que hace falta la imaginación. Tú veías en Marx el acicate argumental, sobre todo en El *manifiesto*, no en *El capital*, y en Lenin, los métodos. Pero ellos te dejan solo. Te dan la tesis y te dan el armamento, pero de ahí para allá el asunto es tuyo. Y eras donde se jodían Raúl y sus camaradas reclutadores, aparte de acaparar todo el desprecio de la masa estudiantil.

Me he permitido explicarme con tanta claridad en el párrafo anterior aun a sabiendas de que pueda herir algunas sensibilidades porque a estas alturas de las circunstancias no creo que deba parecer ni patético ni decepcionante. Sería el peor de los favores que tendría para mi obra. Tratar de justificar muertos más o menos en un nación que, contra todos los pronósticos, ha consumado el asalto al cielo.

Yo le decía al chino Esquivel cuando veía aparecer a Raúl en cualquiera de nuestras actividades:

«Que ni se acerque, que nos perjudica.»

«¿Quién, Fidel?»

«Raúl. ¿Tú no lo ves? Dile que ni se acerque.»

Pero del mismo modo que los comunistas se proyectaban de la manera más ortodoxa posible, las fuerzas de choque del anticomunismo parecían corresponderles. De hecho, los adversarios actuaban como si tuviesen un acuerdo tácito de que ninguno de los dos avanzaría de las posiciones que ya ocupaban. Para beneplácito de un FBI de guerra fría, los oficiales Mariano Faget y José Castaño, aún hoy recordados como «unos caballeros» y verdaderos artífices «del interrogatorio científico», y el astuto y monástico e infatigable J. Edgar Hoover, el jefe del FBI, habían establecido sólidos vínculos de colaboración entre los servicios de los dos países y entre ellos personalmente. Sobre todo Hoover con Faget. Faget procedía de la vieja Oficina de Investigación de Actividades Enemigas, activada en Cuba durante la Segunda Guerra Mundial. Hoover llamó «una magnífica pieza de trabajo policíaco», y «el más asombroso caso de espionaje de las Américas [resuelto durante la Segunda Guerra Mundial]» la captura en La Habana del espía nazi Heinz August Luning y su confesión al capitán Faget de que trabajaba por contrato para el almirante Canaris.

Luego de la lucha contra los espías del Tercer Reich, Hoover, con visión de futuro característica y a las puertas de la guerra fría, recicló a Faget para la lucha contra los comunistas cubanos. Pero Faget cometió un error: ponerse tras las huellas de los caciques criollos del PSP —como ya he dicho, una versión cubana de un partido comunista ortodoxo pero que había abolido la palabra comunista de su nombre para ganar fácil acceso a sectores de la población que podían sentirse asustados por la sola mención o recuerdo de los «rojos»— y obviar a los revoltosos líderes universitarios que protagonizaban con regularidad diaria algún problema de mayor severidad que macerarse las neuronas con la explotación del hombre por el hombre.

Faget y sus especialistas de comunismo criollo obviaron además el dato importante, más bien importantísimo, del que debieron disponer en primera instancia: que Cuba tenía seis provincias geográficas pero que el Partido tenía siete. El Partido entendió la importancia que había tenido una institución en la vida republicana desde los años treinta. La Universidad de La Habana y todo su potencial científico, intelectual y profesional como un feudo de la atención priorizada del Partido. La séptima provincia.

Mírenme. De la manera que se haya producido, por una derivación de casualidades o por un plan definido. El caso es que empezaron por acercarme a Alfredo. Luego los libros a crédito en la librería de Carlos III. Luego Flavio, Leonel, Mas Martín, y hasta Walterio. Luego el envío de mi hermano Raulito a Bucarest. Fue un proceso largo y en el que se dejaban correr las cosas. No creo en verdad que, hasta cierto momento, nadie se haya propuesto convertirme en el jefe de la Revolución cubana. Después de cierto punto sí. Después que tomamos el poder en enero de 1959, se hizo un imperativo tanto del Partido como del KGB reclutarme. No digo reclutarme en un sentido peyorativo, puesto que más bien ellos se subordinaron a mí, y en ese sentido se autoreclutaron. Pero necesitaban confirmar los objetivos. ¿Se dan cuenta? Eso es lo bueno con los comunistas. Con ellos sólo tienes que comulgar ideológicamente. Todo lo demás es secundario a partir de ese presupuesto. No se puede decir lo mismo ni siquiera de la Iglesia. Pero si bien mi edificación como líder no debe haber sido un plan deliberado del Partido, el caldo de cultivo, la séptima provincia, sí era algo deliberado y organizado con ese propósito.

En esa época andábamos con traje. Nada de mangas de camisa. Tampoco guayaberas. La vestimenta regular de un estudiante de los años más avanzados de Derecho era las dos piezas, pantalón y saco, de un mismo paño, una camisa blanca de cuello y una corbata. El chino Esquivel y otros condiscípulos se hacían sus trajes en El Sol, una tienda del centro de La Habana donde todos los profesionales habaneros decían confeccionarse sus atuendos. Yo nunca he sido tan melindroso como el Chino. Solía comprarme los trajes ya hechos. Y en cualquier sastrería que se pudieran conseguir buenos paños más o menos baratos. Digo, los únicos tres trajes que tuve en toda mi carrera universitaria. Dos comprados al inicio del primer año y otro, un terno gris, muy bonito, en Nueva York, cuando fui con Mirta de luna de miel. Ella me escogió el color. También me compré allí un *jacket* de cuero igual al de mis fotos del bogotazo y que había perdido. Ocurre además que no me gusta que me estén midiendo. Si acaso ajustar un poco por aquí o por allá y eso era un asunto que, con su cinta amarilla al cuello, resolvía el sastre en un instante dando pedal en su máquina Singer y casi siempre mordisqueándose la lengua, y ante tu vista. El asunto de dejarse medir es bastante serio y no por gusto desde principio de los sesenta yo he dispuesto de mi propio sastre —el compañero Barcárcel—, como parte de la estructura de Seguridad Personal. Después haré el cuento de por qué los hombres como yo no se pueden permitir nunca que los midan y de la tarde en que el gran dirigente del pueblo guineano y amigo mío Ahmed Sekou Touré pretendió que su sastre me tomara las medidas para cortarme un traje típico de la nación hermana.

La fama de la sastrería El Sol se debía a un método de medición que, en sus anuncios, llamaban «trajes anatómicos y fotométricos» y que era un reclamo publicitario que había subyugado incluso a los presidentes y dictadores del área. La técnica «fotométrica» consistía en retratarte desde todos los ángulos posibles y luego medirte con el método clásico de la cinta y la escuadra y marcando con tiza. No escatimaban flashasos en ese lugar, me decía el Chino. Batista aparecía impecable y señorial en los anuncios de los años cincuenta de la tan prestigiada casa y con uno de los lenguajes más forzados que yo recuerde. El honorable señor presidente de la República luce su ajuar de verano, en la foto enfundado en un fresco dril 100 de nuestra exclusiva colección para dignatarios, pero del cual usted también puede disponer de uno, además de hecho a la perfección del traje anatómico y fotométrico de El Sol. El Sol. Manzana de Gómez por [la calle] Monserrate. Tel. 6-7572.

Trujillo también se cortaba sus trajes y sus uniformes allí, sus entorchados uniformes de Generalísimo, unos esmóquines de cola corta con charreteras de bordes dorados y cepillos de estambres. Yo estuve haciendo mis averiguaciones para ver si le zafábamos la cabeza en el lugar. Pensé que hacía algunos viajes secretos a La Habana para sus compras. Sabía que también era un cliente asiduo de Cuervo y Sobrino, quizá la joyería más famosa de nuestra capital. Pero él mandaba emisarios a La Habana o recibía en Ciudad Trujillo a vendedores con las muestras o los catálogos. De muchas maneras, a fines de los cuarenta y hasta bien entrados los cincuenta, La Habana actuaba como una supracapital de los países del área, incluso llegando a ejercer su influencia en ciudades del sur de Estados Unidos como Miami, Fort Lauderdale y Cayo Hueso. Cuervo y Sobrino pareció serle muy eficiente a Trujillo proveyéndole de las medallas y condecoraciones que le valieron el mote entre los cubanos de «Chapitas». Pero antes de las medallas, demostraron una finísima habilidad para activarle su necesidad de condecorarse a él mismo y, por consiguiente, la obligación de que hallara los motivos para las condecoraciones. Otro renglón de importación cubano eran las mujeres. Santiago de Cuba le quedaba más cerca para tales trasiegos. Le encantaba importar mulatas esclarecidas de Santiago para sus francachelas y ponerlas a cantar y luego llevárselas a la cama. Nada excitaba más al Benefactor y Padre de la Patria Nueva Generalísimo Rafael Leónidas Trujillo que una mulata blanconaza le cantara y que al despojarse de sus sostenes descubriera que sus pezones eran negros. Esto lo sé de una fuente muy cercana, de una vieja amiga santiaguera que había sido cantante de música española en una radioemisora local y que respondía con exactitud a esa tipología tan cara para el dictador dominicano y de la que sólo descubrías su procedencia racial cuando, al desnudarse, se revelaba la violencia de aquellos pezones negros, violentos y ofensivos por la blancura de esas mamas en permanente recato y más violentos y ofensivos aún por la lentitud del tiempo y de indecisiones que se tomaba antes de dejarse manosear. En cuanto a la elaboración de las condecoraciones, el establecimiento habanero favorecido por el sanguinario Rafael garantizaba la pureza del oro y que fuese el más suntuoso de los metales y las más refulgentes de las piedras y de iris más elaborados. Dicen que había un secretario de los dueños de Cuervo y Sobrino, un hombre cadavérico y de traje negro, la clásica imagen del gerente de pompas fúnebres, encargado de viajar a Ciudad Trujillo y camelar al dictador con una nueva condecoración. Primero había que agradecer a su Alta Magistratura, el Generalísimo, su enorme gentileza de conceder la audiencia. De inmediato era necesaria una suerte de cuidadosa ceremonia, en la que se abría un cofre, que reposaba sobre un paño en la mano izquierda del adelantado de la joyería habanera y que el agradable chasquido del broche de la tapa, al ser liberado, se escuchara con nitidez y que se abriera lentamente y que con gesto de prestidigitador se retirara el papel de celofán que dejaba al descubierto la Cruz Gamada de Oro con Empotramiento de

Rubí Central y Engarce de Diamantes. Lo otro era inventar un combate para nombrar la condecoración y dictar un edicto o que el Congreso dominicano sancionara una ley estableciendo la nueva Orden o Medalla.

En cuanto a Cuervo y Sobrino, debo decir que la mayoría de sus orfebres se quedaron en Cuba. En definitiva los orfebres, en cualquier latitud, tienen dos de las cualidades esenciales de un revolucionario: la pobreza de su cuna y la honradez. Además de que los mismos dueños, después de un período de exilio en Italia, creyeron conveniente reconsiderar sus opciones y regresaron a La Habana con ciertas proposiciones, muy interesantes, de negocios. Hacia los ochenta, cuando decidimos recoger algunas toneladas de oro aún en poder de la burguesía o de sus familiares remanentes en el país, establecimos —con ayuda de ellos, de los orfebres y de los dueños— las Casas del Cambio, que el vulgo bautizó como casas del oro y la plata, y en las que se tasaban las joyas. Allí se les asignaba un precio y de vuelta te devolvían un bono para que adquirieras electrodomésticos en una tienda especial, habilitada al efecto. Para ganar la confianza de los cambistas pusimos anuncios en la prensa informando que los tasadores eran los antiguos joyeros de Cuervo y Sobrino. Creo que es la única vez en la historia de la Revolución que se apeló al prestigio de un comercio burgués. Lo que no se dijo fue que los antiguos dueños, o al menos sus herederos, también estaban en la jugada.

Bien pues, como quiera que fuese, con los ojos encandilados o no por los efectos del método fotométrico, el Chino era un devoto de aquella sastrería. Decía que sus trajes en El Sol y sus corbatas en El Encanto. Parecía estar recitando un comercial. Mis trajes en El Sol, mis corbatas en El Encanto. El Encanto era otra institución legendaria de la burguesía cubana. Era una edificación de cinco plantas ubicada en el principal centro comercial del país, la intersección de las calles Galiano y San Rafael, que la gente llamaba «la esquina del pecado», denominación que, por cierto, tiene una etimología en discusión. Para algunos es porque las señoronas usaban la coartada de irse de tiendas para citarse allí con sus amantes. Para otros, en que alguna vez hubo actividad de prostitución callejera por sus alrededores. Toda esa frivolidad, sin embargo, desapareció pocos días antes de la invasión de Playa Girón, el 13 de abril de 1961, cuando el contrarrevolucionario Carlos González Vidal dispersó fósforo vivo a través del sistema de aire acondicionado del establecimiento, que en pocas horas ardió hasta los cimientos. Vidal González, desde luego, fue capturado y confesó y rápidamente lo pegamos al paredón.

Galiano es una de las calles más antiguas de La Habana y fue la primera —siglo XVIII— que corrió en sentido transversal a los caminos convertidos posteriormente en calzadas que salían de la villa hacia los centrales azucareros cercanos. Una calle que está en mi memoria porque tuve una novia por allí, en un edificio que se llamaba América. Me gustaba recorrer Galiano, a paso lento, y deteniéndome en las vidrieras de tantas tiendas y, cuando tenía las pesetas, tomarme todos los batidos que pudiera en El Camagüey, un lugar especializado en toda clase de jugos y horchatas y licuados y helados de frutas, y comprarme allí mismo mi tabaco y buscar el mar. Recuerdo que la podía caminar completa al atardecer por sus portales y bajo la sombra de sus altas arcadas. Yo diría que ésa es mi calle favorita de La Habana, la que más caminé. La concepción de ejes porticados continuos a lo largo de la vía era algo que disfrutaba de manera inconsciente, sin percatarme que estaba disfrutando de un bien —al igual que en el paseo del Prado y en otras calles de La Habana— que había sido planificado y estudiado con meticulosidad por unas laboriosas autoridades entre españolas y cubanas. Poco a poco me fui percatando de la intencionalidad de mi paisaje y que había una especie de diseño magistral que no pensaba en la fachada independiente de una edificación o de un reducido número de ellas, sino en la imagen unitaria de un conjunto mucho mayor, en un diseño unificador e integrador de la ciudad con un sentido más colectivo. Después del triunfo de la Revolución, hice que una batería de arquitectos me explicara cómo aquellos dioses de otro siglo habían hecho una ciudad como quien toma una torta de arcilla y organiza el mundo. Desde el punto de vista del arte, las raíces estaban en la Ilustración y en los principios del urbanismo neoclásico. Desde el punto de vista filosófico, se promovía una búsqueda de la belleza, la armonía, el decoro, y de las proporciones adecuadas. En fin, todo eso se hallaba explicado de forma más pedestre pero de estricto cumplimiento en el artículo n.º 15 de las «Ordenanzas de Construcción para la ciudad de La Habana y barrios de su término municipal» aprobadas en 1861 y que estableció la obligatoriedad del portal público en las calles de primero y segundo orden.

Galiano está ahí y sé que es una de las vías que menos derrumbes presenta en estos últimos 40 años. Pero nunca me decido a recorrerla. Aunque sea una calle de mi propiedad, por así decirlo, en los territorios de mis dominios, me he abstenido, incluso, de pasearla en una alta madrugada. No tendría sentido. Sería mucho más terrible que un viaje sentimental o el intento de restauración de una nostalgia. Sería como el recorrido de un anciano bajo las luces mortecinas de un pueblo fantasma. En esto quiero ser más digno que mis enemigos de Miami. Ellos tienen la justificación de que no se les permite el regreso, de que se les ha vedado el paso a los escenarios de su nostalgia. Pero, como siempre, me les voy por encima. No me valgo de justificaciones sino de mi soberbia.

Los cubanos que huyeron de la Revolución han desarrollado en Miami hasta una industria de la nostalgia. Venden viejas postales turísticas, reproducen las guías telefónicas de los años cincuenta y los números atrasados de la revista *Bohemia,* fabrican las mismas marcas de sodas y cervezas y bautizan los restaurantes con los nombres que tuvieron en La Habana. Ni idea tienen ustedes de la cantidad de veces *diarias* que el Departamento KT[3] de la Seguridad del Estado detecta llamadas desde Miami a teléfonos de La Habana que ya, desde luego, hace veinte y treinta años que no existen. Teléfonos de cinco y seis dígitos que conducen a líneas ciegas. Yo, por pura curiosidad, he ordenado algunas investigaciones. La mayoría de las veces son de los viejos dueños de negocios a los teléfonos de sus antiguos establecimientos. No son pocos los casos en que los mismos establecimientos también han desaparecido, bien porque se han derrumbado, bien porque los hemos convertido en albergues para la población necesitada o hasta en unidades militares. Se han detectado llamadas a casas en que todos los residentes han fallecido. En más de una ocasión he tenido que reprimir las ideas de algunos compañeros de responder a una de esas llamadas como si fuera un teléfono y lugar vigente. No creo que nadie tenga derecho a convertir en motivo de chascarrillo el pasado de otra persona. Si no sabré yo la cantidad de ilusiones que la gente pone en su pasado.

3. El eficaz servicio de escucha telefónica de la contrainteligencia cubana.

Los zapatos eran negros, de punta fina, las medias negras o carmelitas y siempre gruesas. Si me quedaba a dormir en casa del Chino, por la mañana le pedía que me prestara una camisa del viejo. Hace poco, cuando lo invité a Cuba, el Chino me dijo que yo solía levantarme muy temprano, para no molestar a nadie en su casa, y que esto se debía a que yo era muy penoso. La realidad —y es algo que los dos siempre hemos sabido aunque nunca lo hemos comentado— es que la madre del Chino me rechazaba y hacía todo lo que estaba a su alcance para demostrármelo, aunque cuidándose siempre de decir algo hiriente o de hacer gestos despectivos. Tengo que agradecerlo eso, puesto que me dejaba un margen de maniobra. Como no había sido declarado oficialmente persona non grata, podía pernoctar bajo su techo sin un exceso de agravio a mi dignidad por el simple expediente de no darme por enterado. Eso es lo que agradezco, que me dio un cierto margen de compensación entre mis necesidades y su desprecio. Dormíamos juntos en su cama. Yo creo que el Chino y Bilito han sido mis dos mejores amigos en la vida. El Chino nunca me dijo que no a ninguna de las tareas que se me ocurrían, a cualquier aventura política. Bueno, una sola vez me lo dijo, el día que decidió irse de Cuba. No valieron ruegos míos ni ofrecimientos de embajadas, cargos de ministro o la posición que quisiera. Estaba dispuesto a darle la presidencia de la República. Pero a su vez lo entendía. El Chino era un alma libre y demasiado dulce y simpático para las tareas del comunismo. Así que, vuela paloma. Bilito, por el contrario, se pasó toda su vida diciéndome que no y malgastando todo el dinero del erario público que pudiera. Pero era tan simpático... Ese gallego, tan irresponsable.

También tenía una corbata a pupilo conmigo. La pinta era como la de un Chagal deslavado. No recuerdo cuándo me desprendí de ella. Pero sí que se la regalé al Chino en prenda de amistad. Y él la quemó antes de irse de Cuba. Había un cierto simbolismo en la hoguerita de mi corbata —«de colores jaspeados», como él le llamaba— convirtiéndose en cenizas con un solo lengüetazo del fuego de su cocina.

«Tú eras muy tiposo, Fidel», me dice ahora.

«Y tú también, Chino. Tú también», le respondo.

Primera primera dama

Es algo muy bonito, entrañable, después de 40 años, recibir en tu reino al compinche de tus correrías de juventud y no percibir en él ninguna señal de envidia, rencor, frustración, o el deseo aún latente de pasarte una vieja cuenta. Aparte de que me gratifico a mí mismo por la capacidad intuitiva, por el golpe de vista, conque lo escogí en un instante aquella mañana del primer día de clases. «¿A ti te interesa la política universitaria?», le dije. «Sí», me respondió. «Pues vamos», le dije. «Vamos», me dijo. Éramos dos ya. Ya éramos dos. Después me vienen con los chismes. Ésa es la última tanda de ocurrencias desde Miami. «Oiga, Comandante —me dicen— el Chino vendió en Miami la caja de Cohíbas que usted le autografió.» Yo limito mi expresión a una sonrisa remota, casi una mueca de contrariedad, pero que apenas es perceptible y que nunca se sabe si es por la venta de la caja de tabacos o por los que se desbandan para traerme la especie. Mas lo que pienso es muy concreto: pobre Chino. Debe de tener sus apuros económicos. Tengo que pensar cómo lo ayudo.

Aramís Taboada era el compinche del Chino para las fiestas y las mujeres. Aramís estudiaba Derecho también, pero uno o dos años más avanzado. Él y el Chino decían que ellos eran «jodedores», es decir —en este caso— mujeriegos y afortunados en ese sentido. La palabra jodedor tiene muchas aplicaciones en Cuba y siempre depende de la circunstancia, del tono de voz y hasta de la persona en particular a la que se aplica. Es decir, requiere de un amplio conocimiento del entorno y de su objetivo para delimitar, por ejemplo, si se utiliza como blasón o como heráldica. Pero yo no era tan jodedor como ellos, según me explicaban. No calificaba en su categoría porque yo era muy tímido con ellas, aunque me concedían que solía ser muy caballeroso con las mujeres. No obstante, tuve una época en que, muy ocasionalmente, visité una casa de mala nota. Iba con el Chino, desde luego, como mentor mío en ese tipo de actividades y otro compañero nuestro llamado Raúl Granados. Desconozco la razón por la que el Chino excluía de esta tropa a Aramís. No era conveniente ni razonable abundarle al Chino sobre mis andanzas en los prostíbulos manigüeros, dado que, en verdad, una puta en La Habana era otra clase de experiencia, con un nivel de sofisticación que empezaba en la simpleza de las sábanas limpias, olorosas y planchadas, y que tampoco iba a quitarle su porción de gloria al Chino, que con tanto orgullo me guiaba *por los laberintos de la vida*. Fuimos siempre al mismo sitio. No les miento. Estaba en la calle Maloja 853, primer piso, y se llamaba la casa de Juanita. Era un prostíbulo sui géneris porque sólo contaba con dos mujeres. La propia Juanita, que era la dueña de la casa, y una trigueña, bella ella, de ojos verdes, que se llamaba Berta. Un apartamentito con dos cuartos, baño intercalado, cocina y una sala comedor. Y no una de aquellas casonas antiguas, de puntal alto, del centro de La Habana, en una barriada llamada Colón, con una matrona, casi siempre mulata, y ella misma una veterana de esas lidias, dándose sillón y abanicándose con un artilugio de cartón y paleta de madera que suele llamarse penca, y una docena de putas revoleteando en paños menores y un mariconcito inevitable llevando y trayendo un sándwich o cerveza para las putas o para algún cliente hambriento o con sed.

Puede que Berta fuese un nombre de guerra, porque las prostitutas acudían a esa costumbre como protección. Sobre todo era una forma que tenían de proyectarse hacia el futuro. Era su habilidad máxima. Como nadie sabe las vueltas que da la vida, decían, nadie puede identificarme el día de mañana. Yo sólo me acostaba con Berta. Costaba cuatro o cinco pesos. Y ya estamos hablando de que era mucho dinero, puesto que, a unas veinte cuadras de allí, en el barrio de Colón, una mujer valía un peso. Tenía sus conveniencias la casa de Juanita porque ni ella ni Berta tenían chulos, es decir no las mangoneaba ningún proxeneta. El primer beneficio de esto era que podían sentirse libres de tener orgasmos con los clientes que les gustaran, cosa absolutamente prohibida para las mujeres encadenadas a un proxeneta, que sólo podían alcanzar el orgasmo con él y ésa era la razón por la que apenas las penetrabas, comenzaban a apurarte. El sentido de esta exigencia disciplinaria, reservar sus venidas para el chulo, era que sólo se podía gozar su verga y que lo demás era cuestión de trabajo. Nadie se viene cortando caña o poniendo remaches. Berta tenía orgasmos conmigo y nunca me apuraba. Todo lo contrario, me decía que no fuera «tan desesperado». O, con voz que sólo puede ser descrita como maternal, y acariciándome las sienes, me preguntaba: «¿Cuál es el apuro del caballero?». Tenía orgasmos o por lo menos te imitaba unos formidables. Que para el caso es lo mismo. (Me imagino que igual conducta, pero en sentido contrario, podían sostener las mujeres bajo control de un chulo: si se les escapa un orgasmo con algún cliente especialmente apetecible para ellas, imitar que no ocurría.)

No me tomen por un especialista en el tema porque no lo soy y mucho menos me ufano de ello. Pero el dominio de estos detalles es parte de la cultura del común de los varones cubanos y se da por sentado que sea parte de su aprendizaje en el paso de la adolescencia a la juventud y cuando ya ha perdido la virginidad, antes de la Revolución porque ya le habían llevado a un prostíbulo para su iniciación, después de la Revolución, al enredarse con alguna compañerita de aula en las becas de los estudios secundarios o en las jornadas de trabajo agrícola. Y si quiero gobernar a todos los cubanos, lo menos que puedo conocer es su cultura fisiológica básica. Así las cosas, durante años consideré que en la prohibición de venirse que obligaba a las putas a no disfrutar de ninguno de sus clientes había algo más que una aberración de la disciplina. Yo percibía que también había un destello de sublimación en la exigencia. Que no solamente el chulo reivindicaba el portento de su propiedad absoluta al impedir que su puta se entregara a un desconocido sino que era un poder ejercido a distancia y en la sola conciencia de la mujer, que estando encerrada en un cuarto con otro hombre, que estando con las piernas abiertas, que teniendo su verga encajada hasta la base de los cojones, era capaz de guardarle la lealtad y de considerar a aquella mole, aferrada a ella y jadeándole al oído, como un cliente.

En fin, que los espasmos vaginales y las contracciones en orden creciente que van adquiriendo hasta desembocar en el orgasmo, en cuanto a las prostitutas cubanas se refiere, lo consideré una materia que debía mantener fuera de mi área de estudios y análisis, como suele ocurrirme con casi todos los temas mundanos, ya que, como se comprenderá, no era un tema susceptible de ser ventilado en un pleno del Partido o en un congreso de los movimientos de liberación. Fue así hasta leerme a Malraux. Ese francés despiadado fue para mí tan revelador como mis lecturas de Lenin. Me refiero sólo al de *La condición humana*. El resto de sus libros carecen de importancia para mi gusto y necesidades. Pero en la escena de *La condición humana* en que Valeria, como pago de un favor, se acuesta con Ferral, el jefe del poderoso grupo capitalista de Shangai, y que Ferral, al encender la luz para observar su rostro mientras copula con ella, con el objeto final de humillarla, se da cuenta que ella *no se le está entregando,* fue un momento para mí de aprendizaje, una escena que leo y vuelvo a leer. Me enseñó, primero, que a lo largo de nuestra historia lo que hicieron miles de prostitutas cubanas con los millones de parroquianos que se pasaron entre las piernas no fue más que repetir un acto que estaría consagrado en uno de los pasajes más hermosos de la literatura universal y, segundo, que los hombres deben desentenderse de todo lo que ocurra en el organismo de sus parejas y que lo único inteligente que cabe con ellas es tomarlas para obtener el placer que puedan procurarte.

Yo sé que le gustaba a Berta de cualquier manera porque me dejaba hacerlo hasta dos veces y sólo pagaba el precio correspondiente de uno. Muy serio y muy parco me presentaba en casa de Juanita. Y el Chino guiando la tropa al combate. Una de las primeras cosas que hice al triunfo de la Revolución fue decirle al comandante Camilo Cienfuegos que fuera a Maloja 853 y que averiguara si aún vivía allí una tal Berta, o al menos una tal Juanita que pudiera darle razón de la tal Berta. Pero Camilo no encontró a nadie. Ni siquiera alguien que recordara esos nombres. Mi ilusión era la de darle un puesto en el gobierno y de resolverle cualquier necesidad económica y darle uno de los Cadillacs que por centenares le estábamos quitando a la burguesía. Aunque, bien miradas las cosas, le correspondía también el título de primera dama. Les cuento una analogía con esta pretensión. Una vez el comandante Diocles Torralba me contó que su padre se presentó una vez en compañía de una prostituta en un club de la alta sociedad de Palma Soriano, un pueblo de mucha actividad comercial y con muchos hacendados y gente de cierta posición económica, como el propio padre de Diocles, el viejo Dioclesón, una especie de *enfant terrible* de la burguesía rural criolla, y que el dueño del local quiso ponerle reparos a la presencia de la infeliz en su propiedad dado que era una mujer de dudosa moralidad, a lo que el viejo Dioclesón respondió: «No. Ésta no es de dudosa moralidad. Ésta es puta. Las de dudosa moralidad son todas esas señoras que están ahí adentro». Me hubiera gustado hacer algo semejante con Berta. Nunca supe de ella. Nunca me mandó una carta. Nunca me pidió nada. Yo tengo un excelente servicio de recepción de correo y hay algunos nombres y algunas claves que me tienen que ser reportadas de inmediato, a mí personalmente. Yo no sabía su nombre pero ella sí el mío. Ella sabe quién soy yo. Sabe que me tuvo entre sus muslos, a mí, al fundador del primer Estado socialista de América. Lo sabe. Y déjenme decirles algo. Yo creo en mi intuición como millones de hombres han creído y creen en Dios, con la diferencia que Dios continúa siendo una abstracción mientras que mi intuición es la que me ha mantenido en el poder durante más de 40 años. Pues bien, esa intuición mía me dice que Berta ha estado en Cuba todo estos años y que, después de cierto tiempo, ha sido como una compañía que he tenido en silencio.

Tuve dos miedos al principio de la Revolución. Que por algún lado surgiera Nereida, aquella guajirita del naranjal, o Berta. ¿De qué manera podían afectar mi imagen? Bueno, era una actitud bastante ingenua de mi parte en un país donde el presidente Grau aparecía con Lina Salomé en la cubierta de las revistas y al que se le salía la punta de un testículo por debajo del short o donde Batista había encargado al jefe del cuerpo de ingenieros, coronel Florentino Rosell Leyva, el acondicionamiento de una casa con espejos en techos y paredes para sus francachelas y hasta donde el futuro presidente yanqui, John F. Kennedy, venía a pasarse los fines de semana en la Casa de Marina, un prostíbulo legendario —y muy caro— de La Habana. De cualquier manera no era una idea simpática que apareciera una putica reclamando algún tipo de participación revolucionaria por el hecho de haberme aliviado de las pesadas cargas eventuales de mis jugos seminales.

Yo creo que el origen de estos temores se halla en mi experiencia del principio de la Revolución con una actriz de la televisión llamada Pilín Vallejo. Muy bien formada esa muchacha. Una botellita de Coca Cola —como se dice vulgarmente. El caso es que tuvimos un escarceo romántico y, al parecer, ella no salió muy complacida del encuentro y comenzó a regar por toda La Habana que yo era «muy mal palo». Es decir, que en una escala de 10, yo calificaba si acaso con un 2. Es decir, que no valía nada en una cama. Resolví el problema mandándole 500 pesos con Leoncito, mi chofer. Se la encontró en el frontón Jai Alai, un lugar que llamaban el Palacio de los Gritos y donde supuestamente se jugaba la mejor pelota vasca del mundo y donde, por un lado, se hacían apuestas muy fuertes, y, por otro, las damas habaneras iban en busca de los pelotaris, los jugadores de este violento y agilísimo deporte, y que eran unos individuos con fama de una extrema virilidad y fortaleza. Los gritos eran producto de la distensión de los jugadores cuando efectuaban sus maniobras de combate y por los propios apostadores que daban rienda suelta a una especie de frenesí que se produce en el juego a medida que avanza y que los montos de las apuestas se elevan y exacerban los ánimos. Pilín Vallejo, ángel de mi perdición, estaba allí si mal no recuerdo en compañía de Mingacho Menéndez, un ricachón propietario de una poderosa fábrica de cigarros, cuando Leoncito, de uniforme de campaña, melena y barba y boina negra, y Thompson en mano, le alcanzó el sobre a Pilín y le dijo: «Aquí le manda el Comandante. Dice que no quisiera volver a oír que usted lo menciona». Tengo que reconocer que Mingacho Menéndez reaccionó con suma comprensión a nuestros requerimientos. Le dijo a Leoncito: «Dígale a su Comandante que acá la señora ha olvidado todo el incidente». El frontón Jai Alai, en la calle Concordia 556. No lo olvido. Allí quedó zanjado el asunto. Pilín se quedó en Cuba. Creo recordarla en una de nuestras primeras películas, *Las doce sillas*. Pero la experiencia fue en términos generales reprobable, al menos desde el punto de vista político. A partir de entonces, de Pilín, tuve mucho cuidado a la hora de organizar mi actividad erótica, mis encuentros de satisfacción sexual. Porque de eso se trata, ¿no? De satisfacerse sexualmente.

Bien pues, Pilín se quedó en Cuba, participó al menos en una película de nuestro mejor realizador cinematográfico, Tomás Gutiérrez Alea, y no tengo la menor idea de en qué gastó sus 500 pesos. A Mingacho Menéndez en menos de un año le nacionalizamos la fábrica y lo invitamos a abandonar el país o él se aconsejó solo y puso pies en polvorosa. El frontón Jai Alai y el otro que había en la ciudad, aunque de menor categoría, el Habana-Madrid, fueron clausurados visto el hecho de que eran centros de corrupción puesto que se apostaba. Ningún intento por hacer reverdecer la pelota vasca como deporte revolucionario ha tenido éxito entre nosotros. Con los pelotaris idos del país, ha resultado un imposible.

Advierto que, de todos los fantasmas o episodios que puedan señalárseme como pecadillos de juventud, el que me persigue con más saña es el de una jovencita de la raza negra, con la que tuve una breve relación —de unos minutos, una sola tarde—, una criadita con la que establecí contacto en los pocos días que una casa de huéspedes de la calle 19 me tuvo entre sus residentes. Ahora que digo de la raza negra, me pregunto por qué uno suele hacer esa aclaración si no la requiere para describir a una ciudadana de igual edad, es decir, jovencita, pero de la raza blanca. Bueno, los negros también suelen hacer la distinción cuando se acuestan con una blanca. Esa muchacha, o el recuerdo de ella, en una porción de meses después del triunfo de la Revolución me mantuvo en un permanente sobresalto, situación que puede calificarse de muy incómoda para un dirigente revolucionario. El chino Esquivel debe acordarse de ella porque llegó a la casa de huéspedes el día que yo estaba volviendo a empacar mis pocas pertenecias. Una de mis habituales mudanzas. Ésta porque el dueño me había dado unas horas para recoger y no regresar más. Se había enterado de quién yo era y de lo que él llamó «mis vínculos con el gangsterismo revolucionario». Había un pequeño portal al fondo de la casa y desde allí se observaba un pasillo contiguo. El Chino me ayudaba con mis bártulos cuando la negrita pasó lentamente por el pasillo y me dijo: «*Dortor, cómo etá uté*». ¿Pronunció algo bien? Traía un bulto de ropa húmeda entre los brazos y se dirigía seguramente a la tendedera dispuesta en el patio. Apenas había desaparecido de nuestra vista, cuando el Chino me oyó mascullar: «Negra hija de puta». Por lo que me preguntó, con su aire de inocencia habitual: «Coño, Fidel, por qué tú dices eso de esa infeliz». «Porque es una hija de puta», insistí. «¿Pero qué te pudo hacer esa negrita, Fidel?» «Me pegó una gonorrea», dije. Quiero dejar asentado, ya que tocamos el tema, que ésa fue la única enfermedad venérea de la que he padecido en mi vida. Y, honestamente, no recuerdo el nombre de la muchacha. Pero aun recordándolo no me permitiría la falta de caballerosidad de repetirlo y menos en una obra de esta clase.

En septiembre de 1947 me afilié al Partido Ortodoxo, que era la mejor de todas opciones que me ofrecía la República si finalmente el camino no iba a ser el de una revolución. Esto último es algo que comprendo ahora, desde luego. Nadie reparó entonces en ese hecho. Incluso no se me oculta el aspecto de que yo no gozaba de las simpatías del adalid de aquellas circunstancias: Eduardo Chibás. Nadie se percató de que se trataba de un ensayo mío: ver hasta dónde la vaca daba leche. La vaca de la República y sus instituciones. Hombre, desde luego que se me puede rebatir fácilmente la pretensión de que nadie es adivino amén de que ni yo mismo sabía que aquella estructura política no estaba hecha a mi medida y mucho menos a la de mis ambiciones. Puede que tengan razón. Pero sólo limitadamente. Porque si algo yo he aprendido de mi propio ejemplo como novato en la política cubana es a tener la intuición de quién me puede joder en el futuro y, por tanto, a quién tengo que joder yo mucho antes de que se destaque. Entiendo que el Partido Ortodoxo no se iba a poner a mis pies al verme entrar por primera vez en sus oficinas del Prado habanero ni que el presidente Grau iba a entregarme el poder por el solo vislumbre de que yo pudiera accionar el mecanismo de arrancada de la Revolución cubana. Pero tampoco me mataron, que es al final la única solución con individuos como yo antes de que se hagan de un infalible aparato de Seguridad Personal. No. No olfatearon. No se imaginaron. No concibieron. Se limitaron a dejarme vivir y obrar en su República y en igualdad de condiciones. Los pobres.

Uno de los placeres de mis enemigos es pensar que yo retengo el poder para impedir que se abra antes de tiempo la caja de Pandora de mis años de gobierno. Mientras esté ahí, con Cuba bajo control, la caja está cerrada. Dedican más tiempo a imaginarse mis secretos que a preocuparse por la propia retención física del poder en mis manos. Mi explicación es que eso les justifica su inhabilidad para sacarme del juego y sobre todo creen poder enjuiciarme moralmente con una serie de abstracciones y de probabilidades que nunca nadie ha probado. Cuántos crímenes innombrables —piensan— yo escondo en esa caja sobre cuya tapa tengo permanentemente colocada una de mis pesadas botas. Pero no deja de molestarme la apreciación tan escasa que hacen de mis habilidades de conspirador. Como si yo fuera a dejar las huellas de ningún crimen en caso de que los cometiera. Mucho antes de que Gorbachov abriera la posibilidad de exhumar la documentación (y de paso los restos humanos) de una masacre como la de Talin, en Polonia, o de que nuestros camaradas de la Alemania del Este dejaran intactos los archivos de la Stassi con los que luego tuvieron su festín la CIA y los alemanes del otro lado, nosotros dimos la orden de quemar toda la documentación comprometedora. Esto ocurrió apenas Reagan entró en el poder y los soviéticos nos dijeron que no meterían la mano en la candela por nosotros. Por otro lado, hay gente allá afuera, sobre todo en Miami, que ha estado huyendo todo el tiempo a los días o años en que sirvieron a la Revolución. Infelices. Pordioseros históricos. Yo no le tengo miedo a ninguna caja de Pandora —y créanmelo—puesto que, para empezar, he quemado todo vestigio posible de situaciones comprometedoras y en cambio he dejado los videos de todos los posibles entuertos de mis enemigos. Para empezar, no existe un diplomático yanqui de misión en nuestro país que no haya sido fotografiado y grabado en video y que este material no se halle en perfecto estado de conservación. Los culos enlatados. Ése es el modo en que los compañeros de la brigada KJ llaman a estos materiales, por la cantidad de traseros de diplomáticos *y de diplomáticas* (oh, qué cantidad de lesbianas entre esas jóvenes del Departamento de Estado) grabados en tape que preservamos en contenedores metálicos. Desde luego, nadie, delante de mí, se refiere de ese modo al material acumulado. La brigada KJ es una de nuestras unidades de mayor especialización y se encarga del llamado «chequeo visual», y son los que graban y toman las fotos. Desde la aparición de la técnica de grabación del video los costos de las operaciones del KJ fueron sensiblemente rebajados y también el equipamiento se hizo mucho más sencillo. Pudimos deshacernos de los laboratorios de revelado, que se lo pasamos al ICAIC,[4] y se nos ofreció la oportunidad de ampliar el personal y los medios de transporte. Ahora esos compañeros están luchando contra la degradación habitual de las imágenes en las cintas magnéticas. La técnica digital ha acudido en su ayuda y están pasando a discos de lectura óptica todo el material. Los yanquis asignados a Cuba después de la apertura de la Sección de Intereses en 1977 parecen seguir la conducta de muchos magnates y políticos americanos desde la instauración de la República en 1902 hasta el final de Batista en 1958 —de los cuales ahora la figura más distinguida de esta clase de adelantados es John F. Kennedy—, de venir a refocilarse en carne cubana. Mr. Kennedy y todo el cuento suyo de Camelot. Hubiese querido el rey Arturo que una de esas putas de la Casa de Marina le hubiese dicho «papito rico» y que, para empezar, le hubiesen engan

4. Instituto Cubano del Arte e Industria Cinematográficos.

chado un condón. Porque, eso sí, era la cobertura de prostitución nacional más higiénica del mundo, siendo entonces un paradigma de la lucha contra la gonorrea y la sífilis, como ahora el país puede decir que es un bastión contra el sida, aparte de que, desde luego, no aceptamos oficialmente que seamos endémicos en ese renglón de la proliferación de prostitutas. Las más distinguidas familias del poder y la diplomacia americana van a sufrir un embate sin paralelos telúricos en la historia cuando esta caja de Pandora se abra, porque no son los traseros en su estado de inocencia, es decir, de reposo, sino todos ellos a disposición del público y para comprobación del uso que se les daba. Ésta es una de las áreas de combate que casi todos los países socialistas asiáticos abandonaron como problema de principios. No problema de principios con emplear cámaras ocultas para fotografiar al personal enemigo acreditado en el país bajo cobertura diplomática sino que se llevaran sus mujeres a la cama. Los chinos, tengo entendido, incluso llegaron a fusilar a pobres infelices chinas por tener relaciones con extranjeros. Fusilar, según los códigos de los hermanos de la República Popular China, es un balazo en la nuca, lo mismo proveniente de un fusil que de un revólver, y luego le pasan a la familia la cuenta por la bala. Los vietnamitas, ni se diga, para no mencionar a los coreanos. Pero no ya con americanos. Con ningún extranjero. Incluidos nosotros, los cubanos, sus íntimos camaradas de armas. Tengo entendido que la única norvietnamita que tuvo relaciones con un extranjero en Hanoi, en el transcurso de la guerra, fue una médico que se enamoró de uno de nuestros héroes de ese período, el capitán Douglas Rudd y Molé (lo cito ahora por su nombre completo porque ya es fallecido), que fue también el único piloto blanco occidental que participó en combates aéreos contra la Fuerza Aérea yanqui en el sudeste asiático a bordo de un Mig-21PFV de bandera vietnamita. Uno de los hombres más valientes que he conocido, pese a que posteriormente hube de encarcelarlo y colgarle 20 años (condena que no llegó a extinguir completa). No es fácil entrar en combate bajo el compromiso de mantener silencio radial absoluto (con el objeto de que no detectaran a un extranjero, aparte de que no hubiese tenido un lenguaje común con el dirigente de vuelo mientras estuviera bajo su control en la zona de tráfico de vuelo y hasta alcanzar unos 3 kilómetros de altura y hallarse a 20 kilómetros del aeropuerto cuando el dirigente de vuelo lo pasara al radar lejano y decirle que cambiara la frecuencia, casi siempre en el canal 8, para subordinarse al navegante del puesto de mando que es el procedimiento al entrar en la zona de vuelo y comenzar la intersección). El regreso no era un problema. O la detección entre los aviones propios. Todos los aviones soviéticos se comunicaban automáticamente entre ellos a través del sistema amigo-enemigo, que te interroga con la sola pulsación de un botón. El piloto no necesita activar ningún comando de respuesta. La máquina sola se identifica. «Es muy bonito el radio silencio —me decía Douglas, al regreso de Vietnam—. Vas a baja altura y tu única comunicación es con el motor sobre el que estás sentado. Un formidable, todopoderoso R-11F2-300, de 13.118 libras de empuje. El 21 no es conocido por su radar ni por sus capacidades de captura, no por su equipamiento para la adquisición de objetivos ni su alcance, pero es reconocido de manera invariable por ser un avión para pilotos. No tiene computadoras ni sofisticados equipos de navegación. Depende del piloto y de (esperemos) su buen entrenamiento y experiencia. Por eso, es mi avión. De pronto comienzas a confiar en una máquina más que en tu madre, más que en los camaradas, más que en el Partido.» Douglas era un iconoclasta, como solían serlo el resto de nuestros combatientes realmente cultos. Su declaración sobre el Partido era la broma a la que acudía para restar la porción de poesía que estaba fabricando con toda esa urdimbre sobre su dependencia afectiva con un motor soviético R-11F2-300 para máquinas de combate. Pero lo entendí, siempre más allá de lo que pudo imaginarse. Probablemente ni siquiera él mismo se estaba dando cuenta de su soledad. De eso era de lo que él me estaba hablando. De su soledad. Recuerdo que lo habíamos mandado a una misión ultrasecreta (sobre la que luego abundaremos) y al final había logrado hasta combatir. Pero también engatusar a una pobre médico vietnamita. Eso, desde luego, él no tuvo la osadía —ni yo se lo hubiese permitido— de contármelo a mí. Me llegó a través de los informes de la Contra Inteligencia Militar (CIM). Siempre atrás de las vergas de los compañeros. De todas maneras tuve que preguntar si los camaradas vietnamitas habían tenido información al respecto del *affaire* Douglas. No. Todo lo contrario. Los camaradas estaban encantados con nuestro héroe. Son muy sensibles los vietnamitas. Había que tener cuidado con esas manifestaciones de liberalismo como las de Douglas.

Lo que quiero establecer desde hace rato es que nuestros hermanos chinos, coreanos y vietnamitas abandonaban un enorme potencial de actividad de contrainteligencia con no permitir ciertos romances de extranjeros con personal nacional.

Desde luego, el gran problema a la hora de contar muchas de las maniobras políticas de mi vida es que los motivos y los manejos empleados permanecieron ocultos y los hechos verdaderos empleados por mí se alejaron de lo que el público vio, de modo que a veces la realidad tanto tiempo oculta parece inverosímil y lo único aceptable es la vieja fábula, y esa distorsión es —yo pienso— la que crea esa sed —o esa imperiosa necesidad— de secretos míos, dado que las cosas al final me salen tan bien y he ido rebasando una emboscada tras otra y parece que no existen balas con mi nombre. Tampoco hay misterios. Se han agotado. No hay donde buscarles. La delicia de Cellini es que nos describe o rescata un mundo donde no existían las comunicaciones actuales, donde todo aún era misterio. No es la situación actual. ¿Qué piedra, qué gajo, qué mata, qué capa del subsuelo no está hoy clasificada y ploteada y evaluada y retratada? Los cabrones yanquis, hacia dondequiera que nos moviéramos, ya nos tenían retratados todos los rescoldos del archipiélago desde antes del triunfo de la Revolución. Esos mapas de escala uno por 50.000 que utilizamos luego para barrer con los bandidos, ellos mismos los habían producido y nos dejaron las copias en las salas de cartografía del ejército de Batista. Entonces supimos que habitábamos un territorio arrebatado de alguna manera de debajo de nuestros pies y que no había pozo ni piedra ni punta de un cañaveral cuya existencia y hasta su nombre —por aborigen o castizo que fuera— no compartiéramos con un cartógrafo del Pentágono. Bien, pues, hecha esa introducción imprescindible, y de abundar en misterios y secretos y de tratar de persuadirlos de que olviden esa sal de la tierra —ya no es para nuestro disfrute—, ahora les cuento, más bien una breve reseña adelantada cronológicamente, de cuando me enamoré por primera vez.

Me casé, yo con 22 años, y la edad de Mirta por una elemental caballerosidad me la reservo, pero apenas acababa de ser una quinceañera, o por lo menos así yo la veía, con su ligereza de bailarina, ligereza como sólo había visto en los desplazamientos fugaces de los últimos venados que existieron en los bosques de Mayarí, tan fugaces y elusivos ante el cazador que no se lograba discernir si ya habían sido extinguidos por completo y lo que te estaba pasando por delante y escabulléndose entre los pinos era el fantasma de la última criatura grácil y en total estado de inocencia de los bosques de Cuba, y tenía unos expresivos ojos redondos y era altiva y sutil de un modo tan fragoroso como sólo saben serlo las blancas cubanas, y la intensidad de su atractivo aumentaba al hallarse en una personita tan desvalida, tan desolada, una hojita del otoño meciéndose al capricho de viento y que esa hojita fuese a su vez una tímida cubana de soberbia figura y descendiente de una familia de batistianos y a punto de contraer matrimonio con el futuro líder de una revolución comunista. Tres revoluciones de considerable importancia internacional —la mexicana, la soviética y la china— había conocido la primera mitad del siglo y mientras yo merodeaba a Mirta y ella se dejaba merodear con la dulce displicencia que sabía imprimir en sus actos. Una sola revolución —la cubana— iba a existir en el mundo mientras los dos nos dedicábamos a envejecer cada uno por su lado y como dos extraños destinados a no encontrarse nunca más. Nos vencieron dos abstracciones. A ella, la incredulidad. A mí, la incapacidad de persuadirla. Yo, que he sido capaz de convencer a hombres muy duros de pedir que se les ejecute en el paredón, no tuve argumentos ni recursos para convencerla de mi amor por ella y de que me siguiera adondequiera que yo fuese. Mi venadito silvestre de los bosques. Mi niña que era como el rocío que brota al amanecer y que es el recuerdo aún vehemente del olor de su piel en aquel atardecer de Miami Beach mientras el sol caía en un horizonte que estaba más allá del universo mientras el salitre, al absorber las partículas finales de luz, centelleaba sobre sus hombros de chiquilla consentida, consentida y mía, y que apenas dos días antes yo había desvirgado sobre la pulcra cama matrimonial de un hotel americano. Nos vencieron. Las abstracciones y el tiempo. Mas, ¿cómo convencer a una mujer de que el reino que le ofreces es una revolución que apenas se halla en sus albores y que tú no sólo no la estás planificando todavía sino que estás aprendiendo que es un objetivo posible, un quizá, un a lo mejor? ¿Cómo convencer, Dios mío, a Mirta Díaz-Balart, que esa revolución era lo único que yo tenía para darle?

Primero vivimos cerca de una fábrica de cervezas llamada La Tropical en un barrio llamado La Sierra. Era un apartamento que nos quedaba frente a una fábrica de pasta de guayaba. El olor de toneladas de guayabas compactadas con azúcar e hirviendo en las pailas era permanente en todo el barrio y le daba una característica. Ahí preñé a Mirta con mi primer hijo, y el único que tuve con ella. Luego nos mudamos para un edifico llamado Frenmar, en la calle Tercera, de El Vedado, mucho mejor barriada. Y a menos de 100 metros de la costa. Teníamos enfrente una unidad del ejército llamada Quinto Distrito y en la que luego se dislocó la jefatura del Cuerpo de Ingenieros y finalmente derrumbaron todas las aspilleras y muros de guarnición para construir el Habana Riviera, uno de los hoteles de la mafia en Cuba. Mirta era una muñeca que no protestaba por nada, y espantosa cocinera. No es una crítica. Era una broma entre los dos y espero que la haga sonreír si alguna vez le es dable leer estas páginas. Una vez invité al chino Esquivel a almorzar. «Vamos, Chino —le dije—. Mirta está preparando albóndigas.»

«Guajiro —me dijo—, ¿y desde cuándo Mirta cocina?»

Hace poco, en mi encuentro con el Chino después de 40 años, lo primero que me mencionó fueron aquellas albóndigas de Mirta. Dice que no sabía cómo rayos tragarse aquellos pedruscos prietos, según aún les llama, o si decidirse a devolver el plato, pero que le daba lástima con Mirta. Sobre todo se sentía desprovisto de argumentos al ver la manera tan ávida con que yo despachaba plato tras plato de aquellas cosas que se hallaban en la olla y que yo extraía para colocar en mi plato y engullir sin protestar, incluso como si me gustara.

Perdón, Mirtucha. Son palabras del Chino.

La prensa yanqui y ocasionalmente la contrarrevolución se ha interesado en los pormenores de mi vida romántica como si yo fuera a postularme para la presidencia de Estados Unidos, como si mi objetivo fuera la Casa Blanca y no el conquistado desde hace sus buenas cuatro décadas del Palacio de la Revolución. Tengo aquí, sobre mi buró, algunas tarjetas con las frases subrayadas con pluma de marcar de fieltro amarillo, que supuestamente describen mi vida romántica para consumo de incautos lectores americanos.

«Castro se excedió en sus gastos de luna de miel y tuvo que empeñar su reloj y otras joyas para poder regresar a La Habana...»

«Bueno, Mirta no iba a regresar antes de ver Miami —el mayor de los hermanos Castro, Ramón, comentó una vez con admiración—. Y en la primera semana Fidel a duras penas la dejó salir de la habitación.»

(Ramón —desde luego—, aún niega haber pronunciado jamás estas palabras, y menos delante de ningún hijo de puta mercenario periodista yanqui.)

«Pero si el joven estudiante de medicina no daba descanso a su fornicadera, su desempeño no era exactamente un lujo para Mirta. Mirta descubrió que no había contraído matrimonio, sino que participaba en un maratón en el que Fidel le dispensaba sus favores.»

Después de enunciados como ésos no les será difícil entender que yo trazara como política oficial que la vida privada de los dirigentes de la Revolución se mantuviera en los términos de privacidad adecuados, de absoluta privacidad. Fíjense que me estoy refiriendo a los dirigentes revolucionarios y no digo una palabra respecto al enemigo. Todas las armas son legítimas y de total carga moral para destruir al enemigo. No es que dispongamos de tabloides de escándalos para desprestigiarles o que sufraguemos patrullas de *paparazzi*. El equivalente nuestro de los *paparazzi* es el KJ y a diferencia de esos despreciables muerto de hambres de las sociedades capitalistas, nuestros compañeros del KJ se hallan entre los sectores más glorificados de nuestra sociedad, y están armados y reciben condecoraciones. En cuanto a los tabloides, tenemos dos remedios: los mismos tabloides que se publican en Occidente, a muchos de los cuales les hacemos llegar dinero secretamente o a los cuales les damos ciertas pistas de asuntos que involucran a personas que deseamos desacreditar en Madrid o en Nueva York, así como que disponemos del Departamento de Propaganda Negra del Ministerio del Interior, que es donde suelen fabricarse los chismes de peor intención que ponemos a circular en el país. Dentro de Cuba, casi siempre basta con hacer correr que un objetivo es homosexual. Con el poeta Heberto Padilla eso dio un resultado admirable. Además de meterlo preso durante un mes, a él y a la tontuela de su mujer, y de luego obligarlo a hacerse una de las más feroces (a la vez que campechanas) autocríticas del postestalinismo, lo expusimos a la inquina pública de convertirlo en maricón. Mejor aún lo hicimos con el escritor argentino Julio Cortázar, que había vociferado contra nosotros por el arresto de Padilla pero que luego se había arrepentido y nos había pedido perdón y permiso para visitar Cuba nuevamente. Le dijimos que sí, desde luego. Lo necesitábamos en La Habana para someterlo a castigo. Castigos como nosotros sabemos darlos, en los que casi nunca el castigado se entera del ridículo en que lo hemos puesto. Y nunca llegan a entender con exactitud por qué la gente ríe a sus espaldas. Retratamos un vibrador descomunal en el fondo de una maleta y sin que nos faltara el detalle del pote de vaselina y de un ejemplar de *Rayuela*. Un vibrador como de 12 pulgadas de largo, y una de diámetro, que mandamos a buscar en nuestra embajada en Bonn. Creo que también, a la composición fotográfica, se le añadieron cuatro baterías de 1,5 voltios, como las que requieren las linternas de la policía de Nueva York, porque aquel aparatón, me explicaron, casi requería de un APA de aviación para ponerlo a funcionar. Me pareció que el detalle del ejemplar de *Rayuela* era excesivo, pero los compañeros del buró 3, encargado de la intelectualidad, me explicaron que ningún escritor argentino viajaba sin sus libros. Por lo menos con uno de ellos. Bueno, se pueden imaginar que esa foto fue mostrada a todos los escritores y funcionarios culturales del país y que nuestros oficiales fueron advertidos de mostrar una especie de pesar al extraer la foto de su sobre. Pesar por la degradación moral en que sucumbían los escritores en la sociedad capitalista.

[Trascripción de microcasete, martes, 9 de agosto de 1994]

Fui a Frenmar. El edificio Frenmar. Hoy por la mañana. Fue la segunda casa que tuve con Mirta. Un apartamentito allí. El día de las albóndigas. Lo feliz que, dice el Chino, me veía yo comiéndomelas. El edificio está descuidado y despintado y viejo. Desde luego, no me bajé, ni siquiera dije que detuvieran el carro. Sólo pasar por delante. Despacito.

La época de la universidad se estaba acabando. Me tenía que preparar para mantener una casa y una mujer. ¿Dónde viví antes de casarme con Mirta? Creo que fue en la calle Jesús Peregrino. El que conocía el lugar era Julio Elizarde, siempre en competencia con Raúl Valdés Vivó, el comunista, y cuyo hermano terminó siendo ministro de Batista y de Grau. Eso era cerca del restaurante Las Avenidas. Nuestro territorio era El hotel Nacional, el cine Manzanares, el cine Capri, el Cinecito, el Cabaret Nacional. El cine Manzanares. Me acabo de acordar ahora. Está desfondado. Pobre cine Manzanares. Ese cafetín del cuchillo que daba a Jesús Peregrino, venía a morir en la esquina donde estaba el Manzanares. ¿Cómo se llamaba ese cafetín? Estaba pegado al cuchillo.

Había una casa de huéspedes cuya dueña se llamaba Petra y que ahí vivía Jesús Granados. En ese tiempo uno cambiaba mucho de casa. En muchos lugares me hicieron mudarme. Me gustaba esa casa de Petra, en Jesús Peregrino, porque ésa tenía una ventana desde la que se podía saltar y caer en la Quinta de los Molinos y había una estación de trenes con un tren que te llevaba al central Hersey. Era un excelente lugar porque por ahí podía escapar en caso de que vinieran a buscarme.

Práctica de Antropología. «Oye —le digo al Chino un día—, vamos a cambiar de asignatura.» Yo quiero aspirar por Antropología. El asunto es que yo me quiero aprender de memoria el nombre de todos los estudiantes del primer año de Derecho. Para llamar a la gente por su nombre, para captarlos. Antropología Jurídica. Entonces le dije al Chino que cogiera Derecho Administrativo. El problema era que Antropología tenía unos carnés con las fotografías y los nombres de los estudiantes, porque ésa era una asignatura con cadáveres, y los carnés se dejaban afuera en una mesita y ahí tú te pasabas el rato asociando las caras con los nombres y aprendiéndotelos de memoria.

«Bueno, en básquet serás el mejor e indiscutido —me decía el Chino—. Pero en pelota no me enseñas nunca nada.» Fuimos a jugar pelota en el manicomio de Mazorra. Pichear en Mazorra. Los locos me ganaron.

Emilio Quesada era mi amigo y el único que me defendió en mi bronca con Mestre. Lo fui a buscar después del triunfo de la Revolución y lo metí preso, para que no me joda. [Ríe.]

Aramís Taboada, Alfredo Guevara, Álvaro Barba, el Chino y un servidor formamos el grupo que se presentó en Palacio cuando aumentaron el pasaje de las guaguas. Creo que en esos días metí uno de mis primeros *espiches* [cubanización del *speach* inglés, un discurso] en la universidad. Nos tiramos para la calle y empezamos a quemar gomas y un par de guaguas también que quemamos. Grau nos dio audiencia. Bueno, eso de tirarlo por el balcón se dice mucho en Miami, la verdad. Pero, coño, ahora en serio, de verdad, ¿de verdad que yo en serio quería tirar a Grau por el balcón? Esos balcones del primer piso de Palacio estaban altos. Yo sí recuerdo que Grau nos estaba atendiendo y había mandado a pedir un poco de café cuando entró un ayudante para que recibiera una llamada en otra habitación, cuando les digo a mis compañeros, «coño, caballeros, vamos a tirar al viejo maricón este por el balcón y a proclamarnos aquí mismo como un Comité de Salvación Revolucionario». A mi pronto a ser cuñado Rafaelito [Díaz-Balart] por poco le da una sirimba al enterarse después, por lo que siempre esa actitud me ha hecho pensar que es un tipo en exceso ponderado. ¿En serio, no? ¿Lo dije en serio? Coño. Claro, claro. Según mi idea pudimos empezar la Revolución diez años antes. Claro.

Carlos Rodríguez. Ése era el muchacho que [Rafael] Salas Cañizares mató, lo mató a palos frente a[l colegio] La Inmaculada y el parquecito de Colón. El muchacho participaba en una manifestación. Salas era teniente cuando eso, y acabó con el muchacho. A Antonio Matos lo embarcamos el Chino y yo. Porque lo pusimos de testigo en la denuncia que le levanté a Salas. Antonio era peletero de [una tienda llamada] La Defensa. Cuando Batista da el golpe de Estado y nombra a Salas jefe de la Policía Nacional, Antonio estaba cagado. Hasta que no mataron a Salas en el asalto a la embajada de Haití, el pobre hombre no respiró. Unos añitos después, cuando le hacen el atentado a Pardo Llada, en una calle de El Vedado, Antonio iba de comemierda en el carro de Pardo. Pardo se tiró al piso cuando vio las armas. Pero Antonio se puso a mirar para el carro que había frenado bruscamente al lado y desde donde sacaban las armas. Le metieron un tiro por la garganta ¿no? Bueno, sí. Y no se sabe cómo sobrevivió. Después lo nombramos cónsul en España. Después abandonó la embajada y se metió en Estados Unidos. Él es fallecido. Hace años que es fallecido. El pobre. Siempre sin querer estaba metido en la Revolución. Pero en la parte de la Revolución donde matan a palos o te sueltan una ráfaga en la garganta.

La vez que me dieron. Creo que fue la única vez que yo cogí un golpe. Me sonaron en la cabeza. Hay una foto de ese día. Se puede conseguir entre las páginas de viejos periódicos. Yo era vicepresidente de la Escuela de Derecho y salimos a protestar por el arresto de un grupo de estudiantes del Instituto de La Habana y por el intento de violación de la autonomía universitaria. Cualquier argumento era bueno para manifestarse en la calle y arremeter contra los cordones policiales. Yo estaba que me llevaba el diablo porque un policía me había sazonado duro en la cabeza con el club. No hubo sangre. Pero me dolió, cojones.

Otra foto (memorable al menos para mí) es del 1 de noviembre de 1950. Estoy discutiendo en medio de la calle con el general Quirino Uría López, que era el interventor de la policía. Grau lo había designado interventor después de la masacre de Orfila. Quirino no era fácil aunque no era un matón. Bueno, no sé si se estará de acuerdo conmigo.

Y no me acuerdo de qué me puse a discutir con el general. ¿De qué lo podía querer yo convencer a esa hora? ¿De qué?

Walterio [Carbonell] aspiró a delegado con nosotros. La gente no botaba por Walterio. Walterio era un negrito que se parecía a [José] Martí [el prócer de la independencia nacional] y no le caía bien a las muchachas y esto era un escollo para asegurar la asignatura a nuestro favor. Pero yo lo apreciaba mucho. Entonces le dije al Chino que se presentara como delegado y que pusiera a Walterio de subdelegado. Y como siempre, tuve razón. Arrasamos en las elecciones. ¿Él sigue preso, no? Tengo que averiguar eso. Pero loco. Sí. Eso me han dicho. Que está volado como una cafetera.

[Pausa.]

El viaje a París. Walterio se fue con Arturo Barber. Ya René Álvarez Ríos estaba allá. Pastillas de chocolate. Eso era el alimento de Walterio. Un irresponsable. Tenía una hija con una francesa y dormía sobre unos colchones en el cuartucho que rentaba. Los muebles eran los cojines. René era hermano de Baldomero, un periodista bastante conocido. Bolcheviques todos. O por lo menos bastante rojitos. Se van con una beca que consiguió Barber. Un *bon vivant* ese Barber. Se van para Francia. No sé cómo con una sola beca se fueron dos o es que consiguieron dos becas. Unos cabezas locas. Ya Batista había dado el golpe de Estado porque recuerdo que nos dijeron, al Chino y a mí, «Oye, aquí los dejemos esto a ustedes, que nosotros regresamos después que tumben a Batista. Túmbenlo. Y nos avisan». En el 58, mientras yo estaba en la Sierra, el Chino viajó a París y se tropezó al Trío de la Muerte en un boulevard. Luego me contó que los invitó a salir y que le metió algunos chavitos a Walterio en el bolsillo del abrigo.

Eso fue la marihuana y las teorías de la negritud. Llegaron todos esos negrones locos de Estados Unidos, los Panteras Negras y Eldis Clever y los otros, en medio de nuestra Revolución, y comenzaron con su brega. A hablar de negritud y de Black Power y a fumar marihuana. Pero ésos eran marihuaneros con una sólida base alimenticia. Chuletas de puerco y bifes de una pulgada de espesor, mínimo. No era el caso de Walterio. Un negrito cubano, fuera de proteínas, se creyó que la marihuana era sopa.

Arturo Barber era otro personaje de aquellos años. Arturo Barber Orozco. Un descendiente de árabes, o de libaneses, y un hombre obstinado por emplear, para satisfacción de sus apetitos carnales, los rectos de sus congéneres. Existe una figura, que aparece confirmada en el Quijote como de buen castellano, y que en Cuba adquiere matices a veces mitológicos, sobre todo en el mundo delincuencial y de las cárceles, que es el bugarrón (bujarrón en el Quijote) y del que Arturo parecía reivindicar una posición de campeonato, aunque no con homosexuales pasivos sino con sus propias mujeres. Me imagino que tal conducta era obligatoria de su tendencia genética musulmana. O árabe. O de esas zonas de por ahí, donde, sin lugar a dudas, a la hora de plantar tienda en un oasis y escoger, para aliviar la noche, entre una camella y uno de los hermanos beduinos de la caravana, la elección se te simplifica. El caso es que la compañera Celia, que no era

En un lugar no identificado de Bogotá.

La mejor imagen que Alfredo Esquivel logró obtener con una cámara desechable y como muestra de sus dotes artísticas nada profesionales. Pero esta foto, movida, borrosa, es lo único que conserva de un exquisito regalo. Se supone, sin embargo, que haya vendido a buen precio en el más exclusivo mercado de  sibaritas de Nueva York esta alineación perfecta de lanceros. La dedicatoria en la tapa de cedro: «*Para el chino Esquivel, viejo y estimado amigo. Fraternalmente. Fidel Castro. Mayo 16, 1995*».

Aeropuerto internacional de Miami hacia noviembre de 1948.

Aunque la herida, apenas un rasguño, merecía un vendaje mucho menos aparatoso, Fidel logró que esta imagen dominara las primeras planas de los periódicos. Protestaban por la detención de un grupo de estudiantes del Instituto de La Habana. Fue la primera y única vez que Fidel recibió un golpe en su casi cotidiano batallar de la época universitaria.

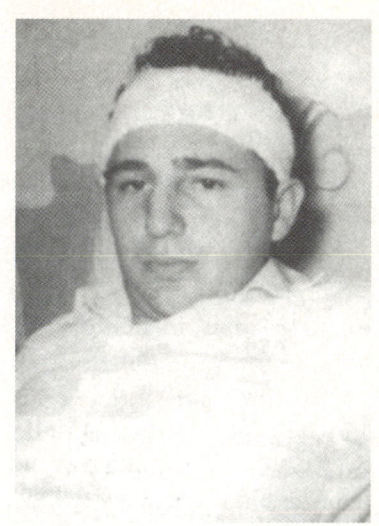

1 de noviembre de 1959. En la calle San Lázaro, en las proximidades de la escalinata universitaria. Mientras discute con el jefe de la Policía, general Quirino Uría López, durante las protestas estudiantiles que ocasionaron unas declaraciones del ministro de Educación, Aureliano Sánchez Arango, contra los estudiantes de Matanzas.

Fidel Ángel Castro Díaz-Balart besa a su madre Mirta Francisca de la Caridad Díaz-Balart y Gutiérrez.

nada dada a los chistes de carácter erótico o bromas de insinuaciones vulgares, no podía reprimir una sonrisa y hacerme llegar cuanto informe pasara por sus manos de las quejas proferidas por la esposa de Barber sobre el estado, que ella llamaba «de coliflor», en que su marido le mantenía la sección terminal de su sistema digestivo. «Me tiene el culo como una coliflor, y no puedo ya ni sentarme a derechas», según sus propias declaraciones. Su ascendencia morisca, o árabe, o libanesa, y su obstinada conducta privada, que lo hacían secular a la región, fue uno de los motivos de peso, aunque ustedes no lo crean —y él aún no lo sepa—, de que decidiera nombrarle embajador en Siria durante la década caliente de los setenta, cuando inclusive tuvimos una brigada de blindados nuestros dislocada allí. Y Arturo se portó muy bien, quiero que sepan. Bueno, siempre se ha dicho que los bugarrones son gente más bien valiente. Que eso lo da el exceso de testosterona. Aunque la brigada cubana nunca entró en acción, cumplió un bonito papel simbólico de solidaridad. La enviamos por solicitud del presidente Hafez Assad. Desde octubre de 1973 hasta enero de 1975 estuvo destacada como apoyo a esta nación árabe contra la agresión israelí. Dejaron un enorme casquillo de bala de cañón de tanque T-62, todo labrado, según costumbre local, en la embajada. Estuvieron dislocados en las Alturas de Golan, el territorio que en la guerra de 1973 cayó bajo dominio israelí —hasta hoy. Los sirios no permitieron que nos comprometiéramos en la pelea. Pero fuimos una efectiva fuerza de disuasión puesto que los israelíes se contuvieron a una distancia prudencial de nuestras posiciones de dislocación. El padre de un conocido dirigente juvenil de nuestro país, Hassan Pérez, fue combatiente de esa brigada y de allí el nombre del chico. Esto es algo que recordé en un discurso de mi último viaje a Siria, de no más de 24 horas, entre el martes 15 y el miércoles 16 de mayo de 2001, cuando pude observar el casquillo dejado por los tanquistas cubanos aún colocado en el recibidor de nuestra misión. Barber. El primer incidente de Barber con las autoridades sirias fue motivado por tres jovencitas cubanas que enviamos a estudiar árabe a la Universidad de Damasco y que constantemente se quejaban de que les pellizcaban los traseros en los ómnibus del servicio público. Barber tuvo una actitud muy curiosa en cuanto a estos traseros, que fue elevar una queja a la cancillería. Parece que algún funcionario del protocolo de la hermana nación árabe pretendió convencerlo de la lógica de que la población masculina siria pellizcara las nalgas de muchachas extranjeras puesto que los mismos pellizcos, de efectuarse sobre nalgas de muchachas del país, acarrearían inexorablemente un hecho de sangre y la ofensa de familias enteras, por lo que Barber montó en cólera y salió dando portazos y denostando de los sirios. Culos desamparados en guaguas de Damasco, como algunos bromistas de nuestro Servicio Exterior llamaron el incidente. Después comenzaron a llegar los informes de Miguelito Brugueras, nuestro embajador en el vecino Líbano, sobre la piscina que se había mandado a construir Arturo en su residencia diplomática. Al parecer, no abundaban las piscinas en el Damasco de entonces, y Miguelito insistía en que esto creaba un precedente político muy negativo en relación con la imagen de combate y lucha que los cubanos se habían ganado en esa región del globo. Otro atorrante ese Miguelito. Y dirigiendo desde el Líbano otra guerra intestina entre embajadores nuestros de Oriente Próximo. Según los informes de la contrainteligencia de las embajadas y servicios consulares, Barber se negó a que su esposa realizara actos degradantes con la esposa de Brugeras, una dama a la que se conocía en el Servicio Exterior cubano con el sobrenombre de Dos Melones. Luego, Miguelito Brugueras fue a Panamá de embajador y allí su esposa fue descubierta en plena acción con la mujer de un industrial panameño de mucha prosapia y asociado al general Omar Torrijos, por lo cual Brugueras la desterró.

* * *

Yo debí de ser el tema de conversación entre Walterio y el Chino aquella noche en París. En París, aquella noche, unos cubanos de mi generación no podían eludir mencionar al compatriota que ya era presencia frecuente en las primeras planas. Cuando Walterio fue a decir, «Oye, el guajiro está a punto de lograr la profecía del cafetín», el Chino lo interrumpió con la exigencia de que dejara ese tema porque quería disfrutar. «La única manera que tengo de disfrutar es olvidando», dijo el Chino. Walterio se refería a la madrugada que estudiábamos para un examen e hicimos un alto para divagar un rato alrededor de la mesa de un cafetín y cada cual expuso su sueño del futuro frente a unos vasos de café con leche y mi anhelo, el que yo expuse, era conquistar fama y gloria. Años después conocí la desafortunada frase parisina del Chino por un comentario de Walterio recogido por Seguridad del Estado. Es quizá el único episodio reprobable de toda mi amistad con Alfredo Esquivel. Convertía toda la saga que yo protagonizaba en un mero asunto personal. No que lo disminuyera, sino que no lo comprendía. Así que debía resignarme a la brutal realidad. El Chino nunca vería en mí al luchador, al gladiador invencible, al líder que no cejaba en sus empeños, de modo que él mismo se excluía del friso, del bajorrelieve, de *la oportunidad.*

La época de la universidad se estaba acabando. Bigamia y Revolución

Alfredo Yabur estudiaba Derecho. Pero —decíamos— «con la tendencia a ser más amigo de Manolo Castro». Yabur rondaba ese grupo. Al otro día de la muerte de Manolo —y en los periódicos más importantes de La Habana—, en *Información, Prensa Libre, El País, El Mundo, El Diario de la Marina, Avance,* apareció una declaración a toda plana del Comité de Superación Estudiantil en el que se me acusaba de ser el autor material del asesinato de Manolo y si no el autor material, el seguro instigador de esa muerte. Entre las firmas de la acusación pública aparecían los nombres de Eduardo Corona, ortodoxo y medio socialista, e intrigante y jodedor; de Armando Torres Santayaril, un mulato, ladino, hijo de puta; de Fernando Florez Ibarra, entonces un guapetón al servicio de Masferrer, que una vez se dio el lujo de hacerme unos disparos, y Alfredo Yabur.

Al principio de la Revolución, sin embargo, ninguno de los tres últimos fue sometido a ningún tipo de castigo ni a una de esas cruel-dades y venganzas rastrojeras que mis enemigos se empeñan en endilgarme.[5] No menciono a Corona porque nunca más supe de él. A Yabur, por ejemplo, lo nombré casi de inmediato como ministro de Justicia y le puse de viceministros a sus mismos compinches; Ar-

---

5. La visión de los vencidos y mi universidad:

«Los estudiantes de la Universidad de la Habana que querían entran en posiciones del gobierno tenían que hacer política mientras asistían a la universidad. Cada partido político tenía un brazo armado tratando de controlar la dirección política del cuerpo de estudiantes. Fidel se unió al UIR (Unidad Insurreccional Revolucionaria) una organización antifascista y anticatólica. Cuando llegó a conocer que el marxismo era una bandera anticatólica se unió a los marxistas. En esos días el presidente Grau

mando Torres Santayaril y Arturo Barber (luego Barber pasó al servicio exterior). Una de las primeras tareítas que asigné para este trío fue la de que me casaran al millón —más o menos un millón— de campesinos que vivían en unión natural. Que recorrieran todo el país, investidos de la enorme autoridad de la Revolución, y que a lomo de mulas, bajo aguaceros interminables, al borde de derriscos desde los que se observaba, un kilómetro más abajo, los amasijos del último camión maderero despeñado, y lacerados por las plagas de mosquitos y con los tobillos mordisqueados por perros y arañas, llevaran la luz de la civilidad revolucionaria, mediante la celebración de bodas colectivas, hasta el último rincón patrio. Creo que tuvieron un solo problema realmente serio en toda esa cruzada de evangelización matrimonial que llevamos a cabo, si la memoria no falla, entre 1959 y 1960. Fue con Joseíto el Isleño, un carbonero de la Ciénaga de Zapata, amigo mío por más señas, con el que a cada rato yo me iba a cazar cocodrilos. Un bravo ese Joseíto. Cuando la invasión mercenaria de abril de 1961, se estuvo batiendo solo contra el enemigo desde un cayito de monte donde estaba preparando su horno de carbón. Estaba internado bien adentro del monte, bajo y cenagoso, del territorio, y de palos duros y enredados del mangle, cuando oyó los aviones. Al principio creyó que se trataba de mi helicóptero, que se acercaba, y dice que dijo: «Ahí viene el *menestro*». Pero eran aviones en vuelo demasiado bajo, a una altura que nunca se había sobrevolado la Ciénaga de Zapata, que hasta le podía mirar la cara a los pilotos. Joseíto tenía el fusil checoslovaco M-52 que yo mismo le había entregado. Un checo M-52, más una canana con cien proyectiles, tabaco y un pomo

---

tuvo una campaña contra los comunistas y su periódico *Hoy* fue incendiado (10 de enero de 1947) y su sede de trabajadores confiscada [...] El primer discurso de Castro fue para protestar un aumento en los pagos de pasaje en los autobuses. Grau invitó a los líderes de la protesta a Palacio y entre ellos estaba Castro. Él llegó a ser también un líder de la Federación de Estudiantes (FEU), en 1947, su segundo año en la Escuela de Leyes. Mientras estaba en la universidad participó en varios tiroteos. Con Ortiz él mató a Manolo Castro Campos (22 de febrero de 1948). Él estuvo involucrado en las muertes del policía Fernández y de Leonel Gómez. Él estuvo también involucrado en la conspiración de invasión de la República Dominicana (20 de septiembre de 1947) llamada Confite en que él sirvió como un espía para la UIR contra Masferrer y el MSR que organizaron la conspiración. El MSR quería derrocar a Trujillo. Sus mejores amigos eran todos comunistas y anticlericales que significaba que estaban contra el 94 por ciento de los cubanos: Alfredo Guevara, Soto, Flavio Bravo, Ovares, Fuentes y Mas Martín. Él asistió a la fundación del Partido Ortodoxo (11 de mayo 1947)».

de café. Ahorrando municiones, eso le alcanzó para tres días de guerra. En realidad, fue un activo y eficiente práctico para indicarle los senderos dentro del monte, los tan valiosos atajos de los carboneros, a los batallones que pusimos bajo su guía para salirle por la retaguardia al enemigo. Un enemigo confiado a la guerra de una sola carretera de dos vías planeada por la CIA no previó que los flancos de mangles y plagas de mosquitos eran nuestros. Nuestros o de Joseíto, que es lo mismo. Yo lo conocí en mis primeras incursiones a la Ciénaga, al triunfo de la Revolución. Me llamaba «el doctor». Ni jefe, ni comandante, ni otra cosa. Era entendible. Para un campesino de la Ciénaga no había un rango mayor de respeto que el de doctor. Hasta que alguien le dijo que yo era el primer ministro del país. Parece que ese rango le resultó más adecuado, y digno de reverenciar, porque a partir de entonces me llamó *el menestro*. Entonces llegó Yabur a la Ciénaga y comenzó a recoger carboneros y pescadores y cocodrileros como si fuera ganado para un corral. A casarse todo los compañeros. La consigna es Boda o Muerte. «Una broma, Comandante —me explicaba luego Yabur—. Y déjeme decirle algo.» Y creo que ésta fue la única explicación meridianamente atendible que le oí nunca al hijo de la gran puta: «Déjeme decirle algo, Comandante. Algo que he comprobado en estos vivaques por todos los confines de la República en cumplimiento de la tarea que usted ha puesto bajo mi responsabilidad. No importa dónde viva una mujer, no importa su nivel educacional, no importa si alguna vez ha visto un radio o un periódico, no importa el marido que tenga ni la cantidad de hijos que le haya parido, no importa que haya perdido toda la dentadura o que nunca se haya puesto un par de zapatos, nada en su pasado ni en su educación y cultura importa si la situación es casarse. Todas dicen que sí. Todas firman con sus temblorosas crucecitas de, por una vez en sus vidas, felicísimas analfabetas, y todas después piden el comprobante». Y ahora déjenme decirles algo, yo a ustedes. Al constatar que mi antiguo, acérrimo enemigo Alfredo Yabur no sólo estaba entusiasmado con su tarea sino que hasta parecía emocionado, comencé a mirarlo con benevolencia. Me sirvió para corroborar un asunto que muchas veces llama mi atención y es que no puedes catalogar a ningún hombre mientras éste viva. Ése es el gran problema de los juicios y sobre todo de las ejecuciones. Que desestiman la virtud más noble del hombre: su capacidad de redención. El traidor de ayer puede ser tu hermano de hoy. Aunque el hermano de hoy pueda ser el traidor de mañana. En ese fluir de la existencia, no te embarques nunca con las palabras y el etiqueteo, que en definitiva no son más que *tour de force* morales, y por tanto, ataduras. Regreso al caso Joseíto el Isleño. Van y lo buscan en el medio del monte y le dicen que hay boda. Que si no tiene guayabera, que se ponga un uniforme limpio de miliciano y que se presente con la mujer en la cooperativa. «¿A cuál de las dos?», pregunta Joseíto. (La misma pregunta que me lanza Bilito años después, pero con el objeto de mortificarme.) «Tengo a la María y tengo a la Juana —explica—. Una vive para Caleta Rosario y la otra en la vuelta de Playa Girón.» Cinco muchachos con la María (la de Caleta Rosario) y tres con la Juana (la de en la vuelta de Playa Girón). Fue el comienzo. Los argumentos posteriores crecían. Del mismo modo que crecía el expediente sobre mi buró. Entonces, más bien, sobre el asiento del Oldsmobile de mi caravana. La principal idea de Joseíto era que no debía abandonar a ninguna de las dos y que lo fundamental era que no podía darle más a una que a la otra. Por otro lado, no concebía que en nombre de la justicia revolucionaria alguien le solicitara que abandonara a una mujer y a unos muchachos. Bueno, a la Juana quizá podía darle un poco menos porque era más nueva y con menos hijos. Pero no abandonarla. No valieron argumentos de los compañeros del Ministerio de Justicia, de los dirigentes de la Zona de Desarrollo Agrario Ciénaga de Zapata ni de los jefes de las Milicias Territoriales. Hasta que mi nombre salió a relucir. «¿Qué dice el *menestro* de esto?» Ahí estaba aterrizando, sobre el asiento del Oldsmobile, y llegando por cinco o seis vías diferentes, el informe sobre los requerimientos de Joseíto a su amigo el primer ministro. Ni tienen ustedes idea de la cantidad de veces que en el transcurso de la Revolución cubana yo he tenido que actuar como el rey Salomón. De verdad que no tienen idea. Llamé a Yabur, no recuerdo desde dónde pero sí que no fue por radio o microonda sino por teléfono de línea para evitar que el enemigo captara la conversación. «Alfredo —le dije—. Óyeme bien lo que te voy a decir. Y procura que nunca salga esto de tus labios. Te vas para la Ciénaga y casas dos veces a este Joseíto el Isleño. Atiende. Atiende y obedece. El delito de bigamia existe sólo en los territorios que lo reivindican. Así que te me vas para el cuartelito de Jagüey Grande, que es la jefatura militar más cercana a Caleta Rosario y Playa Girón, y llevas un pergamino, un cuño seco, un pomo de lacre, una vela y unas cintas y declaras que el territorio de esas casas de Joseíto y los patios adyacentes están exentos del flagelo de la persecución por bigamia. Dáselo al capitán Antero para que lo firme y fírmalo tú. Que el pergamino esté bien hecho, por favor. Acuérdate que la justicia necesita un empaque en su representatividad. Llévalo hecho desde aquí, desde La Habana. Desde luego, lo firmas tú también. Tú como ministro de Justicia, con toda tu autoridad. Antero va a firmar sin pensarlo. No te preocupes. Sólo tienes que decirle que yo te mandé. Capitán Antero Fernández. ¿Anotaste? Bueno, que Antero conserve el pergamino en el archivito del cuartel. Y tú te vas y casas a Joseíto. Por separado, Alfredo. No lo humilles nunca. Una boda por cada lado y dale a Joseíto todo el tiempo que se necesite. Yo confío en ti para esto, Alfredo. De verdad que confío.»

Yabur se murió de cáncer en el hígado algunos años después y lo sustituí con el perrito de Armando Santayaril, uno de los individuos más visceralmente opuestos al comunismo de la universidad. Por cierto que, además de elevarlo a titular de Justicia del país, le encargué la delicada tarea de ayudar al compañero Blas Roca en la confección de la nueva Constitución de la República, la conocida Constitución Socialista, que finalmente comenzó con aquella línea tan emotiva en la que se declaraba que Cuba era una nación libre, independiente y soberana y que había escogido la vía de la edificación socialista y que se hallaba indisolublemente vinculada por lazos de fraternal hermandad con los gloriosos pueblos, gobierno y partido de la Unión de Repúblicas Socialistas Soviéticas.

De todos estos personajes de importancia secundaria en mis años universitarios, la gavilla de trasfondo, se destaca Fernando Florez Ibarra. El viejo Fernandinito. Un tipo decidido. Tengo que destacarlo porque entre otras cosas es uno de los pocos que, según sus propios cuentos, estuvo a punto de matarme. Un par de disparos que, era como me llegaba el cuento, me hizo desde una posición ventajosa, porque yo iba entrando en la cafetería de la Escuela de Filosofía y Letras, que quedaba en un nivel inferior al portal de la Escuela, donde estudiaba Mirta. Después del triunfo de la Revolución, tuve a bien llamarlo para que no regara más esa historia que yo creía de su invención. Que yo supiera, una vez nos habíamos liado a trompadas y, le concedí, ninguno de los dos pudo reclamar la victoria. Fue una bronca en buena lid y sin más uso de armas que los puños y ante la vista de todo el estudiantado y en plena plaza Cadenas, que es el centro geográfico de la Universidad de La Habana. Fue entonces que me enteré. Fernando tuvo los cojones de confesarme que una vez me había divisado al fondo del *stadium* universitario, quizá a una distancia excesiva para un tirador de rango corto y carros en movimiento, como suelen serlo los hombres de acciones armadas urbanas, hechos al atentado y a tirar al seguro, es decir, por la espalda, y no los tiradores de competencia. De modo que me hizo un par de disparos desde atrás de unos árboles mientras, dice, yo trotaba en círculos alrededor del campo de pelota y en el momento que cruzaba por debajo de la enorme pizarra de anotaciones, aún con nueve entradas de un juego de la noche anterior sin borrar. El equipo anfitrión había hecho tres carreras porque en la línea inferior de las entradas la última casilla exhibía un sólido tres blanco sobre fondo negro.

3

Dice Fernandinito que tomó ese tres como punto de referencia para volarme la cabeza. Apuntar al tres y bajar apenas un pelo la pistola. Era el mediodía y yo trotaba, ligero, sobre mi propia sombra, concentrada bajo mis pies y desplazándose como un lugar sobre la hierba a mi velocidad de trote. Un sol bravo y el campo vacío. Algunas parejas de estudiantes estaban en las gradas, sentados, consultando libros o enamorándose. Fernandinito venía entrando por una puerta colateral y un rápido reconocimiento le permitió establecer que yo era un tiro muy difícil con una Colt calibre 45, pero que hubiese sido imperdonable no intentarlo. Sacó, rastrilló y cuando yo llegué

3

debajo del tres, hizo su par de disparos. Él se escondió tras los árboles que le quedaban a la derecha. Ese movimiento, de apenas dos segundos de duración, le impidió ver mi reacción. Por un momento, con el corazón golpeándole en el pecho, pensó que lo había logrado y que yo era hombre muerto porque cuando enfocó de nuevo al lugar donde mi carrera debió haberse detenido, nadie debajo de la pizarra.

Dice Fernando que entonces observó las gradas y que los muchachos apuntaban en direcciones diferentes o recogían los libros para retirarse del lugar. Era evidente que nadie había fijado el sitio de los disparos porque no miraban hacia los árboles. Tampoco miraban hacia la base de la pizarra. Allí no había ningún cuerpo. Eso ocurre a veces bajo el sol de Cuba, que no sólo anula la visión de las cosas. Apaga los sonidos. Lo digo por mi experiencia: el fogaje actúa por igual sobre las emisiones de sonido.

Desde luego, no había sido en la Escuela de Filosofía y Letras porque yo nunca veía allí a Mirta. Ya sabía desde entonces que uno no debe vincular la familia con los asuntos políticos. Es un principio básico de doble protección. Tú no sólo mantienes a los tuyos fuera de la zona de peligro, sino que le impides al enemigo conocer tus rutinas. Ya saben cómo es eso. El mejor hábito es ningún hábito.

Con el paso de los años, es evidente que olvidé aquellos balazos. Pasaba muchas veces. Un par de disparos aislados que se movían en la atmósfera de la universidad. Tú primero desenfundabas, después chequeabas, y si no eran contigo, seguías en lo tuyo. Es lo que debe de haber pasado aquel día. No logro rescatar el episodio de mi memoria. La memoria de Fernandinito tampoco ayuda. Porque, si yo estaba corriendo a esa hora, y en shorts y camiseta, alguno de mis compinches —el Chino, Walterio— tenía que andar por los alrededores, como apoyo y con mi pistola probablemente envuelta en la inocente presencia de una toalla.

«Bueno, Fernandinito —recuerdo que le dije—, yo creo que esos comentarios tuyos no son buenos ni para ti ni para la Revolución.»

Esta conversación habrá tenido lugar unos meses después de la invasión mercenaria de Playa Girón, en abril de 1961, porque recuerdo con exactitud que Fernando ya se había destacado en su papel de fiscal de los Tribunales Revolucionarios y mandando gente al paredón. Los *te erres*, les llamábamos. Y ésa fue en la época que nosotros fusilamos más gente. Muy pocos salían con vida de los *te erres*.

Me cuidé mucho de decirle que el comentario me afectaba a mí personalmente. Dije la Revolución. En este sentido yo era enteramente justo y educativo. No resultaba lógico que él solicitara la pena de muerte en defensa del hombre que él había intentado asesinar.

El resultado fue que cambió la historia. La bronca a trompones en la plaza Cadenas devino la joya de sus tertulias (como todo abogado de raza, nunca pudo sustraerse a babilónicas comilonas con estruendosas sobremesa). Una bronca a trompones es más noble de relatar. Pasa como muestra de los ímpetus juveniles y habla de cierta francachela entre estudiantes necesitados de descargar un poco de energía sobrante. Además de que sirve de cierto modo como uno de esos eficientes hechizos de nuestra propaganda revolucionaria. Es algo que funciona muy bien y no cuesta un centavo. No hay que pagar anuncios ni corromper periodistas. Simplemente dejas caer en un par de oídos que el fiscal o posterior embajador cubano en Belgrado o en París, se lió a trompadas con el jefe de la Revolución, y añades que eso nunca ha sido óbice para que el mismo jefe de la Revolución le encargue las tareas más complicadas y de confianza. Claro, lo difícil de creer para ustedes es lo que yo les voy a decir ahora. Primero les he dado el caramelito que querían degustar. Que soy un perdonavidas para hacer valer un método. Que es una conducta deliberada mía como artilugio de propaganda. Pero la realidad es la opuesta, funciona como propaganda porque revela algo que es auténtico. Yo no persigo a nadie por su pasado si ese pasado no afecta mi presente. En realidad, es que no me importan aquellos trompones que por poco me zafan el maxilar y que me derribó de una mesa. Lo importante es que se puso bajo mi comando y que desde 1959 me ha servido con lealtad y prontitud.

Yo lo entiendo, no obstante. No es suficiente con la sangre que ha hecho derramar, él necesita reafirmarse con estas confesiones cuyo equivalente en nuestro medio es la autocrítica y que actúa como un exorcismo. En los últimos años, cada vez que lo veo, a lo lejos, en una recepción, con ese aspecto que ha adquirido, de abuelo bonachón y fofo, y los mostachos de morsa que se ha echado, me pregunto cuántos iguales suyos habrá condenado a muerte. Fusilados por haber conspirado para eliminarme o simplemente habérselo propuesto. Fusilados al convertirse su mismo proceder contra mí, de apenas 10 años antes, en el delito más grave a cometer en la nación. Lo veo de lejos porque las listas de invitados a las recepciones del Palacio de la Revolución se organizan según el sistema que llamamos de alta selectividad. Además de que yo oficio en tales recepciones detrás de unas mamparas de cristal a prueba de bala que, a la vista de los profanos, parecen unos vitrales de la artista cubana Amelia Peláez. Multicolores y blindados. Tampoco mi guardia pretoriana va a permitir que se me acerque nadie que no esté privilegiado de antemano. Esa turba segregada de las interioridades de la mampara y a la que se les sirve con prontitud croquetas y marejadas de un compuesto de cantidades decrecientes de ron, hierbabuena, soda y jugo de limón llamado mojito vive la ilusión de participar en una recepción conmigo mientras que, en realidad, yo la mantengo a raya y le soy tajantemente inaccesible. Las cantidades decrecientes de ron tienen por objeto evitar borracheras en tan venerable salón del ala izquierda de Palacio. Pero en las veloces incursiones que pueda efectuar fuera de mis predios de máxima seguridad he visto a Fernandinito, con sus trajes impecables de embajador extraordinario y plenipotenciario, del brazo de su mujer chilena, y he captado en mi instantáneo paneo el fulgor de su nostalgia y lo remoto de su mirada. No porque ya no pueda colocarme un *jab* en el mentón o que yo dejara de ser un objetivo probable a alcanzar con su pistola, puesto que es una mirada amistosa, hasta dulce diría yo, la que recibo desde el rincón del salón de recepciones donde parece estar agazapado. Su quejumbrar, según mi captura telepática, es que la guerra se acabó. No hay combate. Y porque es un hombre viejo y fofo que, de manera inevitable, de acuerdo a la cadena de mando de las lecturas bien asimiladas, me trae el pasaje de *Hamlet*. No. Yo nunca besé los labios de Fernando Florez Ibarra. Tampoco sostengo su cráneo mondo y lirondo ante mis ojos y para solaz de mis contemplaciones. Pero en esa masa floja que se resbala y acumula bajo el paño costosísimo de su traje cortado en París es imposible identificar ahora la misma piel que a duras penas contenía unos poderosos bíceps —molleras, en nuestro lenguaje estudiantil— de un atleta que yo quería decapitar de una trompada. No importa de dónde sacara el brazo ni la energía que le imprimiera. Al final de mis descargas, mis puños rebotaban contra una pared de concreto. La habilidad, en sus avatares diplomáticos, de buscarse una mujer extranjera de cierta posición económica, es su último triunfo en la vida, su última batalla. Obtener de ella las bases económicas para una vejez apacible es asegurarse por su parte el retiro que, desde luego, no le puede proveer la Revolución cubana. Cuando me mandó el recado de que si había algún inconveniente en irse a vivir a Chile y montar allí algún negocito, tomé una de las tarjetas con el membrete de mi cargo, de magnífica cartulina Bristol, sobre las que hago correr con tanto placer el finísimo punto número 2 de mi Montblanc rojo coral 202, y escribí: «Los gladiadores no mueren detrás del mostrador de una bodega». Me pareció demasiado largo. Demasiado obvio, sobre todo. Cogí otra tarjeta y escribí algo mejor. Mucho mejor, porque era críptico y contentivo del dolor de perder a un buen soldado. Puse: «Al final, claudicaste». Luego me percaté de que estaba siendo despiadado e incluso innecesariamente injusto. Así que pasé las dos tarjetas con los membretes dorados del presidente del Consejo de Estado y del gobierno de la República de Cuba por la centrifugadora y llamé a Chomi, el secretario, y le dije: «Chomi».

Chomi, cetrino y dócil, esperó por mi ademán de aprobación para sentarse en la silla frente a mi buró.

«Oye, Chomi. Llama a Florez Ibarra. Identifícate. Dile que yo te mandé a llamarlo. Trátalo de embajador en todo momento. No de compañero. Embajador Florez Ibarra.»

Chomi lleva su vestimenta habitual, que yo llamo el uniforme de Chomi. Pantalón y camisa gris, de la factura más barata. Parecen sacados del almacén de una empresa de fumigación a domicilio. Chomi, por su parte, parece sacado de un bazar de Calcuta, con su piel cobriza y los pómulos ennegrecidos como hematomas y las pesadas gafas cuadradas.

Termino mi idea. Le estoy sermoneando con el índice aún antes de pronunciar las próximas palabras.

«Dile que recibí su recado y que no tengo inconveniente en que vaya a donde quiera. Pero que agradezco mucho su gentileza de comunicármelo. Dile que cualquier cosa que necesite, puede contar con nosotros. A mí me mencionas como compañero. El compañero Fidel. Pero a él como embajador. Embajador Florez Ibarra. Acuérdate. Sé afectuoso. Dale.»

¿Una vejez apacible dije en párrafo anterior? Bueno, no tan apacible, Ya abundaremos sobre eso.

Tuve, pues, grandes broncas de juventud. La del colegio Dolores, con Papito Serguera de testigo, la de Fernandinito Florez Ibarra, que comenzó encima de una mesa del anfiteatro de la Escuela de Derecho, se desplazó a uno de sus pasillos, y terminó en la plaza Cadenas, y una intermedia, en Belén, con el tal Ramón Mestre. Me refiero a grandes broncas. Según todos los autores, yo perdí la de Ramón Mestre. No es cierto. Pero yo no voy a reivindicar ahora la victoria de una pelea de la que no existe registro fílmico. En realidad, no pasó de ser una pelea menor entre muchachones de estudios secundarios y finalmente le costó a Mestre una veintena de años de cárcel apenas triunfó la Revolución y pude echarle el guante. Fue un gesto absoluto de poder de mi parte, y como tal, debo asumir que lo disfruté a plenitud. Un inequívoco gesto de poder, y más que de poder, de abuso, la máxima forzadura del poder, mandar a cerrar una reja herrumbrosa —para no abrirlas más en 20 años— tras las espaldas de un hombre que comenzaba a fundar una familia y sus negocios. Dejé que se pudriera en una bartolina española de la época de la esclavitud y los piratas, y con la humedad residual de casi tres siglos, para que calara sus huesos, hasta que fuese un anciano balbuceante. Más que una venganza por una trifulca juvenil de la que ya uno no recuerda ni su origen, es el poder de Zeus, al antojo de mis manos y emociones. Lo hice de alguna manera para probar mis posibilidades, o simplemente para constatar —de alguna forma en secreto, para mi solo consumo— hasta dónde yo era capaz de llegar incluso como hombre despiadado e injusto. Pero también porque estaba a salvo de la injuria pública. La propia contrarrevolución, al levantar un valladar de calumnias a mi alrededor, deja sin efecto cualquier verdadera injusticia que yo cometa, porque ya queda descalificada de antemano como una mentira más de la propaganda enemiga. Y, desde luego, recuerdo el motivo de nuestra pelea. Él salió en defensa de un profesor contra el cual yo me había rebelado en clase, y no era su bronca, porque estaba en un año superior, y era mayor que yo y mucho más fuerte. Otro alumno, Emilio Quesada, fue el único que me defendió y logró al final sacarme aquella mole de encima. Resulta comprensible que ésa sea la pelea de uso más difundido por la contrarrevolución. Actúa como un exorcismo de su derrota conmigo. Por lo menos creen que se anotan un tanto con el par de bofetones que Mestre alcanzó a cruzarme por la cara. Les permite dormir tranquilos. Es un exorcismo que actúa en dirección contraria al de Fernandinito, que emplea su diferendo conmigo para expiar cualquier residuo de culpa y que es como una autocrítica permanente y difundida con altoparlantes, él como único objeto de escarnio de una Revolución cultural hecha a su medida y para el solo propósito de su redención.

Entiendan que estoy dándoles una lección, y deben aprovecharla. Tal parecerá que al asesino no se le puede llamar por su nombre, al menos en demasía. Pero se trata de no saturar de calificativos a un enemigo para evitar que el efecto político se pierda. Y lo que es más peligroso: diluir en los humos de un caldo acuoso todos los crímenes que se pretenda denunciar. Nuestro famoso apóstol de la independencia, José Martí, tenía el *motto* de «del tirano di todo, di más». ¿Ustedes saben quién es, no? El prócer de la independencia de Cuba, el que convirtió la década final del siglo XVIII en obstinada contienda contra España. Desde luego que él se refería a España como ahora nosotros al imperialismo yanqui. Pero estaba jugando con una moneda falsa. Martí era un hombre demasiado torturado internamente como para dominar las ligerezas de la propaganda moderna. Yo aprendí el uso de la incriminación política en la fuente mucho más directa de las acciones revolucionarias y no en el enrevesado apostolado de un hombre de baja estatura, pies llagados y con una dentadura en tal estado de corrosión que nadie le recuerda mostrando una sonrisa. Para decirlo con toda claridad, aprendí en las ejecuciones callejeras. Como se sabe, uno de nuestros dichos era que el único muerto difícil es el primero. Es lo mismo a la hora de levantar el índice acusador. Basta con uno. Cuando pasas de ese número, el rostro de la víctima se pierde. Ocupa su lugar un grupo. Un grupo amorfo e impreciso. Al final —no importa la cantidad de gente que mates—, sólo te pueden ahorcar una vez.

Martí. A veces se dificulta desbrozar hasta dónde actuaba como resultado de una necesidad intelectual o por el resquemor de verse en —y no poder escapar de— un físico tan esmirriado, tan lastimero, tan poco disponible para exhibirlo, por ejemplo, en el Balneario Universitario. Estoy haciendo una reflexión. Puesto que, como se sabe, él ha sido el símbolo idiomático de la Revolución cubana. El símbolo más alto y vivo soy yo. Fidel Castro, desde luego. Pero la presencia de su fantasma entre nosotros nos dotó con una especie de lenguaje común respecto a todo lo que puede identificarse como Cuba. José Martí fue el Jehová criollo que nombró todas nuestras cosas. Pero que fracasó en todos sus planes, conspiraciones y guerras. En ese sentido es que la Revolución efectuó su jugada publicitaria más brillante. No nos apoderamos de José Martí. Lo vengamos. Triunfamos en todos los frentes que a él lo derrotaron, incluido el frente de mi larga vida pese a los centenares de planes urdidos por la CIA en comparación con su dejarse matar tan fácilmente apenas con cuarenta años y con un trajecito de guerra azul y montando un imponente caballo criollo blanco impoluto que le dio por abalanzarse sobre los máuseres españoles. Y los muertos vengados son como los barcos que tú ocupas al pairo y sin tripulación en alta mar. Muchos de nuestros enemigos dicen que nos hemos apoderado de Martí para ponerlo a nuestro servicio. Bueno, con el sólo enunciado de ese argumento ellos hacen lo mismo, pero a su favor. Dije antes que esto era una reflexión. Al menos parte de ella. Pero no quiero que malinterpreten mis palabras. Martí está firmemente anclado en mi generación. Y siempre se le veneró. Ésa es la palabra de uso común para los cubanos referirse al sentimiento por José Martí. Es una emoción que debe dominarnos. La veneración. Como si estuviéramos obligados a padecer ciertos temblores del espíritu a la hora de mencionarlo. Y confieso que de alguna manera yo también tuve mis sesiones de postración martiana. Desde luego no creo que valga la pena a estas alturas de las circunstancias seguir mareando al auditorio con el mismo cuento. El problema era que, en una sociedad que vivía transida de la devoción martiana, la única forma que se tenía para salir adelante era siendo el más devoto de todos. Puro pragmatismo y pura propaganda. Me imagino que no sea ofensivo ni siquiera para él mismo. Se trata de una mecánica revolucionaria que él conocía perfectamente y que nunca dejó de emplear. Ahora recuerdo una noche —ya pasadas las doce—, que estábamos en el Vicky, tomándonos unos traguitos. Rafaelito Díaz-Balart, el chino Esquivel y yo. Tiene que haber sido un invento del Chino, porque ni Rafaelito ni yo somos tomadores. El Vicky era un bar cafetería a tres cuadras de la Universidad de La Habana, en una intersección de dos calles muy anchas y muy populares, la calle de Infanta y la calle de San Lázaro. La calle San Lázaro es la que termina directamente a los pies de la escalinata universitaria con sus 102 impasibles escalones por donde bajaban nuestras manifestaciones multitudinarias pletóricas de pancartas y gritería y que indefectiblemente terminaban de la manera más violenta e incongruente justo frente al Vicky donde aguardaba la muralla de policías y los camiones cisterna de los bomberos que de inmediato abrían las bocas de sus mangueras y nos barrían con los chorros de alta presión. El Vicky hacía esquina. Siguiendo las manecillas del reloj, cruzando la calle San Lázaro, frente al Vicky, había otro bar, del que no recuerdo su nombre, más solemne que el Vicky y que, en sus afueras, en la acera, pegado al poste con la caja automática del semáforo, tenía dislocado un ventorrillo que se suponía ambulante (al menos estaba montado sobre cuatro ruedas de patines), el tipo de establecimiento que entre cubanos se solía denominar como «puesto», y que era una especie de cabina donde se preparaban con rapidez diversas fritangas —entre las que era obligado encontrar las rojizas y no muy gruesas hamburguesas cubanas llamadas fritas que eran unos compuestos de las mondongueras y sobrantes de los mataderos, amén de minutas de pescado, bisteces (aún más delgados que las fritas), frituras de bacalao, tortillas, huevos fritos y ocasionalmente masas de puerco— que eran cubiertas (a requerimientos del cliente) con generosas capas de rebanadas de tomates, cebollas picadas como confetis, puré de tomate y finísimas papas fritas y que se servían entre dos pedazos de pan criollo, de crujientes cortezas —excepto las fritas a las que les correspondían institucionalmente unos panecillos circulares y de masa blanda—, se envolvían en servilletas de papel de China y uno seguía su camino, armado de su alimento y dejando un rastro ligero de piel de cebollas y gotas de grasa sobre la acera y hasta donde las dentelladas dieran cuenta del tierno y tibio producto. Y estaba el otro tipo de puesto, el denominado de ostiones, casi siempre a la vera de alguna barra, donde el ostionero te preparaba unos suculentos batidos de ostiones frescos con puré de tomate, jugo de limón y algún picante y que extraía el molusco en sus conchas de un cubo a sus pies, rebosante de hielo frapé, y escarbaba con una cuchilla dentro de las conchas mientras con la otra mano y contra un protector de goma negro mantenía las dos filosas tapas de la concha y los moluscos iban llenando el vaso. En la cera frente al Vicky convivían los dos tipos de puestos. Uno de fritas y uno de ostiones. El de ostiones yo lo visité mucho al principio de la Revolución y hubo noches de zamparme 32 vasos grandes de ostiones. El ostionero, por su parte, consideró que mi presencia era un reclamo publicitario excelente para su negocio y se agenció un fotógrafo que tomó un par de diapositivas. Dejé de ir por allí cuando comenzó a circular entre los compañeros de la escolta la idea de que el puesto era uno de los tantos lugares ideales para envenenarme. Después se acabaron los ostiones, es decir, la distribución de ostiones para los negocios privados, y también los negocios privados. Así que no puedo decirles ahora adónde fue a parar el puesto con mis dos fotos iluminadas que había hecho instalar el ostionero sobre el techo de su venduta. Siguiendo las manecillas y cruzando ahora la calle Infanta, se hallaba la entrada de un bazar que ocupaba toda una manzana y que era un sitio alegre y atiborrado de baratillos y de expendios de billetes de lotería. Volviendo a seguir las manecillas, y cruzando de nuevo San Lázaro, tenías un edificio de vivienda de cuatro plantas y en cuyos bajos se hallaba una tienda de lámparas de techo, con un enorme anuncio lumínico en letras cursivas que identificaba el llamativo comercio como Lámparas Quesada. Por cierto que en ese edificio de Lámparas Quesada, desde su azotea, estuvieron a punto de matarme. Un complot de la CIA con uno de nuestros comandantes, Rolando Cubelas, al que la CIA bautizó con el acronímico de Am-Lash. Le pusieron ese nombrecito y le dieron el FAL, la mirilla telescópica y el silenciador. Después ampliaremos. Por último, en el cuarto de rotación final, y de nuevo cruzando Infanta, se encontraba el Vicky. Bien, pues, allí estábamos Rafaelito, el Chino y yo, tomando cerveza o un cóctel —y esto es para que constaten en la estima que siempre tuvimos a Martí— cuando le escuchamos a dos parroquianos acodados en la barra cerca de nosotros, y también tomando algo, que qué cojones tanta ceremonia con Martí. Ah. Ya recuerdo. Eran unos coñacitos porque era una noche de invierno. Tres líneas de Terry Malla Dorada que nos echábamos al gaznate. 28 de enero de 1948. Aniversario del natalicio de Martí. Y parece que este par de parroquianos se cansó de oír por radio los panegíricos laudatorios del héroe nacional y reaccionaron de ese modo. Que qué cojones tanta ceremonia con Martí. Nosotros sabíamos quiénes eran. Dos individuos de esa zona de la universidad. A uno le decían Tiempo Muerto y al otro Melchor. Dos matarifes. Para mí fue suficiente aquella declaración y saqué la pistola. Allí mismo se zanjaba la cuestión, LA AFRENTA como luego el Chino se divertía imitando mi interpelación. Pero se me pusieron delante y me frustraron la acción. El Chino me aguantó el brazo, yo enarbolando la pistola, aunque no había podido montarla, mientras —interpuesto entre los dos paquidermos y el forcejeo mío con el Chino— Rafaelito, que en realidad estaba desarmado, hacía el ademán de extraer otra pistola de abajo del saco para intimidar y adelantarse a cualquier posible acción de respuesta. Pero les aseguro que esos dos muertos no los hubiese tenido que pagar y que toda la prensa y el estudiantado se hubiesen puesto de mi lado. Hasta tuve la ilusión de los titulares

PAGAN CON SU VIDA OFENSA AL MAESTRO

MARTÍ NO ESTÁ SOLO

JOVEN ESTUDIANTE ES SALVAGUARDA DE LA PATRIA

y hasta veía las fotos con los montoncitos de seso sobre el mostrador y los dos tipos, gruesos y en pesados rígor mortis, con sus pantalones y guayaberas blancas empapados en sangre y derribados bajo las banquetas. Uno con las piernas abiertas y recogidas por las rodillas como en posición ginecológica y el otro, menos visible en la foto, en segundo plano, con la cabeza como hundida en el piso de granito. Bueno, los primeros que entendieron su situación de cadáveres insolventes fueron los mismos Tiempo Muerto y Melchor. Comprendieron que lo tenían todo para perder. Así que soltaron dos billetes sobre el mostrador, dejaron sus tragos a medio tomar y desaparecieron.

Mi dentadura. A diferencia del apóstol, yo tuve un solo problema dental. Fue con mi diente central superior derecho que se me oscurecía por los residuos necrosados de un nervio, una secuela bastante común en las piezas con tratamiento de canal o de endodoncia, que por defecto en la eliminación de la pulpa te dejan esos residuos, y que en verdad enturbiaba mi línea sagital superior. Unos ocho años después de mi bravuconada del Vicky, y estando ya en la Sierra Maestra y siendo el jefe del Ejército Rebelde, establecimos un campamento fijo en La Plata Alta. Que me llevaran un pesado sillón de dentista, a lomo de mulos, y bordeando mil emboscadas del ejército, fue uno de los primeros empeños de mi jefatura sedentaria de guerrilla. La dirección del Movimiento, por su parte, me envió un dentista de Santiago de Cuba: el doctor Luis Borges. El sillón vino de Manzanillo —una de las poblaciones más grandes cercanas a la Sierra—, gracias a gestiones —a través de un mensajero—, de Celia con su padre, que era uno de los médicos más conocidos de la ciudad, y que localizó el aparato en un olvidado almacén del inicio de la República, probablemente abandonado por las autoridades sanitarias del ejército americano. Estaba claro que se requería un sillón odontológico de pedal para trabajar sin electricidad. Lo instalamos al fondo de la casita, oculta bajo los árboles, donde yo tenía mi cama y el equipamiento mínimo imprescindible de mi despacho de campaña: una mesa, unos libros y un radio transoceánico. El doctor Luisito se pasó media campaña dando pedal y tratando de blanquearme la pieza. Fue relativamente fácil convencerlo de variar el tratamiento. Desde que él me explicó cuál era el procedimiento a seguir *con mi diente*, yo tuve la absoluta convicción de que éste debía ser revisado. Primero, es necesario tener aislada con algodón la zona que se está trabajando, y libre de saliva, lo más seca posible. Con una fresa redonda montada en un contraángulo de baja velocidad, se rebaja por detrás de la pieza —la cara lingual— hasta llegar a la cámara pulpar, donde se coloca un fondo fino de cemento de fosfato. En nuestro dispensario improvisado toda la velocidad de los instrumentos dependía de la pasión con que se activara el pedal, razón por la cual, además, yo le había exigido a Celia que velara por la alimentación de mi dentista, y sobre todo que lo proveyera de una dieta rica en fibra (carne) y unos buenos y espesos purés de calabaza, por aquello que siempre dicen, que es una vianda excelente para el fortalecimiento y esbeltez de las piernas. Esto resultó apremiante después de la tarde que Luisito se me desmayó, dando pedal, y se me quedó colgando de la boca. Seguimos con mi tratamiento. Cuando el cemento ha endurecido, se coloca una motita de algodón, muy pequeña, embebida en agua oxigenada, y se espera cinco minutos, hasta comprobar que ha secado bien, y se introduce una pasta de perborato de sodio dentro de esa cavidad, y se espera otros cinco minutos, y se enjuaga bien y se tapa el hueco con un cemento temporal. El tratamiento, conocido como *recromia* y que requiere de varias sesiones, es de éxito discutible. Y como se comprenderá, totalmente inaceptable para mí desde el sólo pronunciar de ese respetable nombre. Recromia. Así que estuve un par de tardes analizando qué variantes estratégicas se podían aplicar en este caso, y cuando lo tuve todo claro le expuse a Luisito cómo iban a ser las cosas. El doctor, un mulato de estatura regular y silenciosa obediencia, que se había presentado en mi comandancia con una maleta de cartón repleta de unas pulcras batas blancas, el atuendo con el que se investiría para atenderme, con la satisfacción de un ajuar de domingo, asentía, aprobaba, estaba de acuerdo, le parecía adecuado. Primero, le expliqué, de abrirme huecos en el diente, ni cojones. Segundo, todo el tratamiento sería externo. Tercero, la exigencia de mantener seca el área de trabajo había desaparecido con la implementación de mi método. Por último, que estuviera siempre atento a los aviones. ¿Alguna contraindicación? ¿Algún efecto colateral? No —respuesta del sacamuelas—: sólo que vamos a rebajar el porcentaje de perborato para no quemarlo. Me pasaba sentado en ese sillón todo el tiempo que pudiera, con Luisito dando pedal, y yo con la boca abierta y mi babero atado al cuello y el tabaco encendido en la mano izquierda y acumulando saliva porque carecíamos de extractor y el doctor Luisito diciéndome: «Escupa, Comandante», cuando advertía que la saliva se me escapaba por las comisuras, y yo soltando unos salivazos negros en el piso de barro apisonado que rápidamente eran absorbidos por el centro gravitacional de la tierra, y después del tercer escupitajo, Luisito dándome un chance para una bocanada de mi aldaba —«Fume, fume, Comandante», decía— hasta que consideraba que yo había exhalado todo el humo de la breva y volvía a abalanzarse, fresa en mano (en cuya punta estaba adosado y rotaba el cepillo de celdas blandas), sobre el diente anegado de la solución de agua oxigenada con el perborato de sodio que el capítulo de Nueva York del Movimiento obtenía, el mismo empleado en el Colegio de Dentistas de la Universidad de Nueva York, y que él pulía como un orfebre su joya más preciada, y dale pedal para accionar la fresa, y escupa, y fume. Le teníamos cogido el tiempo. Tres ataques de pulimentación por una de fuma. Y todo suave, sereno, puesto que el procedimiento te envicia. Si rápidamente no se logra recuperar el color deseado, la tendencia lógica será a insistir, y a más sesiones, más se debilitará el diente, y terminará partiéndose porque no deja de ser un ataque a la capa del esmalte. Como tampoco teníamos línea de agua, el líquido disponible para enjuagarme se hallaba en dos cantimploras sobre la bandeja. Una de agua y otra de coñac. Total, al triunfo de la Revolución ese diente estaba tan negro como cuando empezó la campaña. Pero llegó un momento en que le cogí el gusto a reposar allí, con mis buenos tabacos y soltando mis escupitajos mientras el doctor Borges y su fresa blanqueadora ronroneaban en mi entorno y eso me daba como una laxitud, una especie de ensoñación, en la que yo divagaba y desde la que salivaba a plenitud.

La bronca completa con Fernando Florez Ibarra.

La situación es que el ministro de Educación, Aureliano Sánchez Arango, había expulsado del Instituto de Matanzas a tres estudiantes de bachillerato. Esto había suscitado cierta atención pública porque los muchachos lo acusaban de corrupción. Aureliano contraatacó acusándolos a ellos de maricones. Eso era una acusación muy grave en un país entonces tan homofóbico, aunque fuese una mentira y todo el mundo la reconociera como tal. Aureliano era de temple y muy audaz. Por esa época, Rafelito Díaz-Balart y yo estudiábamos bajo la modalidad llamada «por la libre», que nos eximía de ir a clases pero nos impedía participar en la política y otras actividades internas universitarias, que se reservaban para los alumnos «oficiales» o de tiempo completo. La modalidad de «por la libre» se empleaba regularmente por estudiantes que debían ganarse el sustento y se conseguían algún empleo y no podían asistir a clases. Bastaba con pagar la matrícula anual de 45 pesos, recoger los programas y presentarse a los exámenes semestrales. El chino Esquivel fue el único del grupo que quedó como alumno oficial. Rafaelito, que por entonces no tenía plata, tuvo que buscarse un trabajo. Un poco más adelante tuvo la suerte de que Batista lo nombrara el vocero oficial de su partido y que le diera una hora de radio, un automóvil con chofer y un salario. Nada del otro mundo, pero le daba para comer, a él y a Hildita, los pobres, y pagar la renta. Por mi parte, ya estaba casado con Mirta, y si bien no estaba obligado a trabajar porque mi padre seguía suministrándome una mesada consistente, había considerado la conveniencia de irme separando de las aulas y buscar un derrotero, aún no decidido, entre la política y los negocios. Tal la situación a fines de 1948 cuando, una mañana, Rafaelito y yo, estudiando en mi apartamento del edificio Frenmar, tuvimos una duda respecto a las fechas de unos exámenes. Rafaelito se ofreció a ir a la facultad, en su coche. «Voy a buscar las fechas de las tres próximas convocatorias de exámenes», dijo. Debían estar en tablilla. Pepe Puerta era el nombre del chofer de Rafaelito. Me parece estarlo mirando, con su sudada gorra de piloto de avión, el bigotito fino y la inveterada costumbre de comprarse las camisas de algodón más finas del mercado para revelar, como de casualidad, su revolvón calibre 45 cañón largo a la cintura. Me contaba después Rafaelito que, al llegar a la plaza Cadenas, frente a nuestra Escuela, escuchó unos aplausos procedentes del anfiteatro y lo que llamó «una gritería del carajo», una gritería «entusiasta» según me dijo. «¿Y esto qué cosa es?», me contaba que preguntó. «No —le dijeron—, que vino Aureliano por aquí y Fotuto lo increpó.» Fotuto era el nombrete de Osvaldo Soto, que había sido elegido presidente de la Asociación de Estudiantes de la Escuela. Buena persona Fotuto. Creo que aún vive y que ejerce de abogado de inmigración en Miami. Deja ver si le mando una caja de tabacos. Tengo que preguntarle a la Seguridad por él. Pero él no tenía recursos para enfrentarse a Aureliano. Un polemista temible Aureliano. Del carajo. «Usted expulsó a esos muchachos de Matanzas y los acusó de homosexuales», le fijo Fotuto. «Yo tengo mis razones», replicó Aureliano. Estaban aún afuera de la Escuela y con un par de los carros de Aureliano con las puertas abiertas y sus esbirros observando la escena. «Si usted quiere —me decía Rafaelito que le dijeron a él que le dijo Aureliano a Fotuto—, si usted quiere, vamos para el anfiteatro. Usted me dice sus acusaciones, yo digo mis respuestas. Que decida el estudiantado.» Aureliano estaba ganando con amplia ventaja el debate cuando Rafaelito se acercó al anfiteatro. Unos aplausos del carajo a su favor. «Oye, Pepe —dice Rafaelito que le dijo a su chofer—. Vete a buscar a Fidel. Vete a buscar a Fidel.» Ya no éramos los líderes porque estudiábamos «por la libre», y ya éramos como desconocidos. Rafaelito, me contaba, logró avanzar dentro del público —que se hallaba de pie y llenando el pasillo central o encaramados sobre los asientos— hasta cerca del estrado, como a una distancia intermedia. La gente de Masferrer estaba con Aureliano, y entre ellos —luego yo lo comprobé con mis ojos— se destacaba Fernando Florez Ibarra, con los brazos sobre el pecho y el mentón alzado como Mussolini, firmemente plantado en la sombra de Aureliano. Y Aureliano tenía el dominio de la asamblea. Lo único que allí quedaba por hacer, constató Rafaelito, *era formar la bronca*. Entonces le gritó a Aureliano desde el medio del público: «¡Ladrón! ¡Hijo de puta!». Dice Rafaelito que Aureliano no pudo reprimir un gesto de sorpresa pero que enseguida ganó el control de la situación y que se viró hacia él, a la derecha, como quien busca la mosca que se va a sacudir del hombro, y que le respondió: «Yo no he venido a discutir con usted ni a escuchar insultos». Dadas las circunstancias, la asamblea improvisada en la que se hallaba, los personajes participantes y hasta la edad de la República, la respuesta de Rafaelito es para mí aún hoy digna de la piedra. «Es de bastardos no oír a las minorías.» Dijo eso. Tenía su lógica, como me hizo ver después. «Porque él tenía la mayoría. ¿Entiendes?» Yo aún no había llegado y Rafaelito está esperando la nueva caída de la dialéctica del discurso. Que Aureliano tomara su segundo aire, para volverle a calzar otro hijo de puta. Ladrón. Sinvergüenza. Cuando, en efecto, Aureliano hizo su pausa y Rafaelito le espetó su «¡Hijo de puta! ¡Ladrón! ¡Sinvergüenza!». Ya la gente, creyó Rafaelito, «me apoya». Aureliano le estaba arrebatando la asamblea a Fotuto cuando tiene que volverse a ocupar de ese rostro en la muchedumbre. A su derecha. Rafaelito. «Oiga lo que le voy a decir —dice que le dijo Aureliano—. Yo he venido aquí a hacer una exposición y el presidente de la Asociación de Estudiantes me ha contestado. Y yo le he contestado a él. Y yo no creo que usted deba venir a interrumpir de forma tan grosera y con tanta falta de respeto. Pero vamos a hacer una cosa. Yo voy a terminar y luego le voy a escuchar a usted.» Yo vengo entrando y ya oigo esta parte de Aureliano y de inmediato la nueva respuesta de Rafaelito, que me permite ubicar en cuál sector del público se halla y que yo aprovecho para acercarme al estrado por un corredor a la derecha y mientras todos se concentran en Rafaelito. «Pues es ahora que me tiene que oír», le ha dicho Rafaelito. «Pues no tengo nada que escuchar.» Yo estoy a punto de alcanzar el estrado cuando veo que Paquito Díaz Baldoquín, el jefe de la Policía Universitaria, acompañado de cinco o seis números de su fuerza, están ingresando al local por una puerta lateral. Alguien les avisó. Deben de ser los mismos esbirros de Aureliano que me identificaron al llegar frente a la Escuela. Arriba de la tarima estaba el escritorio. Aureliano se sorprende al descubrirme, cuando me oye decir: «¡Ahora voy a hablar yo!». Todavía le estaba respondiendo a Rafaelito con un: «Yo no he venido aquí a escuchar insultos de gente malcriada como usted», y Rafaelito le está exigiendo su «Tendrá que escucharme. Usted me dijo que me iba a oír», y Aureliano está cerrando su intervención con un decidido «Pues yo no lo oigo» y dando la señal de retirada y apeándose de la tarima, seguido de la guardia pretoriana y de Paquito Díaz Baldoquín con sus números, cuando yo salto sobre la mesa —del pasillo al estrado y del estrado a la mesa, todo con un primer impulso— y le grito a Aureliano: «¡Pues ahora nos vas a tener que oír de todas maneras, maricón!». Que es cuando Florez Ibarra, que no se ha retirado del estrado, me agarra por las piernas y me hace perder el equilibrio y yo caigo de espaldas y reboto contra las tablas del estrado. Es en la situación desfavorable y aturdido en que me hallo cuando me caen encima tres o cuatro mastodontes y empiezan a madurarme. Estoy recibiendo piñazos desde por lo menos cuatro direcciones diferentes cuando veo, como quien descubre el sol entre las nubes de tormenta, el rostro de Rafaelito, que está quitándome un poco de gente de encima. Alguno que me haya quitado Rafaelito y los otros que decidieron abandonar mi sesión de maceramiento para irse a almorzar con el resto de los suyos en los carros de Aureliano, me dieron el espacio para respirar profundo pero incorporarme de inmediato para que la sangre no se me enfriara. Seguido de Rafaelito y de algunos más (nunca he logrado saber dónde se metió Pepe Puerta, el chofer, ni qué hizo con su enorme revólver, en una circunstancia que tanto hubiésemos apreciado su uso a nuestro favor), localicé a Fernandinito Florez Ibarra en la acera y en el momento que los carros de Aureliano se retiraban. La gente remanente de Masferrer nos vino arriba. A patadas. A piñazos. Ahí fue la cosa. Yo con Florez Ibarra. Rafaelito con otro. Veo más gente liándose a trompadas. Veo a Isidro Sosa, que es de los nuestros, batiéndose contra Jorge Besada, que era un mulo. Era futbolista y un mulo de fuerte. Así se le llama en Cuba a esos escaparates. Mulos. Yo quería acabar con Fernandinito para liberar a Isidro de tan desigual contrincante. Entonces, me decía Rafaelito, él ve que yo le meto un piñazo por un ojo a Florez Ibarra y que Florez Ibarra viene para atrás y que él aprovecha y le mete por el mismo ojo y que, por efecto de este golpe de reacción por péndulo, me lo lanza otra vez sobre mi zona de castigo. Que es cuando, por estar desatendiendo a su masferrerista para conectar a Florez Ibarra, el masferrerista le descargara una relampagueante trompada con toda la extensión del brazo de la que, dice Rafaelito, nunca tuvo una conciencia exacta del efecto del golpe puesto que de lo próximo que tuvo razón es de estar tragando hierba en un cantero de la plaza Cadenas. Rafaelito pesaba 128 libras por aquellos años y era alto y distinguido como debe de seguir siéndolo ahora. Yo tenía más carne y más músculo, la verdad, y podía asimilar mucho más. Tampoco me destacaba como pugilista ni tenía mucho estilo, pero peleaba y aguantaba. Hay por ahí una foto mía, poco conocida, en la que me parezco a Rocky Marciano. Hasta con una ceja partida. Es de esta época mía de buscapleitos. Bueno, al final, fuimos a dar todos al hospital. Isidro ya había sido remitido a la sala de Primeros Auxilios del viejo Calixto García, al fondo de la universidad, que fue una de las herencias de la ocupación yanqui de 1895-1902, y que desde entonces tenemos ahí como el centro asistencial por excelencia para recibir heridos por reyertas callejeras. Creo que a Fernandinito hubo que suturarlo arriba del ojo. Rafaelito y yo, por nuestra parte, con menos estragos aunque con la ropa hecha serpentinas y reseca de sangre, del hospital nos fuimos para la estación de policía, a levantar acta contra el ministro de Educación, Aureliano, y después a recorrer los periódicos con la copia para que la publicaran al otro día. Lo acusamos de todo lo que se nos ocurrió. Empezamos por asesino. Después el corolario habitual: artero, abusador, traidor, degenerado, vendepatria, aberrado, mal nacido, solapado, genízaro, etc. Rafaelito quería darse un baño y cambiarse de ropa antes de presentarnos en la estación. «Rafa —le dije—, ¿cómo que te vas a cambiar? ¿Y las fotografías?» Busquen en las hemerotecas. Ahí está todo el relato. Y las fotos. En primera plana.

La Universidad de La Habana tenía —y tiene— tres entradas principales: la emblemática escalinata y sus 102 escalones, la entrada del fondo, a la que se accede por una calzada llamada Zapata y que es por la que pueden entrar los coches y una por el costado izquierdo, si se le mira desde la escalinata, que da salida a los coches hacia una calle llamada Mazón y a la que te aproximas bajo una frondosa arboleda de almendros después de dejar por la derecha la pequeña plazoleta con el pedestal y el busto de Manolo Castro. Tanto las calles de entrada como de salida de los coches disponían de dos postes de cemento con enganches de acero a los que se les podían tirar unas pesadas cadenas en las ocasiones que la Policía Universitaria determinaba cerrar el tránsito de vehículos en el interior de la ciudadela. La entrada de la calle llamada Zapata disponía además de una garita de madera. Ésa era la garita en cuyo interior se hallaba sentado Mongo el Diablo una mañana de 1948. Él vio que yo me acercaba, yo a punto de pasarle por al lado rumbo a la Escuela. Iba a presentarme en alguno de mis exámenes de estudiante por la libre. Parecía estarme esperando. Se parecía demasiado al primer movimiento de una celada. Se levantó de la tabla que usaba como asiento dentro de la garita apenas me vio. Serían las nueve y media de una mañana demasiado tranquila, demasiados pajaritos trajinando dentro de las copas de los árboles, demasiado tenue y agradable el golpe de luz solar.

«Fidel —me dijo—, no puedes entrar armado.»

Ramón Quesada. Ése era el nombre de Mongo el Diablo. No se me va a olvidar. Nunca. No saben el denuedo con que lo mandé a buscar al principio de la Revolución. Era uno de los primeros nombres de mi lista.

Mongo Quesada.

«Mongo —le dije—, ¿y quién me lo va a impedir?»

Se suponía que el procedimiento era entregar mi pistola y él anudarle con una liga de oficina a través del protector del gatillo una etiqueta con un número que era a su vez el que se asentaba en una libreta y del que se me entregaba una tarjeta como comprobante.

«El que te lo va a impedir soy yo, Fidel. Me tienes que entregar el arma.»

Luego el Chino me recriminaba con el argumento de que Mongo el Diablo sólo cumplía con su deber y que mi respuesta había sido brusca en exceso.

«Sí —fue mi respuesta—. Vas a coger la pistola pero por el cañón.»

Más que brusquedad era una declaración de guerra en toda línea. Coger una pistola por el cañón tiene la misma equivalencia ofensiva de que me agarrara otra cosa.

Mongo el Diablo no se amedrentó. Me dijo que iba a la rectoría a quitarse el uniforme y que lo esperara en el *stadium,* que él allí me iba a desarmar a como diera lugar. Era una invitación a liarnos a los puños. Los policías universitarios tenían su taquillero en la rectoría. En ese momento de nuestro intercambio de palabras ya se había reunido alguna gente cerca de la garita, atraídos por el tornado de adrenalina que allí se había levantado. Mongo el Diablo iba rumbo a la rectoría, vociferando que lo esperara en el *stadium,* y yo le respondía, vociferando a la vez, que allí nos veríamos, cuando apareció por la calle de Zapata un miembro del Servicio Secreto de Palacio —el Palacio Presidencial, es decir, la seguridad del presidente—, un hombre llamado

Armando Feo, que se interesó por lo que estaba ocurriendo. En ese momento —yo no lo sabía— dos individuos aprestaban sus armas. Un tal Trasovares y un tal Musculito. El nombre de Trasovares (o Traso-bares) no lo recuerdo pero Musculito es Eugenio Rolando Martínez, que ganaría fama internacional desde 1972 como uno de los plome-ros de Watergate. Luego hicieron el cuento que habían escuchado el barullo de Miguel el Diablo conmigo y que se dijeron, ésta es nuestra oportunidad de matar a Fidel. Vamos a matarlo cuando llegue al *stadium*. Musculito había pertenecido a la gente de Mario Salabarría y aún estaba en la nómina del Buró de Investigaciones. Esa universidad parecía más un refugio de policías errantes que el «alto centro de es-tudios» de su reclamado linaje. Yo siempre he creído que Musculito y Trasovares estuvieron de acuerdo desde el principio con Mongo el Diablo. Una situación concebida para liquidarme y que todo era par-te de la misma celada y que después no quisieron involucrar a Mongo el Diablo. Pero llega Armando Feo e intercede. Ahí es cuando él se da cuenta de que Musculito y Trasovares iban rumbo al *stadium* y les da dos gritos, sin apartarse de mi lado, y les pregunta que para dónde van y que cuál es su misterio. «Vengan para acá los dos», les exige. Mientras, manda a alguien a la rectoría y le manda el recado a Mongo el Diablo que se acabó la bronca. Entonces es cuando veo llegar al Chino, que de inmediato se me instala al lado, mártir mío de oficio.

«Fidel, hazme el favor de irte. Mongo el Diablo no está haciendo otra cosa que cumplir con su deber. Y tú, Musculito, ¿adónde ibas tan ligero con Trasovares?»

Yo miraba todo aquello con la tranquilidad de una situación que me era ajena. Igual que como lo estoy mirando ahora. Pero ahora me es ajena porque de aquel peligro de muerte me separa un océano de tiempo. Entonces alguien llega de la rectoría y dice que Mongo el Dia-blo está llorando y dando puñetazos contra las taquillas porque quie-re la pelea de todas maneras y no lo dejan.

«Eso se le pasa —dice Armando Feo—. Andando, Fidel.»

Musculito está a mi derecha. Es un hombre de estatura baja y fac-ciones duras. Voy a estar oyendo mucho de él en los primeros años de la Revolución porque va a ser el lanchero de la CIA con mayor canti-dad de infiltraciones en Cuba, más de 300, y luego por su captura en Watergate y el subsiguiente escándalo. Pero la visión suya que tengo es una fabricada por mi imaginación a partir de los informes que me

hace llegar la Seguridad, la del hombre en la proa de las Boston Wha-
ler clásicas, de 17 pies, con dos motores Mercury marinos preparados
en los laboratorios de la CIA para trabajar en silencio, y él con el M-3
terciado al pecho, el M-3 con el inconfundible cilindro del silenciador, y el rostro oscurecido de betún, mientras se apresta a saltar en un
playazo perdido de la costa norte de Cuba.

«Mira, Fidel —me dijo aquella vez—, esto era para ti.»

Eugenio Rolando Martínez metió la mano en el bolsillo y sacó cinco balas calibre 45 y me tomó la mano derecha, que yo le cedí con extraña docilidad, y depositó las balitas en la palma abierta.

«Eran para ti», dijo

7. UNA ORGANIZACIÓN MILITAR
CON UN BUEN APARATO DE PROPAGANDA

Los ARGENTINOS llegaron en marzo de 1948. Nos enseñaron algo que yo habría de emplear *institucionalmente* en la Revolución: la influencia. Incluso todavía tenemos en activo un departamento que opera desde el Ministerio de Relaciones Exteriores pero que en realidad es un frente de la DGI,[1] lo que suele llamarse una línea de trabajo con pantalla de la cancillería. Ese frente es el llamado PI —el Plan de Influencia y que trabaja en esencia sobre los intelectuales extranjeros, los movimientos de minorías y cosas por el estilo. Todos esos grandes aciertos nuestros con escritores y artistas y los negros americanos y los más extraños personajes latinoamericanos y el apoyo y solidaridad que recibimos desde Harry Belafonte hasta Rigoberta Menchú o desde los negros norteamericanos hasta casi todas las organizaciones indigenistas del continente es obra del PI, de sus reclutamientos, de sus aproches, de su labia, de su paciencia, de sus flirteos, de su adobar y de su buen ojo. No creo que hayamos fallado nunca con ninguno de los expedientes del PI. Y si los objetivos tienen dinero, mejor. Los millonarios son los más leales. Nada satisface más a un millonario que saberse respaldado por una organización cubana de inteligencia. Hombres terrenales como finalmente son, servir a una organización comunista aunque sea a distancia les proporciona la tranquilidad de espíritu que ya es imposible obtener en el confesionario de la iglesia, y como gozan además de todas las seguridades,

---

1. Dirección General de Inteligencia.

es un activismo intensamente romántico pero no sujeto a las eventualidades de interrogatorios y torturas. Todo a su favor. Desde luego, no aprendimos la metodología completa con los argentinos. Pero captamos la idea. Lo demás —con cierta cultura agregada del KGB—, fue desarrollado después por nosotros.

A decir verdad, primero apareció toda esa sosa influencia latinoamericana de Haya de la Torre y del APRA, pura antigualla retórica, y sobre todo antigualla para alguien que ya había sido ungido con los primeros sacramentos de *El Estado y la revolución*. Pero los argentinos se aparecieron con una coherencia, con una estructura. Tenían una embajada en Cuba. Enviaban emisarios. Te atiborraban con folletos y con retratos de Juan Domingo Perón. Pero además, te preguntaban por la familia y por si tenías alguna necesidad apremiante que ellos, modestamente, pudieran ayudar a paliar. Y hasta sacaban algunos billetes de sus bolsillos y los pasaban al tuyo, sin aspavientos, sin siquiera mirar las cifras de los billetes, como hacen los verdaderos amigos. Juan Domingo Perón. De pronto Juan Domingo Perón comenzó a ser un personaje familiar entre nosotros.

Primero se hacen amigos de Santiago Turiño, uno de nuestros compañeros de la asociación de estudiantes (la FEU, acuérdense). Turiño nos presentó a los argentinos. Uno de ellos, Antonio Francisco Cafiero, con una larga y productiva vida política y, según noticias, hasta hace poco (1987-1991) gobernador de la provincia de Buenos Aires, llegó con un personaje que se llamaba Carlos Iglesias Mónica (otros autores —entre ellos los redactores de informes de la inteligencia gringa— invierten sus apellidos: Mónica Iglesias, pero nosotros lo conocimos siempre como Iglesias Mónica). ¿Adónde llegaban? Bueno, a donde merodeábamos nosotros, a los cafetines, a los bancos de cemento de la plaza Cadenas, a los escalones de la escalinata. Cualquier lugar con un poco de sombra y por el que corra el fresco es formidable para conspirar. Si tienes un tabaco para quemar, perfecto.

Luego supimos que Iglesias Mónica era el secretario del senador don Diego Luis Molinari, que era jefe de la Comisión de Relaciones Exteriores del Senado argentino y hombre de confianza de Perón, y con un pasado seudofascista y con ciertos pujos de historiador. Podía ser seudofascista pero terminó en los brazos del justicialismo de Perón. Los americanos —en sus informes de inteligencia de la época, que nosotros hemos leído casi 40 años después— tildaban a Iglesias

Mónica de secuaz de don Diego. *Henchman* lo llaman.[2] Eso significa secuaz. Todos se presentaron en Cuba como delegados de su país en la Conferencia de las Naciones Unidas sobre Comercio y Trabajo (ITO) celebrada en La Habana entre el 17 de noviembre de 1947 y el 24 de marzo de 1948 y su misión primordial de militantes peronistas era rechazar y boicotear todas las proposiciones americanas. Es por esa época que él y Cafiero comienzan a tirar sus sondas en la Universidad de La Habana. Primero Cafiero. Era el intelectual.

Así comenzaron a llevarnos libros sobre la «tercera posición» y sellitos metálicos de enganche con bajorrelieves de Perón para colocar en la camisa o en la solapa del saco. Con eso impresionaban al Chino y a Turiño, sobre todo a ellos dos. «Te ilusionan», me decía el Chino. Yo me sentía más inclinado a ver cómo se movían y de dónde procedían los recursos. Al final corroboré que el dinero venía de Buenos Aires. No se le podía llamar grandes cantidades pero, en los montos que fuera, salía de la embajada argentina. Entonces mi observación me rindió un servicio, interesante en mi proceso de aprendizaje. Supe (y despertaron mi admiración, en secreto) que era gente dedicada a su misión. Yo pensaba que esto era algo sólo posible entre los comunistas. Pero aprendí con los argentinos que se podía disponer de una militancia consagrada a determinadas tareas sin que fueran comunistas obligatoriamente. La única cosa imprescindible era la idea. Si tienes una idea, hay una posibilidad. El problema es con frecuencia encontrar una idea atractiva. Ésa es la cuestión.

Una noche, frente a nuestros correspondientes y humeantes vasos de café con leche, estaba la tropita del Chino, Alfredo Guevara, el hijo de puta de Rafael del Pino, Iglesias Mónica y yo, yo hundiendo por una de sus terminales un tercio de barra de pan criollo anegado en mantequilla, ablandándole la masa entre el vapor residual de la leche, que me empañaba los espejuelos, y disfrutando del peso que la pieza de pan iba ganando en medida que se enchumbaba de leche, cuando Iglesias Mónica se quejó de lo que iban a hacer los america-

2. Ver: «Possible Peron-sponsored New Student Movement in Latin America; Cubans Concerned Suspected Taking Part in Colombian Revolution». (Posible nuevo movimiento estudiantil en América Latina patrocinado por Perón; cubanos involucrados sospechosos de tomar parte en Revolución colombiana), el informe confidencial de Lester D. Mallory, consejero de la embajada americana en La Habana, del 26 de abril de 1948, dirigido al secretario de Estado, en Washington, y con copias a las embajadas americanas de Ciudad de México, Guatemala, Panamá, Bogotá, Caracas, Quito y Buenos Aires.

nos en Colombia. Nos miramos. Nadie sabía lo que iban a hacer los americanos en Colombia. La novena conferencia panamericana de cancilleres, explicó Iglesias Mónica. «Pero es en realidad un evento contra la tercera posición y el presidente Perón». Sin pensarlo mucho, yo dije: «Pues nosotros vamos a hacer nuestro propio congreso. Vamos a aprovechar esa conferencia de todos esos atorrantes y vamos a jodérsela con un congreso panamericano de estudiantes». Iglesias Mónica compró la idea enseguida. Me di cuenta por su estado de excitación, a duras penas controlada. Supe además que iba de cabeza a la embajada a vender la idea como suya. «Voy a la embajada.» «¿Qué pasa en la embajada?», preguntó el Chino. «El dinero», le dije al Chino y ya en perfecta armonía de pensamiento con Iglesias Mónica. O por lo menos él tiene que haberse dado cuenta de que en aquel momento no me preocupaba la apropiación de la idea por otro.

«Tiene que comenzar a buscar el dinero», ilustré al Chino.

Fue así como se inventó nuestra presencia en Santa Fe de Bogotá y de la forma en que Juan Domingo Perón tuvo su primera deuda conmigo. Dije como *se* inventó. Debo ser preciso por cuanto me hallo (aprox.) a un tercio de camino de mis memorias y no es nada despreciable aprovechar la oportunidad de dejar por sentado todos mis aciertos, cuando es el caso de que los haya tenido. Así que no *se* inventó. Es *yo inventé*. Fue quizá la primera vez que se me ocurrió el uso del contragolpe. Comoquiera que ésta sería el arma de uso más frecuente en los años de Revolución —ensalzada incluso por Jean-Paul Sartre— debe consignarse su denominación de origen calificada, como los mejores vinos.[3]

3. A principios de los ochenta habían transcurrido treinta y tres años de estos acontecimientos cuando decidí hablar sobre el tema. Entonces fui mucho más cuidadoso de lo que estoy siendo ahora. Era, digamos, una versión de exportación. Sobre todo debía ser muy cuidadoso respecto a mi participación en la lucha callejera. Tampoco por esta época yo disponía de la información desclasificada de los yanquis, demostrativa de que en la mayoría de los casos ellos estaban totalmente despistados. Así que se hace imprescindible desde todo punto de vista que yo establezca mis memorias. Aunque, como se comprobará de inmediato, ya desde esa época de los ochenta tuve las oportunidades iniciales de calzar el argumento básico de que la idea del evento fue mía. Unos botones de muestra.

(Los subrayados y cursivas son de la presente nota al calce.)

Por esos días, *yo concibo la idea*, frente a la reunión de la OEA en el año de mil novecientos cuarenta y ocho, reunión promovida por Estados Unidos, para consolidar su sistema de dominio aquí en América Latina, de que simultáneamente con la reunión de la OEA y en el mismo lugar, tuviéramos una reunión de estudiantes latinoamericanos.

A los pocos días comenzamos a reunirnos en el hotel Nacional, de una forma más o menos metódica. Una habitación que tenían los argentinos. Cafiero ha desaparecido del entorno para esa época. Tiene toda la pinta de haber actuado como agente apuntador para Iglesias Mónica, el gordito Iglesias Mónica, muy activo, muy conspirador, o como nosotros lo describíamos, «siniestrón». Se aparecía con su traje blanco de argentino en los trópicos, sonreía, aunque tomando una prudente distancia, y de inmediato preguntaba dónde nos habíamos quedado. En un *dossier* que me preparó la Inteligencia en adelanto de una visita que nos hiciera Cafiero —ya como todo un veterano personaje de la política argentina—, a mediados de los noventa, me incluyeron una vieja y borrosa foto de los tres gauchos del Apocalipsis en la conferencia de La Habana de 1948, don Diego escoltado, a su derecha por Iglesias Mónica, y a su izquierda por Cafiero. Tengo el *dossier* frente a mí. Ahora le incluyo la foto que me tomé con Cafiero en su visita. La foto de dos abuelos en la que nadie puede adivinar las incertidumbres de dos jóvenes que coincidieron en los umbrales de aquella primavera de 1948 en Cuba y para los que resultaba del todo imposible identificar este encuentro de extraños bajo los oropeles y mármoles del Palacio de la Revolución.

«¿Fidel?»

«¿Antonio?»

«Caramba, Fidel.»

«Antonio, cará.»

El grupo del hotel Nacional era Aramís Taboada, Rafael del Pino, el Chino, unos estudiantes llamados Pablo Acosta y Carlos Moreno; Iglesias Mónica, y —por supuesto—, yo. Y una noche llega Iglesias Mónica y dice: «El plan va». El embajador plenipotenciario, don Diego Molinari, acababa de decirle que Buenos Aires daba luz verde. Así fue que nos repartimos los países de América Central y del Sur a visitar y las comisiones que íbamos a establecer. Uno que redacte la lista de las comisiones y de los que van a salir a los distintos países y Aramís

---

La idea de la organización del congreso fue mía y de esta forma yo empiezo a hacer contactos con los estudiantes panameños... también con los venezolanos; *yo conocía la posición y los intereses de los distintos países...*

Así concibo el viaje de esta forma: primero visitar Venezuela, donde se acababa de producir una revolución... después visitar Panamá y después visitar Colombia.

Ver, especialmente: Arturo Alape: *El bogotazo, memorias del olvido,* 1983.

Taboada que haga la declaración. Sí, porque, como expliqué aquella noche, ya lo teníamos todo excepto los argumentos. Teníamos un congreso de estudiantes latinoamericanos como protesta contra las acciones del imperialismo, aunque aún carecíamos de un delineamiento claro de esas acciones sobre las cuales íbamos a protestar tan airadamente. «Mira a ver qué te parece —le dije a Aramís—. Para protestar. Subraya para protestar. Belice, Malvinas, independencia para Puerto Rico, canal de Panamá. Las Malvinas es muy importante, Aramís. ¿Lo apuntaste? Malvinas. ¿Con *ve* corta? ¿Alguien se acuerda de algo más? Ah, coño, Santo Domingo, que aún no hemos derrocado a Trujillo. ¿Pusite Santo Domingo?»

Estas últimas líneas dictadas a un compinche de los años cuarenta se convierten en toda una sesión de comprensible y edulcorada retórica política cuando explico el episodio cuarenta y tantos años después.[4] Tienen que entenderme. No de otra manera se puede expresar un jefe de Estado sobre el joven revolucionario que fuera él mismo pero con el que no puede comprometerse a fondo a la vuelta de esas cuatro décadas. Los arrebatos juveniles de un luchador revolucionario son como delitos que no extinguen nunca. Es un pasado que me veo obligado a ocultar o por lo menos a reinventar como palimpsestos de nebulosas capas una y otra vez.

Vuelvan a mis declaraciones de los ochenta. Chequeen con el final del párrafo anterior.

[Segmento de la entrevista; trascripción de cinta grabada]
... Pero yo era también en ese tiempo, presidente del Comité Pro-democracia Dominicana en la Universidad de la Habana...

Ya por aquella época yo también había participado y me había convertido, pues tenía relaciones con Albizu Campos y su familia y otros dirigentes puertorriqueños, en un activista pro-independencia de Puerto Rico, De manera que yo era presidente del Comité Pro-democracia Dominicana, había participado en la expedición [de Cayo Confites], aunque ésta no llega a realizarse, también tenía una activa participación en la lucha por la independencia de Puerto Rico, aparte de las actividades políticas internas en el país, que se encaminaban fundamentalmente a la

---

4. Compinche no utilizado como calificativo peyorativo sino respondiendo al juego dialéctico del afecto entre cubanos. Mientras más contundente el aparente insulto, más entrañable la amistad que quiere expresar. Aramís, presidente de la FEU en mi facultad, me ofrecía un gran apoyo entonces.

crítica y a la protesta contra el gobierno corrompido que existía en ese momento.

Ya por aquella época nosotros sentíamos otras causas latinoamericanas, como la cuestión de la devolución del canal de Panamá a Panamá. Era una época de efervescencia estudiantil en Panamá, una época de efervescencia también en Venezuela, porque se había producido el derrocamiento de la tiranía y se acababa de elegir a Rómulo Gallegos como presidente de Venezuela. Por aquella época existían ya las contradicciones fuertes entre Perón y Estados Unidos. Nosotros estamos pues en este movimiento que se circunscribe a los siguientes puntos: la democracia en Santo Domingo, la lucha contra Trujillo; la independencia de Puerto Rico; la devolución del canal de Panamá; la desaparición de las colonias que subsistían en América Latina. Eran los cuatro puntos fundamentales y esto nos llevó a establecer ciertos contactos, digamos tácticos, con los peronistas, que también estaban interesados en su lucha contra Estados Unidos y su lucha por algunas de estas cuestiones, porque ellos también estaban reclamando las islas Malvinas, que eran una colonia inglesa. Por aquella época los peronistas realizaban actividades, enviaban delegaciones a distintos países, se reunían con estudiantes, distribuían su material; de esa coincidencia entre los peronistas y nosotros surgió un acercamiento táctico con ellos.[5]

5. Hay tres planos mínimos de la verdad en esta sola narración. El que yo les estoy contando. El de los americanos en sus acuciosos si bien regularmente equivocados informes de inteligencia. Y el de mis descargas atemperadas para periodistas y escritores de izquierda, como acaban de ver arriba y que pueden constatar en diversos libros. Cuando el lector termine con el presente segmento —esencialmente dedicado a mi participación en el bogotazo—, y cuando repase la documentación que se le provee, verificará que los americanos siempre creyeron que el proyecto del congreso estudiantil era de factura argentina cuando en verdad fue mío, verificará que lo que estábamos haciendo era obtener el dinero por esa vía de los gauchos, y verificará que no es algo que consideré aceptar en mi primeras versiones públicas de los hechos, en los años ochenta, las versiones que yo llamo de exportación, suavizadas y comedidas. Este párrafo de una grabación transcrita es clave para establecer comparaciones y para ilustrar mi uso de la historia como propaganda revolucionaria.

Por aquella época los peronistas realizaban actividades, enviaban delegaciones a distintos países, se reunían con estudiantes, distribuían su material; de esa coincidencia entre los peronistas y nosotros surgió un acercamiento táctico con ellos. Desde luego, los recursos para todo eso los movilizamos nosotros mismos. Teníamos muy poco dinero; para los pasajes exclusivamente. Por aquellos días habíamos hecho contactos en Cuba con una delegación de la juventud peronista. Ellos coordinaron con nosotros que iban a trabajar en ciertas áreas y nosotros en otras para que la fuerza de izquierda de América Latina organizara este Congreso de Estudiantes Latinoamericanos.

La universidad estaba saturada de esos tipos de comités. Era una forma alternativa de hacer política y agrupar gente. Cuando la FEU tenía todas sus candidaturas llenas, tú buscabas en los periódicos —o en el mapa— algún país susceptible de organizarle una defensa. Gracias a Trujillo, Santo Domingo era *de oficio* un país bajo nuestra protección permanente. Rafaelito Díaz-Balart era el presidente de ese Comité Pro-democracia de Santo Domingo. Miguel Pérez-Nodarse era uno de los dos vicepresidentes. Yo, como he dicho, era el otro vice. Llegado a este punto recuerdo que a Miguel Pérez-Nodarse lo llamábamos Pérez-Mentirita y que se pasaba la vida conspirando contra Rafaelito. Tenía esa ambición de la presidencia y se le antojaba oneroso el cargo de vice. Parecía subyugado por el viejo refrán —que él mismo solía repetir— de «cabeza aunque sea de cucaracha», y que yo asumo como una versión del refrán de mayor linaje lingüístico «Mejor cabeza de ratón que cola de león». Rafaelito solicitó ayuda. Las conspiraciones de Pérez-Nodarse por hacerse con la presidencia se le hacían insoportables. El bueno de Rafaelito. De manera que nos aparecimos como a las 2 de la mañana en casa de Pérez-Nodarse. La aguerrida tropa era el Chino, Rafaelito y yo. Tocamos. Recuerdo perfectamente ese portal del segundo piso de la casa de Pérez-Nodarse desde donde yo acostumbraba dispararle a las bombillas del alumbrado público. Había en particular una bombilla frente a la casa de Pérez-Nodarse que provocaba la burla permanente del Chino, porque nunca le acertaba. Ni nunca logré acertarle. Cuando Pérez-Nodarse comprobó quiénes éramos y nos permitió pasar, Rafaelito lo abordó con celeridad y un cierto tono dramático. Muy convincente Rafaelito en su papel. Veníamos a buscarlo porque ya nos íbamos para la invasión. Esa misma noche. Invasión inminente. Pérez-Nodarse dio un par de vueltas alrededor de la mesa del comedor, se rascó la nuca, meditabundo, y finalmente pareció llegar a

¡Acercamiento táctico! Carajo. La historia como propaganda revolucionaria. Qué otro uso más noble puede exigir la madre de todas las circunstancias y de todas las posibilidades del lenguaje y del conocimiento y del devenir que se sustenta en el infinito del pasado y que el mismo Karl Marx concebía como la lucha de los hombres en la búsqueda de su fin y que es finalmente empleada por uno de sus afluentes y la convierte en una de sus disciplinas subordinadas. Es el hijo de Saturno que devora a su padre. O para continuar con las asociaciones de ideas paternomaternales: si la lucha de clases es la partera de la historia, nada más consecuente que luego de parida la Revolución, ésta se vire hacia la madre y le diga: ya os cumplisteis vuestra función. Ahora me toca a mí cumplir la mía. Y la primera es darte reposo, cuidarte, hacerte descansar. Soy un hijo agradecido, madre historia. Le toca dormir. Shhh. Silencio.

una conclusión. «Mira, Rafaelito —dijo Pérez-Nodarse—, te voy a decir una cosa.» Se tomó unos segundos más, al parecer para calibrar con exactitud las palabras que debía emplear. «Mira, Rafaelito. Mira, Chino. Mira, Fidel. Yo no voy a ir a casa del carajo a que me den un tiro en la cabeza. —Otra pausa—. Caballeros, ¿quieren que le diga a la mujer que les cuele café? ¿Y cuándo *se van*? ¿Hoy mismo?» Desde luego que ahí se acabó la historia. Por lo menos esa historia. No era una mala persona, la verdad. Sólo que tenía esa obsesión con un cargo presidenciable. Aspiración que aún mantiene —según un informe de la Seguridad, que leí no hace mucho—, puesto que se ha proclamado como presidente de varios de esos gobiernos de efímera existencia creados a diario en el exilio. Quería participar en la política y en la aventura revolucionaria pero siempre haciendo un cálculo conservador de los riesgos que se podían tomar. Recuerdo que otra vez Pérez-Nodarse nos llevó a ver a Carlos Miguel de Céspedes, un vejete de armas tomar que había sido secretario de Obras Públicas en los años treinta bajo el gobierno de nuestro primer dictador —Gerardo Machado—y que desconozco las circunstancias por las que eran amigos y mucho menos logro precisar ahora la razón por la que nos llevó a verlo. Pero sé que nos regaló una cachiporra (*black jack* le llamábamos, por el mimetismo con el cine de gángsteres) a cada uno y un montón de talonarios para ir al balneario de La Concha, al oeste de La Habana, del que era uno de los propietarios. «Muchachos, siempre lleven un *black jack* encima. Nunca se sabe cuándo se va a requerir su empleo. Igual que las tetas.» Nadie entendió esa última alusión. Todos, es decir, nosotros cuatro, con nuestras cachiporras de estreno en las manos y los talonarios de La Concha, nos intercambiamos miradas. Carlos Miguel de Céspedes se explicó: «Tengo un amigo que nació con un par de senos. Después de la adolescencia, como se le desarrollaron a ojos vistas, fue al médico. La opinión del galeno fue cirugía. No hay pastillas que un hombre pueda tomar para reducirse las mamas. Pero mi amigo se negó a someterse al bisturí. Con la respuesta que de mi propio amigo obtuve, al regreso de la consulta, cuando me interesé por su decisión, me demostró que no sólo es un hombre juicioso sino que es poseedor de una extraña sabiduría. Me dijo: "Don Carlos, el asunto es que uno nunca sabe cuándo le pueden hacer falta un par de tetas".» Al despedirnos, tuvo aún ánimo y temple para otra observación. «Y, muchachos, ya que acá (señalándome) oculta una pistola bajo el saco, les advierto: si habéis decidido armarse, amuniciónense sólo con balas *dum dum* (explosivas). Es una desgracia y una inconsistencia ver a tantos hombres que usan una 45 con balas sólo de plomo. Si el proyectil no revienta dentro de los huesos, ¿entonces para qué armarse? Toda mi carga es dum dum. No falla. Aunque sólo te pase a sedal o te pellizque.»

Los argentinos apostaban todas sus fichas a nuestro congreso, entre otras cosas porque estaban necesitados de algún tipo de éxito puesto que los resultados de la Conferencia les fueron adversos. Don Diego Luis Molinari asumió, rampante, su posición antinorteamericana sobre la base de que las propuestas norteamericanas de reducir las barreras aduaneras apuntaban a impedir la industrialización de América Latina. Qué concepto más largo, coño. Culminó su extraordinaria clase de oratoria de combate con el ofrecimiento público de una ayuda de Argentina al Plan Marshall de 5.000 millones de dólares o su equivalente en mercaderías.[6] ¡Cinco mil millones de dólares! Ya, desde ese momento, tuvieron la batalla perdida. Tú no puedes pelear nunca contra los yanquis en el terreno de la economía. Al menos no proponértelo como competencia. Nada más fácil que maniatarlos en las batallas políticas, e incluso militarmente tienen muchas limitaciones. Pero no te lances en el atrevimiento de subir la apuesta en la economía. La misma Unión Soviética desapareció por esa pretensión. Hacia 1985, cuando yo hice una de mis incursiones en tan farragoso asunto del comercio y la banca y el comercio y la industrialización y los aranceles me mantuve, como siempre, en mi estilo. Propuse sencillamente que los países dejaran de pagar su deuda externa. Es decir, introduje el caos. Muerde y huye. Los viejos guerrilleros nunca mueren.

6. El anuncio de Molinari causó consternación en el gobierno argentino y funcionarios de su cancillería se apuraron en señalar que Molinari *había querido decir* que las exportaciones argentinas totalizarían esa suma en los siguientes cinco años. El delegado se aclaró asimismo más tarde con la historia de que el gobierno argentino estaba preparado para invertir esa suma a lo largo de América Latina, agregando que esto no podría ser realizado sin la ayuda de Estados Unidos. *The New York Times* —según los recortes que ahora me agencia la DGI—, comentó el ofrecimiento de Molinari, señalando que Argentina creía «que su habilidad para vender alimentos a las naciones necesitadas es una forma de ayuda».

Pero fracasaron finalmente en todos sus intentos de que sus propuestas quedaran incorporadas en la Carta de La Habana. Según nos contó Iglesias Mónica, el fracaso se debió a la *defección* —utilizó esa palabra, casi escatológica— de los delegados de América Central, en virtud de sus vínculos con el gobierno norteamericano, y a las presiones de éste para que los delegados centroamericanos cambiaran sus votos luego de haberlos prometido a la posición argentina. Los representantes de Estados Unidos y de otros países firmaron la Carta de La Habana el 24 de marzo de 1948. Argentina se negó a hacerlo, porque sus reservas a unos treinta y nueve artículos no fueron aceptadas en el documento final, y porque la carta no había sido discutida por la conferencia general. ¡39 artículos!

Primero el ofrecimiento de 5.000 millones de dólares y después una contraofensiva de propaganda política sobre la base de 39 artículos que no han sido discutidos. Eran demasiados artículos sin discutir para que nadie los tomase en serio. Eso es igual que cuando te acusan de criminal por más de un muerto según una interpretación ya hecha en este libro. Se desperdicia todo el efecto.

Mas no todo estaba perdido. Seis días después de firmada el acta de La Habana nosotros nos hallábamos en el camino a Bogotá. Había algo incipiente pero que ya los gauchos —como llamábamos a nuestros amigos— podían aprender. 1) Que los resultados de los congresos y las conferencias se negocian antes de los congresos y las conferencias. De modo que cuando salimos en nuestras comisiones de embullo por América Central y del Sur, fuimos en busca de aliados, no de adversarios. 2) Que la clave de la victoria ante las convocatorias del enemigo, no es a participar de sus foros, sino a organizar los tuyos propios. En paralelo. *Congresos en paralelo.* El congreso otro. ¿Entendieron?

Quedaba por resolver sólo un problema. Un asunto personal. Uno mío. Que yo no tenía representación oficial. Déjenme pasarles esta grabación para que tengan una idea más amplia de lo que quiero decirles.

[Trascripción de cinta de casete, entrevista; fecha no consignada en la caja]
    Yo estaba en la universidad, estaba por terminar el tercer año de la carrera de Derecho cuando la invasión de Santo Domingo. Por aquellos días de fines de curso en el año de mil novecientos cuarenta y siete, se produce la posibilidad de organizar la expedición a Santo Domingo, por par-

te de los revolucionarios dominicanos que llevaban muchos años luchando por esta causa. En ese momento recibieron cierta ayuda oficial en Cuba para organizar su expedición. No quiero hablar de aquella expedición, de los errores que cometieron sus organizadores puesto que es otro tema, pero el hecho en sí es que yo era presidente de la Escuela de Derecho, era alumno oficial en la universidad. Allí para ser dirigente había que ser matriculado oficial. Los alumnos por la libre, como llamaban a una categoría de estudiantes que podían llevar asignaturas de distintos cursos, no tenían derecho a votar. Pero yo en ese año de mil novecientos cuarenta y siete, estaba terminando mi tercer año de carrera y me faltaban algunos exámenes. Yo era presidente de la Escuela de Derecho. Había un litigio puesto que los que controlaban la mayoría de la universidad, asociados al gobierno de Grau, tenían interés en el control. En la Escuela mía que era la de Derecho, la mayoría de los delegados habían destituido al presidente, que estaba muy asociado al gobierno, y me habían elegido a mí. Las autoridades universitarias controladas por el gobierno no querían reconocer ese hecho. De manera que yo era vicepresidente de la Escuela y además fui elegido en ese momento su presidente...

Pero mientras estuvimos entrenándonos para la expedición había transcurrido el mes de agosto, septiembre, octubre y yo perdí mi época de exámenes.

Entonces me vi en una situación en que tenía que renunciar a mis derechos políticos oficiales en la universidad o matricularme otra vez en el tercer año, si quería seguir siendo dirigente oficial. Yo detestaba el tipo de estudiante que no sacaba las asignaturas y no aprobaba los cursos y se quedaba retrasado, relegado, como eterno líder estudiantil. Siendo consecuente con esas convicciones, no me matriculé oficialmente y me quedé como estudiante libre, para sacar las asignaturas que me quedaban de tercer año y las de cuarto año. De manera que en este momento yo era estudiante por la libre y no tenía derechos políticos pero tenía una gran ascendencia entre los estudiantes universitarios, por la política de oposición al régimen de Grau. En cierto momento yo me había convertido, sin proponérmelo, en el centro de aquella lucha contra el gobierno de Grau. Eso tenía lugar en el año de mil novecientos cuarenta y ocho.[7]

---

7. Un galimatías ciertamente. Pero quizá los lectores más avispados puedan extraer de esta larga parrafada la verdad monda y lironda de que yo más bien no era presidente de nada. Mas no quiero volver a repetir la tirada en esta nota que supuestamente debe terminar de explicar las razones de por qué yo siendo presidente en realidad no lo era, o al revés si se quiere, de por qué yo no siéndolo, potencialmente sí podía entenderse que lo fuera.

Los argentinos lo pagaron todo. Se crearon las distintas comisiones para visitar los países del área que convocarían y negociarían la presencia de las organizaciones estudiantiles. México no era problema porque uno de los principales dirigentes estudiantiles aztecas, Jorge Menvielle Porte-Petit, estaba en La Habana y ya participaba en las reuniones del hotel Nacional. Bogotá era el destino. Bogotá y joderles la conferencia de cancilleres a los americanos, con el mismo George C. Marshall, el del famoso plan de reconstrucción de Europa, presente. Alfredito Guevara, invitado por mí, participó como secretario organizador de la FEU (tenía que buscar algún apoyo verdaderamente «oficial») de las últimas reuniones del hotel Nacional. Después le encargué la tarea de informar (e invitar, desde luego), como de soslayo, al presidente de la FEU. El auténtico presidente de la FEU. Enrique Ovares. Aunque le pedí a Alfredo que se tomara su tiempo y que no se apurara en llegar a Bogotá. Ovares, por cierto, era un tipo bastante anodino. Pero también oía el canto de sirenas de las posiciones presidenciables. De hecho, él había tenido el mérito de actuar como una especie de embrague en la política universitaria. Fue, digamos, el presidente de transición entre la época del gatillo alegre y el período de necesario (yo diría que obligado después de todos aquellos sangrientos episodios que culminaron en la masacre de Orfila) apaciguamiento que se produjo a continuación. Anodino, desde luego, como siempre se revelan todos los presidentes de una transición. Ésa es la composición molecular intrínseca de la transición, ¿no? El híbrido. Pero a él pareció irle bien en ese papel y evidentemente le procuró satisfacciones suficientes como para, más de medio siglo después, y siendo ya una de esas piezas ambulantes de los cementerios locales, uno de esos ancianos fantasmales que cada vez se mueven en los círculos más estrechos de una generación que se extingue en el destierro, Ovares —lo tengo aquí regularmente, sobre la mesa, en los partes semanales no priorizados de Miami— es uno de los que con más insistencia se autoproclama como el idóneo para la presidencia de la transición cubana. Fíjense: No quiere ser el presidente de la República. No le interesa ser vitalicio de nada. Ni siquiera por los cuatro añitos de un período presidencial regular. No. Quiere una transición. ¡Y su argumento esencial es el éxito de su período *transicional* [*sic*] en la Universidad de La Habana! Sigo con los argentinos.

Puedo decir que los argentinos nunca interfirieron en mis decisiones. En aquellos días la embajada en La Habana parecía una agencia de pasajes abrumada de trabajo. Pero tuvieron la precaución de no personarse en ningún sitio donde pudieran levantar sospechas. El Chino fue el que sacó los pasajes en una agencia que estaba en el vestíbulo del hotel Plaza y donde tenía un amigo (por la cuestión de la necesaria discreción, además de que ingresaba una platica) de apellido Iglesias.

Brooks Travel Service de Cuba
Pasajes a todas partes del mundo
En avi n y vapores.

Junto con 125 o 150 dólares a cada uno, para gastos, Iglesias Mónica distribuyó los pasajes. Él personalmente. Luego el Chino me decía que ninguno de nosotros teníamos problema porque éramos hijitos de papá y mamá y que ellos —papá y mamá— nos suministrarían los generosos suplementos a la dieta de bolsillo que nos había entregado el argentino. Yo no sé los demás, pero en mi caso con quien decidí engrosar mi presupuesto fue con Migue Ángel Quevedo, el director de *Bohemia*, que se hallaba en una época de buen *rapport* conmigo. Conseguí que me soltara 500 dólares. Despachando tickets y haciendo conexiones. En eso nos pasamos un par de días. La policía cubana, desde luego, se hacía de la vista gorda, todo con tal de salirse de nosotros. A Santiago Turiño le tocó Buenos Aires, casi como un premio por habernos puesto en contacto con los diplomáticos argentinos, y hasta Perón lo recibió y se retrató con él. Por mi parte, me las arreglé para que me tocara el mismo Santa Fe de Bogotá. Creé mi equipo de combate: primero, Rafaelito del Pino, del que todavía no he hablado en forma conclusiva y que devino uno de los peores traidores de la Revolución cubana, pero que en un período, al final de aquellos años universitarios, llegó a competir en mi nivel de estima con el Chino, y que procedía de la UIR, y que se me había vinculado desde la época de mis contactos con Emilio Tro. Aunque no era estudiante de la universidad ni se le sabía a derechas que ejerciera ningún oficio, la gente lo aceptaba porque andaba conmigo y porque era veterano del ejército americano. Aunque no hubiese peleado en Europa ni en el Pacífico, su estadía en el ejército americano apenas cuatro años antes lo hacía atractivo en todos los centros conspirativos. Él y yo salimos primero que nadie. Después se podían unir Ovares y Alfredito.

La maleta estaba hecha, los tickets y el dinero estaban en el bolsillo y Rafaelito estaba listo, cuando la gente del Buró de Investigaciones llegó a la casa de huéspedes. Me enseñaron una orden de arresto y cargaron conmigo. Luis Miguel Hernández era el oficial del Buró a cargo de no sé qué investigación sobre no sé cuál asesinato mío. Allí se apareció, como siempre, el chino Esquivel, y después la gente de la vieja UIR —que en verdad nunca me abandonaban—, Pepe de Jesús Ginjaume y el gordo José Luis Echeveite. Me sacaron para el patio del Buró y me permitieron pasar la tarde con mis compañeros mientras se decidía mi suerte inmediata. Recuerdo un diálogo cuando Luis Miguel Hernández vino a decir que me podía ir.

«¿Tú haces esto por hijo de puta o porque te pagan?», le preguntó Pepe de Jesús.

«Cualquiera de las dos razones es buena, Pepe de Jesús —dijo Luis Miguel Hernández—. Una, porque me permite ganarme la vida. La otra, porque me satisface.»

«Pero cualquiera de las dos te puede costar la cabeza, Luisito. Y entonces, ¿qué vas a poder hacer?»

«Coño, Pepe de Jesús, no me metas miedo.»

«Nada podrás hacer. Sin cabeza, ni te vas a poder ganar la vida ni vas a disfrutar de las satisfacciones.»

«No me metas miedo, que tú sabes que yo padezco del corazón. Yo padezco del corazón, Pepe de Jesús. Y me puede dar un infarto.»

«Para eso lo hago, Luisito. Para que te acabes de morir.»

La primera pata del viaje fue Venezuela, con una breve escala en Santo Domingo; después Panamá, y finalmente Colombia, adonde llegamos en una fecha aún en discusión para algunos de los autores que me siguen el rastro, entre el 31 de marzo y el 4 de abril, pero que ya he logrado ubicar como el 31 por una carta escrita a mi padre desde Bogotá el 3 de abril y que ha aparecido recientemente entre los papeles de mi madre depositados en la Oficina de Asuntos Históricos y en la que le digo: «De Venezuela nos trasladamos a Panamá. El aeropuerto está en la zona del canal, el cual pudimos apreciar desde el avión a poca altura. La ciudad de Panamá está bastante cerca del canal y permiten visitarlo lo que no pude hacer debido a nuestra breve estancia en ese país, pues <u>teníamos necesidad de estar en Bogotá el</u>

<u>día 31</u>...». (Subarayado mío actual.) Esa fecha todavía no está clara para nadie. Ni para la CIA, ni para la policía colombiana. Y mi pasaporte de ese viaje nunca aparece cuando lo solicito. Estos maricones de la Oficina de Asuntos Históricos yo creo que me lo han perdido.[8] Finalmente, cuando nosotros llegamos a Bogotá, don Diego Luis Molinari se hallaba desandando por esa ciudad y saboteándole su congreso al esforzado de George Marshall. Llevaba unos días allí. Los gauchos no andaban perdiendo tiempo.[9]

[Trascripción de cinta de casete, entrevista; fecha no consignada en la caja]
Así salí para Venezuela. Las líneas aéreas en aquella época eran un tren lechero y recuerdo que lo primero que me ocurre es que el avión aterriza nada menos que en Santo Domingo. Yo cometí la imprudencia de bajarme del avión, incluso tuve la impresión de que unos tipos me habían reconocido, porque <u>me puse a conversar con algunas personas en el aeropuerto de Santo Domingo</u>.[10] Con tan buena suerte que fue poco rato, luego me monté otra vez en el avión y no pasó nada. En Venezuela había una gran efervescencia.

Ahí <u>estuve en el periódico oficial</u>, el del partido de gobierno. Allí <u>hice contactos con los estudiantes venezolanos</u>, les planteé la idea de este congreso y estuvieron de acuerdo.

Sí, yo <u>me reuní con los estudiantes de la universidad</u> que en ese momento eran de acción democrática. Nuestros propósitos al hablar con los estudiantes, eran pedirles apoyo para la organización del congreso, invitarlos a participar en el congreso, explicarles todas las ideas y esto fue exitoso; los estudiantes venezolanos estuvieron de acuerdo y decidieron mandar una delegación al congreso. En aquella ocasión <u>ya había sido</u>

8. Lo único que aparece es el expediente de mi solicitud de pasaporte del 17 de marzo de 1948. Ese día hice la petición formal al ministro de Estado para que se me expidiera el documento. Un fragmento: «... que el Sr. Fidel Castro vecino de calle 19 nº 104, apto. 7, ciudadano cubano, jura encontrarse en ese estado político y teniendo que ausentarse para el extranjero, ruego a Ud. se sirva expedirle pasaporte conforme a las disposiciones legales vigentes...»

9. En uno de los tantos informes tardíos de inteligencia de la embajada americana en La Habana al Departamento de Estado, el del 28 de abril de 1948, se lee: «Los reportes de esta embajada indican que Del Pino y Castro arribaron a Bogotá el 31 de marzo y que Ovares y Guevara llegaron allí el 6 de abril».

10. Los subrayados vuelven a ser míos. Con ellos, el lector no avisado en los asuntos políticos puede tener una perspectiva de la destreza que ya se había adquirido en el aprovechamiento del tiempo y las circunstancias. Comoquiera que esos detalles suelen pasar desapercibidos en mis entrevistas sobre el bogotazo, o sobre otros temas, aprovecho la presente segunda lectura para darle esta nueva posibilidad de instruir.

Activities of Carlos Iglesias - Proposed Latin
 American Student Congress in Habana

It will be recalled that early in April the Embassy
received a report from an informant of the Public Affairs
Officer that Carlos IGLESIAS Monica, a member of the
Argentine delegation to the ITO Conference and reportedly
secretary and henchman of Senator Diego Luis MOLINARI, was
financing the travel of certain University of Habana students
to other Latin American countries to interest student groups
in attending a congress in Bogota to be held concurrently

with

CONFIDENTIAL

with the Ninth Congress of American States. The agenda
of the student congress reportedly included the termination
of European colonization in Latin America, the independence
of Puerto Rico, and other questions which would present
difficulties to the United States. At the same time it was
learned from another source that Enrique OVARES, President,
and Alfredo GUEVARA, Secretary of the FEU, two of the Cuban
student leaders mentioned by the informant of the Public
Affairs Officer, left Habana April 6 for Bogota to attend
the Ninth Conference of American States as "observers". No
further evidence could be uncovered, however, that Iglesias
or the Argentine Government had paid for their trip, as
the first report had indicated. The Embassy learned at
about the same time that Iglesias had also left Habana
hurriedly for Bogota on or about April 3 and that it was
planned to send the student leaders Fidel CASTRO Ruz to
Venezuela and Aramis TABOADA, a known "fellow traveler", and
Alfredo ESQUIVEL to Guatemala, Honduras and Mexico to
drum up interest in the student congress. Confirmation
of Iglesias' basic objectives was contained in a recent
report from a controlled American source in Buenos Aires
that President Peron was interested in organizing a Latin
American youth movement and that Iglesias and one Jose
ABADI, described as a crony of Molinari, were sounding out
youth groups in the other Latin American countries.

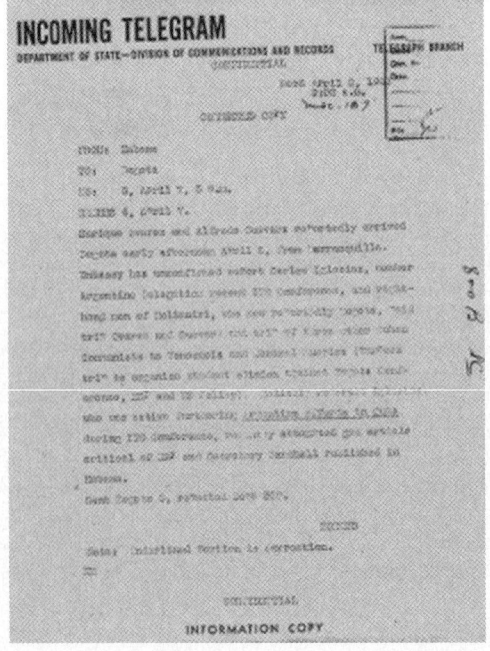

On or about April 11 it was reported that Jose Luis MASSO, a Communist student leader who handles the foreign relations of the FEU, had sent a cable to the Cuban Minister at Bogota asking for information about the whereabouts and welfare of Ovares, Guevara and Castro. This cable was the first indication that Castro was also in Bogota.

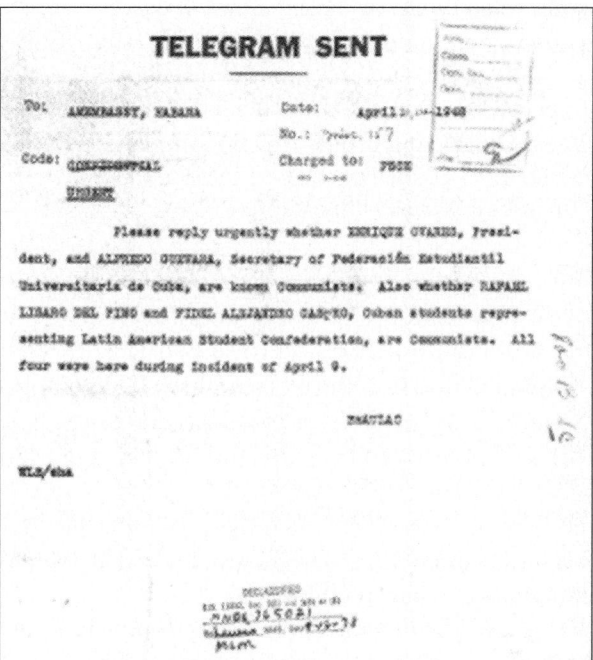

because they had with them a pile of pamphlets denouncing colonization in this hemisphere. The police accused them of being Communists but released them after questioning.

The records of this Embassy reveal that Castro is, like del Pino, about 21. He is the student leader of the Law School of the University of Habana and last came to the Embassy's attention in connection with the shooting of the former FEU President Manolo CASTRO del Campo (no relation). Fidel Castro is believed to be a member of the Union Insurreccional Revolucionaria (UIR), the band of thugs and "student" strong-arm boys which is generally considered to have been responsible for the killing of Manolo Castro in the culmination of a long-standing police and student feud. In November 1947 Castro was involved in a shooting near the University and it must be concluded that, while no proof has been offered of his being a Communist, there is ample proof that he is a thoroughly undesirable character and a potential gangster. Castro is alleged to be the son of a wealthy land owner and is a tall, blond, non-Latin looking person who might easily have been viewed in Bogota as a "foreign agent". It is most probable that del Pino is also a member of the UIR. Iglesias in picking these top men in the FEU for his junket to Bogota seems, unwittingly in all probability, to have selected representatives of both sides of a purely local feud.

On April 21 the Communist daily Hoy denied that Castro and del Pino were members of the PSP and branded the Orozco

electo Rómulo Gallegos presidente y nosotros pedimos una entrevista para explicarle nuestras ideas. Fuimos a La Guaira donde estaba Rómulo Gallegos y así hicimos este contacto, también para pedir apoyo para el congreso.

Después volamos a Panamá [...]

En Panamá nos reunimos con los dirigentes estudiantiles. En días recientes se había producido una de las tantas balaceras por las protestas contra la ocupación yanqui del canal y había un estudiante panameño que había sido herido quedando inválido. Era como un símbolo para todos los estudiantes. Yo hice contactos y lo visité [...]

Ya teníamos dos países importantes.

En cuanto a la escala técnica en Santo Domingo, yo no recuerdo una palabra de esta versión aparecida en un periódico colombiano y de la que se conserva un recorte. Pero se consigna de cualquier manera. El problema al que se refiere el supuesto oficial de Inmigración dominicano debe de ser el de las pocas horas que estuve en el Buró de Investigaciones y que tuvo cierta cobertura de la prensa habanera.

> Su avión... hizo escala en la República Dominicana, donde le faltó poco para ser detenido. En el aeropuerto de Ciudad Trujillo un inspector de inmigración lo interrogó:
>
> —¿No es usted Fidel Castro y no tuvo recientemente alguna dificultad en Cuba?
>
> —Sí, pero ahora ya no tengo dificultades, contestó Castro.
>
> Oyó que anunciaban la salida del avión y rápidamente volvió a bordo de éste, que despegó a los cinco minutos.[11]

¡Mi primer avión! Había la probabilidad de la aventura, acaso aún el misterio de lo insondable, en los viajes y en los aviones entonces, cuando Cubana disponía de dos DC-4 que se llamaban *La Estrella* de Cuba y *La Estrella de Oriente* mientras que Pan American soñaba su sueño imperial y creía dominar el mundo bajo las alas de los Clippers que llamaban *Belle of the Skies* o *Guiding Star* o *Golden Gate* y en los que habilitaba dormitorios con los fastos de los hoteles de Manhattan. Todavía los aviones eran DC-3 y C-46 y comenzaban los DC-4 y los aviones recibían esos nombres como si fueran las naos de Colón y los motores eran de pistón y el radar era desconocido por los dueños de las aero-

11. *La República*, Bogotá, domingo 9 de abril de 1961.

líneas y todavía se volaba como si fuera a través de una selva en el sentido de que las rutas apenas comenzaban a abrirse y a conocerse y no había ni un solo satélite artificial fuera de la órbita terrestre y la ayuda a la navegación desde la superficie que se podía disponer eran las dispersas torres de control cuyo personal se guiaba preferentemente por las medias de los postes direccionales y por su capacidad de lectura de la nubosidad y sobre todo por el rendimiento en la orientación visual de los pilotos y porque nunca jamás cometieran el error de pinchar un cúmulonimbo y se resignaran a írsele por abajo o a bordearlo —bordearlo si no era un cúmulo tan ancho que ensombreciera el Orinoco y si les alcanzaba la reserva de combustible para ese lento banqueo de horas en los bordes de un cúmulo potente—, porque no había fuerza en los motores ni estructura aerodinámica que te permitiera sobrevolarlo a 12 o 13 kilómetros de altura y cuando a falta de cabina presurizada lo único que te separaba del cielo era una capa ligera de aluminio. Fue mi primer viaje en avión. Un DC-3 de la Compañía Cubana de Aviación. Le llamábamos tren lechero a esta clase de viajes como una segunda colada de un mismo adjetivo pero aplicado al más moderno medio de transporte. El tren lechero era la antípoda del raudo tren expreso puesto que paraba en todas las estaciones del camino. Tomaba el adjetivo de su obligada conducta de las operaciones matutinas del carrero de la leche, en su tintineante camión amarillo, deteniéndose casa por casa en las barriadas de su recorrido y que era una faena que hasta bien entrado el siglo se efectuaba con unos carromatos tirados por caballos y que dejaban los rastros de sus pelotones de mierda ora en esta avenida ora en esta otra acompañados con harto frecuencia del sólido olor de azufre de sus violentas meadas y luego, caballunamente dóciles y sufridos, a seguir tirando del carromato de su lechero, látigo en mano y príncipe pobre del amanecer. En Caracas estuvimos varios días y los saltos a Panamá y a Colombia no recuerdo en qué compañías ni modelos de aviones. Sí recuerdo que de Panamá volamos a Medellín, para una escala técnica —en aquella época te daba la sensación que los aviones tenían que aterrizar a cada trecho como un corredor de fondo que se arrodilla un rato para coger su segundo aire—, y de ahí para Bogotá y que una aeromoza me dijo que el avión era un Clipper y que tenía cuatro motores y que se remontó a una altura enorme para superar las montañas que encierran a Bogotá en su valle. El regreso, mi cuarto avión, sería en un carguero Curtiss C-47 de Expreso Aéreo Interamericano, una empresa cubana. La policía colombiana identificó el aparatro como un DC-3 en uno de sus informes sobre mí. Para terminar con esto, mi veteranía aérea antes del triunfo de la Revolución, hice dos vuelos más. Mi viaje de luna de miel en un DC-3 —uno de los tantos vuelos diarios a Miami de Cubana de Aviación (el regreso a La Habana fue en ferry). Y, después del asalto al cuartel Moncada y cumplir prisión, mi viaje a Mérida, Yucatán, en un tetramotor Douglas DC-6 de Mexicana de Aviación (el regreso a Cuba en el yate *Granma* de mi expedición insurreccional).

Mientras Rafael del Pino y yo saltábamos de Venezuela a Panamá y de Panamá a Colombia, un cuarteto constituido por el chino Esquivel, Aramís Taboada, Pablo Acosta y Carlos Moreno volaba a Centroamérica. Despegaron de La Habana en un mismo avión pero se dividieron en Guatemala. Carlos y Pablo, a Honduras, Nicaragua y Costa Rica. El Chino y Aramís empezaron en la misma Ciudad Guatemala. Después me contaban que se sentaron en una barbería y que el Chino le preguntó al barbero que si tenía alguna idea de dónde vivían por allí los revolucionarios. Dieron una dirección a dos cuadras de la barbería. Y un nombre. Manuel Galich. Los barberos acertaron. Manuel Galich era revolucionario, era escritor, era comunista, era estudiante, creo que además era ministro y un prospecto glorioso de dipsómano. Años después, con la Revolución cubana en el poder, le agenciamos una sinecura como subdirector de uno de nuestros más eficaces dispositivos culturales para el trabajo con intelectuales extranjeros —Casa de las Américas—, en el que había poco trabajo para él, sólo aparecer de vez en cuando en una recepción, y que le permitía disponer de una cartilla especial de suministros con acceso a las tiendas diplomáticas. Y, como ya he contado, estuvo a punto de acabar con las reservas etílicas de la Revolución en compañía del infatigable Enrique de la Osa, uno de nuestros periodistas.

Manuel Galich compró de inmediato la idea. Dijo: «Debemos decírselo al presidente». Manuel Galich se anudó una corbata y se enfundó una chaqueta. «Palacio está a cuatro cuadras», dijo Manuel Galich. Llegaron a Palacio, subieron una escalera y tocaron en una puerta. «El despacho del presidente», dijo Manuel Galich. Era un gigante, me describió Aramís. Rubicundo y sanguíneo y con un cuello de toro y mucho más espléndido en obligada comparación con el resto de sus compatriotas y el pliegue epicántico de los párpados, el parecido en las líneas de la mano, la baja estatura, la escasa barba, el pelo negro y lacio. Nada de eso el presidente Juan José Arévalo, que tenía los ojos redondos y brillantes y nada de pliegues epicánticos de los párpados, y que era rubio y saludable. Yo también lo conocí, después de nuestro triunfo. Fácilmente me sacaba una cabeza, por lo que le dije: «Oiga, usted es grande». «No —se apresuró en responderme—. El grande es usted, doctor.»

Como era de esperar, Arévalo estuvo de acuerdo con nuestro congreso de Bogotá y allí mismo designó a Manuel Galich como delegado de Guatemala y ordenó que, de las arcas de la República, se dieran una platica para pasajes y gastos, y mandó a buscar un fotógrafo para dejar constancia del encuentro con los cubanitos. Estaban los cuatro mirando a cámara, esperando el enceguecedor relámpago del flash y hasta conteniendo la respiración debajo del bajorrelieve del escudo guatemalteco, empotrado en la pared del despacho y labrado en caoba negra, cuando Arévalo, con su banda presidencial cruzándole el pecho en bandolera, dijo: «Esto no le va gustar nada a los americanos».

Mis (Los) movimientos (de Castro) del 4 al 10 de abril de acuerdo al periódico *El Siglo*, de Bogotá — y refrendado sin disputa el 25 de febrero de 1960 en un memorando interno del gobierno de Estados Unidos:

Participación de Castro en el bogotazo de abril, 1948

4 de abril de 1948 - domingo
Llega a Bogotá procedente de La Habana en compañía de Rafael del Pino. Se declara a sí mismo como estudiante en el aeropuerto de El Techo. Ellos son agentes comunistas que reemplazan a dos rusos a los que se les dijo que permanecieran en Cuba por razones de «seguridad personal». Se hospedan en el hotel Claridge, en calle 16 cerca de Carrera Quinta.

5 de abril - lunes
Visita a la ciudad universitaria para establecer contactos establecidos de antemano con los estudiantes.

Los subrayados sobre otra transcripción de mis propias palabras en una grabación de casi 20 años, que he pegado a continuación, deben dirigir la atención del lector sobre los aspectos a los que yo consideré imprescindible dedicar mi atención a mi arribo a Santa Fe de Bogotá. Si la grabación tiene ahora casi 20 años, los hechos a los que me refiero tenían casi 40 cuando se efectuó la grabación. Este recorrido actual de mi Montblanc trazando una raya debajo de algunas frases impresas en el espléndido papel de mi oficina, debe tener la virtud de restablecer una secuencia cada vez más ceñida de mi conducta como agitador.

[Trascripción de cinta de casete, entrevista; fecha no consignada en la caja]

De Panamá volamos a Bogotá, por cierto nuestros recursos eran ya muy escasos, no teníamos sino para alojarnos en el hotel, y ni siquiera sabíamos qué íbamos a hacer después. Así nos hospedamos en un pequeño hotel, como de dos o tres pisos, bastante acogedor. En aquel tiempo la vida era muy barata y si uno llevaba dólares al país, nosotros llevábamos unos pocos, el cambio era muy favorable y el alojamiento del hotel y la comida salían costando poco.

Una vez que nos alojamos en el hotel, inmediatamente establecimos contacto con los estudiantes de la universidad. La inmensa mayoría de estudiantes eran de izquierda y liberales y al mismo tiempo había un gran prestigio y una gran influencia de Gaitán en la universidad.

Creo que debo de haber llegado unos cinco o seis días antes. Tal vez si por ahí hay un pasaporte mío... Tendría que buscar en papeles y en archivos, para poder precisar la fecha exacta. No sé siquiera si existe mi pasaporte de aquella época. Pero fueron unos cinco o seis días, máximo siete días, antes del 9 de abril cuando yo llegué a Bogotá.

Nosotros siempre lo que hacíamos era dirigirnos a los estudiantes universitarios. Así obtuvimos información de que la izquierda y el partido liberal eran mayoría en la universidad.

Nosotros inmediatamente buscamos a los dirigentes universitarios, nos reunimos con ellos y les planteamos la idea del congreso y ellos estuvieron de pleno acuerdo. Es decir, tanto los estudiantes venezolanos, como los estudiantes panameños, como los estudiantes colombianos estuvieron de acuerdo con la idea del congreso, la recibieron con mucho entusiasmo. Todos a su vez habían hecho contacto con otras organizaciones estudiantiles de Latinoamérica, nosotros habíamos hecho algunos contactos, los argentinos habían hecho otros y entonces ya se había logrado, no te voy a decir que la representación total de los estudiantes, pues no se había hecho un congreso latinoamericano nunca antes, pero sí un grupo bastante representativo. Nosotros teníamos la idea de que los estudiantes debían estar organizados y participar activamente en la lucha por las banderas que ya te mencioné y contra el imperialismo. Creíamos que debía existir una organización, incluso teníamos la idea de hacer una organización de estudiantes latinoamericanos. Yo di todos estos pasos y de hecho estaba organizado el congreso.

Por supuesto celebrándose la reunión de la OEA, la ciudad se había preparado para eso, se había instrumentado una organización policíaca para atender la Conferencia. Le habían dado uniformes nuevos y flamantes a los policías que atendían la Conferencia. Se hicieron rápidamente nuestros contactos, las primeras reuniones para la organización del congreso, que debía concluir con un acto en un estadio donde se organizaban los grandes actos, un estadio o una plaza, no recuerdo exactamente bien.

Era la primera vez en mi vida que estaba fuera de Cuba.

Bogotá era una ciudad antigua. Había muchos cafés. Todo el mundo con sus sobretodos. Siempre en la calle una gran multitud de personas. Tantas personas en las calles de Bogotá, sobre todo en la Carrera Séptima. Mucha gente moviéndose.

Comenzaron a llegar los estudiantes, los que están mandando el chino Esquivel y Aramís Taboada, de Guatemala, México, Honduras, Nicaragua. Uno de los que recibo primero, tambaleante y feliz, es a Manuel Galich.

Pocos días después, el 6 de abril, arriban Enrique Ovares, el presidente de la FEU, y mi novia, dócil y virginal, Alfredito Guevara (mientras más imposible el amor, mayor garantía de solícita servidumbre), el secretario organizador de la FEU, y Jorge Menviellé Porte-Petit, que en La Habana se metió en el avión con ellos. Jorge se ufanaba de ser un amigo muy cercano de *Miguelito* Alemán, el presidente mexicano, y de su hijo, *el otro Miguelito*, por lo que era razonablemente conveniente tenerlo siempre de nuestro lado.

Ovares no ocultaba su disgusto porque yo lo tenía ya organizado todo. Y en realidad yo carecía de toda representatividad oficial, como se ha explicado. Es la misma idea que tienen los yanquis cuando envían en mensaje secreto a su embajada en Bogotá. No sólo creen que Ovares y Alfredo son los cerebros ocultos tras la maniobra del congreso estudiantil sino que me ignoran. Peor aún (para ellos), ni siquiera saben que yo existo. Pero Ovares ha precipitado su viaje a Colombia porque ya sabe que yo tengo el control absoluto de la organización.

CONFIDENCIAL
COPIA CORREGIDA

DE: Habana

A: Bogotá

No: 5, abril, 7.5 p. m.

[Ilegible] 4, abril 7

Enrique Ovares y Alfredo Guevara reportados arribaron a Bogotá temprano por la tarde abril 6, procedentes de Barranquilla. Embajada tiene reporte no confirmado de Carlos Iglesias, miembro de delegación argentina en reciente conferencia ITO, y mano derecha de Molinari, reportado ahora en Bogotá, pagó pasajes de ovares y Guevara y otros tres comunistas cubanos a Venezuela y Centroamérica (propósito del viaje organizar oponión de estudiantes contra Conferencia de Bogotá, ERP [European Recovery Program —o Plan Marshall] y política USA). Reporte confiable de Iglesias, que estuvo activo promoviendo los esfuerzos argentinos en cuba durante conferencia ITO, recientemente intentó que prensa de La Habana le publicara artículo crítico del ERP y secretario Marshall.

La explicación pública que he dado durante años de mi diferendo con Ovares es que yo estaba de organizador del congreso y en todas partes aceptaron el papel que desempeñaba, pero entonces, los dirigentes oficiales de la FEU en Cuba, cuando ven que el congreso es una realidad, quieren participar oficialmente y mandan entonces una representación en la cual incluyeron al que era secretario de la organización, Alfredo Guevara y al presidente de la FEU —Ovares. Cuando llega esta representación oficial de la FEU, en una de las primeras reuniones se plantea la cuestión de la representatividad; si yo podía representar a los estudiantes universitarios de Cuba o no. En una plenaria se discute eso, yo hablé con bastante vehemencia, expliqué todo lo que había hecho, cómo lo había hecho y por qué. Debo decir que prácticamente de una manera unánime, los estudiantes me apoyaron, cuando hice la exposición un poco apasionadamente, como era de esperarse en esa época y en esa edad. De hecho yo estaba presidiendo aquella reunión. Yo dije que no tenía interés, que no estaba persiguiendo honores personales de ninguna clase, que lo que me interesaba era la lucha y el objetivo de esa lucha. Que lo que me interesaba era el congreso y que yo estaba dispuesto a renunciar a todo cargo y a cualquier honor y que mi interés era que se llevara a cabo la lucha y el congreso. Los estudiantes aplaudieron mucho cuando yo hablé y apoyaron la idea de que yo continuara en el papel de organizador del evento.

Oh, Dios, cómo todavía disfruto todo aquello.

6 de abril - martes
Organiza reunión con los estudiantes de extrema izquierda y anarquistas. Los estudiantes moderados fueron excluidos del meeting. Se riega la voz de que ahí estaba la policía secreta y Castro fue arrestado y conducido ante Cortés Zapata, jefe de Extranjeros de la Prefectura Nacional de Seguridad. Castro se identifica como estudiante cubano. Entonces hubo una intervención de un poder extranjero,[12] y lo liberaron. Se le encontró propaganda subversiva en su persona.

7 de abril - miércoles
Presente en un mitin de la Federación Colombiana de Trabajadores (CTC). Una unión fuertemente penetrada por los comunistas.

8 de abril
Se presenta en la plenaria del directorio de la CTC y habla por una hora sobre las técnicas del golpe de Estado. En ésta sugiere la división de los revolucionarios en pequeños comandos. Apela por la psicología de las masas y ataques sorpresivos al ejército y a las barricadas policiales. Y una cuidadosa elección de comandos para mantener el orden. Inmediatamente que la policía se enteró de este *speach* lo mandaron de nuevo a arrestar pero él se fue para el Claridge y desapareció.

---

12. ¡Poder extranjero! Qué tontos. El único poder extranjero que me respaldaba era mi labia. Hablé tanto en esa Prefectura de Seguridad, con tanta vehemencia, con tantos argumentos, que hasta creo que logré simpatizarle a los policías. O me tomaron por loco. El caso es que me soltaron y hasta hubo quienes me dieron palmaditas de apoyo. Un poco más y hasta me aplauden. Imagínense a aquella horda de criminales natos de la Prefectura de Seguridad de Bogotá enfundados toscamente en sus nuevos uniformes del recibimiento a mister Marshall y a los que hubiesen hecho bien en dejar descalzos, para que no perdieran su carácter, escuchando la larga tirada mía floreada de citas a Montesquieu, Hegel y Primo de Rivera con la que evacuaba las preguntas de su interrogatorio.

Ese día almorzamos y estábamos haciendo tiempo para llegar a la hora de la cita. Estamos en el hotel. En el Claridge. Recuerdo que nosotros salíamos de allí y bajábamos dos o tres cuadras, llegábamos a la Carrera Séptima y después tomábamos hacia la izquierda para ir a la oficina de la cita o ir a la plaza frente al edificio donde se estaba celebrando la conferencia de la OEA. En este momento, cuando salimos a la calle, rumbo al encuentro, comenzó a aparecer gente, gente corriendo, algo que de pronto yo sólo puedo describir como un frenesí, y corrían en distintas direcciones y gritaban. Gente como enloquecida, corriendo en una dirección, en otra, o en otra. Yo puedo asegurar que no lo organizó nadie, porque lo presencio desde los primeros momentos, y puedo asegurar que fue una explosión espontánea completa, que ni la organizó nadie, ni lo podía organizar nadie. Tal vez los que organizaron el asesinato lo hicieron para eliminar un adversario político. Tal vez podían imaginarse la explosión, tal vez ni siquiera se la imaginaron. Pero es que a partir del hecho del asesinato se produce una fabulosa explosión de forma totalmente espontánea. Nadie puede atribuirse haberlo organizado porque precisamente lo que ocurrió en Bogotá ese 9 de abril de 1948 fue una situación carente por completo de organización. Ésa es la clave, la carencia absoluta de organización.

Todo lo demás es historia e historia reiterada. No tengo nada nuevo que agregar. Se sabe que a Jorge Eliécer Gaitán lo mató un atorrante llamado José Roa Sierra y que éste sobrevivió pocos minutos a su crimen y que fue prácticamente desmembrado por la multiud. El médico Hernando Guerrero atendió a Gaitán a las tres de la tarde en la Clínica Central de Bogotá. Gaitán permanecía sobre una camilla, con la cabeza vendada y una manta cubriendo su cuerpo. No dejaba de sangrar. Hernando Guerrero tomó la cabeza, le puso un apósito y la vendó para hacer compresión e intentar detener la hemorragia. Luego aplicó oxígeno y plasma. Había una multitud ya dentro del quirófano. Seguían atentamente el movimiento de las manos de Hernando Guerrero. En la puerta de la clínica comenzó a formarse una manifestación de seguidores y simpatizantes del político y rompieron los vidrios exteriores de la sala de cirugía mientras un hombre, armado con una enorme hoz segadora, impedía la entrada de más personas al quirófano. El médico supo que era imposible salvar esa vida. Los signos vitales y pulso eran muy débiles. Su mirada estaba perdida y en su rostro no había ninguna expresión. Ni siquiera dolor. La bala que entró por la cabeza había destrozado el cerebro. Los otros dos proyectiles penetraron por los costados y afectaron órganos vitales. Cualquiera de los tres disparos seguramente lo hubiera matado. Murió. Pedro Eliseo Cruz, también médico, lo confirmó con su estetoscopio. Algunas mujeres, que se filtraron hasta la sala de cirugía, lavaron sus pañuelos con la sangre de Gaitán y los mostraron a la multitud. Un policía que estaba en el quirófano y tenía una corneta como única arma, abrió pausadamente la puerta que daba a un patio atestado de gente e hizo un toque fúnebre para anunciar la muerte. Los médicos terminaron de limpiar el cuerpo y lo cubrieron con la manta. Sacaron a los curiosos de la sala de cirugía, y aprovecharon un instante, y la presencia de un fotógrafo, para posar para la posteridad, y cerraron el cuarto.

Casi de inmediato, el móvil del magnicidio dejó de ser personal para convertirse en un espinoso asunto político. La absolución de un tal teniente Cortés, del ejército colombiano, acusado de matar en 1938 a un tío de José Roa Sierra y que Gaitán como abogado había logrado mostrar su inocencia en un sonado juicio que sacudió a toda el país, resultaba insatisfactorio del todo. Aparecieron dos nuevos culpables. La Agencia Central de Inteligencia (CIA) y Fidel Castro.

La CIA y yo creciendo juntos. En realidad, la Agencia acababa de crearse y yo, por el estilo, andaba en mis primeras aventuras. Desde entonces hemos hecho este largo camino en paralelo, nunca juntos pero tampoco muy separados. El contralmirante P. K. Hillenkoetter, entonces jefe de la CIA, creyó conveniente apresurarse en decir que el asesinato había sido «puramente una cuestión de represalia personal» y de inmediato echarle la culpa de los disturbios a una conspiración comunista internacional aunque siempre dejando por sentado que ellos —en la CIA— tenían información suficiente de que algo gordo se estaba preparando para sacar del carril la reunión de la OEA. Pero luego de esta incongruente relación entre la sed de venganza de José Roa Sierra y una insurrección bolchevique que, al parecer, esperaba agazapada, la CIA ha mantenido herméticamente cerrados sus archivos. Habría que ver la ganancia que buscaba para luego interrogarlos, pero esa ganancia para los americanos es la que yo nunca he visto clara en el caso de Gaitán. La premura del contraalmirante Hillenkoetter en demostrar que tenían buena inteligencia sobre lo que supuestamente se tramaba, demuestra precisamente que fueron sorprendidos por los acontecimientos. Por otro lado, ellos no podían saber algo que sólo estaba en mi cerebro. El intercambio de mensajes cifrados confidenciales entre Washington y sus embajadas de La Habana y Bogotá revelan el desamparo de información en que se hallaban y que no salían del estupor de un rumor para entrar en el otro mientras el presidente Ospina Pérez tenía que enviar los tanques para salvar a Marshall en aquella tarde aciaga en la que también le era dable contemplar a su mujer —la honorable señora primera dama—, que se echaba un revólver al cinto y se disponía a hacer pagar cara su vida. Las turbas que se acercaban al Palacio tendrían que vérselas con doña Bárbara II.

En un cierto punto de mis declarciones de los años ochenta he dicho que nadie podía prever lo que iba a ocurrir y he enarbolado el absoluto descontrol callejero como la prueba más contundente contra las tesis conspirativas. Éstas son palabras textuales mías:

> ... lo del 9 de abril fue una explosión espontánea completa, que ni la organizó nadie, ni lo podía organizar nadie. Únicamente los que organizaron el asesinato de Gaitán podían imaginarse lo que podía ocurrir. Tal vez los que organizaron el asesinato lo hicieron para eliminar un adversario político. Tal vez podían imaginarse la explosión, tal vez ni siquiera se la imaginaron.[13]

La clave está en la segunda línea. Comoquiera que era una grabación con un extranjero no pude borrar el segmento. Además, se estaban usando dos grabadoras, la del periodista y la nuestra del Consejo de Estado. Así que, en vez de morderme la lengua, que es el error habitual del común de las personas, me dediqué a saturar el concepto con otros juicios parecidos y que parecen reiterativos y que al finl ya no tienen ningún nexo con la exposición original. De haber seguido la sabiduría estalinista de pipa en mano que uno se adiestra a morder antes de pronunciar palabra y que yo sustituí hábilmente durante más

13. Tal y como aparece en: Arturo Alape: *El bogotazo, memorias del olvido*, 1983, considerada como la obra definituva sobre el episodio.

de 30 años de Revolución con mis tabacos, se hubiesen eludido errores de esta naturaleza. Repasen esto ahora:

Únicamente los que organizaron el asesinato de Gaitán podían imaginarse lo que podía ocurrir.

¿Quieren que repita?

¡Únicamente los que organizaron el asesinato de Gaitán podían imaginarse lo que podía ocurrir!

Puedo muy bien haber usado ese argumento para desviar la atención. Desde luego, se dirá como análisis común, no hubo manejo político tras el asesinato de Gaitán porque no hubo organización, y si no hubo organización, tampoco hubo propósito. Ésa ha sido mi tesis esencial sobre el tema durante todos estos años y con ella he sido convincente y eficaz. Pero qué tal si les digo ahora todo lo contrario. Mírenme con firmeza. A los ojos. Óiganme. ¿Para qué exigir «organización» si lo que se necesitaba precisamente era desorganización? Vistas las cosas con objetividad, había aparecido un vehículo de subversión mil veces superior a mi pretendido congreso de estudiantes latinoamericanos. Qué importancia tendría ya ese evento concebido para fastidiarle la reunión de la OEA a Marshall si de pronto tenía delante de mí a Jorge Eliécer Gaitán y contemplaba su cabeza con la negra cabellera lacia de indígena meticulosamente alisada con vaselina y me la imaginaba rota y vaciándose como un huevo. Los estudiantes liberales me pusieron en contacto con él y me llevaron a visitarlo el 7 de abril, poco después del mediodía. A su despacho, en la Carrera Séptima; se subía por una escalera de madera donde se acumulaba el eco de los pasos y uno podía apoyarse en un gastado pasamanos, y las viejas tablas que hacían de escalones también se hallaban gastadas y se hundían hacia el centro. Esa primera cita mía con Gaitán es el dato que más sospechas ha levantado alrededor de mi persona y sobre todo porque Gaitán se tomó el trabajo de anotar mi nombre en su agenda. Yo, como es de suponer, estaba animado por mis propios intereses en ese encuentro con Gaitán. El principal era deshacerme definitivamente del tutelaje de los argentinos. No iba a estar yo, en Bogotá, Colombia, organizando un congreso de mi invención, para dejárselo en ofrenda al peronismo. Yo me había valido de los argentinos para alejarme y escapar a las estructuras de la FEU cubana y organizar un congreso de estudiantes en el que la FEU se quedaba en una posición de igualdad con las demás asociaciones estudiantiles latinomericanas pero todas subordinadas a mí como organizador del evento. Gaitán, calculé, era mi hombre.

Pero él también se enamoró de mi congreso de estudiantes. Camina, excitado, de un lado a otro de su oficina y disponiendo ya del evento. Allí estábamos, siguiéndolo con la mirada, los dos o tres colombianos que nos habían arreglado la cita, Rafael del Pino y yo. Pero ninguno de mis acompañantes se percataba de lo que ocurría, de que el congreso, por tercera vez, estaba a punto de cambiar de dueño. «Un congreso por todo lo alto —decía Gaitán—. Con un gran acto de masas al final. Yo no recuerdo haber visto nunca a nadie, en toda mi vida, que le ciña de modo más elocuente el concepto martiano del indio con levita como cuando vi declamar a Jorge Eliécer Gaitán ceñido de negra levita aquella tarde de sus vísperas. La idea es clausurar el congreso con un gran acto de masas —insistió—. Y, desde luego, tengan ustedes la seguridad de que cuentan conmigo para que les clausure vuestro congreso. Eso es algo que ya está prometido.»

Tenía delante de mí al hombre perfecto de la oposición burguesa. Al hombre ideal del Estado constituido. Nunca dispuesto a sobrepasar los límites, a alterar las estructuras, a amenazar el orden. Muy pronto en Cuba yo tendría que vérmelas con un fenómeno parecido en la persona de Eduardo Chibás y su desmesurada popularidad. Gaitán era un estorbo para la revolucion. Todos estos líderes que pueden acceder al poder mediante las urnas son las grandes impedimentas de la dictadura del proletariado. Legitiman con sus triunfos en las campañas electorales la existencia y bondades del Estado. En Chibás se hallaba un factor favorable a la causa: siempre dispuesto a dejarse llevar por una rabieta y descerrajarse un balazo en la ingle —la virtual e inapelable descojonación. No parecía ser el caso de Gaitán. Imagínense a Gaitán vivo en la época de la Revolución cubana. Hubiésemos tenido que meterle la misma operación Caballo de Troya que debimos montarle a Salvador Allende en Chile.

«Aquí tiene, joven —me dijo—. Algo así dominará el colofón de nuestro magno acto.»

Me estaba tendiendo un folleto en cuya portada se leía Oración por la Paz por Jorge Eliécer Gaitán.

Había en sus gestos un algo del viajante del comercio que ofrece muestras de sus formidables productos.

«Oración por la Paz», dijo, convencido de que no era necesario agregar una palabra más. Incluso levantó las cejas en señal de magnificencia. Mis acompañantes, los colombianitos, asentían, como si el mismo Cristo les estuviera dedicando una separata de los Salmos o del Génesis. Rafaelito del Pino también aprobaba y sonreía, quizá con más entusiasmo que ninguno allí. Estúpido.

Nueva cita para el día 9.

Acordamos eso.

Queda la cola de mi participación en el bogotazo, de lo cual también existen toneladas de información. Me recuerdo con mi *jacket* de cuero negro, a la usanza de los oficiales de la CHEKA o los bolcheviques profesionales y lo de irreal que tenía para mí hallarme a 2.800 metros sobre el nivel del mar, en la meseta central de la cordillera de los andes, y tratando de hallar de cualquier modo la fórmula que me permitiera encauzar aquella locura y, aunque ahora parezca una broma, pesando sobre todo las oportunidades que me permitieran convertirme allí mismo en el jefe de esa Revolución. Todos mis esfuerzos desde el momento en que la noticia del asesinato de Gaitán corrió por las calles de Bogotá, hasta la alta madrugada del día siguiente, los dediqué minuciosa y conscientemente a explotar esas dos posibilidades y en ese orden de prioridades: controlar y luego dirigir. Era como amansar una fiera y luego cabalgarla. Empecé, desde luego, por pequeños sectores. Me decía a mí mismo: en este rompecabezas debo lograr que las dos piezas acoplen. Y después una tercera. Y luego otra. Inténtalo.

Rafaelito iba delante, con su gastado gabán del ejército americano, su sombrero de Dick Tracy y su pantalón caqui. Había cargado con su gabán desde La Habana, consciente de la altura de Bogotá. Yo tenía que valérmelas con mi chaqueta de cuero que era la pieza más abrigada que se podía adquirir en La Habana, la capital —como se sabe— de una país en cuyo territorio nunca ha caído un copo de nieve. Dick Tracy era (o es) un detective de las historietas en colores, publicadas en Cuba por un periódico llamado *El País*. Creo que ese suplemento en formato tabloide salía los miércoles. Dick Tracy tenía un sombrero de alas cortas y un radio acoplado a su reloj de pulsera. Desconozco si lo siguen publicando en Estados Unidos pero desapareció de nuestros periódicos a mediados de 1960. Ocupamos esos periódicos, expulsamos de Cuba a sus directores y nunca más supimos de Dick Tracy, de Superman, de Mandrake el Mago, o de Tarzán.

Entonces, lo primero que veo, es a este hombre de baja estatura que patea una máquina de escribir. El trágico simbolismo de la escena es para mí enteramente perceptible años después, hacia enero de 2001, leyendo un cable sobre los avances de la guerrilla de Kabhila sobre la capital de Zaire. Han capturado un piano de cola en el asalto a un convento, piano al que han levantado la tapa y dejado las cuerdas desnudas, y sobre las que han defecado generosamente. Siempre tuve mis profundas sospechas sobre este negro holgazán, pero el Che se empeñó en convertirlo en un paradigma guerrillero, y en atiborrarlo de armamento y de combatientes cubanos. Cagaron el piano. En eso terminaron las huestes de Kabhila treinta y tres años después de muerto el Che: cagando pianos. Y ése era el simbolismo de aquel hombre de pequeña estirpe que pateaba una pesada Underwood de teclado en español a la altura de la Carrera Séptima y (si recuerdo bien) la calle Sexta. Seguramente ni él ni los salvajes con Kalashnikov de las fuerzas de Kabhila conocieron nunca la frase célebre de Goebbels de que cuando oía hablar de cultura sacaba el revólver, pero estaban expresando el mismo sórdido rencor ante sus instrumentos.

Mientras trataba de no perder de vista a Rafaelito —yo como un piloto de caza confiado en la protección de mi número—, el resto del bogotazo me lo pasé más o menos dando tumbos por la Carrera Séptima, algunas veces como testigo, otras como agitador, otras como combatiente, otras como fugitivo, otras incluso como un teórico de barricada pero con el nivel de Marx, todo en el lapso de una sola tarde, que es la aventura de donde la plutocracia colombiana fabricó la especie de que yo había dirigido esa revolución y que además la había fomentado. Nunca aprenden. Nunca entienden. Los únicos propiciadores de la Revolución fueron ellos mismos. Durante años han estado diciendo que yo dirigí el comunismo internacional en Bogotá. Como si yo hubiese sido capaz de insuflar en cuatro días toda la carga de odio y de locura que tuvo sobre Santa Fe de Bogotá el mismo efecto de la lava del Vesubio en Pompeya.

Mi teatro de operaciones, pues, se redujo virtualmente a la Carrera Séptima y colaterales. Las vidrieras parecían estallar a nuestro paso. Y detrás del estruendo y derrumbe de cada vidriera aparecía de inmediato una turba arropada de estreno o mostrando el esplendor de unas joyas acabadas de arrancar de los maniquíes. Entonces comenzaba una lluvia de piedras y luego de adoquines y luego comenzó el derribo de los tranvías. Recuerdo haberle preguntado a Rafaelito que qué coño estarían haciendo los líderes del Partido Liberal, el de Gaitán, que no se ponían al frente de la situación. He meditado mucho sobre ese momento. Sería la 1.30, o la 1.35 (p. m.), cuando comenzó a tentarme la idea. La realidad es que necesitaban un jefe. Yo. Cualquiera. Hubiese sido de beneficio mutuo. Tanto para los sublevados como para el gobierno. Porque cuando tú tienes un jefe en el bando contrario, es alguien con quien negociar. Ése fue el gran problema de Bogotá si lo miramos desde el punto de vista de buscar una mediación. Si lo miramos desde la perspectiva de echarle a perder el evento a George C. Marshall, no hay ni que decirlo: el bogotazo fue una victoria rotunda. Pero luego de logrado ese éxito inicial, la situación hizo que se perdiera todo el sentido, porque se fue de control.

En algún momento, aún temprano, decidimos ir a la pensión donde Alfredo y Ovares se alojaban. Allá le llaman pensiones. En Cuba se les llama casa de huéspedes. Estaban en la pensión. Alfredo nos consiguió un poco de café tibio y comenzamos a conferenciar. Había que olvidarse ya —era evidente— del cabrón congreso de estudiantes. «Más bien hay que concentrarse en ver cómo salimos con vida de esto», dijo Ovares. Rafaelito le lanzó una mirada despectiva. No era cobarde Rafaelito, de verdad que no. Y tenía un buen entrenamiento. El mejor que te pueden dar los americanos en su ejército. Pero teníamos que tomar alguna salida y creo que todos coincidíamos en que el asunto era llegar a la embajada de Cuba. Estábamos decidiendo el rumbo a tomar cuando una retumbante procesión de gente se hizo sentir afuera, haciendo que las paredes se conmovieran. Los bultos eran visibles a través de las cortinas desenrolladas de las ventanas y pasaban raudos y pesados como una manada de bisontes, y yo salí afuera, como quien decide ponerle pecho a una tormenta en el mar; todos armados con cualquier artilugio de metal o madera, cualquier instrumento de cierta contundencia y que por lo menos sirviera para hundir un cráneo, muchas cabillas, muchas estacas, los más afortunados con fusiles. Ésa fue la procesión a la que me incorporé y por la que dejé con la palabra en la boca a Alfredito y a Ovares, la procesión por la que sellé mi destino, por segunda vez en mi vida, con una revolución que no me pertenecía, y como soldadito de filas y para colmo, en esta ocasión, desarmado. Ah, mi número Rafaelito continuó dándome escolta, a las cinco abajo.

Fuimos a dar a una estación de policía —la Tercera Estación— donde por fin me hice de mis armas. Primero fue una escopeta para lanzar granadas de gases lacrimógenos. Pero un oficial de la policía se consideró afortunado al solicitármela en cambio por un fusil máuser de cerrojo modelo 24/30, de manufactura belga; una verdadera joya de la producción europea de armamentos anterior a que los americanos dominaran el mercado latinoamericano con los Garands semiautomáticos de calibre 30-06 que acababan de demostrar, con el resto del armamento americano, su versatilidad y eficacia en los teatros de operaciones europeo y del Pacífico. Era evidente, mientras el oficial se retiraba con mi escopetón de gases lacrimógenos, que acaba de firmar su *pax separata* y que se había considerado en un peligro mortal mientras el máuser estuviera colgado de su hombro. Lo vi salir del patio de la estación y ganar la calle y perderse en la humareda de la sublevación. Aún considero que no he hecho mejor transacción en mi vida. Un máuser también de calibre 30-06 y con cañón de 18 pulgadas y con culata y ajuste de nogal y procedente de la Fabrique Nationale de Herstal, Bélgica, más catorce proyectiles, cinco en la recámara y nueve en un bolsillo, mejoraban notablemente mi situación. Yo estaba contento. En el pico de intensidad de mi contentura. Y tenía la palabra el camarada máuser.

9 de abril
A la 1.15 p. m. Fidel Castro y Rafael del Pino fueron vistos en calle 14 y Carrera Séptima, armados con fusiles, y agitando la turba. Después de esto el contacto oficial con Castro se perdió. El bogotazo se estaba produciendo en estricta concordancia con las instrucciones que él había dado en su discurso de la CTC. Castro y Del Pino tomaron la calle, par-

ticipaban en los disturbios y se dice que tomaron parte en la dirección de una turba que asaltó y saqueó una ferretería y un edificio gubernamental.

Comenzó mi deambular de agitador revolucionario por Carrera Séptima, deambular que me llevó a cooperar (de modo inconsciente) con unos números de la Guardia Presidencial decididos a disolver una de las manifestaciones, hasta que Rafaelito, que también se había agenciado un fusil, y un puñado de municiones, y más ducho que yo en las cuestiones de identificación militar, me dijo como de soslayo que por qué yo estaba empujando a la gente e incuso dado ya un par de culatazos si aquellos soldados eran de la Guardia Presidencial y unos hijos de la gran puta; deambular (o más bien debíamos decir trayectoria, la lógica trayectoria del revolucionario en ciernes) que continuó con la neutralización de unos nidos de francotiradores —unos sacerdotes españoles— encaramados en el campanario del colegio de San Bartolomé o de la ermita de Montserrat (no recuerdo bien); trayectoria que luego me tuvo en un muro frente al Ministerio de Defensa lanzando ante unos doce estudiantes colombianos que sólo sabían asentir un discurso sobre lo precario de la dignidad humana en situaciones de crisis social y que fue donde perdí de vista a Rafael del Pino y después me entero que lo habían cogido preso y que libró con el cuento —sin que le fallara una sola inflexión del argot de Brooklyn— de que pertenecía a la guardia personal de Marshall; y trayectoria que me lleva a la universidad con el objeto de reclutar un batallón de combate andino (fue el nombre que se me ocurrió), que no produce resultado alguno, y que aún me da tiempo para presentarme en la sede central del Partido Liberal en busca de algún líder disponible, igualmente sin resultado positivo esta gestión; y que concluye, a la caída de la tarde, con mi acompañar a unos hombres de rostros cada vez más borrosos hasta las laderas del monte Montserrat, de 3.600 metros de altura, donde permanezco alzado hasta la madrugada, que es donde aprovecho para terminar con las seis o siete municiones que me quedan, haciendo disparos salteados hacia el fondo de un valle donde los chisporroteos de mil hogueras indican casas, establecimientos u oficinas de una ciudad que finalmente me es ajena pero a la que yo acribillé a distancia y sin conocer jamás el resultado dé mi fogueo.

Antonio Francisco Cafiero en el Palacio de la Revolución a principios de los años noventa. Viejos amigos y también permanentes extraños.

Los argentinos en la Conferencia de las Naciones Unidas sobre Comercio y Trabajo (ITO), celebrada en La Habana entre el 17 de noviembre de 1947 y el 24 de marzo de 1948. Diego Luis Molinari escoltado, a su derecha, por Iglesias Mónica, y a su izquierda por Cafiero.

Estaba lloviendo. Recuerdo la lluvia, fina y fría, de aquella tarde y aquella noche en Bogotá y en las laderas del Montserrat. Debido a la altura de la ciudad y a su, por consecuencia, bajo techo de nubes, el resplandor de los incendios no escapaba a la atmósfera. Era un techo inamovible de nubes que mantenía el escenario con una misma coloración mortecina y polvorienta, de un rojo no resuelto del todo, como si estuvieras obligado a mirar a través de la llama de una vela, y era el espectro que dominaba el valle, y, al caer la tarde, los últimos sublevados de Bogotá, ahora parapetados en una ladera del pico de Montserrat, parecíamos vagabundos de otro planeta.

Me es difícil explicar mi participación en el bogotazo porque en definitiva las palabras y su organización en párrafos no son otra cosa, a la postre, que los medios de que nos valemos para aplacar la experiencia, y me doy cuenta, cada vez que reviso estos pasajes, de que no alcanzo la planitud de mis objetivos. Nadie podrá nunca devolver la violencia de Bogotá cuando se subleva. Sólo quizá en uno de aquellos inmensos cuadros realistas de la invasión napoleónica que una vez Leonid Brezhnev casi me obliga a empujones a contemplar en el Ermitage de Leningrado —él se quedó en el Kremlin, en Moscú, mientras hizo que su ministra de Cultura, Ekaterina Furtzeva, me acompañara a Leningrado—, podría darnos una idea del espectáculo de los incendios y los saqueos y de las magnificencias del vacío de poder en la sociedad humana. Precisamente, porque en una obra de esta índole —y debido a las exigencias clasicistas del realismo—, el artista está obligado a presentarnos toda la acción y todos los argumentos en un solo cuadro, yo le concedo a la pintura la posibilidad de captura de la historia de la que carece la palabra escrita, puesto que en el arte pictórico, la historia, que se produce desde el pasado, se detiene en el presente, pero un presente que es eterno y que se suscita en ese instante único que tiene cabida en su lienzo. ¿Vacío de poder en una batalla? Sí, eso es lo que se halla exactamente en el centro de una batalla: un vacío de poder.[14]

14. Tomen nota. No creo que ni siquiera Von Klausewitz haya hecho esta apreciación, que ni él mismo se haya percatado de este fenómeno. Tampoco veo nada parecido en *El arte de la guerra* de Sun Tzu.

Después del bogotazo —es mi experiencia— nunca he sentido tanto miedo como en el Ermitage. Entiéndanme el miedo de que les hablo. Es un miedo que se produce por desasosiego. Es el miedo que regresa del fondo de ti mismo, de tus más recónditos y aún no comprendidos del todo recuerdos y en el que eres un náufrago de las noches y el extrañamiento. Veintitantos años después de aquella tarde y al término de mi vivaqueo por los predios aún en combustión de mi primera intentona revolucionaria se me corta el aliento ante un cuadro de 224 centímetros de alto por 355 de ancho de un pintor alemán por encargo llamado Peter von Hess. *La batalla de Borodino*, me dijo el traductor que le dijo la Furtzeva que le dijo la guía jefe de una galería del Ermitage. En algún lugar entre la retina y el cerebro fijas la visión que acabas de tener del valle donde yacen los mejores batallones rusos y donde, desde las colinas lejanas, ascienden aún las columnas de humo. Es una derivación posible de la perspectiva. Miro el final de la batalla de Borodino quizá desde la misma posición en que contemplé a Bogotá. Mi misma altura en la ladera del Montserrat fue un equivalente fortuito al montículo sobre el que Von Hess estableció el eje de visión de casi 200 grados de paneo sobre el escenario de su batalla en reconstrucción y en el que aún no se habían cavado las tumbas para 45.000 soldados rusos y 30.000 franceses. Imagínense la situación, unos veinticinco años después del bogotazo, sobre el piso de crujiente madera del Palacio de Invierno,[15] yo con mi atuendo guerrillero y toda mi comitiva y la compañía de una ministra de clase bolchevique con el empaque de su traje sastre y como todas joyas de presunción femenina, en su solapa, los broches de la Orden de la Bandera Roja y de la Heroína del Trabajo Socialista, contemplando en la Galería Militar de 1812 del Palacio de Invierno los triunfos napoleónicos a una escala virtualmente natural mientras lo único de que dispone mi memoria para evocar es los incendios de Bogotá como experiencia de mayor elocuencia y de mayor amplitud visual que puedo aproximar a esta batalla de gigantes —como el mismo Napoleón le llamó— que se halla ante mis ojos, y acepto, en secreto, que nunca me será dado brindarle algo semejante a mi pueblo. La diferencia, quizá, es el campo abierto sobre el que cae la tarde el 7 de sep-

15. Me adelanto a la impertinencia de mis críticos militantes: el Palacio de Invierno es uno de los cinco edificios que conforman el Ermitage.

tiembre de 1812. El descampado. Pero luego de dedicar tiempo al asunto, en una de mis habituales introspecciones —haber reconocido el miedo no es un asunto de juego en mi caso— supe que la diferencia era entre las posibilidades raciales, entre el Gran Russ y nuestros esmirriados pueblos mestizos. No era que, en mi recuerdo de Bogotá desde la ladera del Montserrat, las edificaciones ocultaran los rostros de un pueblo. Era que me había sentido afectado en razón de una perspectiva semejante pero sobre un escenario diferente. Eso era todo. La perspectiva coincidente.

Lo supe, sobre todo, cuando escuché a mi derecha lo que en un inicio me pareció un musitar.

Vam ne vidat' takih srazhenij...!

Ekaterina Furtzeva tenía la mirada fija en una línea de fuga del inmenso lienzo, la fuga hacia el sitio donde yace el agonizante príncipe Bagration, una criatura aún con ánimo para elevar en ademán declamatorio su brazo derecho. La heroína del Trabajo Socialista y ministra de Cultura de la Unión de Repúblicas Socialistas Soviéticas, en ese momento ingrávida y ausente, entregada a una especie de rito íntimo y disponible para mi entendimiento sólo en la belleza de su superficie, de la zona de comunicación con el exterior a la que tenemos acceso, aunque sólo desde afuera, como mantenidos a distancia, los forasteros de una historia, continuó su letanía.

Nosilis´ znamena, kak teni
V´ dymu ogon' blestel

Decidí que no debía ser interrumpida. Hubiese sido sacrílego. Me abstuve de solicitar la traducción.

No tenía más respuesta por lo pronto que añorar algo que me era desconocido y, seguramente, inaccesible. Otra de las estrellas de Bradbury que me sería imposible alcanzar. Sé que me mantuve en una respetuosa expectativa y con mis manos agarradas delante de mí, en esa zona entre el cinturón de mi chaqueta y el bajo vientre, y asintiendo levemente, sin exagerar ningún gesto corporal, ninguna expresión de mi rostro.

Zvuchal bulat, kartech' vizzhala,
Ruka bojtsov kolot' ustala,
I yadram proletat' meshala
Gora krovavyh tel.

Ha terminado. Todavía permanece unos segundos en estado de comunión con la batalla.

Gira su mirada hacia mí.

«Lermontov», dice.

El traductor explica:

«Lermontov dice la camarada Ekaterina.»

«¿Lermontov?», pregunto.

«Mijail Yurevich Lermontov», dice Ekaterina.

«Mijail Yurevich Lermontov», explica el traductor.

Ella conocía ese verso de Lermontov sobre la batalla de Borodino desde que tenía doce años y era habitual que los pioneros soviéticos —una forma de llamar a los niños— lo recitaran desde esa edad. Era muy bueno que los pioneros dominaran esas obras poéticas, acotó. Hablaban de la patria. Forjaban el carácter.

«La camarada Ekaterina dice que le ha recitado la estrofa que más le atrae del poema. Dice que Lermontov fue el más rebelde de todos los poetas rusos.»

«*Jaroche* poema —dijo Ekaterina—. *¿Ponimai?*»

Que el poema era bueno. Que si yo entendía.

Se me habían pegado algunas palabras de los generales soviéticos dislocados en Cuba.

«Jaroche», respondí.

Creo que es la única vez que me he atrevido a decir una palabra rusa.

«*Piribodit. Piribodit*», le exigió repentinamente Ekaterina al traductor —el *piribochi* como le llamábamos nosotros en Cuba a los traductores.

«*Vam ne vidat' takih srazhenij*», dijo Ekaterina, de nuevo musitando.

«Nunca verás otras batallas iguales», dijo el traductor.

Ekaterina musitaba pero ahora me miraba a los ojos y hundía con vigor el índice de su mano derecha en el acolchado de mi chaqueta verde olivo, sobre el centro de mi pecho.

Vam ne vidat' takih srazhenij.

¡Nunca otras batallas iguales!
Cojones.

No me quedaba un solo proyectil. De los catorce había gastado un par de ellos en apear un sacerdote de un campanario, temprano en la tarde. El resto los empleé al anochecer desde las laderas del Montserrat en envíos lejanos a las hogueras que relampagueaban abajo, en donde creía adivinar una ciudad en las penumbras del medioevo. Algunos de mis acompañantes, cada vez en menor número por cierto, en este alzamiento de una sola noche, se entregaban al mismo inútil ejercicio entre los bosques y la noche, dispararle a los incendios de Bogotá, disparos a su vez cada vez más esporádicos, al irse agotando la reserva colectiva de proyectiles. De modo que mi máuser era un instrumento inútil y vacío de su único significado. Lo dejé en el monte, recostado a un árbol sin nombre, sin marca, sin sombra —fue la noche en que me percaté que la descansada sombra de la luz lunar desaparece al ser absorbida por la oscuridad del suelo. Atravesé la ciudad como quien transcurre en un sueño, ingrávido e intangible, donde las sombras y los fuegos eran, por igual, todos tan peligrosos como irreales. Aún había gente que parecía danzar las ancestrales danzas guerreras alrededor de las fogatas. Las fogatas eran tranvías y coches y montañas de escombros convertidos en materia de combustión pública. Llegué a la pensión de Alfredito y Ovares hacia las 3 de la mañana. Rafaelito no había aparecido. «Está en el Claridge», pensé. Les propuse a Alfredo y Ovares que ellos dos, por su lado, intentaran llegar a la embajada cubana.

Evidentemente se me había ido la mano destacándome puesto que cuando llegué al Claridge ya tenía media policía secreta colombiana detrás, amén de que —según me había dicho un alarmado Alfredito— el mismo presidente Ospina Pérez me había acusado por radio de ser el causante de la revuelta. Dijo «los estudiantes cubanos». Los estudiantes cubanos era yo.

Mi cabeza peligraba. Así que había que huir.

Y, en efecto, Rafaelito estaba en el Claridge.

La famosa descripción de los poderes extranjeros que me respaldaban o de los cuales yo era delegado o su más avezado agente (en algunos casos los argentinos, en otros los soviéticos) y de las misteriosas limusinas que nos recogían en el Claridge para ponernos a salvo, abundan en mis biografías y se descuentan como hechos en los reportajes anuales que la prensa colombiana se cree en la obligación de publicar en cada conmemoración del bogotazo. Pero vamos a contarles lo que ocurrió en realidad. Ocurrió que yo me colé por la ventanilla del carro del embajador argentino, con un clavado de tornillo como si fuera a caer en una piscina y que Rafaelito calificaría como un salto de Supermán. Cuando llegan los argentinos, yo les digo que me tienen que sacar de allí, y los argentinos que ni tarros me van a sacar. Fueron al hotel a buscar a no sé qué empleado de su embajada hospedado allí. Me tienen que sacar, les dije. Y los tarros se los meten.

Me les cuelo por la ventana y, desde adentro, le meto una patada a la puerta del Cadillac, creo que era un Cadillac, y ya estoy acostado sobre las piernas de dos argentinos con frac, sobre los que he caído, en el asiento trasero, cuando, en dirección a mis pies, veo a Rafaelito con su sobretodo, su sombrero de alas cortas y en el ademán inconcluso de prender un cigarrillo y detrás de él, bajo las penumbras de una ciudad de los Andes a la que se le ha suprimido el suministro eléctrico, las arcadas del Claridge. Aún sin incorporarme de las piernas de los diplomáticos, le digo a Rafaelito: «¡Monta, Rafa!».

«Manus militaris», dijo el diplomático a la derecha, como un comentario de soslayo al interlocutor a su izquierda, y sin atreverse a tocarme o a exigirme que saliera de su regazo, donde yo parecía haberme acomodado.

«De facto», dijo el de la izquierda, del mismo talante, y tomándose todo su cuidado para no molestarme y sin siquiera mirar más abajo de su abdomen, donde se hallaba mi torso y cabeza y donde yo parecía aún arrebujarme.

El hombre sentado delante, al lado del chofer, también se pronunció.

«Segismundo.»

«Usted dirá, Su Señoría», respondió el interpelado.

«Segismundo, haga usted el favor de dirigirse a la embajada que apetecen los señores», escuché decirle a la persona que respondía al apelativo de Su Señoría.

Creo que nunca olvidaré ese nombre. Bueno, lo estoy recordando ahora. El chofer. Se llamaba Segismundo.

A las 6 p. m. la tercera orden para arrestar a Castro es dictada. Cuatro hombres del servicio son ordenados a echarle el guante y conducirlo a la Prefectura Nacional de Seguridad. En medio de la confusión fueron detenidos por una unidad del ejército y no encontraron el hotel Claridge hasta las 4.15 de la mañana. A esa hora Castro y Del Pino se habían ido.

10 de abril, 1949, Sábado. A las 4.00 AM una limusina con placa diplomática se detuvo frente al Claridge, recogió a Castro y Del Pino, y se dirigieron por circunvalaciones y calles poco frecuentadas al aeropuerto de Techo, llegando allí a las 4.20 AM. Los soldados apostados en el aeropuerto respetaron la placa diplomática y el automóvil avanzó hasta el costado de un DC-3 que los esperaba para despegar. Momentos después (hacia las 5) el avión se elevó con 27 pasajeros en total, incluidos los cubanos.

Fue en la embajada cubana donde a Rafaelito se le va la lengua y comienza a hablar del cura que descolgué de la torre. Él, por su parte, se homologó a tres sacerdotes. Dijo que se había cargado a tres curas. Característico de Rafael del Pino. Cabello lacio, bien peinado, calzado regularmente con botas, bien parecido. Las botas servían para recordarnos su paso por el ejército americano. Pero se ofuscaba, se hinchaba. Yo atribuía esta mutación de pacífico ciudadano corriente en la inflamada presencia del hombre de acción a un bombeo sanguíneo adicional que él forzaba en su sistema de irrigación. Cuando quería mostrársenos como un tipo violento, irrigaba a presión. El chino Esquivel se reía muchísimo con eso. Una vez fuimos los tres a una casa que tenía la UIR, al fondo del edificio del Gobierno Provincial, en un sector de la ciudad llamado La Habana Vieja. Tenían un déficit de armas y querían que se devolvieran todas las pistolas prestadas. Luis de la Cámara, a quien llamaban Ojos Gachos, estaba detrás de un buró en la recepción. La UIR lo había responsabilizado con la recogida. Tenía su 45 puesta sobre el buró, a la mano, a su derecha. «Fidel Castro», dijo. «¿Qué pasa, Ojos?», saludé. «¿Cómo está usted, doctor? Gusto de verlo.» «El gusto es mío, Ojos.» Seguí el ritual de sacar el peine de la pistola, y, con el cañón apuntando hacia mí, depositarla por la empuñadura en la palma de su mano, y a continuación el peine con su dotación completa de ocho balas. Siempre hay individuos de mal gusto que devuelven los peines con apenas un par de balitas, una baladí señal de protesta. Trabajosamente, con un lápiz de corto tamaño y sobre el que parecía apoyar todo el peso de su cuerpo, humedeciendo el grafito con saliva de su lengua, puso mi nombre sobre una libreta escolar, como si estuviera escribiendo con la punta de un clavo sobre una traviesa de ferrocarril. Revisado el número del fabricante en el lomo del carro, y también escrito arduamente al lado de mi nombre, y vuelto a colocarle el peine, y tirada mi pistola en una canasta, finalizaba el asentamiento que daba fe de mi devolución del hierro. El turno de Rafaelito. «Rafael del Pino», dijo Ojos Gachos. Fue cuando Rafaelito comenzó una inoportuna y bastante indignada diatriba sobre *la mariconada* (sic.) que significaba quitarle su arma a un hombre cuando más se necesitaba. «Rafael del Pino», dijo Ojos Gachos por segunda vez. La diatriba de Rafaelito iba adquiriendo, por la elevación del tono, las características propias de una inflamada arenga. «Rafael del Pino», dijo Ojos Gachos. Era la tercera vez. De modo que su pesada mano de matarife que ya no conoce emociones legítimas y que la última vez que esbozó una sonrisa fue con una película del Gordo y el Flaco, allá por los años veinte, fue colocada sobre su 45. Fin del discurso de Rafael del Pino en la sede de la UIR en La Habana Vieja y entrega inmediata de la pistola.

Ojos Gachos, por cierto, es quien podemos señalar como el verdadero asesino del policía Oscar Fernández Caral, el jefe de la sección de investigaciones de la Policía Universitaria, muerte que siempre me han achacado a mí. No creo que el buen amigo se vaya a molestar porque yo haga semejante declaración en esta obra. Tampoco creo que llegue con vida al día de nuestra publicación y no lo señalo como el asesino para denunciarlo sino como hecho. La diferencia es sustancial entre hecho y denuncia. Durante todos estos años de Revolución, él tuvo un puesto de relevancia secundaria en la Seguridad del Estado. De vez en cuando lo mandábamos a coger preso a alguien, para que no perdiera los buenos hábitos y que reprimiera un poco. Siempre es bueno mantener en calor a estos hombres. Además, me ha sido de una extrema fidelidad. Ahora que está viejito y matungo no lo voy a abandonar. Le dan mareos y se cae en la calle. Ordené que le dieran un apartamentito y una cuota especial de alimentos. Un poco antes de esta situación, de ser pensionado de tiempo completo y afectado por los vahídos apenas pone un pie en la calle, lo pusimos a trabajar con el compañero Eusebio Leal, que es el historiador de la Ciudad de La Habana. No sé de dónde salió la teoría de que Ojos Gachos podía ser historiador también. Alguien confundió que hubiese matado a tanta gente con el oficio de historiador. Se hizo un extraño vínculo entre los muertos de Ojos Gachos y la historia de nuestra capital. Bueno, ciertamente, donde hay muertos, hay historia. No duró mucho con Eusebio porque fue en esa oficina del historiador, en el antiguo Palacio de los Capitanes Generales, donde al parecer le comenzaron los vahídos. Y comenzó de inmediato a culpar de su derrumbe físico, no a la edad, sino a Eusebio. Por lo que determinó de inmediato que Eusebio ya no existía, que uno estaba viendo algo que carecía de toda corporeidad, que era hombre muerto caminando. Tuvimos que actuar con bastante rapidez en este caso de Ojos Gachos. Retirarlo y mantenerlo aislado en su apartamentito de las afueras de La Habana. Él cree actualmente que un oficial de la Seguridad que lo visita regularmente es de mi escolta y que tiene como misión indagar por su salud y por si necesita algo, tabaco, ron, cualquier cosa, y no que es un chequeo visual preventivo en busca de actividad de atentado, y que lo mismo pasa con las enfermeras y los médicos que lo atienden. Y con el muchacho que le trae la factura de alimentos. Y con el plomero. Y con el mecánico del televisor. (¡En un país que hace muchos años la Revolución barrió con ese flagelo del capitalismo que era el servicio a domicilio de entrega de facturas, plomería y arreglo de televisores!) También removimos toda la ciudad en busca de sus probables escondrijos de armamentos, incluidas todas las pistolas que desde 1947 le había escamoteado a la UIR.

«Nos echamos como a cuatro hijoputas curas en un campanario», dijo Rafaelito, excitado, protagonista duro de su propia historia, ante los cinco o seis cubanos que deambulábamos por el salón de la embajada cubana, donde esperábamos al embajador.

«Coño, Rafaelito, por favor —le dije—. No es el momento de hablar esa mierda.»

Dijeron que los curas estaban tirando desde la escuela de San Bartolomé. Y como me había impuesto la tarea de organizar, donde quiera que veíamos una situación en la que pudiéramos aportar algo, nos empeñábamos. Teníamos dos fusiles. Yo —como se sabe— con catorce balas. Rafaelito, una carga parecida. Y estaba aquel campanario. Y estaban los curas allá arriba. Había cadáveres en la calle y en la zona circundante. Como si el campanario fuera un epicentro pero no del punto de propagación de un terremoto sino de algo que era su contrario, puesto que no se movía nada a su alrededor. Desde que nos acercamos, Rafaelito me dijo que me pegara a la acera de la izquierda y que no avanzara más allá de la esquina. Cuando llegamos a esa posición, y él se arrodilló a mi derecha, me enseñó una de las balas de su bolsillo y me dijo: «¿Tú sabes cuánto vale este proyectil 30-06 ahora mismo en el mercado de Nueva York?». Fui a decirle que se fuera al carajo, cuando me conminó, imperativo. «¿No lo sabes, verdad? Pues vale menos de tres centavos. Pero aquí, en este mismo instante, tú no tienes idea de la fortuna que cuesta. No tiene precio porque no tenemos más ninguna ni donde comprarlas. Así que tienes que garantizar un cura muerto con cada disparo, Fidel. Porque cada disparo vale el dinero que no vamos a ganar en todas nuestras vidas.» Nunca Rafael del Pino volvió a ser así de razonable ni me ofreció una lección tan seria ni en condiciones tan difíciles. No la he olvidado. Después tomó el mando de toda la operación. Se lo había ganado. «Lo que tenemos que hacer es no movernos hasta que ellos saquen la cabeza —dijo—. Para no poner nosotros el muerto. ¿Estás de acuerdo, Fidelito?» No tardó en aparecer, al otro lado del escenario, un pelotón de ignorantes, que no sabía que entraban en una galería de tiros. Surgieron de una bocacalle de viejas casas bogotanas que parecían sacadas de una lámina de la colonia. «No te fijes en esos comemierdas. Busca en el campanario. Ahora se levanta el primer cura. El primero que puedas garantizar el tiro, canta la jugada.» El cura fue perfectamente visible a la distancia de unos 70 metros, arriba, sacando un máuser idéntico al nuestro y dije, en un susurro: «Lo tengo, Rafa. Lo tengo, coño». No esperé mucho, la verdad. Sólo que el cabrón cura me llenara la abertura de la mirilla. Y disparé. Se escuchó el golpe metálico del plomo contra la campana y el sacerdote hizo un inmediato movimiento de sorpresa cuando escuchó, pero mucho más cerca, el mismo campanazo y no puedo definir ahora en la secuencia de los hechos si el inesperado estruendo en mi oreja derecha del disparo de Rafaelito se produjo al unísono con mi disparo o con la visión del cura al dar como un respingo y dejar caer el máuser y de inmediato la sotana que se le oscureció como la piel de un toro cuando lo embanderillan y su caída desde lo alto del campanario y verlo rebotar contra la acera. «No tenías nada, Fidelito», me dijo Rafael, con lo cual entendí que estaba declarando nulo mi disparo y que era él quien había hecho blanco.

Iba a rebatirle la apresurada suposición cuando me dijo: «Ahora prepárate». Había que prepararse porque la guerra de todos los curas de la escuela de San Bartolomé se iba a concentrar en nosotros. «Hora de movernos de aquí», dijo el sabelotodo. Una última visión del sacerdote en la base del campanario. Yo quería seguir en ese juego en el que nos había ido tan bien cuando el profesor de infantería me dijo que esa batalla había terminado. «¿No te das cuenta de la quietud? Significa que alguien nos va a partir los cojones. Aprende a saber cuándo has ganado una batalla. Mejor aún, aprende cuándo es la hora de la retirada. Vámonos, coño.»

El embajador cubano se llamaba Guillermo Belt. Agradeceré siempre su decisión, su celeridad. «Los estoy mandando para Cuba ya, muchachos», nos dijo. Entre La Habana y Bogotá no había vuelos regulares. Pero los vientos de la suerte corrían a nuestro favor. Un mes antes el gobierno cubano había permitido que se celebraran en La Habana unas corridas de toros, prohibidas por ley, como una demostración que quizá lograra convencer a los legisladores de pronunciarse de manera favorable a las corridas y permitir sus celebraciones regulares en Cuba. Se declaraba que era *el deporte favorito* de la madre patria y que un alto porcentaje de nuestra población era *de origen peninsular*. Toda una retórica muy complicada para nombrar el espectáculo y a los españoles. Otro argumento, uno de aristas muy sólidas, era que las peleas de gallos estaban autorizadas y se aceptaban como asuntos perfectamente legales. Había autorización para establecer un club gallístico por municipio a todo lo largo y ancho del país, amén de que también se podían establecer cuantas vallas para las lidias de gallos fuera menester para los galleros, siendo la diferencia esencial entre uno y otro que éste se llamaba club y el otro valla. En fin, que la corrida de toros, celebrada en un *stadium* de pelota llamado La Tropical, reacondicionado a toda velocidad para el evento, fue un verdadero desastre. Y dos de los seis toros se resistieron a dar una buena pelea. Unos toros colombianos, mansos, lentos, y que para todos los habaneros parecieron más bien unos cargamentos de bistecs aún estructurados en composición de bestias sobre sus cuatro patas. De la rechifla, el público pasó al motín. La intervención de la policía fue brutal, según contó la prensa del día, y también el chino Esquivel, que no se perdía una de estas fiestas. La única actuación ponderada y aceptable vino de los organizadores de la corrida. De inmediato anunciaron que se ofrecería una nueva pelea, con mejores toros, y que los mismos tickets serían válidos en esa nueva ocasión. Bien, pues, ésa es la razón de que en la pista del aeropuerto bogotano de Techo hubiese un avión cubano, con una estiba de dos toros de lidia en la cabina, y de que el embajador Belt tuviese la posibilidad de embarcarnos. Cinco muchachos no le hacían a una carga de toros, dijo el piloto. Los cinco éramos Alfredito, Ovares, Rafaelito, el mexicanito Jorge Menvielle Porte-Petit (que no sé de dónde había aparecido y al que le aconsejamos que no abriera la boca para no denunciar su país de origen), y yo. Eduardo Hernández, «Guayo», un conocido camarógrafo, el que había filmado completa la masacre de Orfila, apareció también en la pista. Sudando, corriendo, la Bell & Howell en la derecha y los bolsillos de su chaqueta de camarógrafo pobre a reventar de las pequeñas canistas grises de película de 16 milímetros sin revelar del bogotazo. El C-47 de carga despegó sin dificultad y las dos bestias negras convenientemente colocadas al centro, sobre la viga maestra de la nave, en el lugar donde las alas se cruzan con el fuselaje, para mantener el equilibrio en la distribución de la carga, no mostraron contrariedad ni sobresalto en el cambio de planos. Asimilaron, bovinos pero con mundana resignación, que el carguero levantara la nariz e iniciara la trepada. Yo me mantenía de pie, agarrado a uno de los viejos arneses de los paracaídas que aún colgaban del techo. Creo recordar que Guayo hizo lo mismo. Los demás descubrieron que, retirando los pernos que les sujetaban al fuselaje, los asientos en paralelo se abatían hacia delante hasta que concluía la extensión de las cadenas y que, por secciones, acomodaban hasta cinco hombres. «Ahorita se empiezan a cagar y esto va a ser del coño de su madre», rezongó Ovares. «Los toros no cagan en el espacio», dijo la lumbrera de Rafael del Pino, como si el viejo C-47, uno de los cuatro comprados como sobrantes de guerra por Expreso Aéreo Interamericano S. A. y repleto de los parches de los balazos que lo acribillaron sobre Omaha Beach el día del desembarco en Normandía, se dirigiera más allá de la atmósfera terrestre, y exactamente un segundo antes de que el toro que se hallaba a popa, soltara su primer chorro a presión de mierda, y de que un rato después Ovares preguntara si no se pudiera bajar alguna ventanilla. Fue así como, trece años antes del lanzamiento del Sputnik, la primera nave tripulada al cosmos, según la descripción de Rafaelito, despegó de Santa Fe de Bogotá.

A las dos horas de vuelo y de alguna manera acostumbrado al efecto estercolero, ocupé un asiento al lado de Alfredo Guevara, silencioso, sufrido, frágil como de costumbre, sus piernas cruzadas, muy juntas por las rodillas, y sosteniendo un pañuelo blanco contra la nariz y la boca.

Me dijo exactamente lo que yo necesitaba escuchar.

Su voz surgió apagada y como en un ahogo a través del filtro de su pañuelo.

«¿Qué aprendiste en Bogotá, Fidel querido?»

Había, ciertamente, algunas claves aprendidas en la revuelta. Todas serían de utilidad en mis asuntos y sobre todo con la hipótesis de una revolución en Cuba, cosas que tuve a bien recibir como clase magistral ese 9 de abril de 1948 en Bogotá y que le revelé a un admirado Alfredo Guevara mientras el CU-T101 dejaba la costa continental por la cola y cruzaba al mar sobre Cartagena de Indias y penetraba en el Caribe e iba en busca de Santiago de Cuba. Estuve parloteando con Alfredo como tres horas, hasta que el avión entró en una zona de turbulencias ligeras y uno veía a través de las ventanillas cómo las alas se flexionaban y más abajo un techo de nubes blancas. Me dirigí a la cabina. No debía de haber ningún problema puesto que los dos pilotos fumaban y conversaban animadamente sin siquiera prestar atención a los controles. Estábamos a una hora y media de vuelo de Cuba y el piloto dijo que se aproximaba a Dominicana y que si no había problemas con el tiempo y si llegábamos a Cuba antes de que los cúmulos potentes comenzaran a merodear o no hubiesen aún desfogado intentaríamos alcanzar La Habana sin escala en Santiago o Camagüey puesto que llevábamos una excelente velocidad de crucero, 205 millas por hora, y nos desplazábamos en la fluidez de un techo de 18.000 pies, no se requería más por el buen tiempo, y el trabajo de los dos motores Pratt & Whitney R-1830 de 1.200 caballos de fuerza cada uno era estable y seguro.

Bogotá fue una conmoción. Fue como el efecto de una onda de choque. La pregunta de Alfredo me obligó a buscar una respuesta. Desde entonces acepto con verdadera gratitud el escuchar una pregunta inteligente, porque me obligan a sintetizar aspectos de mi conocimiento que casi siempre se hallan en el subconsciente y no han salido a flote. Me obligan a aprender de mis propios pensamientos. Y es como lograr un consenso de mi propia experiencia. Lo que hoy suele llamarse con bastante frecuencia terapia de choque, es la descripción más adecuada que tengo para explicar las enseñanzas del bogotazo. Pero tales enseñanzas vinieron como sesiones de destilado. Quizá la más importante de todas es cuando, algunos años después, dije que el Movimiento Revolucionario 26 de Julio estaba diseñado como una organización militar con un buen aparato de propaganda. Eso fue como el destilado final de todo lo que aprendí en la jornada y a la cual se le puede añadir el lustre de mis lecturas marxistas. Lenin definió una vez el comunismo como la implantación del poder de los soviets más electrificación. Yo hoy lo parafrasearía diciendo que el origen de la Revolución cubana es el bogotazo más *El Estado y la revolución*.

Pero ése fue el destilado final —y diríamos que perfecto— de toda una serie de destilados primarios que existieron antes y que se produjeron, creo, por una señal de aviso muy particular, muy específica. La señal que se me reveló cuando vi a las turbas sin control. Y supe desde entonces que eran los peores enemigos de una revolución, peores que ejércitos mercenarios, que los cosacos, que los guardias blancos, que el gobierno menchevique, que las cien flores que Mao hizo crecer para luego cortarlas, que una insurgencia contrarrevolucionaria, que la CIA. Fue lo primero que le enumeré a Alfredo Guevara. Podía imaginarme toda esa muchedumbre si se le encarrilaba con un objetivo, y si tenía una jefatura —sobre todo esto último. La imperiosa necesidad de una jefatura. Estaban en la calle, se habían sublevado, y era una especie de fiesta. Pero no estaban allí para hacer la revolución. Nada excita más a los pobres y les despierta con mayor vigor la imaginación que el anuncio de una fiesta en la que no se paga la entrada. Tuvieron un motivo. Gaitán. En el futuro, tendríamos que buscar un sucedáneo de Gaitán. Es decir, no existe revolución sin motivo. Pero en aquel momento la enseñanza era derrotista porque no había resultados inmediatos de signo positivo. Luego uno aprende de ese destilado, y cuando se convierte en aprendizaje, el signo se revierte y adquiere su carácter positivo. ¿Copiaron? Si se permite la acción sin control de las turbas, se gastan las oportunidades de la revolución. A mí la vida, el tiempo, me han dado la razón en este enunciado de mi conversación con Alfredito. Colombia no conocerá en mucho tiempo la posibilidad de una verdadera revolución porque ésa es una acción corrompida en una sola tarde por el propio pueblo colombiano. Si alguna vez me llegaba el momento, era algo que no le permitiría, bajo ningún concepto, a los cubanos. Estuvieron a punto de desbordarse en la Revolución del 33 pero Batista y su cohorte de intelectuales pusieron coto rápidamente. No pasó de algunos saqueos y linchamientos esporádicos.

Acabo de indicar la necesidad de mantener a las masas bajo control y la obligación de buscar un motivo. Eso abarca las dos partes esenciales del destilado para la conquista del poder: el aparato militar que finalmente se convierte en una élite gobernante, lo que en el lenguaje al uso por el marxismo será considerado como «la vanguardia», y un aparato productor de motivos para obtener el apoyo de la población en el transcurso de la guerra. Pero hubo también Esparta. Y éste fue un destilado final, de una vendimia inesperada. Controlar a la población por una suerte de ejército, pero no como una fuerza exógena de represión, sino como una ciudadela de tipo espartana en que las barreras entre la vida civil y los cuarteles nunca se definen con precisión. ¿Cómo convertir a Cuba, una de las sociedades más abiertas y libertinas del mundo, llena de prostitutas, tahúres, gozadores, en una plaza inconquistable, cerrada, un reino de la austeridad? Bueno, pues démosle las gracias a Bogotá. Porque es ahí donde yo siempre me digo que muchas cosas tuvieron su origen.[16]

Los yanquis nunca descubrieron la importancia, ni el alcance, de mi presencia en Bogotá. Las agencias necesitan otras agencias para operar. Por lo menos para demostrar que están en forma y que pue-

---

16. Aunque años después, en diciembre de 1956, cuando guiaba mi convoy de patriotas al puerto de Tuxpan con el objeto de abordar el yate *Granma* y navegar hacia Cuba al frente de mi expedición revolucionaria, unos patrulleros de camino de la policía mexicana nos detuvieron. Éramos casi 90 hombres, todos armados y con un riguroso entrenamiento, y les ordené aprestar sus fusiles y ametralladoras mientras me dirigía al jefe del operativo y le decía: «¿Ustedes quieren que la guerra de Cuba comience en México?». Relato el incidente porque, en caso de que no hubiesen girado los patrulleros, calculo que la Revolución cubana hoy tuviese dos puntos de origen en disputa: Bogotá, Colombia, y Tuxpan, México.

den dar una buena pelea. La CIA necesitaba del KGB, tanto, que preferían sobrevolar a enemigos potenciales mucho más peligrosos pero que, de prestarles atención, como fue mi caso, se les hacía de alguna manera humillante su gestión. Amén de que, a la hora de solicitar un aumento de presupuesto, no es lo mismo argumentar la necesidad de luchar contra el aparato de espionaje de la Unión Soviética que contra un cubanito buscapleitos y aislado y con fama de matón. En realidad, yo no fui su enemigo de consideración hasta que no tuve una república en mis manos e invité a los soviéticos a llenarla de armamentos de todo tipo. Pero, ya para entonces, era tarde, y sobre todo muy difícil de orquestar cualquier pretensión de sacarme del camino. La inteligencia americana había tenido una primera noticia sobre mi persona a partir de la muerte de Manolo Castro. Pero se trataba evidentemente de ese trabajo de inteligencia de embajadas que se limita a recortar las noticias interesantes de los periódicos. Mi nombre había recibido bastante publicidad en esa ocasión. Pero, en cuanto a la participación en el bogotazo, pusieron el foco en Enrique Ovares, que calificaron estúpidamente de comunista, y en Alfredo Guevara, que sí lo era. Años después, mantuvieron esa línea de acción. Yo estaba ya alzado en la Sierra Maestra cuando Lyman Kirkpatrick, el delegado de la CIA para América Latina, viajó dos veces a La Habana para exigirle a Batista más acción contra los comunistas. Nunca escuchó los razonamientos de Batista de que el peligro no estaba en los comunistas, que por lo demás él controlaba bastante bien y con los que tenía un diálogo y hasta les hacía llegar alguna platica. Que el peligro era yo, Fidel Castro alzado en la Sierra Maestra. Todavía están escribiendo —y publicando— libros en Estados Unidos preguntándose cuándo yo me pasé al comunismo. Pero ¡cómo podían los yanquis saber entonces si yo lo era, si los propios comunistas aún no estaban al tanto! El Partido, quiero decir. Un idiota como Salvador Díaz Versón, quizá el único teórico criollo del anticomunismo, pero que se creyó en serio que lo era, les estuvo proveyendo de los argumentos que tanto debió agradarles sobre los oscuros manejos del Partido Socialista Popular y que tuvo la virtud de desviarles la atención constantemente sobre mí y echársela encima a los comunistas. En fin, que demuestra los límites de su propia organización. Un día finalmente se enteran de que yo soy comunista porque yo mismo lo proclamo, y me imagino que desde entonces habrán sentido un gran alivio. Todo esto es historia reiterada.

Si viene a colación es porque, hasta cierto punto, fue la única información sobre mi persona de alguna manera inquietante que obró en sus archivos hasta un estadio bastante adelantado de la Revolución.

Del bogotazo no queda más que humo y muertos y mis compañeros y yo nos hallábamos a bordo del avión de matrícula CU-T101 de Expreso Aéreo Interamericano que ya se hallaba en el procedimiento que los pilotos llaman finales y con la cabeza de la pista de Rancho Boyeros justo frente a la nariz cuando un compañero nuestro de la FEU, y su secretario de Relaciones Exteriores, José Luis Masó, enviaba un telegrama a Carlos Tabernilla Dolz, ministro delegado de Cuba en la famosa conferencia de cancilleres de Bogotá, interesándose sobre nuestra suerte. Los periódicos habaneros estaban llenos de noticias alarmantes sobre la sublevación de Bogotá y nuestros compañeros de la FEU, que desconocían nuestro paradero, comenzaron a movilizarse en nuestro favor. Es evidente que los americanos interceptan. Lo que sigue es parte de uno de sus análisis. Al igual que en el caso de Ovares, es falsa la descripción de José Luis Masó como comunista. Al parecer le endilgaban el cartelito a cualquiera que se les hiciese sospechoso o sobre el que no tuvieran una información convincente.

> En, o sobre, el 11 de abril se reporta que José Luis MAS-SO, un líder estudiantil comunista que maneja las relaciones internacionales de la FEU, envía un cable al ministro cubano en Bogotá reclamando información por los paraderos y estado de salud de Ovares, Guevara y Castro. Este cable es el primer indicio de que también Castro está en Bogotá.

El párrafo procede de un documento de la embajada americana en La Habana, un informe para consumo del Departamento de Estado en Washington.[17] Ya dicen tener noticias mías. Según mi percepción, lo que realmente ocurre es que comienzan a averiguar sobre mí. Eso está ocurriendo en La Habana. Porque todavía en Bogota, el 21 de abril, la embajada americana allí necesita averiguar cuál es la historia con los cubanos.

17. «*Possible Peron-sponsored New Student Movement in Latin America; Cubans Concerned Suspected of Taking Part in Colombian Revolution*» del 26 de abril de 1948, citado también al inicio del capítulo.

A: AM EMBASSY, HABANA   Fecha: Abril 21, 1948
Código: ~~Confidencial~~
  URGENTE
  Por favor responda urgentemente si acaso ENRIQUE OVARES,
presidente, y ALFREDO GUEVARA, secretario de la Federación
Estudiantil Universitaria de Cuba, son comunistas conoci-
dos. Incluso si acaso RAFAEL DEL PINO y FIDEL ALEJANDRO CAS-
TRO, estudiantes cubanos representando la Confederación
Estudiantil Latino Americana, son comunistas. Todos los
cuatro estuvieron aquí durante incidente de abril 9.
                                BEAULAC

¿Entendieron? ¿Ven lo que les digo? Primero se dedicaron a perseguir a los argentinos. Después, conmigo, en la Revolución, actuaron igual: persiguieron a los comunistas. A mí, tal la norma, me echaban a un lado como objetivo. Apreciable lección. Esquivar el foco. En
ese sentido siempre proceden a la defensiva, a la espera. No se dan
cuenta de que es en el silencio donde se forjan las cosas. Yo recuerdo
que en 1958, cuando un comando del 26 de Julio ajustició al coronel
Fermín Cowley Gallegos, en Holguín, las conclusiones de los investigadores locales sacaron de sus casillas a uno de los mejores sabuesos
de Batista, creo que entonces con el grado de teniente coronel, Irenaldo García Báez, que era el jefe del tenebroso SIM (Servicio de Inteligencia Militar) y que había sido despachado desde La Habana por
el propio Batista con la misión de hacer una investigación acuciosa
del atentado y de organizar una represalia inolvidable —que resulta-
ra inolvidable para las células del 26 de Julio. La conclusión a la que
se había llegado era que el comando procedía «de afuera» y que el
atentado no era obra del movimiento clandestino de Holguín porque
no se tenían ninguna información de actividad insurreccional desde
hacía meses. «Estúpidos —les dijo Irenaldo—. Ustedes son unos estúpidos. No sabían de ellos porque ellos estaban concentrados, preparando el atentado.» Ése es el tipo de cosas que a nosotros nos enseñó
a operar *desde antes*. Es decir, desde antes incluso que el enemigo tenga una ocurrencia. Por tal razón, fuimos nosotros los que encabezamos la contrarrevolución en Cuba. Desde el mismo mes de enero de
1959, con unos pocos días de usufructo revolucionario del poder, comenzamos ese trabajo. Organizamos los primeros grupos contrarre-

volucionarios y los pusimos de inmediato a recepcionar adeptos. Déjenme confesarles algo: para nosotros la tranquilidad es siempre motivo de sospecha, de la tormenta que se cierne. Nunca se confíen en la calma, es algo que no me canso de repetirle a los compañeros. La calma nunca es sinónimo de problemas resueltos o de que tengan el control. Y otra cosa que les digo, sobre todo a los compañeros de la Seguridad, es que el orden resulta inequívocamente una apariencia y que por eso tienen que actuar como los perros que levantan las torcazas en la maleza. A la ofensiva. Siempre revolviendo.

De cualquier manera —y se me ocurre ahora mientras vuelvo a hojear esta documentación, los dos o tres informes conocidos sobre la presencia de cubanos en Colombia—, es detectable que provocábamos cierto nerviosismo. Si esta documentación de inteligencia americana sobre el bogotazo, desde que tuvimos acceso a ella, ha llamado mi atención, no es porque muestre sus flancos débiles y la miopía de una estrategia, sino por la especial inquietud que les causaban los cubanos. Hay como una intuición de parte de ellos, como un olfatear, una expectativa de acontecimientos que ni siquiera se vislumbran y que por lo tanto no son descriptibles, pero que es una materia latente y que se hallaba en una especie de zona cero de sus presentimientos.

Los registros de esta embajada revelan que Castro tiene, al igual que Del Pino, cerca de 21. Él es el líder estudiantil de la Escuela de Leyes de la Universidad de La Habana y la última vez que llamó la atención de esta embajada fue en conexión con el asesinato del antiguo presidente de la FEU Manolo CASTRO del Campo (sin relación familiar). Se cree que Fidel Castro es miembro de la Unión Insurreccional Revolucionaria (UIR), la banda de matones y muchachos «estudiantes» de mano dura la cual es generalmente considerada como responsable de la muerte de Manolo Castro en la culminación de una larga bronca entre policías y estudiantes. En noviembre de 1994 Castro estuvo involucrado en un tiroteo cerca de la universidad y se debe concluir que, del mismo modo que no se pueden ofrecer pruebas de que sea comunista, existen amplias pruebas de que es un personaje indeseable a fondo y un gángster en potencia. Se alega que Castro es el hijo de un próspero terra-

```
teniente, y es alto, rubio, y no parece latino por lo que
fácilmente pudo haber sido visto en Bogotá como «agente ex-
tranjero».
```

En el último informe del que yo tengo noticias, el del 28 de abril de 1948, sobre nuestras actividades colombianas, retoman los dos nombres que comienzan a serle harto familiares para establecer que

```
    Rafael Lázaro del PINO y Fidel Alejandro CASTRO estu-
vieron en contacto con elementos izquierdistas de la Uni-
versidad Nacional (en Bogotá) fomentando acciones estu-
diantiles y distribuyendo octavillas. EL reporte es de
evaluación A-1.
```

Termino con el bogotazo. Dos viñetas. Nosotros acostumbrábamos a reunirnos en el hotel Andino, que se hallaba frente a la escalinata de la universidad y que era donde se hospedaba mi hermano Raúl. Cuando digo nosotros, me refiero a un grupito de *habitués* (palabra enseñada por Alfredo, desde luego). Aún recuerdo que el hotel se hallaba en la calle San Lázaro número 1.218 y que su teléfono era el 7 25 53. Las discusiones allí eran fragorosas y pletóricas de argumentos aprendidos en clases o en los libros el día anterior y como si estuviéramos en el senado romano pero en un senado en el que los senadores fumaban unos grandes habanos y llevaban el cabello envaselinado y estaban armados con pistolas calibre 45 (nadie usaba otro calibre, había que garantizar el derribo y la 45 siempre tumba, no importa por dónde te coja). El tema dominante en aquellos días era, desde luego, Bogotá. Una noche a mí se me ocurrió sacar el tema del cura que cayó del campanario y de los disparos de precisión que se lograban con los máuseres del ejército colombiano y de la forma en que el cura se había reventado como un sapo contra el pavimento. Descubrí esa vez que la forma tan divertida en que había realizado la narración mantuvo cautivado y en suspenso a mi pequeño auditorio de la habitación de Raúl. Rafaelito no estaba esa noche allí. Nos encontramos al otro día, en la universidad. Esta vez yo estaba con el Chino. Un indignado Rafaelito se nos acercó y comenzó a increparme.

«Coño, Fidel, me mandaste a callar en Bogotá, en la embajada, cuando hice un cuento como el que tú estabas haciendo anoche en el

Andino. Y ahora, además, te pones a inventar. Tú no mataste a ningún cura. Los maté yo.»

«¿A quién tú mataste, Rafaelito? A nadie mataste.»

«Fuiste tú el que no mató a nadie, Fidel. Tú.»

«Ah, no comas mierda, Rafaelito. Tú.»

La discusión iba por ese derrotero y comenzábamos a subir el volumen cuando el Chino tuvo el tino y la precaución de interponerse.

«Coño, Fidel. Coño, Rafa. Por Dios, que estamos en la universidad. ¿No tienen otra discusión más elevada que ésta? Cojones. Ustedes dos se han vuelto locos.»

No recuerdo, a partir de entonces, que haya vuelto a tocar el tema hasta que, en los ochenta, apareció Gabriel García Márquez y los periodistas colombianos amigos suyos. El bogotazo se hizo entonces una referencia ineludible. El mejor momento de esas tertulias nostálgicas del bogotazo en la casa cubana de Gabriel —bueno, la casa que puse a su disposición—, fue una noche en que conté el episodio del hombre que iba pateando la máquina de escribir en medio de la revuelta, cuento que después he repetido algunas veces, incluso ante las grabadoras. Gabo se sintió prendado del cuento, tanto que me hizo repetirlo ante algunos de sus invitados en otra ocasión pero con el añadido que esa vez me dijo, en una especie de tono confesional: «¿A que tú no sabes, Fidel, quién era el hombre que pateaba la máquina? ¡Era yo, Fidel! ¡Yo!». Pobre Gabo. Está ahora enfermito, lidiando con su cáncer. Pero si llegase vivo a la publicación de este libro, comprenderá finalmente por qué a partir de entonces, cada vez que nos enfrentamos, yo miro hacia sus pies. Enfundados regularmente en unos mocasines blancos y sin uso de medias, unos pies pequeños y con la virginidad y blancura de una vieja Cenicienta, me pregunto el efecto que hubiese causado el impacto de esos piececillos tan delicados sobre el blindaje de una Underwood número 5 con mecanismo de golpe frontal producida después de 1910 y cómo es posible que no se hubiese baldado en aquel intento.

Tuve otra mujer antes de casarme con Mirta. Un poco mayor que yo. María Laborde. Tuve un hijo con esa mujer. Jorge Ángel. Esa relación nunca ha tenido publicidad y María ha sido muy respetuosa de mis necesidades en ese sentido. Supo que estaba embarazada cuando yo estaba en mis preparativos de boda con Mirta. María me pidió que le dejara el muchacho y que, a cambio, me prometía no crear problemas de ningún tipo. Ha cumplido religiosamente su palabra. Yo no vacilé en darle mi apellido al muchacho y en ayudarlo a él y a su madre durante todos estos años. Jorge Ángel Castro no sólo es mi primogénito sino que, de todos mis hijos, es el más dulce y el que mejor se lleva conmigo. Probablemente no sea un Castro en cuanto a sus ambiciones y a las tormentas que mi impronta genética puede desatar. Quizá esté respondiendo más a la conducta genética de la madre. Jorge Ángel es un graduado en Química, ha trabajado durante largos años en la Academia de Ciencias, está casado (yo asistí a su boda), tiene una bonita familia, y no le falta nada. Nada en el sentido más modesto que se suele conocer dentro de la Revolución cubana, donde los lujos máximos son una casa de dos o tres habitaciones en una de las antiguas barriadas de la pequeña burguesía, un aparato de video y un coche soviético Lada. María ha ocupado con mucha discreción un cargo de responsabilidad dentro de la Revolución. Eludo su apellido por común acuerdo. Siempre nos ha sido a los dos muy fácil llegar a cualquier clase de entendimiento. Ahora he cumplido con ustedes, los lectores, al no eludir una información personal importante, pero los invito a que se apresuren a pasar la página puesto que éste es un sector de mi entorno vital que reclama existir fuera del escrutinio público y con los que me siento obligados a brindarles todo tipo de protección.

Me enamoré de Mirta Díaz-Balart. Enseguida. El clásico enamoramiento a primera vista. Y como suele ocurrir en esos casos, fue de parte de los dos. Yo estaba en el primer año de Derecho y solíamos estudiar en casa de los Díaz-Balart. Allí la conocí. Para variar en mis infortunios de aceptación social, su hermano Rafaelito parecía muy halagado con la noticia. Como se sabe, la luna de miel fue en Miami y Nueva York. Y mi padre me regaló los 10.000 pesos que aparecen en todas las biografías. Era más que suficiente para que intentara utilizarlos en lo que eran sus planes de que yo *sentara cabeza* y la razón por la que me hacía el regalo: 10.000 pesos era mucho dinero en esa época. Pretendía con esa cantidad que yo me apartara de la política, organizara mi vida profesional y tratara de buscar un *negocito* hasta que terminara la carrera. Pero lo fundamental era que me alejara de la lucha. Desde luego, aquello apenas nos alcanzó. Fue una de las lunas de miel más dilatas de la historia. De casi tres meses. Y me empaté con Rafaelito, en Nueva York. Ahí fue donde, además del traje de tonos grises que me escogió Mirta y del jacket negro de cuero, me compré un Lincoln Continental de uso. Lo llevamos en ferry para Cuba. Al llegar a La Habana no había dinero para pagar los derechos de aduana de aquel catafalco. Entonces, una vez más, el Chino acudió a salvarme. Movilizó a unos compañeros nuestros de estudios, unos hermanos de apellido Granados —uno de los cuales, Raúl, era compinche nuestro de las incursiones a casa de Juanita—, cuyos padres eran dueños de fincas, y vendieron uno o dos vaquitas y con eso pagamos los derechos de aduana.

Tengo asociado el final de mi luna de miel con el tránsito hacia otra etapa de mi vida. Esto puede tener una lógica demasiado evidente y puede ser un sentimiento experimentado por la mayoría de los hombres al concluir su viaje de bodas y entender que ya no son solteros. Pero esto yo lo asociaba también con el desplazamiento geográfico. En medida que yo avanzaba por la carretera interestatal US-1, que me llevaba de Nueva York a Miami, y que al final sería un recorrido a morir en Cuba, yo transitaba hacia otra instancia del tiempo pero haciendo rodar un Lincoln Continental de segunda mano sobre una impoluta carretera federal americana. Reuní mucho dinero para la luna de miel con Mirta. Más el regalo de 10.000 pesos de mi padre, equivalentes a la misma cantidad de dólares, que entonces era mucho dinero. Otros familiares, amigos y personajes de la política me colmaron de plata y regalos. Batista me regaló una lamparita de noche. Estaba clasificándome en su nivel de estima. Al menos el que me tenía entonces. Me paso en Miami unos 10 días. Entonces llamo a mi cuñado Rafaelito Díaz-Balart, que se había casado en marzo con una muchacha muy bonita, Hilda, y que estaban viviendo en Nueva York. No la estaban pasando muy bien allí. Rafaelito intentó primero como ministro bautista en una barriada pobre de Manhattan, en la que, después de los sermones, debía ocuparse también de la limpieza del templo. Le ofrecieron 150 dólares semanales. Terminó en una compañía de exportaciones, Hildita y él haciendo trabajos de mecanografía. «¿Dónde tú estás?», me pregunta. «Miami», le digo. «Miami beach.» «Pero dónde.» «En un hotel.» «Pero en cuál.» «El mejor hotel de la playa. Aquí estuvo el Sha. Quiero irme para allá.» «¿Dónde te reservo? —me pregunta—. ¿El Waldorf Astoria?» «No —le digo—. Yo quiero estar contigo.» Rafaelito estaba alojado en lo que se llamaba un *furniture room*. Una pequeña habitación amueblada. La cama y unas mesitas de noche y pal carajo. Eso era todo. Y una cocinita encima del inodoro. Rafaelito, según su propia confesión, se había ido de Cuba huyéndole a los compromisos con la UIR —¿se acuerdan? La organización de Emilio Tro. Nosotros nos hicimos miembros de la UIR entre otras cosas porque nos protegía. Pero el aspecto que más preocupaba a Rafaelito era que un buen día te llamaban para matar gente *y tenías que ir*. Y, argumentaba Rafaelito, era muy jodido matar a alguien que uno no sabía ni quién era ni por qué. Muchas veces eran resultados de cranques. Es decir, de infundios utilizados para crear una corriente de opinión. La ingeniosa conversión lexical cubana procede del *crank* americano, la manivela con que se arrancaban los carros antes del invento del motor de arranque. «Yo quiero vivir contigo», le dije. «Esto es del carajo», me dijo. «Yo llevo plata. Comemos por fuera. Y aprendo inglés.» El súper era un alemán. Quedaba un solo cuarto libre. Pero el alemán no quería rentarlo porque era contiguo a su propia habitación y el baño era intercalado, es decir, para uso de las dos habitaciones. «Si son como ustedes...», dijo el alemán. Quería decir que si nosotros éramos tan ordenados y responsables como Hilda y Rafaelito, pues no había problema. Tal era la condición sobre la que se pactó la renta. «Son gente maravillosa», decía Rafaelito que le aseguraba al alemán respecto a nosotros y nuestras normas de conducta y, a todas estas, con absoluta conciencia de que era su última conversación amigable con el alemán. Llegó Bola de Churre. Así es cómo se refería Rafaelito a mi llegada al edificio del alemán en Manhattan. Era entonces una fórmula cariñosa de nuestro trato. Creo que es un uso muy cubano de lo que en ciertas condiciones puede ser un insulto con agravantes, que las mismas palabras, en el mismo orden, se produzcan como expresión inequívoca de afecto y entrañable amistad. No hay nada más cálido ni que rebose más el corazón de camaradería que un buen amigo te califique de hijo de la gran puta cuando quiere demostrarte su admiración y respeto. Que no es lo mismo que ser un hijo de la gran puta para tus enemigos e inadmisible en lo absoluto que te lo griten en la cara y que es algo a limpiar de inmediato con sangre, con balas y sangre. Rafaelito se ha dado el lujo de llamarme Bola de Churre bajo sus dos condiciones de absoluta contradicción. Como mi hermano a toda prueba y como mi enemigo irreconciliable. Bola de Churre es un ciudadano poco dado al aseo. Tiene churre. Mucho churre. Tanto churre que es una bola de este elemento. Bien, pues, llegó Bola de Churre a Manhattan y el alemán dedicó un par de horas a la explicación de los cierres de las dos puertas del baño, la puerta que daba para él, la puerta que daba para mí. Cuatro pestillos dominaban la existencia. Abran el baño y cierren mi puerta. Terminan sus necesidades. Abran mi puerta y cierren la suya. *¿Underrrstand?* Cierren baño por dentro. Necesidades. Pupú. Terminar. Abrir baño por dentro mi puerta. Salir. Cerrar baño por fuera su puerta. *¿Underrrstand? Abrrrirrr. Cerrrarrr.* Hacer pupú. Cerrarrr. *Abrrirr.* Dios, me pregunto a estas alturas de la historia y de las circunstancias: ¿Y habrá pasado tanto trabajo Lenin para cagar en Viena? Se pueden imaginar el resultado de todo esto. Pues que, de nuestros dos meses de estancia en Manhattan, el alemán no logró mear a derechas ni una sola vez. Rafaelito actuaba como una especie de emisario en tiempos de armisticio. Mientras su hermanita y a su vez querida esposa mía, Mirta, miraba para el techo y realmente por aquel entonces le parecía una gracia todos mis desórdenes y desafueros, Rafaelito creía impostergable solicitarme que no lo descompusiera todo de la manera tan metódica y entusiasta con que yo parecía actuar. «Por lo menos inténtalo, Fidel», me decía. Aparte del diferendo que yo di en llamar contra El Cuarto Reich, me dediqué efectivamente a estudiar. Seguí mi método de memorización de la Universidad. Leer una página, aprendérmela de memoria, arrancar la página, hacer una pelota con ella y botarla. Se trataba de aprender inglés. Aprender esa lengua como un idioma materno. Rafaelito me agenció un enorme diccionario y me impuse al aprendizaje de 200 palabras diarias. Recuerdo que iba por *beaverboard,* a la mitad de la página 101, columna izquierda, cuando la crisis con el teutónico llegó a su fase terminal. Pocos días antes yo me había comprado el Lincoln Continental, de segunda mano y del año anterior, con puertas electrónicas en el que se me fue todo el dinero que me quedaba. Rafaelito desconocía, por supuesto, que ya estaba sin fondos. Pero me recriminaba la compra de aquel acorazado. Decía que lo inteligente hubiese sido comprar un Buick o un Dodge, nuevos de paquete, y más barato. Fue entonces que el alemán dijo que no me admitía una informalidad más y que no iba a permitir que la vejiga —*mein blase!*— se le reventara por mi culpa. Mein blase!, alegaba. «Vamos a pagar la cuenta y a irnos», me dijo Rafaelito, con evidente resignación. «¿Pagar *qué*? —le dije—. Si yo no tengo donde caerme muerto, Rafa.» Rafael Díaz-Balart palideció. «Mira, Rafa, lo que tenemos que hacer es resistir. Aguanta unos días y ya tú verás como este mismo alemán nos bota sin que tengamos que soltarle un centavo. Aguanta y verás.» Nos dio tiempo a hacer tranquilamente nuestras maletas y a los pocos días nos hallábamos en la carretera, rumbo a Miami. El estado de indignación germánico apenas nos dio tiempo de hacer las maletas. Yo le dejé de recuerdo el diccionario con las primeras 58 hojas arrancadas, 50 de diccionario y ocho de títulos y explicaciones del editor. Hasta el día de hoy me he quedado sin conocer el significado de *beaverboard*, porque hube de llegar hasta ahí pero no alcancé a leer su interpretación. Siempre me he imaginado que sea como un sombrero de castor o como un oso hormiguero pero bonachón y que está a bordo. El alemán no meaba y nosotros íbamos por la interestatal 95 Sur. El Lincoln, como correspondía, se rompía a la entrada de todos los pueblos. Cinco días duró aquel viaje. La costa por la izquierda. Estados Unidos de América, en toda su extensión, por la derecha. Detrás de mí, sonriente y divertida y sacando rositas de maíz de un tambucho inagotable y haciendo crujir las rositas entre sus dientecitos de juguete, y con la falda escarchada de virutas blancas, mi esposa, Mirta, con la que iba intercambiando muecas y guiños y ademanes de besos a través del espejo retrovisor. Rafaelito, de alguna manera contento y hasta deseoso de regresar a Cuba, después de su fracaso de conquistar Nueva York, a mi derecha. Ocasionalmente cogía el timón y manejaba un tramo. Hilda, distante y silenciosa, en el asiento derecho, sumida sabe Dios en qué pensamientos y en qué mundo de su exclusivo disfrute, o por lo menos de su exclusivo uso. Hablé mucho con Rafaelito en ese viaje. El diálogo que más recuerdo fue el que tuvimos sobre Al Capone. Él me había preguntado mi parecer sobre Estados Unidos y mi respuesta tuvo la sinceridad abrumadora de yo no saber aquella noche, ya sobrepasado Jacksonville y a unas 12 horas de camino de Miami, que la conversación no era entre dos cuñados y compañeros de luchas universitarias sino entre dos acérrimos enemigos de un futuro no tan lejano, entre el jefe de una revolución comunista en Cuba y el padre de dos representantes del Congreso de los Estados Unidos, porque le dije: «¿Lo que yo pienso? Que son unos comemierdas, Rafaelito. Eso es lo que pienso. Son muy pueriles. Mira al mismo Al Capone. ¿Tú te imaginas? Ése es el pillo más grande que ellos tienen. Su pillo emblemático. Pues Al Capone es otro comemierda. Dime una cosa. ¿A quién se lo ocurre robar en un banco? Nadie en su sano juicio roba en un banco si lo que puedes hacer es robarte el banco. Tú no robas *en* el banco. Tú te robas *el* banco». Rafaelito e Hilda regresaron a La Habana en avión. Yo seguí hasta Key West para volver en el ferry y poder llevarme mi catafalco negro.

Al despedirnos, en la rampa del aeropuerto de Miami, al que todavía llamaban el aeropuerto de la calle 36 y que hasta hacía poco fuera propiedad de la Pan American y donde acababa de terminarse la lenta construcción de su nueva torre de control, le dije a Rafaelito algo, algo que visto ahora retrospectivamente parecía el eco de una broma:

«Lo que hay que hacer es robarse el banco. El día que podamos, robamos el banco. ¿Entiendes? Robarse el banco».

La torre de control tenía unas vistosas franjas semafóricas blancas y rojas que se suponían visibles para los campeones aéreos de la época, los Douglas DC-4 y los primeros Lockheed Constellation. También era visible, hacia el oeste, el movimiento de obra y el polvero de las cuadrillas con las mototraíllas y los bulldozers que extraían las líneas del viejo Coastal Seaboard Railroad que separaba el aeropuerto de Pan American del campo de aviación militar acondicionado por el Cuerpo de Ingenieros del ejército americano para su uso en la Segunda Guerra Mundial, con el propósito de unir los dos aeropuertos en una sola estructura administrativa y operativa de gobierno civil.

«Bueno, Rafaelón. Un abrazo.»

«Un abrazo, Fidel.»

«Mañana en La Habana, Rafaelón.»

«Mañana, Fidel.»

TERCERA PARTE

TAN ÍNTIMO COMO CRISTO

8. EL PODER ANTES DE SERLO

... la vieja sangre que no le había sido dada elegir por sí misma, que le había sido legada sin contar con su voluntad, que tanto había corrido, cualquiera sabe por dónde y latiendo por qué afrentas, por qué ferocidades, por qué carnales apetitos, hasta llegar a sus venas.

WILLIAM FAULKNER

UNA VEZ Gammal Abdel Nasser, dejándose llevar por el entusiasmo inicial de la Revolución cubana, le habló a mi embajador en El Cairo de dos supuestos errores cometidos por el imperialismo en la posguerra. Dos errores estratégicos. El primero había sido la creación del Estado de Israel. El segundo, propiciar el golpe de Estado de Fulgencio Batista en La Habana, y luego aceptarlo en el poder. Sin el primero, explicó, él no hubiese pasado de ser un oscuro coronel del ejército egipcio destacado quizá en la zona de Gaza. Sin el segundo, yo no hubiese pasado de ser un oscuro representante a la Cámara que clamara por la necesidad de una reforma agraria. Era una forma, desde luego, de aparecer en la pintura él mismo, y como parte de una basta conspiración que abarcaba cualquier rincón del planeta donde se pudiera hacer ondear una bandera roja y en las que todos éramos unos juguetes al antojo de lo que se podía concebir como una especie de comando mundial comunista probablemente guarecido en un sótano del Kremlin y en el que no había distinción entre ser ruso y ser rojo y que observaban encandilados un mapa del mundo obligado, sobre una tosca mesa de madera, a mantenerse desenrollado por cuatro pomos vacíos de vodka en las puntas. Cuando mi embajador lo contaba, yo no podía concebir a este hombre, que dominaba el espectro político de casi todo el medio Oriente, dedicado a ese tipo de elucubraciones neoestalinistas. Después tuve que obligarme a tratar de entender el carácter árabe, empeño en el que casi siempre fracasamos. Es decir, debido al nivel de relaciones que muchas veces establecimos en esa zona, lo que primó por lo regular fue aceptar casi todos los tratos sin entender un pitoche de lo que realmente se esperaba de nosotros, o como yo le he llamado a puertas cerradas: un volar a ciegas que duró decenios. Después, en los setenta, cuando nuestra alianza con los soviéticos se convirtió en parte del mecanismo intrínseco de nuestro gobierno y cuando yo mismo fui de alguna manera el jefe de ese mismo movimiento comunista internacional, se me hizo más difícil aceptar la mecánica mental de hombres como Nasser y ese plantearse la historia como un enigma o, peor aún, como el resultado de unos oscuros e indescifrables conspiradores. De cualquier manera se entendía el interés por colocarse bajo nuestra sombrilla y el que tanto nos valorara el duro dirigente egipcio. A inicios de los sesenta, en el escenario de la guerra fría, Cuba era noticia constante, y mi presencia en los periódicos opacaba la de casi el resto de los estadistas mundiales. Competía sólo al nivel de Kennedy o de Jruschov, y luego de Johnson y de Brezhnev, mientras que Nasser sólo aparecía esporádicamente en sus guerras nunca ganadas contra Israel, y amén de que yo salía ganando en cuanto a gallardía e imagen. No se pongan bravos. Aparte de la carga probable de vanidad del criterio anterior, lo que estoy haciendo es referirme a un hecho. Confinados a ese entonces relegado rincón del mundo, su razonamiento era de un estalinismo en estado puro, o casi puro, y así se lo hacía saber al embajador cubano, mientras los dos se entendían en el exabrupto de sus respectivos usos del inglés. Las pinturas que me llegaban desde El Cairo, en los informes de nuestro embajador, Luis García Guitar, eran vívidas y versallescas. Quizá estuvieran reflejando más el carácter de nuestro embajador, que era vívido y versallesco. Y estalinista. García Guitar era uno de esos extraños productos del comunismo criollo, más que duro, brutal si llegaba el caso, pero entregado por entero a la causa y muy inteligente y muy hábil. El hombre perfecto para poner al lado de Nasser. Sus informes eran el material que me ponía la cancillería delante de los ojos cuando tenía que ocuparme de algún asunto relativo al área. Fue el primero que nos describió a Nasser como un estalinista. Con cierta alegría, como se desprende del hecho que nuestro embajador hubiese encontrado un alma gemela. García Guitar había conquistado a Nasser desde el momento que presentara sus cartas credenciales, el 3 de octubre de 1964[1] y a una pregunta sobre la situación económica de la Cuba revolucionaria, nuestro embajador le dijo que nos empeñábamos en la batalla de hacer jabón con azúcar de caña. «*Soap from sugar, Excellency?*», decía el reporte del embajador que le había preguntado el presidente egipcio y que él le había respondido con el tono más serio que pudo, *Yes, Mister Presidente, soap from sugar,* y que había sido a partir de este momento que la ceremonia se convirtiera en una especie de aquelarre de hilaridad en el que Nasser se aguantaba del hombro derecho de nuestro embajador para poder encorvarse a gusto del ataque de risa que lo invadiera y mientras llamaba a todo su séquito de ministros y generales y apuntaba con la mano libre hacia el corpachón rechoncho pero sólido del embajador García Guitar y decir cuando los resuellos de la risa se lo permitían: «*SOAP FROM SUGAR!*» La parte mala del cuento hubiese sido que García Guitar le dijera a Nasser que el susodicho jaboncito era uno de mis experimentos de entonces, tendientes al ahorro de materia prima de exportación en un país, Cuba, donde sus habitantes, los cubanos, se creen en la obligación de bañarse todos los días. Bien, pues, Gammal Abdel Nasser sería duro, tendría «un largo caminar de camello» (como describía nuestro embajador) y hasta se reiría de nuestros ensayos en la industria de la jabonería, pero tenía el mismo rasgo común que identifica y une a todos los estalinistas de todas partes y épocas: la nostalgia por las revoluciones. Es algo que yo he aprendido con el transcurso de los años y algo que detecté en los informes de García Guitar sobre las veces que Nasser se lo llevaba a bordo de su yate para disfrutar de un té helado, unos puros y hablar sobre la Revolución mundial al atardecer mientras la embarcación presidencial se desplazaba lentamente sobre el Nilo. «Los errores imperialistas son más valiosos que nuestros aciertos. A veces es sólo cuestión de sentarte a la puerta de tu tienda y esperar a que yerren», decía un Nasser aquejado de sinusitis crónica y

1. Ver: «Reafirma Nasser su firme apoyo a Cuba. Recibió al nuevo embajador cubano» en *Hoy*, La Habana, domingo 4 de octubre de 1964.

rodeado de unos diligentes adolescentes que lo proveían a tiempo de los pañuelos ligeramente perfumados con que se exprimía la nariz.

Era una visión deliberada de la historia. Pero lo peor de todo era que permeaba todas sus estructuras de combate. El peligro consistía en que, siendo una visión religiosa, estaba en manos de unos comisarios tan despiadados como disciplinados. Pero también era su debilidad. Acabaron sucumbiendo. Todos. Finalmente la historia no era esa mierda prediseñada.

De cualquier manera, las sesiones de elucubración nasserista al vaivén del Nilo transmitidas por correo diplomático llegadas a mis manos, me hicieron pensar en cierta analogía. No puede eludirse que tuvimos una fecha en común para celebrar nuestros orígenes. Y ése es todo el estalinismo que realmente nos unió. Que el 26 de julio de 1953 yo había dirigido el asalto al cuartel Moncada y que el 26 de julio de 1956 él anunció la nacionalización del canal de Suez. Era el punto al que quería llegar para dar inicio a este capítulo que es el de mis recuerdos del Moncada. Ciertamente, pese a Nasser y sus sofismas, me apresuro a advertir desde aquí mismo que el origen de la Revolución cubana si tuvo algún contacto con el movimiento comunista internacional, fue absolutamente tangencial y manejado por mí a distancia, mucha distancia. Porque ese origen no fue más que mi propio estómago. Digan mis aberraciones si les parece adecuado. Como quieran llamarle a mi propósito. Pero, eso sí. Todo personal. Ni estalinismo ni errores de imperialismo ni ninguna de esas chucherías marxistas.

Yo.

La Revolución soy yo.

Ningún asunto del hombre casado estaba resuelto cuando el ferry desatracaba del muelle de Key West y ponía rumbo a La Habana. Me estaba conduciendo, con mi mujer a bordo y el Lincoln Continental en la bodega, a la República del hombre con hogar constituido pero con los bolsillos vacíos. Todo lo que yo pueda decir ahora sobre lo que yo era entonces va a sonar como la queja de una mujer y no como la prestancia del período de formación final de un líder revolucionario en ciernes y sobre todo debatiéndose en las injusticias de la sociedad capitalista. Por lo pronto, ése debía ser el sino, el dogma por el que estaba obligado a vivir en los años posteriores a mi matrimonio. Era el país al que mis circunstancias me destinaban. Y era el futuro que se me obligaba a aceptar. El primero de septiembre de 1949 nació mi segundo hijo, Fidel Castro Díaz-Balart, quien después de 1959 tuve a bien sacarlo de la vista pública, y que hasta culminar el doctorado en Física en la Unión Soviética sería llamado José Raúl Fernández. Por razones explicadas anteriormente, Fidelito es reconocido históricamente como mi primogénito aunque ya había tenido ese otro hijo, Jorge Ángel Castro, de mi relación con María Laborde. Unos siete años después de Fidelito y como resultado de mi relación también extramatrimonial con Naty Revuelta, aconteció —el 19 de marzo de 1956— el nacimiento de mi tercer hijo, una hembra en este caso: Alina Fernández Revuelta. El apellido Fernández (y no Castro) tiene una explicación. Naty sostenía conmigo una relación igualmente extramatrimonial. Orlando Fernández-Ferrer era el prestigioso (y adinerado) médico con el que se había casado. Adinerado y estoico. Aguantaba cual decidido capitán de navío en su puente de mando todos los vendavales y tormentas que su adorable Naty se empeñaba en meterle la proa. ¿O era ella misma la tormenta? Esta producción de infantes como resultante de relaciones no bendecidas ni por la Iglesia ni por la ley tiene también explicación, quizá demasiado obvia: no resisto los condones.

Ni siquiera resisto los calzoncillos. Pero los condones son, al menos para mi gusto y sensibilidad, deprimentes. Inclusive la misma palabra era considerada en Cuba dentro de la categoría de las malas palabras hasta años recientes, cuando en el resto de los países comenzó a nombrarse como si tal cosa, sobre todo a partir del surgimiento del sida. Hasta entonces el artilugio era llamado preservativo entre nosotros y se le pedía en voz baja al farmacéutico. Tenía que ser, además, un farmacéutico o cualquier dependiente de sexo masculino. Donde hubiese una farmacéutica detrás del mostrador, no se compraban preservativos. Tenías que cazar el momento en que el farmacéutico apareciera. El mismo procedimiento se imponía como de rigor para la adquisición del famoso compuesto contra las ladillas —¿un *ladillicida?*—, llamado ungüento Soldado, sin duda la marca de mayor prestigio entre los usuarios criollos. Y tal la razón por la que siempre existieran dos o tres farmacias estratégicamente dislocadas en los alrededores de las principales zonas de tolerancia de La Habana —los barrios de Colón y La Victoria— atendidos exclusivamente por personal masculino.

Mi primera aprensión contra el uso de los condones procede de su olor a goma. Una muchacha, profesora de la Escuela de Artes y Letras, que me costó Dios y ayuda intentar su conquista y que al final nunca lo logré, me lo definió de la mejor manera: «Es que el preservativo, Comandante, es como aplicarle la técnica del palimpsesto al rabo. ¿Usted me entiende?». Llamémosla «V». Teníamos esa clase de conversaciones fluidas sobre el tema habitualmente prohibido mientras yo la llevaba a su casa, yo conduciendo el Gaz-69 de cuatro puertas después de decirle al chofer que se pasara para atrás, entre la severidad de los otros dos escoltas, y la joven «V» a mi derecha, en el asiento que le había cedido. Fue imposible llevarla a la cama porque, argumentaba, era como abrirle las piernas a José Martí. «Hasta los dos aparecen en los billetes de a un peso», dijo la noche que le eché el ojo en una aparición imprevista mía a la plaza Cadenas, de la universidad y que luego, siendo las once y media, salí a montear por los alrededores del alto centro de estudios, hasta que di con ella y ordené detener los tres todo terrenos soviéticos con los que me desplazaba entonces. «¿Adónde puedo llevar a la profesora? Es muy tarde.»

Se trataba, pues, de buscar plata. En este sentido yo animaba a Rafaelito Díaz-Balart a que le pidiera más a Batista, e incluso acepté después del golpe de Estado último que Rafaelito —dadas sus conexiones con él— le pasara una «botella» a Mirta. Déjenme explicarles. En Cuba se le llamaba botella a las sinecuras que el gobierno repartía entre sus acólitos. Pero no exactamente una sinecura, ya que éste es un empleo buen retribuido y que ocasiona poco trabajo. Las botellas —entre cubanos— el único trabajo que ocasionaban era ir a buscar el cheque al ministerio que fuese, y recogerlo. Había gente que tenía hasta diez botellas. El cheque de Mirta era uno solo y bien modesto. Un poco más de cien pesos por un cargo, si mal no recuerdo, de inspectora de almacenes (¡?!). Rafaelito tuvo la caballerosidad de hacer que se le pasara con toda regularidad a su hermana Mirta sin que yo me molestara en saberlo. Pero luego del Moncada, y estando yo en prisión, se encargó de hacer público el hecho. Si la primera acción había sido una obra de piedad con su hermana y de solidaridad conmigo, su cuñado, la segunda era una acción de venganza política. Parecía ofendido pero en realidad lo que ocurría era un caso típico de incomprensión de su parte. Que él no entendía el hecho de que yo tenía mis proyecciones como líder revolucionario y que mi historia debía mantenerse inmaculada. Esta denuncia de Rafaelito en todas las primeras planas de los periódicos habaneros fue particularmente onerosa para mí puesto que una de las figuras de mayor concentración de nuestros ataques en la lucha contra Batista era la corrupción, y las botellas ocupaban un sitio preferencial de obligado abatimiento en esas campañas, ese despreciable tipo de sinecuras criollas. Cierto que yo le apremiaba a pedirle más dinero a Batista, ya que él estaba conduciendo con todo éxito el programa radial de la juventud batistiana, pero esto había ocurrido antes del golpe de Estado y, en cuanto a la botella de Mirta, a los cheques que la aguardaban todos los meses, sin fallar uno, en el Ministerio de Gobernación, había el entendimiento que era a mis espaldas y que yo vivía en un situación de absoluta inocencia sobre todo en cuanto al dinero que el matrimonio ingresaba.

Otro recuerdo de la miseria espiritual de aquellos años. Está asociado en mi memoria a un anochecer. Andaba yo vagabundeando con el Chino por las cercanías de la universidad o nos tomábamos nuestros acostumbrados cafés con leche en el Vicky cuando le dije que me acompañara «a un lado». Un lado no es entre cubanos un sitio o locación que se encuentra en un flanco. Es un sitio determinado por el que, vaya usted a saber la razón, se prefiere no nombrar hasta que se llega a él. Pedro Emilio y Lidia. Yo fui a ver a esa mujer. Era en la misma calle San Lázaro, en un edificio despintado y de humectante vejez y con pasillos interiores y pequeñas habitaciones en el que se veían cerca de las puertas abiertas e inciertas aún bajo el dominio de la penumbra interior a negras rollizas que se balanceaban lentamente en sus sillones y se procuraban un poco de mayor frecuencia de aire sobre el rostro mientras movían maquinalmente sus abanicos de cartón. El olor a orina era ancestral y parecía impregnado a las paredes y, aunque se mantenía en un nivel permisible para el olfato, era permanente y parecía surgir desde todos los rescoldos de la edificación, y el piso era de unas losas de arabescos medievales, ninguna de las cuales estaba sana. Pedro Emilio nos recibió con desgano y mal disimulado rencor. Pero nos hizo pasar. Era necesario para él que yo me llenara los ojos con el escenario disponible apenas el iris se acostumbrara a la pesadez de la luz interior y descubriera los pocos elementos de la composición presente bajo aquel techo. «¿Tú me mandaste un recado, Pedro Emilio?», le pregunté.

Estuvimos unos pocos minutos.

De regreso al Vicky, luego de andar más de dos cuadras en absoluto silencio, el Chino intentó recuperar su acostumbrada locuacidad.

«Por Dios, Fidel, ¿quiénes son estas gentes?»

San Lázaro y sus cuatro sendas, siendo como eran más o menos las 8 de la noche, parecía sorpresivamente revitalizado y alegre luego de que saliéramos de aquel tugurio, y nuestros rostros parecerían los de unos fugitivos que descubren la libertad.

«Un medio hermano mío —expliqué—. Pedro Emilio.»

«¿Y la mujer en el piso?»

No estaba exactamente en el piso. Tenía una colchoneta.

«Se llama Lidia. Fue la mujer anterior de papá.»

«Esa mujer está muy mal, Fidel. Está tísica. Por lo menos tísica.»

«Lidia Argota —dije—. Sí, está jodida.»

«¿Te pidió mucho?»

«Mi hermanastro, un borracho hijo de puta. Ha chantajeado a mi padre todo lo que ha podido. Cuando vino el divorcio, le exigió 100.000 pesos y lo gastó todo en borracheras y parrandas. También aspiró a representante. Por el Partido Liberal creo.»

«Yo lo vi cuchicheándote.»

«Un borracho hijo de puta.»

«Ella estaba haciendo como un ademán, para saludarte. O demandando que te arrodillaras.»

«Él pretende que yo hable con mi padre y le pida alguna ayuda para ellos.»

«Quería tenerte cerca, como para besarte.»

«Un borracho. Un hijo de puta.»

Mi primera aparición en público —la primera de carácter auténticamente espectacular— tuvo un trasfondo: escamotearle al presidente Grau uno de esos actos tan apreciados por los cubanos de conmemoración patriótica. En octubre de 1947, Grau quiso hacer uso de la Campana de la Libertad de Céspedes en la custodia del municipio pro comunista de Manzanillo. La ciudad no le quería prestar la campana al presidente pero el 3 de noviembre, yo persuadí a los notables de Manzanillo que me la dieran a mí y a mis compañeros de la FEU, y me permitieran llevarla a La Habana, donde celebramos un gran acto y donde yo no cesaba de tocar a rebato con mi preciosa campanita que en otros tiempos sirviera a Céspedes para convocar a los esclavos de su ingenio azucarero.

Recuerdo que Alfredo Guevara quiso acompañarme en mis gestiones de Manzanillo y entonces, para eludir que se nos crearan muchos problemas con su presencia amanerada, y como una fórmula para no ofenderle —ese pobre pajarraco blanco en Manzanillo hubiese sido catastrófico, siendo como era la ciudadanía tan homofóbica entonces, y máxime la de las poblaciones más retiradas—, lo que se me ocurre es inventarle el cuento de asignarle una tarea: encargarle la búsqueda de las armas y organizar el grupo de choque para nuestra llegada. Así fue como, en ausencia nuestra, contactó a varias personas. Un tal Masó, descendiente de Bartolomé Masó, uno de los tantos patriotas cubanos de la guerra de Independencia contra España, lo llevó a ver a Jesús González Carta, «El Extraño», que no era descendiente de ningún patriota pero que era un psicópata y uno de los pistoleros de mayor nombradía que circulaban por La Habana. La conexión se realizó en una de las casas de El Extraño, que era a su vez una especie de cuartel, con todas las ventanas cerradas y guardias disimulados en el exterior, robustos tipos en sudadas guayaberas y con los evidentes bultos de las pistolas, y que, desde luego, era un inmueble que se hallaba en las proximidades de la universidad y, como de inmediato adivinaron, en la calle San Lázaro. El Extraño tenía un gran salón lleno de banderas, ¡y un trono! Trono en el que él estaba sentado cuando se dispuso a recibir a Alfredo. «Así que los muchachos están jugando con una campana», me contaría Alfredo que lo interrogó González Carta, que estaba vestido con una bata de casa y con zapatos de punteras de dos tonos. «Y necesitan unas pistolas por si hay acción. Acción debido a que están jugando con esa campana, ¿no? ¿Cómo? ¿Una campana *qué*? ¿Patriótica? Ummm. Ya veo. Ya veo. Pero, bueno. A lo concreto. ¿De cuántas pistolas estamos hablando aquí, señores?» Al final les dio unas tres cuarentaicincos en carácter de préstamos. Y sí les puedo asegurar que cuando se detuvo mi tren de Manzanillo, conmigo y mi campana a bordo, lo primero que descubrí entre el numeroso público que se había reunido para esperarme, fue a Alfredo y sus dos o tres reclutas de la antigua Escuela de Filosofía y Letras, con la palidez inequívoca con que atenaza el miedo, pero resueltos a inmolarse en el altar de la patria. La agitación y propaganda se la había encargado al chino Esquivel. Eso también funcionó a la perfección.[2]

Pero las cosas cambiaban. Unos pocos años después podía entender que también había batallas que se libraban desde el silencio. Que no todo era destacarse y que en esas batallas desde el anonimato me entrenaba en las acciones que uno debía dirigir de trasmano.

Viernes 11 de mayo de 1949. Ésa es la fecha de mi verdaderamente última batalla en la Universidad de La Habana. Ya había pasado un tiempo considerable desde aquellas contiendas en que luchaba a brazo partido para destacarme. Ya no era aquel oscuro combatiente solitario que trae en tren —desde el lejano Manzanillo, hasta La Habana— la campana con que en el siglo anterior el patriota Carlos Manuel de Céspedes llamara a la rebelión contra España.

Coincido ese viernes por la mañana con el Chino en la escalinata de la universidad y los dos traemos enrollados bajo el sobaco los periódicos con las fotos del marinero yanqui encaramado en la estatua

2. La historiografía contrarrevolucionaria se encarga ahora de expresar el hecho de este modo: que yo vi una posibilidad de figurar y llamar la atención. En realidad, no era eso lo que estaba pasando. Aunque las tesis del aparato de propaganda como instrumento esencial de la Revolución cubana no eran aún totalmente conscientes en mí, sí sabía —o mejor dicho: *intuía*— que por ahí había un camino. Por su parte, la historiografía nuestra, la revolucionaria, recuerda el episodio bajo otras tonalidades: «Su profundo respeto hacia las tradiciones de lucha de la tierra natal se hizo evidente el 3 de noviembre de 1947, cuando frente al rectorado universitario, donde se rendía tributo a la campana de Céspedes —símbolo cimero de las luchas independentistas iniciadas en Cuba el 10 de octubre de 1868— nuestro comandante en jefe Fidel Castro expresó: "(...) los libertadores de ayer tienen confianza en las juventudes estudiantiles de hoy, para que continuemos su obra de independencia y justicia."» En cuanto a mi primera aparición pública —la primera indiscutible, y mi memoria no falla en esto—, tuvo lugar el 27 de noviembre de 1946, cuando se celebraba otra fecha patriótica: los 12 estudiantes de medicina fusilados sin razón alguna por los colonialistas españoles en igual fecha en 1871. El discurso fue escrito a solicitud mía por Rafaelito Díaz-Balart. Yo no estaba práctico en la materia. Pero me lo aprendí de memoria y solté el rollo completo encaramado en el fragmento del paredón que aún se conserva como monumento.

de José Martí, del Parque Central. El marinero larga una inmisericorde meada luego de una noche de juerga a la estoica cabeza del prócer. Recuerdo que eran unos ejemplares del periódico *Alerta*. El ambiente en la ciudad se caldeaba y la gente no paraba de vociferar por radio y llamar al combate contra la marinería americana, cuya flota estaba fondeada en el puerto de la ciudad en una de esas visitas de buena voluntad y banderitas de los dos países agitándose y más tarde en la noche todos los prostíbulos de la ciudad abarrotados de los fugaces invasores albinos de Iowa y Brooklyn pagando 10 y 20 dólares por unos servicios que, como se sabe, para los nacionales no pasaban de los 3 pesos. Pero había tenido lugar la más grande de las ofensas y estaba debidamente registrada en las secuencias fotográficas y el marinero parecía un sapo agarrado a la cabeza de mármol. Los *marines* meándose en la estatua. De pronto, los marineros habían hecho el tránsito semántico *a marines,* por lo que todo adquiría una connotación peyorativa decisiva. «¿Viste esto, Chino?», le dije al Chino.

«Coooño», dice el Chino. Siempre tenía una forma muy peculiar de extender esta palabra. Los cubanos suelen decir coño como con sobresalto, amén de que en el país perdió toda relación con el aparato reproductor femenino, que es el origen castizo de la palabra, creo. Coño es un sólida y eufónica interjección a todo lo largo y ancho de Cuba. Y como toda genuina interjección, debe pronunciarse al golpe de un hachazo, con toda precisión y contundente rapidez. Alfredo Esquivel no. Siempre se tomaba su tiempo, como si convirtiera la palabreja en un saboreado concepto de valor filosófico, y como con cierto dejo de resignación, y hasta como una perspectiva probable del conocimiento. *Coooño.*

Le saqué el periódico de debajo de la axila con mi mano derecha y lo sacudí con relativa violencia y la edición de *Alerta* se desenrolló ante los ojos del Chino.

La foto prácticamente cubría un tercio de la primera plana. El meador errante de Arkansas atacaba.

«Coooño», dice el Chino.

Le digo:

«Vamos a sacar a los estudiantes y vamos a apedrear la embajada americana».

En ese momento se nos acerca Leonel Soto, el comunista, que nosotros regularmente tratábamos de esquivar, cuando no nos convenía

413

desde luego, porque salía disparado a informarle al Partido. Pero lo oyó todo.

«Yo voy también —dice Leonel—. *Vamos* en ésa.»

Vamos era la conjugación en la tercera persona del plural que comprendía a los militantes de la Juventud Socialista —por lo pronto el equivalente criollo del Komsomol— matriculados en la universidad.

«Bueno —le digo—, saca a tu gente, Leonel. Y bravo. Duro.»

Leonel se retira, en busca de sus komsomoles.

Entonces le digo al Chino:

«Ve y dile a Bilito que saque a los estudiantes».

El Chino sube la escalinata a todo correr. Yo me quedo debajo, con mi periódico *Alerta* en la mano, dándome golpecitos en un muslo, como una fusta.

Baudilio Castellanos, «Bilito», era en ese momento el presidente de la FEU en la Escuela de Derecho. Nosotros habíamos apoyado su candidatura. Bueno, en realidad, lo habíamos designado prácticamente a dedo. Comoquiera que yo estudiaba por la libre y que por esa razón no podía aspirar a cargos políticos en la asociación estudiantil, lo mejor que podía pasar era Bilito al frente del destacamento. Bilito. Él seguía siendo, de algún modo, el mismo muchacho que correteaba detrás de mí por los bosques neblinosos de Mayarí a la grupa de un caballo que insistía llamar como Lucero.

Pero esa mañana estaba ajeno al apedreamiento. Recibe mi recado y comienza a agrupar al estudiantado y a ordenar que se suspendan las clases debido a una contingencia insoslayable de la patria.

El Chino baja la escalinata para volverse a reunir conmigo. Aparece Aramís Taboada —su correspondiente ejemplar de *Alerta* enrollado en la axila— y pregunta si hay «camorra». «Vamos a ver qué inventamos», le digo. Se nos une Aramís. Cogemos mi coche, el Lincoln con puertas de botones electrónicos, y nos dirigimos a la plaza de Armas, en el casco viejo de la ciudad y a la vera de la bahía habanera, donde estaba la embajada americana y una agencia de venta de tractores y donde hoy tenemos una escuela secundaria. Es un edificio de cinco pisos, sólido y elegante y construido a principios de la República, hacia 1902. Llegamos como a los 20 minutos y hacemos el debido primer recorrido de inspección de la plaza de Armas, pero desde el coche, sin apearnos. Reconocimiento *oká*. La embajada, con sus enormes banderas en astas oblicuas, ofrece un espectáculo irresistible para nuestras apetencias. Toda de cristales y dejándonos escuchar los estrechonazos de las dos banderas. Buscamos entonces una vía de escape y hallamos un callejoncito que te saca a la avenida del Puerto. Pero no nos apeamos aún y tampoco creo conveniente ensayar con el tamaño del carro y el callejón. Meter aquel vehículo tan grande por el angosto callejón va a servir sólo para llamar la atención, por lo que hacemos un rodeo de dos o tres cuadras. «Aquí», digo. Parqueamos a unas dos cuadras de lo que en breve será el teatro de operaciones. Hay un restaurante allí, frente a la bahía, que se llama El Templete. Regresamos a donde está el Lincoln y lo cojo y lo llevo al parqueo frente al restaurante y volvemos al callejón después que Aramís ordena una paella y cerveza para tres y le de un par de pesos al camarero, como propina por adelantado, y le diga que vaya preparando la paella que vamos a atender un negocio pero venimos enseguida. Son cerca de las 12 del día y la tarde amenaza ya con unos poderosos aguaceros, de manera que el aire comienza a enrarecerse, cuando, enfundados en nuestros habituales trajes de abogados del futuro, nos llenamos los bolsillos de unas buenas y convenientes piedras que en La Habana es fácil encontrar en sus viejas y estrechas calles de adoquines y nos cargamos como bolsas de lastre de un globo aerostático y nos ponemos a esperar. Por la calle del Obispo, a unas dos cuadras de distancia, ya se ve la turba liderada por Bilito. La calle del Obispo es la que muere precisamente en la plaza de Armas y frente a la embajada americana. Nos sentamos en un banco del parque y la manifestación de los muchachos está a punto de desembocar ante nosotros y vemos los comerciantes, al paso de ellos, que se apresuran en el cierre de sus comercios y se escuchan con cada vez mayor aproximación el sonido cortante y sostenido de las sirenas de los nuevos carros patrulleros Mercury de la policía. La manifestación parece más amenazante y tensa —calculo— probablemente porque la calle del Obispo, una de las más antiguas de La Habana, es muy estrecha, con vía para un solo coche, y de algún modo las fachadas de los edificios que la flanquean ejercen una presión hacia dentro. Un bullicioso Bilito es visible al frente de la tropa. También Leonel, aunque con su acostumbrado empaque de severidad comunista y el aire de soñador impenitente que le dan sus gafas. Bilito grita, anima. No parece hallar diferencias entre un baile de carnaval y la guerra. Leonel sólo sonríe, con la misma timidez de una virgen azteca rumbo al sacrificio del volcán. Los americanos, sin embargo, siguen en el mejor de sus mundos, dedicados con aplicación y rutinarios, a sus negocios de la embajada, por lo menos es lo que expresan sus rostros indolentes y ajenos de dueños de la isla de Cuba y mares adyacentes, mientras entran y salen por aquel ancho portón, la ancha puerta de la embajada, sin percatarse de la exacerbada revuelta en contra de ellos mismos que está a punto de estallarles en las narices dentro de, máximo, 47 segundos, y son ya las doce y cuarto, y apenas faltan unos 30 metros para que la manifestación, no menos de 500 y vociferantes y algunos violentos muchachos alcancen nuestro punto de dislocación, y el sol ha descendido por el oeste lo suficiente, y aún no se le atraviesa la negra columna de ascenso vertical de un cúmulo, como para estar en capacidad de hacer fulgurar un primer nivel de la luminosa cristalería de la legación diplomática del Imperio, cuando compruebo que, estando en la posición de preparación total, y hallándose todos los factores en el lugar y situación que he calculado, ya no se requiere de más tiempo ni de más territorio y que el momento de la circunstancia exacta es ahora. «Ahora», les digo al Chino y a Aramís. Es sorprendente para nosotros mismos el efecto de la primera andanada de piedras contra los cristales. Los patrulleros Mercury y su contenido de tres policías por vehículo no tardan en ser visibles por las seis vías de acceso a la plaza de Armas cuando la cascada de cristales comienza a precipitarse con un estruendo de terremoto desde el quinto piso, y llegan las perseguidoras y comienza la repartición de golpes. Nosotros estamos frente a una humeante cazuela de paella y contemplamos el lento trasiego de los barcos en la bahía y también vemos pasar las oleadas de patrulleros rumbo a la plaza de Armas mientras nos alimentamos y comprendemos que la bronca ha dejado de ser de nuestro protagonismo, que las circunstancias han seguido su propia dialéctica, que han cambiado. «Pásame tu limón», le digo al Chino.

Calculaba que mi experiencia como abogado particular y la aventura con mis asociados Rafael Resende Vigues y Jorge Azpiazo Núñez de Villavicencio no diera material para más de un párrafo de tamaño mediano. Mi borrador original.

Pese a la visión de Nasser de este prohombre (yo) que en su origen tiene su-
puestamente la vista fija en un futuro luminoso de Cuba, lo que dio el bufete Az-
piazo, Castro y Resende de la calle Tejadillo 57 en La Habana vieja fueron algu-
nos gastos y un rápido cierre. Poco faltó para que hubiésemos abierto el bufete para
utilizarlo de inmediato en una declaración de bancarrota total. Azpiazo es el gor-
dito barrigoncito. Se murió en Cuba. Estaba tirado al abandono. (Es decir, na-
die se ocupaba de él. Es decir, no le di ninguna posición de relevancia en
el gobierno.) Resende. Nunca más supe de él. (De Resende.) Fracasó el bufete.
No teníamos clientes. Pero había que comer. Azpiazo y Resende, muchachos de es-
casos recursos. Creíamos que iba a levantar (el bufete) pero no prosperó. Y «em-
pezamos mal» (decían). Ni cobrábamos ni hacíamos nada. Nadie hizo nada ni
ganaba un quilo (centavo). Jorge Azpiazo, que se murió. (¿Se murió Jorge?)

La memoria es quizá uno de los centros del organismo de mayor
tendencia a complacernos. Tú nunca dispones de más musculatura
cuando necesitas levantar un gran peso ni la vista se afila ni hace sus
propias correcciones cuando quieres hacer un blanco a más de mil
yardas. Pero cuando quieres recordar, ahí está la memoria rápidamente poniéndote a la disposición un primer grupo de recuerdos
esencialmente amables. Es como si, a la orden, te sirviera sólo golosinas,
para que empieces a escoger, sobre el clásico mantel de cuadros escoceses tendido a toda celeridad y sobre el que brillan ya los almíbares y
crujen los hojaldres. Pero el material jodido, o el insignificante, ése se
resiste a aflorar, a ser extraído del archivo. Está presente como intuiciones negativas o señales de alerta en el caso del material jodido, y el
otro, el insignificante, flota como las botellas de los náufragos en una
mar de calma chica y en la que no se divisa ninguna nave. Todo en el
cerebro. Todo guardado desde que naciste. Sólo que el carácter personal y la aventura del momento determinen.

Azpiazo, Resende & Castro fue una idea surgida en la escalinata
universitaria. Estábamos a punto de graduarnos y tenía que separar-
me del Chino, porque él, hijo de abogados, debía ocuparse del negocio del viejo, que además era evidente ya que padecía de cáncer. Al
viejo Esquivel le quedaba poco tiempo para entrenar a su muchacho.
Resende, con un origen muy pobre y de mi misma edad, tuvo la idea
de montar el bufete. Azpiazo era nueve años mayor que yo y había vo-
tado en contra mía cuando yo aspiraba a la candidatura de la FEU.
Pero se sintió motivado por una razón legítima. Él era también de
cuna muy pobre y me tomó por un niño bien. Un ricachón. Pese a es-

tos ánimos de inspiración de clase baja, que tanto hubiesen complacido a Marx, Azpiazo fue un eterno hombre apolítico, cuyo único objetivo en la vida era dejar de pasar hambre pero sin comprometerse con ningún partido ni ideología. En ese talante aceptó el advenimiento revolucionario y tengo entendido que pasó el resto de su vida como abogado de uno de nuestros bufetes colectivos, unas instituciones de poca realeza y menos entusiasmo. Se mantuvo allí como se hubiese mantenido en cualquier oscuro departamento legal de un ministerio de Grau o del mismo Batista. El cheque mensual estaba garantizado y los abastecimientos normados por la cartilla de racionamiento implantada por nuestra Revolución desde 1961. ¿A qué más se podía aspirar? Es decir, ¿para qué levantar el teléfono y llamar al Comité Central con la pretensión de comunicarse con Fidel o tan sólo para dejar el recado —en cualquiera de las instancias— que su viejo asociado Jorge Azpiazo Núñez de Villavicencio estaba interesado —si no era molestia, desde luego—, en mejorar su posición? Resende, en cambio, no perdió oportunidad, apenas triunfó la Revolución, en pasarse a la derecha y finalmente emigrar a Miami. Las viejas hambres significaron un bledo en su caso. Al menos resultaron baladíes para la afirmación revolucionaria de corte marxista.

Nos pusimos de acuerdo en vísperas de nuestra graduación, sentados los tres en la escalinata. Yo calculo que serían como las seis y media de la tarde porque el sol no nos afectaba y ocuparíamos un trecho de unos dos metros entre los escalones 70 y 72.

Alquilamos una pequeña oficina en el segundo piso del edificio localizado en Tejadillo número 57, mayormente dedicado a alquilarle a otras oficinas de abogados. (Los cubanos dicen alquiler. Sólo dicen rentar cuando emigran. Desconozco los vericuetos etimológicos que diferencia en el subconsciente criollo una palabra de la otra.) El dueño se llamaba José Álvarez y su edificio se llamaba Rosario y la renta era de 60 pesos mensuales. Álvarez exigía un mes de adelanto y otro de depósito, con el inconveniente que todo el capital de que disponíamos los tres era 8 pesos. Para serles sincero, no tuve que gastar mucha labia en persuadir a Álvarez de que aceptara los 8 pesos para así poder nosotros empezar a desenvolvernos. También lo persuadí de que nos prestara algunos muebles, por lo menos un buró y una silla. Era imprescindible —insistí— empezar. También si pudiera buscar un rotulista que escribiera los nombres en la puerta se le iba a agradecer. En orden alfabético, desde luego.

> ## Aspiazo, Castro
> ## & Resende
>
> ———
>
> **DOCTORES EN DERECHO CIVIL Y LICENCIADOS EN DERECHO DIPLOMÁTICO Y CONSULAR**

El primer cliente fue Madereras Gancedo. No saben ustedes el gusto con que, a la vuelta de un poco más de diez años —en 1960—, despojé a Gancedo, un inmigrante español típico, de su negocio y sus atiborrados almacenes. No tenía en verdad el espíritu de mi padre, un gallego igual, y lo único que parecía interesarle eran las deudas de una miríada de pobres carpinteros habaneros. Todavía me acuerdo de su dirección, Concha número 3 y Luyanó, en una barriada al sudeste de la ciudad donde se hallaban casi todos los mayoristas de la madera, y próxima a un nudo de comunicaciones ferroviarias. Y los teléfonos. Oh, Dios, recuerdo los dos teléfonos. La memoria cada vez se me activa con mayor celeridad y parece registrar en gavetas que yo había olvidado, llenas de viejas postales, cartas, fotos, como si del descubrimiento de otra vida se tratara. ¿Cómo es posible? El 9 1819 y el 9 1529. Ya no existe Gancedo, ni sus almacenes, ni sus teléfonos, ni siquiera esos dígitos en nuestras redes de comunicaciones, y yo los estoy recordando con una precisión tan exacta como inútil. Es como buscar la vieja casa de la infancia en un barrio que ha sido demolido completo para una nueva construcción.

Era el trabajo de una agencia de cobros, pero convencí a mis asociados de aceptarlo. Y a su vez convencí a Gancedo de que nos pagara —al menos parcialmente— por adelantado y en especie: maderas y planchas de *playwood* para terminar de fabricar los muebles de nuestra oficina. Luego nos pusimos en contacto con los infelices integrantes de su lista de deudores y les solicitamos, a su vez la lista de los que les debían a ellos, con la idea inicial de llegar al mero origen de todas las obligaciones contraídas y aún sin cubrir. Era cuando se presentaba el dilema. Quiero decir, cuando se lograba algún resultado entre los deudores de los carpinteros o los ebanistas de las barriadas, nunca más de 20 o 30 pesos, la operación de entregarle esos pesitos sobados y descoloridos y gastados a uno de los pobres de la tierra para de inmediato arrebatárselo de las manos debido a que es menester devolvérselo a un bien cebado de fabadas gallego, se convertía en una bofetada de alta velocidad con el dorso de la mano que se congelaba a un milímetro del rostro. Que continuara el violento curso en abanico sobre tu mejilla y te cruzara hasta el otro lado de la cabeza, hacia donde la fuerza del impacto te deja mirando cuando una bofetada de esa clase te agarra de lleno, estaba determinado por lo que hiciera con el dinero. El resultado se lo imaginan, ¿verdad que sí? El gallego Gancedo nunca cobró un centavo procedente de estas gestiones nuestras. Y tampoco la estiba de madera que nos adelantó para nuestro mobiliario. Y ahora vamos a hablar aquí, entre nosotros, vamos a hablar *a lo cortico*, como decimos los cubanos, y vamos a mirarnos a los ojos. De frente. ¿Alguna vez ustedes han disfrutado de la expresión de asombro, primero de asombro, y después de desconcertada gratitud, cuando le dices a un paria, a un siervo de la gleba, a un esclavo, a un proletario, esos veinte pesitos son tuyos, chico? Qué cojones vamos a pagarle a ese potentado. Abajo los potentados, chico. Cuando ustedes se encuentren con esa experiencia, el día que eso les ocurra, y sólo entonces, comprenderán a cabalidad de qué manera se produce el esmaltado final en la formación de un líder revolucionario. Una triste oficina de abogados en la Habana vieja y una masa ambulante y desorganizada de carpinteros ebanistas pueden revertirse en el movimiento histórico más deslumbrante del mundo occidental en el siglo XX si yo entiendo la moraleja del abogadito irresponsable y su cohorte de carpinteros. No olviden la gratitud y el temblor de esas manos porque de pronto se llevan en el bolsillo 20 pesos que no entraban en sus cálculos. No lo olviden, y ahora cúbranme de todos los insultos que les plazca y díganme todas las veces que se les ocurra que yo soy un hijo de puta.

Es asombroso que Azpiazo, Castro & Resende aguantara hasta que yo me desligara de ellos para meterme en los preparativos del Moncada. Ganamos un total de 4.800 pesos en los tres años de actividad —desde nuestra graduación en septiembre de 1950 hasta unos dos meses antes de julio del 53—, lo cual resultó una suma muy baja y que hubiese resultado casi vergonzante para los otros compañeros de estudio, que ya se estaban instalando, con muy buena fortuna casi siempre. Aramís Taboada tenía su regio y concurrido bufete en la calle San Ignacio, si mal no recuerdo en el número 104, relativamente cerca de nuestro edificio Rosario de la calle Tejadillo. Y Rafaelito se había instalado en un ostentoso edificio llamado La Metropolitana, en la calle Presidente Zayas, la principal de las vías que cruzaba frente al Palacio Presidencial. Desde luego que la mayor parte de nuestra clientela, los dueños de las pequeñas vendutas del mercado municipal, campesinos del interior de la provincia de La Habana despojados de sus terrenos y estudiantes apaleados por la policía en alguna manifestación, no daban para mucho más. Visto en perspectiva, más que el bufete, lo que me resulta maravilloso es ver cómo Jorge y Rafael aguantaron.

Todo perfecto.

O ésa era la idea a la que debíamos someternos. La de una situación perfecta. Yo podía intuir que era una mentira y además desear que esa perfección fuese derribada como un muro. Aunque ahora, a la distancia, hago una comparación que, si no es errónea, al menos surge distorsionada, porque la hago desde mi actual magnificencia. Me refiero a una magnificencia muy particular, que es la del revolucionario que ha cumplido la mayoría de sus obligaciones.

Tengo a mi favor que, honradamente, traté de hacer lo posible por buscarme un lugar bajo el sol. En cuanto a los negocios, no crean que no hice mis serios esfuerzos. Enumerar mis dos mayores empresas no revolucionarias, o al menos no políticas, causan risa. El puesto de fritas que puse frente al Vicky terminó con una rápida quiebra y con todos mis amigotes atiborrados de fritangas y de papas rellenas, y el criadero de pollos que instalé en la azotea del edificio Frenmar terminó con las quejas de todos los vecinos por el interminable cacareo y las lluvias de plumas y las multas de los sabuesos de Sanidad Pública.

Pero había noches de jolgorio y de amigos y de ligera bohemia, una no muy costosa bohemia, accesible a nuestros modestos bolsillos. Los mejores recuerdos proceden de cuando salían dos parejas (unas escapaditas que me le daba a Mirta), y me iba de farra con Aramís Taboada, que andaba medio apareado con Martha Frayde, y yo, que andana detrás de una de las mujeres más inquietas (e inquietantes) y consentidas y atractivas de La Habana entonces: Naty Revuelta. Ustedes no saben lo que era aquella mujer, a la que —como se ha dicho— yo habría de preñar dos o tres años después y que se dejaría la criatura, pese a estar casada con el muy famoso médico Orlando Fernández-Ferrer, con quien ella ya tenía una hija, además: Natalie. Pero Naty estaba «volcada en la política» —tal su propia explicación, durante muchos años, del porqué de sus andanzas conmigo—, o lo que ella consideraba que era estar *volcado en la política*, y que se resumía en merodear la sede del Partido Ortodoxo, sede que se hallaba frente a los árboles y los toties cagadores de transeúntes del paseo del Prado, donde ella detenía su descapotable rojo del año, con la capota baja, por supuesto, hasta que parqueaba y hacía funcionar el mecanismo de despliegue hacia delante de la capota, y de donde descendía con su aire de princesa insatisfecha pero dispuesta a matar. El contorno de sus muslos y el prodigio que se adivinaba de sus nalgas ceñidos a los pantalones con lunares de pantera que entonces se llamaban pescadores y que cerraban a mitad de los tobillos eran insuficientes para concentrar toda la atención sobre su desplazamiento porque ella, con gesto maestro, se había despojado de sus gafas calobares y uno había descubierto la luminosidad imposible de sus ojos verdes, aquel desafío de las esmeraldas, sobre su piel remotamente bronceada por los rayos ultravioletas recibidos a la velocidad de crucero de 60 kilómetros por hora de uno de los sólo 3.900 Cadillac Eldorado Biarritz descapotables producidos ese año en Detroit y de los que dejaron escapar algunos ejemplares para sus clientes de La Habana. Se presentaba regularmente para dar una mano en lo que hiciese falta. Estábamos en campaña electoral y Chibás, al frente del Partido Ortodoxo, soltaba sus encendidos discursos radiales todos los domingos por la principal emisora del país —CMQ— y era con toda seguridad el próximo presidente de Cuba. El objetivo central de su campaña era la lucha contra la corrupción administrativa. Yo también me había afiliado al Partido Ortodoxo. Y lo mismo el chino Esquivel, y Aramís Taboada, y Martha Frayde. Había una ilusión en el país. Por esa razón decidí postularme como representante a la Cámara, y recibí —no sin resistencia— la aprobación para hacerlo en las filas de los ortodoxos. Finalmente, era otro de mis esfuerzos por aceptar las reglas de aquella sociedad. No quiero decir que le estaba perdonando la vida al mundo y viendo hasta dónde cedía la liga antes de partirse. Lo que quiero decir es que yo desplegaba mis energía en el propósito de tragarme aquella espada. Bueno, el caso es que, por lo pronto, yo también comencé a merodear la sede del Partido Ortodoxo.

Las farras con Naty, Martha y Aramís no duraron mucho tiempo. Creo que Martha y Aramís tuvieron sus desavenencias o fue el caso que Aramís se casó con otra mujer. El asunto es que se separaron. Naty y yo, por el contrario, íbamos a mantener nuestra llamita, incluso hasta después que salí de la cárcel, donde cumplí unos dos años por el asalto al Moncada.

Un pequeño aparte para dejar constancia de mi aprecio por aquel Lincoln veterano de mi propiedad. Majestuoso y noble pese a sus achaques. Compañero de miles de kilómetros y que me hizo entender una pasión exclusivamente viril: que uno quiere tanto a sus coches como a sus perros. Pero sobre todo a medida que envejecen y comienzan a ser inútiles.

Un Pontiac nuevo como regalo de bodas suplementario (aparte de los 10.000 pesos del obsequio inicial) de mi padre me estaba esperando cuando yo desembarcaba en el puerto de La Habana con mi Lincoln de uso. Aunque conseguí con unos amigos pagar el derecho de aduana del Lincoln, estuve muy cerca de deshacerme de él casi de inmediato puesto que las llaves del Pontiac tintineaban en mi bolsillo, cuando un amigo me lo pidió *para probarlo,* y a los 15 minutos tuvo un accidente que no sólo convirtió el Pontiac en un amasijo irreconocible de hierros y cristales, lo que las compañías de seguro llaman ahora «pérdida total», sino que tuvo a mi amigo hospitalizado al borde de la muerte durante varios días. Un amigo. Sé su nombre perfectamente, pero a resultas de que cada vez que se entrevista con mis biógrafos en el extranjero, les ruega que no lo nombren, yo asumo una postura que parece igual pero que no lo es. Él lo hace para no involucrarse conmigo. Yo lo hago para ignorarlo.

Efectuado el presente y particular monumento en mis memorias al Lincoln Continental que finalmente vendí por unos pocos pesos en los días anteriores al Moncada y que contribuyó, hasta en este postrer momento de mi posesión, para comprar municiones y servir así a la causa, procedo con nuevo asunto.

Próximas voces

Las divisiones dentro del partido de Grau —los auténticos— podían vislumbrarse desde 1946. Pero, de entre todas, la de Eduardo Chibás es la escisión más significativa, al separarse y crear el Partido del Pueblo Cubano —o Partido Ortodoxo, como ya ustedes saben que se le denominaba comúnmente. Sin embargo, en las elecciones de 1948 los auténticos dirigidos por Prío derrotaron a los liberales dirigidos por Núñez-Portuondo, a los comunistas dirigidos por Marinello (como figurón principal) y a los ortodoxos dirigidos por Chibás.

Chibás enarbola el lema «Vergüenza contra dinero» y, de ser el más ardiente defensor de Grau, se convirtió en su implacable fiscal. Sus programas radiales de cada domingo por la emisora CMQ denunciaban con inflamada retórica todos los males del gobierno. Era un congresista de una naturaleza violenta que nunca propuso ley alguna en el Congreso. Y tenía esa extravagante historia de autoagresiones y de haberse inmolado una media docena de veces. Bueno, o que al menos lo había intentado. Cada vez que algo no se ajustaba a su pretensión, a sus objetivos, sobre todo en el transcurso de un debate, podía enarbolar su revólver y soplarse un plomazo. Bueno, no es que se lo soplara siempre, pero el ademán quedaba registrado. Soplar entre cubanos significa más o menos propinar, aunque casi siempre refiriéndose a cierto tipo de agresión. Soplarle (a alguien) un balazo. Soplar un gaznatón. También su currículo indicaba que había estado asociado con ORCA (Organización Revolucionaria Cubana Antiimperialista) y con los comunistas mientras estuvo en el exilio en Nueva York, durante la guerra. Provenía de una familia con negocios de café y con cierto activismo político. Los auténticos se defendían como podían de sus virulentos ataques, que cada vez le ganaban mayor popularidad. Unos esmirriados sofismas políticos. Eran las únicas empalizadas defensivas de los auténticos. Ellos decían que al principio Chibás usaba sus ataques contra la corrupción para ganar popularidad y una posición cimera entre los auténticos. (Y sí finalmente lo logró, que importancia tuvo después el origen de su triunfo.) También decían que después ignoró el axioma de que en política no es lo que uno quiere sino escoger entre las posibilidades disponibles. (Éste era uno de mis favoritos, sobre todo porque me resultaba un tanto inteligible. Al final me percaté de que se trataba de una defensa de su propia corrupción. Eran corruptos porque no podían elegir otra cosa. Corruptos, ciertamente, pero obligados por el mundo en que les había tocado vivir.) Por último, que Chibás recibía por igual el apoyo de los demócratas de derecha que de los comunistas, porque de este modo todos debilitaban la abrumadora popularidad de los auténticos. (Bueno, no está mal la táctica, ¿verdad? Tan lícita como gastada, además.) Pero sobre todo, su programa de radio en la estación CMQ y sus exaltadas diatribas anticorrupción martilleaban despiadadamente. En realidad, pese a las quejumbrosas elaboraciones de los auténticos, Chibás era la voz. Una voz que habría de acallarse no obstante muy pronto. Aquella historia de que él se suicidaba cuantas veces le diera la gana, iba a tener un desenlace no previsto.

Chibás no me tragaba. Se agarraba por el gaznate, por encima de la nuez, con su mano y decía: «No lo trago». Tuve la ayuda de tres grandes amigos de entonces para que Chibás aceptara mi postulación como representante por su partido. Aramís Taboada (que ya conocen), Francisco Carone y, sobre todo, José Pardo Llada. Me servían como emisarios para ablandar el corazón del tribuno.

Fue así que, con ese trío empujando a mi favor —y yo a su vez presionándolos, a cada uno de ellos, para que empujaran—, Chibás no tuvo más opciones que decir: «¡Cómo joden ustedes con ese Fidel Castro!». Y decidir.

«Allá ustedes, mis queridos correligionarios. Allá ustedes. Está bien. Que se postule.»

E insistió:

«Pero allá ustedes».

Francisco Carone —que era representante a la Cámara por la provincia de La Habana, y uno de esos extraños casos de político honrado —que los cubanos llamaban «limpios»— aceptó interceder por mí. Incluso me invitó a cenar en su casa. «Para que de paso conozcas a Vicentina», me dijo. Vicentina Antuña de Carone era su mujer, por supuesto, y una de las autoridades de la gramática española en el país. Luego supe que, al solicitarle Carone que pusiera unos cubiertos adicionales, puesto que había invitado para la cena a «ese joven... tan prometedor... que quiere integrarse a la causa ortodoxa... Fidel Castro», Vicentina puso el grito en el cielo y le reclamó al marido que cómo, con el prestigio que él gozaba, se le ocurría meter en su propia casa «a ese gangstercillo de bolsillo». Pueden suponer que de eso yo me enteré algunos años después, bastantes años después, por lo que pude disfrutar de la cena sin rencores por adelantado ni tensiones. Supe de ese rechazo inicial de Vicentina (desde el triunfo de la Revolución fue todo lo contrario) por una grabación casual que —a los 30 años de aquella cena y en pleno período revolucionario nuestro— la Seguridad del Estado les hizo en la casa. Yo la cogí con llamar a altas horas de la madrugada para hacer algunas averiguaciones gramaticales. Una de esas madrugadas —hacia las 4 a. m.—, luego de haberle solicitado una explicación sobre el uso de los gerundios, creí mi deber disculparme con Vicentina por haberla despertado y recibí de ella la esperada respuesta de que, «no faltaba más, Comandante. Usted no se preocupe. Llame cuantas veces lo necesite. En esta casa no hay horarios para usted», cuando a continuación, ya colgado el teléfono, los micrófonos de la Seguridad lograron registrar la voz pedregosa del ex representante a la Cámara Francisco Carone, probablemente ya muy viejo y muy amargado, que espetó: «¡Qué oportunista es mi mujer, coño!».

José Pardo Llada, por su parte, era uno de los políticos más dinámicos y carismáticos del período, y con una popularidad arrolladora. Fue mi padrino en la boda con Mirta, y se ha jactado —quizá una broma— de que los fotógrafos concentraron las cámaras en él mientras que Mirta y yo pasamos a un segundo plano. A la muerte de Chibás, sin dudarlo, hubiese sido el candidato favorito de los ortodoxos y él tenía una confianza ciega en ese destino. Sólo Batista con su golpe de Estado, primero, y mi Revolución, después, se lo impidieron. Terminó de cualquier modo alzado conmigo en la Sierra Maestra y yo lo metí en una especie de bolsón para intelectuales y ciertos extranjeros que había creado allí, en Vegas de Jibacoa, donde adelgazó como un jamelgo viejo y desde donde, en algunas contadas ocasiones, lo hice traer a mi comandancia en La Plata para disfrutar de su gracejo y de sus largas tiradas de poesía clásica española. Pero en mis inicios con la ortodoxia fue mi más decidido y eficiente defensor. Pienso que lo hizo entre otras cosas porque me pronosticaba una vida muy corta debido a lo que llamaba la «intrepidez» de mis acciones. Recuerdo, por cierto, que un mediodía llegué a su casa y me encontré que María Luisa, su mujer, estaba de parto, que ya la fuente se le había reventado, y ni un alma por los alrededores. Cuando Pardo llegó al hospital, una hora o dos horas más tarde, me encontró con la camisa llena de sangre —una camisa blanca, desde luego, que es el tipo de prendas que uno siempre lleva puestas cuando se va a enfrentar con un fenómeno de esta naturaleza— y con la noticia de que tenía una hembra. El parto se había producido prácticamente dentro de mi Lincoln. Aquella mujer a mi derecha gritando y pujando y manifestando a voz en cuello, con las venas que parecían reventársele no sé si por los pujos o por la violencia de sus gritos, que se cagaba en la repuñetera de la madre de José Pardo Llada mientras yo trataba de conducir con la izquierda y de, a su vez, retener aquella bola de cabeza ensangrentada que ya se presentaba entre sus piernas, resbalosa y blanda, vino a ser con el transcurso de unos 30 o 40 años la mujerona atractiva y de fuerte presencia con credenciales de periodista de Miami que en el hotel de Cartagena de Indias, Colombia, donde se celebraba una cumbre de presidentes, me lanzó un grito valiente y conminatorio en el momento que las hojas metálicas de mi elevador iniciaban el recorrido de encuentro en el centro, yo rodeado de mi impenetrable guardia pretoriana, a uno de los cuales le hice la seña instantánea de que detuviera el suave desplazamiento del equipo Westinghouse y me permitiera escuchar algo que creí entender como la hija de Pardo. «¿La hija de quién dijo?», le pregunté al coronel Joseíto, jefe de la escolta. Sin que le temblara un solo músculo de la cara, Joseíto, atravesando los bíceps para mantener la puerta entreabierta y que las hojas no llegaran a concluir su recorrido en el centro invisible de su tope, lanzó la pregunta hacia el montón de periodistas y camarógrafos apelotonados en el lobby. «¿La hija de quién, *mija*?» Escuché la respuesta con toda nitidez —«Dígale que la hija de Pardo Llada»— porque se había hecho un silencio absoluto en el vestíbulo mientras se producía el diálogo. «Dice que es la hija de Pardo Llada, Comandante», me dijo Joseíto. Yo asentí, y una sonrisa debe haberse dibujado en mi rostro, con dulzura, o por lo menos con la carga de la nostalgia. Joseíto entendió, de sólo mirarme, sus deberes, y sin que fuera necesario que yo se los deletrea-ra, le hizo una seña a la muchacha para que esperara, dejó que la puerta del Westinghouse se cerrara y, apenas llegamos a nuestro piso, mandó a buscarla. Bernardette. Bromeamos muchísimo y le dije que, para ser mi único parto en la vida, no me había quedado tan mal, y le dejé que hiciera la entrevista que quisiera y le dije a Joseíto que per-mitiera subir sus camarógrafos. No era más nunca su padre. Pero no lo digo en menoscabo de ella. No lo era en relación conmigo. Tengo mucha data acumulada en este campo de las relaciones con los hijos de viejos amigos y siempre terminan por decepcionarte. No porque sean inferiores (a lo mejor muchos de ellos son, de hecho, superiores) sino porque uno pretende reeditar la amistad con unos muchachos que ya desconocen tu experiencia y con los cuales el axioma de la dialéctica marxista de que lo nuevo vence a lo viejo se hace insoportablemente real. Lo primero que uno tiende es a violar el axioma y no se da cuen-ta que él te está explicando que tu derrota está asegurada.

Pardo nos había abandonado un mes antes del desembarco de Playa Girón y después de algunos tropiezos había terminado en Co-lombia, donde logró reeditar considerables éxitos políticos, a pesar de hallarse en suelo extranjero, e incluso en algún momento de los años setenta fue embajador de ese país en Noruega y más tarde en San-to Domingo. Durante algunos años, y sobre todo al principio de su residencia colombiana, yo no perdía oportunidad de burlarme de él —o por lo menos de intentarlo. Comencé a hacerlo en julio de 1964 cuando llevé a Santiago de Cuba a unos periodistas americanos —el primer grupo importante de periodistas yanquis que recorrieron el país después de Playa Girón y la crisis de octubre— y uno de ellos me dijo que viajaba con frecuencia a Cali y a Bogotá y que veía a Pardo. «¿Tú ves a Pardo? Coño, no me digas que tú ves a Pardo —le dije. No sin cierta excitación—. Bueno, pues mira, llévale estos tabaquitos de parte mía. Dile que hablaste conmigo y que yo se los mando. Estos ta-baquitos.» Había sacado mis lanceros del bolsillo izquierdo de mi gue-rrera, donde solía llevarlos, creo que tres o cuatro que tenía ahí, y comprometí al hombre con el mandado. Esto, desde luego, me lo reservé en la entrevista con Bernardette.

En los últimos años he suavizado mis rencores con Pardo, quizá una condescendencia atribuible a la vejez y al apaciguamiento de la memoria; además de que —y créanme que escribo esto con verdadero dolor—, después de Playa Girón, la batalla que Pardo no quiso librar junto a los suyos, yo surgí como el vencedor indiscutible, mientras que él no dejó de ser un emigrante que tocaba a la puerta de los extraños. En cuanto a Bernardette, me la volví a encontrar (y sigo encontrándola) en cuanta cumbre presidencial se organice. Aunque tiene vedadas las entrevistas. Lo he decidido para evitar que ella no entienda dos cosas y que por lo tanto termine actuando en relación con nosotros como su padre. Bernardette nunca podrá abandonarnos porque nunca navegará en este barco. Ella —y me imagino que también sus patrones, los dueños de una de esas cadenas de televisión hispanas, que más bien parecen dirigidas a subnormales— no deben equivocarse con el pensamiento de que tienen la exclusiva eterna conmigo. Ésa es la primera idea a eliminar. Segunda idea a borrar de sus mentes: que no pueden usar mis entrevistas a favor de la contrarrevolución.

Eufemio Fernández hizo el alarde de que dejaba su posición en el gobierno de Grau y fue a Guatemala a preparar una (¡otra!) expedición contra Trujillo, el dictador de la República Dominicana, en la que estaba interesado el presidente Arévalos, de Guatemala. ¿Ustedes recuerdan a Eufemio? Ya lo hemos mencionado como uno de los pistoleros de esa época y que, en los primeros años de la Revolución, lo pegamos al paredón de fusilamiento.[3] Los Guatemaltecos, adversarios fervientes de la United Fruit, establecieron alguna clase de vínculo —aún hoy erróneo para nosotros— entre el consorcio bananero y el sátrapa dominicano.[4] Y Prío, por su parte, además del aporte de su

3. Por cierto que su fiscal, expedito y mandamás, fue otro conocido: Fernandito Flores Ibarra.

4. No puedes organizar una guerra a largo plazo contra una compañía emblemática del imperialismo —la United— fomentando unas tropas cuya primera misión es derrocar un supuesto régimen marxista en Costa Rica y tirárselas más tarde a Trujillo en Dominicana.

matarife favorito, aportó dinero. O dicen eso. Pero algunos pensaron —y aún piensan— que el fracaso de la expedición fue porque Carlos Prío traicionó. Sobre todo en la parte del episodio de invadir Santo Domingo.

Como todos los gobiernos y políticos que nos antecedieron, los supervivientes de las presidencias de Grau y Prío en años recientes han querido asumir una postura «ante la historia» y se esfuerzan por crear una mística de su propia gestión. Pero es un intento vano por equipararse con nosotros. Es así que, cuando afirman que los gobiernos auténticos dieron «generoso asilo a los luchadores por la democracia en países latinoamericanos», lo que pretenden es competir con nuestra política de solidaridad internacionalista. No obstante, es cierto. Un gran número de jóvenes dominicanos, venezolanos, peruanos, argentinos y centroamericanos encontraron un refugio seguro en La Habana y contaron con una ayuda esporádica en su lucha contra las tiranías que asolaban a sus patrias y que muchos de ellos llegaron a ser presidentes, congresistas y ministros de sus países. Los dominicanos recibían un trato preferencial, quizá por ser los más cercanos o por la cantidad de sus refugiados que albergaba Cuba. El fracaso de Cayo Confites tampoco detuvo el deseo de los expedicionarios, y ése es —parcialmente— el origen de la llamada Legión Caribe, que por otro lado recibió la bendición de la Guatemala de Arévalos. De modo que comenzaron a concentrarse, entrenarse y armarse en esa nación centroamericana. Que es cuando Eufemio Fernández se traslada a sus campamentos como delegado de Prío y con la misión específica de ponerse al mando de la fuerza, no dejar escapar el control de los cubanos sobre la situación y que las chapucerías de Cayo Confite no se repitieran. Ocurre entonces algo verdaderamente curioso. En Costa Rica, el ex presidente Calderón Guardia intenta establecer lo que se considera de hecho una «cabeza de playa» para Moscú, es decir, un gobierno más o menos de izquierda y con apoyo popular. La solución para derrocarle fue la Legión Caribe y que el 11 de abril de 1948 se desviara temporalmente de su objetivo original en el teatro de operaciones dominicano para invadir Costa Rica. Esta intervención del «Autenticismo» en el conflicto costarricense —según nos cuentan ahora los mismos «Autenticistas»— hizo posible que, después del golpe de Estado batistiano del 10 de marzo de 1952, los políticos que habían encontrado asilo en Cuba antes de esa fecha, como Rómulo Betancourt, Rómulo Gallegos, Carlos Andrés Pérez, Rafael Caldera, Juan Bosch y otros, pudieran refugiarse en San José de Costa Rica, como una especie de Habana alternativa (y mucho más pequeña y con volcanes temblores de tierra). Así que, desde este punto de vista, no estuvo del todo mal ese empleo imprevisto de la Legión.[5] Si algún defecto adverso para nosotros tendría, con el decursar de los años, este desplazamiento de los entonces revolucionarios latinoamericanos a San José, fue que la inteligencia americana «se mudó» con ellos, es decir, nuestros amigos les hicieron el favor a los gringos de estar localizables y a la mano en un reducto bastante limitado de espacio y con pocas vías de comunicación al exterior. También serviría como una especie de imán para actuar sobre muchos de los cubanos que se asilaban en el transcurso de la lucha contra Batista y eso obligó a la CIA a incrementar de nuevo su estación de San José, la que durante algunos años, al menos hasta el triunfo de la Revolución, hizo que San José compitiera con el mismo Miami como centro de atención sobre —y eventualmente de conspiración contra— nosotros.

El gobierno costarricense de Figueres; los gobiernos de Arévalo y Arbenz en Guatemala, que acogen a la Legión Caribe, integrada en buena proporción por los veteranos de la fallida expedición contra Trujillo de Cayo Confites, dispusieron que la Legión invadiera con seis aviones, de los cuales sólo uno llegaría a Santo Domingo, porque cuatro se vieron forzados a descender en tierra mexicana debido al mal tiempo, y un quinto avión que actuaba de escolta regresó a Guatemala. El 19 de junio de 1949 los quince expedicionarios del único

---

5. El objetivo fue desalojar el gobierno de don Teodoro Picado, establecido con el apoyo del ex presidente Calderón Guardia y de los comunistas encabezados por Manuel Mora Valverde. La visión de los vencidos:

> Integrada en gran parte por Auténticos y comandada por el doctor Eufemio Fernández Ortega y el ex general Dominicano Ramírez, la Legión aplastó la intentona comunista, salvó la democracia en ese país y facilitó la proyección del señor José Figueres como una figura democrática. Asimismo se disolvió el ejército, con lo que se aseguró la estabilidad política de esa nación, y que el Partido Liberación Nacional haya podido gobernar sin grandes contratiempos. [¿Leyeron bien?: ... *disolvió el ejército, con lo que se aseguró la estabilidad política de esa nación*... Es decir: ¡la estabilidad de Costa Rica dependía de que fuese un pueblo desarmado!] El doctor Eufemio Fernández Ortega fue fusilado por Castro años más tarde, no obstante las gestiones que para salvarle la vida efectuara el general Lázaro Cárdenas, ex presidente de México.

avión que llegó a su destino aterrizó en Luperón. Combatidos por el ejército nacional, sólo lograron sobrevivir cinco, entre ellos Horacio Ornes Coiscou, quien encabezaba el grupo.

El resultado de las expediciones de Cayo Confites y Luperón paralizaron por una década todo intento de invasión antitrujillista desde el exterior. Las mismas acrecentaron una ola de encarcelamientos y represión, como también robustecieron el papel del ejército nacional, como el de Trujillo, quien explotó dramáticamente esos hechos, llegando inclusive a pedir al Congreso «poderes extraordinarios para declarar la guerra sin mencionar a país enemigo alguno», pese a que había denunciado «maquinaciones de los gobiernos de Cuba, Guatemala y Costa Rica». Se supone que la traición de Prío al plan de la Legión haya sido, desde luego, pasarle la información a su homólogo. Al menos Juan Bosch culpó del fracaso, en primera instancia, a Prío. Varios pilotos americanos resultaron muertos en esta expedición. Posteriormente la marina de Trujillo secuestró un barco cubano y Prío rehusó emplear la marina cubana para impedirlo. Por último, un dato que probablemente resulte inútil o superfluo aportar: Eufemio Fernández no se encontró nunca en ningún sitio que ofreciese peligro.

Guatemala, no obstante, iba a mantener su vigencia en la agenda de Prío.

Chibás acusó al ministro de Educación Sánchez Arango de transferir dinero de las escuelas públicas para construir proyectos de viviendas en Guatemala. Chibás prometió en su programa radial de los domingos que mostraría las evidencias. Tirado de cabeza en su denuncia, se refirió al robo de los fondos del desayuno y los materiales escolares y acusó directamente a Sánchez Arango de utilizar el dinero malversado en el fomento de un reparto residencial en Guatemala. Llegado el caso, sin embargo, no pudo presentar las pruebas que avalaran su acusación.

Trató de zafarse del bulto con lo que ahora llamaríamos una maniobra de distracción por los flancos. Exhibió fotos y documentos que demostraban el florecimiento del peculado dentro del gobierno de Prío. Llegó a decir que, por falta de alimentos y medicinas, los hospitales públicos en Cuba se habían convertido en mataderos humanos, y habló de que Prío y Aureliano fomentaban un emporio maderero en Guatemala. (¡Otra vez la República hermana!) Pero las pruebas prometidas sobre los desvíos de fondos hacia el barrio residencial guatemalteco continuaban sin aparecer.

Pero la caldera seguía insuflándose de vapor. Para dar más colorido a los acontecimientos, Chibás y Aureliano pactaron un debate. Se enfrentarían en la sede del Ministerio de Educación en la noche del sábado 21 de julio. Ante las cámaras y los micrófonos de la televisión y la radio, cada uno de los polemistas dispondría de una hora ininterrumpida para sus planteamientos y de media hora adicional para responder. La televisión, acabada de inaugurar en Cuba, se permitía el lujo de la primera polémica política televisada de la historia del mundo.

Chibás aceptó todas las imposiciones de Aureliano. «Acepto que el tema a tratar sea el que usted señala: Terrenos en Guatemala y malversaciones del desayuno y los materiales escolares. Acepto también que el tema sea exclusivamente Guatemala, eliminando los otros dos. Acepto de antemano cualquier otra variante que usted proponga. Acepto lo que usted quiera, todo lo que usted quiera, con tal de evitar que el debate se suspenda. Sólo reclamo una cosa: absoluta libertad de palabra...» Y es aquí donde el ministro le sube la parada. Esa libertad, dice, no puede entenderse como libertad para salirse del tema único ni hacer referencias a personas del gobierno ni atacar al presidente Prío, ni a sus familiares, ni al gobierno como entidad.

Las cámaras de la televisión, aquella noche de sábado, muestran a un Aureliano que mira impaciente su reloj en espera de un Chibás, un Chibás que nunca llega. Luego se descubre que la policía le había impedido el acceso al ministerio. El líder ortodoxo, que viste un traje de dril blanco, se retira, consternado y sobre todo consciente de que se desplaza en las viscosas salmueras de la humillación. Pero porta una gruesa cartera o portafolio —que finalmente se dio en llamar vulgarmente como «la maleta de Chibás»— donde, supuestamente, lleva las pruebas de su denuncia.

Acude entonces a la prensa plana y a la radio. Cita la carta que 25 congresistas del partido gobernante remitieron a Prío y en la que acusan al ministro Sánchez Arango de fraude financiero, mantenimiento de nóminas imaginarias y de un manejo escandaloso de todos los fondos a su alcance, y dice, entre otras cosas, que aunque el presupuesto de Educación es de 58 millones de pesos, miles de escuelas públicas carecen de desayuno y materiales. Amenaza además con llevar su denuncia ante los tribunales. Aureliano, por su parte, se vira hacia su esquina y le solicita un conteo de protección a Prío, le pide a su presidente que convoque al Senado para que enjuicie a su rival por el delito de conspiración contra la estabilidad del Estado y por fabricar un conflicto con Guatemala.

Como se comprenderá, yo domino el tema con bastante precisión. Me ofreció en su momento muchas lecciones, de las que me he servido con frecuencia en el transcurso de la Revolución. Pero también me he aprovechado de los inagotables recursos investigativos que me ofrece la Seguridad del Estado para redondear y completar la información del caso. Lela Sánchez, la hija de Aureliano, que vive en Cuba, nos aseguró que, con relación a las supuestas cuentas de su padre en bancos norteamericanos, no se conocieron evidencias posteriores... de que él dispusiera de tales cuentas.[6] ¿Hubo una desproporción de las acusaciones —acaso injustas— o la polémica sobrepasó toda cordura? No sólo Lela nos ha aportado información. Conchita Fernández, la secretaria de Chibás, que en la historia del país ha quedado como una especie de Virgen de Fátima de la ortodoxia, y que la mantuvimos como secretaria de nuestros consejos de ministros revolucionarios hasta hace unos pocos años, murió convencida de que los documentos existían. Pero, aparte de estas dos señoras, se pueden imaginar que yo no me perdía uno solo de estos dramas dominicales escenificados en el estudio con lunetas de la emisora CMQ. Yo, en primera línea. De manera que, cada vez que Eduardo R. Chibás bajaba la vista, por cualquiera de la gesticulación a que lo condujera su oratoria, el rostro aprobatorio y de cálido apoyo con el que se encontraba era el mío. ¡Arriba, Eddy! ¡Arriba, coño!

Las pruebas, se decía, estaban en su famosa maleta. Durante esos días, la maleta fue el tema de todas las conversaciones en Cuba, a favor y en contra del líder de la ortodoxia. En Santiago, en medio de los carnavales, alguien preguntaba —como estribillo de una conga callejera: «¿Dónde están las pruebas, dónde están?». Y el coro respondía: «Cuando abran la maleta, ya verán». Los caricaturistas de la prensa la

6. Consúltese también su libro *La polémica infinita,* en el que tiene la generosidad de dispensarle una especie de perdón magnánimo al encarnizado enemigo de su padre cuando apunta que «el senador (Chibás) comprendió el error en que había incurrido al acusar a Aureliano sin poseer las pruebas».

satirizaron sin piedad, y no faltaron serios comentaristas políticos que calificaran las tales pruebas de «paquete», que es la forma más ignominiosa del habla popular para calificar un embuste. En el teatro Alcázar, con la puesta en escena de *La maleta de Chibás*, se ridiculizaba al ilustre senador. También se enjuició el asunto con cordura: «Chibás no aportó las pruebas que todos esperábamos, pero no se puede negar que sus denuncias fueron impresionantes. Y como en todas las polémicas del gobierno con el líder ortodoxo, fue el presidente el que llevó la peor parte».

Lo que sucedió después es bien conocido entre los cubanos de mi generación. El 5 de agosto de 1951, durante su hora radial de los domingos, un poco después de decir «Cuba tiene reservado en la historia un grandioso destino, pero debe realizarlo» y de avanzar la frase amenazante y desgajada de: «¡Pueblo de Cuba, éste es mi último aldabonazo!», extrajo su 38 buldog y se disparó en el bajo vientre.

Los olores, el de la pólvora primero, y casi siempre, de inmediato, seguido por el de la sangre, se hicieron presentes.

El Estado Mayor de la ortodoxia, sobre el escenario, estaba literalmente petrificado, y observaban a Chibás, de rodillas y con los ojos ya cristalizados por el terror de su propia acción y sin hallar una explicación a que las perneras se le oscurecieron como si se estuviera haciendo las necesidades, aunque ya había sangre, espesa y muerta sangre, goteando de los bajos del pantalón, recogidos hacia los muslos por el impacto de la caída que lo había clavado de rodillas sobre la superficie de linóleo del escenario. El micrófono RCA de pedestal se hallaba, derribado, a la derecha y el público dentro del estudio se creía obligado a dar órdenes y consejos y hasta lecciones de primeros auxilios a la cohorte congelada de Chibás, consejos que llegaban a gritos desde diversos sectores detrás de mí, de los que decidieron mantenerse en el estudio, porque muchos huyeron al conjuro del disparo, del triste y único y de un calibre tan menor como es el 38 (americano), disparo, y aquel hombre disminuido de su propia presencia de agitador fragoroso de once o doce segundos antes, y en implorante silencio, agonizaba sin la más mínima posibilidad de mantener un empaque de dignidad. Salté de inmediato al escenario, colocando la mano izquierda sobre el borde del proscenio, que me daba casi a la altura del pecho, e impulsándome con las dos piernas a la vez, logré caer a un lado de Eduardo Chibás y, gateando el metro aproximado que me separaba de él, me le arrodillé enfrente y lo atraje hacia mí, como una pared de apoyo y para evitarle el esfuerzo de quererse mantener erguido por su propio esfuerzo y le dije: «Tranquilo, doctor», mientras comencé a buscar el revólver en el piso puesto que no me gustaba nada la idea de que hubiese un revólver sin control bajo ese techo y cerca de nosotros, revólver que, tengo entendido, no apareció nunca más. Los que aparecieron —no sé de dónde— fueron Pardo y Aramís. Entonces sentí que la cabeza de Eduardo Chibás se desplomaba sobre mi regazo, con el peso de un niño cuando se te duerme encima. «Mi carro, Pardo —les dije—. Está allá afuera. Justo frente al estudio. Aramís, agárralo por esa pata. Dale, coño. Dale. Arriba. Dale, Pardo. Arriba, coño.»

Una vez más el Lincoln como ambulancia de la ortodoxia.

Chibás fue ingresado en Centro Médico Quirúrgico de La Habana, una institución privada, y aguantó once días. Llevado de urgencia al quirófano y atendido con desvelo posteriormente por Bisbé y Rodríguez, dos de los médicos más prestigiosos del país, miembros a su vez del Partido Ortodoxo, y por una nueva luminaria de la cuchilla en nuestros salones de cirugía, Pedro Iglesias Betancourt, a quien llamaban «El Francesito» por una temporada de estudios transcurrida en París, en algún momento, al mediodía, del 16 de agosto de 1951, dijo: «Tengan cuidado con Batista. Está preparando otro golpe militar». Y expiró.

A su funeral asistieron unas 300.000 personas. La escalinata estaba llena de público y la marea humana, la muchedumbre, llenaba la calle de San Lázaro hasta donde alcanzaba la vista. El cadáver fue tendido en el Aula Magna de la Universidad de La Habana. Se le daba acceso al público por la puerta principal y se le permitía dar un rodeo al féretro para que contemplara el rostro totalmente desangrado y mal embadurnado de colorete por un maquillador de funeraria que no había logrado rescatar ni un solo rasgo de la enérgica expresión de Chibás. Yo fui uno de los integrantes de la primera guardia de honor, el rostro grave, una mirada que se diría lastimera y con mi eterno traje oscuro de rayas y solapas cruzadas. Pardo estaba delante de mí y, terminado nuestro tiempo de guardia, Pardo se sentó en uno de los doce sillones de caoba a un costado del féretro, que ocupaban sólo los familiares más cercanos y los notables de la ortodoxia. Yo había preparado seis discursos diferentes desde el día anterior y salí de la universidad a todo correr para dirigirme a las seis estaciones de radio donde tenía previsto lanzar mis arengas. Al rato estuve de regreso en el Aula Magna. Pardo seguía en su sillón de lento, meditabundo balanceo. Con cierta discreción, me arrodillé por el lado derecho del abatido Pardo y le dije: «¿Qué tú piensas hacer con el muertecito?». Pareció que lo había tocado con la punta viva de un cable de corriente 440. No pudo evitar un sobresalto que virtualmente lo levantó por un instante de su asiento. Mordiéndose las palabras y logrando mantener a duras penas el volumen bajo de los cuchicheos, me reprendió: «¡Coño, chico, cómo vas a decir esto aquí!». «Pardo, mira —le dije—. Lo tengo todo organizado en mi cabeza.»

Era infalible, un plan infalible. Sólo hacía falta que Pardo dijera: ¡A Palacio! Y que cargáramos el féretro y condujéramos esa muchedumbre al Palacio Presidencial. Prío no resistiría ese embate. A diferencia del bogotazo, sin embargo, no habría desorden ni saqueos porque tendríamos un flautista de Hamelín que condujera a la muchedumbre: nosotros con el cadáver de Chibás sobre los hombros. Desde luego, hacía falta el prestigio y el carisma de Pardo en ese momento, y éste falló por completo. Yo sabía la lección de Bogotá de que las masas no se pueden dejar actuar a su libre albedrío. Y tenía resuelta la ecuación para esa contingencia y se la expliqué a Pardo: «Pardo, tú de presidente. Yo, de ministro de Defensa». Pero todavía ignoraba que no existen líderes revolucionarios por delegación, porque tú les des la tarea. Existen los grandes políticos, los grandes presidentes y los grandes militares porque los han empujado al escenario. Pero los líderes revolucionarios son inexorablemente hijos de las propias circunstancias en que surgen. Tú nunca le puedes decir a un pequeñoburgués aspirante a la presidencia de un partido tradicional: «Ésta es la mecha de la Revolución y éste es un cerillo. Prende el cerillo y pégaselo a la mecha». Era fácil. Era factible. «Pardo —le insistí—, antes de que lleguemos a la mitad del camino, de aquí al Palacio, ya Prío mandó a calentar los motores de su avión.» Pardo sólo hacía que negar con la cabeza.

«Fidel, tú no entiendes. ¿Para qué vamos a embarcarnos en esa aventura si en unos meses vamos a ganar las elecciones?»

«Porque podemos tomar el poder dentro de una hora, Pardo. Una hora. Mira tu reloj y saca la cuenta. A las 2 de la tarde tú eres el presidente de la República y yo soy tu ministro de Defensa.»

Años después, y a los pocos días de su arribo a la Sierra Maestra, él tuvo la gentileza de decirme que toda la razón me había asistido aquella tarde. Para esa fecha, sabíamos que Prío, en efecto, había ordenado que prepararan un avión en campo Columbia y que se dispusiera la evacuación de la familia presidencial. Prío se veía a sí mismo, con sus gafas oscuras y tumbado al sol en una playa de Miami. El C-47 presidencial calentaba los motores y la tripulación se mantenía a bordo en espera de que, en Palacio, el señor presidente de la República, Carlos Prío Socarrás, recibiera el parte de la jefatura de la Policía Nacional sobre el rumbo que finalmente tomaba el cortejo fúnebre: si al este (en dirección al Palacio) o al oeste (en dirección al cementerio).

«Te equivocaste de hombre y de partido», me reprimió días después mi última adquisición en materia de amigo y, por lo pronto, también de mentor.

Debo reconocer que, en este caso, se cumplían una vez más unos parámetros que, de hecho, se han mantenido vigentes durante casi toda mi vida, aunque yo no me lo haya propuesto de inicio. Un alto por ciento de mis amigos comienzan siendo mis mentores. Luego yo los sobrepaso (siempre los he sobrepasado *a todos*) y termino por ser yo su mentor. O por lo menos el alumno que aventaja a su profesor. Por lo que no siempre logro mantener la estima o el aprecio o la amistad sin inhibiciones de la mayoría de los amigos con los que haya empezado una empresa. Terminan por sentirse rebajados ante mí, y cualquier afecto o lealtad establecido con anterioridad, es desplazado por el rencor. No fue nunca el caso de Flavio Bravo.

«Bueno, entre otras cosas, Chibás se murió, por así decirlo, desangrado —me dijo—. Averigua quién le puso esa sangre que parecía agua del grifo.»

Yo nunca lograba descubrir una sola emoción —ni en su rostro ni en la modulación de su voz— cuando Flavio se refería a asuntos de esta naturaleza. El verdadero cuadro duro. Por fin yo entraba en contacto con uno.

Por esos días logré averiguar a través de Pardo que el Francesito corroboraba un exceso de Demerol en el quirófano.

«No, Fidel —me explicó Flavio—. El Demerol es un anestésico. Eso está bien para el cuento del paro respiratorio.»

Era la primera vez que yo escuchaba hablar en serio del uso de la medicina por los verdugos.

«Claro —dijo Flavio, ahora sí con una sonrisa—.Todo sirve para matar, Fidel. Pero no a la inversa. Ningún médico, para sacarte de un coma, por ejemplo, te puede acribillar a balazos.»

Flavio insistía en que el camino hacia la muerte de Chibás había sido un deslizarse por un sistema de irrigación que se licuaba aceleradamente, como los caramelos cuando se te disuelven en el paladar.

Me causaba asombro —y de paso me enseñaba un mecanismo de conducta que no podía eludir— el orgullo con que me dejaba entrever que había sido obra de ellos. Del Partido. Unos médicos comunistas que le habían aplicado una y otra vez las mortíferas sobredosis de anticoagulantes.

Anoten las dos lecciones: nunca puedes estar por debajo de los asesinos de tu entorno. Máxime si matan por una ideología. Quiero decir, no te puedes quedar por debajo de su dureza y su nivel de moral. Dos: nunca preguntes más allá de lo que se te está diciendo. Para no comprometerte. Si la información es vital, obténla a través de algún subordinado.

No. No me resultaba una información vital. Incluso no hice ningún esfuerzo por obtenerla después del triunfo de la Revolución, lo que me hubiese sido tan fácil a través de los órganos de la Seguridad. O preguntándoselo al mismo Flavio, que en definitiva fue uno de los dirigentes del Partido de mayor lealtad y más serviciales conmigo, si no fue el que con más amistad y desinterés lo hizo y en el que no detecté jamás que la transferencia de mentor a alumno mío lo hubiese ofendido o lastimado. Pero preferí sepultar (¡valga el término!) el asunto de Chibás para no crear yo mismo un fantasma que me persiguiera después durante el proceso. Y dada la circunstancia, sobre todo, de la cantidad de compañeros de la ortodoxia que se sumaron a nuestra causa, no era aconsejable esa carga. Es una matemática muy sencilla: no quería que nadie supiera que yo sabía. (Subrayado doble.) No quería a nadie mirándome con cinismo si en algún momento se me antojaba que, frente a una batería de fotógrafos, debía ir a llorar en la tumba de Chibás.

¿Satisfecho con mi argumentación? Bien, pues, ahora sepan esto: Eduardo R. Chibás ya había rebasado todo el peligro y se encontraba en estado de la más franca y estable recuperación, cuando se le aplicó a mansalva la dosis del poderoso anticoagulante Dicumerol que lo convirtió de inmediato en una pálida masa temblorosa que no paraba de licuar su sangre y, un par de horas después, en un frío y desinflado cadáver. Desde luego que lo averigüé todo, y hasta los médicos que cumplieron la tarea, nombres éstos que está de más decir que no voy a relevar, siguiendo la noble tradición de mantener ocultos para siempre el rostro de los verdugos a tu servicio, o al servicio de la causa a la que tú también sirves o servirás. En definitiva, es virtud de los comunistas reconocer que la sangre derramada en el pasado es un bien común.

Surge Flavio, surge el aparato clandestino. Quiero decir, surgen en mi trayectoria. Y aprendo el concepto conspirativo. La conspiración. La verdadera.

«¿De dónde sacan ustedes tanta sabiduría, Flavio?», le pregunté una tarde en un oscuro cafetín del barrio chino de La Habana. (Con Flavio se acabaron mis reuniones y contactos en el Vicky. Esa ambición de los comunistas que yo había conocido hasta entonces, de sumarte y de hacerte aparecer como uno de ellos, se acababa con Flavio.)

«Sencillo, Fidel —me dijo, dándome dos palmadas de piadosa comprensión en la mano izquierda, que yo tenía colocada sobre la mesa—. Sencillo. Siempre nos estamos preparando para que nos ilegalicen. Siempre listos para la clandestinidad. ¿Y dónde aprendimos? Más sencillo aún. Porque el comunismo es conspiración.»

Siempre preparándose para que los ilegalicen. El comunismo es conspiración.

«De hecho, nunca hemos disuelto nuestras estructuras clandestinas. Ni hemos sacado a la luz pública a nuestros mejores hombres.»

Flavio se me había aparecido de repente en una de mis visitas a la librería del Partido. Era corpulento, de mentón cuadrado y, yo diría, de mi estatura, y la guayabera blanca le sentaba muy bien sobre su cuerpo atlético, y me apoyó una mano en el hombro, en un gesto de inequívoca camaradería. No tuve que mirar a su rostro, ni siquiera escuchar cómo se presentaba, sólo sentir aquella mano pesada pero manejada de forma tan cálida sobre uno de mis hombros para reconocer de manera instantánea que alguien me estaba reclutando.

«¿Quieres leer algo bueno? Éste.»

Se inclinó para extraer un libro de la parte baja del estante.

«Éste —repitió—. Me lo vas a agradecer.»

Puso ante mis ojos la portada de un libro de Ediciones en Lenguas Extranjeras, Moscú.

Alexéi Fiódorov
El Comité Regional Clandestino Actúa

«Fiódorov es héroe de la Unión Soviética.»

Se refería al autor con una familiaridad desconcertante, como si acabara de llegar de su casa. Y al no decir *un héroe* comprendí que se trataba de una cierta distinción o reconocimiento oficial que, entre ellos, se tenía en muy alta estima.

Volvió a inclinarse. Buscó de nuevo en el estante y, mientras inclinaba también la cabeza hacia su izquierda forzado por la lectura vertical de abajo hacia arriba de los lomos, y apartando los libros con su mano derecha, en una demora evidentemente planificada, me dijo, apuntándome con el índice de su mano izquierda:

«¿Fidel, no?».

Se incorporó con otros dos libros, de igual portada al primero, y por primera vez me miró de frente, sonriente (como si hubiese realizado un gran esfuerzo físico pero que había valido la pena al efectuarse por un amigo) y triunfal (porque había logrado sus objetivos):

«Son tres tomos. Tú vas a ver cómo te gustan. Todo esto es en la lucha contra la invasión nazi. El primero es el de los comunistas que pasan al clandestinaje. ¿Tú ves? Aquí lo dice. *Los comunistas pasan a la clandestinidad.* El segundo es el del crecimiento del destacamento. Figúrate, esta gente llegó a tener regimientos y divisiones luchando como guerrillas. Mira. *Un destacamento grande.* Y éste es el del centro neurálgico de sus batallas. El del entronque de Kovel. ¿Tú ves? *El entronque de Kovel.*»

Lo primero que resultaba palpable y verídico era que se había leído los tres tomos. Lo segundo, que de alguna manera eran parte de su experiencia, digamos, de su formación. Había algo pragmático en su lectura de aquellos tres libracos.

Puso los tres volúmenes en mis manos y le hizo una señal al Cojo, detrás de la contadora, cuyo significado era que esa mercancía iba por la casa.

El Cojo respondió con el respeto que yo nunca le había visto asumir delante de nada ni de nadie. Se trataba del cojo asesino, del de la cabilla envuelta en papel de periódico. Incluso hasta creí descubrir un ligero babeo de admiración.

«No hay problema, Flavio.»

«Cojones —me dije—. Flavio Bravo. Así que éste es él.»

Y entonces, él, con perfecta conciencia de que yo sabía que iba a pronunciar esas cuatro palabras, las cuatro de rigor, me dijo, irónico y a la vez fraternal:

«¿Nos tomamos un café?».

No tienes otra forma de decir esas cosas. Irónico y a la vez fraternal. Porque ése es el único modo en que a los duros se les permite aceptar la fatalidad. Sí. De eso trata. De fatalidad. ¿O aún no se habían dado cuenta?

El Comité Regional Clandestino actúa

Luis Mas Martín, Alfredo Guevara, Leonel Soto, Walterio Carbonell eran parte de la tropita comunista de la universidad. Flavio era otra cosa. Flavio recogía el resultado de las informaciones que suministraban mis amigos. Recogía información y evaluaba. Puedo decir que, a partir de Flavio, es cuando comienza verdaderamente mi relación «oficial» con el comunismo. Existe una figura técnica de los servicios de inteligencia que es el agente apuntador. Todos estos muchachos compañeros de estudios míos de la universidad eran de una u otra manera agentes apuntadores; conscientes o no, agentes apuntadores del Partido Socialista Popular. No olviden que la Universidad de La Habana era lo que ellos llamaban la séptima provincia. Yo distinguía, como saben, a Alfredo y a Walterio, pero trataba de mantener una relación distante con los demás, y me las arreglaba para que fueran el Chino o Aramís los que negociaran con ellos cuando requeríamos de algún apoyo, sobre todo para nuestras habituales protestas estudiantiles. En los últimos años, desde luego, representábamos a la ortodoxia y eso era una especie de blasón para el trato con el PSP. La época de las manifestaciones estudiantiles había sido la de mayor colaboración. Ellos les decían invariablemente a mis emisarios: «Nosotros tenemos 43 barrios en La Habana, y para eso que ustedes quieren hacer (supónganse la manifestación por la Campana de Céspedes, o una protesta por la subida de las tarifas del transporte público), les podemos garantizar tantas personas, tantas personas por barrio». En verdad, ellos ganaban la agitación. Era su carta de triunfo. Y realizaban muchos mítines relámpagos, cosa que nosotros no hacíamos.

Pero ésa era la faceta pública del Partido Socialista Popular, su faceta institucional, la que estaba en el Congreso de la República y de la que formaban parte los sindicatos, y que era su presencia legal dentro de la sociedad cubana, y la que, por así decirlo, no era temida por nadie. Aparte de que, según mi punto de vista, era excesivamente vulnerable.

«El asunto, Fidel, es que nunca hemos dejado de ser una organización de conspiradores, con una estructura secreta y cuyo fin es la toma del poder por métodos revolucionarios.»

Flavio sacó del bolsillo izquierdo de la guayabera dos de sus vitolas enrolladas a la perfección por la numerosa y dedicada militancia del Sindicato de Torcedores y me tendió una, y la otra fue directo a colocarse entre sus dientes, que descabezaron la punta con la mordedura precisa del fumador profesional, y entonces, en gesto de obligada caballerosidad, rayó un fósforo sobre la lija de su caja y me acercó el fuego para que yo prendiera mi tabaco. Es uno de los más hermosos rituales criollos. Darle candela a la fuma del interlocutor y esperar a que éste ya esté tirando sin dificultades de su breva y que se manifieste alguna satisfacción y una espesa humareda flote frente a sus ojos y suba en lento ascenso hacia el techo, para entonces proveerse uno mismo de la lumbre.

Flavio sumió, con decisión de sibarita y de dueño y señor del mundo, la punta del tabaco en la pequeña taza de café. Yo hice lo mismo. Gestos de fumadores viejos.

Hasta habíamos escupido igual, por la izquierda y directamente hacia el piso, maquinalmente igual, y levantando el brazo para que el disparo pasara sin tropiezos por debajo de la axila, luego del descabezado de rigor, los filamentos arrancados al tabaco.

El anillo de fuego iba asumiendo su recorrido de combustión hacia atrás, su única dirección posible, con la lentitud necesaria y de manera uniforme.

«Déjame verificar hasta dónde te he entendido —dije—. ¿Tú me estás dando acceso a alguna clase de conspiración?»

Sonrió, desde luego. Pero fue sólo una fórmula de amabilidad. No le ofendía la pregunta. Si acaso, le molestaba que hubiese errado el disparo por un ángulo tan amplio.

«No, Fidel —respondió—. No. Estás caliente. Pero no entiendes. Es algo mucho más complejo. Se trata de tendencias del Partido, ¿me sigues? Tendencias. Hay una que sólo aspira a lograr ciertas reformas y adecuarse a los mecanismos sociales existentes. Pero hay otra que lo quiere subvertir todo. Y las dos conviven bajo el techo del mismo comité central. Eso es lo grande de nuestro partido. Que puede existir con dos tendencias antagónicas dentro. En definitiva, tienen un compromiso: cualquiera de las dos que al final triunfe, saca a la otra del hueco.»

Cuál de las dos tendencias predominaba entonces, la institucional o la revolucionaria, era algo para lo que Flavio no disponía de una respuesta.

Lo importante, por lo pronto, era que mantenían abierta la posibilidad de promover la revolución social.

«Y... ¿Por qué yo?», pregunté.

«¿Por qué me reúno contigo?»

Asentí.

«Porque tú eres uno de los tantos hombres en esta ciudad con los que yo me encuentro semanalmente y tengo contacto con ellos y conspiramos. O a los que simplemente les hago saber que yo estoy a su disposición para escucharlos. Porque todos tienen algo en común contigo. Algo que es la única razón por la cual yo empleo mi tiempo en ellos. Como ahora aquí contigo. Porque tienen potencial.»

No había alterado la modulación de la voz en el transcurso de su explicación, ni mostrado molestia o arrogancia. Sencillamente me estaba dando una lección de modestia.

Yo balbuceé un «Claro, claro. Desde luego».

«Se trata sencillamente de eso, Fidel. —Aquí el tono sí era intencionalmente amable, acogedor—. Tú tienes un potencial. Y nosotros, otro. Pues debemos pensar que, a lo mejor un día, nos necesitamos mutuamente, para establecer cualquier tipo de cooperación. Y siendo así, ante esa eventualidad, pues, ya nos conocemos. Está buena la breva esta, ¿ummm? ¿Cómo tira la tuya?»

Me tocó a mí sonreír. Y también halar una buena bocanada de mi breva y dejar escapar el humo y hacer como si contemplara sus filigranas cuando le dije:

«¡Qué clase de jodedores son ustedes!».

«Figúrate», dijo él, con un dejo de solicitada comprensión y en síntesis de lo que en otras latitudes se hubiese expresado con un la vida es dura. Eso quería decir su figúrate. Qué le vamos a hacer si la vida es dura.

«Bueno, respóndeme una pregunta —dije—. ¿Quién me puso a tiro de esta emboscada? ¿Alfredo?»

«Tú sabes que no.»

«¿Walterio?»

«Tampoco.»

«¿Leonel?»

No respondió. Sólo un gesto divertido con la cabeza.

«Leonel y Mas Martín», dije con firmeza.

«Te falta gente —me dijo, apuntándome con el tabaco—. Te faltan.»

«¿Quién me puede faltar, Flavio?»

«Casi todos los miembros del gremio de carpinteros y ebanistas de Luyanó —me dijo—. Te faltan todos ellos.»

Nos separamos como amigos, verdaderos amigos. Agradecí su tiempo y el tabaco. Y le hablé con absoluta claridad. Que contara con mi amistad pero no para enrolarme en ninguna tarea del Partido. Cada cual por su camino. Él me respondió con un abrazo y tomó los tres libros que estaban aún sobre la mesa del cafetín y, con un guiño de su ojo derecho, dijo: «Léetelos. Es la única tarea que vas a recibir del Partido. Pero la próxima asignatura será más seria. Y se llamará Stalin».

Mucho ha llovido desde entonces. El conocimiento sobre el Partido Socialista Popular adquirido en tantos años se compacta en la memoria. Pero creo que es la única organización que se ganó mi respeto desde que la fui conociendo en su verdadera esencia y procedimientos y de la que me mantengo deudor de ella hasta el día de hoy. Tanto, que no puedo comparar siquiera nuestra Seguridad del Estado y los otros mecanismos de inteligencia establecidos después de la Revolución con el viejo Partido. A fin de cuentas, todo lo que hicimos nosotros con la Revolución fue extender aquellas estructuras a todo el ámbito de la nación, y empleando, en la mayoría de los casos, a sus mismos cuadros de mando.

La estructura clandestina del Partido era tal vez menor que la pública. Se conocían algunos nombres —o por lo menos se vinculaban a esas células subterráneas— como los de Ramón Nicolau, Víctor Pina Machado, el del mismo Flavio Bravo. Pero se sabía que el mando estaba en manos de un hombre duro y en extremo eficiente llamado Joaquín Ordoqui, del que ya tendremos oportunidad de hablar extensamente. Joaquín procedía de las tropas de choque del Partido. Batista, desde luego, viejo aliado de ellos, conocía un poco de estas estructuras. Conocía esta información. Había estado en realidad muy cercano a los comunistas y por tanto, apenas dado su golpe de Estado del 10 de marzo de 1952, Joaquín y Flavio tuvieron que irse de Cuba. Batista les mandó el ultimátum y Joaquín se fue para México. Flavio, para Moscú.

Promover una rebelión, tal vez a través de una huelga general, inspirándose un tanto en la Revolución del 33, e instaurar una junta de gobierno con militares de izquierda o con otras fuerzas progresistas del escenario nacional había sido uno de los primeros proyectos, dadas las circunstancias de que el sector reformista del Partido estaba fuera de combate al recibir un noqueo técnico por el golpe de Estado. Claro, había un sinnúmero de problemas. Desde antes de Batista, la guerra fría los había afectado y había reducido drásticamente su militancia y sus posibilidades. Pero esperaban, como ellos mismos decían, «con paciencia asiática». Como tenían una cantidad de militantes que eran virtualmente secretos, se les ordenó mantenerse en ese statu quo. Los más sobresalientes de ellos salieron a la luz pública después del triunfo de la Revolución. Era un grupo de intelectuales de los que no se conocía su filiación marxista y mucho menos que pagaban sus cuotas al Partido, como Julio Le Riverand, Elías Entralgo, Martha Frayde, Vicentina Antuña. ¡Esas señoronas de la burguesía criolla y especies de madrinas remotas del Partido Ortodoxo, Marta y Vicentina, comprometidas con las tareas del comunismo internacional! Esa rama de trabajo secreto, de erosión de las fuerzas de la burguesía, de penetración de las instituciones del gobierno, era incansable. Isidoro Malmierca, por ejemplo, dirigía toda una red de penetración en las logias masónicas. Malmierca fue posteriormente nuestro primer jefe público de la Seguridad del Estado y siempre lo manejé como un oficial en activo del KGB soviético. Lo utilizamos a conciencia de que no respondía siquiera al Partido, sino a un centro en Moscú. Isidoro Malmierca Peoli. Era otro hombre de sólida presencia, pero, a diferencia de Flavio, resultaba frío y demasiado esquivo y a mí me molestaba particularmente cada vez que descubría sus ojos azules y su cabellera rubia y rala y levemente ondeada.

Por aquel entonces, él había logrado penetrar con encomiable éxito la Asociación de Jóvenes Esperanza de la Fraternidad (AJEF), la organización juvenil de la masonería, y también había situado gente suya al lado del padre Freisedo, el principal líder de la Juventud Obrera Católica (JOC) y uno de los fundadores de esta importante organización en el panorama social de la época y autor de un librito de bastante éxito, *33 casos de injusticia social*. Con ese título ya se pueden imaginar por dónde andaba el pobre sacerdote y los desvaríos marxistoides en que lo sumían los comisarios infiltrados por Isidoro.

El maestro de ese trabajo conspirativo, sin embargo, era Joaquín Ordoqui. Flavio, por su parte, era lo que se llamaba «un hombre instrumental». Si bien Joaquín era el dirigente que respondía ante el liderazgo partidario, el llamado Comité Nacional del PSP, Flavio era una figura ejecutiva en esa política de penetración, de analizar quiénes eran proclives a una posición revolucionaria que beneficiara al Partido, que pudieran en un momento determinado servir a sus intereses, que es por ahí por donde hicieron el contacto conmigo. En efecto. Yo era una figura potencialmente revolucionaria. Mas esto, como es lógico, tenía todas las contradicciones del caso. Puesto que yo, a su vez, pensaba lo mismo. Pensaba utilizar a cualquier fuerza que se presentara por el medio y que me ayudara en mis propósitos. Allí hay una coincidencia. Tanto el PSP como yo pretendíamos llegar al poder cualesquiera que fueran los medios.

La República estaba muy joven, los métodos institucionales para llegar al gobierno, es decir, a través de los partidos políticos, de las elecciones, del clamor popular, eran todavía cosas muy poco enraizadas, además de que la revolución del 33 dejó en la gente el sabor al éxito que, por lo pronto, el que más y mejor lo había disfrutado era Fulgencio Batista, un triste sargento del ejército devenido en jefe del Estado por arte de estas mismas maniobras secretas, conspirativas, y de aventura. Anoten bien el concepto. Es imprescindible. *De aventura.*

Los años cuarenta fueron un ejercicio tremendo por intentar repetir la hazaña de Batista. La hazaña que intentaron entonces, por una parte, Antonio Guiteras, un joven mesiánico y meticuloso y deseoso —desde su posición en aquel gobierno— de llevar el país a la guerra contra Estados Unidos, y que fracasó, y la de Batista, que triunfó. A fines de los cuarenta, pues, el PSP tiene evidentemente que haberme identificado por mi capacidad de movilización, lo que Flavio me describió desde el primer momento como mi «potencial» y que yo era sin duda —bajo el control de ellos o no— un cuadro, uno sobre el que había seguramente una cantidad de interrogantes (igual que se la hacían los yanquis de la embajada, pero ellos sin la capacidad de darle seguimiento a mi conducta). Por otro lado, no dejemos fuera a mi hermano Raúl, que ya andaba en sus retozos de alta intensidad con el comunismo y debe haber influido en llamarles la atención sobre mí.

También nos desplazábamos en el más propicio de los terrenos. Lo cierto es que Cuba estaba madurita para una revolución social. Ése es mi punto de vista. Aunque tenía una diferencia con la visión del Partido. Ellos consideraban que la revolución del 33 había que continuarla. El argumento era que el programa de reivindicaciones del 33 había sido traicionado, primero por Batista y después por los auténticos. El mío era que aquella revolución había concluido y que debíamos emprender una nueva.

Los amagos de reforma agraria, los soviets de Mabay y otras regiones del oriente de la isla, las nacionalizaciones —como la efectuada por Guiteras del monopolio yanqui de la electricidad—, y en algunos casos los brotes de dictadura del proletariado, lograron que el movimiento obrero se fortaleciera y creciera considerablemente. Pero la huelga de 1935, que estuvo a punto de sacarlo del poder, Batista la resolvió por la vía expedita de matar sin contemplaciones, por lo que el impulso del crecimiento comunista fue detenido. Pero en 1938 hubo un amago de golpe de Estado en contra suya y Batista entendió que era el momento de un nuevo pacto con los comunistas. Se trataba sencillamente de olvidar las muertecitos y abrir una era de cooperación y paz. Y, también, desde luego, de algunas sinecuras que endulzaran a los camaradas. No podía haber escogido un mejor momento. El de los prolegómenos de la Segunda Guerra Mundial y el de la alianza con la

Una clase magistral de emboscada. Fidel hace gala de su pedagogía. En la pizarra, el diseño de una mortífera emboscada. Las guerrillas sandinistas están a punto de vencer al dictador Anastasio Somoza. Un solo hombre ha dirigido minuciosamente la ofensiva desde La Habana. Ésta es la primera vez que se nos está permitido verlo en la instalación cubana por excelencia para adiestrar guerrillas y comandos de lucha urbana, y él en el talante de mandar acciones subversivas en países extranjeros. Es un día de principios de julio de 1979 y Fidel Castro ordena el traslado a Cuba —desde el teatro de operaciones de Nicaragua— de los principales comandantes, nicaragüenses y cubanos, por breves horas. Primero el trayecto clandestino por tierra hasta pasar la frontera con Costa Rica y dislocarse en unas propiedades del ex presidente «tico» José Figueres, y de ahí, en aviones, para Cuba. El Comandante espera. En el ultrasecreto centro de entrenamiento de lucha urbana (Punto Cero), a unos 30 kilómetros al este de La Habana, mientras consume uno de sus entonces inseparables y costosos puros (Cohíba), Fidel diseña las emboscadas que deben diezmar a los tropas de Somoza en las afueras de Managua. ¿Quién le discute la maestría?

Sobre estas líneas y en página siguiente: Entrada de la Columna Uno del Ejército Rebelde en La Habana el 8 de enero de 1959. La historia de América, incluida la de Estados Unidos, está cambiando en este momento preciso. Para siempre.

Campo Columbia se rinde. 8 de enero de 1959. A la caída de la noche.

En el polígono de lucha contra tanques de la Escuela Ínter Armas General Antonio Maceo de Ceiba del Agua, cerca de La Habana, con una delegación militar del Perú de Velasco Alvarado. Hacia 1971. Seguridad Personal prohibió la publicación de esta foto porque la chaqueta abierta del comandante revelaba que no usaba chaleco antibalas.

Con Hemingway el 15 de mayo de 1960. (*Foto de Roberto Herrera Sotolongo. Copyright © 2003 by Norberto Fuentes.*)

Un campeonato de *front tennis* —una modalidad de *squash tennis*, «llamada *front tennis cubano*», una versión del juego en la que se usa pelota de tenis y medidas diferentes a las del *squash tennis* clásico— es ganado por el equipo del general Abrantes. La competencia es «interna», es decir, sólo para miembros de la famosa fuerza de élite de la DGOE (Dirección General de Operaciones Especiales) o encumbrados oficiales del Ministerio del Interior —o un hijo de Fidel Castro. Desde la izquierda, los campeones de 1981: Antonio de la Guardia, Fidel Castro Díaz-Balart, José Abrantes, el chileno Max Marambio «Guatón», el futuro general Justo Hernández y Elio (hijo de Justo), piloto de combate muerto el 7 de enero de 1987 mientras patrullaba el sur de Cuba, un vértigo y el Mig-21 contra los arrecifes.

Antonio de la Guardia Font y Fidel Castro Díaz-Balart, conocidos más bien como «Tony» y «José Raúl». El más lógico uso del diminutivo «Fidelito» como mote ha sido sustituido por el nombre de guerra «José Raúl» debido a razones de seguridad.

El cumpleaños de Raúl Castro el 3 de junio de 1986. La reunión es en la Casa de Caamaño, el militar dominicano devenido revolucionario, el coronel Francisco Caamaño Deñó, que ocupó la espléndida estancia —espléndida pero bien oculta de la vista de curiosos— al oeste de La Habana, durante su exilio en Cuba, y antes de regresar a combatir en su país y morir casi de inmediato, apenas desembarcado, el 16 de febrero de 1973. Raúl ocupa la propiedad desde 1983 de forma permanente. El momento cumbre del festejo de hoy es el plato que su hermano Fidel, el jefe de la Revolución, se ha esmerado en preparar él mismo —algo consistente en vegetales y queso—. La cantidad de comensales, de cualquier modo, supera las expectativas y obliga a servir en magras cantidades. **De pie, desde la izquierda:** dos miembros del Buró Político, Jorge Risquet y Jaime Crombet; Jesús (el cocinero de Raúl); un traductor de la embajada de la URSS; otro soviético, oficial del KGB en la embajada; el embajador de la URSS, Alexandr Kapto, de fugaz presencia en Cuba pero considerado por los cubanos como «un hombre tranquilo y de confianza»; bajo la sombra de su gorra, Fidel; el general Leopoldo Cintra Frías «Polo»; el agregado militar soviético, un ucraniano, coronel Tchevchenko; y Fidel Castro Díaz-Balart «Fidelito» o «José Raúl». **Sentadas:** dos de las hijas de Raúl, Nilsa y Mariela; la esposa de Jaime Crombet; la hija del embajador soviético; la esposa de Raúl, Vilma Espín; y otras dos soviéticas, ninguna de las dos identificadas. **En la hierba:** Jesús Rensolís, ayudante de Raúl Castro y traductor de ruso para las más delicadas y críticas conversaciones de Fidel y Raúl con la alta dirigencia soviética; Alcibíades Hidalgo, jefe de la Oficina Política de Raúl Castro; el general Bruno Rodríguez Curbelo, jefe de la UM 1079, que en la jerga militar era la Secretaría del Ministro de las Fuerzas Armadas Revolucionarias (pese a su simpleza, UM es un acronímico secreto cubano y significa Unidad Militar); Raúl Castro; el único hijo varón de Raúl, Alejandro; y el yerno de Raúl, Luis Alberto Rodríguez, casado con Deborah (que no estaba presente), la otra hija de Raúl, ingeniera en alimentos, igual que la madre. Hijo de un oscuro general cubano, Guillermo Rodríguez —a quien apodan «Gallo Ronco»—. Luis Alberto se convertirá en el jefe de finanzas de Raúl y además le regalarán los grados de coronel.

Una noche de 1960. Che en el restaurante madrileño El Torero. No existen mayores precisiones sobre la cena. Aunque el bullicio es aún contagioso.

Che en una exposición industrial china montada en La Habana de 1962. Celia Sánchez aparece en el extremo derecho de la fotografía. Ricardo López Castillo, jefe de la escolta del Che, es el joven de calvicie incipiente y chaqueta negra.

El encuentro con Alfredo Esquivel «Chino», su amigo de juventud, hacia el 8 de agosto de 1994. La población de La Habana acaba de escenificar —tres días antes, el viernes 5 de agosto— el primer alzamiento de su historia, que el lenguaje callejero va a dar por llamar «el maleconazo», por la hermosa vía costera que bordea la ciudad donde se producen los disturbios. Hay muertos, heridos y miles de detenidos. Pero Fidel Castro ha tenido presencia de ánimo para viajar por breves

horas a una reunión continental de presidentes en Caracas, Venezuela —y de paso dejarle el mando del país para las tareas represivas residuales a su hermano Raúl Castro—. A su regreso de Venezuela, recibe al «Chino», su amigo inseparable de los años de estudiante —Alfredo Esquivel—, al que no ha visto desde 1964, cuando Esquivel emigró. La foto es en el Palacio de la Revolución. **Sobre estas líneas y desde la izquierda**: el antiguo ayudante Antonio Núñez Jiménez, Alfredo Esquivel, el amigo de infancia Baudilio Castellanos «Bilito», Fidel Castro y alguien no identificado. No son visibles los dos médicos que permanecían en estado de alerta en una habitación cercana, con todos los equipos de reanimación necesarios, en caso de que la emoción del encuentro se fuera por encima de los parámetros y afectara severamente la salud del Comandante o de Esquivel. Mas la reunión no produjo bajas. Las bajas fueron después, porque Núñez Jiménez tuvo su infarto en agosto de 1998 y Castellanos el suyo a fines del 2002.

Angola queda por la cola y el destino es Argelia. 10 de noviembre de 1986. Un intercambio con el escritor Norberto Fuentes sobre su experiencia angolana. Pegado a la ventanilla, el general de División Pascual Martínez Gil, segundo al mando del Ministerio del Interior; debajo del brazo de Fidel, el mayor Carlos Cadelo, uno de los primeros agentes de la Inteligencia cubana destacados en África y uno de los artífices de la liberación de Angola; de espaldas a Fidel, con camisa blanca, el general de División José Abrantes Fernández, ministro del Interior; en primer plano, con gafas y corbata de rombos, uno de los médicos de Seguridad Personal, de nombre desconocido. El equipo es un Illushin-62 M, con los emblemas exteriores de Aeroflot y con tripulación mixta cubano-soviética: los pilotos y navegantes, soviéticos; los sobrecargos y aeromozas, cubanos, y para mayor exactitud, miembros de Seguridad Personal o con su aprobación.

Mientras se prepara para una cena con José Eduardo Dos Santos —el presidente angoleño—, Fidel recibe al escritor Norberto Fuentes, que acaba de llegar de la llamada Sur Agrupación o ATS (Agrupación de Tropas del Sur). Casa Uno de Luanda, Angola. 9 de noviembre de 1986. Desde la izquierda, el doctor Carlos Rafael Rodríguez, vicepresidente cubano y uno de los supervivientes de la vieja guardia comunista; con los brazos sobre el abdomen, el capitán Jorge Risquet Valdés, otro superviviente de la vieja guardia y que está a cargo de las relaciones internacionales del país; contemplando la escena, manos a la cintura, un personaje singular de la cancillería cubana, Alfredo Ramírez, que es el organizador de las actividades de Inteligencia para Estados Unidos y cuyo rostro y la delicadeza de sus funciones permanecerán sin identificar hasta la presente publicación de la fotografía; con un índice apoyado en los labios y mirando a cámara, la última adquisición en materia de «cuadros dirigentes» de Fidel y que ha nombrado como jefe de su llamado Equipo de Apoyo del Comandante en Jefe: Carlos Lage. Las indumentarias militares se explican porque Angola es un país en guerra y porque allí hay tropas cubanas y porque todos vienen de visitar distintos frentes.

Unión de Repúblicas Socialistas Soviéticas y el del surgimiento de los frentes antifascistas.

Así llegamos a los años cuarenta y yo ingreso en la Universidad de La Habana y cinco años más tarde llegamos a los cincuenta y yo me recibo de abogado y una tarde, después de haber perdido la oportunidad de hacer la Revolución porque Pardo se resiste a hacerme la segunda en el velorio de Chibás, yo estoy matando el tiempo en la librería del Partido cuando Flavio Bravo se me acerca y efectúa su primer *aproach*.

En realidad, Chibás me había rechazado con evidente vehemencia, y no se había ocultado para lanzar comentarios hirientes sobre mí. Yo no entendía el porqué de sus ataques, si lo único que yo estaba tratando de hacer era abrirme camino. Tiempo después, y esto es algo que revelo aquí por primera vez, le tocó al PSP escucharme. Fue a través de Flavio que se me franquearon las puertas. Pero a la mayoría de aquella burocracia del PSP parece haberles ocurrido lo mismo que a Chibás, y en una escala menor a Pardo la tarde del entierro: que expresaron un rechazo unánime con los métodos que les proponía y con mi apasionada exposición de que lo único que se requería era un motivo. Si ellos ponían el motivo, yo ponía la Revolución. No lo dije con esas palabras exactas. Pero fue más o menos la idea.

«Que yo no los haya convencido significa algo muy jodido, Flavio —le comenté a los dos o tres días—. Significa que la Revolución no ha avanzado un milímetro.»

«Es peor que eso, Fidel. Peor que eso.»

La declaración de Flavio que vino a continuación, hizo que yo sellara con él una amistad que duró toda la vida y que Flavio Bravo fuera, ante mis ojos, uno de los poquísimos hombres en que yo confiara sin titubeos. Estaba más allá del entendimiento, más allá de que me sintiera comprendido. Por primera vez me di cuenta de algo que Flavio me estaba tratando de trasmitir desde el primer momento: de que éramos aliados y de que teníamos una causa en común.

Yo había sacado la conclusión, en estas primeras conexiones con el PSP, que probablemente Joaquín y Flavio, al hallarse al frente de la estructura clandestina, actuaran con una independencia que no era usual —ni permitida— en el resto de los militantes de fila. Ahora las conclusiones variaban. En el caso de Flavio, al menos, no se trataba sólo de independencia. Se trataba de una pugna.

«El problema, Fidel, es que te han considerado su competencia, por tu carisma, por tus características. Han rechazado tus ofrecimientos porque ya saben que te les vas a ir por arriba. De eso se trata todo. De que los has deslumbrado.»

Eva Godines, la mujer anterior de Batista, lo dejó sin un centavo cuando se divorciaron, y Batista —un sentimiento lógico— quería que Martha Fernández, su nueva mujer, también conociera la fortuna. Por su parte Rafael Salas Cañizares, el oficial de la policía, había matado al estudiante Carlos Rodríguez y yo le había puesto la correspondiente denuncia y presionaba por un juicio. Es el mismo Rafael Salas Cañizares que Batista asciende al grado de brigadier y nombra como jefe de la Policía Nacional un minuto después de producir el golpe de Estado. Prío habló entonces de mandar tropas a Corea y los oficiales del ejército promovidos anteriormente por Batista —peces gordos como Díaz Tamayo y Ugalde Carrillo— comenzaron sus campañas sediciosas contra Prío dentro de las fuerzas armadas. La bravuconada belicista del presidente tenía el objetivo de limpiar su imagen antes los americanos por el patrocinio de la Legión Caribe. Ya los colombianos tenían una tropita en Corea, así que no era una mala idea que el ejército cubano también combatiera allí. Lo que provocó fue el malestar en los cuarteles y facilitarle a Batista cualquier extraño movimiento. Batista había obtenido garantías de Prío para poder regresar de Daytona, en la Florida, instalarse en su finca de las afueras de La Habana y disponer de una guardia personal, todo como parte de la política de apertura oficial que llamaban «la campaña de la cordialidad». Batista había sido elegido senador *en absentia* por la provincia de Las Villas en las elecciones de 1948. El viejo dictador, típico, comenzó a conspirar en cuanto llegó a Cuba. Formó una nueva agrupación política —el Partido de Acción Unitaria (PAU)— para disfrazar sus intenciones subversivas. Tenía todo el tiempo del mundo. Y esperó.

El ejército, en lo que cabe, se había ido modernizando con oficiales nuevos. Habían sacado a los Tabernilla, toda una familia de militares incondicionales de Batista, y los yanquis vivían su romance con el coronel Ramón Barquín, que era el agregado militar en Washington y delegado en la Junta Interamericana de Defensa y que después del golpe de Batista se pone de inmediato a conspirar y el Servicio de

Inteligencia Militar, que había sido disuelto y que Batista volvió a integrar, lo captura.

El jefe del ejército, nombrado por Prío, era el general Ruperto Cabrera. Pero muchos de los oficiales promovidos por Batista permanecieron en sus puestos tal como Eulogio Cantillo —y los Díaz Tamayo y los Ugalde Carrillo citados anteriormente. Aparte de los Tabernilla, se produjeron otros cambios, algunos de ellos puramente retóricos. El Servicio de Inteligencia Militar (SIM) de Batista, como se ha dicho, fue disuelto, o al menos sustituido por el Grupo de Represión de Actividades Subversivas (GRAS). Este cambio de nombre para una institución semejante si no idéntica permitía subir de rango a algunos oficiales sin que fuera escandaloso el procedimiento de violación del orden de antigüedad.

Desde principios de 1952, Gómez Sicre, jefe del GRAS, a cargo de investigar las actividades subversivas, elevó a su superioridad abultados informes sobre movimientos conspirativos dentro del ejército, pero el general Cabrera, mal aconsejado por Pérez Cujil, jefe del Buró de Investigaciones (BI) y hombre clave de Batista, los despachó como rumores infundados. (El general Cabrera fue uno de los primeros detenidos la mañana del golpe.) El Servicio Secreto del Palacio Presidencial —dirigido por un viejo amigo, Eufemio Fernández—, también procesó una información similar. Prío no quiso ni escucharla.

Todos los oficiales sospechosos de ofrecer resistencia a los golpistas estaban bajo vigilancia. Se les tenían asignados grupos de soldados para sus arrestos en cuanto se diera la señal. Fue escogido el 10 de marzo porque era el día siguiente a las festividades del carnaval de la Habana, para que los confabulados se confundieran con los participantes en las fiestas y bailes callejeros. Sogo, el oficial a cargo de la guardia en la comandancia de Columbia,[7] permitió que la caravana de doce coches de Batista entrara sin resistencia. García Tuñón, comprometido en el plan, asumió el mando del regimiento número 6, en la misma guarnición. El viejo Tabernilla asumió el poder del regimiento de la guarnición número 7, dislocado en la fortaleza de La Cabaña, al otro lado de la bahía de La Habana, con Sánchez Gómez, que mandaba una compañía de tanques. Larrubia tomó la comandancia de la

---

7. Recuerden que era la sede de la principales fuerzas militares del país.

Fuerza Aérea, y Rodríguez Calderón, la jefatura de la Marina de Guerra. Río Chaviano arrestó a Álvarez Margolles y asumió el poder en el regimiento número 1, en Oriente, y Pérez Cujil detuvo al comandante Martín Elena, del regimiento de Matanzas. Las estaciones de radio y televisión y la central telefónica fueron puestas bajo control de personal militar con armas largas. A las 9 de la mañana, Carlos Prío Socarrás y otros miembros de su administración se exiliaron en la embajada de México. Las fotografías tomadas aquella mañana en Columbia de un Batista en atuendo deportivo y rodeado de una muchedumbre fervorosa de soldados con cascos de acero son, de alguna manera, ante mis ojos, simbólicas de la fragilidad de una nación. Cuando yo las contemplé entonces en los periódicos, despertaron en mí una envidia en principio incomprensible. Aquella turba de nervudos campesinos de piel cetrina con nombres y apellidos que sólo podían corresponder a hombres del entorno batistiano —los Sogo, los Tandrón, los Tuñón, los Cañizares, los Margolles (¡por Dios, cómo alguien que no sea batistiano puede llamarse Sogo!)— celebraban algo más que un triunfo veloz y hasta merecido si se toma en cuenta su eficacia y en el que hubo sólo cuatro muertos.[8] Tienen los uniformes empapados en sudor debido a la excitación y hasta podemos concebir el acre olor de la soldadesca mientras cada uno pugna por aparecer junto al general Batista en la fotografía o por hacérsele patente con un abrazo de subordinado agradecido y para lo que el jefe mande. Celebran algo que parece ser potestad de los militares latinoamericanos: la ocupación de sus propios países. Sin embargo, lo que celebran con mayor ahínco, es que, con el solo esfuerzo de que el golpe les haya sorprendido siendo unos alistados del ejército, ellos son los que hacen los negocios a partir de ahora, los que manejan el dinero, los que se acuestan con las señoras (y con las putas). Por tercera vez en menos de un siglo, el país tiene que dar acomodo a un grupo social emergente que pretende instalarse como su nueva aristocracia. Todavía falta, dentro de seis años, nuestro arribo triunfal a ese mismo campamento de Columbia. Pero yo contemplo las viejas fotos de marzo de 1952 y no puedo evitar que se me conviertan en un retablo de conceptos, una transmutación o desplazamiento de imá-

---

8. Un intercambio de disparos producido accidentalmente a la entrada del Palacio Presidencial.

genes a la abstracción filosófica. O quizá, para consumo de los entendidos, la mejor aplicación que yo pudiera darle a la teoría de la relatividad si se me permite aplicarla fuera de la física, si me dejan aplicarla en términos históricos. Pero ¿cómo decirles a estos guardias en la
exaltación de su triunfo que todos ellos son hombres muertos?
¿Cómo explicarles que en el breve lapso de seis años un muchachón
aún insignificante y prácticamente desconocido y al que lo corroe la
envidia porque se le han adelantado en la toma del poder y que frustrado y violento se entera de la noticia por un viejo receptor de radio
Motorola, los va a enviar en masa frente a los pelotones de ejecución
y los va a despojar de todas las fortunas y propiedades que han acumulado en ese tiempo?

Algunos amigos, menos dados a las ilusiones que provocan las
ideas, decidieron irse de Cuba. José de Jesús Ginjaume fue de los primeros. Hizo bien. En realidad, escapó a tiempo. Una de las últimas veces que nos vimos fue después de la muerte de Manolo Castro. Estaba
detenido en El Príncipe, un viejo castillo feudal español convertido
en prisión y que los delincuentes suelen llamar, todavía hoy, «El Principal de la Comedia», empleando a su vez el nombre de un teatro habanero ya demolido. Fui a verlo en compañía del Chino. Lo tenían
trabajando en un almacén del reclusorio. Le llevamos cigarros, tabacos, algunas galletas, una barra de guayaba y gofio. Y bromeamos un
rato. Semanas más tarde lo soltaron por falta de pruebas. Pero Batista
fue por su cabeza apenas se instaló en Palacio. Pepe de Jesús había
sustituido a Emilio Tro al frente de la UIR y era comprensible que su
cabeza tenía un precio, no muy alto a estas alturas de las circunstancias,
pero un precio. El coronel Ludgardo Martín Pérez es el que se encarga de limpiar el paisaje urbano de pistoleros por encargo del presidente Batista. Los gángsteres remanentes Orlando León Lemus, «El
Colorao» («el joven revolucionario», según *Bohemia*), Eduardo Caiduz,
«El Italianito», y «El Turquito» (no tengo su nombre a la mano) son
emboscados y muertos por los patrulleros de la policía al mando de
Martín Pérez. Si Eufemio Fernández es un remanente del que yo
debo encargarme en 1961, es porque no sigue el camino trazado por
Pepe de Jesús: huir. De mí —tal la verdad monda y lironda respecto a
mi situación social—; ni siquiera se me utilizó para mencionarme.
Esto me recuerdo que pocos días antes del Moncada y ya vendido el
Lincoln, yo caminaba por una calle de El Vedado en compañía de Ra-

mirito —Ramiro Valdés, luego uno de los personajes legendarios de la Revolución y el símbolo de su mano de hierro cada vez que lo hice ocupar el cargo de ministro del Interior— rumbo a una reunión con una célula. No teníamos siquiera los 8 centavos cada uno que costaba el pasaje. Caía la tarde y un río de coches ajenos e indolentes circulaba a nuestro lado cuando Ramirito me hizo la observación que aún hoy no he olvidado. «Coño, Fidel, fíjate si nosotros no estamos jodidos, que no sólo no tenemos coches, sino que ni conocemos a los que los manejan.» Debo adelantar que, de cualquier manera, cuando me tocó mi turno, fui mucho más sofisticado y comprensivo que Batista con los viejos pistoleros. Desde luego, yo tenía también compromisos con ellos. Compromisos de amistad, quiero decir. Y también he hecho fe del principio de que uno tiene que ser leal hasta con sus enemigos. A todos estos viejos y alardosos y abusadores hijos de puta y asesinos les mandé el recado de que se fueran mientras tuvieran tiempo, de que en esa Revolución no había nada para ellos y que lo más conveniente para todo el mundo era que se desaparecieran. Incluso les mandé plata a algunos. Sacaba un poco de las mismas cuentas y cajas de seguridad donde las tenían los batistianos y se las mandaba a ellos. Pepe de Jesús Ginjaume estaba por Camagüey, una de las provincias del oriente de la isla. Le mandé 10.000 dólares con García Guitar, uno de mis abogados, procedente del PSP, que le dijo: «Este dinero te lo manda el Comandante. Te manda a decir que lo que viene aquí ahora es una guerra contra los americanos y que él necesita el terreno limpio, que no quiere jodederas en su retaguardia, pero tampoco quiere tener que fusilarte. Dice que te aconseja México o Venezuela. Trata de sacar pasaje rápido, Pepe de Jesús. Para mañana sería excelente». Por otro lado, todos ellos tuvieron oportunidad de saber que yo no había olvidado las cuentas pendientes con nuestros enemigos en común, como el coronel Ludgardo Martín Pérez, por ejemplo, a quien le capturé un hijito en un intento de invasión desde República Dominicana en agosto de 1959, apenas unos meses después del triunfo revolucionario, y en vez de fusilárselo, se lo condené a 30 años de prisión. El exilio en Miami de Ludgardo se convirtió en un infierno que no conocía fin y que yo incrementaba haciéndole llegar con toda regularidad las noticias de cada bayonetazo con que castigábamos al muchacho o con cada celda de castigo o días y semanas de trabajo forzado o de sólo agua podrida para saciar su sed o de los menguados platos de arroz sin sal y flotando en un agua tibia como todo alimento.

A Batista, no obstante el buen trabajo de Ludgardo, le mataron dos o tres hombres clave en La Habana. Unos conocidos míos de la universidad, que luego serían comandantes de la Revolución, Tony Castell, Raulito Díaz Argüelles, Rolando Cubelas («El Bizco»), José Machado («Machadito»), ejecutaron al teniente coronel Antonio Blanco Rico, en una muy celebrada operación comando escenificada en el cabaret Montmartre. Puede decirse que entonces yo no tenía más vínculos organizativos con estos muchachos que el compromiso de calentar La Habana. Era lo que habíamos acordado en México con sus líderes de entonces, con José Antonio Echeverría esencialmente. Blanco Rico fue el oficial batistiano de más alto rango que se homologó el movimiento insurreccional en toda esta etapa. Aunque el teniente coronel, que alternaba su carrera militar con la más despiadada usura en sectores muy bajos de la pequeña burguesía habanera, no era el objetivo primario verdaderamente, ni siquiera el secundario, y al final murió, por así decirlo —y no bromeo—, de amor. O por culpa del amor. El objetivo primario era Orlando Piedra, el coronel jefe del Buró de Investigaciones y batistiano raigal, lo que se llamaba «un batistiano furibundo», furibundo, diría yo, y de mano muy suelta. No creo que nadie en Cuba haya dado tantos bofetones como Piedra. Ese dorso de su pesada y enorme mano derecha debió llevar una placa de reconocimiento. Parecía no tener otra forma de iniciar un diálogo que no fuera haciéndote saltar un par de dientes. Y el objetivo secundario era Winsy Tabernilla, el brigadier jefe de la aviación militar e hijo del viejo Francisco Tabernilla, «Pancho», el general jefe del ejército. Piedra y Winsy eran *habitués* del Montmartre. Parroquianos de todas las noches. Menos de aquella noche que al parecer Winsy se complicó con una amante y no se presentó ante su mesa de ruleta favorita en el Montmartre. Piedra, por su parte, se había complicado en los sótanos del Buró con unos muchachos al parecer de la Juventud Socialista a los que le habían ocupado «propaganda subversiva», por lo que tú nada más que oías en esos sótanos los respingos de los músculos faciales al recibir los gaznatones. El que estaba en Montmartre era Antonio Blanco Rico. Estaba porque se había enamorado de Katyna Ranieri. Katyna era una cantante italiana contratada por Montmartre y que, en pleno apogeo del neorrealismo italiano, se presentaba en

Cuba como un sucedáneo lírico de Silvana Mangano. Un cono de luz, que se proyectaba desde el techo y escindía los espacios como Cristo las aguas, separaba a Katyna y su dramática presencia de la oscuridad del escenario, y se desarrollaba el habitual intercambio de melancólicas miradas entre el militar cubano y la diva —quizá un tantito entradita en carnes— en su alta banqueta, y estola hasta el piso, cigarrillo con boquilla de nácar y copa de vino en mano, cuando el comando del Bizco Cubelas, ametralladoras Thompson en mano, irrumpió bajo los oropeles y sedas del decorado del Montmartre —es decir, de la interpretación habanera de principios de los cincuenta de lo que eran los faustos y el buen gusto— y no hallaron a Orlando Piedra ni a Winsy Tabernilla. En los pocos segundos que le restaron de vida, Antonio Blanco Rico debe haber conocido la experiencia surrealista de que moría en la película *Casablanca* mientras una lluvia de naipes inundaba la estancia y él no lograba identificar el rumor cada vez más apagado y brumoso que, para el resto de los presentes en el salón, era el ensordecedor tableteo de las tres ametralladoras Thompson calibre 45 que se vaciaban a mansalva sobre él y que lo levantaron en peso de su mesa y lo hicieron saltar adelante, como si lo fueran empujando por la espalda, y lo convirtieron en el humillante amasijo de carne y pelotas de sangre que acababa de derribar una banqueta sobre el escenario y sobre el que se mantenía un haz de luz humeante y trémulo desde el techo, manteniendo a foco el cadáver y la banqueta. Un finísimo zapato de mujer, de tacón alto, negro y de afilada puntera, solitario y vacío, abandonado sobre el tablado, fue visible cuando se ordenó activar el sistema completo de luces y mientras cubrían los restos del coronel con manteles de las mesas de extensión familiar, una media hora después del exitoso atentado y mientras afuera no se apagaban el aullido de las sirenas de los Mercury de la Motorizada. La *Canzonnisima* se hallaba a mitad del tempo de su melosa rendición de «Arrivederci Roma» cuando su juventud pasada en la campiña italiana de la Segunda Guerra Mundial le advirtió, desde el fondo operativo de su memoria, que esos tres jóvenes armados de ametralladoras que se movían, en la penumbra del cabaret, como avanzadas de una jauría de lobos, en busca de alguien para matarlo, no eran parte de una payasada para anunciar el próximo show de la noche, por lo que detuvo en seco una especie de aria que estaba elaborando y, estola al cuello y copa de vino y cigarrillo en mano, salió disparada hacia el hombro izquierdo del escenario, con bastante celeridad para su robusta complexión de campesina toscana, que fue cuando, a mitad del recorrido, se le zafó el costoso zapato y mientras un aún arrobado coronel Antonio Blanco Rico, a lo mejor creyendo que era parte del efecto dramático de la interpretación de *su* Katyna, que detuviera la canción en el aire, comenzó por fin a caer en cuenta de que había algo inconexo a su alrededor, algo que no se explicaba, cuando una primera granizada de 18 plomazos calibre 45 empezó a coserle los pulmones y a hacerle añicos la columna vertebral, en una situación en la que ya no contaba nada de lo que pensara porque estaba muerto.

Blanco Rico era jefe del Servicio de Inteligencia Militar —el célebre SIM batistiano— en el momento de su asesinato. El aparato que dirigía no tuvo la capacidad de prever que ya se movían células revolucionarias en la ciudad. Ni siquiera después recogieron la menor información sobre el atentado. No digo que fueran unos incapaces. Digo que con Blanco Rico, ni antes ni después, dieron en el blanco. (Ésta es una historia que va a complicarse muchísimo posteriormente.) Y sólo quedaron algunas leyendas, como la de Blanco Rico, acabado Cubelas de dispararle en la cabeza, que reconoce al Bizco y le mira a los ojos y que éste le devuelve una enigmática sonrisa mientras lo ve morir —el mismo Rolando me lo contó, como la parte de más alto dramatismo de su versión. Y tenía claro en su memoria cómo se habían retirado, rumbo a la puerta de la cocina, por donde escaparon, saltando sobre las mesas de juego del casino, en un inmenso salón contiguo al cabaret, a plena conciencia de que nunca más en su vida le sería dable corretear sobre los tapetes verdes de unas mesas de ruleta o de bacará. Mandé a reconstruir la operación porque aconteció el 28 de octubre de 1956, estando nosotros en México a punto de abordar el yate *Granma* para desembarcar en Cuba, y siempre se me quedaron algunas interrogantes y, sobre todo, porque había algunas piezas sueltas en relación con el Partido que llamaban mucho la atención. Todo lo explicaré en detalle a su debido tiempo. Pero la primera inquietud era que Rolando había metido ese ruido en el sistema en un momento que yo quería —y así lo había pactado con ellos, por lo menos con la delegación del Directorio que me vio en México— que todo fuera sin novedad en el frente, que en Cuba no se moviera ni una hoja por el viento, para coger de sorpresa a Batista. El pacto había sido calentar La Habana. Pero agitación y propaganda. Les había dicho bien claro que la oposición no podía iniciar el derramamiento de sangre, porque esa política era muy peligrosa. También yo sabía que, de ellos iniciar una ola de atentados y sabotajes, los principales perjudicados íbamos a ser nosotros, que nos preparábamos en México y por tal razón imposibilitados de ejercer ninguna influencia real en los acontecimientos dentro de Cuba. Desde luego, desde agosto de 1955, cuando José Antonio Echeverría y Fructuoso Rodríguez crearon el Directorio Revolucionario como una organización clandestina y sin vínculo aparente con la Federación Estudiantil Universitaria (FEU), los famosos paladines del saneamiento universitario y de limpiar de armas y revoltosos las aulas, yo me dije: «Estos hijos de puta me van a dar muchos dolores de cabeza». Después surgieron las diferentes versiones de los hechos. Que si la cabeza priorizada del Montmartre había sido en su origen la de Santiago Rey Perna, el ministro de Gobernación de Batista, que se extasiaba botando dinero en las mesas de *blakcjack* del casino, siempre descansando su huesuda mano en la cadera de alguna mamboleta del coro del cabaret llamada para la ocasión y tuviera la bondad de acompañar al señor ministro y ayudarle ocasionalmente con un soplido de buena suerte en los dados. O que si la masacre —porque como tal ya comenzaba a calificarse la acción— había sido frente a la puerta de un elevador (el cabaret se hallaba en el tercer piso de una edificación y el público sólo tenía acceso a través de una batería de elevadores) y que no sólo habían ultimado al coronel Blanco Rico sino que la rociadura de balas había alcanzado a tres amigotes del coronel y a sus respectivas esposas. Todavía faltan algunos detalles por desarrollar, pero el lector debe ser paciente, puesto que no quiero complicar la lectura desde aquí.

Al final, la explicación del origen del atentado fue la menos honrosa, pero la más convincente. Fue un pase de marihuana. No ocurrió otra cosa. Estaban fumando y comenzaron una de esas discusiones típicamente cubanas sobre quién tiene los cojones más grandes. Y los cojones —ya se sabe— la única forma que tienen de medirse es salir a jugarse la vida. Por lo que la suerte estuvo echada cuando alguno de ellos, y en la buhardilla que estuvieran, dijo: «Bueno, caballeros, no vamos a hablar más mierda y vamos a acabar de echarnos a Piedra. Muchas bofetadas que nos ha dado ese hijoputa. Vamos a acabar de romperlo, caballeros —o a Santiaguito Rey o al Winsy—». Así eran las cosas. Yo sé que así eran las cosas. Uno de los muchachos de ese grupo, Juan Pedro Carbó Serviá, al que yo lo tuve en alta estima pese a sus arranques de carácter delincuencial, era un vivo ejemplo de esa conducta. No digo que fuera ladrón, asaltador, estafador. Digo que era su carácter, que era como algo irrefrenable o como una vocación en él. Desde que lo veías acercarse, tú pensabas: «Este tipo es un peligro». Pero también sabía hacer un excelente uso de la propaganda revolucionaria, y es lo que quiero contarles. Una tarde, en la universidad, dijo: «Coño, caballeros, qué tranquilo está todo». Esa noche, y sin que nadie lo viera, se armó con una lata de 5 galones de espesa pintura Sherwyn-Wylliams de color blanco esmalte y se la vació completa al busto de bronce de Julio Antonio Mella, el héroe comunista de los años treinta. Al otro día «la afrenta perpetrada por elementos desconocidos» al monumento de Julio Antonio sirvió para que capitalizáramos unas de las más grandes protestas estudiantiles de la era republicana.

Bien, Batista y los suyos han dado su golpe y ya tienen el poder y yo me voy a ver —muy pronto— pobre y desorientado, en la escalinata de la Universidad de La Habana, mirándome las venas, sólo yo con mi sangre. Me golpeo con energía controlada con el índice y el anular de la mano derecha, como instrumentos de choque, cerca de la muñeca y sobre la parte del interior del antebrazo, la porción más clara de piel por hallarse protegida del sol, con el objeto de estimular la circulación sanguínea y tratar de registrar las latitudes, las frecuencias, los ecos de lo que, me imagino, sea la situación de mayor proximidad física posible a mi propia existencia. Estoy solo y en un escenario que ya no me pertenece. Una vez más, cae la tarde sobre Cuba. Tengo enfrente, por mi derecha, una pequeña plazoleta que han convertido en parqueo de coches y donde, en el medio, han colocado un pedestal y, sobre el pedestal, el busto de bronce de Julio Antonio Mella, con su estela imborrable de pintura blanco esmalte adherida sobre su región derecha, la que ahora me es invisible debido a que la escalinata, donde me encuentro, queda a su otro lado. Después de la placita convertida en parqueo, enfrente, está la fachada del hotel Andino, donde suele albergarse mi hermano Raúl. A la izquierda, y cruzando San Lázaro, en una casona de principios de siglo, un enorme cartel anuncia la presencia, ahí mismo, del gimnasio América.

No tengo ni para comprarme un tabaco. Nada mejor que un buen tabaco para activar el pensamiento. No hay tabacos. No hay el bullicio de los compañeros. Estoy solo. Solo con mi sangre. Y tengo hambre.

Pocos días atrás estaba postulado para representante por el Partido del Pueblo Cubano (Ortodoxo), y, al unísono, estaba inventando una cosa que empíricamente se llamaba —o algunos le decían— Acción Radical Ortodoxa (ARO) pero que no encontró respaldo en casi nadie y que rápidamente se diluyó en noticias más importantes. No era un intento divisionista aunque algunos quisieron verlo así. Era simplemente un intento de activar un concepto de lucha, de combate.

Las perspectivas de oposición legal, por lo pronto, eran nulas. El golpe de Batista se realizó 80 días antes de las elecciones que estaban convocadas. Después del golpe, catorce días después, exactamente el 24 de marzo de 1952, puse la primera piedra de mi monumento en vida con mi recurso presentado ante el Tribunal de Urgencia de La Habana. Lo hice a título personal como abogado, sin dejar de ser miembro del Partido Ortodoxo.

Elaboré un escrito denunciando los hechos del 10 de marzo para presentar ante el Tribunal de Urgencia de La Habana que tomaba el Código de Defensa Social, tal y como estaba vigente en aquella época, y con el que comencé a analizar los distintos artículos del mencionado cuerpo legal violados por los golpistas. Señalaba la inconstitucionalidad del golpe militar, y solicitaba pena de cárcel para Batista y 17 colaboradores.[9]

Aún desconocía, desde luego, que los preceptos de una oposición legal debían quedar anulados para siempre en el país si yo quería prevalecer en mis empeños. Pero, por lo pronto, la anulación por Batista y camarilla de estos preceptos iba a ser el combustible privilegiado de mis argumentos, incluso, el principal recurso moral con el que yo iba a ungirme y motivarme.

La ciudadanía que estaba ajena por completo a la traición, se despertó a los primeros rumores de lo que estaba ocurriendo. El apoderamiento violento de todas

---

9. Tenía los giros de los novelones radiales del mediodía —«*protegido por la oscuridad de la noche, entró a mano armada en un campamento militar de la República, sublevando las tropas...*»— tan caros a los juristas. Los artículos del Código de Defensa Social violados por los autores del golpe de Estado, estaban enumerados: el 147, 148, 149, 235, 236 y 240. En todos los cuales había incurrido Batista y que lo hacían acreedor de más de 100 años de cárcel. Y no dejé de incluir mi quizá aún inadvertida señal de aviso: *¿Cómo podrá después este tribunal juzgar a un ciudadano cualquiera por sedición o rebeldía contra este régimen ilegal...?*

las estaciones radiales por parte de los alzados, impidió al pueblo noticias y consignas de movilización para la resistencia.

Atada de pies y manos, la nación contempló el desbordamiento del aparato militar que arrasaba la Constitución, poniendo vidas y haciendas en los azares de las bayonetas.

El jefe de los alzados, asumiendo el gobierno absoluto y arrogándose facultades omnímodas, ordenó la suspensión inmediata de las elecciones convocadas para el primero de junio.

Las más elementales garantías personales fueron suprimidas de un borrón.

Como un botín fueron repartidas todas las posiciones administrativas del Estado entre los protagonistas del golpe. Cuando el congreso pretendió reunirse acudiendo a la convocatoria ordinaria fue disuelto a tiro limpio.

Fue allí mismo, sin nada que llevar esa noche a casa para alimentar a mi mujer y a mi hijo, sin poder siquiera echarme una buena breva —no había grandes exigencias de veterano fumador en aquella ocasión, yo dispuesto a aceptar desde un cazador de Pita hasta un Romeo y Julieta número 2—, y mientras continuaba en esa indagación de mi propio pulso, asido a mi muñeca como si a través del flujo de mi propia sangre, como si de una corriente subterránea se tratara, pudiera detectar una señal que yo esperaba, que yo sabía que habría de manifestarse por algún sitio, y a la vez que mi mirada divagaba entre el anuncio del gimnasio América y el busto de Mella y volvía a posarse en el absurdo de aquella larga tabla rotulada quizá a principios de los años cuarenta decidí destruir la República.

> **Gimnasio América**
> San Lázaro 1260
> Tel: F 81 11

Eso es lo que, desde entonces, me diferencia a mí del resto de la humanidad. Que cuando yo estuve en la baja máxima opté por el asalto a la fortaleza.

Rebelarse contra un medio que me obligaba a la mediocridad no es delito ni pecado. El problema es, desde luego, la necesaria correspondencia con los *mismos derechos* que se supone avalan a mis adversarios —los que se convierten en eso— cuando ellos a su vez rechazan su mediocridad bajo mi mandato. Pero es asunto de ellos resolverlo. Si yo tomo todas las avenidas y me apodero de todos los argumentos y no les dejo ningún terreno donde maniobrar, ni un resquicio, el problema de ellos es sobrepasar esos campos de alambradas en que los arrincono después de que tomo el poder.

Pero deseo que se fijen en este instante de mi descubrimiento. A partir de la decisión de aquella noche, todo lo otro que he hecho en mi vida ha sido defender el haberla tomado. Porque en esa decisión, que fue absolutamente personal, arrastré con ella a todo el país, queriendo decir con país a toda su población, a toda su naturaleza y a toda su historia. Deben fijarse porque, al descubrir entonces el estado deplorable de mi situación personal y al ser urgido por las circunstancias a buscar una solución, hago que en ese instante un hombre, uno solo, yo mismo, se convierta en el punto neurálgico de la nación. Y esto lleva a la más ajustada de las apreciaciones teóricas de la Revolución cubana. Se lo he dicho anteriormente. Ahora adquirirá la fuerza de las revelaciones: Yo soy la Revolución. Mi hambre y mis frustraciones y mis rencores y todo lo que se apetezca nombrar, mi lengua, mis ojos, mis vísceras, es la Revolución y son sus resultantes.

Hubo un destello de entusiasmo cuando aquella braza saltó de las oscuras cenizas en mi conciencia. ¿Era la señal? Había pensado algo que era abstracto, algo que venía probablemente de mis lecturas infantiles, de los caballeros de la Mesa Redonda, o más allá aún, cuando me enredaba con Nicolò Maquiavelo y lo que adornaba mi conciencia profunda mientras recorría los párrafos de *El Príncipe* eran castillos medievales y hombres a caballo y fuerzas de sitios en la neblina de la madrugada que hierven las calderas de aceite en los cazos de las catapultas. La fortaleza. Asaltar la fortaleza. Éste había sido el módulo de la abstracción. Las fortalezas. La más equivocada y absurda de todas las concepciones militares de la historia de la humanidad. Concentrar todas las fuerzas disponibles en un solo lugar y esperar ahí el golpe del enemigo. Las fortalezas sólo existen para ser asaltadas. Ah, cojones. Cuánto daría por un Partagás. Hasta por un cazador de Pita. Coño, la tengo. Si la idea está ahí. La tengo, coño. La tengo. ¿Cómo es posible que no me hubiese dado cuenta antes? ¡Si éste es un país lleno de fortalezas! No. Columbia no puede ser. Demasiado extensa, demasiadas tropas. ¿Cuál otra, coño? ¿Cuál otra?

* * *

«Columbia no puede ser. Demasiado extensa, demasiadas tropas...»

Bueno, en realidad Columbia había estado en el campo visual de un viejo conspirador llamado Rafael García Bárcena y yo había estado al corriente de todos sus movimientos. García Barcena pretendía tomar el campamento seguido por algunos fieles de su Movimiento Nacional Revolucionario (MNR) armados con pistolas y cuchillos a pesar de todas mis advertencias. La prensa le llamó «la conspiración del domingo de resurrección» porque la fecha señalada —5 de abril de 1953— cayó en ese día conmemorativo final de la Semana Santa. Tengo información de que, en los últimos años, algunos teóricos de la contrarrevolución en Miami y Nueva York han tratado de rescatar la figura de García Bárcena y su proyecto de asalto el campamento de Columbia con el objeto de presentarlo como una acción copiada al carbón por mí para la acción del Moncada y contraponer los ideales entre un propósito y el otro. Ya hablaremos de todo esto.

La Habana. En los preparativos de la operación visité con frecuencia Artemisa, Guanajay, Nueva Paz, Madruga, San Nicolás de Bari y otras localidades habaneras. En esas zonas recluté a 42 de los 150 combatientes. A esa cifra se suman otros nueve pertenecientes a células, cuya base radicaba en áreas de lo que es hoy Ciudad de La Habana. Igualmente, en fincas de Santa Elena, en Nueva Paz, Sánchez y La Tentativa, en Artemisa, y otras de Guanajay y Catalina de Güines —todas éstas son regiones habaneras, o en sus vecindades— tuvieron lugar las prácticas de comando, de tiro y entrenamientos del grupo de 51 habaneros que participarían en las cuatro acciones conocidas como asalto al cuartel Moncada. Así, tres de esos asaltantes estuvieron en el cuartel Carlos Manuel de Céspedes, de Bayamo, seis en la toma del hospital Saturnino Lora, tres en la del Palacio de Justicia, 36 en el mismo Moncada, y hubo tres que partieron de la Granjita Siboney y no llegaron a su objetivo porque se perdieron en el trayecto dentro de una ciudad que no conocían. La Habana aportó 22 mártires y, de los 89 sobrevivientes, 29 son habaneros. Insisto en estos datos sobre La Habana porque fue en realidad donde se efectuaron todos los preparativos y donde se reclutaron los combatientes, fuesen o no habaneros. Pero, sobre todo, porque La Habana era un peligro. Porque La Habana contamina.

La gente de la UIR se me acercaba constantemente. Se olían que yo «estaba en algo». Años después, y máxime desde que alcancé el poder, voy a entender que transiten toda la Revolución reclamando que les reconozca, al menos que hiciera alguna mención pública de que ellos me habían descubierto. Yo, en cambio, estaba decidido a no llevar a ninguno de ellos al Moncada. «El doctor» —como comenzaron a llamarme después del triunfo de la Revolución, para eludir la fórmula al uso de reconocerme como comandante— no quería el peso muerto de esos compromisos. Yo pienso que es Cayo Confites —y mi encuentro allí con Manolo Castro, precisamente el adversario de la UIR, y mío también por aquel entonces, y que él me distinguiera con un estrechón de mano— lo que provoca el salto de calidad de mi personalidad, porque es cuando yo establezco por primera vez con claridad, con suma precisión, la diferencia entre los gángsteres y los revolucionarios. No es que me viera desde ese instante investido con el uniforme glorioso. Es que supe la diferencia, sobre todo, de posibilidades.

Carlos Bustillo, «Chongo», uno de los muchachones que ya tenía reclutado para el combate y que se estaba entrenando, me lo preguntó un día. Se acercaba la hora cero y había satisfacción en el grupo puesto que —era nuestro convencimiento— habíamos alcanzado una adecuada preparación psicológica y física para la empresa.

«Qué raro —dijo Chongo—. Nunca has traído gente de la UIR.»

Estábamos en uno de los Pontiac de uso que Abel, el segundo del movimiento nos había conseguido muy baratos, o pagando nada más que una letra, y Ramirito iba al timón —era la época en que él me manejaba— y no recuerdo aalguien más aparte de nosotros tres y tampoco puedo asegurar a dónde nos dirigíamos en esa etapa última antes del asalto, cuando vimos pasar por la acera a un personaje llamado Samorita, que todos reconocían como un infiltrado del PSP dentro de las filas gangsteriles.

«Y tampoco a Samorita. O gente como él.»

«Te voy a explicar por qué», le dije a Chongo.

Me viré hacia el asiento trasero, donde él se encontraba.

«Mira, Chongo, yo quiero gente como tú. ¿Tú no te das cuenta la cantidad de tribulaciones que metemos de inmediato en nuestro proyecto con darle entrada a un solo comemierda de estos? Gente como tú, Chongo. Estudiante. Clase media. Decente.»

Abel Santamaría, un muchacho del que no he hablado hasta ahora, se convirtió en mi segundo al mando de inmediato. Ya había logrado que no desafiara más a la humanidad llevando de manera permanente bajo el brazo un ejemplar de *El imperialismo, fase superior del capitalismo*, de Lenin. Era una presencia permanente y alentadora a mi lado, enfrascado con devoción en los preparativos de la lucha. Su casa de 25 y O, El Vedado, donde residía con su hermana Haydee, se convirtió en nuestro centro de reunión.

«Y, de todas maneras, ¿de dónde sacaste ese libro, Abelito?»

«La librería del Partido, Fidel. Antes que la policía la clausurara.»

«El Cojo.»

«Coño, el Cojo», dijo Abel, contento de que yo también lo conociera. Es decir, que habíamos sido parroquianos del mismo lugar ahora prohibido. Es decir, un hombre que se preparaba para pasar a cuchillo a la segunda guarnición militar del país, revelaba una contagiosa, aunque ciertamente atemperada, excitación, al descubrir que habíamos transitado por una modesta librería malamente abastecida desde Moscú y a veces de México o de Buenos Aires.

«El Cojo», repetí.

«¿Qué se habrá hecho de ese Cojo, Fidel? ¿Qué se habrá hecho?»

«Sí, señor. ¿Qué se habrá hecho?»

«Coño, el Cojo», dijo.

«Bueno, pero no exhibas mucho el libro, Abelito. No asustes a los muchachos.»

Primero nos habíamos visto de lejos en los pasillos del Partido Ortodoxo y supe que pocos días después del golpe de Batista le había escrito una indignada carta a Pardo Llada por la falta de decisión de la jefatura ortodoxa. Una frase de Abel, leída por Pardo en su arenga diaria radial, me llamó la atención. «*Una Revolución no se hace en un día, pero se comienza en un segundo*» advertía Abelito.

Yo tenía noticias de que Abel participaba en la edición de un periódico clandestino junto a otros conocidos de la Juventud Ortodoxa,

Jesús Montané, «Chucho», y Raúl Gómez García. El director del periódico era Raúl, y habían bautizado su publicación como *Son los mismos*. Fue Chucho Montané el que me dijo que el tal Abel trabajaba en los talleres de autos Pontiac. Chucho había sido uno de nuestros primeros reclutas y trabajaba en la General Motor de Cuba, que eran los suministradores de piezas Pontiac. Poco después, con exactitud el 1 de mayo de 1952, hubo una peregrinación al cementerio de Colón, hasta la tumba del mártir Carlos Rodríguez, aquel muchacho asesinado por Salas Cañizares. Montané me señaló para alguien entre el centenar de jóvenes congregados allí, y me dijo: «Ése es Abel Santamaría». «Ah, sí, coño. —Lo reconocí—. Preséntamelo.»

Unos dos meses antes de tirarme en el Moncada, decidí ver a mis padres. Ramón tenía prácticamente ya las riendas de todo Birán y mi padre parecía ocuparse cada vez menos de los asuntos terrenales y era inútil buscarlo debajo del tamarindo puesto que parecía haberse mudado para un sillón de caoba sobre el que se balanceaba maquinalmente en el atril. Mi madre no abandonó su nerviosismo desde que me vio llegar de improviso. Pero se abstuvo de preguntarme nada. Fui a la escuela. Mi escuelita. La época de lluvias se aproximaba. Abril del año 1953. Yo tenía 26 años. Al entrar nuevamente en la pequeña escuela rural de incómodos pupitres, mientras los tabloncillos del piso crepitaban bajo el peso de mis pisadas, y los niños me miraban con la misma expresión con que sólo unos años atrás yo había observado a otros, tuve, por última vez en mi vida, unos deseos inconsolables de llorar.

La escena la describí del siguiente modo en mi alegato de autodefensa cuando me juzgaron por el asalto al Moncada. Desde luego, entonces no hubo una sola palabra sobre accesos de llanto reprimidos.

Mis condiscípulos, hijos de humildes campesinos, iban descalzos a la escuela por lo general y llevaban muy mala ropa. Eran muy pobres. Aprendieron malamente las primeras letras, y aunque inteligentes de sobra, bien pronto abandonaron la escuela y se sumieron en el mar sin esperanza de la ignorancia y de la penuria, sin que uno solo se haya salvado del naufragio inevitable. Sus hijos hoy estarán repitiendo el ciclo de sus padres bajo el peso de un fatalismo social. Yo pude, y seguí estudiando.

¡Cuántos, sin embargo, lo hubieran querido y no pudieron! Todo ha seguido igual desde hace más de veinte años. Mi escuelita un poco más vieja, mis pasos un poco más pesados, las caras de los niños quizá un poco más asombradas y, ¡nada más! Es probable que haya venido ocurriendo así desde que nació la República y continúe invariablemente igual sin que nadie ponga seriamente sus manos sobre tal estado de cosas. De ese modo nos hacemos la ilusión de que poseemos una noción de justicia. Todo lo que se hiciera relativo a la técnica y organización de la enseñanza no valdría de nada si no se altera de manera profunda el statu quo económico de la nación, es decir, de la masa del pueblo, que es donde está la única raíz de la tragedia. Más que ninguna teoría me ha convencido de esto, a través de los años, la palpitante realidad vivida. Aun cuando hubiese un genio enseñando en cada escuela, con material de sobra y lugar adecuado, y a los niños se les diese la comida y la ropa en la escuela, más tarde o más temprano, en una etapa o en otra de su desarrollo mental, el hijo del campesino humilde se frustraría hundiéndose en las limitaciones económicas de la familia. Más todavía admito que el joven llegue con la ayuda del Estado a obtener una verdadera capacitación técnica, pues también se hundiría con su título como en una barca de papel en las míseras estrecheces de nuestro actual statu quo económico y social.

La casualidad existe, luego obedezco

Una serie de circunstancias, inesperadas, imprevistas, se suman a la declaración tajante de que la Revolución soy yo. Déjenme explicarles. Cuando uno escribe historia, aun su propia historia, uno está obligado a guardar una distancia razonable sobre cada episodio. Yo tengo un método que puede resultarles simpático pero que lo he desarrollado a medida que escribo. Yo le llamo el método del aficionado. Simplemente, se trata de ver el episodio en su conjunto como si fuera un terreno de béisbol y como si yo estuviera en las gradas y sobre todo que soy el primero en llegar al stadium, y el último en retirarme, de manera que veo entrar a todos los jugadores al terreno y el posterior despliegue de todas las jugadas. Los europeos pueden sustituirlo por un partido de balompié o los chinos por uno de básquet. Otro asunto es tener uno la capacidad de desdoblarse y verse también en el juego.

Hay veces, desde luego, que algunas maniobras de los jugadores, algunas decisiones de los árbitros, se te pierden, o no las tienes claras. Pero es el momento de esforzar la memoria o de buscar en los archivos. Esto me ha llevado a mí, finalmente, a saber cuándo debo terminar este libro. Cuando me vea sentado en las gradas de un juego que aún no ha concluido. Y será el libro, desde luego, de un campeonato inconcluso, de ahí lo que decía en mi introducción, de que no existe memoria perfecta. La exigencia primordial del método, hallarse en las gradas en el momento que las torres de luces se activan y te muestran el terreno impoluto y vacío, es para ver la entrada de los jugadores, e identificarlos. Cuándo son jugadores viejos, tener en mente qué hicieron en el episodio anterior y cuántos tantos o deméritos les colgaron. Pero sobre todo, para descubrir los nuevos rostros. Es increíble cómo se te revela entonces, en todo el poder de su impronta, el valor de la casualidad. Les voy a decir algo. No hay manera de que un escritor de ficción —y usaría como paradigma al más serio de todos, a un William Shakespeare por ejemplo— pudiera enfrentar la casualidad de la misma manera que la conoce un escritor de historia. La casualidad para un escritor de ficción equivale al uso más barato de su ventaja de patriarca del papel en blanco; es casi obligar a los lectores a aceptar un pasaje que ha sido forzado a resolverse a través de una casualidad, y lo tomas o lo dejas porque no se aceptan devoluciones. Pero para el historiador, la casualidad es la relación permanente de sus descubrimientos y que hasta en el más simple de los detalles le está recordando que el origen de todas las cosas —el origen de la materia finalmente—, es la casualidad.

5 de mayo de 1953. En el terreno está Fulgencio Batista. Está Flavio Bravo. Estoy yo, desde luego. Entonces, de repente, aparece este muchacho, rubio, de ojos azules, con entradas, de mediana estatura, y aún sin afearse la sonrisa con un enchapado de oro en los incisivos. Tiene 25 años. Síganlo. Como si leyeran las líneas de una mano. La línea magistral longitudinal me representa a mí, desde luego. Pero esta transversal que representa al rubiancón de piel pálida y pesado traje sastre es una línea que viene de muy lejos, y —por así decirlo— es —después de mí— la manifestación de casualidad con impacto más profundo y extensa durabilidad en la historia de la Revolución cubana.

Nikolai Serguievich Leonov.

Es un hijo de campesinos de Riazán, Rusia central, que por sus excelentes notas en el bachillerato se había ganado una medalla de oro, que en aquella época —decía— las confeccionaban con oro de verdad, y esa condecoración significó que pudo estudiar en el Instituto de Relaciones Internacionales de Moscú. Y el caso es que el 5 de mayo de 1953 emprendía su primer destino como funcionario del Ministerio de Relaciones Exteriores de la Unión Soviética, razón por la que se hallaba en el puerto de Génova a punto de abordar el legendario *Andrea Gritti*, un paquebote —bastante «destartalado» según las descripciones— que debía recoger un montón de emigrantes italianos en Nápoles e iniciar una larga travesía de cinco semanas con escalas en Cádiz, Lisboa, Santa Cruz de Tenerife, Madeira, Curaçao, La Guaira —destino de los inmigrantes italianos—, La Habana y Veracruz, y cuantas vueltas más pudiera dar en la cuenca del Caribe, transportando todo el material humano que pudiera, mal que bien, pagarse un pasaje y luego desembarcar —sin que las autoridades de a bordo preguntasen mucho— donde pudieran. También es el caso que en ese mismo lugar, fecha y paquebote se hallaba mi hermano. Raúl. Raulito Castro.

Venía de haber asistido al Cuarto Festival Mundial de las Juventudes y los Estudiantes celebrado, nada más y nada menos, que en Bucarest. Yo hice lo indecible porque desistiera de la idea. Por entonces me debatía entre si llevar o no a Raúl al Moncada —me resistía porque iba a ser una responsabilidad más y una carga adicional en las circunstancias de combate— y aún no lo había puesto al corriente de mis actividades cuando surgió este canto de sirenas del Festival. La gente del PSP le pidió una contribución para enviar un delegado y Raúl pensó que aquélla era una buena oportunidad para viajar. Ofreció, además de la contribución, pagar su pasaje entero si le permitían ir, y aceptaron. Flavio era el encargado de la organización. Por la misma razón de hermetismo clandestino en que estábamos desenvolviendo nuestro entrenamiento, preferí no acudir a Flavio, aún en Cuba aunque sin exhibirse mucho, para que me ayudara a disuadir a Raúl. Si alguna gente de la UIR se olía que «había algo», el Partido con más razón estaría sobre la pista. Así que dejar el asunto de Raúl a su propio albedrío podría resultar una buena estratagema de desinformación. Quizá después, en un estadio mucho más avanzado, pondría a los dos al corriente. Pero no era el momento.

Organizar —bajo la férrea dictadura batistiana— una delegación de jóvenes cubanos para enviar a un país comunista en los confines de

Europa era cuando menos una obra de gigantes. O de un gigante. Flavio se encargó de la tarea. Y se colocó al frente de la delegación. Una delegación «muy fuerte», como le llamaron, y en la que recuerdo —además de Flavio—, a Alfredo Guevara (por supuesto), Vilma Espín (futura mujer de Raúl) y un tenebroso personaje llamado Raúl Valdés Vivó, que luego, en el transcurso de la Revolución, entre otros oscuros cargos, yo lo designaría como embajador ante el Vietcong, un gesto muy bonito de nuestra parte en plena guerra de Vietnam, tener un embajador vivaqueando con las guerrillas. No recuerdo otros nombres. Pero era una delegación tan numerosa que le valió a Flavio para ser nombrado vicepresidente de la Federación Mundial de las Juventudes Democráticas (FMJD).

Es aquí donde los dos Raúles de la delegación desaparecen. A Raúl Valdés Vivó —lo supe después— le extendieron su periplo a Italia, Francia, varios países socialistas de Europa, Unión Soviética y China. A mi hermano lo llevaron a Budapest y de ahí a Odessa. Unos quince días después regresó a Bucarest, y de ahí se fue de parranda a París y luego a Italia. Italia, desde donde debía dirigirse a Marsella para tomar el barco de su regreso a La Habana. Pero la huelga de los estibadores de Marsella le hizo cambiar de puerto de embarque. Por lo que, el 5 de mayo, en el puerto de Génova, abordó el paquebote llamado *Andrea Gritti*.

En su maleta, Nikolai llevaba un solo traje, uno negro, de rayas, un pasaporte diplomático que no debía ser entregado a nadie *bajo ningún concepto* y un fondo de mil dólares. Su destino mexicano confirmaba el éxito en sus estudios y sus conocimientos de español. También confirmaba que no era un hijo de papá, puesto que el idioma que estudiaban esas criaturas era inglés. Se encuentra a Raúl por primera vez en la proa, ya enfilado el Mediterráneo. Raúl estaba ensimismado, leyendo. Nikolai miró, de soslayo, la cubierta, que le pareció familiar. *El poema pedagógico*, de Antón Macarenko. Fue demasiado para su aún tierno corazón bolchevique. No pudo resistir abordar a Raúl y preguntarle si le parecía interesante. Contrariado porque lo habían sacado de la concentración de su lectura, Raúl elevó su mirada. Tenía ante sus narices la mano que le tendía un joven solitario y un tanto nervioso y vestido con una holgada y barata camisa blanca. «Nikolai Serguievich», se presentó.

«¿Soviético? ¿Tú eres soviético?», dijo Raúl, con alegría repentina. Hallaron de inmediato todas las cosas en común que pudieran tener en sus respectivos arsenales. Empezando porque el ejemplar de *El poema pedagógico* se lo había dedicado a Raúl —él dijo que en una breve visita a Odessa— un tal Boris Kotgrin, el jefe de la redacción en español de la Editorial Progreso, de Moscú, al que Nikolai también conocía por haber pasado allí, en esa redacción, «un curso de perfeccionamiento». Entonces —calculó Raúl—, tenía ante sí a un miembro del *Pecus* —como se le llamaba por sus siglas PCUS al Partido Comunista de la Unión Soviética— y se lo preguntó: «Entonces tú perteneces al *Pecus*». No, dijo Nikolai. Pertenecía al Komsomol . «¿Y cómo es que viajas solo?», preguntó Raúl.

«Soy una persona de confianza», respondió Nikolai.

Nikolai enseñó a Raúl a jugar a ajedrez. Raúl enseñó a Nikolai a jugar a póquer y a casi todos los juegos prohibidos con barajas que recordara. A la altura de Cádiz, el ruso ya se moría de calor, y, aunque en el *Andrea Gritti* había una pequeña piscina, carecía de traje de baño. Raúl le compró uno en la escala de Santa Cruz de Tenerife, mientras Nikolai armaba un gran escándalo con el capitán del barco que pretendía retener su pasaporte, como el de todo el pasaje, hasta el final de la travesía. Raúl también le llevó un racimo de plátanos. Nikolai nunca había visto uno.

Mi hermano Raúl se encaminó hacia su destino como segundo jefe de la Revolución cubana y Nikolai al suyo como teniente general del KGB y jefe de su Dirección de Análisis. Pero ninguno de los dos podía sospechar que su travesía a bordo del *Andrea Gritti* establecería, de hecho, una situación completamente nueva de las relaciones de Moscú con Latinoamérica —y viceveresa.[10]

Tengo la experiencia —acepto que la llamen «amarga»— de que son pocas sino inexistentes las amistades que sobreviven toda la vida.

---

10. La Dirección de Análisis era el cerebro de la inteligencia soviética y la intervención personal de Nikolai desde este directorio sería decisiva en asuntos tan dispares como el apoyo de Moscú a la ofensiva final contra Saigón en Vietnam, el suministro de armas a la guerrilla de El Salvador, o el máximo gol marcado a la CIA por el espionaje soviético en toda su historia, el reclutamiento de Aldrich Ames como topo bajo sus designios.

He comprobado que, a medida que pasan los años, las amistades se convierten en un *test* permanente de la lealtad y si no de la lealtad, de que se siga o no tu voluntad. Yo creo que ése es el indicativo de que uno envejece: cuando verificas la lealtad por la obediencia a tu arbitrio. Ésa es también la razón, por la cual, en medida que uno envejece, se queda tan solo: porque se pasa la vida probando a los viejos amigos y estimando que fallan, uno tras otro. Añado, sin embargo (es también mi experiencia), que la amistad entre los comunistas suele estar sometida a presiones y choques que no ocurren con frecuencia fuera del Partido, pero que asimismo superan las expectativas de duración porque entre comunistas subsisten al final las obligaciones de las tareas en común. De hecho, la amistad de Raúl Castro y Nikolai Leonov quedaba para toda la vida. Sobreviviría a la propia Unión Soviética y a los avatares de la Revolución cubana.

La dirección que le dio Raúl a Nikolai fue Neptuno número 26, donde estaba una de las casas de huéspedes próximas a la Universidad de La Habana y donde Raúl tenía unos amigos. Por si Nikolai lo necesitaba algún día en La Habana. Después Raúl le preguntó si se le ocurría algo para bajar los más de 300 kilos de propaganda que llevaba en cada de una de sus maletas. Nikolai le aconsejó que las tirara al mar. Después Raúl le dijo que si en Cuba lo dejaban bajar del barco —cosa muy difícil que le permitieran a un soviético— le iba a recetar a su hermano, el abogado, pero que no se le ocurriera discutir con él de ningún tema. En efecto, Nikolai no pudo desembarcar. Pero fue testigo —desde el puente del barco— del arresto de mi hermano y de cómo allí mismo, en el muelle, recibía la primera tanda de bofetadas de los policías. Aunque lo soltaron enseguida, Raúl no olvidaría nunca el ultraje. Muchas veces en el transcurso de nuestras luchas, en algunos momentos muy dolorosos u obligados a tomar medidas severas, sobre todo cuando ha sido necesario el fusilamiento, o en momentos en que se ha requerido de cierta violencia, yo he visto la prestancia con que Raúl se ha ofrecido para dar los tiros de gracia y nunca le he visto temblar la mano, y cuando lo he visto en esos trances —estoy hablando de mi propio hermano, del menor, de mi hermanito, de Raulito, Raulillo, como le decía nuestro padre— lo que he visto en sus ojos es la misma sed insaciable de un algo incomprensible y que él por lo pronto sólo parece solucionar, de momento, cuando pega el cañón de la pistola en una cabeza y aprieta el gatillo, algo de lo que yo he tenido la piedad de nunca hacerle un comentario. Pero comprendo que aún está devolviendo las bofetadas y los puntapiés. Al menos es lo que me imagino porque veo en sus ojos la misma fría aceptación con que se presentó en mi apartamento para mostrarme el acordeón ruso de souvenir que me trajera desde Hungría y que la policía de la aduana habanera se tomara el cuidado de hacerle flecos cada uno de los pliegues del fuelle. Yo me había quedado esperándolo afuera de la aduana del puerto, pero sin hacerme muy visible, obligado por los misterios de la operación en marcha, y los policías lo sacaron por otra puerta. Después estuvimos mandando delegados a las unidades cercanas de la policía, hasta que, tarde, ya de madrugada, lo soltaron y él se las arregló para llegar por sus medios —desde un cuartel inmundo de la Policía Marítima, donde no se nos ocurrió buscarlo— a casa. Al final, esa misma noche, tuve que decidirme a meterlo en la operación. Me di cuenta que lo iban a matar de todas maneras si lo dejaba en La Habana. Raúl llegó a Cuba el 7 de junio de 1953, al mediodía. Tocó en la puerta de mi casa en la madrugada del 8. Apenas disponía de un mes para prepararlo y tratar de que su adiestramiento se acercara lo más posible al del resto de los compañeros. En última instancia, si lo iban a matar, que por lo menos tuviera él también un fusil en las manos.

Flavio tuvo la delicadeza de mandarme un mensaje a mediados de junio.

Un hombre de baja estatura, de manos fuertes, y que se esforzaba por mostrar una impecable educación formal y una dicción sin errores, por lo que hablaba con suma lentitud, extendió sobre el mostrador regularmente húmedo de una venduta de café rápido las monedas de la más baja denominación en curso, para cubrir el gasto de dos tazas de café. «Cobre los dos de aquí», le dijo a la muchacha que ejercía, con gestos profesionales, el rito de preparar la infusión, para lo que se valía de una máquina niquelada de compleja estructura y que rezumaba, como un bisonte, resuellos de espeso y resonante vapor.

Como yo estaba solo y como él apareció por mi derecha, de improviso, debí ponerme en guardia. Pero bastó un rápido registro visual para que mi equipo de intuición se mantuviera en reposo. Quienquiera que fuese, no venía en son de guerra. Era evidente que me había seguido y había esperado a tenerme solo y en una situación de fácil abordaje. No. No era mi asesino. Era un mensajero.

Tenía en su mano derecha un envoltorio. No pesaba, así que no era una pistola. Quizá, por la forma, se podía pensar en un atado de cartuchos de dinamita, pero en ese caso el hombrecito se iba conmigo, y mi rápido estudio visual tampoco me detectó a un suicida. El olor, aunque atenuado severamente por le envoltura de papel de periódico, me reveló su contenido.

Esperó a que la muchacha sirviera hasta el tope las dos tazas de café y colocara los dos apetitosos vasos de agua fría, sudorosos y tintineantes de hielo frapé, para alargarme el paquete y decirme:

«Doctor, esto se lo manda el compañero Flavio.»

Era un mazo de 18 formidables vitolas desprovistas de anillas y que, de inmediato, identifiqué como productos mandados a enrollar especialmente al Sindicato de Torcedores.

«Coño, hermano», dije, gratamente sorprendido, y tan goloso que no podía esconder la desesperación por prender el primero.

«Dice el compañero Flavio, doctor, que lo excuse de no haberse despedido. Y, sobre todo, que lo cogió de sorpresa tener que quedarse fuera del país. Que él va a hacer algunos ajustes para ver cómo se pueden comunicar en el futuro, o si se va a nombrar algún sustituto.»

El nombramiento de Flavio como vicepresidente de la FMJD y la decisión de que se quedara en Moscú me liberó de la incertidumbre de si ponerlo o no al corriente de mi proyecto de asaltar el Moncada y la carga moral resultante de ese dilema, si la decisión final era ocultarlo. Mi amigo el mensajero desapareció en aquel mediodía de La Habana y nunca más he vuelto a hacer contacto visual con él. Flavio había sumado a la delicadeza de su gesto y al mazo de tabacos, el tacto de no enviarme a ningún conocido o un personero del Partido. La relación con Flavio era un magisterio permanente de liderazgo clandestino. Nada en él era gratuito o no estudiado. Enviar un mensajero desconocido y que más nunca volvería a ver, significaba que nuestra conexión no sólo era exclusiva entre él y yo, sino que no podíamos confiarnos de ninguno de nuestros amigos comunes y ni siquiera de los más altos y probados dirigentes partidarios.

«Yo sabía que tú ibas a escoger la Luger», me dijo Abel, con voz queda.

Las armas, que llegaban a Cuba por muy expeditos caminos, casi siempre se relacionaban con alguna conspiración que era capturada o disuelta por la policía y que luego su armamento (no siempre se confiscaba todo) se quedaba dando vueltas por otros grupos conspirativos o por los mismos involucrados —devueltos de nuevo a la calle— y que por alguna circunstancia se quedaban cortos de plata. Nunca estuvieron muchos días en la cárcel y no transcurría mucho tiempo sin que los vieras en puestos oficiales y cebándose como cerdos. La Luger —que Abelito me vio echarle el ojo desde el primer momento— tenía ese origen.

La vía usual de introducción de armas y municiones al país era a través de personeros del gobierno o de amigos en la aduana. La única frontera terrestre de Cuba que era la cerca y alambradas de la base naval de Guantánamo se usaba muy poco en estos menesteres dada su lejanía con La Habana y al hecho de que un Miami repleto de *dealers* de armas estaba mucho más cerca y no tenías que vértelas con la Policía Militar yanqui si disponías en el puerto habanero de algún oficial de aduanas susceptible a los viejos ritos criollos de la corrupción y el contrabando. En México también se conseguían proveedores pero con un exceso de intermediarios y todos pidiendo una untadita que ni modo, y era de donde aparecían, de vez en vez, el suministro de unas ametralladoras de bípode llamadas Mendoza, baratas pero nada malas para que sepan, ligeras y confiables, con un sistema de acumulación de gases en un cilindro muy parecido al de las Lewis. Mi Luger pudo venir de México pero me inclino a pensar que fue de un cargamento procedente de Miami. Todavía a principios de los cincuenta se conseguía mucho material de la Segunda Guerra Mundial traído como trofeos de guerra por los soldados americanos y luego puesto a disposición del mercado. Nuestra generación era devota de esta pistola por su desconocimiento profesional. En realidad, era de un mecanismo muy complicado, que se había dejado de producir en

1942 y nadie disponía de los aceites específicos requeridos para el mantenimiento por el fabricante en su época. Pero los defectos resultaban de importancia secundaria al compararse con el hecho de que era el arma de cintura de los oficiales alemanes.

Yo descubrí *la mía* en una de las últimas cajas que conseguimos a buen precio a través de un cabo del Buró de Investigaciones y que le había ocupado a una célula de los auténticos de Prío pocas semanas antes. El armamento se adquiría surtido, como golosinas, y sin hacer muchas preguntas. Creo que aquella caja de pistolas y algunas granadas, después de un regateo con el cabo, nos salió en 100 pesos netos, a los que le resté 10 en el acto de la entrega con la explicación ofrecida al cabo de que necesitaba 5 para el taxi y 5 para mis tabacos. Y ahí estaba, cuando destapé las cuatro solapas del cajón de leche Nestlé, mi *Mauser Luger,* que es como se escribe y como lo labró el fabricante en la fábrica de Spandau sobre el lomo del carro retráctil y empuje en ángulo junto con el águila del imperio y la esvástica. Estaba haciendo el tránsito, como tirador, del calibre 45 de todas las pistolas americanas que pasaron por mis manos en la universidad, a las sofisticaciones del 9 milímetros europeo, que mantuve más tarde durante toda la campaña de la Sierra Maestra cuando porté como arma de cintura una Browning High Power, belga legítima, que compré nueva de paquete en Ciudad de México. Empezaba el embullo —diríamos que a nivel latinoamericano— del armamento belga, y fuimos nosotros los que lo comenzamos con nuestras campañas revolucionarias, y empezamos con las seis o siete Browning de 9 milímetros que le hice llevar a mis principales comandantes en la Sierra y que era un símbolo inequívoco de los veteranos del *Granma,* porque las pistolas de calibre 45 sólo podían obtenerse del mercado interno y, a partir de determinado momento, de matar a un batistiano para quitársela.

Tenía la Luger en la mano y la contemplaba y Abel se me había acercado y me había dicho, con una sonrisa de complicidad, que él sabía que yo me quedaba con ella. No es lo mismo un arma de estreno que una de estas pistolas sin registro de su historia y que desandan medio mundo antes de caer en tus manos. Si existe un objeto cuyo pasado es una fuente permanente de enigmas y de una existencia de aventuras probables y de misterios insolubles y que, al empuñarla, al saberla tuya, al sopesarla en su silencio inquebrantable, te hace un cómplice secreto de quizá los más horrendos crímenes o a lo mejor el heredero de un honor inclaudicable, es una pistola con dueño anterior desconocido.

«Trata de dormir, Abel», le dije.

Yo estaba sentado en el piso, recostado en el dintel de la puerta, cuando Abel se me acercó. Recuerdo que estaba pensando en los 10 hombres que teníamos presos en una de las habitaciones interiores, la puerta, inconmovible, cerrada por afuera con un candado Yale. La Revolución apenas estaba por comenzar y ya tenía sus primeros prisioneros, y no procedían de las filas del enemigo, sino que eran revolucionarios. Era una metáfora de muy difícil digestión para mí mismo, no crean. Pero me servía de igual manera para ponerme a prueba. La lección que estaba destilando era la de que, una vez iniciado el proceso, no sólo es inadmisible permitir la más mínima vacilación entre los revolucionarios sino que más inadmisible aún era que yo lo permitiera. El cabecilla de los prisioneros —por lo pronto— era Gustavo Arcos Bergnes. A esos 10 hombres les dimos por llamar «los renuentes», porque tal había sido su pecado: mostrarse renuentes a participar en la acción, que a muchos de los integrantes se la habíamos explicado apenas un rato antes. Yo lo que estaba pensando era si dejarlos encerrados o qué diablos hacer con ellos cuando saliéramos para el combate. Gustavo mismo me dio la más honorable (y si no honorable, al menos razonable, que ahora no podría definir cuál de las dos más convenientes para la causa) de las soluciones. Llamó a la puerta y dijo que lo había pensado mejor y que estaba dispuesto a luchar. Después contó que su cambio se debía a haber estado escuchando a Lester Rodríguez, uno de nuestros jefes de grupo, y a mi hermano Raúl, cantando en voz queda viejas canciones cubanas hasta que se durmieron. Los otros nueve se mantuvieron en su negativa y al final tomé la decisión de que los soltaría antes de partir al combate. No comprendieron el mensaje que Gustavo sí entendió perfectamente. Participa o mueres. Años después, desde luego, a la hora de describir el carácter absolutamente voluntario de los asaltantes al Moncada, siempre he dicho que le ofrecí la alternativa a los pusilánimes de que esperaran un tiempo prudencial —media hora o cosa así— después de la salida del último de nuestros carros antes de ellos retirarse de La Granjita. Innecesario explicar (para no complicar los buenos efectos de la propaganda revolucionaria) que ninguno de los nueve sobrevivió y que el ejército los capturó a todos en la misma

Granjita o sus alrededores y que además no tenían escapatoria posible, en unos montes desconocidos y sin un centavo en los bolsillos y ningún medio de transporte a su disposición. Participa o mueres.

La estrecha carretera que lleva de Santiago al Playa Siboney cruzaba a unos 100 metros de la puerta. Había un sendero de losas de barro rojo hasta la entrada de la finca, escoltada por arecas. Y por lo menos habían transcurrido 40 minutos desde que pasara el último coche por la carretera.

La madrugada era lenta y la temperatura resultaba sofocante porque la tarde había transcurrido sin los beneficios de un aguacero y toda la lluvia de los cúmulos se había contenido en las capas medias de la atmósfera. Yo tenía la camisa pegada a la espalda, por el sudor, y en el cielo despejado del amanecer del 26 de julio de 1953, a la distancia que estábamos de Santiago, donde el reflejo de su alumbrado público no enrarecía el destello de las lejanas estrellas, la bóveda celeste parecía expandirse con la fugacidad del plancton. Si el cielo se mantenía igual de despejado para la media mañana, y ninguna nube se interponía entre la proyección de los rayos solares y Santiago y sus alrededores —calculé—, íbamos a tener un 26 de julio seco, y muy ardiente.

26 de julio de 1953. Una de la mañana.

«Una de la mañana», dije.

«¿Ésa es la hora que tú tienes?»

«Una de la mañana.»

«Yo también —dijo—. Yo también tengo la una.»

«Descansa, Abel. Descansa», insistí.

El personal había llegado en distintos autos desde Artemisa, Matanzas y La Habana. Los fui alojando desde días antes en la pequeña casa de madera con piso de mosaico de la granjita, cercana a la playa de Siboney, a 15 minutos de Santiago de Cuba. 124 hombres y dos muchachas.

Ahora duermen. O fuman en silencio. O aguardan.

Tengo postas disimuladas afuera.

«¿Tú no estás cansado, Fidel?»

«Cansado no. Tenso.»

Acababa de llegar de Bayamo, a más de 300 kilómetros de Santiago, donde tenía 25 hombres con la misión de asaltar el cuartelito de la Guardia Rural y servirme de contención al probable envío de refuerzos desde el regimiento de Holguín. (Después desarrollo.) Estaban hospedados en un hotelucho de campo, sucio y oscuro, llamado Gran Casino, propiedad de un tal Juan Martínez, y que estaba en venta desde hacía dos años. Pero que se hallaba a dos cuadras del enclave batistiano. Me reuní allí con el jefe de la acción —designado desde La Habana—, Raúl Martínez Arará, y una especie de segundo al mando, Pedro Celestino Aguilera —dueño de una clínica en Charco Redondo, un villorrio minero en las cercanías— y les di las últimas instrucciones y los animé y también sincronizamos los relojes para que las acciones fueran simultáneas en Santiago y allí, en Bayamo.

«Tenso, Abelito. Tenso. Eso es todo.»

Rafael Morales Sánchez está en el desfile del carnaval. Hay una carroza que la componen muchachas que representan a la Marina, el ejército y la policía. Morales Sánchez es el comandante inspector del regimiento acantonado en el Moncada. Tiene dos sobrinas en la carroza. La carroza es un camión adornado donde las muchachas modelan y bailan.

Pedro Sarría Tartabull está en la calle Trocha. Trocha es la vía principal donde se autorizan las celebraciones y los bailes y desfiles del carnaval. Sarría es teniente del Orden Público del escuadrón 11 de la Guardia Rural y comparte la jefatura de mantenimiento del orden con la policía. Efectúa lo que llama —en su jerga— «servicio propio», viendo las patrullas que tiene dislocadas en la calle. Y sentado algunas veces en un kiosco muy lujoso llamado El Príncipe. Luego se pasa para otro kiosco, y así, observando desde las 12 de la noche.

Nos preparamos para partir. Nos ponemos uniformes del ejército. Para distinguirme, el mío es el único con galones de sargento mayor. Es imprescindible a la hora de dar la voz de mando que los combatientes puedan localizar a su jefe. Explico el plan de ataque y pido voluntarios para tomar la posta número 3. En el suelo se alinea el armamento: rifles calibre 22, escopetas calibre 12, pistola 38 y 45, una carabina M-1 y una vieja ametralladora. Mi arenga es sucinta. «Compañeros —digo—, podrán vencer dentro de unas horas, o ser vencidos, pero de todas maneras, óiganlo bien, compañeros, de todas maneras este movimiento triunfará.» Cantamos, muy quedo, el himno nacional.

Al rato, con todos los compañeros abordando los coches, le digo a Raúl y a Pepe Suárez que abran el candado y liberen a los presos. Pero que ninguno salga del cuarto en media hora. No me preocupa que avisen a nadie porque no hay teléfono en 20 kilómetros a la redonda. Ya hace rato que pasaron los lecheros —los camiones de distribución de leche— y no habrá servicio de ómnibus hasta las 6 de la mañana. En cuanto a la policía y el ejército, todos están volcados en los carnavales. Entonces, entre las sombras, veo a Gustavo, no sé si indeciso o porque no le han asignado coche. «Tú vas conmigo», le digo.

José Izquierdo Rodríguez está en la calle, vigilando el orden público, hasta las 4.30 de la mañana. Izquierdo es el jefe de la Policía de Santiago de Cuba, con el grado de comandante. Ha cerrado unos casos de los que suceden en todos los carnavales, de gente que toma, que se acalora con la bebida y se va a las manos.

Zenén Caravia Carrey, como todo el mundo ese día en Santiago, va a los carnavales. Está allí, con la familia. Caravia Carrey es el teniente fotógrafo del regimiento y corresponsal en Santiago de la prensa oficial.

Morales Sánchez, terminado el desfile, espera a las muchachas y las lleva a sus casas, en su máquina. Después se va para la suya y se acuesta. Nuestra caravana sale de La Granjita hacia Santiago. Primero salen los carros que van a tomar el hospital civil, son tres. Después, los carros que van a tomar la Audiencia, son dos. Treinta y cinco hombres. Y después, conmigo, los carros que van a tomar el cuartel, que son catorce carros. Yo llevo alrededor de 90 hombres. Voy manejando y he sentado a Gustavo a mi derecha. Recorremos avenida Roosevelt, dejamos atrás el reparto Vista Alegre, entramos por Garzón, doblamos por la calle Moncada, que desemboca en la posta 3. El primer automóvil se adelanta. Es el momento en que me quito mis espejuelos y los guardo en un bolsillo del uniforme. Me percato de inmediato del sobresalto que esta precaución mía suscita en Gustavo. A partir de entonces va prácticamente a achacar el fracaso del asalto a ese gesto mío. Porque unos segundos después he montado el coche sobre el contén, frente a la puerta del Moncada. Pero esto no ocurre, como debe suponerse, por efectos de mi miopía, sino más bien por el desencadenamiento de pequeños factores que se sumaron de forma negativa y nos hizo perder la iniciativa de la sorpresa. Gustavo nunca ha entendido que yo no me despojaba de mis gafas por un gesto de vani-

Parque Central, La Habana.
Jueves, 10 de mayo de 1949.

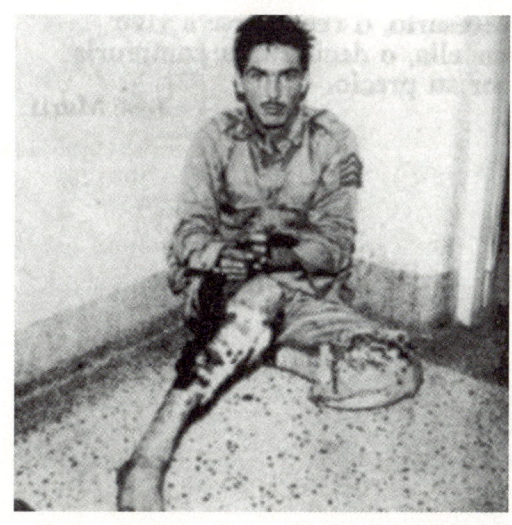

La primera foto tomada por
Zenén Caravia del prisionero
José Luis Tassende.

Segunda foto.

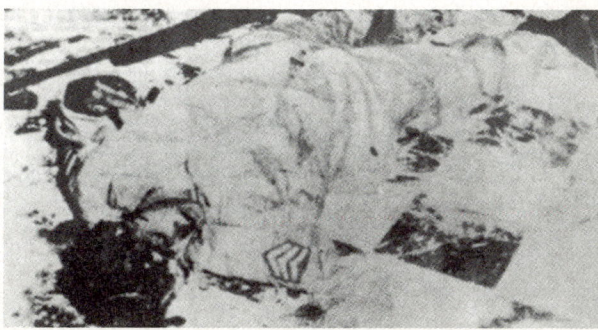

dad sino porque nadie en su sano juicio, en los años cincuenta sobre todo, se iba a presentar portando unas gafas en un combate frente a un ejército de brutales campesinos, todos con vista veinte veinte, la misma de los gavilanes o de los linces, cuando descubren su presa desde la altura de su vuelo o sus puestos de observación en las ramas de los baobabs, que era como anunciar a mil yardas de distancia que si había un autor intelectual, alguien inventando todo aquello, tenía que ser —por supuesto— el único con gafas. Era como subirte en un ring a boxear con espejuelos. Abel y yo éramos los únicos dos asaltantes que necesitábamos espejuelos. Los dos entramos en combate sin los lentes. Él en el Saturnino Lora. Yo en el Moncada.[11]

Así que dejamos atrás el reparto Vista Alegre, entramos por Garzón y doblamos por la calle Moncada, que desemboca en la posta 3.

El primer automóvil se adelanta.

Emeterio Bayona permanece hasta la madrugada tomando cerveza en la puerta de su casa. Tomando cerveza y conversando porque es carnaval en Santiago. Bayona es sargento músico de la banda del regimiento.

5:15 a. m. En la posta 3 hay dos soldados y un cabo. Parqueamos a 10 o 15 metros. Bajamos todos. Somos ocho. «Abran paso, que aquí viene el general», grita Renato Guitart, el único residente de Santiago que tenemos con nosotros. Los soldados se cuadran. Presentan armas. Renato y Pepe Suárez se abalanzan sobre ellos y los desarman. El cabo Izquierdo descubre la maniobra. Avanza hacia el timbre de alarma. Pepe Suárez dispara sobre él. «¡Hijo, qué has hecho!», dice, sorprendido, el cabo. Cae. Pero en la caída logra tocar el timbre de alarma, que comienza a sonar con estridencia en todo el cuartel. Cuarenta y cinco minutos más tarde el doctor Erik Juan y Pita, primer

11. La miopía de Fidel —acentuada en el ojo derecho— lo obliga a fijar y acercar la mirada («apretar los ojos») al disparar con un fusil, leer los subtítulos de las traducciones de las películas en una sala cinematográfica y a localizar los detalles de un paisaje. No usó espejuelos, sin embargo, durante casi toda su juventud, porque los problemas de la vista le eran apenas perceptibles. Visitó por primera vez un oftalmólogo de La Habana en 1943, con 17 años de edad, por recomendaciones de un sacerdote del colegio Belén, que descubrió ciertas torpezas suyas y sobre todo la manera de pegarse a las páginas de los libros. Se le recetó entonces lentes para leer los diarios, escribir o revisar documentos, fotografías y libros. Pero hizo caso omiso a estas advertencias y no fue hasta alrededor de siete años después, hacia 1950, y con 24 años de edad, que los espejuelos le resultaron imprescindibles y comenzó a usarlos.

teniente del ejército, médico de guardia, regimiento 1 Guardia Rural
Maceo, certifica que a las 06.00 horas de hoy julio 26 de 1953 asiste de
primera intención a Isidro G. Izquierdo y Rodríguez, cabo del regimiento 1 Maceo, el cual presenta herida por proyectil de arma de fuego en la región cervical derecha. Dos heridas por proyectil de arma
de fuego de pequeño calibre en la región epigástrica. (Hemorragia
bucal.) De pronóstico: MORTAL.

Mauricio Armando Feraud viene de los carnavales con su hermano, el teniente Pedro Feraud y su cuñada. Han tomado bastante. Están alegres pero no borrachos.

Los asaltantes de la posta 3 han estado bajo la vigilancia de una
guardia de recorrido exterior, armada con metralletas, a 10 metros de
allí. No la han visto, pero yo, desde el segundo carro, sí. «Vamos a co-
gerlos», digo. La orden es mal interpretada por los ocupantes del
asiento posterior del carro que siguen los movimientos de un sargento que se acerca. Los guardias de la patrulla exterior de recorrido se
han quedado paralizados viendo lo que ocurre frente a ellos, en la
posta 3.

Morales Sánchez está durmiendo.

Yo acerco mi auto —el mejor Pontiac de la agencia de Abelito— a
la acera izquierda, entreabro la portezuela y extraigo la Luger. Los
soldados se vuelven bruscamente hacia el auto y nos encañonan con
sus Thompson. Gustavo Arcos, pronto a cumplir la orden que cree haber recibido de mí, abre la portezuela, apoya su pie izquierdo en la
acera y le grita al sargento: «¡Alto!». Yo, en movimiento defensivo ante
las Thompson que me encañonan, arrojo el Pontiac sobre los guardias, pero es cuando choco con el contén y se apaga el motor. Arcos va
a dar al suelo. El sargento lleva instintivamente la mano a la cartuchera pero cae alcanzado por un disparo que le hacen desde el auto. Los
soldados de la patrulla echan a correr. Continúa sonando el timbre de
alarma.

Izquierdo duerme en su casa.

Renato Guitart, Noa, Tasende y Marrero suben los 18 peldaños de
una escalera que está a 6 metros de la posta 3 y entran en el lugar donde se supone que radica el arsenal y donde hemos planeado obtener
el armamento necesario para dominar el cuartel pero que pocos días
antes —y sin advertirlo nosotros— ha sido mudado hacia otra edificación del campamento y en su lugar han puesto la barbería y las de-

pendencias administrativas del cuartel. Los otros componentes de la vanguardia: Ramirito Valdés, «Chucho» Montané y Pepe Suárez sorprenden a más de 50 soldados a medio vestir y semidormidos. Afuera se generaliza el tiroteo. Hemos ocupado las casas de los alistados, frente a los muros del cuartel. Los soldados comienzan a organizar la resistencia. Pero ya, desde que la avanzada entra en una barbería en vez de en un arsenal, perdimos la batalla.

La posta 3, por donde hemos penetrado, se encuentra inmediata al costado oriental de la manzana que ocupa el edificio principal del campamento. En los sótanos de dicho edificio se encuentran distintas instalaciones logísticas del regimiento así como una entrada general para vehículos. A ambos costados, sendas escaleras que conducen a un corredor al que salen las oficinas de las distintas unidades y las puertas de la actual barbería del regimiento situada en la esquina sudeste.

Sarría está en el kiosco ese de El Príncipe un poco después de las cinco cuando le dicen, «Teniente, hay fuego en el Moncada». Dice Sarría: «¿En el Moncada? Voy para allá».

Izquierdo siente los disparos con claridad. El cuartel está pegado a su casa. Coge el teléfono y llama al Moncada. «Comandante, no se sabe nada. Los compañeros están fajados unos con otros. No se sabe lo que está pasando.» Va por mi carro, un Chevrolet 53. Se dirige a la jefatura de Policía, en Santa Rita y Rabí. De ahí llama otra vez. La situación sigue confusa.

Morales Sánchez se despierta por su mujer. La señora, dice, siente unos disparos de armas y esas cosas. Morales Sánchez atribuye aquello a los chinos, que siempre acostumbran a tirar cohetes en todos los carnavales. «Son los chinos», le dice a mi mujer. «Fíjate bien —dice ella—, porque parecen disparos de ametralladora.» Y efectivamente pone atención y son tiros de ametralladora los que están sonando. Entonces coge y se levanta y llama por teléfono de su casa a la jefatura y le sale el teniente Pupo y le dice: «Mire comandante, aquí se ha formado una confusión, aquí hay un tiroteo enorme entre las Fuerzas Armadas». Entonces coge y se viste. Tiene su vehículo enfrente, el jeep del ejército, y después que se viste, antes de salir, vuelve a llamar y le sale el capitán ayudante del regimiento y le dice: «Mire, comandante, trate de entrar por detrás de la casa del coronel Río Chaviano porque enfrente de las casitas de los militares y la parte principal del cuartel, la tenemos ocupada por el enemigo».

Zenén Caravia distingue las ráfagas de ametralladora. Se levanta y llama a la estación de policía. Suena ocupado. A los bomberos y suena ocupado. Llama al despacho del jefe del regimiento, y suena ocupado. Llama a la casa particular de Río Chaviano y le responde la señora del coronel, María del Carmen, y le dice que están atacando el regimiento. Le cuelga. «Lucía muy nerviosa», piensa.

Mi hermano Raúl y cinco compañeros llegan a las puertas del Palacio de Justicia. Raúl toca el timbre con insistencia. Escucha los primeros disparos de la batalla. Golpea la puerta con la culata del fusil.

Genaro Quintana Reyes ha dormido en los bancos de la Audiencia. Se está lavando la cara cuando tocan el timbre del Palacio de Justicia. Genaro es miembro de la Policía Nacional destacado en el Palacio de Justicia. Escucha unos disparos. Llama a un soldado y le dice: «¿Qué pasará, qué será ese tiroteo?». Vuelven a golpear duro en la puerta. Genaro abre. Le salen unos cuantos individuos con fusiles, vestidos de soldado, con galones y excitados, muy excitados. Dicen: «¡Manos arriba!». «¡Desármalo!» «No, si estoy desarmado», dice. «¡Vírese de espaldas!», le dice. Vienen los otros guardias destacados en el Palacio y también los cogen. Los acuestan boca abajo y ponen a uno trigueño a vigilarlos. Los otros suben a la azotea después de hacer saltar el candado de la puerta. Empezaron a disparar sobre el cuartel.

Izquierdo llega a la jefatura de Policía y prepara un personal. Llevan carabinitas viejas, Craks de la guerra de Estados Unidos contra México, que ni disparan, con parque inservible. Coge por Trocha hasta San Miguel. Santiago está tranquila. La gente duerme después de una noche de fiesta. Algunos en la calle se preguntan qué pasa en el Moncada. Desde la Audiencia están tirando.

Los veinte hombres comandados por Abel llegan en tres autos al hospital civil Saturnino Lora, ubicado al fondo del Moncada. «¡Batista ha muerto! ¡Viva la Revolución!», grita Abelito y desarma al soldado que custodia la entrada. Abel está escuchando que el tiroteo ha comenzado en el Moncada. Se dirige al fondo del hospital, disloca a sus hombres y comienza a disparar sobre el cuartel.

Morales Sánchez, después de hablar con el capitán ayudante decide ir al cuartel. Sale solo en su jeep. No le han advertido que el hospital civil está ocupado ya por el enemigo y entonces al pasar por la Escuela Normal y cruzar la calle Trinidad se encuentra frente al hospital y ve a unos cuantos militares con sus uniformes y frena el jeep para ver qué ocurre. Pero entonces los militares le entran a tiros y le tocan las balas delante del jeep y entonces él se pregunta por qué le disparan los soldados, si los soldados lo llevan bien.

Mauricio Armando Feraud oye los disparos y se dirige con su hermano Pedro al cuartel. Tienen la costumbre de ir cortando camino por el hospital Saturnino Lora y así les sale más corto el trayecto. Los dos van caminando con la tensión de los tiros que se escuchan desde el cuartel. Mauricio Armando va desarmado porque su revólver 45 estaba defectuoso y lo había dejado reparándose en la armería. Avanzan hacia el hospital.

El teniente Pedro Feraud está a unos metros del hospital, cuando ordena a Mauricio Armando que se detenga y agita su pistola sobre la cabeza y grita con todo vigor: «¡Ríndanse! ¡Ríndanse!». El silencio que sigue parece anormal. Nadie dispara. Los hermanos Feraud reanudan su marcha. Entonces suena una detonación seca y dura y Pedro Feraud cae de bruces. El disparo se le clava en la vena aorta. Entonces da otra vuelta, en redondo, y cae finalmente a los pies de Mauricio Armando. Al caer, suelta el arma. Mauricio Armando coge el arma. Tiene buen conocimiento de pistolas. Trata de manipularla y entonces siente una trepidación en el brazo. Le han herido. Doce perdigonazos. Cae. Va reculando y se agazapa en un declive, dejando un rastro de sangre.

Haydee, la hermana de Abel, y Melba Hernández («las muchachas», que yo había decidido finalmente que fueran de la escuadra de Abel, puesto que su objetivo era el hospital, y allí podrían servir como enfermeras) y Raúl Gómez García, salieron a auxiliar a Feraud. Gómez García cae herido a sedal por un disparo, y Melba se queda atendiéndolo. Haydee llega junto al teniente, le toma la mano y la deja caer inmediatamente. Está muerto.

Morales Sánchez, bajo los disparos que le hacen desde el hospital, aprieta el acelerador y llega hasta Martí y en Martí gira y llega hasta la entrada principal del Moncada y entra, cruzando el polígono, bajo los dos fuegos. Hay una situación difícil, caótica, en el cuartel, mucho corre-corre de soldados y acciones erráticas y sin tino.

Izquierdo ubica la dirección de los disparos. Están tirando desde la Audiencia. Baja por Garzón y entra por la posta principal, la que da a la calle de la fábrica de Coca Cola. El tiroteo —lo describirá después— «es intenso». Muchos soldados salen de las barracas con sus armas, corriendo, a medio vestir.

Sarría sale de Trocha para el cuartel. Va en el jeep y en vez de entrar por la puerta de enfrente, porque desde ahí están tirando, coge y entra por la posta que da a la calle de la casa de Río Chaviano, que le queda mucho más cerca del escuadrón suyo. Es uno de los primeros en llegar y cuando llega ya tiene un muerto dentro de su escuadrón, acostado en una cama. Se paró y desde el hospital, por una ventana, le partieron la frente, por el centro de la frente; era un soldado que tenía prestado de Bayamo. Es su primer muerto. Entonces se pone a buscar a su sargento primero, que es el sargento Silverio. «Silverio, Silverio...» Nada. «¿Qué le pasa? Si él estuvo también en Trocha un rato y vino para acá, para el cuartel...» Entonces le dicen unos músicos que hay allí: «Él no ha venido por aquí». Entonces dice Sarría: «¿Qué le pasará?». No puede saber que estaba muerto en la puerta de su casa. Cuando venía a entrar al cuartel cayó también en el combate que había allí, en la puerta del cuartel.

Morales Sánchez sube a la jefatura donde está el coronel Río Chaviano, muy nervioso, por cierto, acostado entre la pared y un buró que lo protege, con el teléfono en el suelo, pidiendo refuerzos a La Habana. Entonces le ordena a Morales Sánchez: «Ha... hágase cargo de la defensa del cuartel». Tartamudea. Está muerto de miedo. La defensa no está a cargo de Morales Sánchez. Él no tiene mando de tropas. Él es el comandante auxiliar inspector del regimiento. La defensa del cuartel corresponde al comandante Andrés Pérez Chaumont, que se queda en la playa de Ciudamar y dice después que lo habían tenido rodeado unos rebeldes allí. Se aparece en el Moncada a la una de la tarde. Un hermano de Morales Sánchez, el mayor, está herido de gravedad, acostado en una barraca. Entra allí y saca a su hermano y a otros heridos y ve que dentro de la propia barraca hay ya unos cuantos militares muertos, hay ocho y están en calzoncillos y camiseta porque tiraban de Pagaduría que está al lado de esa barraca. Saca al hermano y lo manda para el hospital. Allá lo operan pero muere. Entonces Morales Sánchez coge y baja para buscar a los oficiales, los reúne y prepara la defensa del cuartel.

A Quintana y los otros guardias de Palacio de Justicia los acuestan boca abajo y los vigilan y Quintana tranquilo ahí. «Nada —piensa—, que le han dado otro golpe a Batista.»

La posta 3, barrida por los disparos, es ahora infranqueable. Después de reorganizar a los hombres, recorro la calle que conduce al cuartel, bajo las balas, desde luego, y los gritos de «¡Quítate, quítate!» de mis compañeros. El ataque por sorpresa ha fracasado. Se ha transformado en un combate de posiciones. Las municiones de que disponemos, de bajo calibre, se estrellan impotentes contra los muros del cuartel.

Morales Sánchez hace lo indicado en estos casos: tomar las posiciones estratégicas, es decir, desde donde se pueda responder ventajosamente al fuego y de donde pueda impedir la llegada de refuerzos (que por lo demás no existen).

La posición más importante es detrás de la carretera central porque desde el hospital civil les está tirando Raúl. También sitúa personal para responder el fuego que viene desde la calle Trinidad y desde la Audiencia. Para responder al fuego de la Audiencia emplaza una ametralladora en la parte alta del Club de Oficiales y Alistados. Sitúa otra ametralladora en el polígono, frente a la jefatura, para tirarle a donde ya nuestra avanzada ha ingresado que es la barbería y la sala mayor del batallón.

Izquierdo observa la ametralladora calibre 30 emplazada en el polígono que dispara sobre la barbería. Desde allí responden al fuego y también disparan desde la jefatura del batallón y desde Pagaduría. El tiroteo es intenso y barre el polígono. Izquierdo cruza corriendo hasta el edificio central y sube a la jefatura. Río Chaviano está refugiado debajo del buró del sargento mayor. Izquierdo le pregunte al comandante Morales Sánchez: «¿Y mi hermano dónde está?». Morales no sabe. Dice: «Es todo muy confuso». Izquierdo baja, protegiéndose con la pared del cuartel. Camina debajo del balcón de las barracas. Pasa entre unas literas que hay allí y llega a la posta 3. Encuentra un hombre sentado en el suelo, recostado en la garita. Se acerca y reconoce a su hermano. Está blandito y caliente. Calcula que acababa de morir. Lo lleva a una litera y le pone una almohada. No le correspondía hacer guardia esa noche: era un favor que le hacía al sargento de turno.

Sarría recibe órdenes de emplazarse con sus hombres en el lado norte del cuartel, frente a la casa de Río Chaviano y allí se sitúa. Por ese lado no hubo ataque. Estuvo ocupando la posición y no dejando que ninguno de sus hombres se le dispersara o desertara.

Zenén Caravia llega a la posta 2 con el capitán Abreu y otros oficiales. Todos los militares cruzan la posta y siguen por el polígono. Algunos lo hacen corriendo. Otros van gritándole a los compañeros que no se equivoquen. Zenén se tiene que quedar en la posta porque el cabo Lima, de guardia allí, no lo deja pasar. Desde esa posta, ve a los soldados con la ametralladora emplazada hacia el ángulo izquierdo del edificio y ve que por el pasillo exterior de las barracas corren guardias con fusiles disparando hacia la puerta de entrada de la barbería. Los dos guardias que están en la posta dicen: «Ese que está en la barbería es Pérez Chaumont que todavía no se ha rendido», porque ellos aún creen que es un alzamiento entre los propios soldados. Entonces Zenén ve una pieza de tela blanca que sale por una de esas ventanas de la barbería y escucha una gritería de soldados que dicen: «¡No lo maten, para que hable!». Desde su distancia, ve la avalancha de soldados que sujetan al hombre vestido igual que los otros, de caqui. De pronto oye una ráfaga. Los soldados se hacen a un lado, corriendo, dejando solo al recién capturado, que se desploma sin vida. Los soldados de la posta comentan: «Ése es Chaumont, un traidor». Pueden tener razón. Desde lejos parecía Chaumont. Los soldados le dicen: «No puede permanecer en esta garita porque nos perjudica».

Bayona estaba tomando cerveza cuando comenzó el fogueo. Decide esperar un poco antes de dirigirse al cuartel. Después va, con toda su calma. Tiene que presentarse aunque no sea personal de combate. Es músico. Años después dirá que se peleó gente y que murió gente. Pero que él no tiene nada que ver con eso porque, insiste, no era tropa combatiente. Músico. Tocaba el bombardino.

Morales Sánchez cuenta con 400 hombres y un armamento consistente en ametralladoras calibre 30 y 50, M-l, Springfield, Garand, Thompson y morteros. Y el personal le está respondiendo bien, bastante bien. Después de la sorpresa y la confusión del comienzo del ataque, se recobró y ahora está respondiendo al mando.

Después de una hora de combate y prácticamente exhaustas todas nuestras reservas, me doy cuenta que si continuamos luchando es sólo a impulsos del absurdo y, quizá, hasta de la vanidad. Pero no me hago ilusiones sobre el éxito del asalto. En la lucha, fragmentada en pequeñas acciones parciales, sólo cuenta ya la suerte individual de cada hombre.

Izquierdo, después de dejar a su hermano en la litera, sube por la escalera de la posta 3 y entra en la barbería y encuentra a uno de los nuestros, muerto, con la cabeza destrozada. Con alguno de sus hombres sigue avanzando dentro del edificio. En la Ayudantía de la Policía le sale otro de nuestros compañeros, con una pistola. Izquierdo lo nota muy excitado. Va hacia él y le arrebata la pistola. «¿Qué está haciendo?», le pregunta Izquierdo. «Me están tirando de todos lados. Es en defensa propia.» «¿Pero qué hace aquí?», insiste Izquierdo. «Cosas de la vida», responde el hombre. Izquierdo lo detiene y lo envía escoltado para jefatura. No vuelve a verlo nunca más. Sigue avanzando y, más adelante, en Pagaduría, encuentra a Echeverría, un soldado conocido. Está herido y muy asustado. Se lleva las manos al estómago. Después Izquierdo se entera que es otro de los muertos.

Ya estoy convencido de que todos los esfuerzos para tomar la fortaleza son inútiles. Pedro Miret, Fidel Labrador y otros seis francotiradores se disponen a cubrir la retirada. Miret también comprende que el asalto ha fracasado y su vida —me lo contará después— le parece *totalmente desprovista de interés*. Nos estamos replegando en grupos de 8 y 10 hombres. Raúl abandona el Palacio de Justicia. Abel todavía resiste en el hospital pero le dice a Melba y a su hermana: «Estamos perdidos. Ustedes saben tan bien como yo, lo que me va a suceder».

Morales Sánchez determina que nuestro fuego disminuye hasta casi desaparecer. El combate no había mantenido siempre la misma intensidad así que puede ser uno de esos momentos de receso por lo que manda a sus hombres a mantener las posiciones. Hasta que se convenzan de que nos hemos retirado.

Quintana y los otros guardias son obligados por Raúl a bajar al sótano. Hay como 4 o 5 prisioneros más. Gente que ha venido a la Audiencia y que también ha sido capturada. «¡Quédense ahí! ¡Que nadie se mueva!», les dicen, y se retiran. El teléfono comienza entonces a sonar. Quintana se va arrastrando y levanta el auricular. «¿Qué pasa?» «¡Yo no sé lo que pasa!», responde Quintana. «¡Que hay muchos tiros aquí!» Quintana se arriesga a subir. Los asaltantes se han quitado los uniformes y los han dejado en el salón de la Audiencia y los fusiles y revólveres sin municiones. «Oye —le comunica Quintana a los otros prisioneros en el sótano—, la gente se fue.» Deciden salir del edificio. Salen arrastrándose. El espectáculo es incomprensible porque el fuego se ha acallado y estamos a plena luz del día y hay unas nueve criaturas que se arrastran trabajosamente sobre el pavimento de la amplia avenida que cruza frente al Palacio de Justicia.

Izquierdo vuelve a la jefatura. Encuentra a Río Chaviano, más repuesto, más dueño de sí mismo, que le dice: «Óyeme, el asunto es que están atacando el cuartel desde el hospital. —Y le ordena—: Ve allí a ver.» Izquierdo va con 8 o 10 hombres al hospital. Sale por el Club, por la posta 4, cruza la carretera central y va por Trinidad hasta la puerta principal del hospital civil. Ahí está tirado el cabo Pompa: a su lado tiene el rifle desbaratado. Se desangró allí. Cinco horas después de que Izquierdo reconozca el cadáver, el doctor Erik Juan y Pita, primer teniente del ejército, médico de guardia, regimiento 1 Guardia Rural Maceo, certifica que a las 09.00 horas de hoy 26 de julio de 1953 he asistido de primera intención a Pedro H. Pompa y Castañeda, vigilante de la Policía Nacional primera división Santiago de Cuba regimiento 1, el cual presenta herida por proyectil de arma de fuego en la región occipital con gran proincidencia de masa encefálica otorragia. Equimosis parpebrales. De pronóstico: MORTAL.

Izquierdo se siente sobrecogido porque el hospital está en completo silencio. Distribuye a su gente por las dos bandas del interior del hospital. Se mueven en medio de aquel extraño silencio. Los pasillos están vacíos. Por ningún lado gente armada. Entra en una sala y le pregunta a una enfermera: «¿Dónde están?». «Yo no sé nada; por favor», dice. Está asustada. Todo el mundo parece asustado allí. Sigue preguntando y no saca nada en claro. Pero entonces viene un miembro del Servicio de Inteligencia Militar, de nombre Garay, que había estado allí todo el tiempo y le informa: «Se sacaron los uniformes y los dejaron allá en el fondo con las armas. Están en las salas disfrazados de enfermos». Izquierdo comienza los interrogatorios: «¿Usted cómo se llama? ¿Está enfermo aquí? ¿Desde cuándo? Qué tiene?». Todo eso les va preguntando. Cuando llega a la sala de ojos, un individuo joven, más bien bajo que nunca más vuelve a ver, le señala para un muchacho con el ojo vendado que estaba acostado allí: «Ése es uno», dice. Abel Santamaría. Tenía una mancha sanguinolenta en la cara, como si se hubiera herido o raspado allí. Se levanta de la cama y dice: «Quédense tranquilos». Izquierdo sigue recorriendo salas y tomando prisioneros. Los reúne en el patio central.

Morales Sánchez coge los oficiales, cada uno con un pelotón de 3 escuadras y 19 hombres cada uno. Manda al teniente Piña que coja por Garzón para tomar el hospital civil que es el que está atacando y otro teniente de apellido Martínez Arguena que coja por la carretera central a Martí a bloquear el hospital civil.

Izquierdo ve llegar a Piña y otro oficial bajito. Vienen exaltados y enarbolando las armas. «Tiene que entregarme esos individuos», dice.

«Éstos son prisioneros de guerra y hay que respetarlos», responde Izquierdo. «Yo soy comandante y estudié derecho militar. Sé lo que hay que hacer.» «Han asesinado a nuestros compañeros», dice Piña. «También murió mi hermano», responde Izquierdo. Los ánimos se caldean. Un soldado le tira un golpe a uno de los prisioneros. Lo encontraron escondido entre las rajas de leña; junto a las calderas. También golpean al doctor Muñoz, el único médico de nuestra tropa y que habíamos situado con toda lógica en el grupo de asaltantes del hospital. «Aquí no se le pega una galleta a nadie», ordena Izquierdo. El doctor Muñoz le dice: «Hemos venido por un ideal». Un muchacho le pregunta a Izquierdo: «¿Usted es masón?». «Sí.» «Mi padre también. Yo soy de Artemisa.» «¿Por qué vinieron a esta aventura?», pregunta Izquierdo. «Han estado dichosos, los podrían haber matado a todos.» Izquierdo quiere transportarlos en un camión pero el camión no arranca. Una máquina que había allí tampoco. Entonces forma dos columnas y en el centro pone a los prisioneros. Caminan por Trinidad, cruzan la carretera central y entran por la posta 4. El doctor Muñoz camina con dificultad por el culatazo que le han dado y se rezagaba. Cuando entran al cuartel, la gente está muy excitada. Al llegar al club de alistados, Izquierdo le dice al comandante Asa que se hiciera cargo del doctor y él sigue con los otros prisioneros. «Vigila que no le pase nada», le dijo a Asa. Cuando están llegando al último piso, siente un disparo. Algo ha pasado. Después Asa le explica: «Me lo mataron en mis manos, ni sé cómo sucedió, fue una turba». Izquierdo llega a donde está Río Chaviano y le entrega los prisioneros. Sanos y salvos. «Está bien —dice Río Chaviano—. Déjemelos aquí. Siga registrando». Izquierdo dejó la Jefatura y se fue para la comandancia de la Policía.

El cuartel Carlos Manuel de Céspedes, de Bayamo, era la sede del escuadrón 13 de la Guardia Rural. Lo custodiaban unos 38 soldados y estaba compuesto por tres edificios: el cuartel propiamente dicho (calabozo, dormitorio, capitanía), el club de oficiales y la caballeriza. Era protegido por altos y gruesos muros y cercas de vigorosos alambres. Bayamo resultaba estratégico. Poseía una posición geográfica envidiable que lo convertía en nudo de las comunicaciones en la región. Como fase previa al plan, en abril de 1953, después de mi despedida silenciosa de mis padres y de mi hermano Ramón y de la escuelita de mi infancia en Birán, me dirigí a Charco Redondo, a unos 50 kilómetros al oeste de Bayamo, y a unos 150 al sudoeste de Birán. Pedro Celestino era un contacto de Antonio López, «Ñico», uno de nuestros hombres en entrenamiento en La Habana. Además de ser dueño de la clínica de la localidad, que se sostenía con los subsidios de los propietarios cubanos de la mina de manganeso, Pedro Celestino tenía bajo su mando unos hombres, mineros todos, que venían trabajando en la extracción de dinamita para realizar sabotajes.

Enseguida pensé en dos cosas: en utilizar los explosivos en la destrucción de los puentes de acceso a Bayamo y en mi última lectura de *Por quién doblan las campanas*. Volar puentes. Qué fiesta. Y si cortábamos Bayamo, cortábamos Santiago. Por cierto que yo tenía un vecino en el edificio Frenmar que era un exiliado español y que se ganaba la vida en Cuba como médico de Ernest Hemingway. Un tipo de paso cansino y largo y de indudable presencia militar y con una sonrisa vigorosa y sin inhibiciones, las pocas veces que reía. Jefe de los servicios médicos de la XII Brigada Internacional —bajo el mando del general húngaro Mate Zalka, conocido como Lucaz—, mi vecino había escapado por un pelo del paredón franquista. Es mi época de querer volar todos los puentes de la isla después de la lectura de la novela de su principal paciente. Le insistí que me llevara a conocerlo. Pero todo se quedó en los planes. Nunca se efectuó la visita.

Este material de Pedro Celestino llegó a acumularse en la panadería de un tal Pepe Benítez, en el poblado de Santa Rita, punto más o menos intermedio entre Charco Redondo y Bayamo.

De los más de 30.000 habitantes de Bayamo, sólo uno, Elio Rosete, sabía los planes. Rosete, conocido por los guardias, debía conducir a los asaltantes, vestidos de uniforme, al cuartel. El pretexto era pasar las últimas horas de la noche allí y continuar en la mañana del 26 de julio hacia Santiago de Cuba, donde se celebraban los carnavales. Si el ardid funcionaba podía entrarse al recinto sin disparar un tiro. Existían dos variantes iniciales para la acción: simultanear la toma del cuartel con la voladura de los puentes que daban acceso a Bayamo o hacer esto último luego del ataque a la guarnición. Eso debía decidirse —fue lo último que hablamos, nuestro último acuerdo— según se desenvolvieran los hechos. Un tercer proyecto era, después de ocupada la madriguera, y con los combatientes bien pertrechados y el pueblo incorporado, atacar el regimiento 7 de la Guardia Rural de Holguín. Pero para esto último resultaba imprescindible ver sobre el terreno cómo se desarrollaban los acontecimientos. De cualquier manera, en los tres casos, había que apoderarse de la planta de radio, el centro de comunicaciones, y llamar a la población a la lucha.

Pero el ambiente allí, aquella madrugada, comenzó a enrarecerse. Surgieron iniciativas y variantes. Raúl Martínez y Pedro Celestino iniciaron una discusión sobre la mejor variante a seguir. En vez de atacar por el frente, como estaba planificado, decidieron iniciar la acción por otro flanco. Los cambios de estrategia eran, sin embargo, comprensibles. El hombre que debía conducirlos al cuartel y facilitar las acciones había abandonado el escenario. Rosete pidió permiso para visitar a su familia y desapareció unas horas antes del momento de la verdad.

Con la incertidumbre de que hubieran sido delatados, temerosos, quizá, de que los estuvieran esperando, avanzaron por el fondo de la fortaleza, unos minutos después de las cinco de la mañana. Un incidente mataría la sorpresa: alguien, en la oscuridad, tropezó con unas latas vacías, causando el ladrido de los perros y el consiguiente relinchar de los caballos. Un centinela dio el alto y ahí mismo comenzó el combate. (Por más que se ha investigado no hemos podido precisar las dimensiones de ese basurero ni su antigüedad.) Fue el cabo Indalecio Estrada, otrora integrante del equipo nacional de tiro, quien dio el alto y como respuesta recibió un tan enérgico como inútil «¡Ríndete!», al tiempo que le disparaban con las escopetas de caza. Estrada, posesionado de una Thompson, lanzó sus primeras andanadas de balas sobre el comando, parte del cual no había rebasado la cerca de alambre cercana a la caballeriza. Unos bolos de madera sirvieron de parapeto a los atacantes; y sobre ellos también comenzó a llover el fuego de una ametralladora 30, instalada sobre el techo del edificio principal, y del resto de los soldados que dormían en el cuartel, que sumaban unos ocho.

Balacera de algunos minutos, quizá 20, y de apenas unas heridas de proyectil en cada bando; la decisión de los 25 insurgentes, resultaba aceptable, entendible: retirada inmediata. (Tampoco se ha podido establecer con precisión el tiempo de duración del combate.) Entre los nuestros sólo había un herido: Gerardo Pérez Puelles; por el ejército, un soldado llamado Juan Navarro herido en un brazo.

La retirada del comando no se había organizado de antemano

por lo que se fragmentó en pequeños grupos. Algunos de ellos, al no tener nada mejor que hacer, mientras deambulaban a toda carrera por una ciudad desconocida y ante el estupor de los transeúntes, explicaban en las calles o en las propias casas de los bayameses que no se trataba de un choque entre militares y que eran revolucionarios determinados a liquidar a «la rata», también les dio por llamar así a Batista en ese momento.

El único enfrentamiento armado, luego del ataque, fue el de Ñico López, que estaba en uno de los parques más céntricos de la ciudad parapetado detrás de una estatua de Tomás Estrada Palma, el benemérito primer presidente de la República, dejando que se acercara un sargento de nombre Gerónimo Suárez Camejo, el cual parecía hallarse ajeno a la situación reinante y que se fumaba su primera aldaba de la mañana, obeso y feliz, camino del cuartel, cuando Ñico, creído de que el hombre lo había descubierto, reconocido y se aprestaba a arrestarlo —nada de lo cual debió ser cierto, dado que el hombre no había desabrochado siquiera la cartuchera de su revólver— lo fulminó con la escopeta Remington del 12.

El teniente Pando, jefe de la guarnición, instruyó capturar a todos los sospechosos, y poco después se recibió desde La Habana la famosa orden de matar a diez de nuestros compañeros por cada una de las bajas del ejército. Se premiaría con ascensos militares y otras prebendas a aquellos que más se destacaran en la «labor». En eso fueron exactos los guardias de Bayamo. Nos asesinaron a 10 de los compañeros. Uno en el cuartel; uno en el camino del aeropuerto viejo de Vega; cuatro en Ceja de Limones, camino a Babiney; dos en la carretera a Sofía; y dos, inexplicablemente, que aparecieron en el Moncada.

El libro de los imposibles

¿La vanidad? Bueno, hemos perdido y todavía no queremos aceptarlo. Los profesionales han sido ellos y no nosotros. Unos hombres sencillos, de pueblo, trabajadores, pero a los que nunca les daremos la posibilidad de la gloria, han sabido dónde colocar las ametralladoras y nos han rechazado. Y hay dos razones primordiales para hacerles elusiva la gloria del vencedor. Y del vencedor en buena lid. La primera es clásica: aunque han ganado la batalla, a la postre no ganarán la guerra. La segunda, nunca evidente ni mencionada, puesto que, recóndita y sáfica, se oculta en las zonas más oscuras del alma de la nación, es el racismo. El racismo en una nación erigida por la mano de obra esclava pero siempre bajo el mando de españoles o sus descendientes excepto en las dos oportunidades en que un mulato, que a mayor desprecio era mestizo de indio cubano, sabe Dios de qué diezmado grupo tribal, tuvo la osadía de gobernarnos con mano de hierro por dos oportunidades. De manera que le hemos servido en bandeja de plata a la siempre temerosa y volátil burguesía criolla blanca un servicio tangencial: matar soldados. No olviden que aún se nos identifica, más que como revolucionarios, como estudiantes, como «los muchachos de la universidad». Y los estudiantes en Cuba siempre son blancos. Los resortes de esta clase de pensamiento tendrán que ser ajustados en un futuro previsible puesto que no puedo hacer una revolución del proletariado si combato a un ejército de mulatos y de negros y de campesinos pobres. Además de que el verdadero ejército de la burguesía y del imperialismo fue el que descabezó Batista con el golpe de Estado del 10 de marzo de 1952 y que remata sobre todo, en abril de 1956, después del Moncada, cuando liquida el complot —animado y sufragado por la CIA— del coronel Ramón Barquín. Así que tengo que arreglármelas en el diseño y los designios de mi propaganda para convertir esos «institutos armados» —como se les llamaba— en un instrumento de represión de los imperialistas y de las clases altas y no, como era, un modo de vida —con ropa y muda de cama limpias, tres comidas al día y un aguinaldo en Navidad— para 50.000 o 70.000 cubanos que, de otro modo, sería el humillante potencial adicional de más desempleados y de 50.000 o 70.000 familias más en la miseria y de sus proles descalzas y con los estómagos a reventarse de lombrices. Muy complejo. Todo muy complejo. Pero es algo a resolver a posteriori puesto que los necesito ahora —a burgueses e imperialistas— a ambos, y no puedo echármelos de enemigos. La alianza táctica con mis encarnizados enemigos de mañana está hecha y sin que mis aliados tácticos tengan nunca conocimiento de que la han suscrito. Por lo pronto tengo que servirme de un sector siempre presente en los ejércitos: del sector de sus criminales. No del otro, el de los buscavidas, que es el mayoritario.

Yo vi moverse a los profesionales del ejército cubano, los vi desplegarse en el Moncada bajo el fuego y nunca agacharse ni en un gesto involuntario de sobresalto, erguidos y con absoluto dominio de sus acciones, aunque fuera para muchos de ellos, incluso, su bautismo de fuego, y los vi capturarme, y los vi desarmar y arrestar a mis compañeros, y no se produjo un solo caso, óiganme bien, ni un solo caso de esos oficiales —estoy hablando de los que asumieron las posiciones en el combate— que alzara la voz ni que le propinara un golpe a ninguno de nuestros compañeros, con la entereza y la hombradía además de pasarle por encima al hecho de que acabábamos de matarle a un hermano o a un buen amigo en un ataque por sorpresa y sin declaración previa de hostilidades. Se trata de mis memorias, así que escribo como si dictara mi última voluntad y sin reprimirme, sin ponerme reparos yo mismo.

Ése era su trabajo, y previsiblemente parecía hallarse en una de las cláusulas (adscriptas al menos en espíritu si no en la letra) de su contrato militar (*si atacan, contraataca*) y, ante nosotros, fueron íntegros, eficientes, profesionales, capacitados. La muestra mayor de su profesionalismo estuvo al final del combate y con todos nosotros capturados. Mientras la jauría de Río Chaviano se deleitaba en su fiesta de sangre, ninguno de los viejos oficiales se dejó llevar por las emociones del vencedor bárbaro. Desaparecieron en el mismo anonimato del que, a la hora precisa, surgieron para combatirnos y derrotarnos. Ésa es la historia del comandante inspector del regimiento 1 Maceo, Rafael Morales Sánchez; del comandante jefe de la Policía Nacional división 1 Santiago de Cuba, José Izquierdo Rodríguez; del teniente jefe de escuadrón 11 Guardia Rural regimiento 1 Maceo, Pedro Sarría Tartabull.

Al final, en el «vivac»[12] de Santiago de Cuba —una especie de primera instancia adonde se conducían los prisioneros acabados de capturar— y rodeado por Izquierdo, Sarría, Morales Sánchez y del mismo coronel Alberto del Río Chaviano, amén de dos o tres taquígrafos, esos tres hombres lo único que me reprochaban era el haberme lanzado a la aventura con un armamento tan poco adecuado. Lo que al final se convirtió en uno de nuestros principales *assets* de propaganda

---

12. Cubanismo por «prevención». Era la instancia para los arrestados antes de presentarlos a un juez

—habernos enfrentado al ejército con aquellas escopetas de caza de bajo calibre— era en realidad el argumento desde el punto de vista militar más censurable de nuestra acción. Eso era lo único que ellos tenían a bien señalarme. Podía tomarlo como yo quisiera, cada vez que me decían: «Pero, muchacho, ¿tú estás loco? ¿Cómo atacar un cuartel como el Moncada con esos fusilitos?». Pero era también como una advertencia, o como decirme: «Oye, muchacho, la próxima vez busca mejor arsenal». No para Río Chaviano, desde luego. Para Río Chaviano, su poderío de fuego —en comparación con el nuestro, desde luego— era la base de su prepotencia y la patente de corzo para sus abusos.

Había que buscar un equivalente estratégico al de la supremacía logística del adversario, que quizá estuviera en el uso del tiempo, y no apostar todo el capital al golpe rápido y contundente y localizado sobre un punto aislado del territorio, que suele ser el resultado de todas las conspiraciones. Habíamos fracasado en la idea de maniobra principal. Mi experiencia ahora es que no puedes ponerle sitio a un bastión si no lo superas en poder de fuego y capacidad de destrucción, y que la estratagema de abastecerse de armamento del enemigo, es funcional en la lucha de movimientos y de territorio en extensión de una guerrilla, pero no cuando dependes del polvorín de la propia fortaleza a rendir. No funciona porque te hace caer en tu propia trampa. Que es meterte tú mismo dentro de las empalizadas y ver, en tu hora postrera, cómo los puentes levadizos se alzan, o quedarte afuera sin poder siquiera arañar la muralla.

Estando allí, en aquel vivac de Santiago, y sintiéndome de alguna manera protegido por la presencia de los comandantes Morales Sánchez e Izquierdo y sobre todo del teniente Sarría con el que ya había logrado un *rapport* en el camino desde la finca en las estribaciones de Gran Piedra, donde me capturó, al vivac, aparte de que me había hecho partícipe del secreto que me permitiría presentarme con pleno dominio de mí mismo ante el tenebroso Río Chaviano, reanudé las operaciones. Era el primero de agosto de 1953, hacia las 11 de la mañana. No había pasado una semana desde que Renato Guitart gritara «¡Abran paso que aquí viene el general!» y de que el cabo Izquierdo avanzara hacia el timbre de alarma y de que Pepe Suárez, al disparar sobre él, efectuara el primer fogueo de combate de toda la historia de la Revolución cubana y que se alcanzara un blanco vivo. Ahora yo tenía que empezar por la propaganda, desde luego. En definitiva era el único recurso intacto y a mi disposición en ese momento.

Muy pocos prisioneros llegaron con vida a la noche del 26 de julio.[13] El capitán Lavastida, que era el jefe del Servicio de Inteligencia Regimental (SIR), el capitán Rico y el capitán Águila Gil, el ayudante principal de Río Chaviano —gente que se ufanaba de constituir el equipo especial «del coronel» (el mismo Río Chaviano)—, se ocuparon de exterminar a mis compañeros. Me imagino que a Abel le vaciaron la cuenca de los ojos con un destornillador porque él, para tratar de hacerse pasar por un paciente de la sala de oftalmología, se vendó un ojo, y esto fue el vector de exacerbación de sus verdugos.

Reviso la sentencia número 84 de Tribunal de Santiago de Cuba con la que, después del triunfo de la Revolución, le colgamos 30 años de prisión a Zenén Caravia, a quien Haydee y Melba señalaron como el hombre que identificó a Abel. ¿O lo decimos al revés: a quien Haydee y Melba identificaron como el hombre que señaló a Abel?

Zenén Caravia llegó a la jefatura y le pidió a Río Chaviano que lo dejara retratar a los muertos. «Mire, capitán Lemus, acompañe al fotógrafo para que tome fotos de los muertos», le dijo Río Chaviano a Lemus, y enseguida advirtió: «pero *sólo de nuestros muertos*». Lemus llegó al regimiento apenas unos minutos antes que Zenén y eso que vivía enfrente del Moncada, de manera que él no sabía cómo justificar-

---

13. Ciertamente, la carnicería desatada por Río Chaviano y sus secuaces se extendió probablemente hasta que se hizo pública mi captura. Pero las víctimas a cobrar después del domingo 26 de julio fueron todas personas cazadas al azar y, desde luego, absolutamente inocentes y ajenas a nuestros planes. Se trataba del cupo a llenar. La matanza de prisioneros empezó a las 3 de la tarde del mismo domingo 26 de julio, cuando llegó de La Habana, en un DC-3 de la Fuerza Aérea, el general Martín Díaz Tamayo, quien trajo instrucciones concretas, salidas de una reunión donde se encontraba Batista, el jefe del ejército, el propio Díaz Tamayo y otros. Órdenes precisas, ya saben: «matar 10 prisioneros por cada soldado muerto». Pero no podían cumplimentarse con los prisioneros. Comoquiera que las bajas de los militares ascendieron a 19, era una cantidad que superaba con mucho el número total de nuestros combatientes comprometidos directamente en la acción del Moncada. De los 151 participantes en las dos acciones, seis murieron en combate y 55 fueron asesinados después de apresados. De los 90 que sobrevivieron, sólo 29 fueron juzgados porque el resto logró escapar.

se y decía que su mujer estaba sola en la casa y que por eso no se atrevía a salir. Es decir, este capitán tenía un miedo horrible y cuando Río Chaviano lo designó para acompañar al fotógrafo, éste pudo controlarlo y actuar a su antojo. Salieron de la jefatura y tomaron hacia el corredor de la derecha que va a la Primera Compañía, y allí encontraron 3 o 4 militares muertos. Tomó las fotos y salieron nuevamente al pasillo y a unos metros se encuentra con el hombre que había visto antes desde la posta, el prisionero que agitaba una pieza blanca. Sin decirle nada al capitán hizo fotos de ese hombre, que era grueso, pero no le distinguió el rostro porque había caído boca abajo. Luego siguieron al pabellón contiguo, donde radicaba la barbería, la sala de Justicia, y todos esos departamentos estaban cerrados y en los pasillos había más muertos. Por la posición se evidenciaba que no habían caído allí sino que los habían puesto después del combate. El capitán Lemus, nervioso, dice: «Yo creo que éstos no se retratan». Sin responderle, Zenén Caravia comenzó a accionar sus cámaras. Lemus repitió: «No, éstas no». Pero Zenén Caravia ya las había tirado y le dijo: «Bueno, éstas las anulo y a lo mejor no salen porque la tapa del chasis está puesta», y como Lemus entendía, aceptó la excusa. De allí salieron para la posta que da al hospital militar, y al llegar al hospital se encontraron con el comandante médico Tamayo y los otros médicos, bañados en sangre y en gran actividad, preparando las mesas de operaciones. En uno de los pasillos del hospital, hacia el ala derecha, que terminaba en una sala de enfermos, Zenén Caravia se encontró con un herido en una pierna, estaba como azorado, sentado en el suelo, y con traje militar y galones de sargento. Tiempo después supo su nombre: José Luis Tassende. Enseguida le hizo una fotografía. Continuó su camino y entró en una sala donde vio un bulto, que era una persona tirada en el suelo, y tapada con una sábana. Alguien dijo que era el teniente Morales.

Entonces se dirigió a la sala de oftalmología.

La sala de oftalmología.

Probado que el procesado René Zenén Caravia Carrey, mayor de 18 y menor de 60 años de edad ... al conocer en la madrugada del 26 de julio de 1953 que existía un combate en las proximidades del Cuartel Moncada ... tomó un jeep y se desmontó del mismo en la intersección de la carretera central con la avenida de Garzón, avanzando por la primera de estas vías y llegando al hospital provincial donde se encontraba un grupo de aquellos muchachos ... y parece que ganó la confianza de ellos alegándoles su condición de periodista y permaneció en aquel lugar hasta que finalizó el combate, oportunidad en que los atacantes, ayudados por los enfermos cambiaron sus ropas y simularon que no eran tales [asaltantes] y se acostaron en las camas con el propósito de no ser detenidos, lo que no lograron porque el procesado al hacer su entrada en el mencionado hospital los militares ... le señaló cuáles eran los combatientes, lo que fue perfectamente apreciado por la doctora Melba Hernández y Haydee Santamaría...

Termina y va corriendo para el estudio a revelar y enviar los rollos para La Habana. Al siguiente día se entera que hay dos mujeres presas. Están en el vivac. Río Chaviano autoriza las nuevas fotografías. Las muchachas se acercan a las rejas y Zenén Caravia las retrata. Varios días después Zenén Caravia recibe un cheque de 75 pesos por sus planchazos del Moncada. Miguel Ángel Quevedo, el director de *Bohemia*, paga. En los días posteriores, Zenén Caravia sigue acudiendo al cuartel y comienza a detectar lo que él llama «cosas muy extrañas». Aparecen nuevos muertos en lugares que no estaban antes, y llega a retratar un mismo muerto en lugares distintos cada vez. Muertos muy estropeados. Los soldados dicen: «Esos muertos son de nuevas batallas».

En verdad se excedieron. El peor de todos parece haber sido un sargento que apodaban «El Tigre». Eulalio González, también conocido como «El Mulo». Fue el asesino de Abel. Gagueba, hablaba muy mal. Sus compañeros lo describían como «guajirote que quería hacerse el gracioso». Se hallaba bajo las órdenes directas de Río Chaviano, que lo usaba también para que le arreglara el jardín de la casa. Antes de asesinar a Abel se había hecho famoso porque una vez, a una chiva que le comía las flores en el jardín, le sacó todos los dientes con una tenaza. «¡Que se las coma ahora!», se jactaba después.

Yo tampoco perdí oportunidad en ir engrosando mis expedientes de propaganda. Fue un material oportuno y escalofriante cuando preparé mi alegato de autodefensa y para ser citado puntualmente en las sesiones del juicio. Ese alegato yo lo reconstruí, con posterioridad, en el reclusorio de Isla de Pinos, valiéndome de mi memoria y de algunas notas, y le pusimos de título *La historia me absolverá* y lo fuimos sacando clandestinamente del presidio —entendiéndose por clandestinidad, casi siempre, los pequeños, baratos sobornos a los guardias encargados de nuestra custodia— hasta que los compañeros de La Habana reunieron todos los folios y prepararon un libro y lo imprimieron. Melba, que había sido liberada con Haydee, se encargó de esta edición príncipe[14] de mi texto, de la que —por cierto— no se ha hallado, o no existe, ningún ejemplar en la actualidad, o si existe, no lo sabemos, ni nadie ha tenido la bondad de donarlo a nuestros museos. Melba se agenció una imprenta de mala muerte y peor maquinaria en Oriente para su confección. Creo que 1.000 ejemplares.

«En los anales del crimen —escribí—, merece mención de honor el sargento Eulalio González, del Cuartel Moncada, apodado "El Tigre". Este hombre no tenía después el menor empacho para jactarse de sus tristes hazañas. Fue él quien con sus propias manos asesinó a nuestro compañero Abel Santamaría. Pero no está satisfecho. Un día en que volvía de la prisión de Boniato en cuyos patios sostiene una cría de gallos finos, montó el mismo ómnibus donde viajaba la madre de Abel. Cuando aquel monstruo comprendió de quién se trataba comenzó a referir en voz alta sus proezas y dijo bien alto para que lo oyera la señora vestida de luto: "Pues yo sí saqué muchos ojos y pienso seguirlos sacando".»[15]

Mons. Enrique Pérez Serante
Arzobispo de Santiago de Cuba

Santiago de Cuba, 30 de julio de 1953

Coronel Alberto del Río Chaviano,
Jefe del regimiento No. 1 «Maceo».
Ciudad.
Muy distinguido amigo:

14. Hay otra edición, probablemente la segunda, impresa en México e introducida clandestinamente en Cuba, que protegía su verdadero contenido con una cubierta o forro removible en el que aparecía el título *El arte de la magnetización*.

15. Sobre la declaración del sargento Eulalio González apodado El Tigre de haber sacado ojos y su disposición a seguirlos sacando, ver: Castro, Fidel: *La historia me absolverá*, Edición Conmemorativa por su 25 Aniversario, Editora Política, La Habana, 1976.

Gustoso me brindo a ir en busca de los fugitivos que atacaron el cuartel Moncada en la mañana del domingo pasado, y agradezco mucho a Ud. las facilidades que me dé para lograr el noble propósito que a Ud. y a mí nos anima en este caso. Asimismo agradezco las garantías que a los fugitivos y a mí nos brinde Ud. para llevar a vías de hecho nobilísimo fin de que aquéllos depongan las armas y vuelvan a la normalidad, llevando la tranquilidad a sus desolados hogares y a toda familia cubana, que está sufriendo preocupada por la suerte de esos muchachos y por la tranquilidad de la República.

Prestar este servicio y cualquier otro por arduo que sea, que esté a mi alcance, nunca será demasiado para quien está tan obligado como estoy yo, a procurar el bienestar de la familia cubana, y a sacrificar cuanto sea necesario para servir a sus hermanos.

Sólo espero que Ud. me haga el favor de facilitarme la manera de poder encontrar pronto a los fugitivos, dondequiera que se encuentren con tal que pueda llegar al lugar donde ellos se hallan, o acercarme a ellos a un lugar seguro convenido de antemano. Espero, pues, sus indicaciones para dar comienzo sin más dilación a esta labor.

Aprovecho esta oportunidad para felicitar a Ud. una vez más por sus nobles y cristianos sentimientos, por este rasgo propio de un militar altamente pundonoroso, honra y prez del ejército, digno del alto cargo que desempeña, de tanta responsabilidad siempre, pero de modo especial en estos críticos momentos. Suerte para la República, y suerte grande para Santiago de Cuba contar con un jefe así a la hora presente.

Bendiga el Señor esta empresa, y bendíganos a todos. Bendiga la República. Su S.S. amigo y prelado que le bendice,

ENRIQUE, arzobispo de Santiago de Cuba

Sarría da por «relativamente» terminada la rebelión el 31 de agosto. No obstante, para capturar los últimos que puedan «haber», sigue mandando patrullas el día 28, el día 29, el día 30 y el día 31. Comoquiera que el segundo teniente Gamboa es el segundo al mando de su escuadrón, Sarría lo designa para una patrulla, 15 hombres bajo su mando, que debe salir en la madrugada del día primero de agosto; y esa designación ocurre como a las tres o las cuatro de la tarde del día 31. Pero cuando llega la hora de salida, que es las dos de la mañana, y Sarría sin saber *supuestamente* por dónde va a coger Gamboa, porque su única obligación es designar la patrulla y desde el mando del escuadrón darles la consigna o las órdenes oportunas de última hora,

503

decirle: «Tienen que ir para tal lugar», el capitán lo llama y dice: «Sarría». «Diga, capitán», responde Sarría. Dice el capitán: «Oye, Sarría, tienes que hacerte cargo de la patrulla». Es el capitán José C. Tandrón. Dice Sarría: «¿Por qué?». «La patrulla en que designaste a Gamboa.» Dice Sarría: «¿Qué pasa?». Dice el capitán: «Gamboa está enfermo, tiene fiebre». Entonces Sarría dice: «Que también yo estoy medio malo, afónico de tanto hablar con las designaciones de las patrullas en todos estos días». «Bueno, tiene que ir.» «No, si voy a ir de todas maneras, pero ¿puedo llevar a mi ordenanza?» «Hombre, sí, cómo no», dice él. Entonces son 5 y su ordenanza 16 y él 17. Dice: «¿Cuáles son las órdenes y para dónde?». Dice el capitán: «Para la finca El Cilindro». Dice Sarría: «Ah, ya sé, en Sevilla.» Dice el capitán: «Sí, que se suena que por allí hay unos cuantos hombres todavía y hay que recogerlos». Dice Sarría: «¿Órdenes?». Dice el capitán: «Las que tú sabes. Eso no hay que preguntarlo, Sarría.» Dice Sarría: «No, como yo no he salido y como las cosas han variado». Dice el capitán: «No, son las mismas, Sarría. Tú sabes. El castigo ejemplar». Las órdenes son el castigo ejemplar. Matarlos. «¡Hombre, qué va a querer decir eso!», rezonga el capitán, con un dejo de aburrimiento. Como la mayoría de los casos, «mueren peleando». Eso es «automáticamente» y ya están dadas las órdenes, de antemano. Entonces «la consignación», después, es que murieron peleando. Así, pues, Sarría sale con su patrulla, en un camión, y llega a la finca El Cilindro, a un kilómetro del pobladito de Sevilla. Desmontan. Sarría llama al dueño de la finca, José Sotelo, hijo de un español. «¡Ah, usted por aquí, teniente Sarría», dice José Sotelo. Dice Sarría: «Sí». «Usted no había venido por aquí en estos días.» Explica Sarría: «No, yo estaba allá como segundo jefe, así que figúrate, no podía salir. ¿Y cómo anda esto por aquí?». «Tranquilo, muy tranquilo anda todo esto.» «Óyeme —Sarría pregunta—, ¿y no hay por aquí alzados de esos?» «No, ya, los que había... Ya usted sabe, Sarría.» «Estoy enterado.» «Ya sabe lo que ha sucedido: unos presos y otros muertos. Para allá, por la carretera de Siboney... Ya sabe usted lo que pasó.» Sarría asiente. Dice: «Sí, ya estoy enterado de todo. Pero traigo órdenes de registrar tu finca, el fondo de ella, la de al lado que es de don Manuel Leizán, español también, llegar casi hasta la Gran Piedra. Por toda la sierra hasta la Gran Piedra. Y tengo también órdenes de que tú me des un práctico de la finca». Dice José Sotelo: «Bueno, prácticos aquí no tengo muchos, pero hay un muchacho llamado

Abel Santamaría Cuadrado.

Fidel Labrador García.

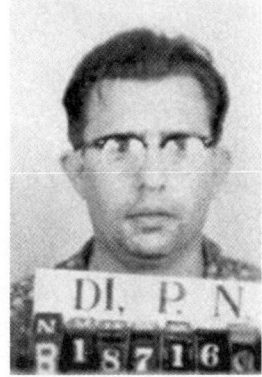

Jesús Montané Oropesa.

José Ponce Díaz.

José Suárez Blanco.

Pedro Miret Prieto.

Renato Guitart Rosell.

Ramiro Valdés Menéndez.

Fidel Castro Ruz.

Militares muertos
en la defensa
del Moncada.

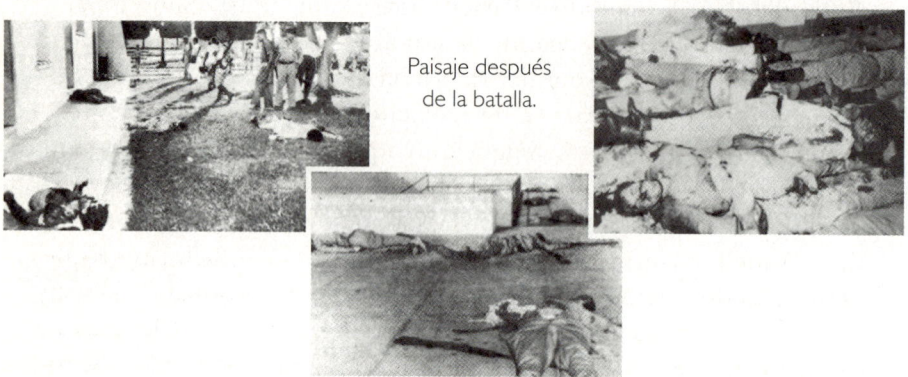

Paisaje después
de la batalla.

El coronel Alberto del Río Chaviano, ante los
mecanógrafos, levanta acta del asalto.

Llegan los ataúdes.

Camagüey, que le decimos de nombre Camagüey, y ése es el que le voy a dar. Bueno, pero antes vamos a tomar café». Dice Sarría: «Bueno, si lo cuela». Colaron café y entonces Sarría dice: «Son las cuatro y hasta las cinco no vamos a salir». Y se sientan a conversar y eso, y a las cinco es que Sarría dice: «Camagüey, ya está dispuesto que tú me sirvas de práctico por aquí por la montaña, yo conozco bien la sierra pero necesito que tú...». «Sí, hombre, cómo no.» Y a las cinco de la mañana salen hacia el este, de la finca hacia el noreste más bien. Cuando avanzan ya unos 500 pasos dentro de la finca, Sarría da un alto para tomar disposiciones, entonces le dice al cabo que lleva, de apellido Suárez: «Óyeme, Suárez, tú te vas a hacer cargo de 8 hombres y mi ordenanza Julio Corbea Monteagudo de 7, ocho y siete, tú el 15, y tú, Julio, el 16. Yo voy en el centro. Vamos a plantear a 20 o 30 metros por hombre para cubrir un frente de 200 y pico de metros. Con toda cautela, con toda precaución, cualquier cosa me hacen primero un disparo al aire para evitar males. ¿Entendido?». «Entendido.» Parten. Tran, tran, tran... Sube loma y sube loma y sube loma y cuando ya son las seis y media aproximado a las siete, en una parte pronunciada Sarría divisa en los linderos un bohío de guano, como de vara en tierra, bajito. Y le pregunta a Camagüey: «¿Qué es lo que hay ahí, Camagüey, en aquella casa que se ve de aquí para allá?». Sarría le da unos anteojos de campaña que tiene, muy viejos y de una sola vista, en vez de dos vistas, no de una sola, y Camagüey dice: «Aquello es una casita que hay allí para que cuando llueva los que están echando cercas, los peones de la finca, guarecernos allí, y la gente de al lado, la de José Leizán también poder guarecerse». Dice Sarría: «¿Está vacía?». «Sí, hombre, cómo no.» Dice Sarría: «¿Seguro?». «Seguro, seguro, teniente.» Dice Sarría; «No obstante, vamos a converger hacia aquella casita». Estaba a 3 kilómetros o a 4, casi una legua. «Vamos a bajar por aquí y después subimos aquel otro cerro y entonces bajamos hacia la casita aquella.» Y así hacen, siempre manteniéndose a 20 metros o más de separación, hasta converger. Sarría cree lo que dice Camagüey pero no está satisfecho del todo. Es posible que haya algo allí y entonces pran, pran, pran, para allá. Cuando están próximos, el soldado Corbea se le adelanta por la izquierda.

Corbea Monteagudo ve el vara en tierra hundido en un monte de frijolillos medio amarillentos. El teniente Sarría le ha ordenado: «Coge cinco números y registra ese bohío que tú ves ahí». El bohío estará como a medio kilómetro. Lo ven bien desde el alto. Transcurren

15 minutos de camino. Avanzan en silencio. Pone un número en cada esquina del bohío y entra por el frente con el soldado Leonardo, que después muere en la Sierra Maestra en un combate en la Loma del Gato. Se acercan con las armas cargadas. Leonardo le da una patada a la puerta. Corbea Monteagudo se queda afuera con la Thompson. Leonardo recula y de adentro sale un hombre con un pantalón sin piernas, y sin camisa, con la piel muy arañada. Atrás del hombre salen otros dos. El de los pantalones sin piernas va a bajar los brazos. Corbea Monteagudo le advierte: «No me baje las manos». Los sienta a los tres en la cocinita del vara en tierra. «¿Cómo se llaman ustedes?», comienza Corbea Monteagudo su interrogatorio. «Yo me llamo Francisco Gonzales Calderín», dice el de los pantalones sin piernas. Corbea Monteagudo le dice a un soldado: «Haga unos disparos al aire para que el teniente venga». El soldado obedece.

Sarría siente el tiroteo: pi... pa... pi... pa... y dice: «¿Qué es lo que pasa?». Le gritan: «¡Aquí hay alzados, teniente!». Dice Sarría: «Los quiero a todos vivos, a nadie muerto». Y va para la casita y llega y dice: «Están presos, muchachos».

Corbea Monteagudo va aparecer a Sarría y con Sarría viene un soldado que está muy nervioso y tiembla. El hombre del pantalón sin piernas, el que se ha convertido de pronto en el foco de atención de todos allí, pregunta: «¿Qué le pasa al muchacho?». Corbea Monteagudo le responde: «Es que tiene un hermano grave en el hospital... por lo del Moncada». Entonces el hombre dice: «El muchacho no debe ponerse así. En estos momentos hay muchos compañeros míos que están muertos».

Sarría observa al hombre, que es el primero en salir y que se le ha plantado delante, y atrás sale Óscar Alcalde y más atrás Pepe Suárez. Tres nada más. Eso es todo lo que hay. Pero cuenta las armas que hay y son ocho Remington colocados casi todos juntos y entonces dice: «Aquí faltan cinco hombres. ¿Dónde están?». El hombre contesta: «No, nada más que somos tres». Dice Sarría: «¿Y los cinco fusiles o los cinco Remington que quedan?». Dice el hombre: «Bueno, había cinco, pero se fueron». Dice Sarría: «¿Hacia dónde?». Dice el hombre: «Hacia allá». Dice Sarría: «No, pero si yo vengo ahora de la carretera, no es posible, ¿cómo y a qué hora se fueron?». Dice el hombre: «Como a las cuatro y media o las 5.» Dice Sarría: «A las 5 ya yo venía para acá. No es posible, tienen que estar por aquí». El hombre de los pantalones sin piernas es ahora el que estudia a este negro corpulento y alto y de nariz aguileña aunque ya un poco viejo para el vivaqueo de montaña, por lo que respira con evidente agitación y por lo que ha empapado en sudor su guerrera, y por lo que suele elaborar ciertos circunloquios de aparente sabiduría militar —como que las lomas deben subirse con calma para un mejor escudriñamiento— a la hora de enfrentar las cuestas más empinadas, pero que debe haber dado cuenta con gusto y apetito de galeote y en el transcurso de su carrera militar de las abundantes raciones de todos los cuarteles por los que prestó servicio, y le parece encontrar algo familiar en él. «Coño, este negro», piensa el hombre. Entonces dice Sarría: «Muchachos, vamos a prepararnos para el retorno cubriendo el mismo frente, el mismo orden, como unos 20 metros de intervalo entre cada hombre». Y le dice a los prisioneros: «Bueno, muchachos, ustedes se han rendido. Ahora, que no haya problemas...». «Rendido no —dice, de pronto, el hombre—. Usted nos ha capturado cuando estábamos dormidos y cansados, pero nosotros no nos rendimos.» Entonces Sarría le pregunta al cabo Suárez si tiene papel y lápiz. Y comienza a tomar las generales de los tres. Comienza por el hombre que niega haberse rendido. «Bueno, ya están capturados como tú mismo dices. Ahora dime. ¿Cómo te llamas?» «Francisco González Calderín.» «¿Edad?» «Veintiséis años.» «¿Natural?» «Marianao.» «¿Ocupación?» «Estudiante.» Bien, el otro. «Ven acá, dime cómo tú te llamas.» «Yo, Óscar Alcalde.» «¿Edad?» «Veinticinco años también, o veintiséis.» «¿Ocupación?» «Empleado.» «¿Natural?» «La Habana.» El otro. «¿Y tú cómo te llamas?» «José Suárez.» «¿Edad?» «Veintinueve años, o treinta.» «¿Natural?» «De Pinar del Río.» Entonces a Sarría se le ocurre que pudiera ser «que fuera» el hombre que ya se da por muerto, pudiera ser el hombre que se hace muerto en las lomas de El Caney, buscando ya la loma de Alto de Villalón, en vía de Ramón de las Yaguas. Ya habían dado la muerte de Fidel desde el día 27, había salido hasta en el periódico *Ataja*, que era el libelo de Salas Amaro, un batistiano irreductible. Hasta el gobierno estaba convencido de que ese hombre estaba muerto ya, pero que no lo habían identificado todavía. Entonces a Sarría le viene la idea. Entonces contempla al hombre de los pantalones sin piernas y piensa: «Ah, éste está muy trigueño, es mestizo parece», y para estar seguro, da la espalda, sin demostrarle a sus números el estado de desconfianza que tiene, ni a los prisioneros tampoco. Al hombre lo deja parado frente a él y le da la espalda y camina como tres pasos y enseguida da media vuelta, rápido, y le pregunta: «¿Cómo tú me dijiste que te llamabas?». Dice el hombre: «Francisco González Calderín». Y le sostiene la mirada. «Pero —piensa Sarría—, déjame ver lo que supongo.» Y le mete la mano por el pelo y estaba muy rizado y muy duro, parece que a consecuencia del sol y de no tener sombrero en cuatro o cinco días y entonces se queda «medio convencido» y se dice, para sus adentros, calculando: «No, una, que lo hacen muerto, así que probablemente llegamos tarde, o no cogió por esta vuelta, y otra, que este capricho mío es infundado porque este muchacho parece que es mestizo». Sarría conoce al hombre que buscan, vivo o muerto, de la universidad, porque él fue estudiante también. Calcula: «Por lo menos éste no sabe por qué le he dado la media vuelta y tocado el pelo, ni los otros tampoco». Y dice: «Bueno, hacia la carretera, cubriendo el mismo frente que dije antes, de 20 metros». Y cuando van llegando a la carretera, faltando como 500 metros, Sarría yendo atrás con los detenidos, que ya los lleva amarrados, se siente: pan... pin... pan... Y dice: «Oigan, los quiero vivos». Le gritan: «¡Sí, aquí hay unos cuantos!». Dice Sarría: «Bueno, pues igual». Entonces siguen los tiros y dice: «Vamos a tendernos por si acaso algunos huyen hacia acá». Entonces el hombre dice: «Yo quiero morir. Hágame ese favor. Yo no quiero que usted me lleve a ninguna parte.» Dice Sarría: «Aquí el que manda soy yo, y ahora tú eres mi prisionero. A tenderse». Y el hombre ya está tendido al lado de Sarría cuando le dice: «El hombre que usted se figuraba soy yo». Sarría no se acordaba y le dice: «¿Cuál?». «Yo soy el jefe de los alzados, el que usted pensó allá en la casita.» Sarría insiste: «¿Cuál fue el hombre que yo pensé?». «El hombre que usted pensó. Yo soy Fidel Castro.» Dice: «Ah, caramba, efectivamente, lo pensé. Pero deseché la idea. Cómo ha cambiado, muchacho, cómo se ha puesto, qué cambio ha dado usted en poco tiempo». «Pues ya puede matarme», le digo. «Matándome, ya todo se acabó.» Entonces Sarría se molesta visiblemente y le dice: «Pero quién habla aquí de matar, o no sabe qué clase de hombre soy yo, muchacho. Tú no sabes qué hombre soy yo». «No, yo no quiero llegar vivo allá.» Dice: «Bueno, mala suerte pero te tengo que llevar». Digo: «¿Y si lo matan a usted?». Dice: «Figúrate, mal día, mala suerte, así es la guerra. Ahora, si allá combatiendo yo te hubiera matado, te quedas muerto y bien muerto, como tus compañeros igual, pero ya capturado, llegas vivo».

Digo: «He perdido. Cuando tú pierdes, en lo único que confías es en la bondad o piedad que te puedan brindar tus captores. Pero usted no me lo ha hecho humillante». Dice Sarría, con una velada sonrisa y como atendiendo los disparos cercanos que por fin comienzan a acallarse: «Coño, muchacho». Entonces agrego: «Usted ha dignificado mi derrota». Sarría hace un gesto cortante con la mano, dice: «Deja eso para otro momento. Ahora, dime. ¿Cómo te las arreglaste para llegar hasta aquí?». Explico: «Bueno, yo salí con la gente cuando la retirada del ataque, pasé por La Granjita y estuvimos por aquí comiendo guayabas verdes». Aquella mañana, cerca de la media mañana, y sin que todavía el ejército hubiera hecho acto de presencia, y bajo el aplastante sol, estuve de vuelta en La Granjita para cambiarme el uniforme por ropa de civil, echarme un poco de agua encima y abandonar el Pontiac, yo convertido entonces en un fugitivo del fracasado asalto. No encontré a ninguno de mis nueve prisioneros. Pero sabía que estaban por los alrededores, no más allá del patio, en los arbustos que cimbraban en aquella mañana sin brisa. «¿No te ha traído comida nadie de por aquí?», pregunta Sarría. Digo: «No, nadie. Todos los días veíamos pasar cientos de hombres pero nadie nos pudo ver, únicamente usted, tenga la seguridad que únicamente usted me hubiera capturado». Dice: «¿Por qué?». Digo: «Por la formación que usted me hizo, no me dio tiempo a nada, si no, no me coge, porque por ahí pasaban cientos a diario y no pudieron». «Mala suerte, ya ves, chico, salí yo.» Sigo: «¿Dónde usted estudió la carrera militar?». Dice: «Como los demás oficiales en Cuba; en la escuela de Managua. Al principio, estando la academia de El Morro, todavía en el año 34, pasé allí también el curso y no completa la escuela de cadetes, pero sí pasé allí casi un año. Después en Managua completé mi carrera militar». Digo: «Pues nadie nos hubiera cogido sino tú». Dice: «Bueno, será la suerte». «No, suerte no. Fue la formación, no podía escapar nadie.» Entonces le pregunto si han muerto muchos de los nuestros y me dice que bastantes. Digo: «¿Cómo cuántos? ¿Llegaron a 80?». Dice: «Yo creo que sí». «¿Y cómo murieron?» «Ah, chico, figúrate, eso no se puede determinar, fueron tantos los tiros.» Y digo: «¿Cuántos muertos tuvieron ustedes?». «Nosotros 20 entre heridos y muertos. Muertos por los primeros tiros como 9 o 10 y el resto después.» Después me dice: «Bueno, ¿y cuáles son las condiciones que ustedes han tenido en La Habana o fuera de La Habana para obtener las armas, y esa ayuda

para levantar un movimiento, con el fin de derrocar al gobierno?».
Digo: «Pues nosotros solos, no había nadie rico, reunimos la cantidad
de unos 16.000 pesos». Me dice: «¿No había ningún político fuerte?».
«No», digo. «Bien, me alegro», me dice. Entonces ya traen a mis otros
compañeros. Los tienen amarrados también. Sarría manda a tomar-
les los nombres. Tenían a Juan Almeida, a Montano —que se confunde por ahí con Montané—, Armando Mestre y otro muchacho, Martínez, que después resultó muerto en el desembarco de Las
Coloradas, éste por nuestra parte, baja nuestra. Entonces, ya todos
reunidos, Sarría nos sienta en un tronco de madera que había en el
patio de la casa de Sotelo y le pide un camión, pero antes le digo si me
puede dar café y dice: «Sí, hombre, cómo no». Sotelo dice que tiene
café pero no un camión y que el que tiene es Leizán. El dueño de la
finca vecina. Sarría manda a buscar el camión de Leizán con Camagüey y un par de números. Mientras las mujeres de la casa preparan el
café, Sarría le dice a Sotelo: «¿Tú no tendrás por ahí una camisa y un
pantalón que le prestes a este muchacho? No va a presentarse así en
Santiago». Al poco rato, manejando un camión, vino Juan Leizán,
hijo del dueño de la finca vecina. Ya yo estaba vestido con mi muda
nueva. Sarría dijo: «Bueno, arriba, muchachos, los capturados en el
centro y con mucho cuidado». Pero antes de subir le dice a su personal: «Vamos para Santiago y necesito que ustedes me contesten una
pregunta: "¿Con qué me responden ustedes si por el camino por casualidad vinieran a quitarme los detenidos?"». Todos respondieron:
«Con la muerte, teniente». «Eso es lo que quiero», les dice Sarría.
«Eso es lo que yo necesito, garantía en la conducción de estos muchachos detenidos.» Montamos. Ya en el camión, Sarría me sienta entre él y el chofer. Él en el lado derecho, el chofer manejando y yo en
el medio. Unos minutos después, y al pasar como los 50 metros, donde quedaba la puerta de la finca de Leizán, allí está un jeep detenido
y se encuentra monseñor Pérez Serante en medio del camino. «Con-
cho —dice Sarriá—, ¿qué hará por aquí el monseñor Pérez Serante?» Y él levanta la mano en el gesto inequívoco con que Cristo convirtió las piedras en panes y peces y ordena detener el camión. «Oiga,
teniente, párese ahí», ordena el sacerdote. Estoy observando al robusto monseñor al que nos vamos aproximando lentamente mientras
Juan Leizán aplica los frenos cuando el teniente Sarría me suelta al
oído una advertencia, perentoria, de inequívoca obediencia. Antes

que el significado de sus palabras, lo que se descarga en mi conciencia como un relámpago es su señal, más que de alarma, de complicidad. «Ni se te ocurra querer irte con el monseñor. Porque eres hombre muerto.» Ha sido tan eficiente este negro teniente del ejército en su trasmisión en mi oído, que ni siquiera Leizán, a menos de dos pies de distancia, dentro de una misma, calurosa cabina de camión Chevrolet en un mediodía del agosto cubano, lo ha escuchado. Entonces Sarría le contesta, sin apearse: «No puedo, monseñor». «Es que yo quisiera», dice el monseñor. «No, aquí no le puedo parar, monseñor. Si usted desea algo, dígaselo al coronel Río Chaviano, allá en el Moncada. No puedo pararle, ya se lo he dicho monseñor.» Y dirigiéndose a Juan Leizán: «¿Quién te dijo que frenaras?». Y pan, pan, pan, siguió el camión. Sarría ya tenía la seguridad de la situación en caso de que se le presentara una dificultad por el camino, como había dicho y como efectivamente se le presentó. A 4 kilómetros de Sevilla para Santiago de Cuba hay una finca llamada La Redonda y en esa finca se nos presenta después de la curva una patrulla al mando del comandante y jefe de operaciones del Moncada Andrés Pérez Chaumont y el capitán Tandrón, jefe de Sarría (20 hombres, y ellos dos: 22). «¡Alto ahí, teniente!» «Sí, hombre, cómo no. —Y le dice al chofer—: Para.» «Óyeme, Sarría, traigo órdenes expresas de que tú me entregues a todos los detenidos que llevas ahí.» «Imposible, comandante —dice Sarría—, de aquí no me separo yo, tengo que seguir.» Tandrón le dice: «Mira, Sarría, que estás hablando con el comandante». Dice Sarría: «Bueno, capitán, él es comandante y jefe de operaciones, cierto, pero yo soy el jefe del puesto, el jefe de la tenencia y el segundo jefe del escuadrón bajo su mando. Y yo he sido quien ha capturado a estos hombres y ahora son mis prisioneros y tengo la responsabilidad de conducirlos hasta Santiago de Cuba, así que no se los puedo entregar». «Bueno, fíjate, Sarría, lo que estás diciendo.» «Déme paso, comandante, que tengo que seguir.» Entonces Sarría mueve el espejo retrovisor que queda de su lado y lo inclina hacia arriba, para observar a sus hombres y los prisioneros en la cama del camión, y como recordándoles el juramento que le han hecho, que lo respalden, y entonces veo una sonrisa de serena satisfacción en el rostro de Sarría y veo que estoy seguro. Todos están con Sarría. Es evidente cuando intercambian miradas a través del retrovisor. El comandante Pérez Chaumont trae órdenes expresas de que yo no llegue a Santiago. El comandante Pérez Chaumont ha estado hablando desde el medio de la carretera. La discusión es acalorada. A todas éstas, el personal de Sarría no sabe que entre los presos voy yo. Sólo Sarría domina el detalle. Después de decirle que me matara y habérmele identificado, le dije: «Bueno, ya usted lo sabe. Yo Soy Fidel Castro, pero cómo usted podrá arreglarse con su personal», él me respondió: «Ellos no tienen que saberlo, lo sé yo, lo sé yo y nada más, yo que soy el oficial, el jefe y ya». Lo único que estaba consignado, cuando enfrentamos al comandante Pérez Chaumont, era que allí iba conducido prisionero Francisco González Calderín, pero cuando empieza la discusión en la curva de La Redonda, el comandante Pérez Chaumont le dice a Sarría: «Ese que está al lado suyo es Fidel Castro, me lo tiene que entregar y todos los que van arriba». Es el momento en que el personal de Sarría se entera de que yo voy entre los detenidos. Sarría me da una palmada en la rodilla y dice: «Tranquilo, muchacho. Yo soy el primer teniente del Ejército Constitucional, Pedro Sarría Tartabull. No Poncio Pilatos». El comandante Pérez Chaumont parece reflexionar. Tiene las manos en la cintura y las mangas de su camisa arremangadas dos o tres vueltas, casi hasta el codo, y lleva espejuelos oscuros de piloto de bombardero yanqui y se acaricia la barbilla y me mira. Ahora parece haber llegado a una decisión. Dice: «Bueno, no me los entregues, pero no los lleves tampoco al Moncada que allí la gente está dada al diablo. Si entras allí, con ellos, yo no respondo». Dice Sarría: «Pues entonces no los llevaré allí». Pregunta el comandante Pérez Chaumont: «¿Y hacia dónde los llevas?» «Entonces hacia el vivac. Voy a pasar, usted siga delante.» «Sí, yo sigo delante.» «Pero a una distancia regular, comandante», dice Sarría. Por si acaso pretendía dar una marcha atrás en un recodo, en una curva y realizar una sorpresa. Continuamos la marcha y entramos por Victoriano Garzón. «¿Tú sabes dónde queda el vivac? —le pregunta Sarría a Juan Leizán, que asiente—. Pues derechito para el vivac.» Todavía no deben ser las 12 del día. Los transeúntes, en silencio, ven pasar nuestro reducido convoy, el camión de la finca de Leizán, con soldados enarbolando sus armas largas y los prisioneros sentados en la cama del camión, y detrás los dos o tres jeeps de la comitiva de Pérez Chaumont y otro camión cargado de soldados.

«Ésta es la parte más peligrosa —dijo Sarría—. La entrada a Santiago.»

Fidel sustituto cultural de Batman. Las historietas de la revista *Mella* de principios de la Revolución tuvieron una gran acogida de público. Fue la primera experiencia de este tipo de todo el campo socialista. Los cubanos fueron entusiastas y sistemáticos en su producción de cómics, y supieron combinar la tradición conmemorativa del comunismo y una cierta vehemencia patriótica con los arquetipos de los superhéroes americanos. «26 de Julio de 1953» fue publicada en agosto de 1962 para conmemorar el IX Aniversario del asalto al Moncada y comprendió en sus nueve páginas y 59 viñetas desde la preparación del ataque hasta la celebración del juicio a Fidel Castro y un atisbo del desembarco del *Granma*.

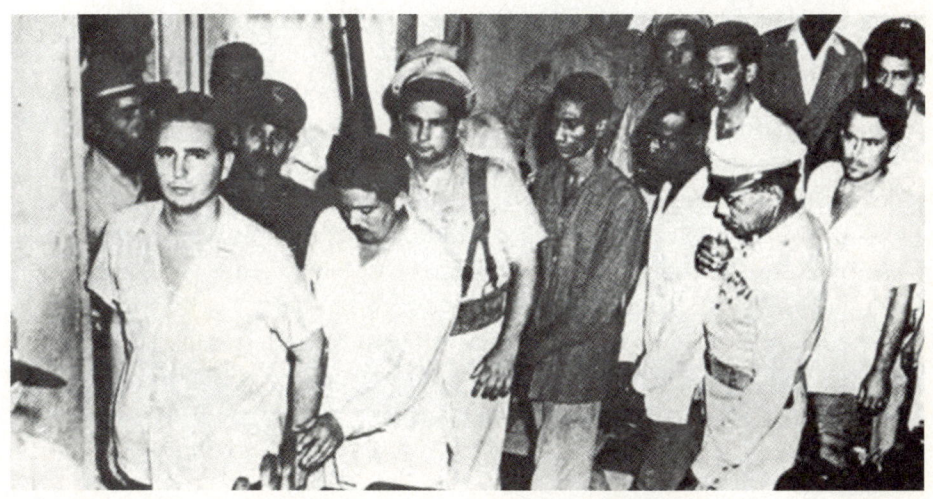

Llegada al *vivac* de Santiago de Cuba. Primero, las huellas digitales.

El comandante José Izquierdo Rodríguez, de pie y con gafas, es el jefe de la policía de Santiago de Cuba. Un hermano suyo es una de las bajas del ejército en el ataque. Al principio de la Revolución —por decisión de Fidel— se le mantiene algunas semanas en su mismo puesto de jefe de la policía local y posteriormente se le pasa a retiro, con todos sus honores y calificaciones. Detrás de Fidel, atento y sin soltar su Springfield, y con el uniforme aún empapado en sudor, el teniente Pedro Sarría Tartabull. El coronel Río Chaviano comienza su interrogatorio.

El comandante Rafael Morales Sánchez y uno de sus hijos, que va a emplear como custodio del prisionero Fidel Castro. Morales Sánchez, que también pierde un hermano en el combate, corre una suerte similar a la de Izquierdo Rodríguez, y al principio de la Revolución se le pasa a retiro con todos sus derechos.

El presidente Fulgencio Batista, con impoluto traje de dril 100, se presenta bajo el sol abrasador del polígono del Moncada para imponer las condecoraciones a los soldados caídos en las acciones del 26 de julio.

La recompensa de los bravos. Los soldados Luis Triay y Alfredo Silva reciben los elogios del coronel Río Chaviano. Además de apoyar una mano en el hombro de su leal alistado, el presidente de la República sabrá premiarle adecuadamente.

Faltarían unas cinco cuadras para llegar al vivac cuando Sarría acercó sus durísimos labios a mi oreja derecha. Yo cerré los ojos, en el gesto involuntario de concentración de quien necesita escuchar un mensaje emitido en la más borrosa de las frecuencias. Sarría, haciendo un esfuerzo para hablarme con absoluta claridad pero sin que el laborioso Juan Leizán escuchara el contenido de las palabras, me dijo:

«Tengo un mandado para ti».

Giré apenas un grado mi cabeza hacia él y asentí, muy tenuemente, como emitiéndole mi comprendido.

«Flavio —dijo Sarría—, dice que en Moscú no hay tabacos para mandarte.»

Entonces se separó de mí, y todo lo que habló a continuación fue con el volumen a pleno pulmón de su voz autoritaria de oficial jefe de una tenencia y con aquellas enormes manos y con las pupilas de sus ojos, aquel mediodía, después de casi una semana de vigilia, inyectadas en sangre.

Dijo —esto sí sin importarle que Juan Leizán escuchara:

«Voy a decirte algo que no me vas a creer. Ya pasaste lo peor. Tocaste fondo. De aquí en adelante comienzas a buscar luz de nuevo».

Sarría tiene que ordenar unos cuantos disparos al aire a la entrada del vivac, en la calle Marina, hay allí muchas personas, y no nos van a dejar entrar, unos por una cosa y otros por otra, porque son familiares de los soldados muertos, 19 o 20 militares muertos (no se sabe bien aún), y le dice Sarría a su tropa: «Muchachos, unos disparos al aire, para poderle entrar al vivac».

Izquierdo es la primera autoridad que me interroga. En el vivac, minutos antes de que llegue Río Chaviano. «Buenos días. Yo soy el comandante Izquierdo, de la policía.» «Sí», dice Sarría. «Me sorprendieron —digo—. Tengo sueño. Estoy cansado y desarmado.» Izquierdo me dice que debe averiguar si yo tenía algún compromiso con alguien adentro del cuartel. Yo le explico que estuvimos chequeando el cuartel durante días. Le argumento que en el mundo se han hecho muchos ataques por sorpresa y que sólo han fracasado dos o tres. Ahora incluyo el mío al Moncada. Izquierdo me pregunta si con el Moncada sólo iba a vencer militarmente. Le explico que la policía no está bien armada y que el distrito naval tenía que hacernos caso. Además con la toma del cuartel de Bayamo y la voladura del puente del Cauto, se cortaría el paso a las tropas que pudieran despacharse desde Holguín. Entonces llega el coronel Alberto del Río Chaviano y me dice: «¿Ustedes se creían que el ejército se iba a cruzar de brazos?».

Sarría debe enfrentarse a Río Chaviano. Río Chaviano que le dice acremente: «Sarría, pero ¿qué has hecho?». «Qué es lo que he hecho.» «Tú sabes bien lo que has hecho, Sarría. Oye, el general Batista está en el teléfono dado al diablo, dado al diablo, Sarría.» «Creo que he cumplido con mi deber.» «Sarría, tú sabes lo que es cumplir con el deber, tú me has desgraciado.» Dice Sarría: «No, yo no dejé escapar a ninguno. Ocho eran y aquí están los ocho y además hay una cosa más importante para todos, para usted no solamente sino para el gobierno, porque Fidel Castro me prometió declarar aquí o donde sea, cómo preparó los hombres, con qué recursos contaron y todo eso». Dice Río Chaviano: «¿Pero tú crees que eso es verdad, Sarriá? Te ha engañado». «A mí nadie me engaña, coronel, y este muchacho dice la verdad.» «Bueno, vamos a ver. Hay que mandar a buscar dos taquígrafos a Moncada.» Mandan a buscar dos taquígrafos y empieza la declaración. Mía sola. No de Almeida, ni de Óscar ni de Pepe. Sino yo solo. Estuve hablando como dos horas y pico. Se toma después, cuando se transcribe a máquina la versión taquigráfica, como 14 hojas en papel largo, a un espacio. Si esa versión taquigráfica llegó a manos de Batista, no se sabe, si llegó a manos del general Tabernilla tampoco se sabe, aunque supongo que sí, que llegaría a manos por lo menos del jefe del ejército, que era Tabernilla. En esa versión dije lo que le había prometido a Sarría y que los dos acordamos que era «por conveniencia militar». Con qué contaba en el futuro para derribar el gobierno de Batista, con qué posibilidades, con qué táctica y con qué estrategia, siempre apoyándonos en el pueblo. Esto lo declaré allí durante las dos horas que estuve en eso, y también algo similar a lo que está en *La historia me absolverá*.

El plan había sido ocupar las armas del campamento, hacer una alocución, llamando a la huelga general de todo el pueblo, partiendo de la situación de descontento y de odio hacia Batista, y utilizar las estaciones de radio para el llamamiento a la huelga general. Los vehículos salieron de la granjita de Siboney. Esta casa sirvió primero para concentrar las armas, y por último, para concentrar el personal. La carretera sale a una avenida, la avenida al cuartel, y tácticamente era el mejor lugar para la operación. La Granjita se disimulaba con el pretexto de fomentar una granja avícola. Allí no se podía hacer entrenamiento porque era muy arriesgado; el entrenamiento lo hicimos en La Habana.[16] Ciento veintiséis hombres se reunieron la madrugada del día 26 de julio en La Granjita, mientras otro grupo estaba en la zona de Bayamo. Porque militarmente nosotros pensábamos tomar el Moncada y el cuartel Carlos Manuel de Céspedes de Bayamo, para tener una vanguardia organizada en la dirección principal de contraataque posible de Batista.

Por ahí, al fondo de La Granjita, hay un pozo donde guardamos las armas, porque las armas nuestras las conseguimos en las armerías. Eran armas de caza. El grueso de nuestras armas eran escopetas, calibre 12, calibre 16 y fusiles de 22 milímetros. La única arma de guerra era un fusil M-1 que se utilizaba de entrenamiento en la Universidad de La Habana y una ametralladora BAR. Todos nuestros uniformes eran del ejército, que los habíamos adquirido poco a poco a través de la red comercial de La Habana y de tenderos. Poco a poco para no llamar la atención y en sitios diferentes.[17] El elemento sorpresa era el factor decisivo de la operación. Al ejército de Batista íbamos a tomarle la segunda fortaleza militar del país, que tenía más de mil hombres. Y se habría podido tomar. Aún hoy pienso que el plan no era un mal plan; era un buen plan. El problema fundamental es que, con motivo de los carnavales —nosotros habíamos planificado nuestra acción durante el carnaval, para poder movilizar más fácilmente a nuestras fuerzas—, en esos días precisamente ellos redoblaron la guardia y establecieron una posta cosaca alrededor del regimiento. Y lo que complicó la situación definitivamente fue el choque con la guardia cosaca alrededor del cuartel y por la calle principal por donde íbamos nosotros. Y origina un combate fuera del cuartel. De lo contrario, nosotros habríamos podido tomar el cuartel perfectamente bien.

Entonces la crisis; se produce aquí. ¿Por qué? Porque la posta co-

16. Llegamos a entrenar más de mil hombres. Pero esto me lo reservé de la declaración.
17. Otra de las informaciones que tuve a bien reservarme: los habíamos adquirido a través de un compañero nuestro que estaba en el ejército de Batista.

saca venía en esta dirección hacia acá y nos la encontramos aquí; pero un carro nuestro había pasado delante de nosotros, que es el que debía desarmar la posta, y el carro llegó —llevaba 100 metros delante de nosotros— y desarmó la posta. Pero la posta cosaca vio pasar el primer carro y se quedó mirando; y cuando vio que el carro desarmó a la posta, se puso en guardia. Nosotros mismos los alertamos. El resultado fue que el combate se empieza a desarrollar fuera del cuartel, y el combate tenía que desarrollarse dentro del cuartel. Entonces se movilizó el regimiento y organizó la defensa. Eso fue lo que impidió el asalto. Porque realmente la posta cosaca era una cosa nueva, que la habían puesto con motivo de los carnavales. Yo creo que si hubiéramos seguido sin hacerle caso a la posta cosaca, habríamos tomado el cuartel, porque la sorpresa era total. Era un buen plan. Y si fuera necesario hacer un plan ahora, con la experiencia que ya tengo, haría un plan más o menos igual.

Recuerdo la pregunta final de Río Chaviano: «Bueno, y con qué fin». Y yo digo: «Acabar con el abuso, poner en manos del pueblo las tierras». «Cómo tú vas a hacer eso, chico, de dónde tú eres, cómo vas a quitarle las tierras a los dueños, qué es eso». Digo: «Pues si triunfo, eso será, los abusos se acabarán, todo será para el pueblo». «Dios mío, tú eres un loco, muchacho. ¿Y con esas ideas en la cabeza tú has asaltado una fortaleza como Moncada?»

Morales Sánchez recibe la orden del coronel Río Chaviano de que se persone «en la unidad» (el vivac) a las 7 de la tarde para hacerse cargo de los presos que están allí y conducirlos a la cárcel de Boniato. «Son 49 y Fidel Castro», le dice Río Chaviano. La calle frente al vivac está tomada por una compañía del ejército con armas largas —los aún reglamentarios Springfield— y tienen sus botas y sus polainas de equitación y los sombreros ajustados al mentón por los barboquejos y comienzan a moverse en un escenario de sombras apagadas y de entreluces porque la noche cae aceleradamente. Nuestra caravana está formada: un jeep, un automóvil, dos camiones jaulas y otro jeep. Morales Sánchez decide colocarme en la máquina, que es un Chevrolet 53, de su propiedad. Pido un tabaco antes de partir y un capitán que hay allí dice que no, y Morales Sánchez dice que sí, que hay que darme un tabaco. Entonces aquí, a la derecha, está el chofer que es un teniente del ejército; aquí, en el medio, voy yo, y al lado mío, a la izquierda, va Morales Sánchez. En el asiento de atrás monta a Haydee y a Melba. Las dos, en silencio, me aprietan los hombros, como si se apoyaran del espaldar para acomodarse, en un gesto tan femenino como solidario. Yo asiento, con gesto leve. Tengo un nudo en la garganta. No quiero hablar porque sé que saldrá una voz rajada y grave. No quiero, ni debo, añadir una carga más de emoción al momento. Me percato de que ellas lo comprenden así porque también se mantienen en silencio. Morales Sánchez hace un gesto y dos muchachones, armados los dos con ametralladoras Thompson, se aprestan a ocupar sus posiciones de escoltas en el asiento trasero, uno por cada lado, y obligando a Haydee y Melba a recogerse al centro del asiento, e inclinarse ligeramente hacia delante. Morales Sánchez me explica: «Son mis muchachos, doctor. Mis dos hijos. Son soldaditos». Yo hago un gesto de aprobación. Morales Sánchez hace un gesto con el brazo, fuera de la ventanilla, hacia el conductor del jeep delantero, que comienza a moverse. «Vamos —le dice a nuestro chofer—. Vamos con un jeep alante como vanguardia y otro atrás como retaguardia, para proteger», me dice, como buscando mi aprobación. Estamos ya en movimiento y veo por un filo del retrovisor de la izquierda que detrás nos siguen los camiones jaulas, cuando le digo a Morales Sánchez: «Comandante Morales, lamento mucho la muerte de su hermano». Él me dice: «No tenga usted pena». Eso es lo único que hablamos por el camino. Entonces llegamos a la cárcel de Boniato, en las afueras de Santiago. A las muchachas las bajan primero y desaparecen de inmediato en los laberintos de la prisión. Luego las trasladan para un reclusorio de mujeres. Morales Sánchez me deja sentarme en un banco de cemento a la entrada y saludar a mis compañeros mientras van enfrentándose a la imponente puerta de hierro montada sobre ruedas corredizas por la que, halada por su ruidoso sistema de cadenas y engranajes activados por un motor eléctrico, ha dejado una abertura de menos de un metro de ancho para permitir nuestro ingreso. Termina de pasar el último y me dirijo a Morales Sánchez: «Oiga comandante, aquí me faltan compañeros». Dice Morales Sánchez: «Bueno, ésos son los que me han entregado a mí en la unidad y usted sabe que yo por el camino no he hecho nada». Digo: «Sí, eso lo sé». Me dice: «Ah, bueno». Entonces Morales Sánchez le extiende a un oficial responsable de la cárcel un memorando y copia con la relación de los presos y coge su Chevrolet y regresa al Moncada.

Fulgencio Batista aterrizó en Santiago al día siguiente, 2 de agosto. Llevaba un costoso traje de dril 100 blanco confeccionado en El Sol. La tropa esperaba en el Moncada. Estaba en formación y los 19 ataúdes estaban colocados, al pie y a la cabeza, sobre sillas de tijera y los féretros habían sido cubiertos con banderas cubanas. Banderas que enviaron desde La Habana el día anterior porque en Santiago no se disponía de tantas a ese tamaño. El general Martín Díaz Tamayo enganchó la medalla del Mérito Militar en cada uno de los triángulos rojos de las 19 banderas mientras Batista, de pie en la escalinata de acceso a la jefatura del regimiento, manoseaba un tabaco y el tambor mayor de la banda del Regimiento ejecutaba un sostenido y dramático redoble. Batista guardó el tabaco cuando los portaestandartes de las banderas comenzaron su maniobra de aproximación hacia él, y, a paso de marcha fúnebre, le rindieron el pabellón del regimiento en el que el mismo Batista habría de colocar a través de la punta del asta, agarradas por unas asas de seda, las medallas del Mérito Militar y la Cruz de Hierro. Todo, desde luego —la bandera del regimiento y las 21 condecoraciones a imponer—, había sido confeccionado tres días antes en La Habana para la ocasión. Después Batista, rodeado de oficiales y ministros, trató de hacer un aparte para congratular a Luis Triay y Alfredo Silva, los dos integrantes de la guardia cosaca que primero nos hicieron resistencia y que nos echaron a perder la operación completa. Batista puso una mano en el hombro de Triay. En la foto, Batista parece escuchar con creciente admiración el relato de la hazaña de Triay ofrecido por Río Chaviano. En la foto también parece que Triay no pierde ni pie ni pisada de la exposición de su coronel. Es evidente que Triay lo quiere todo en detalle. Mientras más detalles se produzcan, más palabras pesarán en su expediente. Una simple acción defensiva prevista en todos los manuales: efectuar un fuego de respuesta ante un ataque, se puede convertir en una resonante batalla en dependencia de la cantidad de detalles con que uno pueda describirla. Triay es uno de esos blanconazos cubanos, de pelo malo, y con los músculos maxilares hundidos por la pérdida de los molares desde muy temprana edad y con un bigotito copiado del que les ha visto a Pedro Infante y a Jorge Negrete en las matinés de un cine de tierra adentro en el que sólo ponen películas mexicanas y a donde tienes que llevar tu taburete para sentarte. No es el tipo de hombre que uno escogería como su asesino. Hay razones para que no quieras ser asesinado por alguien con el fenotipo de Luis Triay. Es que uno —por los motivos que fuesen—, llegado el momento de ser asesinado y de que sea ineluctable que te la zafen, a lo menos que aspiras es a un asesino de rostro más o menos blando, comprensible, quizá con unas manos amables, de gestos suaves, o al menos elegantes. Desde luego, yo entiendo que, al final, lo único que verdaderamente está funcionando es el más obstinado y de más larga data de exigencia de los sentimientos humanos: la vanidad. Porque ¿cómo permitir este desperdicio de que te esté matando una criatura tan inferior como Luis Triay? Yo sé que quien no haya conocido experiencias semejantes en las vecindades de los patíbulos, me va a restar la necesaria credibilidad. Pero, por ejemplo, en la Sierra Maestra, cada vez que teníamos fusilamiento, los reos hacían mucho rechazo a que Raúl o el Che dirigieran los pelotones y les dieran el tiro de gracia. En cambio, Ciro Redondo tenía muy buena mano para eso. Se dejaban conducir de lo más campantes con Ciro. Y con Guillermo García también. Claro, Guillermo era un guajiro de la zona, muy conocido allí, y era como familia de todo el mundo. Otro hombre nuestro, éste destacado con Raúl en el segundo frente —cuando nos dividimos en medio de la campaña y mandé a Raúl y un centenar de hombres a unos 200 kilómetros de distancia para fundar la especie de soviet rural en armas que establecimos en Sierra Cristal, una vecindad de la Sierra Maestra— el capitán Eloy Panaque Blanco, a quien llamábamos «Bayamo», se había percatado de que cada fusilamiento se convertía en una tragedia, puesto que los prisioneros pegaban a gritar y a pedir clemencia y a perder el control de los esfínteres y hacerse las necesidades, sobre todo a pedir mucha clemencia, y luego estaba lo que Bayamo llamaba «la incidencia del gasto innecesario de municiones», por lo que comenzó a ensayar un método que en realidad resultaría mucho más limpio y eficiente: le comunicaba al condenado, en cualquier corral que lo tuviesen encerrado, que había baño y que lo acompañara al río. Hasta tenía preparada una toalla y un pan de jabón, que mostraba. Camino del río o en el menor descuido de su acompañante, Bayamo le descerrajaba un fogonazo de su pistola calibre 45 en la nuca. El hombre pasaba de la vida a la muerte sin previo aviso. No existe forma más humana y con menor cantidad de sufrimientos a provocar que matarte sin aviso previo. La muerte se torna insoportable en medida que se te da tiempo a filosofar sobre ella. Por eso la vejez está tan llena de congojas. Por eso también los combates hacen tan mal efecto en el espíritu humano. Porque la muerte silba a tu alrededor, despiadada e inconsciente, y la ves producirse hombro con hombro, y mientras no llega la bala que tiene tu nombre, tú te estás preguntando cuándo te toca. Bayamo, carajo. Nuestro dulce príncipe de la muerte.

Batista sabe cómo suavizar ese rostro cavernícola del soldado Luis Triay. Sabe también que —escogido por el azar para hallarse en una patrulla cosaca que pasará a la historia como el destacamento de dos hombres que frustró la primera batalla de Fidel Castro— ese hombre está disfrutando del día más feliz de su existencia. De lo que él, muy esforzadamente y a duras penas, logra entender como disfrute y como felicidad. Así que Batista le dice, como ganando una distancia de Río Chaviano y del resto de los altos oficiales y ministros de la corte que les rodea: «Yo también he sido un soldado y sé lo dura que es tu vida, hijo». Triay hace un gesto torpe de asentimiento. «¿No estoy diciendo verdad, sargento?», pregunta el presidente Batista. Y puntualiza con un «¿*Ummm*?».

«Soldado, —dice Triay—. Soldado de la Tercera Escuadra de Infantería.»

«Oye, Chaviano», dice Batista, ahora buscando la complicidad de su jefe de plaza en Santiago.

De reacción mucho más viva que el soldado, por lo que rápidamente se ha dado cuenta del objetivo del presidente, Río Chaviano sonríe, condescendiente.

«Diga, señor presidente», dice Río Chaviano.

Todos los presentes ya adivinan la pequeña, agradable comedia que se desarrollará a continuación. Todos, excepto el soldado Triay, que aún en esa parte de la conversación se halla en la fase de elaborar pensamientos como intuición y no como hechos previsibles y a punto de consumarse.

Batista no ha retirado la mano del hombro de Triay cuando le dice a Río Chaviano:

«¿Qué clase de hombres tú tienes en este regimiento que desmienten a su presidente. Dime, Chaviano».

Río Chaviano se expresa ahora sólo a través de un gesto divertido.

«Usted ahora es un sargento del Ejército Constitucional. Un señor sargento —afirma Batista—. Venga esa mano.»

Entonces, con gesto maestro, de veterano confabulador, Batista desliza un rollo de billetes en un bolsillo, y le hace un guiño, y le dice, casi al oído: «Para que le compres algo a la señora y a los muchachos. Eso es entre tú y yo». Ha sido imprescindible que la transferencia de los billetes se hiciera como una ceremonia secreta de modo que no exista humillación ni alardes innecesarios en la modesta regalía de un presidente agradecido a su leal subordinado.

El otro soldado se llama Alfredo Silva. Diálogo semejante y otro rollito de billetes y otro ascenso a sargento.

Después Batista cubre la distancia de unos 100 metros entre el Moncada y el hospital militar en una estruendosa caravana de coches negros y perseguidoras de la Policía y jeeps militares. Recorre un par de pabellones de posoperatorio y se retrata con los militares heridos, que le sonríen y lo abrazan.

No ha almorzado cuando su avión DC-3 despega de Santiago a las cuatro de la tarde y emprende su travesía de 3 horas hasta La Habana. El coronel Río Chaviano ha tenido el detalle de mandar a preparar a la cocina del regimiento un abundante y apetitoso arroz con pollo bañado en *petipois* y con una cubierta de pimientos rojos. Encargó la misión al maestro cocinero del Club de Oficiales, el sargento de primera y medalla de Servicio Distinguido, Ertomilio Despaigne, un hombre de aspecto brutal, panzón, y que, de la cintura para arriba, es un chef, con su gorro de hongo blanco y su impoluta bata blanca de solapas cruzadas; y, de la cintura para abajo, es el perfecto esbirro criollo, con su pantalón de equitación del uniforme de reglamento de la Guardia Rural embutido en las polainas de monta cerradas hasta la raíz de las rodillas y el pesado revólver Colt de cañón largo calibre 45 colgándole por debajo de la cadera derecha. El gran Ertomilio Despaigne, al que se le reconoció siempre como el genio indiscutible en la administración de la última pizca de sal. El manjar se lo ponen al señor presidente a bordo del avión en unas cantinas térmicas y con una estiba de botellas de cerveza Hatuey en una caja de hielo. Las condiciones del tiempo son magníficas en el transcurso del vuelo, pese a hallarnos aún en verano y a las amenazas de los cumulonimbos. El señor presidente ya ha hecho la digestión de su arroz con pollo cuando el DC-3 presidencial *Guáimaro* hace el aproche final a la pista de Campo Columbia.

El cuento fue el siguiente. El 24 de julio de 1953 era el 45 cumpleaños de Blas Roca Calderío, el renombrado secretario general del Partido Socialista Popular, y los comunistas orientales solicitaron al Comité Central celebrarlo en Santiago de Cuba, porque Blas era manzanillero, es decir, de una ciudad —Manzanillo— dentro de la misma provincia de Oriente, si bien a más de 250 kilómetros de distancia. Tal la razón esgrimida para que se reunieran en Santiago los dirigentes marxistas procedentes de La Habana y de otros lugares. Los festejos, en medio de los carnavales, consistirían en un almuerzo, para unas 200 personas, en el gremio de panaderos. El gobernador provincial —Waldo López Almaguer, un batistiano de bajo perfil— había dado el permiso. Tampoco era cuestión de preocuparse: el Partido no había sido ilegalizado y sus más conocidos líderes hacían vida pública sin mayores tropiezos. Si acaso, Flavio había sido aconsejado «a disolverse» y pronto lo sería Joaquín Ordoqui.

Los convidados estaban en Santiago la mañana del 24 de julio, y Alfredo Martínez Calderín y Walfrido La O y otros de los compañeros a cargo de los agasajos deciden dar un paseo por el gremio de panaderos. Lo que observan, sin embargo, no les parece adecuado. Nada adecuado. Policías y guardias apostados por los alrededores del gremio, pese a que las mesas estaban ordenadas para el almuerzo, es decir, con los manteles tendidos y platos y cubiertos dispuestos.

Alfredo Martínez Calderín *orienta* a Walfrido La O a dirigirse a la casa natal de Antonio Maceo, denominada la Casa de los Comunistas, para que informe a la plana mayor de lo que está ocurriendo. Walfrido encuentra a Blas Roca, Juan Marinello, Joaquín Ordoqui, Lázaro Peña, Ursinio Rojas, Óscar Ortiz Domínguez y Leonides Calderío —hermano de Blas, que era el secretario general de PSP en Oriente— y les comunica lo que pasa.

Óscar Ortiz Domínguez *recibe la tarea* de dirigirse al Moncada y decirle a Chaviano que *no se entiende* la vigilancia al gremio de panaderos, no obstante tener el permiso del gobernador López Almaguer. El jefe militar no lo recibe y, con el ayudante, le manda a decir que —dentro de sus demarcaciones— los comunistas se iban a reunir por el forro de sus cojones. Es decir, y con un lenguaje apropiado, revocado *manus militaris* el permiso del gobernador provincial.

Blas Roca entiende de inmediato que no habrá fiesta, no la que él esperaba, y le pide a su hermano Leonides que le saque pasaje por avión —a él y a Marinello. Sin embargo, para no desperdiciar la comida ya preparada, y que se informa tienen muy buen aspecto, esas calderas humeantes de frijoles negros con un pestañazo de azúcar y la presencia crujiente y embriagada de los zumos de naranja agria, ajo machucado y sal en sofrito de los cincuenta cerditos recién nacidos que acaban de destetar sacrificados por el líder de acero del proletariado cubano que aún se tuestan y se mantienen recibiendo el fuego lento, muy lento, de las panaderías de Santiago, *se dan instrucciones de traslado* de almuerzo para el kiosco de Jonás Coroneaux, un comunista, en calle Martí, en plena zona del carnaval. Fifí Maceo, perteneciente a la familia de ese apellido, *sugiere* no obstante que es mejor almorzar en la casa natal de Antonio Maceo,[18] porque allí nadie los va a interrumpir.

En definitiva, la mayoría, incluidos los dirigentes de La Habana, almorzaron con pocos humores y abandonaron la ciudad esa tarde. Walfrido La O fue uno de los que se quedó más tiempo, bueno, en realidad no había salido aún en la madrugada del 26, y después de carnavalear hasta prácticamente desfallecer, entendiéndose por carnavalear entregarse a la rumba como un negro acabado de liberar y bebiendo ron y cerveza como un vikingo en las bodegas de Odín, a eso de las cuatro de la mañana, comió algo en el Café Tránsito, frente al edificio del periódico *Diario de Cuba* y al salir de allí, más de una hora después, en la intersección de las calles Corona y Aguilera, se encontró con un policía de Guantánamo conocido suyo y simpatizante del Partido, cuando se escucharon detonaciones. «¿Qué será eso?», preguntó, y el policía lo atribuyó a los chinos. «Son los chinos», le

---

18. Antonio Maceo y Grajales, un mulato de bravía estampa y verbo fácil, oriundo de Santiago de Cuba, era lugarteniente general del Ejército Libertador (mambí) en tres guerras contra España y uno de los patricios de la libertad de Cuba más venerados, probablemente segundo en la consideración nacional sólo de José Martí, el blanquito esmirriado y de carácter tenso y verbo algo excesivo, ampuloso, oriundo de La Habana.

dijo. «Tú sabes que acostumbran a tirar cohetes en todos los carnavales.» Walfrido se dirigió a la oficina del Comité Provincial del PSP, en Trinidad 510, y aquello estaba lleno de comunistas en retirada de la rumba callejera. Walfrido, recostado en un taburete, no podía conciliar el sueño por las detonaciones que no cesaban, cuando llegó Romárico Cordero, uno de los jefes grandes del Partido en la región, quien orientó salir de allí, porque en el Moncada estaban peleando y se decía que los comunistas lo habían asaltado.

Esta historia, en síntesis, explica las reacciones iniciales del coronel Río Chaviano ante los primeros disparos de nuestro asalto. Creyó que era la respuesta de los comunistas a su negativa a que celebraran el cumpleaños de Blas. Un cretino, ciertamente. Pero observen cómo reprodujo en la absurda escala de su microcosmos la metáfora que luego se va a repetir tantas veces por los americanos y la CIA de echarle la culpa a los comunistas de todas las maldades que yo les haga. Maldades le llamamos en Cuba a las travesuras de los muchachos, no lo interpreten de otro modo.

Otras cosas, desde luego, van a pasar por las mentes de Batista y la mía. Pero lo cierto es que ni Batista ni yo nos tragamos ese cuento de la presencia de la dirección en pleno del Partido Socialista Popular en Santiago en vísperas de que yo asaltara el Moncada. Desde mi perspectiva, apenas me enteré en mi celda de Boniato que estaban cazando comunistas por toda la provincia y pocos días después cuando mis carceleros, satisfechos, me llevaron a mi celda los periódicos con la declaración del Partido rechazando el asalto al Moncada, que caracterizaban de violatorio de la convivencia social y la legalidad, supe todo lo que había pasado. Batista, desde luego, llamó a su principal interlocutor con el llamado Comité Nacional,[19] el negro Salvador García Agüero, y lo conminó. Era imprescindible que demostraran su inocencia. Les daba dinero, nunca los quitó de ninguna de las nóminas gubernamentales en que se hallaban, ninguno de sus senadores ni representantes —Blas, Aníbal, Lázaro— había dejado de cobrar puntualmente, y era de esta manera, alevosa, soturna y macerada, como le pagaban. Muchos años después supe —me lo contó el mismo Salvador antes de que lo nombráramos embajador en uno de esos remotos países del océano Índico, creo— que Batista mostraba una au-

---

19. La fórmula del Partido para eludir la usual identificación de Comité Central.

téntica indignación y que se hallaba detrás de su buró presidencial y armado con sus habituales atributos: pelo envaselinado y pulcra y alisadamente peinado hacia atrás como si la agarrara con una plomada por la nuca, traje blanco de dril 100 y el soberbio Partagás en la diestra y que abría los brazos en gesto que enfatizaba su desconcierto y los dejaba caer sobre sus flancos mientras a la dureza de lo que prácticamente era un interrogatorio policíaco y la dureza aún más pesada e insoportable de sus penetrantes ojos negros.

Lo único que Salvador podía ofrecerle era una declaración pública, solución a la que Batista finalmente se advino. Una solución que retrataba la madurez alcanzada en su usufructo del poder: era hábil, ponderada y no cerraba todas las puertas. Fuese lo que fuese, por lo menos les sacaba la declaración. Aunque de todas maneras, tanto para él como para su interlocutor comunista, estaba claro que al Partido le quedaban tiempos muy difíciles por delante. No lo ilegalizaba pero tampoco se les iba a tolerar el menor desliz. Este interregno de bondades permisivas pero bajo absoluto control se extendió hasta las tres visitas a Batista —en 1956, 1957 y 1958— del inspector general de la CIA Lyman B. Kirkpatrick, Jr., que obligaron a la creación del Buró Represivo de Actividades Comunistas (BRAC) y a dar una cierta preponderancia a sus menesteres. Pero Batista era mucho más inteligente que la burocracia de Langley. Aparte de que se echaba en su bolsillo una porción del dinero que la CIA destinaba al BRAC como su supuesta sucursal de La Habana, Batista prefería tener a los comunistas a la mano y no obligarlos a desaparecer en las nebulosas de la clandestinidad. Les siguió permitiendo cobrar sus salarios gubernamentales y se hacía de la vista gorda con la impresión de la legendaria *Carta Semanal*, una publicación reputada como clandestina, y que todo el mundo sabía que se imprimía en la calle Durege, número 222, en la barriada habanera de Santos Suárez.

Pero sobre todo Batista sabía que se trataba de un aparato impenetrable, de tanta secretividad que nadie realmente logró penetrar nunca. Si acaso, lo que ocurría era todo lo contrario. Si había una organización en que los comunistas después se colaron hasta los tuétanos fue el propio BRAC, empezando por su legendario jefe, Mariano Fajet, al que reclutaron, y finalmente pusieron a mi disposición, como ya he dicho anteriormente. ¿Quieren otro? El teniente médico Manuel Ramírez Nodarse, segundo jefe del hospital de la Policía Nacional, por ejemplo, era un militante secreto del Partido. ¡Se pueden imaginar sus «contribuciones» a la lucha con los policías heridos que se atendían en su institución! Amén de que la mayoría de los revolucionarios que capturaban heridos después de alguna balacera, si no los remataban por motivos de algún interés operativo, eran conducidos para su cura al hospital de la Policía. Por lo que, decididamente, no era el mejor lugar para que te sintieras agradecido y decidieras franquearte con tus captores. Mejor cerrabas el pico puesto que el Partido no gastaba hombres en las funerarias ni en la morgue, sino que se dislocaba en los hospitales, donde sabía que los revolucionarios se hallan en su posición de mayor vulnerabilidad, puesto que, lo primero que ocurre, es su ofuscación por la vida, por sobrevivir a como dé lugar, a agarrarse al brazo del médico, implorante, y decirle que no le deje morir. Me imagino que a algún archivero de la CIA le temblarían las manos en 1968 cuando descubrió el nombre de Manuel Ramírez Nodarse entre los sancionados por la llamada causa de la microfracción —que fue una de mis jugadas políticas de entonces para golpear un sector del viejo Partido y de lo que hablaré más adelante—, y cotejarlo con las viejas nóminas de la policía batistiana. Compadezco a esos archiveros del buró cubano a la hora de los cotejos. Sobre todo porque Manuel terminó siendo el oficial nuestro encargado de organizar el Laboratorio Central de Criminalística (LCC) antes de que apareciera involucrado con la microfracción. ¿Otro más? Bueno, aquí tenemos a Mario Enrique Laverde, infiltrado del Partido en el Buró de Investigaciones —bajo el mando del célebre coronel Orlando Piedra—, y luego uno de nuestros más listos interrogadores del centro de instrucción Villa Marista. Y si yo lo logré —sacudirme esa espada de Damocles que era el aparato clandestino comunista—, en los primeros años de la Revolución, fue porque los hice poder y porque tuve de aliado a Flavio Bravo, y porque el método por excelencia fue el de disolverlos en mis propias estructuras secretas. En definitiva, fue la jugada de cambiarles la zanahoria de la punta del palo. Conmigo en el poder, y con mi corte de viejos comunistas en los más altos cargos de la Revolución desde mediados de 1960, el enemigo ya no era el gobierno cubano, sino uno superior, uno del que se obtenía mucha más gloria al combatirle, el súmmum de todos los enemigos de la humanidad: el mismísimo imperialismo yanqui.

Así que Batista —del lobo un pelo, como se dice— le exigió al Partido que se defendiera de su presencia en Santiago de Cuba. Prevaleció la tesis de que el PSP lo que tenía que hacer era demostrar su absoluta independencia de los hechos, su inocencia a ultranza, y escogieron a un abogado de pocos aires, Pérez Lamis, radicado en Santiago, para que se presentara ante los tribunales a decir que el PSP no tenía nada que ver con el asalto y que condenaba esos hechos, que además *habían sido aventureros*. Esta posición encontró una denodada resistencia en uno de los personajes más injustamente olvidados de nuestra historia: César Vilar. César era una leyenda entre los comunistas de los años cuarenta, sobre todo a partir de que dos de sus hijos habían muerto combatiendo contra la invasión nazi en las filas del ejército soviético, probablemente los dos únicos cubanos caídos en combate entre Moscú y Stalingrado. Pero también César tenía posiciones excesivamente independientes en relación con la burocracia del Partido, por lo que su estrella declinaba aceleradamente. Su actitud manifiesta de defendernos, fue el hecho que determinó finalmente su ocaso. Y poco después murió, se dice que enfermo. No será complicado entender que en los años siguientes, al yo establecer mi alianza con ese mismo Partido y convertirse ésta en una maniobra estratégica, me resultó muy difícil revisar la historia a favor de César Vilar, y elevarlo a la categoría de nuestros prohombres.

Debo reconocer, no obstante, que Blas recogió pita un poco después, y sacó a Pérez Lamis del asunto y nombró al frente de la causa al mucho más combativo Arnaldo Escalona, otro abogado comunista radicado en Santiago, pero uno de armas tomar, literalmente de armas tomar. Hubo esa opción interna. Arnaldo Escalona se presentó ante los tribunales para formular el alegato de que los miembros del PSP no habían tenido nada que ver con el asalto pero que a su vez se habían cometido asesinatos y que era impostergable denunciar los crímenes cometidos por la fuerza pública. Era como una edición revisada y aumentada del primer alegato. Arnaldo, por su parte, consideraba que había cuentas pendientes. Un esbirro de Batista, el capitán de la Marina de Guerra, Alejandro García Olayón, destacado en el distrito naval de Santiago, mató a su hermano Arsenio Escalona. En consecuencia, resulta entendible que, cuando triunfó la Revolución, Arnaldo fuera designado como un respetable profesor de Economía en la Universidad de La Habana y luego en la embajada de

Cuba en Bucarest. Y de que a Pérez Lamis lo borráramos del mapa. No quiero decir que lo matáramos, sino que se le ignoró hasta el día de su muerte. No le hicimos efectivo ni un bono de estímulo como Trabajador de Vanguardia expedido por la administración del oscuro bufete colectivo donde lo hundimos de por vida en los confines de Santiago para poder adquirir un televisor soviético monocromo Electrón. Por cierto que, luego, Arnaldo Escalona también tuvo sus problemas. Cayó en las mismas posiciones microfraccionarias y hubo que castigarlo, es decir, nos vimos en la triste obligación de procesarlo y condenarlo a prisión. Aunque también debo decir, para honra de nosotros mismos, que fue la persona que más distinguimos en todas esas pesadas circunstancias. Fueron órdenes estrictas mías las de darle un trato preferencial, nada que fuera humillante delante del resto de sus compañeros de prisión —los otros microfraccionarios— pero preferencial en los límites exactos de no herirle en su dignidad. Por otro lado, nunca anduvimos con paños tibios a la hora de cobrarle las deudas a García Olayón, cosa que Arnaldo Escalona debió tener siempre presente. Capturamos a García Olayón al segundo o tercer día del triunfo de la Revolución cuando trataba de huir en una lancha desde el distrito naval de Cienfuegos —en el centro de la isla— donde había sido dislocado en años recientes y lo mandé a fusilar de inmediato. «Dado que fui juzgado por la jurisdicción militar y absuelto en la causa inculcada por el lamentable asesinato de Arsenio Escalona, puedo preguntarle al señor capitán, el motivo de que ahora me quieran fusilar», le preguntó a René Rodríguez a cinco pasos de la pared de una barraca del regimiento Leoncio Vidal de Santa Clara, adonde se le conducía. «Porque yo soy un hijo de puta que no cree en leyes», le respondió René. No creía en leyes pero siguió al pie de la letra el procedimiento clásico de los fusilamientos que exige la misericordia del tiro de gracia y que resultaba innecesario en este caso puesto que, como el mismo René me contaría, fue como aplicárselo a una calabaza vacía.

Yo preparaba mi alegato de autodefensa por los sucesos del Moncada pero no lograba sacarme de la mente el asunto del Comité Nacional del PSP en pleno esperando en Santiago por los resultados de mi combate. Por otro lado, mis cuentas sobre muertos y prisioneros y asesinados aún no cuadraban. Entonces llegó el momento de adaptarse a la prisión. En mi caso, no era un estado de resignación sino de reconocer el terreno y comenzar a moverme. Excelsa oportunidad para poner a prueba una de las frasecitas del reverenciado patriota José Martí que más me habían llamado la atención en su momento por la carga de ambivalencia siempre tan atractiva del oximorón. Decía que más valía una idea justa en el fondo de una cueva que un ejército. Para mí tenía las resonancias lejanas del Cristo admonitorio de que primero pasaba un camello por el ojo de una aguja que un rico en el reino de los cielos. Aunque él lo planteaba como el absoluto de imposible y no como reto, y sobre todo en una época en que se podía concebir que fueras el hijo de Dios pero no a Einstein y la ley de la relatividad. Para mí, confieso, mientras más imposible el giro retórico, con mayor fuerza me atrae —en sus piruetas imaginativas— su reto implícito, quizá porque eleva la barra del salto con pértiga unos centímetros más arriba. Por ello solía verme a mí mismo emprendiéndola a patadas por el culo con el camello, embutiéndolo en el ojo de la aguja.

Bueno, llegaba el momento de la prueba de los balances químicos. Ya yo estaba en el fondo de la cueva. Y todo un ejército me rodeaba.

Tengo entendido que el general Francisco Tabernilla («Pancho»), jefe de las Fuerzas Armadas, mandó a plastificar el radiograma en que se le avisaba de nuestra captura y se ofrecían nuestras primeras señas. El propósito era hacerle un presente a Batista y que éste lo colgara en su despacho. Pero Batista no le prestó mucha atención al obsequio y lo dejó deslizar en el interior de alguna de sus gavetas, aunque siempre le tributó algunas palmadas de agradecimiento a su viejo compañero. La amarga verdad fue que —nosotros como trofeo de guerra— ocupamos un tiempo muy escaso en su imaginación.

República de Cuba

RADIOGRAMA OFICIAL

EJÉRCITO CONSTITUCIONAL

Arrestado el doctor Fidel Castro de 26 años de edad, y sus compañeros José Suárez Blanco, de Artemisa, de 23 años; Óscar Alcalde Valls, de 31 años, residente en El Cotorro; Armando Mestre Martínez, de 24 años, vecino del Reparto Poey; Eduardo Montano Benítez, residente en el barrio La Ceiba, Marianao; Juan Almeida Pozo,[20] de 27 años, del Reparto Poey; Francisco González Hernández, de 22 años, de La Ceiba, Marianao; y Mario Chacón Armas,[21] de 26 años, y del mismo lugar.

---

20. Debe decir Juan Almeida Bosque.
21. Mario Chanes de Armas.

9. LA HABANA POR ÚLTIMA VEZ

LA PRIMERA AYUDA la tuve de un muchacho llamado Raúl. Pensé que había hecho guantes por su nariz quebrada. Pero era el resultado de peleas callejeras en Santiago. Y de otras peleas en el mismo recinto penitenciario. Tanto era su valor y de alguna manera también su sentido de la equidad que se ganó la respetable posición de «mandante», quizá la figura más venerada dentro del presidio cubano, antes y después de la Revolución, por ser una especie de delegado de los presos ante la dirección del penal y que a su vez el penal suele emplear como intermediario de la población penal. Pese a ser blanco y no llegar a los 20 años, y tampoco siendo muy corpulento, se había impuesto en aquella jungla. Cuando nosotros ingresamos en Boniato por la causa del Moncada, él extinguía una sanción por diversos (y realmente ingeniosos) delitos de estafa. Su nombre completo era Raúl Menéndez Tomassevich. El segundo apellido provenía de un bisabuelo de origen polaco que naufragara con su goleta frente a la bahía de Santiago. Ese apellido se apoderó después de su leyenda —porque llegó a ser un combatiente legendario de la Revolución cubana— ya que lo dotaba de un misterio y llevaba a pensar que se trataba de un implacable general soviético. A los alzados contrarrevolucionarios les daba fatiga o se iban en diarrea nada más que de decirles: «Ahora viene Tomassevich a interrogarte». Era el clásico tipo de hombre que conoce una sola oportunidad sobre la faz de la tierra: sumarse a la Revolución, ser uno de sus soldados. Y ciertamente la Revolución hace de sus vidas acontecimientos extraordinarios. Un estafador que llena la ciudad de Santiago de Cuba con polvo de ladrillos macerados con mandarria y envasados como detergente de la Procter & Gamble, se convierte en un mito al mismo nivel de Chapaev o de Budienni al sumarse a una causa —que no sólo te ofrece vivienda, educación y salud pública gratis—; a la que no se le puede negar, por lo menos, la virtud de que además hace accesible para todo el pueblo la exaltación y la gloria.

Años después del Moncada, cuando ingresaron los revolucionaros por el levantamiento de Santiago —del 30 de noviembre de 1956, en apoyo al desembarco del *Granma*—, el mandante que los recibió en Boniato fue el mismo Raúl Menéndez Tomassevich, entonces extinguiendo una condensada por falsificación de cheques. No esperó a una nueva camada de revolucionarios para protagonizar él mismo su propia acción insurgente: organizar una fuga magistral de Boniato en compañía de dos o tres de los prisioneros involucrados en los sucesos del 30 de noviembre y un compinche suyo conocido como «Perro Chulo» y alzarse —con excepción de Perro Chulo, que tomó su propio camino rumbo a los balluses de Caimanera apenas se vio fuera del reclusorio— en los montes cercanos de la Sierra Cristal, donde finalmente hicieron contactos con el movimiento 26 de Julio —ya teníamos en ese momento una organización con ese nombre— y sirvieron de base de recibimiento para mi hermano Raúl cuando lo envié a fundar en ese territorio un segundo frente. «Tomás», como todos nos acostumbramos a llamarle, terminó la guerra con los grados de comandante de columna y después fue uno de nuestros más sagaces jefes de operaciones en la lucha contra la contrarrevolución en el Escambray, y lo tuve alzado con las guerrillas venezolanas de Sierra Falcón, y realizó dos magníficos operativos de contrainsurgencia en Angola. Uno de nuestros mejores hombres, y que conocí aquella primera tarde mía en Boniato. Se me plantó al otro lado de la reja y me aseguró que desde mujeres hasta tabacos, lo que yo necesitara, que se lo pidiera. Me llamo Raúl, me dijo. Pero me dice Tomás. Y soy el mandante. Comenzó por tabacos y pasarme información de todo lo que acontecía y me sirvió de enlace con mis compañeros en las otras celdas y luego para que, a través de sus redes de putas y marihuaneros, me sacara algunos mensajes al exterior.

Ya estaba controlando los mecanismos internos del reclusorio y comenzaba a disfrutar de los privilegios subterráneos que gozan los presos políticos por la admiración que causan entre los delincuentes.

Por lo pronto, gracias a Tomás, lograba romper las medidas de aislamiento absoluto en que el régimen, o por lo menos Río Chaviano, me creían atrapado.

Cuando se presentó una oportunidad, Tomás logró meterme a Raúl en mi celda.

Después de tabacos y de información, era lo que le había pedido con mayor vehemencia.

«Tienen cinco minutos, caballeros. No me comprometan», dijo Tomás. Y cerró la reja tras él y desapareció hacia algún ángulo no visible del pasillo.

Yo tenía una pequeña mesa y un viejo y gastado ejemplar del Código de Defensa Civil y un block de hojas rayadas y unos lápices y una caja de tabacos Bouzá y dos cajas de fósforos. Raúl hizo un rápido paneo sobre mis posesiones y sonrió, con admiración.

Abracé a mi hermano menor, lo besé, y le dije que desenrollara la colchoneta y se sentara. Yo me quedé de pie.

Lo dejé hablar, midiendo el tiempo mentalmente. Le correspondían dos minutos.

Después del asalto, y sin haber previsto la retirada, decidió esconderse en la casa del viejo Lara, donde nos albergamos en nuestra época del colegio Dolores, y el viejo avisó a la policía. Raúl logró escabullirse porque el hijo de Lara lo puso en alerta y además se brindó a llevarlo a la estación de trenes, para ver si lograba embarcarlo rumbo a La Habana, que fue en esa terminal donde lo cogieron preso.

«Raúl», dije, de súbito, y cambiando el tono, sin una preparación previa, lo cual lo asustó.

Cometí el error de ponerlo en guardia.

«No hay tiempo para rodeos, Raúl.»

Traté de suavizar mi acometida.

«Respóndeme rápido, *Raulito*. De verdad que no tenemos mucho tiempo. Dos minutos si acaso. ¿Tú le dijiste algo al Partido de nuestros planes?»

«¿Al Partido?»

«Al Partido, Raúl.»

«¿Cómo voy a decirles nada, Fidel. Si tú viniste a informarnos del plan cuando ya todos estábamos en el tren?»

Mal comienzo, pensé. Muy mal comienzo éste.

Era cierto que los asaltantes habían sido puestos al corriente de la operación sólo cuando se hallaban en el tren rumbo a Santiago el viernes 24 de julio.

Pero Raúl había sido el encargado de comprar su pasaje y el mío. Y sabía dónde terminaba el viaje.

Una parte de la tropa había llevado los coches por carretera, Haydee y Melba habían transportado armamento y municiones en varios viajes por tren, Abel ya había tomado posesión de La Granjita como si se preparara verdaderamente a recibir sus magníficas crías de gallinas ponedoras —y no a nosotros—, y Renato Guitart —el único santiaguero comprometido en la operación, y uno de los pocos participantes que conocía el objetivo del asalto— concluía sus chequeos de las postas y horarios cuando nuestro tren Habana-Santiago se puso en marcha.

«¿A quién le puedo haber dicho algo que yo no sabía, Fidel?»

«No te lo digo por nada malo, Raúl —me apresuré en explicarle—. Te lo digo por Alfredo.»

«¿Alfredo?»

De inmediato pareció recuperarse y adquirir su color habitual. La sangre volvía a fluirle a su nivel de presión promedio.

Le expliqué que me aquejaban dos preocupaciones con Alfredo. Uno, que se iba a sentir dolido por lo que había sido una evidente falta de confianza. La segunda —y de mayor gravedad— era que la policía, dado su conocimiento de las relaciones de Alfredo con nosotros, le hubiese echado el guante.

«Yo se lo iba a decir a Alfredo —dije, en un tono de sincero arrepentimiento—. O a Leonel», agregué.

Raúl no pudo reprimir un sobresalto cuando me escuchó decir «Leonel».

Maricón, pensé.

Yo estaba mirando hacia el piso, para hacer más convincente mi tono de arrepentimiento. Pero detecté su inequívoca vibración. De soslayo pero claramente detectada. Seguí mi descarga, como si tal cosa.

«Coño, sí, Alfredo», dijo Raúl.

Maricón, seguí pensando.

Recuerden que Leonel Soto era uno de los miembros de la Juventud Socialista que se destacaban en la universidad y el que probablemente le habló primero de mí a Flavio Bravo.

Raúl no tenía la menor idea de todo lo que había ocurrido en Santiago con el Partido y la cacería de comunistas y la miserable declaración de condena al asalto.

Pero decidí reservarme la anécdota del recado de Flavio que Sarría me transmitió en el camión, a la entrada de Santiago. De hecho, nunca se lo he revelado. Se enterará, si aún vive, cuando este libro se publique. E hice bien en callármelo. En definitiva me estaba demostrando que no tenía ninguna clase de conexión con el aparato de lucha clandestina del Partido amén de que hubiese sido una victoria para él saberme conectado con Flavio Bravo. Tampoco supo nunca algo mucho más jodido para él: que no lo mandé a matar en la prisión por la única razón de que era mi hermano. Esa infidencia pudo ser muy costosa. Y la carrera de un traidor nunca termina. Lo único que puedes asegurar es que comienza con una primera traición. De ahí en adelante se deslizan en un plano cada vez más inclinado.

Sentí un par de palmadas en el pasillo. Era Tomás, apurándonos.

Raúl se puso en pie. Yo lo miré con la mayor dulzura de que fui capaz y lo tomé en mis brazos y lo besé en la frente y en sus despejados carrillos de niño lampiño. Cuando hizo el ademán de volver a enrollar la colchoneta, le dije que dejara eso.

«Mándame a decir con el mandante cualquier cosa que necesites —le dije—. ¿Tienes gofio? ¿Quieres cigarros?»

De cualquier manera Sarría había sido contactado de inmediato por «la gente» y ésa era la razón por la cual él se mantuvo operando con sus patrullas desde el primer momento hacia la zona donde todas las informaciones indicaban que nos habíamos dirigido. Él tenía que encontrarme y ponerme a salvo. Eran decisiones precisas de «la gente», como me dio por llamarle en aquellos meses —y para mi solo consumo— a los integrantes de esa estructura clandestina que se movía en mi entorno pero en la que yo no podía descubrir ningún rostro y ni siquiera la proyección de alguna sombra que se alargara en el mortecino pasillo frente a mi celda de prisionero en régimen de solitaria. Desde luego, a medida que se fue estrechando el cerco y se acercaron las posibilidades de capturarme, Sarría extremó sus mecanismos de alerta desde su puesto de mando en Moncada. Todos los indicios señalaban que andábamos por esos linderos entre las fincas de Juan Leizán y de José Sotelo, al pie de la Gran Piedra. Sarría se percató de que más valía ponerse él mismo al frente de la tropa, si lo que quería era garantizar mi vida. Sabía el viejo axioma de que nunca puedes asegurar la vida de nadie por delegación. La tienes que asegurar tú, así que desde la tarde anterior se encarnizó en un teniente Gamboa, ya agotado y de muchos malos humores, luego de cinco días de búsquedas infructuosas en las lomas, y Sarría le dijo que se veía un poco pálido y que si se sentía bien y que fuera para la casa a descansar un rato, que si acaso él le cubriría hasta el otro día, ya que había un patrullaje fuerte en perspectiva. En efecto, Gamboa fue el encargado de enfermarse y el capitán Tandrón de llamar, casi obligar, a Sarría, para que ocupara el puesto de su subordinado.

Por la actitud asumida después por la dirección del Partido y su nefasto alegato en contra nuestra, se me hizo evidente que Sarría había sido teledirigido por un sector del Partido, no por el Partido. ¿Me entienden?

Sarría resultó ser el más apacible y agradecido de todos los hombres, y suelo calificarlo como un héroe de mareas mansas. Claro, era el de menos ambiciones. Típico de los negros viejos y su sabiduría, dados a filosofar dulcemente y entregarse a los ocios de los recuerdos mientras se balancean en un sillón al atardecer y contemplan el decursar de las cosas, todas tan ajenas, todas tan baladíes. Se nos fue quedando ciego a fines de los sesenta y se murió de cáncer el 29 de septiembre de 1972. No pudimos salvarle la vida. Pero me queda la satisfacción de haberle proporcionado una vejez llena de atenciones. Desde el primer momento del triunfo revolucionario en 1959 lo nombramos capitán ayudante de Palacio. Hasta el último día de su existencia se le servía en su casa dos veces al día una cantina térmica con los mismos almuerzos y cenas que se servían en mi oficina de Palacio en cantidad suficiente para él y su familia y para lo que se destinó un transporte —uno de los primeros pick-up Volga llegados al país— y chofer. Vivía en el Reparto Mañana, una de las barriadas de las afueras de La Habana, hacia el sudeste, y mientras tuvo pulmones para eso, se dedicó a su hobby final de tocar trompeta. Un día los vecinos supieron que perdían a Sarría por las sesiones cada vez más espaciadas de los solos de trompeta que animaban las tardes de la barriada y porque disminuía de modo alarmante el nivel de su volumen hasta una tarde en que, desde su casa, se escuchó el crispante y veloz toque a silencio que él mismo se prodigara y porque afuera estaba parqueada la ambulancia de color verde olivo opaco del hospital militar con las dos balizas lumínicas azules rotando intermitentes sobre su techo.

No me pareció prudente, sin embargo, entrar en detalles con Sarría después del triunfo de la Revolución. Prefería dejar las cosas como estaban. Sobre todo no quería deberle un favor de esa magnitud al Partido, así que dejo todo en una situación estrictamente personal y me he concentrado, como toda explicación, en el alto sentido del honor de Sarría. Y el propio Sarría, desde luego, haciendo gala de esa quieta sabiduría de los negros viejos que he mencionado, jamás hizo una referencia —ni por aproximación— al asunto. Lo que sigue es un modelo de mi discurso habitual sobre Sarría y de mis deducciones y conclusiones sobre el porqué de que me salvara la vida.

Pedro Sarría... Este hombre parece que había estado por la universidad; era un autodidacta, quería estudiar por su propia cuenta, y seguramente que había tenido algún contacto conmigo o me había visto alguna vez en la universidad. Tenía, indiscutiblemente, una predisposición por la justicia; vaya, era un hombre honorable. Pero lo curioso, lo que refleja su pensamiento es que en los momentos más críticos él está repitiendo, así en voz más baja, yo lo oigo cuando les está dando instrucciones a los soldados que no disparen, que las ideas no se matan. ¿De dónde sacó aquella frase? Tal vez algunos de los periodistas que lo entrevistaron después sepan, nunca tuve la curiosidad de preguntárselo. Pensaba que viviría mucho tiempo. En aquellos primeros años de la Revolución, siempre se piensa que hay mucho tiempo por delante para hacer cosas, investigar cosas y aclarar cosas. Pero, de dónde sacó aquella frase?: «¡No disparen, que las ideas no se matan!». Ésa es la frase que aquel oficial honorable repitió varias veces. Además, el otro gesto. Le digo quién soy y dice: «No se lo diga a nadie, no lo diga a nadie». Y después la otra frase, cuando se tiran todos, que suenan unos disparos por allí y dice: «Ustedes son muy valientes, muchachos, ustedes son muy valientes», como dos veces la repitió. Ese hombre, uno entre mil, incuestionablemente simpatizaba de alguna manera o tenía cierta afinidad moral con nuestra causa, y fue realmente el hombre que determinó la supervivencia de nosotros en aquel momento.[1]

Dispuse —como se pueden imaginar— de mucho tiempo en mi celda solitaria para reconstruir una y otra vez los hechos. Me resultaba tan asombroso como divertido indagar en mi propia experiencia y ver cómo variaban sus perspectivas y el desarrollo unos mismos hechos en medida que los repasaba y que surgían en la superficie de mi memoria los acontecimientos o simples detalles que en una primera o segunda visión había pasado por alto. Y que de pronto adquirían una importancia y un peso que —según habían sido evaluados entonces— no tuvieron en su ocurrencia original. También estaba completando mis cocimientos con la información fresca que comenzaba a fluir.

Obispo en el amanecer

Mis padres ya están en contacto (y soltando bastánte plata) con monseñor Enrique Pérez Serante, arzobispo de Santiago de Cuba, para que acuda en nuestro rescate. Es cuando el cura decide investirse «como autoridad eclesiástica», y se interesa en nuestro rastreo y empieza a actuar junto con otras personalidades de Santiago, de las cuales la más destacada era él, para salvarnos la vida. Él se entrevista, desde luego, con todos los dueños de finca de la zona, y es la forma en que nos llega el recado de que nos entreguemos. *Pero quiere que nos entreguemos a él*, y sólo a él —a Pérez Serante. José Sotelo nos transmite su mensaje. En ese momento, como puede verse, hay tres fuerzas dislocadas en el terreno que compiten por echarnos garra: Pérez Serante para contentarse el bolsillo con los no menos de 10.000 pesos ofreci-

1. Los subrayados son del autor para esta edición. Un material ampliado se encuentra en *Fidel y la religión: Conversaciones con Frei Betto*, editado por la Oficina de Publicaciones del Consejo de Estado, La Habana, 1985. Fíjense sobre todo en la manera que paso de soslayo sobre su presencia en la Universidad de La Habana en mi misma Escuela de Leyes y las razones que esgrimo para no haberle preguntado por los detalles desconocidos para mí de aquellos acontecimientos. Y aprendan a eludir verdades inconvenientes y, de paso, a hacer buena propaganda revolucionaria.

dos por mis padres y además anotarse el magnífico tanto de pacificador; el grupo clandestino del Partido a través de Sarría por todas las razones que ustedes saben y la primera de ellas es poder tenerme de su lado en la lucha contra los reformistas; y los oficiales del ejército, los del coro de Río Chaviano, porque la única parte de la orden de Batista pendiente de cumplimiento es matarme. El recado de Pérez Serante alivia nuestra situación y ofrece una nueva perspectiva. El argumento que con tanta prolijidad he utilizado posteriormente en mis innumerables relatos del asalto al Moncada, de que un grupo de compañeros de los que se hallaban conmigo, que estaban en las peores condiciones físicas, se presentaran a las autoridades a través del arzobispo, un grupo de seis o siete compañeros, contiene sólo un porcentaje de la verdad. En realidad, yo también había decidido entregarme. Lo que este primer grupo iría por delante, a modo de prueba. Era como la misión asignada a una patrulla de exploración. Yo me quedaría con un par de compañeros, los más fuertes y determinados, esperando a conocer el desenlace de la primera entrega. Ése es el pequeño grupo con el que siempre he dicho que nos proponíamos atravesar la bahía para llegar a la Sierra Maestra y organizar de nuevo la lucha. Pamplinas. Yo nunca pensé en la Sierra Maestra como un teatro de operaciones hasta diciembre de 1956, o enero del 57, después del desembarco del *Granma* y siendo un fugitivo que se internaba en esas montañas luego de volver a fracasar en el intento de una captura rápida del poder. Hablé con José Sotelo para que aceptara el encuentro entre ese grupo y el arzobispo. Entonces nos separamos de ellos, en espera del amanecer y del arzobispo, y nos retiramos como a dos kilómetros más o menos, en los lindes con Las Delicias, la finca vecina, propiedad de Juan Leizán, en un lugar que llaman Mamprivá.

No he calculado que a esas horas el Servicio de Inteligencia Militar está interceptando las comunicaciones y que pincha una conversación telefónica de Sotelo con el arzobispo, y muy temprano, antes del amanecer, envía patrullas por toda aquella zona, en las proximidades de la carretera. Pero a su vez el ejército no ha calculado que puede incurrir en un error correspondiente: que tiene al teniente Pedro Sarría al mando de ese patrullaje en las estribaciones de Gran Piedra.

Estábamos un poco cansados, y teníamos que dormir en las laderas de las montañas, no teníamos frazadas, no teníamos nada y —ya dentro de la propiedad de Leizán, la finca Las Delicias—, nos encontramos un pequeño bohío, de unos cuatro metros de largo por tres de ancho, lo que llaman vara en tierra, más bien algo donde se guardan los aperos, y decidimos protegernos un poco de la neblina, de la humedad y del frío, y quedarnos hasta el amanecer. Y lo que ocurrió, al amanecer y antes de que despertáramos, fue una patrulla de soldados, que penetra en el bohío y nos despierta con los fusiles sobre el pecho.

Nos confiamos. Llevábamos una semana en ese juego y los soldados no daban con nosotros. Rastreaban y buscaban, y nosotros los habíamos burlado durante casi una semana y pensamos que eso podía ser eterno. Subestimamos al enemigo. Cometimos ese otro error y caímos en sus manos.

Ocurre entonces una casualidad. Pedro Sarría. Un hombre con cierta energía, como he descrito en algunas entrevistas, pero no un asesino. Los soldados querían matarnos, estaban excitados, buscando el menor pretexto, y tenían los fusiles montados con balas en el directo, y nos amarraron. Inicialmente nos preguntan la identificación y dimos otro nombre. Pero aún yo desconozco que Sarría tiene dos instrucciones, de dos mandos diferentes, y que está tratando de conjugarlas felizmente. Puedo intuir las órdenes de sus oficiales superiores en el ejército, pero nunca imaginarme su tarea para conmigo asignada por «la gente». Desconozco que tiene esas otras instrucciones y en realidad me va a ofrecer una lección que después voy a utilizar con frecuencia y sobre todo con el Che, cuando él se entregue al ejército boliviano el 8 de octubre de 1967. No dejar que te entregues al enemigo y que le sirvas en su aviesa propaganda. En el caso del Che, hubo que matarlo para que no se convirtiera en un traidor, público y notorio, y pudiera seguir sirviendo a la causa, como un símbolo al menos. Es un beneficio mutuo el que se obtiene cuando tú le impides a un hombre como el Che que se pase al bando contrario. La causa es puesta a salvo de la traición de uno de sus hijos bien amados y él es elevado a la categoría más útil de los mártires. Un método infalible de preservar a un revolucionario. En última instancia es una acción totalmente justificable desde el punto de vista ético: no dejarte arrebatar un símbolo para que sea utilizado a su vez como símbolo igual por el enemigo, es algo no sólo permitido, o razonable, sino necesario.

Esos soldados, por alguna razón, nos quieren matar de todas formas; y si nos hubiésemos identificado, los disparos habrían sido simultáneos con la identificación. Desarrollo entonces una polémica con ellos, para acabar de resolver la situación, ya que no consideraba la más remota posibilidad de sobrevivir. Como nos llaman asesinos, y que habíamos ido allí a matar soldados, que ellos eran los continuadores del Ejército Libertador, yo les digo que ellos son los continuadores del ejército español, que los verdaderos continuadores del Ejército Libertador éramos nosotros, y entonces ellos se ponen más furiosos todavía.[2]

Nos dábamos realmente ya por muertos, que es cuando Sarría interviene y dice: «No disparen, no disparen», y presiona a los soldados, y mientras decía esto, en voz más baja repetía: «No disparen, las ideas no se matan, las ideas no se matan». Qué cosas dice aquel hombre. Como tres veces dice: «Las ideas no se matan». Me está gustando más eso que la frase de Martí. Más sencilla y directa.

Pero lo importante fue, en ese instante, darme cuenta que se abría una puerta y de que en la lucha inmediata que se me presentaba inesperadamente, la de sobrevivir, contaba con un aliado en aquel teniente sudoroso y de voz terminante que se había colocado entre los fusiles Springfield de sus números y mis dos compañeros y yo, en deliberada actitud de protegernos. Si bien había fracasado la gestión de entregarnos al arzobispo, el cambio repentino de situación podía resultar mucho más productivo. En menos de 60 segundos pasaba de prepararme para la muerte, rabioso e indignado conmigo mismo, a urdir nuevos planes, como si en el mismo paredón, a la hora de supuestamente vendarme, me abrieran una mesa de extensión, desenrollaran los mapas sobre ella, me dieran un lápiz y me preguntaran: ¿Y ahora por dónde cogemos?

Salimos ganando con la introducción de Sarría en el ámbito de nuestras acciones. Sobre todo, si enfocamos en el horizonte lejano del juicio histórico —si no perdemos ese foco—, ustedes verán cómo de inmediato la imagen cambia porque la esencia de la acción se ha transfigurado: ya no nos estamos rindiendo a un obeso y abúlico arzobispo de provincia que nos va a poner a disposición de las autorida-

---

2. Me place mucho dejar constancia del hecho, de cualquier manera. Que yo, Fidel Castro, hacia las 6 de la mañana del primero de agosto de 1953, en el momento de mi existencia que vi más cercana la muerte, me puse a argumentar sobre aquellos dos remotos ejércitos de nuestra guerra de independencia.

des militares de la plaza Santiago de Cuba y que en las próximas semanas aparecerán, su eminencia el obispo y el pundonoroso coronel en las fotografías de las páginas sociales, con los carrillos enchumbados de grasa de algún banquete de los notables de la ciudad en el Club Rotario o en la Barra Bacardí, y mientras no existe forma digna de que nosotros aparezcamos en el escenario después de toda la inútil mortandad causada y de que un cura de pueblo nos saque del monte donde nos escondíamos y nos entregue por las orejas al paciente y magnánimo jefe militar, que, dando golpecitos impacientes con su fusta sobre las polainas, nos aguardaba. No hay rendición. No hay entrega. Fuimos capturados mientras el sueño nos había vencido. Es decir, aún podemos reclamar que estamos en pie de lucha. Aún podemos describir la situación como de revés temporal. Incluso, las circunstancias son más que propicias para que comencemos a vernos como héroes —no otra cosa, en verdad, somos. Nada más emocional y capaz de generar compasión en el espíritu humano y la necesidad de solidarizarse que la visión del gladiador caído. Y ése es el gran significado de Pedro Sarría Tartabull en el origen de la Revolución cubana. Que limpió su imagen. La nuestra.

Y, coño, qué bien supo negociar ese negro.

Recuerdo, como si me estuviera viendo a mí mismo ahora, recostado en el camastro de mi celda, aquellas sesiones de evaluación del combate y su final. Continuaba preparándome para el juicio y tomando notas para el alegato. Pero tuve que comenzar a separar información de razonamiento. Porque los razonamientos —si realmente los llevaba hasta sus últimas consecuencias— no tenían cabida de ninguna manera en el alegato. Todo esto era un trabajo que yo producía en mi mente. Al final sólo iba a parar al block de notas lo que era información utilizable en el alegato.

La base de negociación de Sarría —y que él concibió en los escasos 40 minutos de nuestro viaje en camión al vivac de Santiago de Cuba— fue que los propios militares estaban impresionados por la acción, digamos que en ocasiones expresaban un cierto respeto por lo que habíamos hecho, a lo que se sumaba la satisfacción de que el invencible ejército había rechazado el ataque y había capturado a los asaltantes, y a lo que se añadía un elemento psicológico: la conciencia les estaba remordiendo ya, porque en esos momentos han matado de 70 a 80 prisioneros y la población lo sabía. Entonces, si ganaron la batalla y, además, entre los prisioneros tienen al jefe enemigo, sano y salvo y dispuesto a declarar, ¿qué se gana con tirar otra media docena de cadáveres en la morgue santiaguera?

Excelente negociación. Y mejor aprendizaje. Hasta en las peores condiciones de combate y de enfrentamiento, puedes negociar. Lo único que necesitas es algo que ofrecer. No grandes cosas, ni te vayas por encima de las justas proporciones de la necesidad, y nunca ofrezcas sueños ni quimeras. El verdadero *asset* de negociación en condiciones casi de desesperación es tirar sobre la mesa una ficha equivalente a la situación, y de valor inmediato. Si no pierdes de vista que toda negociación no es más que una maniobra de abstracciones sobre un fondo situacional objetivo, pero que estás tratando de sustraerlo de ese fondo, tienes ganada la mitad de la pelea. El solo hecho de negociar es ya la victoria. Déjenme decirles que de todo esto salió uno de los principios básicos de nuestros trabajos operativos que aplicamos con tanto éxito desde el triunfo de la Revolución en nuestros aparatos de inteligencia y contrainteligencia: nosotros decíamos que cuando tú lograbas sentar a conversar al peor y más acérrimo de los enemigos, ya lo habías jodido. Digo *sentarse*. Es algo que tenemos estudiado y documentado a través de miles de interrogatorios. Cuando tú llamas a un detenido a la oficina o está libre en la calle y lo citas a una casa de seguridad, nunca se le brinda un asiento. Se espera a que él te lo pida. El oficial o interrogador puede estar o no de pie con él y los asientos, desde luego, deben hallarse a la mano, pero hay que esperar a las palabras mágicas de «¿Me puedo sentar?» o «¿Por qué no nos sentamos?». Para que sepas que ya ese hombre es tuyo. Ni un solo hombre que se sentara a hablar con nosotros en los más de 40 años de Revolución, pudo después escapar al compromiso. De igual manera, debemos conceder que no se registra ningún caso de un duro que haya solicitado sentarse —nunca.

Tomás, el mandante, me trajo la noticia. El coronel Río Chaviano había enviado un destacamento especial desde Moncada para nuestra custodia. Era una medida realmente excepcional porque las prisiones del país se hallaban bajo la jurisdicción del Ministerio de Gobernación y no de Defensa.

«El jefe es un negro», me dijo Tomás.

Pensé de inmediato en Sarría pero lo descarté por los problemas que debía haber enfrentado por mi culpa.

No tardó en presentarse.

Era un hombrón. Corpulento, joven. Muy altivo, con su uniforme impecable, bien planchado y limpio, en la sencillez habitual de la Guardia Rural pero con el sesgo de inevitable elegancia que les conferían sus pantalones de equitación y la gracia pertinente con que muchos sabían calarse, ladeados ligeramente hacia la derecha, sus sombreros de alas rígidas, y que se plantó ante mi celda y mandó a abrirla. Yo me incorporé de mi camastro, en señal elemental de respeto, y él me dijo, con una voz grave y a su vez muy afectiva.

«Doctor Fidel Castro —me dijo—, yo soy el primer teniente Jesús Yánez Pelletier. He sido designado como jefe de su custodia y la de todos sus compañeros. No quisiera que entre usted y yo se suscite ningún tipo de problemas. Yo sabré comportarme a la altura de mis deberes, puesto que no he hecho otra cosa en mi vida, y espero que usted sepa comportarse a la altura de los suyos.»

Y me tendió la mano, con un gesto tan absolutamente tajante como franco, que además me tomó desprevenido. Rápidamente estreché la suya y, al no tener nada mejor que expresarle, le dije que podía contar conmigo.

Pronto logré reunir alguna información sobre Yánez Pelletier.

Los dos datos más importantes —para mí—: que estaba casado con una hija del general Querejeta y que éste era el único general negro en servicio activo del ejército; y que dominaba a la perfección el inglés y el francés, datos que, al unirse, arrojaban el resultado de que el teniente Jesús Yánez Pelletier se hallaba entre lo más destacado de la exigua pero persistente aristocracia negra criolla.

La información me la proporcionaba él mismo puesto que, como se comprenderá, pronto pasó de la curiosidad de tenerme como su prisionero a su interés por saber, por conocerme. En fin, que nos hicimos amigos. Yo, desde luego, trataba de no crearle ninguna situación de incomodidad. La mejor manera de hacer eso con un carcelero, al cual te quieres ganar, es no pedirle nada. Déjalo que te ofrezca. Siempre déjalo ofrecer. Eso le da la convicción de que tiene poder y a su vez le permite ser magnánimo. Tomemos, por ejemplo, los tabacos. Él observaba mi caja de Bouzá y que iba menguando. Ésta me la había conseguido Tomás. Yo le había dicho que cesara esa línea de abaste-cimiento desde que Yánez Pelletier surgiera. Tampoco quería crearle problemas innecesarios a Tomás. Por otro lado, el teniente había vis-to la caja sobre mi mesa, y también había visto la mesa y los papeles y los lápices y las notas y el Código de Defensa Civil. Todo lo cual se ha-llaba en franca violación del reglamento. Pero sobre lo cual él prefirió no hacer ningún comentario. Yo también tenía el cuidado de no en-cender uno de los Bouzá —mientras me quedaron—, en su presencia. Hasta que una tarde se dio por enterado de que la caja estaba vacía. También yo la había dejado, como al descuido, con la tapa levantada. Recuerdo que antes de salir de la celda me tiró afectuosamente del ló-bulo de la oreja izquierda y me dijo: «Dile al mandante que te procu-re tabacos en la cafetería de la guarnición. Dile que los pida como si fueran para mí». Se hizo, pues, una costumbre, que el teniente tuvie-ra un despacho casi diario conmigo. Al principio se recostaba a la pa-red, de pie, y luego inventó la excusa de que Tomás me consiguiera un taburete o una silla para que yo pudiera estudiar y trabajar sobre mi mesita con mayor comodidad y que en realidad era su proyecto de disponer de un asiento mientras yo me sentaba en mi camastro al tiempo que se desarrollaban nuestras conversaciones. Siendo el dere-cho romano el tema que más le atraía, y que yo intercambiaba con su experiencia militar como alumno de la escuela de Managua, nos aga-rraban horas en tales disquisiciones. Aprendí muchísimo sobre el ejército cubano, y, como era una institución sin secretos que guardar, no le resultaba difícil soltarse conmigo. Y él era muy afable y un di-plomático por antonomasia. Entonces una tarde se me apareció a tra-vés de la reja y de inmediato me di cuenta que había problemas por-que no traía, tintineando como de costumbre, el pesado mazo de llaves en la mano, ni hizo el menor intento por entrar. La situación se hizo más opresiva cuando me dio la explicación: desde adentro de la celda no podía vigilar que los pasillos estuvieran vacíos. Y a continua-ción, peor aún, me llamó «Fidel». Desde luego que un resorte se me disparó cuando escuché a aquel hombre ceremonioso, y de severo porte militar, llamarme —era la primera vez que lo hacía— por mi nombre de pila y no decirme doctor. «Fidel —dijo—, hoy me dieron la orden de matarte.» Sacó del bolillo el pequeño pomo oscuro de far-macia, sin etiqueta, como de gotas nasales, de tapa de rosca y gotero incorporado. Y me lo mostró. «Ahora tú me dirás qué hacemos, Fidel.

El comandante Pérez Chaumont acaba de llegar de La Habana, con esas instrucciones y con esto.» «¿Instrucciones?», pregunté. «Sí, se las dio el general Martín Díaz Tamayo, el jefe del SIM.» Para empezar, me tomé la misma licencia que él había adoptado para sí. No lo llamé ni teniente ni por sus apellidos. Yo podía a duras penas controlar mi excitación y no mostrárselo al confundido militar. Sólo tenía que lograr que él se dispusiera a inmolarse. Una inmolación, en realidad, de bajo perfil. Y si yo lo lograba, iba a estar al otro día en la primera plana de todos los periódicos. *Y lo logré.* Miré fijamente a Yánez Pelletier y procuré imprimirle a mi mirada la mayor intensidad posible y de que fuera afilada y permanente y de que calara en el propio campo visual de mi interlocutor. «Coño, Jesús —le dije—, tengo una sola posibilidad de salvación, pero eso va a costar que te destruyan.» Su respuesta fue no sólo serena y desapasionada, sino que me llegó como una orden suya. «Vamos al grano, Fidel. Ya yo todo eso lo pensé. Lo que quiero saber es qué vamos a hacer.» Sólo había una cosa que hacer y ya yo lo estaba diseñando en mi imaginación: denunciarlo en la prensa inmediatamente. «Esto hay que denunciarlo inmediatamente, Jesús —le dije—. No queda otra opción.» «Pues apúrate», me dijo. «Mándame a Tomás», le dije. «¿Tomás?» «El mandante.» «Ah. El mandante.» «Mándame a Tomás y mañana por la tarde aparece en todos los periódicos de La Habana. Tu nombre no debe aparecer.» «Lo van a saber de todas maneras —reflexionó, con toda lógica—. Pero está bien, deja mi nombre en la reserva. Y lo lanzamos en la segunda oleada.» Entonces me sonrió, y creo que fue la primera vez que lo vi sonreír de manera tan cálida, y me dijo: «Ése fue uno de tus fallos en Moncada. No disponer de reservas para la segunda oleada». La noticia filtrada esa misma noche por las putas, marihuaneros y ladrones de Tomás, que por primera vez pisaban las redacciones de los cuatro o cinco periódicos y emisoras de radio de Santiago de Cuba y las llamadas a mi madre a Birán y a mi hermana Lidia en La Habana y a los periodistas de La Habana que podían responderme —Vazconselos, Quevedo, Pardo Llada, Conte Agüero, De la Oza, García Inclán— dieron un resultado magistral. El proyecto de envenenamiento cubría las primeras planas de los periódicos 48 horas después y, desde luego, Jesús Yánez Pelletier fue descubierto de inmediato y levantado en peso de Boniato. Y no lo volví a ver hasta el triunfo de la Revolución, cuando lo nombré como mi ayudante ejecutivo, con los grados de capitán del

Ejército Rebelde, y con potestad y mando sobre mis primeros equipos de seguridad personal. No la pasó bien de ninguna manera en relación con el escándalo del envenenamiento. Quizá se confió excesivamente en su parentesco con el general Querejeta. Aunque debe reconocerse que, al final, quizá gracias a ese detalle salvara la vida. Pero lo tuvieron en las cámaras de torturas del Servicio de Inteligencia Militar y lo apalearon sin misericordia. Después lo degradaron y lo expulsaron deshonrosamente del ejército, sin derecho a retiro. Apenas lo dejaron poner los pies en la calle, cogió a su mujer y sus tres hijos, se montó con ellos en un vuelo de National Airlines para Nueva York, y decidió nunca más regresar. De hecho, los hijos suyos de ese matrimonio, nunca volvieron a Cuba. Tres años después, Yánez Pelletier fue un activista del Movimiento 26 de Julio en esa ciudad. Se incorporó con nosotros creo que en enero de 1959. Por cierto que, tampoco con nosotros en el poder disfrutó de mejor suerte.

El interrogatorio de Río Chaviano en el vivac había durado algo más de dos horas. El resto de la tarde de ese primero de agosto lo pasamos allí. El vivac —que desde hace años y para seguir unas orientaciones mías—, es la sede del Archivo Histórico Municipal y de la Oficina del Historiador de la Ciudad de Santiago de Cuba. Es un edificio viejo, de puntal alto, construido en 1845 para cárcel municipal, y en el que unos cansinos ventiladores de techo mueven maquinalmente, y sin detenerse desde los años veinte, sus aspas negras como todo consuelo tecnológico a los vapores de Santiago anterior al advenimiento del aire acondicionado, y posterior también, puesto que siguen siendo escasos esos aparatos en el área. Como ya he descrito, al caer la noche, el comandante Morales Sánchez nos llevó en caravana a la prisión provincial de Oriente, conocida como cárcel de Boniato por su cercanía al poblado del mismo nombre. Batista esperó a que Río Chaviano le confirmara que yo estaba tras las rejas de Boniato para dar el sí definitivo de su viaje del otro día a Santiago.

En la sala C, del pabellón uno, me habilitaron una celda en el local destinado antiguamente a la farmacia. Era el prisionero 4914, según los asientos de inscripción y los retratos de frente y de perfil. Había un pasillo en penumbras frente a mi reja, que me ofrecía un margen de visión muy reducido a ambos lados, y estaba incomunicado del resto de mis compañeros. En la misma cárcel se hallaban Haydee y Melba, más unos 30 de los asaltantes, el grupo de los que no pudieron escapar. Permanecí durante 78 días en esa prisión, hasta el sábado 17 de octubre del año en curso, cuando —ya sancionado a 15 años de privación de libertad— me trasladaron al presidio Modelo, de la entonces llamada Isla de Pinos.

La historia me absolverá, ya se sabe, fue preparada totalmente en esta celda. Aún hoy creo que fue un retrato justo de la agonía de la república cubana y que en ese sentido desbordó el propósito original de un alegato de autodefensa. No escribí un texto para leer ante el tribunal, sino que seguí mi método de la Escuela de Leyes de tomar muchas notas y memorizarlas. Los días siguientes al juicio, en Boniato, y más tarde en Isla de Pinos, sí me propuse un texto más acabado y hacerlo llegar al exterior para su publicación. Creo que fue mi empeño literario de mayor ambición hasta la presente autobiografía. Desde luego que he escrito bastante —lo hago con la misma facilidad manuscrito que a máquina— desde aquellas jornadas de Boniato; se lo pueden imaginar: para empezar, todas las cartas y artículos que preparé en Isla de Pinos, luego los artículos, cartas y partes de guerra de la Sierra Maestra, y desde que alcanzamos el poder no he parado de escribir. Tengo sobre todo una abundante (y hasta ahora inédita, cuando no secreta) correspondencia con líderes políticos extranjeros y jefes de Estado, más una considerable cantidad de los editoriales de *Granma*. Los cuatro partes de guerra cuando la batalla de Playa Girón, en abril de 1961, y todas las notas de información pública sobre el desarrollo de la crisis de octubre son mías; escritos los de Playa Girón sobre el techo de mi Oldsmobile en las cercanías del frente, es decir, recostado en el coche, usaba el techo —que me quedaba a una altura entre el pecho y la barbilla— como escritorio. Y los de la crisis de octubre, con menor gradiente de vivaqueo, casi todos en el refugio antiatómico del río Almendares. Pero los materiales posteriores a *La historia me absolverá* han sido obras regularmente de un jefe y para lo que siempre se cuenta con un equipo. Por el nivel de concentración y de sentido de la soledad, lo único que recuerdo en mi existencia, antes de estas memorias, es la preparación del alegato.

Llegado a este punto, me apresuro a declarar que un libro de memorias entraña un peligro para el auténtico líder revolucionario. El peligro de que haga parecer que la revolución es obra de una conspiración. Al revelar los mecanismos conspiradores —por mi participación en ellos—, puede crearse la ilusión, totalmente falsa, de que la revolución puede organizarse más o menos en cualquier circunstancia social, económica y política de un país con la sola voluntad de unos conjurados. Observen a Cuba, un terreno de panaceas y bondades sociales, pero que uno subvierte a su antojo, que es el paisaje prerrevolucionario con tanto ahínco representado por la contrarrevolución, tan derrotada como nostálgica. Vale la pena entonces aclarar que, si tal cosa fuese así, que vivimos en un mundo a merced de complotados, amén de estar dándoles la razón a mis enemigos, lo confundiremos todo, puesto que no existe revolución salida del deseo de nadie; golpes de Estado y guerras sí, pero un proceso como el cubano tiene sus principales activistas en los latifundios y en la burguesía, en toda esa mierda que hizo otra mierda de la república. Ninguna revolución surge del vacío. Y todo eso fue lo que quise advertir y poner en su exacto contexto cuando preparaba *La historia me absolverá* y me viene a la mente 50 años después como el argumento inobjetable de la materia de miserias e injusticias que forja las revoluciones. Seguimos.

El juicio estaba señalado para el 7 de septiembre. Era la causa número 37 de 1953. Pero se pospuso para el 21 del mismo mes por enfermedad de algunos de los encausados y la falta de informes de los cuerpos de investigación. El 21, exactamente a las ocho y media de la mañana, llegamos al Palacio de Justicia de Santiago, a bordo de cuatro ómnibus del servicio urbano prestados al ejército y una escolta de ocho jeeps del regimiento Moncada, con seis números cada uno, todos con armas largas. El Palacio estaba, a su vez, rodeado por fuerzas del regimiento. Yo estaba vestido, creo que bastante correctamente, con traje azul oscuro y corbata roja. Mis compañeros pasaron de dos en fondo al salón de la biblioteca, y allí quedaron en espera de ser llamados. A mí se me mantuvo aislado de los demás en la oficina de un conserje. Cuando me llamaron a la sala número 2, a quien primero veo en el estrado de los abogados defensores es a Bilito Castellanos. Tan pronto como conoció de la detención de Raúl, se hizo responsable de la defensa de todos los asaltantes. Yo como abogado tenía derecho a asumir mi propia defensa, por lo que hice la solicitud al Tribunal y obtuve que me permitieran defenderme, por lo que se me facilitó una toga y se me hizo pasar a los estrados.

«Sí, señor fiscal —comencé respondiéndole al representante del Ministerio Público—, fui el organizador del ataque el cuartel Moncada.»

Todo lo demás es historia. Por lo menos en Cuba se la saben de carretilla. Pero déjenme especificar algunas cosas, porque creo que aún vale la pena decir que concentré mis exposiciones en tres direcciones de ataque: 1) la independencia del grupo y que no habíamos sido patrocinados por nadie;[3] 2) la imposibilidad de haber promovido un alzamiento contra los poderes constitucionales del Estado por cuanto el gobierno de Batista había adquirido su poder de manera ilegítima, es decir, contra la Constitución, por encima de la Constitución y violando la Constitución, que era una forma clara de situación inconstitucional como quiera que se le mirase; y 3) el escenario de desigualdades económicas y sociales que ahogaba al país. Éste es en esencia el material que puse por escrito luego y mandé a imprimir y que ahora se conoce como *La historia me absolverá*.

Quince años. Ésa fue mi condena. La recibí el 16 de octubre de 1953 en una salita de estudios de enfermeras del antiguo hospital civil Saturnino Lora, escenario asimismo del ataque al Moncada, adonde terminaron por llevarme para rematar el juicio y mantenerme aislado (puesto que fui sustraído después de las dos primeras vistas, por el cúmulo de denuncias que hice) y que mi catilinaria final sobre

---

3. Fue sin duda el asunto que con mayor vehemencia defendí. El movimiento no tuvo ninguna relación con el régimen pasado de Carlos Prío ni con ninguna otra de las agrupaciones políticas habituales del entorno. Todo lo conseguimos con nuestros propios esfuerzos. Habíamos reunido 16.480 pesos. Jesús Montané, empleado de la General Motors, dio 4.000 pesos de los 5.000 con que esa empresa lo había gratificado. Un empleado de la fábrica de cervezas La Tropical llamado Pedro Marrero, entregó 90 pesos. Reinaldo Quintana, 1.000 pesos. Ernesto Tirol, 300; y así sucesivamente, todos contribuyeron en la medida de sus posibilidades. Compramos 40 escopetas que importaban 5.800 pesos; 35 fusiles calibre 22; 24 de otros calibres; 60 pistolas; 3 Winchesters de la época de Búfalo Bill; una ametralladora casi inservible que hubo necesidad de reparar. Uno de los compañeros muertos, Renato Guitart, adquirió un M-1, y reunimos unas 10.000 balas de distinto calibre. En cuanto al método de reclutamiento: Todos mis compañeros militaban en el Partido Ortodoxo y no fue necesario que yo los convenciera de nada. Les expuse mi plan —individualmente a cada uno— y aceptaron.

nuestro programa político y los principales problemas de la nación: el de la tierra, la industrialización, la vivienda, del desempleo, la educación y la salud, quedara en el estrecho margen de tres magistrados, un fiscal, dos secretarias de acta y sala, dos abogados defensores, dos abogados recién graduados, tres acusados y seis periodistas. Punto.

El 6 de octubre mis compañeros fueron sancionados, y siete días después enviados al presidio Modelo, de Isla de Pinos. Yo me quedé en Boniato por unos días aunque ubicado en «el más apartado lugar de la cárcel», en la planta baja del pabellón 1, destinada a los presos comunes, donde me confinaron en la celda 1 de la sala A. Tomás siguió desviviéndose por protegerme y abastecerme de lo que fuera necesario. Tomás, quien, en el momento de la despedida, junto con la última caja de tabaco, me dijo: «Y no te vuelvas a fajar más con tu hermano. Evidentemente tú no sabes que, al ser detenido y sin conocerse tu paradero, asumió en el vivac toda la responsabilidad del asalto».

Alfredo Guevara vivía en una casa de la calle Churruca en el Cerro. El 26 de julio de 1953, en La Habana, fue uno de los cinco arrestados por su presunta vinculación con el asalto al Moncada.[4] Sin duda era el más comprometido conmigo, pero por haber participado juntos en varios actos de protesta —en nuestra época de estudiantes— y sobre todo en el Bogotazo, nada que ver con el Moncada. Corrían rumores y «noticias ciertas» —como me lo describió después—sobre el asalto. El «ambiente» en La Habana estaba «enrarecido, crispado, como si se avecinara una tormenta o estuviéramos dentro de ella», algo «sordo» (habrá querido decir sórdido), y lo primero que hizo fue dirigirse al hotel Andino y registrar la habitación para sacar documentos o papeles que pudieran ser comprometedores, de cualquier tipo, incluyendo libros y folletos marxistas, «ésos en primer lugar». Luego se dirigió a la librería del Partido Socialista Popular en la calle Carlos III porque él y yo habíamos comprado allí libros a crédito, y

4. Álvaro Barba, Joaquín Peláez, José Hidalgo Peraza, Armando Comesañas, Fidel González y Alfredo Guevara fueron remitidos al vivac ubicado en el castillo del Príncipe y luego se les puso a disposición del tribunal de urgencia de La Habana donde fueron juzgados el 14 de agosto.

en el libro de registro de venta de la librería estaban los nombres de los doctores Fidel Castro y Alfredo Guevara, aunque Alfredo no lo era, doctor quiero decir. No terminó la carrera. Pensó que tenía que hacer desaparecer ese libro pues, entre los volúmenes que él sabía que yo había sacado, estaba *El Comité Regional Clandestino actúa*, pero como aquel lugar casi había sido desbaratado por la policía no encontró el libro de cuentas y créditos.

Al mediodía, los sabuesos ya actuaban en La Habana y todo aquello que oliera a Fidel Castro iba directo para los calabozos. Alfredo empezó a moverse por distintos lugares después de conocer las noticias de los primeros allanamientos. Había actuado del modo que él consideró como «de suma rapidez y audacia y pensando que no podían encontrarlo», pero la policía detuvo a alguien de la universidad[5] a quien le decomisaron una pequeña libreta donde tenía nombres y datos de otros compañeros, libretita gracias a la cual se incrementó la cacería, por lo que Alfredo fue detenido en casa de una tía solterona. Estaban jugando canasta cuando les apuntaron con las Thompson.

Alfredo, remitido al vivac del castillo del Príncipe, refirió la historia de la libreta capturada a sus nuevos camaradas de galera.

«¿Y usted no tenía libretica?», le preguntó uno de los presos.

«Sí, y me la comí hoja por hoja —explicó—. Y el cartón de la cubierta lo rompí en pedazos muy pequeños porque no podía tragármela.»

Dejo constancia de que, el día del juicio de Alfredo en La Habana, y a cada lado del pasillo de la Audiencia que estaba a un costado del palacio del Segundo Cabo y frente al viejo edificio de la embajada americana, apedreado en la buena época por las huestes de Bilito y el propio Alfredo, colocaron sendas filas de soldados y al pasar entre ellos cada uno le daba una patada en el trasero. Finalmente salió absuelto —me explicaría años después—, porque el doctor Corona, su defensor, era un formidable abogado. Ni una palabra sobre el aspec-

---

5. Un «alguien» que Alfredo se ha limitado a llamar siempre como «un magnífico compañero», pero del que yo sé de sobra, desde luego, sus santos y señas, y que me abstengo de nombrar para satisfacer la voluntad del amigo.

to de que no tenía nada que ver con el asalto al Moncada. El calvario infinito. Así le llamaba, con una sonrisa de complicidad, a los avatares obligatorios de nuestra amistad.

Stalin murió pocos meses antes del asalto al cuartel Moncada. Por aquella época había unos 10 millones de reclusos en los campos de concentración soviéticos. Poco después comenzó la rehabilitación de las víctimas del terror. Tres años más tarde, en febrero de 1956, tenía lugar el XX Congreso del PCUS donde Jruschov denunciaría los crímenes de Stalin en un informe secreto. En noviembre de aquel mismo año, Jruschov ordenó que se «interrumpiera» la insurrección popular de Hungría —ahogarla en sangre, si fuese necesario. En diciembre, yo desembarcaba en la costa sur de la provincia de Oriente, no muy lejos de la Sierra Maestra y, dos años más tarde, se producía el triunfo de la Revolución cubana.

Aquí, encima, como pueden constatar, tenemos una visión que podemos llamar macrocósmica del escenario histórico en que la Revolución cubana engrampó. Al menos en lo que se refiere a los contextos del comunismo. Contextos. Palabra sagrada. Para gente con formación militar, como la mía, contextos significa los vecinos dislocados a cada flanco y las reservas con las que cuentas en retaguardia y la calidad del enemigo que se te alza enfrente. Pero no es difícil convenir que el párrafo es historia. Eso también significa que una visión de los contextos sólo es obtenible a través de la visión global, con la consecuente pérdida de los detalles. Porque los detalles no se encuentran en la superficie visible y su búsqueda echa a un lado los contextos como ondas en el agua que cada vez se alejan más del punto de caída de la piedra. Pasemos ahora de los contextos en que la Revolución cubana tuvo su origen a la información a escala media de uno de los últimos episodios —uno de los últimos por lo que va a quedar de siglo y de su propia existencia— a producir la Unión Soviética de manera independiente a nosotros. Aún navegamos en el océano de los contextos soviéticos y somos apenas un embrión de algo que se halla en el futuro y que aún no obliga a nadie, ni a ellos ni a nosotros, a converger, cuando a las 4 de la mañana —hora local de Moscú— del 6 de marzo de 1953 se anunció que el corazón del camarada de armas y continuador de la genial causa de Lenin, del sabio líder y maestro del Partido Comunista y de la Unión Soviética, había cesado de latir.

Stalin murió cuatro meses y 21 días antes del asalto al cuartel Moncada. A las 9:50 p. m. del 5 dc marzo de 1953. Tenía 73 años de edad y los médicos dictaminaron una hemorragia cerebral. Su cadáver fue lavado por una enfermera y enviado en un carro blanco a la morgue del Kremlin, donde se le practicó una autopsia. Terminado ese procedimiento, el cadáver fue entregado a los embalsamadores para que lo preparasen, puesto que se le quería mantener incorrupto durante tres días de ceremonias fúnebres.[6] Fue colocado temporalmente en el Salón de las Columnas. Miles de personas hicieron cola en la nieve para verlo. La muchedumbre en la calle era tan densa y caótica que muchos murieron pisoteados o aplastados y otros fueron fusilados *in situ* por patrullas volantes de la milicia de Moscú o del Ejército Rojo. Un estimado de 500 personas perdieron la vida tratando de echarle un vistazo al cadáver de Stalin. El 9 de marzo, el féretro fue llevado en hombros por nueve portadores desde el Salón de las Columnas hasta el armón de artillería. El cuerpo fue conducido hasta la tumba de Lenin en la Plaza Roja. Sólo se pronunciaron tres discursos —el de Georgy Malenkov, otro por Lavrenty Beria, y el tercero por Vyacheslav Molotov. Entonces el féretro, cubierto con festones de seda rojos y negros, fue introducido en la tumba. Al mediodía, a través de toda la Unión Soviética, se escuchó el clamor de todos los silbatos de todas las locomotoras y de todos los equipos que dispusiesen de uno, de todas

---

6. Ésta podría ser, a su vez, la visión microcósmica de un detalle de nivel inferior de la información sobre los contextos del surgimiento de la Revolución cubana en el período inmediatamente posterior a la muerte de Stalin. Compruébese cómo lo que es ampliación del detalle se convierte en contracción extrema del escenario histórico. ¿Ya tenemos a Stalin muerto? ¿Ya tenemos la Revolución a punto de nacer? Bien, pues, del modo en que el cuerpo de Stalin fue embalsamado, sólo estaba preparado para tres días de exposición. Se requería de mucha mayor preparación para hacer que el cadáver se mantuviera sin cambios por generaciones. Cuando Lenin murió en 1924, el profesor Vorobyev se encargó del embalsamamiento. éste fue un complicado proceso que resultó en la instalación de una bomba eléctrica dentro del cuerpo de Lenin para mantenerlo húmedo. Cuando Stalin murió en 1953, el profesor Vorobyev también había muerto. De modo que la tarea de embalsamar a Stalin recayó en el profesor Zharsky, antiguo asistente del profesor Vorobyev. El proceso de embalsamamiento tomó su tiempo. En noviembre de 1953, siete meses después de la muerte de Stalin, la tumba fue abierta de nuevo. Stalin, colocado en su féretro, debajo de un cristal, yació cerca del cadáver de Lenin.

las campanas, de las salvas de todos los cañones del ejército y de la armada y de todas las sirenas de todas las fábricas y de todas las instalaciones y coches que dispusieran de una, en honor de Stalin.

En medio de aquellas circunstancias, mientras ocurrían estas cosas, y aún estando yo —y mi proyecto político— fuera de los contextos, lo más que se lograba era material para reportajes, para las gacetillas de los periódicos. Las noticias, pues, nos podían seguir más o menos paso a paso, y yo desde mi cárcel procuraba hacerlo noticia todo, porque me daba cuenta de que era mi única salida. Después la historia se ocuparía por igual de sacar a flote los datos de su interés o de sepultar lo innecesario y por otra parte, mientras yo viviera, podía dársele escofina a las inconveniencias de ciertos detalles de esa historia inmediata que fuera dejando atrás como huellas en la nieve. Por aquí se produjo el redescubrimiento del aparato de propaganda y mi inmediata subvaloración del apotegma martiano de las ideas en el fondo de las cuevas. Lleguemos a una solución de compromiso, si quieren. Porque las ideas no valen nada si no las sacas afuera, si no las propagas. ¡Eureka! He ahí la palabra clave: propagar, que es la raíz latina de la muy controversial propaganda. Así pues, al final el problema no es tanto que la idea sea justa como disponer de los mecanismos para sacarla del cerco.

Los dos primeros periodistas que nos cayeron en las manos para luchar por nuestra libertad fueron agentes ciegos de nuestros propósitos, al menos en sus inicios, y ambos de filiación batistiana: el fotógrafo Zenén Caravia y la periodista Marta Rojas. Ellos pertenecían a una comunidad muy pueblerina, de aires pretenciosamente municipales, que eran los corresponsales del interior del país. Sólo se engrandecían, amén de ganarse unos pesos, cuando se descarrilaba un tren o pasaba un ciclón o con algún suceso de sangre excepcional, tal el caso habido en la localidad de Jiguaní, relativamente cercana a Santiago, donde una mujer celosa e iracunda rebanó con una tijera de poda el miembro a su marido, un infeliz de nombre Olegario («infeliz», se decía, porque sobrevivió al corte). Eran, como se entenderá, oportunidades muy espaciadas y remotas para labrarse un destino como periodista de éxito y disponer de plata y notoriedad. De Zenén Caravia ya tienen noticias suficientes. Redondeaba sus ingresos mensuales con las fotografías de cumpleaños y bautizos de los oficiales del Moncada y parentela, y esto fue lo que le dio la oportunidad de tomar las fotos dentro del recinto cuando aún se escuchaban disparos. Las fotos, sobre todo las de José Luis Tassende, la primera con José Luis herido sentado en el suelo, descalzo, recostado en la esquina de una habitación, sus galones de sargento y el bigotito de joven presumido, mirando directamente a cámara, y la segunda, de su cadáver, la cabeza destrozada y aún el bigote y los galones de sargento, nos sirvieron para una dramática e inapelable exposición de los crímenes. No porque Zenén Caravia se hubiese propuesto ninguna clase de denuncia sino porque se pasó varios días retratando muertos y enviando los rollos esa misma tarde en el vuelo de Cubana a la capital. Apenas me llegaron algunos ejemplares de las publicaciones habaneras, sobre todo de *Bohemia*, estuve en posibilidad de identificar compañeros. Escribía sobre las mismas páginas donde aparecían y arrancaba la hoja y le decía a Tomás que la enviara por correo a Quevedo, el director de la revista, nunca más de dos o tres páginas por sobre, para no abultar.

* * *

Al identificar a Abel Santamaría y virtualmente entregarlo a los soldados, Zenén Caravia demostró por primera vez que no tenía visión de futuro. La segunda demostración de esta carencia fue quedarse a vivir en Santiago de Cuba después del triunfo de la Revolución y además aparecerse con su batería de cámaras colgadas al cuello en el hospital Saturnino Lora el 26 de julio de 1960 cuando Haydee Santamaría efectuaba uno de los primeros viajes sentimentales suyos al escenario del combate y se detuvo, conmovida, en la sala de oftalmología donde su hermano Abel creyó estar a salvo si se vendaba un ojo —el primero que, a continuación de la captura, el sargento Eulalio González le extrajo con un destornillador de uno de los Willys M38 de la jefatura—, y si se tendía en una cama como uno de los pacientes. Haydee estaba rodeada de un numeroso público que aplaudía y lloraba con ella a lo largo del recorrido y de repente se detuvo ante la cama que ocupara su hermano con su ojo vendado y pareció entrar en un trance cuando relató que había llegado el ejército y que un fotógrafo que estaba allí y que se había ganado la confianza de los asaltantes, nuestra confianza, dijo Haydee, señaló hacia la cama donde estaba Abel y le dijo al ejército que ése era uno de los asaltantes. El fotógrafo estaba ahí, dijo Haydee y señaló hacia Zenén Caravia, a tres metros de distancia de ella, que la enfocaba con su cámara y que creía tener el encuadre perfecto para un gran plano americano con el ángulo ancho de la Rolley, de Haydee al lado de la cama del hermano, ahora tendida y sin nadie ocupándola, y el público arremolinado y empujando alrededor de ella, para salir en la foto, mientras Haydee señalaba a Zenén Caravia sin saber si la habían entendido con exactitud cuando decía que ahí estaba el fotógrafo que había señalado a Abel, el brazo de Haydee con el índice apuntando hacia Zenén Caravia en un movimiento detenido idéntico al del yeso de cualquier copia romana de un bajorrelieve griego. Hasta que gritó: «¡Que está ahí, coño!». Un grito prácticamente visible gracias a la explosión de lágrimas y saliva que proyectó. Esa tarde me llegó la noticia del descubrimiento del chivato de Abel y que se había salvado del linchamiento porque Haydee se enfrentó a la turba enardecida luego de que ella misma la enardeciera al reconocer a Zenén Caravia, sólo que un poco más obeso y con gafas de cristales más gruesos. Creo que Haydee gritó algo como: «¡Aquí el único linchado es mi hermano!». Yo me encontraba en las estribaciones de la Sierra Maestra donde había convocado una concentración de un millón de campesinos para soltarles mi discurso conmemorativo por el aniversario del asalto. Después, cuando el juicio, orienté que no lo fusilaran. 30 años. Eso fue lo que le colgamos. Habíamos cesado las penas de muerte por aquellos meses y además yo nunca estuve convencido de si se trataba de uno de los habituales ataques de histeria de Haydee, la pobre, o de verdad que ese fotógrafo había chivateado.

Marta Rojas conoció mejor suerte. Pura suerte. Puro estar en el lugar indicado, a la hora y con la gente indicada. Confieso que yo nunca la he querido en mi entorno por su empaque sórdidamente lésbico. No es que sea lesbiana ni yo homofóbico. No se trata de eso. Se trata de ella. Es sórdida. Es una de esas señoras que necesitan expresar su inclinación sexual de la manera más sucia posible. El estudio de personalidad y la información histórica que la Seguridad dispone sobre Marta establece que era famosa por su agresividad a la hora de capturar las presas. Una mulata oscura, de nariz fina y un cierto garbo en su desplazamiento a través de un salón y de buenas piernas y sonrisa comedida. Quizá en esas piernas bien torneadas que una sostenida práctica homosexual no habían endurecido y que aún revelaban una poderosa morbidez femenina residiera su principal atractivo, si uno dispusiera del dato imprescindible de su condición homosexual, cuando se presentaba en saya y con zapatos de tacones altos. Y su piel, de negra adelantada —como decimos los cubanos—, se esclarecía bajo la luz como la miel en su grado más primitivo. Como ven, si bien no la he querido en el entorno, digamos en un radio de cero a 5 metros míos, sí era alguien a quien observaba, probablemente como una curiosidad, a partir de esa distancia. El coronel Alberto del Río Chaviano no era tan melindroso. Y no les daba la menor oportunidad a Marta ni a todas las lesbianas juntas de la provincia de Oriente para poner su pica en Flandes. El jefe del regimiento 1 Maceo hacía saber de inmediato que con él las cosas se tasaban en su justa medida de pesos y centavos y que los *performances* debían ser ejecutados con destreza y visible deseo y que la oportunidad de llamarlo Alberto o Papi cesaba de manera instantánea desde que se volvían a vestir. El estudio de personalidad y la información histórica de la Seguridad establece asimismo que, desde épocas anteriores al Moncada, ella recibía los encargos de prepararle los festines sexuales al coronel, dos o tres chicas al frente de las cuales Marta tomaba la batuta de mando, organizaba el pastel, y en los cuales ocasionalmente Batista fue informado por Río Chaviano e invitado. Como había que mudar el *entourage* a La Habana, esto impidió eventualmente la producción del hecho. Y por ahí debe estar la razón por la cual cada vez que Marta lograba aterrizar en la capital y merodeaba por Palacio, en alguna recepción, Batista la tomara del brazo y la zarandeara dulcemente y le dijera que ella era lo que más él quería. «Martica, tú eres lo que yo más quiero» *[sic]*. Tendría la misma fortuna en la Revolución cuando la dejamos dar algunas vueltas en el sector lésbico de nuestro proceso y que rebotara de un lado para otro entre Melba, Celia y las otras compañeras. Así pues Zenén Caravia y Marta Rojas tienen una relación con Río Chaviano —relación extraoficial, digamos— al producirse el asalto al Moncada. Yo me pongo en el lugar de ellos, no crean. ¿Cómo explicarles la noche del 25 al 26 de julio de 1953 a un fotógrafo de poca monta de una capital de provincia y a una negra tortillera que vive pendiente de la llamada de un coronel que se hallaban justo en el curso de acometida irrefrenable de una revolución a comenzar en las próximas dos o tres horas? El caso es que estaba metida en la oficina de Río Chaviano hacia el mediodía y tomaba afanosas notas en plan de periodista profesional e incluso compartía la indignación del jefe militar mientras

éste le dictaba las atrocidades de los sediciosos y su alevosía y nocturnidad cuando alguien entró en el despacho para decir que había dos
muchachas entre los prisioneros y que las habían remitido para el vivac. «¿Coronel?», dijo Marta, sus ojos iluminados. El coronel aprobó
con un simple gesto de asentimiento. Hacia allá fue el halcón en vuelo de exploración y caza. Primero se encontró con que todos los que
entraban o salían del vivac parecían hallarse en estado de urgencia y
que la mayoría eran soldados y portaban armas largas. Marta fue dando tumbos y evadiendo empujones y gritos hasta que dio, detrás de las
rejas de un calabozo de la época de España, con una muchacha que
decía llamarse Haydee, deshecha porque en el Moncada antes del
traslado al vivac un sargento al que llamaban El Tigre —el tal Eladio
González— le había mostrado en su mano los ojos acabados de sacar
a su hermano, reventados como huevos. Y luego había regresado,
llevando esta vez en sus manos la inidentificable masa sanguinolenta
y de penetrante olor, como de azufre, que él dijo que eran los testículos
de su novio. Se cuidó mucho de pronunciar el nombre de nuestro
compañero, ahora emasculado y muerto. Demasiado terca, difícil la
pronunciación de su nombre para una bestia. Boris Luis Santa Coloma. Increíble Boris Luis muerto. Todavía hoy me cuesta trabajo pensarlo como mártir. Un muchacho tan inquieto, tan bromista, que tanto rechazo le hacía a las exigencias de la seriedad. Melba, en la misma
celda del vivac, parecía ecuánime y ciertamente dueña de sí misma,
quizá en exceso dueña de sí misma, y estaba sentada en una de las literas y parecía guardar una distancia con la muchacha llamada Haydee cuyos ahogados sollozos no concluían. Las dos vestían con pantalones holgados, muy a la moda de la época amén de adecuados para
participar en el asalto a una fortaleza militar, y ambas se recogían el
pelo con pañuelos de cabeza. Obviamente, Haydee no resultaba nada
apetecible. Toda la excitación que pueda provocar una muchacha
desvalida y que gime y requerida de compasión cesa en presencia del
crimen, de sus despojos, de la sangre. Una virgen que llora lágrimas
de sangre —y eso era Haydee aferrada con las dos manos a los barrotes de la celda y la mirada perdida entre los mismos barrotes— no establece ninguna conexión con los sobrecogimientos del placer. La
identificación con Melba, sin embargo, fue instantánea y no vacilaron
en tutearse desde el primer intercambio, ni siquiera necesitaron salu-
darse. Melba saltó de la litera apenas vio aparecer a la periodista y se

acercó a la reja, por la derecha de Haydee, y le dijo: «Oye, búscame un papelito y un lápiz. Sin que te vean. Corre». Marta sólo atinó a asentir.

«Espérate. Y si puedes, una vasija con agua. Y una toalla.»

«Sí, sí...», se apresuró Marta, solícita, en responder.

«Y cigarros, tú», agregó Melba.

«Yo fumo fuertes, ¿quieres?», dijo Marta, mirando hacia el interior de su cartera. Fuertes, para los cubanos, es el cigarrillo negro.

Melba le sonrió con toda picardía como diciéndole: ¿Y qué tú crees que yo fumo? Marta sacó de su cartera una cajetilla de Regalías el Cuño Ovalados y se la tendió a Melba junto con un encendedor de oro y tomó una de sus libretas de notas y un par de lápices y un pequeño sacapuntas escolar y también se lo pasó a través de la reja al tiempo que aprovechaba para decir que era periodista. Entonces buscó algún rostro conocido en aquel aquelarre en que se había convertido el vivac desde el asalto, para agenciarse una vasija con agua y una toalla y también un jabón, aunque este último artículo la muchacha tuvo la delicadeza de no pedirlo.

Mi estancia de menos de dos años en el Reclusorio Nacional para Hombres de Isla de Pinos[7] fue primordialmente dedicada a una intensa labor literaria. Puedo dividirla en una producción de tres etapas. Lo primero fue la reconstrucción de mi alegato de autodefensa, ahora universalmente reconocido como *La historia me absolverá* —¿no? ¿No es universalmente reconocido? Tuve una suerte de inicio: que la casa de los padres de Chucho Montané se hallaba en Nueva Gerona, el poblado más próximo al presidio, en realidad, el único poblado realmente existente en esa isla, quiero decir, con calles asfaltadas y tendido eléctrico y un par de hoteles. Los ferrys que viajaban a la Isla, dos viejos armatostes de madera, que hacían la travesía desde Batabanó —otro poblado similar en la costa sur habanera— en unas 8 horas de lenta navegación sobre esos mares bajos, atracaban a poca distancia de la casita, también de madera, de los Montané. Por allí circularon, entre otros, mis cartas cifradas con las instrucciones de las tareas a los compañeros aún disponibles fuera de la prisión, y sobre todo

7. Indistintamente llamado «Modelo» o «Reclusorio para Hombres».

a Melba y Haydee, condenadas a siete meses de prisión en la cárcel para mujeres de Guanajay, unos 60 kilómetros al oeste de La Habana, desde que fueron liberadas. Fue también la casa donde encontraron abrigo seguro nuestros familiares cuando viajaban a visitarnos al penal. Pero, desde el principio, era el lugar donde iba almacenando lentamente las páginas de mi escrito. Es un problema escribir en esas condiciones, cuando no tienes la posibilidad de revisar los tramos anteriores. Te crea una suerte de desasosiego porque es como hallarse en el borde fronterizo de un pasado que se te desdibuja y el futuro con sus habituales incógnitas. Sigue siendo una obra que esté en la memoria hasta que te entregan el primer ejemplar impreso. De cualquier manera ese desasosiego se aliviaba por la seguridad de que las hojas se hallaban a buen recaudo y de que ya no descansaban conmigo ni me iban a sorprender con ellas arriba.

La segunda etapa fue la correspondencia política, una parte cifrada a través de lo que se iba conformando como el Movimiento 26 de Julio y otra de tenor público y que fueron casi siempre cartas a un periodista llamado Luis Conte Agüero. El conjunto de ese material se ha perdido. Lo que se ha salvado está ahora en un libro[8] de mis cartas compiladas por este personaje, quizá el más tonto de todos mis tontos útiles, y realmente muy útil en aquella circunstancia. Tenía un programa radial que lo anunciaba como «la voz más alta de Oriente» porque al mudarse de su emisora original de Santiago de Cuba a una de La Habana, creyó conveniente hacerse respaldar por ese *motto* grandilocuente. Es evidente que mis encendidas proclamas y cartas desde Isla de Pinos contribuyeron a mejorarle el *rating*. Hubo una época, sin embargo, en que lo respeté. Incluso —sin que lo supiera entonces, por supuesto— él estuvo en mis planes del Moncada. La alocución al pueblo de Santiago para hacerse fuertes con nosotros y con el armamento ocupado en el cuartel estaba prevista a producirse desde su programa.

Hoy me costaría mucho trabajo volver a leer esas cartas —que Luisito publicó, por cierto, sin mi autorización— en primer lugar porque estaban remitidas a él mismo y por la cantidad de alabanzas que me

8. Luis Conte Agüero: *Cartas del presidio. Anticipo de una biografía de Fidel Castro.* Editorial Lex, La Habana, 1959. Ni se molesten en buscar un ejemplar de este incunable. No existen, sencillamente.

veía obligado a prodigarle. Puro compromiso político, tan político como repugnante. («Luis... te sobra inteligencia, te sobra valor, te sobra grandeza...»[9] o «Querido Hermano: Ni las rejas, ni la soledad, ni la incomunicación, ni el furor de los tiranos impedirán que lleguen a tus manos estas líneas portadoras de mi cálida adhesión en los momentos que cosechas los aplausos y el cariño que te han granjeado tus cívicas luchas.»)[10] ¿Me veía obligado *o yo creía que estaba obligado* y en realidad me estoy reprochando ahora a mí mismo la cantidad de lisonjas inútiles que le prodigué? Si acaso yo salvaría hoy algunas líneas con el objeto de demostrar en ciertos pasajes los mismos aciertos que he expresado con mucha más claridad y concisión en las presentes memorias pero que entonces estaban constreñidas por una menor experiencia o por el temor a despertar los inevitables recelos de cualquiera que me estuviera siguiendo los pasos o que estuviera atento a mi expediente. Unos botones de muestra.

... sería formidable si en la Cadena Oriental pudiera anunciarse diariamente el tiempo que llevo incomunicado: tantos meses, diez días, tantos meses, once días... así sucesivamente. (Recuerda a Catón que siempre terminaba sus discursos pidiendo la destrucción de Cartago.)[11]

Atención con la siguiente primera línea. Es algo de lo que ya hemos hablado con anterioridad, pero quiero que lo comprueben ahora como un pensamiento en su estado primitivo pero clarísimo.

No se puede abandonar un minuto la propaganda porque es el alma de toda lucha.[12]

Y, en la misma carta, quizá la más premonitoria de todas las advertencias y a la que le pasaron por alto, desde el Luis Conte Agüero que disponía del documento, de mi puño y letra, original y sin copia, en su gaveta, hasta todos los servicios de inteligencia en mi cola. Los dos subrayados fueron míos.

---

9. Carta a Luis Conte Agüero de diciembre 12 de 1953 (*Op. Cit.* Pág. 20).
10. Carta a Luis Conte Agüero de junio 12 de 1954 (*Op. Cit.* Pág. 25).
11. Carta a Luis Conte Agüero de junio 19 de 1954 (*Op. Cit.* Pág. 35).
12. Carta a Luis Conte Agüero de abril 17 de 1954 (*Op. Cit.* Pág. 37).

Cartas del presidio.

Luis: a continuación te envío el texto de la entrevista entre Hermida y yo en lo más esencial.

Yo estaba en mi celda, a la 1 y 15 p.m. aproximadamente, acostado en calzoncillos, leyendo, cuando el guardia dió la voz de atención. Sin darme tiempo a nada entraron el Comandante y dos señores vestidos de dril cien. El comandante dice: "Castro: los señores Gastón Godoy y Marino López Blanco que quieren conocerlo y saludarlo". Yo le contesté: "Bueno, debieron avisarme un minuto antes para estar vestido". "También queremos saber cómo lo tratan"—dijo López Blanco—. Yo le contesté: "Ha habido muchas dificultades, pero yo nunca he pensado que la prisión sea un hotel de turismo o un palacio". Se desarrolló el diálogo cinco o seis minutos más sobre cosas sin importancia, hasta que se despidieron. Al salir ya, el comandante me dice: "Castro: el señor Ministro de Gobernación está aquí y quiere saludarlo, pero... él no sabe cómo usted lo recibirá". Le contesté: "Comandante, yo no soy ningún muchacho malcriado de quien pueda temerse una grosería. Ahora bien: estoy muy ofendido con unas declaraciones del señor Ministro y si hablo con él sería únicamente para pedirle una satisfacción". El Comandante me contestó: "Yo creo que es mejor que usted no le trate esa cuestión". "Entonces, Comandante, lo mejor sería que yo no viera al señor Ministro"—le repuse.

A pesar de esto, cinco minutos después, se oye de nuevo la nueva voz de atención. Entraba ahora el propio Ministro de Gobernación quien con la mayor cordialidad extiende la mano para saludarme. Lo primero que me dice es que "él se recordaba haberme conocido en la funeraria cuando la muerte de Cossío del Pino"; inmediatamente después comienza a decirme textualmente: "Castro, yo quiero que tú sepas que no soy enemigo personal tuyo; ni tampoco el Presidente lo es. Yo nada tengo contra ti, yo soy simplemente un funcionario que desempeña el cargo de Ministro de Gobernación. Ustedes están aquí presos porque fueron sancionados por los tribunales, y mi misión es simplemente en este caso velar por el desenvolvimiento de las prisiones, cumpliendo siempre los deseos del Presidente".

Luego añade: "Batista es un hombre muy ecuánime, y en veinte años nunca lo he visto hacerle una grosería a nadie, ni siquiera levantarle voz; yo reconozco que no soy así y la gente dice que soy un poco brusco".

Interrumpe el Comandante y dice: "Siempre que veo al Presidente me pregunta por los presos políticos y me dice: "Comandante, trátelos caballerosamente, porque ellos son caballeros".

Yo escuchaba todo esto en silencio y entonces dije: "Por mi parte nunca he considerado la lucha como una contienda personal, sino el combate contra un sistema político imperante". Y acto seguido añadí: "He sido incalificablemente agredido en unas declaraciones suyas que pretenden poner en duda mi integridad moral. Si un familiar allegado mío lo es a su vez de altos funcionarios del régimen, y esos funcionarios, ajeno por completo a mi voluntad y conocimiento, hacen figurar a esa persona en la nómina de un Ministerio, usted no debió utilizar jamás esa circunstancia para atacar mi hogar y querer poner en tela de juicio mi nombre. Yo estoy preso y no puedo defenderme, ni siquiera probar como podría mi inocencia absoluta en este problema, ni exigir responsabilidad a esos funcionarios que valiéndose de su condición de familia han procedido tan incorrectamente contra mí. ¡Todos los millones del tesoro no podrán tentarme! ¿Cómo pues, pretender semejante intriga contra mi honradez? Y el Ministro me dijo entonces: "Mira, Castro: yo sé que el culpable de eso es Rafaelito que actúa siempre como un chiquillo irresponsable; yo te aseguro por mi honor que no he tenido la intención de agredirte, y que la nota a que te refieres fue alterada y apareció en forma distinta de la que yo hice. En cuanto a tu nombre, ¿qué duda puede haber? No hay en Cuba nadie que tenga su postura más definida que tú. No te impacientes, yo también fui preso político en los años 31 y 32; yo me aposté muchas veces en el Country Club para hacerle un atentado a Machado y a Ortiz. Tú eres un hombre joven, ten calma, todas estas cosas pasan".

"Está bien, Ministro—le contesté—, yo le acepto a usted esta explicación, a reserva de resolver y dilucidar cumplidamente este problema cuando yo esté en libertad. De todos modos, reconozco que de su parte ha estado muy correcto reparar en parte el agravio, comprendiendo que el único momento en que no tiene excusa ni perdón humillar a un hombre es precisamente aquel en que no puede defenderse, mucho menos agredirlo en su familia; el pueblo cubano es muy hidalgo y detesta tales procedimientos con toda su alma".

Volviendo a insistir en que no me impacientara y en que tuviera calma, se despidió y se marchó. Mantuvo en todo momento la más cordial actitud. Duró sólo 15 minutos.

Luis, tú juzgarás lo conveniente que sería la publicación de esta entrevista. Te repito que actúes según lo que estimes más conveniente; yo simplemente pongo en tus manos el material.

Fidel

Mucha mano izquierda y sonrisa con todo el mundo. Seguir la misma táctica que se siguió en el juicio: defender nuestros puntos de vista sin levantar ronchas. Habrá tiempo después de sobra para aplastar a todas las cucarachas juntas.[13]

Por último esta frase que a mí mismo me causa asombro el leer ahora:

Condiciones que son indispensables para la creación de un movimiento cívico: ideología, disciplina y jefatura. Las tres son esenciales, pero la jefatura es básica.[14]

La tercera etapa tiene que ver con las circunstancias que me obligaron a romper con Mirta y divorciarme de ella. Está expresado en una de esas cartas: cuando me fue arrebatado de las manos lo que di por llamar entonces «el único ideal privado de mi vida» —y al cual estuve motivado a servir sin vacilaciones y ciegamente.[15] Mirta. Todavía me está doliendo aquí, coño, en el medio del pecho. ¿Ustedes saben lo que es el pecho de un hombre, de un hombre como yo? Pues todavía me ahogo cuando recuerdo esa noche del sábado 17 de julio de 1954 cuando escuché por la emisión de las 11 de la noche del noticiero de la CMQ que «el ministro de Gobernación había dispuesto la cesantía de Mirta Díaz-Balart». Sí, los hijos de puta batistianos me dejaban tener un radiecito. Me estaban golpeando en la zona más baja. No sólo me habían derrotado militarmente y me habían asesinado a medio centenar de compañeros y me habían condenado a 15 años de cárcel. También sus heraldos anunciaban que mi mujer se hallaba en la nómina de una oficina pública en la cual nunca había trabajado. Quizá lo mejor es que hubiese estado preso porque de haber sido libre pero con los mismos compromisos que me tenían en la cárcel, es decir, el liderazgo de una intentona revolucionaria, el dolor se hubiese magnificado. La prisión mitigó mi agonía porque me permitió

13. Carta a Luis Conte Agüero de abril 17 de 1954 (*Op. Cit.* Pág. 38).
14. Carta a Luis Conte Agüero de agosto 14 de 1954 (*Op. Cit.* Pág. 61).
15. «Considero al 26 de Julio muy por encima de mi persona y en el instante que sepa que no pueda ser útil a la causa por la que tanto he sufrido me quitaría la vida sin vacilar, con más razón ahora que no me queda siquiera un ideal privado al cual servir.» (Carta a Luis Conte Agüero de julio 31 de 1954 [*Op. Cit.* Pág. 52])

usarla como escudo ante mí mismo, ante la verdad que yo sabía reconocer de entre toda la hojarasca acumulativa de mi propia retórica, la de tomar a Mirta en mis manos y hacer descansar su cabeza sobre mi pecho, debajo de mi mentón, y sentir la fragancia de su cabellera cuidadosamente lavada y ajustadita sobre sus sienes en su peinado de colegiala y esa respiración entre implorante y consentida de la muchacha que espera el regaño por una travesura pero que se sabe a salvo de males mayores y de un mundo cruel y ajeno del que yo la protejo, del que yo la cuido, del que yo la mimo. La cárcel me benefició con el argumento de sus muros infranqueables. Si hubiese estado libre, si hubiese tenido a Mirta delante de mí, esa criatura frágil y asustada, y si mis inclaudicables manos de gallego empecinado y brutal hubiesen podido asirla, qué yo hubiese hecho esa noche, Dios mío, que yo hubiese hecho sabiendo que no la iba a matar, y que lo único que hubiese querido desesperadamente era claudicar, claudicar ante Mirta Díaz-Balart. Mi espíritu murió esa noche. Yo sé que morí esa noche. Y ocurrió entonces que entre los hombres y Mirta, yo elegí a los hombres, por lo que a partir de ese momento ellos iban a conocer el precio de mi elección, porque ellos lo iban a pagar, lo sabrían, sin lugar a la piedad ni a la tregua.

Cuba es uno de esos raros países en que los líderes revolucionarios han aceptado la muerte de un hijo antes que arriar sus banderas políticas. Se sabe que Carlos Manuel de Céspedes, nuestro primer presidente de la República en armas, escuchó desde su refugio en las montañas de la Sierra Maestra la descarga que segó la vida de su hijo y que los españoles le habían ofrecido a cambio de su rendición. Stalin es otro. De la remota Unión Soviética y en otro siglo pero igual conducta. Ustedes recordarán cuando los nazis le ofrecieron cambiarle un hijo que habían hecho prisionero por un general alemán que a su vez estaba en manos de los soviéticos, y la respuesta mandada a dar por Stalin a los parlamentarios de que él no cambiaba generales por capitanes. Así que yo conozco perfectamente el significado de ese tipo de pérdida porque yo también debí escoger, y no es un sentimiento que se describa por aproximación. Si me atengo a la letra de los clásicos, y esa lectura nunca la he olvidado, el apotegma de Engels de que uno quiere más a los hijos de la mujer que más quiere justifica mis asertos. Más aún, no estando Mirta en poder del enemigo, sino al alcance de mi perdón.

Ésa es la tercera parte de mi producción literaria de presidio. Mis cartas cuando supe que Mirta y las sinecuras agenciadas por su hermano Rafael eran del dominio público. Es el dolor y una noche que nunca han cesado para mí y de lo que quedan algunos retazos de frases en cartas («No te preocupes por mí; sabes que tengo el corazón de hierro y seré digno hasta el último día de mi vida. ¡Nada se ha perdido!»)[16] más bien lamentables bravuconadas.

¿Nada se había perdido?

Isla de Pinos, sábado 17 de julio de 1954

Mirta:

Acabo de oír por el noticiero de la C.M.Q. (11 de la noche) que «el ministro de Gobernación había dispuesto la cesantía de Mirta Díaz-Balart»... Como no puedo creer bajo ningún concepto que tú hayas figurado nunca como empleada de ese ministerio, procede que inicies inmediatamente una querella criminal por difamación contra ese señor, dirigida por Rosa Ravelo o cualquier otro letrado. Quizá han falsificado tu firma o quizá alguien haya estado cobrando a tu nombre pero todo eso se puede demostrar fácilmente. Si tal situación fuera obra de tu hermano Rafael debes exigirle sin alternativa posible que dilucide públicamente esa cuestión con [el ministro de Gobernación, Ramón] Hermida aunque ello le cueste el cargo y aunque fuera la vida. Es tu nombre lo que está en juego y no puedes rehuir la responsabilidad que tiene que saber muy grave para con su única hermana, huérfana de madre y de padre, cuyo esposo está preso.

No dejes de presentar, ahora con más razón que nunca, el escrito a Miguel Quevedo [el director de *Bohemia*]. Actúa con firmeza y no vaciles en enfrentarte a la situación. Pídele consejo a Luis Conte [Agüero]; a él le escribo también unas líneas. Considero que tu pena y tu tristeza *sea* [sic.] grande pero cuenta incondicionalmente con mi confianza y cariño.[17]

Fidel

---

16. Carta a mi hermana Lidia de julio 22 de 1954 (*Op. Cit.* Pág. 47).
17. Carta a Mirta Díaz-Balart de julio 17 de 1954 (*Op. Cit.* Pág. 43).

Alta conveniencia de lectura: así le llamaría yo al segmento anterior, sobre todo para aquel que se embulle en un invento contrarrevolucionario. Conozcan mi experiencia como presidiario para que sepan lo que me puede conmover a mí la rudeza y asfixia de los larguísimos años en que los tiramos en nuestras prisiones. Por otro lado, esa persecución implacable y encarnizada y ese no darme paz ni siquiera teniéndome en una celda de castigo solitario me fueron de provecho unos seis o siete años después cuando tuve que instrumentar mi propio régimen de prisiones. Me sirvieron para haber entendido en carne propia que la prisión no es sólo un edificio donde tú encierras a un tipo por una cantidad de tiempo para aislarlo de la sociedad e impedirle, por lo menos durante ese tiempo, volver a sus andanzas. No. Nuestras prisiones tenían que ser un sistema, una urdimbre de castigos de la que no puede escapar nadie del entorno familiar del prisionero, y de muchas maneras macerarlo moralmente.

El penal de Isla de Pinos fue concebido y construido durante el régimen de Gerardo Machado. El secretario de Gobernación Rogerio Zayas-Bazán viajó a Estados Unidos para visitar la cárcel principal de Jolliet, Illinois, copiar el modelo y construir uno igual en la Isla. La construcción comenzó en octubre de 1925. Se detuvieron a consecuencia de la crisis mundial del 29 —cuando su ejecución estaba al 50 por ciento de la concepción inicial—, hasta febrero de 1932. Hubo reducción del presupuesto y del proyecto a la postre. Mientras Jolliet contaba con un edificio central (enfermería, almacén, comedor y áreas administrativas) y ocho para los reos, la copia cubana sólo dispuso de uno y cuatro. Y así queda para la posteridad. El objetivo de recluir a los sancionados por delitos comunes sufrió su propia modificación desde octubre de 1931, debido a los prisioneros políticos del movimiento revolucionario que combatía a Machado.

La obra, muy superior al resto de los establecimientos penitenciarios del país, aplicaba ese sistema de edificios o galeras circulares separadas entre sí, y los talleres, enfermería, campos de cultivo, zonas de crías —en fin *todo un lugar en el que el sol y el aire proveniente de la costa debía reflejarse en la salud de los presos*— auguraban «un modelo de reformatorio», de lo que por lo menos surgió uno de los nombres con que se le conocía. Presidio Modelo. Alrededor de aquel sitio, sin embargo, acechaban parajes tenebrosos como la ciénaga El Cocodrilo, donde, dentro del agua y con el implacable asedio de jejenes, y donde en épocas de Machado tenían que trabajar los reclusos de 6 de la mañana a 6 de la tarde, con sólo 10 minutos para almorzar; o el pantano denominado La Llana que se tragaba en un abrir y cerrar de ojos cuanto cayera sobre su superficie, sin dejar huella alguna, y otra área de trabajo forzado denominada La Fuente Luminosa. Fue el capitán Pedro Abraham Castell —quien quiso «limpiar la sociedad de criminales, con el crimen»[18]— el primer jefe del establecimiento. Apenas vio que el recinto contaba con 3.000 reclusos, solicitó una audiencia con el presidente y le dijo: «General Machado, yo le dejo esto en 600 hombres». Al caer Machado, el 12 de agosto de 1933, habían sido asesinados 578 presos comunes, y todos sus familiares habían recibido el mismo modelo de telegrama de condolencias por el «suicidio» del reo. Después del triunfo de la Revolución mandé a hacer una investigación y el balance final hasta nuestro arribo al poder fue de 834 asesinatos. Debo decir que en el último período de Batista, desde su golpe de Estado hasta nuestro triunfo, no se conoció allí de ningún asesinato. Específicamente en Isla de Pinos, quiero decir. Porque hubo un ametrallamiento en El Príncipe, el presidio de La Habana ya mencionado. Mataron a tres muchachos de los grupos de resistencia clandestina urbana, que denominábamos de «Acción y Sabotaje», confinados allí por sus actividades contra la dictadura. Los más célebres jefes policiales de Batista penetraron en las galeras del presidio y abrieron fuego de ametralladoras para dar por concluida una protesta de los presos. La suspensión arbitraria de las visitas era el motivo de la airada protesta, que nunca pudo ir más allá, como suele suceder en todas las cárceles, de golpear los barrotes con sus jarros de agua y gritar algunos insultos a los guardias. Tengo los nombres por aquí. Reinaldo Gutiérrez y Roberto de la Rosa murieron con las primeras ráfaga. Vicente Ponce Carrasco fue herido y rematado a mansalva. Ocurrió el primero de agosto de 1958.

Y luego de esta extensa introducción dedicada al recinto penitenciario de la Isla, por el que se supone que pasaron cerca de un millar de los 5.000 presos políticos que se le achaca a Gerardo Machado a

18. Al decir de Pablo de la Torriente Brau en *Presidio Modelo.*

todo lo largo y ancho del país y el menos de un centenar de los 500 presos políticos de Batista, les confieso que mi recuerdo de mayor vehemencia de la estancia allí es la voraz afición que se me desarrolló por las toronjas. Nada más que de pensar en Isla de Pinos, me entra sed. La boca se me seca como una piedra y lo peor es mi convencimiento de que esa sed sólo se aplaca cuando he deglutido con lentitud y a conciencia todo el contenido de por lo menos tres toronjas, los zumos y la masa escarbados avariciosamente en sus cazos de oro con una cuchara de postre.

¿Mis presos políticos? Ninguno. Es un problema de concepción. Al igual que nos negamos a llamar guerrilleros a los alzados contrarrevolucionarios de los sesenta, sobre todo a los que pretendieron hacerse fuertes en Sierra del Escambray, así negamos el calificativo de prisioneros políticos a los enemigos de la Revolución sentenciados a prisión. Delincuentes políticos, ésa es la única denominación permitida entre nosotros para identificarlos. Y de ésos, pues, hemos llegado a acumular tras los muros o las alambradas y también las granjas de rehabilitación —porque de todo ha habido— unos 150.000 en los momentos de mayor algidez de la lucha de clases en Cuba, digamos entre principios de 1961 y finales de 1965. No contemplo en estas enumeraciones a las dos o tres razias ocasionales que nos hemos visto obligados a perpetrar, siendo la más impresionante —y efectiva, efectivísima— la que ordené al amanecer del 17 de abril de 1961, en la que arrestamos cerca de medio millón de personas.

Toronjas. Esto era la que solicitaba con mayor frecuencia a los familiares que me visitaban. Tráiganme un saco de toronjas de algún puesto de frutas de Nueva Gerona. A veces pedía algún título, sobre todo de los libros que había dejado de leer, empezando por El Quijote, desde luego. Y algo de Stendhal. También pedía tabacos. No debía permitirme el lujo de que la reserva se agotara porque eso añadía ansiedad a la claustrofobia habitual del presidio. Era la combinación para esperar que el prodigioso mecanismo de la amnistía se pusiera en marcha: toronjas, libros y tabacos.

* * *

Un 12 de agosto de 1967 aterrizó mi nuevo bimotor soviético de alas en «T» Antonov 24 para vuelos domésticos en el aeropuerto de

Nueva Gerona. El de mi uso exclusivo. Una flota de otros doce acababa de incorporarse a Cubana de Aviación para el trasiego de pasajeros
dentro de la isla. El mío, aunque bajo la jurisdicción militar, mantenía
—a modo de enmascaramiento— las insignias y todas las banderolas,
diseños y atributos externos de la Empresa Consolidada Cubana de
Aviación. Para la fecha de este viaje, todos los presos del antiguo Reclusorio ya habían sido trasladados a la «Isla Grande» como le llamaban los pineros a la isla de enfrente, al norte, es decir la llamada realmente Cuba. Desde junio de 1967 estaba publicado en nuestra prensa
que las autoridades revolucionarias habían procedido a la desactiva-
ción de la prisión. Yo asistía a la inauguración de un embalse de agua
nombrado Vietnam Heroico y en mi alocución decidí que a partir de
ese día —sigo hablando del 12 de agosto de 1967— la isla se llamaba
«de la Juventud». La idea tenía su atractivo y era como fomentar nuestra propia explotación de las tierras vírgenes. Era un trabajo de colonización. A Nikita Jruschov le había ido muy bien con la generación
de posguerra al incitarlos a conquistar la Siberia. La colonización de
las tierras vírgenes fue un episodio memorable en la ya extinguida historia del paso del comunismo sobre la faz del planeta. En su momento Kennedy quiso competir con su versión capitalista de otro proyecto
ambicioso para los jóvenes e inventó los Cuerpos de Paz. Nosotros,
con Isla de Pinos, la segunda isla en tamaño de las que forman el archipiélago cubano, estábamos teniendo un serio problema de despo-
blación y de inmensas extensiones de tierras baldías que iban siendo
lastimadas por el marabú y la salinidad. Ése fue el origen y creí dotar
la idea y el nombre de un mensaje de fuerza de choque cuando dije
en mi alocución: «Llamémosla Isla de la Juventud cuando la juventud
con su obra haya hecho algo grande, haya revolucionado aquí la naturaleza y pueda exhibir el fruto de su trabajo, haya revolucionado
aquí la sociedad». Coño, no estaba mal, ¿verdad?

Entonces, antes de retomar mi Antonov rumbo a La Habana, regresé por primera vez desde mi excarcelación el 15 de mayo de 1955
a mis viejas celdas del Reclusorio para Hombres, muy cercano de donde acababa de inaugurar la represa y camino del aeropuerto de Nueva Gerona; primero a la de mi confinamiento en solitaria, y luego al
pabellón número uno, el antiguo hospital del presidio, donde fueron
encerrados los otros moncadistas y hacia donde finalmente me dejaron pasar los últimos días de cautiverio. Había un viejo cuidando el lu-

gar. Era un ex presidiario que, según creo recordar, en algún momento de los años cuarenta había sido condenado por alguna clase de crimen que él no supo explicar «pero en el que había habido su muerto». Delito menor le llamó él. Liberado doblemente por la Revolución, porque le había abierto las rejas y considerado suficiente el tiempo pasado en prisión (primera liberación) y porque le había abierto las entendederas en cuanto a que había sido no un asesino sino una víctima de la sociedad capitalista, en la que el hombre es lobo del hombre (segunda liberación), decidió mandar a buscar a la mujer, que con estoicismo y toda suerte de privaciones aún lo esperaba en un barrio marginal de La Habana, y quedarse en la isla, esta vez como uno de los gendarmes del mismo presidio y, asistido por una veterana bayoneta de Springfield de casi 24 pulgadas de largo, con la que fue convenientemente armado por la dirección del establecimiento, cumplir el sagrado mandato de la patria de mantener a raya a todos aquellos burgueses que comenzaban a constituir la nueva población penal.

El viejo me aseguró que las camitas eran las originales y que él conservaba el pabellón por órdenes del Partido local —la dirección municipal del Partido Comunista, se entiende. Yo le agradecí sus desvelos y le dije que cuidara bien nuestro pabellón. «¿Esto es histórico, viejo, tú lo sabes?» Luego me dio pena la instalación. Verla absolutamente vacía. Caminé por las circulares, leí una decena de los mensajes grabados a punta de cucharas en las paredes, y contemplé los miles de rayas con diagonales de los clásicos calendarios de los prisioneros. Yo estaba rodeado con mi escolta, desde luego, algunos funcionarios partidarios y el viejo cuidador, sobre el que yo descansaba mi brazo y al que tuve ahí, debajo de mi axila, durante todo mi recorrido. Afuera, en la entrada, se mantenía una pequeña guarnición del Ministerio del Interior, como 10 hombres. Calculé que no había proporción entre el pequeño pabellón que habíamos ocupado en nuestra estancia y el resto de la inmensa prisión pero no dije una palabra. Buscando un equilibrio, o una utilidad que justificara la conservación del pabelloncito, dije que debíamos convertir aquel lúgubre presidio en una escuela y que ésta habría de llamarse Juventud Rebelde. Finalmente ese proyecto tuvo poca duración y siempre contó con un rechazo evidente.

Es por ello que en 1973, y sin más ambages, los compañeros de la Comisión Nacional de Museos y Monumentos inauguraron un museo en el pabellón uno, y además, según se informó entonces, «por su importancia histórica y arquitectónica», el resto de la instalación fue decretada Monumento Nacional.

Pero me acuerdo muy buen del día de esa visita porque al otro día era mi cumpleaños y yo no quería estar en un sitio tan lúgubre para celebrarlo. Pero entonces, como suele ocurrir en las tardes de agosto, la situación meteorológica comenzó a ponerse pesada. A encapotarse ese cielo. A ennegrecerse. El salto entre el aeropuerto de Nueva Gerona y cualquiera de las cuatro terminales disponibles para mí en La Habana —el civil de Rancho Boyeros y los tres aeropuertos militares, Ciudad Libertad, San Antonio de los Baños y Baracoa— es de 20 minutos. También teníamos dos helicópteros Mi-4 basificados junto al Antonov. «Vamos a esperar que eso desfogue», le dije al jefe de mi escolta, prácticamente al oído, pero por mi izquierda, porque aún el viejo cuidador se hallaba debajo de mi brazo derecho. Entonces le pregunté su nombre al viejo. «Gerardo», me dijo. Llamé a uno de los jerarcas locales y le dije: «Encárgate de que a Gerardo le den una dieta especial de leche, legumbre y pescado. ¿Tú comes pescado, viejo?». Gerardo asintió. Y de inmediato, con sus ojillos brillando, codiciosos, agregó: «¿Y para la vieja, Fidel?». Se refería a su mujer, desde luego. «¡Coño, la vieja! Claro, viejo. Y que alcance para la señora», dije. «¿Cómo se llama ella, viejo?» «Eulalia», dijo. «Para la vieja Eulalia también», confirmé.

Después me dirigí de nuevo al jerarca local y al resto de la comitiva: «¿Están muy lejos esas vaquerías que ustedes querían que yo viera?»

Me tuvieron en solitaria desde el 12 de febrero de 1954 porque me acusaron de instigar el pequeño motín de ese mismo día en el pabellón uno durante una visita de Batista al presidio. Ahí me mantuvieron casi todo el tiempo de mi condena. Todo se redujo a que cantamos el himno del 26 de Julio revisado y ensayado pocos días antes con toda premura. Uno de nuestros compañeros, el negro Cartaya, compositor de la pieza, tuvo a su cargo rescatar el himno de su memoria. Meses antes, estando aún en las áreas agrícolas de La Habana, en el ir y venir de los trajines conspirativos, me entero de que en la tropa tenemos un negro compositor. Agustín Díaz Cartaya. Él mismo decía que «se defendía en el canto y la composición». Y le di la encomienda. Fue eximido del entrenamiento por unos días. En sólo tres días lo que él llamaba «la misión» estuvo cumplida. Eso ocurrió en una de las fincas a nuestra disposición, la de Hidalgo, en la zona de Los Palos, durante unas prácticas de tiro. Recuerdo perfectamente que se entonó por primera vez en el verano de 1953, en una casa de la barriada habanera de Marianao, la de Mercedes Valdés, madre de Hugo Camejo, el jefe de la célula de Pocitos, donde se reunieron unos diez compañeros. A mí me gustó cantidad ver a todos aquellos mocetones que se entrenaban para una acción comando formados como un coro de monaguillos bajo la dirección de Cartaya mientras cantaban un himno. El día de nuestro desaguisado en presidio volví a reconocer esa sensación de gusto por la composición.

Batista —nos contaron— se puso de lo más contento cuando nos escuchó entonar nuestro himno, que habíamos estado ensayando durante horas en voz queda. Sólo abrimos los pechos cuando Raúl, parado sobre los hombros de Pedro Miret, que lo teníamos de atalaya, observando a través de una de las altas y reducidas ventanas de barrotes, dijo que Batista y comitiva se acercaban por una calle aledaña rumbo al edificio administrativo. Una de las cosas más difíciles que hemos hecho es ensayar un exaltado himno de combate prácticamente en silencio, por mímicas. Cuando Batista comprendió que no era un coro de presos comunes que le daban la bienvenida y alguien le explicó que éramos nosotros, sólo hizo un apenas perceptible gesto de asentimiento. Luego me mandó a separar de mis compañeros. Esa movida, sin embargo, motivó la leyenda de mi reunión secreta con el dictador. El Partido hizo lo indecible entonces por verificar el dato. Les preocupaba que yo hubiese pactado con Batista la Revolución y no con ellos, o al menos su compromiso de entregarme la libertad. Contribuyó a esta idea el hecho de que, efectivamente, pocos meses después se produjera mi amnistía. Finalmente, luego de que me devolvieran a los míos en el pabellón uno, mi hermano Raúl también alimentaba sus sospechas, y Pedrito Miret y Ramiro Valdés también trataron de sacarme alguna información. Era una buena maniobra, y así fue archivada en mi memoria. De manera que aquella tarde del 12 de agosto de 1967, aún con el brazo por encima de los huesudos hombros del viejo Gerardo, yo me acordé del día que le cantamos el himno del 26 de Julio a Batista y después me vino a la memoria aquella historia de mi reunión secreta con él, y fue más tarde, yendo mi caravana de jeeps hacia unas infectas vaquerías de no sé qué nuevo Plan genético, y teniendo nosotros una muy mala situación con los soviéticos, creo que la peor crisis que atravesaríamos hasta el advenimiento de Gorbachov, y asimismo enfrentando nuestro habitual contencioso con los yanquis, que a mí se me ocurrió hacer correr el rumor de que en realidad yo había ido a Isla de Pinos para sostener una reunión secreta con Húbert Matos, el principal dirigente contrarrevolucionario habido en nuestras prisiones y uno de los más carismáticos y valientes comandantes que tuve en el Ejército Rebelde. Éxito instantáneo. Nada pone más nervioso a los aliados de uno que la posibilidad de que negocies a sus espaldas con el enemigo. A las pocas semanas Vadim Listof, que se escudaba bajo sus muy respetables credenciales de jefe de la corresponsalía de *Pravda* en La Habana, estaba dando vueltas por todo Isla de Pinos, recabando información. Vadim era uno de los oficiales secretos más peligrosos del KGB sembrados en Cuba. Apenas le dejamos caer en el oído, a través de nuestra propia agentura, el rumor de la supuesta reunión mía con Húbert, montó su coche Volga 24 en el ferry *El Pinero* y desembarcó en Nueva Gerona. Antes de continuar, debo advertirles que yo nunca perdía oportunidad de enviarle a Húbert mensajes conciliatorios, o llamadas a la rectificación, siguiendo mi habitual propósito de mantener abiertas las eventualidades de una negociación y/o de una nueva alianza.

La cárcel es un paso obligado de la introspección. He dicho introspección y no autoanálisis. Yo siempre rechacé el autoanálisis por considerarlo una práctica perjudicial en tales circunstancias. No tiene mucho sentido estar pasándose las cuentas uno mismo si al final lo que tienes enfrente es un muro. ¿Para qué mortificarse entonces? Todavía hoy, con más de 70 años en las costillas, no es un lujo que me permita ni por el que me preocupe. Decía introspección. Decía pensar en qué cosas hacer y cómo hacerlas. Pero si algo de todas maneras fue flagelante y virtualmente calificable como autoanálisis y me caló hondo y me obligó a dedicarle muchas horas de pensamiento y desvelo fue Mirta y la sinecura del Ministerio de Gobernación.

Nuestro matrimonio podía haber aguantado sin ese dinero. En realidad no teníamos grandes necesidades y mi padre, presionado o no por mi madre, finalmente terminaba cediendo y enviándome desde Birán el dinero que yo le pidiera. O aproximado. Pero hubo veces, muchas veces, de 2 o 3.000 pesos, y mi padre mandaba, y eso era una verdadera fortuna entonces. Era más que el salario anual de la mayoría amplia de todos los cubanos. Mirta calló para siempre cualquier referencia a mi obvio conocimiento de todo el asunto de la sinecura y —más vergonzoso para mí aún—, aguantó con entereza y en silencio que yo abjurara de ella, y sé que lo hizo todo por mí. Que lo hizo todo por —qué trabajo me cuesta la palabrita incluso para escribirla— amor. El más grande acto de cobardía de toda mi existencia —y no creo sinceramente que se me puedan señalar otros más— ella me permitió que, ante los ojos del vulgo, yo lo convirtiera en virtud. Abjuré de Mirta para poder presentarme ante mi destino absolutamente limpio de culpas. Y Mirta calló. Tuvo el coraje y el carácter y la determinación de absorber toda la onda negativa de choque del episodio y de dejar para mí la gloria del invicto, a sabiendas además de que, a partir de entonces, no existiría entre nosotros ni siquiera la esperanza del reencuentro y hasta del perdón, porque tiene que haber sabido que yo, el invicto derrotado por sí mismo, nunca más podría volverla a mirar de frente.

Rafaelito, mi cuñado, se había organizado con Batista. Organizar —entre nosotros— quería decir estabilizarse económicamente. Él *no quería ser* batistiano, aunque el padre sí lo era. Pero su situación económica era muy penosa. Los cuatro muchachos —Mirta, Waldo, Frank y Rafael— vivían con una abuela. Era mucho el gasto y estudiaban. Poco tiempo antes de morir, el viejo logró su propósito de que Batista conociera al favorito de sus muchachos. Batista era uno de los candidatos para las elecciones presidenciales de 1952 cuando se produjo el encuentro. Rafaelito resultaba una verdadera adquisición. Un brillante orador y con estudios universitarios. Yo mismo no dejaba de presionarlo para que se le vendiera caro a Batista porque desde luego hasta ese momento Batista no era más que un candidato presidencial postulado para unas elecciones nacionales y no había nada de bochornoso o ilegal en exigirle un salario adecuado. Debo decir que Batista no fue melindroso con Rafaelito. Además, no disponía de muchos seguidores con la preparación académica de mi cuñado. Primero lo puso a dirigir su hora radial en la estación Unión Radio y después le entregó la dirección de la Juventud del PAU (Partido Acción Unitaria). Así empieza con Batista y se aseguraba «una entradita» mensual. Luego vino el primer carrito —como le llamamos los cubanos a los coches cuando queremos hacerlos ver como objetos de modestia—, y luego vino el chofer (ya les he mencionado a Pepe Puerta) y luego indistintamente un marinero o un policía de escolta, el personal militar que se ponía al servicio de Batista en sus horas de franco por unos pocos pesos. Al producir el golpe de Estado, Batista ya no tuvo que sacar más plata de su bolsillo para alimentar la corte, y Rafaelito fue nombrado subsecretario de Gobernación.[19] Ahí, como se dice, «levanta presión», es decir, comienza a ganar dinero gordo, y también fue el momento en que nuestros caminos se bifurcaron. Extrañas aplicaciones del lenguaje: bifurcarse en el tiempo y no en el espacio. Yo sé que él se ha exculpado con el argumento de que lo puse en crisis con Hermida, su ministro, y el asunto de la prebenda de Mirta. Quiere hacer ver que no había caído muy bien en los círculos cercanos a Batista que la mujer del jefe del asalto al Moncada recibiera dinero de Gobernación. Aunque no creo una palabra de toda esa argumentación. Yo siempre lo he visto como una maniobra para desprestigiarme. Se trataba de decir que yo era usufructuario del mismo sistema de corrupción oficial que aseguraba combatir y por lo que asaltaba cuarteles y llevaba a la muerte a jóvenes incautos.

Aramís Taboada aceptó ser el abogado que representara a Mirta en el proceso del divorcio. Me consta que el chino Esquivel se cansó de aconsejarlo para que «no se metiera en eso». No era elegante que representara a una de las partes cuando la otra parte era un viejo amigo. Para algo tenía que contar la amistad. El Chino le dijo que sobraban los abogados en Cuba para hacerse cargo del asunto, y que se lo pasara a Márquez Sterling o a Juan Manuel Gutiérrez, muy renombrados los dos en La Habana de entonces. Pero Aramís no cedió un palmo. Fue la primera vez que yo tuve conciencia de que actuaba deliberadamente en mi contra. En el caso de Rafaelito, él era ya un batistiano consumado y resultaba comprensible que —como él decía— quisiera salvar a su hermana de mis garras, amén de que ya nos reconocíamos como enemigos. Pero en el caso de Aramís no he logrado descifrar el origen de su resquemor.

Ésa fue una de las desgracias también, a decir del Chino, y que me

19. El Ministerio de Gobernación se encargaba de la policía urbana, de las cárceles, y de otorgar determinadas licencias y otros menesteres de ese estilo y que en la mayoría de los países suelen depender de los ministerios llamados del Interior.

ha hecho saber con el transcurso de los años, viendo mi divorcio de Mirta como una tragedia de trascendencia nacional. Dice el Chino, o por lo menos me ha dicho a mí, que los hombres siempre necesitan de una mujer y que en mi caso particular, más aún, ya que se trataba de la mujer que yo quería, de la que estaba enamorado *locamente*, según su descripción.

Puede tener razón, y él se lo agrega a la influencia negativa que tuvieron en mí los sufrimientos de mi madre antes de poder casarse con mi padre y los problemas con la primera mujer de mi padre y la sensación de hogar en precario, provisional en sustitución de uno anterior destruido que yo conocí en mis primeros años. Y dice que todo eso se traduce «en amargura». El Chino y yo solemos hablar con esta franqueza, pero sólo si no hay gente merodeando. Y añade, en mi corolario de infortunios, a Pedro Emilio,[20] el hermano borrachón, mujeriego, que dilapidó todo el dinero que pudo de mi padre. Y a mi hermanastra Lidia. Aunque, claro, sobre ella el Chino se abstiene de hacerme un comentario inadecuado. Sabe que yo en el tema de las mujeres soy muy inhibido. Pero yo sé que él lo piensa. Y yo tampoco me engaño. Lidia padecía de lo que los cubanos llamamos «la patica caliente». Rafael del Pino y un periodista de sórdida reputación llamado Luis Ortega tuvieron amores con ella. Todavía recuerdo el *motto* profesional de Luis Ortega. Decía que él no vendía su pluma, que él la alquilaba. Aunque, para decirles toda la verdad, yo era indiferente a todo esto y además ella fue muy solidaria conmigo, sobre todo en mi período de estancia en el Reclusorio. Raúl, en cambio, se mostraba

---

20. Dadas las circunstancias en que me hallaba, no era momento propicio para sacar a flote mis desavenencias con Pedro Emilio. Todo lo contrario. No me inhibo de prodigarle lisonjas incluso cuando lo escuché a través de mi vetusto aparato de radio el 24 de julio de 1954 disparar en Santiago de Cuba un insípido discurso de campaña política a favor de una nueva aspiración presidencial de Ramón Grau San Martín en la que Pedro Emilio, desde luego, cifraba sus esperanzas de un escaño como representante al Congreso. Yo había bombardeado la prensa con mis panfletos contra la participación de lo que ya llamaba «los partidos tradicionales» en el juego político de Batista. Pero llegado el momento de escribirle a mi medio hermana Lidia, pero *hermana completa* de Pedro Emilio, tenía que matizar. Así, pues, en una carta del día siguiente (25 de julio), le dije: «Anoche me quedé hasta la 1.30 a.m. oyendo por Cadena Oriental el último mitin político de la campaña de Oriente... Oí a Pedro Emilio; no lo hizo mal; considero que tiene algunas posibilidades de éxito. Desde aquí no puedo hacerme una idea segura; todo depende de una serie de imponderables». (Carta a mi hermana Lidia de julio 25 de 1954 [*Op. Cit.* Pág. 63.])

realmente perturbado ante la conducta de su media hermana. Raúl, aún muy joven, y de sentimientos muy tiernos, convertía los romances de Lidia en una cuestión moral para él. O por lo menos él se proponía explicarlo de ese modo. Pero mi conocimiento exhaustivo de sus inclinaciones me permitía adelantar, para mi solo consumo, la tesis de que era presa de los celos, pero no con mi hermana sino con el periodista Ortega, al que se le reconocía una bien cimentada reputación de homosexual sobre todo a partir de un extravagante pacto suicida con alguien conocido como «su pareja» a fines de los años cuarenta en que decidieron lanzarse al mar frente a la costa habanera con el objeto de ser devorados por los tiburones y que concluyó con Ortega rescatado por la patana del vertedero de basura y el amigo ahogado.

La conclusión del Chino es que mi divorcio con Mirta tuvo una influencia decisiva en mí al igual que el daño producido por mi rompimiento con Rafaelito. El divorcio significó —son sus palabras textuales— que me arrebató «la dulzura tan necesaria en la vida de todo hombre» y que esto se vio reflejado después en ciertas rudezas y ciertas durezas a la hora de yo gobernar. En cuanto a Rafaelito, siempre he estado convencido de que no quería que yo saliera de la cárcel.

Pero la amnistía fue un movimiento de opinión muy amplio: realmente fue nuestro primer uso en gran escala de un aparato de propaganda aún en período de prueba pero que se mostraba tan pujante como eficiente. Logré —desde mi celda y sólo a punta de lápiz— que Melba y Haydee, por un lado, y Mirta, mientras pude disponer de ella al principio, y mi hermana Lidia, por otro, y algunos periodistas conocidos, movieran a todos los partidos políticos de oposición, fuerzas cívicas, organizaciones sociales, personalidades intelectuales, periodistas, y pusimos a mucha gente a hacer la campaña. Hago la salvedad de que decidí nunca abusar de la amistad de Ramón Vasconselos, menos entonces en que había aceptado de Batista la cartera de ministro de Educación. Pero no lo hacía por desprecio con el viejo, sino por todo lo contrario: por respeto.

La casa de los Montané fue ideal para la sede del Comité Pro Amnistía de Presos Políticos. Recuerdo que estaba en la antigua calle Benito Ortiz, no porque hubiese estado allí antes, sino porque una buena parte de la correspondencia y de mis instrucciones pasaban por allí primero. Desde ésa se desarrolló toda la batalla que hoy se conoce como Campaña Nacional por la Amnistía sin Condiciones para Fidel y sus Compañeros. Pero primero estuvo la batalla de mi primer libro.

Desde el primer momento de mi encarcelamiento me propuso reconstruir el discurso de autodefensa y clandestinamente pude enviarlo en numerosos fragmentos a través de cartas dirigidas durante meses a Melba, Haydee y mi hermana Lidia. Casi todas pasaban primero por la casa de los Montané porque las sacaban escondidas los visitantes y esa casa se convirtió en una especie de buzón clandestino. Melba y su padre, Manuel Hernández, mecanografiaban y sumaban la mayor parte de estas cartas que contenían con letra minúscula o con tinta invisible hecha sobre la base de jugo de limón los párrafos del discurso. El documento quedó completamente montado hacia junio de 1954.

En carta a Melba Hernández y Haydee Santamaría del 18 de junio de 1954 les pido que distribuyeran por lo menos 100.000 ejemplares en un plazo de cuatro meses y explico la importancia del documento:

> Ahí está contenido el programa y la ideología nuestra, sin lo cual no es posible pensar en nada grande; además la denuncia completa de los crímenes que aún no se han divulgado suficientemente y es el primer deber que tenemos para los que murieron. Expresa también el papel que desempeñaron ustedes dos y que debe saberse para que ello facilite el trabajo que tienen que realizar. Hecha esta labor indispensable, viene después otra serie de trabajos de organización y proselitismo que estoy estudiando... Darle ahora preferencia a los gastos del discurso, para lo cual estoy seguro que muchos les ayudarán, porque es el documento más terrible que pueda publicarse contra el gobierno.

Comoquiera que la presente autobiografía es, pese a todo, un trabajo de educación para futuros líderes revolucionarios, quiero que observen la manera tan suave a la vez que magistral con que le doy masaje al ego de mis queridas compañeras pero vinculándolas siempre a las tareas, en una maniobra de lisonja pero como expresión de una necesidad política. «*Expresa también el papel que desempeñaron ustedes dos y que debe saberse para que ello facilite el trabajo que tienen que realizar...*» No hay agravio porque hay tarea.

De inmediato, en la misma carta, convierto mi libro no sólo en un empeño propagandístico sino en un asunto también heroico, clandestino, sólo para los valientes.

Deben tomarse las medidas de precaución para que no descubran ningún depósito ni detengan a nadie, actuando con el mismo cuidado y discreción que si se tratase de armas.[21]

Los crímenes cometidos con los supervivientes del asalto. Ése era el argumento con que yo machucaba en todas mis cartas y no me cansaba de repetirles a Mirta y después a los otros parientes que me visitaban. Tantos muertos dejaron un saldo de simpatía a favor nuestro en la población. Y yo lo sabía. Al principio, en Santiago de Cuba, se conocía, pero no tanto en el resto del país. Me dediqué a denunciarlos todos, empezando en el juicio. Aunque había absoluta censura de prensa y mi aislamiento, nos las arreglamos para sacar la información que fue utilizada apenas Batista quiso dar un lustre de normalidad a la situación nacional y levantó la censura de prensa. Después, estando nosotros en presidio, resultaba impostergable golpear con ese argumento. Otra cosa favorable era la actitud adoptada por nosotros de asumir toda la responsabilidad por el ataque, y justificarlo moral, legal y constitucionalmente como una acción de la rebeldía ante la injusticia. Ninguno eludió el bulto y dijimos que nos sentíamos responsables y orgullosos de lo que habíamos hecho. Desde luego que esa conducta nos ganó una respetabilidad en el panorama político nacional y ciertamente nos hacía distintos, nos identificaba.

Pero había cometido un error táctico al cantarle el himno del 26 de Julio a Batista. Eso me mantuvo separado de mis compañeros durante casi todo el tiempo y de alguna manera debilitó nuestras posibilidades. Al estar solo, dependía sólo de las eventuales visitas que me tocaran. Pero estando con el resto de los compañeros multiplicábamos de hecho nuestras vías de comunicación con el exterior. Por eso insistí tanto con Conte Agüero en que se lograra a través de la prensa que me sacaran de la medida disciplinaria. Esto también retrasaba la lucha por la amnistía porque había que invertir un tiempo en el asunto de mi confinamiento.

Mientras tanto, yo trataba de reconstruir con otra mujer mis posibilidades amorosas. Comencé a reinventar a Naty Revuelta. Yo desconocía entonces que ningún amor es igual a otro y que todo esto tiene

21. La impresión del discurso se efectuó en octubre de ese mismo año 1954 y se distribuyeron clandestinamente varias decenas de miles de ejemplares.

mucho de química y —como he dicho posteriormente, incluso en entrevistas con la prensa— que hay tantos amores como químicas. Es decir, el viejo y vulgar axioma de que un clavo saca al otro es enteramente válido pero sólo si es un clavo de verdad nuevo y al que uno le confiere a su vez propiedades también de verdad nuevas. Comencé a ensayar algunas cartas de retórica forzada dirigidas a Naty con las que llegué a decir que «algunas cosas son eternas, y no pueden ser borradas, como mis recuerdos de ti, los que me acompañarán hasta mi tumba»; u otras, ciertamente mejoradas: «me siento como cuando leí *Los Miserables* de Victor Hugo, quisiera que durara para siempre», cuyo auténtico valor final es para consumo de historiadores y biógrafos —que fui un entusiasta de Hugo. Desde luego, ¿de quién carajo va a ser uno entusiasta cuando está encerrado y pudriéndose en una celda de castigo y al antojo de unos carceleros cetrinos y brutales?—. De algo me daba cuenta desde entonces: de por qué yo siento tanta lástima por los hombres de otros siglos. No de siglos muy lejanos, porque con ellos ya sí pierdo todo tipo de contacto. Pero, más o menos yo diría que desde fines del siglo XVII y sobre todo desde mediados del XVIII, digamos que desde el inicio de la fotografía, yo los siento como familiares que pueden haber muerto cuando yo era un niño. Me dan lástima porque me imagino que viven en parajes oscuros y con ropas polvorientas y que no son muy dados al aseo. Son notables y viven en palacios incluso pero desconocen los servicios de los dentífricos y del agua corriente. Y creo que el culpable de ese enrumbar de mis pensamientos no es Victor Hugo sino mis lecturas de Victor Hugo. Es decir, si me lo leí completo fue porque estaba metido en una celda y disponía de todo el tiempo del mundo y más bien la situación era buscar cómo llenar el tiempo. De una situación análoga surgieron esos libracos del siglo XVII y XVIII. Surgieron en invierno y del aburrimiento. Y ésa es la gran herencia que nos dejó su literatura: escribir para la población penal de uno o dos siglos más arriba, y en el mejor de los casos para prisioneros políticos o de conciencia, y no estafadores, asesinos, violadores y toda la amplia gama del lumpen proletariado. Y siempre tomando en cuenta, haciendo la salvedad, que no haya televisión en esos precintos. Dondequiera que los artilugios de la electrónica hacen su acto de presencia, se jodió Victor Hugo. Por otra parte, y hablo ahora con relación a las mujeres, la cárcel te obliga, desde luego, a operar con los recuerdos. Eliges novias o emprendes cualquier otra gestión en áreas que se hallan en el pasado, en el último escenario que viste antes de que te encerraran. Interactúas sólo contigo mismo y según la capacidad que tengas para extraer recuerdos de tu memoria. No puedes salir a buscar una mujer en términos del presente. El mundo real está al otro lado de ese muro mohoso e infranqueable. Entonces es donde se produce el fervor de las ilusiones. Y el establecimiento de los compromisos sagrados de uno con criaturas canonizadas por tu propia necesidad de conservarlas y que probablemente en el mismo instante en que las idealizas ellas en cuatro pezuñas sobre una cama estén alzando sus culos ante la vergonzosa proximidad de una verga de cualquier tamaño y grado de endurecimiento perteneciente al primer hijo de puta que les ha hecho un guiño en la calle.

Yo supe que la amnistía era una posibilidad cuando me visitaron tres personeros del gobierno, y después por las declaraciones de Batista respecto a garantizar que se erradicara la violencia en el país. El dato definitivo fue que me levantaron la veda y me devolvieron al pabellón uno, junto a mis veintiocho compañeros.

Se me presentaron, sin embargo, dos dificultades en el orden del uso de la retórica apenas el gobierno mostró su disposición a la apertura. Algo semejante al fenómeno que debí aprender a eludir en mi posterior batalla desde el poder contra los americanos y la constante del tema del embargo. En el caso de Batista, yo necesitaba salir del presidio. En el caso de los americanos, por el contrario, yo necesitaba que me mantuvieran el embargo. Pero, desde el punto de vista de la propaganda, el reto era similar: cómo yo presentar ante el público una resolución que en realidad era su contrario. La visita que el 31 de julio de 1954 me hacen en mi celda los senadores Gastón Godoy y Marino López Blanco y al final el mismo ministro de Gobernación, Ramón Hermida, tuve que arreglármelas, con despliegue de todas mis habilidades, a la hora de describirla para su publicación.[22] Si Hermida me tendía la mano cordialmente, sólo describía su gesto y me abstenía de describir el mío. *El mío*: en el que le respondí con la misma cordialidad. Quedaba así en el texto solo su gesto mientras que en la imaginación del lector yo me levantaba como un gigante de dignidad e hidalguía. Como además se trataba de mi texto, de mi versión, yo podía acomodar las palabras e incluso sus intenciones de la forma

22. Ver carta a Luis Conte Agüero en *Op. Cit.* Págs. 55-57.

más conveniente para yo nunca parecer grosero y ni siquiera en una tesitura intransigente de negarme a razonar y que pareciera como si todos hubieran ido a rendirme cuentas y no la verdad final y contundente de que ellos tomaban la iniciativa del diálogo y que la única impedimenta para mi libertad comenzaba a ser yo mismo.

La mala conciencia del gobierno por sus excesos y crímenes era un factor. Y comenzaba a obrar a nuestro favor.

Apenas regresé —o me devolvieron— al pabellón uno y el formidable ámbito de las viejas conspiraciones ocupó el tiempo, fue eso lo primero que dije a mis compañeros. El gobierno tenía una mala conciencia. Al unísono sobre esa percepción, yo volvía a estar a mis anchas, rodeado de mis compañeros y de sus solícitas atenciones y de volver a experimentar esa sensación de invencibilidad que se produce en todo grupo humano cuando encuentra su líder. Aunque en este grupo yo mismo fuese el líder porque se trata de un vínculo de influencias recíprocas.

«Pero el mayor problema de Batista no es ése —su mala conciencia —le dije a mi atento auditorio de los veintiocho fieles—. Su problema es que se considera ya consolidado.»

Por otro lado, de inmediato, noté que mis más preciadas propiedades, los libros, habían sufrido un abusivo castigo y se hallaban desordenados y deteriorados. «Bueno —pensé—, por lo menos se han dedicado a leer y no a hacerse mujeres unos de otros.» Faltaba uno de los dos tomos de las obras de Martí y tres tomos de Momsem. *La piel de zapa.* ¿Dónde coño habían metido *La piel de zapa?* Había como seis Balzac aquí. Desaparecidos los Balzac.

Aparte de los pequeños problemas, que podemos llamar «domésticos», y que tanta preocupación acaparan en un presidiario, había algunos asuntos en desarrollo fuera de aquellos muros y comenzaban a alarmarme. El 11 de enero de 1955, hay una guerrita contra el presidente de Costa Rica —José Figueres—, apoyada por Somoza, el dictador nicaragüense, y otros gobiernos de la región y respaldada por los

Aún no es la imagen de los guerrilleros fidelistas en la Sierra Maestra. Pero el símbolo parece adelantarse. Por lo pronto, el teatro de operaciones está en Costa Rica. José Antonio Echeverría, el líder estudiantil, es el más robusto (y con gafas oscuras) de estos voluntarios cubanos que desesperan por recibir un bautismo de fuego. También es identificable —con sus gafas de miope— otro de los valientes venidos desde La Habana: Fructuoso Rodríguez.

El fragor de las clásicas manifestaciones de los estudiantes de la Universidad de La Habana en la década de los cincuenta. La primera foto es del 13 de febrero de 1955 y «los muchachos» descienden por la escalinata y toman la calle San Lázaro para conmemorar el asesinato, dos años antes, de su compañero Rubén Batista, muerto en una demostración igual que ésta. José Antonio Echeverría, animoso y decidido, va al frente de otra manifestación. Echeverría es identificable en el extremo derecho de la segunda foto, con chaqueta oscura y pantalón blanco. La barrera policial, contra la que pronto van a chocar los estudiantes, suele esperarlos siempre en esta intersección de San Lázaro con Infanta, otra concurrida calle habanera (ver cuarta foto). La décima imagen nos ofrece en todo su vigor la presencia del teniente coronel Rafael Salas Cañizares cuando irrumpe en la sede universitaria y se pasea, Thompson en mano, bajo la fronda aún apacible de los almácigos de la Plaza Cadenas.

americanos. Aunque yo nunca tomé muy en serio a Figueres, el caso es que la Federación Estudiantil Universitaria (mi antiguo teatro de operaciones político de la universidad) acordó enviar un grupo de combatientes al país centroamericano. El lema era que actuaban en solidaridad con el pueblo de Costa Rica. En realidad todo se resumía en una excelente maniobra de propaganda montada por José Antonio Echeverría, un gordito, muy dinámico, que era el líder de la FEU en aquel momento y a quien apodaban «Manzanita». Pero la misma maniobra, ante mis ojos, mostró la debilidad estratégica del personal. Él y media docena de sus compañeros (entre los que se hallaba José Naranjo «Pepín», que luego llegó a ser mi secretario en el Consejo de Estado, y Fructuoso Rodríguez, uno de esos personajes dostoievsquianos de la Revolución cubana, extraña mezcla de intelectual con gafas de gruesa armadura y temerario luchador clandestino) aterrizaron en Costa Rica, se consiguieron unos fusiles y uniformes de campaña y se tomaron todas las fotografías posibles, que mandaron a distribuir convenientemente y a toda celeridad a la prensa de La Habana. Pero a las dos semanas ya estaban de vuelta en Cuba, con la dudosa gloria de espuma de goma que te confiere no participar en ningún combate. Por eso me referí a su debilidad estratégica. Porque yo hubiese llevado las cosas hasta sus últimas consecuencias. Si ya estaban en el terreno, y estaban armados, no hubiese parado hasta ocupar el palacio presidencial más cercano. Aunque se les podía anotar dos tantos a su favor. Uno quizá consciente y que era un buen uso de la propaganda. El segundo, del cual no creo que se hayan percatado, y que yo sí tomé muy en cuenta: la sed de hazañas militares de esta generación.

Bueno, dije que Figueres era una figura risible para mí y de hecho fue uno de los primeros políticos con los que tuvimos un escarceo al triunfo de la Revolución, uno en público, cuando pasamos por alto que era un invitado a la tribuna que montamos en el paseo del Prado habanero mientras media ciudad desfilaba ante nosotros y al hacer él uso de la palabra y referirse a los americanos como unos buenos aliados, mandé al entonces líder de la Confederación Obrera que lo interrumpiera a gritos y lo sacara del micrófono. Después, en mi turno como orador y con el infeliz sentado a mi izquierda y rodeado de soldados barbudos, lo llamé por primera vez «Pepe Cachucha», que fue la manera en que se me ocurrió describir su quepis, cachucha de cachucho, un alfiletero, un botijo. Años después, no obstante, hicimos las paces cuando desencadenamos la guerra de Nicaragua desde La Habana. Comoquiera que Figueres también tenía sus cuentas que pasarle a los Somoza, y que ya estaba viejo y cansado y le importaba un rábano que lo hubiésemos llamado Cachucha, se puso de nuestro lado. Su rencor hacia los Somoza y unos mensajes míos sobre los errores que se cometen en la *juvenilia* de la Revolución, por el ímpetu de uno en esos momentos, fueron los ángulos que yo supe manejar para que obviáramos nuestras diferencias y poder usar libremente sus fronteras con Nicaragua para meter todo el armamento que quisimos. Armamento y personal militar de todo tipo, desde nuestros más avezados oficiales hasta combatientes internacionalistas reclutados en todo el continente. Después él me pidió el favor de que recibiera en Cuba al famoso financista prevaricador Robert Vesco, que por entonces se hallaba bajo su protección en un barrio residencial de San José. Acepté su solicitud. Vesco para La Habana. Y paz consolidada entre Figueres y yo. Por cierto, y hablando de algo parecido, con el que no hubo posibilidad de hacer las paces fue con el líder de la Confederación Obrera utilizado para atacar a Figueres en aquel acto de la calle Prado. Se llamaba David Salvador y tuvimos que condenarlo a 30 años de presidio porque lo sorprendimos en el desarrollo de actividades contrarrevolucionarias, una de las cuales era volarme la cabeza. Ni yo mismo sé ahora cómo se libró del paredón. Lo dejamos partir al exilio en algún momento a finales de los años setenta. Aún vive, según informes, creo que en San Juan de Puerto Rico.

Entonces, apenas disipada la atención pública del esfuerzo bélico de José Antonio y compañía, el infatigable aparato de radio de mi celda me hace saber el 13 de febrero que la masa estudiantil —ah, aquella muchachada que yo tantas veces conduje por la escalinata universitaria para enfrentarnos con la policía— se lanzaba nuevamente contra las fuerzas represivas, en el segundo aniversario de la caída de Rubén Batista, un muchacho que había muerto (probablemente por accidente) en otra manifestación, una igual que esa de la conmemoración de su muerte. Los estudiantes se enfrentan cuerpo a cuerpo con las fuerzas policiales, y José Antonio, al frente de la manifestación, en la calle San Lázaro, cae herido gravemente en la cabeza. Se producen otras bajas entre los manifestantes, hay heridos y detenidos. La FEU protestará por la agresión y las lesiones graves infligidas a su presidente —el gordo José Antonio. El hecho tiene gran repercusión entre los estudiantes y todos los periódicos destacan la información sobre los sucesos.

Otro éxito de propaganda, sobre todo de José Antonio, y una señal que yo comienzo a recibir del peligro que esta gente puede significar en el futuro. Y como va a ocurrir, en efecto. Meses después, cuando ellos organicen las células de lucha clandestina como «el brazo armado secreto del estudiantado» y nombren su organización como Directorio Estudiantil Revolucionario,[23] van a crearme el dilema de la fuerza revolucionaria en paralelo. Y ese peligro potencial que representan va a perseguirme a todo lo largo de la lucha revolucionaria, sobre todo en esta etapa de la guerra contra Batista. El peligro de su independencia y de que eran los dueños de La Habana.

Y ése era precisamente el aspecto que más me angustiaba con respecto a este grupo. Que tenían una libertad de acción y que estaban haciendo cosas mientras yo permanecía encerrado. Tres años después, estando ya en la Sierra Maestra, batallando con mi guerrillita, va a ocurrir que ellos siguen teniendo una libertad de acción y que van a estar haciendo cosas mientras que yo voy a tener la sensación de que vuelvo a estar encerrado, o por lo menos a una gran distancia de La Habana, allá arriba en los bosques de la montaña. Inaccesibles pero lejanos. Muy lejanos. En realidad, casi de espaldas al poder.

Eran dos hileras de cama y un techo de puntal alto. El pabellón uno. Mis veintiocho compañeros arremolinados en mi entorno, yo en mi camastro, el radio Motorola con el cordón enrollado y algunos de los libros que me había echado encima aún sobre la colchoneta, y yo sentado en aquel mueble de armadura de hierro y explicando.

Batista quería dar una cobertura legal a su régimen. Un montón de cosas le favorecían. Todas las fuerzas políticas opositoras y que supuestamente estuvieron decididas por la lucha armada, al final no hicieron nada, y se fueron desactivando, y, peor que todo, entraron en el juego electoral sin importarles incluso que nosotros estábamos pre-

23. El nombre fue cambiado por el de Directorio Revolucionario 13 de Marzo, conocido por las siglas DR13M, después de que la organización protagonizara el fallido asalto al Palacio Presidencial el 13 de marzo de 1957.

sos. Esto le dio un aire a Batista y lo hizo sentirse consolidado y entonces quiso legalizar su poder, transformar el gobierno de facto, de transición, en un gobierno constitucional, electo, por lo que programó las elecciones en que el candidato era él mismo, Batista, en la seguridad de que podía legalizar su gobierno, porque por un lado estaba la abstención de muchas fuerzas, si no una oposición muy desprestigiada, y él tenía un grupo de partidos que lo apoyaban y los recursos del gobierno.

Esto último influiría decisivamente en el logro de nuestra libertad. Porque, por tradición en la historia de Cuba, no se concebían unas elecciones sin amnistía. Por otro lado nos allanaba por completo el camino del futuro porque nos convertía de hecho no sólo en una fuerza inmaculada y de prestigio en el terreno de la oposición, sino en la única con tales características.

Claro, Batista era el distintivamente más sagaz y precavido de todos los que debíamos enfrentar en nuestro entorno. Por lo pronto, nadie en la oposición se le comparaba a la hora de las maniobras. Consumada su farsa electoral y pareciendo lo indicado que se dictara la ley de amnistía, no acababa de soltar prenda. Batista no las tenía todas consigo. «Los muchachos del Moncada» le preocupaban —y mucho.

A los pocos días de constituido su nuevo equipo gubernamental, Batista declaró: «Yo no sería remiso a sancionar una ley de perdón aprobada por el Congreso, pero si ella conllevara la paz de la nación por largo tiempo. Por eso esta ley ha de ser consecuencia de un común propósito de conservación de la tranquilidad entre gobierno y oposición para que pueda producir les efectos que alcancen al pueblo en toda su magnitud».

Acababa de subirnos un tramo de catorce pulgadas en la barra del salto por pértiga. Lo escuchamos todos por el radio y al otro día puntualmente el comandante de la prisión nos hizo llegar todos los periódicos que reproducían las declaraciones de Batista. Había que hilar fino, no sólo porque cualquier paso en falso pudiera a partir de entonces alienarme el apoyo de la oposición sino que debía evitar que la tentación de la libertad creara divisiones dentro de mis propios compañeros. El primero que se tambaleó, como siempre, fue mi hermano. Hizo, abrumado, la observación de que la propuesta de Batista resultaba de muy difícil respuesta. Él siempre tiene esa tendencia a dejarse abrumar por los gobiernos en determinados estamentos de la lucha, aunque después yo le dé un par de sacudidas y lo obligue a enderezar su camino. Era lo mismo con relación a las directivas del Partido Socialista Popular. O después con la Unión Soviética. Las declaraciones de alto nivel tienen ese poder persuasivo sobre él. Los otros me miraron como diciendo, bueno, vamos a ver cómo nos sacas de ésta. Yo sabía que esa expresión era un voto de confianza con tiempo limitado. El único que fue vertical —como siempre también suele actuar—, y aunque hiciera su planteamiento en forma de reto, fue Ramirito Valdés, que me dijo: «Estás obligado a jugar. Y no te queda más remedio que írtele por encima al hijo de puta. Saca tus barajas, Fidel».

En efecto. Dos barajas. Tenía dos para jugar. La primera fue no desanimar a mis compañeros con una posición de intransigencia. Todo lo contrario. Iba a compartir con ellos la misma esperanza de una misma liberación que ya se podía vislumbrar. Era necesario, por supuesto, guardar silencio sobre los métodos de maniobra, de manera que la amnistía no fuera asimismo un fracaso de propaganda. Pero, por todos los medios, había que mantener la cohesión del grupo y que no se produjera una sola fisura. En el orden enteramente práctico de las cosas, esa noche tomé algunas de las medidas prácticas más elementales. Me las arreglé —mientras aparentaba que hablaba de libros o de asuntos familiares— para efectuar conciliábulos muy breves con mi gente más allegada y decidida —Ramirito, Pedro Miret, Ciro Redondo, Pepe Suárez, y el mismo Raúl— y les dije que tuvieran los ojos y los oídos muy atentos y que le partieran los cojones al primero que hiciera un intento de sedición o de ponerse con el invento de que yo estaba loco. Que lo ahogaran con una almohada. Después, en otro aparte, le dije a Ciro: «No me pierdas de vista a Gustavo». Ni siquiera en aquellas circunstancias —estar todos presos por la misma causa y extinguiendo juntos nuestra condena—, Gustavo paraba de incriminarme por haberme quitado las gafas antes de comenzar la acción del Moncada. Mas tarde escribí mi respuesta para enviársela a Luis Conte Agüero con el primer correo disponible y que la publicara en *Bohemia*. Puse: «Si nosotros considerásemos que un cambio de circunstancias y un clima de positivas garantías constitucionales exigiesen un cambio de táctica en la lucha, lo haríamos sólo como acatamiento a los intereses y anhelos de la nación, pero jamás en virtud de un compromiso que sería cobarde y vergonzoso con el gobierno».

Quedaba ante mis ojos descubierta, y mientras la producía con la punta de mi pluma, el prodigio de una nueva pirotecnia política: la ambigüedad. La retórica que parece decir algo pero que no confirma nada.

Una sola voz se alzó en contra de la amnistía. En contra de mi libertad. En contra de la posibilidad de que yo desandara las mismas calles por las que él ahora se hallaba. Esto fue escrito en Cuba en mayo de 1955 y leído en el Capitolio Nacional. Tiene la palabra el doctor Rafael Díaz-Balart, líder de la mayoría parlamentaria del Congreso de la República de Cuba:

Señor presidente y señores representantes:

He pedido la palabra para explicar mi voto, porque deseo hacer constar ante mis compañeros legisladores, ante el pueblo de Cuba y ante la historia, mi opinión y mi actitud en relación con la amnistía que esta Cámara acaba de aprobar y contra la cual me he manifestado tan reiterada y enérgicamente. No me han convencido en lo más mínimo los argumentos de la casi totalidad de esta Cámara a favor de esa amnistía. Que quede bien claro que soy partidario decidido de toda medida a favor de la paz y la fraternidad entre todos los cubanos, de cualquier partido político o de ningún partido, partidarios o adversarios del gobierno. Y en ese espíritu sería igualmente partidario decidido de esta amnistía o de cualquier otra amnistía.

Pero una amnistía debe ser un instrumento de pacificación y de fraternidad, debe formar parte de un proceso de desarme moral de las pasiones y de los odios, debe ser una pieza en el engranaje de unas reglas de juego bien definidas, aceptadas directa o indirectamente por los distintos protagonistas del que se esté viviendo en una nación. Y esta amnistía que acabamos de votar desgraciadamente es todo lo contrario. Fidel Castro y su grupo han declarado reiterada y airadamente, desde la cómoda cárcel en que se encuentran, que solamente saldrán de esa cárcel para continuar preparando nuevos hechos violentos para continuar utilizando todos los medios en la búsqueda del poder total a que aspiran. Se han negado a participar en todo proceso de pacificación y amenazan por igual a los miembros del gobierno que a los de la oposición que deseen caminos de paz, que trabajen en favor de soluciones electorales y democráticas, que pongan en manos del pueblo cubano la solución del actual drama que vive nuestra patria.

Ellos no quieren paz. No quieren solución nacional de tipo alguno, no quieren democracia ni elecciones ni confraternidad. Fidel Castro y su grupo solamente quieren una cosa: el poder, pero el poder total, que les permita destruir definitivamente todo vestigio de Constitución y de ley en Cuba, para instaurar la más cruel, la mas bárbara tiranía, una tiranía que enseñará al pueblo el verdadero significado de lo que es la tiranía, un régimen totalitario, inescrupuloso, ladrón y asesino que sería muy difícil de derrocar por lo menos en veinte años.

Porque Fidel Castro no es más que un psicópata fascista, que solamente podría pactar desde el poder con las fuerzas del comunismo internacional, porque ya el fascismo fue derrotado en la Segunda Guerra Mundial, y solamente el comunismo le daría a Fidel el ropaje seudoideológico para asesinar, robar, violar impunemente todos los derechos y para destruir en forma definitiva todo el acervo espiritual, histórico, moral y jurídico de nuestra República. Desgraciadamente hay quienes, desde nuestro propio gobierno, tampoco desean soluciones democráticas y electorales, porque saben que no pueden ser electos ni concejales en el más pequeño de nuestros municipios.

Pero no quiero cansar más a mis compañeros representantes. La opinión pública del país ha sido movilizada en favor de esta amnistía. Y los principales jerarcas de nuestro gobierno no han tenido la claridad y la firmeza necesarias para ver y decidir lo más conveniente al presidente, al gobierno y, sobre todo, a Cuba. Creo que están haciéndole un flaco servicio al presidente Batista, sus ministros y consejeros que no han sabido mantenerse firmes frente a las presiones de la prensa, la radio y la televisión. Creo que esta amnistía, tan imprudentemente aprobada, traerá días, muchos días de luto, de dolor, de sangre y de miseria al pueblo cubano, aunque ese propio pueblo no lo vea así en estos momentos.

Pido a Dios que la mayoría de ese pueblo y la mayoría de mis compañeros representantes aquí presentes, sean los que tengan la razón.

Vamos a vernos en este espejo: el problema es claramente desde entonces la lucha entre revolución y contrarrevolución. Ya Rafaelito se destaca como uno de los intelectuales contrarrevolucionarios más eficaces. El verdadero alcance de su discurso, sin embargo, se viene a conocer muchos años después entre los despojos del exilio cubano en Miami, cuando sólo queda el disfrute de lo que ellos ven como una profecía. Quieren armar el rompecabezas de su infortunio y entonces lo exhuman. Pero las palabras de Rafaelito se las llevó el viento, y no porque la propaganda del Movimiento 26 de Julio las venciera o silenciara, sino por su fallo dialéctico esencial. Es una constante de su acometida y que los distingue siempre por su enorme margen de error al ubicar el vector de la revolución. Y es que, a diez de últimas, qué importancia le concede la revolución a su plataforma de lanzamiento, sea yo o cualquier otro con estas características de «un Fidel Castro que no es más que un psicópata fascista y que solamente podrá pactar desde el poder con las fuerzas del comunismo internacional, porque ya el fascismo fue derrotado en la Segunda Guerra Mundial». La revolución no está en mí. Si acaso yo la convierto en la sangre de mis venas pero primero debo lograr las simbiosis químicas necesarias para establecerme en su liderazgo. Pero en ese sentido de vector, de propiciador, de gestor, la revolución no soy yo. La revolución son ellos. Son ustedes, Rafaelito.

Algo hube de apreciar en ese discurso desde que tuve conocimiento de él, creo que estando aún tras las rejas. Y fue la sagacidad de Rafaelito para vincularme en un plan a largo plazo con el comunismo. Más sagaz y luminoso aún si tomamos en cuenta que ni siquiera yo, en la intimidad más recóndita de mis pensamientos, había hecho tales empates y mucho menos verlos como posibilidad no exagerada. En los últimos años, cuando me da por pensar y tratar de reconstruir los pasos más trascendentales de mi vida y sobre todo a partir de hallarme escribiendo estas memorias, cada vez que quiero ubicar el origen de mis relaciones con la Unión Soviética, pienso en este discurso de Rafaelito. Ciertamente, estaba equivocado en buscar el origen de la Revolución cubana en la voluntad personal mía. Pero lo que nunca le va a pasar por la cabeza a Rafaelito es haber sido el principal contribuyente a nuestra alianza con Moscú. Yo sé que yo pienso en el origen de esta trama y termino inexorablemente en su discurso del Congreso. Pero ¿y de dónde sacó él semejante conexión? ¿Cómo fue ese proceso de hacer avanzar su pensamiento hasta el punto de verme urgido de pactar con el Kremlin? Por último, una confesión relativa a Rafaelito: uno de mis sueños secretos ha sido el de secuestrarlo y meterlo en Villa Marista con nuestros más experimentados instructores y mantenerlo allí, interrogándolo sin descanso, hasta que entregue una explicación convincente de su predicción. Bueno, cúmplase o no ese sueño, cada vez que se me presenta la oportunidad —y ésta se me presenta con harto frecuencia— me prodigo unos excelentes momentos de diversión a costa de los Díaz-Balart. Resulta que Rafaelito tiene un primogénito, de nombre Lincoln, que es un congresista republicano por el estado de la Florida. Como se sabe, uno de los periplos que más gustan de hacer los representantes y senadores yanquis es a mi palacio. Vienen por decenas todos los años. Siempre con algún mensaje o algún negocio. Me imagino que pensarán que están corriendo la gran aventura. Esa oportunidad no es de todos los mortales. Es como darle la mano y retratarse con Stalin o con Mao Tse Tung. Y ésas son las ocasiones en que yo, invariablemente, en algún momento de las conversaciones, largo alguna elogiosa parrafada sobre mi sobrino Lincoln Díaz-Balart. Al principio suelen quedarse un poco aturdidos porque no entienden que yo llame sobrino a un político floridano con sólida reputación derechista. Hasta que yo les hago una minuciosa explicación sobre el grado de parentesco que nos une y que a pesar del divorcio con Mirta yo lo sigo viendo como uno de mis sobrinos más queridos, como si fuera uno de los hijos de Raúl, por ejemplo, y de lo orgulloso que me siento de saber que un sobrino mío sea congresista de Estados Unidos. Casi siempre termino con algo de este talante: «Y no sólo orgulloso como su tío, sino como cubano. ¡Ustedes no saben el orgullo que eso significa para Cuba!». Y remacho con la idea: «¡Un cubano en el Congreso!». Y siempre, para cerrar, el mensaje: «No dejen de saludarlo de parte mía cuando lo vean. Y díganle que Cuba sigue siendo su casa».

El último ritual fueron los libros. Muchos fueron adquiridos a préstamo y una de mis preocupaciones, a la hora de ser liberado, era cómo pagarlos. Indudablemente había pensado estar más tiempo preso y por lo tanto pensé que se trataba, por la fuerza de las circunstancias, de deudas a largo plazo. Ahora revisando papeles viejos, descubro que en carta a mi hermana Lidia del 2 de mayo de 1955, ante la inminencia de la liberación y luego de empacar mis magras pertenencias y mandárselas a ella misma, le escribí: «Los libros fueron enviados en cajas más o menos clasificados: los de historia, los de economía, de literatura, cuestiones sociales y política, etc. ¡Qué pobrecita es mi biblioteca! Pero de veras que le tengo un gran cariño, y el día que yo cobre algunos pesos me prometo pagar algunos que todavía debo. Pienso si ahora cuando salga, los cobradores, que por cierto son muy asiduos, se acordarán de mí. ¡Cuántas historias les hice, cuántas promesas de pago...!».[24] El lenguaje es ciertamente ampuloso y de alguien que ya se sabe predestinado. Lo digo por la sorpresa que me causa ese lenguaje en este instante. Aunque deben reconocerme que los libros fueron el único tesoro acumulado por mí en presidio y que fue encomiable el empeño por preservarlos y enviarlos a casa de Lidia en La Habana. Yo por mi parte reconozco que las autoridades carcelarias no pusieron reparos a mi empeño y lo facilitaron. Tesoro material, se entiende, porque no cuentan todos los planes conspirativos que fraguara y que demostraron ser muy productivos. Mi preocupación final en cuanto a los libros —según descubro en mis viejas cartas— era que algunos estaban «algo maltratados» porque habían pasado inevitablemente por las manos de casi todos mis compañeros de causa.

Por otro lado, me faltaban los dos tomos de la *Historia de las doctrinas sociales*, que le había prestado a Óscar Alcalde y que él no me había devuelto, sospechando yo que lo tomaba en prenda porque a mi vez no le había devuelto un raro y muy documentado volumen sobre la historia de la Moneda.[25] Alcalde fue el tesorero de toda la operación de asalto al Moncada y uno de los hombres capturados junto a mí por el teniente Sarría. Buen compañero.

Los cobradores. Confieso que ocupaban una parte considerable de mi pensamiento en las vísperas de mi libertad. Tal vez echaría de menos la tranquilidad de la prisión al enfrentarme de nuevo con todos los pequeños problemas cotidianos. Nunca está uno conforme en ningún lado, pero en el pabellón al menos no le molestaban a uno los cobradores. Aquí encuentro mi última referencia literaria de presidiario: «Quizá Balzac, tan acosado siempre por esta clase de personaje sentiría lo mismo en tales circunstancias».[26]

Qué cantidad de papeles viejos.

24. Carta a Lidia Castro de mayo 2 de 1955 (*Op. Cit.* Pág. 92).
25. «Alcalde tiene mis dos tomos de la "Historia de las doctrinas sociales" y yo tengo suyo (y embarcado) un libro sobre la moneda. Se me ocurre que adivinando mis intenciones se quedó con aquéllos en prenda, pero me propongo rescatarlos tan pronto lo agarre por La Habana.» (*Op. Cit.* Pág. 92).
26. *Op. Cit.* Págs. 92-93.

Salí de la cárcel el 15 de mayo de 1955 por la amnistía firmada por Batista el día 6. Nos abrieron las puertas del presidio al mediodía y dimos la primera conferencia de prensa en la casa de madera de los Montané. Esa noche, tarde, abordamos el achacoso ferry *El Pinero* para la lenta travesía a través de las aguas de poco calado entre Isla de Pinos y Cuba. Atracamos al amanecer en el Surgidero de Batabanó.

Mi hermana Lidia me dio albergue en su casa de El Vedado. Era un apartamento que quedaba exactamente encima del jardín Le Printemps, en las intersecciones de las calles 23 y 18. Estaba lleno de gente. El chino Esquivel, como era de esperar, hizo acto de presencia apenas lo mandé a buscar. Nos dimos un abrazo y después lo llevé a una de las habitaciones y le dije: «¿Tú has visto qué cantidad de guajiros hay allá afuera?». Recuerdo que utilicé ese término que, como se sabe, es un cubanismo por campesino pero que nunca llega a definirse como connotación despectiva o de afecto, y que probablemente dependa del tono empleado o de la persona calificada. «Sí», respondió el Chino, que al parecer no había reparado en la condición de campesinos de mis visitantes. «Pues todos están bravos conmigo porque no los llevé a la muerte.» Eran parte de la tropa del Moncada que había sido excluida, casi todos aparceros de las afueras de La Habana. «Oye, Chino, localiza a Pardo. Quiero almorzar con él y contigo. ¿Trajiste tu carro? Bueno, busca tu carro y toca el claxon cuando estés abajo. No te demores, a ver si logro quitarme de encima a esta gente. Y sobre todo a Luis Conte Agüero que viene para acá y que no quiero ni verlo.»[27] Como en los viejos tiempos. Allá fue el Chino a buscar su coche. Yo regresé a la sala y departí un rato más con mis guajiros y, adoptando un aire súbito de conspirador, dije que en un rato vendrían «unas personas» y que tendría que salir. Pero que, cuando sonara el

---

27. Había una historia, sobre todo, que me había llegado al presidio y que me lo hacía objetable. La historia del artículo que había escrito contra Masferrer, por lo que Masferrer lo fue a buscar a la emisora con un pedazo del periódico que incluía el citado artículo y una botella de Coca Cola. «Luis —le dijo, en un tono que pudiera calificarse de moderado e incluso no exento de afecto—. ¿Tú escribiste esto, Luis?» A lo que Luis asintió y por lo que Masferrer le explicó que era ineludible comerse aquel cuarto de periódico de unas 48 páginas sin dejar escapar un grumo y que Luis se comió sin chistar. Masferrer, complacido, destapó con gesto maestro de una dentellada la botella de Coca Cola y, ofreciéndosela a Luis, le dijo: «Tómate esto para que te baje esa bola de la garganta». Se comió el periódico. Se tomó la Coca Cola. La voz más alta de Oriente.

claxon con la contraseña, era menester que ninguno de ellos se moviera hasta después de diez minutos de yo haber salido. Y que sólo entonces fueran saliendo ellos. Pero sólo en grupos de a dos.

Al entrar en el apartamento de mi viejo mentor José Pardo Llada, me encontré allí a Aramís Taboada. Yo llevaba en el bolsillo un escrito bastante extenso y doblado en dos sobre los sucesos del Moncada y en el que refutaba punto por punto unas declaraciones recientes del coronel Río Chaviano sobre las respectivas actuaciones, de ellos y nuestras, en el combate del Moncada. Mi título original era algo así como «Una respuesta cívica de la Generación del Centenario al coronel Río Chaviano». Yo estaba comenzando a utilizar el apelativo para nuestra impronta generacional porque el año 1953 había sido el del centenario del nacimiento del prócer José Martí. Se lo di a Aramís para que le echara una miradita. Él se leyó el trabajo completo mientras yo prodigaba saludos a Pardo y los suyos. Cuando terminó su lectura, Aramís se dirigió a mí con lo que entonces era su potente vozarrón de tribuno y me dijo: «Oye, guajiro, tienes que cambiarle el título a esto».

«¿Cambiarlo?»

«Sí —dijo, autoritario—. Ponle *Miente Chaviano*.»

Desde luego, fue el título que prevaleció de inmediato.

Almorzamos un excelente arroz con pollo y tomamos cerveza Hatuey y tuvimos natillas espolvoreadas con canela a la hora del postre y prendimos nuestros portentosos H. Uppman número 4, de una caja que Pardo abrió en mi honor, y la extensa y alegre sobremesa fue dedicada al intento mío de convencer a Pardo de que uniéramos fuerzas, las de la ortodoxia y la de nosotros, la gente del, los que ya nos llamábamos «los moncadistas». Pero, aparte de los habanos y varias sesiones de café, no iba a obtener muchas otras cosas de Pardo. Me confesó que él no tenía, ni siquiera por aproximación, mi osadía. Y no sólo eso: con toda sinceridad me explicó que sentía temor por esa osadía. Nunca estaría en mi contra pero no podía acompañarme. No puedo negar que entonces me sentí herido en mi amor propio. Pero no fue el sentimiento dominante. Se trataba de que yo me había confundido porque la campaña para que la amnistía nos incluyera a nosotros como presos políticos fue llevada a cabo por muchos miembros de la ortodoxia. Ahora me daba cuenta que era un gesto a agradecer pero sólo eso y que yo había confundido la gestión de unos buenos samaritanos por la decisión de unos luchadores y que, peor aún, todo su desempeño por lograr nuestra libertad era para poder participar del rejuego electoral batistiano sin grandes cargos de conciencia. Todo eso lo comprendí a mitad de mi arroz con pollo y, por supuesto, no me quitó un ápice de mi voraz apetito porque ya tenía en su plena capacidad de funcionamiento el recurso personal que me proporciona mayor felicidad y que es el procesamiento acelerado de la información ambiental y la toma instantánea de decisiones a partir de su resultado. Repetí tres platos hondos de aquella delicia y les dije que yo iba a tomarme unos días para ver a qué me dedicaba y que estaba pensando la posibilidad de regresar al ejercicio de la abogacía.

«Esa tarde perdimos el poder», me dijo, años después, rememorando ese almuerzo, el chino Esquivel, con voz remotamente melancólica.

Y fue de ese modo que —entre mayo y junio de 1955—, me dediqué a crear la organización que se llamaría 26 de Julio, que la gente reconocería por las siglas M-26-7 y que de inmediato iba a distanciarse de la ortodoxia.

El Chino me regresó al apartamento de mi hermana Lidia. Arriba había una sola luz encendida y, recostado en el balcón, identifiqué a Ciro Redondo. Uno de mis hombres más decididos y leales. Ciro no hizo ningún movimiento ni me saludó pero yo sabía que me tenía bajo observación desde que descendí del coche del Chino.

«Nos vemos, Chino.»

Esa mañana, cuando pisamos tierra firme en el embarcadero de Batabanó, liberados de Isla de Pinos, le dije a Ciro que si le daba tiempo ir a Artemisa, su pueblo, para ver a su familia, que fuera sin problema, pero que estuviera luego, por la tardecita, en casa de mi hermana Lidia y que se agenciara carro y artillería. Y allí estaba, esperándome en el balcón de mi hermana, como el centinela en su atalaya.

Le hice una seña para que bajara y se uniera conmigo en la acera y entonces, con la mirada, busqué un teléfono público. Había uno a la entrada del jardín Le Printemps. Todavía me empalaga el recuerdo de ese olor de los gladiolos de funeraria que se hacía patente bajo aquella arcada. Eché mi moneda de cinco centavos en la ranura y disqué los números tres, cero, uno, uno, nueve, uno. Correspondían a los dígitos del equipo instalado por la Compañía Cubana de Teléfonos en la residencia de la calle 11 número 910, en El Vedado. El segundo timbrazo del 30 11 91 no llegó al final de su ciclo de duración cuando una voz trasmitió su temblor aun antes que su sonido. ¿Es posible que haya sido así, primero el temblor que el sonido? Yo también estaba muy nervioso y acababa de descubrir ante a mí a Ciro, que ya ejercía como escolta, y que me dirigía una sonrisa cómplice mientras se tocaba con dos golpecitos a un costado del vientre para señalarme que estaba artillado.

Naty había respondido al teléfono y había esperado durante todo el día por esta llamada y yo todavía no me percataba. Yo estaba efectuando mis cálculos y tomando mis precauciones y pensando que si ese número no me respondía, me quedaba la alternativa del tres, noventa y dos, setenta y ocho, pero ése era el de la reserva y de uso exclusivo para las emergencias, porque se trataba del teléfono de la consulta privada como médico cardiólogo de Orlando, el esposo de Naty, que quedaba relativamente cerca de su casa, en la calle 15 número 812, del mismo El Vedado. Todo tan bien memorizado desde entonces y, medio siglo después, datos de permanencia indeleble en mi conciencia. Pero esa tarde acudieron a mi memoria bajo las disciplinas de las coartadas y de las medidas que se toman por adelantado y de todas las precauciones posibles. No es otra la conducta para la que te entrena la cárcel. Aunque probablemente aquella tarde —o sólo por aquella tarde—, pude prescindir de tanto protegerme y de tantas señales subjetivas.

«Oiga», dije.

Silencio.

El uso de la forma altamente respetuosa de *oiga* en vez de *oye* era deliberado y, como suele suceder muchas veces en el habla popular cubana, es de las expresiones que deben tomarse por su contrario. En este caso, la distancia implícita de la expresión en su modo imperativo quiere decir exactamente su opuesto de intimidad.

«Oiga, jovencita— repetí—. ¿Usted es la persona que quiso matar de gordura a Fidel Castro mandándole tantas golosinas?»

«Señor —dijo por fin—. Señor mío.» Entonces escuché su largo resuello. Y dijo: «Ay, Fidel». Ya lloraba desconsoladamente. Y decía: «Fidel, Fidel». Repetía: «Fidel, Fidel».

Ciro, en gesto de evidente consideración, y de la manera más discreta posible, se había alejado algunos pasos y dirigía su mirada hacia los coches que transitaban por la calle 23.

«Bueno, Naty. —Con cierta brusca sequedad, tratando de poner control sobre la situación—. No me desperdicies más lágrimas a distancia. Las quiero todas para mí. ¿Cuándo tú crees que podamos vernos?»

Sabía cuál sería su respuesta instantánea. Sabía que tendría preparada la coartada para escapársele al marido desde que conoció de nuestro desembarco en Batabanó.

«En veinte minutos, donde tú sabes», dijo.

En veinte minutos. En un apartamento que teníamos disponible desde la época anterior al Moncada. No digo aquí su dirección para que a nadie se le ocurra la idea de poner un museo allí. También porque lo prestaban unos personajes que luego resultaron encarnizados enemigos de la Revolución y no creo que merezcan ninguna clase de crédito, ni siquiera el de posaderos.

«¿Tenemos carro?», le pregunté a Ciro.

Ciro asintió.

Chucho Montané había conseguido el coche esa misma tarde con sus asociados de la General Motors de Cuba. Era un Pontiac de segunda mano pero en muy buen estado.

Recuerdo lo que pensé cuando me instalé dentro del coche y Ciro puso en marcha el motor. Pensé en los ojos de Naty. Los concebí por primera vez en muchos meses como algo posible, tangibles en muy pocos minutos. Esa proximidad con aquel fulgor no olvidado era a su vez mi mayor vector de temores. Todavía yo era muy joven pero venía de dos años de castidad forzada y no podía eludir la angustia de todos los ex presidiarios en su primer día de libertad. No tenía la seguridad de que respondería adecuadamente ante una mujer. Y aunque se quiera creer o no, nada me hace a mí más débil o vulnerable que los ojos verdes o azules, pero preferiblemente verdes, de una mujer. Y me iba diciendo que, en la medida de lo posible, debía evitar colocar mi propia mirada en el campo visual de sus ojos, en la dirección en que se proyectaran. Y la única forma de mantener la imprescindible agresividad ciertamente animal era, en mi caso, eludir su mirada de frente. Después resultó que me sobrepuse a esa prueba y lo que verdaderamente me sacó de paso y lo que me sorprendió y para lo que yo no me había preparado, después de cerrar la puerta a mis espaldas y en el instante de abrazarla, fue el olor de su piel, aquella fragancia que yo había ignorado en mis recuerdos y con la que no contaba en ninguno de mis planes. De inmediato la tibieza de sus lágrimas en el cuello de mi camisa y su respiración anhelante y el temblor. Y el decirle yo, alzándola dulcemente por su barbilla, quiero ver las lágrimas en esos ojos. Empañando esos ojos.

En el trayecto, y sin abandonar la observación a través del retrovisor y de los espejos laterales de todo lo que se movía a nuestro alrededor, Ciro me dijo que había artillería garantizada. Dos pistolas Colt calibre 45 y cuatro cajas de 25 cartuchos. La pistola mía y mis dos cajas de cartuchos estaban debajo del asiento. Ramiro Valdés había conseguido el material con sus contactos en Artemisa. Apenas habían llegado a su pueblo y ya estaban en acción. Constaté que había un sentido de orgullo en todos ellos y que eso me procuraba satisfacción. Estaban disfrutando por primera vez del recibimiento a los héroes. Y esto les permitía reconocerse a sí mismos como la cosa verdadera. Había ocurrido algo que pronto habría de aprender a describir con la exactitud de la terminología marxista. Había ocurrido un salto de calidad.

Recuerdo que en mi primera visita a Artemisa para los preparativos del Moncada, el 30 de noviembre de 1952, conocí a Ciro. El pueblo se halla a una hora de camino en coche al oeste de La Habana. Ramirito Valdés, «nacido y criado allí» —como decimos—, insistía en que conociera su tropa. Tuvo toda la razón. Reclutamos algunos centenares de combatientes en ese pueblo y al final seleccionamos a 30 para el Moncada, entre ellos Ciro Redondo, amén de que se nos brindaron algunas fincas de los alrededores para los entrenamientos. También recuerdo que el encuentro más importante de la organización antes del asalto al Moncada tuvo lugar en el mismo Artemisa, en la Logia Evolución, en diciembre de ese año. Estuvieron presentes todos los jefes de grupos de Occidente y expuse entonces los lineamientos políticos a seguir después del asalto y orienté constituir células de 10 hombres y les dije que cada una tuviera un responsable de las prácticas de tiro que se realizaban en fincas de los alrededores del propio Artemisa y en Calabazar, La Habana.

«Cuando tengamos un chance —le dije a Ciro—, vamos a pasarnos un día en Artemisa.»

«Coño, sí, Fidel. Vamos.»

16 de mayo de 1955, hacia las siete de la noche. Acabamos de ser amnistiados y yo me dirijo al cubil secreto donde he de acostarme con una mujer por primera vez en un año y diez meses cuando tengo conciencia plena de que somos un puñado de hombres distinguidos por el derecho a la arrogancia. Ciro, el niño campesino de las afueras de Artemisa, que se había ganado la vida como dependiente de una tienda de pueblo de poca monta pero paradójicamente llamada La Revolución, guía un coche, feliz y hasta exaltado luego de una condena de cárcel, para dedicar su segunda noche de libertad a cuidar desde la calle al refocile de otro hombre con una señora a la que no le es dable siquiera, por un problema de elemental disciplina, mirarle la cara.

«¿Tienes reloj?», le pregunté.

Ciro acababa de detener el Pontiac.

El interior del coche ya se hallaba en penumbras por lo que Ciro levantó la mano izquierda de su recuesto en el timón y volteó la muñeca para que yo viera el barato artefacto que llevaba.

«¿Y te fijaste si nos siguió alguien?»

«Me fijé, Fidel. Nadie.»

«Bueno, ¿tú me vas a esperar o te vas a ir?»

«Me voy a quedar, Fidel.»

«Mejor», dije.

Entonces di un golpecito con el índice sobre el cristal de mi reloj y calculé en voz alta:

«Son las siete y diez. Si a la once yo no he salido, tócame el claxon un par de veces. Yo estoy en el apartamento 303. Es aquella ventana que acaba de encenderse. Cualquier peligro me tocas ese claxon tres veces o me vas a buscar directamente. ¿Oká?».

«Oká, Fidel. Pero despreocúpate.»

Metí la mano debajo del asiento y extraje la pistola. Supe de inmediato, por su peso, que estaba cargada. De todas maneras hice deslizar el peine fuera de la empuñadura y, con el pulgar, presioné la primera bala de la carga, hacia abajo, dentro del peine. Se mostró reacia, casi inconmovible, para descender. Perfecto. A su vez, por la posición del gatillo, descansando sobre el percutor, supe que no estaba montada, pero no obstante me cercioré haciendo correr el carro hasta la mitad de la recámara y comprobar que estaba vacía. Solté el carro, que cayó contra el tope frontal, donde se detuvo en seco, con un chas-

quido, y le volví a colocar el peine dentro de su cavidad en la empuñadura. Me eché la pistola a la cintura, debajo de la guayabera, en el
momento que descendía del Pontiac y me incorporaba en la acera.
Después me alisé la guayabera, y repetí:

«A las once, Ciro».

«A las once, jefe», respondió.

Si realmente lograba eludir el efecto de apaciguamiento de sus
ojos en el régimen de fulgor máximo, es decir, el efecto que lograba
en mí por cualquier lado que su mirada me tocara, me decía, lo primero, o lo que debía ocurrir a continuación, era tratar de reconstruir
todas las piruetas que había diseñado en mi encierro. Sería como seguir un guión que yo mismo me había escrito y que me era necesario
seguir paso a paso, incluso diálogo por diálogo, hasta que me saciara
de llevar a vías de hecho todas las posibilidades que acumulara mi
imaginación. En rigor, había cumplido con el período de castidad correspondiente a mi sacerdocio de revolucionario. Fue una castidad de
tiempo limitado, ciertamente, y pude haberla sobreseído fácilmente
con soltarle alguna plata al mandante de turno o al sargento de posta
para que me sirvieran con alguna de las prostitutas que abundaban
en la zona de tolerancia de Nueva Gerona, pero que me abstuve de solicitar por casi la misma razón de mi rompimiento con Mirta: para no
regalarle argumentos al enemigo. Ahora encontraba la iluminación
entre los senos y los muslos de esta mujer, porque con cada descarga
de mis poderosos orgasmos y las sacudidas entre mis brazos de aquella cubana, yo arribaba a ese territorio de la realidad circundante que
de repente es nítido y en el que tus propios pensamientos salen a flote con la fuerza de las revelaciones. Sólo los hombres venidos de largos períodos de abstinencia —creo que en esto los más hermanados
son los marineros y los ex reclusos— y que no hayan cedido a las ten-
taciones de la pederastia, o peor aún, las idioteces de la masturbación,
saben lo que significa y cómo te llena los ojos y te embriaga la presencia de una mujer desnuda y el reto de los pezones erguidos sobre la
soltura de los senos y de su boca entreabierta y anhelante mientras te
le aproximas caminando de rodillas entre sus piernas que también comienzan a abrirse en un movimiento que intuitivamente tú sabes

coincidente con la apertura a su vez de los labios vaginales bajo la obscenidad de sus vellos púbicos, más obscenos mientras más inocente su piel y desprevenidos sus actos. Pero tiene que estar boca arriba, coño, y con los brazos extendidos, inermes, a ambos costados, para que sea la entrega total. Entiendan que todo propósito, que todo sufrimiento, que toda energía, ha estado concentrado en la obtención de algo que es definible quizá con demasiada premura como el poder y que yo, de rodillas pero ya inclinándome hacia delante para llevar mis labios rumbo a su boca y a su lengua y mientras me aferro a las caderas de esta blanca acabada de bañar y que me alza ligeramente la pelvis acomodándose, expectante, para ser penetrada sabiendo que yo voy a venir desde abajo y sin necesidad de ayudarme con una mano para colocarle el glande en el umbral de su vagina donde al unísono estableceremos ese primer contacto de la carne mientras continúo dominándola con maestría por sus caderas asidas con mis manos ahora de hierro y a punto de clavarle una pinga a la que no le cabe un milímetro cúbico más de sangre a presión, enrojecida por el bombeo en torrentes y la lujuria, no sólo soy el símbolo de mí mismo, el de yo poseyendo a las personas, sino que, aquí mismo, como el jefe que salta primero de la trinchera, enarbolando sobre su cabeza la pistola Máuser Parabellum, al grito de al ataque para conducir a su tropa, comienzo los procedimientos de mi asalto al cielo.

Desde aquella tarde del almuerzo con el Chino y Pardo y al que se sumó Aramís Taboada y que Pardo tuvo la gentileza de preparar en su casa, me dediqué a reorganizar el movimiento. Durante los 53 días que permanezco en Cuba antes de partir hacia México, dejo constituida la Dirección Nacional del Movimiento Revolucionario 26 de Julio en la casa de Factoría número 62 en La Habana —de forma clandestina, como se puede imaginar.

También me pongo en contacto con José Antonio Echeverría, presidente de la FEU, y con lo que yo llamaba «lo más sano y comprometido de la juventud ortodoxa», y de otros sectores dispuestos a la lucha insurreccional con el objetivo de organizar esa masa juvenil en un aparato clandestino unitario que los agrupara sin exclusión de ideología política, sexo, raza o credo religioso. Designé para esta tarea a Antonio López Fernández, «Ñico», el veterano del asalto al Cuartel de Bayamo, que logró escapar a la jauría batistiana luego de despachar al desgraciado sargento Gerónimo Suárez Camejo y que mandé a buscar a México, donde estaba asilado, para una de mis maniobras propagandísticas desde Isla de Pinos y que ahora podía disponer de él para organizarme las brigadas, y que era alto y flaco, extrovertido, y de una lealtad sin límites.

La primera brigada juvenil del MR-26-7 se organizó en un barrio de la zona portuaria, uno muy popular, llamado La Punta, y posteriormente en la Escuela de Comercio de La Habana organizamos la primera brigada en un centro estudiantil. Las brigadas se creaban con el objetivo de dar a conocer la existencia del MR-26-7 y mediante la propaganda y las denominadas «acciones necesarias» poner fin al falso clima de «tranquilidad social» que proclamaba Batista. Bueno, en realidad en aquel momento no era falso. Era tranquilidad social objetiva. Falso lo íbamos a volver nosotros muy pronto.

La preparación del clima insurreccional propicio al desembarco —que ya se fraguaba en mi mente y como planes ciertos con mis compañeros más cercanos— fue una tarea que yo califiqué como «*priorizada*» para las brigadas juveniles en todo el país. Debían encargarse de la propaganda en todas sus formas: la divulgación de *La Historia me absolverá* y los manifiestos del MR-26-7. Luego tuvimos un modesto logro con la primera pintura masiva de consignas revolucionarias en la capital. Fue posible con la producción de creyones en la panadería del padre de uno de nuestros compañeros, Segundo Pérez, en Factoría número 67, en el corazón de otro barrio muy popular, el de Arsenal. La fórmula para elaborarlos la dio José Ferrer, «Cheo», el que —a modo de experimentación— previamente había ejecutado una acción similar en el municipio de Regla. ¿Quieren hacer *graffiti* subversivos? Fácil. Toman un tubo de luz fría y le extraen todos sus componentes y filamentos internos. Lo único que se necesita es la envoltura de cristal. Entonces preparan un compuesto de carbón de cocina con chapapote derretido en proporciones iguales y cuando tengan esa masa bien calentita la vierten con un embudo dentro del tubo de neón y la dejan enfriar. La pueden cerrar con las mismas tapas de aluminio que vienen de fábrica con los tubos. Al rato, ya endurecida, ponen el tubo en posición vertical y dejan que se deslice hacia fuera el largo creyón negro. Cada colada da para unos ocho fragmentos, es decir, material para ocho combatientes. Es conveniente que de inmediato lo envuelvan con algunas hojas de periódico para que el tizne no se impregne en las manos o la ropa de sus operarios, porque a veces demora años en hacerle desaparecer. Por otro lado, si lo que llamamos el lápiz se resiste a salir —lo cual casi nunca ocurre— dejen caer el tubo al piso y que se haga añicos. Pero cuidado también con las cortaduras de los tubos neón que, dicen, provocan heridas muy difíciles de cicatrizar. Si acaso llegan a cicatrizar alguna vez.

Las cosas empezaron a ponérseme malas enseguida. Y yo no paraba, organizando y escribiendo. Convertí la casa de mi hermana Lidia en un Estado Mayor. Aunque no creo mucho en las explicaciones psicológicas, ni las tonterías freudianas, midiendo como mido la conducta humana en términos de sus rendimientos sociales, y más que sociales, políticos, estoy dispuesto a aceptar que mi estancia en la cárcel y sobre todo luego, al ser liberado, los 53 días de estancia en La Habana, fueron bonitas oportunidades para que Lidia recuperara un hermano en sustitución del padre que había perdido. Cierto que mi padre se había corrido con la que era mi madre y que por ella había dejado a la suya, y que, por otra parte, yo era un hermano menor —un auténtico *handicap* para establecerme como figura paterna sustituta. Pero el prestigio del gladiador que regresaba del asalto a la fortaleza quizá contribuyera a solidificar una imagen varonil, de mando y poder que valía por todos los años de edad con los que ella pudiera aventajarme. Aunque también pudiera estar revelando esa necesidad de la naturaleza femenina, de irreprimible perfidia, de estar vengándose de mi madre al ocuparse con devoción de esclava de mis menesteres, de mis cuidados, de nada que se le suponía su deber, y me llenaba en presidio de amorosas y dulces cartas y después me mantuvo al abrigo de su apartamentito de El Vedado y cada noche me lavaba y planchaba la única guayabera de que disponía —aparece ahora en todas mis fotos de la época— para tenerla lista en la mañana. Yo vivía una especie de frenesí revolucionario. Ella, el frenesí de la devoción.

Tad Szulk, uno de mis acuciosos biógrafos, describe primorosamente esa escena de Lidia lavando y planchando mi guayabera noche por noche. Su contribución a la propaganda revolucionaria es indu-

dable aunque fuese uno de los asalariados de la inteligencia americana dislocados en la redacción de *The New York Times* y que movieron
hacia La Habana a mediados de los ochenta con la pretensión de que
yo lo recibiera con los brazos abiertos y lo comprara. Le di la cuerda
que suelo dar en estos casos, lo dejé husmear unas semanas por el
país, y terminé por botarlo con cajas destempladas, con el resultado
que obtengo habitualmente de casos como éstos: recibir de él, hasta
el día de su muerte, las dispensas de sus incontenibles lisonjas hacia
mi persona y liderazgo en una producción sostenida de libros y artículos. El polaco Tad Szulk. Después me extiendo al respecto.

De verdad que yo no paraba, no me daba un minuto de tregua.
Pero estaba descubriendo una formidable experiencia. Comenzaba a
entender (y disfrutar) enormemente del poder que yo mismo desplegaba —o que emanaba de mi persona— y la influencia que ejercía
sobre la gente. Y comprendía asimismo que todo se lo debía a ser el
jefe superviviente del asalto al Moncada.

Pero lo que ha llegado a los historiadores, a las páginas de los libros, o que tiene utilidad como propaganda, es sólo la punta del tém-
pano. Un barniz. La piel opaca de los acontecimientos. No crean que
no he buscado en decenas de biografías y memorias de líderes revolucionarios o de príncipes o de conquistadores una descripción convincente de sus vísperas. Lo he hecho para buscar las señales de mi
propia emoción. Pero ha sido en términos generales una búsqueda
infructuosa. Sólo quizá en el pequeño librito de tapas amarillas sobre
José Martí de un escritor cubano llamado Jorge Mañach he encontrado algunas páginas que yo hubiese podido hacer mías, es decir, transcripciones equivalentes de mi experiencia. Descrito por Mañach, ese
Martí, criatura febril, que va de fracaso en fracaso y de incomprensión
en incomprensión, hasta hacerse con su voluntad por encima de todos los pronósticos, puede haber sido también más que el retrato fiel
de un hombre, el personaje que yo quería imitar, porque cumplía los
requisitos de mis expectativas.

El caso es que en aquellos días (y al abundar en estos detalles no
hago más que cumplir con las exigencias tan caras a una memoria),
me hallaba dominado por la excitación y la premura. Excitación física, quiero decir, y por tanto donde primero se reflejaba esta absor-
bente entrega a una causa era entre mis piernas, donde el más ligero
roce del pantalón me ponía de inmediato en plan de batalla. Aunque

no siempre en los momentos más oportunos y hasta llegando a ser molesto, esas erecciones involuntarias o fuera de lugar y muchas veces sostenidas durante más tiempo que el promedio, se apoderaban de mi ánimo y del sentido de mis actos, al extremo de que prolegómenos de la Revolución y priapismo llegaron a converger en un mismo punto de mi conciencia y de que el solo recuerdo de aquellas jornadas se me refleja en unos agudos, dolorosos estrechones de la próstata. Los mismos que siento ahora, mientras escribo esto, aunque ya, por efectos de la edad, vagamente.

De verdad que parecía haber recibido una sobredosis de adrenalina. Estaba saturado de energía y, desde luego, esa sobrecarga me convirtió en un amante implacable, incluso con esos tercos ataques de priapismo de que ya les he hablado, los cuales me hicieron entender por primera vez que la sensación de inmortalidad se halla en relación directa con la capacidad de erección, porque es una resultante del estado de excitación y el bombeo de sangre que la proximidad con la muerte provoca, y que no se me aplacaba siquiera cuando le vaciaba todo el contenido seminal almacenado por mis escrotos, seis o siete disparos de hirviente esperma que abrazaba, irracional, el propio interior de mi caño, a aquella muchacha hecha un criatura temblorosa y desvalida que me recibía, como abandonada, para ser impregnada de mi semen hasta el tope de las paredes interiores de su vagina y sólo atreverse, mientras movía las caderas, apoyadas sobre aquellas nalgas blancas y perfectas, en sus movimientos finales de absorción, a una respuesta, una sola respuesta. Decirme: «Fidel».

«Fidel.»

«Fidel.»

A continuación era su desconcierto porque ni uno solo de los músculos de mi cuerpo cedía ni se relajaba después del orgasmo y ella continuaba clavada en un trozo de casi siete pulgadas y una circunferencia de casi dos y entonces, sin violar una sola de las reglas de la comunión de los cuerpos cuando deben yacer quietos y haciendo gala de su habilidad para convocar el silencio, aquella mujer, mientras yo permanecía acostado a lo largo sobre ella y entre sus piernas abiertas y con mi cabeza reposando sobre la almohada, yo con los ojos cerrados y la barbilla superando por completo su estatura y rozando los rizos más altos de sus limpios cabellos, comenzaba el rito inevitable de la amante cubana que acaban de preñar: acariciar mi espalda, muy suave y dulcemente, haciendo correr el sudor hacia mis costados, como una espátula, que es el gesto maternal para calmarte, para que te sientas protegido, para que sepas cuándo ella te cuida. «Vamos, Fidel. Vamos.»

«Vamos, mi muchachito.»

«Vamos.»

10. LOS BOSQUES SE MUEVEN

> STALIN: Para hacer una revolución, es menester una mi-
> noría revolucionaria dirigente; pero la minoría más capa-
> citada, más abnegada, y más enérgica, quedaría desvalida,
> si no pudiese basarse en el apoyo, por lo menos pasivo, de
> millones.
> WELLS: ¿Por lo menos pasivo? ¿Tal vez subconsciente?
> STALIN: En parte también el apoyo semiinstintivo, y semi-
> consciente, pero sin el apoyo de millones aun la mejor
> minoría sería impotente.
>
> (*Bolchevik*, número 17, 1934)

LA ATMÓSFERA POLÍTICA del país no se aproximaba a la densidad de
la que se respiraba en los días previos al asalto al Moncada. Déjenme
ver cómo me explico. Se trataba de que yo debía crear un clima. Y, por
otro lado, comenzar los contactos. No se podía contar con Pardo Llada y tampoco, en términos generales, con el Partido Ortodoxo. Tampoco los auténticos, la gente del depuesto presidente Carlos Prío, estaban disponibles. Eso sí, tenían dinero, y mucho, que habían logrado
trasladar al exilio o que ya tenían depositado en los bancos de Miami
cuando se produjo el golpe de Estado de Batista, y no había que dese-
charlos pero tenía que buscar una forma oblicua de entrarles, es decir, de sacarles plata pero sin adquirir muchos compromisos con ellos
y mucho menos dejar que me contaminaran la tropa. Por su parte, recuerdo que Pardo Llada lo único que quería era que le devolviera las
memorias de Mussolini que, según él, me había prestado antes del

Moncada y no se les había devuelto. Yo en los preparativos de la Revolución cubana y él sólo preocupado por la devolución de unos libros que, en realidad, no estaban en mi poder. Él insistía en que le habían costado 200 pesos, que eran 20 tomos y que había comprado una de las únicas colecciones llegadas a Cuba —a una librería bastante famosa entonces, Cultural S. A. No se sabía la identidad del comprador de la otra colección. Pero la de Pardo se suponía en mi poder. «Pardo —le decía—, las memorias que yo me leí, eran de mi propiedad. Y ésas me costaron 20 pesos. Y tuve que escoger entre un Mussolini y un queso.»

Siguiendo con mi relación: tampoco, como se sabe, contaba con los comunistas, al menos con su estructura de «perfil suave», y además existía la dificultad de que Flavio estaba en Moscú y de que yo no disponía de un contacto regular con él en esos momentos. El hombrecito de los tabacos no apareció nunca más. Lo único que había recibido, estando aún en Isla de Pinos, era la declaración del PSP en que nos condenaba una vez más. Mientras el PSP planteaba —en marzo de 1955— la necesidad de realizar elecciones generales oponiéndose tanto a las componendas realizadas por los partidos burgueses como a las tendencias «putchistas» de algunos grupos de la pequeña burguesía —una descarada referencia a mí—, dejaba a las claras su interés en participar en las elecciones si Batista se lo permitía. El Partido, pues, no compraba ese propósito mío de lucha armada. Algunos meses después del fracasado intento de asalto a la fortaleza batistiana, aún describía esta acción como un *putsch*, como «una acción armada desesperada y con categoría de aventura», sosteniendo que acciones como éstas «no conducen a otra cosa que al fracaso, al desperdicio de fuerzas, a la muerte sin objetivos». Cabrones. Oponían a las acciones armadas lo que ellos llamaban «la lucha de masas»; no concebía la posibilidad de combinar ambas formas de lucha. Todo esto lo publicaron en sus periódicos y panfletos y, si por un lado tuvieron la virtud de hacerme aparecer como un adversario de los comunistas, o por lo menos desechado por ellos, por lo que la CIA y la embajada americana podían desentenderse de mi dossier, por otro me creaba una situación interna, digamos «filosófica» conmigo mismo, porque me dejaba de alguna manera desamparado en el campo de las ideas. Todavía era la época en que resultaba sacrílego separar la obediencia al Partido de las ideas del socialismo. Pero esto también me llevó en esa época a avanzar en una dirección hasta entonces inexplorada. Me obligó a inventar. A ser irreverente. Nada ortodoxo. A buscar una indisciplina válida dentro de la disciplina. Era hacer valer el sacrilegio.

Pero había que apresurarse en aquel verano. Resultaba imprescindible, y muy urgente, lograr ese cambio de lo que llamábamos el clima político porque Batista estaba ganando la guerra de la tranquilidad ciudadana y hacía que algunos negocios prosperaran y el dinero corriera, y de su éxito en estos propósitos dependía o no la posibilidad de la Revolución. Aparte de la industria azucarera y de que el país iba a lograr pronto una de sus mejores zafras, el turismo crecía a un ritmo vertiginoso y se estaba convirtiendo ya en un frente abierto por el flanco muy peligroso para nuestros planes. Es cuando entra la gente de la mafia americana en el escenario. Batista y ellos habían hecho sus primeros planes hacia 1950 en Daytona Beach, al norte de Miami, donde Batista tenía una casa y donde permaneció casi todo el tiempo de su exilio voluntario después de la salida de la presidencia en 1945. Se hacían llamar —ellos mismos— «El sindicato del juego» y su principal cabeza visible en relación con la plaza de Cuba era un hombre menudo, de espejuelos de armadura plástica negra, un reloj Waltham extraplano con bisel de diamantes en su muñeca izquierda y que se ufanaba de tener una abuela cubana, siendo italiano el resto de su parentela, y que se llamaba Santos Trafficante y a quien conocían como el Don de Tampa. Me estoy sirviendo del expediente de información «histórica» sobre Santos que me provee la Seguridad del Estado y que acompaña su nutrido expediente de información operativa, puesto que fue un personaje que no perdimos nunca de vista y, con toda la razón, puesto que lo identificamos como vinculado al asesinato de Kennedy amén de su probada participación en una docena de intentos de atentado contra mi propia persona. Batista les abrió las puertas al firmar la llamada «Ley del Juego» que permitía el establecimiento de casinos en edificios cuya construcción pudiera valorarse en no menos de un millón de pesos. Se suponía que esta medida evitaría el ingreso de cubanos pobres a los salones de juego, ya que estas edificaciones se encontraban sólo en urbanizaciones para la clase alta o los sectores más modernos de la ciudad, y que de este modo los casinos se reservarían para el turismo americano y los cubanos pudientes. La presencia del «Sindicato» se estaba haciendo sentir favorablemente en el sector de los servicios y de la construcción. Un mar de anuncios de neón inundaba la ciudad, y la dotaban de un embrujo, de una magia, frente a la noche y los alisios, mientras que el flujo de las prostitutas que aportaban miles de familias campesinas y las barriadas pobres ya no tenía que hacer su parada obligatoria y final en los bayúes de los barrios de Colón, La Victoria, Pajarito. Ahora había la oportunidad de hacerse rumbera o modelo en cualquiera de los cientos de cabaretuchos que proliferaban. Por todo ello, las posibilidades de creación de una situación revolucionaria en Cuba se tambaleaban. Nunca la Revolución cubana fue tan débil como cuando La Habana gozaba. Yo, que ya me deleitaba a mí mismo empleando términos como condiciones objetivas y subjetivas, me había quedado sorprendido al leer en Lenin que uno de los vectores más propicios como creador de condiciones objetivas era una catástrofe natural. ¿Era la otra posibilidad, la que me quedaba? ¿Un maremoto? ¿Un sismo? ¿Un huracán? No. No era algo por lo que pudiéramos sentarnos a esperar. Equivalía a aguardar por una nevada en el Sahara. Y Cuba no era zona sísmica a no ser en la franja de Oriente, frente a la fosa de Bartle. Tampoco tiene volcanes. Habría que esperar entonces a la temporada ciclónica y que a alguno de esos meteoros se le ocurriera pasar sobre la isla, pero para eso se requería un aparato político muy bien estructurado, para sobre los escombros de un huracán, levantar en armas a la población, amén de que, si no nos movíamos rápido lo que ocurría era que el gobierno se nos adelantaba con sus recursos y ganaba más simpatizantes con sus planes de asistencia que además se convertían en suculentos negocios. Así que lo más que podíamos era ser nosotros mismos un ciclón. Por cierto, que fue después de la Revolución que descubrimos el valor económico de los huracanes y ciclones y la enorme ayuda internacional que en esos casos se recibe. Los pobres soviéticos, que jamás han conocido un huracán en su largo territorio, tuvieron que enfrentarse a los devastadores efectos de los meteoros sobre nuestra isla del Caribe. Esa fiesta de las donaciones por las secuelas de los meteoros duró hasta que un cicloncito fuera de temporada, el *Kate*, se paseó desde el 19 hasta el 22 de noviembre de 1985 por siete de nuestras provincias, y Gorbachov personalmente me llamó desde el Kremlin y dijo: «*Esdrasbuituie, tavariche Fidela*». Nada, que quería saber con la mayor precisión posible de qué manera podían ayudarnos. Números concretos. Cosas precisas. Clavos. Madera. Alambre. ¿Cuántos clavos? ¿Cuánta madera? ¿En tablas o en bolos? ¿Kilómetros de alambre? ¿Grosor? No me gustó nada —para que ustedes sepan— aquella conversación, la primera que sosteníamos a través de nuestra línea directa, una de las únicas dos líneas directas del Kremlin con el continente americano. La otra era con la Casa Blanca, desde luego. Pero la nuestra tenía la ventaja de contar con el mejor decodificador de voz que entonces existía en el planeta y que tiraba del Palacio de la Revolución a la base de Lourdes, en las afueras de La Habana —adonde llegaba ya la voz completamente deformada e inteligible—, y de ahí a sus satélites militares, que a su vez los trasmitía al Kremlin, donde volvía a recomponer los sonidos. En el retorno de Moscú a La Habana se aplicaban los mismos ingenios. Esto siempre te obligaba a una conversación lenta (lo cual no dejaba de ser muy conveniente puesto que te daba tiempo, más bien te obligaba, a pensar), y a la que se sumaban los minutos que se tomaba el intérprete en elaborar su traducción.

Con Gorbachov le donación fue ajustada, precisa: 30.000 toneladas de arroz, 20.000 de harina de trigo, 10.000 de planchas de zinc, 5.000 de planchas de aluminio, 2.000.000 de tejas de asbestocemento y 1.000 toneladas de asbesto de fibra larga. En época de mi amigo Brezhnev a ese ciclón le hubiésemos sacado hasta un regimiento de Migs.

Colgamos los teléfonos.

????????

Estaba en la cabina a prueba de sonido del cuarto piso del Comité Central diseñada —en cuanto al mobiliario— por nuestro principal traductor de ruso, Jesús Rensolí, que era un hombre de Raúl. La instalación todavía existe. Inútil, apagada y en silencio, ya para siempre en silencio. Sin nadie en el Kremlin que levante la otra terminal y con Rensolí escapado a Finlandia a principios de los noventa y luego hasta Washington, donde se nos ha convertido en un potentado del Banco Mundial. Su diseño consistía en la alfombra más mullida sobre la que yo haya caminado en mi vida, de color beige; un *mullimiento* me imagino yo como de seis pulgadas, donde mis botas parecían hundirse hasta el calcañal; más dos poltronas de cuero rojo —una para el mismo Rensolí y otra para mí, los dos únicos autorizados a depositar nuestras posaderas allí— y una mesita niquelada sobre la que descansaban la grabadora y los dos teléfonos —uno para Rensolí y otro para mí, los dos únicos autorizados a descolgarlos y siempre al unísono.

«¿Qué coño fue el *utachnitie* ése que repitió tanto?»

Rensolí pareció vacilar con su respuesta. Después me di cuenta que buscaba la forma más amable de decirme algo que él sabía, de antemano, el disgusto a causarme.

Por fin se decidió.

«Comandante, es una expresión lapidaria. Quiere decir *precise*. O también puede traducirse como *diga exacto.*»

Los políticos tradicionales (yo comenzaba a llamarles así, con un dejo despectivo evidente: políticos *tradicionales*) elegían andar en sus coqueteos con el dictador y cerraban sus ojos ante mi llamado. A la larga esto me resulta de enorme beneficio, puesto que me permitirá disponer de una tropa a mi imagen y semejanza. Al eludirme y no establecer alianzas conmigo, en el futuro no tendré que compartir ni una migaja del pastel. Si les doy algo, será debido a mi generosidad, no a mi obligación ni a ningún pacto de repartición del poder. Pocos años después, al producirse el debut de la Revolución cubana en la arena internacional, y al contemplar la conducta de estos hombres y verlos desenvolverse, en los primeros meses de nuestro arribo al poder, descubriré una condición de los políticos y otras personalidades del subdesarrollo: son incapaces de superar las fronteras de sus territorios de nacimiento. No en balde se trata de territorios que aún se denominan «West Indies» en los mapas. Es asombroso cómo la gente toca la gloria y no lo reconoce. No comprendieron algo. En los países pequeños, pobres, subdesarrollados, el único descubrimiento posible es la Revolución. Para decirlo en términos militares, es un paso obligado. A menos que se resignen a su condición de parias de la historia. O peor que eso, que se conformen con los plátanos fritos y la carne de puerco grasosa y *los buques* —los platos hondos de los que se extraía la comida hacia la boca con una cuchara sopera— repletos de arroz con frijoles, y con sus putas baratas y sus guayaberas almidonadas, aunque felizmente cómodos en las molicies de sus digestiones y a la sombra de sus palmeras. No vieron ni siquiera el glamour de mi aventura. Porque la Revolución cubana fue glamour antes que nada; el glamour de las hordas, el glamour que venía de los bosques, y todo eso llevado a escala internacional y casi cinematográfica. De ahí esa añoranza con la que, apenas

siete años después, verán transcurrir la eternidad de su exilio, la añoranza de ese país blando, suave, aletargado, que hacía las siestas, y al
cual siempre han querido regresar, un país apacible, adocenado a los
americanos, sin ningún papel internacional que jugar, a no ser un pelotero ocasional que ganaba fama en las grandes ligas americanas, un
jugador de ajedrez que era portador de toda la genialidad o un negrito boxeador que se escapa milagrosamente a la tuberculosis. Nuestro
último gran producto de exportación prerrevolucionario fue una
mamboleta. Se llamaba Chelo Alonso y acabó con casi todos los jeques
del Medio Oriente, a base de los cimbreantes movimientos de su cadera cuando bailaba, lo que hacía siempre descalza, y unas medias de
malla calada a punto de reventarse en sus muslos. La historia es rigurosamente cierta. Aunque tiene una parte secreta o poco conocida. El
Che tuvo noticias de ella a su paso por Roma en el periplo por medio
mundo que yo le encomendé en 1959. Vivía en Italia, creo que en la
misma Roma, y el Che la invitó a Cuba luego de que nuestra embajada
le informara de los éxitos de la vedette entre los monarcas árabes.
Aunque ella declinó la invitación, nuestra embajada le mantuvo un expediente abierto durante muchos años. Lo tengo ahora delante de mí.
No es muy grueso. Hizo como 20 películas. Llegó incluso a actuar con
Clint Eastwood. A fines de los setenta —es la última entrada del expediente— tenía una firma que producía comida para gatos.

Desde luego, esta complacencia con su propia debilidad, con las
flojeras de sus propios espíritus, fue los que les convirtió en presas tan
fáciles de nuestra Revolución para derrotarles. Pero antes de ser contrarrevolución fueron mis allegados. La gente con la que me codeaba.
Aún hoy, ocasionalmente, suelo recordarlos con simpatía. Y después
de más de 40 años en el poder, ¿qué reproche hacerle a estos infelices
que, antes del Moncada, me hacían blanco de sus burlas, y, después,
calcularon que lo conveniente era eludirme?

Aunque la mayoría de todos ellos llegaron a ser enemigos encarnizados de la Revolución, es decir, enemigos míos, lo cierto es que
ahora me cuesta mucho trabajo recordarlos con rencor. Debe ser
porque ellos son los perdedores y yo el vencedor. Y no es que el rencor —según yo veo las cosas— se alimente de la derrota, sino que se
alimenta de la continuidad de esa derrota.

A nivel de detalle, sin embargo, yo creo que mi imposibilidad de
odiarlos reside en una anécdota. Bernardo Viera («Vierita»), José

Pardo Llada («Pardo»), Max Lesnik («El Polaco») y otros activistas solíamos reunirnos a principios de los cincuenta, al mediodía, en un portal techado del Prado habanero, frente a la emisora desde la que Pardo transmitía sus monsergas a favor del Partido Ortodoxo y su propia candidatura como representante. Solíamos hablar de esto y de lo otro mientras que desde los altavoces de la emisora se escuchaba la potente voz de Pardo y el arrastre de sus erres interminables despotricando contra alguno de sus adversarios políticos. Pardo era visible además. Descargaba tras un grueso cristal que daba a la calle, como una vitrina, Pardo frente al micrófono RCA que colgaba del techo y con un vaso de café con leche a su izquierda, un paliativo para las cuerdas vocales según decía, y la pistola sobre la mesa, pistola que nunca había disparado un solo tiro, pueden calcular.

Fue en uno de esos mediodías. Masferrer pasó despacito y nos insultó y nos vilipendió. Empezó, como es menester entre cubanos, con un sonoro: «¡Maricones!». Yo estaba desarmado por lo que entré corriendo en busca de la pistola de Pardo pero Pardo se asustó mucho con mi violenta irrupción en la cabina para coger la pistola porque no sabía si yo iba matarlo a él y comenzó a gritar que no lo matara y a preguntar pero ¿qué vas a hacer, muchacho? y comoquiera que el micrófono estaba abierto y que su programa era el de más alto *rating* en ese horario a nivel nacional hubo una considerable cantidad de radioescuchas que se quedaron en vilo mientras yo nuevamente ganaba la calle empuñando la 45 y le hacía no menos de cuatro disparos a los neumáticos del coche de Masferrer ya bastante lejano sin poder alcanzarlo.

La derrota como recurso

Bien, pues, la situación objetiva consistía en que los viejos compañeros de la ortodoxia se negaban a seguirme y que todos aquellos recuerdos del activismo ortodoxo carecían de significado. Pero no era la única dificultad. Lo que ocasionalmente yo llamé entonces «la pequeña campaña de verano» estaba ofreciendo otros puntos de resistencia o por lo menos me obligaban a ciertos replanteamientos.

Un esquema de la situación:

• Interregno entre la cárcel y la disponibilidad de una organización.

• Cómo una revolución, aún sin existir, está a punto de ser ahogada por la prosperidad de un país.

• La sustitución de potenciales o esquivos seguidores por el perfeccionamiento de una estrategia.

• El comunismo fuera del Partido.

Es desde esa época que comienzo a elaborar una tesis un tanto iconoclasta para alguien al que se le supone una férrea e incluso despiadada formación estalinista, pero es mi caso, puesto que desde hace años he creído que me hallo al antojo de un sino: el de las batallas contra el tiempo. Agrego algo. Si ese sino no ha actuado sobre mi devenir, de todas maneras yo he tenido la habilidad de aprovecharlo para imprimir a todas mis acciones una urgencia de vida o muerte.

Hablo ahora del interregno que se produce entre mi salida de prisión y los preparativos para la expedición del *Granma*. El hecho es que la Revolución cubana dependía entonces casi exclusivamente del *tempo*, y por lo pronto necesitaba perfilar una estrategia válida y coherente. Y que sirviera para justificar —¡de nuevo!— el uso de las armas. Bien miradas las cosas, podía tratarse de la aventura política más audaz de mi generación. Pero casi siempre ese tipo de lectura se produce después de consumados los hechos. De manera que sólo unos pocos estábamos al corriente de lo que podría ser el futuro nacional. Y la mayoría de las veces era yo solo. Por eso es mi creencia de que las revoluciones son en realidad obra de minorías, de muy exiguas minorías, de esos pocos afortunados que saben leer las señales del tiempo.

Además, nos hallábamos obligados a seguir ese curso, obligados a la aventura. De no lograrlo, mis seguidores y yo nos estancaríamos en un punto muerto del que ya no podríamos salir y en el que era inexorable que nos mataran a todos, más tarde o más temprano. No podía permitirme bajo ningún concepto el lujo de que nos convirtiéramos en un grupito de inadaptados que rumiaba los rencores de su derrota, pero en dirección inversa a la que he señalado arriba —que los fantasmas del Moncada nos aniquilaran. Nada de eso. Teníamos que expandirnos como una posibilidad atractiva de jóvenes dispuestos hasta a morir por lograr nuestro objetivo, que en el caso de la propaganda era decir en aquel entonces que aspirábamos a un país decente, próspero y libre. Pero primero tenían que fracasar —a la vista de todo el mundo— todos mis intentos de participación pacífica en la vida política del país, y esto —se lo confieso— era algo fácil de lograr: bastaba con emplear todas las tribunas para denunciar los crímenes del Moncada, y que el gobierno y sus seguidores, casi como respuesta lógica, me fueran cerrando uno por uno el acceso a periódicos, estaciones de radio y televisión y mítines políticos. Pero había que aprender a hilvanar los hechos, sin estridencias. Apenas he salido en libertad en medio de este clima de aparente democratización cuando mis primeras palabras, para sorpresa de muchos, no son un llamado a la lucha armada, sino a elecciones generales inmediatas.

«Estamos por una solución democrática», declaré desde la primera entrevista.

Ese tipo de retórica era importante para demostrar que no había solución política, es decir, solución pacífica del problema de Cuba con Batista en el poder, pero tenía que convencer a la opinión pública de que si el país se veía forzado a la violencia revolucionaria no era culpa de los revolucionarios, sino culpa del régimen. El triunfo de esta táctica convertiría nuestro gran defecto en la mayor virtud. Nuestra incapacidad de participar en una contienda política pacífica habría de tornarse en el argumento inevitable de la violencia.

Había un grupo, más bien sus remanentes, que yo debía tentar. En realidad, habían sido los pioneros en este tipo de lucha —lucha armada, quiero decir. El 10 de julio de 1952, el filósofo y poeta Rafael García Bárcena creó el Movimiento Nacional Revolucionario (MNR) con el objetivo de combatir a Batista. Logró reclutar unas seis decenas de jóvenes y un grupo de militares para tomar el campamento de Columbia. Error. Tú nunca puedes golpear tan arriba porque todas las señales que comienzas a emitir son equivocadas. Tú no puedes convertir un movimiento insurreccional en un remedo de golpe de Estado. El movimiento revolucionario necesita una reserva, un espacio. Por eso tiene que atacar en la retaguardia. Por eso yo escogí Santiago. Porque si pierdes, siempre la opinión pública y las circunstancias te van a dar una segunda oportunidad. Moncada era retaguardia. Columbia era la sede del gobierno. Además de que el enemigo suele actuar con mucha mayor ferocidad en el contraataque cuando intentas invadir su casa y no esperes piedad al caer prisionero; sin embargo, suele ser más condescendiente al recibir las noticias de que una posta de la frontera lejana ha sido atacada.

Los sabuesos del Servicio de Inteligencia Militar (SIM) descubrieron la conspiración, y García Bárcena y otros implicados fueron detenidos el 5 de abril de 1953. Lo condenaron a dos años de prisión. García Bárcena era un hombre de elevado prestigio en el extraño mundo intelectual cubano de antes del triunfo de la Revolución. En 1935 había obtenido el Premio Nacional de Poesía por su libro *Sed*; y en 1950, el Premio Nacional de Filosofía por su libro *La estructura del mundo biofísico*. Una lumbrera al que, al final, la cárcel y los propios acontecimientos que yo desencadenara lo opacarían por completo. De sus filas, sin embargo, hube de adquirir algunos hombres que en su tiempo resultaron muy valiosos. O valiosos a secas. Uno de ellos fue Armando Hart, posteriormente nuestro ministro de Educación original. Un tipo salivoso —no podía dejar de hablar sin escupirte, ¡y no paraba de hablar!—, muy entusiasta de la Revolución, a quien logré después endilgarle a Haydee Santamaría para que la desposara, y que terminó cuatro décadas más tarde atrabancado en brazos de un negro descomunal (tuvimos una primera señal de que había problemas con Armando cuando se nos apareció en un Consejo de ministros hacia los ochenta con su pelo canoso teñido de rojo azafrán), y que ya volverá a aparecer en las páginas siguientes. La locuacidad y la emisión continua de saliva han sido privilegios permanentes de su presencia en la Revolución. Otro fue Faustino Pérez, que en una época de la lucha tuvo a su cargo la resistencia urbana y que fue un fracaso absoluto en esa actividad y que después del triunfo de la Revolución fue nombrado como ministro de Recuperación de Bienes Malversados y que casi de inmediato se puso a conspirar en mi contra y al que al final, y sobre todo después de un llamado de atención mío, se *acotejó* —cubanismo por cotejarse, es decir, entrar en horma— y no tuve que fusilarlo. Pero el *cuadro* más competente —otra palabreja de los enclaves marxistas— iba a ser Frank País, un muchacho de Santiago de Cuba, del cual comenzaban a llegarme noticias, y que se me antojaba un tanto dostoievsquiano, o al menos con los aires de la *intelligentsia* rusa de la época del zar, y que andaba con una pistola 45 en un una Biblia ahuecada (era un protestante devoto) y que formó parte del Movimiento Nacional Revolucionario creado por García Bárcena. A fines de 1954 —luego de fracasado el plan de García Bárcena— Frank fundó Acción Revolucionaria Oriental (ARO), que después transformó en Acción Nacional Revolucionaria (ANR). Aunque —aclaro—, yo también tuve un amago de ARO (Agrupación Radical Ortodoxa) después del Moncada, pero que no alcanzó otra trascendencia que la de ser recordada por un borroso personaje llamado Max Lesnik, a quien ya he identificado como «El Polaco», que era el líder de la Juventud Ortodoxa y que se me opuso todas las veces que pudo, y que es el único que se acuerda de ese ARO. Y lo recuerda para contárselo a otro buen idiota, el periodista Tad Szulk, coño, también de origen polaco. ¿La conexión polaca? Pero Frank fue posterior; incluso no lo llegué a conocer personalmente hasta México. Pero ya por esa época tengo a Armando y a Faustino como asiduos seguidores y presencia permanente en casa de Lidia. Ellos me ayudaban reclutando a muchos de los viejos participantes del MNR de García Bárcena.

En el orden personal, sigo viéndome con Naty, aunque me falla. Naty.

A lo mejor ni se acuerda de algo que se mantiene indeleble en mi memoria: del lienzo de ella misma vestida de verde que colgaba de la pared de su sala y al que yo me refería en mis cartas cuando le decía que siempre la recordaba como en ese lienzo. Qué curioso. Recuerdo con mayor devoción ese lienzo, e incluso las cartas mías en las que se lo describía con lujo de detalles, que a la propia Naty. La cantidad de elaborados párrafos en los que yo me esforzaba por jugar con la palabra verde, buscando mezclar, como en un empaste aplicado con espátula sobre la tela, el verde de sus ojos con el verde de su vestido y con el verde pero leve de la luz que dominaba el fondo.

Ella falla porque le digo, «Sígueme», y no lo hace. Había ingresado —de las primeras— en el Movimiento 26 de julio y apoyaba las actividades pero no me siguió como era menester, como yo quería. Y yo lo quería todo. No puede ser de otra manera. Yo venía de los brazos de Mirta y del dolor de haberla perdido, quizá de la manera más mezquina por mi parte, y lo único que podía mitigarlo y darme un poco de ilusión era la más absoluta obediencia de mi próxima mujer. Yo no quería inteligencia, no quería militancia, no quería patriotismo. Quería obediencia. Ciega. Inmediata. Sin titubeos. Sólo eso hubiese compensado en mi corazón ya para siempre muerto el contacto perdido con la ternura de Mirta Díaz-Balart. Pero Naty no lo supo, no se dio cuenta, y se mantuvo bajo el techo de su médico, estoico y resignado él, a buen recaudo y con la gruesa chequera de banco disponible. De cualquier manera la preño de Alina y va a parirla mientras estoy en México. Pero se va a arrepentir de no haber tomado la decisión de haber renunciado a todo y seguirme. Es un arrepentimiento que le dura desde el triunfo de la Revolución hasta hoy. Yo le daré posiciones en el servicio exterior y en el Consejo Nacional de Cultura pero ella nunca logrará los reconocimientos de una primera dama. Ésa es la información que me va a servir la Seguridad durante años. Los llantos y suspiros de Naty en los salones diplomáticos porque no se dió cuenta de que se jugó su puesto de primera dama y que hubiese durado más de 40 años en la posición.

Había mucha gente que no entendía. No entendían nada. Ésa es toda una generación de gente sin entendimientos. A todos les di puestos y les encargué tareas muy delicadas y responsables. Tomen el otro ejemplo, el de Martha Frayde, a la que yo personalmente designé al altísimo cargo de embajadora nuestra en la UNESCO, en París, entre 1963 y 1964 y en la que yo tuve la confianza de encargarle muchos de los primeros depósitos secretos a mi nombre en bancos suizos. Eran los tesoros que estábamos capturando de las cuentas, cajas de seguridad y nichos secretos de las mansiones de personeros batistianos y de la burguesía criolla en fuga y sobre los que no existía ninguna clase de control o inventario. Y eran cientos de millones de dólares en efectivo y joyas. Muchos de estos tesoros, como pueden suponer, eran localizados por incondicionales míos de la Sierra Maestra, que se le adelantaban al personal de Faustino Pérez. ¿Se acuerdan de ella, Martha, la antigua pareja de Aramís Taboada, en nuestras pequeñas farras? Rápidamente regó por toda Europa cuál era el objeto de sus viajes a Suiza luego de que nuestros correos diplomáticos aterrizaran con sus abultadas valijas en Orly. También se extasiaba comentando que una noche en La Habana yo le había pedido que ocupara mi puesto tras el volante para que le dieran a ella si nos disparaban. Al igual que Rafaelito Díaz-Balart en relación con la sinecura de Mirta, nunca entendió. «Ponte aquí por si me tiran», dice ella que yo le decía. En realidad era ponte aquí para que no me vean. Pero debo resignarme. Cada cual debe arrastrar con los amigos de su juventud, de cuando uno los creía eternos. En realidad, es uno de los sentimientos más equívocos de la existencia humana y que se acrecienta en medida que uno se destaca desde el fondo de ese pasado. Si para uno mismo es difícil tragar que es superior a todos y que los ha dejado atrás, imagínense ellos. Ésa es la razón por la que no sólo tienes que arrastrar con su rencor sino con sus interpretaciones. Es la razón también de la firmeza de mi pulso cuando mando a que los tiren de cabeza en un calabozo. Como hice con la misma Martha en 1977 y la condené a 21 años de prisión.

Durita la doña, saben. Desde luego que la mandé a soltar un par de años después. ¿Cuánto cumplió en total? ¿Dos o tres años? No recuerdo ahora. Pero aguantó como si nada. Ésa es otra característica de mi generación. No sólo que no entienden, sino que duran. Duramos. Ahorita todos entramos en los ochenta y dando guerra. Yo quisiera que ustedes la vieran, su estatura, la estructura de sus huesos aún sosteniendo el empaque de los músculos de una atleta universitaria y el pelo alisado y recogido implacablemente hacia atrás para cerrarlo en un moño, severísimo, sobre la nuca.

Las brigaditas de Ñico López estaban empujando. Sus posibilidades aún resultaban modestas, pero ayudaban en mis planes. Había sido un acierto ponerlo al frente de esta tarea. Ñico siempre vestía como un perdulario, puesto que era muy pobre, con una ropa muy triste. Era también muy alto, y muy flaco a consecuencia del hambre, y muy descuidado, porque no tenía qué ponerse. Mas no se detenía en su pintorreteo de toda La Habana y le insuflaba ruido y vitalidad a una organización que en realidad, por lo pronto, no pasaba de unos treinta o cuarenta hombres fijos y que a veces lograba movilizar hasta un centenar de compañeros. La consigna era poner

M -26-7

M-26-7

en cuanta fachada se pudiera.

Contaba con Ñico aun desde la cárcel. ¿Se acuerdan? En enero de 1955, estando yo «guardado» en la Isla, es cuando concibo la idea de hacer regresar a Cuba a Ñico y a Calixto García —asaltantes del cuartel de Bayamo que habían logrado escapar ilesos y partir al exilio— para comparecer ante los tribunales como combatientes del Moncada. El objetivo perseguido: promover la reapertura del proceso y agitar al país precisamente antes de la toma de posesión de Batista el 24 de febrero —la fecha decidida por él mismo después de las elecciones fraudulentas—, aprovechando la amplia divulgación que tendrían estos hechos, dado el artificial clima de libertad de expresión fraguado por la dictadura para viabilizar la comedia electoral de noviembre. El juicio oral se convertiría nuevamente en centro de atención pública y tribuna magnífica para exponer las ideas del Movimiento. Fue innecesario, de cualquier modo, puesto que ya estábamos a punto de ser liberados. Pero Ñico estuvo ligado en mi mente desde el principio a mi concepto de que todo era propaganda. Ahora con las primeras pequeñas brigadas tenía esa tarea de «crear clima». La primera brigadita organizada por Ñico radicaba en la zona del puerto de La Habana y se puso a un negrito, un muchacho muy entusiasta, Gerardo Abreu Fontán, al frente. Un infeliz, en realidad. Ñico me lo presentó y hablamos en algunas ocasiones. Recuerdo que tuve desde entonces la impresión de que estaba hablando con un muerto. Eso me ha pasado sólo dos veces en mi vida. Ésta de Abreu Fontán y otra unos once años después con un guerrillero guatemalteco de paso por La Habana, un joven animoso y elegante llamado Luis Augusto Turcios Lima. De ninguno de los dos he olvidado su mirada. Muchas veces he pensado, incluso, que si yo sigo vivo es porque soy el único recipiente consciente de los destellos de luz de estos jovenes nacidos para inmolarse. Qué curioso: la mirada de ninguno de los hombres matados por mis propias manos —sobre los que yo he aplicado el gatillo, quiero decir— ha permanecido en mi memoria de igual manera. A los pocos meses, en efecto —después de haber salido nosotros de Cuba y estando ya alzados en la Sierra Maestra—, Gerardo caería en manos de la policía. Le clavaron media docena de puntillas en el cráneo —según información que se obtuvo después. Y su cadáver nunca apareció.

Mi hermano Raúl, Ñico y la misma gente de reciente ingreso procedente del grupo de García Bárcena se mostraban sedientos de acción.

Yo insistía por lo pronto en que se debía abandonar «cualquier plan inmediato de violencia» para darle en ese momento «prioridad absoluta al discurso». Había que saber mantener a nuestro favor el vector de las posibilidades. El uso entonces de cualquier acción armada nos hubiese llevado a la extinción. Si estábamos aún en la etapa del profeta desarmado, más nos valía tratar de armarnos antes.

¿Discurso?

¿Pero de qué o sobre qué?

Les voy a decir. Frente al argumento de que no había condiciones para la revolución y que había que esperar que éstas maduraran, había que inventar. En fin, que yo estaba obligado a buscar la piedra filosofal de la Revolución cubana. Dicho de otro modo, tenía el principio de la historia y el final. Pero faltaba todo lo de adentro. El relleno. Se podían usar atajos, ciertamente. Pero el uso de un atajo se refería a la táctica, al método. Sí. Porque yo tenía claro el concepto del atajo. Y no hay nada en el marxismo que descalifique los atajos. Nunca nadie ha negado la validez científica de que el tramo más corto entre dos puntos es la línea recta, ¿y qué tal si ese tramo más corto es el atajo y no la carretera? Bien, pues, el atajo. Aunque eso no era todavía el argumento.

Por otra parte me daba cuenta que ya no me encontraba en aquel atardecer en la escalinata universitaria cuando asaltar el Moncada se convierte en mi razón de ser para los próximos meses, y también con la diferencia de que tenía ese fracaso a mis espaldas. Fracaso no mirado como algo negativo (nunca te dejes llevar por esos ecos de la derrota. Es la única manera de convertir la más estancada o humillante de las situaciones en un simple episodio del largo camino). En realidad, aquella vez, mientras preparaba el asalto, había elaborado algunos extraños sofismas sobre una huelga general que acompañaría la acción del Moncada y de alguna manera tenía que perfilar este renglón, por ahí era por donde quizá hubiera que buscar la fuerza que estaba necesitando. Tenía que tomar más en serio mis lecturas marxistas. Aquella masa heterogénea que yo había vislumbrado era sin duda la población urbana. Los campesinos no habían sido más que adorno y énfasis dramáticos en mi alegato de *La historia me absolverá*. La población urbana y sus posibilidades de huelga general eran componentes que comenzaban a enviarme sus señales como destellos en la oscuridad de la noche.

Muchos años después de estas cavilaciones, pronuncié una de mis frases favoritas —«a nosotros no se nos hubiera ocurrido jamás iniciar una lucha revolucionaria en un país donde no existieran latifundistas»— siendo la verdad una frase inventada como justificación teórica a nuestros orígenes puesto que cuando comenzamos la lucha apenas si teníamos conciencia de la utilidad que al final iban a tener los latifundistas para nosotros.[1] Teníamos un excelente escenario para trabajar. Un escenario de desgracias y de mierdas y de desajustes sociales que comenzaban a ensombrecer el mapa de la República. Si alguna vez un escritor dijo que la literatura se alimentaba de carroña social,[2] sí puedo decirles que ésa es una ecuación que la Revolución descu-

---

1. Observen algunas de las contribuciones de la economía cubana de mediados de los cincuenta a nuestra causa. Los campesinos, los que no eran precaristas, eran arrendatarios. Los precaristas en tierras del Estado eran víctimas constantes de los desalojos y de los abusos. Los obreros cañeros trabajaban tres o cuatro meses en la zafra, y dos o tres meses en el llamado tiempo muerto. El desempleo en el campo era enorme. La población del campo tenía que venir a la ciudad, donde, a su vez, también había desempleo. Todos los que eran precaristas eran arrendatarios. El arrendatario de café tenía que pagar la tercera o la cuarta parte. El arrendatario de tabaco, el aparcero de tabaco, tenía que pagar también el 25 o el 30 por ciento de su cosecha. El de caña tenía que pagar un por ciento menor, pero era, sin embargo, alto por el valor en bruto de la caña, porque tenían que pagar, cuando menos, el 5 por ciento de ese valor en bruto. Por otra parte, los cafetaleros estaban en las montañas. El café se cultivaba en las montañas porque los campesinos, desalojados por los latifundistas cañeros y ganaderos, se habían refugiado allí. No es porque se dé exclusivamente en las montañas, sino porque fue el rincón adonde pudieron ir a sobrevivir. Pero el elemento que había que tener en cuenta primordialmente es que en Cuba, si bien la situación económica era crítica como la de todo país dependiente —desempleo crónico ascendente, deplorable situación del campesinado sin tierra, arruinado o víctima del desalojo, deterioro del salario real, déficit de la balanza comercial, enormes pérdidas para el país dada la rebaja de la cuota azucarera de esos últimos años—, hasta fines de 1958 no se podía hablar de una crisis económica coyuntural. Por el contrario, en 1957, debido fundamentalmente al alza extraordinaria del precio del azúcar en el mercado mundial, se produjo un año de prosperidad económica. Y ésa es la situación en la que todos mis empeños y sobre todo la celeridad con que yo me obligaba a actuar me dieron la razón finalmente: si en ese verano de 1957 el precio del azúcar se puso a tope, para entonces ya había convertido a la Sierra Maestra en mi bastión revolucionario y el país entero tenía puestos sus ojos en esas montañas donde nos guarecíamos.

2. El «amiguito» Mario Vargas Llosa, ¿no?

brió muchos años antes. Por lo menos era algo que estaba mencionado por Stalin desde los preámbulos de la Revolución de Octubre cuando hablaba de exacerbar las contradicciones. Luego, sin rubores de ninguna especie, al hallarse al mando de la Unión Soviética, fue parte consustancial de su política exterior. Y eran estudios en los que Flavio me había iniciado cuando me proveía de mis primeros folletos estalinistas y me decía que eran municiones para la artillería de largo alcance. ¿Oyeron? Exacerbar las contradicciones. Éstas ya existen. Pero uno las exacerba.

Así que comencé a considerar que tales condiciones había que crearlas pero había que hacerlo luchando. En definitiva, el asalto al cuartel Moncada entraba en esa lógica. Es decir, en nuestro caso, empeñarse en buscar una teoría para la Revolución era como poner la carreta delante de los bueyes. Es cuando produzco mi mejor momento teórico que es precisamente una especie de antimateria de la teoría que es no establecer presupuestos por adelantado, y lo que luego yo empataría con una música, la de *La fuerza del destino*, y hasta con una mística. Actuar sobre la marcha. Le hubiese dado fiebre a Lenin nada más que de oírme. La fuerza del destino. Ése fue un título que aprendí de nuestro novelista Alejo Carpentier. No creo haberla escuchado nunca. Habrá discos, me imagino. Me ha bastado con el título.

Se la oí mencionar a Alejo de paso una noche —quizá en 1964. Estábamos en una recepción en el Palacio de la Revolución e hice un aparte con él para felicitarlo por su libro *El siglo de las luces*, que me había impactado muchísimo y que yo le había recomendado a Raúl, y Raúl a su vez se lo había recomendado a compañeros que por motivos distintos teníamos presos en La Cabaña —la fortaleza construida por España a la entrada del puerto. No estoy hablando de contrarrevolucionarios, sino de compañeros de nuestras filas que había sido necesario disciplinar. Recuerdo con precisión por lo menos a dos de ellos que recibieron en su celda ejemplares enviados por Raúl. Uno al capitán Armando Torres y otro al negrito Carlos Jesús Menéndez. Los dos estaban en un área especial de esa prisión, donde habíamos organizado ciertas comodidades, camas y no literas, colchas para el frío, buena alimentación y servida en vajilla de porcelana, vasos de cristal y cuatro cubiertos. Yo simpatizaba con Armando Torres, al que llamábamos «El Francés». Lo teníamos encerrado —«guardado», según nuestra jerga común— porque se había ido a París y de París a Argel con el objeto de fomentar una guerrilla en no sé qué país africano, todo por su soberana inspiración. Era uno de esos hijos de la burguesía cubana que habían recibido buenos estudios y que en el momento de comenzar a ejercer sus carreras —de inaugurar sus sofisticados bufetes de abogados, sus clínicas privadas, sus oficinas de proyectos arquitectónicos, sus firmas de ingenieros— descubrían que la aventura estaba en la Revolución, una aventura con la promesa de todos los poderes. Armando había estudiado una carrera de filología en la Sorbona —de ahí su apelativo de «el Francés»— y regresó a Cuba para sumarse a una de las columnas rebeldes bajo el mando de mi hermano Raúl, en la zona que nosotros llamamos Segundo Frente Oriental «Frank País». Con el triunfo de la Revolución fue uno de los primeros jefes de las unidades de Lucha Contra Bandidos en la provincia de Oriente. La primera noticia de que algo no andaba bien con Armando fue cuando lanzó por la portezuela de un helicóptero Mi-4 a la mitad de su Estado Mayor en lo que él llamó una práctica de helidesembarco a gran altura y con todo el equipamiento pero sin asistencia de paracaídas y en el que dejó un rastro de nueve cadáveres espachurrados contra el duro suelo de Sierra Cristal. Lo teníamos en tratamiento psiquiátrico en La Habana, cuando se las arregló para escapar y que no volviéramos a tener noticias de él hasta que los argelinos nos avisaran que habían detectado un cubano organizando un bando de beduinos en un punto cercano a la frontera con Marruecos y querían saber si lo fusilaban *in situ* o nos lo mandaban en el primer vuelo. «En el primer vuelo —le ordené a Papito Serguera, nuestro embajador en la hermana república argelina—. Pero de acuerdo a los requerimientos de seguridad establecidos», añadí. Los requerimientos era enyesado desde la barbilla hasta los tobillos. El otro, un personajito —que nunca ha contado con mis simpatías—, era Carlos Jesús Menéndez, un teniente, piloto de combate del primer grupo entrenado en Checoslovaquia para volar los Mig-15. La verdadera importancia del teniente era ser hijo del famoso Jesús Menéndez, el líder sindical azucarero asesinado el 22 de enero de 1948 por un sicario de nombre Joaquín Casillas Lumpuy. Pero se nos convirtió en un problema pese a ser hijo del glorioso mártir y sin que le pasara por la cabeza agradecernos el fusilamiento del asesino de su padre el mismo día del triunfo de la Revolución cuando la gente del Che lo capturó entre la Plana Mayor del regimiento Leoncio Vidal de Santa Clara, y —por órdenes directas mías— no sólo le negamos la posibilidad de un juicio sino que también la de un fusilamiento en rigor, puesto que una horda de rebeldes lo montó maniatado en la cama de un camión y a mitad de camino le aplicaron la ley de fuga, sobre la misma, «sancochado» —como decíamos— a balazos de carabina dominicana San Cristóbal por la espalda. Tampoco el negrito tomó en cuenta que era un oficial de las Fuerzas Armadas Revolucionarias y que Raúl lo había presentado públicamente como uno de los pilotos que derribarían a la mitad de la aviación yanqui en caso de que osaran invadirnos, una especie de héroe por adelantado. Su problema había sido darle refugio a un fugitivo de una de nuestras granjas de rehabilitación de presos comunes que era el hermano de una mujercita con la que se había enredado. Así que cuando mi hermano Raúl me dijo que el favorito de nuestros hijos de mártires comunistas tenía oculto a un delincuente, yo respondí (textual): «¿Y quién se cree él que es? Descojónalo». En realidad, se había enamorado de la muchachona que era la hermana del fugitivo, que era un delincuente común de larga data y un expediente de medio pie de grueso, al que —al parecer— había sido menester propinarle algunos bayonetazos en las nalgas como medidas de reducción y castigo a personal insubordinado en la granja donde se hallaba. Agrego esto como información suplementaria: fue a mediados de 1961 que se dio la instrucción de armar a los custodios de presidio con todas las bayonetas de fusiles Springfield y Crack de la Primera Guerra Mundial que obraban en nuestros arsenales del material heredado por el antiguo ejército de la República. Un custodio con aquel bayonetón de casi medio metro de largo a la cintura era un símbolo consistente y adecuado de mantenimiento de la disciplina, y más aún cuando media población penal podía mostrar en sus regiones glúteas los efectos de tales sometimientos al rigor carcelario.

De modo que el individuo logró fugarse de alguna manera y se presentó con sus cicatrices aún frescas delante de uno de nuestros primeros pilotos de combate y al que le dio en ese momento por dar albergue ilícito a presos comunes. Por poco tiempo, desde luego, porque de inmediato nuestro excelente aparato de Seguridad del Estado los detectó y apresó a los dos. El fugitivo regresó a su canpo de prisioneros, con una carga adicional de unos 10 años más a cumplir, y Carlos Jesús, después de algunos días de trámite en el centro de instrucción de Villa Marista, fue remitido a La Cabaña, a esa especie de mazmorras de cinco estrellas que preparamos allí para ciertos compañeros. Raúl fue el que insistió en llevar suave al aviador, y al que le mandó otro ejemplar de *El siglo de las luces*. Creo entender la actitud de Raúl al enviarle este libro a nuestros prisioneros más queridos, ya que trataba que se movieran entre el Caribe y Francia en épocas de la Revolución francesa. Era como decir, un genuino revolucionario le ofrece a otros revolucionarios un sucedáneo de papel como simulación de una experiencia revolucionaria, o quizá, y aún mejor, para decirle, tu bartolina no es mi culpa, es que se trata de la situación de común santificada por todas las revoluciones modernas. En cuanto al teniente Carlos Jesús Menéndez, recuerdo que mandé al interrogador a preguntarle sus móviles. La respuesta de Menéndez resultó decepcionante a la vez que indicativa de una conducta que podría repetirse entre otros miembros de nuestras propias filas. Dijo que no quería embarrarse de sangre. Que, al menos, consideraba prudente ganar distancia con el proceso revolucionario si éste comenzaba a dar bayonetazos a prisioneros desarmados. «Nada —decía Raúl—, es que los pilotos tienen esa reluctancia con la sangre. Los pilotos mueren de cuello limpio y en aire acondicionado. Es la diferencia entre matar a un hombre cuando destruyes su máquina a 10.000 pies de altura y el sanguinario combate en rango corto de la infantería.» Yo rechazaba la noción. «Se trata de que es un flojo y un hijo de puta, Raúl. Es un revolucionario a medias. Nos está poniendo condiciones. Descojónalo.»

Bien, pues, Alejo me dijo que se sentía abrumado por el peso de dos títulos procedentes de dos obras musicales. Desesperaba por utilizarlos en su próxima novela. Los dos. Pero no sabía aún cuál de ellos. *La consagración de la primavera* es uno, me dijo. *La fuerza del destino* es el otro. A mí este último me dejó como loco. *La consagración de la primavera* no me conmovió una sola de mis neuronas cuando lo mencionó. Permanecí inconmovible de cualquier manera ante su explicación, con mi copita de cognac en la derecha mientras con la izquierda, en un gesto defensivo usual de mi personalidad (cuando quiero superar una situación reveladora de mi ignorancia ante cualquier asunto, toco a mi interlocutor) hice como si arreglara el nudo de su corbata, un nudo de irreprochable anudado. Lo que me perturbaba era el exceso de abstracción en la primera frase y el no saber cómo responderle a alguien que era una de nuestras montañas culturales —la más insigne de todas, sin duda, puesto que sabía de pintura, de música, de novela, de ensayo, de urbanismo, de arquitectura— que *La consagra-ción de la primavera* era tremenda mierda. Que *La fuerza del destino* era la buena.

Pero cómo conducir a las masas, y, sobre todo, ¿adónde íbamos? Pues no hubiese sabido decir con mucha exactitud. Pero a donde quiera que fuera, tendríamos que hacerlo juntos. No se trataba bajo ningún concepto de que ya fuera premeditado en mí hacer un pro-ceso comunista en Cuba. Nada de eso. Yo estaba operando justamen-te en una relación de intención totalmente a la inversa de lo que se hallaba en los manuales marxistas. Es decir, yo concebía hacer el uso más provechoso de los instrumentos que hallaba en su literatura. Pero el objetivo final era algo que debía resolverse después. Y era en-teramente razonable actuar así. La población cubana, sometida a un *barrage* incesante de antisovietismo, recelaba, tenía prejuicios y no tra-gaba el comunismo. Así que, por lo pronto, había que llevar al país a la misma situación de desesperación en que yo me encontraba aque-lla tarde de la escalinata universitaria cuando decidí asaltar el Monca-da. Las ideas, si querían, que vinieran después. Y esto nos permitiría una flexibilidad operacional sin límites. No había compromisos. Ni doctrinas ni banderas. El factor unificador del Movimiento 26 de Ju-lio no sería la ideología marxista-leninista, que había sido asimilada sólo por sus cuadros más avanzados (Abel Santamaría, Raúl Castro y yo, como sus solos lectores, y Raúl más bien intoxicado con esa folle-tería), sino la lucha contra Batista. En medio del ambiente macartista y anticomunista que reinaba en el país (y en el mundo), era un ab-surdo hacer declaraciones de fe marxista-leninista. No había que ha-cer declaraciones, había que actuar. ¿Pero cuál es el objetivo? Fácil. El objetivo era la libertad. ¿Y quieren ustedes algo más abstracto que eso?

Años después, a la hora de las explicaciones, y luego de consoli-dado nuestro poder, y estimando necesario fabricarme un sólido pe-digrí marxista-leninista, por aquello de afianzar una sustancial rela-ción con la Unión Soviética y con el Movimiento Comunista Internacional, convertí en un lugar común de nuestro proceso decla-rar que el 26 de Julio nunca hizo hincapié en las medidas revolucionarias que pensaba implementar, porque entendía que «poner énfasis en toda una serie de reformas y de leyes revolucionarias, en las condiciones en que se desarrollaba la lucha contra Batista, iba a debilitar el campo de las fuerzas que se enfrentaban a la tiranía». La realidad era, exactamente, lo opuesto, que no había más ideas que la de las jugadas tácticas que impusieran las circunstancias de cada momento.

No olvido la ansiedad, y de inmediato la satisfacción, de los dirigentes soviéticos y de otros países socialistas cuando yo les soltaba mi rollo de retórica marxista mediante el cual yo les daba una convincente explicación teórica de mi proceder. Era como utilizar la teoría de la gravedad de Newton para explicar a los policías de Batista que nos vimos obligados a asesinar a cabillazos por la cabeza. Pero cuando yo convertía la Revolución cubana en un capítulo victorioso de la lucha de clases a escala universal bajo la luz esclarecedora del materialismo histórico ante mi auditorio de severos miembros del Buró Político y Secretariado del PCUS bajo las bóvedas del Kremlin, era como si el Papa encontrara a Dios debajo de la bóveda de la Capilla Sixtina. Todo quedaba justificado. En efecto, Dios existe. Lo tengo enfrente.

Mi seguridad comenzaba a ser un problema, y una preocupación de los compañeros. Tú no puedes estar proclamando impunemente una insurrección a la luz pública y bajo las narices de los esbirros. Empezando en los primeros días de junio, Raúl, Ñico y Chucho Montané se mudaron con sus armas para la casa de Lidia, y yo a la vez decidí no dormir dos noches en el mismo lugar. Fue un excelente entrenamiento para después moverme en la Sierra y, mucho mejor, para lidiar con la CIA y la contrarrevolución y sus más de 600 planes de atentados urdidos y muchos llevados a cabo en los 43 años de Revolución. Entonces los esbirros apalearon a un líder opositor llamado Juan Manuel Márquez y asesinaron al ex comandante de la Marina de Guerra Jorge Agostini, acabado de llegar del exilio —un viejo ajuste de cuentas de los batistianos. Entonces en una sola noche explotaron siete bombas en La Habana. El acusado de haber colocado una de las bombas, la del teatro Payret, fue mi hermano Raúl. Después hubo el asalto al periódico *La Calle*, donde el viejo amigo Luis Orlando Rodríguez me publicaba incendiarios artículos. No obstante todo esto, la noche del 12 de junio tuvimos con todas las formalidades posibles del clandestinaje la reunión constitutiva de la Dirección Nacional del Movimiento Revolucionario 26 de Julio, compuesta por once miembros.[3] El 17 de junio le ordené a Raúl, sobre el que pesaban dos órdenes de búsqueda y captura, que se asilara en la embajada de México. Raúl viaja a México el 24 de junio. Después ordeno la salida de otro puñadito de compañeros. La fuerza invasora comienza a montarse fuera de Cuba.

6 de julio. 1955. Tengo a la policía de Batista detrás. Cada vez más cerca, más asfixiante. Pero Haydee quería que viniéramos juntos. Habían estado esperando por este momento desde que las liberaron. Sus sanciones habían sido reducidas a seis meses y fueron puestas en libertad el 20 de febrero de 1954. Nada más triste que el luto o el dolor de los perdedores, por su inutilidad. Entonces han pasado cincuenta y dos días de mi liberación cuando Haydee me insiste con un extraño peregrinar. En realidad, viajo mañana a México. Y ésta es una especie de despedida. Peregrinaje y despedida. Bueno, en definitiva la idea de conservar algunas cosas de este apartamento había sido mía, desde el vivac de Santiago, cuando, a sabiendas de que la represión sería más flexible con ellas, y para ocuparles el tiempo con alguna tarea, les dije que se ocuparan de sacar y conservar todas las cosas «de apartamento» —el de Abel y Haydee. Entre otras cosas porque ahí tenía mi buró y por cualquier otro mueble o enser que se nos hubiese podido quedar rezagado. En realidad mi objetivo había sido bien práctico, pero Haydee, desde que Eulalio Gonzales, el celebre Tigre, a las órdenes de Chaviano le mostró los ojos de Abel y luego los testículos de su novio, Boris Luis Santa Coloma, vivía asediada, la pobre, por las cargas emocionales y por unos fantasmas emasculados, ese cabrón Tigre sajando por trozos a aquellos dos muchachos tan limpios y tan bonitos, con su gafas Abel, que aún buscaba a tientas, desesperado en un suelo anegado por su propia sangre de las cuencas, ahora vacías y escarbadas con un destornillador, de sus ojos como si hallándolas pudiera

3. Fidel Castro, Pedro Miret, Jesús Montané, Melba Hernández, Haydee Santamaría, José Suárez Blanco, Pedro Celestino Aguilera, Ñico López, Armando Hart, Faustino Pérez y Luis Bonito.

recuperar la luz. Nunca matamos a ese hijo de puta, no lo logramos ubicar. Dicen que murió en una ofensiva de la Sierra y otros que en un reventón de alcohol y otros que en una pelea de galleros. De inmediato Haydee pareció encontrar algún consuelo en el hecho de sacralizar los objetos de su vida cotidiana, convertirlas en piezas de veneración nacional. Fue la primera vez que entre nosotros nos dio por conservar las cosas de nuestro entorno vital como piezas importantes de una historiografía por escribir. Desde luego, la vida moderna y sus enseres producidos automáticamente y en cadena hacen en extremo difícil el colocar sus productos bajo las urnas de los museos. No es lo mismo uno de los dos revólveres 1867 Webley Royal Irish Constabulary con cañón de 3.5-4 pulgadas y cachas de nácar de doble acción y puerta de carga que Custer llevaba en la batalla de Little Big Horn (y que ninguno de los dos apareciera nunca más) aunque producidos igualmente ya como objetos industriales que, digamos, exhibir en el Museo de la Revolución una olla de presión Preston fabricada en Michigan y en la cual la compañera Haydee Santamaría preparó al comandante en jefe su último arroz con pollo antes de partir al combate. Aunque, confieso, cada vez que veo esos museos que hemos erigido en nuestro propio honor a todo lo largo y ancho de la República, no puedo evitar la comezón del recuerdo de mi lectura de Marx y su reflexión sobre el pasado, que tan profunda impresión causó en mí: «Los hombres hacen su propia historia, pero no la hacen a su libre arbitrio, bajo circunstancias elegidas por ellos mismos, sino bajo aquellas circunstancias con que se encuentran directamente, que existen y les han sido legadas por el pasado. La tradición de todas las generaciones muertas oprime como una pesadilla el cerebro de los vivos. Y cuando éstos aparentan dedicarse precisamente a transformarse y a transformar las cosas, a crear algo nunca visto, en estas épocas de crisis revolucionaria es precisamente cuando conjuran temerosos en su exilio los espíritus del pasado, toman prestados sus nombres, sus consignas de guerra, su ropaje, para, con este disfraz de vejez venerable y este lenguaje prestado, representar la nueva escena de la historia universal». Yo he visto todo eso desarrollarse ante mis propias narices. He visto el mimetismo de la contrarrevolución con nosotros, su desesperado anhelo por desfilar por una Habana que los aclame como me aclamó a mí, su necesidad de encontrar en la Revolución los propios puntos de contacto u origen con su historia. Pero es un mimetismo estúpido, excesivamente imitativo. No aprenden de mi flexibilidad sino de la imagen de intransigencia que proyecto y que es una mentira porque nadie ha sido más adaptable a las exigencias de las circunstancias en la historia de Cuba que yo, pero cuando se emperran, van directos al paredón; pero los que hablan creyendo que de esa manera no están a la altura de la actuación mía que les he hecho creer, se quiebran moralmente. Y sé del modo en que yo les he impuesto a no menos de cuatro generaciones de cubanos la existencia de mi propio pasado. Pero siempre —y ésta era la confesión— me explota entre las paredes de mi cerebro, como una granada que se me acaba de resbalar de las manos, esa advertencia que me llega del subconsciente acerado de las convicciones que Marx me dejó no sé si como legado o como advertencia. *La tradición de todas las generaciones muertas oprime como una pesadilla el cerebro de los vivos.* De pinga.

Pero fue la primera vez que le tomé el gusto y así como un cierto respeto a la idea de dejar constancia de mi paso por toda la isla a través de toda la historia de mi vida. De modo que el sábado 25 de julio de 1953 y en el apartamento 603 del edificio de 25 y 0 en la barriada capitalina del Vedado, al almanaque que cuelga a la derecha y arriba del librero de la sala, no habrá quien le desprenda la página al día siguiente. Esta fecha ha quedado congelada en la historia. Sus ocupantes han salido en un viaje al Oriente cubano. Debo ascender hasta la sexta planta del edificio. La vivienda es pequeña y está compuesta de sala y un pasillo a través del cual se accede a la cocina, el baño y el único cuarto. Abel había alquilado el inmueble en el año 1952 . Era contador en la agencia de autos Pontiac. Fue en 1953 que me convertí en un asiduo visitante de este lugar, que vino a ser el puesto de mando de la dirección del Movimiento.

Los vecinos de Abel lo conocieron como un joven callado, trabajador, comedido, nunca tuvo una voz alta e inclusive jamás escucharon música en su apartamento, ni cuando lo visitaban sus pocos amigos y mantenían la puerta abierta durante el tiempo de visita. Además, según ellos, era de pocos amigos, pues nunca se reunían allí más de cuatro o cinco personas.

Su hermana Haydee también vive en el apartamento. Ella y Melba se encargan de los requerimientos domésticos. (Siempre las damitas patriotas que se encargan en circunstancias como éstas de «los requerimientos domésticos».)

Yo he trasladado para allí mi buró del bufete de Tejadillo, y como jefe del grupo escribo las notas para la prensa clandestina y redacto los proyectos.

Llegan los meses de verano, son las fiestas en el oriente del país, Abel viaja para Santiago de Cuba el día seis de julio, el 19 parte Melba y el 21 de julio viaja Haydee con el mismo destino. El 24 de julio, en el transcurso del día, de los bajos del edificio salen 5 automóviles para participar en los carnavales de Santiago, todos son amigos, eso cree un observador superficial y eso es lo que han querido hacer notar estos jóvenes. Quien descorrió el almanaque hasta marcar el 25 de julio no se conoce, las conjeturas aún están latentes. Pude ser yo mismo al pasar a chequear todos los puntos de salida de los combatientes (no lo recuerdo, así que no debo haber sido yo), o Jesús Montané o Gabriel Gil o Oscar Quintela, que serían los últimos que subieron al apartamento, por alguna razón, que con el paso de los años no lo recuerdan.

Cuando se conocen los hechos del Moncada y Bayamo, los habitantes del edificio de 25 y O son cogidos de sorpresa. Sobre el apartamento 603 crece el estigma; «Está fichado por el SIM», «Mataron al que vivía ahí y la hermana está presa», «Son revoltosos, sediciosos, comunistas». Sólo un matrimonio, simpatizantes del gobierno de Fulgencio Batista, se atreve a alquilar ese apartamento, pero no duran mucho tiempo.

Durante más de cinco años nadie se atrevió a alquilarlo. Los compañeros del recién creado Movimiento 26 de Julio fueron los encargados de cumplir las instrucciones de Haydee de sacar los muebles y pertenencias. Aunque, como ya he dicho, todas las cosas que estuvieron en este apartamento fueron guardadas a instancias mías. El día 30 de agosto en el vivac de Santiago de Cuba, tras un ardid, es cuando logro decirles a Haydee y a Melba, que las saquen y conserven, para que cuando triunfáramos, fuera conocido el lugar donde se organizó la primera acción armada.

Yo estoy debajo de ese apartamento, es de noche, y tengo bajo los dos brazos a Melba y a Haydee. Yo en realidad estaba pensando mientras los sollozos de Haydee se descargaban bajo mi axila izquierda —cada vez que recuerdo a Haydee, la tengo en esa posición, gimiendo bajo mi sobaco— en que esta visita a los bajos del apartamento de Abel no era la idea que me había hecho de una última noche en La Habana.

El 7 de julio de 1955 cuando salgo hacia México declaro en el aeropuerto de Rancho Boyeros en La Habana —con aire triste menciono lo que en realidad era la consecución absoluta de mis nuevos objetivos— que me veía obligado al exilio «para preparar un levantamiento armado contra la tiranía de Fulgencio Batista. Cerradas al pueblo (¡yo era el pueblo!) todas las puertas para la lucha cívica, no queda más solución que la del 68 y la del 95 (las guerras de independencia desatadas por nuestros libertadores, los mambises, contra España)». Dejo un rosario de frases convenientes y quizá en exceso altisonantes para reproducir en el futuro pero que entonces fueron muy eficaces (es como intentar un baile de salón de la corte de Luis XIV en una discoteca contemporánea: ése es el problema del historiador de su propia historia si no tiene el debido sentido del humor a la hora de discriminar «los valores del pasado»): «La paciencia cubana tiene límites». «De viajes como éste no se regresa, y si se regresa es con la tiranía decapitada a mis pies.» Y también los elementos implícitos en «Viviré en algún lugar del Caribe» que he de utilizar en el futuro, como con el mismo México, cuando viajo allá en 1982 y digo que iré volando sobre las olas» y todo el mundo se puso a esperar un avión de Cubana en vuelo a Cozumel y llegué en el *Pájaro Azul*, o cuando decíamos «desde algún lugar de Cuba», en cualquiera de nuestras constantes movilizaciones militares.

La profecía de los bosques

Una parte importante del tiempo estoy dedicado a entrenar al grupo que me acompañará en lo que después será la odisea y a conseguir los recursos materiales para ella, pero la propaganda sigue siendo mi preocupación fundamental. Me dedico a preparar una serie de manifiestos al pueblo de Cuba. El 8 de agosto termino el primer manifiesto del M-26-7. Aún no le enfilo los cañones al PPC (el partido ortodoxo), sino que me dedico al exorcismo de mi propio exilio y de por qué he escogido la vía de la lucha armada. Con una tirada de 50.000 ejemplares, mi primer panfleto debe empezar a circular el 16 de agosto de 1955, quinto aniversario de la muerte de Chibás, para ser repartido ese día varios millares en el cementerio. «Verán como rompemos la cortina del silencio y vamos abriendo el camino a la nueva estrategia», escribo el 3 de agosto de ese año. El segundo, debe criticar las formas anteriores de lucha y lanzar «ya las primeras consignas *de insurrección y huelga general*». Considero tan vital este último manifiesto que recomiendo sacar de él 100.000 ejemplares.

¿La huelga general? Desde luego que esto desmiente por su propio peso cualquier cuento de guerra de guerrillas más o menos prolongada. La teoría del golpe rápido. Eso es lo que bulle en mi cerebro. Ya esto es algo que comienza a ser la primera alternativa. De alguna manera soy consciente que es repetir el Moncada pero con variantes muy importantes. Durante años he logrado marear a casi todos mis estudiosos con la tesis que ya desde México yo había definido la lucha guerrillera como la opción directa a seguir inmediatamente después del desembarco, cuando en realidad fue la última. Por otra parte, tengan en cuenta que ni siquiera a mis más íntimos seguidores uno tenía que estar destapándole todos los pensamientos. Los pensamientos, en una conspiración, son siempre como una granada sin espoletas en la mano. Si abres la mano... Se trataba, en definitiva, como venía rumiando desde el vivac de Santiago de Cuba, de que yo tenía que buscar un equivalente estratégico al de la supremacía logística del adversario y quizá (todavía era un quizá) ese equivalente estuviera en el uso del tiempo (quizá una política de lucha prolongada) y en no apostar todo el capital al golpe rápido como en el Moncada. Yo martillaba una y otra vez mi cerebro con el dilema de cómo hallar variantes para debilitar esa supremacía logística de mis enemigos. Realmente lo asombroso del axioma hitleriano de que la historia la escriben los vencedores no es la brutalidad de su verdad sino que la escriben como les da la gana. Eso en cuanto a los que escriben mi historia. En cuanto a mí, hacía rato que había aprendido a solventar mis pensamientos a solas conmigo mismo. El resultado de mis elucubraciones, no importa hacia dónde las dirija, yo suelo representármelas como los ejércitos de Macduff en *Macbeth*, enmascarados como árboles —los bosques en movimiento que las brujas le presagiaron a Macbeth— en su aproximación a la fortaleza de Dunsinane. Nadie debe conocer de ellas hasta que el cerco esté consumado.

Así que me voy para México con una discreta visa de turista, llego en el vuelo 566 de Mexicana de Aviación que me condujo de La Habana a Mérida, Yucatán. No voy directo a Ciudad de México, porque estoy corto de plata, y mi hermana Lidia ha tenido que vender su refrigerador para pagarme el pasaje. Aquí ya esperaban mi hermano Raúl, Calixto García y varios compañeros más. De allí me traslado al puerto de Veracruz, donde pasé la noche, y de este puerto a la ciudad de México, adonde llegamos por carretera el día 8, en todo momento yo con mi viejo y ya gastado traje gris y con una maleta llena de libros, más la guayabera y creo que dos o tres pares de calcetines.

11. ASÍ SE TEMPLÓ EL ACERO

Teníamos el ambiente caldeado en México. Heredamos los problemas anteriores creados por otros grupos de revolucionarios cubanos, sobre todo el escándalo por el asesinato de un tal «Cucú» Hernández, que estuvo implicado en la masacre de Orfila. Era la venganza de la UIR —el grupo de Emilio Tro, al que yo había pertenecido— por la contribución de Cucú a la muerte de Emilio y los otros compañeros. El mulato Herminio Díaz y Laureano la Plancha habían sido despachados a México para dar cuenta del tal Cucú, que creyó encontrarse a salvo en la capital azteca. Otro personaje, éste apodado «El Doctorcito», lo echó por delante —los cubanos decimos «lo echó *palante*», es decir, lo denunció. El Doctorcito fue a la casa de huéspedes de Puebla 296 esquina a Salamanca, en el *de efe* —como le llaman los mexicanos al Distrito Federal— y les dijo a Herminio y a Laureano: «¿Ustedes no están buscando a Cucú? Pues ahora mismo lo tienen en el consulado». Era una época de mucho trasiego por los países del área de pistoleros cubanos, los conocidos «revolucionarios», unos exiliados, otros vendiendo sus servicios al mejor postor, otros aún en plan de guerra contra antiguos adversarios. Y no les asombre que aparezcan tantos individuos en relación con estas pandillas. Según la información disponible, una cantidad de no menos de 3.000 hombres se movía en forma activa y permanente alrededor de los grupos hasta el golpe de Estado de Batista en marzo de 1952. Y todos «ensillados», es decir, armados con una pistola calibre 45. Todo esto es información obtenida algunos años después, y con los recursos del poder a mi disposición, cuando hice un estudio de este fenómeno del gangsterismo en Cuba. Quise ver desde la lejanía cómo era el escenario donde se había producido mi formación. También quise actualizar la nómina, de forma completa y exhaustiva, de los pistoleros que pudieran quedar rondando por Cuba. Sobre todo los que aún pudieran quedar con deseos y ánimos de saldar alguna vieja cuenta en contra mía, más que la preocupación por cualquier rencilla pendiente de solución entre los antiguos grupos. Pero no quedaba nadie. Los que no estaban en la cárcel o fusilados, yo mismo los había mandado a salir del país. Luego algunos de ellos siguieron matándose en los países vecinos, Venezuela, Santo Domingo, México, y sobre todo Estados Unidos. Si acaso se informaba en los expedientes, pero como verdaderas rarezas, que el antiguo comandante de la policía de Grau y simpatizante de la UIR, Antonio Morín Dopico, viejo y achacoso, había tenido un taller para fabricar silenciadores de carros (*mufflers*) en la ciudad de Matanzas, unos 100 kilómetros al este de La Habana, el cual le expropiamos en marzo de 1968 y que vivía de una pensión de nuestro gobierno, y que Billiken andaba en las mismas, solicitando jubilarse luego de trabajar unos meses en un puesto de quinta categoría en el Ministerio de Justicia.

Debo aceptar —y hasta hubiese tenido que agradecerle— a Batista que él ordenara una limpieza preventiva en los inicios de su gobierno. Tenía una lógica de continuidad que él encargara al más impetuoso de sus esbirros, el coronel Rafael Salas Cañizares, la misión de exterminio. Lo que ocurrió entonces puede ilustrarse con las oleadas que se abalanzan sobre las playas, una tras otra, cuando apenas el remanso de las aguas en retirada se ven ahogadas por el espumante barrido de la nueva ola. En 1945, Batista dejaba la oficialidad del ejército en manos de sus hombres. Grau pretendió contrarrestar con los grupos paramilitares como los ya conocidos UIR, MSR, Joven Cuba, y luego todas las caprichosas divisiones y subdivisiones que conocieron y que al final derivaron, sin excepción, en virtuales escuadrones de la muerte. De modo que la orden de Batista —al regresar al poder mediante su golpe de Estado de 1952— de que Salas Cañizares acabe con los grupos creados anteriormente para combatir a sus hombres, no sólo encuentra el terreno fértil de la lógica, sino el de la más imperiosa necesidad.

* * *

Cucú estaba con su familia, mujer e hijos, atendiendo unos papeles con el cónsul, un tal Vianelo, reconocido homosexual —por esa época tal reconocimiento suscitaba recelos y prejuicios, y no se decía reconocido sino *connotado* homosexual—, cuando los matarifes hicieron acto de presencia. Separaron de un tirón a Vianelo y a la señora e hijos de Cucú, creo que dos hijos, del campo de fuego y le vaciaron los dos cargadores de ocho balas calibre 45 cada uno en la caja del pecho y como tres que se escaparon hacia la cabeza y uno en el cuello, que con el primer fogonazo le había bastado para considerarse asesinado, y que cayó, soltando pedazos de piel, y bañando con sangre en aspersión al cónsul Vianelo.

Esa misma noche, después de corretear por todos los refugios posibles y de que les cerraran todas las puertas en las narices, y con la policía del *de efe* detrás de ellos, Herminio y Laureano saltaron por una verja de la embajada cubana en busca de asilo y donde vinieron a caer directamente fue en la habitación que ocupaba Vianelo, al que le dio por gritar desesperadamente y clamar por que, por favor, no lo mataran.

A los pocos días Laureano pudo escapar sin mayores dificultades, rumbo a La Habana, por el mismo aeropuerto del *de efe*, ataviado con un poco imaginativo disfraz de turista americano en plan de farra. Poco imaginativo aunque de alta eficacia, como se pudo comprobar.

Pero Herminio era mulato, mulato más bien prieto, y en aquella época no había turistas americanos de ese color. Hubo que trasladar a Herminio en un barco desde Veracruz a La Habana y se hizo imprescindible la ayuda del famoso muralista Diego Rivera y el cónsul cubano de Veracruz. La escritora cubana Loló de la Torriente, que vivía en Londres 40, también en el *de efe*, cooperó así mismo. Herminio fue embarcado en el *Marqués de Comilla*, el transatlántico español. Todos observando de soslayo los retratos de Herminio colocados en las comisarías y en las tablillas de Inmigración mientras se dirigían al muelle con el pelotón comandado por don Diego. Herminio subió a bordo como un cargamaletas que acompañaba al pintor. Tres o cuatro maletas colocadas sobre los hombros de manera que le escondieran la cabeza y no se le pudiera identificar. Ése fue el lío de sacar al mulato. Creo que don Diego se quedó a bordo y descendió en alguna escala y que Loló y el cónsul cubano de Veracruz despacharon algunas copas de Terry malla dorada con el comodoro. Pero el problema es que eso nos dejó muy mal a todos los cubanos. En los meses posteriores al asesinato de Cucú, carecías de la más mínima tranquilidad para conspirar en México.

Bayo. Alberto Bayo. Probablemente un mercenario. Desconozco de dónde saca esa reputación de entrenador de cualquiera interesado en derrocar un gobierno en América Latina, no importa bajo qué denominación. Pero es de origen cubano. Tiene una mueblería en el *de efe*. Da clases también en una escuela de mecánicos de aviación militar. Todo lo que le prometo —en cuanto a sus beneficios— es para después. Para cuando yo tenga dinero. Para cuando triunfemos y las arcas de la República agradecida estén a su disposición. Por lo pronto me es suficiente con un discurso patriótico. Es el único cubano en todo México que puede ayudarme a montar una expedición. Lo convenzo y él me entrena a los muchachos y me organiza la escuelita en un rancho cercano a Ciudad de México (de paso lo persuado también de que empeñe la mueblería para comprar el rancho). Mi gran problema con Bayo era su pérdida de visión y control motor del ojo derecho y aquel ojo grande que parecía colgarle como una leontina me creaba grandes problemas para mirarlo de frente y sobre todo para acercármele y poder pegarle casi mi nariz a la suya, que es la fórmula irresistible de persuasión que suelo utilizar, sobre todo cuando el discurso es de carácter patriótico. Tú no puedes hablar de la patria a larga distancia. Necesitas hacerlo con el adecuado tono conspirativo a la vez que tocas a tu interlocutor. Ese índice que yo les hundo en el pecho a mis donantes en proyecto es decisivo en la operación de convencimiento. Así que reprimía mi reluctancia y le soltaba mi descarga de que Cuba lo necesitaba desesperadamente.

En realidad, su única preocupación era saber con cuánta seriedad actuábamos, cuán responsables éramos. Cuando fusilamos a los dos primeros allí mismo en la finquita y los enterramos debajo de unas piedras tuvo una noción de nuestra seriedad. Eran unos tipejos de los que teníamos la convicción de ser informantes de la inteligencia batistiana. Los fusilamos con pistolas. Al tercero lo matamos en Tuxpan, a la salida del *Granma*.

Nunca he sabido si esos cadáveres han aflorado, porque al menos al de Tuxpan lo enterramos casi a flor de tierra, a flor de arena, quiero decir, porque fue en una playa cercana al muelle.

En lo que a Bayo respecta, les informo que cumplí rigurosamente mis compromisos. Al triunfo de la Revolución se le invistió con el grado de comandante y cada vez que se presentaba la oportunidad lo agasajábamos con actos públicos y los niños lo rodeaban y lo colmaban de flores y de cánticos revolucionarios.

México marca el período en que Pedro Miret, uno de los veteranos del Moncada, trabaja más cerca de mí. El asalto de otra fortaleza está fuera de toda cuestión así que le encargo la búsqueda de un área de desembarco, entre Niquero y Pilón, en un agudo recoveco que traza la isla en la costa sur y que me dejaba la Sierra Maestra como una retaguardia posible a una distancia prudencial si por fin nos decidíamos a avanzar sobre Manzanillo, la ciudad más importante de la región, en dependencia de lo que ocurriera con el plan en desarrollo de un alzamiento en Santiago de Cuba. Algo de esto lo había elaborado ya, por primera vez, aunque con tonos bastante imprecisos, como cuarto episodio de la secuencia del Moncada; primero, asegurar el cuartel y su arsenal principalmente; segundo, repartir las armas a los santiagueros y aceptar a los militares que se nos quisieran sumar; tercero, que los asaltantes del cuartel de Bayamo cortaran la carretera de acceso a Santiago; y, cuarto, un llamado a la huelga general a todo el país. Así mismo lo describía mientras se me iba ocurriendo ante el mantel de hule, que imitaba un género de cuadros escoceses, del comedor de Abel y Haydee. Había vasos a medio tomar, casi siempre de agua, migajas de pan, viejos y duros granos de arroz, y mi disertación incontenible para los fieles de mi cofradía: Abel, Ramirito, Chucho Montané, Pepe Suárez. Nunca pusieron en duda ninguna mis aseveraciones ni les cupo la menor duda de que el país entero iba a secundar nuestra acción con una huelga general instantánea y no que la población se iba a quedar más sorprendida y paralizada que los primeros soldados del Moncada que nos enfrentaron. Pero ahora debía medir mis pasos, no por mi auditorio de fieles a prueba de cañonazos, sino por mis propias posibilidades. Ya no se trataba siquiera de tentar mi suerte. Se trataba de que debía organizar una revolución pero con el objetivo de sobrevivirla.

Pedrito viaja a Cuba, y por indicaciones mías establece contacto con Frank País, en Santiago. Los dos se trasladan a Manzanillo y localizan a Celia Sánchez, a quien ya conocen. Celia, cargada de mapas y fotos de aficionado tamaño postal, había ido varias veces a la sede del Partido Ortodoxo en La Habana, después de nuestra salida de prisión, para convencerme de hacer la guerra en esa zona. Sólo había visto a Pedro Miret, en quien yo delegaba las tareas de ese tipo. Yo me daba cuenta de que el ejemplo del Moncada se esparcía porque había mucha gente ilusionada con que yo les organizara la revolución en las regiones de residencia. Así apareció Celia Sánchez, que con René Vallejo es de los manzanilleros con estudios en Estados Unidos y que tendrán enorme preponderancia en el proceso. Miret regresa a México y me cuenta de sus exploraciones de la región con Celia y Frank. Lo devuelvo para Cuba y le digo que, en principio, el acuerdo es desembarcar en Pilón.

Yo vivo en un hotelucho del centro del *de efe* y por esa época conozco a María Antonia González, una cubana mujer de un mexicano que es uno de esos forzudos combatientes de la lucha libre, Dick Medrano. Ella después va a ser muy famosa porque es la María Antonia que aparece citada en la carta de despedida del Che antes de partir para Bolivia. El encuentro con María Antonia y la benevolencia de Dick nos permitió disponer muchas veces de techo y de un plato caliente en las noches de mayor desesperanza y tristeza de nuestro exilio. Pero nuestros recursos cada vez se reducían en forma más alarmante y María Antonia y las patadas voladoras de su marido eran insuficientes para el sostén de una insurrección. Es preciso obtener dinero y decido reproducir las andanzas de Martí en Estados Unidos.

La fuerza del destino o la casualidad como materia

La propaganda ha sido bastante simétrica en relación con el Che. Para ser un hombre sobre el que hice un rechazo inicial y del que luego su propia presencia a nuestro lado se encargó de darme sobradamente las razones, creo haber hecho de él un uso adecuado y bien productivo a favor de la Revolución. Era un pobre diablo. Pero la verdadera biografía de ese pobre diablo a quien todo el mundo conoce como Che y que se llamaba Ernesto Guevara de la Serna es difícilmente compatible con la del personaje creado a partir de la Revolución cubana. Yo sé que a todos ustedes les va a resultar un trago muy amargo el reconocer que llevan cerca de 40 años postrados de admiración ante un hombre que sólo existe como propaganda.

Al inicio dije simetría porque los biógrafos parecen coincidir en que el origen de sus convicciones revolucionarias se produce en sus recorridos por el subcontinente latinoamericano. Se supone que, viajando desde Argentina hasta Guatemala, descubrió la miseria y la explotación de los pueblos y la voracidad del imperialismo norteamericano. Fueron viajes, como se sabe, realizados a tramos desde que terminó la adolescencia. Cada año se aventuraba más lejos y por más tiempo desde las fronteras de su casa. Estas excursiones devinieron con el tiempo una especie de apostolado ideológico, un aprendizaje *en el terreno* de los vectores de una revolución. Pero si algo yo conozco perfectamente, después de incontables horas de conversaciones con el Che, es el carácter deportivo de todos esos viajes y que si alguna lectura animaba su espíritu entonces eran las novelitas de Emilio Salgari y no los panfletos de Marx. Y que, por encima de todas las cosas, si se imponía cada vez llegar más lejos y a su vez tentar las situaciones más extremas, lo hacía como un reto con él mismo y que esto era debido a los espantosos ataques de asma que quisieron doblegarlo desde muy niño. Muchos años después —y como resultado directo de mis observaciones sobre el Che— entendí que la fuerza de sus convicciones y su estoicismo ante el peligro y su voluntad de hierro no tenían nada que ver con auténticas convicciones, estoicismo o voluntad. Era el asma. Y es algo consustancial con los asmáticos. Ese ahogarse permanente y sobre todo las respuestas constantes del organismo, los golpes de adrenalina emitidos en abundancia por el sistema neurovegetativo, te curten diariamente para resistir cualquier oleada de miedo y con tanta consistencia como hallarte en un blocao japonés bajo la preparación artillera de la Séptima Flota yanqui durante la guerra del Pacífico. Es decir, cada vez que el Che exigía alguna clase de esfuerzo sobrehumano a nuestros combatientes, yo me veía obligado a cambiar la vista y hacerme el desentendido, puesto que —entre otras cosas— ya era muy tarde para destruir una de nuestras primeras leyendas de la Sierra. (Amén de que, de cualquier manera, la experiencia resultaba al final beneficiosa, porque los compañeros se obligaban a alcanzar una meta cada vez más alta, y eso los aceraba y los dotaba de orgullo.) Pero, en lo más profundo de mis convicciones, yo sabía qué era lo que estaba viendo. Estaba viendo a un hombre enfermo obligando a regirse según los cánones de su enfermedad a un montón de alegres y sanos muchachos cubanos.

Ese supuesto aprendizaje revolucionario continúa, luego de muchas vueltas, en Guatemala. Para ganarse la vida, sale por las calles de ciudad de Guatemala a vender imágenes del Cristo de Kipula, un Cristo negro traído por los españoles, a quien los guatemaltecos atribuyen poderes milagrosos. Entonces conoce a Ñico López. Yo estaba en la prisión de Isla de Pinos y Ñico, que había logrado escapar ileso del combate en Bayamo, daba tumbos entre México y Guatemala, en lo que teníamos la ilusión de que eran labores de propaganda y recogida de fondos pero que en realidad se trataba del infeliz de Ñico tratando de sobrevivir en ese submundo de blanquitos en desgracia que para ganarse la vida estafan a los aborígenes. Sopesen ustedes la baja estofa de los negocios a los que se dedicaban el Che y Ñico, si uno de ellos vendía estatuillas a los indios y el otro era representante de un movimiento revolucionario cuyos integrantes se hallaban tras las rejas en Cuba. Sólo un esfuerzo de imaginación descomunal permitiría adivinar que a la vuelta de cinco años, el Che, se convertiría en uno de los hombres más venerados de la historia de nuestra civilización.

Ñico, en aquellas caminatas guatemaltecas, le cuenta nuestro combate del Moncada al argentino, él con los Cristo de Kipula al hombro. Y el argentino le responde, con ese tono bastante irónico, o de permanente incredulidad, que lo caracterizaba: «*Contate* otra de cowboys». No le creyó una palabra. Resulta paradójico, mirado con la perspectiva actual, que el segundo icono en importancia de la Revolución cubana (el primero, desde luego, debo ser yo) haya tenido su primer contacto con el proceso a partir de una historia que consideró inaceptable para su inteligencia.

Pero se va a producir una especie de equidad histórica entre el argentino y nosotros. Cuando a mí me hablan por primera vez del Che, hago una enorme resistencia a que me lo presenten. Eso de alguna manera establece un equilibrio en el origen de nuestras relaciones, que fue una especie de rechazo común inconsciente. Como dos cabezas imantadas sobre barra de metal que, al ser colocadas una frente a la otra, norte frente a norte, se repelen. Él no creyó en la historia del Moncada. Yo no quería conocerlo. ¿Mi explicación? Pues ésta se produjo a un nivel intuitivo. Se lo expliqué a Raúl, porque fue mi hermano el que primero me habló del Che, el que me lo vende primero. Me dice que hay un argentino que es médico y que quiere presentármelo, que es cuando yo le digo (y es por esta expresión mía que yo hablo de intuición): «Coño, Raúl, acuérdate que toda América Latina está llena de trotskistas. El único partido que limpió con eso fue el cubano. ¿Por qué vas a meter el trotskismo en la Revolución cubana?».

Les advierto que hasta esa etapa de Guatemala, Ñico y el Che son hombres de una escasa formación política. Eso se lo puedo garantizar de los dos, a los que conocí perfectamente. Si acaso Ñico —un infeliz que nunca disfrutó, en toda su vida, del más vulgar de todos los placeres, el de asomarse a un plato hondo repleto de carnes y potajes y comer hasta hartarse—, tendría una inclinación natural para el cambio social, lo que en los términos marxistas se llama lucha de clases. Pero el Che seguía siendo un niñito bien en plan de aventuras, aunque para esa época ya se había empapado con alguna literatura revolucionaria, de la cual su mayor provecho era personal: aprenderse de memoria alguna terminología y luego usarla para epatar entre los pobres diablos de sus amigos. Ocurre entonces que los americanos derrocan a Jacobo Arbenz. Un gobierno electo por el pueblo, en elecciones absolutamente democráticas, es desbandado. Arbenz llevaba tres años en la presidencia de Guatemala. El 16 de junio de 1954 comienzan los bombardeos sobre el Palacio Presidencial. A partir de ese episodio, la leyenda del Che se consolida con el desastre guatemalteco. El vendedor ambulante de Cristos de Kipula se convierte así en el prototipo del héroe en el día de su despertar. Ante sus ojos se materializa una contrarrevolución y, lo que es peor, Arbenz no mueve un dedo para armar al pueblo. Esto se repetirá hasta la saciedad. La indignación del Che por la incapacidad movilizadora del gobierno guatemalteco.

La cosa es que pasa un tiempo en que se pierden de vista totalmente, puesto que los dos han debido de salir a toda carrera de Guatemala. El Che, porque quizá había llevado demasiado lejos su interés por la literatura revolucionaria y había entrado en contacto personal con comunistas *y otros sectores revolucionarios*, según él mismo me contaría. Porque cuando nos conocimos y me hizo su cuento, lo que me llamó la atención fue esa mención suya a otros sectores revolucionarios. Y fue lo que corroboró mi golpe de intuición sobre su probable adiestramiento troskista. (Regresamos después sobre el tema.) Ñico, por su parte, estaba perfectamente señalado como revolucionario cubano.

He utilizado el término contrarrevolución para reiterar un lugar común del proceso guatemalteco. Pero es inapropiado calificarlo de tal manera puesto que no puede radicarse una contrarrevolución donde no existe una revolución. Se trata de una fórmula inequívoca del lenguaje político y una relación de causa y efecto no transferible. Visto de este modo, digamos que en Guatemala se produjo una intervención militar de bajos recursos (¡no hacía falta más!) para derrocar un gobierno de remotas tendencias izquierdistas. Esto no quiere decir que la decisión estratégica de los yanquis y de manera más concreta la de la CIA fuese errada. Algo se estaba cocinando en el área y ellos se lo olían. Fíjense sino que poco después se produce la guerrita contra Figueres en Costa Rica —de la que ya he hablado en el capítulo anterior, al menos de la participación en ella de algunos cubanitos seguidores de José Antonio Echeverría—, y por supuesto nosotros, en Cuba, estamos en los prolegómenos de nuestras andanzas. Añado que Richard Bisell fue el artífice del derrocamiento del gobierno de Arbenz.

Bisell era un hombre de pies enormes, que avanzaba con sus zapatones por los pasillos del mítico *building* de la CIA; de acentuada, pulida calvicie y que regularmente jugueteaba entre los dedos de su mano derecha con una presilla de presión para sujetar papeles mientras despachaba como jefe del Departamento de Operaciones Encubiertas de la Agencia. Muy pronto, a la vuelta de seis o siete años, Bisell se nos va a hacer muy familiar a los dirigentes cubanos cuando esté al frente del operativo para derrocarnos a nosotros, *a nosotros mismos*, y que culmina con el fiasco de Bahía de Cochinos. Una vez más los generales se prepararon para la guerra anterior. Y, aclaro, fiasco para ellos. Gloriosa victoria para nosotros.

Ahora déjenme decirles algo sobre nuestro conocimiento temprano de los yanquis, puesto que las evidencias más sólidas de su comportamiento racista surgen del estudio comparativo entre la misión guatemalteca y la cubana. El desprecio por los guatemaltecos y el alto componente de sangre india de su población y la rápida victoria de la tropita invasora de Bisell tuvo una resultante positiva para nosotros, la resultante de que a ellos les creó la ilusión de un escenario idílico en el que unos descamisados eran desalojados del poder al precio de unos pocos billetes de la dieta de bolsillo con la que pagaban a una turba de delincuentes, que metían por cualquiera de las fronteras vecinas, y adquirían la cacharrería de sus almacenes de sobrantes de guerra —un par de achacosos P-51 Mustang y algunas docenas de fusiles Garand—, pero que a nosotros nos reveló algunas de las claves esenciales de la diversión política. Les adelanto la primera: que nada es más efectivo para ganarles cualquier batalla a los yanquis, partirles los dientes como con un martillo, que hacerles creer todo el tiempo que tú eres inferior.

*   *   *

Pasa aproximadamente un año y Ñico y el Che vuelven a encontrarse en un hospital de México.

«¿Qué tú qué haces aquí?»

«Estoy como médico, ¿y vos?»

Ya no estafaba a indios guatemaltecos. Ahora estafa a mexicanos. «Estoy como médico», dice claramente.

¿De dónde saca repentinamente, como por arte de magia, una carrera de doctor en medicina?

«Seguimos preparando la revolución, vamos a volver a Cuba. Nos reunimos en la casa de María Antonia. Ven a vernos», se supone que le dice Ñico. Y el argentino va, y con quien se encuentra es con Raúl.

Luego Raúl me lo menciona. Su argumento principal es que no tenemos médicos para la invasión. El argentino puede sernos útil. Por fin acepto. Digo que me lo lleve una noche a la casa de María Antonia. Ocurre en la segunda semana de julio de 1955. Años después, él va a escribir que esa noche descubre que los dos pensamos igual. «Todo lo que dice Fidel es igual a lo que yo había pensado», dice. ¡Que yo pienso lo mismo que él! Pero ya ni me acuerdo de qué habré hablado, sentado en el suelo de la cocina de María Antonia durante toda la noche, pero el Che, a mi lado, escuchó y creyó.

Existe todavía. Una cocina estrecha y vieja. Los compañeros que pasan por allí dicen que se encuentra bien conservada y que la embajada cubana se encarga de su mantenimiento.

¿Conoció Lenin la fellatio*?*

En septiembre ya tengo más o menos establecido el *staff* de dirección del Movimiento, lo tengo en mis manos. Miret me trae de Cuba todas las cartas de costa que le he pedido y llegan Juan Manuel Márquez y Chucho Montané. Chucho, por su parte, llega con Melba, una de las dos compañeras veteranas del Moncada. Espero que se acuerdan de ella. Vienen a participar en los preparativos de la expedición pero también a disfrutar de una luna de miel puesto que se han casado. Miret vuelve a Cuba con la orden de empezar a mandarme otros combatientes.

El Che se había casado con una tal Hilda Gadea el 18 de agosto de 1955 y tenían un pequeño apartamento. Uno de mis fugaces romances del período surge en esa casa. Ya era un asiduo visitante y allí conozco a Lucila Velásquez, amiga de Hilda, durante una reunión de despedida ofrecida en mi honor, ya que me marchaba a Estados Unidos a fin de recaudar los fondos que necesitaba el movimiento. Lucila era muy atractiva y se inclinaba por la poesía. ¿Es de respetar un párrafo en el que se dice que tal persona *se inclinaba por la poesía?* Lucilita tuvo varios encuentros conmigo y, evidentemente, se enamoró. Hilda, ahora fallecida como deben suponer, me contó que la joven una vez le preguntó: «Hilda, dime, ¿cómo fue que tú hiciste para capturar a

Ernesto?». El Che, que escuchaba la conversación, respondió con una de sus ironías: «Fue así: me estaban buscando en Guatemala para meterme preso y ella estuvo en la cárcel por no revelar mi paradero. Me casé con ella en señal de reconocimiento». Además de ironía había, desde luego, un componente de heroísmo traído por los pelos que nunca faltaba en sus declaraciones. Era realmente muy bueno en el envío de mensajes subliminales. ¿De dónde sacó el argentino que nadie lo estaba buscando en Guatemala para meterlo preso? Había que entenderlo de cualquier manera. Por primera vez en su vida se vinculaba a un auténtico grupo de revolucionarios, que sí habían asaltado cuarteles, que sí habían sido comandos y que sí habían cumplido prisión. Lo que estaba haciendo era un esfuerzo por igualarse. Difícil para un argentino estar por debajo de un grupo de genuinos valientes y no tener una sola cicatriz para abrirse la camisa y mostrarla. Era, por lo pronto, el único que no podía hacer referencia a acciones de guerra. En ese sentido Guatemala le venía como anillo al dedo. ¿Quién diablos podía ahora determinar lo que había hecho o dejado de hacer allí? Lo que siempre me asombró, sin embargo, es que nunca él se percatara de que yo lo dejara soltar su bulto sin reparos de ninguna especie y que no supiera que todo tiene un precio, incluso el soltar la mentirilla de que los guatemaltecos de la revuelta contra Arbenz lo querían apresar. Es decir, que él se creyera realmente que me estaba engañando. Malo, muy malo, proponerse engañarme. Pero más malo aún convencerte de que lo has logrado. Porque ésa es la clase de insulto que nunca voy a olvidar.

El 10 de octubre yo salgo para Estados Unidos. Los yanquis no me crean ningún problema con la visa. Mi primera parada es en Filadelfia. Después voy a Union City, New Jersey, y Bridgeport, Connecticut, para hablarles a los cubanos y poner un gran sombrero de vaquero sobre la mesa y recoger dinero. Llego a Nueva York en octubre 23. Hablo el domingo 30 de octubre de 1955 en el Palm Garden, de la Calle 52 y la Octava Avenida, y lanzo por primera vez mi consigna de ser mártires o libres el año que viene. Juan Manuel Márquez me acompaña casi siempre; carismático, grueso, buen orador y con la capacidad de subordinarse sin estridencias a mi jefatura. Yo lo había nombrado el segundo al mando cuando los guardias lo capturaron poco después del desembarco del *Granma* y lo ametrallan. El pobre, no sabe (yo tampoco, desde luego) que va a ser uno de los primeros mártires de nuestra causa. Pero está pasado de libras. Me hubiese sido de enorme utilidad para cubrirme los flancos frente a las ambiciones de todos los jefes y líderes del segundo escalón que surgieron en el proceso, sobre todo durante la guerra. Juan Manuel hubiese obrado de maravilla a mi favor como segundo jefe. Pero lo único que me dejó, además de algunos meses de servicio útil, fue el conocimiento de que un hombre de peso excesivo puede causar estragos a la guerrilla si no te deshaces de él a tiempo, o él mismo —como fue el caso de Juan Manuel— se queda rezagado. El axioma es que la guerrilla avanza al paso de su hombre más lento. Pero éstas fueron consideraciones ulteriores. En el transcurso de nuestro viaje de recaudación de fondos por Estados Unidos, él fue siempre el asociado animoso y el de mayor capacidad de convocatoria. En este caso creo que su gordura contribuía de manera positiva. Por lo menos yo no conozco oratoria más embriagadora que la de los hombres gruesos, quizá por la vibración de sus carnes a la hora de declamar o por el convencimiento que logra un hombre de carrillos llenos y de grasas a flor de piel cuando llaman a la lucha o al sacrificio. Yo representé otra cosa después, y además llevaba uniforme de campaña y barbas, y estaba imponiendo la vehemente oratoria del terror, que es la de toda revolución. Pero en nuestro peregrinar por las ciudades norteamericanas, vestíamos de traje, con sacos cruzados, corbatas y se requería de una cierta elegancia y de ademanes ejecutivos. Es en ese sentido que Juan Manuel resultaba insustituible.

En noviembre 20 ya estoy en Miami y por la noche hablo en el Flagler Theater. En esa ciudad me uno con mi hijo Fidelito. Me lo lleva mi hermana Lidia —en avión desde La Habana— luego de yo solicitárselo a Mirta. Por primera vez estoy tentado de retenerlo. He experimentado el dolor y lo asocio con Federico Engels. Aunque en *La propiedad privada, la familia y el Estado,* su tratado de las relaciones humanas, donde siente pautas como si fuese un Darwin de las mecánicas filiales,[1] no describe con la minuciosidad de mi propia experiencia el tópico de los sentimientos paternales en los primeros intercambios con su hijo después de un divorcio, yo me valgo de su revelador señalamiento de que los hombres quieren más a los hijos de las mujeres que más aman para avanzar una teoría tributaria. Que no

---

1. Y que yo suelo citar cada vez que me las quiero dar de ducho en la disciplina. (*N. del A.*)

existe tal dolor por el hijo que uno cree desvalido y requerido de cuidados y de la presencia de uno sino que se planifican y hasta en ciertos casos se llevan a vías de hecho todos los planes de secuestro y de retención de los muchachos tenidos con la mujer que uno más ama no por consideración con el niño sino como acciones de reflejo del amor desesperado que aún existe por la madre. ¿Entienden? Que uno no quiere un carajo a los niños. Que uno lo que aún se babea por la cabrona que sabe Dios con quién se está acostando ahora. Oh, Dios, ese estómago plano y ese buche de vellos púbicos que consideraba de mi propiedad hasta la eternidad y esos muslos de color de miel que se abrirían sólo para recibirme embarrados ahora por el semen de cualquier gamberro y las gotitas brillando como pedrería bajo la luz de una bombilla eléctrica. No. Engels tampoco habló de esto, ni ningún otro de los clásicos del marxismo. Hasta donde yo conozca nunca se ha estudiado el efecto —que es permanente, por cierto— en la psique de los fundadores de los primeros Estados socialistas que pueden acarrear las relaciones postmaritales de la mujer que más ha amado. Es difícil discernir, por ejemplo, el efecto que algo similar pueda haber causado en Vladimir Illich Ulianov si es el caso que la Krupskaia hubiese sido su mujer más amada. Una idea lleva a la otra. Me estoy preguntando en este mismo instante si alguna vez en sus reuniones de avezado conspirador en Viena o en Petrogrado el camarada Lenin sintió que la Krupskaia le deslizaba la mano por debajo de la mesa rumbo a la portañuela.

Bueno, por lo pronto el secuestro de Fidelito resultó suspendido. Lo tuve conmigo en Miami unos días y lo mandé de vuelta. Voy a Tampa y a Cayo Hueso, tradicional de los actos de fe cubanos, puesto que se trata del mismo peregrinar de José Martí cuando organizaba la lucha contra España, a fines del siglo anterior. En total había logrado reunir unos primeros 10.000 dólares. El viaje también fue útil para organizar los Clubes Patrióticos y las Casas del 26 de Julio. En Key West me quedo diez días, descansando en una casa de huéspedes. Creo que fue la última vez que disfruté de ese ligero placer humano llamado vacaciones.

Regreso a Ciudad de México y en la Navidad de 1955, en casa de María Antonia, me doy el gusto de cocinar personalmente e invito a algunos compañeros, incluido el argentino, por lo pronto una figura exótica y ciertamente simpática entre mis futuros expedicionarios. Al final de la cena, de los turrones y del café criollo, lo que más extrañaba era no tener un Partagás entre los dientes.[2]

* * *

Ahora elucubro sobre la posibilidad de una lucha de guerrillas larga, apoyada en una población urbana y rural favorable a los guerrilleros. Esto aún no se ha concretado pero comienza a madurarse como

2. A fines de 1955, después de ese corto período en Estados Unidos y de los alentadores resultados económicos, y retornado a ciudad de México, detrás de mí, en pequeños grupos, llegan de toda América Central los cubanos exiliados Universo Sánchez, Ramiro Valdés, Norberto Collado, Juan Almeida, Ciro Redondo, Miguel Sánchez —ex combatiente en las filas de Estados Unidos en la guerra contra Corea, por lo que lo apodamos «el Coreanito»— y Calixto García. A los que se sumarán el italiano Gino; el dominicano Ramón Mejía del Castillo, alias «Pichirilo»; el mexicano Guillén Zabala y el supuesto médico argentino, que finalmente participará en la expedición a Cuba y que se dedica a adularme todo el tiempo. Días después de Navidad, a mediados de enero, el M-26 me envía desde La Habana unos cuarenta hombres, elegidos a dedo. Uniéndose a los que están en México, forman una pequeña tropa de por lo menos sesenta muchachos a los que trato de transformar en endurecidos combatientes. (Las filas rebeldes alcanzarán los 82 hombres en el momento de abordar el yate *Granma*.) Se alquilan seis pequeñas casas donde se impone un régimen castrense, tan monástico como compartimentado. Estudios de temas militares o revolucionarios, salidas vigiladas, siempre en pareja, comidas a horas fijas. Nada de alcohol, nada de llamadas telefónicas. Toda indiscreción es considerada una traición. Estoy consciente de que la policía de Batista me vigila de cerca, y es preciso permanecer en alerta permanente. Recibo mi correspondencia personal en casa de Hilda, a la que el argentino pide la mayor reserva. Los fondos aumentan discretamente. Recibo 1.000 dólares que me trae Miret de Cuba. 8.250 que me trae Faustino. 10.000 que me manda el reverendo Cecilio Arrastía. Esto me permite asignar 80 centavos de dólar diarios como gasto de comida para cada hombre. Cualquiera que reciba menos de 20 al mes debe entregar la mitad al tesoro del Movimiento. Los que reciben más de eso deben entregar el 60 por ciento. He establecido mi centro de operaciones en la casa de María Antonia. Empieza a funcionar una organización con responsabilidades bien definidas. La tarea es derrotar a un ejército regular compuesto por 70.000 hombres, una división blindada, una Marina de guerra en desarrollo y una fuerza aérea con cerca de 100 aviones entre transportes y de combate. Enero, 1956: Bayo comienza a foguearme a los muchachos. El entrenamiento consiste en ejercicios gimnásticos y técnicas de defensa personal a cargo de Alsacio Venegas Arroyo, el deportista mexicano amigo del marido de María Antonia. Febrero, 1956, en zonas apartadas, se comienza a entrenar al grupo en tiro al blanco. Las armas serán provistas por Antonio del Conde, «el Cuate», dueño de una armería, quien en un comienzo nos las vende y luego colaborará económicamente con nosotros cuando decide sumarse a la causa. «El Cuate» aportará a la Revolución cubana 20 fusiles con mira telescópica destinados a la caza mayor, fusiles Johnson y Remington automáticos, subametralladoras, dos fusiles antitanque de 50 mm y una ametralladora ligera. Casi todo adquirido en el mercado negro de armas en Estados Unidos o ingresado a México de contrabando desde ese país. (*N. del A.*)

posibilidad. Pero es preciso formar, tanto moral como físicamente a los guerrilleros. O por lo menos —y si tenemos mejor suerte— la guardia pretoriana que habrá de acompañarme en lo que puede convertirse en una acción más favorable, en relación con acortar el tiempo, como fue el asalto al Palacio de Invierno. La guerra de guerrillas de Mao y su Gran Marcha fue impuesta por unas circunstancias absolutamente desfavorables para el movimiento revolucionario chino, pero el alzamiento de Leningrado —y toda su simbología acompañante del cañonazo del *Aurora* y el asalto al Palacio de Invierno—, planificado para tomar el poder del imperio ruso en el lapso de una sola noche, fue por el contrario el resultado de una acumulación de acontecimientos favorables y de que Lenin tuviera la capacidad de ver que su hora cero había llegado. Yo siempre hubiese preferido, por mi parte, un período más corto de lucha, un Palacio de Invierno criollo como pudo haber sido lanzar por el balcón aquella vez al vejete del presidente Grau, o cuando le dije a Pardo Llada que lleváramos en andas hasta el Palacio Presidencial el féretro de Chibás, y en última instancia cuando yo mismo asalté el cuartel Moncada. Pero las circunstancias me impusieron una lucha más extensa. Tuvo también sus beneficios, porque dos años de vivaqueo en las montañas me permitió forjar mi ejército privado —no se ofendan, por Dios, que el Ejército Rebelde no fue otra cosa que eso—, aunque tuve la habilidad de que nuestra estancia en las montañas no se extendiera por mucho tiempo. Rápidamente me di cuenta de que un ejército revolucionario que no alcanza el poder con cierta celeridad tiene la tendencia a crear hábitos de vida en la montaña, y a acomodarse a un cierto espíritu de ilegalidad. Colombia es la prueba fehaciente de una guerra revolucionaria prolongada que pierde sus objetivos y de un ejército revolucionario que se corrompe en el limbo de la ilegalidad. Colombia y la droga, por supuesto. Pero qué yo podía esperar de mis propias huestes rebeldes si en la Sierra Maestra los campos de marihuana cubrían las faldas de las montañas cuando llegamos allí. ¿Saben cómo me di cuenta de los peligros de una campaña dilatada? Por la cantidad de combatientes nuestros que debíamos fusilar al capturarlos en la comisión de alguna fechoría dentro de los territorios liberados. Cada vez más combatientes. Buenos muchachos, arrojados en el combate, que sin duda hubiesen sido nuestros futuros generales pero que violaron alguna campesinita o se robaron unas gallinas.

El 14 de febrero de 1956 me encontré con una compañera que había llegado de Cuba, de la que sólo permanecerá el nombre de Lucy. Fuimos al cine junto con Melba Hernández y Jesús Montané. Lucy era muy bonita y no oculté que estaba interesado en ella, no sólo por las informaciones que traía de Cuba, sino por su atractivo como mujer. Digo informaciones no como reportes confidenciales o como resultado de una exploración, sino en el sentido mundano, de las pinceladas que me ofrecía sobre la vida cotidiana en Cuba. Me enzarcé en una historia pasional con Lucy, pero que tampoco duró mucho tiempo. Para qué entrar en los pormenores de este episodio si la muchacha es sólo identificable como Lucy, lo cual puede aceptarse sólo como una abstracción, y para los gustos de un lector sibarita en la frustración de que esa carne nunca fue tangible. Una mujer existe en un escrito de esta naturaleza sólo si el escritor tiene la capacidad de ofenderla. De exponerla al escrutinio de todos los hombres que abran las páginas del libro. Ah, Lucy, mi dulce Lucy, qué son tus senos blancos y de pezones rozados cuando te despojas lentamente de tus ajustadores con bordes de encajes si no digo tu nombre verdadero. Es igual que cuando recibes los informes de la Contra Inteligencia y los informantes aparecen con nombres de guerra. Por eso yo siempre le exigí a Abrantes y a los compañeros de la Seguridad que hicieran una versión especial de los informes para mí, con los nombres verdaderos de los agentes y hasta con unos apéndices que me revelaran los datos biográficos esenciales de cada uno.

Otro historia de faldas en México fue con una joven mexicana de 18 años, a quien he decidido identificar como Lilia. La conocí en casa de Teresa Casuso, «Teté», una intelectual cubana residente en el *de efe* y viuda de Pablo de la Torriente Brau, el legendario combatiente cubano de la Guerra Civil española, caído en Majadahonda.[3] Teté sim-

---

3. Lo cito como combatiente revolucionario por fuerza de la costumbre. Aunque, en verdad, era un escritor, pero una de esas criaturas tan fugaces como trágicas de nuestra formación nacional. Como José Martí no acababa de despegar literariamente cuando le destrozan la cabeza a balazos en un frente de combate, extrañamente los dos muertos frente a tropas españolas. Uno de los libros de Pablo escrito a cuatro manos con su amigo Gonzalo Mazas Garbayo —*Batey, cuentos cubanos* (La Habana, Cultural, 1930)— está dedicado a Teté Casuso con cuatro palabras, que resultan suficientes para retratar la alegría del carácter de Pablo y del entrañable amor por su mujer y de los mimos que le prodigaba. Los inusitados signos de admiración en una dedicatoria aparecen en el original: «¡A Teté Casuso, muchacha!». (*N. del A.*)

patizaba bastante conmigo, y yo también con ella, sea dicha toda la verdad, y era de senos amplios y de una revuelta y vaporosa cabellera negra y satisfacía a plenitud todos los atractivos que una mujer mayor puede ejercer sobre mí. Bueno, pero déjenme seguir con Lilia. Quedé prendado de ella, y el lance fue tan intenso que le propuse matrimonio y ella llegó a solicitar el permiso de los padres. Entonces le compré una malla enteriza de regalo. Quería que sustituyese el bikini francés que ella usaba. El compromiso con Lilia duró poco más de un mes, dado que ella rompió conmigo para casarse con su novio precedente. Con ese indoblegable orgullo mío, le dije: «Cásate con él, que debe ser una persona más adecuada para ti». Yo solía decir ese tipo de cosas. También, como comprobaron arriba, decía «prendado» y «lance». No se ofendan. Lo único que estoy haciendo es tratar de ser absolutamente sincero. Y pensar que la malla enteriza, de la marca Jantsen, costó el equivalente de cinco cajas de balas 30.06 para Garand. Yo hice después mis cálculos y les digo que ese culo por el solo concepto de la malla enteriza consumió una cantidad de proyectiles de (apróx.) dos emboscadas.

Sigo en plan de confesiones. Luego las revistas del corazón pueden hacer una separata con esta parte de mis memorias. ¿Siguen publicándose revistas del corazón? En Cuba, antes del triunfo revolucionario, se publicaban muchas. Nosotros las erradicamos todas, excepto una, una llamada *Romances*, y de ese modo dejar por lo menos un vehículo de ese tipo para su público cautivo. Está de más decir que lo único que sobrevivió del *Romances* mensual fue su nombre. Se cambió por entero su contenido por un mensaje de mayor consistencia ideológica, es decir, relatos de las heroínas soviéticas en la Segunda Guerra Mundial en vez de secciones con fotos cromadas de los galanes de la televisión y el cine, para citar un ejemplo. Por otro lado era una proeza sostener las secciones de modas o de recetas de cocina en un país donde se acababan con toda rapidez los suministros de textiles y se racionaban los alimentos.

Nunca —hasta las presentes memorias—, me había decidido a contar mi romance en México con Eva Jiménez. (Anoten, porque se trata de nombre y apellido reales.) Eva era una cubana que había sido mujer de Rafael García Bárcena, aquel personaje que fundó el Movimiento Nacional Revolucionario (MNR) y quiso asaltar el campamento de Columbia a punta de cuchillo. Eva estaba exiliada en México y en su casa hallaba refugio ocasionalmente mi hermano Raúl. Era muy amiga de María Antonia y creo que la conocimos a través de ella. Comenzó con García Bárcena en el MNR, pero se pasó a las filas del 26 y después decidió que su lugar estaba en el Directorio Revolucionario.

Recuerdo un cuento de Raúl. Hace años, un día muy frío de enero en La Habana, Raúl llevó una docena de muchachos —incluidos sus hijos y algunos huerfanitos de nuestros mártires— a pasar la tarde en el rodeo del parque Lenin, una instalación de más de 50 caballerías (745 ha) con la que una vez quisimos competir con Disney World. Allí se encontró con Eva y con María Antonia Figueroa,[4] que había sido miembro de la primera Dirección Nacional del 26 de Julio e hija de la famosa revolucionaria santiaguera *Cayita* Araújo. Bueno, por lo menos famosa entre nosotros. Una maestra muy venerada y venerable de Santiago de Cuba, que se metía en todas las revueltas que tenían lugar en el país y que al final me apresuré a darle el carné del Partido, uno de los primeros, pese al *handycap* que suponía su catolicismo militante y su negativa a abandonar a Dios. Le mandé a Celia para que se lo entregara y con suficientes fotógrafos para dejar constancia. Raúl se pasó toda la tarde bromeando con las dos. «¿Eva sigue tan mal hablada como siempre, Raúl?» «Como siempre.» Yo he sido muy deferente con ella cada vez que me la he encontrado. Creo que la última vez fue en una recepción del embajador de Brasil. Dediqué la noche a conversar con ella, nos reímos mucho y disfruté de todas las malas palabras que prodigaba.

En otra ocasión, Raúl le mandó una medalla por sus servicios revolucionarios y ella respondió con un: «Qué tanta medalla y que mire como tengo este apartamento». Raúl le mandó a arreglar todo y a amueblar y después se presentó con la medalla, personalmente. También le llevó el carné que la acreditaba como militante del Partido Comunista de Cuba. «Raúl, si tú sabes que yo ni prendo el televisor cuando tu hermano habla.» «No importa —le respondió Raúl—. Eres miembro del Partido obligada.» María Antonia actuó de igual manera cuando Celia le llevó su correspondiente carné. «Celia, Celia —dijo María Antonia—, ¿cómo vas a hacerme comunista si yo soy creyente? Yo creo en Dios, Celia.» A lo que ella, inmutable, y co-

4. No confundirla con María Antonia González, la de México, también amiga de Eva Jiménez.

nociendo que ése iba a ser su argumento (yo se lo había advertido), le dijo: «Fidel me mandó a decirte que podías creer en quien tú quisieras».

El 1 de abril de 1956 yo anuncio oficialmente en las páginas de *Bohemia*[5] —en mensaje fechado en México el 19 de marzo—, mi ruptura con el PPC (los ortodoxos) y la creación del Movimiento Revolucionario 26 de Julio (M-26-7).[6] Es obvio que trataba de maniobrar con la organización política que más prestigio tenía en el país en ese momento (más bien con el prestigio de Chibás), y además quería lograr, y logré, que muchos de sus miembros se me sumaran. Jóvenes y no tan jóvenes. El 15 de mayo de 1956 comenzaría a editarse clandestinamente el periódico *Aldabonazo*, que devino órgano oficial del Movimiento Revolucionario 26 de Julio. (El periódico como gran organizador, al decir de Lenin. El aldabonazo, referido a la solicitud de Chibás antes de su disparo, era mi equivalente al *Iskra* de los bolcheviques. A lo que yo agrego el resultado de mi propia experiencia de que la propaganda masiva de por sí misma engendra organización.)

También en mayo de 1956 comienza la concentración de hombres y equipos en un campo ubicado a nueve kilómetros de ciudad de México, el Santa Rosa, donde el entrenamiento militar y físico se intensificará de manera notoria. El argentino es nombrado jefe de personal y médico de la expedición. Las filas del 26 de Julio crecen con la incorporación de voluntarios cubanos que siguen llegando. La invasión es un secreto a voces, lo que permite la infiltración de agentes de la policía de Batista en el seno de la organización revolucionaria. Uno de ellos, el célebre Evaristo Venéreo, entregará la casa de María Antonia. La embajada cubana en el Distrito Federal elabora planes para matarme al tiempo que presiona al gobierno mexicano para que detenga las actividades de los revolucionarios en el país. La respuesta a

5. Hacía tiempo, desde mi presidio en Isla de Pinos, que Miguel Ángel Quevedo se apresuraba en publicarme todo lo que le enviara. (*N. del A.*)
6. Terminaba diciendo en mi anuncio: «El Movimiento 26 de Julio es la invitación calurosa a estrechar filas, extendida con los brazos abiertos a todos los revolucionarios de Cuba sin mezquinas diferencias partidistas y cualesquiera que hayan sido las diferencias anteriores... El Movimiento 26 de Julio es el porvenir sano y justiciero de la patria, el honor empeñado ante el pueblo, la promesa que será cumplida». (*N. del A.*)

las exigencias diplomáticas es la designación como jefe de operaciones de la represión contra los exiliados cubanos, del ex capitán del ejército mexicano Fernando Gutiérrez Barrios, considerado un duro entre los portadores de permisos transitorios de asilo político.

Siguiendo la pista

Ése era el destino. México. Allí se suponía que Nikolai Leonov iba a perfeccionar su español y completar estudios de literatura hispano-americana. Iba a la UNAM a convertirse en un traductor de «alto rango». En realidad, el KGB lo estaba sembrando en lo que era entonces el centro de sus realmente pobres actividades de inteligencia para América Latina.

Un mes después, ya en Ciudad de México, el joven funcionario de la embajada soviética se queda estupefacto al leer en los periódicos la noticia del asalto a un cuartel del ejército cubano en Santiago de Cuba. Entre los implicados figuraba su amigo Raúl. El hermano de éste, el abogado de que tanto le hablara, era el líder de aquella operación. Nikolai sabía que Raúl era un simpatizante, pero no tenía ni idea de que fuera a tomar por asalto a mano armada una fortaleza del ejército. Ese episodio le llevó a solicitar al embajador que le permitiera encargarse de los asuntos cubanos. Así, leyendo la prensa, fue siguiendo las vicisitudes de su amigo y sus compañeros, su encarcelamiento, y la amnistía de 1955.

Tiempo después, un día de junio de 1956, paseando por el zócalo de Ciudad de México, Leonov se topó de frente con Raúl.

Raúl dijo: «¡Nicolás!».

La clásica —y yo diría que hasta impúdica— encerrona y chequeo de los soviéticos.

«¡Hombre, Nicolás, qué alegría!», cuenta Nikolai que le dijo Raúl.

Los dos caminando *casualmente* y toparse en una ciudad de tantos millones de habitantes.

Y más material para engrosar el file amarillo de la gaveta de Nikolai en la embajada de la Unión Soviética.

Cuando Raúl me hace el cuento, le digo.

«Primero me metiste al puñetero argentino trostkista éste aquí. Ahora un agente de la inteligencia soviética.»

«Los Castro —escribió Nikolai—,[7] se habían exiliado en México donde andaban metidos en todo tipo de conspiraciones: recogían armas, dinero y se organizaban para el próximo asalto», pero —confiesa Nikolai— *él no tenía ni idea de todo eso*. Raúl le dio su dirección en la ciudad: calle Emparán, 43. «Su piso conspirativo.» ¡Nuestra dirección!

Cuando Nikolai fue a verle a aquella casa, Raúl estaba enfermo, con anginas. Nikolai describe a «un amigo médico [que] cuidaba de él». Entablaron conversación. Resultó ser un argentino llamado Ernesto Guevara, al que llamaban Che. Este mismo argentino llamado Ernesto Guevara, al que llamaban Che, andaba buscando un libro de Nikolai Ostrovski, *Así se templó el acero*, ambientado en los medios de los jóvenes comunistas rusos de la época de la guerra civil, «jóvenes entregados en cuerpo y alma al Partido, ecos de una Rusia revolucionaria que había desaparecido durante el estalinismo» (sic.). Nikolai tiene la amabilidad de entregarle su tarjeta al argentino para que el guardia en la puerta de la embajada le franquee el paso y quedaron en que ese argentino llamado Ernesto Guevara, al que llamaban Che, iría a buscar la obra de Ostrovski y otros libros un próximo día a la citada embajada. Pero. *Pero*. Al salir de la casa, Nikolai se topó conmigo. Raúl nos presentó. Al «hermano abogado», que —según la descripción de Nikolai— «en aquella época llevaba una pistola en la sobaquera», y, Nikolai entendió al vuelo la expresión de mi rostro, la expresión que significaba que él no me gustaba nada; al menos —y es la forma en que ha sido transformada la anécdota por las necesidades de los años posteriores y porque verdaderamente se convirtió en uno de nuestros mejores amigos del KGB— que no me gustó «la presencia de aquel desconocido en Emparán 43». Nikolai, sin embargo, fue rápido. No me dio mucho tiempo a reaccionar y tuvo la elegancia de pedirme que le dedicara un ejemplar de *La historia me absolverá*, que «casualmente» traía consigo.[8]

7. Tuve acceso al informe muchos años después. Los mismos soviéticos me lo dejaron ver como una especie de muestra de su «ingenuidad». (*N. del A.*)

8. La visión de los vencidos:

La historia de la «revolución» cubana [*sic.*] puede ser leída desde otra perspectiva hasta ahora vedada, quizá la de los que, desde dentro del KGB, descubrieron las po-

Coño, Raúl, tú estás loco. Primero este argentino trostkista. Y ahora un oficial del KGB.

Fue casualidad.

Serás comemierda, Raúl. Con estos rusos no hay casualidades.

De ser exacto el reporte que los soviéticos me mostraron años después, Nikolai habría salido si no con lágrimas en los ojos al menos conmovido de aquel tugurio de colchonetas enrolladas y zapatos mal colocados y con ese olor acre y pesado que se acumula en los lugares de poca ventilación y donde las labores de limpieza están a cargo de hombres. Raúl estaba enfermo. El Che lo atendía. Tenían tres novelas soviéticas. *Días y noches* de Constantin Simonov, *Chapáev*, de Dimitri Furmanov, y *Un hombre de verdad* de Boris Polevoi. Pero el argentino estaba buscando *Así se templó el acero*, de Nikolai Ostrovski.

El comunismo había empezado en América y aún nadie se daba cuenta. Ni yo mismo, que iba a encabezarlo.

El 20 de junio caigo preso. Saqué la pistola pero la policía cogió a Universo Sánchez y a Ramiro como pantallas.

Estaba reunido con un grupo de voluntarios en una de las tantas casas que la organización poseía en el Distrito Federal. La policía, que actúa en colaboración con la de Batista, rodea la casa. Alcanzo a salir antes de que el cerco se cierre. A las pocas cuadras es cuando caigo detenido. Se abalanzan sobre Ramiro y Universo y los usan de escudo porque ya estoy empuñando mi 45. Yo era muy rápido, la verdad. Me empujan dentro de un automóvil y me conducen a la Dirección Federal de Seguridad. La mayoría de nosotros caemos en la redada esa noche. El 21 de junio, el argentino no se encontraba en casa, pero detienen a su mujer, Hilda, a quien trasladan a una dependencia policial junto con

---

tencialidades de Castro para los intereses regionales y estratégicos de la Unión Soviética. Por ejemplo, la visión del oficial hispanohablante Nikolai Sergeievich Leonov, cuando «conoció» a Raúl Castro en 1951. Fue a raíz de su participación en el Festival Internacional de la Juventud y su misterioso viaje tras el telón de acero. ¿Qué hace Leonov frecuentando la casa de la famosa «María Antonia» —de la que habla Ernesto Guevara en su carta de despedida a Fidel Castro—? ¿De qué se habló cuando Guevara se encontró posteriormente con Leonov en la embajada y en las instituciones «culturales» soviéticas en México? (Carlos Manuel Estafanía Aulet en una entrevista de Manuel de Paz Sánchez en http://www.cubanuestra.nu/)

su hija (de un matrimonio anterior) y a un amigo, «el Patojo», que se encontraba por casualidad en el apartamento de los Guevara.[9]

Mi hermano Raúl es alertado en el rancho Santa Rosa. Decide esconder las armas y esperar. Al poco tiempo llega una caravana de vehículos policiales en uno de los cuales me traen a mí. El Che, que en ese momento está de guardia, alerta sobre la llegada del convoy. Raúl logra escapar, pero el resto es conducido a la prisión Miguel Schultz en Colonia San Rafael. Por lo pronto ya sabemos cuál es nuestro primer objetivo. Evitar la deportación hacia cárceles cubanas, donde nos espera el destino peor. Los mexicanos acusan al Che de comunista y de tener relaciones políticas con diferentes movimientos revolucionarios de América Latina (la han encontrado la dichosa tarjetita de Nikolai Leonov). El presidente de México, Ruiz Cortines, interviene. Imparte personalmente directivas al procurador de la República. Éste debe actuar con celeridad y rigor en el trámite de las investigaciones.

La situación se nos presenta complicada.

México es el objetivo de prioridad uno de la inteligencia soviética para la revolución latinoamericana, el *de efe* está lleno de comunistas cubanos y los americanos y la CIA como es de suponer van a estar presionando como locos a los mexicanos para ver qué información nos pueden sacar. Por otro lado, la situación es parecida a la del fin de semana de julio de 1953 cuando el asalto al Moncada, con Santiago de Cuba lleno de comunistas. Aunque esta vez sí los mantengo a raya, bien lejos, y le he dado órdenes muy precisas a Raúl de que no se les puede acercar, entre otras cosas, para monopolizar yo la eventualidad de cualquier contacto, como efectivamente va a ocurrir.

Raúl, que ha salido de México, contrata a dos abogados para que se encarguen de la defensa de los revolucionarios detenidos. Se trata de Ignacio Mendoza y Alejandro Guzmán, quienes en la primera intervención ante los juzgados, exigen el levantamiento de la incomunicación a la que estamos sometidos.

9. El verdadero nombre de «el Patojo» era Julio Roberto Cáseres Valle y era una de las amistades remanentes de la aventura guatemalteca del argentino. Después del triunfo de la Revolución cubana y sobre todo después que lo mataran en una escaramuza con el ejército de su país, tuvo alguna publicidad dentro de nuestro proceso. «El Patojo» era miembro del partido comunista de Guatemala que allí se llama Partido de los Trabajadores de Guatemala (PTG) y desde el principio de la Revolución el Che lo mantuvo albergado en su casa, hasta que lo proveyó de adiestramiento y de algunos recursos para que tratara de infiltrar su guerrillita por la frontera mexicana. (*N. del A.*)

El 9 de julio de 1956 el juez decreta la liberación bajo régimen de vigilancia a la mayoría de los detenidos del grupo, entre los que se encuentran Universo Sánchez y Ciro Redondo. En prisión quedamos Calixto García, Ernesto Guevara y yo.

El 24 de julio me ponen en libertad. Así que estuvimos presos por distintos cargos, en la estación migratoria de la Secretaría de Gobernación, del 20 de junio al 24 de julio de 1956. Luego conozco que he sido liberado gracias a las gestiones del general Lázaro Cárdenas ante el presidente Adolfo Ruiz Cortines. Ernesto y Calixto permanecerán en Miguel Schultz unos días más, hasta que, por medio de un soborno, logro sacarlos de la cárcel: han permanecido 57 días tras los barrotes.

Por esa fecha (no hemos logrado recuperar el recorte) el nombre de Nikolai Leonov apareció en una columna del diario *Excelsior* titulada «Siguiendo la pista». Fue el estreno de aquella «conexión moscovita» que tendría tanto éxito de difusión para tratar de explicar los orígenes de la Revolución cubana como una operación del KGB. La verdad es que las relaciones de Nikolai con Raúl y los revolucionarios cubanos que alcanzó a ver aquella tarde en Emparán 43 eran personales. Por lo menos eso es lo que el mismo Nikolai no se ha cansado de explicarme en los últimos 40 años. Que el embajador de la Unión Soviética, al que había que rendir cuentas de cualquier amistad, no estaba al corriente de sus relaciones (o más bien sus proyecciones) con Raúl, y que había preferido ocultárselas porque estaba seguro de que serían terminantemente prohibidas por su superior. De todas maneras, como consecuencia del escándalo, Nikolai fue inmediatamente devuelto a Moscú, en octubre de 1956, con un billete de tren México-Nueva York, otro de barco Nueva York-Londres y un tercero de tren hasta la capital rusa.[10] Nunca se ha determinado bien si expulsado

10. Nikolai Leonov se encuentra en Moscú a principios de diciembre cuando los diarios le guardan una nueva sorpresa: su amigo Raúl Castro, su hermano el abogado, el médico argentino y otros más habían desembarcado furtivamente en Cuba en un barco llamado *Granma* para iniciar un foco guerrillero. Lo explica una pequeña columna de *Pravda*. Es cuando Nikolai descubre que los golpes de intuición también se hallan al alcance de los comunistas porque la lectura de esa información en *Pravda* lo conduce a la decisión de entrar en el KGB. En pocas semanas logra ser aceptado en la Escuela de Inteligencia y al terminar el curso, dos años más tarde, los barbudos ya estaban en el poder en La Habana. Nikolai pide de inmediato la asignación de Cuba. Solicitud aprobada. (*N. del A.*)

por los mexicanos bajo presión de los gringos o a patadas por su propio embajador.

Mandé a buscar a Ñico López definitivamente con otros trece compañeros de La Habana para entrenarlos e incluirlos en el *Granma*.[11] La organización que se había construido con tanto trabajo se encuentra, después de mi liberación, totalmente desmantelada. El primer paso que doy, apenas obtengo mi libertad, es el de la reconstrucción del Movimiento en base a una seguridad más estricta, el pase de los dirigentes principales a la clandestinidad y la inmediata búsqueda de fondos que permitan continuar con los planes de invasión. El tiempo comienza a jugar en mi contra, además de que estoy contemplando la posibilidad de una nueva persecución dirigida por la embajada cubana en México. Entre esos pasos estaba descubrir y pasarles la cuenta a los traidores. Matamos a Arturo Ávalos y cubrimos el cadáver con un túmulo de piedras en un recodo del campamento. Orlando Piedra, el célebre coronel batistiano, dio en La Habana una conferencia en agosto de 1956 y habló de este ajusticiamiento, que él llamó «un crimen».

Entonces aterriza Frank País. Nos entrevistamos por primera vez el 8 de agosto de 1956. Es decir, nos vemos por primera vez ese día, frente a frente. Había sido María Antonia Figueroa la primera en hablarme de Frank. Ya integrado con sus numerosos seguidores (Vilma Espín y, por cierto, Francisco Martínez Hinojosa, un gordo de lo más simpático que a lo mejor les cuento después su historia con Anastas Mikoyan) a nuestras filas, Frank País llegó a ser jefe nacional de Acción y Sabotaje y miembro de la Dirección Nacional del Movimiento

11. Las Brigadas Juveniles del M-26-7 las dirigió a nivel nacional hasta agosto de 1956, Ñico López y lo sustituyó Mario Hidalgo Barrios hasta noviembre de 1956; ambos viajaron a México en fechas separadas para incorporarse a la expedición del *Granma* asumiendo esta tarea Jesús Suárez Gayol hasta el 14 de mayo de 1957 en que es detenido. Comoquiera que Ñico nos presenta al Che en julio del 58, eso significa que se hallaba en México entonces para recibir instrucciones o para algún reporte de actividad. Me refiero en todos estos episodios a la expedición del *Granma* como si la embarcación ya estuviera en nuestro poder, lo cual estaba muy lejos de ser realidad. Pero se trata de agilizar la lectura con un hecho a producirse en el futuro pero que puede aceptarse fácilmente como punto de referencia. (*N. del A.*)

Revolucionario 26 de Julio, así como autor de sus milicias urbanas y de la resistencia cívica. Un cuadro, como ya he dicho, sumamente competente y a quien de inmediato supe que debía controlar y tenerlo cerca, muy cerca.

El propósito de la expedición del *Granma* fue definido en ese encuentro y planeamos cómo desencadenar la lucha. El plan general consistía en secundar la llegada de los expedicionarios con levantamientos y acciones armadas en toda la isla, particularmente en Oriente. Una vez logradas tales condiciones, las fuerzas comprometidas en el proyecto *pugnarían por organizar y hacer estallar la huelga general.* (Yo decía esto fundamentalmente para escamotear cualquier posición hegemónica mía que Frank creyera ver en mis propósitos.) De esta forma el régimen militar batistiano se vería asediado por una amplia serie de acciones y no podría desarrollar toda su capacidad para repeler el desembarco. Con ello, los expedicionarios tendrían la facilidad de cumplir su primer objetivo en cualquiera de sus dos variantes: tomar una población importante cercana al lugar del desembarco (probablemente Manzanillo) para luego avanzar sobre Bayamo, o remontarse a la Sierra Maestra si esta primera variante fracasaba.

Frank ya estaba en mi bolsillo y de regreso en Cuba, para trabajar de acuerdo a mis planes, días antes de que José Antonio Echeverría también desembarcara en el *de efe,* en compañía de sus lugartenientes: Fructuoso Rodríguez, con sus gruesas gafas de niño bueno; Juan Pedro Carbó Serviá, intranquilo, irascible, a quien hubiese tenido que matar irremediablemente de haber llegado vivo al triunfo de la Revolución (por lo pronto y sin que sus compañeros se dieran cuenta le deslicé quinientos dólares en un bolsillo); y René Anillo, uno de mis mejores vicecancilleres desde el triunfo revolucionario, tranquilo, y nunca dispuesto a darme dolores de cabeza. Pero las cosas, como pueden calcular, no fueron del todo bien con el gordo. Aunque al final suscribimos lo que llamamos la Carta de México, donde ratificamos la decisión de unir las fuerzas (26 de Julio y Directorio Revolucionario) para derrocar a Batista, siempre subsistió un desajuste de las frecuencias.

Yo había tenido unos primeros encuentros con José Antonio, «Manzanita», como le llamaban, un gordo violento y blanconazo. Les he contado que nos habíamos visto en La Habana. Yo no era de su mayor simpatía porque él era de la nueva ola de estudiantes que se proyectaba por una nueva imagen de la universidad, y se empeñaba en limpiar la reputación de la FEU. Nada de pistoleros a la vieja usanza a lo que yo pertenecía. Tanto era así, que para no complicar la organización estudiantil con cualquier otro trajín insurreccional en el cual pudieran verse involucrados, crearon el Directorio Revolucionario, como una organización clandestina y por completo independiente de la FEU. Después del asalto al Palacio Presidencial —del cual hablaremos más adelante— redondearon el nombre como Directorio Revolucionario 13 de Marzo, tomando la fecha en 1957 de la acción. Claro, ellos habían tenido sus tropiezos con la policía. En agosto de 1955 Echeverría pasa algunas semanas a la clandestinidad y Fructuoso es detenido. Una vez liberado Fructuoso, inician los primeros pasos para fundar el Directorio Revolucionario. Después de varias reuniones, se conforma el ejecutivo de la organización. Es decir, nunca van a confesar que fracasaron en su propósito de lucha pacífica y de desarmarse. Por el contrario, inventaron un montón de argumentos justificativos.

Pero el Moncada me había dado, como se sabe, un nivel y un prestigio. Es importante tener en cuenta que cuando decido empuñar nuevamente las armas me veo precisado a establecer una clara línea de demarcación con otras organizaciones y partidos que también hablan de emplear las armas contra Batista. No sólo el Directorio Revolucionario se ha pronunciado por esa forma de lucha, sino que también sectores de los propios partidos burgueses (auténticos y ortodoxos) hablan de proyectos armados, entran armas al país, hacen atentados, etc.

De ahí mis pronunciamientos, para establecer mis diferencias y lograr por todos los medios la supremacía dentro de las fuerzas insurreccionales, en contra del tiranicidio y el apresuramiento en realizar acciones armadas urbanas. Recuerdo que pocas semanas después de llegar a México me enteré por la prensa de la explosión de un polvorín en La Habana. Entonces dije que comprendía lo que llamé, sibilino yo (aprendan el uso de la propaganda, chicos), «la impaciencia de la hora» pero que no era todavía a mi entender la hora de la revolución; toda la conmoción es artificial; dije, «el verdadero estallido hay que prepararlo con más calma y más ciencia». Y mi remate perfecto e inobjetable: «Somos contrarios a los métodos de violencia dirigidos hacia las personas de cualquier organización oposicionista que discrepan de nosotros y somos radicalmente opuestos al atentado personal. Nosotros no practicamos el tiranicidio». Yo mismo, que años después preparé el secuestro de Batista, rechazando ¡el tiranicidio!

Por otro lado, me dediqué a explotar lo que llamaba «discrepancias tácticas» con el Directorio Revolucionario. Mi explicación:

Aunque ambas organizaciones ponían el acento en la insurrección y en la huelga general para derrocar a Batista, el Directorio consideraba que La Habana debía ser el centro neurálgico de la lucha: allí se encontraban reunidos más de un millón de habitantes, y desde el punto de vista económico, político y militar era, sin duda, el centro más importante del país. Yo, en cambio, estimando por esas mismas razones, que ése era el eslabón más fuerte del enemigo: donde la correlación de fuerzas le era más favorable y donde la acción clandestina del movimiento revolucionario era extremadamente limitada y riesgosa, elijo Oriente como el escenario de la lucha. En esa zona del país el régimen era mucho más débil y existían grandes tradiciones revolucionarias en la población. Mientras el Directorio concentra sus principales cuadros en La Habana jugando un papel muy importante, pero con un costo muy alto —que culmina con la muerte de su máximo líder y de una parte de sus mejores dirigentes—, yo me preparo para desembarcar en Oriente. Era un buen diseño.[12] Lo mismo en la Sierra Maestra, si fracasaban los planes alternativos de una acción de primer golpe —alzamiento de algunas poblaciones orientales, por lo menos de Santiago y captura por nosotros quizá de Manzanillo o Bayamo— yo quería concentrar los mayores recursos materiales en esta zona, porque sería como un punto de concentración. Luego la realidad impuso la Sierra Maestra como teatro de operaciones.

Pero es precisamente en estas confrontaciones con los otros grupos donde yo desarrollo mi táctica, que es muy flexible y muy prácti-

12. Mi idea de iniciar la lucha en la provincia de Oriente no era errada en modo alguno y se sustentaba en las tradiciones combativas de la población local (es decir, que los abuelos de todos esos campesinos habían guerreado contra España en el siglo anterior); la topografía del terreno, la geografía del país, la distancia de la capital y del grueso de las fuerzas represivas que tendrían que ser obligadas a recorrer grandes trayectos, eran todos factores a nuestro favor. El grueso de las armas había que adquirirlas de los depósitos enemigos en esa provincia. La acción militar estaría unida a un intento de levantar al pueblo desatando la huelga general revolucionaria, pero contemplaba desde entonces la posibilidad de un repliegue a las montañas y el inicio de la guerra irregular, que, como digo, tenía valiosos antecedentes en la historia de nuestras luchas por la independencia. (*N. del A.*)

ca. Primero como golpe de mano, rápido y contundente, por eso estamos hablando todo el tiempo de insurrección y lucha armada. Pero, he dicho, de alguna manera voy a repetir el Moncada. Sólo que esta vez no estaré yo en Santiago. Yo estaré arriba, en las montañas, pero no tanto en un plan de guerrilla como en una atalaya, observando los acontecimientos. Será como un Estado Mayor volante de la Revolución. Esto se hace claro y definido cuando aparece Frank País. Cuando aparece alguien en Santiago. En la época del Moncada, sólo habíamos tenido un santiaguero: Renato Guitart. Ahora buscaba otro. Y toda la tripulación de ese combate, esta vez, sería santiaguera. Si este Moncada fracasaba, pues ya yo estaría en las montañas y entonces pondríamos en práctica el plan de reserva pero estando ya en el terreno.

En el verano de 1956, ya me encontraba divorciado de Mirta y estaba en México preparando la expedición a Cuba, con el propósito de derrocar al dictador Fulgencio Batista, en el poder desde 1952. Pero Mirta estaba a punto de contraer matrimonio con Emilio Núñez Portuondo, hijo del entonces embajador de Cuba ante las Naciones Unidas. Al conocer que Mirta se casaría con un conservador y mi hijo, Fidel Castro Díaz-Balart, de 6 años de edad, conocido como «Fidelito», crecería bajo la influencia de la familia de mi ex esposa, concebí un plan —que entonces me pareció «perfecto»— para impedir que mi hijo permaneciera al lado de la madre. Llamé a Mirta por teléfono a Miami, donde estaba con Fidelito, y le pedí que le permitiera al muchacho pasarse dos semanas conmigo en México. Fidelito tenía que estar de regreso en dos semanas. Yo le había dado mi palabra al padre de ella de que le devolvería el niño en dos semanas con mi hermana Lidia, que era una buena amiga de Mirta. Cinco semanas después, Fidelito no había sido devuelto ni Mirta había recibido noticia alguna de su hijo —ni mías, *de su ex esposo.* Finalmente, pudo comunicarse con Lidia, en México. Lidia le dijo que lo sentía mucho pero que yo había decidido que su hijo no crecería dentro de una familia de «esbirros», palabra muy utilizada en Cuba y que nació como referencia a los sicarios del ex dictador Gerardo Machado. Fidelito había llegado a México desde Miami el 17 de septiembre de 1956. De inmediato, lo puse en manos de un matrimonio: Alfonso «Fofó» Gutiérrez, ingeniero civil mexicano, y Orquídea Pino, cantante cubana de centros nocturnos. Al niño se le cambió su nombre por el de Juan Ramírez, y se le hizo miembro de los boy scouts. El niño inició una vida diferente en la confortable villa de los Gutiérrez, que estaba rodeada por un muro alto y tenía una alberca (piscina). Yo lo visitaba allí, haciendo sonar fuertemente el claxon del auto al llegar.[13]

Llegó el momento del ex presidente al que una vez quise derrocar, el segundo después de Ramón Grau San Martín al que propuse despojar de las investiduras presidenciales. Publiqué un artículo en *Bohemia* agradeciendo a Carlos Prío Socarrás la carta enviada al presidente mexicano para que no me deportara. Luego de todos mis ataques, Prío había actuado como un caballero y había escrito «de ex presidente a presidente». Casi al unísono, le envío a Teté Casuso, la aún atractiva viudita del legendario Pablo de la Torriente Brau, como emisaria a Miami. Teté permanece cinco días platicando con Prío para suavizarle el bolsillo a mi favor. Eran viejos amigos desde fines de

13. El 8 de diciembre, con ayuda de la policía mexicana y de fuerzas de seguridad, Mirta recupera a Fidelito, quien fue llevado a la embajada cubana en México y de allí trasladado a Cuba. Yo había desembarcado seis días antes y el ejército me había diezmado la tropa y me pisaba los talones. No había nada que pudiera hacer por lo pronto para quedarme con Fidelito. Antes de partir de México, me había tomado el cuidado de preparar un documento en el que solicitaba al pueblo y a las autoridades mexicanas que se hicieran cargo de la crianza de mi hijo. Si la familia Díaz-Balart, aún hoy, califica aquel hecho como un secuestro perpetrado por mí, entiendo asimismo que al común de los lectores les resulte paradójica mi conducta de 40 años después en relación con el conocidísimo caso del niño Elián González, que fue secuestrado hacia Miami por su madre en una navegación clandestina en la que perecieron todos sus integrantes, excepto Elián. ¿Se acuerdan del caso? Fue la primera portada de la revista *Time* del nuevo milenio. Contribuí de manera decisiva a que el niño fuera devuelto a su padre, que se había quedado en Cuba, y que la administración Clinton pasara por encima de los vehementes deseos de la comunidad exiliada de Miami de retenerlo en territorio americano. Pero hubo una diferencia. La diferencia de que Miami creó el dilema como un desafío a la Revolución. En los dos casos era un asunto político, ciertamente, pero en uno de ellos se jugaba el poder de la Revolución. Desafío que me permitió, además, sacar el asunto del dilema moral de que yo una vez había producido una situación semejante con mi propio hijo. Ahora se trataba de una batalla en defensa de la Revolución, y en ese teatro de operaciones no hay cabida para dilemas ni moral: sólo ganar, ése es el objeto. (*N. del A.*)

los años treinta e incluso Teté había sido su embajadora en México. Luego de la preparación artillera de Teté, cruzo ilegalmente a Estados Unidos para reunirme con Prío en el lujoso hotel Casa de las Palmas en McAllen, Texas y logro que abra su bolso —de manera muy generosa, ciertamente— y me entrega sin condiciones el dinero básico para la expedición —50.000 dólares.

Comienza la búsqueda del transporte. *Algo* que nos trasladara hasta Cuba. Hubo una cañonera PT de la que me enamoré y para la que envié a «El Cuate», Onelio Pino y Rafaelito del Pino (que otra vez volvía a rondar mi órbita) a Delawere para que le echaran un vistazo y la compraran por 20.000 dólares. Onelio era uno de nuestros compañeros y conocía de navegación. Todo parecía en orden pero hacía falta mucho más dinero para los trámites. Una cantidad que prefiero conservar para la invasión, y por lo tanto inalcanzable para las reducidas finanzas del Movimiento.

Así que me pongo en contacto de nuevo con el ex presidente cubano y, encima, le envío a Miami a «El Cuate» como embajador plenipotenciario. Juan Manuel Márquez, mi segundo al mando, está en Miami y se lo lleva a Prío. Prío accede. Dinero fresco. 25.000 dólares más. Entonces estamos en esos trámites cuando aparece el *Granma*. El *Granma*, una embarcación de 19 metros de eslora, propiedad compartida entre «El Cuate» y un norteamericano de nombre Robert B. Erickson. Es la segunda posibilidad. El precio de la nave es de 17.000 dólares. «Ésta es la niña de mis sueños», digo.

Un poco más tarde, a mediados de octubre, vuelve José Antonio Echeverría. Ya está viajando demasiado a Ciudad de México, pienso. Y como ambas organizaciones no coinciden definitivamente en la táctica para tomar el poder determinamos actuar cada uno por su lado y de acuerdo con sus propios planes, aunque sin disputas públicas en la cúspide. «En última instancia —le dije al gordo—, ambas tácticas podían complementarse.» Así que logro al menos programar acciones de distracción en La Habana para el día en que desembarquemos.

La táctica del Directorio continuaba siendo la de «golpear arriba», en los centros urbanos. La mía, al menos la de mi retórica —y sobre todo la que he explicado después—, era «formar un ejército rebelde en las montañas apoyado por el movimiento insurreccional en el llano», pero que en los términos de entonces era simplemente lograr que el Directorio se subordinara al Movimiento 26 de Julio en sus planes insurreccionales orientales. La verdad era que tenían que acabar de subordinarse. No crean que ellos estaban yendo a México por una cortesía. Iban porque sabían que ya yo tenía una tropa en entrenamiento y que había planes y cosas en movimiento. Frank lo había entendido perfectamente y sin melindres.

Se va José Antonio. Pero aparece el matarife por excelencia del Partido: Osvaldo Sánchez Cabrera. En apenas tres años voy a poner en sus manos a la todopoderosa Seguridad del Estado, pero ahora se me presenta como emisario, viene a nombre del Partido a decirme casi lo mismo que todo el mundo pero con la solidez de los argumentos partidarios: que desista de la invasión, que no es el momento. Esto ya me dio la tónica final de mi posición, que era la correcta y a la que todos temían. El Partido, me imagino que, por lo pronto, porque les echaba a perder de cierto modo sus planes políticos, o electorales, y en este sentido estaban actuando como emisarios subjetivos —quizá— de Batista. Pero si mandaban a Osvaldo era porque conocían mis contactos extracurriculares con Flavio. O que Joaquín Ordoqui, a quien también respondía Osvaldo, le había dicho que me viera para ver en qué cojones yo andaba. De cualquier manera había una praxis en sus planteamientos: que esperara al menos al inicio de zafra en enero, para entonces poder ir con toda la fuerza a una huelga general del país y que llegara a afectar hasta a los yanquis. Era una variante en la que yo no había meditado lo suficiente: y otro tanto para oponerme a una huelga que no dirigiera yo. Iba a durar nada como jefe de esa revolución. Mientras más participaran en el empujón inicial de la Revolución, con más habría que repartir el pastel. Otra vez le volví a decir que era imprescindible que hiciera valer mi palabra. Y a él le dejé las puertas abiertas. Me jugué la baraja que me dijera que sí. «¿Por qué no vienes conmigo?» Pero dijo que no. Tanto a favor mío, después cuando yo lo recibiera en aires de triunfo en el campamento serrano de La Plata.

Déjenme agregarles algo. Ese PSP que me envía a Osvaldo está jugando en mil terrenos a la vez. La situación que tienen en México es complicada y en Cuba están en un interregno de ilegalidad desde el Moncada (de nada les valieron las autocríticas ante Batista). Tienen —y en algunos casos esto es información que yo obtendré sólo con el paso de los años y desde mi posición de jefe absoluto— a Teresa Casuso y a una buena señora llamada Teresa Proenza infiltradas en la

La foto es inédita o muy poco conocida. Tampoco se ha logrado precisar el lugar y la fecha. Pero es en algún momento después de la liberación de Fidel, después de mayo de 1955, quizás en La Habana, por las camisas veraniegas y con unas pintas muy de moda entonces, cuando Fidel —ya desde su posición encumbrada de veterano combatiente— acostumbraba recibir a jóvenes revolucionarios de todas las facciones y todos ansiosos por entrar en acción. Aunque también puede ser en México, porque el joven con gafas, a la izquierda de Fidel, es Fructuoso Rodríguez, que —según se sabe— viajó a esa ciudad junto a José Antonio Echeverría para establecer con Fidel un pacto de compromiso ante la guerra revolucionaria que se avecinaba.

Ciudad de México, agosto de 1956. José Antonio Echeverría, Fidel Castro, René Anillo.

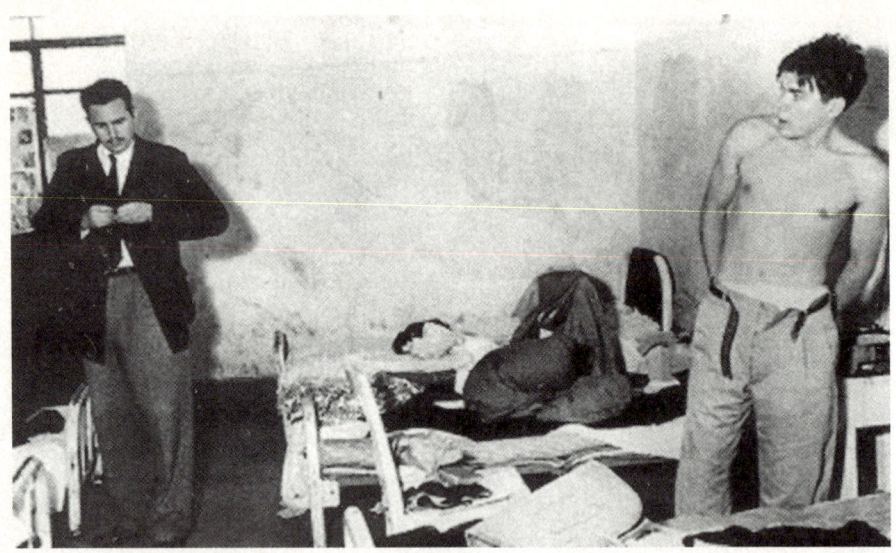

Fidel se apresta para abandonar Miguel Schultz, la prisión del Distrito Federal, en Ciudad de México. El Che debe permanecer unos días más.

Fidel pronuncia su discurso del 30 de octubre de 1955 en el Palm Garden, de Nueva York, donde proclama por primera vez su compromiso de desembarcar en Cuba antes de que finalice el siguiente año.

embajada. Teté tomará la embajada con el triunfo de la Revolución. Teresa regresará a Cuba para trabajar en nuestro sistema nacional de bibliotecas. Pero son ellas dos las que, al parecer (al menos de acuerdo a mi información), se ponen en contacto con la CIA que está a su vez interesada en contactar con Joaquín Ordoqui. Empiezan dos juegos operativos en paralelo. Teté y Teresa bajo orientación de Ordoqui se infiltran en la embajada del gobierno de Batista, a la vez que la CIA recluta a Teté y a Teresa para que se le infiltren a Ordoqui. El contacto como enviadas de la CIA lo hacen primero Teté y Teresa con Edith García Buchaca, la mujer de Ordoqui, que había sido mujer de Carlos Rafael Rodríguez, el venerado intelectual comunista. Después del ablandamiento de Edith, comienzan a trabajar sobre Joaquín, que —como voy a desvelar en el caso de la «microfracción» de 1967— nunca le informó de esos contactos con la CIA a la dirección del PSP en La Habana. Estaba informando sólo directo al KGB. Joaquín Ordoqui se dedicaba a sus farras con Octavio Paz y Diego Rivera y los otros comunistas mexicanos mientras le quitaba todo el dinero que podía a los americanos de la CIA. Todo eso es perfectamente creíble dada la mentalidad cubana de la época y al no existir indicios de que muy pronto una revolución verdadera va a tomar el poder en Cuba y que los más obstinados enemigos de ella estarán precisamente en la CIA. El nivel de vida suyo sobrepasaba la media de los cubanos exiliados y de los dirigentes del PSP dondequiera que estuviesen. El PSP le mandaba desde La Habana 250 o 300 dólares mensuales, que en el México de esa época era un capital. Además, él era el secretario de Cultura —tal su cargo— de una cosa manipulada bajo cuerda con dinero del PRI[14] de México que se llamaba Confederación Latinoamericana de Trabajadores, que presidía Vicente Lombardo Toledano, a su vez presidente del Partido Comunista mexicano. Ordoqui acepta el contacto con la CIA que Teté y Teresa, y más que el contacto acepta la plata, tal vez 2.000 o 3.000 dólares mensuales, para que mantuviera su tren de vida. Según yo logré saber años después, Ordoqui conversaba con esta gente de la CIA y le hacía saber de los proyectos y planes de la izquierda oficial mexicana, a través del PRI, y los vaivenes de la Confederación.

14. El Partido Revolucionario Institucional que gobernó en México por más de 70 años.

Una parte de todo esto, desde luego, me lo cuenta la misma Teté. Pero los escenarios de esa conspiración del Partido y de Ordoqui y de los mexicanos y de los juegos operativos de la CIA resultaban demasiado complejos y hasta tenebrosos cuando no baladíes como para asimilarlos de buena fe en su totalidad, ni siquiera porque me los trasladaba en su plan de amante que envejece. Yo, como supondrán, le escuchaba y le daba toda la cuerda del mundo, como si al final fuera a mí a quien ella le respondía con sus servicios de agente. Yo en casos como éstos, de faldas, me dejo guiar por un solo concepto. La fidelidad no es estable.

Finalmente, como se sabe, Teté ocuparía la legación diplomática cubana en ciudad de México al triunfo de la Revolución en 1959. Pero a los dos o tres años Teté Casuso se pasó para el lado contrario, con increíble celeridad, lo cual me causó una gran indignación, dado el personaje de que se trataba, la viuda de Pablo de la Torriente, el internacionalista muerto en la Guerra Civil española, y porque en verdad yo había creído en su devoción por mí. La única explicación que me daban era que había desarrollado «un acentuado anticomunismo» (¡otra vez el maldito cuento!), hasta que en el incipiente aparato de inteligencia nuestro comenzó correr el rumor de que Teté estaba infiltrada en casi todas las organizaciones contrarrevolucionarias cubanas que surgían entre Estados Unidos y México y los americanos la llevaban a declarar en contra mía al Congreso y la CIA le solicitaba (y le pagaba muy bien) cualquier clase de información personal que generara sobre mí y hasta preparaba un libro sobre su decepción al lado de Castro, lleno —como ustedes han de suponer— de medias verdades y de medios embustes. Toda esa tramoya de Teté en Estados Unidos era cierta pero alguien dentro de nuestras filas nos la quería vender como una agente veterana del Partido que volvía a las tareas. Les confieso que eran días tan intensos y que reclamaban tanta dedicación que yo no tuve tiempo de profundizar en el asunto. Sí recuerdo no haber leído nunca un informe de Teté a nuestros centros ni de que hubiese cumplido ninguna misión específica. Asímismo puede ser que yo me hubiese tragado la misma mentira que la CIA. Pero de lo que sí estoy convencido en la actualidad es que nunca sabremos toda la verdad, como tampoco la sabremos respecto a Ordoqui. Teté murió muy temprano en Estados Unidos. Y todavía hoy carecemos de todos los elementos para valorar el alcance de su actividad —a favor nuestro o no— dentro de las filas enemigas. Teté, muchacha.

La otra señora, Teresa Proenza, había sido del PSP desde los años cuarenta y Batista la había designado —junto con otros miembros del Partido— funcionaria del Ministerio del Exterior, y se quedó en la época de Grau, de Prío, y después llegó a ser una segunda secretaria de la embajada de Cuba en México, donde trabajaba como agregada cultural. Es imprecisa la fecha, probablemente a principios de los años cincuenta (con el surgimiento de la guerra fría), que se pasaron al anticomunismo, o —como queda siempre la sospecha— se trató de una sabia maniobra del PSP (e incluso del KGB) para sembrarlos con esa fechada hasta dentro de la misma CIA.

En cuanto a Ordoqui, en primer lugar no nos afectaba en absoluto por aquel entonces. En realidad no tenía que ver (al menos en su origen) con la Revolución y con nosotros en la Sierra Maestra. Asimismo yo estoy persuadido de que no les debe haber dado mucho. Ordoqui era un marxista-leninista convencido. ¡Lo que debe haberse burlado de los oficiales de la CIA todo el tiempo! Ordoqui nos confesó hacia 1964 que su esquema mental era el siguiente: «Estos pendejos me los echo yo en el bolsillo. Estas mierdas qué pueden contra mí. Y yo qué cojones. ¿Me ofrecen 5.000 dólares? Pues 5.000 dólares que yo le cojo al imperialismo».

Pero el problema es que no lo informó. Porque el asunto no es que tú le cojas 5.000 dólares al imperialismo. El asunto es que no lo informes. Después, cuando cayó en desgracia, sus enemigos dentro del propio Partido utilizaron esto para destruirlo. *Cuando cayó en desgracia*, insisto, porque mientras tanto eso pudo haberse sabido pero estaba justificado. Después la misma CIA nos hizo saber por varias fuentes de sus contactos con Joaquín, y yo al final me lo tengo que fumar, como decimos cuando liquidamos a alguien.

Mi padre sufrió una caída en el piso de su casa a la una de la madrugada del 20 de octubre de 1956. Los mosaicos estaban mojados y los perros ladraban afuera. Ésa fue la primera explicación. El caso es que no lo ingresaron en el hospital de la United Fruit en el poblado cercano de Marcané hasta el mediodía. Allí lo atendió de primera instancia el doctor Jaime de la Guardia Silva. El cardiólogo Suárez Pupo debía viajar desde Mayarí y no pudo atender a mi padre hasta el atardecer. El diagnóstico fue una hernia estrangulada. A las cinco de la tarde lo trasladaron al quirófano. Minutos antes un sacerdote entró en la habitación y mi padre se confesó y comulgó. Ramón se pasó toda la noche a su lado, escuchando sus disposiciones. Mi padre no olvidó mencionar el anillo del brillante que yo debía heredar, porque se lo había prometido al primer bachiller de la familia. Falleció a las 8.45 de la mañana del 21 de octubre «a consecuencia de insuficiencia cardíaca la directa y asistolia la indirecta...». Se dispuso su entierro en el cementerio de Marcané para el día siguiente. Las hernias eran enfermedades habituales de los campesinos cubanos, incluidos los más ricos, por la rudeza de sus trabajos y por la falta de cuidado que le prestaban a sus dolencias. Era típico escucharles a hombres como mi padre decir que no se quejaban de «la hernia, porque ella no se queja de mí». La insuficiencia cardíaca era el resultado de sus años de fumador. En este caso es evidente que la demora en el tratamiento de la hernia estrangulada contribuyó a una complicación postoperatoria que terminó en la muerte a través de un paro cardíaco. Raúl y yo recibimos la noticia por teléfono en Ciudad de México esa noche —cuando sólo nos faltaban 42 días para regresar a Cuba en el desembarco de la expedición revolucionaria del *Granma*.

El 21 de octubre descubro la fuerza exacta de mis planes. El alcance de mis poderes. Flavio Bravo aterriza en México. Y lo que ocurre, pocas horas después, es que se encuentra *casualmente* en una calle con Chucho Montané y Melba. ¡Se encuentra casualmente! 21 de octubre. Me acuerdo porque ese mismo día recibo la noticia de la muerte de mi padre.

Nos reunimos —Flavio y yo solos— en una taquería del paseo de la Reforma y pedimos tacos con guacamoles, carnitas y unas cervezas. Flavio, siempre atento, me había llevado una rueda de tabacos. Los dos ya estábamos fumando cuando una india de colorido delantal nos sirvió los tacos y los platos humeantes con las carnitas y los pozuelos con el guacamole y la cerveza.

«¿Tú no estabas en Moscú, Flavio?»

«Fidel, Fidel. Acuérdate de la esencia del comunismo. Conspiración, Fidel. Y muchos viajes.»

De verdad que se pasaban la vida en eso. Conspiración y viajes. Por lo menos Joaquín Ordoqui, el jefe del aparato clandestino del Partido, como ya he dicho, estaba anclado en México desde hacía meses. Y de cuando en cuando me enviaba recados y saludos, y hasta algún dinerito.

Tampoco creí necesario hablarle a Flavio de nada relativo a Joaquín en esta ocasión. Por lo pronto no era mi problema. Por lo pronto.

«Los compañeros tienen necesidad de salir, de moverse —explicó—. Fíjate que Blas ha salido dos veces. Con pasaporte falso, desde luego.»

Blas Roca, ya se ha dicho, era el secretario general del Partido.

Viajaban mucho y ya no se sabía qué nombre tenían. Era el aparato conspirativo más serio que probablemente existiera en todo el continente. Se metían en Estados Unidos como si nada. Pasaportes e identidades provistas por el KGB. O producidos por ellos mismos en La Habana. Había funcionarios de la chancillería que eran compañeros de viaje o militantes de tiempo completo que suplían pasaportes y documentación legítima por lo menos en su confección y que se podía asentar o no en los libros.

«Uno que nos cuesta mucho trabajo para pasarlo por los aeropuertos es a Lázaro.»

Lázaro Peña, uno de los más conocidos dirigentes sindicales de la nómina del PSP. Había sido representante a la Cámara.

«Muy negro», dije.

«Sí —asintió Flavio—. Muy negro.»

«Blas es mestizo», dije.

«Sí, pero claro. Claretón el hombre», describió Flavio a su secretario general.

«Claretón», repetí.

«Pues es cierto —me dijo Flavio—. Estaba en Moscú.»

En algún momento, desde luego, le di las gracias por el recado de solidaridad enviado con el teniente Sarría en el momento de mi captura. Flavio aceptó el cumplido pero como de soslayo. Hizo un gesto con las manos, que resultó agradable a la vez que el ademán de un profesional, expresando que sólo había sido su deber. Fue algo muy leve, como sorprendido, y que acompañó con un fugaz mohín de su boca.

No me había decidido aún a soltarle una pregunta que flotaba inevitablemente en el ambiente cuando él se me adelantó con la respuesta.

«¿Por qué el Partido condenó públicamente la acción del Moncada? No les quedó opción, Fidel. Imagínate a Batista cuando le informaron que toda la Dirección Nacional del Partido estaba en Santiago de Cuba mientras tú asaltabas el Moncada. Imagínate eso. ¿Quién podía convencerlo de que celebraban el cumpleaños de Blas?»

«Sí —dije—. Una situación del carajo.»

«Tienes que entender al mulato, Fidel.»

El mulato era una forma común de llamar a Batista.

«Tienes que entenderlo —repitió—. Si a ti te pasa lo mismo, ¿qué tú haces? Bueno, yo te voy a decir lo que hizo el mulato. Le dijo a la Dirección del Partido: "O condenan públicamente esta acción o los voy a considerar parte de ella. Eso es lo primero. Lo segundo es que no quiero bajo ningún concepto en todo lo que me reste de vida que ustedes me celebren otro cumpleaños en un lugar donde se vaya a producir un combate de esta naturaleza".»

Entramos en materia.

El Partido lo había mandado a buscar la semana anterior a La Habana y le había dado las instrucciones de localizarme en México.

La visión del Partido era la siguiente: que no había condiciones para una acción militar antes del 31 de diciembre, que debía esperarse a crear mejores condiciones objetivas y subjetivas para no fallar y que la oposición estaba muy desunida amén de que la política partidaria de «frente unido y lucha de masas» no progresaba bien. Las proposiciones del Partido eran: unir todos los grupos de oposición juveniles y ponerlos bajo mi mando si yo aceptaba posponer la invasión, siendo entonces que yo podría elaborar un documento muy breve llamando a elecciones generales con garantías para todos los partidos y si Batista no aceptaba, pues de hecho ya tenía yo —y ellos y los demás— todo el derecho a la insurrección.

Era casi el mismo planteamiento de Osvaldo Sánchez, aunque esta vez me estaban ofreciendo una de sus joyas en prenda: poner bajo mi mando a todos los grupos de oposición juveniles.

«Flavio —dije—, yo no puedo esperar.»

Y no podía. Le propuse, con toda modestia, que invirtiéramos los términos de la invitación y que el Partido se fuera a las montañas conmigo. O que comenzaran a trabajar ya por la huelga general. Además, ya la policía mexicana nos estaba estrechando los lazos de otro cerco y nos acababan de descubrir otro caché de armas y habían arrestado a Teté Casuso y a Pedrito Miret, que seguían presos. «Si no lo hago rápido, Flavio, pierdo todos los hombres y todas las armas. No hay nada que esperar.»

Flavio parecía concentrar toda su atención en la lumbre del tabaco que sostenía entre sus labios y que, en el aire enrarecido del *de efe*, se consumía con dificultad. Pero asentía. Era un movimiento apenas perceptible —y yo lo había detectado.

Pero, por mi parte, creo haber copiado bien el mensaje de Flavio. Lo que me está pidiendo el Partido es tiempo para seguir tentando la fórmula electoral. Esto quiere decir que alguien dentro de su dirigencia insiste en mantener la organización dentro de los cauces de la reforma, y quizá sea una actitud inconsciente y quizá tendrá que pasar tiempo para descubrir la complicada paradoja que se les avecina, la de una revolución comunista que no les pertenece a ellos, los comunistas de origen, y que para siempre les arrebatará de las manos la posibilidad de cualquier otra estrategia política e incluso de su existencia. Pero he copiado. Alto y claro. Ya sé todo lo que tenía que saber sobre el futuro del comunismo en Cuba.

¿Lo habrá sabido también Flavio esa tarde? ¿Frente a los tacos que se le enfriaban? No se lo pregunté porque no quería parecer tan pretencioso.

«Mira, Fidel —me dijo—, yo te entiendo, por lo que te solicito que tú me entiendas a mí.»

Guardé silencio y dejé a su disposición todo el tiempo necesario para encontrar las palabras que —era evidente— buscaba. Por fin una ligera sonrisa apareció en su expresión. Si no había encontrado las palabras, al menos había localizado algo mucho más importante: la idea.

«Bueno, Fidel —dijo—. En realidad lo que quiera el Partido o lo que tú necesites hacer no cambia para nada la ecuación. Tú sabes dónde buscarme al igual que yo sé dónde buscarte a ti.»

Acababa de obrar magistralmente. No sólo terminaba como un aliado y anteponía nuestro vínculo personal por encima de los intereses partidarios sino que dejaba todas las puertas abiertas para el futuro: para él solo o para él nuevamente como enviado del Partido.

Era imprescindible que en Cuba se percibieran como agotadas todas las posibilidades legales, de modo que, días antes del desembarco del *Granma*, decido plantear un ultimátum a Batista. En declaraciones al periódico gubernamental *Alerta* —por la vía del amigo Ramón Vasconselos— declaro en una entrevista:

«Si en el plazo de dos semanas a partir de la publicación de esta entrevista no hay solución nacional, el Movimiento 26 de Julio quedará en libertad de iniciar en cualquier instante la lucha revolucionaria como única fórmula salvadora».

Quizá rompía así el secreto de la invasión alertando al enemigo, pero se ganaba la confianza de mi palabra empeñada. Yo había prometido estar combatiendo en Cuba en 1956.

Tres días después de Flavio. Octubre 24.
Aterrizaje de Frank País.
Es partidario de posponer el desembarco por considerar que todavía es insuficiente el desarrollo del movimiento en las ciudades. Yo no cedo en mi posición de invadir la isla lo antes posible. Frank tiene que entender que él será fundamental en el apoyo a la guerrilla desde los centros urbanos. Al final entiende mis argumentos y de nuevo se subordina a mis planes, en este caso, de adelantar la invasión. Regresa de inmediato a Santiago para preparar las acciones en las ciudades. La señal del inicio de la invasión será enviada desde México a través de un telegrama escrito en clave. El desembarco se produciría en una zona cercana a la Sierra Maestra, en un pequeño pueblo de pescadores que se llama Niquero.

Por esos días llega también Alfredo Guevara. Alfredo me explica que no ha podido «hacer carrera» en el Partido Socialista Popular. Aprovecha la posición del PSP en relación conmigo después del Moncada para romper. Se asocia en la aventura con Walterio Carbonell. Presentaron juntos su renuncia. Alfredo va a México para «apoyarme». De inmediato me explica. Él considera que el PSP lo subestima, que él tiene efectivamente un bagaje teórico que no tienen muchos otros dirigentes del PSP, y él entiende que se ha producido un choque de personalidades. Alfredo tiene sus aspiraciones, ha sido dirigente de la FEU y entiende que lo están subestimando. Decididamente Aníbal

Escalante, el más duro al menos nominalmente de los dirigentes del Partido, no simpatizaba con Alfredo. Lo cierto es que el PSP no lo promueve en la Juventud Socialista. Al menos, a los niveles que él cree que debe ser promovido, y además el PSP «sospecha» que Alfredo *es un débil, un pusilánime*, probablemente por sus inclinaciones amaneradas, tendientes a la homosexualidad, y el PSP era un partido machista —como NO lo era Batista en su propio partido, el PAU (Partido de Acción Unitaria), que incluso le ofreció a Alfredo un puesto de relevancia en su organización juvenil.

Siguen llegando compañeros.

Camilo Cienfuegos, el médico Faustino Pérez y Efigenio Ameijeiras llegan a fines de octubre para sumarse a la expedición que ya está a punto de partir. Un hermano de Camilo, Osmany, está en México, pero es parte de la tropa de los comunistas cubanos, y de vez en cuando se deja caer entre nosotros, nos saluda, toma algo (un café, una cerveza), nos deja alguna platica, fañoso y todo como es. La platica, dice, nos la envía «el compañero» —Joaquín Ordoqui.

Faustino Pérez será nombrado responsable militar del nuevo campo de entrenamiento que aún estamos por establecer y acondicionar y que habrá de ser elegido por mí. No me había equivocado en mis predicciones con respecto a las acciones que la embajada de Cuba iniciaría más temprano que tarde. En el *de efe* se intensifica la persecución de los asilados cubanos. El Che, ya es ilegal para la policía mexicana —que le había otorgado una franquicia de 10 días para abandonar el país—, se esconde de forma permanente. La seguridad de que un infiltrado está operando en el seno de la organización acelera mi decisión de partir.

Pese a mis razonamientos y advertencias y a que habíamos firmado el pacto conocido como la Carta de México, la gente del Directorio acuerda matar a Santiago Rey, el ministro de Gobernación (Interior) de Batista, y al coronel Orlando Piedra. El sitio es el cabaret Montmartre, adonde los dos acuden a jugar en la ruleta los sábados.

28 de octubre.

Un croupier del Montmartre, de apellido Barbato, llamó y dijo: «Aquí está Santiaguito. En la ruleta». Rolando Cubelas «el Bizco» y José Machado «Machadito» y Juan Pedro Carbó Serviá, de cuello y corbata, se pusieron a hacer tiempo en el bar Leal, de 25 y L, a tres cuadras del Montmartre. ¿Unos estudiantes de cuello y corbata? *Ummm.*

Pero el ministro Santiago Rey se ha retirado cuando llega el comando. Tampoco está el coronel Orlando Piedra. Los que estaban eran el coronel Blanco Rico y el teniente coronel Marcelo Tabernilla y el capitán José A. Rodríguez San Pedro.

Carbó Serviá descubre que Santiago Rey no se encuentra por los alrededores y le dice a Cubelas: «Nosotros no podemos estar en esto, viniendo todos los días. Vamos a meterles a esos mismos».[15] Es cuando se produce la segunda variante de este episodio. Según ésta, no matan a Blanco Rico en la mesa, mientras se arrobaba contemplando a Katinsa Reinieri sino frente a la puerta del elevador. El coronel Blanco Rico se había presentado solo en el cabaret y estaba conversando con Tabernilla y Rodríguez y sus respectivas mujeres, Martha y Laura, cuando Cubelas, Juan Pedro y Machadito se les acercan y ya les han montado los peines a las Thompson y están rastrilladas cuando apuntan y abren fuego indiscriminado sobre el bulto. Blanco Rico muere instantáneamente alcanzado por ocho balas. Martha Poli de Tabernilla resulta herida de gravedad aunque se salva luego de una complicada y larga operación. Tabernilla está herida en el piso y mana sangre en abundancia. Laura Martínez de Rodríguez está herida pero no de gravedad. El capitán San Pedro, que ha escapado ileso aunque las balas han atravesado su costosísimo traje, toma la pistola del coronel Tabernilla, que era el único armado del grupo, e intenta una persecución, que resulta infructuosa, de los revolucionarios. Cubelas, Juan Pedro y Machadito atravesaron el salón de juego a grandes zancadas sobre las mesas de ruleta y haciendo disparos hacia el techo. De ahí pasaron a un salón contiguo, que conducía al llamado «casino de los

15. En otra versión de los hechos, los participantes parecen haber sido: Cubelas, Carbó Serviá y un personaje al que apodaban «el Magnífico» (por su costumbre de decirle a todo que «era magnífico») y que se identifica indistintamente como Gustavo González o Joaquín Milanés y que viejos compañeros suyos me describen como «flaco, barbudo (cuando bajó de la lucha en las montañas del Escambray), callado y muy noble».

pobres», y de ahí para una escalerita que ya conocían y que daba a la calle, donde tomaron sus coches y desaparecieron.

Al otro día, dando muestras de una conducta inusitada, Joaquín Ordoqui me manda el recado de que necesita verme con toda urgencia.

Tenía unos mensajes de la Western Union en la mano.

«¿Ya tú sabes lo que pasó en La Habana?»

«Bueno, que mataron al jefe del Servicio de Inteligencia Militar, ¿no? A Blanco Rico.»

«No, Fidel. Lo que acaba de pasar hoy.»

Tuve la sensación repentina de que me quitaban el piso de debajo de los zapatos. Cualquiera que fuese la información que me iba a brindar Ordoqui a continuación, yo sabía que equivalía a un desastre para nuestros planes. Ya el asesinato del coronel Blanco Rico significaba una sacudida para las fuerzas armadas y los cuerpos represivos de Batista, los ponía en estado de alerta y una vez más deseosos de venganza. Eso no tenía nada que ver con el clima de tranquilidad que yo necesitaba imperando en la República. Además, aquellas mujeres ametralladas, empapadas en sangre sobre las alfombras de un lujoso casino habanero, era la peor propaganda para nosotros —y la mejor para Batista— que se podía conseguir.

«Esta tarde —comenzó a decir Ordoqui, enarbolando sus cinco o seis hojas de la Western Union y carraspeando un par de veces antes de continuar, como para añadir gravedad a su información—. Esta tarde la policía ha asaltado la embajada de Haití en La Habana. Nuestro amigo el brigadier Salas Cañizares dirigió el asalto y los policías han matado a los 10 revolucionarios que estaban allí asilados, en espera del salvoconducto. Es el golpe de respuesta por la muerte de Blanco Rico.»

Guardé silencio. Debía conservar la calma delante de Ordoqui —en definitiva yo desconocía a quién él tributaba sus informes— pero sabía que mi tiempo de estancia en México llegaba a su fin.

«No he terminado —dijo Ordoqui—. A Salas Cañizares también lo mataron. Traía su chaleco antibalas, pero uno de los muchachos, ya moribundo, logró acertarle un disparo desde abajo, por la región del abdomen que quedaba fuera del blindaje de protección del chaleco.»

«¿Salas Cañizares?», dije y ya me importó un bledo mantener la cara de jugador de póquer frente a Ordoqui.

«Salas Cañizares», dijo.

«Pero, coño —rezongué—. Coño, Joaquín, yo creo que estos hijos de puta están actuando en contra mía. ¿Tú sabes lo que significa para nuestros planes que estos maricones le hayan matado a Batista al jefe de su policía?»

«No sólo tus planes, Fidel», dijo Ordoqui.

«¿Te puedes imaginar La Habana en estos momentos? —Seguí aún con mi monserga—. ¿La represión allí?»

Entonces reparé en su última observación (*No sólo tus planes...*») y supe de inmediato que él no me había citado para leerme unos mensajes con noticias de La Habana. Tenía tiempo suficiente de camino al lado de estos personajes para saber que nunca un dirigente comunista te cita en su casa para darte información. Sólo te abren las puertas porque son ellos los que quieren algo de ti.

«Bueno, Joaquín», dije.

Y, con el tono de voz de mayor amabilidad que pude elaborar en ese momento, continué:

«Seguramente me has llamado porque consideras que te puedo servir en algo. Estoy a tu entera disposición».

«¿Qué tú conoces de estos muchachos, Fidel?»

«Muy poco, Joaquín. De verdad que muy poco. Yo creo que el mejor de todos es Fructuoso.»

«Bueno, déjame decirte que la información que ya ha reunido el Partido es que el asesinato de Blanco Rico lo produjeron bajo los efectos de la marihuana. Estaban fumando marihuana cuando los llamaron para darles la ubicación de Santiago Rey. Además, se tomaron varias cervezas y media botella de ron en un bar cercano. Es increíble que, al entrar por una puerta de servicios del cabaret, nadie les descubriera las Thompson mal disimuladas bajo los sacos.»

Ordoqui se inclinó en su sillón y me miró de frente. Iba a efectuar su disparo.

«Ahora te voy a decir una cosa. Blanco Rico era un compañero nuestro. Estos atorrantes nos han matado a un compañero.»

«¿Blanco Rico?»

«Sí, Fidel. El coronel Antonio Blanco Rico, jefe del Servicio de Inteligencia Militar. Era un hombre del Partido.»

«Esto complica mucho más las cosas. Sobre todo se las complica al Partido.»

Joaquín asintió.

«¿Y en qué yo los puedo servir, Joaquín? ¿De qué manera?»

«Ya lo has hecho, Fidel. Nos has servido en esto. En visitarme para que yo te lo dijera.»

Al otro día yo escribo otra declaración para *Bohemia* y condeno el atentado a Blanco Rico. Así que estoy actuando con el Directorio como el Partido conmigo cuando el Moncada. Pero hay que transmitir a La Habana, de alguna manera, que yo guardo una distancia con el Directorio y sus métodos. Mientras preparo la guerra, debo transmitir hacia Cuba nuestro rostro más afable.

*　*　*

Resulta innecesario seguirme extendiendo en estos episodios de México y los dos años posteriores de lucha en la Sierra Maestra puesto que existe una abrumadora cantidad de literatura sobre tales hechos. Y no estoy escribiendo la historia de la Revolución cubana sino la mía personal. Debo prestar atención a lo que a mí realmente me importa o tiene significado según mis propios juicios. La abundancia de textos sobre esta etapa, según mi leal entender, se debe a que sus autores salieron de Cuba muy temprano y son testigos o participantes de esos dos o tres añitos y en realidad desconocen el proceso revolucionario verdadero, el posterior a 1959, del cual han estado ausentes y que fue donde se coció el caldo más espeso. En la actualidad yo tengo a la mitad del Ejército Rebelde en Miami por no decir los sobrevivientes del movimiento urbano de Santiago y La Habana, más supervivientes de la lucha en Santiago que de La Habana, porque la policía batistiana se ensañó con esos luchadores habaneros y los barrió. Bueno, tengo entendido que lo que quedaba en La Habana del Movimiento 26 de Julio al triunfo de la Revolución era media docena hombres. Luego tuve que fusilar a algunos santiagueros porque eran los más activos contrarrevolucionarios y como se creyeron el cuento de que habían sido decisivos en la lucha contra Batista, tuve que pararlos en seco para que no se creyeran lo mismo conmigo. ¿Quieren saber la verdad? Lo único realmente importante que ocurrió en todos esos 33 años hasta el triunfo de la Revolución es que yo nací. Todo lo demás es la historia que los gusanos contrarrevolucionarios no se cansan de repetir y publicar en las editoriales de vanidades de Miami. De cualquier manera he utilizado las páginas precedentes para dar mi visión de ciertos hechos y cómo se concatenaron para darme una visión de la mecánica revolucionaria y cómo echar a andar determinadas cosas. Pero es hora ya de que vaya cerrando esos capítulos a tenor de no convertirme yo mismo en un cronista más de esa épica de la que mis enemigos han querido apoderarse.

Entre los meses de agosto y octubre de 1956, Frank País había visitado cinco veces La Habana y sostenido encuentros con dirigentes del Movimiento para los preparativos de mi desembarco. Durante su última visita, llegado de México y nombrado jefe nacional de Acción y Sabotaje, Frank precisó las misiones que cumpliría La Habana en apoyo al desembarco: sabotaje y neutralización de los servicios de los sistemas eléctricos y telefónicos principalmente.

En México, el 22 de noviembre, ordeno a mis lugartenientes que se envíen las órdenes a los diferentes grupos que, repartidos en la ciudad de México, participarán de la partida. La cita tendrá lugar dos días después en un muelle sobre el río Tuxpan, a unos kilómetros de Veracruz.

El 27 de noviembre se recibe en La Habana un cablegrama desde México dirigido a un trabajador del hotel Royal Palm, pero cuyo verdadero destinatario era Aldo Santamaría Cuadrado, que decía «separen habitación hotel». Constituía la orden de apoyo al desembarco para el M-26-7 en La Habana, Matanzas y Pinar del Río.

El mismo día se recibía otro cablegrama dirigido al doctor Primitivo Lima en la calle 21 No. 104, en el Vedado, que fue entregado a su verdadero destinatario, José Antonio Echeverría, en el cual le informaban la salida de la expedición proveniente de México. Meses después, estando en la Sierra, me entero que el gordo José Antonio Echeverría, en reunión del ejecutivo del Directorio Revolucionario, decide no aceptar propuestas de Julio García Olivera ni de Fructuoso Rodríguez de atrincherarse en la universidad o de atacar estaciones de policía, por considerarlo una inmolación innecesaria, y dada la falta de armas, no participar en las acciones previstas en ese momento.

Frank País, en Santiago de Cuba, recibe —a través de la dirección de un tercero— un telegrama. El mensaje dice:

OBRA PEDIDA AGOTADA

Tengo en la carretera de ciudad de México a Tuxpan el incidente que ya les he contado cuando somos detenidos por una barrera policíaca y yo les pregunto que si ellos querían que la Revolución Cubana comenzara en México.

Después matamos a un último traidor. Y esto sí no lo he dicho nunca, ni del grupo participante nadie lo ha dicho, aunque creo que después en una tarde de borrachera en febrero de 1987 se le fue la lengua a Raúl, por aquí tengo el informe. Fue en la finquita de Raúl —donde antes habíamos tenido al dominicano Caamaño Deñó— que le dijo a Norberto Fuentes el cuento completo. Hicimos el hueco en una playa cercana, de Cancún, y abrimos el hueco antes de zarpar y antes de zarpar llevamos al traidor y lo matamos. Estuvimos presentes: Cándido González, el negro Héctor Aldama Acosta, hermano del tuerto Agustín Aldama, Gustavo Arcos y Raúl Castro, que fue el que le disparó en la cabeza. Así mismo se lo dijo a Norberto Fuentes. «Yo lo maté.» ¿Nombre? Bueno, ahora no lo puedo precisar porque de eso no quedaron papeles ni ninguna otra clase de testimonios, ni tampoco esperen que yo a estas alturas le pregunte al negro Aldama si se acuerda de los nombres de aquellos hijos de puta que matamos en México, y mucho menos que le pregunte a Gustavo Arcos, que se ha pasado a la disidencia más abierta y de confrontación. Pero puedo proveerles con toda seguridad tres nombres, los tres comprobados como espías batistianos: el de Jesús Bello Melgarejo, el de Arturo Avalos Marcos y el de Cirilio Guerra. Creo que hay un cuarto ajusticiado, pero no logro precisarlo. Lo digo porque me parece que enterramos a dos en el campamento de entrenamiento. Después Orlando Piedra, el jefe de policía batistiano que con mayor saña nos persiguió en México, declaró en La Habana que Arturo y Cirilo fueron enterados en el Desierto de los Leones, en una prolongación de la Avenida Insurgente, Ciudad de México, y aunque el hecho nunca fue investigado, yo no puedo ni asegurarlo ni desmentirlo porque yo nunca participaba de los enterramientos. Me cuidaba mucho de estar presente en ese tipo de faena, no porque me causara ninguna clase de sobrecogimiento o por reluctancia, sino por lo que consideraba el deber de no empañar el nombre del dirigente máximo de la naciente Revolución. Parecería que lo hice por mí, pero en realidad lo hice por todos. Juan Bello Melgarejo. Ése es el que yo creo que, ajusticiamos en Tuxpan, antes de la partida del *Granma*. Bello Melgarejo era ciudadano americano y veterano de la Segunda Guerra Mundial y no volvió a saberse de él. Según una versión diferente a la nuestra, se le invitó a unas cervezas, después se le condujo engañado a una reunión y finalmente un tiro en la nuca. Para hacerlo desaparecer, se le lanzó por un barranco, al que sólo llegaban los buitres y los coyotes. Fantasía. Pura fantasía. Está enterrado en una playita al sur de Tuxpan. Si van ahora, y si el mar de casi 50 años y el barrido permanente de sus oleajes no ha hecho desaparecer la ensenada, lo van a encontrar.

Comienza la travesía por el río Tuxpan rumbo al golfo de México. Los mandos del ejército de Batista, que están al tanto de la operación, nos preparan el recibimiento en Cuba. Al filo de la madrugada del 25 de noviembre de 1956, con mi reloj marcando la 01.30 horas, habíamos partido de la pequeña ciudad de Tuxpan. El yate se encontraba fondeado frente a ella, en la margen opuesta del río, lugar que se conocía como Santiago de las Peñas. Cuando la embarcación echó a andar, lo hizo con las luces apagadas; la nave se separó del espigón y puso la proa rumbo río abajo, en dirección al puerto costeño. A bordo todos los ocupantes guardaban silencio. Llovía con bastante fuerza desde la tarde del día anterior. El puerto se encontraba cerrado a todo tipo de navegación a causa del mal tiempo. El yate navegó tranquilamente por el estuario del río Tuxpan durante media hora, tiempo que duró su recorrido desde el muelle hasta la costa. A la entrada del puerto, el faro que la resguardaba fue un testigo único de la lucha de aquella embarcación contra el intenso viento y la resaca.

Ochenta y dos hombres a bordo. El *Granma* pone la proa hacia Cuba.

Tengo a mi lado al Che. Callado. Yo diría que resignado. O como un perrito faldero. Por primera —y creo que única— vez en mi vida, le tomo lástima. El Che ha pasado en México, al que nunca más volvería, dos años y tres meses de su vida.

El *Granma*, una embarcación construida para el transporte de 15 personas, 25 como máximo, con 82 hombres, en medio de una tormenta de viento y agua que hacía dudar sobre la posibilidad de alcanzar ya no Cuba, sino la pequeña distancia que los separaba del golfo, parte con el rumbo puesto al este en unas remotísimas playas que las cartas marcan como Niquero. A media mañana del día 26, mientras se prueban las armas disparando contra el horizonte, el asma se apodera de los pulmones del entonces teniente médico Ernesto Guevara, que no ha podido cargar sus medicinas en la bolsa de viaje por la urgencia y la excitación de la partida. Faustino Pérez lo inyecta con adrenalina y el ahogo cede. También ha quedado en tierra gran parte de la comida destinada al viaje. Sólo algunas bolsas con naranjas y galletas; y unos trozos de carne que cuelgan en la bodega de la embarcación forman las provisiones que serán racionadas estrictamente durante todo el viaje por mí mismo.

Las aguas del golfo comenzaron a dejar sentir su fuerte embate contra la nave y ésta pareció ceder. El yate con su peligroso vaivén y bajo un cielo negro y una molesta llovizna invernal, provoca mareos y fuertes náuseas en todos nosotros. Uno de los expedicionarios, Faustino Pérez, me preguntó: ¿Tenemos un solo motor, verdad?

Un solo motor. Pero nos consumía una intensa y silenciosa emoción. Por un momento contuve la respiración, pues temía que algún ruido pudiera abortar la empresa. Entramos en el golfo de México y vi perderse Tuxpan entre débiles luces; todos sentíamos que el silencio de la partida no era necesario y, como si estuviera convenido, se escuchó el himno nacional cubano, al unísono.

El viento soplaba inclemente y las olas estremecían el casco con violencia. Salvo dos o tres marinos y cuatro o cinco personas más, el resto de los tripulantes se marearon. Pero al cuarto o quinto día el panorama general se alivió un poco.

Sobrecargado, el *Granma* navega a una velocidad media de 6 nudos, unos 4 menos de lo previsto y, al encontrarse el mar por encima de su línea de flotación, produce una presión que impulsa el ingreso de agua a la nave tanto por los sanitarios, así como por las juntas de los tablones de los camarotes.

El rumbo se ha perdido. Las corrientes y el mal tiempo desvían el curso del *Granma* y lo alejan cada vez más de las playas de Niquero.

Mientras ése parece ser el inicio de nuestras tragedias, no sabemos que en La Habana se produce una manifestación de estudiantes el 27 de noviembre. Jesús Suárez Gayol, uno de los jefes nacionales del Movimiento, y Otto Díaz, de la Escuela de Comercio, resultan heridos de bala en la lucha callejera, y como contraparte, 15 policías heridos por golpes y contusiones, entre ellos dos capitanes. Entonces no lo supimos pero fueron el prólogo propicio para el alzamiento en Santiago de Cuba. Las noticias no hubiesen sido más alentadoras de haber llegado a nosotros.

Y el 30 de noviembre, como se había convenido con Frank País, estalla la sublevación. El numeroso grupo de miembros del M-26-7 que ese día ejecutó diferentes acciones en Santiago de Cuba para facilitar el desembarco de los expedicionarios, es decisivo. La operación comenzó a las 5:45 a. m., pero los combatientes no pudieron mantenerse en las calles pasado el mediodía aunque algunos francotiradores hostigaron un poco más a los militares. Por primera vez se usó el uniforme verde olivo y el brazalete rojo y negro con letras blancas (M-26-7) que caracterizarían a nuestros combatientes. La operación se llevó a cabo tres días después de recibirse el cable con la clave convenida.

En cuanto al 26 de Julio en La Habana, Aldo Santamaría caería preso y tuvo que comerse el papel que contenía el cable recibido de México para que los esbirros no conocieran su contenido. Antes, había informado de éste a los compañeros Enrique Hart, y a Héctor Ravelo, dirigente del M-26-7 en Habana Campo. El Movimiento 26 de Julio contaba con un plan elaborado por el ingeniero Federico Bell-Lloch para paralizar las comunicaciones del país y la red eléctrica. Pero esto nunca llega a efectuarse y después nunca logra saber qué diablos ocurrió con aquel plan y adónde fue a parar el famoso ingeniero Bell-Lloch. Enrique Hart Dávalos parece ser el dirigente habanero más avispado y consciente. Por lo menos repite hasta el cansancio: «Con lo que se tenga tenemos que hacer todo lo que podamos». Bueno, no era el paralizador relámpago de toda la actividad energética y de comunicaciones del país, pero era un aporte. Uno de sus comandos, el de unos tales Paco Chavarry, Miguel Fernández Roa y Eduardo Sorribes, habían sustraído gran cantidad de fósforo vivo del colegio de Belén y tenían una buena cantidad de cartuchos de dinamita, traídos desde Matanzas por Jesús Suárez Gayol y otros conseguidos por Roberto Yepe, así como algunas armas cortas y unas cuantas granadas fabricadas en Regla, con lo que armaron sus escarceos. En la ciudad de La Habana el empleo de fósforo vivo en cines, tiendas y ómnibus tuvo tal magnitud que el ministro de Gobernación Santiago Rey y el propio dictador se refirieron a estos hechos en tres oportunidades en el mes de diciembre, en declaraciones oficiales a los medios de prensa.

De cualquier manera esta actividad y el estallido de Santiago principalmente me sorprende a mí y a mis hombres lejos de los acontecimientos. La revuelta de Santiago es finalmente dominada por la policía, no sin antes producir su secuela de heridos, muertos y detenidos. Esos hombres se han malgastado en una revuelta popular de apoyo a un desembarco que todavía no se ha producido. Y queda por resolver todavía el problema de que las fuerzas de seguridad de Batista han sido alertadas y deben estar esperándonos. No me equivocaba: alguien nos había delatado. Alguien, que éste es el día, más de 40 años después, que aún no hemos descubierto. Mi única esperanza es que haya sido el chivato que Raúl mató en Tuxpan. No es fácil pasarte más de 40 años tratando de descubrir cuál de tus compañeros en el reducido grupo de la Dirección es el traidor. La prueba, la punta de mi hilo de Ariadna, es el siguiente comunicado del Estado Mayor de Batista a todas sus unidades de mar y aire:

DISPONGAN BÚSQUEDA DE YATE BLANCO 65 PIES, SIN NOMBRE, BANDERA MEXICANA, CON CADENA QUE CUBRE TODO EL BARCO, SALIÓ DE TUXPAN, VERACRUZ, MÉXICO, EL 25 DE NOVIEMBRE PRÓXIMO PASADO. INFORME A ESTE CEN CON RESULTADOS. GENERAL RODRÍGUEZ ÁVILA

Después de 172 horas de travesía, descubrimos Cuba en el horizonte y decido ingresar por una playa desolada ubicada al sudoeste de Niquero, de la que luego conoceríamos su nombre: Las Coloradas.

El *Granma* hacía agua y su permanencia sobre la superficie era una cuestión de horas. Por eso doy la orden de dirigirnos a toda velocidad hacia la isla. Bajaríamos allí donde el *Granma* se decidiera apoyar la proa. Y la vieja embarcación elige clavarse en un médano a dos kilómetros de la costa en una ciénaga de nombre Belic, a unos dos mil metros de Las Coloradas y a igual distancia de Niquero. Cuanto más cerca estábamos del horizonte oscuro que identificamos por un momento como tierra firme, más nos convencimos de lo erróneo de la apreciación. Aquello era un pantano que apenas permitía avanzar hacia una línea de cocoteros donde la tierra se intuía firme. Es el 2 de diciembre de 1956 y René Rodríguez es el primero en lanzarse al agua en busca de la playa. No da pie y me grita: «¡Coño, que me ahogo!». Mi respuesta surte un efecto inesperado en René. Le grito: «¡Camina, cojones!». Y él, como Cristo entre las aguas, comienza a avanzar. Ese día yo entendí lo que era la voz de mando y por primera vez, desde el bogotazo, supe lo que era imponerse sobre una multitud fuera de control.

Una lancha torpedera de la marina de guerra cubana que apareció por algún agujero del horizonte, efectúa varios disparos sobre la retaguardia que, al mando de Raúl Castro, todavía se encontraba a bordo del *Granma*. La torpedera cuenta con un avión de apoyo que comienza a arrojar bombas en forma indiscriminada sobre toda la zona de pantanos. Nos hemos dividido y en pequeños grupos comenzamos a buscar las vías de escape. Mientras yo intento adentrarme en un monte, o de hallar una charca de agua donde calmar la sed, en La Habana, la United Press International anuncia mi muerte en combate. Yo todavía no lo sé, todavía creo que el grueso de mis hombres se disloca a mi alrededor, en la espesura de los cañaverales, cuando lo que está ocurriendo es que acabo de perder a casi toda la fuerza expedicionaria, excepto 16 de hombres, que a su vez van a ser diezmados en tres partidas. Ahora me adentro en un cañaveral y las balas me pasan silbando y las filosas hojas de la caña Jaronú me cortan el rostro y en ese pequeño forcejear mío contra las fuerzas de la adversidad en lo que pienso con mayor vehemencia no es en el triunfo de la revolución social sino que desespero por tomarme una Coca-Cola.

Ahora recuerdo que pocas horas antes de salir, quizá desde dos días antes, yo había estado hojeando mi lectura favorita de Lenin. En un momento determinado, con la premura del vivaqueo me lo había echado en el bolsillo de mi chaqueta de campaña y ahí lo había olvidado. Me volví a acordar de él en la madrugada del 2 de diciembre mientras me tanteaba los bolsillos en busca de algún tabaco olvidado. Era peligroso ese tipo de literatura. Ya bastantes problemas nos había traído el ejemplar de *El imperialismo, fase superior del capitalismo* que nos habían ocupado en el apartamento de Haydee y Abel días después del Moncada. Así que decidí deshacerme de mi librito. Antes de lanzarlo al agua, lo abrí por la última hoja. Sabiendo lo que me iba a encontrar. No obstante fue como una carga de adrenalina. Nunca he olvidado esa frase iluminada por mí en el puente del *Granma* con una linterna marinera. *Vivir la «experiencia de la revolución»*. Entonces, lanzar el tomito por la borda, sin que ninguno de mis acompañantes se interesara, fue como una especie de liturgia. Fue algo íntimo. Algo exclusivo entre los dioses, la corriente del golfo y yo. El libro se abrió blandamente como una paloma, en el aire, y lo perdí en la oscuridad del mar —o me fue imposible distinguirlo tras los cristales empañados por el salitre o por la lluvia inclemente.

PALABRAS FINALES A LA PRIMERA EDICIÓN

Este folleto fue escrito en los meses de agosto y septiembre de 1917. Tenía ya trazado el plan del capítulo siguiente, del VII: «La experiencia de las revoluciones rusas de 1905 y 1917». Pero, fuera del título, no me fue posible escribir ni una sola línea de este capítulo: vino a «estorbarme» la crisis política, la víspera de la Revolución de Octubre de 1917. De «estorbos» así no tiene uno más que alegrarse. Pero la redacción de la segunda parte del folleto (dedicada a «La experiencia de las revoluciones rusas de 1905 y 1917») habrá que aplazarla seguramente por mucho tiempo; es más agradable y más provechoso vivir la «experiencia de la revolución» que escribir acerca de ella.

El Autor

Petrogrado
30 de noviembre de 1917

Esta obra fue escrita en agosto y septiembre de 1917.

En 1918 fue publicada en forma de folleto por la editorial La Vida y la Ciencia.

Se imprime según el texto del folleto publicado por la editorial Kommunist (1919), confrontado con el manuscrito y con la edición de 1918.

12. LOS NÓMADAS Y LA NOCHE

Mi hermano Ramón me hizo una fotografía. Se ve ahora borrosa y se desvanece bajo los efectos de una empecinada gama de grises. No sé cómo serán las cosas actualmente con las fotos, qué clase de emulsiones se estarán empleando para lograr colores tan vivos y firmes. Pero esas imágenes anteriores a los cincuenta parecían envejecer con la gente y los objetos. De modo que uno sabía siempre cuándo estaba mirando la foto de un muerto. Eran polvorientas y a veces comidas por los bordes y en ellas todo el mundo parecía obligado a ofrecer su rostro más severo. En efecto, daban la sensación de que habían marchitado y de soltar polvo si uno las sacudía. ¿O es que acumulaban ácaros realmente en la inmovilidad de los lúgubres álbumes? Mi foto es de octubre de 1947. Ramón me dijo: «Párate ahí, Fidel». Párate quería decir que me detuviera. «Mira para acá.» Yo estaba sin camisa y con los brazos tendidos a lo largo del cuerpo y tengo detrás de mí las columnas de cemento del tanque elevado de agua de la finca de Birán y, hacia donde está apuntando mi sombra, se ven los palos de caiguarán —los inconmovibles caiguaranes, a los que no le entraban los clavos de ninguna punta— sobre los que se apoyaba mi casa. Una sombra remota que delinea mi rostro es mi barba de entonces, en su momento de más consistente crecimiento. Miro la foto ahora, en la distancia de los años, para volverme a hacer una composición del lugar mientras escribo este pasaje y, aplicando mis bien adquiridos conocimientos de medicina, disfruto contemplando el cuerpo de un joven que tuvo un adecuado proceso de crecimiento, una dulce, saludable, espléndida adolescencia. Todos mis rasgos masculinos están bien determinados, el vello facial, el desarrollo muscular, los depósitos proporcionados de grasa asociados con la edad y una región mamaria bien definida. Si no dispongo de mucha barba es un asunto del fenotipo familiar, cuestión de información genética, pero la sombra que barniza mi rostro, la que tengo ahí, es adecuada y suficiente a mi edad. Qué cosas raras tiene la experiencia humana. El símbolo por el que se me distingue en la historia, mis barbas guerreras, ha sido siempre un atributo de ardua obtención por mi organismo.

Así que no crean que me sale la barba con facilidad. Soy más bien lampiñón, de barba rala y muy lenta para crecer y que su presencia se advierta. Tampoco tengo pelos en el pecho. Y suele ocurrirme que la barba me crece primero que el bigote. Y cuando me sale, al principio, parece un bigote de chino, lacio y caído sobre las comisuras. Hablaba de la foto. Acabo de llegar de Cayo Confites, veterano de una guerra que nunca existió, pero por primera vez —aunque sin que me lo propusiera en principio— se presenta una asociación natural entre mis empeños bélicos y el crecimiento, aunque sea tímido, de una barba mía. La segunda vez será en la Sierra Maestra, diez años después de esta foto, y ya más nunca me afeitaré. Estoy flaquito en esta foto y con la piel curtida por el sol sin resguardo de Confites y la aspersión del salitre. No la piel quemada del campesino, que es terrosa y apagada, sino la del hombre de mar —en mi caso, la de un joven expuesto a los elementos que se abatieron sobre un pequeño islote desguarnecido frente al Gran Banco de las Bahamas—, por lo que es una piel dorada o de un rojo esmaltado.

Lo más importante —y la razón de que esa fotografía se encuentre ahora, entre papeles y apuntes, sobre mi buró y la esté empleando como uno de los documentos de mi información—, es el significado y valor de la barba que me va a crecer en los días posteriores al desembarco del *Granma*; y porque quise comparar la de Confites, que era tímida y fue rasurada, con la serrana, que ha sido eterna. Mis barbas pobladas más bien por imperativos de las circunstancias y no por una voluntad expresa, y mucho menos por buscar un símbolo publicitario o el orgullo de un atributo guerrero. Estoy hablando desde un punto de vista personal, se entiende. Una barba de nuevo cultivo significa también pequeños cambios de hábitos y la adquisición de gestos desconocidos, como voy a reconocer de inmediato, luego del desembarco.

Lo último que recuerdo es a Norberto Collado. Era el timonel y yo aún enarbolaba mi pistola Browning de 9 mm con la que estuve a punto de descerrajarle un plomazo cuando me lancé por la borda. El grito, creo que de mi hermano Raúl, de «¡Avión!» surtió en mi psiquis un efecto mucho más poderoso que el deseo irrefrenable de matarlo, o lo que pareció ser un impulso homicida bien definido. Entré en el agua con la Browning en alto, y el fusil Remington de mirilla telescópica en la otra mano. Una posición si se quiere bastante incómoda y de precario equilibrio. Me clavé en el lecho fangoso casi hasta las clavículas, aunque el contrapeso de la mochila contribuyó a mantenerme erguido. Si tomamos en consideración que mi estatura en esa época era de 6,2 pulgadas, pues calculen 5 pies de agua por la parte de la borda en que abandoné la nave. Escuchaba el chapaleteo de los restantes compañeros lanzándose al agua y corroboré de inmediato que no existe voz de mando más efectiva para una tropa bisoña en su primera maniobra real de desembarco que un aviso de avión. Entonces tuve esa última visión del timonel, aún sobre el puente, tan pálido que parecía haber perdido toda la sangre, aunque nunca he sabido si por la proximidad de la aviación o porque había escapado a que apretara el gatillo sobre su cráneo. Pasarle por al lado al *Granma*, encallado en el borde de aquel manglar, y con los motores cortados, fue como ver en una playa la agonía de una ballena, y visto en escorzo desde un agua enturbiada por el desespero y los ahogos de 80 hombres, y mientras estrenas unas botas de combate en la sordidez de miasmas de la costa cubana y a cada paso cargadas de fango y agua como esponjas, era una visión que se me antojaba fantasmagórica además de incomprensible; el *Granma*, morir. ¿Y por qué cojones nadie canta ahora el himno nacional?

Aun corriendo el peligro de parecer pretencioso y de que quiera mostrar una cultura de esnob, necesito decir que parecía una imagen captada por aquel loco de los bigotes en punta que derretía relojes y hacía flotar los ojos. Bueno, yo también veía las revistas de chismes en las que Dalí y su último escándalo aparecían junto a reproducciones de sus cuadros. Y en eso pensé brevemente mientras avanzaba por un costado de la nave. Por lo irreal, pero sobre todo por la conducta no esperada de los objetos y una toma de perspectiva arbitraria, semejaba uno de sus cuadros.

Por cierto, si de verdad hubo un avión aquella mañana, sus efectos no se hicieron notar en nuestro barco, como tampoco el cañoneo al que supuestamente lo sometió una fragata batistiana, porque el caso es que a los pocos días el *Granma*, sin un rasguño, fue sacado a remolque por la popa. El *Granma* fue reabastecido de combustible y caminando por sus motores se le condujo hasta los muelles de la Marina en el puerto de La Habana, frente al poblado de Casablanca, donde se mantuvo a flote y cautivo de un espigón hasta nuestro triunfo.

En cuanto a Collado, no sé cómo se las arregló para saltar del yate, eludir el cerco que los guardias establecerían en breve por toda la región, y llegar a La Habana. Visto que nadie lo perseguía y que las patrullas policíacas le pasaban por al lado como a un mulato cuarentón más, uno de los tantos y tan abundantes en esa ciudad, y no se le identificaba ni como un héroe de la Segunda Guerra Mundial (¿se acuerdan? fue el sonarista del cazasubmarinos cubano CS-13 bajo el mando del alférez de fragata Mario Ramírez Delgado), ni como timonel de una expedición revolucionaria y mucho menos como un futuro —breve futuro de dos años— comandante de la Marina de Guerra revolucionaria, se metió a albañil en una de las cuadrillas que levantaban un majestuoso edificio de condominio de la barriada del Vedado, que se convertiría en una de las edificaciones emblemáticas de La Habana, el edificio FOCSA. Hasta que Orlando Piedra le echó el ojo. El coronel Orlando Piedra. «Negro, ¿en qué tú andas? Negro, ¿tú no estabas en México con Fidel Castro?» Se supone que éstas hayan sido las primeras preguntas de la parte de la autoridad. «¿En qué puedo andar yo, coronel?» Se supone que ésa haya sido la primera respuesta de la parte del sospechoso. La segunda fue subir las dos piernas sobre el buró y mostrarle los costosísimos zapatos que calzaba y decirle: «Oiga, coronel, ¿en qué usted cree que yo pueda andar? ¿Usted ni ve esos zapatos? Son unos Amadeo de dos tonos que me costaron más de cien pesos. ¿Cómo usted cree que yo voy a estar en nada si lo que gano es un dineral?». Se supone asimismo que Collado agregara algunos elogios al gobierno de *su* general Batista que hacía posible, dijo, que un negrito como él se comprara unos Amadeo de dos tonos y puntera afilada que costaban 100 pesos. Piedra —y esto no se supone, sino que se sabe de cierto gracias a las informaciones que han sobrevivido hasta nuestros días— lo había calado desde que lo hizo sentar en su oficina y desde ese momento, desde esa caladura, no creyó necesario arrancarle los testículos o aplicarle el tratamiento mucho más suave de una tanda de bofetones. El Negro *no estaba en nada*. De verdad. «Te voy a estar vigilando —le dijo, pero más bien de modo rutinario—. Anda derechito porque te voy a estar vigilando.» «No hay inconvenientes, coronel», respondió Collado. «Ninguna clase de inconvenientes.» A lo que Piedra replicó: «¿Y cuándo vas a acabar de bajar esos zapatos de mi buró? ¿O tú quieres que te los meta, los dos, por el culo?».

Mucho después del triunfo de la Revolución y siendo una tarde, creo que de 1963, mientras recibíamos una técnica naval soviética —las primeras lanchas portamisiles de dos hangares— en el puerto de Cabañas, me encontré con él por primera vez desde el día del desembarco del *Granma*. Era parte del centenar de oficiales que se hallaba en la tribuna del acto. Yo conocía todo el cuento anterior, como se pueden imaginar. Pero decidí hacer la vista gorda, saludarlo de lejos y ni siquiera incomodarme cuando descubrí que traía enganchados los grados de comandante. Lo dejé con sus grados para que no se me creara un nuevo conflicto, y como yo tenía esa bronca con la vieja oficialidad de la Marina a la que había tenido que arrastrar conmigo casi intacta desde la sublevación contra Batista del destacamento naval de Cienfuegos, pues lo dejé para después. Mejor, más útil iba a serme que se mantuviera como un subordinado eternamente agradecido y no recordarle que había estado a punto de volarle los sesos o que lo humillara delante del resto de los oficiales arrancándole las estrellas de las charreteras. Igual que en el desembarco. No apreté el gatillo. E igual que Orlando Piedra. Lo dejé irse.

Nunca se me han borrado de la memoria aquellas horas de angustia. Habíamos captado en nuestro radio transoceánico las noticias del levantamiento en Santiago el 30 de noviembre, que debió producirse después y no antes, de nuestro arribo. Ocurre a la inversa debido al mal tiempo que retrasó por 48 horas el viaje de 1.235 millas desde Tuxpan. En los últimos años he tratado de equilibrar la responsabilidad de los fracasos añadiendo como otro argumento el ímpetu incontenible de los combatientes santiagueros, como si ellos no ser hubiesen podido sosegar un poco y esperar por la confirmación de mi desembarco.

Divisamos tierra con las primeras luces del amanecer y un grupo de boyas luminosas donde la costa oriental, viniendo de Santiago, dobla hacia el norte en dirección a Manzanillo. Dos veces intentó nuestro errático timonel seguir la ruta adecuada por el laberinto que indicaban las boyas, y dos veces regresó al punto de partida. Intentaba hacerlo por tercera vez, cuando saqué la Browning ye se la encajé en la sien izquierda. De combustible quedaban unos pocos litros. Era ya pleno día. El enemigo exploraba sin cesar por mar y por aire. La nave corría gran riesgo de ser destruida a pocos kilómetros de la orilla con toda la fuerza a bordo. Veía la costa cercana y visiblemente baja. «Dale, maricón. Enfila hacia la costa. Directamente. A toda máquina, maricón.»

El *Granma* se detiene a 60 metros de la orilla. Desembarco de hombres y armas. El avance —por llamar de alguna manera a nuestras tristes piruetas en un mismo lugar, del que lográbamos desprendernos sólo por pocas pulgadas cada vez— se producía en un remanso de agua prácticamente estancada sobre fango movedizo que amenazaba tragarse a los hombres sobrecargados de peso. La orilla era aparentemente sólida, pero metros después un terreno fangoso similar al anterior se interponía entre el punto de arribo y la tierra sólida. Casi dos horas duró la travesía. Acabado de pisar terreno firme, se escucharon los disparos de un arma pesada contra el área de desembarco en las proximidades del solitario *Granma* (en el supuesto de que ya Collado lo hubiese abandonado). El *Granma* había sido avistado y comunicada su presencia.

Déjenme tratar de describirles la magnitud de la tarea que nos habíamos impuesto en el momento que desembarcamos en el manglar de Las Coloradas. En esencia, nos proponíamos derrotar una organización militar que en 1952, entre ejército, policía y marina, disponía de unos 20.000 hombres, pero que en el transcurso de la guerra elevó su número sustancialmente. Yo reclamo que llegó a 70.000 hombres.

El ejército propiamente dicho estaba compuesto por regimientos dislocados en cada una de las capitales provinciales, que eran seis entonces. La excepción era Oriente, con un regimiento dislocado en Holguín y otro en Santiago de Cuba. De la misma manera, había dos regimientos en la provincia de La Habana, uno en la capital y otro en las áreas rurales. Cada regimiento estaba al mando de un coronel. Es decir, ocho regimientos provinciales (oficialmente designados por «distritos»), más el Regimiento Mixto de Tanques dislocado en la Ciudad Militar (Columbia) y un décimo regimiento creado a tenor de la guerra, el Regimiento 10, que se basificaba en Managua, cerca de la ciudad de La Habana, donde también radicaba la escuela de cadetes del ejército.

En cada cuartel regimental había estacionado un batallón, que era llamado «tercio táctico» y que estaba bajo el mando de un mayor (o comandante).

De igual modo dislocados en el cuartel regimental estaban los diferentes servicios auxiliares, incluidos Oficina del Inspector General, Servicios Médicos, Cuerpo de Transportes, Cuerpo de Ingenieros y Cuerpo de Señales.

El cuartel regimental disponía de una Plana Mayor, que incluía a los cuatro oficiales de superior jerarquía: el coronel del regimiento; un teniente coronel, que era el inspector del regimiento; un mayor, que estaba al mando del batallón dislocado en el cuartel regimental; y un teniente coronel, que estaba al mando de la policía de la provincia.

El resto del regimiento se estacionaba a través de la provincia o en el territorio bajo jurisdicción del regimiento: es decir, el distrito; y su cantidad de personal variaba según la extensión territorial y tamaño de los centros urbanos de su compromiso. Las poblaciones mayores albergaban «capitanías» en composición de una compañía (unos 100 hombres). Las poblaciones pequeñas tenían unidades en composición de pelotón, bajo el mando de un teniente y eran llamadas «tenencias». Las pequeñas poblaciones rurales tenían escuadras mandadas por sargentos o cabos. La unidad más pequeña era la «pareja», la pareja famosa de la Guardia Rural, presente en un sinnúmero de poemas y cuentos cubanos clásicos como representantes de los malévolos designios del capitalismo en las apartadas zonas rurales del país, encargados de desalojar a los campesinos pobres de sus mugrientas parcelas de tierra, constituida desde luego por dos hombres a caballo y armados con unos pesados revólveres 45 y los largos machetes con doradas empuñaduras en forma de cabezas de águila con los que, empleándolos de canto, arremetían contra los revoltosos y que era el castigo conocido como «plan de machete». El mismo nombre que recibían —Guardia Rural— y sus uniformes, diferentes de los de la policía y el ejército, distinguían el cuerpo en su cometido entre militar y de administración del orden. Pero eran muy eficientes. Batista y sus generales hablaban con orgullo de que prácticamente a las pri-

Ministerio de Defensa

Policía Nacional	Ejército	Marina de Guerra

Ayudantía

Comunicaciones

G-1 Personal	G-2 Inteligencia	G-3 Operaciones	G-4 Logística	G-5 Inspección	Auditoría	Cuerpo Ingeniero

SIM Servicio de Inteligencia Militar

Regimiento Mixto de Infantería (Ciudad Militar Columbia)	Regimiento de Artillería (La Cabaña)	Fuerza Aérea (Columbia)	Regimiento de Tanques (Managua)	Regimientos Provinciales (Distritos)

Regimientos:
1. Moncada (Santiago de Cuba)
2. Camagüey
3. Leoncio Vidal (Las Villas)
4. Matanzas
5. La Habana
6. Pinar del Río
7. Holguín

Cada Regimiento se dividía en Escuadrones (Capitanías), y éstos en Tenencias, y éstas en Puestos.

Las Fuerzas Armadas en 1958.

meras 72 horas de nuestro desembarco, el 2 de diciembre de 1956, yo estuve bajo control y hostigamiento de la pareja de la guardia rural de Niquero, que no falló siquiera ni en la cantidad de hombres que sospechaban habían desembarcado apenas unas tres horas antes aquella mañana y que trasmitieron a Manzanillo por el único teléfono público, de manigueta y caja de madera, que encontraron: «Como unos 80 hombres».

El coronel al frente de cada uno de los 8 regimientos actuaba asimismo como jefe de policía de su territorio; un teniente coronel de la policía actuaba como inspector de policía a nivel provincial. La marina asumía el papel policíaco en las pequeñas poblaciones costeras donde tuviera instalaciones.[1]

El Estado Mayor Conjunto creado el 20 de noviembre de 1957 por ley del Congreso de la República colocó a las Fuerzas Armadas bajo el mando de cinco jefes con jerarquía de generales o almirantes.

Todos tuvieron nombre y apellido.

La nueva posición de jefe del Estado Mayor Conjunto fue creada con el grado de general en jefe y el general Francisco Tabernilla Dolz fue promocionado para ocuparla y servirse de dos juegos de cinco estrellas cada uno en sus charreteras. El general Pedro Rodríguez Ávila le sustituyó como jefe del Estado Mayor del ejército con el grado de lugarteniente general (tres estrellas). El mando de la Dirección de Personal (G-1) con el grado de brigadier (general de una estrella) fue otorgado a José Fernández Rey. El mando de la Dirección de Inteligencia (G-2) con el grado de mayor general (dos estrellas) fue otorgado a Arístides Sosa de Quesada. La jefatura de la Dirección de Operaciones (G-3) fue elevada al grado de Mayor General y otorgada a Martín Díaz Tamayo. La Dirección de Logística (G-4) fue también elevada al rango de mayor general y entregada a Juan Rojas González. Fi-

1. Era habitual que los alistados o miembros de las distintas armas cumplieran misiones policíacas. En este sentido las Fuerzas Armadas cubanas eran de alguna manera una institución diferente a la de otros países. Se esperaba que un soldado o un marinero actuara como un policía regular, que portara arma de cintura y que participara en el arresto de delincuentes. Del mismo modo la policía estaba militarizada y realizaba tareas que se esperan regularmente del ejército o de la Marina. Desde luego que después del golpe de Estado, Batista no olvidó a la Policía Nacional y un estimado de 2.000 nuevas plazas fueron abiertas y se adquirieron nuevas armas y equipos, incluyendo 150 carros patrulleros y 100 motocicletas. Los policías que estaban en servicio fueron animados a invitar amigos y familiares a unirse al cuerpo.

nalmente, la Dirección de Inspección fue elevada a mayor general y ocupada por Luis Robainas Piedra.

En adición a los 8 regimientos provinciales, un regimiento mixto de tanques y una unidad de artillería estaban ubicados en Ciudad Militar de Columbia y en La Cabaña, ambos campamentos en las vecindades de La Habana. Pequeñas unidades blindadas se localizaban en los cuarteles regimentales a lo largo de la isla.

Una Marina consistente en algunos viejos barcos y una docena de cazasubmarinos y PT-boats de la Segunda Guerra Mundial, amén del crucero *Cuba*, el buque escuela *Patria*, las fragatas *Martí*, *Maceo* y *Máximo Gómez* y algunas pequeñas cañoneras para defensa costera, y una pequeña fuerza aérea naval subordinada (que fue creada por Batista después de su golpe de Estado del 10 de marzo de 1952 y que dotó de seis aviones de la Segunda Guerra Mundial) constituyen todo el esplendor náutico de la nación.

En cuanto a equipamiento y preparación, la Fuera Aérea Ejército de Cuba (FAEC)[2] era sin duda el arma privilegiada, con pilotos muy

2. Pocas semanas después del golpe de Estado, el 23 de abril de 1952, se cambió oficialmente el nombre de Cuerpo de Aviación a Fuerza Aérea Ejército de Cuba (FAEC), y se nombró por primera vez a un piloto como jefe de la aviación, el coronel Carlos Pascual Pinard, aunque su jefatura fue muy corta, puesto que falleció por una enfermedad renal, y por lo que fue promovido al cargo el coronel Carlos Tabernilla y Palmero «Winsy», que más tarde ascendió a brigadier general. De inmediato se empezó a recibir la ayuda del MDAP (por sus siglas en inglés del *Mutual Defense Assistance Program* —Pacto de Ayuda de Defensa Mutua), a llegar nuevos equipos y los pilotos cubanos, después de pasar un curso en la Escuela de Cadetes de Managua, provincia de La Habana, y un curso en la Escuela de Aviación de Cuba, en el Campo Teniente Brihuegas conocido como Campo Columbia, partían a Estados Unidos, a incorporarse a los cursos de pilotaje que se ofrecían, volando los más modernos equipos de entrenamiento de la época, el PA-18, el Beechcraft Mentor T-34, el North American AT-6, para después pasar a volar el North American B-25 o el T-33 y después el F-84 de reacción de combate. Los últimos cursos volaron el T-34 y el North American T-28 Trojan, para después pasar al T-33 o el B-25, algunos volaron el Beechcraft Jet T-37. Todos los pilotos recibieron lo último en la instrucción de vuelo por instrumento y todos los cursos a la par de los estudiantes estadounidenses. Otros pilotos tomaron entrenamiento en el North American F-86 Sabre Jet, durante los años de 1955. Miedo para Fidel, en lo referente a la llegada del equipamiento: entre mayo del 52 y junio del 53 llegaron veintinueve F-47D Republic; en junio del 54 entre comprados y a través de la ayuda mutua llegaron ocho Lockheed T-33; y en noviembre del 56 llegaron los dieciséis B-26 (o Douglas A-26B Invader). En el 56, la misión aérea de la USAF, ofreció a Cuba trece Lockheed F-80 «Shooting Stars», como parte del año fiscal FY57 MDAP (*Fiscal Year* [sic.]), para reemplazar a los F-47, pero asumiendo que Cuba no tendría el dinero, el Departamento de Defensa de Estados Unidos sugirió el entregarlos gratuitamente mediante la previsión de becas del MDAP.

bien entrenados en Estados Unidos y una abundancia —inusitada para la época en América Latina— de bombarderos ligeros A-26 y reactores T-33. Desde luego que esto se vinculaba con la estrategia norteamericana de preparar a las FAEC como un aliado útil en sus planes de contener una hipotética invasión soviética en el área. Pero esta pretensión seguramente originada en el Pentágono tuvo que ser revisada luego de que la CIA produjo su conspiración con el objeto de llevar al coronel Ramón Barquín a la presidencia y sobre todo después de la sublevación de la base naval de Cienfuegos[3].

Barquín era el delegado ante la Junta Interamericana de Defensa.[4] Se puso a conspirar y el Servicio de Inteligencia Militar (SIM) lo captura. Toda la documentación del caso ha llegado intacta a nosotros. Irenaldo García Báez, el jefe del SIM, acostumbraba decir (está en los papeles) que «ni cojones» y que él «sí había cogido preso a ese tipo». Barquín expurgaba su condena en Isla de Pinos pero William Williamson, el segundo de la CIA en La Habana, alentaba la sublevación. Cienfuegos fue su escalada.

Mas la presión política después de la insurrección de Cienfuegos por parte de la Marina de Guerra, que se produjo el 5 de septiembre de 1957, y que fue aplastada con la ayuda de la FAEC y el ejército cubano con equipos del Pacto de Ayuda Mutua, obligaron al presidente

3. En abril de 1956, liderada por el coronel Ramón Barquín, con la colaboración de opositores civiles, se produjo la conspiración llamada de «los puros», que destruyó la ilusión de que el ejército batistiano era una unidad monolítica y que implicó a los más distinguidos oficiales profesionales del «establishment» militar cubano. El mismo Barquín había recibido la Legión de Honor Americana y representado a Cuba en el Sistema Inter-Americano de Defensa. Sus más cercanos asociados: capitán José Ramos Ávila, que había concluido sus estudios avanzados en Administración Militar en Estados Unidos; el teniente coronel Manuel Várela, comandante del batallón de tanques del ejército; el comandante Enrique Borbonet, jefe de los paracaidistas; el comandante José J. W. Orihuela, uno de los principales expertos de artillería cubanos; los tenientes Manuel A. Villafaña, Rene Traviesa Pía, y José Planes de la Torre, que habían regresado de Estados Unidos después de completar exitosamente sus programas de entrenamiento de vuelo de combate. Aproximadamente 220 oficiales fueron descubiertos en su plan de derribar el gobierno. (*N. del A.*)

4. El coronel Barquín (a sus espaldas, desde luego) era conocido por nosotros, en el círculo más íntimo de la dirigencia cubana, como el «Golden Boy» de la CIA. (*N. del A.*)

Dwight D. Eisenhower a revisar a regañadientes la política de ayuda a Cuba, que conllevó el embargo militar a la isla. Como se sabe, algunos de los pilotos (que participaban en el complot, o actuando por los dictados de su propia conciencia) se negaron a bombardear a sus compañeros o lanzaron sus cargas al mar, y de inmediato todos ellos, apenas aterrizaban, fueron arrestados. Pero lo importante fue que durante la sublevación, dos de los B-26, los pilotados por el capitán Zúñiga y el capitán Piñera, sufrieron averías por causa de fuego antiaéreo. Fueron los primeros B-26 y Douglas A-26 Invader con nariz plástica transparente que en América recibieran fuego antiaéreo en combate real. Un B-26 suministrado por el Pentágono a punto de ser derribado por las antiaéreas calibre 50 de una sublevación debidamente bendecida por la CIA. No resistieron la ecuación en Langley. La próxima vez que un B-26 y reciba fuego antiaéreo o impactos de las perreras de un combate aéreo real va a ocurrir en menos de tres años, en las acciones de Bahía de Cochinos, cuando estos B-26 de la flota batistiana reciclados como escuadrón de martillo de la fuerza aérea revolucionaria, gente de Fidel, se enfrenten a los B-26 adquiridos por la CIA (¡gustan los B-26 en Langley!) para su fuerza de apoyo a la invasión contrarrevolucionaria o que tuvieron la desgracia de ponerse en el rango de tiro de los T-33 o los Sea Fury, también vestigios del poder batistiano ocupados como botón de guerra por las hordas revolucionarias, o porque el fuego antiaéreo de ametralladoras checoslovacas de cuatro bocas calibre 12.7 manejadas por los niños héroes de la base Granma les desplumara.

1956 -4 de abril

Aborta en La Habana una extensa conspiración de oficiales del ejército y la aviación que se proponían deshacerse de Batista. Estaba dirigida por el coronel Ramón M. Barquín, a quien van a llamar en las altas esferas revolucionarias como el «Golden Boy» de la CIA.

29 de abril

Comando armado de la Organización Auténtica (agrupación del ex presidente Carlos Prío) asalta sin suerte el cuartel Goicuría, sede del Distrito Militar n.º 4, en la ciudad de Matanzas. Los asaltantes, que eran esperados por los militares debido a una confidencia, se precipitan en una auténtica emboscada y son masacrados.

2 de diciembre

Desembarco del *Granma* en Las Coloradas, Niquero, fuerte con 82 combatientes revolucionarios.

Casi todo lo que viene a continuación está muy bien escrito por el Che y puede encontrarse en sus libros, nuestros primeros combates y el asentamiento del Ejército Rebelde en la Sierra Maestra. Su vocación literaria era manifiesta. Sólo me cargaba esa cierta tendencia a la omnipresencia que se desprende de todos sus escritos. Me carga ese colocarse como un calificador de sobrada autoridad moral de los sentimientos más puros del pueblo. Es un tutearse a la vez con los muertos y con las abstracciones de la gloria. Si conoce una vez a Frank País, dice que le cuesta trabajo describirlo porque su historia «pertenece al pueblo». Si le dedica un libro —sus *Pasajes de la guerra revolucionaria*—, a Camilo Cienfuegos, nuestro compañero comandante muerto en un accidente de aviación, o por lo menos desaparecido en vuelo, dice que Camilo vive en «el más allá del pueblo», frase más que lograda si se quiere pero que reitera la idea. Muy consciente el argentino de que al final todo eso es bazofia, se apresura en 1959, al terminar nuestra guerra, en hacer su libro sobre la guerra de guerrillas[5], una especie de metodología de cómo sublevar naciones. Éste fue el trabajo gracias al cual él quedaría como el gran teórico de una guerra que no le perteneció, a no ser como uno de sus oficiales ejecutivos y en la que siempre se moviera en un reducido nivel táctico. Una guerra que yo hice —y controlé— segundo a segundo, episodio por episodio. Nadie tuvo su escenario completo. Ése sólo estaba en mi cabeza, por lo que su participación, como las de los demás, fue prácticamente colateral. ¿Cómo teorizar acertadamente sobre una guerra en la cual tu única participación se limita a cumplir órdenes y si no las cumples te mando a fusilar? Pero él escribía. Era el asmático incansable y sobre todo muy cuidadoso de su estilo. Tengo entendido que primero le dictaba el borrador a un secretario. Luego lo trabajaba con estilográfica. Revisaba una y otra copia, casi siempre por las madrugadas. Después se presentaba en la revista *Verde Olivo*, que era el semanario de las Fuerzas Ar-

5. Así titulado: *Guerra de guerrillas*. Fue publicado en 1960 por el Ministerio de las Fuerzas Armadas Revolucionarias.

madas Revolucionarias, y le daba una última revisión a su texto. Le habíamos asignado a *Verde Olivo* la mitad del edificio de la revista *Bohemia*. Apenas su director —y viejo amigo mío—, Miguel Ángel Quevedo, abandonó el país, ocupamos el local y su formidable imprenta de rotograbado con torres para dos colores. El Che, como en un feudo de su propiedad, se sentía a sus anchas en los antiguos predios de Quevedo. Quizá se debía a que, entre otras obligaciones del momento, le habíamos endilgado la responsabilidad de ser el jefe de lo que entonces se llamaba Departamento de Instrucción de las Fuerzas Armadas Revolucionarias y que luego conoceríamos como Sección Política, que era la estructura a la que *Verde Olivo* se subordinaba. Tuvo sus éxitos allí, no crean. Aparte de publicarse él mismo su librito del apostolado insurreccional, *La guerra de guerrillas*, y de serializar sus relatos de la campaña, mandó preparar —y de inmediato viabilizar su publicación por cientos de miles de ejemplares— una especie de compendio histórico de la República que culminaba en una absoluta justificación del proceso revolucionario y que además incluía lecciones de geografía y algunos rudimentos, aún muy embozados, de materialismo filosófico. El redactor principal fue un historiador de Santiago de Cuba llamado Jorge Ibarra. Recuerdo el libro, de formato amplio y más de 400 páginas y cubierta de dos colores —verde olivo y negro. En la portada había un grabado a buril sobre madera de un barbudo que me representaba a mí mientras guiaba al pueblo hacia la victoria. ¿Historiador y santiaguero dije más arriba? ¿Santiaguero de Santiago de Cuba? Creo que, en rigor, hay algo en esa composición que no encaja. No estoy bromeando. Yo sabía que Santiago de Cuba podía darnos un excelente episodio insurreccional, como el 30 de noviembre cuando tomaron la ciudad por algunas horas para apoyar nuestro desembarco. Pero su condición de plaza preterida de la civilización, encajada en ese rescoldo vaporoso de la Sierra Maestra frente a la fosa de Bartle, no prometía nada bueno desde el punto de vista intelectual. Santiago sólo proporciona unos jóvenes burgueses muy airados debido a sus obligaciones municipales. Por eso su tendencia natural a la sublevación y al desacato mientras son jóvenes y aún sus padres les pagan las meriendas o las putas de los sábados. Están cercados en ese pequeño valle de donde la atención a sus negocios les impide salir. Negocios todos que tenían que ver con los cultivos en las inmensas tierras de su posesión que tomaban a Santiago como referencia para irradiarse y que casi siempre era caña de azúcar, café, ganado y madera. De modo que, cuando algunos de ellos saltan a la palestra pública gracias a la Revolución, lo primero que necesitan reivindicar es el alcance universal de su aldea, sin acabar de comprender que Santiago de Cuba está pegada a Haití pero a medio mundo de distancia de Roma. Yo los conozco muy bien. Recuerden que pasé allí mis primeros años. Y me salvé porque mis padres (con mi decidido apoyo) tuvieron la sabiduría de mandarme a estudiar a La Habana. Yo fui el descendiente de un burgués rural que se hizo hombre en una metrópolis. Nada que ver con los remotos municipios. Pero los dejé hacer su libro y que de alguna manera, por un corto período de tiempo, se creyeran que tomaban por asalto los templos de la historia. Pobrecitos.

Así pues, en el taller de impresión, el argentino mordisqueaba su tabaco o se hacía un disparo de su inhalador de broncodilatador o las dos acciones casi al unísono. Cuando se consideraba satisfecho, terminaba su ritual de los lunes a medianoche —hora del cierre del semanario—, y le solicitaba a Luis Pavón, el director de la publicación, que le alcanzara las pruebas de plana de mi último discurso si era el caso que se iba a publicar alguno esa semana. Como es sabido, yo era prolijo en mis discursos por aquellos años, y era un paso obligado de las publicaciones revolucionarias publicarlos todos puntualmente y en *extenso*. Y el argentino, considerando que acababa de entregar otra joya literaria suya para los ansiosos lectores, tornaba a emitir risitas de burla y a levantar las cejas en gesto de asombro a medida que leía las pruebas de plana de mi discurso. Y no se contenía con ciertos comentarios reprobatorios sobre mi oratoria. Decía cosas como: «¡Qué dirán las futuras generaciones de alguien que se expresa así!». (Están en los informes que después me servían.) Así que acostumbraba burlarse de mis discursos mientras presentaba esas crónicas que luego recoge en un librito, *Pasajes de la guerra revolucionaria*. Y que todavía hoy tenga yo la consideración de encomiarlo, consideraciones que él no me dispensó a mí. De igual modo que no tuvo reparos en describir con muy logrados efectos literarios todos los soldados de Batista que maté al iniciar los asaltos de los cuarteles de las estribaciones de la Sierra Maestra. Hasta aquel infeliz que estaba de posta en el cuartelito de El Uvero y que, cuando le volé la mitad de la cabeza con el disparo inicial del combate, el Che dice que pareció gritar: «¡Ay, mi madre!». Y la de reparos que yo sí he tenido en mencionar los muertos suyos. *Los incontables muertos suyos.* Incluso monté en cólera cuando supe que su viuda, Aleida March de Guevara, le había mostrado al gringo Lee Anderson, que preparaba la biografía del Che, la página de su diario de la Sierra Maestra donde contaba haberle dado muerte al traidor Eutimio Guerra. Nunca he autorizado publicar ese diario del Che, entre otras razones por pasajes como el de Eutimio Guerra. Pero Aleida, irresponsable, y que se me suele atravesar con enorme frecuencia, se lo enseña al americano.

5 de diciembre
Derrota y dispersión de la columna revolucionaria en Alegría del Pío.

El 5 de diciembre, en Alegría de Pío, región de Ojo del Toro, completamos una considerable suma de errores. Los dos primeros. Dejamos el yate varado en el sitio del desembarco, en vez de hundirlo o de dejarlo al garete. Y las botas nuevas.

Ese yate clavado ahí sobre un manglar, una nave blanca por más señas, era la mejor señalización del sitio de nuestro desembarco que pudimos regalarle al enemigo. Sólo tenían que seguir nuestro rastro. Y fue lo que hicieron. ¿Rastros en una barrera de mangles y de inmediato un suelo pantanoso? Desde luego que si vienes en nuestra persecución y llegas en menos de un día al lugar, el pantano aún no ha dispuesto de tiempo para llenar de nuevo las holladuras y borrarlas, y te deja marcado el sitio como una línea de puntos sobre un mapa, y los mangles ni se diga, cuando 80 hombres te atraviesan dando trompicones y partiendo raíces y doblando hojas. Un tanto a nuestro favor, hasta la llegada a Alegría del Pío, es que creo haber mantenido una rígida disciplina en cuanto a no dejar desperdicios en el camino, ni aligerar las cargas de las mochilas para delatarnos inconscientemente.

Alegría del Pío está a unos 20 kilómetros hacia el este de Las Coloradas. Llegamos allí al tercer día en tres jornadas de marcha, dos de ellas nocturnas, lo que prueba nuestra lentitud. El lugar donde levantamos el vivac es llano, limitado por un cañaveral al norte y una ceja de monte bajo al sur, separados por una guardarraya. La posición

717

no era alta ni dominante por lo que resultaba vulnerable a la observación y a un eventual fuego del enemigo. La deserción del guía, Tato Vega, al amanecer y la presencia de aviones resultaron insuficientes para indicarnos que el ejército se nos aproximaba.

En cuanto a la defensa, se suponía que estuviéramos organizados en tres sectores. Tres sectores que (lo supimos de inmediato) sólo existían en nuestra complacencia mental, en las creencias que dicta el agotamiento y que eran teoría, pura teoría. El primer pelotón, a cargo de Juan Almeida, daba al este. El segundo, cubierto por el pelotón de Raúl, al nordeste. Y el tercero, bajo la responsabilidad de José René Smith Comas, cubría el sur. Yo quedaba al centro del vivac. Necesitaba descabezar un sueñito, la verdad. Un poco antes de las 4 p. m. alguien me despertó y me sirvió una rebanada de chorizo, un par de galletas y un buche de leche condensada que se tomaba directamente de la lata y que se iba pasando de uno a otro hombre. Era la misma ración que se le había servido a los demás compañeros, me dijeron. Comencé a pensar que debía acabar de desperezarme y aclarar la mente y emplear unos minutos en la organización de mis ideas de maniobra. Dos cosas habían dominado en principio mi mente en los días anteriores: una era salir de aquellos llanos lo más pronto posible y mejor, mucho mejor, si fuera localizando a le gente de Celia y sus camiones del comité de recepción. Lo otro era, al menos la primera tarde, que la ropa y la cartuchera de cintura se acabaran de secar para poder guardar la Browning y dejar las dos manos en libertad para el fusil. Dos calamidades adicionales se añadieron con rapidez en el transcurso de las horas: sed y hambre. De cualquier modo, el gesto inconcluso de matar al timonel Norberto Collado y después mantener la Brownie empuñada hasta que sintiera toda mi ropa como un cartón, sirvió para que mi pistola fuera la única de las traídas de México que llegara invicta, sin erosiones, al final de la guerra.

A las 4.05 p. m. no me había percatado aún del peligro. Había colocado los tres pelotones de la defensa demasiado cerca del sitio elegido para acampar, acortándome yo mismo las posibilidades de un aviso temprano ante la proximidad del enemigo. Tampoco me percataba de un primer síntoma de abulia disciplinaria en el rastro de cañas cortadas y masticadas y escupidas luego de extraerles todo el zumo que en la marcha de la noche anterior habíamos dejado en el suelo y que llevaban directamente hasta nosotros.

La segunda compañía del batallón de artillería de montaña del ejército nacional bajo el mando del capitán Juan Moreno Bravo y guiados por el traidorcito de Tato Vega llegó inadvertida a 50 metros de nosotros. Se movían sin una exploración organizada y con el destacamento en realidad buscando hacia el este, mientras nosotros les quedábamos al norte. El encuentro con nosotros les sorprende y provoca súbitas y desordenadas descargas de fusilería y si bien nosotros no alcanzamos a organizar la defensa, el desconcierto a partes iguales del enemigo y nuestro permitió que muchos saliéramos del lugar y nos salváramos. El Che, contaba él mismo después (y convirtió esto de alguna manera en una de sus leyendas particulares), tuvo que optar entre abandonar una mochila repleta de balas o una cargada con medicamentos. Después de dudar un instante, se colocó la que portaba las municiones. Esta decisión le salvaría en definitiva la vida, ya que una bala de ametralladora calibre 45 que buscaba su pecho, rebotó en su mochila y fue a pararle a un costado del cuello.

El resultado del enfrentamiento fue calamitoso —para nosotros. Una parte fue capturada y fusilados por una fuerza militar superior y mejor entrenada, que se ha preparado estratégicamente para recibir la invasión soviética. El Che cuenta que al sentirse acorralados por las fuerzas gubernamentales, uno de los guerrilleros se atreve a proponer la rendición a sus camaradas, entre los que se encontraban Ramiro Valdés, Camilo Cienfuegos y el responsable del grupo, Juan Almeida. La voz de Almeida, del negrito Almeida, se alza sobre el ruido de la metralla y ordena: «¡Aquí no se rinde nadie, cojones!», mientras vacía el cargador de su ametralladora sobre un enemigo invisible tras las cañas que le rodean.

Yo voy a dar al cañaveral contiguo. Estoy solo. Después se me unen Universo Sánchez y Faustino Pérez. El primero traía las botas al cuello. Universo ha decidido seguir descalzo antes que someterse a la tortura de un calzado de estreno. Entonces aprendo un par de las lecciones más duraderas de este tipo de guerra. Una es que deben eludirse los primeros días de una campaña para domar en los montes unas botas nuevas. Dos, ninguna experiencia es más perdurable que el de las amistades surgidas en tales situaciones. Hay casos que valoraré eternamente como los de Faustino. A él le voy a perdonar todas las veces que conspira para derrocarme después del triunfo de la Revolución. Cada vez que descubríamos un movimiento de la CIA o de la contrarrevolución, el nombre de Faustino saltaba por algún lado. Pero, ¿qué podía hacer yo con uno de los dos compañeros que me tropecé en la angustia de aquella huida a través de un cañaveral en el que tú veías las cañas doblarse mansamente por los efectos de las balas y donde ya se había escuchado, a tus espaldas, el huracán de fuego que avanzaba sobre el cañaveral y donde en los próximos días habrían de extraer los cadáveres carbonizados de tres de nuestros compañeros? ¿Cómo ordenar el fusilamiento de uno de los dos hombres que aquella tarde al filo de las 4.35 p. m. del 5 de diciembre de 1968 éramos el único activo existente de la Revolución cubana? Faustino iba delante y Universo por un costado. Ahora recuerdo que casi me ahogaban las hojas de la caña. Me caían encima y Universo, en su interés por protegerme, en vez de desapartarlas, me las tiraba encima. Universo. ¡Me mataron! Universo, con sus botas al cuello, había aparecido como a los 10 minutos de iniciado el combate. Faustino, con su gorra calada hasta las orejas, sus espejuelos de alumno aventajado y su Remington de mira telescópica, apareció poco después. Por eso es que yo les digo que a esa hora, la Revolución cubana éramos Universo, Faustino y yo, solos los tres.

El cerco se estrechaba. Dicen que después los guardias y los aviones chapearon el montecito de Alegría del Pío al rente. Chapeado a balazos.

No me he extendido anteriormente en Universo Sánchez porque ese nunca me dio dolores de cabeza. No recuerdo que hayamos tenido problemas políticos con él. Nunca. Si acaso, estuvo ese asunto en 1983 de su diferendo con el secretario del Partido en Celimar, una urbanización del este de La Habana donde le habíamos cedido el chalet abandonado de algún burgués, con un patio de buen fondo, para que dispusiera allí de una especie de autoconsumo, lo que nosotros en la Revolución llamamos autoconsumo, que es la pequeña parcela aledaña a las casas de los campesinos adscritos a una cooperativa para que cultiven los frutos de su preferencia y críen algunos animalitos. Celimar, que había sido concebida a finales de los cincuenta como un coto de veraneo cerrado, incluso con muros y garitas de entrada, fue abandonada a su suerte por muchos años durante la Revolución, y en una de aquellas casas aisladas y rodeada de solares yermos a la espera de las construcciones que nunca los ocuparon, Universo montó su paraíso de hombre laborioso. Pronto tuvo gallinas, cerdos, ovejas y chivas y un huerto de tomates y una siembrita de malanga y otra de plátano y otra de maíz. Pero hete aquí que Universo tiene sus amigos. No por gusto uno es superviviente del *Granma* y se gana los grados de comandante del Ejército Rebelde. Hete aquí, así mismo, que algunos factores exógenos concurren. Uno es que el coche Lada que se le había asignado por sus indiscutibles méritos de guerra estaba necesitado urgentemente de una reparación capital y de chapistería y pintura. Otro es que uno de sus amigos es el comandante Juan Almeida, superviviente del Moncada y del *Granma* y de casi todas nuestras batallas, amén de miembro del Buró Político, que decidió prestarle uno de los Alfa Romeo de la reserva estatal para que se moviera mientras le rehacían su Lada en un taller. Hete aquí entonces que Almeida lo llama a los pocos días y le dice que va a tener que devolverle el Alfa Romeo. «Coño, Universo —le dijo Almeida—, el problema es que el secretario del Partido de Celimar te hizo un informe, diciendo que tú andas en un Alfita de chapa estatal y que lo usas en tu beneficio personal y que eso es un mal ejemplo para la población en el período económico tan severo que estamos viviendo.» Otro factor exógeno, al parecer de suma capacidad incriminatoria, surgió en los días siguientes. Eran las chivas del patio de Universo. Más que las chivas era la cantidad de galones de leche que estaban produciendo a diario. Una producción tan abundante que Universo, hombre de buen corazón, donaba casi íntegra a los círculos infantiles de la zona.[6] Cogía un poco para su autoconsumo y el resto para que los chiquillos se hartaran de leche de chiva. Y más que las chivas —y sus inexplicables índices de producción de leche— parece ser que el nuevo factor eran los sacos de pienso canadiense para vacas Holstein que viejos amigos de Universo sacaban de nuestros más exquisitos pastoreos de experimentación de cruces de razas ganaderas. No en balde las ubres de aquellas pobres chivas estaban que se reventaban. Nueva llamada de Almeida. «Coño, Universo —le dijo, de la manera más amigable posible, casi de la única manera, diría yo, que se le puede hablar a Universo—. Me estás metiendo en un lío, Universo. Mira este nuevo informe.» Era del

---

6. Lo que se conoce regularmente en otros países como guarderías.

mismo secretario del Partido. Acusado de tráfico ilegal de pienso canadiense para vacas lecheras Holstein y distribución no autorizada y sin llenar los requerimientos fitosanitarios del Ministerio de Salud Pública de cantidades no especificadas de leche de chivas criollas en once círculos infantiles del área comprendida entre los limites municipales de... (etc.). Un segundo párrafo, sobre el que Almeida llamó la atención, indicaba que además de todo lo anterior, Universo era también sospechoso de «ingerir cerveza en laticas». Cerveza en latas significaba en aquellos años un producto de importación cuya adquisición sólo era posible con divisas. Lo mismo las cervezas que las sodas, si eran para los consumidores nacionales, se vendían sólo en botellas —o a granel si llevabas el envase al centro de distribución. «Despreocúpate, Almeida —dice Almeida que le dijo Universo—. Despreocúpate. Yo te garantizo que hoy mismo se acabaron los informes.» Lo ocurrido esa tarde en la oficina del secretario del Partido en Celimar ha sido documentado por la policía de la zona aunque existen algunas pequeñas variaciones dentro del mismo relato. «Buenas tardes», dijo Universo. «Oh, compañero Universo», dijo el secretario del Partido. «Vine a resolver el problema de los informes», explicó Universo. «¿Resolver?», dijo el secretario del Partido. Quizá en ese mismo instante él, es decir, el secretario del Partido, debe haber comprendido que se le habían terminado todos los caminos. «Oye —dijo Universo—, ahora hazme el favor de portarte como un hombrecito porque he venido a matarte.» La pistola ya estaba en la mano de Universo. La misma Colt 45 que en plena campaña de la Sierra había cambiado por su Browning de México. A un especialista en tiros de gracia como Universo debió bastarle con un disparo. Pero un hombre acabado de fusilar es un bulto inerte e incapaz de iniciar un gesto de esquiva. Por lo que el muertecito de Celimar le quedó como una verdadera chapucería. Además, cuando tú no matas del primer fogonazo, te entra como una locura por acribillar, yo creo que por la excitación de que no se te escape. Así que le metió balas en la cabeza, el cuello, un hombro y el pecho. Tres en la cabeza. Se quedó con una sola bala en el peine. Entonces levantó el teléfono y llamó a la unidad más cercana de la Policía Nacional Revolucionaria. «Oye, ¿quién habla ahí? —dijo—. ¿Sargento qué? Bueno, oye lo que te voy a decir. Te habla el comandante Universo Sánchez. Anota. Comandante Universo Sánchez Álvarez. Estoy en la oficina del secretario municipal del Partido y acabo de matar al hijo de puta.» Más o menos por aquí creo que debo hacer un alto para reflejar algunos de los argumentos que no coinciden del todo con lo que hasta ahora se ha expuesto y que procede de una denuncia efectuada por los parientes del occiso. Según ellos, el general de brigada Universo Sánchez, uno de los asaltantes del cuartel Moncada y expedicionario del yate *Granma*, asesinó al capitán del Ministerio del Interior Emiliano Ávila, durante una reunión que sostuvieron miembros del núcleo territorial del Partido Comunista de Cuba en el este capitalino. El capitán, que actuaba en comisión de servicios y paralelamente funcionaba como director de Comercio y Gastronomía en ese territorio, denunció el proceder incorrecto del general de brigada, que acostumbraba tomar sin consentimiento dos litros de leche en un establecimiento de productos lácteos de la zona, afectando diariamente a la cuota estipulada para niños menores de siete años. Prepotente y vengativo, Sánchez no soportó la crítica y extrajo su pistola, y apuntando a la cabeza del capitán Ávila no vaciló en quitarle la vida en el primer disparo. Segundos después, se acercó al cuerpo que comenzaba a desplomarse y lo remató con un segundo impacto. Sánchez depositó el arma homicida sobre la mesa, y mirando a los atónitos partidistas, dijo: «Llamen a la policía. Voy a buscar cepillo, pasta, jabón y toalla». Puede pensarse que fue muy considerado de su parte no llamar a Almeida ni a Raúl ni a mí, cosa que hubiese podido hacer sin ninguna dificultad. Pero yo lo entiendo. Habernos llamado, a cualquiera de nosotros, le hubiese restado el enorme disfrute personal de la acción. No podía convertir en un problema político lo que en realidad era tomarse la justicia por la propia mano y dentro de los muy particulares cánones de lo que él consideró como justicia. De cualquier manera, no obstante, el problema iba a caer en nosotros. De cualquier manera iba a ser político. Yo tenía un dilema. Si por un lado los sondeos de opinión recogidos por la Seguridad del Estado eran inequívocos y abrumadoramente mayoritarios a favor de Universo, me daba cuenta a su vez de que ese apoyo popular al viejo comandante era una fórmula incipiente de rebelión contra el poder establecido. En definitiva lo que Universo había hecho era prácticamente decapitar a balazos a un representante del poder. Pero, a su vez, me enfrentaba al mismo problema que durante muchos años me significó Faustino y de lo que siempre me creí a salvo con Universo. El problema de cómo castigar a un compañero de la vieja guardia. Tan de la vieja guardia que éramos sólo nosotros dos, porque para esta fecha Faustino ya era fallecido y sus restos descansaban en el panteón de lavadas piedras de las Fuerzas Armadas Revolucionarias en el cementerio de Colón. La solución fue decirle a Raúl que se llegara por Celimar, pero en un tono informal y nada inflamado, y dijera que la justicia iba a darle a Universo el mismo tratamiento de los demás ciudadanos. Tuvimos a Universo en una celda supuestamente aislada del complejo carcelario de la calle 100 y la avenida Aldabó, aislada en realidad por las comodidades de que disponía, porque originalmente había sido concebida para cualquier extranjero de posición o renombre que se hiciera necesario arrestar. Después se le juzgó con todos los requisitos y yo mismo estuve dispuesto a sacar de mi bolsillo —y a título exclusivo de ciudadano particular— los 300 o 400 pesos que costaría contratar al mejor abogado criminalista del país —el doctor Raúl Ceballos— para que defendiera a Universo. Lo menos que podía hacer por un viejo compañero pero que comete tan grave error. Pero Raúl me dijo que no hacía falta la defensa del doctor Ceballos puesto que era preferible llevar el asunto «por lo militar». En definitiva había sido un diferendo entre un general retirado y un capitán en prestación de servicios. Tengo entendido que se demostró locura temporal, psicosis de guerra, no intencionalidad, no forcejeo, no nocturnidad, no alevosía, no agravantes. Creo que la fiscalía estaba interesando para Universo diez años en granja abierta y con pase los fines de semana y someter a la consideración del Tribunal, dado su avanzado estado de edad y los indudables méritos de sus servicios a la patria, que se considerara la conveniencia de una prisión domiciliaria. En efecto, finalmente fue sancionado a seis meses de reclusión domiciliaria por el Tribunal. En cuanto a la opinión pública, otros temas ocuparon su atención y nosotros nos cuidamos mucho de que no apareciera una palabra sobre el asunto en los periódicos. Periódicos en el cual el retrato de Universo es una de las primeras cosas que te encuentras. Teníamos también ese problema de que Universo es uno de los tres rostros conocidos —junto al de Raúl y el mío— que aparecen en el logotipo de nuestro periódico partidario, el *Granma*. No era el momento, pues, de estar borrándolo de ese sitial cotidiano en el que ha permanecido por unos 40 años. Y mucho menos por la acusación —que yo me resisto a creer— de que Universo se dedicaba a tomarse la leche de los niños de la barriada. Los parientes del capitán Ávila, desde luego, están recibiendo una esmerada atención de parte de los compañeros de la Seguridad del Estado, por si es el caso de que requieran alguna ayuda para salir de este doloroso trance y aparte de que se les ha confirmado nuestro propósito de reabrir la investigación cuando esto sea procedente o menester.

8 de diciembre

Muchos de los expedicionarios fugitivos comienzan a ser emboscados y asesinados por los militares batistianos en la zona de Ojo del Toro, junto a la costa. Crescencio Pérez Montano moviliza sus partidarios serranos para socorrer a los acosados fidelistas.

9 de diciembre

Las facciones fugitivas de Juan Almeida y Camilo Cienfuegos se encuentran en Las Puercas y de inmediato quedan bajo la protección de Crescencio Pérez.

17 de diciembre

En la finca Cinco Palmas del Purial de Vicana, propiedad de Mongo Pérez, hermano de Crescencio, se reencuentran los hermanos Fidel y Raúl Castro Ruz y otros capitanes fidelistas. Se reorganiza el núcleo matriz guerrillero y se admiten los primeros combatientes serranos: Guillermo García y Manuel Fajardo.

Según los relatos llegados a mí con posterioridad, un campesino de nombre Augusto fue a sacar sus bestias, probablemente un par de bueyes, de la zona de combate. Como es costumbre de ellos, sueltan las bestias en los campos de caña ya cortados para que se alimenten. Toca la casualidad que este campesino había soltados los suyos por un cañaveralito que ya estaba en el piso en las cercanías de Alegría del Pío. Un poco retirado de Alegría del Pío pero no mucho. Que tampoco los animales eran suyos, para poner la situación peor, porque se los habían prestado para sembrar unos cordeles de viandas, que es cuando se topa con uno de nuestros compañeros del desembarco. Según mis cálculos, con quien se tropezó fue con Juan Manuel Márquez, que venía con un grupo, todos peludos, flacos, llenos de sangre y de fango, y que declararon de inicio que estaban perdidos. Este campesino de nombre Augusto los invitó a su casa. Más atrás llegaron otros. Y se le llenó la casa. Luego Augusto nos contaba que los muchachos «daban grima». Más que los guardias que les pisaban los talones y el churre acumulado, lo que le partía el alma a Augusto era el hambre. Dice que les sirvió refresco de miel de abeja y limón, que otra cosa no tenía y que escuchaban el ronronear de la avioneta de reconocimiento.

Es la última noticia que tuvimos de Juan Manuel vivo. Es probable además, por las informaciones recogidas, que Ñico López haya sido uno de los expedicionarios que deambulara con ese grupo. También es la última información disponible de él vivo.

Tato Vega. Pocas semanas más tarde, unos escopeteros designados por Crescencio Pérez, el líder local de los campesinos —para entonces nuestro más valioso aliado—, dieron cuenta del traidor, ejecución que resultó del primer pacto establecido por mí en la Sierra Maestra. Yo no me acordaba bien de su nombre. Pero le pregunté a Raúl, que llevaba una lista en su libreta de bolsillo. Casi todos eran campesinos que nos habían ayudado y que debíamos compensar de alguna manera al triunfo de la Revolución. Pero había la lista especial. La del personal que no podía llegar al día de ese triunfo.

La derrota como espada

Muchos años después de Alegría del Pío voy a leer que yo salgo muy mal parado delante de mis camaradas por la secuencia de errores y reveses.[7] Pero es algo que no compro. No es esa la forma en que yo veo las cosas. Y no todo lo que estaba ocurriendo allí eran derrotas. ¿Ustedes ven ese mapa momentáneo de lo que fue el desembarco y de Alegría del Pío? Pues déjenme decirles que allí también estábamos constituyendo la eternidad de un gobierno. De acuerdo al azar y de la

7. Ver el libro de Lucas Morán Arce *La Revolución cubana. Una versión rebelde.*

posición en que caíamos, es después el lugar que van a ocupar en la institución revolucionaria, en su aparato de gobierno —y hasta en la historia; depende de los tumbos de los dados sobre el tapete verde—. Ramiro, Guillermo, Universo, Faustino, Ciro, Che y Raúl.

De cualquier modo, y si esto hubiese sido cierto, que mi posición moral ante mis camaradas se había quebrantado, nunca nadie me lo dijo a la cara. Pero yo lo hubiese podido intuir, no obstante. Por lo pronto lo que va a contar es que logramos internarnos en el monte en busca de las alturas protectoras de la Sierra. Y que sigo siendo el jefe. Eso quiere decir en las actuales circunstancias que soy el eje alrededor del cual debes colocarte si quieres sobrevivir. Primero soy el jefe de mí mismo. Después soy el jefe de Universo y de mí. Después lo soy también de Faustino. ¿Posición moral resquebrajada? La virtud de un estratega en última instancia no es reconocer sus errores sino saberlos. En los próximos días, cuando logre reagrupar a un puñado de estos fieles, y que sumemos 20 hombres, lo único que podré ofrecerles es palabras de aliento. Voy dejando frases de fe en la victoria por donde quiera que pase. Éstas pueden ser de un loable efecto permanente si uno a la postre gana su guerra. Así, siendo tres hombres sedientos y con la ropa hecha jirones, y uno descalzo, famélicos y acosados, en Purial de Vicana, al pie de la Sierra Maestra, cuando le pregunto a un campesino por el nombre de una montaña que se ve a lo lejos, azulosa y altiva, con las nubes descansando sobre su cima, y me dice que se llama «la loma de Caracas», yo le respondo: «Si llegamos allí ganamos la guerra». De igual manera, cuando me encuentre con Raúl y le pregunto con cuántos hombres ha escapado del cerco del ejército y si ha salvado sus armas y me dice que son cinco y los cinco con sus armas, digo: «Ahora sí que ganamos la guerra».

Esas frases, sobre el fondo de derrota y muerte en que las pronuncio, son verdaderos milagros de la retórica, oximorones inconcebibles de hombres en sus límites de resistencia física, que hasta el momento no han logrado hacerle una sola baja al enemigo, ni un solo herido con un rasguño, y que sólo nos resta el acto razonable y comprensible de rendirnos sin condiciones.[8]

8. El número de bajas revolucionarias así como las probables bajas militares están aún en discusión. Algunas fuentes citan cuatro bajas fidelistas en tanto tres de los militares. También hay desajustes en el número de los expedicionarios que alcanzaron la Sierra Maestra. El rango de diferencia va entre 17 y 20 hombres.

El este magnético de la Revolución

No preciso dónde dormimos pero recuerdo que al otro día por la mañana fuimos a buscar agua. Bajó Universo. Trajo las tres cantimploras. Pero oímos ruidos. «Vamos echando», dije. Desde entonces estuve mucho tiempo obsesionado por el agua. Tuvimos que atravesar a pie como doce noches enteras, caminar sólo por la noche, rompiendo monte con el pecho porque carecíamos de machetes y atentos a no dejar ningún rastro. No recuerdo haber tomado agua en todo ese tiempo.

Sin comida, en territorio desconocido, desalentados por el curso de los acontecimientos e inseguro por la suerte corrida por mis compañeros, con quienes hemos perdido todo contacto, voy en busca de la cordillera, hacia el este. Cada una de las tres partidas supervivientes recorrerá desde el desembarco del *Granma* estos montes y cañaverales durante 16 angustiosos días.

Presiento que el cerco está cerrándose.

Lo único que me sostiene es la visión, allá a lo lejos, de lo que a veces semeja una cordillera pero luego se desvanece en el horizonte o lo confundes con una línea de nubes.

La especie de teorema que los clásicos habían encontrado en la Europa de principios del siglo xx se me reproduce a mí cuando decido buscar la Sierra Maestra. Lo que allá envolvió en un debate grandilocuente a las naciones capitalistas más avanzadas y los grandes teóricos revolucionarios, incluidos Marx, Bakunin, Lenin, Trostky, Rosa de Luxemburgo, y después Stalin, y hasta Mao, fue una situación microlocalizada en el silencio de mi cerebro, el de un hombre virtualmente ya en harapos y que se desplazaba a la mayor velocidad que le permitiera su agotado físico en busca de un macizo montañoso que creían vislumbrar en lontananza y que se hacía acompañar de sus últimos dos apóstoles. Pero aquellas montañas que se alzaban en el espejeante horizonte ejercían repentinamente un influjo de ondas positivas en mi mente y me hacían avanzar hacia ellas como atraído por una fuerza de velocidad creciente. Tuve la convicción de que si llegaba a la cordillera, estaba a salvo.

Todavía no me percataba de lo que realmente iba a ocurrir: que ése era el escenario de mi batalla, que era allí donde se originaría la Revolución. La calma obligada de mi edad y ciertos manierismos a los que no escapamos los marxistas, me llevan a elaborar estas comparaciones probablemente arriesgadas. Pero Lenin y los bolcheviques tuvieron la misma necesidad de dirigirse al este. Y las analogías son atractivas en exceso como para pasarlas por alto. Uno de los puntos de viraje de importancia considerable en la historia del comunismo fue el Congreso de los Pueblos del Este celebrado en Bakú en 1921. Enfrentando la realidad de que la tan largamente esperada revolución alemana no se iba a producir, los bolcheviques decidieron virar sus espaldas al oeste —de allí no vendría ninguna situación favorable— y ocuparse de ellos mismos mientras dirigían sus miradas al este. Se viraron hacia ellos mismos con tanta decisión que proclamaron una nueva doctrina, la de construir el socialismo en un solo país. Y se viraron hacia el este en la medida que Bakú los desplazó del énfasis de un sistema mundial de revoluciones proletarias en los países industrializados a una lucha antiimperialista de los países colonizados o semicolonizados. La misma pobreza y mierda que yo encuentre mientras mantenga el rumbo de la Sierra Maestra y decida ignorar el occidente industrializado y moderno de mi país donde hasta los comunistas tratan de acomodarse en todas las fórmulas de la complacencia y un mínimo de objetivos reformistas, será el equivalente a las fuentes de energía que encontraron los soviéticos en su búsqueda hacia el este. Desde que desembarco en Las Coloradas hasta que más de seis meses después ataco la guarnición de El Uvero, yo no hago otra cosa que dirigirme en forma permanente y sostenida al este, a la Sierra.

La cadena montañosa se extiende por 240 kilómetros a lo largo de la costa sur de Oriente, desde Cabo Cruz, en el extremo sudoeste de la provincia, hasta Guantánamo. La anchura fluctúa entre los 8 y los 32 kilómetros. En los papeles de la época —que repaso ahora— se dice que era una zona muy poco poblada, con no más de 50.000 habitantes en los años cincuenta. La población era prácticamente inexistente en la región del Turquino, el llamado techo de Cuba, con la cima a una altura de 2.000 metros de altura, y en sus montes próximos se podía caminar muchos días sin ver una casa de vivienda o sin que oyeras el ladrido de un perro.

Vivían al margen de la civilización. En los cincuenta no disponían de electricidad, ni agua corriente, ni escuelas, ni teléfonos, ni hospitales, ni servicios médicos de ninguna clase, ni iglesias, ni carreteras ni caminos. Su economía era casi en su totalidad autosuficiente y por tanto no monetaria. Diversas viandas, como plátano, malanga, maíz, yuca, algún arroz y café de muy baja calidad eran sus cultivos. El café era conducido por los arrieros a los centros comerciales del llano y los campesinos más alejados y pobres los cargaban sobre sus hombros en mochilas improvisadas llamadas «*managüíes*», para trocarlo por ropa, calzado, herramientas, sal o algún animal. El resto de su producción, las viandas, no ameritaban —por su precio tan bajo— el transporte.

Era una masa de productores de muy bajo rendimiento, casi siempre procedente de las regiones azucareras de la propia provincia Oriental —de fincas como las de mi padre, digamos. Muy pocos eran de otras provincias. Buscaban el refugio de las montañas con la ambición de poseer un pedazo de tierra, cultivarla, mejorarla y pasarla a sus descendientes, aunque todo eso en medida que pudieran conservarla, puesto que no mediaban documentos ni permisos de explotación de ningún orden para su estancia en la parcela. El Che —típico marxista de laboratorio—, por supuesto que no entendía la agresividad con que estos primeros campesinos de la Sierra con los que trataba o que ingresaban en nuestra tropa, demostraban su amor por la tierra y su ambición por poseerla. Hasta ensayó algunos epítetos de espíritu pequeño burgués para calificarlos.

Pero no eran campesinos en el sentido verdadero de la palabra. Venían de la famélica fuerza laboral de los asalariados o peones agrícolas de las llanuras cercanas. No eran agricultores, y carecían de los conocimientos necesarios para mejorar la tierra y obtener producto de ella. En el pedazo que ocuparan, desmontaban una pequeña superficie, quemaban troncos y raíces, y sembraban sus viandas que en un par de meses producía una modesta cosecha. Los vecinos le ayudarían a construir un modesto bohío que todo se lo debían a los indios taínos; el material empleado, la técnica, la forma y hasta las dimensiones. La gran mayoría trabajaba la tierra con hacha y machete, para desmontar, y una «*coa*» o palo puntiagudo para cultivar. Y eso era todo. Después de cultivar la vertiente de la montaña durante diez o quince años, y habiendo quemado los árboles y la maleza que la protegían del lavado de las lluvias, la parcela se habría convertido en un desierto rocoso, y a buscar en otro lado.

¿No oyes ladrar a los perros?

El 17 de diciembre llegamos a la finca Cinco Palmas, en Purial de Vicana. Cinco Palmas, a unas 35 millas al nordeste de Alegría del Pío, es la finca de Ramón Pérez, a quien llamaban «Mongo». Las únicas dos medidas de seguridad que tomo desde un *altico* en que me he posesionado con Faustino y Universo son vigilar la casa a través de la mirilla de mi fusil hasta convencerme después de varias horas de que no hay ejército, y luego mandar a Universo, descalzo y todo como está, a que le diga al dueño de la casa que preparen comida para una tropa de 20 hombres, que se les va a pagar el gasto generosamente. Es cuando veo regresar a Universo con aquel campesino. Me incorporo, con el fusil presto, y le digo: «Yo me llamo Alejandro». El rostro de ese hombre se ha iluminado y sonríe como un bendito y me extiende sus brazos y exclama: «¡Fidel, carajo!».

Nos estaban esperando por todas las estribaciones, dice. Desde hace días, dice. Los desembarcados nos llaman, dice. Él es Mongo Pérez. El hermano de Crescencio Pérez, dice. Crescencio anda como loco por toda la zona, buscándonos. Crescencio y Guillermo y los dos hijos mayorcitos de Crescencio. Sergio Pérez, que es el mayor. Ignacio Pérez, que le sigue. «Hay que darle voz a Crescencio de que usted está aquí. En la finca de su hermano Mongo. Fidel, carajo», dice.

Así que el hermano de Crescencio Pérez, el hombre reclutado por Celia Sánchez para apoyar nuestro desembarco. Crescencio, dice, nos esperó, con cinco camiones y como 100 hombres, todo el 30 de noviembre y parte del primero de diciembre. Guillermo García, también reclutado por Celia, y con la que había estudiado la primaria, le estaba sirviendo como una especie de segundo al mando o enlace. Pero la presencia de aquellos seis o siete camiones dando vueltas por la estrecha carretera de Manzanillo a Pilón por más de 30 horas se convirtió en una situación muy peligrosa. Crescencio ordenó retirada. Celia, que también recorría la zona en su coche, aprobó la decisión. Celia, como se ha dicho muchas veces en toda nuestra literatura, era la hija de uno de los médicos de Manzanillo y su padre tenía su consulta en una aldea a mitad de camino entre Manzanillo y Pilón. Es un lugar apacible y olvidado del mundo y tiene un nombre romántico, Media Luna, y ha surgido alrededor de un ingenio azucarero —el Isabel B— y su población, de origen campesino en su mayoría, trabaja vinculada de una u otra forma a esa industria. El doctor Manuel Sánchez también trabaja como médico de la compañía dueña del ingenio, que —dicen— pertenece a unos ingleses, la familia Beattie. El padre de Celia era el médico de Crescencio y los suyos. Ésta era una posición de insuperable jerarquía en los pueblos de campo. El médico gozaba de la autoridad que surge del agradecimiento. Nunca unos pesos o unas cestas de viandas alcanzaban a mostrar a plenitud la gratitud de un campesino al que le salvas la vida de un muchacho. Tienes que disponerte, de alguna manera, a servirlo permanentemente.

El comité de recepción había cumplido con la parte asignada del plan. Así mismo ocurrió con los combatientes de Santiago. La tormenta que retuvo la navegación del *Granma*, la rotura de uno de sus motores, la búsqueda de un hombre que se nos cayera al agua y la ineptitud del timonel para encontrar el sitio acordado de arribo, entre las playas de Niquero y Media Luna, pueden considerarse con toda validez como factores inesperados o imponderables que nos impidieron el desembarco a tiempo y hacer obsoleto por completo un plan tan laboriosamente estudiado y puesto en marcha y en el que ya los muertos se contaban por decenas. Sería una liviandad de carácter decir ahora que esos factores justifican el desastre. Igual que cuando asaltamos el Moncada, que encontramos una patrulla cosaca exterior, la que debimos enfrentar y nos hizo perder la iniciativa. Esa patrulla no había entrado en mis cálculos como tampoco entraba que el cuartel maestre había sido mudado del lugar donde nosotros lo habíamos ubicado y en su lugar pusieron la barbería. El cuartel maestre donde nosotros pensábamos sustituir nuestras escopetitas de caza por un verdadero arsenal militar. Lo que me pasó fue que, por dos veces en mi vida, pasé por alto el axioma de Stalin —que tanto me había impresionado— de que la estrategia presupone reservas. Por dos veces en mi trayectoria revolucionaria yo organicé mis estrategias sin disponer de reservas. La lección, advierto, fue aprendida definitivamente después del desembarco del *Granma*. A partir de entonces, cada vez que se cuente que yo me encuentro en una situación desesperada, no lo crean. Busquen mis reservas por algún lado, porque por algún lado las tengo escondidas.

Es imprescindible no obstante que les diga por qué razón estaban esos cinco camiones de Celia y Crescencio esperándome, y que les explique el verdadero significado de esa tropa deambulando después por la costa del golfo de Guanacayabo. El plan era repetir el Moncada. Un golpe de mano, como ya saben. Es lo que hicieron en definitiva los bolcheviques, y si digo golpe de mano es porque golpe de Estado es una expresión maldita en Cuba desde el golpe de Batista. Es decir, insurrección en Santiago y llamamiento a la huelga general. Si fracasan, se han sacrificado, pero yo estoy en la Sierra. Si triunfan en Santiago y yo tomo Manzanillo y avanzo sobre Bayamo mientras llamamos a la huelga general, soy el jefe de la Revolución y puedo estar en el camino a Santiago o (de acuerdo a cómo se moviera el péndulo de mi fortuna) en lo alto de la Sierra, esperando para descender. Estamos en plena zafra y el país no puede resistir la caída de Oriente. Por lo pronto, no se trata de derrotar al ejército sino tomar el poder. Convencer al ejército de nuestra jefatura y que nos siga. Pero el arribar tarde a Cuba me liquida el proyecto y me convierte en un fugitivo que busca la Sierra pero como vía de escape, como refugio. Ésa era, sin tapujos, la situación. Los que han visto en esa huida los fastos del heroísmo y el tesón de los patriotas, pueden considerarse como los clientes menos exigentes de la propaganda revolucionaria. Pura mística de las secciones políticas que elevan mis fracasos a la categoría de odiseas modernas, la de los combatientes que van en busca de las montañas para desatar una guerra, y que en verdad —como pueden comprobar— escamotean un cambio obligado de estrategia y de cómo la posibilidad que tuvimos de dirigirnos a Manzanillo, al norte, por una carretera pavimentada, torció en la necesidad y premura de alcanzar las estribaciones de la Sierra Maestra, hacia el este, y al pecho rompiendo, monte.

El Che no reparará en palabras para revelar a su manera en *Pasajes de la guerra revolucionaria* la verdadera naturaleza de nuestros planes.

Habíamos desembarcado en Playa Colorada, al decir de Juan Manuel Márquez: «aquello no fue un desembarco, aquello fue un naufragio». Los planes estaban fracasados. Vi a Fidel contrariado. Inicialmente se pensó en atacar Niquero, la madrugada del 30 de noviembre. Crescencio Pérez con un centenar de compañeros y camiones nos esperaban en los alrededores. Tomaríamos Niquero y en camiones saltaríamos sobre Manzanillo y después a la Sierra, mientras en Santiago estallaba la rebelión y a partir de ese momento comenzaría a funcionar un plan de agitación y sabotaje y huelga.

El día segundo

Las esperanzas de Celia y su grupo del comité de recepción reverdecen al día siguiente cuando confirman que se ha producido el desembarco por Las Coloradas. No logran dar con nosotros. Aunque, en paralelo con el ejército, seguirán el mismo rastro. Al final, Crescencio logra contactar a la gente de Raúl y la de Almeida. Yo, por mi parte, llego a la finca de Mongo Pérez sin saber a ciencia cierta quién es él y de qué bando está.

Allí, por fin, me reuniré con mi hermano Raúl y con la partida de Almeida. Al caer la tarde de ese día habrá 17 de mis hombres y 8 armas. También ha llegado Guillermo García con dos o tres de sus leales —campesinos, me refiero. Ése encuentro con los muchachos y cómo salgo del atolladero de la desmoralización no se me olvidan. Es cuando, después de abrazarlo, le pregunto a Raúl por sus armas y al responderme que sus cinco hombres las han conservado todas, digo la frase famosa de que ahora sí ganamos la guerra. Un poco más tarde, cuando llega el grupo de Almeida, un episodio empaña la alegría del encuentro. Lo hago a propósito para ganar supremacía sobre todos ellos y en especial ganar una distancia prudente con mis propios desaciertos, que han llevado a la mayoría de nuestro grupo al desastre y la muerte. Pero no crean que lo haga para zafarme de responsabilidades. Lo hago, en definitiva, para tratar de salvar lo que fuera posible de nosotros mismos. Salvar la única posibilidad de una Revolución.

Por recomendaciones de los campesinos, la gente de Almeida había escondido sus armas largas en la casa de uno de los campesinos al que también encargaron el cuidado de un expedicionario de apellido Hurtado que se encontraba gravemente enfermo. Las armas y el herido caen en manos de los soldados. Éste hecho me da la oportunidad de insultarlos, de llenarlos de oprobios y todo lo que más tarde la propaganda revolucionaria llamará «una fuerte reacción crítica de mi parte».

Hablaré toda la noche con Guillermo, un hombre despierto y duro. Ha sido dueño de un bar pegado a la costa de Ocujal, que él describe como un *balluse* de pobres, es decir, un prostíbulo de la más baja estofa. También es un empedernido jugador de gallos. Hasta ese momento ninguna de las dos actividades merecen ser calificadas de ilícitas, máxime escuchándole hablar con el dominio que lo hace de todos los caminos de la Sierra Maestra; y dónde está cada ojo de agua y por dónde se avanza más ligero por esos montes. Tardo algún tiempo en descubrir que no sólo continúa siendo el propietario del balluse de Ocujal, sino que tiene otros en Pilón y en Uvero y que le pertenecen casi todas las vallas de gallos de las costas del Golfo de Guacanayabo y que no está nada ajeno al tráfico de campesinas rumbo a los prostíbulos de Santiago y Caimanera, es decir, tráfico de blancas; y lo que es peor, que continuará siendo el dueño de tales establecimientos y que son negocios florecientes que conduce a través de parientes y acólitos. La guerra está bastante avanzada y él ya se ha convertido en uno de nuestros símbolos para la fecha en que disponemos de una información completa sobre Guillermo, y también ocurre que tener un negocio particular no es en modo alguno una actividad ilícita entre nosotros. Aún no.

Crescencio Pérez llega a Purial de Vicana en las primeras horas de la mañana del 19 de diciembre. Él y sus hombres han recogido 12 fusiles abandonados por los compañeros. Ahí los traen sus muchachos, dice. Es un patriarca. No ha hecho más que entrar en la casa, donde me estaba permitiendo el lujo de un café acabado de colar, cuando todos los presentes se ponen de pie y se oye su respiración agitada y cuando pregunta, por lo derecho, sin más preámbulos: «¿Quién de los señores presentes es Fidel Castro?» Las miradas, al voltearse hacia mí, al unísono, le brindan a Crescencio la información que ha requerido. Yo dejo mi café sobre la mesa y avanzo hacia aquel hombre, ahora yo con los brazos extendidos y mi más resuelta mirada de aprobación. Nos abrazamos. El viejo también me mira con aprobación. Los ojos se le empequeñecen —se le «achinan», como decimos nosotros—, sonrientes. Hasta me permito una pequeña broma. «Usted, don Crescencio, no se ofenda por el olor. Pero llevo 16 días sin cambiarme. —Entonces miro en todas las direcciones, como para saber si puedo soltar la próxima confesión—: Y sin bañarme tampoco.» Todos son risotadas bajo aquel techo de hojas de guano. Crescencio ríe con más ganas. He tocado la tecla exacta que debía tocar. Un hombre barbudo, sucio y que debido a las circunstancias no ha podido tomar un baño en las últimas dos semanas y que aún es capaz de bromear sobre su deplorable situación higiénica, no es un niñito bien de la ciudad. Es alguien con el que se puede uno entender.

Dedico unos minutos para presentarle uno por uno a mis hombres y me tomo el cuidado de hacerlo como si fuera un jefe de Estado que recibe a otro dignatario en la losa de un aeropuerto. Después nos sentamos parte. Yo calculo que habremos estado hablando, la primera vez, unas 12 horas. Había una agradable calma en el lugar y Raúl me aseguró que ahora las postas estaban situadas estratégicamente y con un tiempo suficiente de aviso. Crescencio, por su parte, me aseguró que podíamos estar tranquilos. Él venía de desandar esos caminos y no había ejército por todo aquello. Él había organizado las células clandestinas del Movimiento en Sevilla Arriba, Ojo de Agua de Jerez y La Manteca y disponía de una *visión* fluida y veraz de cuanto ocurría en la zona. Traía además la información, aún no confirmada, que el ejército había recogido las tropas de La Habana y reembarcado en aviones después de Alegría del Pío.

* * *

En poco más de dos años, Crescencio Pérez será uno de los hombres más venerados de Cuba. Venerado. Es la palabra exacta. Va a tener unas barbas blancas y olorosas a jabón y su uniforme verde olivo con una Colt 45 a la cintura y un sombrero tejano Stenson que yo mismo mandé comprar en la mejor tienda de Houston. La medida no fue ningún problema porque la teníamos en un cordelito. Nunca tuvo tareas de mucho agobio por respeto a su edad pero en los últimos años de su vida montó una oficina en las afueras de Bayamo frente a la que siempre había una cola de un centenar de campesinos que se presentaban para cualquier cosa que les urgiera o necesitaran o les complaciera. Venían esencialmente a quejarse de arbitrariedades o abusos (o lo que ellos así consideraran) de algún funcionario de la Revolución. Después estaban los que querían algunas tablas o clavos o tejas para una casita o los que querían comprar un animalito. Los más querían comprar un caballo o una yunta de bueyes. Por último estaban los que venían a convidarlo a un guateque por motivo de un bautizo (para que él fuese el padrino, desde luego) o de una boda colectiva o porque alguien había salido bien de un salón de operaciones o, por el contrario, porque había fallecido y era menester que Crescencio despidiera el duelo. La oficina se componía de un buró metálico que Crescencio había ocupado en un cuartel batistiano al principio de la Revolución, un ventilador de pedestal, una foto de Camilo y otra mía, su AK-47 recostado a la pared, una gruesa de papeles, seis o siete lápices en un vaso, una caja de tabacos y otra con un juego de dominó. Para los quejosos del maltrato de funcionarios, Crescencio redactaba unos edictos fulminantes y sin apelaciones que en términos regularmente iguales advertía al funcionario (la raya era para que el campesino la llenara con el nombre del abusador) que él mismo, el comandante Crescencio Pérez Montana, habría de colgarlo por los cojones si se atrevía a volver a cometer cualquier otro caso de atropello en la persona del compañero campesino portador de la misma (raya para el nombre del afectado). Para los que estaban requeridos de algún bien material, Crescencio abría la gaveta central de su buró batistiano y extraía a puñados, sin contarlo, cualquier cantidad de billetes que se apretaran al azar de ese recipiente desbordante de papel moneda. «Cuéntalo por el camino. Y si no te alcanza, regresa mañana. Dile al próximo que pase.» La última categoría, desde luego, era la que lo colmaba de felicidad, y no se recuerda que se le olvidara una parranda o que se excusara por no aparecerse en los más recónditos parajes con un arria de mulos cargada de ron y cervezas y hasta de todas las putas viejas que quedaban entre Manzanillo y Santiago de Cuba, y fueron incontables los bautizos de nietos, biznietos y hasta tataranietos que él ya no sabía que eran suyos, y no se recuerda uno solo de estos bautizos en los que el ron y la carne de puerco corriera a mares que se descubriera la presencia de un sacerdote para que ejerciera los oficios

737

bautismales. La oficinita de Crescencio fue el último vestigio de la red de combate creada por Celia Sánchez para recibirnos el 30 de noviembre de 1956. Crescencio, con cierta historia de bandidaje, algo muy común en esos parajes, o con fama de haber matado a alguien, de «tener un muerto», era un líder precarista, cacique, como se le llamaba en la Sierra y en la región del Golfo de Guacanayabo.[9] Casado y con seis hijos (sólo en la declaración oficial), dos mayores, Sergio e Ignacio, excedía los 60 años de edad cuando le conocí. Aún desbordaba vigor físico, agilidad mental y firmeza de carácter. Después tuvo la tristeza de que Ignacio muere en el combate de Jiguaní, muere rápido, no ve el triunfo. Ignacio tiraba caña para los centrales cercanos, con una carreta. Y Sergio es el que me palanquea el fusil y me apunta. Lo cuento después.

El Che dijo una vez que todos habíamos palpado el cariño sin resistencia de los campesinos de la zona, nos habían atendido y llevado por medio de una larga cadena clandestina, desde los lugares donde nos rescataron hasta el punto de reunión en la casa del hermano de Crescencio Pérez. Algún idiota, sin embargo, en uno de esos abundantes panfletos contrarrevolucionarios, dice que «entre los numerosos clanes familiares, el más grande encontrado por la Revolución en la Sierra Maestra, era el de Crescencio Pérez, dirigente campesino con más de cien parientes. Crescencio era un patriarca, de barbas canosas, muchas mujeres y diferentes actividades». No cito al autor ni el título del trabajo porque realmente no lo conservo. Pero lo que está dando a entender es que esos cien muchachos eran prole del mismo Crescencio. Quiero que ustedes sepan que yo no me atrevería ni a discutirlo. Pero lo que no ven estos moralistas es que esas parentelas extendidas redundaban en un enorme beneficio para la Revolución cuando el *pater familia* inclinaba sus bendiciones a nuestro favor. Eran decenas de jóvenes campesinos que de inmediato se ponían a nuestro servicio.

Esto me recuerda uno de los diferendos míos con Faustino en la Sierra Maestra. Pobre Faustino. Qué incapacidad la suya para entender el mundo en el que se hallaba, y lo peor de todo, sus pretensiones

9. Se llama precarista al campesino que se asienta y explota un predio o parcela de terreno ajeno, sin título de propiedad ni contrato de arrendamiento. Sobre ese terreno él construye, siembra, cría y vive con su familia. El proceso se repite cuando sus hijos arriban a la edad adulta, pues eventualmente contrae matrimonio o más bien se amanceba y la nueva familia requiere de casa donde vivir y tierra que fomentar.

de gobernarlo o al menos de reformarlo sin saber a derechas con quiénes estaba tratando y cuáles eran sus intereses. Resulta pues que yo mando a buscar a Faustino a la Sierra después que fracasa en la dirección de una huelga general que se programó en abril de 1958. Lo destituyo de su cargo de jefe de la Resistencia Cívica (es decir, urbana) y le doy un cargo de jefe de algo así que se me ocurrió llamar «Administración Civil de los Territorios Libres», para de inmediato creerse en serio que ese cargo le da verdadero poder de ejecución y entonces pedirme una audiencia con carácter urgente —estamos los dos viviendo a unos 20 metros de distancia en la comandancia de La Plata— porque acaba de descubrir el cultivo al que se dedicaba una enorme cantidad de los campesinos de la Sierra. «Al parecer esto es un secreto a voces, Fidel: los campos de cultivo de marihuana de la Sierra y su exportación a las ciudades.»

«¿Tú no sabes una cosa, Faustino? —le dije—. Que paradójicamente, aquellos serranos que cultivan la marihuana, o la transportan a las ciudades, no la consumen.»

Faustino continuó con su idea como si lo que acababa de decirle no lo desalentara en su proyecto.

«Quiero tu apoyo, Fidel, para prohibir el cultivo de marihuana en nuestros territorios y ordenar su destrucción.»

Yo no sé adónde hubiese llegado la Revolución de haber estado en manos de hombres de esta clase. Además de las abstracciones infinitas en que se desenvolvía toda su proyección ética.

«Faustino —dije—, trata de prestarme atención. Pero más que por disciplina, por inteligencia, por la inteligencia del hombre que quiere sobrevivir. Faustino, si prohibimos el cultivo de la marihuana, nos echamos de enemigos a los campesinos y traficantes y perderemos la guerra. ¿Te das cuenta? Por otro lado, Faustino, explícame tú por qué motivos la Revolución tiene que servirle de policía a esos burgueses de la ciudad contra los plantadores de marihuana. ¿Cuándo ellos vivieron aquí a erradicarlos? Que yo sepa, estos campesinos son los delincuentes del capitalismo. No los míos.»

Pegamos dos taburetes a la pared de tablas de yagua de su hermano Mongo y nos armamos de los primeros tabacos. En algún momento Crescencio pidió un poco de ron. Después más tabacos. Y de nuevo café. Y unas masas de puerco. Y otra vez ron. En esas 12 horas, sin que le hiciera el menor efecto, yo creo que despachó unas cuatro botellas de aguardiente. Descorchaba la botella con una dentadura aún firme, escanciaba un chorro en la tierra al inicio de cada botella y tomaba directamente de ella, un buche profundo y sentido, como un morterazo, para luego pasarme la botella y vigilar que yo lo siguiera.

Había algunas malas noticias. El ejército había enterrado los cadáveres de todos los compañeros nuestros que habían caído en sus manos en el cementerio de Niquero el día 10 por la mañana. Se suponía que fueran unos 20 cadáveres y estaban reventados y con olor.

La peor noticia estaba por venir, sin embargo. No peor por el dolor que pidiera causar sino porque era perniciosa para la lucha, porque desmoralizaba. Después del desastroso desembarco, las noticias sobre mi muerte difundidas por las agencias internacionales prevalecían en la opinión publica. Qué va, necesito levantar la moral de los hombres y avisarles a los cubanos que yo aún estaba vivo. Éste es el origen de que me decidiera a mandar a Faustino de inmediato al llano, para contactar con el Movimiento en las ciudades, y de la necesidad de una rápida victoria militar. En breve pretendo obtener un rédito político en el ataque al cuartel de La Plata. Quiero demostrarles a mis propios hombres, a los habitantes de Cuba y al ejército de Batista que el grupo guerrillero es capaz de ganar una batalla y abrir así la esperanza del triunfo revolucionario. Nunca fuimos doce. Se lo puedo asegurar. Pero esa idea del apostolado todavía nos define de muchas maneras.

La Revolución adquiere su carácter, al menos de inicio, decididamente agrario, en el transcurso de estas conversaciones mías con Crescencio y de las consideraciones de mi situación. Crescencio y Guillermo por indicaciones de Celia nos esperaron en la fecha y zona acordada para ayudarme en el desembarco y yo continuar para Manzanillo. Iban como porteadores, como los *sherpas* de la Revolución. Manzanillo, repito, era el objetivo, y está de más lo que se diga que yo estaba buscando la Sierra Maestra para comenzar una guerra de guerrillas. Son inventos posteriores para encubrir un fracaso. Pero la derrota de Alegría del Pío (hasta donde llegamos aún siendo una fuerza considerable de hombres armados), y que nos dispersáramos, me lleva a la conclusión de que me hallo otra vez —igual que en el Moncada— rumbo a las montañas y esta vez tengo que decidir cuál es el rumbo verdadero de mi guerra. Cuál es el lugar de combate. No para huir y escapar o eventualmente caer prisionero. El de presentar batalla. Batista me está abriendo las puertas una vez más —ahora las de la costa—, para que me vaya. Ésas son las informaciones que comienzo a recibir: las costas están prácticamente desguarnecidas. Entonces de alguna manera, quizá subconsciente, miro hacia la cordillera. Crescencio, y su hermano Mongo, y sus hijos Sergio e Ignacio, y el ballusero de Guillermo, no sólo nos han salvado, no sólo nos están protegiendo, sino que aparecen como una posibilidad no tomada en serio hasta ahora. Y Celia Sánchez Manduley detrás de ellos. Celia era la muchacha feúcha y seca que procuraba por mí en la sede del Partido Ortodoxo. Yo le mandaba a Pedrito Miret para que la atendiera. Ella lo llenaba de mapas de la zona e intentaba persuadirlo de que prestáramos atención a la Sierra Maestra. No es que tuviera la capacidad teórica para determinar que dentro de esas montañas y sus cañadas se acumulaban lo que Lenin en tránsito por Finlandia hubiese entendido como las condiciones objetivas y subjetivas de una revolución social. Pero algo había llamado la atención en la hija del único médico de Manzanillo con consulta de un par de días a la semana en Media Luna cuando contemplaba la Sierra Maestra en los días claros. Pero no sólo el azul de unas montañas remotas. Llamó su atención además las noticias sobre mí en los periódicos de La Habana que llegaban a Manzanillo con un día de retraso, y a Media Luna en día y medio. Quizá ni fuera la teórica, ciertamente. Pero fue el vínculo.

Primero son los compromisos que me veo obligado a contraer con estos campesinos. No es que estuviera en contra sino que estaba adentrándome en un territorio desconocido. Esa vez yo había hecho un periplo muy extraño. Yo había salido del campo como hijo de un terrateniente unos quince años atrás y en Purial de Vicana soy un hombre que regresa a sus raíces rurales pero desde una perspectiva contraria. Yo había abandonado Birán para hacerme un hombre urbano, y ahí había aprendido las artes de hacer la revolución, como deben hacerse, una revolución urbana. Pero Alegría del Pío y los días siguientes y el contacto con Crescencio Pérez me convierten en un líder de campesinos pobres. En definitiva, yo era un fugitivo como todos los demás allí, fugitivo del hambre o por deudas con la justicia. Miré hacia los altos picachos, al este, y, no sin cierta altura de espíritu, volteé mi mirada hacia Crescencio Pérez, que acababa de sacar de una dentellada del gollete de la botella de vidrio ámbar el corcho mugriento y oloroso a alcohol de reverbero, y me dije: «Ahora yo soy uno de ellos».

Un resumen del pacto con Crescencio:

Dar a los campesinos títulos de propiedad sobre las tierras que habían explotado en carácter de arrendatarios o como precaristas.

Llevar a cabo la reforma agraria para entregar tierras de labor con títulos de propiedad a todos los campesinos cabezas de familia.

Llevar la educación, la salubridad y el subsidio agrícola a todas las regiones del país.

Castigar y erradicar a los agentes de la autoridad que atropellaran a los campesinos pobres.

Dar plaza en el Ejército Rebelde a los jóvenes serranos que se incorporan a la causa.

El 23 de diciembre llega un jeep con dos parejas enviadas por la dirección del Movimiento de Manzanillo para saber si estoy vivo. Una de las muchachas es la hija de Mongo Pérez, el dueño de la finca y hermano de Crescencio. El mismo Mongo había mandado el mensaje de que yo vivía. Eugenia Verdecia, la otra mujer, trae 300 balas de subametralladora y nueve cartuchos de dinamita escondidos en su falda. Enseguida decido que Faustino se asee un poco y que aproveche el viaje de regreso. Faustino para La Habana. Quiero que me consiga un periodista americano. Quiero publicidad. Se va en ese jeep vestido de guajiro churroso y esa misma noche come en casa de Celia Sánchez en Manzanillo. Una crema de espárragos. Siempre recordaba ese primer plato. Al otro día viaja a Santiago de Cuba y se reúne con Frank País, Vilma Espín, María Antonia Figueroa, Armando Hart y Haydee Santamaría. Al otro día por la mañana está en el vuelo regular de Cubana que lo conduce a La Habana.

Es el 24 de diciembre y el destino de una revolución agraria está sellado. Domingo. Para los cubanos, éste es el día de la Navidad, el de la Nochebuena. Ahí asaremos una añojita en barbacoa, y ripiamos carne medio cruda hasta bien entrada la noche.

Crescencio y yo estamos en uno de nuestros intercambios de taburetes recostados a la pared del bohío cuando él les ordena a algunos de sus porteadores que traigan las armas. Las van colocando, casi en una actitud religiosa, a mis pies. Yo aún permanezco sentado en el taburete, al igual que Crescencio, que ahora se limita a emitir un *jum* de aprobación ante la entrega de cada ofrenda. En el lote hay fusiles Johnson, una Thompson, otro mexicano Mendoza, varias escopetas Remington 22 y algunas Remington con miras telescópicas. Todo el equipo bélico recuperado ha sido restituido a los combatientes. Tenemos ahora 20 armas largas y 17 expedicionarios. Crescencio me advierte que hay 30 jóvenes serranos que insisten incorporarse a la guerrilla. Yo me ofrezco para hablarles. Me empleo a fondo con mi oficio de abogado. La arenga es sobre los fines de la Revolución, los sacrificios de la lucha armada, la necesidad de redimir al campesinado de la pobreza y de dotarles de tierra propia. A continuación selecciono a 15 para engrosar las filas como auxiliares de los combatientes y le pido al resto que espere hasta disponer de armas.

Había olvidado el dominio de las tonalidades de amarillo de la isla y siempre el olor de una manera o de otra del salitre que se confunde con la humedad en el amanecer y el olor de la leña y su crujido cuando la candela les quiebra algún nudo de la vieja memoria del madero y el temblor de la luz de los quinqués y del fogón cuando cae la noche. Admitiré entonces a los primeros dos campesino en la tropa. Guillermo García y Manuel Fajardo. Es un lugar común de nuestra historiografía decir que Guillermo fue el primer campesino incorporado al Ejército Rebelde. Esto es enteramente cierto pero por fracciones de segundo. Ya habíamos tenido un par de comidas calientes y abundantes y yo manoseaba mis planes de dirigirme a esa loma de Caracas y el grupo de muchas maneras satisfecho se arracimaba en el patio del bohío de Mongo y aparecieron nuevos tabacos y una nube de humo nos envolvía cuando dije: «Guillermo, coge este fusil. Si no sabes usarlo, te enseñamos enseguida». Después lo mismo con Fajardo. Ahora éramos 19 hombres y 20 fusiles. El fusil número

20 no se lo dimos a nadie, un Mendoza. Simbólicamente se le asignaba al viejo Crescencio Pérez, que en principio decidimos que permanecería en las estribaciones de la Sierra sirviéndonos como una especie de enlace y tratando de localizar algún otro expedicionario que aún pudiera estar rezagado. El Mendoza estuvo dando tumbos entre los hombros de todos nosotros hasta que partimos el 25. Pero Crescencio partió con el reducido grupo de hombres, como un soldado más, y se interna en la montaña. Desde luego, llevaba su Mendoza. Lo estrena el 17 de enero de 1957 cuando combate por primera vez en la Plaza, y el 21 en Arroyos del Infierno. Crescencio entraba y salía de nuestras posiciones cada vez que necesitábamos un mandado. Después se incorporó formalmente a nuestra tropita e incluso muy pronto le asignamos un área geográfica bajo su responsabilidad. Por esos días en que nuestras fuerzas se componían de un número fluctuante entre 18 y 20 hombres, y en un esfuerzo por elevar los ánimos bauticé las tropas recién reunidas después de la última dispersión con el ambicioso, o si se quiere pomposo título de Ejército Revolucionario Reunificado. Ése es un dato que no veo reproducido con frecuencia. Nadie se acuerda.

Otro lugar común de nuestra historiografía es decir que el grupo primigenio de la guerrilla estaba compuesto por doce hombres. En realidad esto fue un invento de Carlos Franqui, el periodista que publicaba nuestro periódico clandestino —*Revolución*— en La Habana y que era muy ágil para la publicidad. Cuando llegue a la Sierra, será el encargado de sacar Radio Rebelde al aire. La idea de los doce, para equipararnos con los apóstoles, se le ocurrió después del triunfo de la Revolución.

1957-6 de enero
El grupo guerrillero pernocta en Loma de Caracas. El líder precarista Eutimio Guerra inicia sus servicios de guía de la guerrilla.

Llegan noticias. Entre el 23 y el 26 de diciembre fueron asesinados veintitrés hombres por orden de Fermín Cowley, el jefe del regimiento de Holguín. A esto se le llamará las Pascuas Sangrientas porque la mayoría de los crímenes ocurrieron en la madrugada del 25.[10] El país estaba sobrecogido con la noticia pero nosotros la ignorábamos. Veintitrés muertos de un golpe, en una sola oleada represiva, auguraba una lucha sangrienta. Nosotros marchábamos rumbo a las laderas del Turquino, sin parar por todo el firme de la Maestra, buscando lo más alto. El Cilantro, La Cotuntera, la loma del Roble, Acantilado y Tatequieto. Esa movilidad constante caracterizó los primeros meses. El día 6 de enero, en la loma de Caracas, se nos suma Eutimio Guerra, que viene bien recomendado por Crescencio para que nos sirva como guía y cuenta con la aprobación en nuestra columna de todo el personal serrano. Veintitrés muertos. Ustedes me perdonan la crudeza de lo que voy a decir a continuación. Pero ésa era la mejor inyección de adrenalina que podía recibir un proceso como el nuestro en un momento de crisis. Cuando el mismo enemigo pone la disyuntiva de la ciudadanía en morirse o alzarse, lo menos que puedes es considerarlo como un colaborador subjetivo. Es algo por lo que uno, intuitivamente —y para rumiarlo con uno mismo—, dice: «Coño, de seguir así estos hijos de puta, no vamos a tener que hacer muchos gastos en propaganda».

17 de enero

El grupo rebelde ataca por sorpresa y captura la pequeña guarnición de La Plata, en la costa. Primera victoria de la guerrilla.

29 de enero

En Hoyo del Infierno la guerrilla embosca con éxito la vanguardia de la fuerza del ejército que le persigue de cerca. A continuación el grupo rebelde convierte momentáneamente el sector montañoso el Lomón-Loma Caracas-Caraquitas en su principal santuarioserrano.

---

10. Consecuencia de ello fue la organización del comando del M-26-7 que el 23 de noviembre de 1957 asesinó a Cowley pasadas las 9.00 a. m. en una ferretería llamada Cuban Air. El comando pretendidamente lo dirigió William Gálvez, pero Carlos Borjas halló el gatillo de la recortada, Carlos Borja lo mató. Fue entonces que entró en acción el inefable Irenaldo García Báez con el objetivo de conocer y eliminar a quienes formaron parte del comando. No pudo coger a esos hombres, pero sí asesinó a algunos de los dirigentes más destacados del M-26-7 en Holguín y, en consecuencia, desmembró el movimiento en esa zona. ¿Por qué reparo en todo esto? Porque siempre he dicho que en la balanza de las acciones urbanas uno tiene que estudiar muy bien hasta dónde el enemigo puede lograr con su respuesta un daño mucho mayor que el provocado a ellos con tu golpe.

Surge el comandante González

El 15 de enero de 1957 estamos en las proximidades de nuestro objetivo. Observo el movimiento de las tropas enemigas. Al anochecer del 16 cruzamos el río La Plata con informaciones precisas sobre la disposición de las defensas y del número de efectivos con que cuenta la guarnición militar. El encuentro casual con un colaborador del ejército de Batista me permitió obtener más información sobre las posiciones de las tropas y los nombres de algunos campesinos que colaboraban con la Guardia Rural. Chicho Osorio trabaja como capataz en una de las propiedades privadas más extensas de la región. Al momento del encuentro con nosotros, me hago pasar por un tal «comandante González» del ejército batistiano. El hombre está tan estropeado por el alcohol, que es incapaz de reconocerme. En mi talante de coronel perteneciente a la Guardia Rural, comienzo a interrogarlo.

Estoy repitiendo lo que se llamaba «operación capilla roja» en la Unión Soviética durante la Segunda Guerra Mundial. Es la aplicación del mismo método aprendido en *El comité regional clandestino actúa* y que después de la Revolución nosotros vamos a llamar «la técnica del molino» y que será de suma importancia en la Revolución desde este interrogatorio a Chicho Osorio. Después le aplican al mismo Che en Bolivia y es el arma más importante en la lucha contra bandidos: Los molinazos.

De inmediato reconozco las botas mexicanas de uno de nuestros compañeros desaparecidos después del desembarco, y a pesar del descubrimiento, yo, inmutable, convenzo al delator para que nos guíe hasta las puertas mismas del destacamento militar de La Plata. El segundo disparo efectuado por los rebeldes en el asalto al cuartel tuvo como destinatario la cabeza de Chicho Osorio, quien murió en el acto, rebotando contra las piedras del río. Yo le hago el famoso disparo al telegrafista con el que le vuelo los sesos y que el Che se encarga de divulgar. Contamos con unas pocas armas que no alcanzan para todos y unas granadas de fabricación brasileña que al ser arrojadas por el Che no estallan. El grupo de asalto conmina a los soldados a rendirse pero éstos contestan con una descarga de fusilería. Doy la orden de avanzar y quemar las casas que sirven de protección a los soldados.

El primero en intentarlo es Camilo Cienfuegos, que queda a mitad de camino detenido por el fuego cruzado enemigo. Universo Sánchez logra prender una de las casas. Un grupo de marinos resiste la carga de Almeida, que al comando de un grupo intenta ganar terreno. Los gritos de rendición no tardan en aparecer. Ganamos. Acabamos de ganar el combate. Nos alzamos con fusiles, una ametralladora, víveres y municiones. El ejército de Batista ha sufrido dos bajas y cinco heridos. Entre los rebeldes no se registran novedades. El Che ofrece atención médica a los soldados enemigos heridos en la contienda, y luego nos retiramos en dirección a la Sierra Maestra, en busca de protección en la espesura de sus montes. Ya sé que los mandos del ejército batistiano ordenarán más temprano que tarde, una persecución a gran escala y preparo la defensa. Decido recibir a mis perseguidores en una emboscada en Arroyo del Infierno. Se precipitan en el jamo el 26 de enero. El primer soldado perteneciente a la vanguardia de las tropas regulares que se acerca a la emboscada rebelde cae muerto también bajo la mira telescópica de mi propiedad. El Che derriba a su primer adversario provocándole la muerte de un balazo en el pecho. El resto de los perseguidores abre fuego contra los árboles y los matorrales. Ganamos la segunda. Acabamos de ganarla.

23 de enero (circa)

Eutimio Guerra, que se ausenta del campamento rebelde en Loma de Caracas para atender asuntos familiares, es apresado en el Alto de Caguara y llevado ante el jefe de Operaciones del ejército, comandante Joaquín Casillas Lumpuy, que lo recluta para entregar o dar muerte a Fidel Castro a cambio del perdón y la promesa de cubrir plaza con grado en el mismo ejército, así como una recompensa en metálico de 10.000 pesos.

8 de febrero

Guiados secretamente por Eutimio Guerra, fuerzas del ejército y de aviación asaltan el campamento guerrillero en Altos de Espinosa. La sorpresa en el ataque dispersa y casi liquida el grupo rebelde.

La cordillera

Eutimio se ha convertido en hombre de toda mi confianza. Creo que me gana por la eficiencia con que se orienta en el monte. Y porque no se me despega en los momentos de peligro. En ninguno de los dos combates me ha transmitido miedo. «Tengo que darme un viaje a la casa, Fidel —dice después de La Playa y de Hoyo del Infierno—. Tengo la familia desatendida.» Yo entiendo. Digo: «Correcto, Eutimio. Pero, mira, coge este dinero. Cómprales lo que necesiten».

Eutimio llega a la tienda del Alto de Caguara. No le han cobrado la facturita, cuando aparecen los guardias. Dicen: «Oiga, compay, usted huele a muerto». Lo llevan a empujones delante del coronel Joaquín Casillas Lumpuy, el jefe del ejército de oriente. Dice: «Así que Eutimio Guerra, carajo. —Toma uno de sus tabacos del bolsillo de la guerrera, lo contempla, lo manosea—. Mire que me han hablado de usted. Mire que usted es mentado. —Se lleva el tabaco a la boca. Toma una fosforera de plata y saca una llama azulada y larga y la pega a la punta del tabaco. Señala hacia Eutimio, entre las bocanadas de humo—. Eutimio Guerra. Sí, señor. —Observa ahora si el puro está quemando parejo. Sí. Parejito—. Y cualquiera diría que le gusta eso de estar fuera de la ley. Pero no se preocupe: no tiene que decirnos nada porque ya lo sabemos todo. Así que vamos a terminar con toda esta fiesta rápido. ¡Sargento, póngale la corbata al cuello a este maricón para que se vaya bien bonito para allá arriba! —Tiran la soga al gajo de una mata de juba y le echan el lazo—. Espérate, espérate —dice Casillas—. Bájamelo ahí. —El coronel se toma su tiempo y le da una vuelta al tabaco en la boca y dice—: La verdad es que, pensándolo bien, usted es un hombre, y un hombre guapo no debe morir así. Para que vea que no soy ese monstruo que dicen y que tengo buen corazón, le ofrezco un trato: si usted me pone en las manos a Fidel y a los que están con él, le doy los grados de comandante, una finquita de catorce caballerías donde usted la escoja. Y si me trae la cabeza de Fidel Castro, le sumo diez mil pesos».

Eutimio empieza por delatar el lugar donde se encuentra nuestro campamento, en la loma de Caracas. A la mañana siguiente, 30 de enero, la aviación ametralla y bombardea la zona y provoca la dispersión de nuestra columna. A las pocas horas Eutimio logra localizarme y me ayuda a concentrar de nuevo la tropa. «Hay que moverse de

La Revolución cubana en el verano de 1957.

El día de la leyenda. Con Herbert Matthews y los tabacos del guerrero. 17 de febrero de 1957. En la finca de Epifanio Díaz, en las estribaciones de la vertiente norte de la Sierra Maestra. Cae la tarde.

aquí, Eutimio», le digo. «Sí», aprueba Eutimio. «¿Para dónde tú acon-sejas, Eutimio?», pregunto. «En rumbo de Altos de Espinosa», dice.

Allí estamos el 8 de febrero cuando Eutimio, puntualmente, guía al ejército para arriba de nosotros. Están a punto de liquidarnos y nos vuelven a dispersar. Pero ya hay un muchacho que matan el día 9 de la tropa de auxiliares campesinos.

Ahora se anima a emprender el juego de pronosticar el lugar don-de la aviación enemiga bombardeará tal o cual objetivo y, como siem-pre acierta ya que él es el que brinda los datos, remarca ante sus jefes su capacidad para predecir.

El ejército además ha provisto a Guerra de una pistola y dos gra-nadas para que acabe conmigo. Una noche casi alcanza sus objetivos. Eutimio duerme a mi lado provisto de sus armas. No se atreve a usar-las. Se lo impide el hecho casual de que ese día los rebeldes hemos du-plicado la guardia porque se teme un ataque por sorpresa —o porque presentimos que algo extraño está ocurriendo.

Nuestra situación. Más o menos a los dos meses sólo contábamos con unos 30 combatientes bien armados y otros tantos montañeses en calidad de auxiliares pero sin armas. La reserva era de 150 tiros por fusil. No teníamos campamento fijo y nos movíamos principalmente de noche y el concepto era el del núcleo guerrillero nómada. Un poco más tarde, ante la presencia de fuerzas superiores comandadas por el coronel Pedro Barrera Pérez, nos movimos al este del Pico Tur-quino, hacia las haciendas madereras de Sevilla, Peladero y la zona del Cobre, sin que allí nos molestaran. Las noticias desde el llano son escasas y lentas, así que decido enviar un nuevo emisario a La Haba-na, René Rodríguez Cruz, con instrucciones de gestionar la visita a la Sierra de un periodista americano. Comienzo a presionar porque es uno de mis recuerdos de las lecturas de José Martí y del uso que hacía de la propaganda revolucionaria. Casi cifró todas sus esperanzas de ganar primacía sobre los viejos generales cubanos de las dos fracasa-das guerras anteriores contra España en el reconocimiento que pu-diera obtener en Estados Unidos mediante la entrevista que le conce-dió en plena manigua a George E. Bryson del *The New York Herald*. Trabajó con el americano en el texto desde el 2 hasta el 4 de mayo. Estaba en plena crisis con los jefes del Ejército Libertador, con Máximo Gómez y con Antonio Maceo. Se supone incluso que en medio de una acalorada discusión al final de una cena Maceo la emprendió a bofetadas con Martí por su empecinado propósito de mantener la Revolución, incluso en sus condiciones de campaña, bajo la égida del gobierno civil. Toda esta descarga tiene un objetivo que va más allá de explicarles las enseñanzas en el área de la propaganda aprendidas de nuestro vapuleado prócer. Va al punto de decirles que el verdadero aprendizaje de Martí es que los muertos no dirigen las revoluciones. Eso es lo que yo aprendí verdaderamente de este hombre cuyo retrato preside todas nuestras escuelas y oficinas públicas y se halla reproducido en billetes y monedas y bajo cuya invocación dije que había atacado el Moncada y proclamado mi Revolución: que no puedes tener generales por encima de ti y que la discusión entre gobierno civil y militar es superflua en tanto tu asumas las dos funciones. Una revolución te permite la fusión gracias a su situación de permanente estado de guerra civil. ¿Ven? Guerra civil. Ahí tienen las dos cosas juntas.

Observen ahora cómo son las cosas en mi país de nacimiento y residencia: la experiencia histórica es que los legendarios mambises de las luchas de liberación nacional del siglo pasado, los cultísimos, afrancesados generales insurrectos no quisieron simultanear los empeños democráticos con el galope de sus cargas al machete. Aunque al terminar la guerra se dirigieron prestos a ocupar sus escaños en el senado. Y hasta donde demuestran enciclopédicos estudios desde Roma, los senadores no lloran. José Martí y Pérez fue el único que simultaneó y el único que murió en combate. Y la primera reacción ante la noticia de que todos los cubanos hemos perdido para siempre jamás al fundador de nuestra nación, es que la mano de un general insurrecto arranca una página de (nunca se sabrá con exactitud) ¿*reveladora*? Escritura a tinta de vivaqueo del desvalido cuaderno de ese hombre de breve estatura y frugal complexión al que unos proyectiles de máuser encontraron tan fácil de destruir y que aún permanece en la tierra de nadie cerca de los fragmentos de su mandíbula y de la volada leontina civil y con el paño chamuscado y sanguinolento de su trajecito negro de Manhattan. Un general husmea entre las pertenencias que el presidente de Cuba en armas dejó a buen recaudo en el campamento y él decide cuáles son las páginas ahora testamentarias de José Martí que se salvan. Su correspondencia íntima y sus exaltados apuntes de escritor urbano pequeño burgués que acababa de descubrir el monte de la patria hozados y hollados por el general, su amigo abrazado de las vísperas y uno de los pocos elegidos del Consejo y uno de los contados comensales en el reconfortante rancho de los grandes de la República, tibio rancho de los quinqués y de mesa con mantel bajo el toldo de campaña y sobre la fina capa de rocío de la manigua sobre la que yacerás mañana.

Cuando despedí a René Rodríguez, le puse la mano en el hombro y, casi musitando, le dije:

«Coño, René, esto es seguir la ruta de Martí. Seguir sus enseñanzas. Tráeme ese periodista».

René no es un tipo blando pero por poco se le saltan las lágrimas. Bueno, Martí siempre ha influido de manera muy dramática en los cubanos. Nada blando René. Actuó el 1° de enero y siguientes con el paredón en Las Villas. Fusiló a Joaquín Casillas, Cornelio Rojas, los Mirabal, etc. Siendo jefe de Isla de Pinos, embutió de dinamita los cimientos de las circulares de presos políticos y se dispuso a volarlas con toda la población penal dentro.

En cuanto al periodista, se trataba más o menos de los mismos objetivos que Martí: no sólo mostrarles el puño al enemigo —los españoles en su caso, Batista en el mío— sino ganar preeminencia ante el influyente público americano respecto a todos mis otros acompañantes del campo revolucionario, en especial la gente de la resistencia cívica y la del Directorio.

16 de febrero

La Dirección del 26 de Julio se reúne por primera vez en la Sierra Maestra. El lugar elegido es El Jíbaro, junto a las Vegas de Jibacoa. Están presentes los representantes del llamado «Llano» en las personas del coordinador nacional Faustino Pérez y los coordinadores provinciales. La llamada «Sierra» está representada por el secretario general del movimiento 26 de Julio y comandante en jefe del Frente Guerrillero, Fidel Castro, y los capitanes guerrilleros. Frank País está presente. Los otros participantes, del Llano: Celia Sánchez, Haydee Santamaría, Vilma Espín, Armando Hart, Marcelo Fernández, Felipe Guerra, Javier Pazos, René

Rodríguez (ahora pertenece al Llano) y José Morán; y de la Sierra: Luis Crespo, Ciro Redondo, Che Guevara, Camilo Cienfuegos, Juan Almeida, Raúl Castro, Ciro Frías, Guillermo García, Manuel Fajardo, Universo Sánchez, Julito Díaz, Crescencio Pérez, Ignacio Pérez y Efigenio Amejeiras.

Juan Almeida, al mando de un reducido contingente de desorientados combatientes, entre los que se encontraba el Che, logra reagrupar a sus hombres después de uno de los bombardeos propiciados por Eutimio y llega al Lomón[11] el 12 de febrero de 1957, donde se reúne conmigo. El Che se había rezagado por uno de sus ataques de asma. Lo dejamos al cuidado de unos campesinos y ya está recuperado cuando Almeida se lo tropieza.

Del Lomón partimos hacia las proximidades de la vivienda de Epifanio Díaz para participar de una reunión de la Dirección Nacional del Movimiento 26 de Julio y con un periodista americano. Es una travesía en la que tomamos todas las medidas de seguridad necesarias puesto que estamos dominados por la intranquilidad de separarnos por primera vez del refugio en las montañas. Lo que se va a efectuar, en términos de los servicios de inteligencia, es un *rendezvous*, un encuentro en un punto determinado que no es precisamente un territorio bajo control amigo. Los arreglos iniciales han sido efectuados por los mensajeros de Crescencio con Celia en Manzanillo, que a su vez está en contacto con mis emisarios habaneros, Faustino y René.

Celia y Frank vendrán a prima noche en un jeep manejado por Felipe Guerra Matos hasta un punto de acceso en las estribaciones, donde los esperará un guía nuestro. De ahí caminarán durante algunas horas hasta nuestro encuentro. El guía está orientado a darles un amplio rodeo para dilatar el camino a un triple de su verdadera extensión. Después me va a quedar el argumento de que el muchacho se desorientó en la oscuridad de la noche ya que no podré someter al periodista americano que estamos esperando a los mismos rigores de marcha. Desde luego que estuvieron bajo la vigilancia paralela de nuestros hombres desde que casi comenzaron a caminar.

Esto ocurre el 15 de febrero para amanecer el 16. Luis Crespo los recibe en un lugar de la vertiente norte de la Sierra Maestra que se lla-

11. Llamado también Lamón.

753

ma el Jíbaro junto a las Vegas de Jibacoa y cerca de la finca Los Chorros, la de Epifanio Díaz, que es donde estoy pensando celebrar mi
entrevista con el periodista americano. Luis da la bienvenida y los
conduce hasta donde yo estoy, entre las nieblas y el rocío de un bosque de helechos. Hacia las 5.00 a. m. veo por primera vez a Celia Sánchez. Es una mujer delgada, poco agraciada quizá, pero que me gana
de inmediato por la timidez de sus gestos y porque nada en su desenvolvimiento de aquella mañana permitía asociarla con la combatiente incansable y sagaz que describían desde Pedrito Miret hasta Crescencio Pérez. No voy a olvidar la serenidad con que posó su mirada en
mí y cómo me trasmitió desde ese instante que yo era un príncipe. El
resto del tiempo que permanecimos juntos —unas 48 horas— Celia
me convirtió de una manera muy eficaz y sin levantar sospechas de
ninguno de los presentes en el objeto de sus atenciones. De pronto
me hacía entender toda la importancia de una mujercita a la mano.

No es un secreto para ninguno de ustedes que yo tengo un sentido muy aguzado para adelantarme a los acontecimientos. El acontecimiento que adelanté entonces fue que ella tenía el físico perfecto
para hacer que me acompañara en mi nomadismo serrano. Hubiese
sido impensable con la figura escultural y realmente lujuriosa de
Nalty o con esa trágica fragilidad de Mirta. Mirta no hubiese sido capaz de subir dos de aquellas lomas sin desmayarse. Y la presencia de
Nalty en la Sierra hubiese sido un espectáculo. Aquellas nalgas bam-
boleándose por el firme de la Maestra convertirían una campaña revolucionaria en un vodevil. Perdón. No soy responsable de la excitación de la carne. Cuando Lenin y Marx y sobre todo Engels hablaron
de la liberación de la mujer y de su participación en la lucha por la
causa de los los pobres del mundo seguramente no habían visto nunca la estampa de una cubana con los pantalones ceñidos al culo.

Frank País. Es evidente que Frank venía preparado para encontrarse con un grupo de fugitivos a los cuales probablemente habría
que viabilizar la salida del país. Yo me percato de su embarazo pero no
me doy por enterado. El héroe de Santiago de nuevo frente a mí. El
30 de noviembre se apoderaron de las calles de Santiago. Tomaron
una estación de policía, quemaron otra, se pasearon por la ciudad,
sólo tuvieron tres bajas y se retiraron con sus armas, todo eso mientras
yo llegaba dos días tarde, en un desembarco que fue un naufragio,
dispersados tres días después en Alegría del Pío.

Me trae un presente: los brazaletes rojinegros del 26 de Julio. Los mismos que llevaron en el alzamiento de Santiago. Desde ahora el Movimiento se podía llamar también 30 de Noviembre, bromeo. Aunque la broma, en el transcurso de apenas tres años, se convierte en realidad. Es así como una vertiente pequeño burguesa bautiza después una de las organizaciones creadas por la CIA a mediados de 1960 al calor de los preparativos de invasión por Playa Girón. Todos hemos tenido nuestro día.

Mantengo el tono de guasa cuando digo:

«Bueno, éstos son los regalos simbólicos. ¿Pero no hay ron ni tabacos para los alzados?».

Cero respuesta para esa pregunta.

Frank, dice, también me trajo unos ejemplares de *Revolución*, el periodiquito clandestino publicado por Carlos Franqui en La Habana. Observo que le ha cambiado el nombre de *Aldabonazo*, y que lo ha hecho con muy buen tino. *Revolución* tiene mucha mejor prestancia. 20.000 ejemplares publicados clandestinamente con el titular:

FIDEL EN LA SIERRA

En las próximas horas Frank hace todo lo posible por mostrar su capacidad de liderazgo y por atraer la atención sobre él. Limpia las armas de algunos compañeros, gesto con el que impresiona notablemente al Che que también con esa conducta seudo religiosa que a veces lo ataca le promete que a partir de ese momento va a ser más cuidadosa con su fusil.

«Coño, Che», digo.

Mi tono de guasa no decae.

«¿Tú sabes lo que estoy viendo, Che? —digo—. ¿No?»

El Che dice que no con un movimiento de cabeza y frente a su fusil de caza mayor embadurnado de grasa.

«Lo que estoy viendo es a un asesino argentino haciendo un voto de castidad.»

El Che sabe que se trata de una broma y que sólo yo puedo jugarla con él. Así mismo, por la brutalidad de la expresión, se tiene que dar cuenta de que si desapruebo los servicios de Frank como lustrador de nuestro armamento debe ser por alguna razón mucho más severa que la reprimenda implícita que conlleva su gesto, en apariencia, de buen samaritano. Nunca le expliqué al Che, por supuesto, las razones de mi molestia. No es el tipo de cosa que yo suelo hacer en casos como estos: explicarle a un subordinado por qué me ha sacado de paso su conducta en relación con otra persona. Ese tipo de explicaciones puede resultar fatal, al exponer de modo inevitable los resortes más íntimos de tu personalidad. Pero era fácil entender que la visión de Frank País tomando las armas de los compañeros y limpiándolas con los pocos recursos a mano me recuerde al Cristo que lava los pies de los apóstoles antes de la última cena. Observar el afán de sus manos con su pañuelo de hilo, la baqueta de uno de los Remington y el denuedo de su empeño sobre los mecanismos de nuestros fusiles fue lo que me salvó de la aparente fascinación de su gesto y la que me lo puso a tiro, a Frank, mentalmente por lo pronto. Ah, cabrón, acabas de cometer un fallo imperdonable. Montar todo este espectáculo del jefe que no toma a mal postrarse ante las armas de los pobres soldaditos de una revolución para sacudirles un poco de churre, es una metáfora que yo te voy a comprar pero por su entendimiento inverso. Porque no estás actuando con humildad, porque lo que estás haciendo es desafiarme.

Otros compañeros llegan al punto de reunión en el jeep manejado por Felipe Guerra Matos.

«Ese jeep venía cargado —digo—. Carga pesada.» Frank País, Haydee Santamaría, Armando Hart, Vilma Espín, Faustino Pérez, Celia Sánchez. El encuentro entre Vilma y Raúl es emotivo. Raúl, hasta ese momento desaliñado y poco preocupado por el aseo, me sorprende con su rápida travesía al arroyito cercano, donde dentro de lo posible se compone un poco, se echa agua en la cara y se peina. Vilma no está nada despreciable. La típica hija de la burguesía criolla que acaba de dar dos años de ballet y con una estructura corpórea muy apetecible y que es altiva y sonriente. Después Raúl me cuenta del viaje que hicieron juntos al Festival Mundial de las Juventudes y los Estudiantes, semanas antes del Moncada. «Búscame un aparte con ella», le digo a Raúl.

El chofer, me dicen, ha regresado a Manzanillo para recoger al periodista americano. Faustino se muestra contento, orgulloso. El periodista es el resultado de su gestión. Al menos parcialmente. (Quiere ser honrado y no quitarle su parte de gloria a René Rodríguez.) A su llegada a La Habana y a través de Felipe Pazos, el economista asociado al 26 de Julio, habló con Ruby Hart Philips, el corresponsal de *The Times* y le sugirió que llamara a Herbert Matthews y le dijera que viajara pronto a La Habana.

Se sientan ahora frente a mí para discutir sobre el futuro de la Revolución. Es la Dirección Nacional del Movimiento 26 de Julio. Estamos en un claro del bosque de helechos y nos sentamos sobre unos troncos caídos. Unos viejos cedros que en su época los leñadores olvidaron montar en los Diamond-T. Hay un desconcierto entre los delegados cuando yo llamo a algunos de los guerrilleros para que también participen. Llamo al Che, a Raúl, a Guillermo, a Crescencio, a Ciro y digo: «Ellos son los delegados de la guerrilla y miembros plenos de esta dirección». Acabo de producir por primera vez en la historia de la Revolución cubana la articulación instantánea de un liderazgo. Muchas veces en el transcurso de las próximas décadas, grupos como éste van a pasar por mis manos. Algunos de estos hombres que ahora conforman mi grupo de dirección, tendrán que morir de inmediato, y otros más tarde; habrá los que se pasen a la contrarrevolución (y allí también tendrán que morir), y los menos continuarán a mi lado, cada vez más débiles y más apagados y moviéndose como zombis, semiidiotizados por algo que ellos quieren creerse que es la lealtad.

Algunos compañeros prefieren sentarse en el húmedo suelo y recostar la espalda a los troncos. Los enormes helechos se han trepado por todos los árboles que quedan en pie y la tierra ofrece un suave declive y los helechos, al avanzar durante años y tejerse sobre las copas del bosque, producen un efecto de bóveda sobre nuestras cabezas y nos proporcionan una sombra permanente y no dejan de gotear durante todo el día. Plim. De sorprendernos con su caída sobre la frente o empañándote los espejuelos. Plim.

Se resuelve impulsar el proceso revolucionario a todo el territorio nacional de Cuba. Se incluirán los actos de sabotaje y ejecución de torturadores. Se planifica una estrategia de guerrilla urbana y se establece apelar a la huelga general como el elemento que impulsará el final de la guerra. El Che padece, lo observo, está en muy mal estado. Padece de constantes ahogos asmáticos que se complican con ataques de paludismo y sólo su voluntad le permite mantener el ritmo de las caminatas y las noches a la intemperie. Muchos de los campesinos que se incorporaron a la lucha revolucionaria abjuran al poco tiempo de sus convicciones producto de la escasa formación ideológica con que cuentan. El ejército rebelde se ha reducido a un puñado de veteranos aptos para el mando pero que carecen de tropa. Eso es lo que estoy contemplando y en lo que me entretengo en el transcurso de la reunión. Lo fundamental ya ha sido logrado: Prioridad de suministros bélicos para las guerrillas rurales. Tenemos que recibir el mejor y más abundante armamento que se obtenga, e insisto en que todo el armamento debe ser destinado a la Sierra, lo cual es una tesis que al final encuentra resistencia incluso en algunos cuadros urbanos de mi propia organización. Pero por lo menos logro sacar ese compromiso. El llamado a la huelga queda como una figura retórica que complace sólo a los tontos. Cualquiera se daría cuenta de que es una especie de señuelo para tranquilizar a los que les preocupe nuestro despliegue bélico en el monte. En definitiva si el objetivo final es una huelga, qué importancia puede tener el que nosotros mientras tanto estemos entreteniéndonos con nuestros juegos de montaña. Sólo Frank, desde luego, es el que no se ha tragado una palabra. Pero a su vez se ha dado cuenta por dónde puede colárseme. Los abastecimientos y que ando escaso de hombres. Por eso vota resueltamente por proveerme con toda urgencia de armas y hombres. Déjenme a mí la logística y el reclutamiento, está diciendo. Me va a llenar la Sierra con sus hombres. Y armados hasta los dientes. Frank sale de nuevo en mi rescate. Por eso cambian los planes. Por eso le digo después a Frank que se alce, para tenerlo bajo control.

Aclaro que ellos tampoco están ajenos a las luchas intestinas. Tienen sus situaciones. Marcelo Muñoz es un muchacho que me escribe directamente a la Sierra quejoso del despotismo de Frank y me pide que le permita alzarse. Le había dado la carta a un mensajero del Movimiento y se la detectaron. La dirección del Movimiento en Santiago lo declara chivato y lo condena a muerte, incluido Frank en la maniobra. Esto me alertó a su vez de que si las cartas me llegaban a través del Movimiento en Santiago las habían revisado.

Aproveché unos minutos de receso, al caer la tarde, para conspirar. El aparte de Raúl con Vilma fue mientras el Che, por instrucciones mías, entretenía a Frank con un largo cuento sobre la revolución guatemalteca y los fallos del gobierno de Arbenz. El Che se sentía supuestamente perdonado por mí de su episodio de sumisión por el engrasado y limpieza gratuitos de su Remington. Sencillo lo que Raúl tenía que decirle a Vilma. Vigila a Frank. Ésa es la tarea. Yo observaba todo el escenario desde unos metros de distancia. Aparentemente yo, por mi parte, escuchaba una disertación de Celia sobre el movimiento clandestino en Manzanillo. Raúl había sido muy bien instruido por mí. Mi hermano siempre tenía —y tiene— el problema de su tendencia, la de complicarlo todo. Es un problema de formación. Raúl es muy mal político porque, precisamente, lo politiza todo. Es que ese adoctrinamiento del Partido produjo un político que desconoce los engranajes del pragmatismo, a no ser que yo le dé un par de sacudidas y entonces él reaccione. Lo obligué a que fuera muy preciso con Vilma. Dile que tengo informes de que a Frank se le está acercando *gente*. No especifiques quién es la gente. Pueden ser de Batista. Pueden ser los americanos. Me llegan del mismo Santiago. Pero ningún informe va a ser más confiable que el de ella. De lo que ella nos diga podremos saber con exactitud qué se está moviendo alrededor de Frank. Está en manos de ella liberarnos de la gran injusticia de no confiar en un inocente. O de salvar al movimiento revolucionario de una traición. Yo los observaba a los dos, a la caída de aquella tarde, mientras los últimos rayos del sol se filtraban a través de los helechos, ambos de pie, a Vilma asintiendo, de espaldas a la posición en que yo me encontraba, y Raúl frente a ella, pero sin que pudiera obtener información de las expresiones de Raúl a medida que avanzaba en su discurso de reclutamiento porque la misma Vilma me lo tapaba. La única señal que recibía, sin embargo, era positiva: Vilma no dejaba de asentir. En efecto, todo parecía haber concluido cuando Raúl se llevó las manos a la cintura y ella comenzó a hacer un giro en busca de alguien. Su rostro era radiante. Podía descubrirlo en la noche que ya se cerraba bajo el viejo bosque de helechos. «Esta mujer es mía», supe entonces. Ella encontró mi mirada. Era a mí a quien estaba buscando. Me sonrió fugazmente y, con encomiable control de sus emociones, apartó de inmediato su mirada de mi campo visual. Y ya no volvió a buscarme más. Vilma Espín se dirigió hacia el grupo que ya rodeaba al argentino y a Frank. El tema seguía siendo que Jacobo Arbenz no había entregado las armas al pueblo. Miré a Raúl. Trataba de embutir un poco de tabaco en el cazo de su pipa. Yo tenía hambre, bastante, y el estómago estragado, pero el gesto de Raúl me incitó a prender un tabaco. Metí maquinalmente la mano en el bolsillo de la guerrera cuando una gota única de una lluvia que se trasladó de zona, o quizá de rocío o de savia o del rezumadero de los helechos a prima noche, me golpeó entre el tabique y la armadura de los espejuelos. Plim.

17 de febrero

Herbert Matthews, el periodista de *The New York Times*, entrevista a Fidel Castro en la finca de Epifanio Díaz y obtiene material para una serie de tres reportajes consecutivos que inician la fama internacional del jefe de la Revolución cubana.

Para la reunión con el americano me muevo hacia la finca de Epifanio Díaz. La entrevista es con el corresponsal del *The New York Times*, Herbert Matthews, y tuvo un importante impacto propagandístico. Ante la pregunta sobre cuántos eran los efectivos con que contaba la Revolución, yo le presento a mis veteranos nombrándolos como mi «Estado Mayor». Lo que no dije era que esos hombres además de pertenecer a mi Estado Mayor, son toda mi tropa, compañía de ingenieros, personal de cocina, mandos intermedios, cavadores de letrinas, oficiales, suboficiales, comunicadores, policías militares, sargentos mayores y soldados. Lo que oculté fue que ese reducido grupo de hombres era todo con lo que contaba para oponer resistencia a un ejército profesional de más de 5.000 efectivos. La publicación del reportaje concedido al *The New York Times* provoca la inmediata reacción de las autoridades gubernamentales. Tildan al reportaje de fantasioso, y en un primer momento insisten en la versión que informaba sobre mi muerte. Días después, el conocido medio americano publica fotos donde hemos posado juntos.

Al final, lo que me queda en el recuerdo es un momento de disfrute. Había sido reconocido. Incluso sin yo tener todas las piezas de discernimiento a mi alcance en ese momento, ya podía considerarme en el olimpo de los personajes literarios. Por eso yo digo que existen ocasiones en que el disfrute de una experiencia se produce en forma diferida. Yo no sabía a derecha quién era Herbert Matthews. Yo sólo vi a un señor mayor, del tipo que los cubanos llamamos «un americano viejo». Llevaba una gorrita a lo Lenin. A esta parte de su vestimenta sólo le faltaba la motita en la punta para que fuera entonces una gorra de jugador de golf. Matthews se portó correcta y amablemente. Desde la primera ojeada me di cuenta de que contaba con un simpatizante nuestro. Luego supe que era un veterano de la Guerra Civil española y que antes de regresar a su país había pagado su visita de cor-

Haydee Santamaría y Celia Sánchez aparecen en las estribaciones del Pico Turquino, la montaña más alta de Cuba, el 28 de abril de 1957. Este simbólico documento gráfico fue tomado por el periodista Bob Taber con su cámara de fotos fijas, o es un *still* de la película de 16 mm tomada por el camarógrafo Wendell Hoffman, ambos de la Columbia Broadcasting System (CBS), que son los segundos reporteros en alcanzar la guerrilla y producen un documental que la CBS trasmitirá en un mes.

Raúl Castro acciona el mecanismo de cerrojo de su fusil Remington con mira telescópica y, para aparecer en el documental de la CBS, se toca con el emblemático casco de las fuerzas batistianas que capturó en el combate de La Plata tres meses antes.

Una revolución hecha a la medida de la media americana. La fuerza guerrillera casi no tiene que hacer otra cosa que pasearse frente a los camarógrafos. Los capítulos urbanos y el de Nueva York del M-26-7 los hacen llegar a la Sierra Maestra cada vez con mayor frecuencia. Ha nacido un Robin Hood de los tiempos modernos. Tan fotogénicos en sus escondrijos de las montañas cubanas.

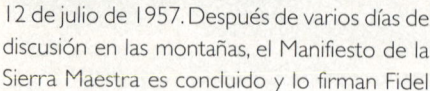

12 de julio de 1957. Después de varios días de discusión en las montañas, el Manifiesto de la Sierra Maestra es concluido y lo firman Fidel Castro, Raúl Chibás y Felipe Pazos. La mayor parte del documento fue escrito por Fidel y hace un llamamiento «a terminar con el régimen de fuerza, las violaciones de los derechos individuales y los crímenes de la policía». Chibás firma como representante del Partido Ortodoxo; Pazos, como representante de los luchadores urbanos y los capítulos del exilio. Chibás es inconfundible con sus costosas gafas de Miami y porque nadie le presta atención, todas las miradas de los alzados concentradas en cualquiera de las ocurrencias de su jefe. Pazos no ha sido identificado en la secuencia.

tesía a Ernest Hemingway en la casa que el novelista tenía en una de las colinas cercanas a La Habana. Se encontraban por primera vez desde lo de España y se dedicaron a hablar de mí. Desde luego, esta última parte no la conocí entonces.

Apenas el viejo se despidió de mí en la finca de Epifanio, Faustino me dijo que Matthews había sido un animoso simpatizante de los republicanos. «Es mío», pensé.

La experiencia me colocaba en una dimensión no prevista por mí: la del personaje literario, e incluso la del personaje literario en vida, si ustedes entienden lo que quiero decir. Yo había leído *Por quién doblan las campanas* y sus páginas me habían hecho ponderar el atractivo de la guerra. Estar metido en una cueva junto con tus camaradas mientras lían un cigarrillo o preparar algún mejunje puede ser una circunstancia insuperable. La guerrilla. Ésa es la única agrupación humana que no tiene antes ni después. Nadie se preparar en su vida para ser guerrillero. Y si sobrevive, nadie puede superar el recuerdo y la añoranza de su intensidad. Yo vislumbré la vida de la guerrilla a través de Hemingway. Fue como una nostalgia por anticipado. O quizá me vi a mí mismo en ese escenario mientras me recreaba con su lectura. Yo era el personaje de la novela que no había escrito pero que en la vida real está leyendo la novela que ha escrito. Vean las fotos. Matthews y yo estamos fumándonos unos tabacos acabados de enrollar por uno de los hijos de Epifanio bajo aquel cobertizo de guano levantado a la carrera. Independientemente de que estemos compartiendo una sesión de propaganda revolucionaria —quizá él inconscientemente; yo, a propósito—, le damos origen a una leyenda. Matthews toma notas acuciosas de todos los *bloff* que se me ocurran. Yo me encuentro en perfecto dominio del personaje que se me exige ser y cuya primera demanda es que diga sólo lo que él quiere oir. Que somos prácticamente un ejército en operaciones y que los oficiales enemigos no tienen dónde ocultarse ante el alcance de nuestros fusiles de mira telescópica. Es una suerte de omnipresencia del francotirador. Dios tendrá la liturgia y hasta la amenaza del Apocalipsis. Pero nosotros somos mucho más expeditivos y el instrumento de nuestra divinidad es un Remington calibre 30.06 para derribar rinocerontes en embestida frontal.

A la larga estamos aplicando con Matthews un método que luego repetiremos hasta el cansancio. Nunca pasaron de doce los coches patrulleros a disposición de la Seguridad del Estado en La Habana. Un centro urbano de 2.000.000 de habitantes controlado por el paseo permanente de esta cantidad ridícula de vehículos de color crema. Sus infatigables recorridos alimentan la ilusión de que eran miles, con sus emblemas de Seguridad del Estado en óvalos blancos sobre las puertas delanteras. Primero tuvimos los Ford Fairlane de 1958 ocupados a la policía batistiana. Después de casi quince años de servicio los sustituimos por una docena de Alfa Romeo, pero no aguantaron el mismo castigo y los cambiamos por coches soviéticos Lada unos seis o siete años después. Las mismas Tropas Especiales, nuestra legendaria agrupación de comandos de la Dirección General de Tropas Especiales, con los que supuestamente se detendrían las oleadas de los marines yanquis, apenas contaban en su momento de máximo esplendor con seis jeeps soviéticos, seis camiones de la misma procedencia, dos motos Ural con sidecar y una balsa Zodiac. La balsa había sido capturada a los mismos americanos y estaba designada para las más exquisitas misiones especiales de infiltración en las costas de los países vecinos. La conservaban, empanizada en talco, de marca Micocilen, producido por la industria farmacéutica cubana para combatir los hongos de los pies, era el único del que se disponía en el país. En cuanto al material rodante, tres de los jeeps llevaban montados lanzacohetes antitanques B-10; los otros tres, artillados con ametralladoras antiaéreas de calibre 14.5; dos de los camiones con cañones dobles antiaéreos K-30, llamados por su nomenclatura técnica como complejos antiaéreos ZU-23 R y los otros cuatro camiones para el trasporte de la compañía de tropas. Para mí, desde la entrevista con Matthews, los recursos militares, tanto en fuerzas vivas como en armamentos, no cuentan por su poder verdadero sino por su apariencia disuasoria. Universo Sánchez o Luis Crespo o Camilo cruzando frente a la chabola de mi entrevista con Matthews una y otra vez luego de intercambiarse ocasionalmente el tocado de la gorra o el modelo del arma al hombro me produjo el mismo resultado que los elefantes a Aníbal.

Matthews y Hemingway cuchicheando en la Finca Vigía, la casa en la colina del sudeste de La Habana. Y ambos mentándome, dicen los informes. Y ambos felices con sus viejos recuerdos que se avivan al conjuro de las miserias de una partida guerrillera sin ninguna relación verdadera con la formidable y aguerrida fuerza de montañas que Matthews cree haber conocido. Felices del contacto conmigo. Era yo. Y era España otra vez.

So you saw him?
And how is him?
And is handsome?
You saw him, right?
You saw him.
The Cuban chap.
Oh, God.
Good.
You saw him, right?
Good

No desperdiciar ningún arroyo. Facinerosos en desarrollo

Frank tomó la fotografía. Dicen los expertos que es una de las fotos más difundidas de la historia pese a todos sus defectos y casi ninguna virtud. Borrosa, retocada, sin gama de grises, no le hallas por ninguna esquina el ojo del fotógrafo profesional. No creo que ninguna otra foto tan defectuosa como ésa haya sido publicada en la portada de *The New York Times*, a no ser —me dicen en la cohorte de mis fotógrafos acompañantes— la de un tal Robert Capa en Omaha Beach el día del desembarco en Normandía. En última instancia el prestigio de Capa quedó a salvo porque la secuencia se la echaron a perder en el laboratorio de revelado con una mala manipulación de los líquidos. Pero la de Frank era defectuosa de origen. Claro, lo importante era que sirviera de prueba inapelable de que la entrevista había tenido lugar. Herbert Matthews, tabaco en boca, toma sus notas. Yo estoy prendiendo mi tabaco. La barba, quizá por efecto del pincel del retocador en el laboratorio de fotografías del *The New York Times*, en este caso sí se me ve tupida y de un marcado y parejo color negro. Después del *The New York Times* se hizo un emblema del que no podíamos prescindir. Fíjense en el detalle: los dos atributos más caros del pensador moderno están en la fotografía. La barba y los tabacos.

Mis barbas pobladas más bien por imperativos de las circunstancias y no por una voluntad expresa, y mucho menos por buscar un símbolo publicitario o el orgullo de un atributo guerrero. Estoy hablando desde un punto de vista personal, se entiende. La barba de nuevo cultivo a la que ya me he referido. Mesarte la barba cuando te dispones a elaborar algún pensamiento es quizá la más reconocible de las actitudes que resultan de las barbas. Pero debes incorporar a tus obligaciones sanitarias una buena enjabonadura cada vez que vivaquees, o que tengas la oportunidad. Por lo demás, la campaña de la Sierra y las dificultades para el afeitado diario y pelarse periódicamente, dieron lugar a nuestras barbas y melenas, que a mediados de 1957 comenzaron a consagrarse como símbolos de la guerrilla y que al unísono constituían una efectiva protección contra las plagas de insectos y contra las cortaduras de la vegetación, sobre todo de las filosas hojas de una mata llamada tibisí.

No fue algo de lo que tuviera conciencia en Confites porque era una barba muy escasa. Ni siquiera sabía de su existencia en mi piel porque los espejos eran uno de los artilugios de más difícil localización en aquel islote. Recuerdo la sorpresa que me causó aquella sombra en precario cuando la descubrí.

Mientras nos preparábamos para la guerra contra Trujillo, a finales de 1947, en Cuba no había nadie que gastara barbas. No creo tampoco que yo hubiese tenido entonces la pretensión de dejarme crecer una, máxime si todo lo que podía ofrecer mi producción pilosa era ese pálido bozo de adolescente y una más pálida aún sombra en las patillas. Por otro lado, las barbas y melenas en el país eran atributos de algunos pordioseros. Por ellas se identificaba su miseria y falta de cuidado personal. Bueno, en realidad era lo que nos estaba ocurriendo en la Sierra Maestra: que éramos un bando de facinerosos.

No. Desconozco la razón por la que uno disfruta de la barba cuando piensa, y de un tabaco. En efecto, El Pensador de Rodin, quizá por ser lampiño, es que apoya con expresión tortuosa la sien contra un puño. A diferencia mía, no pudo nunca mesarse a gusto la barba mientras inunda el medio ambiente del entorno con unas espléndidas bocanadas de tabaco de Vuelta Abajo.

18 de febrero

Eutimio Guerra es juzgado por traición y él acepta todos los cargos. Sólo pide como última voluntad que cuiden de sus hijos. Ejecutado a la vera de un arroyo en El Hombrito.

Eutimio Guerra se queda al descubierto por una conversación conmigo y espero un rato antes de tomar la decisión. Está un poco retirado, hablando con otro de los compañeros, cuando es detenido por Ciro Frías, quien lo conduce ante mí; y se le condena inmediatamente a muerte. Se encomienda a Universo Sánchez la tarea. Pero será el Che quien camino al lugar de ejecución le disparará sin previo aviso un tiro de pistola.

Fue un elemental proceso de deducción el que puse en práctica. Los dos estábamos sentados en las lajas de un arroyo, con los pantalones arremangados hasta las corvas de las rodillas y los pies metidos en el agua, cuando escuché a Eutimio hacerme una pregunta. El resto de los compañeros estaban en sus labores, aprovechando para lavar alguna muda u organizando sus mochilas y todos estábamos bastante cerca uno del otro, al hilo del arroyo.

«Fidel —me dijo Eutimio—, cuando la Revolución triunfe, ¿qué es lo que me va a dar?»

«Cómo que qué te va a dar, Eutimio», respondí, de manera rutinaria.

Eutimio, era evidente, no había obtenido la respuesta que esperaba.

Fue el instante en que todos mis sistemas de captación de señales se activaron. Eutimio se dio cuenta —pese al esfuerzo que hice por mantener la misma expresión de ausencia que había dominado mi semblante hasta ese momento—, de que había despertado un tigre.

Le respondí sin mirarle a los ojos puesto que no quería delatarme aún más. Y lo hice en un tono en el que no se le prestaba mucha importancia a las cosas.

«Pues lo que tú quieras, Eutimio —dije—. La Revolución te va a dar cualquier cosa que tú quieras.»

Eutimio asintió. No parecía muy convencido.

«Coño —dije—, qué ganas tengo de un tabaquito. ¿No te sobra ninguno?»

Eutimio asintió de nuevo. Y alargó el brazo hacia un morralito que, para protegerlo de las salpicaduras del agua, había colocado detrás de él.

De ese mismo morralito sacaríamos después la pistola Colt 45 con la que debió matarme y las dos granadas que utilizaría para cubrir su retirada.

Era un hombre muerto el que me estaba regalando un tabaco y el que me arrimó el fósforo.

Eutimio, carajo, pensé. Ya te han hecho una proposición. Y ahora querías saber si la Revolución te daría más. Si te subíamos la oferta.

El arroyo corría cañada abajo, al sur, yo diría que alegremente y cerré los ojos un rato y dije parece que va a llover y oí que Eutimio soltó un ujú de aprobación. Había divisado unos cúmulos hacia el oeste que se iban apelotonando y eran grises y se veían cargados lo cual me pareció muy extraño porque aún no era verano y no era época de cúmulos.

Eutimio, carajo, volví a pensar. ¿Cuánto te habrán ofrecido por mi cabeza?

«Está buena la brevita esta, Eutimio», dije.

«Ujú», respondió Eutimio.

Eutimio. El Che es el que lo mata. Y lo escribe en su diario. Su descripción —en mi muy neófito expediente como crítico—, es uno de los momentos más logrados y más poderosos de la literatura cubana —¿o debo decir argentina?— aunque es un poco fantasiosa, la escena, y tiene muy buen cuidado en no mostrarse aplicando el disparo en la cabeza del traidor. Dice que en esos minutos se desató una tormenta muy fuerte y oscureció totalmente: en medio de un aguacero descomunal, cruzado el cielo por relámpagos y por el ruido de los truenos, y que al estallar uno de estos rayos con su trueno consiguiente en la cercanía, acabó la vida de Eutimio Guerra sin que ni los compañeros cercanos pudieran oír el ruido del disparo.

Ésa es la descripción del pasaje publicado que todos conocemos. Pero Aleida le enseña a Anderson, el biógrafo, el apunte del diario que permanece inédito, y yo cojo tremendo enfado cuando me entero de esta indiscreción de Aleida. Tampoco me hizo caso cuando le dije que no se volviera a casar después de la muerte del Che. Me respondió que no iba a ser una viuda eterna.

«Bueno —le digo a Universo—, coge un par de hombres y busca a su compinche, el negro Nápoles. Dale guiso.»

«Estaba ahorita por aquí», observa Universo.

«Estuvieron hablando los dos —digo—, esapareció desde que Ciro detuvo a Eutimio. Búscalo y guiso.»

Con Eutimio y su ajusticiamiento se nos presentó de nuevo un viejo debate interno sobre el procedimiento. Advierto que, al decir debate no se imaginen un plenario ni un puñado de nosotros bajo la fronda de un bosque emitiendo nuestros acalorados criterios. Nada de eso. El debate es en mi cabeza. Sólo aquí adentro. Lo que hacen todos los demás es cumplir órdenes. ¿Entienden? El tema ya lo había confrontado con los tres o cuatro traidores de México. Luego con los campesinos que nos delataban a nuestro paso después del desembarco. Puesto que, si una Revolución es más digna de crédito por sus dilemas que por sus soluciones, lo imprescindible es que el jefe de una revolución, a la hora de escribir sus memorias, no se deje llevar por los facilismos de autocomplacencia y de las fatuidades del sabio y que hable claro. Tan claro lo voy a hacer que les traigo ahora mismo una de mis dudas eternas: ¿Es de justicia acusar de traidor y mandar a matar a un campesino que denuncia a las autoridades establecidas la presencia en su comarca de unos invasores desconocidos? Nosotros, en nuestra república socialista, premiamos a campesinos iguales cuando nos muestran el rastro de los *teams* de infiltración de la CIA. Pues no. A estas alturas de las circunstancias, yo, les confieso, no creo que hayan sido actos de justicia. Sí creo que podían calificarse como actos de legítima defensa y que de cualquier modo la nobleza de nuestras ideas pueden servir como un manto de piedad para aceptar —o justificar— nuestros actos. Sigamos hablando con claridad. Cuando el balazo del Che atravesó la cabeza de Eutimio y éste cayó el suelo después de ser elevado por la fuerza del impacto de una bala calibre 45 y estar convulsionando boca arriba durante cerca de dos minutos y soltando masa encefálica al ritmo de las convulsiones (olvídense de toda esa historia del Che de la tormenta y de la oscuridad y del cruento relampagueo), yo me di cuenta de que una revolución es un problema de elegibilidad, y que te obliga en forma permanente a escoger entre la situación establecida y lo que indica la precipitación de tus necesidades. Muchas veces en la lucha revolucionaria la situación que se presenta es una de soluciones inmediatas y que a su vez son de vida o muerte. Uno provoca llegar allí, a esa zona de peligro permanente que es la revolución, pero ya después te cuesta la vida si te demoras en una decisión.

Enterramos a Eutimio allí mismo y Manuel Fajardo quiso ponerle una cruz y yo me negué porque era muy peligroso para los dueños de la finquita cercana que quedara ese testimonio del ajusticiamiento. Entonces el Che grabó sobre uno de los árboles cercanos una pequeña cruz. Y ésa es la señal que indica dónde están enterrados los restos del traidor.

Partimos a la mañana siguiente. Yo veía a los hombres, encorvados por el peso de sus mochilas y en fila india, con sus uniformes deshechos y el característico olor ácido de sus sudores y me daba cuenta de que ese grupo harapiento era a su manera una forma de Estado, con sus leyes y con sus normas de procedimiento jurídico y hasta con su moral. Desde luego también estaban ahí los gérmenes de los códigos secretos del grupo, que ése es el dilema final de la dirección revolucionaria: los códigos secretos del grupo. Porque ese mecanismo sólo es válido mientras huyes. Éramos un Estado verdadero, sólo que aquí la institución se veía obligada a desplazarse. Pero era la fórmula más ingeniosa de una República. Una República nómada. De hombres a pie y que eran un territorio en sí mismos, y eran como una isla que se desplazaba por las crestas protegidas de nubes de la Sierra Maestra. Cierto: había la posibilidad de que Eutimio fuese inocente. Mas en ese caso se asumía como una baja inevitable de la batalla. En definitiva, cuando matábamos a un infeliz soldadito de posta en el Moncada, también era un inocente. Se trataba de la visión del plano general de la batalla, no de los casos individuales. Por otro lado la propia situación de movilidad de la guerrilla nos impedía los largos procesos judiciales. En una revolución, si tú eres culpable, hay que fusilarte de inmediato o, ante la proximidad del ejército enemigo, arriesgar al grupo completo a perecer.

El rojo y el negro

El 28 de febrero de 1957, Che se encuentra postrado en la casa de un campesino donde intenta recuperarse del ataque de asma más duro de toda su campaña cubana. Una columna militar descubre la posición y dispara contra el bohío. Los guerrilleros han descubierto a los soldados con tiempo y emprenden la retirada. El Che se levanta y huye junto con sus compañeros hacia la selva, pero su condición física es tan deplorable que la columna debe dejarlo en compañía de un guardia para que se recupere antes de continuar. Yo he puesto en manos del Che una de las mejores armas de la columna para que se defienda en caso de necesidad. Un BAR (Browning Automatic Rifle) y parque abundante. Diez días de arduas caminatas conducen al Che al lugar prefijado donde se reencontraría conmigo.

El 3 de marzo sale el primer contingente de refuerzo de Santiago de Cuba, cinco escuadras de 10 combatientes cada una. Frank inicia su plan de repoblación guerrillera de la Sierra Maestra.

El 10 de marzo el Che está en La Gloria con un espantoso ataque de asma. El silbido de esos pulmones se escuchan en todo los valles de la Sierra. Constantemente nos está retrasando la marcha. Una guerrilla marcha al paso de su hombre más lento. Él se va a acordar de esto muy bien cuando se halle en Bolivia. Dejen que lleguemos allí.

13 de marzo

Ataque a Palacio. Comandos auténticos y del Directorio Revolucionario fracasan en asalto al Palacio Presidencial con fuertes bajas para ambos bandos.

Conozco a través de nuestro flamante nuevo radio de baterías Zenith —envío de Celia— que un comando había intentado asesinar a Batista y fracasa. José Antonio Echeverría ha muerto en el intento. Para mí, es la noticia que más alarma me causa en toda la campaña. Me hace entender como nunca antes lo lejos que estoy realmente de los centros de poder y que cualquier gordo impetuoso me puede echar a perder todo el tinglado que con tanto empeño he montado y que hasta se pueden dar el lujo de matar a Batista, tomar el poder y llamar a elecciones cuando les salga de los cojones mientras yo me pudro allá arriba, en la Sierra, sin que probablemente nadie se acuerde mucho de mí. Dicen que dos o tres oficiales de la guardia de Palacio se plantaron de espaldas a la puerta del despacho presidencial y no dejaron acercarse a ninguno de los asaltantes. Nunca nadie ha valorado el servicio que le hicieron a la Revolución esos hombres. En ese momento, paradojas de nuestra historia, estaban impidiéndole el triunfo a lo que se iba a convertir de inmediato en una contrarrevolución de haber logrado sus objetivos los asaltantes. Se pasaron la vida acusándome de putschista y ahora ellos producían un putsch que hizo palidecer todas mis acciones anteriores. Por poco lo logran, coño.

19-24 de marzo
   Jorge Sotús como enviado de Frank País refuerza el grupo guerrillero con fuerte contingente de combatientes santiagueros bien armados y un primer cargamento de armas y municiones. Celia Sánchez, desde su comando de las redes clandestinas en los alrededores de Manzanillo, se encarga de hacer efectivo el traslado y de que no se pierda ni un solo hombre y ni una sola arma o munición.

El grupo de voluntarios dirigido por Jorge Sotús llega a nuestro santuario y choca desde un primer momento con el Che. el contingente está compuesto en su gran mayoría por estudiantes sin experiencia en la guerra de guerrillas, y el recién llegado Sotús se niega a entregar el mando a Che como yo había ordenado.

El 24 de marzo se produce el encuentro conmigo, que reprendo seriamente al Che por no haber tomado el mando de la columna. El engrosamiento de la fuerza que cuenta por ese entonces con 80 hombres, obliga a una reorganización. Ese mismo día se forman tres grupos que serán conducidos por los promovidos a capitanes Raúl Castro, Juan Almeida y Jorge Sotús. Camilo Cienfuegos sería responsable de la vanguardia y Efigenio Ameijeiras conduciría la retaguardia. Che por su parte funcionaría como médico del Estado Mayor.

Se van incorporando más voluntarios que provienen en su mayoría del campesinado, entre los que se distinguen el Vaquerito y el joven Joel Iglesias, de apenas 15 años. Los estudiantes y campesinos que se suman a la campaña en las sierras, visten ropas civiles que los distinguen claramente como novatos. Sus caras están afeitadas, sus cuerpos transmiten el cansancio de las largas marchas y las magras raciones. Los sobrevivientes del *Granma* comenzamos a distinguirnos del resto de la tropa por lo crecido de las barbas y las hilachas de los uniformes verde olivo, que será un icono de la Revolución cubana. Pero sobre todo, a los sobrevivientes del *Granma* se nos comienza a respetar por la prolijidad de nuestros lances como jefes guerrilleros. Somos capaces de predecir, hemos sumado en unos cuantos meses una experiencia militar y un conocimiento del terreno que nos resultará invalorables.

Así que Frank me envía a Jorge Sotús y un contingente de hombres armados, bien armados. No deja de mandarme una nota con sus bromitas pesadas por mi falta de higiene. Tengo rápida necesidad de poner a competir al Che con Sotús y en bajarle los ánimos a este cabrón. Cincuenta jóvenes bien armados, con sus relucientes brazaletes nuevos rojinegros del 26 de Julio ya eran 80 hombres más 50 auxiliares desarmados, por lo que decido organizar lo que llamo tres compañías de tres pelotones, con Raúl Castro, Juan Almeida y Jorge Sotús de jefe, pero a su vez creo una especie de poder político y militar que lo forman Raúl, Almeida, Ciro frías, Guillermo García, Camilo Cienfuegos, Manuel Fajardo y el Che. Entonces a entrenar el nuevo grupo, a ver cómo explotaban en el acondicionamiento, y presionando a Sotús por arriba. Me entero de un comentario. Me lo dice él mismo. Que Frank pudo haber distraído el grupo suyo para crear un frente guerrillero en Sierra Cristal, y ya supo desde entonces que yo no lo tragaba. Después de la Revolución, se alzó en contra mía, lo metí preso por 20 años y logró escaparse en 1961 para Miami, donde murió electrocutado accidentalmente mientras trabajaba en un artillero.

5 de mayo

Bob Taber, el comentarista de CBS, entrevista a Fidel Castro en el Pico Turquino, la mayor elevación de Cuba (2.005 metros). Se toman películas de 16 mm. La trasmisión costa a costa de la entrevista por la cadena americana convierte definitivamente a Fidel Castro en un moderno Robin Hood y le gana enormes simpatías en Estados Unidos. Celia Sánchez, que ha acompañado a Taber, se incorpora temporalmente a la guerrilla.[12]

9 de mayo

Rebelión en la base naval de Cienfuegos, Las Villas, en la que participan comandos armados de la Organización Auténtica y del Movimiento 26 de Julio. La rebelión es sofocada con fuerzas traídas de Santa Clara y La Habana, tras sangrienta lucha. La conspiración incluye militares del ejército y la aviación.

12. Sotús, lo supimos años después, fue el primer hombre de nuestra Dirección reclutado por la CIA. Tenemos la convicción, además, de que cuando llegó a Sierra Maestra ya era un hombre de los americanos. Así mismo tenemos la convicción de que el mismo Frank País no era ajeno a ninguno de estos manejos de la inteligencia americana. Pero todo este escenario de intrigas y operaciones encubiertas va a ser tratado con la amplitud requerida en mi próximo volumen. (*N. del A.*)

10 de mayo

El grupo guerrillero se posesiona en Pino del Agua, cruce clave al este del Pico Turquino como preludio del ataque a El Uvero.

Mientras La Habana sigue negando la existencia de la guerrilla, se produce esa segunda entrevista que ofrezco a periodistas norteamericanos en la Sierra Maestra. Esta vez se trata de Robert Taber.[13] La diligente Celia Sánchez, de la cual ya he hablado bastante, es la emisaria que los acompaña.

Con Bob Taber tomamos la película de nosotros levantando los fusiles después de cantar el himno nacional. Yo recuerdo estar flanqueado por Raúl y Universo Sánchez. Acabamos de cantar el himno nacional cubano en la cima del Pico Turquino, la montaña más alta de Cuba, y es evidente la felicidad que sentimos, un poco infantil ponerse a cantar el himno pero probablemente por eso mismo nos vemos tan contentos. Tenemos detrás el busto de José Martí sobre su pedestal de piedras erigido cuatro años antes por un grupo de entusiastas de las lecturas patrióticas y de la gesta independentista cubana y que coronaron la cima después de ardua travesía y la ayuda de forzudos campesinos que aliviaron la empresa de trasladar el pesado busto de bronce. La consigna era no usar arrias de mulos para que ninguna bestia hollara el lugar. La partida tuvo como protagonista principal al doctor Manuel Sánchez Silveira, el padre de la joven que posteriormente organizara el recibimiento de mi expedición mexicana y luego se convierte en mi ayudante por el resto de la campaña en

13. Después de Taber llegaría Andrew Saint George, que será atendido personalmente por el Che, bajo el argumento de que era el único representante del Movimiento 26 de Julio que habla inglés, lo que se hacía imprescindible a la hora de realizar la entrevista. No fue difícil distinguir de inmediato que Saint George era uno de los primeros enviados de la CIA a nuestro territorio. Comenzaba el husmeo de la gente de Langley en nuestros asuntos. Yo se lo zumbé al Che para que se entretuviera allí retratando fusilamientos. A partir de Saint George ése fue el espectáculo que con mayor entusiasmo buscaban los periodistas yanquis: la aplicación de la justicia revolucionaria en los montes de la Sierra Maestra. Lograba el doble propósito de que Saint George se olvidara de estar tras el rastro de comunistas en nuestras columnas y de que se le fuera cimentando al argentino esa famita de verdugo implacable, es decir, de asesino. La realidad es que él siempre tenía en su zona de responsabilidad a algún infeliz en remojo para aplicarle la pena máxima. (*N. del A.*)

la Sierra Maestra. No se tienen noticias de que entre la expedición para erigir el busto y el arribo de la guerrilla, más nadie haya hecho acto de presencia en la casi sagrada cima.

Esta misma flaca, pienso, es la que me garantizará la intimidad. Celia, un apostolado, Cristo, ¿cómo era ése cabrón en su intimidad? ¿Y María Magdalena nunca retozó con su ratoncito?

Le digo a Celia la conveniencia de que se quede con nosotros y de que aparezca en la película de Taber como representante de la mujer cubana. Una mujer con un fusil al hombro, marchando por la Sierra, es una imagen inédita en el mundo. Además de que me hace falta una ayudante, ¿tú entiendes, *umm*?

«Tú siempre conmigo —le digo después—, no te preocupes por nada.»

Llamo a Fajardo, a Guillermo y a Ciro. Les digo delante de ella:

«Ustedes son los responsables de cuidarla y de que no le falte nada. ¿Alguna pregunta?».

Los ejércitos de la noche

El 18 de mayo de 1957 llegaron las esperadas armas y balas de Frank País que yo pensaba usar en el ataque al cuartel de El Uvero. Venían en bidones de grasa desde Santiago de Cuba y esa misma noche los hombres que estaban en esa riesgosa misión —verdadera obra de infiltración y clandestinaje— Gilberto Cardero, Enrique López, Lalo Pupo y su hijo Héctor Pupo, las suben a las montañas. Yo escojo dos o tres hombres de cada escuadra, un total de 18, y los mando a recibir las armas, limpiarlas de grasa y subirlas. Sergio e Ignacio Pérez, los dos hijos de Crescencio, están entre los designados.

Un fusil puede determinar la guerra cuando no tienes reserva. Yo estuve a dos minutos de ordenar la retirada.

El 27 de mayo de 1957 se inicia la marcha nocturna hacia El Uvero. Este pequeño destacamento militar batistiano se encuentra en un llano que remata junto al mar sobre una playa cubierta de cantos rodados. Hay presencia de niños y mujeres en un aserradero cercano al lugar y esto me preocupa sobremanera. Ningún civil debe ser herido.

26 de mayo

El desembarco armado del *Corinthia* por Cabonico, Nipe, termina en el rápido exterminio del grupo invasor por las fuerzas militares. La expedición estaba financiada por la Organización Auténtica.

28 de mayo

La partida rebelde ataca por sorpresa y captura la guarnición militar de El Uvero, sobre la costa sur, fuerte en 90 soldados. Tercera victoria de la guerrilla y primera fuera de la Sierra Maestra.

Todavía es de noche cuando, situado estratégicamente en la cima de una loma, desde donde controlo todo el terreno, ordeno en la mañana del 28 de mayo a los grupos de asalto que tomen posiciones.

Le digo a Celia que se mantenga a mi lado.

«¿Tienes tu M-1?»

Asiente, un poquito nerviosa.

El M-1 vino en el cargamento de Frank.

«Estate al lado mío —le digo—, y tira siempre desde el suelo, como te enseñé. No te levantes para nada. Sólo cuando yo te lo diga. ¿Oíste?»

El Che porta una ametralladora con la que cubrirá el avance de Camilo Cienfuegos sobre uno de los flancos. En el centro del ataque se encuentra Raúl al mando del pelotón con más combatientes.

Cinco de la mañana. Los primeros rayos de luz aparecen e iluminan la costa. Algunas planchas de zinc del cuartelito espejean con los rayos del sol. Desde mi posición, inicio el fuego sobre el techo y los centinelas dormidos del destacamento de El Uvero acaban de pasar del sueño a ser ametrallados. Veo a un hombre asomarse a una ventana, asombrado y le hago mi segundo disparo y sé de inmediato que lo he matado. Luego me entero que era el telegrafista. Ochenta hombres se lanzan en asalto. Los guardias responden. El Che recibe refuerzos; Manuel Acuña y Mario Leal se suman a su flanco. Celia Sánchez dispara desde su posición su M-1 hasta vaciar todos los cargadores. Está tirando demasiado rápido.

El Che se lanza contra el cuartel sin medir los peligros. Almeida desde su posición lo ve pasar hacia la fortaleza disparando su arma y seguido por los cuatro combatientes que conforman su grupo. Leal, que avanzaba detrás del Che, es alcanzado por un disparo en la cabeza. Che le coloca un papel sobre la herida en un intento de detener el flujo de sangre. El avance se había detenido porque el llano ya no ofrecía más defensas que algunos arbustos ralos entre las fuerzas de ataque y las defensas del fuerte. La situación se me está haciendo insostenible y comienzo a impacientarme. Tengo que decidir con toda exactitud cuándo es el momento en que nuestras fuerzas han llegado a su límite y entonces tocar a retirada. Una vez más estoy en los límites de mi reserva. Es decir, en los límites de mi estrategia. Varios integrantes de la columna rebelde caen bajo el nutrido fuego enemigo que logra mantenerlos a distancia. Veo, hacia la izquierda, que un sector de la defensa enemiga comienza a silenciarse. Escucho el fogueo inconfundible de un Garand a unas 50 yardas enfrente de los guardias. Desde mi posición logro definir la figura que ya me es familiar de Guillermo García, Guillermo trabajando con su Garand. Le ordeno a Almeida que cueste lo que cueste avance con su escuadra sobre la posición enemiga y la tome. El grupo sale y es recibido por una andanada que derriba a cinco de sus miembros, entre ellos el mismo Almeida, que acusa un tiro en el pecho que se desvía milagrosamente hacia el hombro al rebotar en una cuchara y atravesar una lata de leche condensada. Al ver que Almeida ha caído, el Che se pone de pie y disparando se dirige hacia las posiciones enemigas; lo siguen Joel y Acuña, quien cae al poco tiempo herido por las balas enemigas. La decisión del Che hace que Raúl con su pelotón del centro se lanzara al ataque y llegara rápidamente hasta las primeras defensas del cuartel. La acción de Guillermo García y Almeida decidió la suerte del combate. García con su puntería logró derribar a varios enemigos debilitando las defensas y Almeida abrió el camino directo hacia las puertas del cuartel. Los gritos de rendición comenzaron a desencadenarse uno tras otro. El fuerte había sido tomado con un saldo de 14 soldados batistianos muertos y 19 heridos que fueron atendidos por el Che, ya que el médico del ejército regular, producto del miedo, se había olvidado todo lo referente a la medicina y sólo pensaba en su seguridad personal. Yo ordené la liberación de 16 prisioneros.

Las casi tres horas de combate han dejado un saldo de 14 heridos entre los rebeldes que quedan al cuidado del Che, mientras yo intento ascender a la sierra convencido de la persecución que provocará la reciente acción militar contra el cuartel Uvero. Vamos en un camión Diamond–T para tirar madera de los Babún. El Che comienza el transporte de los heridos. Los vuelos rasantes de la aviación anuncian un rastrillaje a gran escala del ejército. El Che comprende que debe encontrar un lugar para ocultar a sus heridos hasta que se recuperen lo suficiente como para poder caminar. Lo encuentra en la casa de Guile Pardo quien los refugia en su bohío. Che no sólo se ocultará con sus hombres en esa casa sino que aprovechará el tiempo construyendo una red de colaboradores. David, un capataz de un latifundio de la zona, que en un comienzo aprovisionará al grupo con alimentos, pasará a ser con el tiempo un enlace con Santiago. La falta de medicamentos produce en el Che un fuerte ataque de asma. De médico pasa a ser un enfermo más que debe ser atendido por sus compañeros.

29 de mayo (Circa)
      El grupo rebelde se traslada al oeste del Pico Turquino, zona de La Plata Alta, donde pronto se hace sedentario.

Si ustedes leen el *Diario de la Revolución cubana* de Carlos Franqui encontrarán una breve esquela mía a la altura de la página 432:

> William: La necesidad de extraer el arma, está relacionada quizá en mi subconsciente con un incidente ocurrido hace tiempo cuando un hombre armado esgrimió el fusil para desacatar una orden. Vino a ser como un acto reflejo por mi parte. Fidel.[14]

William es el comandante William Gálvez, que procede de la resistencia en Holguín y que no puedo recordar ahora por qué tuve esa deferencia con él de explicarle mi «necesidad de extraer el arma». Parece que yo estaba durmiendo y William se me acercó y yo me desperté con la Browning en la mano. No me extiendo, sin embargo, en explicarle quién fue ese hombre armado que incorporó a mi existencia ese nuevo acto reflejo. Se trata de uno de los secretos mejor guardados de la Revolución cubana y quizá parezca ahora una nimiedad. Pero nunca ha sido revelado hasta las presentes páginas. He amagado

14. Carlos Franqui, *Diario de la Revolución cubana*, Ediciones R. Torres, Barcelona, 1976. (Ver, en efecto, la página 432.)

en párrafos anteriores pero aún no he soltado el rollo completo. Sergio Pérez Zamora, el hijo mayor de Crescencio Pérez, se hizo acreedor de uno de los Springfield ocupados en La Plata. Lo hice sobre todo por contentar a Crescencio, para que se sintiera valorado. Pero la ilusión de todo rebelde en la Sierra, era el Garand. Le llamaban el Garantizado o el Garañón. Y parece que Sergio no se hallaba del todo complacido con su Springfield. Cierto que es incómodo estar trajinando con un mecanismo de cerrojo a la hora del combate pero no deja de ser un arma temible en manos de un guerrillero dispuesto realmente a hacer estragos en las filas del enemigo. Su alcance efectivo es superior al de la visión de cualquier hombre normal y si se mantiene en movimiento a la altura de esos picachos puede hacer muy lento el avance de hasta un pelotón. Tienen que barrer el área a morterazos o con aviación para tratar de localizar al francotirador que es además un solo hombre batiéndose con el máximo de rendimiento contra una fuerza. Vete y explícale eso de cualquier modo a un hombre de la estirpe de los Crescencio Pérez cuyo nuevo empecinamiento además de poseer su tierra es ser propietario de un Garand. No entienden. De modo que cuando la partida enviada a recoger el armamento de Frank para el ataque al Uvero, regresó al punto de reunión, no se me escapó que Sergio se había desecho de su Springfield y se había adueñado de uno de los Garand del cargamento. Alguna oscura intuición me indicó hacerme de la vista gorda ante el asunto. Aunque resultaba del todo inadmisible que se le permitiera administrarse a su gusto con los recursos de la Revolución, tuve esa extraña señal de que dejara las cosas como estaban. En definitiva, las violaciones de la disciplina sólo existen cuando tú las adviertes.

Acepto que combatió muy bien en El Uvero con la escuadra de Camilo y que después fue un habilidoso chofer del camión maderero Diamond-T en el que subimos al firme. Aunque ya esa mañana tuvimos un primer encontronazo. Dos encontronazos. Uno era por el desespero y la codicia y hasta la violencia con que se abalanzaba sobre lo que él consideraba el botín de guerra en el cual incluía despojar a los soldados heridos o aún con las manos en alto de cualquier objeto que le llamara la atención, un reloj barato, o una caja de cigarros. «Oye, Sergio —le dije—, el botín de guerra es el material militar que esté en el piso y que no sean pertenencias personales de los prisioneros.» Con la misma busqué a Camilo en aquel desorden del fin de batalla y le dije: «Pon orden aquí con esta situación, Camilo. ¿Son tus hombres, no? Hazme este favor».

La segunda diferencia es porque Celia, que está a mi lado, le dice que montara en uno de los camiones madereros que había en el batey —tres en total— lo trajera y cargara en él las armas ocupadas al enemigo. Como se ha dicho, los equipos pertenecían a la compañía de Babún, los dueños de casi toda la Sierra. Sergio e Ignacio, los dos, habían sido camioneros antes de alzarse, choferes expertos de montaña, según se calificaban ellos mismos. Sergio trajo el camión hasta el cuartel y se pusieron a recoger las armas y echarlas atrás, en la cama. Terminada la estiba, le dije a Sergio que se esperara. Él me respondió. No se quedaba callado. Me dijo que no tardaría mucho en aparecer la aviación enemiga y que si yo pretendía que nos descojonaran a todos allí. Opté por dejarlo con la palabra en la boca y dirigirme a Celia, que estaba a cargo de verificar si los heridos necesitaban de algo más que pudiéramos ofrecerles. Ordené entonces a los compañeros que subieran. Ayudé a Celia a subirse a la cabina y la coloqué en el centro, entre Sergio y el lugar a la derecha que de inmediato yo ocupé. «Echando, Sergio», dije. Algunos compañeros se colgaron en los guardafangos —y donde pudieron— y partimos de regreso a las montañas.

El segundo camión iba manejado por Gilberto Cardero, con los cadáveres de nuestra gente, y una escuadra de combatientes. El tercer camión, que nos siguió por la tarde, lo conducía Ignacio y en él se montaron nuestros heridos, al cuidado del Che, y también iba el pelotón de Raúl Castro.

Días después, abandonados ya los camiones y estando en un alto, sentados casi todos en el suelo, recostados a nuestras mochilas, nos preparábamos a emprender la marcha con el rumbo del sector oeste del Pico Turquino, cuando Sergio, que estaba de pie, me preguntó por el rumbo. En principio no me pareció adecuada la pregunta porque no era usual de nuestros vivaqueos. Nadie preguntaba el rumbo. Luego supe que no se trataba de otra cosa que una mujercita. Tenía una por Sevilla o por el Lomón y él aspiraba a que la guerrilla cruzara por las cercanías. El caso es que yo le respondí con bastante acritud.

«¿De cuándo acá, en este ejército, se pregunta a dónde vamos?»

A Sergio, por su parte, no le gustó nada mi respuesta.

Yo creo que el único que comprendió todo lo que se podía desarrollar a continuación fue mi hermano Raúl. Porque, aún sin llegar a ponerse de pie, se zafó las asas de la mochila de sus hombros y se mantuvo a la expectativa.

Y yo no medí que iba a agregar la carga de la humillación con mi próxima orden.

«Usted se deja de preguntar adónde vamos y agarre ese saco.»

Había visto ese saco, de yute, cerca de sus pies. El contenido podía ser granadas o conservas. Le estaba ordenando que se lo echara al hombro porque íbamos a iniciar la marcha.

Estaba impávido. En una pieza. Todos la guerrilla en silencio.

«El saco», dije mientras le miraba directamente a los ojos, que brillaban con fulgurante intensidad en las sombras de la noche.

Fue exactamente la impertinencia de parte mía que estaba esperando Sergio Pérez Zamora para empuñar el Garand y apuntarme a la caja del tórax, listo para hacer fuego sobre mí a un rango menor de cuatro metros. Ya estaba halando el dedo del gatillo cuando Raúl saltó desde la posición en que se hallaba y, con los brazos abiertos, en cruz, se interpuso entre el sector de fuego y yo, que aún permanecía sentado, sobre la hierba. Raúl exclamó, alarmado: «¿Qué tú vas a hacer, Sergio? ¡Vas a matar a la Revolución cubana!». Titubeó. Sergio titubeó. Fue algo muy lento y de muy difícil digestión para él. Pero titubeó.

Bajó el cañón del fusil, sin que nadie se lo pidiera. Raúl estaba todavía con los brazos en cruz. Los demás compañeros recuperaron el aliento y entraron en el escenario. Comenzaron a escucharse palabras de reconciliación, palmadas en los hombros, ofrecimientos de amistad y los vocablos típicos cubanos para estas circunstancias. Coño, caballeros, que no se diga. Coño, caballeros, que todos somos hermanos. Coño, caballeros, que todos estamos aquí por lo mismo. Coño, caballeros.

Raúl ya había bajado los brazos pero se mantenía frente a mí, como un escudo vivo. Ciro, con su usual prestancia, y sin alardes de ninguna especie, se aproximó al dichoso saco de yute y fue a echárselo al hombro cuando Sergio lo detuvo con un enérgico ademán y le dijo: «Fue a mí a quien le dijeron que lo cargara». Sergio se echó el Garand al hombro y con la mano libre tomó el saco y se lo colocó del otro lado. Giró del modo menos forzado que pudo hasta darme la espalda.

Crescencio y su otro muchacho, Ignacio, se habían mantenido fuera de la disputa y en una discreta actitud de observación. Me incorporé lentamente. El guía designado hasta el oeste del Pico Turquino —porque dijo conocer el camino— era Manuel Fajardo. Dije: «Andando, compañeros, que la noche es larga».

Mi propósito era convertir esa zona en los alrededores del Turquino en nuestro principal refugio y escondite, al menos por un tiempo.

Raúl se las agenció para hacer un aparte conmigo al otro día mientras amarrábamos las hamacas en el bosquecito de almácigos que escogimos para vivaquear y me dijo que había que matar a Sergio esa noche.

Yo, forzando una sonrisa, por si alguien nos estaba observando, le dije:

«¿Y ahora eres tú el que quiere matar a la Revolución?».

Tenía que estar loco para ponerle un dedo encima a ese hombre. La Sierra Maestra completa nos caería atrás. Si lo matamos, el ejército podía retirarse, tranquilo, a sus cuarteles. Crescencio y sus huestes se encargarán de acabar con nosotros. Raúl entendió con suma rapidez. Reconozco que, de entre todos nuestros compañeros, Raúl era uno de los que más rápido se colocaba del lado de las conveniencias y no perdía mucho tiempo en tonterías mentales. A fin de cuentas, cuando tú actúas en nombre de la justicia o de una ideología o para satisfacer una venganza, no estás más que manoseando palabras. Pero ese manoseo con abstracciones te puede costar muy caro.

Unas semanas después de la ejecución de Eutimio, enfrentaba este problema del hijo de Crescencio: Sergio Pérez. Su actuación le hubiese costado la vida a cualquier otro de los muchachos y era cierto que una guerrilla nunca puede permitirse el lujo de dejar un traidor por detrás. Pero Sergio caía en una categoría diferente porque él no se quedaba atrás. Se desplazaba con nosotros. Y además había tenido los cojones de darme la espalda y seguir con nosotros todo el tiempo como si nada hubiese pasado. Es decir, de muchas maneras confiaba en nosotros y en que todo aquello había quedado verdaderamente atrás. A mí me serviría, de todos modos, para concebir una idea de maniobra que, hasta el día de hoy, es de suma utilidad en la Revolución cubana. Yo le llamo el sistema de las alianzas cautivas. Quiere decir que, mientras Sergio se moviera con nosotros, estaba bajo control. Pero que la situación se presentaría mucho más favorable cuando abandonáramos el nomadismo y fuésemos sedentarios, porque de inmediato estableceríamos un perímetro de responsabilidad a Crescencio y le diríamos que ése era su sector de combate. Desde luego, los hijos irían de cabeza al mismo lugar como sus oficiales ejecutivos. Y en ese caso ya no habría necesidad de obligar a nadie a desplazarse contigo ni a matarlo porque no puedes dejarlo rezagado. En ese caso tú lo absorbes en el territorio bajo tu dominio. Es tu aliado pero cautivo. Deben saber que esa clase de alianzas es de más fácil manipulación e infinitamente más confiables que las alianzas voluntarias o de buena fe.

No quiero que se me olvide un detalle. Antes de salir de El Uvero les advertí a los tres choferes que, cuando llegaran a un punto del firme en que los camiones no pudieran avanzar más, por lo agreste del camino o porque se quedaran sin gasolina, que los desaparecieran, o quemándolos o desbarrancándolos. Ninguno de los tres me hizo caso. De eso me enteré muchos años después. Los tres se las arreglaron para esconderlos bajo el follaje o dejarlos al cuidado de un pariente al fondo de una finca y los recuperaron de inmediato al triunfo de la Revolución. Me percaté del asunto el jueves 28 de mayo 1987 cuando veo un reportaje en el vespertino *Juventud Rebelde* sobre el 30 aniversario del asalto al cuartel de El Uvero y lo primero que presenta es a Sergio Pérez Zamora de lo más campante vestido de uniforme verde olivo y sentado en el impertérrito Diamond-T diciendo que ese mismo es el camión en el que nos subió a Celia y a mí aquella mañana rumbo a la Sierra.

La Plata Alta o el Alto de la Plata.

Después de Matthews y de Eutimio me doy cuenta de que saber manipular la realidad es el mecanismo fundamental de mi ascenso al poder y luego mantenerlo y esto, en mi mente, guarda una relación estrecha con el asentamiento de La Plata Alta. A Matthews le hice creer que éramos un ejército numeroso y al control de un extenso territorio. A Eutimio que no me había dado cuenta de su traición y que era ya hombre muerto. Porque hay un episodio en el que me voy elevando en una misma situación hasta alcanzar la luminosidad dentro del escenario, y en ello incluido el pasado y el futuro, y es como comienzo a convertirlo en mi método, como me doy cuenta, de que el poder y hasta la vida misma es una obra que se construye en mi propia imaginación.

Sergio Pérez, asesino imperfecto. Éste fue el hombre que se dispuso a matar a Fidel Castro a principios de la campaña guerrillera, después del ataque al cuartel de La Plata, y que sobrevivió a sus imprudentes impulsos. Es el hijo mayor de Crescencio Pérez, y uno de los primeros campesinos convertidos en combatientes del Ejército Rebelde. La foto es de la primera quincena de mayo de 1987.

Dos hombres en el origen de una Revolución y símbolos de sus dos vertientes de despliegue de combate: Crescencio Pérez es el cacique campesino. Faustino Pérez, el jefe del capítulo urbano. Por lo pronto aparecen uno a continuación del otro en un álbum para pegatinas que acapara la atención de los muchachos de todo el país apenas se produce el triunfo revolucionario de 1959.

La Plata Alta (también conocida como Alto de la Plata) donde Fidel ha dislocado la Comandancia General del Ejército Rebelde desde mayo de 1958. Sus instalaciones fueron construidas de modo que no se detectasen por la exploración aérea enemiga, La foto fue tomada en octubre o noviembre de 1958, poco de que los guerrilleros descendieran de las montañas para su ofensiva final contra el ejército de Batista. Fidel aparece sentado a la izquierda.

Ya son unos oficiales curtidos, y la vida de montaña ha borrado los últimos rubores de juventud. En el borde delantero de una emboscada, Fidel y el Che aparecen reflexivos y graves y, pese a todo, comunicativos en la forma suave y casi silente que sólo alcanzan los más entrañables camaradas. ¿Qué importa ahora en este momento de suprema comunión que los asista o no la razón para matar, para herir, para la guerra? Sierra Maestra, circa diciembre 1957.

Celia Sánchez

El yate *Granma* después de su captura. El muelle no ha sido identificado. Pero no es aún la base de la Marina de Guerra en la bahía habanera donde lo encontraron los rebeldes al triunfo de su Revolución.

Era la historia de todas las sublevaciones humanas, en que las necesidades y las exigencias perdían sus contornos para seguir un líder. Yo me veía a mí mismo cruzando por los caminos de la Sierra como un Cristo, o como uno de los conquistadores, como Atila o como Alejandro, y había un haz de luz que creía recibir desde las alturas. Pero así mismo, en medida en que todos aquellos hombres encontraban en mí una confianza y una necesidad de abrigarme o de que yo los abrigara, abrigarse ellos también con mi presencia, yo me daba cuenta de que necesitaba ganar una distancia, una intimidad, que significaba que, en aras de la unidad, yo tenía que ser también a su vez, lejano, y remoto. ¿Por qué por la unidad? Porque yo no podía ser accesible a todo el mundo y a todas las ideas. Es decir, no podía pertenecerle a nadie. Tenía que permanecer en un punto distante desde el cual decidiera hacia dónde se movía la balanza o se debían dirigir las cosas. De alguna manera, simbólicamente, uno debía hallarse a determinada altura física real. De eso me di cuenta cuando Sergio Pérez cogió el Garand y estuvo a punto de matarme, yo me dije: Oh, yo necesito estar con ellos pero fuera de ellos. Y a su vez eso simbólicamente es en lo que se convirtió el campamento de la Plata Alta, o la Comandancia. Una especie de santuario, allá arriba, inaccesible, donde yo moraba. Por estar con ellos, me permití entrar en una de sus vulgares conversaciones y por poco comprometo el proceso completo de la Revolución cubana al antojo del dedo de una acémila como Sergio Pérez.

Abro el cuaderno de mis memorias y me percato de que el pasado se hace tan elusivo como el futuro. A ratos he trabajado con un ordenador portátil, a ratos con mi estilográfica Montblanc y a ratos con grabadoras, a las cuales yo mismo me he sorprendido susurrándoles, como en una confesión. Pero, en independencia de los instrumentos a mi alcance, he descubierto una constante en los hechos del pasado. Que el pasado nunca es una materia vencida. Ni siquiera ese instante tan fugaz como un chasquido frente a la boca del Gerand con el que Sergio me apuntaba para de inmediato matarme y que me ha perseguido hasta el día de hoy, logro dominarlo con el valor de todos sus detalles, de todos sus significados. Fue el momento en que toda esta historia pudo no haber existido. Sergio Pérez Zamora, el hijo de Crescencio, no había detenido aún el movimiento de presión de su dedo duro como un palo de tanto trabajar esas manos como garfios en la montaña los timones y las palancas de cambio de los Diamond-T de

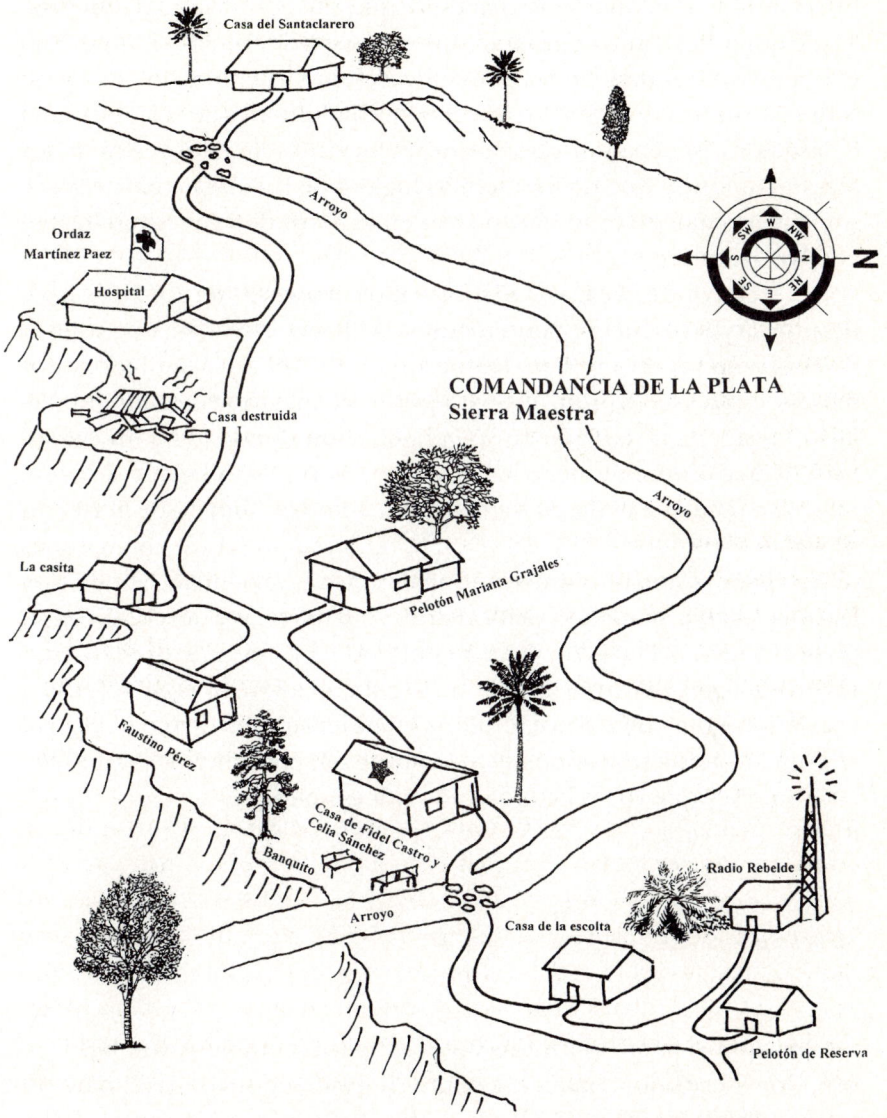

Croquis del campamento y Comandancia Rebelde de La Plata Alta.

catalina y de yo darme por muerto, cuando la acción quedó paralizada por Raúl implorando con los brazos en cruz que no me matara y de alguna manera por la buena voluntad de mi asesino. No creo recordar otro momento en que yo haya dado realmente por terminada mi vida.

Si quieren véanlo como un asunto de espacio y no de tiempo. Fue la holgura del índice de Sergio Pérez Zamora que no llegó a ceñirse sobre la muesca del gatillo y oprimirlo. Cualquiera que sea el sistema de medidas, queda demostrado que en términos de valor histórico los acontecimientos que no han tenido lugar o de los que no existe registro alguno pueden tener tanto peso en nuestro devenir como los hechos probados.

¿Y saben que todavía yo me sobresalto con ese recuerdo? No sólo yo le saqué la pistola inconscientemente a William Gálvez una noche en la Sierra como un acto reflejo. Recuerdo que a Abrantes también, unos meses después del triunfo, estuve a punto de matarlo en el antiguo Palacio Presidencial, cuando abrió la habitación donde tenía un camastro al lado del mío. Yo me había acostado temprano y él se fue de farra, una mujercita que tenía. Al regreso no se tomó el cuidado de abrir con suavidad el picaporte y yo asumí en la vigilia su presencia como ondas de inesperada violencia que se me abalanzaban, y me hicieron saltar en la cama, pistola en mano y ya montando, cuando él me despertó con su grito de Fidel, es Pepe. Yo, Pepe. Pepe. Coño. La misma actitud de cierta tensión neurótica por la que mi escolta ocasionalmente ametralla transeúntes o a compatriotas que pretendieron mostrarme su apoyo, es en mi opinión una conducta que surge del episodio con Sergio Pérez Zamora y que yo les he inculcado por simpatía.

Humbold 7

Marquitos había ido varias veces al apartamento de Humbold 7 a ver a Joe Westbrook, había ido como tres veces antes del asesinato. Él supo la dirección pues Joe le envió un mensaje y él, Marquitos, fue a verlo.

Entonces viene la noticia. Marquitos se entrevista con el coronel Esteban Ventura Novo, al lado de un hospital llamado Emergencias.

LOS NÓMADAS Y LA NOCHE

Ventura tenía allí un apartamento para sus operaciones secretas, lo que ahora se llamaría «encubiertas». Eso está en la esquina de la avenida de Carlos III, en el segundo piso; allí es la entrevista. Había varias personas. Fue el 19 de abril a las 2 de la tarde porque la masacre es el 20. Marquito sale del apartamento de Humbold 7 muy molesto, el 18. Él y Machadito y Juan Pedro no se podían ver por problemas de homosexualidad. Se gritan. El que interviene es Fructuoso para aplacar las cosas, y es cuando Marquitos llama a Ventura. Este apartamento fue rentado por Mery Pumpido, señalada como la amante de Faure Chomón, que era uno de los dirigentes del Directorio. Y dentro del Directorio la Pumpido era la encargada de ese tipo de búsquedas, de apartamentos y casas de seguridad. Los muchachos habían participado de la acción de Palacio, eran asaltantes, y estaban muy señalados y la policía los buscaba sin descanso. Pero no querían utilizar el apartamento de Humbold 7 porque no tenía doble salida. No pasaban de cinco las personas que conocían el apartamento: Julio García Olivera, que era otro jefe del Directorio, la Pumpido, y Marcos, que lo sabía a través de Joe. Marcos tenía el teléfono de Ventura. Si tenía ese teléfono quiere decir que estaba trabajando para Ventura. Algo muy poco usual tener ese teléfono. O sea, que estaba trabajando con Ventura hacía rato, y si ambos eran del PSP, como se sospecha, Ventura y Marquitos, ya tú sabes. Estaba el teniente Alfaro y otra persona más en la reunión de Ventura con Marquitos. Marquitos regresa al otro día al apartamento y está un rato y al otro día Ventura comienza a chequear el apartamento. A las 3 de la tarde irrumpen en el apartamento. El pacto con Marquito era que no se matara a Joe Westbrook, por eso en el periódico dice que sólo se han matado a tres. Todo, menos Joe. A Joe —según Amadeo—, lo matan en la escalera, tratando de escapar con sus aires infantiles, de inocencia. Como si fuera un niño. Fructuoso y Juan Pedro son los que saltan desde el cuarto piso y se rompen los tobillos y hasta se le salen los huesos. Machadito es el que muere en el apartamento. Fructuosito, el hijo de fructuoso, nace el 20 de junio, exactamente dos meses después. Martha, la viuda de Fructuosa, recibe una carta escrita por Marquitos con tinta verde sobre un papel blanco pequeñito, donde él le da el pésame y las buenas por el recién nacido. Nadie le había mandado un pésame pero iban a verla. Ahora el único que no fue a verle es Marquito, pero le manda el pésame.

A Carbó Serviá lo matan dentro del apartamento. A Joe Westbrook en la escalera. Machado y Fructuoso saltaron y la gente desde Santé Motor, que era una sala de exhibición de coches de la General Motors, gritaba: ¡Se cayeron unos pintores! Uno de ellos se partió también la boca y tenía pedacitos de diente en la sangre. Y Ventura personalmente entró en el pasillo con una Thompson y uno de ellos le gritó: «¡No me maten, que estoy desarmado!».

El hombre de los bosques

12 de julio de 1957. Después de varios días de discusión en las montañas, el Manifiesto de la Sierra Maestra es concluido y lo firman Raúl Chibás, Felipe Pazos y yo. La mayor parte del documento fue escrito por mí y hace un llamado «a terminar el régimen de fuerza, las violaciones de los derechos individuales y los crímenes de la policía». Chibás firma como representante del Partido Ortodoxo; Pasos, como representante de los luchadores urbanos y los capítulos del exilio.

Si reparamos ahora en esas fotos de la ocasión, se darán cuenta de que yo no les pertenezco ya, que no les pertenezco a las ciudades ni a aquellos políticos que además nunca me soportaron ni me tomaron en serio. En los picachos de la Sierra yo tenía mi horda; miren los rostros de absoluto arrobamiento, de adulonería sin ambages con que me miran esos rudos campesinos que yo los he armado y enseñado a matar soldados y que por una vez he convertido su infierno en gloria. Todos aquí somos depredadores. ¿O no se habían dado cuenta? ¿Tampoco se dan cuenta del inmenso poder que yo detento?

Vienen corriendo desde Miami y desde La Habana, todos a firmar pactos y todos desesperados por sustituirme en el liderazgo —todos a sabotearme. No nos habíamos tomado ni una sopa sin sal, ni descabezado juntos un sueño en los vivaqueos de la montaña, y ya comienzan a querer destruirme, a socavar mi mando, a ocuparme mi ejército.

Con todos los heridos recuperados y varias incorporaciones de jóvenes campesinos, el Che parte en busca del resto del Ejército Rebelde. En el camino se encuentra con Polo Torres, a quien el Che pone el apodo de «el Capitán Descalzo» y que se transformará en un elemento valiosísimo para los lazos futuros de la guerrilla con el campesinado. El 16 de junio de 1957 el Che logra reencontrarse conmigo, que —le digo en tono de guasa— «he generado innumerables contactos en el terreno político» desde su ausencia, especialmente con Raúl Chibás y el economista Felipe Pazos, ex director del Banco Central de Cuba, dos liberales con los que acabo de formar una coalición con un programa que desemboca en la construcción de un frente cívico revolucionario que trabajará por la expulsión del ejército de la vida política del país y para que se trabaje por la liberación de los presos políticos.

«Qué clase de mierda, Fidel», me dice el argentino.

«Oye —le digo—, todos éstos son frentes de contención. Aquí no hay nada que no sea papel mojado. Pero ellos están encantados con este cúmulo de papeles.»

Otros de los puntos referían la necesidad de restablecer los derechos constitucionales perdidos, la lucha contra la corrupción, la democratización sindical y una reforma agraria planteada en términos tan insólitos como el impulso a la explotación de los terrenos baldíos y la indemnización a los latifundistas. Las conversaciones son volcadas en un documento el 12 de julio de 1957, que más tarde se hace público en todo el país. El Che reaccionará muy negativamente y criticará los postulados reformistas impuestos al documento. Estos políticos estarán ligados en un futuro no muy lejano a un hecho que hará temblar las estructuras mismas del Movimiento 26 de Julio. En octubre de 1957 en la ciudad de Miami, Pazos y Chibás juntamente con otros sectores de la oposición moderada a Batista, entre los que se encontraba el ex presidente cubano Carlos Prío Socarrás, y aprovechando los acuerdos firmados conmigo en la Sierra, intentan gestionar la mediación de Estados Unidos en la guerra civil. Yo —aunque mis enviados habían ya estampado la firma en el papel— condeno el tratado para salvar una situación extrema de repudio que se genera entre los jefes guerrilleros, Che incluido, que se oponen abiertamente a lo resuelto en la ciudad costera norteamericana. Este hecho marca la constante rivalidad existente entre lo que se comienza a denominar los frentes del «llano» y la «sierra», que el Che calificó en varias oportunidades como los reformistas de las ciudades y los revolucionarios de la montaña. Personalmente el Che tilda de «incalificable» el pacto y en sus escritos puede encontrarse material suficiente como para comprender la gravedad del momento y el calor apasionado con que se debatía el problema. En su habitual ritmo rioplatense de discurso dice que «en Miami se ha entregado el culo en el más detestable acto de mariconería que probablemente recuerde la historia de Cuba».

Dato importante: en ese mismo período Haydee Santa María y José Llanusa son designados por mí para hablar con la CIA en Miami. ¡Era tan imbécil, la pobre! Ella estaba de delegada del Movimiento en Miami. Estuvo unas semanas con nosotros en la Sierra. Me deshago de ella porque no puede usar a Celia a plenitud y por el terror que le imponía a los demás, y siempre con esos ojones de hermana del mártir Abel como acusando a todo el mundo de no estar muerto como su hermano, y así no tenía que estarle cuidando el culo porque la mantenía entretenida cayéndole atrás a los oficiales del Buró Cuba de la CIA en Miami.

Julio

Primer despliegue guerrillero. El núcleo matriz bajo Fidel Castro se fracciona en dos. El nuevo grupo bajo el Che Guevara pasa a operar permanentemente al este del Pico Turquino.

Frank muere en el callejón del Muro, en Santiago, con Raúl Pujol, el 30 de julio de 1957.[15] Esa noche yo fui el único que se comió un asa-

15. Para esa fecha, el oficial de la CIA en el Consulado de Santiago de Cuba, Robert D. Wiecha, ha efectuado acercamientos a través de integrantes de células que estaban a las órdenes de Frank País. En La Habana, se han producido a través de personas cercanas a Armando Hart, que es la razón principal que me anima mandar a su noviecita Haydee Santamaría a entretener la CIA en Miami. ¡Otra delegada mía allí! En el caso de Frank y su gente, se llegó a proponer una reunión entre Robert D. Wiecha y nuestra comandancia. En todos los casos, los interlocutores estadounidenses se identificaron como diplomáticos y no como oficiales de inteligencia. Yo no objeté nunca la posibilidad, desde luego, pero logré que nunca se concretara nada. Siempre estuve consciente de que la CIA trataba de situar agentes suyos en el 26 de Julio y en otras organizaciones opositoras. En definitiva, respondían a la doctrina de Allen W. Dulles de que «se debía apoyar a los regímenes autoritarios y contar con elementos dentro de las filas de la oposición [...] por si fuera necesario». Esta concep-

do cuando supimos que Frank había muerto y después escribí mi comunicado. Un tal Rey —junto con René Ramos Latour— es el que se queda al frente de Santiago y mata a una cantidad de gente y después cuando nos reunimos para tomar Santiago, yo le pregunto que si podía dormir tranquilo con tantas muertes y me responde: ¿Y cómo duermes tú que mandas a matarlos?

Yo no pude mandar a matar a Frank por la sencilla razón de que ya él iba en retirada con Pepín Pujol, el dueño de la ferretería, cuando Randiche, que era sprinter del instituto y se había metido a guardia, le dijo a Salas Cañizares, «pero, coronel, ¿usted no sabe quién es ése?». Por eso lo pegó a la pared y ahí mismo lo fusiló. Después se echaron al asesino de Frank, un chamaco de 14 años se lo comió por la ventana, con un disparo en la boca. Después me mandaron la carta de que por qué se tenía que inmolar sólo la juventud santiaguera y yo digo que si me tenía que entregar para que no cayera más ningún santiaguero yo lo hacía, pero en realidad era para que no me jodieran más la existencia en la Sierra.

Como sucesor del trágicamente desaparecido Frank País, el Movimiento 26 de Julio que opera en las ciudades había designado a René Ramos Latour. El Che me había planteado la necesidad de nombrar en ese cargo a un representante directo de la guerrilla como garantía para la unión de acción entre el llano y la sierra. Che mantendrá desde entonces una constante crítica hacia los dirigentes urbanos que durará hasta el momento mismo del triunfo revolucionario.

---

ción se puso en práctica por medio de la ubicación de los agentes de la CIA William Morgan y John Maples Spiritto en el Segundo Frente Nacional del Escambray dirigido por Eloy Gutiérrez Menoyo, a finales de 1957. Aunque tuvieron menos éxito con nosotros en la Sierra Maestra. No fue sino hasta agosto de 1958, cuando lograron que el piloto que trasladaba el armamento desde Centroamérica, Pedro Luis Díaz Lanz, se hiciera acompañar en uno de sus viajes por el agente Frank Angelo Fiorini, o Frank Sturgis, como más se le conocía y al cual me dediqué a echarle el ojo todo el tiempo que anduvo cerca de nosotros y mantenerlo bajo control. Pero lo que creó la situación más alarmante para nosotros, fue la información que «Deborah» (nombre de guerra de Vilma Espín) nos hizo llegar de que el amigo D. Wiecha había entregado no menos de 50.000 dólares a media docena o más miembros clave del Movimiento 26 de Julio en Santiago de Cuba entre finales de 1957 y mediados de 1958. Era un asunto muy grave. Muy peligroso. Ésa es la situación existente cuando Frank tiene el tropiezo con el coronel José María Salas Cañizares. Frank no iba ni armado, por Dios. Un tipo que se las daba de tan peligroso y no se artillaba. Salas Cañizares tuvo que arrimarle una 45 al contén de la acera donde se había desangrado para que apareciera en la foto. Para justificar el ametrallamiento. Los batistianos, una vez más, descontándoles un prospecto a la CIA.

Sigo teniendo problemas que vienen de la lucha urbana, de la clandestinidad. La masacre y delación nunca aclarada del asalto al Cuartel Goicuría en Matanzas, la violación a la inmunidad diplomática por la policía de Batista a la embajada de la República de Haití para asesinar a personas acogidas al derecho de asilo (acción en que fue abatido el brigadier Salas Cañizares, jefe de la policía nacional, no obstante su chaleco protector) y la represión indiscriminada en todo el país, no aplastan el movimiento insurreccional; y por el contrario, éste se incrementa y gana en organización y extensión.

Pero yo creo que el problema central procede de un fantasma, uno que nos va a acompañar al menos hasta el día del triunfo de la Revolución. Frank País. Al movimiento nacional contra la dictadura se suman jóvenes de todas las clases sociales. El Movimiento 26 de Julio, el Directorio Revolucionario y la Organización Auténtica tuvieron presencia creciente.

Pero el 26 de Julio, había logrado una estructura nacional bajo la dirección de Frank.

Ahora tengo que reconocer —y lo hago con gusto— que mi viejo compinche de broncas estudiantiles, Papito Serguera, resultó ser uno de los abogados más audaces y valientes con que contó el Movimiento 26 de Julio en Santiago de Cuba durante la lucha contra Batista. Esto ocurrió en El gallito, donde se hacían licuados, frente al bar El Baturro y el cine Oriente, todos, lugares muy importantes para la pequeña burguesía santiaguera.

Fue la tarde en que los esbirros dieron caza y mataron a Frank País a plena luz del día en la calle Padre Pico de Santiago de Cuba. Papito se dio a la tarea de localizar al teniente coronel José María Salas Cañizares, que acababa de vaciarle él mismo la Thompson en la cabeza y el pecho al joven revolucionario, para que lo autorizara, como representante de la familia País, a sacar el cadáver de la morgue y organizarle un servicio fúnebre público. Después Papito se alzó con Raúl en la Sierra Cristal y obtuvo sus grados de comandante del Ejército Rebelde. Fue nuestro más vehemente fiscal al principio de la Revolución y fusiló en abundancia.

Pero aquella tarde tenía una misión.

Papito sabía que el coronel acostumbraba tomarse un batido de trigo y leche en un cafetín al fondo de una calle muy inclinada que desemboca en el puerto de Santiago, la calle Enramada. La calle, que era el centro comercial de la ciudad, estaba desierta a las 3 de la tarde y Papito vio desde lejos el Buick Roadmaster negro erizado de antenas de comunicación por microonda y con matrícula oficial. Afuera, recostado al maletero, estaba un solo hombre, con uniforme de policía. Papito lo reconoció. Otro asesino. Candado. El chofer de José María. Papito se le acercó a Candado y le preguntó:

«¿El coronel está allá adentro?»

Candado, inmutable, lo observó de arriba abajo pero sin tomarse mucho trabajo en su chequeo visual, y por toda respuesta se limitó a asentir con un apenas perceptible movimiento bascular de su cabeza. Papito entendió los dos significados de ese movimiento. Que, efectivamente, el coronel estaba adentro y que, sí, podía pasar a verlo.

El coronel iba por su tercer vaso de batido de trigo. Dos vasos usados se acumulaban a su derecha. Estaba sentado en una banqueta giratoria y era el único cliente. El empleado encargado de preparar los batidos leía una revista de historietas. Los dos en absoluto silencio. Había unas monedas sobre el mostrador, las que indicaban el propósito del alto oficial de pagar por su consumo. El teniente coronel procedió a su vez con un rápido y apenas perceptible chequeo visual que le hizo concluir a Papito que aquel hombre no era ningún cobarde y que, peor aún, parecía contener a duras penas una sonrisa de burla.

«Coronel, permítame presentarme. Yo soy el doctor Jorge Serguera Riverí. Represento a la familia de Frank País. Ellos me han comisionado para que le solicite autorización. Quieren retirar el cadáver de la morgue. Y quieren organizarle un servicio fúnebre.»

Sin apartar la vista de su vaso, hizo una pregunta:

«¿Qué funeraria?»

«La funeraria Bernabé.»

Dejó reposar el vaso sobre el mostrador. Se mantuvo sin mirar a Papito. Entonces asintió. Volvió a tomar el vaso. Quedaba la mitad del batido.

Papito consideró conveniente confirmar el resultado de la negociación.

«Entonces, coronel, doy por entendido que usted me autoriza a recoger el cadáver y a poder celebrarle un funeral.»

El teniente coronel José María Salas Cañizares giró por primera vez sobre su banqueta y miró fijamente a Papito mientras volvía a asentir. Entonces giró de nuevo a la posición anterior de la banqueta.

Papito había casi ganado la puerta y estaba a punto de salir del local cuando el vozarrón autoritario de José María lo detuvo en seco. Volvió a enfrentarse con el rostro de piedra de aquel hombre, que finalmente lo miraba de lleno y que le preguntó:

«¿Cómo tú me dijiste que tú te llamabas?»

«Jorge Serguera Riverí», dijo Papito.

«Papito, ¿no?»

Papito no respondió.

«Así que entonces tú eres Papito. El famoso Papito.»

El oficial trasladó el vaso a la mano izquierda y entonces le apuntó repetidas veces con el índice y le advirtió:

«Pues tú eres el próximo.»

No respondió.

«Él es el próximo», escuchó Papito que el coronel le decía al empleado.

17 de octubre

Celia Sánchez se incorpora definitivamente al Ejército Rebelde luego de algunas semanas de trabajo clandestino en el área de Manzanillo.

Ernesto Betancourt será el organizador del Banco Nacional de Cuba en la Revolución que está a la vuelta de la esquina, y ahí prestará un entusiasta servicio hasta que —según propia declaración— descubra en el Che, a quien nombran presidente de la institución bancaria, más que un fanático comunista, a «un idiota convencido de su grandeza». Entonces Ernesto volverá a los rigores de una aristocrática familia criolla establecida en Estados Unidos, y se reinstalará, previa salida al exilio, en Washington D.C. y será uno de los promotores —y el creador del nombre— de Alianza para el Progreso, la política para América Latina de la administración Kennedy que competía con nosotros. Pero su experiencia como delegado del Movimiento Revolucionario 26 de Julio en el capítulo de Washington fue de un enorme beneficio para nosotros.

El embajador de Batista en la capital del imperio, Nicolás Arroyo, y su mujer, Gabriela Menéndez, que eran arquitectos, parecían vivir en otra galaxia. Y lo disfrutaban, no obstante. Era cuando la embajada estaba de moda. Los decorados y redecorados que ordenaban costaban un dineral. Las fiestas más codiciadas de Washington se organizaban allí. Las reparaciones de la embajada, supo Ernesto, costaron 80.000 dólares, una fortuna en 1958.

Ernesto se les arregla para tener un topo dentro de la misión. ¿Y quién era realmente el sargento Saavedra? Ángel Saavedra es el sargento que manda el Servicio de Inteligencia Militar a espiar a ver la agregaduría militar en Washington luego de Barquín caer preso. Ángel venia del Instituto Cívico Militar y había trabajado como sargento bajo las órdenes del capitán Ernesto Despaigne «Tico», que es uno de los oficiales presos con Barquín, dato que pasa por alto la gente de Batista. Pero Saavedra *psicológicamente consideraba (sic)* que Despaigne había sido como su padre porque consideraba que Despaigne había sido muy bueno con él y porque era una persona muy integra y muy decente y él lo admiraba mucho y es lo que lleva a Ángel a hacer los contactos con Ernesto Betancourt para entonces iniciar una tarea que fue extraordinariamente útil, porque sin Ángel no se hubiera podido obtener ninguno de los documentos que se usaron para hacer las denuncias contra el régimen de Batista.

Uno de los documentos más llamativos fue el de unos armamentos que se decidió comprar después de decretado el embargo. Eran negociaciones con Europa que pasaban a través de la agregaduría militar de la embajada cubana en Washington. Negocios para compras en Italia y en otros países de Europa. De inmediato que impusieron el embargo, aparecieron los vendedores de armas. Usaban la agregaduría militar en Washington para comprar las armas en Europa y no en Estados Unidos.

José Ferrer, un coronel, era el agregado militar. Se agenció Washington para no ir a la Sierra.

Ángel una vez le llevó a Betancourt una carta de Ferrer a «Silito» Tabernilla. Un informe como jefe de inteligencia del ejército que supervisaba a todos los agregados militares reportándole la conversación que él, Ferrer, había sostenido con dos generales americanos y en los que los dos generales expresaban que estaban en desacuerdo con el Departamento de Estado, en desacuerdo por el embargo de armas al gobierno de Batista. Revelaba que había una división en Washington entre el Pentágono y el Departamento de Estado, y que el embajador americano Earl T. Smith en La Habana estaba de acuerdo con los militares estos.

Después hay una cena en la embajada de Cuba que le dan al canciller Foster Dulles, pocos días antes de la elección de Andrés Rivero Agüero como el nuevo presidente de Cuba, el que supuestamente iba a sustituir a Batista. Esperaban recuperar con Estados Unidos una buena relación y legitimar otra vez el régimen. Ésa es la jugada.

El gobierno de Estados Unidos suspendió toda ayuda militar al régimen el 27 de marzo de 1958, ayuda que estaba basada en el Pacto Militar de Asistencia Recíproca. Fue una medida excepcional dirigida a rescatar el vapuleado prestigio norteamericano en Latinoamérica.

Varias circunstancias favorecieron el cambio de política norteamericana respecto al régimen de Batista:

a) La publicación en la prensa americana de documentos confidenciales como el que acabo de mencionarles remitidos por el Pentágono a la embajada de Cuba en Washington, relacionados con una reciente venta de equipos militares; documentos que fueron sustraídos por el tal sargento del ejército Ángel Saavedra, quien venía actuando dentro de la oficina de Agregado Militar en la embajada como agente secreto al servicio del representante exoficio de la revolución en Washington D. C.

b) El reiterado bloqueo de Batista a todas las gestiones realizadas para una solución política de la crisis que desangraba el país.

c) El empeño en desvirtuar la afirmación comunista que le imputaba el sostenimiento de «hombres fuertes» y tiranos en Latinoamérica con total menosprecio de los afanes democráticos de los pueblos al sur de Río Bravo (circunstancia que venía explotando hábilmente la propaganda comunista para socavar en su beneficio el poder continental de los EEUU); y de esta manera mejorar la imagen de la nación y de los norteamericanos ante los ojos del mundo.[16]

16. Fuente de este segmento: Ramón E. Barquín: *Las luchas guerrilleras en Cuba.* También puede y debe añadirse que el elemento rector de la política de EEUU. en Cuba hasta principios de 1958 había sido: sucesión ordenada sin revolución al dejar Batista el poder, como tanto aclara Eral T. Smith en *The fourth floor,* sus memorias de embajador yanqui en La Habana; y la demostración antinorteamericana de Caracas, con motivo de la visita del vicepresidente Richard Nixon en mayo de 1958, que sacudió a la administración en Washington. (*N. del A.*)

Expediente abierto. (Embargo contra Batista —y yo aprendiendo.)

La decisión del gobierno norteamericano fue una derrota para el régimen de Batista. Del mismo modo, fue una victoria para mis fuerzas, ya que era mío el único grupo insurrecto que contaba con equipo de combate y ejercía dominio sobre una zona del territorio nacional. El efecto fue desmoralizador sobre la voluntad de luchar y vencer de las Fuerzas Armadas. El resultado de la decisión del gobierno americano no se hizo esperar en las tropas que sostenían al gobierno de Batista pues —de hecho— la medida sólo se podía interpretar como un reconocimiento de beligerancia en favor del Ejército Rebelde.

Aunque yo continuaría acusando al gobierno norteamericano de dar ayuda militar a Batista, el embargo de armas también reflejaba que Estados Unidos no tenía interés en apoyar al de Batista ni temía políticamente a los rebeldes; lo que indudablemente favorecía a nuestras fuerzas. A fin de cuentas, y desplegada otra de las paradojas de esta historia, la política norteamericana de no-intervención en Cuba decretada a mediados de marzo resultaría beneficiosa a mis planes y —a mediano y largo plazo— perjudicial para los intereses de ellos y continuaba beneficiándome.[17]

Si bien el embargo de armas afectaba poco la potencia militar del régimen toda vez que este seguía manteniendo una capacidad de combate muy superior a la de nuestras guerrillas, las fuerzas, el efecto psicológico de este embargo fue paralizador para los batistianos.[18] De

17. El 20 de marzo de 1958 el representante demócrata por Nueva York, Clayton A. Powell, rindió al Congreso una relación de las armas entregadas al régimen de Batista en los dos últimos años y una reseña de las misiones militares establecidas en Cuba, demandando el cese inmediato de la ayuda militar y la retirada de las misiones. Dos días después, desde la Sierra Maestra, la emprendimos contra los funcionarios de Estados Unidos por estimar que ocultaban o falseaban el recuento de las armas enviadas por su gobierno a Cuba. Estados Unidos negó los cargos al día siguiente. El 26 de marzo de 1958 el representante por Oregón, Charles 0. Porter, declaró en el Congreso que la continua ayuda militar al régimen de Batista sólo servía para identificar a Estados Unidos con un régimen policíaco vicioso e impopular, y pidió que cesara el envío de armas a Cuba. Washington decretó el embargo de armas y suspendió la ayuda militar al régimen de Batista el 27 de marzo de 1958. Los envíos en trámite fueron cancelados. (*N. del A.*)

18. A consecuencia del embargo, 1.950 rifles M-1, granadas de mortero, carros blindados, aviones de entrenamiento, etc., quedaron congelados en Estados Unidos. De cualquier modo, después de decretado el embargo comenzaron a llegar aviones cubanos con suministros de armas desde la República Dominicana; especialmente carabinas San Cristóbal, municiones, morteros, etc. Los suministros de Inglaterra, según la información de Barquín, fueron 17 Sea Fury (cazabombarderos) en octubre, y 11 tanques Comets a fines de diciembre de 1958. (*N. del A.*)

hecho, el embargo constituía una notificación a Batista y al pueblo de Cuba en el sentido que Estados Unidos se abstenía de intervenir en los asuntos internos de Cuba y que no deseaba correr el riesgo de que se les acusara de intervenir en favor de Batista.

La decisión norteamericana levantó así la moral de lucha de mis hombres. «Se asumió como un cambio desfavorable a Batista», dice Barquín. «Envalentonó a las guerrillas y revolucionarios mientras crecía el desaliento entre los jefes, oficiales y tropas del ejército.»

Una perspectiva final desde el Distrito Columbia —la otra Columbia:

Lo de las armas tuvo lugar en marzo de 1958. Batista imponía una y otra vez la suspensión de garantías constitucionales. Cuando falló la mediación de la iglesia que EU esperaba llevaría a elecciones pusieron presión con lo del embargo. En contra de lo que dice Mario Llerena en sus memorias, en las que atribuye el embargo al congresista Adam Clayton Powell, un predicador bautista negro de Harlem que tenia muy mala fama y poca influencia, la realidad es que el embargo de armas a Batista se debió a la propaganda en general que se hacía sobre el tema, en que los EU eran vinculados a la represión de Batista contra la población a resultas del uso de armas provistas para combatir el comunismo. Ése era el tema que nosotros promovíamos por medio de piquetes, en la prensa y en visitas al Departamento de Estado. En el Congreso, nuestros aliados eran el senador Wayne Morse, nada menos que chairman del subcomité de América Latina, la congresista Edith Green y Charlie Porter, quien se había interesado en lo de los dictadores a resultas del caso del aviador Murphy, residente de su distrito, que había sido asesinado por la gente de Trujillo. Todos estos eran de Oregon. Pero, en realidad, lo que precipitó el embargo de armas fue la información detallada que me daba el sargento Ángel Saavedra sobre los embarques de armas de EE UU, lo que hacía mucho más efectiva nuestra acusación de que no estaban siendo utilizadas por Batista para luchar contra el comunismo, sino contra el pueblo cubano. Cuando Batista anula la posibilidad de una solución electoral en Marzo de 1958, el Departamento de Estado decidió matar dos pájaros de un tiro: uno, usar un instrumento de presión sobre Batista para forzarlo a ir a elecciones; y, el otro, reducir la presión de la prensa y el Congreso por el mal uso de la ayuda militar americana.

1958 - Marzo
Segundo despliegue guerrillero. El núcleo matriz de Fidel Castro se fracciona nuevamente en dos. El tercer grupo así formado pasa a operar permanentemente al norte del valle intramontano de la región oriental bajo Raúl Castro.

9 de abril
Estalla la huelga general dirigida por la Dirección Nacional del 26 de Julio pero que fracasa rápidamente debido a la drástica acción de la policía y unido a la abstención de los sectores de la oposición no fidelistas.

Faustino Pérez es quien ordena el inicio de la huelga general el 9 de abril de 1958. En febrero se había reunido conmigo en la Sierra y el 12 de marzo los dos firmamos el Llamamiento del Movimiento 26 de Julio al pueblo que la convocaría. Según análisis del Che, la huelga fracasaría porque la dirección del M-26-7 subestimó la fuerza del régimen y sobreestimó la propia, y no coordinó con otras organizaciones; en especial el Partido Socialista Popular, que controlaba gran parte del movimiento obrero.

El 3 de mayo de 1958 se reunió la dirección del M-26-7 en la Sierra Maestra para analizar el fracaso de la huelga de abril. El resultado fue el traslado de la sede de la dirección nacional a la Sierra Maestra una vez que yo asumía, además de la jefatura del Ejército Rebelde, la secretaría general del M-26-7 y la jefatura de la Milicia Popular.

Lo que pasa en la costa sur del extremo oriental de la isla repercute en los alrededores de Santa Clara, en el medio de la isla y en sus montes sin costas. La única porción cubana que se halla un grado por debajo del resto de su territorio —la provincia de Oriente, de la que Santiago de Cuba es su capital (perdón, esta veloz clase de geografía)— emite sus sofocos bélicos sobre una de esas apacibles ciudades que se hallan hacia el occidente de la isla y que levantaron a salvo de los ataques de los piratas buscando adentro la salvaguarda de leguas y leguas de maniguas de aroma y de infranqueables bosques de ceibas y caobas y majaguas y de un infinito horizonte de palmeras reales. Yo sé que el poder es La Habana. La verdad de Santiago y sus alrededores es que se trata de un hato de pretenciosos mulatos con nombres griegos o de muy extraña etimología para un país supuestamente fundado por españoles, yorubas (y otros negros) y hasta un poco de chinos —Taras Domitro, Euclides Vázquez Candela, Sidroc Ramos, Diocles Torralba (¿qué nombres son esos, por Dios? Bueno, ellos son los dirigentes del Movimiento 26 de Julio en ese hoyo de caldeado oxígeno entre las montañas que es Santiago de Cuba). Hay que llegar a La Habana. Yo tengo que llegar. Llegar primero. Pero en el camino está Las Villas y en Las Villas están los montes del Escambray y en los montes del Escambray están las guerrillas que responden a cerca de cuatro denominaciones distintas, el Directorio Revolucionario 13 de Marzo, el Segundo Frente Nacional del Escambray, los comunistas y hasta los del 26 de Julio, que ni siquiera estos últimos son de confiar, aunque sean de mi organización. Estamos hablando de hombres, de seres individuales, no de organizaciones. Es, de hecho, en los primeros que no debo confiar. La gente de mi propio Movimiento Revolucionario 26 de julio. Después de la huelga dichosa del 9 de abril, que yo sabía de antemano cuál iba a ser su resultado: un estruendoso fracaso, sobre todo por la negativa de Faustino y los otros compañeros de la Dirección en las ciudades de que los comunistas participaran, y la falta de coordinación total, el ejército se envalentonó. Los comunistas dominaban el Sindicato de Transporte, y sin ellos no había paralización de las comunicaciones. Eso fue uno de los errores. De modo que el método de la huelga, que yo había concebido una vez como mi pivote hacia el poder era ahora un estorbo. En realidad, nunca me hubiese permitido contar con mi propio ejército y siempre hubiese tenido la Revolución en mano de unos famélicos dirigentes obreros los cuales iban a responder, por oficio, al Partido Comunista. Cómo hubiese tenido que matar sindicalistas en caso de una huelga victoriosa. Otra vez la guerra de pandillas en La Habana. Bien, pues, la huelga debilitó al menos en apariencia a nuestras fuerzas y el ejército enemigo comenzó los preparativos de su ofensiva. Además, aprovechando la huelga, habían hecho una leva de 14.000 nuevos conscriptos y buscado los fondos por la situación de guerra. Yo tampoco me cruzo de brazos y, para empezar por casa, me sirvo del fracaso para desacreditar a esos combatientes clandestinos y su dirección completa. Faustino, a quien sus hombres comienzan a bautizar «el heroico jefe de la resistencia en La Habana», tiene que rendirse ante la evidencia y tomar rumbo a la Sierra Maestra para someterse a un cargo sin importancia. Se acaban así las disputas entre la «el llano» (los luchadores de la resistencia urbana) y «la montaña» (la guerrilla).

Pero ahora esta gente del Escambray con ese revoltoso y excitable Víctor Bordón a la cabeza, es el 26 de Julio en esa cordillera. Esa gente ahí, a mitad de camino de La Habana desde donde él está. Hay que enviar al Che con toda rapidez. Y que me fusile con toda prestancia a tres o cuatro «indisciplinados», si es menester. Que haga prevalecer la justicia de la Sierra. Y Camilo para Pinar del Río. Que vayan echando los dos. Rápido. Pero todavía no es suficiente. Todavía La Habana se me escapa de las manos. Por eso desde hace meses vengo cortejando a la agrupación armada idónea para la captura de tan importante posición —la única de importancia si se quiere en toda esta guerra. ¿Quiénes mejor que los generales del Ejército Constitucional, a los que está entonándome su canto de sirena desde antes de que comenzara esta ofensiva de verano, para que me entreguen La Habana? Fíjense lo que se ha dicho: que entreguen. ¡Puesto que ellos están allí! *Touche!* Ésa es la idea de maniobra. Por ahí se vislumbra el camino, por ahí debo, más que guerrear, conspirar. Mientras, después que salga de los sofocos de esta ofensiva de verano en contra mía, de mi frente, llamaré a Hubert Matos, el competente pero excesivamente orgulloso capitán, para que organice el cerco de Santiago. En definitiva es la segunda ciudad del país. Yo no sé si podré tomarla nunca. Pero sé que es fácil de cercar. Metida entre las montañas y con una sola carretera de primer orden para el acceso. Lo que entonces se llamaba en Cuba una carretera de primer orden, una de dos vías, la Carretera Central. Así que, por lo pronto, veamos cómo se logra resolver esta ecuación que es la ofensiva. Y mándenme a buscar al Che. Y a Camilo. Y a Hubert. Las cosas marchan bien. Ahí está el mensaje de Cantillo, el jefe de Operaciones del ejército. «Cuiden al hombre.» Como si hubiese sido necesario consejo tal. El jefe de las fuerzas batistianas en operaciones, me manda ese mensaje. «Cuide al hombre». Una mierda.

La recreación estaba limitada a dormir. La moral era alta debido a que sólo existían hamacas, nada de camas. La abstinencia era un requerimiento táctico. Sin el apoyo de la población campesina estábamos perdidos. En ese sentido dicté unas reglas muy simples:

Nunca te cruces con un campesino sin saludarlo.

Nunca le quites sus armas de caza.

Nunca comas o bebas en su casa sin pagar.

Nunca, pero nunca, te enredes con sus mujeres.

Se pagaba con el fusilamiento. Según Bob Taber, por primera vez en la historia militar, los amantes, no los combatientes, pusieron mayor cantidad de bajas. A los violadores se les ofrecía la oportunidad de la justicia sumarísima.

«¿Cuál es su nombre, soldado?»

«Lorenzo.»

«Y el suyo, ¿señorita?»

«María Dolores.»

«¿Usted la tomó, Lorenzo?»

«Sí, señor.»

«¿Usted lo quiere, María Dolores?»

«No, señor.»

Yo me retiraba, muy molesto, nunca me gustaron las ejecuciones, mientras Raúl ataba al infeliz al árbol de ejecución, le vendaba los ojos y hacía que le apuntaran al rostro. Todo el proceso y la ejecución no tomaba más de un cuarto de hora.

Bob Taber dice que en los viajes que dio a la Sierra entre 1957 y 1958 vio volarle la cabeza a no menos de 30 violadores y que casi todos murieron con expresiones de sorpresa e incredulidad. No sé cómo pudo percibir esas expresiones en los hombres que con tanta acuciosidad vendaba Raulito.

Pero —según él— yo fui el segundo, triste decirlo, en quebrantar esa promesa de celibato. No sé de dónde habrá sacado el dato porque nunca vio a Celia encaramada en mi hamaca ni pasó un hilo entre los dos cuerpos para constatar si se trababa o no. Por otro lado, no sé si ustedes saben lo difícil que es fornicar en una hamaca. Por lo menos en una hamaca mexicana para uso en campaña y el sonido impertinente de esas sogas con los estrechones. Una vez le oí decir a un campesino, por allá, por las proximidades de la Caguara, que no existe verdad más grande que la imposibilidad de dormir bocabajo en una hamaca. Y en última instancia, qué coño le importaba a Bob Taber lo que yo hiciera en mi hamaca —y luego en la camita que los compañeros de Manzanillo me consiguieron porque ya me estaba sintiendo una molestia en la columna. Bastante jodido estuve en Isla de Pinos en relación con las mujeres. Así que, si les conviene, mi celibato de dos años allí me lo cargan a la cuenta del celibato de los demás en la Sierra. El primero fue el Che, que yo recuerde. Una negra desdentada que puso a vivir en Vegas de Jibacoa y que se presentaba, ella misma como «la querida del Che». El tercero fue Raúl, en su comandancia del Segundo Frente, con una madama que yo me había pasado antes por entre las piernas, Vilma Espín.

En mi campamento de La Plata Alta habíamos logrado un cierto estándar antes de la ofensiva de verano. Remoto, inaccesible. En rápida sucesión adquirí (a) una estufa de leña; (b) una batería de sartenes y cazuelas; (c) un cocinero melenudo conocido como Miguelito; (d) un pequeño generador Diesel; (e) una nevera eléctrica y (f) la primera ración de bisté y huevos en 18 meses. Durante toda la campaña yo había dormido al cielo descubierto como los demás, y con un mosquitero como única distinción sobre mi hamaca. Pero en La Plata las ventanas tenían persianas de madera y una mujer dormía a mi lado. Celia Sánchez. Igual que Tete Casuso, ella era más vieja y, de alguna manera, más sabia que yo, sabia para las cosas mundanas, para el trato social, ustedes me entienden. Yo desconozco el origen pero el interés de todas mis mujeres en enseñarme a usar los cubiertos y en que me bañe todos los días es manifiesto. Quizá es porque prefieran extraer de mí todas las fantasías sexuales que les provoca el buen salvaje y tratan de eludir mi proyección como intelectual. Tete era hermosa y sofisticada. Celia era callada y fanática. Celia, además, tenía esa impronta de la mujer machorra o francamente de la tortillera, pero se borraba de inmediato la impresión por su dulzura, y yo la dejaba hacer, y era servicial. Era además feúcha. Todo lo cual me daba cuenta de que era un ingrediente de homosexualidad latente, cosa que, desde luego, me abrumaría por una porción de meses de mi estancia en la Sierra Maestra y que no me permitió disfrutar a plenitud de nuestras arrolladoras victorias posteriores a la ofensiva de verano. No crean, ni siquiera para mí era fácil asimilar la idea. Hasta que logré empatarme en La Habana con algunos manuales de sexología —lecturas posteriores al triunfo revolucionario, desde luego— y esos estudios me exoneraron de toda culpa. No había ningún índice de homosexualidad en el hecho de que me refocilara con una mujer de las características de Celia en las noches serranas, máxime si ella era la solución para un asunto de tanta pesadumbre como es la ausencia de alguien para el amancebo, aparte de que, dicen los doctos manuales, en última instancia el homosexualismo se detecta hasta en insectos y animales inferiores. Así que no había motivos de preocupación. Si una cucaracha permitía que le dieran por el culo, de qué yo tenía que avergonzarme con mi celia en la Sierra. La razón de que no hubiese solicitado esos manuales desde la Sierra Maestra, era que ningún compañero de la resistencia urbana o de los capítulos del exilio, hubiese entendido la naturaleza del pedido. Yo podía interesarme por *Kaputt* de Curcio Malaparte o *Materialismo y empirocriticismo* de Marx, pero no un manual sobre la felicidad conyugal y mucho menos algún texto sobre la conducta homosexual y cómo determinar su presencia en la personalidad propia que ya podían encontrarse en las primeras, tímidas publicaciones de aquella época. ¿Se imaginan el escándalo que se hubiese armado? Fidel pidiendo un libro de mariconería desde la Sierra. Por otro lado, estaba también la sensibilidad de Celia. Yo no quería herirla ni hubiese sido elegante de mi parte. De modo que si nunca la mostré como mi pareja en el transcurso de la campaña fue por conveniencias de servicio y por las exigencias políticas de una tropa a la que yo mantenía en el máximo de austeridad y abstinencia. Celia estaba convencida de las conveniencias de nuestro pacto de silencio extramatrimonial o por lo menos me lo hacía creer. Lo fundamental, para mí, era mantenerla alejada de una idea muy perniciosa y que en verdad era de lo que se trataba. De que en vez de darle rienda suelta con un Nariconcito a mis impulsos sexuales, lo hacía con una mujer que, eran las evidencias, quería ser más hombre que yo, pero que al final, por las noches, en nuestra intimidad de La Plata Alta, se doblegaba. Cualquier mujer entiende que tú, a su lado, cometas un crimen, que tú actúes a espaldas de la ley y de la moral, y hasta de Dios, pero nunca aceptará que la rechaces por su aspecto. Ni lo entienden ni lo perdonan. Nunca. Una reflexión para concluir con el tema. Una vez más en mi existencia, y sobre todo en cuestiones relativas o asociadas a mi participación en la lucha revolucionaria, lo aparente y visible debía ser escamoteado de la vista del público y ser resuelto a través de complicados usos de la retórica, de verdaderos retruécanos de los conceptos y hasta convertir las cosas más banales en un asunto de la mayor reserva táctico estratégica.

Estoy recordando. Mi casa en La Plata Alta. Sobre la cama estaba la hamaca. Cama tres cuartos. Su correspondiente refrigerador. Una odisea llevarlo hasta la Sierra. Un refrigerador de gas. La casa del Santaclarero quedaba un poco retirada. Decían que había sido de un arriero que llamaban así, Santaclarero, y ahí me cocinaban mi comida, el cocinero Miguel. Entonces subías un poco y había una casita, la aviación quemó la casita. Para llegar a mi cabaña había escalones de troncos rústicos y primero te encontrabas con la antesala del Ministerio de Relaciones Exteriores, que era así como llamábamos a la primera casa en el sendero, y que actuaba como un filtro para los visitantes. Ahí vivía Faustino Pérez. En otras pequeñas construcciones, todas hundidas en la vegetación, vivía la gente de Radio Rebelde —Violeta Casals, Jorge Enrique Mendoza, Orestes Varela— y los muchachos de mi escolta y la compañera Olguita Guevara, que era una especie de enlace mío con las familias campesinas más cercanas, tenía muy buena mano para tratarlo y que es la jefe de la primera unidad de mujeres combatientes de la Revolución: el pelotón Mariana Grajales, el nombre que adoptamos de la madre de Antonio Maceo y Grajales, el famoso guerrero cubano del siglo anterior. Uno noche los muchachos de la escolta, cuya casita quedaba casi enfrente de la mía, pero como a 50 metros en línea recta y vegetación mediante, se consiguieron una botellita de ron y comenzaron a reírse y a cantar. Hasta que yo decidí que la fiesta había que terminarla y les hice cuatro disparos con la Browning. Se salvaron que salí sin los espejuelos. Tenía además, como saben, un dentista, uno para mí nada más. Y un sillón de pedal. Un dentista y mi diente prieto. Sufría mucho con ese diente prieto. Carlos Borja, el capitán de Holguín, el hombre allí de la resistencia urbana, también era de mis inquilinos cercanos. Ciudadano de La Plata Alta. En otra de las casitas de la zona de dispersión. «En la guerra como en el amor todo es valido», decía. Era su justificación. Fusiló a alguna gente por allá, por el llano, unos bandidos, decía él. Después lo nombré para que se hiciera cargo de las balas, una especie de jefe de logística del amunicionamiento.

Una muestra de la cierta molicie —al menos en nuestros hábitos de guerrilla sedentaria— alcanzada en vísperas de la ofensiva de verano, es la circular n.º 1 del Ejército Rebelde. Se trata ahora de un documento ignorado o desconocido por los historiadores de la campaña de la Sierra Maestra y, hasta donde alcanza mi conocimiento, nunca antes había sido mencionado y mucho menos publicado. A no ser los pocos que tuvieron acceso a las 15 o 20 copias impresas en mimeógrafo, ha permanecido inédito hasta el presente libro.

CIRCULAR N.º 1

A TODOS LOS COMADANTES
A TODOS LOS CAPITANES DE PELOTONES
A TODOS LOS TENIENTES DE ESCUADRAS.

POR ESTE MEDIO SE ORDENA A TODOS LOS COMANDANTES, CAPITANES Y TENIENTES DAR CUMPLIMIENTO INMEDIATO A LAS INSTRUCCIONES SIGUIENTES:

1. ENSEÑANZA DE TODAS LAS ARMAS QUE TENGA EL PELOTÓN O ESCUADRA A TODOS LOS MIEMBROS DE LOS MISMOS. ESTAS PRÁCTICAS SE HARÁN SIN UTILIZAR PARQUE.

2. INSPECCIÓN CONSTANTE DEL ESTADO Y LIMPIEZA DE LAS ARMAS.

3. CHEQUEAR LA CANTIDAD Y CLASE DE PARQUE EXISTENTE POR HOMBRE.

4. LLEVAR UN RECUENTO DEL NOMBRE COMPLETO Y DIRECCIÓN DE CADA MIEMBRO DEL PELOTÓN O ESCUADRA, ASÍ COMO EL NOMBRE Y DIRECCIÓN DE UN FAMILIAR.

5. ENSEÑAR A LEER Y ESCRIBIR A AQUELLOS COMPAÑEROS QUE NO SEPAN Y OTRA INSTRUCCIÓN COMPLEMENTARIA.

6. REPORTAR LAS BAJAS POR ENFERMEDAD, TRASLADO U OTRO MOTIVO DE CUALQUIER MIEMBRO DE LA UNIDAD. NO SE HARÁN TRASLADOS SIN ORDEN EXPRESA DE LA COMANDANCIA.

7. En estados de alerta, mantendrá a todo el personal levantado a más tardar a las [ ]¹⁹ a. m. y preparado con todo el equipo para partir.

8. Tendrá especial vigilancia del descuido en el uso de las armas. Será severamente castigado todo aquel que hiriere o disparase accidentalmente a un miembro de cualquier unidad. Queda terminantemente prohibido el uso indebido de las armas.

9. Vigilar la disciplina en el sistema de guardia o postas y se mantendrán haya o no zona de peligro.

10. Enseñar las buenas costumbres a los compañeros para que no incurran en molestias a las familias sin motivos justificados, ya que son muchas las quejas que llegan por motivo de bestias prestadas y luego dejan abandonadas. Hay que tener especial cuidado en las relaciones con los vecinos.

11. Serán degradados y dados de baja todos los oficiales y miembros de nuestro ejército que se embriaguen en cualquier circunstancia. También queda prohibido en caso de combate ingerir la más mínima cantidad de licor.

Emitido por la comandancia el 6 de mayo de 1958, en la Sierra Maestra.

Fidel Castro Ruz.
COMANDANTE EN JEFE.

La principal ayuda económica a la Revolución procede de Julio Lobo. Mucho dinero que dejó caer en nuestras mochilas. Les digo mi apreciación de lo que estaba pasando. Él pretendía, a través de esa ayuda, pasar a ser el zar del azúcar cubano porque tenía una teoría que llamaba «la racionalización de la industria azucarera cubana», que en

19. Ilegible por defecto de la impresión en mimeógrafo.

el principio económico abstracto es buena, no se puede discutir. Cuba tenía 161 centrales azucareros, muchos muy eficientes y otros pequeñitos, que subsistían pero que no eran eficientes y su teoría era acabar con estos centrales. Desde el punto de vista económico puro era bueno, repito, pero desde el punto de vista social no, porque ¿qué tú hacías con esos empleados y trabajadores asociados a esos centralitos? Desde el 36 y pese a padecer del período denominado de las vacas flacas, el gobierno nunca permitió que se cerrara ninguna central. Julio Lobo tenía 14 centrales. Aunque su verdadero poder era que él le compraba a muchos otros centrales el azúcar a precio promedio y él especulaba con ese azúcar. Era el hombre que más azúcar *físico* controlaba en el planeta. Pero continuaba hablando de la racionalización mientras acumulaba centrales, por lo que ya quedaba en dominio de las principales instalaciones de producción de azúcar. Sólo faltaba, desde luego, que yo condujera mis tropas hacia la victoria y que desde el poder, graciosa majestad, decretara la obligatoriedad de la racionalización azucarera. A mí había algo que me preocupaba, no obstante. Y era el empeño —y la extraña decisión— con que todos los gobiernos prestaban oídos sordos a las pretensiones de Lobo. Y cómo garantizaban a través de un negociado llamado ICEA (Instituto Cubano de Estabilización del Azúcar) la buena marcha de los centrales pequeños e «ineficientes». El Gobierno era su garante. El Gobierno soltaba plata si era necesario. El Gobierno obligaba a una distribución proporcional de las ganancias. Hombre, yo no era ajeno a la esencia de lo que se discutía. Era por lo menos lo más parecido que podía encontrarse de la eterna batalla entre la reforma socialdemócrata y el capitalismo rampante. Ya me conocía los términos de la disputa y lo que significaba desde el punto de vista histórico. La aspiración de Lobo era a dinamitar una de las grandes resultantes (o si quieren véanlo como «logros») de la Revolución del 33. De manera que, desde las semanas anteriores a la ofensiva de verano, los emisarios de Lobo comenzaron a tocar a mi puerta en La Plata Alta. Unas semanas más tarde, con las tropas batistianas en franca retirada y desmoralizadas por el fracaso de su operación, a Lobo no le cupo la menor duda de quién era el vencedor de esa guerra. Así que los emisarios y el flujo de dinero se incrementaron. Yo los escuchaba y tendía la mano, con la palma hacia arriba. Escuchaba y asentía, con gesto de muda admiración.

25 de mayo - 18 de agosto

El ejército lanza su famosa ofensiva de verano sobre el baluarte rebelde de Fidel Castro concentrado fundamentalmente en una zona montañosa que toma como eje de irradiación el Pico Turquino. Durante casi 66 días de operaciones, una fuerza de 10.000 hombres del ejército regular, con unidades blindadas, apoyo de aviación de combate y cooperación de la Marina de guerra, no sólo fue incapaz de desalojar a los rebeldes de su ciudadela de la Sierra Maestra, derrotarlos y dispersarlos sino que, además, los jefes de esas unidades se dejaron rodear y derrotar por un enemigo doscientas veces inferior en número y sin preparación técnica militar.

Julio

Tercer despliegue guerrillero. El núcleo matriz realiza un nuevo fraccionamiento con el envío de dos guerrilleros veteranos —Dermidio Escalona y José Argibay— a través de canales de la clandestinidad para que organicen el frente guerrillero de Vuelta Abajo, en la región montañosa de los Órganos, El Rosario, en el extremo occidental de la isla.

La famosa ofensiva de verano de 1958 planeada por el G-3 del Estado Mayor del ejército consistía originalmente en reagrupar a los 20.000 hombres diseminados a lo largo de la Sierra Maestra y avanzar con ellos, en constitución de 14 batallones y 10 de reserva, de norte a sur sobre las posiciones de nuestras fuerzas. Pero ocurre que Batista sólo autoriza, en principio, cuatro batallones, por lo que condena la empresa en su nacimiento, y esto determina el primer devaneo a mi favor del general Eulogio Cantillo: mandarme el mensaje del que ya he hecho referencia diciéndome que la ofensiva (al igual que yo, Cantillo sabía de antemano que era un fracaso) se iba a desarrollar pero que me cuidara ¿Que me cuidara? ¿Cuidara para qué, Canti? Canti —como luego supe que le llamaba Batista. Sin embargo, la visión desde el lado rebelde tenía otros ribetes.

Empezaban —como se ha explicado anteriormente— por echarle la culpa del debilitamiento de las fuerzas revolucionarias y la posibilidad de éxito del ejército al fracaso de la huelga general decretada por la llamada «gente del llano» del Movimiento 26 de Julio, es decir, los combatientes de las células urbanas clandestinas, lo cual era una forma inmediata de deshacerse de gente que no estaba bajo mi control directo en las montañas y sacar del juego a esas fuerzas y trasladar la dirección, dejar todo el mando del Movimiento en mis manos, allá arriba, en los montes regularmente inaccesibles de la cordillera. El 9 de abril «fue un sonado fracaso que en ningún momento puso en peligro la estabilidad del régimen», dijo el Che. No tan sólo eso, según la visión de nosotros: después de esta fecha, el gobierno pudo sacar tropas e ir poniéndolas gradualmente en Oriente y llevando a la Sierra Maestra la destrucción. La defensa rebelde tuvo que hacerse cada vez más dentro de la Sierra Maestra (¡todo por culpa de esta gente del llano!), y el gobierno seguía aumentando el número de regimientos que colocaba frente a mis posiciones, hasta llegar al número —dijeron— de diez mil hombres (unos siete mil más que en la realidad, según mi cuenta final), con los que inició la ofensiva —según sus documentos oficiales— el 25 de mayo, en la dirección del pueblo de Las Mercedes, que era la posición más avanzada de mis fuerzas.

Para mí, sin embargo, la ofensiva comienza con más precisión el 16 o 17 de junio, porque es el día en que el coronel Corzo, de la fuerza enemiga, toma el cafetal de las Mercedes, y de ahí sigue para Las Vegas de Jibacoa, y es el momento en que yo estoy con Hubert Matos y con Celia en el Alto de Monpié y vemos desde esa altura cómo la aviación, los B-26, comienzan a bombardear La Vega, pero cuando yo veo los aviones me preocupo y corro hacia un refugio o una cueva que había por allí. Recuerdo que había tenido un escarceo en esos días con René Rodríguez, uno de mis compañeros más viejos. Hubert me había ido a ver al Alto porque había solicitado, más bien exigido, su incorporación a la batalla como oficial de línea y no, como decía él que lo tenían, cavando trincheras, y cuando él llega, yo estoy en una de mis diatribas de entonces contra René, por ya no recuerdo qué tontería, aunque sí me acuerdo de la diatriba, y después se aparece la aviación que está bombardeando Las Vegas como apoyo a la tropa del coronel Corzo, que también va a tomar esa posición, que está más arriba de Las Mercedes. Desplegó allí una habilidad que fue regar su personal por los potreros y sorprendió a nuestra gente. Estamos viendo el bombardeo y entonces yo le pregunto a Hubert que se proteja en el refugio y él me hace un gesto bastante despectivo y se queda solo en el firme contemplando el bombardeo cercano y hasta prendió un cigarrito. Yo lo miré desde mi refugio y rápidamente me di cuenta de que era a mí a quien estaba desafiando, se estaba burlando de mí, delante de todos mis hombres. Pasé por alto el incidente, hasta mejor oportunidad, y le dije que se fuera para Arroyo del Cacao, que es una de las vías de acceso a la comandancia de La Plata, y que allí estaba Paco —el capitán Francisco Cabrera. Entonces, el 19 de junio, se enfrenta a la tropa de Sánchez Mosquera en Arroyo del Cacao. Sale bastante bien de esa operación porque logra hacerle una importante mortandad a su tropa, pero no les dio oportunidad de cogerles ni un fusil de los muertos, tan duro y nutrido era el fuego de riposta que les hicieron. Fue una barrera infranqueable de fuego y plomo.

Años después, cada vez que me llega informe de las correrías contrarrevolucionarias de Hubert por Miami, por algún lado salta el episodio. El prólogo de mi bronca con René es un lugar común suyo a la hora de emprender esta narración. «A René Rodríguez lo insultaba todos los días —leo—. Él es así. Fidel. La cogió con insultar a René. Y eso que estábamos en la Sierra y pasando todas las penurias y que él era el jefe. Un día, antes de la ofensiva [de verano de 1958] de Sánchez Mosquera, luego de que nos bombardearan *cerquita* de la comandancia de La Plata, Fidel sale de la cueva en que se había refugiado y me mira con tremendo rencor porque yo no había corrido a esconderme. Y me dice: "En cualquiera de los casos, como tú eres más nuevo que Paco [el comandante Francisco Cabrera], no asumas el mando". Fidel sabía que yo había hecho mi calificación como oficial de línea, pero me quita el mando. Lo que me ha dejado de mi guerrilla de 14 hombres son cuatro, y yo cinco, cinco guerrilleros armados, y el de la escopeta, y al día siguiente me manda Fidel dos más, y cinco que tenía Paco... Cuando estoy con Paco en el Alto del Berraco, le digo:

»"¿Para dónde está Sánchez Mosquera?".

»"Coge los prismáticos y mira, allí está Sánchez Mosquera con más dc 300 hombres. En aquella falda de aquella loma. Mira.".»

Hubert ha tenido «su discusión» conmigo y se ha dado cuenta —dice— de que yo no asigno nunca una misión *claramente* —a las claras, quiere decir— sino que dejo las cosas por su propio peso; si salen bien es mi victoria, si salen mal, trituro al oficial. Vaya descubrimiento. Cada vez que se encuentra un periodista con ganas de escucharlo, Hubert le suelta lo mismo. Parece que demuestra mi maldad intrínseca con ese tipo de declaraciones. Un buen método de dirección —liberal en extremo, si se quiere—, es convertido en un instrumento diabólico por cuenta de que sea yo su usufructuario.

Claro, habíamos tenido una bronca anterior —también delante de toda la tropa— por no sé qué malacrianza de Hubert, no recuerdo si unos hombres o unas armas, o ambos, que estaba requiriendo, bronca en que se han soltado palabrotas y Hubert me ha entregado el M-3 y yo no lo he cogido y, recuerdo que, extrañamente, Celia se ha escabullido de la bronca, y ahí se ha quedado sobre la tierra, un buen rato, el M-3. Luego lo mando a buscar. Celia me ha regañado. Dice que conoce a Hubert de Manzanillo y que era allí muy buen profesor y que incluso lo tildan de comunista. Llamo a Hubert y le digo que allí no ha pasado nada. Tengo ese desprendimiento con él y lo mando de jefe de la construcción de unos refugios. Luego lo manda a buscar a aquella cuesta porque Hubert insistía en que era un oficial de línea que se había probado en el combate y que sabía construir muy buenas trincheras y es cuando él dice que me ve acobardarme —«se apendejó»— con los aviones. Entonces por fin lo mando a reforzar a Paco Cabrera.

Me sacudo la tierra del uniforme y le digo:

«Hubert, yo creo que sería bueno que reforzaras a Paco. ¿Qué tú crees? Para que él no esté solo allí». Hubert dice que encantado. En camino.

Llega a donde Paco.

La eficiencia de la Fuerza Aérea del Ejército de Cuba, según los agregados aéreos de Estados Unidos e Inglaterra, era notable. El sistema de mantenimiento de los diversos equipos y los programas de entrenamiento incluyendo tiro de aire a tierra y tiro de rockets fue igualmente celebrado. Al menos era la información con la que «Winsy» Tabernilla, el brigadier jefe de la aviación, se solazaba y hacía que llegara al buró del presidente. Pero el agregado aéreo inglés, en sus propias ponderadas palabras dijo que: «el mayor problema de la Fuerza Aérea, es localizar a los rebeldes para ser atacados». Cuando supuestamente, según Hubert, yo salía disparado hacia el refugio más cercano ante la proximidad del terrorífico ronroneo, no tuve conocimiento de ese «mayor problema de la Fuerza Aérea». Por su parte, según otro militar batistiano, «el inglés descubrió el agua tibia». Así se mofó el teniente coronel Marcelo Tabernilla, jefe del escuadrón de bombarderos B-26 —un auténtico piloto de combate pese a sus lustres reprimidos por el nepotismo—, del diplomático inglés. Nepotismo porque Marcelo era, por un lado, hermano de «Winsy» Tabernilla, el jefe de la aviación como se ha visto, y por otro, hermano del brigadier «Silito» Tabernilla, jefe de la División Mixta Alejandro Rodríguez y de la casa militar del presidente, a su vez que hijo del mayor general Pancho Tabernilla, jefe de todas las fuerzas de aire, mar y tierra de la República. Pero la referencia del inglés revelaba un problema del que a mí, quizá si hubiese estado en su conocimiento, me hubiese ahorrado las humillantes carreritas y del que los informes de inteligencia americanos alertaban. La actuación de los B-26 de la FAEC contra los rebeldes comenzaron realmente a principios de 1958. Consistían mayormente en una suerte de ataques individuales sobre objetivos casuales, sobre los llamados blancos de oportunidad. La utilidad operacional estaba inhibida por la falta casi total de cooperación entre las fuerzas de tierra (ejército) y la fuerza aérea, que convertía la inteligencia sobre la localización de las posiciones rebeldes en inoperante a la hora en que los ataques aéreos se establecían. Es decir, llegaban tarde. Por otra parte, las tripulaciones se mostraron ineficaces en detener las líneas de abastecimiento de los rebeldes a lo largo de la costa norte.

La FAEC había recibido sus dieciséis B-26 en 1956 bajo las concesiones de ayuda del MDAP, seguidos de dos reemplazos en 1957 por las dos máquinas que se perdieron en accidentes de novatos, esto es, bastante tiempo antes de que comenzaran las hostilidades, y se estacionaban en Columbia y fueron serializados en un rango entre el 901 al 935, con los números pares saltados, quizá para dar la impresión de tener más Invaders que los existente en realidad.

Pero los americanos tenían la impresión de que la FAEC nunca se sintió «confortable» con sus B-26, y patrocinaron un Team Móvil de

Entrenamiento para enviarlo a Cuba y asesorar. La secuencia de revueltas, asonadas, alzamientos, sublevaciones y brotes guerrilleros interrumpían constantemente los planes. Finalmente, la misión se las agenció para completar en agosto del 57 un programa de entrenamiento de 23 pilotos. La sublevación de Cienfuegos pocas semanas más tarde y el uso de esos pilotos con calificaciones de excelentes y sus mismos bombarderos en el sofoco de la sublevación dio término a cualquier otro programa de entrenamiento futuro y a que los americanos pudieran volver a poner una mano en estas joyitas de apoyo a tierra de fines de la Segunda Guerra Mundial que tan mansamente le entregaron a Batista para que enfrentaran la invasión soviética que algún día habría de venir del oriente.

Vale la pena apuntar que, por la fecha del relato del comandante Hubert Matos, el avión que provocó la pequeña sesión de desplazamiento de su jefe de entonces, es decir, yo, tiene que haber despegado de la base avanzada de la FAEC en Camagüey, habilitada como escalón táctico para acciones de apoyo aéreo en el teatro de la Sierra Maestra en víspera de la ofensiva de verano y para la que el teniente coronel aviador Felipe Catasús Pazos fue designado en la jefatura de operaciones.

«Paco —dice Paco que le preguntó Hubert cuando llegó al Alto del Berraco—. Paco, ¿Fidel te mandó hacerle frente aquí a Sánchez Mosquera?»

Dice que Hubert estaba observando el terreno y, como pensando, dijo en voz alta: «Ese cabrón de Sánchez Mosquera tiene que subir esta cuesta que es ventajosa para él. Y hay un cerro que el enemigo puede ocupar».

Paco lo miraba en su maniobra de exploración a través de los prismáticos.

«Ummm», expresó Hubert.

«Y tienen los aviones, los de reconocimiento, que si no atacan, van a informar. Esta posición sirve si tuviéramos muchos más hombres pero si no podemos cubrir el cerro para evitar que lo capture el enemigo, estamos vendidos. Esto es lo que estoy pensando.»

Hubert mantenía los prismáticos encajados en los ojos y con la nariz arrugada como si él también confiara en el uso de ese gesto de universal aceptación para aguzar la vista.

«Sánchez Mosquera es el bárbaro —dijo Hubert. Bárbaro, entre cubanos, es alguien excelso en un oficio—. Y es listo. El más listo. Nos quitan las armas y nos matan y Sánchez Mosquera sigue por ahí hasta La Plata y coge a Fidel y se acaba la Revolución.»

«Pero yo no me voy a cambiar de posición —dice Paco que le dijo a Hubert—. Fidel me va a fusilar si me cambio.»

«Vamos a darles duro con poquitos hombres, Paco, pero vamos a darles con efectividad, como podamos pero vamos a darle —dice Hubert—. Pero no vamos a regalarnos y que nos maten a todos.»

Los rebeldes teníamos confianza entre nosotros y así que esa discusión de jefes era delante de todo el mundo.

«Bueno —dice Paco que le dijo a Hubert—. yo tengo que ir a consultar.»

«Yo —dice Hubert—, yo bajando de la Maestra para acá he echado muchas horas, y ahora, ¿cómo tú vas a ir a consultar? ¿A qué hora tú piensas que vas a llegar de regreso?

«Antes de que comiences.»

«¿Los tiros?»

«Yo voy, yo voy.»

«Bueno, dile a Fidel que estoy trasladando la posición.»

«Entonces no voy.»

«Coño, Paco.»

«Bueno, pero no me responsabilizo.»

«Al menos yo y mis hombres vamos a cambiar de posición. Tenemos que ganar la guerra, no que nos maten.»

Desafío y desacato. Ahora sumaba el desacato.

«Pero saliendo tú, yo estoy moviendo la posición», alcanzó Hubert a decirle.

La tesis —según Hubert— era daño al ejército pero, nosotros, mínimo.

Otro teórico militar. No me bastaba con el Che y aparece Hubert. Pero el Che tuvo la delicadeza de reservarse sus opiniones para después de la guerra y de pasar por escrito sus opiniones. Nunca las puso en tela de juicio delante de toda la tropa.

«Y dile a Fidel que yo te di instrucciones de cambiar, así se lo dices, y que la responsabilidad es mía.»

Luego sabremos sus disposiciones. Nada que le hubiese quitado el sueño a Von Klausewitz.

Hubert revisa el terreno y calcula que Sánchez Mosquera va a coger por el arroyito que corre a la vera, el Arroyo del Cacao. El camino cruzaba en diagonal el Arroyo del Cacao. Ya Hubert tenía fama en la Sierra de construir trincheras buenas. Yo lo llamaba el jefe del Cuerpo de Ingenieros. Trabajaba por intuición. Construía unas trincheras muy sólidas, con piedras en parte y en parte cavadas en la maleza. Para esperar a Sánchez Mosquera hicieron una en forma de letra ele. Así. L. Una ele mayúscula. Pusieron una trinchera de piedras en el cauce del río, de las mismas piedras del río, fáciles de mover. Allí había un alto en donde puso un hombre para que disparara con un fusil Remington y que hiciera tiros salteados. No necesitaba mucha puntería para hacer estragos. Estará a 35 o 40 metros. Se puede unir al resto de la fuerza por atrás, después de disparar. Tenían dos caminos de retirada. Por atrás o por el mismo arroyo, protegidos por un alto con su nivel. Un campesino al que los guardias le habían quemado la casa, le traía informes. «Ya vienen.» Sánchez Mosquera no necesitaba vigilancia. Porque se le oía venir. Tenía una táctica. Era buena y era perjudicial. Buena porque impresionaba. Como tenía mucho parque, muchas municiones, usaba tres o cuatro fusiles ametralladoras Browning (BAR) que colocaba con unos negros enormes, muy valientes, en la punta de vanguardia, y avanzaba tirando con esos fusiles pero con cierta cadencia, impresionaba, cuatro o cinco armas de esas en el monte y de vez en cuando un morterazo 81, parecían que era la muerte. Sonaban como eso. Como sólo puede sonar la muerte. «Están a 500 metros.» Parecían más que la muerte. Había que tener los nervios de plomo para no impresionarse. Entonces Paco Cabrera ya me ha consultado y me ha hecho el cuento hasta el momento en que salió y tiene mis instrucciones y le dice a Hubert que por el camino de regreso oía el avance de Sánchez Mosquera. Le dice a Hubert: «Dice Fidel que está bien. Pero que luego lo vayas a ver».

Tenían a Robertico, el ayudante de Paco, con una pistola 45.

«Bueno —le dice Hubert—, tú vas a estallar la mina.»

En esos casos, era costumbre, nadie dispara hasta que el jefe no suelte la primera ráfaga.

«En cuanto tu me oigas tirar —le dice a Robertico—, conecta la mina.»

Ya están delante. ¿Cuántos? Unos 30 hombres de punta de van-guardia, un poquito lejos aún. La mina está sembrada en la hierba y los cables eléctricos camuflados. Hojas arrancadas a última hora para que no se marchiten. No se aprende en ningún manual. Nunca lo he visto escrito. La punta de vanguardia cayó. Como si el piso se desplo-mara. Todos cayeron. Después de un minuto. Sánchez Mosquera se re-cupera. Es como un tigre. Saca las pezuñas con rapidez. Es el hombre que le dice a los suyos «tiren sin importar la gente nuestra que está en el medio. Ya no cuentan», y tiran tanto que Hubert ni ninguno de los suyos puede saltar a coger armas, porque él había instruido que cuan-do gritara «Cacao», todos a recoger armas, pero lo que les está ponien-do Sánchez Mosquera es un carnaval y allí no hay quien salte y si lo ha-cen la victoria se va para el otro lado y tampoco pudieron tirarse por el arroyo, después de cuatro o cinco minutos tratando de recoger armas, tienen que retirarse. Siempre se escapan algunos si la mina es grande, un estruendo que desconcierta, la punta, donde siempre traen los hombres buenos, son los que se mueren, que es algo que siempre de-sanima, y preparamos para otra emboscada, pero cuando se reagrupa-ron, abrieron los pinzas, y estábamos ya en la otra emboscada esperán-dolos 3 horas, cuando se nos aparecieron con las pinzas, y no, qué va, quién se va a meter en esa candela, si han regado a todo el mundo, y es así que nos retiramos, y luego vino un forcejeo que duró 35 días, y al cabo estuvieron derrotados pero hubo un momento, el 28 de junio, que lo vimos todo perdido, me cuenta Paco que se decían entre ellos.

El regreso de Sánchez Mosquera

La defensa rebelde tuvo que hacerse cada vez más en profundi-dad, dentro de la Sierra Maestra, y el gobierno seguía aumentando el numero de regimientos que colocaba frente a nuestras posiciones, y si bien en el transcurso de la ofensiva se demuestra la poca efectividad combatiente del ejército batistiano, también se evidencia nuestra es-casez de recursos: 200 fusiles hábiles, para luchar contra unas 10.000 armas de todo tipo; era una enorme desventaja. Nuestros muchachos se batieron valientemente en Las Mercedes —nuestra posición más avanzada— durante dos días, en una proporción de 1 contra 10 o 15; luchando, además, contra morteros, tanques y aviación, hasta que el pequeño grupo debió abandonar el poblado. El capitán Ángel Verdecia comandaba esa tropa rebelde, un mes más tarde moriría valerosamente en otro combate. Hubert ya está de regreso de Arroyo del Cacao y decido situarlo en una posición casi al pie de la comandancia de La Plata, y ahí lo separa de Paco pero le manda a Leonel Rodríguez, un bravo capitán.

Es un período en que los dos nos estudiamos. Pero Hubert, al decir cubano, es mucho «más manso» que yo. Es decir —un ejemplo— Hubert «aún confía en los hombres». Si me estudia, es por un ejercicio de conocimiento. Por una experiencia intelectual. Para tratar de conocer el mecanismo humano del jefe de una revolución, o de una insurrección por lo pronto. Esto desde un punto de vista sublimizado. En realidad, él no sabe por qué me estudia aunque yo sí lo sepa: porque su intuición le está diciendo que se cuide de mí. Para mí, no. Para mis efectos es un ejercicio que tiene que ver más con la conducta animal —no se está menospreciando el mecanismo, por Dios— y con la asunción del poder que se produce en la formación de las manadas, de los clanes. Porque yo no te estudio. Yo te *velo* —la fórmula campesina cubana de mantenerte la vigilancia: velar—, y te olfateo, te intuyo, y de ahí que es lo terrible para mis enemigos aunque aún ni siquiera sepan que son mis enemigos —actúo. No se ofendan porque les hable con absoluta claridad. El pacto supuesto desde la primera página de este libro es hablar con claridad.

Hubert era capitán, y tenía 11 hombres contando a Leonel.

Cuando terminó su línea de trincheras en la posición asignada, y está —dicen— contento, e inspecciona el terreno, y sobre todo después de hacer un examen minucioso, descubre que Sánchez Mosquera se puede colar por un flanco y tomarnos un cerro, que tiene detrás, y burlarse de él y de Lalo Sardíñaz (el capitán al mando de una bravía guerrilla que era su vecino en el flanco izquierdo de estas líneas de defensa de La Plata) y me mandó un mensaje por escrito donde me dice que la posición no está buena, y que el enemigo es listo y puede tomar el cerro y seguir directo para La Plata, así que —dice— la posición correcta es donde se unen los dos caminos, el que viene de Santana y el que viene de Santo Domingo, porque ahí también puede vigilar el cerro, que era de vegetación muy tupida. Es un monte cerrado de tibisí, bejuco, aromas. Por ahí en realidad yo estoy pensando que no pasa nadie. Pero ahora voy a pensar mejor la cosa. De donde están ellos hasta La Plata, son dos horas de camino para arriba, una para abajo. Entonces le respondo el recado.

«Si seguimos retrocediendo, les vamos a entregar la Maestra. No te muevas de donde te dije. Quédate ahí.»

No ha pasado un rato y me contesta con otro papel.

«Comandante, si tengo que parar al enemigo, usted sabe mi conducta. Aquí no se trata de esto. Si dentro de los capitanes suyos hay uno dispuesto a morirse, yo acato sus órdenes, pero la responsabilidad [de lo que allí ocurra] es completamente suya.»

Allí, donde estaban, no se puede llegar de día. Los batistianos tenían una ametralladora de calibre 30 en la loma del frente, y todo lo que subiera o bajara hacia —o desde La Plata— ellos lo ametrallaban. Al anochecer me aparecí en su línea de defensa, sin camisa, todo sudoroso, la camisa la traía en la mano. Siempre algún ayudante conmigo.

«¿Qué es lo que pasa?»

«Se lo he explicado en dos papeles.»

Venía descompuesto, lo confieso. Descompuesto es de mal humor. De muy mal humor.

«No podemos hacer nada si nos coge de arriba para abajo —me explica Hubert—, así que si lo que usted quiere es lo que usted me ha dicho, de que si le ganamos a Sánchez Mosquera, ganamos la guerra, usted sabe... Yo tengo aquí 23 hombres...»

Me atuso la barba, miro a derecha e izquierda, elevo la camisa frente a mis ojos, saco los dos tabacos que traigo y le alargo uno a Hubert y yo cojo otro.

«¿Tú tienes fósforos? —le pregunto—. ¿No hay problemas aquí con la lumbre? ¿Ummm?»

«Aquí no —dice Hubert—, no tienen ángulo ni distancia para detectarnos.»

«Bueno —digo—, a ver. ¿Por dónde tú dices que se nos cuela Sánchez Mosquera?»

Hubert me explica. Yo fumo, lo oigo. Están buenos estos cazadores.

«Bueno —digo—, correcto. Por la mañana tú mandas a Leonel para el cerro.»

Y así quedan las cosas, Leonel allá arriba y Hubert en la base.

Un cerrito cabrón aquel. Medido al nivel nuestro, sería de 100 metros de altura.

Así fueron las cosas y con todo y eso les tomaron el cerro, para qué decirles otra historia. Leonel era muy confiado y hubo que recuperar el cerro en una acción suicida.

Ahora permítaseme un breve momento de canto y celebración de mí mismo. Pero... ¡Qué imagen esa! El jefe de la Revolución desesperado por cubrir de improperios a uno de sus capitanes, uno particularmente contestatario o, como se dice en el argot, «respondón» o «atravesado», que en el fragor de la ofensiva enemiga en marcha debe aguardar toda una tarde para tomar un trillo desguarnecido que está al alcance del fuego de una ametralladora batistiana de calibre 30, para llegar hasta la posición donde está su hombre. La imagen a preservar es la de este hombre joven, barbudo —yo mismo, cojones—, que se ha despojado de su camisa y llega con el torso desnudo, con los ojos brillantes por los impulsos de la agresión a su capitán que cocina su alma y con la palpitante capa de sudor restallando bajo la luz de la luna y la respiración entrecortándole la voz enrojecida que dice: «¿Pero qué cojones es lo que está pasando aquí?».

Debo ahora aceptar que Hubert Matos no sólo tuvo la pasta de persuadirme de sus razones aquella noche sino que aún hoy —es lo importante— resulta un extraordinario proveedor de imágenes. Yo no olvido aquella noche en que descendí por aquel trillo para cagarme en su madre pero siempre me ha resultado incomprensible que a la hora de hacer el mismo cuento, no escatime ninguno de esos intensos detalles que tanto me enaltecen. Es comprensible que ofrezca los recuerdos de los mejores momentos de su vida atesorados en los 30 años de cárcel que el mismo comandante al que le puso a resguardo su comandancia le impone. Hubert hubiera sido, sin duda, un formidable realizador cinematográfico, de esos medio filósofos, y productores de escenas lentas, recreadas. Otra imagen que provee es la del último día en la Sierra Maestra del comandante Sánchez Mosquera. Me la contó a mí, que también estuve allí, pero reconozco que no tengo esa capacidad de narrador. Hubert lo hizo con tal elegancia y dominio de la escena que esta el día de hoy permanece indeleble en mi memoria pero por su cuento y no por lo que yo vi. Herido, bajo la lluvia, de noche, y un helicóptero en una maniobra imposible de vuelo nocturno entre las montañas y que desciende en Santo Domingo para rescatarlo y Hubert con su guerrilla a la distancia de la primera garita del campamento de los guardias que ya han ido retrocediendo dentro del perímetro de su propio establecimiento, Hubert haciendo anteojos con las manos y apretando la mirada, forzándola, hacia aquel lugar a sólo unos cordeles de distancia en que el Bell de carlinga plástica comienza su trepada.

Recuerdo que nuestros hombres llegaron tan cerca del enemigo, que una noche el comandante Duque y un guardia se fajaron a piñazos. Era bastante oscuro. Los dos se sorprendieron cuando se tropezaron. Cada uno con su Garand y no atinaron a disparar, ninguno de los dos.

Mucha concentración de personal de los dos bandos allí. De los guardias y de nosotros.

Bien atrincheradas esas fuerzas allí, con alambres de púas, alrededor del campamento. Nosotros llegamos hasta las garitas de protección exterior, ya abandonadas, amanecimos en las narices del campamento, sin hacer otra cosa que disparar. Qué tristeza para Sánchez Mosquera, de estar atacando a que te ataquen. Estuvo ahí hasta el 26 de julio, cuando lo sacaron. Lo hirieron en la retirada. Yo lo tenía cercado, bien cercado. El 29 contraatacamos en los accesos de La Plata y la ofensiva terminó el 30 de julio. Muy poca comida o ninguna, y con todo, es la ofensiva. Aunque, en medio de todo eso el cerro famoso de Hubert estuvo otra vez en disputa, porque el 9 de julio Sánchez Mosquera se metió solo por el cerro, y comenzó un mano a mano a unos 20-25 metros de la gente de Hubert, y les tiraron unas granadas de mano y desde arriba los sorprendimos, y creo que ése fue el último, verdadero contacto de combate.

«¿Lo viste alguna vez, Hubert?»

«Lo vi de lejos, en medio de las acciones, es decir, al final, cuando bajó un helicóptero y se mantiene con el motor encendido hasta que suben como tres personas.»

Tengo información de que está vivo, que anda por Miami. No tiene otra alternativa que rendirse, recuerdo que le dije a Hubert el 25 de julio. «Tiene que rendirse», y se nos escapa el 26 de julio. Creíamos que tenía un tiro en el cuello. En realidad, era en la cabeza, de lo cual nunca se recuperó totalmente y que lo obliga a caminar cojeando y que lo hace un hombre huraño y apartado, muy poco amante de las relaciones sociales, o de las reuniones con amigos.

Pasamos por el cementerio que había allí, dentro del campamento de Santo Domingo, donde tenían los muertos que les habíamos hecho.

Aníbal Hidalgo, uno de los muchachos de mi escolta, me fijo una vez que tenía la gorra de Sánchez Mosquera. La cogió allí, Aníbal fue uno de los primeros que ingresó en el perímetro de los guardias y vio la gorra en la hierba. Hecha con lo que él llama «la tela antigua». La conserva durante mucho tiempo. Un guardia se lo dice. Quedaban allí soldados. Prisioneros, claro. Deambulaban. «Esa gorra es de Sánchez Mosquera», le dijo. Sí. Con sus manchas de sangre. Se la echó en la mochila y a cada rato se la calaba.

La ofensiva de verano y lo que debía aprenderse
—y se aprendió— de Fulgencio Batista

En mayo de 1958, los planes de defensa que he elaborado comienzan a ponerse en práctica. El Che pasará esta etapa apartado de su columna y pendulando desde la escuela de soldados, donde se acelera la preparación de los combatientes en Minas del Frío y Radio Rebelde, donde he instalado mi cuartel general. Quiero ocuparme personalmente de los detalles. El 19 de mayo se produce el encuentro de Las Mercedes. El 25, una ofensiva general de las fuerzas gubernamentales avanza sobre la sierra. Supuestamente son —al final— 14 batallones, apoyados por artillería y blindados. Sánchez Mosquera al mando de dos batallones se ocupará de Santo Domingo y La Plata. El comandante Corso se dirige con su tropa hacia Las Mercedes. Una tercera columna compuesta por tres batallones accede a la región desde el mar. La idea es que en una operación de tenazas las tres agrupaciones provoquen un desplazamiento de nuestras fuerzas hasta la zona de La Plata donde se intentará aniquilarnos. Yo, por mi parte, cuento con cuatro columnas al mando de Crescencio Pérez, Almeida, Ramiro y el Che que encabezaría la flamante columna 8 integrada por los inexpertos alumnos de la escuela. Camilo se encontraba en el llano con sus hombres. Las columnas guerrilleras formaron un cerco de defensa alrededor de la comandancia. En la Herradura se producen los primeros combates que se mantendrán todo el día. Al anochecer cesan las acciones. Los gubernamentales han tomado Las Mercedes y siguen avanzando. Decido tomar personalmente la dirección de la defensa. Almeida y Ramiro detienen a los soldados después de seis días de intensos combates. Pero el mes de julio nos encuentra en franco retroceso y los hombres del ejército de Batista consolidados en Las Mercedes. El Che coordina las operaciones entre los diferentes frentes donde se lucha intensamente. Temo lo peor, que la línea de la llamada «Habanita» esté a punto de quebrarse. Entonces ordeno el abandono de la zona de La Mesa y llamo con urgencia a Camilo. Almeida retrocede y suma fuerzas con Ramiro y Guillermo García. El 20 de julio las fuerzas gubernamentales presionan en todos los frentes. Yo decido reagrupar los efectivos e intentar una última defensa. De fracasar, he decidido ordenar a mis hombres disolver las columnas, que implicaría de hecho el retorno al punto de partida, Alegría del Pío. El temor es que la derrota traiga aparejado una represión generalizada contra los campesinos que los militares identifican —con toda razón— como la fuente de alimentación de la guerrilla. Yo sé que está en juego no sólo el destino de mis fuerzas, sino también gran parte de las vidas de los pobladores de la zona.

Las tropas de Batista controlan Las Mercedes, Vegas de Jibacoa, la totalidad de los accesos a la costa, Santo Domingo, Minas del Frío y cercaban La Plata. Los acontecimientos sólo hacen predecir el peor de los escenarios. La comandancia puede caer en cualquier momento y el desbande es la posibilidad más cercana. El 23 de junio se produce un hecho fundamental que comienza a revertir la situación. Ramón Paz, con su grupo, embosca a un pelotón batistiano cuando están por cruzar el río de La Plata y le causan gran cantidad de bajas entre los batistianos. De inmediato yo formo pequeños grupos que a marcha forzada acuden a los lugares donde los militares producen la mayor presión sobre nuestras líneas. El arribo de Camilo con sus hombres inyecta oxígeno a nuestras agotadas fuerzas que han sido obligadas a duplicar esfuerzos para detener el avance de Sánchez Mosquera. Por otro lado, el Che, a instancias mías, toma el mando de una pequeña fuerza de tarea que hostiga a las tropas que se encuentran en las Minas. El 21 de julio, mientras los batistianos ocupan la zona de Minas del Frío donde funciona la escuela, yo con mis hombres pongo sitio a El Jigüe. El 22, después de un prolongado sitio, ofrezco la mediación de la Cruz Roja para que los soldados de Batista se rindan a nuestras fuerzas. El 28 de julio, Sánchez Mosquera se enfrenta con las tropas de Lalo Sardiñas en Santo Domingo. El resultado del enfrentamiento es favorable a nosotros, los rebeldes, y se producen 20 bajas. En Vegas de Jibacoa, que ya ha sido recuperada, haremos entrega de 253 prisioneros.

Recuperación de la Sierra Maestra. Completa. A fines de julio, la movilidad de las pequeñas guerrillas dentro del cerco que yo había planificado, rinde sus dulces frutos. De cercados casi al borde de la rendición, nos hemos convertido en sitiadores que ponen condiciones de rendición de sus enemigos. Quedan algunas batallas. El Che, que sitia al capitán Durán, lo conmina a la rendición en un encuentro a medio camino entre las fuerzas en pugna. Durán le ofrece a Guevara toda la comida que posee a cambio de un corredor para evacuar sus fuerzas. El Che le ofrece media hora para rendirse incondicionalmente. Poco más tarde, los batistianos salen de sus posiciones apostados por una tanqueta en busca de una ruptura del cerco. La tanqueta se rompe y es abandonada por los soldados. Los insurgentes capturan a una gran cantidad de enemigos y el resto huye protegidos por la selva. Por otro lado, ante los resultados positivos y aprovechando el desconcierto de las tropas de Sánchez Mosquera, yo ordeno la recuperación de Las Mercedes. Pero los correos informan sobre la llegada de una columna de soldados apoyados por blindados. Se aproximan por el camino de Sao Grande. El 5 de agosto logramos detener el avance de la columna batistiana, que hemos sometido a un permanente hostigamiento. El 7, los batistianos se repliegan. Su derrota es definitiva.

En dos meses, hemos recuperado la totalidad de la Sierra Maestra, se le han producido más de mil bajas a las fuerzas gubernamentales, hemos obtenido gran cantidad de armas, incluido un tanque. De nuestra parte, tenemos 50 bajas, entre las que están Ramón Paz, René Ramos Latour y Geonel Rodríguez, uno de los redactores del diario *El Cubano Libre*.

El mando militar había lanzado la ofensiva en una estación particularmente desfavorable para el tipo de campaña que pretendía conducir. Requerido para proteger la zafra azucarera entre enero y mayo, la movilización masiva para la ofensiva general era sólo posible entre junio y diciembre —la época de lluvia en la isla. La lluvia impidió dramáticamente los propósitos del ejército por avanzar dentro de la Sierra Maestra. Los destacamentos motorizados y las unidades blindadas se fueron inmovilizando lentamente en la campiña. Tan temprano como en junio, los partes del frente oriental indicaban que la ofensiva se estancaba «en un mar de fango». Días más tarde, virtualmente todos los movimientos del ejército se reportaban «paralizados por las torrenciales precipitaciones», interrumpiendo las comunicaciones y abreviando los patrullajes de las tropas.

No todos tus aliados son tus amigos ni todos tus enemigos
quieren tu cabeza

«¡Coño, que este negro me aguante y de tiempo para poder organizarme!»

Algunos compañeros muy cercanos recordarán haberme oído decir esto a mediados de agosto apenas derrotada la ofensiva gubernamental. El enemigo se desmoronaba y yo aún no contaba con la estructura que asumía como imprescindible para tomar el poder. La estructura del poder absoluto. Era imprescindible para hacer la Revolución. Donde tuviese que compartir el pastel, el proyecto se iba al diablo. Había muchos grupos revolucionarios fuera de mi control. Me martillaba constantemente Lenin y su punzante frasecita. En efecto, la cuestión esencial de la Revolución es el poder. Dios te tenga en la gloria, Vladimir Illich.

Pero había algo que escapaba a mi entendimiento, a mi capacidad de comprensión. Y cuando esto ocurre y sobre todo cuando tú eres el jefe de una revolución, en cualquier estadio que ésta se encuentre, tu no puedes soltar el asunto. Tienes que macerarlo hasta que suelte todo su jugo. Lo que yo no entendía en su exacta dimensión era el juego de Batista. Y no comprender la jugada final de un hombre tan peligroso como Fulgencio Batista me alarmaba.

Me concentraba en ese pensamiento mientras atravesaba a pie los campamentos donde vivaqueaban las fuerzas rebeldes; a mi lado, Celia, tan solícita como silenciosa y ya acostumbrada a mantenerme el paso, una zancada mía equivalente a dos o tres pasitos de ella, pero que era una distancia que había aprendido a ganar con levedad y gracia y sin hacerme sentir nunca que estaba corriendo, y quizá al otro lado, el Che, o Camilo, y no me llevaba las manos a la espalda y las sostenía allí, sobre la rabadilla, para no recordarme yo mismo a Napoleón, y me ayudaba desde luego con mi tabaco en una mano y todas las maravillas de gestos manuales y faciales que te puede proveer un tabaco, y con la otra mano agarraba la correa de mi fusil, casi siempre a mi izquierda porque, aunque soy diestro, mi mano favorita para la fuma es la derecha, siendo el caso este de que, si no voy a combatir, suelo llevar el fusil a la izquierda. Y así voy atravesando el campamento en la noche mientras pienso en una frase de Lenin y en no parecerme a Napoleón. Qué Lenin ni Napoleón ni un carajo. Lo que estoy es obstinado con Batista.

No tuve la respuesta hasta el 10 de agosto. Según se ha publicado ocasionalmente en nuestra prensa y algún libro, para ese día yo había impulsado una gestión ante el teniente coronel Neugart de las fuerzas de Batista. El objetivo era entregar sus prisioneros ante la Cruz Roja. El Che, Celia y yo —según la candidez de esa versión— nos sentamos a la mesa de negociaciones con el militar, que para empezar preguntó sin tapujos sobre el efecto que causaría la noticia de un golpe militar que derrocara al dictador Batista. Le realidad es bien diferente —y lo confieso ahora por primera vez— pero el teniente coronel Fernando Neugart, que era abogado, del cuerpo jurídico del ejército, de quien recibió órdenes de visitarme en la Sierra Maestra, fue del propio Batista. Simplemente aprovechó el intercambio de prisioneros y la sombrilla protectora de la Cruz Roja para enviarme su emisario. Neugart jamás habló de golpe de Estado. Se limitó a mencionar a algunos altos oficiales en abstracto que de cualquier manera estaban deseosos de terminar con aquella guerra fratricida. Yo me di cuenta de que era un mensajero de Batista precisamente por sus preguntas de sondeo. Se lo extraje sin muchos rodeos y a su vez cuidándome de no levantar las sospechas de mis propios compañeros. «¿El presidente, sabe usted, está aquí?» ¡Dije presidente! «Desde luego», respondió. Carajo, me dije. No existen tales altos oficiales. Existe un alto oficial. El mayor general Fulgencio Batista y Saldívar, M. M., M. N., M. P. y C. De H.[20] Acababa de entenderlo todo. La jugada completa. ¿Cómo era posible que yo no me hubiese dado cuenta antes? Si no eres comunista, nada de lo que les voy a decir es descifrable. Ni siquiera co-

20. Iniciales a la usanza militar de la época de Mérito Militar, Mérito Naval, Mérito Policíaco y Cruz de Hierro.

munista: si no eres estalinista. Y no es descifrable para neófitos porque se trata de metáfora bolchevique en estado puro. Quiere decir esto pero no es lo que veis. Es lo que veis pero no quiere decir esto. Es definitiva que, entre los dos polos de la metáfora, hay muchos cráneos destrozados por los plomos de los tiros de gracia, hay mucha nervadura humana crispada, hay ríos de sangre.

Lo que Batista me estaba trasmitiendo es que él cumplía con sus tareas y que su aporte a la Revolución era inobjetable. La República burguesa y todas sus instituciones no habían podido sobreponerse al golpe de Estado del 10 de marzo de 1952. Ésa había sido la primera verdadera batalla ganada por la Revolución cubana. Su cuartelazo, por lo demás incruento y de una eficacia indiscutible era un ejemplo de maniobra político militar. Tomó el país completo en menos de una hora y yo llevaba más de un año y medio en la Sierra Maestra y ahora es que venía a posesionarme de todos los contornos de esa cordillera. Iba a aguantar. Desde luego que Batista iba a aguantar. Yo contaba con seis o siete meses para operar. Él también necesitaba ese tiempo. Se me hacía evidente que él tenía algunas cuentas que saldar: los americanos, la CIA, la burguesía nacional, los altos jefes militares.

«¿Usted almorzó, coronel? —le dije, poniéndome de pie y, de la manera más cortés posible, dando por terminada la reunión—. Nuestras provisiones de boca son modestas, pero podemos ofrecerle almuerzo. También a su piloto. O si quieren descansar antes del regreso. Hay hamacas para ofrecerle. Diga sin pena. Usted debe estar muy cansado.»

Algo aprendí ese mediodía y como resultado directo de la ofensiva de verano. Creo que ha sido la lección política más importante recibida por mí en toda la campaña de la Sierra Maestra. Déjenme ampliar para expresarme con precisión. No fue una lección política sino de las posibilidades de la política: la del uso del enemigo.

Tú eres realmente bueno en esta ciencia si eres capaz de usar el enemigo en tu beneficio.

¿Ciencia? ¿Es la política una ciencia o es un arte?

Parecía no haber arreglo con Hubert. La cogió con la logística. Los informes me llegaban continuamente. Decía que el uniforme del rebelde se ripiaba. Que en la Sierra la logística era deficiente, no como el segundo frente que era un pequeño Estado, hasta con impuestos. Que yo exigía lo máximo y no daba nada a cambio. Y que no me daba por enterado.

Su apreciación estaba fuera de lugar. Yo mismo me preocupaba porque a los jefes de guerrilla les dieran para que compraran unas malangas, unos pesitos que se le daban.

Principalmente malanga, que escaseaba mucho, porque en la zona de operaciones se fue agotando.

Nuestra organización se iba perfeccionando. Recuerdo que Delio Gómez Ochoa era el jefe de la columna número uno, como oficial ejecutivo. Ésa era la columna mía. Algo emblemático. Estaban además las guerrillitas, las nuestras, y a esos jefes se les decía, casi siempre todas las tardes, tienes que ir aquí o allá, y tirotear esto o atacar lo otro, y siempre regresar a un punto diferente. Pasaban las noches en las operaciones y llegaban a las 10 de la mañana a tal parte, y entonces a esa hora trata de conseguir malangas y ponlas a hervir en un cubo con un poquito de sal, si hay ahí. Una exigencia de rendimiento increíble. Pero ésa era nuestra norma. Y allí no había nadie obligado. Las municiones también eran muy escasas, y a veces no teníamos para dar. No había una estructura de retaguardia muy eficiente pero yo no tenía interés en crear una abstracción. Un servicio de logística con los almacenes vacíos carece de todo sentido. Aquello era algo un poco darwiniano. Yo decía que los que se queden aquí y los que queden vivos serán los mejores. Desde luego que había una porción de broma en ese manifiesto. Y por fortuna para todos, los rebeldes tenían motivaciones.

La situación sanitaria tampoco era la mejor. Mucha gente con disentería.

Pero las observaciones de Hubert me sacaban del paso.

Ya habíamos tenido dos broncas. Él dice que la primera vez intenté humillarle delante de la gente, porque le grité. Y que me ripostó que él no me gritaba a mí y que me tendió el M-3 y me dijo aquí tiene el M-3 y me voy a sembrar malanga para las tropas. Pasó eso y estuvimos unos días sin vernos. Después le llegó un recado de Celia, que fuera a verme y entonces me fue a ver y le dije que aquí no ha pasado nada. Olvida eso, dije. Yo te necesito. La bronca fue exactamente el 26 de abril de 1957.

Después se pierde el cerro en los accesos de La Plata.

Tenía a Coroneaux con la 50 que yo le había mandado para el fuego de apoyo y entonces Leonel pierde el cerro y Hubert pide dos o tres voluntarios para que le acompañen a tomar el cerro y en la acción Coroneaux tiraba por encima del lomo de sus comandos mientras subían y fue todo con tal vertiginosidad y con tanta violencia que vuelven a capturar el cerro en unos pocos minutos. Luego de eso, y ya con un camino abierto a trocha, se posesiona bien del cerro, esperando un contraataque de Sánchez Mosquera, lo cual se produjo, pero fue rechazado y entonces, al derivar frente a la gente de Lalo Sardiñas, se quedaron encajonados y Hubert me habla, ya por una línea telefónica que se había tendido, de que el contraataque era posible y que le mandara más gente y yo le mando a Carlos Chaín y a Fernando Vecino, de la tropa santiaguera, y luego al capitán Cuevas con un mortero y una calibre 30. La gente de Lalo estuvo combatiendo toda la noche y se le hicieron unas 100 bajas a la gente de Sánchez Mosquera. Ahí hacen comandante a Lalo pero el ascenso de Hubert se demoró un poco.

Después el contraataque final, que se convirtió en una especie de persecución de Sánchez Mosquera hasta las mismas alambradas de su campamento en Santo Domingo. Yo estaba en un barraconcito, con los equipos capturados del ejército, oyendo las conversaciones y ahí me entero de que Sánchez Mosquera está herido, y mando a Hubert a perseguirlo. Ésa era la columna elite del ejército, la de Sánchez Mosquera. Hubiese sido de un efecto demoledor si capturábamos a ese hombre.

En la traición está la fuerza

El teniente coronel Fernando Neugart dijo a su llegada haber recibido órdenes del jefe del Estado Mayor Conjunto, general Francisco Tabernilla, de trasladarse a la Sierra Maestra para discutir con «esa gente». El general Eulogio Cantillo, como jefe de las fuerzas de Oriente, le esperaría en el puesto de mando de Bayamo. Neugart llegó a Bayamo el 9 de agosto de 1958. Cantillo eludió mostrarle una carta que me había enviado, en la que me advertía: «Si Batista no se va, para diciembre estamos en Las Villas», y en la que pedía una tregua para discutir una solución a base de: eliminación política de Batista; elecciones generales a corto plazo; formación de un gobierno de concordia nacional; y que la jefatura militar de Oriente pasara a control del mando rebelde.

A la mañana siguiente, Neugart salió con el piloto Izquierdo en el helicóptero, y llegó a lo que ellos llamaban «la casa de Fidel Castro», la antigua casa de mampostería que había en el cafetal de Las Mercedes.

Las discusiones duraron 3 días.

Primer día. Neugart es recibido por Celia y por mí. Más tarde llegó el Che Guevara, que no intervino en la conversación. Yo ataqué duramente al gobierno, y llamé ladrón y asesino a Batista. Según el reporte de Neugart, al cual tuve acceso después de la Revolución: «Fidel Castro no trató de nada serio hasta las 5 p. m.», en que le pedí a Neugart «hablar solos mañana si es posible que usted regrese». No dice que le ofrecí almuerzo y una hamaca y que tuve la consideración de decirle que debía estar muy cansado.

Segundo día. Presentes: Che, Celia Sánchez, Humberto Sorí Marín, Camilo Cienfuegos, y gente no identificada por Neugart. «Fidel discursea horas, y no hay conversación aparte.»

Tercer día. Neugart llega sin ser esperado por mí. La noche anterior —según su reporte— Neugart le dice a Cantillo: «Mira, voy a proponerle a Castro un plan que consta de 3 puntos: (1) cese del gobierno, (2) cese al fuego, (3) elecciones generales». (Batista y los generales allegados se van de Cuba como parte del ofrecimiento.) Cantillo nada dice, y Neugart me plantea esos puntos a solas, cerca de unas palmas caídas junto al helicóptero, pero lejos de Izquierdo. «Castro: "Mire, Neugart, eso dígaselo a Batista, a ver qué dice".» Neugart me impone que esa conversación sólo la sabrán Cantillo, él (Neugart) y yo. «Castro dice —reporta Neugart—, que jamás aceptarían eso en La Habana.» Neugart regresa a Bayamo.

Mientras tanto, Cantillo ha viajado a La Habana, según Neugart, y le ha contado a Batista lo que Neugart iba a proponerme.

Neugart es recogido por un avión en Bayamo y transportado a la capital.

En Columbia es recibido y de inmediato conducido ante la presencia de Tabernilla, a quien Neugart dice contarle todos los detalles.

Batista va a la Casa Militar (donde esta Neugart, quien tiene la impresión de que está casi detenido). Neugart le impone a Batista todos los puntos que hablo conmigo, incluyendo el plan ya mencionado.

Batista nada dice. Manda a dormir a Neugart porque: «Usted debe estar muy cansado». Nunca más se refieren a esa conversación. Ninguno de ellos.

Agosto
> Cuarto despliegue. El núcleo matriz se fracciona para organizar dos nuevos grupos guerrilleros, que bajo el mando respectivamente de Camilo Cienfuegos y el Che Guevara se desplazarán hacia occidente hasta invadir la provincia central de Las Villas, donde ya operan grupos guerrilleros afines o independientes: el II Frente del Escambray bajo Eloy Gutiérrez Menoyo (independiente), el Directorio Revolucionario 13 de Marzo (independiente) bajo Faure Chomón y el 26 de Julio bajo Victor Bordón (afín). Así mismo, en el norte de la provincia, la pequeña partida guerrillera del Partido Socialista Popular bajo Félix Torres (semiafín) y otra del 26 de Julio en la misma zona bajo Regino Machado (afín).

Lejos de licenciar mis tropas para un descanso merecido después de los combates feroces ocurridos en la sierra, pienso aprovechar el golpe psicológico y militar iniciando una contraofensiva. El plan es en extremo ambicioso. La campaña tendría como objetivo un desplazamiento hacia el centro de la isla. Santiago de Cuba, Pinar del Río y la provincia de Las Villas en las sierras del Escambray, adonde el Che conduciría su recientemente creada 8.ª columna Ciro Redondo. Y Camilo su columna Antonio Maceo. El objetivo es crear un foco que divida la atención de los ejércitos de Batista, ya que hasta ese momento los militares concentraban todas las fuerzas operativas en la Sierra Maestra y, por otro lado, extender la influencia revolucionaria a otras zonas del país. Yo escojo de dedo todos los hombres de la columna de Camilo. Al Che, en cambio, le digo que escoja él a sus hombres. Pero él se da cuenta de mi ardid, de que quiero saber cuáles son sus hombres, en quiénes él confía, y me responde con otro ardid. Reúne a toda la tropa y dice que quiere voluntarios para que le acompañen en una misión muy difícil. Es así como la columna del Che se firma con voluntarios. Pero yo decido escoger uno. Le digo. «Te llevas a Ramirito. Va a ser tu segundo.» Y es así como Ramiro Valdés pasa a ser su segundo. Recuerdo que se lleva a Joel Iglesias y a René Rodríguez. También a dos médicos, los doctores Vicente de la O y Óscar Fernández

Mell. Una muchacha, Zoila Rodríguez, intenta sumarse como voluntaria de la columna, pero éste no se lo permite. Sin decirlo, es evidente que el argentino ha tenido una relación con ella y también que la ha terminado. Radio Rebelde transmite, el 18 de agosto de 1958 mi comunicado, anunciando —un claro desafío a las fuerzas de Batista—, la finalización de la ofensiva militar del gobierno y la pronta salida de columnas guerrilleras organizadas en la Sierra Maestra hacia diferentes objetivos en todo el país. La larga marcha —hacia Las Villas. El 22 de agosto de 1958 parte Camilo Cienfuegos al mando de la columna 2 Antonio Maceo rumbo al Escambray. El Che lo seguirá el día 30, con 150 hombres bajo su mando. Ya esta casi en las estribaciones cuando, acompañado de dos o tres de sus invasores, regresa a todo correr a su viejo campamento, puesto que ha olvidado algo: fusilar a un jovencito juzgado sumariamente pocos días antes y hallado culpable del delito de hurto de una lata de leche condensada. Después el Che recorrerá la mayor parte de los 554 kilómetros que lo separaban de su objetivo en 47 días y haciendo la mayor parte del trayecto a pie. Sólo en algunas oportunidades, los guerrilleros contaron con la suerte de transportarse en camiones o mulos a través de los impenetrables pantanos del camino hacia la provincia de Las Villas. Una cadena de arrozales y pequeños montes formaban el paisaje de aquella aventura expedicionaria inédita. Camilo Cienfuegos caminaría paralelamente a la columna del Che en dirección a Pinar del Río.

Se estableció de ese modo la estrategia final, atacando por tres puntos: Santiago de Cuba, sometido a un cerco elástico; Las Villas, adonde el Che debía llegar, y Pinar del Río, en el otro extremo de la Isla, a donde debía marchar Camilo Cienfuegos, y que no pudo cumplir la segunda parte de su programa, pues el fin de la guerra le sorprende en Las Villas.

La pieza clave, sin embargo, es el argentino, enviado para controlar Las Villas y sobre todo como resultado del fracaso de la huelga del 9 de abril, que desde luego no he olvidado porque sigue vigente la lucha entre la sierra y el llano dentro de nuestro propio Movimiento y porque el que llegue primero a La Habana de todos los grupos revolucionarios, es el que gana, y esto ocurre después de la ofensiva de verano del ejército en la Sierra Maestra, y el Che luego recordando su invasión y haciendo correr con largura su estilográfica sobre los pliegos, desde que se fueron sucediendo días que, dice, con sus aires de vieja milonga, que ya se tornaban difíciles a pesar de estar en el territorio amigo de Oriente: cruzando ríos desbordados, canales y arroyuelos convertidos en ríos, luchando fatigosamente para impedir que se nos mojara el parque, las armas, los obuses; buscando caballos y dejando los caballos cansados detrás; huyendo a las zonas pobladas a medida que nos alejábamos de la provincia Oriental y que caminaban por difíciles terrenos anegados, sufriendo el ataque de plagas de mosquitos que hacían insoportables las horas de descanso; comiendo poco y mal, bebiendo agua de ríos pantanosos o simplemente de pantanos.

Agosto

Quinto despliegue guerrillero. El grupo matriz desprende una fracción bajo Juan Almeida hacia el este con el objetivo en la zona de Santiago de Cuba.

Sexto desprendimiento. El núcleo matriz guerrillero desprende una fracción bajo Hurbert Matos para ponerle cerco a Santiago de Cuba. Los grupos guerrilleros bajo Fidel Castro (Sierra Maestra) y bajo Raúl Castro Sierra Cristal abandonan sus bases montañosas e invaden los llanos de Oriente y avanzan hacia Santiago de Cuba.

El Tercer Frente era artificial, era —como decíamos entre nosotros— para «darle personalidad» a Almeida. La misión tuya es ésta, le digo a Hubert. Tú vas a hacer tres cosas. Una, la Sierra, digo. Ya tú eres comandante, tú eres el jefe de una de las tres columnas que van a salir de la Sierra, vamos a tomar cuarteles y las armas. Una es del Che, otra Camilo y otra tú. Después te doy los números. Tú tienes alrededor de 100 hombres, te voy a mandar 200 más para que escojas noventaipico. Oigan, ese día lo trato con una llaneza y naturalidad que yo pensé que todo marchaba. Tú tienes que decir que tú vas para Camagüey, Camilo a Pinar del Río, como Maceo, y Che a Las Villas. Pero tú vas a unir el Tercer Frente y el Segundo. Yo te voy a decir por qué. Aunque vas para Santiago, lo de Camagüey es para confundir al ejército, tú vas a atraer tropas para que Camilo y el Che escapen, para que el ejército, trate de atajarte. En concreto, una misión de distracción. Pero tienes otra misión, la de verdad. Tú me vas a unir el territorio de la Sierra Maestra con el de Almeida y Guillermo García Frías (que estaba de segundo de Almeida entonces), y hay que empatarlo con lo que tiene Raúl en el Segundo Frente y me vas a ablandar a Santiago, adonde yo voy a ir después. Cuando llegues a Palma Soriano, donde está Almeida, él va a ser el jefe tuyo, pero tú vas a hacer lo que yo te ordene. Y piensa que es un mediocre, pero maniobra con él, el pobre. A partir de la zona de Bayamo, tú vas a ir hostigando al ejército, y cuando llegues a la zona de Almeida le pides instrucciones, y eso es lo que le digo, y allí llega a los pocos días y le dijo a Almeida que le diera instrucciones y Almeida le dijo: «¿qué instrucciones, ya tú no hablaste con el hombre? —Y agregó, en tono de burla—: ¿y tú crees que te vas a sostener en esa zona?». En esa onda de unir yo estaba e insistí: ¿Por fin, que instrucciones tú me das? Es decir, que si Hubert creía que él le iba a dar la comida para la guerrilla. «No —dice Almeida—, no, porque yo no tengo nada que dar», dijo, con la mano en la nuca, recostado a un taburete y concluyó con un tú lo que vas a dar mucha sanzara y que Dios te coja confesado.

El 15 de agosto es la fecha en que yo estoy reunido con él y le digo, «fíjate, vas a estar en contacto con mi hermano Raúl y probablemente coordinarás operaciones con él pero nunca olvides ni permitas que mi hermano lo olvide que tú recibes órdenes de la Comandancia General».

Hubert hizo sus planes y todo lo necesario. Siempre diciendo que vamos a Camagüey. Pero que el ejército no ocupara posiciones. Así cogió de sorpresa a los soldados en Puerto Boniato. Desarrolló la campaña con ciertas ventajas. Yo le insistía que viera a Almeida y él decía que no que Fidel es el que manda, hasta que lore que las mejores relaciones estuvieran establecidas, y entonces para resolver el problema de los celitos y de los mensajes y chismes dije que Hubert estaba nombrado el oficial ejecutivo del Tercer Frente y jefe del cerco de Santiago de Cuba, menos de la Carretera Central, que era de Almeida y Guillermo y del comandante René de los Santos. La gente de Hubert podía interferir en la carretera pero no atravesarse, entonces a la primera oportunidad le dice a Almeida que la Carretera Central ya no tiene tránsito civil sino militar, sólo el ejército y cuando el ejército quiere porque no estaba cortada realmente y le hacen daño a Raúl en San Luis. «Bueno —dice Almeida—, está bien, pero el mando está en mi columna». No tenían capacidad operativa. Bueno por fin Almeida dijo que sí, accedió después de dos o tres días, y se les dio un sube del carajo a los soldados.

Eso fue el cerco a Santiago. Empezó el 28 de octubre de 1958. El ejército rendía muy poco porque no había voluntad de pelea. El cerco lo hicimos con 150 hombres de Hubert y el ejército tenía cerca de 5.000. Llegaron a la zona el 20 de octubre y el 11 tiró a la gente en la carretera alrededor de Santiago, unos en el Alto del Quemao y dando candela a unos carros vino el ejército a desalojarnos y venían con carros blindados y el combate duró como 2 horas, ellos cargaban con los muertos.

El plan constaba de una columna que iba a entrar en la ciudad, al parque de Céspedes, probablemente, y esto por la madrugada, una columna de ciento y pico de hombres, al mismo tiempo que las otras columnas, 1.800 hombres, que atacaban por otra parte. En Santiago había más soldados de los que había al principio, por los que venían huyendo. Estaba fuerte el Moncada y el hospital Provincial. Pero íbamos a tomar lo fácil —ir de lo simple a lo complejo como aprenderíamos a decir— para después negociar. El plan fundamental de la columna era soliviantar.

Del 20 en adelante yo tengo planeada la toma de la ciudad. Yo dejé Mafo sitiado y me voy para Palma Soriano. El 29 de diciembre, con los preparativos bien adelantados, le digo a Hubert que me prepare un puesto de mando, en las Alturas de Puerto Boniato, donde hay unas casitas allí, para observar el desarrollo del combate. Era como un mapa. Ese lugar, como un mapa. Entonces manda a buscar a Hubert y le digo: «Estamos ahí en unas conversaciones, pero no le demos mucha importancia a eso». Celia Sánchez agregó: «Esta gente está tratando de sacar algo en la derrota».

Ninguno de los equipos ingleses llegaron a ser operables para las batallas finales de Batista. Los 15 viejos tanques Comet que llegaron a Cuba un poco antes del colapso batistiano junto con los 15 aviones de combate Sea Fury y los primeros helicópteros Westland S-55, fueron obtenidos a cambio de concesiones tributarias y arancelarias de Batista para la refinería que la Shell construía en La Habana, y gracias a los buenos oficios y sinecuras otorgadas a su Excelencia A. S. Fordham (¡un auténtico, nuestro hombre en La Habana!) y embajador de su majestad británica ante las autoridades de la isla.

Pero fue una solución tardía de Batista al embargo de armas que Estados Unidos le decretara desde marzo: enviar desesperados compradores a Europa. Al principio tuvieron que conformarse, para armar sus tropas, que eran las únicas en campaña realmente en ese momento en el continente americano, con una partida de carabinas dominicanas San Cristóbal, una versión trujillista y de ínfima calidad de la famosa carabina M-1 norteamericana, y fea hasta de diseño, con dos gatillos como solución para el selector de fuego, e incapaz de aceptar dos ráfagas largas sin que de inmediato el cañón presentara síntomas de derretido.

Los belgas también negociaron y abrieron sus catálogos del extraordinario ingenio diseñado por Dieudonne Saive y colaboradores y otros preciosistas ingenieros de la Fabrique Nationale (FN), de Herstal —todos unos fanáticos del máximo aprovechamiento y perfección del reglaje de los gases—, y su modelo en el banco de pruebas desde fines de los cuarenta y principios de los cincuenta, el todopoderoso y respetable Fusil Automático Ligero FN-FAL; pero los primeros embarques de FAL —y de metralletas UZI y pistolas Browning, de los mismos fabricantes— llegaron igualmente tarde. Finalmente sirvieron para armar a los primeros batallones de combate revolucionarios. Al menos con los FAL, esos batistianos resultaron ser excelentes compradores.

Pese a la adversidad, de la que aún cuarenta años después los batistianos se muestran irritados y frustrados, Batista se propuso dos etapas importantes que debían cubrirse antes que se cumpliera su período presidencial y la entrega del gobierno el 24 de febrero de 1959:

a) las elecciones generales

b) y la zafra azucarera.

Los eventos electorales debían prepararse «aún en medio de la tormenta», y la reparación de los ingenios había que comenzarla con dos meses de anticipación a la molienda.

En cuanto a las elecciones, las reuniones políticas de los jefes de partido con los líderes del congreso menudeaban al objeto de que se legislara lo antes posible. Pero, en cuanto a la zafra, las vías férreas y las carreteras venían siendo el blanco de los sabotajes, y los mandos del ejército parecían no poder evitar su destrucción.

Aventurero aún sin leyenda. El Che es el guerrillero que sonríe levemente detrás y a la izquierda de Fidel. A la derecha está Universo Sánchez. El joven del casco es Manuel Fajardo, el segundo campesino incorporado a la guerrilla. Los claroscuros, perfectos para el ocultamiento son una cortesía del verano de 1957. La afluencia de fotógrafos americanos comienza.

El Che, segundo desde la derecha. Universo, alerta, a sus espaldas. Raúl Castro, a los pies. El viejo campesino a la derecha ha sido identificado como Crescencio Pérez. El rebelde a la izquierda parece ser Manuel Fajardo.

Una de las primeras imágenes de Celia Sánchez en la guerrilla. Está a la izquierda de Fidel. Un Raúl Castro, delgado y juvenil, la flanquea por su derecha.

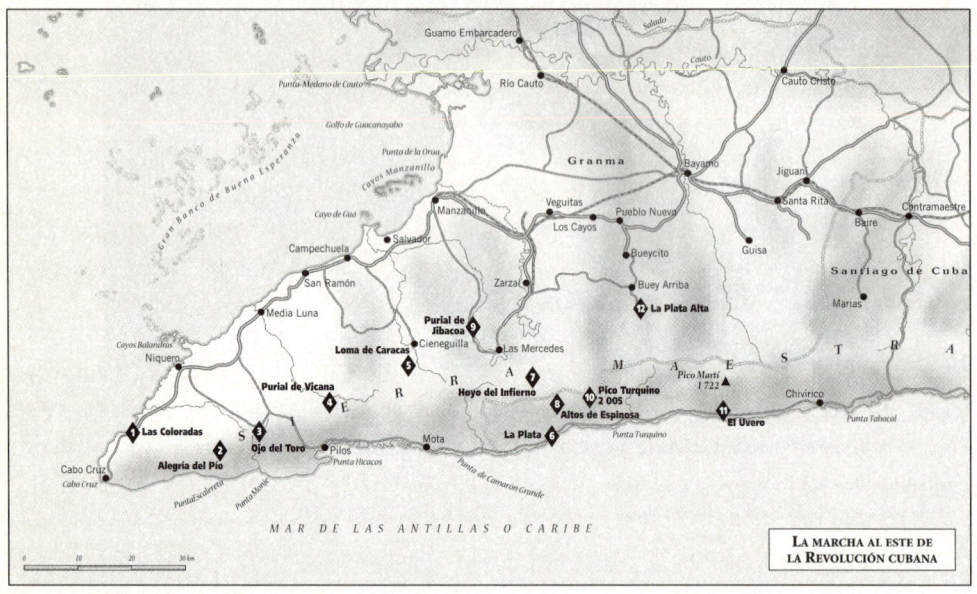

LA MARCHA AL ESTE DE
LA REVOLUCIÓN CUBANA

1. Las Coloradas — Desembarco, 2/12/56.
2. Alegría del Pío — Ataque por sorpresa del ejército y dispersión de la guerrilla, 5/12/56.
3. Ojo del Toro — Reencuentro y rescate de expedicionarios con cooperación de Crescencio Pérez, 8-9/12/56.
4. Purial de Vicana (finca «Cinco Palmas», de Mongo Pérez) — Reencuentro de Fidel y Raúl e incorporación de primeros campesinos a la guerrilla, 17-24/12/56.
5. Loma de Caracas — Ingreso de Eutimio Guerra y nomadismo del grupo guerrillero, 6/1/57.
6. La Plata — Asalto a la pequeña guarnición de La Plata, primera victoria rebelde, 17/1/57.
7. El Hoyo del Infierno — Emboscada a las fuerzas de persecución del ejército, segunda victoria rebelde, 28/1/57.
8. Altos de Espinosa — La partida rebelde a punto de ser extinguida por las delaciones de Eutimio Guerra, 8/2/57.
9. Purial de Jibacoa (finca «Los Chorros», de Epifanio Díaz) — Herbert Matthews, el enviado de The New York Times, entrevista a Fidel Castro, 17/2/57.
10. Pico Turquino — Filmado por Bob Taber de la CBS para un programa costa a costa del siguiente mes en la televisión americana, 5/5/57.
11. El Uvero — Ataque a la guarnición de 90 hombres, tercera victoria rebelde, 28/5/57.
12. La Plata Alta (al oeste del Pico Turquino) — Cese de la marcha hacia el este e inicio del sedentarismo del grupo guerrillero y posterior establecimiento de la Comandancia General del Ejército Rebelde, 29/5/57-30/5/58).

La cosecha de café corría iguales peligros, dado que los cafetales se cultivan en las faldas de las montañas y las áreas de producción estaban interferidas por los alzados. Los mineros y los cosecheros de arroz, tabaco y otros productos agrícolas eran objeto de las mismas acciones. Esas causas motivaron reuniones, solicitudes indirectas para que se buscaran rápidas soluciones políticas o insinuaciones que equivalían a desear que el gobierno les dejara la vía del poder expedita a los insurreccionales. La lucha se prolongaba y se iban a cumplir dos años sin que se notaran éxitos militares capaces de extirpar el «cáncer» —nosotros éramos el cáncer— que ya se extendía a las ciudades.

«Los hacendados empezaron a desesperarse —recordará Batista—, por el temor de que las comunicaciones destruidas no pudieran restablecerse a tiempo para comenzar la zafra. Los colonos por las mismas razones y porque sus colonias eran destruidas por el fuego. Algunos ingenios azucareros no molerían porque las cañas habían sido quemadas y otros porque, por muchas fuerzas que se concentraran, teniendo en cuenta su ubicación, se estimaba que no podría darse bastante protección a los trabajadores para reconstruir las vías férreas y las carreteras despedazadas. Los ganaderos no podían transportar sus reses a los centros de consumo, principalmente a La Habana y las capitales de provincias, y además el ganado les era sustraído.»

La perspectiva batistiana se iba disolviendo, oscureciendo. Con ingentes esfuerzos y grandes sacrificios, dice él, se celebraron las elecciones generales. Por las fuerzas del gobierno concurrieron los partidos Acción Progresista, Liberal, Demócrata y Unión Radical; por la oposición el Partido Revolucionario Cubano (Auténtico), que llevó de candidato presidencial al doctor Ramón Grau San Martín; el Partido del Pueblo Libre, cuyo candidato presidencial era el profesor universitario doctor Carlos Márquez Sterling y el Partido Nacional Cubano, independiente, llevó de candidato a la presidencia al periodista Alberto Salas Amaro. Por la coalición del Gobierno aspiraba el doctor Andrés Rivero Agüero.

Ésta es la perspectiva batistiana de sus comicios celebrados en condiciones de una guerra civil.

«A pesar de la violencia, de los atentados cometidos contra los candidatos y el sabotaje contra los colegios y urnas electorales, los comicios se llevaron a cabo —se ufanaba— y se eligieron presidente y vicepresidente de la República, senadores y representantes a la cámara, gobernadores, alcaldes y concejales. El doctor Andrés Rivero Agüero obtuvo la mayoría de votos y debía tomar posesión tres meses y tres semanas después. Le siguió en votación el doctor Carlos Marques Sterling, con mayor cantidad de votos en la oposición.»

El electorado que concurrió a las urnas, custodiado por la fuerza pública y en algunos términos municipales, estimularon la imaginación batistiana. En verdad, la votación desde Las Villas hasta el extremo oriental no fue tan escasa como queríamos nosotros ni tan espléndida como esperaban los partidos del gobierno. En la sangrienta lucha que tenia lugar en toda la provincia de Oriente, fue inevitable que se produjeran bajas en las custodias de los colegios electorales y en los electores, lo que provocaría, con la divulgación de otras anormalidades del proceso electoral ajenas a la voluntad del gobierno y de los tribunales electorales, una opinión confusa respecto al porcentaje del electorado que concurrió a votar.

De todas maneras, esos eventos no lograron convencer del empeño gubernamental de que el conflicto se resolviera. Los slogans de solución «mediante la voluntad del pueblo, por la vía pacífica de las urnas y no por la fuerza», caían regularmente en oídos sordos.

«Habiendo un presidente electo que debía tomar posesión dos meses después de la fecha en que se sostenían las últimas entrevistas entre los jefes militares y los cabecillas rebeldes»,[21] cuenta Batista en sus memorias, «valía la pena rendir los máximos esfuerzos para propiciarle a la República la continuidad constitucional, sin perjuicio de acudir posteriormente a fórmulas que facilitaran el entendimiento entre los partidos del gobierno, los de la oposición electoralista que habían concurrido a las elecciones, los núcleos cívicos retraídos y, como necesidad patriótica, con los grupos rebeldes. El doctor Andrés Rivero Agüero, presidente electo, estaba en conversaciones, de acuerdo conmigo y con los líderes de los partidos, para formar un Gabinete de Concertación Nacional. El candidato triunfante hizo declaraciones anunciando ese patriótico y democrático propósito, no obstante que los terroristas de Fidel Castro habían asesinado a su hermano».

21. Se refiere a una reunión efectuada a fines de diciembre de 1958 entre el general Cantillo y yo —de la que Batista estaba al tanto— y no a la reunión semiclandestina en la Sierra Maestra con el teniente coronel Neugart —de la que también estuvo al corriente— después de la ofensiva de verano. (*N. del A.*)

Batista pensaba que era tan clara «la buena fe del gobierno, tan diáfana la decisión de retirarme para dar salida política al grave conflicto que padecía el país y tan evidente el plan de harmonización que desarrollaría el nuevo gobierno» que en estas mismas declaraciones anunció enfáticamente Rivero Agüero, que si para lograr el entendimiento entre todos los cubanos era necesario un paso más, él, ocultando el dolor producido por el asesinato de que fue víctima su hermano, iría personalmente a la Sierra Maestra, sin importarle —decía— el tipo de gestión que tuviera que realizar, siempre que propiciara a Cuba el ambiente de paz que se habían propuesto.

La desmoralización como resultado de los reveses en el frente contribuyeron a minar la campaña gubernamental. Cuatro ofensivas y dos años después, los rebeldes continuábamos desafiando todos los empeños militares del gobierno. El ejército cubano había perdido su capacidad para guerrear en las áreas rurales. Batista había adquirido su madurez política donde la resistencia urbana dominaba todas las formas de desafío al orden constituido. Entre 1935 y 1958, la oposición al sistema político había encontrado su más acabada expresión casi enteramente en el entorno urbano; en el último período batistiano, dos huelgas generales, dos alzamientos en Santiago de Cuba, la captura de Cienfuegos, el ataque al Palacio Presidencial, y una secuencia de conspiraciones militares en las proximidades de la Ciudad Militar de Columbia y en La Cabaña, conformaron el patrón de resistencia. El ejército cubano se había desarrollado como una formidable fuerza armada urbana, apoyada por una igualmente eficiente policía nacional.[22]

Por otro lado, el modo en que el programa de asistencia de ayuda para la defensa mutua (MDAP) se implementó en Cuba, fue otra contribución al debilitamiento de la eficiencia rural del ejército. Preparados para enfrentar un ilusorio asalto soviético al hemisferio occidental, la institución militar cubana pudo muy bien conducirse encomiablemente contra una invasión rusa de la isla. Batallones de tanques, transportadores blindados, divisiones motorizadas, equipo

22. El último alzamiento rural de importancia liquidado por el ejército había ocurrido en 1931. *(N. del A.)*

antiaéreo, artillería pesada, y aviación reactiva, preparó adecuadamente a las Fuerzas Armadas cubanas para la guerra convencional. El énfasis de las misiones militares de Estados Unidos fue puesto en las fuerzas que tenían misiones de defensa hemisférica, como patrullaje aéreo y costero. La evolución histórica de las Fuerzas Armadas y de las misiones hemisféricas asignadas al ejército cubano por los planificadores de la guerra fría en Washington hundió su efectividad contrainsurgente. «Pelear en las montañas —admitió el ex embajador Arthur Gardner—, no era para lo que las tropas cubanas estaban preparadas.» El coronel Clark Lynn, Jr., jefe de la Misión Militar Americana en La Habana, concede que el adiestramiento en operaciones contraguerrilleras era limitado.

Octubre

Sexto despliegue guerrillero. Una nueva facción del núcleo matriz bajo Hedí Suñol invade la región Tunas-Holguín al norte de la provincia de Oriente.

Diciembre

Los grupos guerrilleros del Che Guevara y Camilo Cienfuegos se lanzan a la conquista de la región central de Las Villas, Guevara desde el sur y Cienfuegos desde el norte con el objetivo de la capital provincial, ciudad de Santa Clara.

Hacían apuntar sus radares y el equipamiento de inteligencia hacia el este. Olvidaron echar una ojeada a su traspatio y no supieron que la invasión soviética ya se había consumado. De hecho, Carlos Rafael y Osvaldo Sánchez —los primeros enviados a la comandancia de La Plata de la dirigencia comunista— iban y venían de Moscú a La Habana, y de La Habana se internaban en la Sierra Maestra. Yo por mi parte mandé a Aldo Santamaría —el hermano de Haydee— a la URSS, por mi cuenta y riesgo, buscando una conexión independiente a la del Partido. Disfruten de la jugada. Mientras tengo a Haydee negociando con la CIA en Miami, su hermano está tocando puertas en Moscú. Lo mando a la URSS no a pedir armas, sino dinero. Ya yo los tenía mareados con las metralletas checas y hasta se urdió un plan con René Ramos Latour para meterlas por Moa, donde la mitad de los aduaneros las iban a dejar pasar, un gran desembarco de armas. Los soviets no daban dinero. (Nunca ha aparecido en sus archivos el supuesto dinero enviado al Partido cubano. Hasta el día de hoy los investigadores sólo han localizado el comprobante de un cheque de mil dólares para un pasaje de Blas Roca a Moscú en 1959.) Las metralletas checas tampoco desembarcaron. En México yo había visto en un catálogo las metralletas checas modelos T-23 y T-25 y me había enamorado de esas piezas. Resultaban baratas, de manipulación sencilla y alguien me dijo que habían probado su eficacia en el Sinaí, no sé si con el ejército egipcio o porque los checos se las vendieron a Israel. Como yo me daba cuenta de que los soviéticos eran reticentes a los golpes de audacia y de que iba a violentarles en exceso su parsimonia y conservadurismo, se me ocurrió un negociación triangular: que ellos me dieran el dinero para comprarle las metralletas a los checos y un sobrante para la transportación. Los checos, por su parte, sólo tendrían que ocuparse de situar la mercancía en un puerto de Europa occidental como si fueran huacales de maquinaria para la construcción de la planta procesadora de níquel cobalto de la bahía de Moa. René Ramos Latour era el hombre indicado para toda esta operación porque era un anticomunista visceral que se empeñaba con cierta frecuencia en crearme mandos y guerrillas en paralelo y por sus relaciones con los habitantes de Moa (había sido contador de las minas de Nicaro, en las vecindades de Moa), y donde después había desarrollado una guerrillita en cierto modo independiente de mi mando, hasta terminé por mandarlo a buscar a la Sierra, darle los grados de comandante y mandarlo a la primera línea de combate. Se daba por descontado que nunca sabría el origen del armamento. Se le habló de unas Beretas italianas. Yo, por mi parte, no me ocultaba para estas cosas. Me consideraba en mi derecho. Tampoco oculté los nombres ni de Osvaldo Sánchez ni de Carlos Rafael Rodríguez. Total, para lo desacertado que eran. Sobre todo Carlos Rafael. Por ahí tengo dos cartas de él, que es de los documentos que sobrevivieron en mis bolsillos durante las semanas finales de la campaña, junto con los tabacos, pañuelos y migajas de galletas. Vistas ahora, con el tiempo transcurrido, me doy cuenta de que los dos contendientes principales dislocados en el territorio cubano durante la guerra fría —la embajada norteamericana y el PSP— actuaban los dos sobre presupuestos tan irreales como ausentes de todo sentido. Los americanos empeñados en que persiguiera a los 4 o 5.000 comunistas que entonces quedaban en el país y los comunistas por su parte fluctuando entre que Batista les dejara entrar a jugar en las próximas elecciones, cuando quiera que se celebraran, o ver cómo se las ingeniaban para que yo entrara en su redil. Léanse esto y después si quieren me escriben aquí, a La Habana, y me dicen.

Estimado Alejandro:[23] Tenemos el gusto de enviarle con esta carta una copia del documento en el que acabamos de plasmar nuestro análisis y nuestra posición. Aunque es un documento interno nuestro le rogamos que le de [ ] cualquier opinión, sugestión o proposición que quiera hacernos respecto de lo que crea o estime conveniente.

1. Sobre las posibilidades que ofrece la situación: el grupo de personas que ha estado gestionando arreglos en Washington esté encabezado por Alonso Pujol, Pepín Bosch y [Carlos] Hevia y las proposiciones que hicieron en ésa es [son] las siguientes: un gobierno «neutral» y elecciones a [en] un año o más. El periodista que habló con Cabot Lodge es [Miguel Ángel] Quevedo y también se produjo en forma semejante a Pujol[,] etc. Miró Cardona también ha andado y anda en estos trajines en busca —según se dice—, de que los yanquis le entreguen el poder, todos estos señores, coinciden con Batista en que hay que detener a Fidel Castro y difieren de Batista en que quieren sustituirlo (públicamente) al tiempo de todo esto y en relación con ello, se reavivan las idas y venidas de los «attachés» en busca de organizar un golpe. Bien por el estilo del que decía Alonso. Y otros [parece decir Prío] sabemos concretamente de la actuación de Prío (aunque Hevia[,] Bosch y A[lonso] Pujol son de su creencia) bien con oficiales batistianos y con la ausencia del déspota. El denominador común de toda esta maniobra es 1; aparentemente, en contra [de] Batista. Pero en el fondo bloquear a Fidel Castro. Y a las fuerzas democráticas en general. Esta posición se inspira en un interés en que coinciden los elementos más reaccionarios de las clases dominantes; grandes latifundistas, algunos hacendados y grandes colonos, gentes del gran comercio importador, banqueros[,] etc., y sus paniaguados, de una parte, los monopolios yanquis y sus intereses con el gobierno de Washington y de otra — unos y otros chocan con la democratización y el progreso de Cuba—, temen la insurgencia y el desarrollo democrático y progresista que pudiera significar un triunfo de la Revolución y específicamente un triunfo de F. C. Y se dan las manos para ver

23. Nombre de guerra de Fidel Castro.

846

cómo bloquean el paso del comandante en jefe de las FF Rev. — Cualquier otra explicación que pretendan dar esos círculos para su hostil actitud hacia F. C. y demás es pura hipocresía para ocultar el verdadero fondo de las cosas. Estamos otra vez en una coyuntura semejante a 1952. La reacción y el imperialismo se dieron la mano para el golpe del 10 de marzo, no contra Prío sino contra la ortodoxia y todo el movimiento democrático. Para evitar la insurgencia de las masas y la apertura o su [ ] de una nueva época de avance progresista. — Muchos elementos de las llamadas clases pudientes, no están sin embargo con esa posición. No se engañan. Tenemos a las masas pero no dejen de tener al dogal imperialista, al deterioro de la situación económica sino se va rápidamente a una solución democrática de la crisis política, al peso cargado de la tiranía. Y se colocan en plano de [ ] al avance de nuestras fuerzas, de contribuir incluso a él. — En esto no solamente hay industriales, gente interesada en el mercado interno, inclusive hacendados de cierto tipo, grandes colonos, banqueros, etc. Tenemos informes concretos al respecto. En los últimos días después del desconcierto de los primeros momentos ante el tremendo [boicot] a la farsa — y en vista de las dificultades de dar un golpe aún como el que desearían A. Pujol y otros[,] Batista ha logrado aparentemente convencer a los yanquis de una nueva campaña de «exterminio» montada con más recursos, podría aplastar las fuerzas rebeldes. A nosotros nos parece que eso está andando ya independientemente de que, por su lado, sigan los trajines del golpe para en caso de que fracasara la «salida» que les propuso Batista, es decir, a nosotros nos parece que ya está en preparación la nueva ofensiva batistiana con la satisfacción del alto comando yanqui de Dulles y Compañía.

2. <u>La nueva ofensiva batistiana</u>. Si es cierto lo que observamos, la nueva «campaña de exterminio» a (renglón seguido de las palabras de paz de Rivero Agüero sería «para aplastar, para acabar». Datos. — se informa que ha llegado a Columbia una comisión norteamericana encargada de supervisar los planes de la nueva ofensiva. Se dice que es gente experta en la guerra de guerrillas. — El gobierno está reclutando nuevos casquitos. Ya están cientos en entrenamiento. — Batista recibió de Estados Unidos; vía supuesto contrabando grandes cantidades de armas, incluso bombas aéreas, esto lo denunciaron los exiliados de Miami; inclusive organizaron una manifestación para impedir el embargo sin que las autoridades norteamericanas impidieran el «contrabando». Batista ha comprado a Inglaterra no solamente 1.527 aviones sino también 17 tanques. El sábado pasado llegó a Columbia el avión transporte DC4 norteamericano bajo el mando de un tal capitán Jackson y 6 tripulantes más lo que denota el tamaño era[n] 13 mil libras de armas pequeñas con desti-

no al cuartel general del ejército. Estas armas, procedían de Roma pero las armas son norteamericanas así como su tripulación. — El ejército ha retirado fuerzas de operaciones que estaban en lugares avanzados y las ha concentrado en cuarteles grandes de Pinar del Río, y de Santa Clara, como si se prepararan a enviarlos a algún lugar. — Sobre la nueva ofensiva batistiana pudiera suponerse algunas posibilidades. Por ejemplo si buscara la decisión estratégica, habría de atacar en Oriente. Con el golpe principal en la dirección del frente uno. Si buscara algo político, de cierto renombre, y aparente fuerza, algo táctico, podría atacar los frentes suroeste y noroeste de Las Villas. Habría de tener en cuenta todo esto, desde luego, para los preparativos, es decir, para afrontar la nueva ofensiva enemiga.

Recomendamos:

1.º Acelerar la conferencia del frente cívico [o «único»].

2.º Acelerar la movilización de los obreros azucareros.

3.º Que las comandancias hagan llamadas a los trabajadores de las ciudades cercanas para la lucha de masas. Y

4.º llamamiento a la huelga general.

Se brindan a que cuenten con ellos en estos trabajos.

23 de noviembre de 1958

El R. E.

[Sin fecha]

«Querido Mas:[24]

»Aprovecho el viaje de Manolo[25] para plantearte una serie de problemas que debes resolver con F. Lo primero: Aquí llegan noticias de que F.[26] traslada su centro de operaciones a Bueycito de manera permanente. Se nos dice que llevó la planta [de Radio Rebelde] y locutores, que paralizó las construcciones en La Plata, etc. Si eso es cierto[,] debes discutir con él el problema de nuestro traslado a

Bueycito. — bien a la Estrella.

24. Luis Mas Martín, uno de los más connotados comunistas enviados a la Sierra Maestra y que, a diferencia de Carlos Rafael Rodríguez, disfrutó siempre de mucho más acceso a —y las simpatías de— Fidel.

25. Manuel Peñabaz, un conocido abogado revolucionario, que transcribiera estas cartas y las conservara durante años.

26. Alusión a Fidel, evidentemente.

Es una de las imágenes emblemáticas de la etapa insurreccional de la Revolución cubana. Está tomada de un fotograma del filme rodado el 5 de abril de 1957 por Robert Taber. Fidel está flanqueado por Raúl (a su derecha) y Universo Sánchez. Acaban de cantar el Himno Nacional cubano en la cima del Turquino, la montaña más alta de Cuba, y es evidente la exaltada felicidad de Fidel y la contagiosa energía que trasmite el momento.

La exposición, luego de eliminársele las gamas de grises y medios tonos, ha sido empleada permanentemente en logotipo de *Granma*, el periódico oficial cubano.

»Aquí no haré nada útil[.] También debes tratar el caso de Lino. El mismo F. había hablado con Bernal en cuanto éste le dijo que se quedaría como sec[retario] del juez para aclararle que Lino era mucho más importante que eso y que no creía que Lino aceptara esa posición. Explícale a Fidel que nosotros coincidimos que en las condiciones anteriores lo mejor era darle a Lino una función pública que justificara su presencia aquí — Pero al variar las cosas sería preferible también que dejara esto y fuera junto a nosotros allá. — para lo cual podría hablar con [...]. — Si él lo cree necesario para situarlo en el café aunque en última instancia podría estar como yo. — Otro asunto: el de la Escuela. Creo que F. te enseñaría el papel que le envié.—El problema sigue siendo cada día más grave. Ayer bajaron [desertaron] 72. [Parece decir *Dargelo*] García que va para allá y vio esto le va hablar a F. porque opina lo mismo que nosotros. Ya Aldo [Santamaría, jefe de esa escuela de reclutas del Ejército Rebelde en Minas de Frío] nos ha propuesto trasladar para aquí 200 o 300 muchachos y Lino sale ahora mismo a hacerles el campamento adecuado. Pero hace falta más[,] por ejemplo en estos momentos en la escuela no hay aspirina[,] nada contra diarrea, nada de nada.

»En tercer lugar, el problema de las ciudades. Todo indica que la situación dentro de las ciudades se hace cada día más caliente[,] de momento en momento. Se te puede poner a punto de «Mate». En ese caso no debemos defender[,] no lo de la fuerza militar o de las negociaciones con militares. La fuerza militar es posible que no nos permita todavía lanzarnos a la toma de puntos vitales (Santiago, Bayamo, Manzanillo, Holguín)[.] Y las negociaciones no pueden asegurarnos tampoco esas ciudades. En cambio, si combinamos esas operaciones militares de cerco y hostilizamos con movimientos de paro o huelga indefinida (ciudades muertas) de esas poblaciones, movimiento que podrían rematar incluso en acciones de masas de calle al objeto de desmoralizar al ejército y atraerlo definitivamente. (Es posible que un ejército sitiado se disponga a no disparar contra manifestaciones y acciones de masa, muy posible) podríamos conquistar Oriente. Claro está que todo esto debe hacerse sin precipitaciones. F debe examinar eso con su conocimiento de la situación militar y de sus posibilidades — cosa que yo sólo sé de referencia. Asimismo no puede depender de la espontaneidad sino de la organización. Nosotros podemos ayudar decisivamente en Santiago y Manzanillo y otras ciudades.— Hay que contar con comerciantes[,] profesionales[,] etc., además de los obreros. Hay que movilizar al clero para el momento decisivo que intervenga contra la masacre y contribuya a desmoralizar definitivamente a las tropas.— Pero todo esto debe hacerse coordinadamente. El solo hecho de empezar a trabajar en esa dirección, ya será un elemento de movilización en las ciudades. Lo que precipitaría la desmoralización militar. Es cierto que Oriente ha respondido 2 veces ya. Pero hay antecedentes[,] digamos[,] Barcelona, de regiones donde el nivel revolucionario es mayor y que se dispone a batallar una y otra vez — Por eso no puede esperarse a que lo del resto del país se eleve a las posiciones Orientales. — Se trataría de una operación Provincial. En todo caso debemos saberlo para tomar las medidas. Tú debes cuidadosamente comunicarte con Bayamo y tratar de pasar algo a Holguín para la gente del Norte[;] nosotros nos ocuparíamos del Sur.

Por último no olvides el Congreso Azucarero. Sería parte de esa movilización — Discute además con F. las necesidades de atender las ciudades del resto de la isla. El peligro de un golpe de Estado sería inminente si Oriente cae y para recuperar sus efectos no bastara a esa altura, la fuerza militar del E. R. (Ejército Rebelde). La Habana debe estar presta a actuar como Caracas. La espontaneidad no bastará en ese caso. Después de escrita esta carta considero que lo mejor es que tú se la des a F. como base de la discusión con él. Recuerdos a todos por ahí.

C. R. R.

Nota. Ayer llegó Gorito y nos aclaró que el mensaje del Che [que ya estaba en Las Villas] vino por conducto nuestro hasta Guasimilla y ahí lo recogió un mensajero del 26 y lo llevó a la Plata.

13. LA REPÚBLICA Y SU CAPITAL SON MIS BOTAS

Príncipe de las emboscadas

DÉJENME DECIRLES lo que he aprendido en esta área de la actividad humana. Uno escribe por reflexión pero actúa por impulso. Bueno o malo, moral o inmoral, justo o injusto, esto que aquí se cuenta es un fragmento de vida y es lo que ocurrió. No siempre es hijo de la meditación, sino de decisiones e intuiciones que surgen como parte de la inteligencia, de la inteligencia detrás de las decisiones, la inteligencia que no es sólo el producto de un cierto orden de una masa encefálica más o menos bien organizada, que es también hija de la información y sobre todo de la información inconsciente.

Les pongo un ejemplo sobre intuición y su reflejo en el sistema neurovegetativo.

Una vez, una de tantas, se me secó la boca en la lucha guerrillera de la Sierra Maestra, a fines de 1958. Fue en la batalla de Guisa, un pueblito en las estribaciones de la Sierra. Allí me sorprendí ante la conducta de mi propio sistema vagal, puesto que yo no estaba sintiendo miedo, pero tenía la boca pesada y seca como piedra. Acababa de preparar una emboscada con mi pelotón de las Marianas, las muchachas a las que habíamos entregado el mejor armamento y llevábamos meses entrenando. Las situé por un paso obligado para los refuerzos del enemigo y me encaminé a revisar otras posiciones cuando, para mi solo consumo, se me dispararon todos los sistemas internos de alarma. Ese día aprendí lo que era la intuición. Era la señal de envío de la información inconsciente. Se interpreta como un conjunto que en apariencia reposa. Entonces, ese conjunto es el que se despierta. Y no falla. Por lo menos aquella tarde, apenas aparecieron los primeros casos de los guardias, frente a una bajada del camino, y se escucharon los motores de las tanquetas y los camiones con el refuerzo, las Marianas, todas ellas, se dieron a la desbandada, y puedo decir que las más heroicas fueron las dos o tres que no abandonaron las armas. Nunca me ha dolido tanto un armamento desperdiciado como aquellas carabinas M-2 y San Cristóbal. Diecisiete armas de las mejores de nuestro arsenal abandonadas. No he olvidado la cantidad. Tres carabinas M-2, cinco M-1 y nueve San Cristóbal. Además, le entregaron al enemigo todo aquel flanco. Y todo es parte de la vida que cuento ahora y que en ocasiones fueron meros golpes de efecto que sólo servían a un proyecto de propaganda, incluso baratos, y que se convirtieron en hechos históricos. No hay profundidad ni espesura de pensamiento en muchos de los monumentos del pasado. Las Marianas. Nunca confundas ilusiones con necesidad. Aprendan eso. Y el entusiasmo que había con aquella primera unidad de cubanas combatientes. Pendejas.

Recuerdo que años después, creo que a principios de julio de 1979, mandé traer a Cuba a todos los comandantes que teníamos sobre el terreno en Nicaragua. Estábamos a punto de sacar al dictador Anastasio Somoza y yo había dirigido minuciosamente la ofensiva desde La Habana. Teníamos el propósito de ultimar detalles de la ofensiva final cuando les di una larga clase sobre el uso de las emboscadas y el aprovechamiento que se puede obtener de ellas. Entonces —sin hacer mención a las Marianas, por supuesto, para no emborronar uno de nuestros iconos de propaganda— les dije que el principal enemigo operativo del guerrillero es confundir ilusión con necesidad.

28 de noviembre de 1958. Guisa. Al pie de la Sierra Maestra.

Ése fue el escenario de una de nuestras batallas más importantes. Comenzó el 20 de noviembre de 1958 a las 8.30 de la mañana con la interceptación de una patrulla que hacía recorrido todos los días de Guisa a Bayamo y siempre a la misma hora. Después de eso, día tras día, fueron rechazados todos los refuerzos que llegaban de Bayamo.

Fue una lucha de hombres contra tanques, aviones y artillería. Guisa y todas sus zonas aledañas fueron bombardeadas los 11 días de combate. El día 27 cae en combate el capitán Braulio Coroneaux, veterano en numerosas acciones y que era un prodigio trabajando con la calibre 50.

Yo explicaba en una cueva cerca de Guisa los detalles del combate con un mapa en la mano. Dibujado por mí. Me esmero en la explicación y los detalles de cómo conducir el combate. Tengo a todo mi Estado Mayor escuchando mi explicación del líder. Mora va a ocupar el lugar de Coroneaux. Verdecia permanecerá en el lugar pero reforzando el tanque que penetrará en Guisa posiblemente, pues ya funciona. Rodeado de mis hombres. Las luces de los candiles. Los barbudos.

El principio del fin para Batista. Al menos para su ejército.

Empieza en Guisa y con 40 hombres y armas muy malas. Era el grupo de La Plata Alta. Yo daba todas mis armas a las guerrillas, que se iban desprendiendo de la mía. No dejamos nada en aquel lugar —en La Plata Alta—. No había regreso. Salimos a conquistar. Raúl está avanzando demasiado desde su segundo frente, me digo. Mientras yo estoy encerrado allá arriba en La Plata. Decido bajar. Con 40 hombres casi descalzos. Las armas las tiene el enemigo. Hay que quitárselas. Con cada emboscada nos llenábamos de fusiles.

Recogí lo que quedaba de hombres de la escuela de reclutas. Los maestros, el equipo administrativo. Y algunos campesinos. Paco Cabrera, Carlos Borja, Verdecia, el Mexicano, Luis Mas Martín y los comunistas y Carlos Rafael. Logré sumar como a 180 efectivos.

Le hicimos cinco emboscadas al ejército que venía de Bayamo a reforzar Guisa.

En la primera le quitamos por lo menos 30 fusiles, a veces removíamos los fusiles con carne y ropa de los cadáveres y aún con fuego en sus uniformes, revólveres, cartucheras, zapatos. Había que pasar por encima de sus cadáveres para hacerse con el botín.

Cogíamos una de las minas sin explotar y el ingeniero Calvo las preparaba. Unas pilas (baterías de linternas Ray-O-Vac) montadas en unas cajas de tabaco y el cable se lo daba a un niño de 14 años, que le encantaba volar camiones, a un lado o en un puentecito le decías que se situara y después los gritos y unos tipos se dedicaban a masacrar a los guardias supervivientes. Los dejaban ahí muertos y se repetía la emboscada más adelante, con el próximo refuerzo.

Cuando se acabaron las cinco emboscadas, el ejército se escapó de Guisa, Blanco Navarro estaba al frente del puesto de Guisa y lo abandona.

Esa guerra la ganaron unos niños *patiporelsuelo*. Eran los zapadores.

Guisa. Todo el mundo a montarse en la tanqueta capturada, hasta que la jodieron de un bazucazo el primer día y hubo una carnicería.

Las griterías porque le volaron las dos piernas al conductor.

Baire, Jiguaní. Contramaestre, Maffo, Palma Soriano.

A las nueve de la noche del 30 de noviembre entramos en Guisa. Yo he calificado esa batalla como la operación militar más audaz llevada a cabo por nuestro Ejército Rebelde, pues marcó el derrumbe del ejército de la tiranía. Abrió las puertas al llano cubano, logrando un puñado de 180 hombres desmoralizar el segundo emplazamiento militar en importancia de todo Oriente, con más de 5.000 efectivos acantonados a sólo 16 kilómetros de este predio militar que acabábamos de ocupar.

Desde el 22 de noviembre, el brigadier Alberto del Río Chaviano, jefe de las fuerzas batistianas en la provincia de Las Villas, en un desesperado esfuerzo por contener el despliegue revolucionario, concentró más de mil hombres, ocho tanques de estera y equipo pesado diverso, en las cercanías de la zona excluida de control gubernamental y administrado por el Ejército Rebelde, lo que ya se llamaba «Territorio Libre de Las Villas».

Partiendo de Cabaiguán y Fomento, las fuerzas de Río Chaviano se dividieron en tres grupos. Al segundo día de su desplazamiento —lento y a gran coste frente a la elástica defensa de los objetivos rebeldes—, llegaron a sus posiciones extremas en los límites de este Territorio Libre: hasta Corujo, por el ala izquierda, Santa Lucía por el centro, y Sipiabo por la derecha.

En estos puntos fracasaron todos los esfuerzos del ejército por avanzar. Cuarenta y ocho horas más tarde, los pelotones de los capitanes rebeldes Hernández y Machín, del Movimiento 26 de Julio, persiguieron el ala derecha de las tropas de Batista hasta las cercanías de Fomento, capturándoles parque y un tanque de estera T-1 que fue inutilizado.

El Che y Río Chaviano, hasta ese momento, comparten sobre un mismo terreno dos estrategias diferentes. El Che está llevando las de ganar.

Su tarea, al llegar por primera vez a la Sierra del Escambray, estaba precisamente definida por mis órdenes: había que hostilizar al aparato militar de Batista, sobre todo en cuanto a sus comunicaciones. Y como objetivo inmediato, impedir la realización de las elecciones. Pero el trabajo se dificultaba por el escaso tiempo restante y por las desuniones entre los factores revolucionarios, que se habían traducido en reyertas intestinas que muy caro costaron, inclusive en vidas humanas.

El Che debía atacar a las poblaciones vecinas, para impedir la realización de los comicios, y se establecieron los planes para hacerlo simultáneamente en otros sitios. Posteriormente, se atacaba el cuartel de Banao, con escasos resultados, por cierto. Los días anteriores al 3 de noviembre, fecha de las elecciones, fue de extraordinaria actividad revolucionaria: las columnas se movilizaron en todas direcciones, impidiendo casi totalmente la afluencia a las urnas, de los votantes de esas zonas. Las tropas de Camilo, en la parte norte de la provincia, paralizaron lo que llamaron o dimos en llamar «la farsa electoral». En general, desde el transporte de los soldados de Batista hasta el tráfico de mercancías, quedaron detenidos.

En Oriente —y compárense estos datos con la versión batistiana—, prácticamente no hubo votación; en Camagüey, el porcentaje fue un poquito más elevado, y en la zona occidental, a pesar de todo, se notaba un retraimiento popular evidente.

En Oriente se registraban sucesivas batallas en los frentes primero y segundo. Salvo las cabeceras de los municipios, nada conservaba el gobierno en Oriente.

La situación en Las Villas también se estaba complicando, por la acentuación de los ataques a las vías de comunicación. Al llegar el Che, cambió totalmente el sistema de lucha en las ciudades, puesto que a toda marcha trasladó los mejores milicianos de las ciudades al campo de entrenamiento —otra forma solapada pero necesaria del control que le ordené ejercer sobre los núcleos revolucionarios, y para recibir instrucción de sabotaje, que resultó efectivo en las áreas suburbanas.

El Che tuvo que hacer en el Escambray lo que él llamaría «una intensísima labor en favor de la unidad revolucionaria», (¿reconocen el

Foto tomada a fines de 1958 durante la visita de Lina Ruz González a su hijo Raúl Castro en el llamado Segundo Frente, el vasto territorio bajo dominio insurrecto del cual Raúl es el jefe.

La mejor parte del combate: la captura del botín.

Uno de los primeros equipos de escoltas de Fidel en Sierra Maestra. Identificado —primero por la izquierda—: el teniente Aníbal Hidalgo.

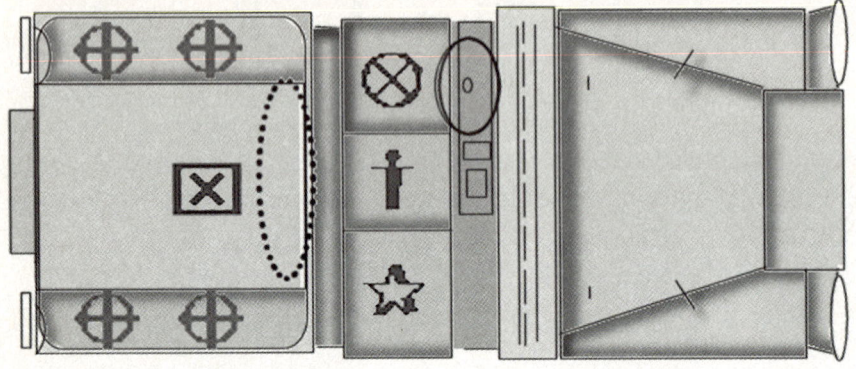

✩ Fidel armado con un FAL y una pistola Browning H-P 9 mm.

† Celia Sánchez.

⊗ Chofer Alberto Vázquez García.

Asiento transversal trasero detrás del chofer:

⊕ Ángel Fonseca García armado con una carabina dominicana San Cristóbal.

⊕ Marcelo Verdecia armado con otra San Cristóbal.

Asiento transversal trasero detrás de Fidel:

⊕ Anibal Hidalgo con una carabina norteamericana M-1.

⊕ Mariano Díaz literalmente «artillado» con un fusil automático de bípode BAR (Browning Automatic Rifle), calibre 30.06.

[X] La caja de galletas Gilda con golosinas y refrescos.

tema?), ya que existía un grupo dirigido por el comandante Gutiérrez Menoyo (Segundo Frente Nacional del Escambray), otro del Directorio Revolucionario (capitaneado por los comandantes Faure Chomón y Rolando Cubelas), otro pequeño de la Organización Auténtica (OA), otro del Partido Socialista Popular (comandado por Torres), y el 26 de Julio; es decir, cinco organizaciones diferentes actuando con mandos también diferentes y en una misma provincia. Tras laboriosas conversaciones que hubo de tener el Che con sus respectivos jefes, se llegó a una serie de acuerdos entre las partes y se pudo ir a la integración de un frente.

Oriente solamente recibía ayuda del gobierno por aire y mar, en una forma cada vez más precaria, y los síntomas de su descomposición aumentaban cuando William D. Pawley solicita una reunión urgente con Batista.

Pawley, el viejo amigo de Batista que en los años veinte había creado la primera línea aérea cubana y que aún tenía sus inversiones en la isla,[1] se convirtió en un embajador de buena voluntad o mejor aún de buenos oficios después de convencer a la CIA y al presidente Eisenhower de que él era el hombre indicado para decirle a Batista que se fuera. Todos estaban de acuerdo, al menos en los círculos de poder norteamericano, que los días del viejo aliado debían de estar contados. A las 3 de la mañana del 9 de diciembre de 1958, William D. Pawley arriba a Kuquine, la finca de Batista en las afueras de La Habana, tirando hacia el sudoeste. Abrazos y múltiples gestos de cortesía en el preámbulo del encuentro. Mas Batista no lo deja avanzar mucho en su diatriba.

Claro, en este momento ya les está pasando la cuenta a los americanos, merecidas cuentas «por todas las mariconadas y los abandonos» [sic.]. Ésta es una lección que quien mejor la está aprendiendo, ah, paradojas, es este autor. Allá a lo lejos, en la Sierra. Pero Batista me está enseñando. Es decir, cuando toda esta información llegue a mis manos después del triunfo y hagamos una reconstrucción de los he-

1. Es previsible que de haber sabido Pawley lo cercano que estaba de perder estas propiedades a manos de la entonces atractiva horda fidelista, cuál hubiese sido el carácter de su actitud y los consejos que hubiera escanciado.

chos. Me está enseñando por el embargo de armas. Por ponérsele firme a la CIA. Y por engañarlos en cuanto a su verdadera relación con los comunistas. (Ésa es una historia que tocaremos en su oportunidad.)

La explicación de Batista al embajador Pawley.

Sin perder el control de la situación no descansaba buscando la solución pacífica de los problemas; pero resulta difícil siendo el mismo centro de ese impetuoso remolino de pasiones, de odios y de egoísmos, aumentándose por minuto a causa de la terca insistencia del cabecilla Fidel Castro, que tendrá el mejor intérprete y colaborador de la [¿próxima?] tiranía en la inarmonía de la sociedad, en el enervamiento de las instituciones, en la complicidad ingenua o intencionada de muchos amigos políticos y sociales, en el que una posición de complejos o reservas, terminará por (con permiso de su excelencia William D. Pawley) jodernos, y *nos* —por nosotros— que hemos sido llevados siempre a manifestarnos como buenos amigos del pueblo americano, como lo demuestran nuestra historia y la conducta observada por nosotros en todo tiempo, estamos también (de nuevo con permiso de su excelencia) más que jodidos. Mi gobierno está reconocido por el suyo y por todos los gobiernos libres del mundo. Estimamos que de darse beligerancia a grupos extremistas, partidarios del comunismo y contrarios al sentir democrático, con esa actitud se atenta contra ese principio que los suyos y los nuestros respetamos, propiciando en cierto modo (una forma bastante suave de decir que nos han traicionado) que el terrorismo se convierta en poder.

¿Se retira con los bolsillos vacíos el emisario ex oficio del Departamento de Estado para pedirle a Batista que abandone el poder y deje el gobierno en manos de una junta cívico militar?

Hubo de regresar al punto de su interés. Segundo aire del diálogo.

Pero Batista saca más rápido.

Evoca el tópico de la intervención, y le recuerda que la Revolución de 1933 «que encabezamos», se encaminaba, precisamente, a desalojar del poder a un gobierno producto de la intervención autorizada por la enmienda «Platt» —cláusula de la primera constitución de la Cuba republicana que permitía la intervención de Estados Unidos en cualquiera de los asuntos internos del país— y que el Movimiento del 4 de septiembre de 1933, que Batista dirigió entonces, se produjo para recuperar la total soberanía; y que esa revolución «la dirigimos, la orientamos y la ejecutamos» para que ni Estados Unidos ni Cuba tuvieran que confrontar dificultades de esa especie en el futuro, y que por entenderlo así el gobierno del presidente Roosevelt llegó a un acuerdo «con el nuestro» para abolir aquella «enmienda» que se introdujo en la Constitución de 1901 al instaurarse la Republica.

El turno de Pawley. Directo al grano, Señor Presidente. Le sugiero que renuncie para así franquear una solución nacional que impida a Fidel Castro llegar revolucionariamente al poder. Le recomiendo entregar el mando a una junta militar integrada por líderes de relieve como Pepín Bosch, el Coronel Ramón A. Barquín, los generales Eulogio Cantillo y Arístides Sosa Quesada, a fin de poder formar un gobierno con figuras no comprometidas como fidelistas o batistianos y capaces de llenar el trámite de transición gubernamental con apoyo de la opinión pública. La fórmula, como se habrá dado cuenta el Honorable Señor Presidente, se resume en una junta militar sin matiz fidelista o batistiano.

Batista no responde. Prende un Churchill de la caja que tiene los más grandes. Se arrellana en su poltrona, echa la cabeza hacia atrás, su pelo empelotado de briosa vaselina, y comienza a fumar.

En este punto William D. Pawley, con un cierto matiz de verdadera inteligencia, considera llegado el momento de la retirada. Se retira. Batista y su ayudante, «Silito» Tabernilla, se quedan a solas en el recibidor campestre de Kuquine. El presidente dice: «¡Qué ganas de entrarle a patadas!»

Los americanos no entendían los razonamientos del escenario de progreso batistiano saboteado por las hordas fidelistas —por mis hombres.

El temor a las conspiraciones, especialmente en las guarniciones de La Habana, contribuyó al debilitamiento del esfuerzo militar de la administración. Las conspiraciones del pasado cobraban sus deudas en 1958. Los oficiales de mayor confianza de Batista —los leales políticamente— permanecieron al frente de las principales fuerzas de la capital. El liderazgo del ejército rechazó transferir a prominentes comandantes batistianos a remotas unidades provinciales para asumir el mando de las operaciones. Batista insistió en conservar a su confiable cuñado, el general Roberto Fernández Miranda, al frente de La Cabaña. El general Francisco Tabernilla permaneció en Columbia por el mismo miedo a la presencia de los barquinistas —los seguidores del coronel Ramón Barquín, que aún subsistieran en las filas—, y porque suponían que éstos esperaban agazapados por su oportunidad para golpear otra vez. Batista no podía desprenderse confiadamente de sus más leales oficiales del mismo modo que no soltaría las mejores tropas de las guarniciones de La Habana para enviarlas al teatro de operaciones. Batista se vio obligado a asignar el comando de batalla a jóvenes oficiales no necesariamente vinculados políticamente con La Habana.

El gobierno no puede conseguir armas por ninguna vía, ni por la del contrabando —se molesta Batista, en su despacho.

Silito asiente. La gravedad del caso obliga.

Pero estos grupos las obtienen en abundancia, aún en el propio territorio de Estados Unidos y de aliados supuestamente nuestros en Centro y Suramérica.

Conozcamos ahora. Sepamos. Probemos de esta poción de la dialéctica batistiana que él desarrolla en la Casa Militar de Columbia hacia el mediodía del primero de diciembre de 1958. Una fecha redonda. Aunque puede intuirlo, no calcula aún que le queda un mes exacto en el territorio.

El embargo de armas declarado en marzo de 1958 por Estados Unidos, sorprendió a las fuerzas armadas con equipos obsoletos, rifles de repetición modelo 1903 y cañones y ametralladoras de las que se usaron en la Primera Guerra Mundial. Quedaba el recurso de los fusiles Garand, que ya venían siendo desechados o sustituidos por otros en el ejército americano. Pero el primer y único lote compuesto por 1.950 Garand fue incautado en los muelles de Nueva York. No obstante, el haberse hecho la compra debidamente y autorizado el embarque en oportunidad por el departamento correspondiente, una denuncia del 26 de Julio con su delegación funcionando públicamente en Nueva York, motivó la declaración de un vocero del Departamento de Estado por la que anunciaba que el gobierno americano no autorizaría más suministros de material bélico al gobierno de

Cuba. A ojos de Batista —y quizá con razón— la declaración equivaldría a colocar a Estados Unidos en un plano de neutralidad entre el gobierno (que él reclamaba como «constitucional») y «los grupos que fuera de la ley desarrollaban sus planes terroristas».

Desde aquellos instantes «*en que ya podrían considerarse las guerrillas saboteadoras como un ejército potencial frente al regular que debía necesariamente de aumentarse para cubrir las extensas áreas montañosas, los apoyos indirectos, tímidos y ocultos, que venían ofreciendo por amenazas unos pocos hombres con negocios establecidos en provincias, fueron aumentando hasta con una tasa de impuestos*».

El pánico estaba haciendo de las suyas en las llamadas «clases económicas» y parece que también en varios sectores principales de las Fuerzas Armadas. El estancamiento del general Eulogio Cantillo como jefe de operaciones en la Sierra Maestra, los valles y las áreas correspondientes a su territorio, da motivo a que en el ejército corra el rumor de que el jefe del Estado Mayor Conjunto, por reivindicar un pariente suyo —el brigadier Río Chaviano, que no había obtenido éxito en el mando que ahora tenía el general Cantillo—, no le preste la cooperación necesaria, demorando o saboteando las operaciones militares y las solicitudes que dicho general hacía al Estado Mayor. Se atribuía, también, esta falta de cooperación a informaciones que se dice daba el general Río Chaviano al general Tabernilla Dolz, nada favorables al jefe de operaciones de la Sierra Maestra.

Durante el mando del general Río Chaviano en el territorio donde operaban nuestras guerrillas, mi hermano Raúl había pasado al este, para operar en la zona de Guantánamo, Mayarí y Sagua de Tánamo, extendiéndose hasta Baracoa. Tampoco en esta zona pudo el general Río Chaviano detener las actividades de los rebeldes, transformados en guerrillas.

Como quiera que en Las Villas empezaron a mostrarse activos los grupos del llamado «Directorio Revolucionario» y estimando que Río podría dar mejor resultado en esa región se le trasladó para ese Distrito, dejando el mando total de las jefaturas de Bayamo y Santiago de Cuba al general Eulogio Cantillo. Unificado así el mando militar, Batista pensaba que, no obstante el fracaso de la ofensiva de verano dirigida por el mismo general Cantillo, ahora éste podría desenvolverse con otras posibilidades.

Por otra parte, Batista creía ver que «en los líderes se notaba entusiasmo», aunque los partidos políticos empezaban a sentirse escépticos; pero tanto en aquéllos como en éstos, había la esperanza de que pudiera rebasarse el peligro inminente.

De todo esto que expongo ahora, tenemos abundante documentación de respaldo. No es algo que a mí personalmente me interese mucho revisar. Siento un especial desprecio por las cosas «históricas», por los papeles viejos, ustedes me entienden.

Batista está oyendo las conversaciones, transcripciones de grabaciones que le lleva la gente del SIM y del Buró de Investigaciones y se las dan a Silito para que él se las pase al presidente, y con ese entretenimiento el presidente mata los últimos días «al frente de los destinos del país», esa última semanita y pico de diciembre es él sorteando las conspiraciones de casi todo el mundo y mostrando un formidable control sobre sí mismo, porque es el que lleva la mejor de todas las barajas, la conspiración suya, que es la que acabará con las demás, y mientras tanto hoy, miércoles 17 de diciembre de 1958, pone carrete de cinta tras carrete en la máquina reproductora RCA Victor y se enjuga la mente con los improperios que le dedica la burguesía criolla, todos tan bastardos y tan ladrones como él, pero ninguno más listo, y se acuerda de Varadero, aquella noche frente al Red Coach, la escena de Varadero, cuando ordena que le bajen la chalupita del *Martha*, que es el yate presidencial, desde la que va a tirar unas pitas, en el que va a estar a solas con el patrón de su barco y le dice, a todos estos burgueses que no me invitan a bordo de su yate porque yo soy mulato, el que los va a joder es ese Fidel Castro que está en la Sierra Maestra, él se vengará por mí.

Lo identifican como el Negro por teléfono y la burla es con el Negro y el Negro es el presidente de la República, la misma República donde ellos amasan sus millones y en la que también, por qué negarlo, son industriosos, pero después la burguesía pierde, pierde ahí mismo su chance porque no se dan cuenta y era de verdad un problema racista, del odio que le tenían a Batista, es decir, ellos pierden ahí su última oportunidad, porque era un juego en el cual lo ofenden y él se echa para atrás y piensa, ya Fidel les pasará la cuenta, pero lo joden, sin darse cuenta que ése es su hombre, a la altura de las circunstancias ya no hay otro, pero ellos, ellos están apostando por mí, que es el que se los va a comer con papas y una pizca de sal y tenían que haber maniobrado con Batista para luego sacárselo de arriba, pero ellos no quisieron identificarse con Batista aunque yo de todas maneras los voy a identificar, burguesía nacional y Batista quedarán finalmente uncidos en un mismo haz nunca más demostrable que con los cinco tontos pasahambres del ejército de Batista que la CIA logra meter en su brigada de desembarco, la de Playa Girón, o Bahía de Cochinos como quiera que le llamen, un par de años después a los que además se les fusila sin miramientos y no se alza ni una sola voz de protesta desde ninguna parte, ni de sus compañeros de brigada ni de sus jefes en la CIA. Vienen esos muertos, los de tu bando. Pero la derrota no te sirve ni para que los menciones. Vaya, para darles una jerarquía, mártires o héroes caídos o algo parecido. Muerto y derrotado lo peor que existe.

En diciembre sólo se transitaba en convoyes por la Carretera Central en las tres provincias orientales de la isla. El ferrocarril central ya no llegaba a Santiago. La línea de ómnibus La Cubana había suspendido su servicio con pérdida total de 25 buses valorados en 20.000 cada uno.

Yo fijo impuestos revolucionarios a los grandes empresarios de las tres provincias orientales (0,15 dólares por saco de azúcar). Los delegados del Movimiento 26 de Julio, principalmente Pastorita Núñez y Alberto Fernández, colectaban estos tributos, que sobrepasaron los 3 millones. Los grandes hacendados azucareros, ganaderos y agricultores se ven obligados a pactar conmigo y pagar para seguir operando sus empresas agropecuarias y azucareras. Como sólo 36 centrales azucareros de propiedad norteamericana y que elaboraban el 37 por ciento de la producción nacional, y el resto de los centrales estando principalmente en manos cubanas, la tragedia probable se circunscribía al patio. Los hacendados, colonos y ganaderos aportaron al Che en las Villas unos 700 mil dólares, en carácter de impuestos voluntarios anticipados, a través del capitán rebelde Antonio Núñez Jiménez, después que el presidente de la Asociación pactó conmigo Guisa.

Tres cuartas partes de la producción azucarera del país y la mitad de la ganadería estaban enajenadas en territorios orientales y villareños bajo nuestro control. La interrupción de las vías nacionales por carretera y ferrocarril en la región central de Las Villas, quebró la isla en dos, fracturando la base física del régimen. Las fábricas en La Habana resentían la pérdida del mercado en las tres provincias orientales. En un artículo de Andrew St. George sobre una de sus estancias en la Sierra de fines de la campaña, estimaba que después del 15 de diciembre, cada día representaría una pérdida del 2 por ciento del rendimiento total de zafra.

Los grandes empresarios criollos y norteamericanos en Cuba presionaban desde temprano al gobierno norteamericano para que forzase una solución política «sin Batista ni Castro». Finalmente, los poderosos intereses azucareros propugnaron en Washington por un enlace oficioso conmigo a través de un emisario confidencial capaz de gestionar una tregua que garantizara salvar la zafra azucarera que debía comenzar el 15 de enero. En fin, que al fin, los magnates azucareros se me arrodillaban para que les dejara terminar su penúltima zafra como propietarios, porque la de 1961 va a ser ya con los centrales y todo el andamiaje y territorios aledaños en mis manos.

El embajador Smith a nombre de su gobierno pidió a Batista que abandonara el poder y el país, pero sin aportar fórmula alguna para llenar el vacío de poder que así se crearía. Era un caso de cruda intervención política, pero que devendría catastrófico por la pésima forma en que fue realizado. Toda mediación o intervención extraña puede ser positiva o negativa, para ayudar o perjudicar. La acción política norteamericana en esta oportunidad fue francamente imprevisora, pues precipitó el derrumbe del régimen sin estimular la formación de un gobierno de transición con representativos de la clase media, capaz de mover opinión pública bastante y levantar la moral de las Fuerzas Armadas, en forma tal que desalentara cualquier propósito totalitario, castrista o de otra índole, según convenía a los mejores intereses en Cuba y de los propios Estados Unidos.

El subsecretario de Estado para Asuntos Latinoamericanos, señor Roy Rubotton, declaró a la sazón en Washington que no había evidencia de comunismo organizado dentro del movimiento castrista ni de que yo me encontrara bajo influencia comunista. Las declaraciones de Rubotton constituyeron la mejor garantía para los que militaban en las filas revolucionarias y guerrilleras luchando contra el régimen de Batista.

El embajador Smith, el otro, el finalmente bueno —criterio de Batista— parecía convencido de que los grupos revolucionarios bajo mi mando estaban infiltrados de comunistas. Por lo menos, era el argumento lógico. Pero nada pudo hacer para que esta verdad o lógica —que pueden (y deben) ser asuntos diferentes— fuera conocida debidamente. Batista analiza. Smith hubiera intentado conseguir, si no lo intentó, que el embargo de armas se suspendiera si el ejército hubiese logrado hacer alguna demostración efectiva ganando combates decisivos; pero las esperanzas resultaron vanas porque después del fracaso de la ofensiva de junio ya no fue posible que una de las unidades en operaciones ganara siquiera una escaramuza.

No obstante, los últimos esfuerzos del gobierno se estaban realizando. Batista pensaba todavía —y lo pensó hasta ese fatídico y frustrante 17 de diciembre en que el embajador Smith le resumió el fin de todas las esperanzas— poder evitar la hecatombe si pese a todo le llegaban a tiempo las armas pedidas a Europa y los acontecimientos le permitían reorganizar las Fuerzas Armadas. El embajador de Estados Unidos.

El embajador Earl T. Smith tiró la última baraja sobre el tapete. En los primeros días de ese diciembre regresaría Smith de Washington, adonde concurrió en consulta oficial. Días después llamó al ministro de Estado —el canciller batistiano, Gonzalo Güell—, diciéndole que tenía urgencia en hablar con el presidente. A estas entrevistas siempre le acompañaba el doctor Güell, que se adelantaba para esperar al embajador en la biblioteca de Kuquine. Cuando Batista llegó, los dos estaban conversando aunque sin entrar en materia. El aspecto cordial y bonachón de Smith, según la visión de Batista, dejaba traslucir, a través de una agradable sonrisa, la pena que le preocupaba. No había mucho de qué hablar. El desastre iba avanzando en forma tan evidente, que ninguna esperanza con respecto a la devolución de las armas embargadas podía abrigarse.

Al final de todo, Batista acariciaba el propósito de que «los esfuerzos electorales realizados por su régimen darían los resultados satisfactorios que anhelaba», sobre todo ante los americanos; quería lavarse la cara, se la estaba lavando, pero nadie se lo creía, y los acontecimientos no favorecían en nada el propósito de que «el candidato *electo*», doctor Andrés Rivero Agüero, asumiera la presidencia normalmente y permaneciese en ella, lo que hacía dudar de la posibilidad del reconocimiento por parte del gobierno americano.

Por las informaciones que el embajador Smith había recogido «en fuentes militares y revolucionarias», de acuerdo con la interpretación que podía dárseles, suponía que los elementos básicos del ejército no resistirían hasta el próximo 24 de febrero en que debía tomar posesión el presidente electo y que el deterioro de la autoridad era «considerable», y que las numerosas conspiraciones que con cualquier pretexto y por diferentes motivos se venían produciendo en el seno de las fuerzas armadas, desmoralizaban.

El barco se hundía con todas las bodegas llenas de agua pero él se empeñaba, con el agua hasta el cuello, en apagar los pequeños incendios. Así, en Palacio y en Kuquine recibió en cuatro ocasiones a algunas de las más altas figuras de la jerarquía eclesiástica. Hablando privadamente las notó «harto preocupadas». Expusieron «con calor amistoso» la situación del país. Los jerarcas de la Iglesia estimaban que debía llegarse a todos los sacrificios con tal de que se aplacara el terrorismo y se propiciara la paz. En oportunidad anterior se había reunido el Arzobispado y hecho un llamamiento al gobierno y a la oposición para resolver con urgencia el conflicto nacional. La Cámara de Comercio y las Asociaciones de Industriales, Ganaderos y Colonos, también deliberarían en relación con las posibilidades de un gobierno de transición que sirviera de instrumento a la pacificación del país. La Asociación de Hacendados llegó a más: acordó designar una comisión para que le expusiera a Batista la opinión de la clase en el sentido de que siendo su nombre la dificultad que aducían los insurrectos y los sectores abstencionistas para cesar en su actitud, le pedirían que considerara la conveniencia de que le sustituyera un gobierno provisional. La comisión no llegó a comunicarse con él por consejos del doctor Jorge Barroso y del ingeniero Amadeo López Castro, ministros y representantes del gobierno ante las organizaciones azucareras; pero ambos le dieron cuenta a Batista de lo sucedido. En esas reuniones se alegaba, en pequeños conciábulos apartes, que el ejército no podía ganar ningún encuentro con los alzados porque muchos de los oficiales estaban complicados o temían a las responsabilidades, también, a que conocían la actitud de Estados Unidos.

Al terminar la entrevista con el embajador Smith, la noche del 17 de diciembre. Batista se reunió de urgencia con los jefes del Estado Mayor Conjunto para informarles que el gobierno de Estados Unidos le retiraba su apoyo al régimen y no extendería reconocimiento al del candidato presidencial electo, que debería tomar posesión el 24 de febrero de 1959. Batista hizo hincapié en lo crítico de la situación y pidió a los altos jefes militares que le ayudaran a encontrar una solución nacional que le permitiera abandonar el país, a tenor con las indicaciones de Smith.

Demandó absoluto secreto para que la noticia no trascendiera a las jefaturas políticas y cuadros de oficiales, aduciendo que ello podría precipitar un colapso en las Fuerzas Armadas.

Recuerdo el desorden y que recogíamos el botín. Había un par de zapatos grandes y dije: «Son míos», y me los echo al hombro. Se acaban los combates, los combates crudos y viene como una calma, las tropas bajan, las bajo, algunas escaramuzas, Minas de Frío, San Lorenzo, Vegas de Jibacoa que está pegado a Minas, se cogen botines en los distintos lugares, y estamos bajando un poco, cuando tenemos ese combate de Minas de Frío, cerca de allí se coge un botín grande, el único que se atreve a bromear conmigo, el comandante Paz, se tiró allí como si fuera un mercado, se repartió aquello, un poco anárquicamente. Yo usaba Tom McCan, mi marca favorita, y veo aquellos zapatos y digo eso de que son míos, y ahora vamos para Vegas de Jibacoa, y vamos a atacar por allá, pero no, cojo para el sur, y fuimos a caerle a otro cuartel.

Se termina esa parte de la ofensiva y no hay nada en la cordillera y eran como unas vacaciones de algunos días para todas las tropas y como se trataba de campesinos les di muchos pases de unos días para que fueran a ver a su tía o a su papá, descansaban, comían, que suba o que no suba, era una cosa intermedia entre la Sierra y el llano, y descansaban y comían. Después seguimos la guerra. Cerca de Jiguaní hubo combates, muertos, muertos por parte del Ejército Rebelde y los enterramos por la noche en el cementerio de Jiguaní.

Ya yo tengo mi Land Rover descapotable. Nerice era el primer chofer. Pero Raúl, que también viene bajando y tiene un Toyota, me dice que coja el suyo, más diestro. Se nombra Alberto Vázquez García, le dicen Vasquesito, la mujer era conductora, chofer de guagua en Santiago de Cuba, me acuerdo de eso. Quitaron a Nerice y pusieron a Vasquesito, y andábamos de carretera de noche apagados nosotros solos. Se cometió una locura. Por poco nos mata el mismo Ejército Rebelde. Vasquesito se inició ahí. Vasquesito de chofer, Celia en el medio y yo a la derecha. Detrás iban los cuatro muchachos de mi escolta, todos serranos; Miguel Ángel Fonseca y Marcelo Verdecia «Nangue» del lado izquierdo, y Mariano Díaz y Aníbal Hidalgo del derecho. Aníbal detrás de mí. Un jeep abierto, de aluminio. A veces llevábamos un pasajero, algún oficial nuestro de la zona por donde pasábamos, Pedrito Miret, Hubert Matos, Guillermo García, o algún capitán de la tiranía a los que me ponía a comerles el cerebro, y se sentaban atrás sobre una caja en la que se hallaban las reservas, reservas de cosas capitalistas, sopas Campbell, Kirby, y a veces galletitas con mermelada. Siempre marchábamos de noche. Aníbal había sido mensajero descalzo. El mulato Mariano Díaz era serrano, Nangue también; medioindiano Nangue; Miguel Ángel era de la zona del Salto. Aníbal era de Holguín. El armamento era el BAR de bípode de Mariano, las San Cristóbal Nangue y de Miguel Ángel, y el M-1 de Aníbal, mi pistola Browning y después un FAL de Venezuela, que me trajo Luis Orlando y que me mandaba el almirante Wolfgang Larrazábal, el presidente provisional de ese país. Celia trae su M-1 y Vasquesito no sé si lleva una pistola 45.

Utilizando el helicóptero que el general Francisco Tabernilla Dolz le había enviado desde La Habana (un Sikorsky H-10 piloteado por el teniente Orlando Izquierdo), en la mañana del día 28 de diciembre el general Cantillo se trasladó del cuartel Moncada en Santiago al demolido Central Oriente en San Luis, donde se hallaba mi comandancia.

A las ocho de la mañana nos estrechamos las manos. Allí se encontraban, entre otros, Raúl Castro, el reverendo padre Francisco Guzmán, los comandantes del ejército José Quevedo y Francisco Sierra Talavera, quienes se habían sumado a la Revolución después de rendirnos en la ofensiva de verano y que yo me cuidé mucho que se presentaran a la reunión con uniformes planchados, sus armas de cintura y bien aprovisionados de tabaco. También estaban Celia, Vilma Espín y el doctor Raúl Chibás. La entrevista duró varias horas. Analizamos con Cantillo exhaustivamente la situación nacional, el curso de la Revolución y el estado de las Fuerzas Armadas en aquel momento.

Hubo acuerdo para un movimiento conjunto que debía realizarse a partir de las tres de la tarde del día 31 de diciembre, comenzando con la sublevación de las tropas del Moncada y de Matanzas, al tiempo que los grupos rebeldes harían su entrada en la ciudad de Santiago. Militares, rebeldes y pueblo en general confraternizarían, al tiempo que una proclama a la nación anunciaría el golpe revolucionario e invitaría a las restantes guarniciones militares del país a secundar el movimiento. Si el régimen resistía, los tanques de guerra con base en el cuartel Moncada encabezarían el avance conjunto sobre la capital de la República, tratando de recorrer los 900 kilómetros (Santiago-La Habana) en 36 horas.

Comprometidos conmigo quedaron el coronel J. Rego Rubido (segundo jefe de Oriente); el comodoro de la Marina de Guerra M. Camero, jefe del Distrito Naval Sur; el brigadier Carlos Cantillo González (mediohermano del general Eulogio A. Cantillo), jefe de la provincia de Matanzas, y el coronel Arcadio Casillas, jefe de Operaciones en la zona de Guantánamo. Cantillo haría un viaje rápido a la capital para ultimar los detalles del plan.

No obstante, hice que Cantillo, bajo palabra de honor, se comprometiera a no aceptar golpe militar alguno y le sugerí que permaneciera en Santiago y no fuera a la capital, si podía evitar el viaje. Cantillo me pidió garantías para que Batista con su familia saliera del país, pedimento que yo rechacé de plano.

En la entrevista y acuerdos conmigo, Cantillo invocó el nombre del ejército, porque tenia la representación del Estado Mayor Conjunto y además, el consentimiento tácito de Batista, oportunamente informado de la gestión —lo que yo hasta ese momento intuía pero sin poder asegurarlo al cien por cien. A lo largo de las discusiones Cantillo trató sin suerte de que aceptara un alto al fuego.

Terminada la entrevista, Cantillo regreso a Santiago donde informó de los acuerdos y dictó instrucciones al coronel José Rego Rubido,

Mayor Gral. Fulgencio Batista y Zaldívar
ANOTHER VICTIM
OF INTERNATIONAL COMMUNISM

Fulgencio Batista impecable
en un folleto del exilio.

21 de diciembre de 1959. Cabaiguán pasa
a manos rebeldes. El Che estrena sus
dotes de tribuno sobre un Jeep.
«Nos queda un duro camino por
delante, compañeros…» El cabestrillo es
también de estreno. Ayer se partió el
brazo, saltando una cerca.

El teniente Pedro Bocanegra era uno de los guardaespaldas favoritos del presidente Fulgencio Batista. Se hallaba a bordo del avión presidencial *Guáimaro* en la madrugada del 1 de enero de 1959. Los motores ya estaban trabajando y un técnico retiraba la escalerilla. Pero había gente que se aproximaba a la portezuela y venían a toda carrera y con atuendos que Bocanegra describe como «muy elegantes». Se trataba de ministros y altos funcionarios de un gobierno que acababa en ese mismo instante de colapsarse. Bocanegra miró hacia su presidente, localizado en uno de los asientos centrales, en la hilera izquierda, pegado al pasillo, a la espera de su orden. Batista giró la cabeza sobre el hombro izquierdo, le devolvió la mirada a Bocanegra e hizo un gesto de asentimiento. Eso quería decir que cerrara definitivamente la portezuela de la nave, lo que Bocanegra cumplimentó de inmediato. Al quedar aislados del ruido exterior y disminuir a una escala soportable el estruendo de los motores, los pasajeros escucharon los apagados sollozos, que parecían turnarse, emitidos por algunas de las mujeres que les acompañaban.

La caravana de Fidel se aproxima a la ciudad de La Habana el 8 de enero de 1959. Fidel montado sobre su tanque, y a la altura de un pueblo llamado El Cotorro. Alguien —se supone que una de las hermanas de Fidel— ha tenido el gesto afortunado de vestir a Fidelito con un atuendo de guerrillero y ponérselo en los brazos a su padre. Un padre con los bolsillos de la guerrera repletos de objetos y papeles y en el que inevitablemente hay que curiosear.

su segundo; así como al comodoro Manuel Carrero, jefe del Distrito Naval de Oriente, y al teniente coronel Arcadio Casillas Lumpuy, jefe de Operaciones en la zona de Guantánamo, quienes habían sido previamente citados al Moncada.

Finalmente, Cantillo instruyó al coronel Rego Rubido, como sigue:

«Yo estaré aquí [para la fecha convenida del 31 de diciembre], pero si por cualquier motivo tengo que permanecer en La Habana, tú te encargarás de cumplir todas estas instrucciones. Tú y el comodoro Carrero se adelantarán para recibir a Fidel Castro en las afueras de la ciudad.»

Las órdenes del general Cantillo al coronel Rego incluían la detención de cualquier jefe militar que llegara a Santiago para sustituirlo durante su ausencia en La Habana.

El día 28 en la tarde, Cantillo voló a La Habana. Un ayudante presidencial lo recibió en el aeropuerto de Columbia y llevó directamente a presencia de Batista, sin permitirle hablar con nadie. Batista, en sus memorias, afirma que desconocía los resultados de la entrevista de Cantillo conmigo, pero se desmiente al expresar que: «Ordené a Cantillo embarcar al día siguiente para tratar de impedir la entrada en Santiago de Cuba de Fidel Castro, debiendo regresar después rápidamente a La Habana...». Por otro lado dice que le ordenó a Cantillo que no comunicara la entrevista ni su resultado al general Tabernilla ni a alguna otra persona.

Esta noche la libertad

El 28 por la tarde Raúl se apareció con Vilma Espín en el campamento de Hubert Matos, en las edificaciones abandonadas de una escuela. Raúl, por indicaciones mías, le cuenta que tuve una conversación con Cantillo y que yo le mando a decir que hay una parte importante para él. Hubert va a verme al central América, hacia donde he movido la comandancia y me dice que el ambiente es de euforia y que ya saboreaban el triunfo. Entonces le digo que hoy tuve una reunión con Cantillo y llegamos a un acuerdo y tú vas a jugar un papel importante. Le digo, «mira, Hubert, olvídate de todos los planes de ataque a Santiago y de todo eso. Ya eso quedó sin efecto. Hemos llegado a un acuerdo con Cantillo. Que consiste en lo siguiente. El día primero de enero a las 3 de la tarde en el cuartel Moncada se hará un pronunciamiento conjunto del Ejército Rebelde y del Ejército Constitucional y se dirá allí que la lucha ha terminado, que se han unido las dos fuerzas y que ha triunfado la Revolución, y que comenzará un período de pacificación y de esto y de lo otro. Pero tú eres el hombre que me vas a representar allí con Cantillo. Por razones obvias yo no puedo ir. Es más, vas a ir con 300 hombres bien escogidos de tu tropa, que vayan bien vestidos, y eso es lo que se va a hacer y se leerán los puntos, tú eres el que va estar allí y yo voy a estar en algún lugar con una buena tropa. Por si tengo que salir en tu rescate.

»Eso, Hubert —le digo—, es para ver si entramos en Santiago sin problemas y ver si, por reflejo, logramos que la capital se subordine. Pero no te preocupes porque algo se joda. Si las cosas nos salen mal o de un modo que no hayamos planificado, el país al cual pertenecemos es, de cualquier manera, la cuarta de tierra donde tengamos plantadas las botas. Ahora reúne a tus hombres. Explícales la delicadeza de la misión y que se arreglen y se pongan presentables».

Ese 31 por la noche estoy en la casa de Ramón Font, el administrador del central América, cuando escucho unos disparos. Un capitán se había tomado unos tragos y había hecho unos disparos al aire con un BAR calibre 30 para festejar el arribo del nuevo año. Había efectuado su pequeño festejo a unas dos cuadras de donde yo estaba. El pueblo estaba lleno de rebeldes que deambulaban en busca de una mujer o de una botella de ron o de un cobijo para dormir. Yo fui a buscar al capitán y le dije a los muchachos de la escolta, creo que a Aníbal y a Nengue: «Amárrenlo y quítenle la camisa que lo vamos a fusilar por la mañana. Yo mismo lo voy a fusilar». Regreso a la casa de Ramón Font, donde me estaban preparando una cazuela de arroz con pollo.

Así que el teniente Pedro Bocanegra, de la escolta del presidente, recibe la orden de Batista, un ademán de aprobación, de cerrar la portezuela del avión, y el coronel de aviación Antonio Soto Rodríguez, al frente de los controles del DC-3, recibe las instrucciones del aeropuerto de destino: «Jacksonville», dice Batista. Despegan de Campo Columbia que a partir de mañana será llamado Ciudad Libertad y al rato los controladores de vuelo de Miami le niegan el permiso de entrada en el territorio americano. La variante ahora es Ciudad Trujillo. «Ciudad Trujillo», dice Batista. Quería Jacksonville porque era su puerto de llegada habitual cuando se dirigía a su casa de Daytona.

Ahora el DC-3 vuela sobre la costa sur, al amanecer, y necesita dos horas de vuelo en velocidad de crucero para que la Sierra Maestra se le desplace bajo la barriga y que ello coincida con que los primeros rayos de aquel sol de invierno rechinen sobre el fuselaje de plata y surja un destello que sea visible desde tierra.

Yo oigo, en lo alto, el sonido inconfundible de los motores de un avión. En lo alto. El sol continúa levantándose, lentamente, sobre la isla.

No podía fallar en ese tiro. Lo iba a fusilar al amanecer. Mientras que lo tengan amarrado ahí, a la mata.

Trataba de imaginarme cómo serían las cosas al día siguiente cuando Santiago se me rindiera y si Hubert era capaz de asegurarme la plaza. Pero no creo que hubiese avanzado mucho más con mis especulaciones. Siempre he creído que me hubiese vuelto loco de sólo vislumbrar lo que me deparaba el futuro, un futuro que comenzaba en tres horas. Cómo imaginar aquella madrugada rumbo a una cazuela de arroz con pollo en el batey del central América a mis regimientos de blindados avanzando por el altiplano africano o de mis requerimientos de los mejores aviones de la flota soviética para desplazarme por el mundo o ser recibido por cientos de dignatarios o pasear yo a mis invitados extranjeros por nuestros polígonos de maniobras de golpe en masa de nuestras fuerzas de combate o verme retratado en los pasquines que cubrirán todas las paredes de pueblos y ciudades y que va a haber un Estado a mis pies y que dispondré de mi guardia pretoriana y que habrá hasta una cultura de nuevo tipo que se irradie teniéndome como eje y que hasta se inventarán deportes y seremos capaces de introducir las excelencias helénicas del atletismo en el juego para los peores mataperros del mundo, que es la pelota.

El sonido del avión me alarmó. No era un avión de guerra y el sonido no se parecía al de los bombarderos ligeros B-26 de Batista. Está muy alto. No es un avión de combate pero tampoco a esta hora vuelan los aviones de Cubana. Hay algo que escapa a mi sistema de conexiones y reflexión. Mientras me acerco a la casa de Ramón Font, con Celia y los muchachos de la escolta a mi paso, me digo:

«Qué raro ese avión».

AQUÍ TERMINA EL PRIMER CUADERNO
DE LA AUTOBIOGRAFÍA
DE FIDEL CASTRO

CRÉDITOS FOTOGRÁFICOS

Fotografías inéditas

Pliego en color

Pág. I. Una clase magistral de emboscada. colección de filiberto castiñeiras

Pág, II. Fidel entra en La Habana. colección de manuel penabaz

Pág. III. Buena fuma. colección de aníbal hidalgo

Pág IV. Campo Columbia se rinde. colección de manuel penabaz

Pág. V. En el polígono de lucha contra tanques de la Escuela Ínter Armas General Antonio Maceo. colección de álvaro alba

Págs. VI-VII. Con Hemingway, fotos de Roberto Herrera Sotolongo publicadas por autorización de Norberto Fuentes como propietario de las fotografías de Roberto Herrera Sotolongo (Copyright © 2004 by Norberto Fuentes).

Pág VIII. Los campeones del *front tennis*. colección de norberto fuentes

Pág. IX. Cumpleaños de Raúl. colección de alcibíades hidalgo

Págs. X-XI. Che en España y en exposición China. colección de ricardo lópez castillo

Págs XII-XIII. Encuentro. colección de alfredo esquivel

Pág. XIV. Destino Argelia. colección de norberto fuentes

Pág. XV. Casa Uno de Luanda. colección de norberto fuentes

Las fotografías del capítulo 9 de José Antonio Echeverría y compañeros y de las manifestaciones estudiantiles proceden de la colección de Osvaldo Fructuoso Rodríguez.

Se han realizado todos los esfuerzos en el orden de lo razonable para identificar y/o localizar a los autores de las ilustraciones y las fotografías que ahora aparecen sin créditos. El autor y sus editores se complacerían en que una edición futura subsanara cualquier omisión.

ICONOGRAFÍA

Pág. 39. Membrete del Presidente del Consejo de Estado y del Gobierno de la República de Cuba procedente de una invitación a la recepción ofrecida a los participantes de la Segunda Sesión de la Comisión Conjunta (para la paz en el África austral) en el Palacio de la Revolución el martes 21 de mayo de 1989. Imprenta del Consejo de Estado.

Pág. 179. Entre Castro y Cristo, plumilla y carboncillo de Luis Rey (16 de marzo de 1959), *Bohemia,* 30 de agosto de 1959.

Pág. 515, del cómic «26 de julio de 1953». COLECCIÓN DE NORBERTO FUENTES.
Dibujo de Roberto Alfonso (Robe 62) y guión de Norberto Fuentes, *Mella,* agosto de 1962.

MAPAS

El mapa de La Plata y el croquis de la distribución del Land Rover de Fidel fueron reconstruidos de memoria por Aníbal Hidalgo, el veterano de la escolta de Fidel en la Sierra Maestra.

El de La Plata fue recreado a mano alzada por Aldo Menéndez e Ivón Ferrer.

El mapa de Cuba y el de la marcha hacia el este han sido realizados por Gradualmap, S. A.

ÍNDICE DE NOMBRES

Abdón (comando de Holguín), 162
Abrantes, José, 104, 185, 662, 788
Agüero, Luis, 198, 551, 566, 567, 571, 585, 595, 601
Alape, Arturo, 109, 340(n), 364(n)
Argota, María Luisa, 74, 91, 114, 115(n), 121

Batista, Fulgencio, 129, 134, 135, 151, 156, 161, 167, 168, 169, 172, 174, 182, 186, 196, 214, 216, 235, 245, 255(n), 273, 278, 281, 291, 295, 298, 302, 304, 305, 328, 387, 388, 390, 395, 403, 408, 409, 418, 426, 431, 436, 446, 447, 448, 450, 451, 452, 453, 454, 455, 457, 458, 459, 460, 465, 468, 485, 487, 495, 496, 499(n), 517, 519, 520, 523, 525, 526, 529, 530, 532, 534, 544, 552, 555, 563, 573, 574, 577, 578, 580, 581, 582(n), 583, 585, 587, 588, 593, 594, 597, 601, 610, 616, 617, 624, 629, 636, 637, 638, 641, 642, 645, 646, 660(n), 665, 668, 672, 673, 674, 675, 678, 681, 683, 686, 688, 689, 691, 692, 693, 696, 699, 705, 706, 708, 710(n), 711, 713, 716, 733, 740, 741, 746, 747, 752, 759, 771, 785, 791, 794, 797, 798, 799, 800, 811, 816, 824, 825, 827, 828, 829, 831, 832, 833, 834, 837, 838, 841, 842, 843, 846, 847, 854, 855, 856, 859, 860, 861, 862, 863, 864, 865, 866, 867, 868, 869, 871, 872, 873, 874, 875, 876
Belén (hermana de maestra de Birán), 112, 113, 114, 115, 116, 117, 118, 120
Berra, Yogui, 61
Betancourt, Ernesto, 796, 797
Betto (fraile), 56, 109, 111, 543
Berta (prostituta), 288, 290, 291
Binen (procurador), 122
Bradbury, Ray, 137, 375
Bravo, Flavio, 274, 311, 438, 442, 446, 449, 468, 531, 539, 540, 684

Caignet, Félix B., 123
Carbonell, Walterio, 57, 153, 256, 257, 258, 262, 280, 304, 305, 309, 316, 442, 445, 688
Castañeda Izquierdo, Rolando (Roli), 102, 103
Castellanos, Baudilio (Bilito), 414, 415, 554, 557
Castro, Agustina, 75, 92
Castro, Alejandro (hijo de Fidel), 25, 91
Castro, Alejandro (hijo de Raúl), 92
Castro, Alex, 25, 91
Castro, Alexander, 25, 91
Castro, Ángel, 11, 17, 64(n), 66, 72, 74, 75, 76, 77, 82, 91, 106(n), 110, 115, 124,

Castro, Ángel (hijo de Fidel), 25, 91
Castro, Ángela (Angelita), 51, 75, 91, 113
Castro, Antonio, 25, 91, 103
Castro, Débora, 92
Castro, Dulce, 91
Castro, Emma, 51, 75, 92,
Castro, Fidel (Fidelito; José Raúl), 18, 91, 102, 103, 407, 658, 659, 675, 676(n), 873
Castro, Jorge Ángel, 18, 91, 393, 394, 407
Castro, Juana, 51, 75, 91, 92
Castro, Lidia (Chiquitica), 74, 91, 551, 571(n), 582, 583, 584, 599, 600, 601, 603, 611, 626, 637, 644, 658, 675
Castro, Mariela, 92
Castro, Nilsa, 92
Castro, Omar, 91
Castro, Pedro Emilio, 74, 91, 109, 123, 133, 409, 410, 582
Castro, Ramón, 53, 54, 69, 75, 86, 88, 89, 91, 93, 112, 113, 191, 253, 254, 300, 466, 493, 684, 702
Castro, Ramón (hijo), 91
Castro, Raúl, 12, 70, 75, 76, 83, 86, 89, 91, 92, 96, 108, 119, 125, 126, 132, 168, 169, 273, 274, 275, 276, 277, 278, 279, 392, 448, 459, 469, 470, 471, 472, 473, 477, 480, 485, 488, 490, 524, 537, 538, 539, 540, 554, 578, 582, 583, 595, 599, 619, 630, 632, 633, 634, 635, 636, 637, 638, 644, 653, 655, 656, 664, 666, 667, 668, 669, 670, 695, 699, 700, 704, 718, 723, 724, 725, 726, 727, 734, 736, 753, 756, 757, 758, 759, 761, 772, 773, 780, 781, 801, 805, 835, 836, 839, 849, 854, 857, 863, 870, 874,
Carpentier, Alejo, 80, 632
Cellini, Benvenuto, 43, 46, 298
Chavales de España, 61
Che Guevara, Ernesto, 48, 168, 169, 242, 245, 368, 524, 545, 621, 633, 650, 651, 652, 653, 654, 655, 656, 657, 667, 668, 669, 671, 680, 689, 696, 714, 715, 716, 717, 719, 727, 730, 733, 738, 746, 747, 753, 757, 758, 767, 768, 769, 770, 771, 772, 773, 774(n), 776, 777, 778, 780, 785, 791, 792,793, 796, 801,803, 805, 812, 817, 824, 825, 826, 828, 832, 833, 834, 835, 839, 844, 851, 856, 859, 865, 872
Clantons (pistoleros del corral OK), 122
Colón, Cristóbal, 88, 96, 354
Collado, Norberto, 138, 660(n)
Cubelas, Rolando, 324, 455, 456, 457, 690, 859
Curbelo, Eduardo, 128, 140, 142

De Castro, Inés, 98, 99, 100
De la Guardia, Antonio, 101
De la guardia, Patricio, 101
Delgado Delgado, Eduardo, 48
Del Pino, Rafael, 160, 338, 340, 349, 351, 356, 357, 366, 367, 370, 371, 379, 380, 382, 384, 390, 391, 392, 582, 677
Díaz-Balart, Mirta, 12, 13, 18, 91, 102, 256, 260, 280, 298, 299, 300, 301, 302, 307, 314, 316, 328, 393, 394, 395, 397, 398, 408, 409, 422, 426, 569, 570, 571, 579, 580, 581, 582, 583, 585, 599, 608, 627, 628, 658, 675, 676(n), 754
Díaz-Balart, Rafael, 303, 322, 328, 343, 395, 398, 408, 412, 596, 628
Morín Dopico, Antonio, 196, 197, 198, 227, 228, 229, 230, 231, 232, 233, 237, 239, 241, 646
Dubois, Jules, 112

Earp, Morgan, 122
Earp, Virgil, 122
Earp, Wyatt, 122
El siglo de las luces (Carpentier), 80, 632, 635
Engels, Federico, 100(n), 570, 658, 659, 754; La propiedad privada, la familia y el Estado, 261, 658
Escalante, Fabián (Roberto), 102
Esquivel, Alfredo (Chino), 152, 156, 157, 168, 170, 191, 210, 255, 256, 258, 262, 271, 274, 276, 279, 280, 293, 306, 310, 322, 328, 350, 356, 359, 379, 384, 412, 413, 417, 423, 581, 601, 603

Espín, Vilma, 92, 470, 671, 742, 752, 756, 758, 759, 793, 805, 871, 874

Faget, Mariano, 134, 135, 279
Faulkner, William, 60
Febles, Miguelito, 58
Feltrinelli, Giangiacomo, 39
Fernández, Alina, 20, 91, 407,627
Fernández, José Ramón (El Gallego), 136
Ferrara, Orestes, 81
Fraga, Alfonso, 92
Fraga, Alfonso (hijo), 92
Fraga, José Antonio, 91
Fraga, [Linda], hija de Angelita y Mario Fraga, 91
Fraga, [Mario], marido de Angelita Castro, 91
Fraga, Mirtza, 91
Fraga, Tania, 91
Franco, Francisco, 81, 149
Fuentes, Norberto, 109, 111, 695

Gaitán, «Taita», 18, 58, 358, 362, 363, 364, 365, 366, 367, 369, 386
García Guitar, Luis, 404, 405, 454
García Márquez, Gabriel (Gabo o Grabriel), 66, 87, 206, 207, 393
Geyer, Anne, 48, 55, 150
Gorbachov, Mihail, 30, 32, 294, 579, 618, 619
Grau San Martín, Ramón, 151, 154, 187, 216, 582, 676, 841
Guillermo (Káiser), 134

Heitz, Walther (general nazi), 136
Hemingway, Ernest, 79, 109, 224, 226, 240, 493, 763, 764; *Por quién doblan las campanas*, 493, 763
Hibbert, Luis, 76, 77, 104, 106, 115, 120
Hidalgo, Alcibíades, 000
Hitler, Adolf, 95, 134
Hodgkins, Don, 53, 54
Holliday, Doc, 122

Joseíto (Cheíto), coronel, 82, 226, 427, 428

La consagración de la primavera (Stravinski), 635, 636
Laborde, María (madre de Jorge Ángel Castro), 18, 69, 91, 393, 407
La fuerza del destino (Verdi), 632, 635, 636
La historia me absolverá (Castro), 19, 501, 502, 519, 553, 554, 555, 565, 610, 631, 667
Lamelas, 160
Lara, hijo de, 125, 126, 538,
Lara, mujer de,
Lara (anfitrión de Fidel en Santiago), 108, 124, 538
Lenin, V.I., 12, 186(n), 263, 264, 265, 266, 267, 274,278, 289, 386, 397, 465, 559, 618, 632, 656, 661, 665, 700, 728, 729, 741, 754, 760, 827, 828; *El Estado y la revolución*, 12, 262, 266, 275, 337, 386
López Castro, Amadeo, 119(n), 167, 868
López Castro, Amadeo (hijo), 119(n)
Loyola, Ignacio (santo), 133
Luning, Heinz August, 134, 279
Llorente, Amado, 140, 145

Malraux, Andre, 289
Maquiavelo, Niccolò, 12, 40, 207, 266, 267, 462; *El príncipe*, 12, 266, 267, 462
Martí, José, 61, 304, 321, 322, 408, 528(n), 534, 602, 612, 659, 662(n), 750, 751, 774
Marx, Karl, 92, 105,156, 266, 274, 275, 278, 343, 368, 418, 639, 640, 651, 728, 754, 806; *El manifiesto comunista*, 135, 275, 278
McLaurys (pistoleros del corral OK), 122
Matthews, Herbert, 13, 21, 48, 749, 757, 760, 763, 764, 765, 783
Menéndez Tomassevich, Raúl, 243, 536, 537
Millar Barruecos, José (Chomi), 44, 111, 319

Miraval, Felipe, 88, 89, 120, 152, 254, 256

Ochoa, Arnaldo, 29, 48, 186

Patton, George S., 134
Paulus, Friedrich, 136
Pavlov, Iván, 50
Pedro el Justiciero, 98, 99, 100
Penabaz, Manuel, 121,
Penabaz, Manuel (hijo), 122, 123, 172
Peñalver, Antonio, 58
Pérez Serante, Enrique (monseñor), 115, 502, 512, 543, 544
Pinos Santos, Fidel, 73, 74, 75, 76, 77, 88, 106, 109, 122, 259
Pinos Santos, Mario, 77
Pinos Santos, Oscar, 77, 79
Primo de Rivera, José Antonio, 135, 149, 156, 262, 361

Quirk, Robert, 48

Ramírez Delgado, Mario, 134, 137, 705,
Random House, 39
Rensolí, Jesús, 619, 620
Revuelta, Naty, 20, 91, 407, 422, 423, 585, 586, 604, 605, 626, 627
Río Chaviano, Alberto, 115, 452, 484, 485, 487, 488, 490, 492, 497, 498, 499, 500, 501, 502, 506, 513, 516, 517, 518, 519, 521, 523, 525, 526, 529, 538, 544, 548, 552, 563, 602, 855, 856, 863
Roca, Blas (Francisco Calderío), 314, 527, 528, 529, 532, 685, 686, 845
Rokossovsky, Konstantin, 136
Rodríguez, Basilio, 111
Rodríguez, Luis Alberto, 92
Rodríguez, Osvaldo Fructuoso, 458, 589, 591, 672, 679, 694
Rodríguez, Silvio, 92

Rommel, Erwin, 134,
Ruz, Lina, 17, 56, 66, 82, 91, 115, 857

Sarría Tartabull, Pedro, 19, 479, 484, 487, 488, 497, 498, 503, 504, 507, 508, 509, 510, 511, 512, 513, 514, 516, 518, 519, 540, 541, 542, 544, 545, 546, 547, 549, 600, 685
Serguera Riverí, Jorge (*Papito*), 130, 131, 132, 180, 181, 182, 245, 320, 633, 794, 795, 796
Sigmaringa, San Fidel de, 59, 102
Simon & Schuster, 39
Smith, ——, (cocinero), 80, 81
Soto del Valle, Dalia, 25, 41, 91, 101, 103, 260
Soto, Leonel, 262, 311, 413, 442, 539
Stalin, José, 136, 181, 216, 220, 445, 558, 559, 560, 570, 599, 632, 728, 732
Stein, Gertrude, 43
Streicher (general nazi), 136
Suli (mujer de Ramón Castro), 91

Taboada, Aramís, 164, 287, 303, 340, 341, 356, 359, 414, 421, 422, 423, 425, 581, 602, 609, 627
Thomas, Hugh, 48, 166

Vallejo, Pilín, 291, 292
Vesco, Robert, 41, 592
Viera, Bernardo, 621
Voronov, Nikolai N., 135

Walters, Bárbara, 91
Weyler, Valeriano, 71, 72, 106(n), 149

Yourcernar, Margarite, 43

Zhukov, Georgi, 134, 146
Szulk, Tad, 48, 611, 612, 626